Karl Dietrich Bracher

# Europa in der Krise

# Karl Dietrich Bracher
# Europa in der Krise

Innengeschichte und
Weltpolitik seit 1917

Propyläen

Propyläen Verlag
Erweiterte und ergänzte Textfassung des 1976 erschienenen sechsten Bandes der ›Propyläen Geschichte Europas‹
Satz: Otto Gutfreund, Darmstadt
Druck: Süddeutsche Verlagsanstalt und Druckerei, Ludwigsburg
Buchbinder: Spiegel, Ulm/Donau
Printed in Germany 1979
ISBN 3549073895

# Inhalt

VORWORT 15

KRIEG UND FRIEDEN 17

Tendenzen, Begriffe, Probleme der Epoche 17
Die Ära der Weltkriege als Zeitgeschichte · Bewegende Kräfte: Demokratie, Imperialismus, Nationalismus · Staatensysteme und politisch-ideologische Bewegungen · Strukturkrise der Demokratie

Bruch und Kontinuität: Wirkungen des Krieges 29
Europa zwischen Niedergang und Wandlung · Neue Tendenzen und alte Strukturen · Fortdauer europazentrischer Ideologien und Machtpolitik · Drei Antworten auf die Krise: Marxismus und Kommunismus, Liberale Demokratie, Faschismus und Nationalsozialismus · Vier Faktoren der Entwicklung: Amerika, Friedensordnung, Nationalstaats- und Demokratieproblem

Der Friede und die internationale Ordnung 36
Der Neuansatz Wilsons und die Präponderanz traditioneller Kriegsziele · Demokratische Selbstbestimmung und machtpolitische Interessen · Versailles und die Folgen · Probleme der Neuordnung Ost- und Südosteuropas · Der Völkerbund: Formen und Grenzen internationaler Organisation und neuer Diplomatie im alten Europa

DIE REVOLUTIONÄRE WELLE 52

Zum Problem der Revolution 52
Fragwürdigkeit der Begriffsbildung · Das Schema von der linken Revolution und der rechten Gegenrevolution · Moderne Machtergreifungen · Revolutionäre Krisenlage von 1917 in Rußland

Russische Revolution und bolschewistische Diktatur 55
Februarrevolution und Oktoberputsch · Lenins Machtergreifung neuen Typs · Der Krieg als Vehikel des Bürgerkriegs · Demokratische und antidemokratische Elemente der bolschewistischen Machtergreifung · Zusammenhang von Revolution und Diktatur · Lenin–Hitler: Vergleich linker und rechter Machtergreifungen · Staat und Revolution · Oktoberputsch und Leninismus · Diktatorischer Grundcharakter des Systems ·

Befestigung der Herrschaft · Radikaler Bruch in Politik und Wirtschaft · Die neue Autokratie

Revolutionsbewegung und kommunistische Abspaltung in Europa 66
Kriegsende und Revolutionsproblem: der deutsche Fall · Grenzen der ›Novemberrevolution‹ 1918/19 · Die Rätebewegung, Radikalismus, Bürgerkrieg · Das Dilemma der SPD · Veränderung und Beharrung · Die Weimarer Republik zwischen Links- und Rechtsextremismus · Räterepublik in Ungarn · Isolierung statt Ausbreitung der Lenin-Revolution · Spaltungen der Sozialisten Europas · Die Komintern, Vehikel und Ersatz der Weltrevolution · Befreiungsbewegungen · Totalitäre Organisation und Moskau-Orientierung der kommunistischen Parteien · In Deutschland, Frankreich, Italien · Verkennung des Faschismus als ›Gegenrevolution‹ · Krisen, Kompromisse und Konsolidierung des Sowjetsystems · Europäische und weltpolitische Bedeutung des Kommunismus

EUROPA UND DIE WELT 83

Die Fortsetzung der Kolonialpolitik 83
Sprengkraft des Nationalismus und Anfechtung der Kolonialregime · Die türkische Revolution · Verschiebungen im Nahen Osten · Der arabisch-jüdische Konflikt · Kolonialprobleme in Afrika · China und das Vordringen Japans · Entwicklung des Commonwealth · Indien und die Gandhi-Bewegung

Die amerikanische Demokratie – Weltmacht und Isolation 91
Widersprüche der amerikanischen Stellung · Fehlschlag der demokratischen Sendungsidee und Ruf nach Normalisierung · Die Tragödie Wilsons: Spannung zwischen demokratischer Innen- und Außenpolitik in der Demokratie, Machtpolitik gegen ›Open diplomacy‹ · Distanz und Präsenz der USA in der Weltpolitik und in Europa · Erschütterung und Wandel der amerikanischen Demokratie · Die Bewältigung der großen Krise · Roosevelt und der ›New Deal‹ · Amerika und die Zeit der Diktatoren

Zwischen Krise und Stabilisierung: deutsche und europäische Politik in den zwanziger Jahren 105
Das Krisenjahr 1923 und seine Überwindung · Der neue europäische Ansatz: Dawes-Plan, Locarno, Stresemann und Briand · Möglichkeiten und Hoffnungen der späten Versuche · Das Scheitern von 1929/30

Ökonomische Krisenprobleme 112
Verschiebungen des Handels zwischen Europa und der Welt · Autarkistische Bestrebungen · Wirtschaftlicher Fortschritt und Modifikationen des Kapitalismus · Anfälligkeit für die Krise

Die antibürgerliche Welle: gesellschaftliche und ideologische Tendenzen 119
Ende des bürgerlichen Zeitalters oder Verbürgerlichung Europas · Das Verhältnis Arbeiterklasse–Mittelschichten und der Mythos vom Proletariat · Die zwanziger Jahre: Zähmung des Sozialismus · Die dreißiger Jahre: antibürgerliche Revolution von links und von rechts · Soziale Umschichtungen und bürgerliche Werte

Kultur und Politik im Widerstreit 128
Generationsproblem, Krisenbewußtsein, Modernismus · Der Geist von Weimar: Experiment und Verunsicherung · Überkritik an der Republik · Unterschätzung des Nationalsozialismus als revolutionäres Phänomen · Die Rolle der Intellektuellen · Entfremdung von Geist und Macht · Die radikale Scheinalternative: Faschismus oder Kommunismus · Bedeutung des Bürgerlichen

DEMOKRATIE ODER DIKTATUR 138

Frankreichs Dritte Republik 139
Demokratisierung Europas: die Rolle Frankreichs und Englands · Französische Illusionen und Probleme nach Kriegsende · Verwirrendes Bild der parlamentarischen Demokratie · Probleme der Reform · Krisen des Systems und die Volksfront

Englische Demokratie zwischen den Kriegen 149
Tradition und Wandel: die englische Version der Demokratie · Ökonomische Strukturprobleme und Krisenpotential · Bedeutung der Gewerkschaftsbewegung und des demokratischen Sozialismus · Das Zweiparteiensystem · Legenden um das Mehrheitswahlrecht · Die Krise von 1931 und ihre Überwindung · Vergleich mit der deutschen Staatskrise · Immunität der alten Demokratien gegen Links- und Rechtsradikalismus

Italien und der Faschismus 156
Krise der Nachkriegsdemokratie und Massenbewegung von rechts · Mussolini und die Bedingungen des faschistischen Aufstiegs · Die Aktion von Fiume und das Machtvakuum in Italien · Revolution und Legalität im Faschismus · Der neue Typ der Machtergreifung – Vergleiche mit dem Na-

tionalsozialismus · Schwäche des Widerstands und Ausbau der Diktatur · Anspruch und Grenzen des Totalitarismus · Struktur des Regimes · Bedeutung des italienischen Faschismus

Von der Weimarer Republik zur deutschen Diktatur 166
Zwischenstellung der deutschen Demokratie · Erklärungen des Scheiterns · Bemühungen, Leistungen, Aussichten zur Dauer der Republik · Der Bruch von 1929/30 · Aufstieg und Sieg des Nationalsozialismus: Folge steter Fehleinschätzungen · Tradition und Revolution im Prozeß der Machtergreifung · Reaktionäre und modernistische Züge im nationalsozialistischen Totalitarismus · Grenzen der Faschismus-Theorien

Regime und Krisen in Osteuropa 182
Neue Nationalstaaten und Großmachtpolitik in ›Zwischeneuropa‹ · Selbstbestimmung und Lebensfähigkeit · Schwäche der Demokratie im Baltikum und in Polen · Österreich, Tschechoslowakei, Ungarn, Jugoslawien, Rumänien, Griechenland · Gründe für die autoritären Entwicklungen

Iberische Diktaturen 189
Spanien zwischen Stagnation und Anarchismus · Die Rolle des Militärs: Diktatur in der Monarchie · Die Republik von 1931 und ihr Scheitern · Machtvakuum zwischen Härte und Hilflosigkeit · Klima des Bürgerkriegs · Das Wahlproblem von 1936 und die militärische Rebellion · Aufbau des Franco-Regimes: Nähe und Unterschied zum Faschismus · Republik und Kommunismus im Spanischen Bürgerkrieg · Bedeutung der spanischen Diktatur · Das Regime Salazar in Portugal

POLITIK DER DIKTATOREN 198

Das stalinistische Regime – Diktatur auf Dauer 198
Ausbau der Diktatur · Übergang von Lenin zu Stalin · Trotzkismus, NEP und Sozialismus in einem Land · Stalinismus als totalitäre Autokratie · Kollektivierung und Industrialisierung · Primat der politischen Herrschaft vor ökonomischer Effizienz und sozialer Wohlfahrt · Verfassung und Einparteidiktatur · Die großen Säuberungen und Schauprozesse · Stalin-Kult und der Weg in den Pakt mit Hitler

Hitler und die Auflösung der Versailler Ordnung 209
Friedenskurs zur Abschirmung der Machtergreifung · Wahre Ziele Hitlers: Revision und Expansion · Anfänge Hitlerscher Außenpolitik: Völ-

kerbund, Polen, Österreich · Durchbruch durch die Isolierung und Appeasement-Politik: Deutsch-englischer Vertrag 1935 · Abessinien-Krieg und Vorgeschichte der Achse Berlin–Rom · Scheitern französischer Gegenpolitik · Rheinland-Einmarsch 1936: Sturz des Versailler Systems

Die Vorbereitung des Krieges 223

Die neue Lage von 1936 und der Spanische Bürgerkrieg · Antikomintern und Achse: die neue Machtkonstellation · Stellung der Sowjetunion · Hitler und die Planung des Krieges 1937/38 · Der Anschluß Österreichs · Sudeten-Krise und Münchner Konferenz · Die Besetzung der Tschechoslowakei als Wendepunkt · Deutsch-sowjetischer Pakt 1939 · Die Entfesselung des Krieges

DER NEUE WELTKRIEG 239

Vom europäischen Konflikt zum globalen Krieg 239

Natur des Krieges · Polen-Feldzug und deutsch-sowjetische Aufteilung Osteuropas · Die Besetzung Skandinaviens und Westeuropas · Das Dritte Reich als europäische Hegemonialmacht · Hitler und das Problem der Kriegsführung 1940/41 · England als Bollwerk Europas · Frankreich unter Pétain · Ausgriff nach Südosten und Angriff auf die Sowjetunion · Wendepunkte des Krieges: Winterschlacht in Moskau und Beteiligung der USA · Der japanisch-chinesische Krieg · Entwicklung in den USA · Atlantik-Charta und amerikanisch-englische Kooperation · Der Weg nach Pearl Harbor · Globale Bedeutung

Europa zwischen Terror und Widerstand 255

Der Weltbürgerkrieg als Kampf der Ideologien · Das Problem der westlich-sowjetischen Allianz · Bedingungslose Kapitulation und totaler Krieg · Kollaboration und Widerstand: in Frankreich und Westeuropa · Besatzungs- und Vernichtungspolitik im Osten · Judenmord · Möglichkeiten und Grenzen der Resistance

Ende der deutschen Diktatur – Probleme der Befreiung 266

Entscheidungen von 1943: Fall des Faschismus in Italien, Konferenz von Teheran · Alliierte Diskrepanzen und Probleme der Befreiung · Warschauer Aufstand und sowjetische Polen-Politik: die neue polnische Tragödie · Mythos und Realität der sowjetischen Befreiung in Osteuropa · Der Westen und de Gaulle · Yalta-Konferenz und Deutschland-Problem · Untergang und Bilanz des Nationalsozialismus · Probleme des Kriegsendes · Die Atombombe

Zur Diskussion von 1945 281
Erklärungen zur Entstehung des Kalten Krieges · Der Bruch von 1945 und die amerikanische Politik · Verschwörungsthesen oder realpolitische Begründung · Sowjetische Realpolitik

DIE GROSSEN ENTSCHEIDUNGEN 284

Erste und zweite Nachkriegszeit · Erwartungen der Stunde Null und Realprobleme · Die großen Weichenstellungen bis 1949

Der bipolare Friede: Ordnungen und Konflikte des Nachkriegs 286
Hauptprobleme aus dem Krieg · Potsdamer Konferenz · Westverschiebung Polens · Radikallösung nach Nationalstaatsprinzip: die großen Vertreibungen · Demontage und Entnazifizierung in Deutschland · Nürnberger Prozesse · Kampf um die Friedensordnung und Gleichschaltung der sowjetischen Besatzungszone · Das hegemoniale Gewicht der Sowjetunion und die amerikanische Gegenstellung · Europa im Schatten der Supermächte · Besatzungsregime und Revolution von oben in Osteuropa · Fortdauer der Deutschland-Frage

Gründung der UNO und Nahost-Krise 296
Neue Voraussetzungen der Weltorganisation · Möglichkeiten und Grenzen überstaatlicher Politik · Realpolitik und Friedenssicherung · Arabische Liga und Panarabismus · Israel und die Mächte · Sowjetische Druckpolitik: Iran, Türkei, Griechenland

Stufen des Ost-West-Konflikts: Eindämmungspolitik und deutsche Spaltung 302
Die Entscheidung von 1947 · Containment und Wirtschaftshilfe: die Truman-Doktrin · Wirkungen auf die Deutschland-Politik · Auseinandersetzung mit dem Kommunismus · Der Marshall-Plan · Sowjetische Reaktion · Epochen des Kalten Krieges · Berlin-Blockade · Zwei Staaten in Deutschland: Bundesrepublik und DDR

Europa-Politik und Westbündnis 313
Bedingungen und Gründe einer Europa-Politik · Brüsseler Pakt und Europa-Rat · Die Bedeutung der Montanunion von 1950 · Strategische Lage und Gründung der NATO · Neutralisierung Europas als Alternative? · Probleme des Westbündnisses · Deutsche Wiederbewaffnung

Zwischen Aktion und Reaktion: die Sowjetunion und der Westen 320
Ereignisse und ihr Zusammenhang · Der Putsch von Prag 1948 · Stalinistische Gleichschaltung in Osteuropa · Der Bruch mit Tito · Weltbedeutung des jugoslawischen Sonderweges · Schlußterror des Stalinismus · Kommunistischer Sieg in China · Der Korea-Krieg und die Eindämmungspolitik in Asien · Wirkungen auf Europa: Bestätigung einer Politik der Stärke · Der Tod Stalins

RENAISSANCE DER DEMOKRATIE 332

Voraussetzungen und Tendenzen eines Wiederaufbaus 332
Weltpolitische Veränderung · Teilung Europas und innere Strukturen · Sozioökonomischer Wandel · Erfahrungen und Reform der Parlamentsdemokratie · Beschränkung des Nationalismus · Stärkung der Linken und Rückgang der Rechten · Aufstieg der Christdemokraten · Liberal-demokratische Stabilisierung Westeuropas und Abwehr des Kommunismus

Westeuropa und England 340
Nationale Besonderheit und europäische Tendenz · Frankreich und de Gaulle · Machtspektrum und Weg nach Europa · Belastungen: Indochina, Algerien · Die Fünfte Republik · Italien nach dem Faschismus · Kontinuität der christdemokratischen Regierung · Immobilismus, Polarisierung und Labilität der Demokratie · Öffnung nach links und Kommunismus-Frage · Demokratie in den Beneluxländern · Großbritannien: äußerer Machtverlust und Welfare state · Nähe und Distanz zu Europa · Ökonomische Strukturprobleme · Irland-Frage

Demokratien zwischen EWG und Ostblock 354
Sonderstellung von Finnland und Österreich · Die demokratische Bewältigung des sowjetischen Machtdrucks · Proporzsystem und Neutralität · Die Schweizer Demokratie: Tradition im Wandel · Sonderstellung der Demokratien Skandinaviens · Diktaturen und Halbdemokratien in Südeuropa: Spanien und Portugal, Griechenland und die Türkei

Die zweite Demokratie in Deutschland: die Bundesrepublik 366
Zwischen Spaltung und Europa: Bedingungen der deutschen Stabilisierung · Ein neues Regierungs- und Parteiensystem · Antitotalitärer Consensus · SPD und Gewerkschaften · Probleme der Staats- und Politikauffassung in der Ära Adenauer · Belastungsproben der sechziger Jahre · Ökonomische Empfindlichkeit und Stärke der Demokratie

Eine zweite deutsche Diktatur: die DDR 377
Der große Unterschied · Fortdauer autoritärer Herrschaft · Politischer Zwang und ideologischer Anspruch: die Scheindemokratie der DDR · Existenzkrisen der Diktatur: 1953 bis 1961 · Neue und alte Züge eines totalitären Systems · DDR und deutsche Frage

DIE GROSSEN WANDLUNGEN 385

Die sowjetische Diktatur – Wandel und Dauer 385
Totalitäre Spätzeit und Ende Stalins · Grundzüge des Nachstalinismus: kollektive Führung und Fortdauer der Parteidiktatur · Machtkampf und Aufstieg Chruschtschows · Dogmatisierung des Leninismus und Grenzen der Entstalinisierung · Wechsel zu Breschnjew · Trotz Entspannung keine Demokratisierung

Internationale Politik zwischen Koexistenz und Krise 390
Regierungswechsel 1953 und Lockerung der Konfrontation · Friedliche Koexistenz, Schlagwort und Grenze · Berliner und Genfer Konferenzen · Das Indochina-Problem und die Eindämmungspolitik · Scheitern der EVG · Die Pariser Verträge · Österreich als Modell · Die Genfer Gipfelkonferenz · Deutsch-sowjetische Beziehungen: von der Stalin-Note (1952) zu Adenauers Reise nach Moskau · Zwischen Tauwetter und Repression: Polen und Ungarn 1956

Emanzipation der kolonialen Länder 399
Niedergang der Kolonialreiche · Stellung der USA · Indonesien · Probleme der Unabhängigkeit Indiens · Andere Commonwealth-Länder · Französische Kolonialgebiete · Dauerkrise im Vorderen Orient: Suez und Israel · Die Doppelkrise von 1956: Scheitern des ungarischen Aufstands · Perspektiven der Emanzipation

Außereuropäische Welt: China, Japan, Lateinamerika 408
Wandlungen der Dritten Welt · Entwicklung des kommunistischen China · Gewaltkurs und Gleichschaltung · Kulturrevolution, Mao-Kult und die Öffnung von 1972 · Japan zwischen Tradition und Modernismus · Ideologie, Nationalismus, Pragmatismus: Widersprüche der japanischen Demokratie · Lateinamerika: Gegensätze und Konflikte · Gründe für die Neigung zur (Militär-)Diktatur · Die Linke und die Kubanische Revolution von 1959

WELTPOLITIK UND EUROPA 417

Kalter Krieg oder Entspannung: eine falsche Alternative · Möglichkeiten und Grenzen der Détente

Blockpolitik und Entspannung 419

Auf und Ab oder Veränderung der Weltpolitik? · Amerikanisch-sowjetische Fieberkurve · Liberalisierungen und Rückschläge im Ostblock · Lockerung im Westen, Gaullismus und Polyzentrismus · Auf und Ab der Beziehungen Washington–Moskau · Berlin-Krisen, Mauerbau, Abgrenzung · Bonner Ostpolitik · Blockpolitik als Voraussetzung von Entspannung · Status-quo-Sicherung oder Liberalisierung · Ein neues Dreieck Washington–Peking–Moskau? · Sowjetische Westpolitik

Kommunismus in der nichtkommunistischen Welt 435

Die Ausdehnung des Kommunismus · Demokratischer Anspruch und Gewalt der Minderheit: der Widerspruch kommunistischer Politik · Parteiziffern, Zersplitterung, verschiedene Ansätze · Einfluß der Détente-Politik · Bedeutung der Guerillabewegungen · Renaissance des Marxismus · Ziele und Methoden der kommunistischen Weltbewegung · Instrumentale Koexistenztaktik und totalitäre Machtstrategie · Konstante Charakteristika kommunistischer Parteien und Systeme · Chancen und Grenzen des Nationalkommunismus und der Liberalisierung

Außeneuropa – Amerika 446

Europäischer Charakter und Modernisierung · Kanada als Demokratie und die USA · Australien und Neuseeland · Innere Entwicklung der USA · Strukturprobleme und Anpassungen · Kalter Krieg und McCarthyismus · Die Ära Kennedy und die Folgen · Rassenfrage, Emanzipation, Reform, Vietnam · Von der Nixon-Krise zu Carter

Das alte und neue Europa – Perspektiven der Entwicklung 456

Unterschiede zur bisherigen Geschichte · Alte und neue Kräfte nach 1945 · Grundprobleme der Europa-Geschichte · Differenzierung, Teilung, Einigung: Optionen und Weichenstellungen europäischer Politik · Alte Ideen und konkretere Ansätze · Die Institutionalisierung Westeuropas: Europa-Rat, Montanunion, EVG und EWG · Erfolgreiche Gewöhnung und Ausdehnung · Pläne, Hindernisse, Fortschritte ›Kleineuropas‹ · Probleme und Perspektiven: vom ökonomischen zum politischen Europa

ANMERKUNGEN 473

ANHANG 483

Bibliographie 485

Personenregister 510

Orts- und Sachregister 535

# Vorwort

Das Buch ist eine erweiterte und ergänzte Ausgabe des sechsten Bandes der ›Propyläen Geschichte Europas‹, der unter dem Titel ›Die Krise Europas 1917–1975‹ im Jahr 1976 erschienen ist. Das ursprüngliche Manuskript mußte seinerzeit erheblich gekürzt werden. Meine Absicht ist, die Wandlungs- und Identitätskrise Europas sowohl historisch beschreibend als auch systematisch analysierend zu vergegenwärtigen, die inneren Strukturen der europäischen Länder in vergleichender Betrachtung darzustellen und ihren Zusammenhang mit den weltpolitischen Perspektiven der Entwicklung unserer Epoche aufzuzeigen. Rezensenten haben besonders die Verwendung des Totalitarismus-Begriffs kritisiert, der mir jedoch nach wie vor unentbehrlich zu sein scheint. Zur Begründung verweise ich auf meine Studien: Zeitgeschichtliche Kontroversen, München 1976; Schlüsselwörter in der Geschichte, Düsseldorf 1978; ›Streit um Worte – Streit um Werte‹, in: Frankfurter Allgemeine Zeitung, Nr. 272 vom 7. Dezember 1978, Seite 23.

Mein Dank gilt aufs neue besonders meiner Frau, ohne deren seit drei Jahrzehnten bewährte kritische Mitarbeit auch dieses Buch nicht zu denken wäre.

Bonn, im Juni 1979

Karl Dietrich Bracher

# Krieg und Frieden

## Tendenzen, Begriffe, Probleme der Epoche

Eine Geschichte vom Ersten Weltkrieg bis zum letzten Viertel unseres Jahrhunderts ist Zeitgeschichte, zeitgenössische Geschichte. Sie reicht unmittelbar in die Gegenwart herein, und viele ihrer Augenzeugen sind noch als unsere Zeitgenossen am politischen und geistigen Leben beteiligt; sie können uns Rede und Antwort stehen. Seit der Neubegründung zeitgeschichtlicher Forschung nach dem Zweiten Weltkrieg ist zwar manches vergangen von der direkten Beziehung zu jener Periode von 1917 bis 1945, die man damals als Zeitgeschichte bezeichnet hat. Und doch bleibt das ursprüngliche Verständnis in der zunehmend erweiterten Form sinnvoll, sofern damit nicht bloß die äußerliche Begrenzung durch Jahreszahlen, sondern auch der innere Zusammenhang der Epoche von 1917 bis zur Gegenwart gemeint ist.

Der innere Zusammenhang wird deutlich im Blick auf eine Reihe grundlegender Faktoren, mit denen die Zeitgeschichte bis zum heutigen Tage konfrontiert ist. Diese Faktoren haben den Beginn der Zeitgeschichte am Ende des Ersten Weltkrieges recht eigentlich konstituiert: Russische Revolution und kommunistische Machtergreifung; Amerikas Eintritt in eine weltpolitische Rolle; Ausbreitung und Krise der liberalen Demokratie; Wendepunkt von Kolonialismus und Imperialismus; Krise des Kapitalismus und Weltanspruch des Sozialismus; sozialer Wandel und Emanzipationsbewegungen; Nationalismus und Faschismus; und schließlich die Möglichkeit totalitärer Diktaturen von bislang unerhörter Intensität und Ausdehnung. Darüber steht eine paradoxe Problematik, die das Zeitalter Europas selbst betrifft. Es ist die Tatsache, daß die Durchsetzung des europäischen Nationalstaatsprinzips und die Europäisierung der Welt zusammenfallen mit der Krise des traditionellen Konzerts der europäischen Mächte und dem ›Zusammenbruch des europäischen Staatensystems‹, ja mit dem ›Ende der europäischen Ära‹, wie die Titel der grundlegenden Darstellungen von Hajo Holborn (1954) und Felix Gilbert (1970) lauten.[1]

In der Tat wird die vordem bestimmende Rolle Europas in der Weltpolitik seit dem Ersten Weltkrieg relativiert durch das zunehmende Gewicht von Außenmächten, zumal der USA, dann auch Japans, und mehr noch durch die innere Schwäche Europas, der Besiegten wie der Sieger. Es ist nicht gelungen, die verheerenden Wirkungen des Krieges in den Friedensverträgen von 1919/20 zu heilen und mit der Institutionalisierung einer Friedensordnung durch Völkerbund und Garantie-Abkommen die Basis für eine Wiederherstellung Europas zu gewinnen; auf indirekte Weise dauerte auch im Frieden der Kriegszustand fort. Und nach dem Zweiten Weltkrieg endete die ›Reduktion‹[2] der Stellung Europas in seiner Spaltung und in der Abhängigkeit von zwei Außen-Supermächten: Amerika und Rußland.

Wenn sogar von einer bloßen ›Zwischenkriegszeit‹, ja, von einer modernen Version des Dreißigjährigen Krieges 1914 bis 1945 gesprochen worden ist, so ist daran richtig, daß der Zweite Weltkrieg vor allem im Kopf seines Entfeßlers Adolf Hitler nichts anderes als die weltpolitische Korrektur der deutschen Niederlage von 1918 sein sollte. Diese Deutung freilich muß nicht nur die grundlegenden Unterschiede von 1914 und 1939, sondern auch die verschiedenartige Struktur der beiden Weltkriege berücksichtigen. Noch wichtiger ist die Tatsache, daß die Epoche der Weltkriege die klassische Trennung und Unterscheidung von Innen- und Außenpolitik in einem Maße relativiert, ja, beseitigt hat, wie dies zuvor nur im Zeitalter der großen Revolutionen, zumal der französischen, geschehen ist. Auch insofern handelt es sich um beides: Bruch mit der traditionellen diplomatischen Politik und zugleich Durchbruch der ideologischen Politik eines revolutionären Zeitalters.

Der Erste Weltkrieg bildet in seiner Zuspitzung zu einer ökonomischen, gesellschaftlichen und ideologischen Konfrontation die ›Wasserscheide‹[3] für die großen gegensätzlichen Strömungen des Jahrhunderts, und ihr höchster Punkt war im weltgeschichtlichen Auftreten der beiden Visionäre und Utopisten von 1917/18, Wilson und Lenin, erreicht. Daran knüpfte der Aufstieg der beiden Ideologen des Krieges, Mussolini und Hitler, an. Er vollendete den Aufmarsch der politischen Lager, die der Entwicklung unserer Epoche das Gepräge gegeben haben: Kommunismus, Demokratie, Faschismus, Nationalsozialismus.

Eine Darstellung der Epoche muß dieser neuen Struktur der geschichtlichen Entwicklung Rechnung tragen. Sie muß die besonderen Bedingungen der einzelnen Staaten berücksichtigen und miteinander vergleichen, nicht zuletzt um jene Probleme zu klären, die in die Frage münden: Warum gerade in Deutschland die nationalsozialistische Diktatur sich hat durchsetzen können. Sie muß zudem der engen und unlöslichen Verflechtung von Innen- und Außenpolitik gerecht werden und ermitteln, welches jeweilige Gewicht den verschiedenen Faktoren zukommt. Denn das eigentlich Charakteristische ist: der dichte Zusammenhang sehr verschiedenartiger, auf keine einzige Ursache reduzierbarer Komponenten, den jede monokausale Betrachtungsweise verfehlt, sei sie noch so suggestiv auf modische Kapitalismus-, Faschismus-

oder Sozialismus-Theorien gegründet, sei sie noch so verführerisch geeignet, definitive Erklärungen zu liefern.

Eine multikausale Deutung der Geschichte, die der Vielfalt der Ursachen gerecht werden will, steht heute im Zeichen der immer stärkeren Komplexität und Interdependenz von Staaten und Gesellschaften, von Gruppen und Personen. Sie erfordert die Einbeziehung der Fragen und Ergebnisse von verschiedenen Disziplinen der Geistes- und Sozialwissenschaften, deren Grenzen fließend geworden sind. Die Geschichtsschreibung kann nicht länger an der Scheidung in Außen- und Innenpolitik, Diplomatie- und Nationalgeschichte festhalten, wenn sie die wesentlichen Zusammenhänge der Epoche erfassen will. Sie hat es mit dem ideologisch zugespitzten, sozioökonomisch wie politisch-historisch begründeten Dauerkonflikt zwischen demokratischen, autoritären und totalitären Regimen, zwischen liberalem, konservativem und revolutionärem Politikverständnis zu tun. Eine Problematik, die in die Glaubens- und Revolutionskriege der früheren Neuzeit zurückweist, ist hier in ein neues Stadium getreten. Denn anders als im Zeitalter der Kabinettskriege und der Kabinettsdiplomatie eigenmächtiger Monarchien, die bis weit ins 19. Jahrhundert hereinreichen, stehen sich seit den bevölkerungs- und wirtschaftspolitischen, seit den sozialen und politischen Umwälzungen im Gefolge der industriellen und politischen Revolutionen nicht mehr einzelne Regierungen und Herrscher, sondern ganze Völker gegenüber. Es sind nun Staaten, die sich als Nationen verstehen, deren Außenpolitik im Zeichen der Tendenz zur Demokratisierung, des zunehmenden Gewichts der öffentlichen Meinung, der Parlamente, Parteien und Interessengruppen maßgebend von der Innenpolitik bestimmt oder beeinflußt ist. Eine solche Situation hat den Charakter der internationalen Politik grundlegend verändert.

Innere Bewegungen, Strömungen, Stimmungen, Ideologien gewinnen an Bedeutung auch für die zwischenstaatlichen Beziehungen. Gerade die autoritär und totalitär regierten Staaten des 20. Jahrhunderts können und wollen sich den neuen, demokratischen Bedingungen politischer Motivation und politischen Handelns nicht entziehen, so wenig realdemokratisch ihre inneren Strukturen auch sein mögen. Sie legen um der Festigung der Diktatur willen sogar besonderen Nachdruck auf die unlöslich gewordene Verflechtung von Innen- und Außenpolitik: sei es, daß sie die innere Gleichschaltung, Manipulation und Mobilisierung der Bevölkerung ganz im Hinblick auf eine erfolgreiche Expansion betreiben wie der Nationalsozialismus, sei es, daß sie eine betont defensive Außenpolitik zur Durchsetzung der inneren Gleichschaltung und zur Infiltration und Zersetzung der Politik anderer Staaten benützen, wie es über lange Perioden die Sowjetunion mit ihrer ostentativen Friedenspropaganda getan hat.

Im Rückblick kann man fünf Perioden von je etwa anderthalb Jahrzehnten unterscheiden, in denen sich zunächst der letzte große Ausgriff Europas, der europäischen Staatenwelt, und dann ihr welthistorischer Rückschlag vollzogen.[4] Die Einschnitte lagen bei 1917, 1933, 1945, 1960. Vorkriegs- und Kriegszeit standen noch voll und ganz im Zeichen des Konflikts um europazentrische Hegemonie und imperiales Gleichgewicht; der Krieg war europäisch. Das Eingreifen der USA bedeutet die weltgeschichtliche Wende. Von dieser neuen Konstellation (1917/18), in der zugleich die bolschewistische Machtergreifung möglich wurde, nahm der umstrittene Friede seinen Ausgang. Die Zwischenperiode vergeblicher Lösungsversuche endete um 1933 mit jenem schrittweise erfolgten Bruch der Versailler Ordnung durch die Diktatoren, der den Aufstieg neuer Imperialismen und einen Weltkonflikt von bislang unerhörten Dimensionen signalisierte. Schließlich mündete der letzte Weltkrieg, in dem noch das europäisch geprägte Hegemonialproblem eine Grundtriebkraft war, in die Epoche der weltpolitischen Blockpolitik und der Entkolonisierung. Das gespaltene Europa wurde vom Subjekt zum Objekt der Weltpolitik. Die Schlagworte ›Kalter Krieg‹ und ›Dritte Welt‹ bezeichnen die Hauptbereiche der Spannungen und der Tendenzen einer Entwicklung, die von der zweiten Nachkriegszeit in die Gegenwart reicht. Dabei kann man um 1960, mit dem weltweiten Durchbruch der Unabhängigkeitsbewegungen und den verstärkten Bemühungen um eine Ost-West-Entspannung, ein weiteres Epochendatum sehen. – Jeder Versuch, die bewegenden Kräfte der Epoche auf einen Nenner zu bringen, hat sich mit ihren drei großen Antriebskräften auseinanderzusetzen: mit Demokratie, Imperialismus und Nationalismus.

Zur Demokratie: Es sind die Bewegungskräfte eines Zeitalters der Klassen- und der Massengesellschaft, die zunehmend nach Berücksichtigung und Mitwirkung im politischen Prozeß verlangen, oder die zu solcher Forderung gebracht werden. In jedem Fall spielen Idee und Praxis der modernen Demokratie eine entscheidende Rolle. Doch ihre weite Ausbreitung am Ende des Ersten Weltkrieges rief zugleich die extremen Entartungs- und Gegenerscheinungen der modernen Diktatur und des Totalitarismus hervor. Sie gehören dem 20. Jahrhundert zu, weil sie im Unterschied zu früheren Ausprägungen der Autokratie und traditionellen Diktatur die Möglichkeiten voraussetzen, die unser hoch technisiertes Zeitalter für die Mobilisierung und Lenkung großer Bevölkerungsmassen mittels einer radikalen Erfassung, Gleichschaltung und Indoktrination auf breiter Basis bietet. Tatsächlich bedeutet das Ende des Ersten Weltkrieges die große Stunde der Demokratie. Ihre weltweite Ausbreitung schien gesichert zu sein, selbst wenn die Umwälzung in Rußland aus dem Rahmen fällt. Aber in den folgenden Jahrzehnten verkleinerte sich die Zahl demokratisch regierter Staaten immer wieder. Sie umfaßt selbst in Europa nur eine Minderheit von historisch-politisch und sozioökonomisch begünstigten Ländern. Die epochale Bedeutung der Demokratie liegt ebenso in dem weltweiten Einfluß und Mißbrauch demokratischer Mittel zur Legitimierung von Herrschaft, und zwar durch manipulierte Wahlen, Plebiszite, Massenversammlungen und Akklamationsveranstaltungen aller Art. Kein Staat kann mehr auf den demokratischen Legitimationsanspruch verzichten, und sei er in Wahrheit noch so diktatorisch organisiert.

Zum Imperialismus: Vor solchem Hintergrund stehen die europäische Krise und die Neubelebung eines weltpolitischen Ausgreifens, das sich in seiner modernen Form im 19. Jahrhundert entfaltete, aber seit der Jahrhundertwende in allen Teilen der Welt zu Zusammenstößen führt und zugleich das Klima und den Stil der internationalen Politik verändert. Man hat es zum ersten Mal mit wahrhafter Weltpolitik zu tun: Die durch Technisierung kleiner gewordene Erde wird faktisch zu einer Einheit, mindestens insofern, als kein politisches Ereignis mehr isoliert geschieht, sondern über seinen regionalen Schauplatz weit hinauswirkt auf die allgemeine Politik. Obwohl der Schwerpunkt sich zunächst noch in Europa befand, drängte die koloniale Verflechtung und Konkurrenz der Mächte zugleich mit dem Aufstieg der Vereinigten Staaten von Amerika, Rußlands und dann Japans zu weltweiten Frontbildungen. Sie richteten sich vorerst gegen den Expansionsanspruch des bei der Weltverteilung ›zu kurz gekommenen‹ Deutschland, der ›verspäteten Nation‹, und gegen den im Zeitalter der Nationalstaaten scheinbar zum Anachronismus gewordenen Verbündeten Österreich-Ungarn. Das wurde, in einer schwer entwirrbaren Verkettung von verschiedenartigen Gründen und Motiven, ganz wesentlich zur Ursache und zum Inhalt des Ersten Weltkrieges. Auch damit ist der zunehmend engere Zusammenhang von Innen- und Außenpolitik im neuen Jahrhundert gekennzeichnet. Der Krieg von 1914 bis 1918 bedeutet eine Endstufe in jenem Wettlauf um Hegemonialstellung und um die Verteilung der Erde, der den Kern des modernen Imperialismus ausmacht. Dieser Krieg wurde nicht nur mit einer bis dahin ungewöhnlichen Entfaltung technischer und zahlenmäßiger Potenzen, sondern auch mit einem Höchstaufwand innenpolitischer und geistiger Mittel bestritten: mit einer psychologischen Kriegführung, die unter anderen den jungen Adolf Hitler fasziniert hat; ihre Intensität wurde dann durch den Zweiten Weltkrieg, im Zeichen Hitlers, um ein Vielfaches übertroffen.

Der Begriff des Imperialismus ist meist kritisch oder polemisch gefaßt; er wird auf alle Bestrebungen bezogen, die durch Expansion auf eine erhebliche Erweiterung des Herrschaftsgebiets in politischer oder ökonomischer Hinsicht abzielen. Es gibt aber auch, wie in der Zeit des römischen Imperiums, Rechtfertigungen imperialer Politik, die auf die positiven Funktionen einer Großreichsbildung, auf die Erhaltung von Ordnung und Frieden, von Sicherheit und Gleichheit, auf die Vorteile für eine zivilisatorische und technische Entwicklung in Großräumen hinweisen. Allzu generell und polemisch verwendet ist der Begriff des Imperialismus wie der des Faschismus in seinem sachlichen Wert umstritten. Man begegnet ihm vornehmlich in drei großen Zusammenhängen: Der Imperialismus ist die Gegenmacht zum nationalen und demokratischen Selbstbestimmungsrecht der Völker; er ist für die Marxisten nach der Leninschen Definition die letzte Stufe und äußerste Konsequenz des Kapitalismus; und er gilt der antikolonialistischen Bewegung noch allgemeiner als Ursache aller Unterdrückung, Abhängigkeit und Unterentwicklung der nichteuropäischen Völker. Diese drei Versionen der Kritik am Imperialismus enthalten in verschiedener Mischung jeweils politische, ökonomische und ideologische Erklärungen. Im Unterschied zu älteren Formen imperialer Unterwerfung und universaler Reichsbildung in Antike und Mittelalter ist der moderne Imperialismus in seinen vielschichtigen Formen auf die neuartigen Bedingungen der Kolonialpolitik, der Industrialisierung und der politisch-sozialen Emanzipation bezogen.

Ein wichtiges Vorbild für den modernen europäischen Imperialismus war das napoleonische Reich, mit dem sowohl die übernational-ideologischen als auch die zivilisatorisch-modernisierenden Tendenzen der Französischen Revolution über den Kontinent verbreitet wurden, freilich ebenso ihre willkürlichen und gewalttätigen Merkmale: Annexionen, Zwangsbündnisse und Satellitenregime. Auch der deutsche Anspruch auf Mitteleuropa und Weltmachtstellung, der die Kriegszielpolitik von 1914 beeinflußte, trägt imperiale Züge. Und daran knüpfte der zweite große Versuch einer Ausweitung des nationalen Machtstaates zum europäischen Imperium unter Hitler an. Ein Grundgedanke des kontinentalen Imperiums war der Anspruch auf Autarkie in einem politisch und ökonomisch geschlossenen System. Ebenso bestimmend wurde der ideologische Radikalismus, mit dem zumal der nationalsozialistische Herrschaftsanspruch im Rassegedanken einen weltanschaulichen Imperialismus der Eroberung, Unterwerfung und Vernichtung grausamster Art verwirklicht hat. Doch auch der russische Imperialismus hat seit dem 18. Jahrhundert den Drang zu gewaltiger Ausdehnung und zur Sicherung von Interessensphären über halb Europa und Asien mit weltpolitischen Sendungsgedanken ideologisch zu überhöhen gesucht. Nacheinander waren es die Vorstellungen von Moskau als einem Dritten Rom und von der panslawischen Sendung, dann der Führungsanspruch in der kommunistischen Weltrevolution, die sämtlich in diesem Sinne zur Rechtfertigung imperialer Politik gedient haben.

Von dem kontinentalen Imperialismus Frankreichs, Deutschlands und Rußlands ist der Kolonialismus als ein imperialer Wettstreit um überseeische Gebiete zu unterscheiden. Zwar erlebten die riesigen altkolonialen Reiche Spaniens und Portugals, Englands und Frankreichs schon im 18. Jahrhundert erhebliche Einbußen, zwar schien die Befreiung Nord- und Südamerikas vor und nach 1800 diesen Prozeß zu besiegeln, aber mit der Aufteilung Afrikas und Asiens erreichte der europäische Kolonial-Imperialismus noch am Ende des 19. Jahrhunderts erneut einen Höhepunkt. Neben England und Frankreich, den Niederlanden und Belgien suchten sich Deutschland und Italien verspätet mit riesigen Kolonialplänen zu beteiligen, die in beiden Weltkriegen entwickelt wurden. Dabei spielte die Vorstellung eine Rolle, als Groß- oder Weltmächte müßten die europäischen Staaten einen möglichst weiten Raum mit Rohstoff-, Arbeits- und Marktpotential beherrschen, um sich politisch behaupten und durchsetzen zu können. Es war ein allgemeiner Ausdehnungsdrang, ein Wettlauf über die Erde, für den die Idee des britischen Imperiums charakteristisch ist. Selbst die ursprünglich antikolonialistische Macht der USA konnte sich diesem Drang nicht entziehen, als sie nun in Mittelamerika und Ostasien, auf den Philippinen, mit imperialer Geste auftrat. Massiv durchgesetzte Wirtschaftsinteressen spielten dabei ebenso eine Rolle wie irrationale Machtmotive. Es ist bezeichnend, daß koloniale Unternehmungen oft mit einer erheblichen Diskrepanz zwischen Aufwand und Gewinn endeten: Im deutschen wie im italienischen Fall war die Bilanz eindeutig negativ. Auch der moderne europäische Imperialismus steht unter dem Widerspruch der innereuropäischen Rivalität. Sie zerstörte schließlich in zwei Weltkriegen die Basis der europäischen Vorherrschaft über die außereuropäische Welt. Dieser Imperialismus scheiterte zudem an den Konsequenzen der politischen Emanzipation, die gerade eine Frucht der Europäisierung und Nationalisierung der Welt war. Die europäischen Ideen der Nation, der Demokratie, des Sozialismus kehrten sich notwendig gegen ein Europa, dessen Politik seiner eigenen politischen Philosophie so tief widersprach.

Es sollte sich allerdings zeigen, daß auch die Auflösung der Kolonialreiche nach 1945 den Imperialismus nicht beseitigte. Er dauert fort im Widerstreit zwischen den Blöcken, in der Konfrontation von Ost und West, in den strategischen und ökonomischen Interessen der Supermächte und in den gesellschaftlichen und ideologischen Polarisierungen der Welt, die selbst die United Nations Organization (UNO) spiegelt. Der Aufstieg einer Dritten Welt neuer Nationalstaaten mit entschiedenem Anspruch auf Souveränität oder die Lockerung der Blöcke bleibt schließlich im Bann imperialer Macht- und Einflußsphären. Das sollten die Besetzung der Tschechoslowakei (1968), der Vietnam-Krieg sowie die Konflikte um Nahost und Afrika beweisen. Und der Versuch, durch Entwicklungspolitik die ökonomischen und zivilisatorischen Funktionen des Kolonialismus von den Herrschaftsformen des Imperialismus zu lösen, hat mit der Verschiebung des Akzents vom Politischen auf das Wirtschaftliche und Technologische das Imperialismusproblem bis heute nicht gelöst. Es wird nun ein Problem des ökonomischen und sozialen Mißverhältnisses zwischen entwickelten Ländern und Entwicklungsländern, die sich immer schroffer gegenüberstehen.

Zum Nationalismus: Mit der Ausweitung der Politik nach außen wie nach innen ist das ältere nationalstaatliche Prinzip, der Nationalismus des 19.

Jahrhunderts, keineswegs beseitigt oder überwunden. Er wurde dadurch sogar unermeßlich vergröbert und seiner ursprünglichen geistig-moralischen, kulturellen Substanz weitgehend beraubt, sein Inhalt ist nun jenes rein machtstaatliche Denken, das schon die Friedensschlüsse von 1919 so problematisch und unzureichend gemacht hat. Die Parole vom Selbstbestimmungsrecht der Völker verlor im Augenblick des programmatischen Verwirklichungsversuches durch Woodrow Wilson unter dem Druck der Kriegs- und Herrschaftsinteressen ihren ursprünglich moralischen und zivilisatorischen Charakter. Bereits in der Vorkriegszeit war die nationale Idee im Zeichen des Imperialismus zu den größeren Panbewegungen gesteigert worden: Angelsächsisches Weltbündnis, Panslawismus unter dem russischen Imperium, alldeutscher und pangermanischer National-Imperialismus in Deutschland und Österreich waren Ausdruck dieser Tendenz. Und sie dauerte mit bedeutsamen Verschiebungen nach dem Krieg fort – allen Gegenbestrebungen, beispielsweise um ein Vereinigtes Europa oder einen übergreifenden Völkerbund, zum Trotz.

Der moderne Nationalismus ist ein Produkt der politisch-sozialen Emanzipationsbewegungen, die im 19. Jahrhundert zur Erfüllung drängten. Zunehmend wurde das Nationalgefühl als eine aus der Natur menschlicher Gemeinschaftsbildung stammende Grundlage des modernen Staates glorifiziert und zum höchsten Wert politischer Existenz erhoben. In sogenannten verspäteten Nationen wie Deutschland und Italien oder in Osteuropa galt diese Vorstellung um so entschiedener, je weniger die Gleichsetzung von Sprache, Volk und Rasse mit Nation und Staat der Realität entsprach. Zumal die deutsche Geschichte ist bedrängt und verzerrt von den Anstrengungen und Entartungen, die ihr das krampfhafte Streben nach einer Identität von staatlicher und nationaler Verfassung auferlegt hat. Die großdeutsche Mobilmachung unter Hitler war die letzte, totalitäre Konsequenz eines forcierten Nationalismus, der die übernationalen, europäischen und menschheitlichen Bindungen der deutschen Kultur nachhaltig gestört hat.

Der moderne Nationalismus diente entweder als Überbau eines bestehenden Staates, wie in England oder Frankreich, oder der Herauslösung und Vereinigung von Völkern aus multinationalen Staatsgebilden, wie in Mittel- und Osteuropa. Die Nationalstaatsbildung ist kein ehernes Gesetz. Die multinationale Schweiz widerlegt die Behauptung von der Notwendigkeit einer Sprachnation, die religiöse Staatsgründung Israels die Vorstellung von der kontinuierlich ansässigen Geschichtsnation. Insgesamt stimmt nur eine Minderheit von Nationalstaaten mit den Sprachgrenzen überein. Von einer Identität zwischen Sprache und Nation kann heute allenfalls in Teilen Europas, jedoch weder in Lateinamerika noch in Afrika und Asien die Rede sein. Aber welch konkrete Realität gerade Fiktionen und Ideologien in der Politik besitzen, das sollte in der fortdauernden Bedeutung des nationalistischen Arguments für Entstehung und Selbstbewußtsein der neuen Staaten Afrikas und Asiens offenbar werden. Der fieberhafte Nationalismus der Dritten Welt, Instrument zur Schaffung und Integration von Staatsvölkern aus divergenten Stämmen und Gruppen, das vielzitierte Nation building, bedeutet einen Anpassungs- und Nachholprozeß gegenüber Europa: Nationalismus ist in diesem Sinn ein Vehikel zur Europäisierung und Modernisierung der Welt. Der Übergang vom Kolonialismus zur nationalen Unabhängigkeit erweiterte allerdings die internationalen Spannungsfelder und übertrug die inneren Probleme der ehemaligen Imperien in außenpolitische Konflikte, die im Zeichen des Nationalismus und mit seiner ganzen Intensität geführt werden sollten. Das wirkte auf die alte Welt zurück: In Ereignissen wie der Ölkrise von 1973 und der westlichen Reaktion auf ihre Folgen gewinnen neonationalistische Impulse an Boden gegen jene supranationalen Tendenzen, die Europa nach zwei Kriegen bestimmt haben.

Es ist eine zwiespältige Bilanz, die der Siegeszug des modernen Nationalismus gegen die universalen und partikularen Mächte der vorindustriellen Ära zu verbuchen hat. Seine Erscheinungsformen sind von einem ambivalenten Verhältnis zur modernen Entwicklung von Staat und Gesellschaft bestimmt: Der Nationalismus tritt als Träger einer Politisierung aller Bevölkerungsschichten und des demokratischen Selbstbestimmungsgedankens auf; er bildet aber auch die Ideologie zur populären Sanktionierung oder zur Verhüllung national-imperialer und autoritär-totalitärer Regime. Besonders eigenwillig macht sich diese Ambivalenz von modernisierenden und reaktionären, von demokratischen und diktatorischen Konsequenzen in den überstaatlichen Panbewegungen geltend. Dem historischen Beispiel des Panslawismus und Pangermanismus folgte besonders die Ideologie des arabischen Nationalismus, mit deren Parolen sich monarchische Feudalregime und national-soziale Einparteiendiktaturen in erbitterter Konkurrenz die Zustimmung der Massen sichern wollten, um sie von den sozialen und politischen Problemen auf den Kampf gegen den Nationalfeind Israel abzulenken.

Das Verhältnis des Nationalismus zu übernationalen Ideologien hat vielfältige Wandlungen erfahren. Während Karl Marx den Nationalismus als Instrument der Bourgeoisie zur Störung der internationalen Solidarität des Proletariats verdammte, suchten Marxisten wie Otto Bauer und besonders Wladimir Iljitsch Lenin ihn mit der internationalistischen Klassenkampftheorie zu verbinden. Der dynamischen Kraft nationalistischer Bewegungen in Europa wie in China trug die kommunistische Theorie der nationalen Befreiungskriege schon früh Rechnung, indem sie diese als erste Stufe einer dann international-sozialistischen Revolutionierung interpretierte. Auch die Sowjetunion konstituierte sich als eine Nationalitäten-Föderation; sie erklärte nach dem Ausbleiben der Weltrevolution mit dem ›Sozialismus in einem Land‹ einen nationalen Weg zum Kommunismus, und sie führte demgemäß den Kampf gegen Hitler als einen betont patriotischen Krieg, was die Mobilisierung der Massen und Partisanen erleichterte. Nationalistischer Parolen bedienten sich in gleicher Weise der Kommunisten in den nationalen Widerstandsbewegungen Europas seit 1941 und in den Guerillabewegungen Asiens und Lateinamerikas, in Vietnam und auf Kuba. Überall erwies sich das nationale Vorzeichen kommunistisch-revolutionärer Aktivitäten als besonders wirkungsvoll. – Auf der anderen Seite ist der Nationalismus auch von imperialen oder kapitalistischen Bestrebungen benützt worden. Im Widerspruch zu ihren letztlich übernationalen Tendenzen hat sich die liberale Demokratie des Westens der nationalistischen Mobilisierung oder gar Revolutionierung bedient. So hat sie im Ersten Weltkrieg die Slawen gegen das Habsburger Reich, die Araber gegen das Türkische Reich mobilisiert. Strategische oder ökonomische Motive im Wettkampf um Einflußsphären sowie ideologisch-politische Argumente, beispielsweise bei der amerikanischen Förderung Jugoslawiens nach dem Bruch Josip Titos mit Jossif Stalin (1948) oder bei der sowjetischen Unterstützung Ägyptens, das seine Kommunisten stets unterdrückt hat, beweisen bis in unsere Tage die ungebrochene Rolle, die der Nationalismus im Kalkül der Weltmächte selbst dann spielt, wenn er die ideologischen Frontstellungen sprengt. Er ist eine Kraft, der unvermindert die erste Stelle unter den Faktoren politischer Gefühls- und Willensbildung nach innen und außen zukommt.

Die gewaltige Vermehrung der Zahl der Nationen seit 1918 und erneut seit 1945 und 1960 bestätigt die globale Ausbreitung des Nationalstaatsprinzips und zeugt andererseits von der Wandlung des ursprünglich bürgerlich-liberalen Nationalismus in eine egalitäre Massenbewegung – mit dem Anspruch, auch den Sozialismus in einem nationalen Volks- oder Staatssozialismus zu absorbieren oder durchzusetzen. Die übernationalen Weltorganisationen, die nach den beiden Kriegen gegründet worden sind, voran Völkerbund und UNO, blieben der primär nationalstaatlichen Organisation durchaus verpflichtet. Das Leitbild nationaler Souveränität nach außen und nationaler Integration nach innen wurde argwöhnisch verteidigt, obwohl die weltweite Ausdehnung und Vervielfältigung der Nationalismen relativierend wirkte und eine zureichende Definition der Nation noch erschwerte. Heute bilden weder Sprache noch Abstammung noch Kultur für viele Nationen eine ausreichende Begründung. So manche Nation beruht lediglich auf der zufällig territorialen Einheit aus der Zeit kolonialer Willkür. Doch das verhinderte zwischen und nach den Weltkriegen nicht, daß der Nationalismus samt seinen ungeklärten Kriterien als Sprengstoff für Auseinandersetzungen aller Art unverminderte, oft sogar gesteigerte Bedeutung besitzt.

Der Ursprung der furchtbarsten Übersteigerungen eines imperialistischen Nationalismus, der in der Zeit zwischen den beiden Weltkriegen reifte – Nationalsozialismus, Faschismus und Sowjetimperialismus –, liegt in der Vorkriegsentwicklung um und nach 1900, in der Hitler, Benito Mussolini und Stalin ihre ›formativen Jahre‹ erlebten. Es war die Zeit einer Überhitzung und Machiavellisierung der Machtpolitik, der Neigung zu national verbrämten imperialistischen Ideologien, des Bedürfnisses nach Ausdehnung, Expansion, Erweiterung und Abrundung des ›Lebensraumes‹ – ein deutscher Begriff, dem dann als Kernbegriff der nationalsozialistischen Ideologie in der weltpolitischen Entwicklung der dreißiger Jahre entscheidende Bedeutung zukam. Eine solche Entwicklung wurde in der Außenpolitik des Dritten Reiches, die mit dieser expansionistischen Lebensraumideologie unlöslich verknüpft war, vor allem von den Machtvorstellungen und Herrschaftsambitionen Hitlers bestimmt, ohne den Nationalsozialismus und Drittes Reich nicht zu denken sind. – Persönliche Entschlüsse und Entscheidungen bei der Gestaltung von Geschichte und Politik treten im Zusammenhang von Imperialismus und Nationalismus ebenso eindringlich hervor wie die allgemeinen Tendenzen, Traditionen und Bedingungen, deren Ausdruck die handelnde Persönlichkeit ist. Revolutionäre wie Hitler und Mussolini, Lenin und Stalin, aber auch Männer wie Franklin D. Roosevelt, Winston Churchill und Charles de Gaulle, Schlüsselpersonen unseres Jahrhunderts, suchen die Tendenzen der Epoche auf ihre Weise zu lenken, zu steigern oder zu schwächen. Man hat sich bei der Interpretation immer von neuem mit der alten Streitfrage nach der Rolle des persönlichen oder des überpersönlichen Faktors auseinanderzusetzen.

Im Blick auf die verwirrende Vielfalt der Zusammenhänge genügt es nicht, den Ereignissen chronologisch zu folgen oder die Hauptaktionen der Handelnden einfach zu referieren. Es bedarf einer stets abwägenden Verbindung von historischer und systematischer Betrachtung, die über die Beschreibung des Geschehens, über die traditionelle Staatengeschichte hinaus den Strukturen der Entwicklung nachspürt. Eine derartige Betrachtung unterscheidet sich von den heute so modischen antihistorischen oder ahistorischen Auffassungen von Sozialwissenschaft, die theoretisch-abstrakt oder empirisch-statisch verfährt und meist bei eindimensionaler oder monokausaler Sicht landet. Ein großes Gegenbeispiel bleibt Max Weber. Seine bahnbrechenden Strukturanalysen des modernen Zeitalters beruhen auf der dichten und vielseitigen Erforschung politischer und sozialer Tatbestände, die ohne eine sorgfältig entwickelte historische Grundlage nicht denkbar sind.

Im Rahmen jener Problemstellungen wird sich unsere Betrachtung auf drei wesentliche Aspekte richten. Erstens geht es um die Struktur der Staaten und der Staatensysteme in ihrer jeweiligen Besonderheit wie in ihrer Vergleichbarkeit – mit dem Versuch der Klassifizierung, aber auch im Blick auf die Grenzen genereller Aussagen. Das gilt für Begriffe wie Totalitarismus oder Autoritarismus und noch mehr für solche wie Faschismus, Kapitalismus und

Sozialismus. Es ist die Frage nach der Brauchbarkeit alter und neuer Arten der Klassifizierung von Staats- und Gesellschaftsformen, nach der Entwicklung differenzierender Realbegriffe wie konstitutionell, repräsentativ, plebiszitär anstelle des traditionellen Schemas von Staatsformen: ›Monarchie‹, ›Aristokratie‹ und ›Republik‹ erscheinen wenig aussagekräftig; eher kann die konkrete verfassungspolitische und sozialwissenschaftliche Betrachtung zugleich Ansätze für eine realistische Begriffs- und Urteilsbildung bieten.

Zweitens ist die Entfaltung und Transformation politisch-ideologischer Bewegungen ein zentrales Thema. Hier interessiert nicht zuletzt die Frage, wie stark das Erbe des vorangegangenen Jahrhunderts hereinwirkt, das die drei großen politischen Lager – Liberalismus, Konservatismus, Sozialismus – beherrscht. Ein wesentliches Problem bildet dabei die Tatsache, daß diese Bewegungen in den verschiedenen Staaten und Gesellschaften sehr unterschiedlich entwickelt sind und daß das Verhältnis von Tradition und Veränderung höchst ungleich gelagert ist; dasselbe gilt für die sozialen und politischen Zerspaltungen der jeweiligen Gesellschaft, von denen Parteiwesen, politische Kultur, ja, das politische System insgesamt in seiner Funktionsfähigkeit abhängig sind, wobei die Fähigkeit zur Konsensbildung, zur Entwicklung von Gemeinschafts- und Gesellschaftsbewußtsein ein entscheidendes Moment darstellt.

Zwar bleibt die Trias Liberalismus – Konservatismus – Sozialismus als Grundmuster der modernen Ideologien- und Parteienbildung erhalten, doch steht auch sie im Zeichen der Wechselbeziehung von Bruch und Kontinuität. Eine Veränderung der politisch-ideologischen Szenerie geht einher mit der fortschreitenden Parlamentarisierung und Demokratisierung auch der Monarchien, die um die Jahrhundertwende schon deutlich einsetzt und im Verlaufe des Krieges machtvoll zum Durchbruch drängt; gleichzeitig bewirkt die rasche Änderung und Zuspitzung der ökonomischen und sozialen wie der geistigen Bedingungen eine Radikalisierung am Rande der politischen Lager, die sich in extrem rechten und linken Ideologien und Positionen Ausdruck verschafft: in den kommunistischen und faschistisch-nationalsozialistischen Bewegungen. Das bedeutet eine Neuformierung der politischen Szenerie von weltgeschichtlicher Bedeutung, die aber lange schon vorgebahnt war in faschistoiden und revolutionär-sozialistischen Strömungen der zweiten Hälfte des 19. Jahrhunderts: einerseits in den völkischen Ideologien und dem Antisemitismus der siebziger und achtziger Jahre, andererseits im deutschen Marxismus- und Revisionismusstreit der Jahrhundertwende und in der Spaltung der russischen Sozialdemokratie.

Drittens wird die laufende Betrachtung der Formen und Modifikationen der Demokratie im Zusammenhang der alten wie der neuen Verfassungssysteme eine leitende Fragestellung bilden. Auf der einen Seite befindet sich die historisch entwickelte Staats- und Gesellschaftsform der Demokratie sowohl

Englands und Amerikas wie besonders Frankreichs, die als Vorbild über der Neugestaltung der Nachkriegsordnung von 1919 (wie 1945) steht, in einem ständigen und krisenreichen Strukturwandel. Mit dem Schlagwort von der Strukturkrise der modernen Demokratie wird jener geradezu natürliche Zustand des steten Wandels und der immer neuen Anfechtung dieser schwierigsten und anspruchsvollsten aller Staats- und Gesellschaftsformen bezeichnet, den breite Bevölkerungsschichten, von der Erinnerung an traditionelle Regierungsautorität bestimmt, damals noch nicht akzeptierten. Auf der anderen Seite verändern die neuen Bedingungen des Massenzeitalters, schließlich der Kriegs- und Nachkriegszeit auch die Umstände des demokratischen Prozesses in prinzipieller Weise. Aus der Honoratiorendemokratie einer begrenzten politischen Schicht wird die Massendemokratie. Die Institutionen und Prozesse des politischen Lebens verändern ihren Sinn auch in den älteren Demokratien. Dies gilt natürlich viel mehr noch für die neuen Demokratien und für ihr Verständnis von Demokratisierung im Übergang von autoritären Systemen zu Nationalstaaten.

Es sollte sich schon bei diesem ersten großen Versuch der Einsetzung von Demokratien in zahlreichen Staaten Mittel- und Osteuropas nach 1918 zeigen, wie schwierig die Übertragung politischer Systeme überhaupt ist – mit all ihren unabsehbaren sozialen und geistigen Implikationen. Nach dem zweiten und dritten großen Versuch – 1945 mit Deutschland und Japan, später mit den Kolonialländern – ist das Problem vollends klar geworden. Es liegt in der zeitlichen Dimension, die neben den institutionellen und ideologischen Bedingungen von ausschlaggebender Bedeutung ist. Ohne ein Ausreifen der Voraussetzungen, wie es beim zweiten Anlauf und mit der Gunst ökonomischer Blüte und politischer Erfahrung in Deutschland möglich geworden ist, hat eine solche Übertragung wenig Erfolgsaussichten. Unser Buch handelt nicht zuletzt vom Problem der Demokratie und ihrer Zukunft im 20. Jahrhundert.

## Bruch und Kontinuität: Wirkungen des Krieges

Eine Geschichte der Staaten und der politischen Bewegungen seit dem Ende des Ersten Weltkrieges weist über das hinaus, was als Zeitalter Europas begriffen wird. Sie gerät unter die übergreifende Frage, in welchem Maße die Geschichte Europas in eine globale Weltzivilisation einmündet, die zunehmend von außen bestimmt ist. Am Ende des Ersten Weltkrieges stand die düstere Prophezeiung eines Oswald Spengler, schon vor dem Krieg entworfen, zu Recht kritisiert in ihrer lapidaren Simplifizierung, dennoch treffend als Ausdruck eines starken Zeitgefühls, wie das Weltecho des Buches beweist: ›Der Untergang des Abendlandes‹. Am Ende des Zweiten Weltkrieges formulierte der Kultursoziologe Alfred Weber, Bruder des großen Max Weber, seine Diagnose in dem Buch mit dem Titel: ›Abschied von der bisherigen Geschichte‹. Das sind deutsche Stimmen. Und in der Tat war Deutschland besonders hart betroffen von dem Gespenst der Auflösung Europas und schließlich von der ›deutschen Katastrophe‹, wie 1945 die Bilanz von Friedrich Meinecke, dem Nestor der deutschen Historiker, lautete. Das Gefühl der Krise und des Untergangs der bisherigen Welt, das im Augenblick der äußersten Zuspitzung und Entladung europazentrischer und zugleich germanozentrischer Machtpolitik aufbrach, ist in weniger dramatisch formulierten Empfindungen vieler europäischer Zeitgenossen ebenso greifbar.

Doch in beiden Fällen, 1918 und 1945, erwies sich die Kontinuität auch in den Katastrophen des Krieges und der Zerstörung als erstaunlich stark. Beide Male sind die Prophezeiungen von der Weltwende und der Ausschaltung Europas bald durch unvorhergesehene Ereignisse überholt worden. Das geschah im einen Fall durch den Aufstieg von Kommunismus und Faschismus, europäischen Bewegungen von Weltwirkung; im anderen Fall durch den Kalten Krieg und die Rekonstruktion Europas, die sich in der Form einer Einigungspolitik in Westeuropa auch auf die Überwindung jener Selbstzerstörung auswirkte, die mit der Entfesselung des Ersten Weltkrieges 1914 begonnen hatte. Die Fragwürdigkeit der Diagnosen und Perspektiven von 1918 und 1945 ist dem Zeithistoriker voll gegenwärtig. Seine Schwierigkeiten bei der Analyse und Deutung hängen ganz unmittelbar mit dem Problem der geringen historischen Distanz zusammen – nicht nur in dem Sinne, daß Sympathien und Antipathien auf seine Erlebnisse und Erfahrungen direkt bezogen sind, sondern auch weil die Konsequenzen der Ereignisse gar nicht bekannt sein können, weshalb ihr Gewicht noch unsicher ist und stets die Gefahr der Unter- oder Überschätzung bestimmter Vorkommnisse oder Zusammenhänge besteht. Andererseits weiß man, daß selbst weiter zurückliegende Geschichtsperioden vor Verzerrung und Mißbrauch für tagespolitische und ideologische Zwecke nicht geschützt sind; die Geschichtsschreibung über das Mittelalter oder die Antike im Dritten Reich oder unter dem Stalinismus bietet viele Beispiele für solche Anfälligkeit. In der Zeitgeschichte wird der Nachteil der geringen historischen Distanz oft durch den Reichtum der Quellen wettgemacht, der eine genauere Kontrolle der Urteile erlaubt, als dies in Epochen lückenhafter Überlieferung möglich ist. So berechtigt die Skepsis gegenüber einem zeitgenössischen Urteil sein mag, für das die Quellen noch verschlossen sind, so gewiß wird in einer längeren Perspektive des Zeitalters sowohl der tiefgreifende Wandel offenbar als auch das erstaunliche Maß an Beharrungskraft und Eigenart der europäischen Nationen über alle Katastrophen des Jahrhunderts hinweg. Trotz allem Klagen über den Herbst Europas oder seine Amerikanisierung läßt sich die Identität einer spezifischen europäischen Welt auch im Prozeß der Modernisierung und der Integration immer von neuem feststellen. Europa wandelt sich zu einem Teilsystem der Weltpolitik, zum Teil eines Globalsystems in einer Welt, die zunehmend von außereuropäischen Mächten und Interessen bestimmt wird. Das Wort am Ende des europäischen Zeitalters bezieht sich also in erster Linie auf den Bereich der internationalen Politik, auf die Phänomene der Entkolonisierung, und auf das Verstummen des europäischen Mächtekonzerts, das zwischen den Kriegen noch einmal zu scheinbar großer Bedeutung gelangt war, um einen schrillen letzten Höhepunkt im Zweiten Weltkrieg zu erreichen.

Am Ende des Ersten Weltkrieges stand hinter dem unmittelbaren Eindruck der militärischen Entscheidung über Sieg und Niederlage die ausgreifende Frage nach dem fortwirkenden Ergebnis des Krieges: Wie tief ist der geschichtliche Bruch, wie stark die Kontinuität der Vorkriegswelt? Bis heute bestimmt der Streit um eine Klärung dieser Frage, die über den vordergründigen militärisch-politischen Zusammenhang hinausgeht, die ernsthafte historische Diskussion der Epoche. Der Krieg bedeutet Höhepunkt und Umschlag, Ende der wichtigsten Tendenzen des 19. Jahrhunderts; erst er vollendete die Jahrhundertwende. Die seit den großen Revolutionen der Neuzeit angebahnten innenpolitischen und zwischenstaatlichen Entwicklungen fanden in diesem riesigen, erschütternden Zusammenstoß ihren schärfsten Ausdruck und ihre Entladung, freilich auch den Durchbruch in neue, intensivere Verwirklichungen. Zuspitzung und Ausgang des Ersten Weltkrieges markieren einen tiefen Einschnitt, einen Bruch mit der Vergangenheit, und setzen den Neuanfang einer Entwicklung von Strukturen und Systemen, die definitiv über die bisherige Geschichte hinausführen. Revolutionen neuen Typs mündeten in Diktaturen neuen Typs, die mit neuen Mitteln der Herrschaftstechnik als totalitär begründet wurden. Zuerst fielen die Monarchen von Gottes Gnaden. Der Sieg der Demokratie erschien unaufhaltsam, ein Zurück in die Vorkriegswelt unmöglich.

Dennoch ist die Frage nach Bruch oder Kontinuität nur scheinbar entschieden. Schon in der Machtpolitik der Friedensschlüsse, in der Machtverteilung der Staaten nach innen und außen und mehr noch in dem Konflikt zwischen Verteidigern und Gegnern einer Nachkriegsordnung, die dadurch als eine bloße Zwischenkriegslösung erscheint, dauerten Strukturen und Tendenzen der Vorkriegswelt fort.[5] In der Tat kann die Bilanz von 1914 bis 1918 nicht auf die einfache Formel ›Bruch oder Kontinuität‹ gebracht werden. Der Krieg hatte Entscheidungen ermöglicht oder herbeigeführt, die von immenser Tragweite für unser ganzes Jahrhundert sind; aber er bildet nicht einfach ihre Ursache. Zu seinen Voraussetzungen gehört die Anhäufung von Spannungen und ungelösten Problemen, die durchweg bereits in der Vorkriegszeit, ja weit zurück im vorangehenden Jahrhundert erkennbar sind.[6]

Das gilt im Grunde ebenso für das große Stichwort der Nachkriegszeit: die

Krise des europäischen Zeitalters. Im 19. Jahrhundert vollendete sich nicht nur die europäische Besetzung und Durchdringung der Welt, sondern Weltpolitik wurde gleichgesetzt mit europäischer Politik. Auch die amerikanische Hemisphäre und zuletzt der Aufstieg Japans waren ein Resultat europäischer Politik und der Ausdehnung westlicher Kultur. Es war die Gleichsetzung europäischer Politik mit Weltpolitik, nicht bloß die Riesendimension des Konflikts, die sogleich von einem Weltkrieg sprechen ließ, als der europäische Krieg 1914 begann. Aber die Weltbeherrschung durch Europa, die gleichfalls in der Übertragung von Institutionen, Ideen, moderner Technik Ausdruck fand, weist schon im 19. Jahrhundert eine Reihe von Lücken und Einbruchstellen auf, die der Erste Weltkrieg schonungslos offenbarte. Insofern ist er Wendepunkt von der Selbstvergötterung zur Selbstzerstörung Europas, die sich im Zweiten Weltkrieg scheinbar definitiv vollendete, aber ein halbes Jahrhundert zuvor schon angebahnt wurde, als die Vereinigten Staaten von Amerika ihre eigene Hemisphäre beanspruchten und imperial über den Pazifik griffen, und als daraufhin auch Japan seine erzwungene Öffnung nach Westen rasch zur imperialen Politik in Ostasien ausweitete. Als wichtigste Einbruchsstellen erscheinen in der historischen Perspektive: der Aufstieg der USA zur eigentlichen Entscheidungsmacht im europäischen Streit; die in der Imperial- und Kolonialpolitik der Vorkriegszeit angebahnte Überforderung der europäischen Mächte; und eine tiefe Identitätskrise der europäischen Kultur und Gesellschaft, die schließlich von den zwei antipodischen Bewegungen, von Marxismus und Faschismus, radikal in Frage gestellt worden sind.

Indem der Erste Weltkrieg alles das zu einer ersten Entscheidung gebracht hat, machte er auch bereits die Krise der europäischen Weltstellung offenbar. Allerdings zog man daraus zunächst einmal keine Konsequenzen; das fundamentale Problem der Zeit zwischen den Kriegen war eben die Verkennung der tatsächlichen Machtverhältnisse, eine tiefe Diskrepanz zwischen fiktiven und realen Bedingungen, scheinbar erleichtert durch den Rückzug der USA aus der Weltpolitik. Europazentrisch operierten die großen politischen Ideologien und Bewegungen der ersten Nachkriegszeit. Der Zweite Weltkrieg begann wieder als europäischer Krieg, geriet dann allerdings bald in die globale Verflechtung und wuchs Europa schließlich endgültig über den Kopf. Eine Wiederherstellung Europas im illusorischen Sinn der zwanziger und dreißiger Jahre ist unterdessen ad absurdum geführt, die weltpolitische Abhängigkeit des alten Kontinents bleibt unwiderruflich, selbst wenn sein Wiederaufbau nach der Katastrophe von 1945 erstaunlich und unerwartet den Pessimismus der Zeitgenossen Lügen straft.

Die meisten Antworten auf den Ersten Weltkrieg, von welchen die europäische Politik in der Folge bestimmt wird, führten zu einer Unterminierung und Infragestellung dessen, was das Zeitalter Europas emporgebracht hatte.

Ihre Wurzeln sind in der geistigen und materiellen Welt des 19. Jahrhunderts verankert, obgleich die politische Umsetzung dann als eine unmittelbare Folge des Weltkrieges erscheint. Es sind vorrangig drei welthistorische Antworten zu nennen: Marxismus – Kommunismus; liberale Demokratie; Faschismus – Nationalsozialismus. Sie verkörpern das Neue und doch längst Angebahnte, sie sind Antworten auf die Herausforderung nicht nur des Krieges, sondern auch auf industrielle Revolution, Modernisierung, Nationalismus und Imperialismus – jene Kräfte also, die sich im Krieg entluden. In diesen Antworten liegen Kriterien für die Deutung des Zeitalters, die dem Verfasser angemessener erscheinen als die gängige Vorstellung einer globalen Konfrontation von Revolution und Konterrevolution, wie sie damals und heute insbesondere die linke Polemik beherrscht. In allen drei Fällen bewirkte der Krieg ganz unmittelbar die Transformation von Ideen des 19. Jahrhunderts in politische Herrschaftsformen der Nachkriegszeit. Erstens: Der Marxismus wurde zur Staatsdoktrin in der Revolution Lenins, die eher Staatsstreich zu nennen ist – jedenfalls eine direkte Frucht der militärischen Niederlage des alten Regimes sowie der Unfähigkeit der demokratischen Revolution in Rußland, den Krieg zu beenden und eine parlamentarische Republik zu organisieren. Zweitens: Die parlamentarische Demokratie galt als der eigentliche Sieger des Krieges. Ihre Ausbreitung in die alten und neuen Staaten Europas erscheint nicht zuletzt als Verwirklichung der Ideen Wilsons, mithin der entscheidenden Interventionsmacht der USA. Drittens: Faschismus und Nationalsozialismus waren das Ergebnis einer nationalen und autoritären Welle, die sich in den vom Krieg frustrierten Ländern, zumal in Italien und Deutschland, gegen jene scheinbar siegreiche Demokratie wandten. Für sie ging der Kampf weiter; ihre Allianz im Zeichen des Revisionismus und schließlich der Expansion sollte die Friedensordnung zu Fall bringen.

Diese drei Antworten auf den Ersten Weltkrieg zogen jede auf ihre Art ein Fazit der wesentlichen Strömungen, die der Krieg emporgetragen hatte: Sozialismus, Demokratie und Nationalismus. Aber sie repräsentierten auch die drei Mißverständnisse des Krieges, wenn sie diesen einer einseitigen oder einlinigen Interpretation unterwarfen. Das kollektivistische Mißverständnis erblickte im Krieg den unwiderstehlichen Schrittmacher eines künftigen Weltsozialismus; das autonomistische den endgültigen Sieg der Selbstbestimmungs- und Menschenrechte; das nationalistische den Wiederaufstieg oder die Vollendung des autarken, integralen Machtstaates. Den Mißverständnissen folgten die Enttäuschungen und die Fehlreaktionen: für die Sozialisten die Enttäuschung, daß die internationale Revolution ausblieb oder von der Bevölkerung nicht akzeptiert wurde; für die Demokraten, daß die nationalstaatliche Selbstbestimmung nicht funktionierte, vielmehr neue Probleme schuf, sofern sie alte löste; für die Nationalisten die grandiose Fehlrechnung, mit einem zweiten Akt des Weltkrieges doch noch die ausgebliebenen

Machtgewinne zu erreichen. So ist die Verkennung der Realitäten und Wahrheiten des Ersten Weltkrieges nicht weniger bedeutsam als das große Maß an Entscheidungen und Veränderungen, die er hervorgebracht hat. Dabei treten vier Hauptfaktoren der Kriegs- und Nachkriegsentwicklung in Erscheinung: die neue Bedeutung Amerikas; die widersprüchliche Struktur der Kriegs- und Friedensziele; das Nationalitätenproblem und der Zusammenbruch Österreich-Ungarns; endlich die Durchsetzung und Krise der Demokratie.

Erstens: Der Eintritt der USA in den Krieg war machtpolitisch durch die engen Beziehungen zu England und die Befürchtung einer hegemonialen Übermacht Deutschlands bestimmt; psychologisch wurde er als ein Kreuzzug für Freiheit und Demokratie verstanden. Schon 1916 hat der amerikanische Präsident Wilson, ein angesehener Politikwissenschaftler und zeitweiliger Präsident der Princeton University mit starken moralischen und demokratischen Überzeugungen, die Beteiligung der USA an der künftigen Friedensordnung und an einer Weltorganisation der Nationen als notwendig propagiert. Aber diese idealistische Motivierung der Kriegsbeteiligung hatte zur Folge, daß das reale Interesse der USA an der konkreten Machtpolitik in Europa von weiten Kreisen der amerikanischen Bevölkerung verkannt und nach Kriegsende der Rückzug von den Händeln Europas gefordert und erzwungen wurde. Die kriegsentscheidende Rolle der USA und ihre passive Nachkriegsrolle stehen in krassem Widerspruch zueinander. Zu spät erfuhr Wilson von den Geheimverträgen der Alliierten, die schwerwiegende Vorentscheidungen für die Friedensregelung enthielten; er gab sich der Illusion hin, daß Amerika nach seinem entscheidenden Kriegsbeitrag ganz selbstverständlich eine führende Rolle bei der Neuordnung eines erschöpften Europas spielen würde.

Zweitens: Die innere Widersprüchlichkeit der Kriegs- und Friedensziele resultierte aus den unterschiedlichen Motiven und Bestimmungen, denen sie dienten. Als die alliierten Geheimverträge nach der bolschewistischen Revolution bekannt wurden, mußte das Friedensprogramm so koordiniert werden, daß es die Kriegsanstrengungen vorantrieb, aber auch die Friedenshoffnungen stützte und den (zumal amerikanischen) Proklamationen einer künftigen Weltordnung gerecht wurde. Im Januar 1918 hatten der britische Premier David Lloyd George und Präsident Wilson mit seinen berühmt gewordenen Vierzehn Punkten fast übereinstimmende Friedensprogramme bekanntgegeben, die als idealliberaler Entwurf einer neuen Weltordnung Freund und Feind ansprachen. Selbst ein so diktatorischer Vertreter der alten Ordnung wie General Erich Ludendorff hat in der Krise des Herbstes 1918 darauf gesetzt, als er mit abrupter Kursschwenkung Deutschland eine parlamentarische Regierung und das Waffenstillstandsgesuch unter Berufung auf die Vierzehn Punkte verordnete. Aber es zeigte sich, daß diese kein verpflichtendes Programm aller Alliierten darstellten und mit einer ganzen Reihe von Kriegszielen, insbesondere aus den Geheimverträgen, unvereinbar waren. Zwar bedeutete der Waffenstillstand vom 11. November 1918 keine bedingungslose Kapitulation; er wurde an das Wilsonsche Friedensprogramm gebunden. Doch der Widerspruch sollte sich im weiteren Gang der Friedensverhandlungen und Friedensverträge als unauflösbar erweisen.

Drittens: Die Auflösung des Habsburger Reiches war die wichtigste weltpolitische Veränderung, die der Ausgang des Krieges und die Regelung des Friedens mit sich brachten. Alle anderen Staaten blieben erhalten, wenngleich mit erheblichen territorialen Verschiebungen. Die neuen Nationalstaaten, die an die Stelle der Doppelmonarchie traten, bedeuteten eine demonstrative Erhebung der Nationalität – leider auch des Nationalismus – zum leitenden Prinzip der staatlichen Organisation und des politischen Lebens. Drei Probleme traten bei der Neuordnung Südost- und Osteuropas besonders hervor. Zum einen die Schwierigkeiten der Grenzziehung, auch hinsichtlich der Minderheiten, in einem national und sprachlich so gemischten Raum, der von historischen, kulturellen und ökonomischen Konfliktstoffen zwischen den Völkern erfüllt war. Zum anderen die Gegensätze zwischen Siegern und Besiegten, auch unter den neuen Nationalstaaten, mit der Konsequenz des Scheiterns aller Versuche einer übernationalen Zusammenarbeit über die nationalstaatliche Zersplitterung hinaus. Der Sturz des Habsburger Reiches hinterließ ein Vakuum, das künftige Konflikte der Großmächte geradezu anziehen mußte. Und letztlich die geographische Lage zwischen Ost und West, die in recht verschiedenen außenpolitischen Einstellungen der einzelnen Nationen Ost- und Südosteuropas, in einer weiteren Zerspaltung Europas Ausdruck fand. Im neuen Jugoslawien waren die Serben auf Rußland, die Kroaten und Slowenen auf den Westen hin orientiert. Die Polen waren besonders mißtrauisch gegen das alte wie das neue Rußland und daher besonders deutlich auf den Westen, zumal Frankreich, ausgerichtet. Auch der Panslawismus hatte also durchaus zwiespältige Konsequenzen; eindeutig war er nur in der Gegenstellung zu Deutschland. Allerdings sollte die überwiegend westliche Orientierung nach dem Sieg des Bolschewismus in Rußland diesen Völkern in dem Moment verhängnisvoll wenig helfen, in dem Deutschland und die Sowjetunion ein Interessenbündnis eingingen und ein neuer Krieg den Westen schwächte. Dies um so mehr, als die nationalstaatliche Zuspitzung ihre Beziehungen zueinander und zur Entwicklung Europas insgesamt weitgehend vergiftete oder lähmte. Aber die Alternative der amerikanischen Politik, ein Separatfriede mit Österreich-Ungarn, hatte weder in Wien noch in Paris und London eine Chance.

Viertens: Die Durchsetzung und die Krise der Demokratie waren am Ende des Krieges fast gleichzeitig präsent. Es war der Augenblick der größten Ausbreitung der Demokratie; auch ihre Gegner haben den Krieg als Triumph der

Demokratie verstanden, so in Deutschland die Anhänger der Dolchstoßlegende, die den Demokraten statt den Militärs die Schuld an der deutschen Niederlage zuschoben. An die Stelle der autoritären Monarchien, die 1914 das Bild Europas überwiegend beherrscht hatten, traten Parlamentsdemokratien mit oder ohne Monarchen. Jedoch nur fünfzehn Jahre später hatte sich die Lage wieder umgekehrt. Zwar war es eine Verkehrung von Ursachen und Wirkungen, die Demokratie für die Niederlage und ihre Folgen verantwortlich zu machen, wie es in Deutschland und anderen besiegten Staaten geschah, aber solche verhängnisvollen Fehldeutungen waren eben möglich, weil es sich ausschließlich um demokratische Staaten handelte, die an den Friedensverhandlungen und der Nachkriegsordnung beteiligt waren. Statt die Welt »safe for democracy« zu machen, wie es der Westen im Anschluß an das Wort des englischen Schriftstellers Herbert George Wells vom August 1914 als das oberste Kriegsziel propagiert hatte, führte die Neuordnung Europas durch und für Demokraten in ein Zeitalter der Diktatoren, das alles Bisherige übertreffen sollte, und in eine Erneuerung des Krieges, den man nach dem Zusammenbruch der alten Autokratien Europas endgültig gebannt glaubte.

## Der Friede und die internationale Ordnung

Es gehört zu den paradoxen Problemen der Epoche, daß das System der Friedensschlüsse und der internationalen Ordnung, Ergebnis und Schlußpunkt des Ersten Weltkrieges, durch eben die Kräfte unterminiert und schließlich zerstört worden ist, die der Krieg entfesselt oder gestärkt hatte. Im Rückblick scheint das Scheitern des Friedens fast unvermeidlich gewesen zu sein, und in der Tat ist schon früh nicht allein von den Gegnern und Betroffenen scharfe Kritik oder resignierte Befürchtung geäußert worden. Die Friedensverträge litten unter einer doppelten Schwierigkeit, die einem Circulus vitiosus gleichkam. Die Wiederherstellung der Vorkriegslage war unmöglich, nachdem beide Seiten sich auf weitreichende Ziele festgelegt hatten. Aber eben deshalb gelang auch eine Anpassung des Friedens an die neuen Realitäten der Weltpolitik nicht; die Friedensschlüsse blieben im traditionell-nationalen Denken der europäischen Machtpolitik befangen. Der Ansatz Wilsons war von Anfang an zum Scheitern verurteilt, nicht nur weil es dem amerikanischen Präsidenten an Unterstützung in den entscheidenden Nachkriegsmonaten im eigenen Land und im Kongreß fehlte, sondern auch weil er auf die widersprüchliche Verbindung seiner globalen Friedensphilosophie mit den nationalen Ambitionen der Alliierten eingegangen war. Wilsons Vierzehn Punkte waren zu allgemein gehalten, zu wenig logisch, nicht überall realisierbar und daher zu mißbrauchen, zumal in der Frage der Selbstbestimmung; sie waren aus einer amerikanischen Distanz zur Weltpolitik formuliert, die eine Distanz zu den politischen Realitäten bedeutete und die Überwältigung dieser Prinzipien durch Machtpolitik ermöglichte.

So blieb es letztlich bei einer einseitigen Rekonstruktion der Vorkriegswelt, wobei die Veränderungen zugunsten der Sieger diese nicht zufriedenstellten, die Besiegten jedoch von vornherein zu unversöhnlichen Revisionisten machten. Es sollte sich rasch zeigen, daß vor dem Hintergrund dieser nationalstaatlichen und kolonialimperialen Restauration, die auf der fortdauernden Überzeugung von einer europazentrischen Weltpolitik beruhte, die Ansätze übernationaler Friedenssicherung und Kooperation, die in der Völkerbundsgründung institutionalisiert wurden, wenig Wirkungskraft entfalten konnten. Es bedurfte der furchtbaren Widerlegung dieser Fiktionen in einem zweiten Weltkrieg, um den Übergang vom nationalstaatlichen zum europäischen und globalen Zeitalter auch dem Bewußtsein der politisch Handelnden einzuprägen. Wohl standen sich Vertreter der alten und der neuen Richtung gegenüber, als Ende 1918 in Paris die Friedensverhandlungen begannen. Die Protagonisten der neuen Diplomatie, die eine Überwindung der nationalstaatlichen Konflikttraditionen zugunsten internationaler Regelungen forderten, kamen aber vorwiegend aus nichteuropäischen Ländern, und sie waren von vornherein gehandikapt durch die Schwäche der inneren Position Wilsons. Ferner wirkte sich die Tatsache aus, daß der Umsturz in Rußland diesen großen Teil Europas und der Welt von der Konferenz fernhielt. Die Furcht vor der bolschewistischen Revolution tat ein übriges, die europäischen Staaten auf ihre eigenen Interessen zurückzuwerfen.

Auf dieser Ebene war die Stimmung allseits von nationalistischen Sentiments beherrscht. Die Stellung Frankreichs mußten in den Augen seines Premierministers Georges Clemenceau in erster Linie die Erfahrung der Niederlage von 1870/71 und das Streben nach absoluter Sicherheit gegenüber Deutschland bestimmen. Die neuen Staaten auf dem Boden der Habsburg-Monarchie waren ebenso wie die zuvor aus dem Türkischen Reich hervorgegangenen Balkanstaaten von der Durchsetzung des Nationalstaatsprinzips und der Austragung unlösbarer Grenz- und Minderheitenkonflikte beherrscht. Es gelang auch im weiteren nicht, dieser Erbschaft der Großreiche Herr zu werden; zwischenstaatliche Verbindungen wie die Kleine Entente zwischen Tschechoslowakei, Jugoslawien und Rumänien waren zum Scheitern verurteilt. Es erwies sich nämlich, daß gerade das Prinzip der Selbstbestimmung, von Wilson so emphatisch als Vehikel der Demokratie propagiert, vorrangig als ein Mittel zur Verschärfung und Legitimierung der Nationalitätenkämpfe wirkte. – Den Proklamationen der Selbstbestimmung, des Sieges der Demokratien über die Autokratien und einer internationalen Friedensordnung stand die Realität einer zähen, jedoch erfolglosen Interessenpolitik alten Stils gegenüber, die wie immer in der bisherigen Geschichte auf Kosten der Besiegten ging. Freilich sah man sich auf den Konferenzen vor einer überdimensionalen Aufgabe. Der Krieg hatte Entwicklungen in Bewegung gesetzt und Strukturen zerbrochen; die Veränderungen in politische Form zu fassen war eine Aufgabe, die in so kurzer Zeit und inmitten der akuten Nachwehen des Krieges, des ökonomischen und sozialen Elends, der Bürgerkriege und Revolutionen in Rußland und Mitteleuropa, der politischen und ideologischen Zerspaltung kaum zu lösen war, auch wenn die Konstellation der Konferenzen günstiger und die Fähigkeiten der beteiligten Politiker größer gewesen wären. Es war von vornherein unmöglich, der Weltbedeutung des Krieges entsprechend den Frieden auf einer umfassenden Neuordnung aufzubauen, wenn Rußland fehlte und die USA sich zurückzogen, wenn die siegreichen Mächte ihre kolonialimperiale Politik nicht zur Diskussion stellten und alle Staaten, zumal die neuen Nationalstaaten, fanatisch auf ihrem jeweiligen Anspruch einer maximalen Auslegung des Nationalprinzips und der Nationalgrenzen auf sprachlicher, ethnischer oder historischer Grundlage bestanden.

So waren, allen besseren Einsichten zum Trotz, die Fronten der Vorkriegs- und Kriegszeit weiterhin maßgebend. Der Versuch, den Weltfrieden als Ganzes zu behandeln, den großen Interdependenzen der modernen Welt gerecht zu werden, blieb in Ansätzen und Deklarationen stecken. Wohl waren die berühmten ›Vierzehn Punkte‹ Wilsons, die einen gerechten Frieden auf der Grundlage des Selbstbestimmungsrechts der Völker, die Errichtung eines friedenssichernden Völkerbundes und die Gewinnung der Welt für die Demokratie postulierten, von allen Seiten begrüßt worden. Aber sie wurden nicht nur jeweils den eigenen Interessen angepaßt, sondern sie trugen ihrerseits noch zur Polarisierung bei.

Die Alliierten bestanden um so entschiedener auf der Durchsetzung ihrer Kriegsforderungen, je mehr sich die Besiegten, besonders Deutschland, auf jene Wilson-Punkte beriefen, mit denen die Bewahrung des eigenen Territoriums und der vollen politischen Selbständigkeit und Gleichberechtigung reklamiert, ja die eigene Niederlage ungeschehen gemacht werden konnte. Im selben Maße, in dem Wilson und sein Programm Kristallisationspunkt der Auseinandersetzung wurden, erwies sich die Unvereinbarkeit der machtpolitischen Implikationen dieses Programms. Als darüber die Schwäche des amerikanischen Präsidenten offenbar wurde, wuchsen Enttäuschung und Frustration. Die Diskreditierung der Demokratie rührte wesentlich von der Tatsache her, daß notwendige machtpolitische Kompromisse nicht als solche gekennzeichnet, sondern mit allgemeinen demokratischen Grundsätzen legitimiert wurden. So verloren die hohen Ideale an Glanz und Glaubwürdigkeit, an Wert als Prinzipien für künftige Ordnung; sie wurden sogar für die harten Entscheidungen verantwortlich gemacht. Schlechtes Gewissen auf der einen Seite, Empörung auf der anderen waren Voraussetzungen, die von Anfang an wenig für einen Erfolg der Friedensverhandlungen versprachen, vielmehr zu einer weiteren Verschärfung der politischen Stimmung beitrugen. Hier sollte der Ansatzpunkt der radikalen Gegenbewegungen liegen: Als Redner und Kämpfer gegen die Friedensverträge haben sich Mussolini und Hitler zuerst profiliert. Solche psychologischen Aspekte sind in der Tat wichtig, wohl wichtiger als der Inhalt der Verträge selbst. Nur wenige Beteiligte, am ehesten noch Frankreich, standen denn auch in der Folge voll zu dieser Friedensordnung. Vielmehr sollte sich rasch erweisen, wie sehr der Aufstieg radikaler Revisionsbewegungen nicht nur von der Empörung der Zukurzgekommenen profitierte, sondern auch von der geringen Bereitschaft der kriegsentscheidenden Siegermächte Großbritannien und USA, die Ordnung von 1919 als definitiv zu betrachten oder gar zu verteidigen.

Drei Faktoren sind für die Vorbereitung und den Verlauf der Friedenskonferenzen von bestimmender Bedeutung: die Schwächung der idealistischen Position Wilsons und seiner offenen Diplomatie; demgegenüber die Stärkung der realpolitischen und traditionalistischen Linie; überdies die Unsicherheit und Furcht gegenüber dem bolschewistischen Rußland und den weiteren revolutionären Bewegungen in Ost- und Mitteleuropa als zusätzlicher Bedrohung der neuen europäischen Staatenordnung. Im Grunde war der Friede schon im Augenblick der Verhandlungen festgelegt durch vorentschiedene Determinanten. Und der ebenso ungewöhnliche wie alles weitere belastende Ausschluß der Besiegten trug ganz erheblich zu dem Eindruck der Betroffenen bei, diese fünf Verträge von Paris seien nichts als das Diktat der Sieger und eben nicht der Auftakt einer neuen Friedensordnung. Vor allem der wichtigste von ihnen, der deutsche Friedensvertrag, ist als ›Diktat von Versailles‹ unmittelbar in die von allen deutschen Parteien unterstützte Gegenpropaganda eingegangen, aus der sich sogleich eine mächtige deutsche Revisionsbewegung entwickeln konnte. Da die Anti-Versailles-Parole auch bei gemäßigten Demokraten Verständnis fand, konnte sie geradezu als die allgemeine deutsche Position gelten. Es ist nicht übertrieben, wenn man hierin den einzigen breiten Consensus der zerspaltenen Weimarer Republik erblickt, und es wird von daher verständlich, daß man daran über die Jahre festhielt, als längst andere Probleme vorrangig waren und die scharfe Konfrontation von 1918/19 relativierten. Da war schon äußerlich das Stigma der Unterzeichnung am 28. Juni 1919 im selben Spiegelsaal von Versailles, in dem 1871 so demonstrativ das Zweite Deutsche Reich gegründet worden war. (Die Reihe der wechselseitigen deutsch-französischen Demütigungen sollte dann im Juni 1940 Hitlers Waffenstillstandsdiktat in jenem Eisenbahnwagen fortsetzen, in dem der Waffenstillstand am 11. November 1918 ausgehandelt worden ist.) Da waren die harten territorialen Bestimmungen, die mehr als zehn Prozent der Bevölkerung betrafen: Elsaß-Lothringen ging wieder an Frankreich, nachdem die preußisch obrigkeitliche Verwaltung des

Reichslandes nicht gerade Sympathien für Deutschland gewonnen hatte; Posen und Westpreußen fielen an das neue Polen, mit den ominösen Konsequenzen des vielbeklagten polnischen Korridors, einer Freien Stadt Danzig unter Völkerbundaufsicht und eines Ostpreußen ohne Landverbindung. Hinzu kamen die weiteren Abtretungen des Memellandes an das neue Litauen und eines an Bergwerken reichen Teils von Oberschlesien an Polen, die territorialen Verluste an Dänemark, die Tschechoslowakei und Belgien sowie die Herauslösung des Saarlandes bis zum Zeitpunkt einer späteren Abstimmung (1935). All das waren politisch und ökonomisch empfindliche Einbußen, die meist gegen das Nationalprinzip verstießen. Mit dem Verlust der Kolonien war zudem die kurze kolonial-imperiale Epoche Deutschlands zu Ende. Durch scharfe militärische Beschränkungen gesellte sich zum verwundeten Nationalgefühl des kaum fünfzigjährigen deutschen Einheitsstaates das Stigma des Souveränitätsverlustes mit Besetzung, Entmilitarisierung, Demütigung der stolzen preußisch-deutschen Militärtradition. Und dies vor dem unmittelbaren Hintergrund einer so vielgerühmten, so unerwartet zusammengebrochenen Kriegsleistung, die aus dem großen patriotischen Aufbruch von 1914 gelebt hatte.

Am heftigsten entzündete sich die Entrüstung an der sogenannten Kriegsschuldklausel (Art. 231), die sogleich als Kriegsschuldlüge bekämpft wurde. Heute weiß man, wieviel größer als damals von allen Deutschen angenommen die Verantwortung der deutschen Politik am Kriegsausbruch und wieviel stärker ihr Anteil an der Steigerung der Kriegszielmanie war. Aber selbst im Licht solcher Erkenntnisse war die Belastung mit der Alleinschuld unhaltbar. Freilich schoß auch hier, wie in der Frage des Friedensdiktats, die Empörung weit über das Ziel hinaus. Denn so unerhört war es im Licht der Geschichte nicht, dem Besiegten die politisch-moralische Hauptlast aufzubürden, zumal er mit den Kampfhandlungen begonnen hatte: im Krieg von 1870/71 war es umgekehrt gewesen. Doch der Erste Weltkrieg hatte ganz andere Dimensionen und entsprechende Auswirkungen geschaffen. Das bisher Übliche überstiegen denn auch die Verluste und Schäden, für die Deutschland und seine Alliierten nach Artikel 231 als Folge des von ihnen begonnenen Krieges – was ja rein militärisch zutraf – sich verantwortlich erklären mußten. Ausmaß und Konsequenzen waren völlig unüberschaubar, und die Bestimmung auf Grund der vagen, die weitesten Ansprüche ermöglichenden Formulierung der deutschen Kriegsschuld stellte die schwerste Belastung des internationalen Klimas und der wirtschaftlichen Entwicklung dar.

Hier lag das Dilemma der Reparationen, jenes fragwürdigen Versuchs zur Heilung der Kriegsschäden, der sowohl in seiner psychologischen Wirkung als auch in seinen technisch-ökonomischen Aspekten alles andere als erfolgreich war. Das Hauptproblem war, daß die Festlegung bestimmter Summen, die Deutschland zu zahlen hatte, von Anfang an umstritten blieb, weil bei den Alliierten die unterschiedlichsten Vorstellungen und Erwartungen bestanden, ganz abgesehen von der deutschen Überzeugung, daß Reparationen solchen Ausmaßes inmitten der schweren Nachkriegskrisen unmöglich seien und diese dadurch lediglich verschärft würden. Im übrigen blieb die Berechnung der tatsächlich erfolgten Reparationen zwischen Deutschen und Alliierten kontrovers – ein weiterer Stachel im Fleisch der Nachkriegsordnung. Es war ein Circulus vitiosus von Anbeginn, in dem sich Recht und Unrecht, ökonomische Vernunft und Unvernunft, Mögliches und Unmögliches verwirrend mischten. – Zwei gewichtige Gründe sprachen gegen die Praktikabilität der Reparationspolitik: die Schwächung der deutschen Wirtschaftskraft durch Kriegsfolgen und Friedensbestimmungen, durch beträchtliche Demontagen der Handelsflotte und der Eisenbahn, durch umfangreiche Kohlelieferungen und Besatzungskosten, und schließlich die Form der Reparationen selbst, die nicht nur der deutschen Leistungs- und Zahlungsfähigkeit, sondern auch der weltwirtschaftlichen Vernunft zuwiderlief und sich nicht zuletzt für die Wirtschaft der Alliierten als problematisch erwies. Die Anfangssumme von fünf Milliarden Dollar war ebenso ökonomisch fiktiv und politisch fragwürdig wie jeder folgende Versuch von Reparationsregelungen, der während der zwanziger Jahre das politische Klima zumal in Deutschland belastete und dann auf eine schwer zu deutende, nach wie vor umstrittene Weise den Verlauf der Weltwirtschaftskrise und den Niedergang der ersten deutschen Demokratie beeinflußte.

Alle diese Bestimmungen wurden – und darin lag ihre verhängnisvolle Konsequenz – als nicht nur materielle, sondern moralische Diskriminierung empfunden. Dazu gehörte, daß Deutschland nicht zum Völkerbund zugelassen und der Zusammenschluß mit dem Rest-Österreich entgegen dem Selbstbestimmungsprinzip verboten wurde. Die Behandlung der deutschen Delegation, die wochenlang abseits der Versailler Verhandlungen warten mußte, sich dann nur schriftlich äußern durfte und ein Ultimatum mit Kriegsdrohung entgegenzunehmen hatte, rundete den Eindruck ab, daß hier nicht ein Friede geschlossen, sondern ein Herrschaftsakt mit erzwungener Unterschrift vollzogen worden war. Derartige Empfindungen haben den Anfängen der Weimarer Republik unheilvoll geschadet und die politische Bewältigung der historisch-politischen Katastrophe von 1918 schwergemacht. Man hat immer wieder die Ursachen für den Triumph des Nationalsozialismus in Deutschland und Europa auf die Formel gebracht: Versailles und Hitler.[7] Daran ist richtig, daß Hitler mit der Propaganda gegen Versailles groß geworden ist. Die Frage nach den objektiven Gründen ist jedoch sehr viel komplizierter. Es waren nicht so sehr die materiellen Ursachen als vielmehr die moralischen und psychischen Implikationen, die eine subjektive Bereitschaft für den Aufstieg der Anti-Versailles-Bewegungen schufen, an ihrer

Spitze die extremste: der Nationalsozialismus. Das deutsche Versailles-Bild ließ die komplexen Probleme einer Friedensordnung nach einem so gewaltigen Krieg, der die Völker in die schärfste propagandistische Freund-Feind-Stimmung versetzt hatte, außer acht. Versailles war ein unausgewogener Kompromiß zwischen heterogenen Vorstellungen, nicht aber eine tragfähige Lösung des deutschen Problems in der Mitte Europas. Schon nach wenigen Jahren erwies sich, welche starken Möglichkeiten Deutschland im Zuge der Anti-Versailles-Politik und Propaganda zugewachsen waren. Man mochte sich dann fragen, ob nicht die Unentschiedenheit, das Schwanken zwischen international-rigorosen Kontrollen, nationalem Egoismus und bloßem Pragmatismus, mithin gerade die Uneinheitlichkeit und Schwäche der Versailler Friedensordnung, das Verhängnis bedeutete. So konnte sie zum Instrument einer Gegenbewegung werden, die in Verkehrung von Ursache und Wirkung mit dem Vertrag auch ihre deutschen Unterzeichner und die Republik, die sie repräsentierte, erfolgreich zu denunzieren, die Demokratie als solche zu diffamieren vermochte.

Außer den alliierten Meinungsverschiedenheiten trug eine unbekannte Größe zur Desorientierung und Inkonsequenz der Friedensverträge wie der Ansätze einer internationalen Nachkriegspolitik wesentlich bei: die Abwesenheit der Sowjetunion und die Furcht des Westens vor einem kommunistischen Umsturz in Deutschland. Auch dieses Problem hatte – im Unterschied zu der Zeit nach dem Zweiten Weltkrieg, als der Kalte Krieg sogleich die Fronten veränderte und eine rasche Einordnung der Besiegten in die internationale Politik erzwang – vornehmlich einen negativen Einfluß. Es verhinderte damals eine klare Lösung der interalliierten Differenzen und führte dazu, daß das deutsche Problem über Jahre hingeschleppt wurde, wobei es immer wieder, etwa 1923 mit der Ruhr-Besetzung, zu diskriminierenden Aktionen ohne konstruktives Ergebnis kam. Ähnliches galt für die übrigen Friedensverträge, zumal wenn sie die sowjetische und kommunistische Frage berührten. Das kardinale deutsche Mißverständnis von Versailles freilich, das die Außen- und Innenpolitik der Weimarer Republik gleichermaßen belastete, war die unrealistische Vorstellung, man habe die Waffen freiwillig und auf feierliche Zusicherungen hin niedergelegt und werde nun wortbrüchig behandelt. Der verhängnisvoll mißverständliche Slogan »Im Felde unbesiegt« wurde immer aufs neue in diesem Sinn zitiert. Das konnte für die anderen besiegten Länder nicht gelten, so daß dort weder die Empörung über die Friedensverträge noch die Revisionsbewegung eine ähnlich prinzipielle Schärfe und ideologisch überhöhte Radikalität erreicht hat.

Einschneidend genug waren auch die Veränderungen in Ost- und Südosteuropa. Die entscheidende Bedeutung kam natürlich der Zerschlagung Österreich-Ungarns zu. In den abschätzig sogenannten Pariser Vorortverträgen von Saint-Germain (mit Österreich), Trianon (mit Ungarn), Neuilly (mit Bulgarien) und Sèvres (mit der Türkei) ging es darüber hinaus um eine Neuordnung des gesamten osteuropäischen Raumes. Das nationalstaatliche Organisationsprinzip warf hier die schwierigsten Fragen auf. Die Völkerbewegungen und Universalreiche von einst hatten vielfache Überschneidungen der Nationalitäten und ihrer historisch-kulturellen Ansprüche hinterlassen, die im Augenblick der nationalen Emanzipation mit dem Bedürfnis zur betonten Begründung der eigenstaatlichen Existenz zu akuten Konfliktsituationen führten. Der Krieg hatte die Empfindlichkeiten noch verschärft, die nicht allein mit der Herrschaftsrolle der Deutschösterreicher und der Ungarn zu tun hatten, und der Zusammenbruch zerstörte die übernationalen Verbindungen. Drei Problembereiche traten hervor: die zahlreichen faktisch unlösbaren Minderheitenfragen bei den heftig umstrittenen Grenzziehungen; das Suchen nach einer neuen politischen und wirtschaftlichen Kommunikation in dem Vakuum, das die alten Mächte, Habsburger Reich und Türkei, hinterließen; die innenpolitische Krise der neuen Staaten mit ihren mehr oder weniger demokratisch verfaßten Systemen, die sich zwischen kommunistisch-revolutionärer Bedrohung und autoritär-militärischen Diktaturtendenzen als kaum funktionsfähig erwiesen.

Das gilt vorwiegend für die Staaten, denen wie Österreich, Ungarn und Bulgarien die Demokratie als ein fragwürdiger Import der sonst wenig generösen Sieger erschien. Dabei kam der Neuordnung Osteuropas von der Ostsee bis zur Adria und zum Schwarzen Meer besondere Bedeutung im Rahmen der Abschirmung gegenüber dem kommunistischen Rußland zu, was gerade zum Zeitpunkt der Friedensschlüsse höchst aktuell war. Daß die schwierige Aufteilung Österreich-Ungarns mißlang und die Nachfolgestaaten sich früher oder später mit Ausnahme der Tschechoslowakei, des gleichfalls umstrittenen Vielvölkerstaates, in Diktaturen verwandelten, führte schon bald zu der weitverbreiteten Auffassung, in der Auflösung des Habsburger Reiches sei eine Hauptursache der späteren Katastrophen zu sehen. Immerhin war die Durchsetzung des Nationalstaatsprinzips als Folge jahrzehntelanger Emanzipationsbestrebungen und der Versprechungen des Krieges unvermeidlich und alles andere als ein Gedankenspiel gegen die Tendenzen der Zeit. Auch das russische Reich mußte sich zunächst damit abfinden und Finnland, die baltischen Staaten und das östliche Polen abtreten. Freilich hat die Sowjetunion mit ihrer von furchtbaren Unterdrückungen gekennzeichneten Nationalitätenpolitik gegenüber ihren verschiedenen Völkern dann in der Folge jene übernational-imperialen Herrschaftsansprüche vorbereitet, die zunächst 1939 (bis 1941) im Bündnis mit Hitler, dann am Ende des Krieges gegen ihn mit der Einverleibung weiterer kleiner Nationen oder ihrer Verwandlung in Satelliten realisiert wurden.

Von der Neuordnung Südosteuropas wurde am schwersten Ungarn getroffen, das drei Viertel seines Territoriums verlor. Es trat nach der Überwindung der Rätediktatur durch das Militärregime von Admiral Nikolaus Horthy (1919), der alliierte Hilfe mit der Annahme des harten Friedensvertrages erkaufte, als revisionistisches Land hervor – mit weitreichenden Forderungen an Rumänien und Jugoslawien und der steten Bereitschaft zum Bündnis mit Gegnern der Friedensordnung wie Italien und dann Deutschland. Allerdings zeigte sich am Fall Ungarn ebenso deutlich die volle Problematik nationalstaatlicher Neuordnung, die mit so paradoxen Verhältnissen fertig werden sollte wie in Siebenbürgen (Transsilvania), wo mehrheitlich Ungarn im Osten, Rumänien im Westen und Deutsche in der Mitte wohnten, so daß eine friedliche nationale Teilung so wenig möglich war wie heute auf Zypern – es sei denn, sie endete mit einer Zwangsumsiedlung, wie im und seit dem Zweiten Weltkrieg durch Diktatoren praktiziert. Aber bereits das früheste Beispiel, der griechisch-türkische Bevölkerungsaustausch nach dem Krieg von 1923, hinterließ tiefe Wunden. Die Zumutungen und Opfer erscheinen jedenfalls derart, daß sie das nationalstaatliche Ordnungsprinzip selbst, das Faschisten und Nationalsozialisten dann ins Äußerste getrieben haben, zweifelhaft machen.

Gleiches gilt für den Verlust Südtirols, der dem verbliebenen Rest-Österreich auferlegt wurde. Dort wäre zwar eine Gliederung nach Sprach- und Stammesgrenzen möglich gewesen, doch ist erst nach fünfzig Jahren Leidensgeschichte, im Rahmen Italiens, eine begrenzte Autonomie verwirklicht worden. So blieb es auch hier bei jener Verletzung des Nationalprinzips im Namen dieses Prinzips, wie sie für die Geschichte des Nationalismus charakteristisch ist, die stets vom Konflikt der einen gegen die andere Nation handelt. Seine Gewinne über die Sprachgrenze hinaus konnten die Unzufriedenheit Italiens nicht hindern; denn es rechnete zu seinen Zielen immer auch strategische Grenzen und Einflußgebiete (Dalmatien, die Brenner-Grenze) jenseits der möglichst weit gespannten ›unerlösten‹ Volksgrenze – wie überhaupt Nationalstaat und Nationalismus über die Volksgrenze hinaus stets eine Großversion ihres Staatsgebietes anstreben, die jeweils kulturell oder ökonomisch oder geographisch, also transnational oder imperial, begründet wird. Auch dieser Grundwiderspruch, der am deutlichsten im Faschismus und im Nationalsozialismus hervortreten sollte, macht das herrschende nationalstaatliche Prinzip zu einer entscheidenden, verhängnisvollen Belastung für die Friedensordnung. Daß es 1939 und 1945 durch die Einfluß- und Satellitenpolitik der Supermächte überdeckt worden ist, läßt sich nicht zuletzt aus dieser Erfahrung der geringen Tragfähigkeit und dauernden Konfliktproblematik ableiten. Damit ist das Problem selbst freilich in keiner Weise gelöst; es dauern die Ansprüche nationaler Selbstbestimmung auch im kommunistischen Osteuropa fort.

Als das Hauptproblem Österreichs erwies sich jedoch das Anschlußverbot, das außer den nationalen die ökonomischen Interessen des wirtschaftlich kaum lebensfähigen Rumpflandes traf. Obwohl die Sympathien gegenüber dem ›Altreich‹ nicht ungeteilt sein mochten, vertraten alle Parteien die Notwendigkeit und das Recht einer Union mit Deutschland nach dem Ende des Kaiserreiches. Eine sozial unausgewogene Struktur mit der weitgehend funktionslos gewordenen, viel zu großen Hauptstadt Wien führte rasch zu tiefgreifenden politischen Konflikten zwischen einem konservativ-agrarischen und einem sozialistisch-städtischen Lager, die noch durch eine starke großdeutsch-nationale Gruppierung kompliziert und verschärft wurden. Der Ausweg in die Diktatur lag dem Geburtsland Hitlers nicht sehr fern, als die neue Republik Österreich 1919 in eine dezimierte Selbständigkeit wider Willen entlassen wurde. Der endgültige Einsturz der Nachkriegsordnung hat 1938 an dieser Stelle mit dem fast unaufhaltsamen Anschluß an das nationalsozialistische Deutschland begonnen, und er setzte sich in Südost- und Osteuropa dort fort, wo die Verträge von Saint-Germain und Versailles den eigenen Prinzipien nicht gefolgt waren, weil sie sich nicht anwenden ließen und andere Prinzipien entgegenstanden: in der Tschechoslowakei und in Polen, dann auf dem Balkan.

Die Nachfolgestaaten hatten nicht nur ihre gegenseitigen Grenzfragen, sondern erbten auch die sozioökonomischen Strukturprobleme. Insbesondere warf der Anspruch auf nationale Selbstbestimmung schwere innenpolitische Probleme auf, die in den multinationalen Neustaaten Jugoslawien und Tschechoslowakei mehr als anderswo sichtbar wurden und die Festigung eines auf nationalem Consensus beruhenden Staatsbewußtseins behinderten. Statt einer ausgewogenen föderalistischen Lösung behauptete sich in Jugoslawien der Führungsanspruch der Serben, die den neuen Staat im Grunde als Großserbien betrachteten und den Eigenanspruch der auch kulturell und religiös unterschiedenen Kroaten und Slowenen schließlich durch Übergang in eine militärisch-monarchische Diktatur (1928) niederhielten. Diese jugoslawische Variante des Nationalismus, in welcher die Ansprüche der südslawischen Teilvölker gegeneinander stehen, sollte zu den furchtbaren Exzessen vor allem kroatisch-nationaler und faschistischer Herrschaft im Krieg seit 1941 führen. Aber auch die kommunistische Lösung der Zeit nach 1945, die von der integrierenden Wirkung des Résistance-Mythos und der Person Titos, eines Kroaten, profitieren konnte, hat die Drohung einer Desintegration nicht zu beheben vermocht.

Einzig in der Tschechoslowakei dauerte die neue Demokratie bis zur gewaltsamen Beseitigung durch Hitler. Doch deuten die Umstände des Coups von 1938/39 ebenfalls auf die Strukturprobleme hin, die der Schaffung dieses Nationalstaates eigener Prägung zugrunde lagen. Seine Entstehung wurde begünstigt durch die vorherige Einigung zwischen Tschechen und Slowaken unter dem angesehenen und besonnenen Prager Professor Tomás

Masaryk, der selbst Slowake war. Die Tschechoslowakei besaß ausgeglichenere ökonomische Verhältnisse und einen höheren Entwicklungsstand. Außerdem wurde das politische System durch integrierende Parteien funktionsfähiger. Aber neben den überall wirksamen Spannungen zwischen Stadt und Land sowie dem besonderen Einfluß des Katholizismus auf ein slowakisches Selbstbewußtsein war es besonders die starke deutsche Minderheit, die der Friedensordnung und Staatsgründung kritisch gegenüberstand. Sie büßte dadurch ihre führende Position in Böhmen und Mähren endgültig ein, obwohl sie sich nach wie vor als kulturell überlegen fühlte. Das war ein Konflikt, der schon lange vor dem Ersten Weltkrieg, seit Beginn der tschechischen Nationalbewegung, schwelte und bereits an der Jahrhundertwende zu militanten Gegenbewegungen führte, an deren Spitze die direkten Vorläufer der österreich-deutschen Nationalsozialisten standen. Die sozioökonomisch, geistig und politisch begründete Sonderstellung der großen deutschen Minderheit setzte dem Integrationsprozeß von Anbeginn Grenzen. Diese Deutschen empfanden den Gründungsakt als Unrecht und standen dem Staat mindestens mit Vorbehalt gegenüber, selbst diejenigen, die sich wie die Sozialdemokraten zur Mitarbeit bereit fanden. Es war nicht zu verkennen, daß hier ebenso wie im Fall Österreich oder Südtirol das Selbstbestimmungsprinzip zugunsten geographisch-militärischer Grenzziehung verletzt, die Friedensregelung und Neugestaltung Osteuropas einseitig auf Kosten der Besiegten erfolgt war. Ihre Sprengkraft erhielten diese Spannungen jedoch erst von außen: durch den Aufstieg der revisionistischen Diktatoren in Europa seit den dreißiger Jahren.

Was besonders verhängnisvoll wirkte, war die Zerspaltung des ganzen ehedem österreich-ungarischen und türkischen Raumes in revisionistische und status-quo-orientierte, aber ebenfalls innenpolitisch unbefriedete, von starken Minderheiten angefochtene Nationalstaaten, die zur zwischenstaatlichen und internationalen Kooperation kaum fähig waren. Die bestehenden sozioökonomischen Schwierigkeiten und Strukturschwächen wurden durch diese Zerspaltung noch gesteigert. Auch Teilallianzen wie die Kleine Entente der Status-quo-Länder – Tschechoslowakei, Rumänien, Jugoslawien –, ohnehin mit dem Odium der ungerechten Siegerpolitik belastet, kamen unter solchen Umständen zu keiner konstruktiven Leistung. Die Unfähigkeit zur zwischenstaatlichen Kooperation wirkte wiederum negativ auf die inneren Verhältnisse der neuen wie der alten Staaten zurück. Das tiefe Mißtrauen hinderte vollends weitergehende Pläne, beispielsweise den Gedanken einer Donau-Föderation gleichsam als Ersatz für das verschwundene Habsburger Reich; man fürchtete entweder seine Restauration oder umgekehrt die Besiegelung des Status quo. Es blieb ein Raum, in dem ständig Instabilität herrschte und drohende oder erstrebte Veränderungen ein unechtes Gleichgewicht rasch zum Einsturz bringen konnten; denn es bedurfte nur des Hineinwirkens der Außenmächte, um die prekäre Konstruktion der Nachkriegsordnung ins Wanken zu bringen.

Anders, jedoch in manchem vergleichbar war die Lage in Polen und den baltischen Staaten, den Neugründungen auf Kosten Rußlands und Deutschlands. Hier stieß der Nationalanspruch unmittelbar auf die traditionellen Großraum- und Großmachtansprüche jener zwei Nachbarn, die allen politischen Unterschieden zum Trotz zeitweise in ihren revisionistischen Interessen zusammenspielten: so 1922 im Vertrag von Rapallo mit der folgenden militärisch-ökonomischen Kooperation sowie 1939 in der komplizenhaften Verständigung zur Aufteilung Osteuropas. Auch hier waren zwei Momente wesentlich: zum einen die ostpolnische Grenzziehung, die als Cordon sanitaire, Schutzwall, gedacht war und Polen über die nationalen Siedlungsgebiete hinaus Land zuerkannt hatte, wofür nun andere, vornehmlich historische oder geographisch-militärische Gründe angeführt wurden; zum anderen die inneren Strukturprobleme solcher Neuschöpfungen, selbst wenn sie wie im Fall Polen an eine lange politische Tradition anknüpfen konnten. Die innerpolnischen Konflikte, in denen es zumal um agrarische Reformen für die bäuerliche Bevölkerung gegen die Interessen des Adels und des Bürgertums ging, endeten auch hier in der Diktatur eines vom Ruhm der Staatsgründung getragenen Generals, Józef Pilsudskis. Oder aber es kam zu den autoritären Regimen der Baltenstaaten, die den Selbstbestimmungsparolen des Neonationalismus keine tragfähige innenpolitische Realität, keine demokratische Basis gaben. Die Tatsache, daß diese Neuordnung Nordosteuropas in den Augen der Friedensmacher von Paris nicht zuletzt von dem Gedanken der Eindämmung und Abwehr bolschewistischer und deutscher Machtentfaltung getragen wurde, mußte sie von Anfang an in die fatale Lage einer künstlichen und ungerechten, aufgezwungenen Lösung versetzen. Es lag auf der Hand, daß hier ebenfalls der Ansatzpunkt für eine scheinbar legitime Revisionspolitik und mithin ein weiterer Hebel zum Umsturz der Friedensordnung von 1919 gegeben war.

Im Nahen Osten stand durch den Ausgang des Ersten Weltkrieges und das Ende des Türkischen Reiches eine weitere Neuordung an. Der letzte der Pariser Vorortverträge, jener von Sèvres, verschrieb eine Lösung, die nie realisiert werden konnte, weil sie sogleich durch die Ereignisse selbst überholt wurde. Die rigorose Behandlung der Türkei, die zur Abtrennung aller arabischen Länder noch eine Aufteilung Kleinasiens auf griechische, italienische und französische Gebiete sowie die Internationalisierung Konstantinopels hinnehmen sollte, führte nach der erzwungenen Unterzeichnung zum Sturz des Sultans. In einem erfolgreichen Abwehrkrieg wandten sich nun die Jungtürken, eine militärische Bewegung zur nationalen Erneuerung und Modernisierung des Staates unter Führung des Weltkriegsidols Mustafa Kemal Paşa (Atatürk), gegen die griechischen Truppen (1920 bis 1923). Zusammen mit

Mussolinis Machtübernahme wurde dieser erste erfolgreiche revolutionsförmige Widerstand gegen das Friedensdiktat der Siegermächte zum Vorbild für die meisten revisionistischen Bewegungen, nicht zuletzt für die Hitlers in seinem Putschjahr 1923. An die Stelle der Vereinbarungen von Sèvres trat 1923 der Vertrag von Lausanne. Er korrigierte mit der Hinnahme der türkischen Kontrolle über ganz Kleinasien sowie den europäischen Teil um Konstantinopel erstmals die erzwungene Nachkriegsordnung. Seine Bedeutung liegt vor allem in der Modellwirkung, die der politischen Modernisierung eines so traditionsbeladenen Landes zukam. Dennoch besteht bis heute das Problem einer Neuordnung in dem Vakuum, das die Türkei im Nahen Osten hinterließ. Im Grunde begann hier bereits das, was man allgemeiner den Widerstand gegen Europa nennen kann. Es handelt sich um die Anfänge einer Dritten Welt mit antikolonialer und antiimperialer Stoßrichtung und damit verbunden um die Rolle der Sowjetunion, die bis in die Tage der heutigen Nahost-Krise auf die Ereignisse im Raum des ehemaligen Türkischen Reiches einzuwirken versucht.

Die Neuordnung, mit der Europa seine Weltstellung nach der Selbstzerfleischung des Ersten Weltkrieges restaurieren wollte, weist viele Symptome der Schwäche, ja der Selbstwiderlegung auf. Sie sind nicht nur in der nationalistischen Zersplitterung und in der zementierten Aufspaltung in Sieger und Besiegte zu sehen, sondern auch in der Rolle, die der zweite große Pfeiler dieser Ordnung, der Völkerbund, spielen sollte. Schon die Umstände der Planung und Begründung dieser ›Liga der Nationen‹, wie sein eigentlicher Name lautete, bezeugten den Wandel vom europazentrischen Vorkriegs- und Kriegsgeschehen zu einem neuen Begriff von Weltpolitik. Wie auf den Nachkriegskonferenzen europäische Politiker nicht mehr unter sich waren, um Weltfragen allein zu entscheiden, so verstand sich der Völkerbund gar als das Gegenstück zum traditionellen Konzert der europäischen Mächte. Grundidee war die Beteiligung aller Staaten der Welt an den internationalen Entscheidungen, und zwar im föderalistischen Sinne der völligen Gleichberechtigung. Indem dieses Prinzip sogleich modifiziert oder gar verletzt wurde, offenbarte sich abermals, wie stark der Anspruch europäischer Weltpolitik und traditioneller Machtpolitik fortbestand und welch enge Grenzen dem Prinzip der Universalität und der neuen Diplomatie in der Wirklichkeit gezogen waren. Als Beschränkung wird vornehmlich das Fehlen wichtiger Mächte augenfällig: die Nichtbeteiligung ausgerechnet der kriegsentscheidenden Gründungsmacht, der USA; die Abwesenheit des revolutionären Rußland und die Nichtberücksichtigung der Besiegten, zumal Deutschlands.

Als wichtigstes strukturelles Problem muß die Fortdauer des nationalstaatlichen Souveränitätsprinzips gelten. Sie schränkte den Anspruch jenes Weltgremiums gravierend ein. Es war kein Bund, sondern eher eine Gesellschaft, eine Societé des nations, wie der französische Name treffender lautete. Der qualitative Sprung aus der nationalstaatlichen Machtpolitik in eine Weltgesellschaft der Staaten blieb eine Idee des Völkerbundes, der die Realität nicht entsprach – eine weitere Ursache für die Enttäuschung und den Zynismus. Denn mit dem Gelingen des Völkerbundes stand und fiel das Gesamtkonzept einer neuen friedlichen Welt, das die Kriegsanstrengungen der Alliierten in zunehmendem Maße – vor allem nach dem Eintritt der USA – als Sinngebung wie als Propaganda begleitete oder gar überhöhte. Man könnte von drei verschiedenen Formen internationaler Politik sprechen, die zusammentrafen: die traditionelle Staats- und Staatendiplomatie; eine ›Diplomatie der Ideologie‹, um einen Ausdruck von R. Albrecht-Carrié zu benützen[8]; die neue, idealiter offene Diplomatie, die mit den Ideen Wilsons am engsten verknüpft ist. Während die traditionelle Diplomatie mit ihren Methoden klassischer Gleichgewichts- und geheimer Bündnispolitik für den Weg in den Krieg, die ideologische Diplomatie für die propagandistische und psychologische Ausweitung in den totalen Krieg verantwortlich schien, sollte und konnte allein eine neue Diplomatie die Konsequenz aus diesen Erfahrungen und aus dem Wandlungsprozeß der modernen Welt ziehen.

Das Konzept enthielt eine doppelte Aufgabe. Zum einen sollten neue Maßstäbe für die politische Gestaltung gefunden und neue Inhalte, zumal das Selbstbestimmungsrecht, angewandt werden – die Prämisse der Friedensverträge zur Neuordnung der Nachkriegswelt. Zum anderen ging es um die Entwicklung und Anwendung neuer Formen des politischen Prozesses, wie sie in wirkungsvollen Formeln lapidar gefaßt wurden, etwa in der erwähnten Kriegsparole des englischen Philosophen H. G. Wells ›To make the world safe for democracy‹ oder in Wilsons Begriff der Open diplomacy. Das hieß konkret: Berücksichtigung der veränderten Bedingungen der Politik im Zeitalter der Massen. Statt mit den Methoden der Kabinettspolitik sollte auch die Außenpolitik demokratisch geführt und legitimiert werden. Hier war jene Erklärung der Außenpolitik zur Weltinnenpolitik vorweggenommen, die seit dem Zweiten Weltkrieg in der These der One world und einer Umgestaltung der Außenpolitik in wahrhaft internationale Politik weiten Widerhall fand. Und dies war nicht bloß ein idealistisches Gedankenspiel oder ein Export amerikanischer Politik nach Europa, sondern entsprach der tiefreichenden Veränderung in der Legitimierung des politischen Handelns, die der Aufstieg der Demokratien mit sich brachte. Die europäische Gleichgewichtspolitik hatte versagt. An die Stelle des traditionellen Prinzips sollte eine Art Machtgemeinschaft der Staaten im demokratischen Sinne treten, die jeden künftigen Aggressor abschrecken und isolieren konnte. Es kam noch hinzu, daß auch die revolutionären Bewegungen der Zeit, an der Spitze das Rußland Lenins, diese Übertragung innenpolitischer Wertsetzungen und Prozesse vom inner- auf den zwischenstaatlichen Bereich und auf die Weltpolitik lautstark propagierten – natürlich auf ihre Weise als Weltrevolution. Darin lag eine allgemeine Tendenz und eine Herausforderung, der auf derselben Ebene einer internationalistisch orientierten Politik konstruktiv zu begegnen war. So bedeutete der weitere Rahmen der New diplomacy nichts anderes als die Arbeits- und Lebenshypothese auch der modernen Demokratie, sofern sie die Anwendung und Behauptung ihrer Prinzipien einmal gegen die revolutionär-diktatorischen, zum anderen gegen die reaktionär-obrigkeitsstaatlichen Mächte sein wollte. Nicht so sehr die dahin gerichteten idealistischen Zielsetzungen Wilsons und anderer oder der Ansatz des Völkerbundes waren illusionär, sondern die vermeintlich realistischen, auf Dauer unhaltbaren Einengungen des Friedens- und Ordnungsgedankens, die sowohl den Pariser Verträgen als auch dem Völkerbund so entscheidend Abbruch getan haben. In Wahrheit war es die Realpolitik von 1919, die sich als verhängnisvoll illusionär erwies – in ihren politischen Wirkungen wie in ihren historischen Folgen.

Auch so jedoch bedeutete der Vökerbund einen Schritt nach vorn. Zwar hat Wilson ihn mit fragwürdigen Konzessionen an die nationale Interessenpolitik der Alliierten erkauft, aber er erhoffte davon langfristig eine Änderung des internationalen Klimas und eine dauerhaftere Lösung des Friedensproblems als durch umstrittene Verträge alten Stils. Das Scheitern dieser Hoffnungen, die schweren Mißerfolge in der kurzen Lebenszeit des Völkerbundes, die faktisch nur von 1920 bis 1939 dauerte, sind offenbar. Seine Hauptaufgabe, die Verhinderung kriegerischer Angriffe und die Sicherung des Friedens, hat er verfehlt. Er war nicht universal in der Mitgliedschaft, diskriminierend gegenüber Rußland und Deutschland, daher dort besonders scharf kritisiert, und er verfügte über zu wenig wirksame Mittel, um die internationalen Prinzipien der friedlichen Schlichtung aller Konflikte verpflichtend durchzusetzen. Ökonomische Sanktionen waren das einzige Instrument, militärische Mittel nicht vorhanden, die geforderte Einstimmigkeit in Konfliktfällen war unrealistisch. Dies sind Punkte, die beim zweiten Anlauf, in der Gründung der Vereinten Nationen (UN) 1945, besondere Beachtung fanden.

Als kritische Erfahrung und Experiment kommt dem Völkerbund also weit größere Bedeutung zu, als seine zahlreichen Kritiker und Totengräber wahrhaben wollten. Vor allem hat er erstmals in der Geschichte der Menschheit, die bis dahin nur die imperiale Form der Weltreiche gekannt hatte, einen globalen Staatenbund verwirklicht. Weitere Strukturprinzipien führten über alle früheren Formen der Bündnisorganisation hinaus: regelmäßige Sitzungen, gleiche Stimme für alle und eine Art Regierung in Gestalt des Rates, der wie später der UNO-Sicherheitsrat permanente und gewählte Mitglieder umfaßte. Er war eine Mischform zwischen Großmächte-Konzil und Repräsentation der Mitglieder aus verschiedenen Kontinenten. Wohl noch wichtiger als die institutionelle Struktur war die konkrete Förderung einer Zusammenarbeit auf verschiedensten Gebieten, zumal in Wirtschaft, Technik, Gesundheitswesen, Verkehr und internationaler Arbeitsorganisation – alles Sektoren für eine notwendige Kooperation, die von der Möglichkeit des ständigen Kontakts und der Koordinierung profitierte. Hier wurden wenn schon nicht im politischen, so doch im technischen Bereich der Modernisierung Grundlagen geschaffen und Ansätze entwickelt, an die nach der politischen Katastrophe, der dieser Völkerbund noch so hilflos gegenüberstand, sogleich wieder voll angeknüpft werden konnte. Diese positiven Aspekte eines Neuanfangs, der über die bloße Restauration nationaler Machtpolitik hinauszuführen suchte, sollten bei aller Einzelkritik im Laufe der weiteren Geschichte des Völkerbundes nicht vergessen werden.

# Die revolutionäre Welle

## Zum Problem der Revolution

Das Zeitalter, das mit dem Sturz des Zaren durch die sogenannte Februarrevolution von 1917 begann, wird oft mit dem Schlagwort ›Revolution und Gegenrevolution‹, zuweilen sogar als ›Zeitalter der Weltrevolutionen‹ charakterisiert. Das setzt einen Begriff der Revolution voraus, der in zunehmendem Maße fragwürdig geworden ist. Die Umwälzungen des 20. Jahrhunderts sind nicht mehr ohne weiteres mit den philosophischen und literarischen Maßstäben einer klassischen Revolutionstheorie zu erfassen, die von dem Modell der radikalen Französischen Revolution – nicht von der gemäßigten englischen oder amerikanischen – ausgeht. Daran schließen jene ›progressiven‹ Theorien an, die alle weiteren Umwälzungen nach ihrer ideologischen und gesellschaftlichen Qualität als gute Revolution oder böse Gegenrevolution einstufen. Gewiß ist für die Beurteilung das Ausmaß einer radikalen politisch-gesellschaftlichen Veränderung von Bedeutung. Aber die Schwierigkeit jeder Interpretation liegt offenbar darin, daß die Frage nach der Veränderung als Kriterium einer Revolution sehr verschiedene Momente betrifft. Sie bezieht sich auf den Verlauf und die Technik der unmittelbaren politischen Umwälzung wie auf die Motive und Ziele der sie tragenden Bewegungen, doch sie faßt ebenso ihren praktisch-konkreten weiteren Fortgang und ihre historischen Konsequenzen ins Auge. Daraus ergibt sich, daß der revolutionäre Charakter nicht einfach aus dem Mehr oder Weniger an romantisierten Volksaufständen nach Art des Sturms auf die Pariser Bastille oder auf das Petrograder Winterpalais abgelesen werden kann. Moderne Machtergreifungen wie die Lenins oder Hitlers mögen recht unterschiedlich ablaufen, sie mögen putschistische oder sogar pseudolegale Formen annehmen und benutzen, ohne daß sie damit von vornherein klipp und klar als revolutionär oder reaktionär, progressiv oder gegenrevolutionär zu qualifizieren wären.[1]

Die konventionellen und romantischen Revolutionsbegriffe haben dazu geführt, daß von Umwälzungen am Ende des Ersten Weltkrieges und danach nur die russische als Revolution, die zentraleuropäischen Vorgänge von 1918 bis 1920 allenfalls als Mischung von Revolution und Konterrevolution, die faschistischen und nationalsozialistischen Machtergreifungen aber als Gegenrevolutionen eingestuft werden. Darin spiegelt sich nicht nur die Hilflosigkeit der Zeitgenossen gegenüber dem Revolutionsanspruch speziell der Bolschewiki und allgemein der Kommunisten, die ihre Revolutionsparolen wie in der Revolutionspropaganda des 19. Jahrhunderts vorwiegend als Kampfbegriffe nutzten. Es zeigt zugleich die Schwierigkeit, das neuartige Phänomen einer ›Revolution von rechts‹ zu erkennen und zu erklären. Denn darum handelte es sich gerade auch beim Faschismus und beim Nationalsozialismus, nicht einfach um reaktionäre Gegenbewegungen. Es ist die Form der modernen Machtergreifung, die mit den Mitteln der Organisation die Massen zu ergreifen und zu mobilisieren vermag; sie tritt mit ideologischem und pseudoreligiösem Totalanspruch auf und arbeitet mit dem charismatischen Appeal eines allwissenden Führers und der Verbindlichkeit eines kultischen Rituals. Diese neuartige Technik der Herrschaftsgewinnung und Herrschaftskontrolle, hinter der entweder die Weltrevolution oder der Krieg mit der Perspektive auf den totalen Staat steht, macht linke und rechte Machtergreifungen unbeschadet ihrer so betont konträren Ideologien eben doch vergleichbar. Und darauf gründet auch das Konzept des Totalitarismus, das natürlich bis zum heutigen Tag auf heftige Kritik derer stößt, für die linke und rechte Herrschaft aus ideologischen Gründen so unvergleichbar sind wie Revolution, Putsch oder gar Gegenrevolution.

Man könnte allenfalls fragen, ob unter solchen Umständen nicht überhaupt auf den historisch und ideologisch so befrachteten, politisch so mißbrauchten Revolutionsbegriff verzichtet werden sollte. Doch das verbietet wohl seine allgemeine Verbreitung. Wenigstens sollte der Revolutionsbegriff in einer Form benützt werden, in der vorgefaßte Bewertungen und politische Vorurteile möglichst ausgeschaltet sind: im engeren Sinne als Bezeichnung für alle Umwälzungen mit tiefgreifenden Veränderungen der politischen Struktur und des Personals, womit auch gesellschaftliche Veränderungen verbunden sind, ohne daß diese sogleich voll zu übersehen und zu qualifizieren wären; im weiteren Sinne als ein Begriff, der gerade auch langfristige Veränderungen wie die industrielle oder die antikoloniale Wandlung bezeichnet. Man wird gleichfalls von einer Epoche der revolutionären Bewegungen sprechen können, wenn man die Frage nach den eigentlichen Auswirkungen des Krieges und der Kriegsentscheidung in Europa und langfristig auch in der kolonialen Welt stellt. Mehr noch als die Neuordnung von 1919 prägen die ihr vorangehenden und folgenden Umwälzungen der Epoche den Stempel auf: russische und zentraleuropäische Umschichtungen, faschistische und autoritäre Machtübernahmen, dann das entscheidende Ereignis der nationalsozialistischen Machtergreifung, das die dreißiger Jahre bestimmen sollte.

Es ist unvermeidlich, daß sich in unserer Darstellung zeitliche und sachliche Zusammenhänge überschneiden. Ist das erste Kapitel dem Versuch einer Friedensordnung durch Restauration und Ausbau nationalstaatlicher Politik gewidmet, die trotz neuer Grenzziehung, neuer Staaten, neuer Diplomatie und Völkerbund die Kontinuität bedeutete, so haben wir es im folgenden mit dem wirklich Neuen zu tun: mit den ideologisch-totalitären Bewegungen, die aus dem Krieg und seinen politisch-sozialen und psychologischen Folgen hervorgegangen sind, und mit der Krise der Demokratie, die im Augenblick der größten Entfaltung in die Phase ihrer stärksten Anfechtung geraten ist.

Schon seit dem Herbst 1916 nahmen in den kriegführenden Staaten, nicht zuletzt in Frankreich, England und Deutschland, die innenpolitischen Unruhen zu. Ökonomische und soziale Krisenerscheinungen trafen mit militärischen und politischen Zweifeln zusammen. Die 1914 überdeckten Spannungen zwischen konservativen, liberalen und sozialistischen Kräften drängten angesichts der Krise des Krieges wieder hervor. Das war vorwiegend in Rußland der Fall, wo das rückständige autokratische System des Zarismus auch nach dem ersten sozialistischen Revolutionsversuch von 1905 nicht vermocht hatte, die überfälligen Reformen rechtzeitig zu verwirklichen. Unter den Belastungen des Krieges und den militärischen Niederlagen entstand dort, wo es die klassischen Theoretiker des Sozialismus am wenigsten erwarteten – ausgerechnet im rückständigen, agrarischen, feudalen Rußland –, die revolutionäre Situation für die erste demokratische, dann sozialistische Umwälzung des Jahrhunderts. Es bestätigte sich die Erfahrung der Revolution von 1789, daß in Krisensituationen verspätete und unzureichende Teilreformen die Lage nur verschärfen. Die Konzession eines Parlaments, der Duma, mit geringen Rechten gegenüber dem Zaren erhöhte die Spannungen, willkürliche Eingriffe der Zarin und ihres berüchtigten Ratgebers, des Pseudomönches Grigorij Rasputin, machten die Mißwirtschaft deutlich. Mit dem Sinken der Kriegs- und Staatsmoral verstärkten sich Streiks in allen Bereichen: Arbeiter, Bauern, Soldaten begannen sich zunächst gegen die elenden Verhältnisse, allmählich gegen das System selbst zu wenden. Drei Machtzentren standen nun in Petersburg nebeneinander: autokratischer Zar, liberale Duma und Sowjet, der aus Streiks und Meutereien erwachsene Arbeiter- und Soldatenrat. Im Zusammenwirken von Duma und Sowjet wurde am 15. März 1917 eine provisorische Regierung gebildet, die Republik ausgerufen, der im Hauptquartier weilende Zar zur Abdankung gezwungen. Seine Abwesenheit von der Hauptstadt mag wie im November 1918 im Falle des deutschen Kaisers die Vorgänge beschleunigt, den Widerstand aussichtslos gemacht haben.

Diese ›Februarrevolution‹, nach dem alten russischen Kalender Ende Februar 1917, wurde von allen Seiten begrüßt: Den Alliierten war sie ein Zeichen des Sieges der Demokratie über den Absolutismus, Ziel des Krieges überhaupt; den USA erleichterte sie den Entschluß zum Kriegseintritt noch am 6. April; die Mittelmächte hingegen erhofften sich sowohl eine Schwächung der russischen Kriegsbereitschaft als auch den baldigen Frieden an der Ostfront. Die eigentlichen Implikationen dieser ersten Revolution, die so spontan, gleichsam modellhaft verlaufen war, lagen freilich in den Erwartungen der Masse des Volkes hinsichtlich der Beendigung des Krieges und einer Landreform. Hier waren die Chancen der demokratischen Revolution, hieran ist sie gescheitert, um unmittelbar darauf der kommunistischen Machtergreifung und Diktatur Platz zu machen. Daß diese gelingen konnte, widersprach in zwei prinzipiellen Punkten dem marxistischen Revolutionsschema: Es fehlte gerade die Entwicklung einer bürgerlichen Demokratie und einer Mittelklasse, die als Voraussetzung für die sozialistische Revolution galt; und der allen Gegenspielern überlegene Führer des Putsches, nicht die proletarische Arbeitermasse, spielte die entscheidende Rolle. Doch das hat dem Mythos des Marxismus so wenig Abbruch getan wie dem der Revolution. Die ideologischen Glaubensbedürfnisse der Anhänger und Bewunderer haben die Legende von der unwiderstehlichen marxistischen Revolution geschaffen, zugleich der Vergottung Lenins den Weg bereitet.

## Russische Revolution und bolschewistische Diktatur

Die Russische Revolution von 1917 ist der eine große Ereigniszusammenhang am Beginn unserer Epoche. Die anderen: die globale Ausweitung der Politik durch das Auftreten der USA 1917/18, dann die Revisionsbewegungen gegen Versailles und die Anfänge der Entkolonisierung. Die Revolution in Rußland verlief in zwei Phasen. Gewöhnlich spricht man der Machtergreifung Lenins und der Bolschewiki, der sogenannten Oktoberrevolution vom 7./8. November 1917, die eigentliche revolutionäre Qualität zu. Das gehört zu den notorischen Revolutionslegenden, die post festum der Umwälzung den Stempel der geschichtlichen Notwendigkeit aufprägen: die Machtergreifung Lenins als Ziel und Sinn der ganzen Revolution. Tatsächlich entspricht aber die erste Stufe, die sogenannte Februarrevolution vom März 1917, viel eher dem klassischen Begriff der Revolution. Sie brach aus – im elementaren Sinn des Wortes – nicht zuletzt als eine Bewegung zur Beendigung des Krieges wie 1918 die deutsche Novemberrevolution. Sie stürzte das alte Regime durch eine spontane, unaufhaltsame Insubordinationsbewegung der Soldaten und der Massen gegen die zaristische autokratische Herrschaft. Das unterscheidet sie wesentlich von den putschförmigen Manipulationsakten, mit denen später Lenin die Macht errang, so gewiß auch er von dem fortdauernden Ruf nach Beendigung des Krieges profitierte und von der Unfähigkeit der Provisorischen Regierung unter Aleksandr Kerenskij, dem elementaren Bedürfnis nach Frieden, Ordnung und Reform zu entsprechen. Es erscheint jedoch sehr bezeichnend, daß die Februarrevolution selbst für die Bolschewiki überraschend kam. Ob die Oktoberrevolution ihr gegenüber Staatsstreich, Putsch oder zweite Revolution genannt wird, ist eine Frage der Bewertung der Technik der Machtergreifung.[2] Im Blick auf diejenige Mussolinis (1922) und vollends diejenige Hitlers (1933) ist die Kombination staatsstreichförmiger und pseudodemokratischer oder gar pseudolegaler Vorgänge ein Grundzug der Machtergreifung neuen Typs. Auch ihr unmittelbares Ergebnis, die Diktatur einer Monopolpartei mit der überragenden Stellung eines Führers, weist auf Ähnlichkeiten hin, die für das Entstehen totalitärer Systeme als Folge solcher Revolutionen neuen Typs charakteristisch erscheinen. Alle europäischen Umwälzungen von 1917/18 können als Antikriegs-Revolutionen bezeichnet werden.

Für Lenin und seine Partei, die dem radikalsten Flügel der russischen Sozialdemokratie entstammte, war der Krieg in der Tat die beste revolutionäre Chance. Während die meisten sozialistischen Parteien sich 1914 den nationalen Kriegsanstrengungen eingefügt hatten, nun aber auf Beendigung drängten, bestand für den konsequenten Marxisten, wie ihn Lenin verstand, der Sinn des Krieges allein in dem Nutzen, den er für die Entfesselung der Revolution hatte. Auch der Friede war erst in diesem Zusammenhang zu bejahen; er war nicht im Sinne der sozialistischen Pazifisten als Wert in sich zu sehen. Mit dieser Auffassung hob sich Lenin sowohl von den rechten als auch von den linken Sozialisten ab, wie schon 1915 auf einer internationalen Sozialistenkonferenz in Zimmerwald in der Schweiz sichtbar geworden war.[3] Gegenüber der Forderung zum Beispiel deutscher und französischer Sozialisten nach sofortigem Kriegsende vertrat er dort das strategische Ziel, den Krieg in Bürgerkrieg zu verwandeln und die Niederlage zum Instrument der Revolutionierung zu machen. Eine derartige Instrumentalisierung des Krieges und seiner Folgen für die Durchsetzung des Revolutions- und Herrschaftsanspruchs der Partei richtete sich nicht nur gegen den Zarismus, sondern ebenso gegen die bürgerlichen Reformer und die sozialistischen Rivalen. Insofern sind an Lenins Reise im berühmten Eisenbahn-Sonderwagen aus seinem Schweizer Exil in die damalige russische Hauptstadt Petrograd, das vormalige Sankt Petersburg und nachmalige Leningrad, zwei Tatsachen besonders bemerkenswert: Der Revolutionsführer traf am 16. April 1917 ein, also mehr als vier Wochen nach der erfolgreichen Februarrevolution. Und er tat dies mit Hilfe der deutschen militärischen Führung, die an einer weiteren Schwächung Rußlands und seiner Kapitulation interessiert war und den Bolschewiki ebenso wie Revolutionären in anderen Feindländern sogar Geld geheim zukommen ließ – für Leninisten keine Schande, sondern bewundert als Beweis für die meisterhaft realistisch-machiavellistische Handhabung sämtlicher Mittel zu dem Zweck, der sie heiligt. Das seltsame Interessenbündnis in seiner schwer abschätzbaren Bedeutung erwies sich als nicht so einzigartig, wie es erscheinen mochte. Immer wieder kam es zu kooperativen Akten rechts- und linksautoritärer Politik, von der Weimarer Zeit bis zum Hitler-Stalin-Pakt von 1939. Umgekehrt wurde die Geschichte der sogenannten Gegenrevolutionen nicht bloß von den verschiedenartigsten Partnern mitbestimmt; sie ist auch undenkbar ohne jene intransigente Rolle der Kommunisten gegenüber den Demokratien, mit der sie den Faschisten und Nationalsozialisten erst den Weg frei machten – als freiwillig-unfreiwillige Komplizen der antidemokratischen Revolution.

Lenins Machtergreifung war beides zugleich: geschickt genutztes Zusammenspiel mit der demokratischen Revolution und antidemokratischer Umsturz, der alle Chancen einer parlamentarischen Demokratie in Rußland abschnitt und damit eine direkte Brücke vom zaristischen Absolutismus zum Parteiabsolutismus schlug. Das widersprach zwar der Marxschen Auffassung von der stufenweisen Entwicklung über eine bürgerlich-parlamentarische Demokratie zum Sozialismus und zur proletarischen Revolution. Es entsprach jedoch jener dogmatischen Inbesitznahme und Umwälzung des Marxismus für die eigenrussischen Bedürfnisse im Sinne der Theorie Lenins von der primären Rolle einer Partei der Berufsrevolutionäre, die nun als Marxismus-Leninismus zur eigentlich kommunistischen Ideologie gegenüber allen anderen Richtungen des Sozialismus erklärt wurde. Es war das klassische Konzept der antidemokratischen Staatsstreich- oder Putschbewegung. Nicht als Partei der Mehrheit, sondern als Minderheit im Besitz der politisch-gesellschaftlichen Wahrheit für die Massen erhob sie den Anspruch auf Machtergreifung, und während die Wahrheit durch die zurechtgestutzte marxistische Lehre verbürgt wurde, folgte die Durchführung der Machtergreifung selbst dem Rezept des bewaffneten Putsches mit gezielter, allerdings kontrollierter, Beteiligung der Massen, die lediglich eine kleine Minderheit darstellten.

Der Historiker wird es gewiß schwer haben, die Frage zu beantworten, welche Alternativen es gab und ob insbesondere die parlamentarisch-demokratische Lösung, die unter günstigeren Verhältnissen in anderen Ländern Europas gleichfalls nicht überlebte, in Rußland eine Chance gehabt hätte, die erst durch Lenins Putsch zunichte gemacht wurde. Man wird ihn nicht als spontane Volksrevolution anerkennen können. Sogar die sowjetische Geschichtsschreibung und Propaganda behandelt die Oktoberrevolution heute vornehmlich als Werk Lenins; denn sie ist ohne ihn schlechterdings nicht vorstellbar, ganz im Gegensatz zur Februarrevolution, für welche die handelnden Personen zweitrangig waren. Also wäre das Ganze nichts als Leninismus, so wie man die anderen Machtergreifungsbewegungen der Zeit als Mussolinismus oder Hitlerismus qualifiziert hat? Sicherlich nicht. Voraussetzungen und Folgen sind in dem allgemeineren Rahmen zu sehen, der die Revolutionen des 20. Jahrhunderts umfaßt und von zwei Hauptproblemen bestimmt wird: von Modernisierung und Massengesellschaft. Die Russische Revolution ist in solchem Sinne, fast unabhängig von der Frage des Leninschen Revolutionsbegriffes, nicht zuletzt als Übergang in eine Entwicklungsrevolution zu verstehen. Sie geschah in einem Land, dem die Übernahme und Anpassung westlich-demokratischer Regierungsformen unter dem Druck der Kriegsbelastung und des Nachkriegselends nicht gelingen wollte. Das gilt für sie mehr noch als für den Faschismus, den man zunehmend als Entwicklungsdiktatur interpretiert, womit jedenfalls das gedankenlose Muster der bloßen Gegenrevolution aufgegeben wird.[4]

Ein Blick auf den Verlauf der Ereignisse in Rußland bestätigt den engen Zusammenhang von Revolution und Diktatur. Lenin verkündete im April 1917, sogleich nach seiner Ankunft in Petrograd, zwei Parolen: den baldigen Zusammenbruch des bisherigen imperialistisch-kapitalistischen Europa und das neue Zeitalter, das mit der gegenwärtigen Revolution begonnen habe, jedoch in eine weltweite sozialistische Revolution münden werde, da unmittelbar nach der bürgerlichen Revolution die sozialistische folge, in der die Macht auf die Arbeiter und Bauern übergehe. Folgerichtig widmeten sich die Bolschewisten nicht der Mitarbeit an der provisorischen Republik, die durchaus links, von Sozialdemokraten, Menschewiken und Sozialrevolutionären bestimmt war, sondern – wie von der deutschen Heeresleitung erhofft – ihrer Unterminierung, wobei die Agitation die allgemeine Kriegsmüdigkeit und die Forderung der Bauernmassen nach Landreform erfolgreich auszunutzen und aufzuputschen vermochte; denn in Rußland bildete entgegen den marxistischen Prämissen nicht das Industrieproletariat, vielmehr die verarmte Bauernschaft das revolutionäre Potential oder besser: die unzufriedene Mehrheit.

Ein Vergleich drängt sich auf. Hitler sprengte 1933 schon nach wenigen Wochen die deutsch-national-monarchistische Einrahmung, nachdem sie ihre Dienste bei der Überwindung der Demokratie geleistet hatte, um seine Revolution der Partei- und Führerdiktatur durchzusetzen. Lenin ließ die Demokraten, die ihn als Mitverteidiger der Februarrevolution begrüßt hatten, noch brüsker hinter sich, sobald sie ihre Rolle als Zerstörer des Zarismus gespielt hatten. Für die Stabilisierung einer parlamentarischen Mehrheitsdemokratie hatte Lenin, der Theoretiker des Staatsstreichs und der Diktatur einer radikalen Minderheit, die sich gleichwohl als Diktatur des Proletariats, der behaupteten Mehrheit verstand oder diese vorwegzunehmen beanspruchte, so wenig übrig wie Hitler, der Praktiker einer Massen- und Führerdiktatur, welche den Anspruch auf totale Identität mit dem Volkswillen erhob, für die Errichtung einer konservativen Aristokratie. Im Blick auf die Zustimmung der Massen war Hitler gleichsam demokratischer, Lenin diktatorischer als ihr Ruf und als die vermeintlichen Partner. Die linken wie die rechten Revolutionen oder Machtergreifungen neuen Stils, von Lenin über Mussolini zu Hitler, sind in solchem Sinne demokratisch wie antidemokratisch. Es ist eine Ambivalenz, die den politisch-ideologischen Bewegungen eigen ist, sofern sie Ausdruck und Nutznießer der Probleme der Massengesellschaft, doch zugleich deren Überwindung und Aufhebung in einer plebiszitär oder pseudodemokratisch legitimierten Partei- und Führerdiktatur sind. Alle drei Diktatoren begannen ihre Revolution im Rahmen und zum Teil mit Hilfe der Demokratie und machten sie im weiteren Verlauf bis zum Erfolg der Machtergreifung als Revolution gegen die Demokratie. Diese mag als bürgerlich, kapitalistisch, plutokratisch, ineffizient, volksfeindlich oder unnational beschimpft werden – immer ist es die anfangs ambivalent erscheinende, in der Folge aber eindeutige Machtergreifung gegen die Demokratie, zunächst mit demokratischen, dann mit diktatorisch-totalitäten Mitteln, die zum Wesen der neuen Revolution gehört.

Auch Lenin mußte vorerst noch einmal die Erfahrung des Scheiterns machen. Es ist umstritten, ob er einen verfrühten Putschversuch unternahm oder ihm ein solcher nur zugeschrieben wird. Jedenfalls zwang ihn drohende Verhaftung Mitte Juli 1917 vorübergehend wieder zur Flucht; er ging nach Finnland, wo er dem Hauptort des Geschehens, Petrograd, nahe blieb. Bezeichnend, daß er die Zeit zur Niederschrift von ›Staat und Revolution‹ nutzte, seiner enthüllenden Theorie der gewaltsamen Revolution einer wissenden, geschulten, rücksichtslosen Minderheit. Sie richtet sich sowohl gegen die Menschewiki und ihre Erwartung eines friedlichen Übergangs von der bürgerlichen zur sozialistischen Demokratie als auch gegen den Glauben der Anarchisten, dem Umsturz werde notwendig die ideale Gesellschaft folgen. Statt dessen: Diktatur des Proletariats für einen Übergang, den Lenin als relativ schmerzlos beschreibt – eine Schönfärberei dessen, was tatsächlich folgen sollte. Doch Lenin brach seine Schrift ›Staat und Revolution‹ unvollendet ab, mit dem Bemerken, welches ihn von Marx und den meisten seiner Theoretiker abhebt: Die Erfahrung, eine Revolution durchzumachen, sei viel erfreulicher, als darüber zu schreiben. In Verkleidung kehrte er nach Petrograd zurück.

Inzwischen war nach dem Scheitern der letzten Kerenskij-Offensive in den Monaten Juni und Juli 1917 die Kriegslage der Republik so hoffnungslos, das Verlangen nach Frieden und Ordnung so allgemein geworden, daß der bolschewistische Appell an die Unzufriedenheit der Soldaten, Arbeiter und Bauern in verstärktem Maße wirkte. Kerenskijs Provisorische Regierung stand der militärisch und mehr noch innenpolitisch chaotisch werdenden Lage hilflos gegenüber, sie war mit dem Putschversuch ihres eigenen Militärbefehlshabers Lawr Kornilow am 9. September 1917 einem drohenden Abfall der Generale konfrontiert, und sie suchte sich nun wieder der Zusammenarbeit der Bolschewiki zu versichern. Die Chance nutzte Lenin zum

Durchbruch, zumal er fürchten mußte, bei den anberaumten Wahlen zur konstituierenden Nationalversammlung erneut in der Minderheit zu bleiben. Gegen manche Zweifel im eigenen Zentralausschuß setzte er mit Hilfe Lew Trotzkijs Anfang November den Beschluß zur gewaltsamen Machteroberung durch, die wiederum vor allem von Trotzkij sorgfältig vorbereitet wurde – eine Tatsache, die von der sonst so beredten sowjetischen Revolutionslegende bekanntlich totgeschwiegen wird. Die Machteroberung stützte sich auf die gutgeplante Besetzung der wichtigsten Gebäude in Petrograd und Moskau sowie auf die Hilflosigkeit und Resignation der Provisorischen Regierung samt ihrer Verwaltung; die Voraussetzung bildeten das Fortschleppen eines verlorenen Krieges, das daraus resultierende Chaos, die Verantwortung der Alliierten am sinnlosen russischen Kriegskurs sowie die deutsche Mitverantwortung an der Revolutionsrolle Lenins und der Revolutionierung Rußlands. Diese Faktoren ermöglichten den Putsch vom 7./8. November 1917, der als Oktoberrevolution alle anderen Revolutionen des Jahrhunderts überschattet, ja zum Motor und Modell aller sozialistischen Revolutionen erhoben und als die prinzipiell gute Revolution den Konterrevolutionen konfrontiert, den demokratischen Revolutionen übergeordnet wird. Es war nicht nur eine geplante, sondern auch eine förmlich beschlossene Machtergreifung, die eher in der Tradition putschförmiger Staatsstreiche als spontaner Revolutionen stand. Ihre Wirkung war immerhin so tief und so weltweit, daß selbst die unrevolutionären Züge – Manipulation statt Spontaneität, einseitige Durchsetzung einer Parteidiktatur statt direkt- oder rätedemokratische Herrschaft des Volkes – als revolutionär glorifiziert werden konnten.

Wohl hatte das Regime Lenins gewaltige Probleme zu bestehen. Bemerkenswert ist erstens, daß die Errichtung der neuen Ordnung durch Zwang und Terror geschah und nicht zuletzt auf einer Weiterentwicklung des zaristischen Polizeistaats beruhte, dann aber zum Vorbild für die anderen totalitären Regime des Jahrhunderts wurde. Wichtiger noch: Es gelang ihm, die außenpolitische Isolierung und die existentiale Bedrohung durch die Bürgerkriege und die militärischen Interventionen des Westens zu überdauern. Doch es war das Dilemma, daß die als sicher erwarteten, sozialistischen Revolutionen in anderen Ländern, zumal in Deutschland, im Mutterland des Marxismus und der stärksten Arbeiterbewegung, ausblieben. Das Schwinden der Hoffnung auf Weltrevolution veränderte die ursprünglichen Grundlagen und Perspektiven der Leninschen Machtergreifung ganz wesentlich. Das Ergebnis war ein anderer Rahmen: In ihm operierte die Stalinsche Diktatur, der Stalinismus. Aber es geht nicht an, allein Lenins Nachfolger mit einer vorgeblichen Entartung des Systems zu belasten. Über entscheidende sechs Jahre war es Lenin selbst, der die Weichen gestellt, Präzedenzfälle des Terrors und der Diktatur geschaffen, das Klima und die Technik totalitärer

Herrschaft erstmals in der Geschichte ermöglicht und praktiziert hat oder praktizieren ließ.

Die weltpolitische Bedeutung der Ereignisse reicht weit über Rußland und die Geschichte der Sowjetunion hinaus in den Bereich der internationalen Politik wie in denjenigen der politischen Ideologien und Bewegungen aller Richtungen. Lenin gilt unterdessen als der Ideologe und Revolutionär des Jahrhunderts par excellence. Die Berufung auf ihn und seine heute fast kultische weltweite Verehrung gehört zu den stärksten politischen Kräften der Epoche. Er war ein erfolgreicher Putschist, Verfasser einer Fülle nicht gerade tiefschürfender politisch-theoretischer Schriften, mit einer rhetorischen Begabung, die kaum als außergewöhnlich gilt. Seine Erhebung zur zentralen Figur unserer Epoche ist gewiß das Ergebnis geschickt gelenkter Propaganda und Legendenbildung, auch der politischen Geschichtsfälschung. Aber die Wirkung solcher Manipulation ist nur zu verstehen, wenn man wahrnimmt, was dieses neue Rußland Lenins sein wollte, und warum es als Verheißung bis zum heutigen Tag seine Faszination nicht verloren hat. Das wichtigste Moment ist der Anspruch auf Richtigkeit, Wahrheit, Unfehlbarkeit, mit dem Lenin und seine Bewegung, das bolschewistische System, aufgetreten sind. Die Stärke gegenüber sämtlichen anderen demokratischen oder revolutionären Rivalen lag in diesem keinem Zweifel zugänglichen Anspruch, der von allem Anfang an totalitär genannt werden kann.

Die Konsequenz des einlinigen Denkens, die an zaristische Herrschaftsart anknüpfende Intoleranz und Grausamkeit, der menschliches Leben wenig galt, sind Voraussetzungen, die auf den späteren totalitären Ausbau der Sowjetunion unter Stalin hinweisen. Im Unterschied zu diesem war Lenin zwar zur Diskussion mit seinen Vertrauten bereit, aber bei der Durchführung seiner Entscheidungen wurde dann keine Opposition mehr geduldet. Es war ein Regierungsstil, der jedenfalls zu keinem Zeitpunkt berechtigt, daß man von einem demokratischen Regime spricht. Wenn Lenin am Beginn seiner Herrschaft um den Kontakt zu den Massen einigermaßen besorgt war, so erfolgten die Konsolidierung der bolschewistischen Machtergreifung und vollends der Aufbau des neuen Staates in erster Linie durch eine Serie von Täuschungen, Drohungen und Terrormaßnahmen. Der radikale demokratische Anspruch dieser Revolution war ein Anschein, der bald verschwand, als die nominelle Herrschaft der Räte der faktischen Diktatur der Partei Platz machte.

Wie in der Hitler-Deutung wird es die These geben, der Prozeß der Machtergreifung sei im Grunde improvisiert, ohne Plan verlaufen, er hätte ganz anders, auch positiv, ausgehen können – vielleicht mit einem humanen, demokratischen Staatsmann Lenin am Ende. Dagegen spricht alle Evidenz, vornehmlich die hartnäckige Unbeirrbarkeit seines Verhaltens und Handelns. Es war vielmehr ein Prozeß, der insofern von der klassischen Revolution abweicht, als es nie einen Zweifel Lenins gab, weder in der Richtung noch in der Wahl der Mittel, die mit grausamer Folgerichtigkeit teils entwickelt, teils, wie die Geheimpolizei, übernommen worden sind, wobei ein radikaler Personalwechsel für bedingungsloses Funktionieren sorgte. Zahlreiche Legenden, halbwahre oder falsche, die im Rahmen des Lenin-Kults in den Museen und Straßen der Sowjetunion wie in der Propaganda aller kommunistischen Parteien dem Revolutionsheros menschliche Züge verleihen sollen, widmen sich hingegen dem Lobpreis der opfervollen Bescheidenheit des Abgottes – ein Topos sämtlicher totalitären Führer-Mythen, wiederzufinden in der Hitler-Legende.

Zur Befestigung der Macht trugen rasch vollzogene Tatsachen bei, für die ein bolschewistisch kontrollierter Rat der Volkskommissare als Revolutionsregierung unter Lenin durch eine Reihe radikaler Dekrete noch im November 1917 sorgte, außerdem die populäre Beendigung des Krieges, selbst unter den schweren Opfern des Vertrags von Brest-Litowsk (März 1918). Dies führte zwar zur Ausweitung des Bürgerkrieges, bot jedoch zugleich Gelegenheit zur Ausschaltung der rivalisierenden Sozialrevolutionäre und zur Institutionalisierung des Terrors seit August 1918. Entscheidend wurde schließlich die trotz aller Rückschläge langfristig erfolgreiche Abwehr aller antikommunistischen Bemühungen und westlichen Interventionen, die wiederum besonders Trotzkijs Geschick in der Bürgerkriegsführung zu danken war.

Die Technik der bolschewistischen Machtergreifung bestand in der Verbindung von Gewaltakten und scheinlegaler Verordnungspolitik, von militärischem und bürokratischem Handeln, das durch pseudodemokratische Gremienpolitik gedeckt und durch ideologische Indoktrination überhöht wurde. Auf die gewaltsame Besetzung des Petrograder Winterpalastes und die Regierungsanmaßung folgten sogleich die grundlegenden Dekrete zur Enteignung der Staatsdomänen, der Kirchengüter und des privaten Großgrundbesitzes sowie zur Kontrolle der Arbeiter über die Fabriken. Neben diesen Dokumenten einer sozialistischen Umwälzung liegen Dekrete, die das Selbstbestimmungsrecht den Nationalitäten bis zum Recht auf Sezession versprechen. Damit wurde die bisherige Staats- und Gesellschaftsstruktur zur Disposition gestellt. Freilich sollte sich am Ende der revolutionären Übergangsperiode zeigen, daß zwar Personen und Schichten radikal gewechselt hatten, aber die tiefen Eingriffe keineswegs zum Verschwinden von Staat und Herrschaft, nicht einmal zum Verzicht auf traditionelle Machtpolitik führten.

Ein Unterschied zu den ›rechten‹ Machtergreifungen Mussolinis und Hitlers besteht nicht nur in der Unbedenklichkeit, mit der die bisherige Bürokratie und Justiz durch eigene Parteigänger ohne fachliche Qualifikation ersetzt wurden, sondern auch im Aufbau eines neuen, regimeeigenen Militärs, der Roten Armee. Der tiefere Bruch erklärt sich wiederum nicht einfach aus ideologischen oder gar sozialen Gründen, sondern wesentlich aus dem Umstand, daß die alte Armee sich weitgehend aufgelöst hatte, weshalb so rasch wie möglich eine Bürgerkriegsarmee organisiert werden mußte. Die führende Rolle, die Trotzkij hierbei wie in dem Kampf gegen weiße und alliierte Truppen zwischen 1918 und 1920 gespielt hat, wurde zehn Jahre später aus allen sowjetischen Geschichtsbüchern getilgt. Zweifellos machte der radikale Bruch mit dem bürokratischen und militärischen Personal eine schnellere Gleichschaltung und Neu-Formierung der Staats- und Gesellschaftsstrukturen möglich. Es sollte trotzdem nicht übersehen werden, daß dies schwere Rivalitäten, Kompetenzkonflikte und blutige Säuberungen nicht verhindert, eher intensiviert hat. Die teils vollzogene, teils propagierte Durchsetzung des Sozialismus ist dadurch nur insoweit gefördert worden, als es im Interesse der führenden Gruppe der Partei und schließlich des Diktators lag.

So gewaltig die sozialen Umschichtungen im revolutionären Rußland auch gewesen sein mögen – ihr Ergebnis war weder mehr Freiheit für die Menschen noch höhere Leistungsfähigkeit des Systems, sondern ein Wechsel in der Verfügbarkeit der Staatsbürger. Gegen das Argument, für die konterrevolutionäre Natur rechter Diktaturen sei die verschleierte Kontinuität, für die revolutionäre Natur der linken Diktaturen der radikale Bruch zum vorangehenden Regime bezeichnend, läßt sich auf die Kontinuität der Überwachungs- und Unterdrückungsformen vom zaristischen zum Leninschen und Stalinschen Rußland verweisen. Immerhin ist es richtig, daß der radikale Bruch, den das bolschewistische Regime vollzogen hat, es von allen sonstigen Revolutionen unterscheidet. Aber deren Haupthindernis, die Beharrungskraft einer konservativen Bürokratie, hat es nur scheinbar beseitigt. Denn die Radikalität der Maßnahmen steht bis heute in einem scharfen Kontrast zu der verlustreichen Umständlichkeit der Durchführung, in der die bürokratische Tradition, wenngleich unter anderen politischen Vorzeichen, bald wieder präsent war – mit freilich schrecklichen Folgen für den dürftigen Lebensstandard und die Behandlung der Bevölkerung.

Neben dem Bruch in der politischen Verwaltung bot gemäß dem Anspruch einer sozialistischen Revolution die ökonomische Umwälzung die einschneidendsten Veränderungen. Sie stellten das eigentlich Neue, nie Dagewesene dar. Als die erste sozialistische Revolution der Geschichte beanspruchte Lenins Diktaturherrschaft ihre historische Legitimation. Alle anderen Legitimationsformen galten nichts, waren nur ›formaler‹ Art, wie die Abwertung der freigewählten Demokratie durch Kommunisten bis heute lautet. Die erste, einzige halbwegs korrekte Wahl, die nach Lenins Machtergreifung noch stattfand, demonstrierte schlagend die wahre Position seiner Partei. Es handelte sich um die Wahl der verfassunggebenden Nationalversammlung, für deren Abhaltung sie zuvor nachdrücklich eingetreten war. Als die Bolschewiki nun aber mit etwa fünfundzwanzig Prozent weit in der Minderheit blieben, wurde die Konstituante schon bei ihrer Eröffnung am 18. Januar 1918 unter Einsatz von Truppen gewaltsam wieder aufgelöst – mit der Begründung, die Wählerlisten seien vor der bolschewistischen Revolution angelegt worden, so daß die Konstituante noch die alte Ordnung verkörpere.

Das Ereignis ist nicht bloß charakteristisch für Lenins bedenkenlose Machtmanipulation; es zeigt allgemein, daß linke wie rechte Diktaturen nur die Wahlen anerkennen, die das gewünschte Ergebnis erbringen, andernfalls auf Legitimierungen ideologisch-propagandistischer Art zurückgreifen. Die eine war die Beibehaltung der alles andere als repräsentativen Sowjets als Quasiparlamente, die von Lenins Partei zusammen mit den Sozialrevolutionären kontrolliert wurden. Die andere war der Unfehlbarkeitsanspruch einer sozialistischen Revolution, über deren Definition das Regime auch in der Folge je nach Bedarf verfügte. Mal bedeutete er die völlige Abschaffung alles Privaten, mal trat er in stark modifizierten Versionen auf, wie vorübergehend in der Politik der späteren zwanziger Jahre.

Zunächst jedoch wurde der radikale Anspruch unverhüllt vertreten. Er versetzte die Welt mit bislang unerhörten Maßnahmen in Staunen und Schrecken: Alle Banken wurden verstaatlicht, alle privaten Konten beschlagnahmt, die Staatsverschuldung wurde gelöscht, alles Land zum Staatseigentum erklärt, die Fabriken wurden enteignet, privater Handel, privater Markt und Ladengeschäfte abgeschafft. Daß diese total verstandene Sozialisierung zu chaotischen Verhältnissen führte und bald Modifikationen notwendig machte, im übrigen bereits die Entwicklung zu einem Staatssozialismus enthielt, wurde spätestens am Ende des Bürgerkrieges offenbar. Der Übergang von der Arbeiterverwaltung der sozialisierten Fabriken zur zentralen staatlichen Produktionsplanung, von der radikal-revolutionären Phase zur Neuen Ökonomischen Politik (NEP) mit vorübergehenden Konzessionen an freien Handel und Kleinwirtschaft änderte nichts an dem Prinzip, daß Partei und Staat jederzeit den Wirtschaftsprozeß kontrollieren, sogar kommandieren konnten, wenn es dem politischen und ideologischen Bedürfnis der Diktatur entsprach.

Die seit je aktuelle Streitfrage, ob in totalitären Systemen die Wirtschaft oder die Politik den Ausschlag gebe, betrifft nicht nur ein Problem der rechten Diktaturen, die nach marxistischer Interpretation konterrevolutionäre Regime im Dienst des Monopolkapitalismus sind, sondern ebenso die als sozialistisch klassifizierten Linksdiktaturen. Dabei ist die Behauptung, daß im Sozialismus die Wirtschaft Volkseigentum und der ökonomische Prozeß demokratisiert sei, nichts als die Verschleierung der Tatsache, daß in funktionsfähigen Systemen stets der Primat der Politik gewahrt ist, zugleich aber der politischen Kommandierung der Wirtschaft Grenzen gesetzt sind, deren Verletzungen in sämtlichen Wirtschaftssystemen Störungen zur Folge haben. Während unter dem Nationalsozialismus insbesondere Rüstung und Kriegsvorbereitung zum Dirigismus der Politik gegenüber der Wirtschaft geführt haben, ist es in der Sowjetunion auch während und nach der NEP-Periode bei der vollen Staatsherrschaft über Schwerindustrie, Verkehr, Kreditwesen und Außenhandel geblieben. Die Sozialisierung führte zur Verarmung des Mittelstandes und erleichterte die Kontrolle der Gesellschaft durch das Regime. Dies und nicht die versprochenen größeren Rechte und Freiheiten sind die Konsequenzen der Proletarisierung, durch die unter der Diktatur alle gleich rechtlos und unfrei werden, die nicht die Privilegien der Partei genießen. Es ist eine totalitäre Gleichheit, in der die Überwindung der Klassengesellschaft geschieht, sei es durch den proletarischen Klassenkampf oder durch den Druck der Volksgemeinschaft wie im Hitler-Regime.

Vor den Augen der Welt von 1918, die sich an der Schwelle des Sieges der Demokratie über die Autokratie wähnte, erstand ein autokratisches Regime neuer Art, das sich zum ersten totalitären System der Geschichte entwickeln sollte. Denn was immer seine Zielsetzung war, es unterdrückte rigoros alle jene Freiheiten und Menschenrechte, deren weltweite Verbreitung die Vorkämpfer der Demokratie im Westen als Ergebnis und Sinn des Krieges proklamiert hatten. Der Sturz des Zarismus führte in einen Neo-Absolutismus, der selbst vor der Religion nicht haltmachte. Das war der welthistorische Schock, den Lenins Revolution auslöste. Die innere Konsolidierung dieses Regimes bestätigte nur die Befürchtungen. Da war die von Täuschung und Terror begleitete Ausschaltung der die Interessen der Bauern vertretenden Sozialrevolutionäre, wofür die Ermordung des deutschen Botschafters Wilhelm von Mirbach-Harff (Juli 1918) durch Sozialrevolutionäre so willkommenen Anlaß bot, daß nach dem Prinzip cui bono bolschewistische Machinationen möglich erschienen. Und endlich erfolgte der Ausbau einer alles Bisherige übertreffenden Revolutionspolizei (Tscheka) zur Unterdrückung der Gegner als Gegenrevolutionäre. Sie entfaltete nach einem Attentat auf Lenin (30. August 1918) mit Massenerschießungen den vollen bolschewistischen Terror gegen politische Gegner und Mißliebige, deren ›Verbrechen‹ vielleicht nur Zugehörigkeit zur Klasse der bisher besitzenden Schichten gewesen war.

Die Kalkulation Lenins und seiner Mitarbeiter, durch Unterdrückung, Einschüchterung oder Liquidierung die kritische Phase meistern zu können, ging auf. Nur in einem, allerdings prinzipiellen Punkt erwies sich die rücksichtslose Rechnung Lenins als falsch: in der Erwartung der Weltrevolution. Die neue Sowjetunion, die sich unter furchtbaren menschlichen und materiellen Opfern behauptete, blieb als Land der kommunistischen oder sozialistischen Revolution allein. Sie war ein russisches Phänomen, nicht das vom Marxismus prophezeite Endsystem der Industriestaaten. Und sie entwickelte sich auch mit allen Kennzeichen einer russischen Autokratie in der Folgezeit.

Damit ist die Frage gestellt, warum die revolutionären Bewegungen im übrigen Europa nicht zum Zuge gekommen sind, obwohl dort der Krieg ebenfalls viele Voraussetzungen geschaffen hatte.[5]

## Revolutionsbewegung und kommunistische Abspaltung in Europa

Mit der Oktoberrevolution, dem Bürgerkrieg und dem Ausbau der radikalsten Diktatur, die es bis dahin gab, ging Rußland bereits seine eigenen Wege, als die Friedensverträge eine Wiederherstellung des kriegszerwühlten Europa und im Völkerbund eine neue Weltpolitik einleiteten. Diese Abwesenheit Rußlands macht den entscheidenden Unterschied zwischen Februar- und Oktoberrevolution sichtbar. Ein demokratisches Rußland hätte die Chancen für Europa verbessert, sich als Kontinent der Demokratien behaupten und seine veränderte weltpolitische Rolle ohne Weg in einen neuen Krieg spielen zu können. So aber kam es gleich zu drei Komplikationen: Die demokratischen Revolutionen in Mitteleuropa blieben stecken; revisionistische und antidemokratische Bewegungen erstarkten beschleunigt; und der demokratische Sozialismus, unverzichtbare Stütze einer modernen parlamentarischen Demokratie im Zeitalter der wachsenden sozialen Emanzipation, erfuhr eine elementare Schwächung durch die Abspaltung und die antidemokratische Politik kommunistischer Parteien in ganz Europa.

Mit dem Waffenstillstand von 1918 war der Krieg nicht eigentlich zu Ende. Das gehörte zu den Eindrücken Lenins sowie seiner russischen und westlichen Gegner, mehr noch zu den Überzeugungen künftiger Revolutionäre wie Hitler oder Mussolini, die aus diesem Krieg kamen und ihn auf ihre Weise weiterführten. Auch in der deutschen Revolution von 1918 waren Krieg und Frieden eng miteinander verflochten. Ihren Hintergrund bildeten die fortdauernden Kämpfe in Osteuropa, die mit der Russischen Revolution und ihrem Bürgerkrieg wie mit den Problemen der Nachfolgestaaten des Habsburger Reiches und der Türkei zusammenhingen, vor allem aber die Auseinandersetzungen um Kriegsfolgen und Friedensordnung. Der Ausbruch revolutionärer Unruhen auf Kriegsschiffen und in Häfen der deutschen Marine und ihre Ausbreitung in den Tagen vom 5. bis zum 9. November 1918, dem Tag der Abdankung des Kaisers, stellte sich zunächst als ein gewaltiger Streik zur Beendigung des Krieges dar; er war die natürliche Antwort auf den Schock der deutschen Niederlage, die sich zuvor schon im Zusammenbruch der verbündeten Staaten abgezeichnet hatte. Man hat deshalb von der ungewollten, nur improvisierten, halben oder abgebrochenen Revolution gesprochen. Freilich bleibt dann die Frage, was denn unter einer vollendeten Revolution zu verstehen sei: die bürgerliche oder erst eine sozialistische, und welcher Art, wo doch soeben auf abschreckende Weise ein Experiment über die russische Bühne ging, für das nur radikale, militante Minderheiten zu gewinnen waren.

Auch in Deutschland waren erst im Oktober 1918, einen Monat vor dem militärischen Zusammenbruch, Parlamentarisierung und demokratische Reform eingeleitet worden, zu spät, um den revolutionären Bruch vermeiden zu können. Zu den inneren Antrieben eines Systemwechsels kam die Hoffnung auf erträgliche Friedensbedingungen für ein demokratisches Deutschland, die sich an Wilsons Erklärungen knüpfte. Es bleibt strittig, ob nicht ein rechtzeitiger Verzicht des Kaisers eine parlamentarische Monarchie hätte retten können. Die eigentlich revolutionären Akte des 9. November 1918 sind wohl durch die Verzögerung der Abdankung erst provoziert worden. Hierzu zählen der Rücktritt des letzten konstitutionellen Reichskanzlers Max von Baden, die extralegale Regierungsübernahme durch den sozialdemokratischen Parteiführer Friedrich Ebert, die vorzeitige Ausrufung der Republik durch den Sozialdemokraten Philipp Scheidemann, die Flucht des Kaisers nach Holland und der Sturz aller deutschen Fürstenhäuser. In diesem Vakuum kam es dann erst in den folgenden Wochen und Monaten zu der bürgerkriegsförmigen, blutigen Verschärfung der inneren Auseinandersetzungen, bis hin zu dem radikalen Experiment einer Räterepublik in Bayern. Ihre noch radikalere Niederschlagung im Mai 1919 beschleunigte das Erstarken gegenrevolutionärer und antidemokratischer Kräfte und besiegelte den schweren, letztlich fatalen Dauerkonflikt der Republik mit ihren rechten und linken Feinden.

Der Verlauf der deutschen Revolution ist durch den Begriff der Novemberrevolution, der auch zu ihrer Diffamierung verwendet wurde, indem man assoziativ auf die terroristischen Konsequenzen der russischen Oktoberrevolution abhob, nur unscharf gekennzeichnet. In Wahrheit handelte es sich nach der kurzen revolutionären Periode bis zur Abdankung des Kaisers und Ausrufung der Republik um einen zwar schmerzhaften, doch von der großen Mehrheit der Bevölkerung getragenen Prozeß des Verfassungs- und Staatsumbaus, der mit den russischen Ereignissen kaum vergleichbar ist. Diese haben gleichwohl immer wieder polarisierend hereingewirkt – als abschrekkendes Beispiel vornehmlich bei der Ablehnung jeder radikalen sozialistischen Umwälzung, die das Verhalten nicht nur der Sozialdemokraten, sondern auch der Mehrheit der Arbeiter- und Soldatenräte bestimmte. Die linke USPD, obgleich eher pazifistisch als revolutionär orientiert, sollte denn auch bei den Wahlen zur verfassunggebenden Nationalversammlung am 19. Januar 1919 eine Niederlage erleiden. Sie hatte im Grunde gar keine Alternativpolitik zu der Konfrontation von SPD und Radikalrevolutionären. Im Rat der Volksbeauftragten, der provisorischen Regierung Eberts, gelang es den

Sozialdemokraten, die von der kommunistischen Spartakus-Bewegung unter Rosa Luxemburg und Karl Liebknecht geforderte Entscheidung gegen die parlamentarische Demokratie und für ein Rätesystem zur Errichtung der Diktatur des Proletariats zu verhindern – eine grundlegende Entscheidung, die am 16. Dezember 1918 von den Arbeiter- und Soldatenräten auf einer zentralen Konferenz in Berlin mit großer Mehrheit bestätigt wurde. Anders als in Rußland mußten die Spartakus-Kommunisten – ab 1. Januar 1919 als KPD – dann zusehen, wie sich die Nationalversammlung konstituierte.

Ein Vergleich zwischen Rosa Luxemburg und Lenin zeigt ebenfalls den wesentlichen Unterschied. Stärker marxistisch und wohl auch demokratisch gesinnt, hielt die ›rote Rosa‹ an der Überzeugung fest, die Revolution werde als spontaner Aufstand der Arbeiter ausbrechen und sich so gleichsam demokratisch legitimieren. Anders als Lenin war sie der Auffassung, die kommunistische Partei solle die Arbeiter nicht vorschnell in eine Revolution hineintreiben; denn sie wußte, daß die Mehrheit der deutschen Arbeiterschaft im Winter 1918/19 hinter den Sozialdemokraten stand, während die Kommunisten eine kleine, schlecht organisierte Minderheit ohne Massenbasis bildeten. Sie fanden sich zwischen Lenins Rezept, mit einer geschulten, bewaffneten Minderheit die Macht zu erobern, und dem Glauben an die spontane Revolutionierung der Massen – ein Dilemma, das die Kommunisten in ihrer Handlungsfähigkeit verwirrt und zu schlecht geplanten, aussichtslosen Aufstandsaktionen getrieben hat. Diese haben deshalb nie in die Nähe einer Machtergreifung geführt, wohl aber nachhaltig dem Aufbau der Demokratie in Deutschland geschadet. Die romantische Einschätzung der Rolle Rosa Luxemburgs bis zum heutigen Tag, besonders bei jungen kommunistischen Idealisten, bestätigt den teilweise unpolitischen Charakter eines Revolutionarismus, der durch den Tod der beiden Führer heroisch verklärt wird. Er enthält keine reale Alternative, die demokratischer, humaner im Vergleich zu der Leninschen Revolution gewesen wäre und tatsächlich eine Chance zur Verwirklichung gehabt hätte.

Die blutige Zuspitzung der Auseinandersetzung der Regierung Ebert mit den Kommunisten kam überdies, nachdem die Entscheidung der Räte für die parlamentarische Demokratie endgültig gefallen war. Der kommunistische Aufstand, politisch sinnlos, hat die linke Komponente der Neuordnung nur geschwächt, andererseits den Aufbau einer rechten Bürgerkriegsarmee ermöglicht und die Sozialdemokratie zudem mit der Hypothek des Bündnisses mit der alten Armee belastet. Wie notwendig das Bündnis Friedrich Eberts mit Wilhelm Groener war, bleibt umstritten. Die Grundentscheidung war gefallen, und ihre Durchsetzung gegen die bewaffneten Aufstandsbewegungen in Berlin (5. bis 13. Januar 1919) und in anderen Teilen Deutschlands, vorwiegend in Norddeutschland (März 1919), erfolgte mit übermäßiger Härte. Ihr fielen auch Rosa Luxemburg und Karl Liebknecht zum Opfer. Ebenso diente die Niederschlagung des von Anfang an völlig aussichtslosen, vier Wochen dauernden bayerischen Räte-Experiments letztlich zur regelrechten Erprobung und Sammlung paramilitärisch-antidemokratischer Macht. Dort hat Hitler seinen Weg in die Politik gefunden – im Kampf gegen Kommunismus und Versailles. Aber es muß bei aller Kritik berücksichtigt werden, daß die Sozialdemokraten nur mit anderen Parteien zusammen regieren konnten, daß es nie eine linke Mehrheit gab und die deutsche Bevölkerung überwiegend, nicht zuletzt im Blick auf die chaotischen Verhältnisse in Rußland, die Wiederherstellung der Ordnung gegenüber einer Fortführung oder Vollendung der Revolution wünschte. Auch die Täuschung und Unterdrückung der russischen Sozialdemokraten durch Lenin war ein Warnsignal gegen jede Zusammenarbeit mit Kommunisten.

Im übrigen gab es außer den fundamentalen sozioökonomischen Verschiedenheiten zwischen Ost- und Mitteleuropa drei wichtige Unterschiede im Vergleich zu der Russischen Revolution. Der Krieg, den Lenin ein Jahr zuvor zum Hebel seiner Machtergreifung hatte machen können, war in Deutschland zu Ende, wenngleich die alliierte Blockade noch bis Juli 1919 dauerte und ein harter Winter, zumal in Berlin und Wien, das Elend steigerte. Der Staatsapparat blieb im wesentlichen intakt, auch von den Räten um der Ordnung und Versorgung willen respektiert. Außerdem bewies das deutsche Parteiensystem trotz sichtbarer Verschiebungen und Veränderungen eine bemerkenswerte Kontinuität. Darin zeigten sich gleichfalls die Grenzen des revolutionären Potentials. In der Nationalversammlung besaßen die demokratischen Parteien eine Dreiviertelmehrheit, und eine Weimarer Koalition aus Sozialdemokraten, Liberalen und Katholiken war in der Lage, die diffizile Konstruktion der parlamentarischen Demokratie zu tragen, obschon bald erhebliche Funktionsstörungen auftreten sollten. Auch ein deutscher Lenin hätte in dem Land der Staatsfrömmigkeit und Ordnungsliebe unter diesen Umständen wenig ausrichten können. Das kam zuvörderst der Demokratie zugute. Eher verschafften die linksradikalen Aktionen dem Wiedererstarken einer antidemokratischen Rechten Auftrieb.

So sind beide Feststellungen richtig: Die Lage in Mittel- und Osteuropa war 1918/19 in vollen Fluß geraten, äußerst instabil, schwankend zwischen politisch-sozialen Revolutionen und militärischen Interventionen der verschiedenen Lager, zwischen Zusammenbrüchen und Annexionsversuchen. Aber in Deutschland, dem zentral betroffenen Staat mit der stärksten Arbeiterschaft und der ältesten sozialdemokratischen Partei, war die Revolution nach wenigen Wochen eingedämmt und in ein parlamentarisches System überführt worden, hinter dem auch die große Mehrheit der Linken stand. Die revolutionäre Situation, die vorübergehend bestand, fand nur wenige überzeugte Revolutionäre. Denn Sozialisten waren ja an die Regierung gelangt, die Soldaten strebten nach Hause, die Bevölkerung verlangte nach Sicherung der Versorgung; politisch-ideologische Ziele traten dahinter zurück, und es zeigte sich, daß die Mehrheit der Sozialisten nirgends, gerade in Deutschland nicht, eine weitergehende Revolutionierung wollte. Überall im Reich und in den Ländern geschahen tiefgreifende Veränderungen, aber nach wenigen Wochen pendelten sie sich in die Formen parlamentarischer Regierung ein. Die sozialistische Republik, die Liebknecht zwei Stunden nach Scheidemanns Proklamation der Deutschen Republik in Berlin ausgerufen hatte (9. November 1918), hatte keine Chance. Einmal weil die deutschen Sozialdemokraten jede Art von Putschismus ablehnten, zum anderen weil in Deutschland wie in Österreich und anderen Ländern mit revolutionären Bewegungen das Bedürfnis und die Möglichkeit einer raschen Wiederherstellung der festen Strukturen in Verwaltung und Wirtschaft stärker waren als der revolutionäre Bruch.

Das setzt den Spekulationen über Versäumnisse und Chancen der Revolution in Mitteleuropa Grenzen. Es bleibt die in den letzten Jahren viel diskutierte Erwägung, ob eine Einbeziehung der Rätebewegung in die demokratische Neuordnung der Demokratie festere und breitere Grundlagen auch im gesellschaftlichen und wirtschaftlichen Bereich gesichert hätte. Immerhin ist eine solche Mischform von Parlaments- und Rätesystem bislang noch nirgends erreicht worden. Damals waren die Räte so eng mit dem Kriegs- und Revolutionsgeschehen verbunden und durch ihren Mißbrauch bei der Machtergreifung Lenins so diskreditiert, gerade auch bei den Sozialdemokraten, daß sie im Zuge der weithin verlangten Festigung der staatlichen Verhältnisse kaum etwas vermochten. Je länger sich diese Festigung hinzog, desto mehr erstarkten allerdings die Kräfte der Rechten, die nicht nur die Revolution, sondern auch die Demokratie bekämpften und ihr als Alternative teils die Restauration der vordemokratischen Monarchie, teils eine postdemokratische Diktatur nationalistisch-plebiszitären Charakters entgegenstellten. Diese Rechtstendenz wurde gefördert durch die bis 1923 andauernden Versuche der Kommunisten, durch Aufstände doch noch die sozialistische Revolution zu erzwingen. Am Ende stand der nationalistische Putschversuch Ludendorffs und Hitlers, das Münchener Gegenstück zum Kapp-Putsch von 1920. Erst im November 1923 war die revolutionäre Periode zu Ende. Wie Krieg und Nachkrieg so gingen in ihr Revolution, Demokratie und Antidemokratie oft schwer unterscheidbar ineinander über.

Das beliebte, oft mißbrauchte Begriffspaar Revolution-Gegenrevolution ist zur Bezeichnung dieser Situation wenig geeignet. Es bleibt auf den fragwürdigen sowjetrussischen und kommunistischen Revolutionsbegriff bezogen und verführt dazu, alles andere der Konterrevolution zuzuschlagen. Auf diese Weise wird nicht bloß die zentrale Rolle der Sozialdemokraten vernachlässigt oder verfälscht, sondern die Demokratie überhaupt ausgespart. Sie aber ist in Wahrheit die eigentliche Alternative zu den Extremen von linker und rechter Revolution. Demokratie als Kompromiß und humane Mitte steht hier gegen eine angeblich perfekte Zukunftsordnung von höchst inhumaner Klassen- oder Rassenherrschaft, ob diese nun Revolution oder Gegenrevolution genannt wird. Es erwies sich als verhängnisvoll, daß die politische Diskussion der ersten Nachkriegsjahre sich auf diese falschen Alternativen abdrängen ließ: entweder seit 1917 auf das sowjetische Muster von Revolution und Gegenrevolution, wobei die demokratische Alternative in Gewalt und Terror versank, oder vor 1933 auf die Gegenüberstellung von Kommunismus und Faschismus, zwischen denen wiederum die Demokratie zerrieben wurde. In Wahrheit lautete die Alternative damals wie später: demokratische oder antidemokratische Politik.

Die revolutionären Vorgänge von 1918/19, die auch in Österreich von einer starken Sozialdemokratie in die parlamentarische Republik gelenkt wurden, führten nur in ganz wenigen Fällen zur vorübergehenden Etablierung kommunistisch-sozialistischer Regime. Neben der erwähnten bayerischen Räterepublik geschah dies vor allem in Ungarn. Der Zusammenbruch des Habsburger-Reiches schuf hier eine Situation, die am ehesten als revolutionär bezeichnet werden kann, freilich in jeder Hinsicht eine Ausnahme darstellt. Zu den innenpolitischen Problemen kam hier das Abbrechen von großen Teilen des bis dahin ungarischen Territoriums, von Teilen, welche die neuen Nationalstaaten, die Serben, Kroaten, Rumänen und Slowaken, beanspruchten. Die Gründung einer kommunistischen Partei im November 1918 erfolgte, anders als in Deutschland, in unmittelbarem Kontakt mit Moskau. Von dort kam der Parteigründer, der Journalist Béla Kun, der sich als ungarischer Kriegsgefangener in Rußland zum Kommunismus bekehrt hatte, mit dem Rezept der Leninschen Machteroberung nach Budapest: Spaltung der Sozialdemokraten und Kampf gegen die liberale Regierung Michael Károlyi, die sie stützten. Im Februar 1919 brachen organisierte Unruhen aus. Die kommunistischen Führer wurden verhaftet, aber auch die Regierung stürzte wenig später über die harten alliierten Friedensforderungen, und die schwankenden Sozialisten tolerierten nun eine Regierung Béla Kun, an der sich der nachmals berühmte marxistische Philosoph Georg Lukács beteiligte, ebenso der stalinistische Diktator Ungarns nach 1945, Mátyás Rákosi. Kun gründete sein Experiment einer Räterepublik gänzlich auf die Erwartung einer kommenden Weltrevolution, deren Chancen er den katastrophalen Folgen des Wilsonschen Friedens für Ungarn wirkungsvoll gegenüberstellte. Doch der Kampf seiner Roten Armee gegen Slowaken, Rumänen und Jugoslawen mußte scheitern, wenn russische Hilfe ausblieb. Am 1. August stellte Kun die Unhaltbarkeit seiner erklärten Diktatur des Proletariats fest und floh nach Wien und Moskau, wo er später von Stalin liquidiert wurde.

Diese einzige westliche Variante der Leninschen Räterevolution war in der

Tat so eindeutig zum Scheitern verurteilt, daß man sich fragen muß, ob sie als Revolutionstyp damals übertragbar oder gar die historisch gesetzmäßige Form war, wie ihre Anhänger behaupten, oder ob sie nicht vielmehr eine singulär russische Erscheinung darstellte, gebunden an eine besondere politische und personelle Konstellation, unwiederholbar. Bis heute ist dieser Typus jedenfalls nicht wieder aufgetreten, weder in China noch in der Dritten Welt noch in Europa, wo die kommunistischen ›Revolutionen‹ erst im Gefolge des Zweiten Weltkrieges und unter der bestimmenden Präsenz der sowjetischen Armee erfolgt sind. Rätesysteme vollends haben nirgendwo die erste Phase überlebt, nicht einmal in der Sowjetunion, wo die Diktatur der Partei und ihres Führers bald alle anderen Strukturen überdeckte. Im Grunde ist der deutsche und österreichische Typus, nämlich der Übergang von der autoritären Monarchie zur parlamentarischen Republik über eine starke Sozialdemokratie, viel eher als der normale Weg zur Demokratisierung zu betrachten, weil er nicht im selben Maße an bestimmte Personen und Putschstrategien gebunden war. Den Menschen gemäßer, stellt er die allgemeinere geschichtliche Form dar.

Der vorzeitige Abbruch oder das Scheitern der erklärt revolutionären Entwicklungen im gesamten außerrussischen Europa ändern nichts daran, daß sowohl die bolschewistischen Hoffnungen als auch die westlichen Befürchtungen das ganze Jahr 1919 hindurch hochgespannt blieben. Deshalb gingen die Hauptbestrebungen, die der weiteren Entwicklung das Gepräge gaben, in zwei Richtungen: Auf der einen Seite standen Eindämmung und Bekämpfung der Revolution, auf der anderen Seite Ausbau und Ausbreitung des sowjetrussischen und des internationalen Kommunismus.

Um die Jahreswende 1918/19 sind in allen Ländern Europas und darüber hinaus kommunistische Parteien gegründet worden. Die Spaltung der Arbeiterbewegung, der politischen Partei und der Ideologie des Sozialismus hatte sich schon vor der Jahrhundertwende im Konflikt zwischen Reformisten und Revolutionären angekündigt und im Krieg dann zu ersten Absplitterungen geführt. Sie war jedoch in erster Linie ein unmittelbarer Reflex der Russischen Revolution. Deren Verlauf ist ohne die auf 1903 und 1912 zurückgehende Abspaltung der Bolschewiken von der russischen Sozialdemokratie nicht zu denken; nur so war die lange Vorbereitung für die Leninsche Machtergreifung möglich. Anderswo fehlte eine derartige Vorbereitungsperiode, und vielleicht haben deshalb nirgends sonst die kommunistischen Revolutionsversuche zum Erfolg geführt. Aber man hatte fest an das geradezu automatische Überspringen und weltweite Ausgreifen der Revolution geglaubt. Wie ist diese Fehleinschätzung zu erklären? Was unternahm der Bolschewismus in Rußland und außerhalb, um der für ihn unerwarteten Lage zu begegnen?

Im Sommer 1919 erschienen die Verhältnisse noch keineswegs geklärt, weder für die Parteigänger noch für die Gegner der Revolution. Die linken Massenbewegungen waren in allen Ländern Europas stark, gleich ob diese mehr industriell oder agrarisch strukturiert waren. Die Frage blieb, in welchem Maße die Linke von den neugegründeten kommunistischen Parteien zu gewinnen und zur revolutionären Unterstützung zu mobilisieren, somit den demokratischen Sozialisten abtrünnig zu machen war. Die Lage wurde durch die Existenz einer zweiten sozialistischen Partei kompliziert, die oft weder eindeutig für die parlamentarische Republik noch für eine kommunistische Revolution eintrat. Eine derart ungelöste Situation herrschte auch in Deutschland, da die USPD ihre Anhängerschaft durch Oppositionspolitik im Laufe des Jahres 1919 erheblich vergrößern konnte, während die SPD von links und rechts mit den ökonomischen Schwierigkeiten wie mit der bitteren Hinnahme des Versailler Vertrags belastet wurde. Das Ergebnis war eine schwere Niederlage in den ersten Reichstagswahlen von 1920. Gegenüber 1919 fiel der Anteil der SPD von 37,9 auf 21,6 Prozent, während die USPD von 7,6 auf 18 Prozent kam und, gleich der Rechten, beachtliche Gewinne verbuchte. Die Polarisierung schritt fort. Obwohl die Kommunisten weit hinter ihren Erwartungen zurückblieben und kaum eine halbe Million Stimmen erhielten – die USPD hingegen fast fünf Millionen –, hofften sie hartnäckig auf neue Chancen. In der Niederschlagung des Kapp-Putsches etwa erblickten sie eine Parallele zu jenem Kornilow-Putsch vom September 1917, der die bolschewistische Machtergreifung ermöglicht hatte. Aber die deutsche Oktoberrevolution kam nicht, und die internationale Szene brachte für die Kommunisten keinen Durchbruch.

In Moskau freilich hatten die Bolschewiki inzwischen die eigene Herrschaft weiter zu stabilisieren vermocht. Erfolge im Bürgerkrieg und im Kampf gegen Polen unterstützten die Konsolidierung, und die Anstrengungen zur internationalen Koordination in einer dritten Internationale, einer kommunistischen (Komintern), machten Fortschritte. Während die zweite Sozialistische Internationale sich von dem Debakel von 1914 nicht zu erholen vermochte, bildete die Komintern nun und in der Folge auch einen Anziehungspunkt für die revolutionäre Linke. Sie bot Moskau die Möglichkeit zur internationalen Einflußnahme und in zunehmendem Maße auch zur Reglementierung der übrigen kommunistischen Parteien. Bei ihrer Gründung im März 1919 in Moskau besaß die Komintern noch kaum Ausstrahlungskraft und wenig Mittel für ihr Ziel, die Revolution international zu stimulieren. Ihr zweiter Kongreß in Moskau imJuli 1920 war nicht nur besser organisiert, soviel von der traditionellen Schwerfälligkeit russischen Bürokratismus blieb; er war auch von so vielen Parteien beschickt, daß man tatsächlich von einer Internationalen der extremen Linken sprechen konnte. Mit ihr wurde die internationale Spaltung der Arbeiterbewegung und des Marxismus endgültig besiegelt. Vor allem wurden Charakter, Struktur und Politik der verschiedenen kommunistischen Parteien nun von außen fixiert, wobei das autoritäre Muster der Leninschen Kaderpartei, ihre quasimilitärische Befehlsstruktur und ihre stets prosowjetische Politik verbindlich waren.

Die Komintern war vor allem eine Moskauer Befehlszentrale. Das unterscheidet sie grundlegend von der Sozialistischen Internationale, in der die einzelnen Parteien völlig selbständig geblieben sind. Das Exekutivkomitee der Komintern hingegen, das sich stets unter sowjetischer Kontrolle befand, verstand sich als Generalstab der Revolution. Es bestimmte eine politische Linie, der alle Parteien mit eiserner Disziplin zu folgen hatten, bis die noch immer nahe geglaubte Weltrevolution da war. Drastisch klar war dies in den sogenannten Einundzwanzig Bedingungen festgelegt, die alle Parteien anzunehmen hatten, wenn sie der Komintern beitreten wollten. Die Bedingungen enthielten die Auffassung Lenins, daß ein völliger Bruch mit jeder anderen Form des Sozialismus Voraussetzung für die Mitgliedschaft in der Komintern sein müsse, und daß im Interesse der Disziplin eine Abspaltung notfalls besser sei als die Bewahrung der Einheit durch Kompromiß und Ausgleich. Die Übertragung des Leninschen revolutionstechnischen Organisationsprinzips bedeutete den Verzicht auf die demokratische Komponente marxistischer Politik zugunsten der konspirativen, ja elitären und paramilitärischen Elemente einer Kampforganisation zur Eroberung der Macht. Es war das prägende Prinzip der kommunistischen Partei, das sie von allen anderen Parteien, vornehmlich von den sozialdemokratischen, aufs tiefste unterschied. Damit begann die Pervertierung der Begriffe, die für alle totalitären Bewegungen charakteristisch wird. Daß jene autoritäre Disziplin zum ›Prinzip des demokratischen Zentralismus‹ erklärt, daß Einheit der Arbeiterklasse und Sozialismus gefordert wird, hieß in Wahrheit: Unterwerfung unter ein nichtdemokratisches Prinzip. Alle Demokratie- und Einheitsparolen der Kommunisten mußten in Zukunft berechtigtem Mißtrauen der Nichtkommunisten begegnen.

Die kommunistischen Parteien wurden totalitäre Organisationen, wenn sie es nicht schon bei der Gründung waren. So groß ihre soziologisch und ideologisch erklärten Unterschiede gegenüber den rechtsradikalen Diktaturparteien sein mochten, sie trugen, als totalitäre Kader-, Befehls- oder Führerparteien organisiert, durchaus vergleichbare Züge. Ob sie sich aus taktischen Gründen offen und kompromißbereit gaben, ob sie illegal und radikal-oppositionell arbeiteten, ob sie parlamentarisch oder antiparlamentarisch agierten, änderte nichts an der grundlegenden Struktur. Das warf zahlreiche Probleme der kommunistischen Taktik auf: Konflikte der nationalen Loyalität, Fragen des Übergangs von der Kader- zur Massen- und Wählerpartei. Wesentlich blieb, daß die entscheidende Orientierung der kommunistischen Parteien außerhalb lag, nicht aus einem demokratischen Willensbildungsprozeß der Mitgliedschaft kam. Alle innerparteilichen Konflikte der folgenden Jahre, für die besonders der windungsreiche, verhängnisvolle Irrweg der deutschen KPD bis in das Jahr 1933 hinein bizarre Beispiele liefert, ließen das Grundprinzip bestehen.

Doch die Komintern entdeckte früher als irgendeine andere politische Kraft Europas die Bedeutung jener außereuropäischen Probleme des Kolonialismus und der Entkolonisierung, die heute mit Begriffen wie Dritte Welt oder Befreiungsbewegungen bezeichnet werden. Lenin hatte dem Kolonialismus in seinen Erörterungen über Imperialismus und Kapitalismus viel Aufmerksamkeit gewidmet: Der Kampf gegen die alten europäischen Staaten müsse nicht zuletzt in ihrem außereuropäischen Machtbereich geführt werden. So deklamierte schon das erste Manifest der Komintern vom 6. April 1919, daß die Diktatur des Proletariats auch die Befreiung der kolonialen Sklaven Afrikas und Asiens sein werde. Dazu wurden bereits 1920 besondere Thesen entwickelt. Sie propagierten den strategischen Gedanken einer Allianz aller nationalen und kolonialen Befreiungsbewegungen mit Sowjetrußland, wobei die Komintern beanspruchte, als Befreiungszentrale die Arbeiter der ganzen Welt, weiße, gelbe und schwarze, zu vereinen. Das war ohne Zweifel ein weitsichtiger Ansatz, der die Parole der Weltrevolution in einem zukunftsträchtigen Bereich konkretisierte. Obwohl daraus keine Unterstützung für die revolutionären Bemühungen und Hoffnungen der Sowjets und ihrer Komintern erwuchs, bedeuteten jene Thesen eine Abwendung von Europa und trugen auf weitere Sicht zur Schwächung europazentrischer Weltpolitik und europäischer Beherrschung der Welt bei.

Noch freilich gab es sozialistische Parteien fast nur in Europa. Hier vollzog sich inzwischen überall die Spaltung und Klärung der linken Fronten im Zeichen der trennenden Fragen: Demokratie oder Diktatur – des Proletariats –, reformistischer oder leninistischer Weg, erzwungene oder spontane Revolution. Trotz allen Bedenken gegen den so eindeutig undemokratischen, prosowjetischen Tenor der Einundzwanzig Bedingungen schloß sich im Oktober 1920 auch eine Mehrheit der USPD auf einem Sonderparteitag in Halle der Komintern an. Plötzlich konnten sich die Kommunisten in Deutschland als Massenpartei fühlen, wenn sie zu ihren 2,1 Prozent die 18 Prozent der USPD rechneten. Zwar blieben sie bis ins Krisenjahr 1932 in der Regel unter 15 Prozent der Wählerstimmen, aber die Entscheidung von 1920 bedeutete eine dauernde und durchgängige Spaltung der Arbeiterbewegung, die schließlich zum Untergang der ersten deutschen Demokratie beigetragen hat. Diese Spaltertaktik der Kommunisten, die ihre Einheitspropaganda Lügen strafte, wurde mit Hilfe der Sowjetunion durch die Spaltung Deutschlands in zwei Staaten nach 1945 vollendet: Einer westlich-parlamentarischen Demokratie mit starker sozialdemokratischer Partei, der Bundesrepublik, stand eine kommunistisch-diktatorische, sogenannte Volksdemokratie mit zwangsvereinigter Sozialistischer Einheitspartei (SED), die sowjetische Gründung der

DDR, gegenüber. Bei der künftigen Entwicklung spielten internationale Politik und sowjetrussische Macht eine entscheidende Rolle.

In den Siegerländern des Ersten Weltkrieges, in Frankreich und Italien, ist die Spaltung nicht minder tief. Sie geht auch durch die Gewerkschaften und dauert trotz mancher geschichtlichen Erschütterung und trotz gelegentlichen Zweckbündnissen bis heute fast unverändert fort. Die französische Nachkriegszeit schien zunächst im Zeichen einer Stärkung der Linken zu stehen. Die Last der ökonomischen und sozialen Probleme war durch den Stolz auf die besondere nationale Bewährung nicht geringer geworden, und es wuchs die Erwartung einer Revolution. So kam es 1919 und 1920 zu großen Streiks und Zusammenstößen mit der Polizei. Aber von einer revolutionären Situation konnte nicht die Rede sein. Die Wahlen Ende 1919 brachten sogar eine konservative Mehrheit. Die Auseinandersetzungen über einen Beitritt zur Komintern im Sommer 1920 führten zur Moskau-Reise zweier führender Mitglieder der französischen Sozialistischen Partei, Louis O. Frossards und Marcel Cachins, die trotz negativer Eindrücke der Faszination der Revolutionsgewißheit in der Komintern unterlagen. Eine beachtliche Mehrheit der Sozialisten votierte auf dem Parteikongreß von Tours im Dezember 1920 für den Beitritt. Unter den Parteiführern, die vergeblich vor den ominösen Aufnahme-Bedingungen warnten, trat besonders Léon Blum hervor, der dann die Führung der nichtkommunistischen Sozialisten übernahm, bis er 1936/37 und 1938 mit dem Experiment der Volksfront einem nicht sehr erfolgreichen Versuch zur Wiederannäherung und Zusammenarbeit der gesamten französischen Linken präsidieren konnte. Die Spaltung hat jedoch in Frankreich so wenig wie in Deutschland zu einer Revolutionierung geführt. Die Stärke der Kommunisten wechselte, und die Unterwerfung unter die Moskauer Parteidisziplin schuf bei der französischen Tradition relativ lockerer, von individualistischen Bedürfnissen geprägter Parteistrukturen besondere Probleme. Die Unterordnung kommunistisch orientierter Gewerkschaften nach sowjetischem Muster gelang nicht; weitere Spaltungen im französischen Gewerkschaftslager waren die Folge.

So wenig die Kommunisten in West- und Mitteleuropa ihre Ziele erreichten, so wenig gelang es auch den Sozialisten, die Frage nach dem Ob und Wie der Revolution zu lösen, indem sie einen Weg zwischen liberaler Demokratie und Kommunismus suchten. In Frankreich kam es darüber zur Rekonsolidierung der Dritten Republik, ähnlich wie in Deutschland unter Beteiligung oder Tolerierung der Sozialdemokraten schließlich die Konsolidierung der ersten Republik zu gelingen schien. Anders in Italien. Dort war die kommunistische Erwartung nach der deutschen Enttäuschung noch am stärksten. Aber diese Erwartung kam den radikalen Gegnern der Kommunisten, den Faschisten, zugute. Die Krisenerscheinungen der parlamentarischen Demokratie in Italien und die weitverbreitete scharfe Demokratiekritik, die schon in der Vorkriegszeit von einflußreichen Soziologen wie Gaetano Mosca und Vilfredo Pareto formuliert worden war, ist durch die ökonomischen und sozialen Folgen der Kriegsanstrengung konkretisiert und intensiviert worden: Stürmische Forderungen der Bauern nach einer überfälligen Landreform, Streiks und Desorganisation des öffentlichen Lebens führten zu einer Radikalisierung in Stadt und Land, die manchen Vergleich mit dem Rußland von 1917 nahelegt. Doch die Gefahr oder Möglichkeit einer Revolution rief auch die Gegenkräfte auf den Plan. Sie stammten nicht nur aus dem konservativen Establishment, sondern mehr noch aus dem großen, durch den Krieg und die Enttäuschung weitgesteckter Kriegszielhoffnungen mobilisierten Lager des Nationalismus.

Im Grunde wurden in Italien die tatsächlichen Voraussetzungen für eine sozialistische Revolution ebenfalls weit überschätzt. Wohl vergrößerte sich die Anhängerschaft der linken Gewerkschaften, und die sozialistische Partei schloß sich noch 1919 der Komintern an. Aber die internen Konflikte über Theorie und Taktik einer Revolution waren augenfällig. Selbst aufsehenerregende Aktionen wie die Arbeiterbesetzung einer Turiner Autofabrik im Sommer 1920, als Antwort auf die Aussperrung von Streikenden, zeigten eher die organisatorische Schwäche einer Streikbewegung, die wohl gewerkschaftlich erfolgreich, doch ohne politische Basis und starke Führung war. Auch ein Kreis junger Turiner Linksintellektueller um den nachmaligen KP-Führer Antonio Gramsci, der bei dieser Gelegenheit hervortrat, vermochte die Serie der Fabrikbesetzungen nicht politisch aufzuwerten, geschweige denn nach russischem Rezept mit der agrarischen Protestbewegung zu verbinden. Statt dessen organisierten sich die Industriellen, um in diesem von der Linken ausgerufenen Klassenkampf ihre Klasse zu verteidigen. Das Bündnis mit der nationalistischen Bewegung unter dem Kriegspropagandisten Benito Mussolini bot sich an.

Auch dieses Bündnis war mehr als eine gegenrevolutionäre Position. Es trug eine Sammlungsbewegung mit durchaus reformistischen Zügen, die sich vor allem Modernisierung, Effizienz im Rahmen einer Wiederherstellung der nationalen, ja imperialen Größe Italiens zum Ziel setzte. Die Formel Revolution – Konterrevolution versagt selbst in jener wohl klarsten Konfrontation der beiden Lager, und zwar schon deshalb, weil diese, in sich überaus vielfältig, auf keinen einfachen Nenner zu bringen sind: bei den Sozialisten Links-Revolutionäre und Reformer, Autoritäre und Demokraten; im rechten Lager Konservativ-Reaktionäre und radikale National-Revolutionäre. Wesentlich ist vielmehr die völlige Polarisierung, auf welche die politische Szenerie reduziert wurde und die in der Entwicklung auf beiden Seiten den Weg in die Diktatur bedeutet hat.

Die vermeintlich revolutionäre Situation in Italien veränderte sich allerdings nicht nur durch diese Konfrontation zuungunsten der Sozialisten.

Diese selbst waren inzwischen in einen tiefen Konflikt über die Aufnahmebedingungen geraten, die nach ihrem Beitritt zur Komintern veröffentlicht worden waren – mit dem unvermeidlichen Ergebnis der Spaltung auch hier (Januar 1921). Bemerkenswert noch, daß in Italien anders als in Frankreich nur eine kommunistische Minderheit, darunter Gramsci, übrigblieb. Das Verhältnis war etwa eins zu fünf, der Traum der revolutionären Massenpartei somit früh zu Ende. Lenins Prinzipien hatten hier wie anderwärts wesentlich zu dem Zerfall beigetragen. Weitere Spaltungen auf der Linken machten deutlich, daß von einer revolutionären Situation und der erträumten Chance einer linken Machtergreifung nur Deklamationen blieben. Andererseits war man zur demokratischen Zusammenarbeit nicht bereit. Der Sieg des Gegenlagers, die faschistische Machtergreifung, kam daher nicht als Gegenrevolution, sondern benutzte nur das Schreckgespenst der Revolution, um die Demokratie zu zerstören. Von beiden Seiten attackiert, fiel diese einer Diktatur zum Opfer, die vor allem eines war: Revolte gegen die Demokratie, Antidemokratie – doch als Herrschaft einer Bewegung, die sich anmaßte, das Wohl des Volkes am besten zu kennen.

Es bleibt fatal, daß in der linken Theorie von der Konterrevolution bis zum heutigen Tag die Rechte in ihrem Charakter und in ihren Möglichkeiten als Massenbewegung unterschätzt wird. Der Faschismus als bloße Variante des bürgerlichen Klassenfeindes – das war die bagatellisierende Parole, mit welcher der Kampf gegen den falschen Gegner, die parlamentarische Demokratie, mit den falschen Mitteln, als pseudorevolutionärer Klassenkampf, geführt wurde, während eine konstruktive demokratische Reformpolitik als Lösung verachtet wurde. Ebenso wie Lenin seine Machtergreifung einer Minderheit in einer Situation der allgemeinen Verwirrung zum Sieg führen konnte, begründeten auch jene militanten Minderheiten der Rechten aus eigener Kraft ihre Machtergreifung – ob sie diese nun nationale oder soziale Revolution nannten – auf der Verwirrung der Gesellschaft, der staatlichen Autorität, der politischen Wertvorstellungen. Entscheidend für beide revolutionären Entwicklungen war die Schwächung und Zerstörung der Demokratie, der sie sich direkt oder indirekt vor allem anderen widmeten. Somit ist es die Krise der Demokratie und die Stärke der antidemokratischen Kräfte links und rechts, in deren Zusammenhang die faschistischen und verwandten Bewegungen zu betrachten sind, und nicht das modische Schema Revolution – Konterrevolution.

Überall in Europa war Ende 1920 die tatsächliche oder vermeintliche revolutionäre Welle verrauscht, bezeichnenderweise zugleich mit der innen- und außenpolitischen Konsolidierung der bolschewistischen Revolutionsherrschaft in Rußland. Weitere Versuche wie der mitteldeutsche Aufstand im März 1921 scheiterten blutig, und selbst die Komintern-Tagung vom Juni

1921 mußte die späte Einsicht Trotzkijs zur Kenntnis nehmen, daß man der Weltrevolution nicht so nahe sei, wie man glaube, daß ihr Durchbruch nicht Monate, sondern vielleicht Jahre brauche. Die Wendung zu einer Periode der Konsolidierung, die den Mangel an revolutionären Situationen überspielte, wurde wohl am deutlichsten im Übergang zum Kompromißkurs der Neuen Ökonomischen Politik (NEP). Zur Stimulation der bäuerlichen Produktion durch Appell an das private Interesse wurden vorübergehend (bis 1927) erhebliche Abstriche an einer konsequenten kommunistischen Wirtschaftspolitik gemacht, um die katastrophalsten Folgen der dauernden Requisitionen, zunehmende Verelendung und Hungersnot der russischen Massen, auszugleichen. Die vielgerühmte Diktatur des Proletariats hatte die schlimme Lage ja in keiner Weise verbessert. Kein Wunder, daß sich Unruhe und Kritik meldeten. Am bekanntesten wurde der Matrosenaufstand von Kronstadt im März 1921. Lenins Reaktion zeigte freilich, daß er trotz der vorübergehenden Lockerungen im NEP-Kurs kompromißlos an seinen Diktatur- und Disziplinprinzipien festhielt. Der Aufstand wurde wie alle anderen oppositionellen Regungen aufs grausamste unterdrückt – ein erneuter Beweis dafür, daß nicht erst Stalin, wie die Lenin-Legende geht, die brutale Diktatur begründet hat.

Das Ereignis von Kronstadt war die erste von jenen inneren Rebellionen, die sich unter dem Vorwurf der ›verratenen Revolution‹ gegen das bolschewistische Regime erhoben, weil dieses nur zu neuer Herrschaft, nicht zur verheißenen sozialen Befreiung der Schwachen geführt, ihren Anspruch auf Erlösung des Proletariats nicht erfüllt hatte. Die späteren Rebellionen von Jugoslawien und Ost-Berlin, von Polen, Ungarn und schließlich Prag waren gleichsam eine Wiederholung von Kronstadt, verliehen ihm eine symbolische Bedeutung, die weit über die geringen Folgen der Revolte selbst hinausging.[6] Bezeichnend ist für alle diese Fälle, wie die sowjetkommunistische Standard-Erklärung innersozialistische Aufstände als konterrevolutionär und manipuliert abgetan hat, obwohl ihr spontaner, volks- und arbeiternaher Charakter offenkundig war und Kommunisten beteiligt waren, die plötzlich aus Heroen zu Feinden des Sozialismus wurden. Kronstadt demonstrierte demgegenüber erstmals die Suche nach einem Weg jenseits der sowjetkommunistischen Macht- und Herrschaftspolitik. Es war eine anarchistisch angehauchte Rebellion gegen Zementierung der Herrschaft und autoritäre Zentralisierung des Staates, die im Namen des wahren Sozialismus möglichst viel Demokratie forderte. Von Kronstadt bis Prag spannt sich ein Bogen, der Hoffnung, Illusion und Enttäuschung in gleicher Weise umfaßt.

Die weitere Befestigung des Sowjetsystems, zugleich der anderen europäischen Staats- und Herrschaftssysteme, hatte zur Folge, daß die internationale Strategie Lenins sich änderte. Die Spaltung der Arbeiterbewegungen hatte nicht zum revolutionären Erfolg geführt. Obwohl man an der prinzipiellen Überzeugung vom revolutionären Monopol der Kommunisten streng festhielt, rückte nun die Komintern aus taktischen Gründen die zeitweilige Zusammenarbeit mit den noch nicht bekehrten Sozialisten in den Bereich des Möglichen. Dazu trug im weiteren die beschwichtigende Parole Stalins bei: Sozialismus in einem Land – statt Weltrevolution. In Wahrheit handelte es sich um eine Schaukeltaktik, bei der je nach Belieben die weltrevolutionäre oder die sowjetische Karte gespielt werden konnte. In denselben Zusammenhang einer Sistierung der weltrevolutionären Erwartung gehört die Bereitschaft, in der internationalen Politik auf traditionelle Staatspolitik und diplomatische Beziehungen einzuschwenken. An die Stelle der einzigartigen revolutionären Macht, nach deren Beispiel alle Staaten im Vollzug der Weltrevolution die herkömmliche Politik aufzugeben hatten, trat die Sowjetunion mit ihren sehr konkreten Staatsinteressen, die sich zunächst auf Durchbrechung der Isolierung und bilaterale Politik zur Hinderung antisowjetischer Bündnisse, dann auf die historischen Ziele Rußlands überhaupt richteten. Schon der Vertrag von Rapallo (1922) zwischen den zwei Outcasts der Nachkriegszeit, Deutschland und Rußland, demonstrierte, wie diese russische Staatspolitik der Zukunft ideologische und gesellschaftliche Unterschiede betont auszuschalten gedachte: Die Zauberformel der Koexistenz-Politik begann ihren Weg.

Auch den nationalen kommunistischen Parteien wurde nun, da der revolutionäre Durchbruch ferner gerückt war, in zunehmendem Maße die Funktion einer Unterstützung der sowjetischen Außenpolitik zuteil. Das schuf neben den Problemen der Revolutionsstrategie einen zweiten Bereich möglicher innerparteilicher Konflikte, denn es bedeutete etwas völlig Neues für das Parteiwesen der westlichen Demokratien. Der Höhepunkt des Nationalstaates am Ende des Ersten Weltkrieges wurde gleichzeitig zum Beginn einer neuen Spaltung der politischen Loyalität des Staatsbürgers. Darin zeigte sich sowohl die Anfechtung Europas als auch eine Tendenz zur Rückkehr vom nationalstaatlichen in ein universalistisches Prinzip. Freilich war es nicht einfach Rückfall in ein ›neues Mittelalter‹, wie dies von dem emigrierten russischen Kulturphilosophen Nikolai Berdjajew in seiner gleichnamigen weitverbreiteten Schrift von 1923 kritisch gedeutet wurde, sondern eine Zuspitzung der Tendenzen, die im europäischen Modernisierungsprozeß seit dem 18. Jahrhundert angelegt waren: Sprengung des im nationalen Patriotismus beschlossenen Staatsbegriffs; ideologische Ausweitung und Legitimierung revolutionärer Bewegungen, zunächst demokratisch-liberaler, dann sozialistischer, schließlich gar rassistischer Art.

Der Kommunismus und in gewissem Maße auch die faschistischen und nationalsozialistischen Bewegungen, wenn man an ihre Satellitenparteien und Quisling-Regime denkt, haben jene Aufspaltung der politischen Loyalitäten, die erstmals im Zuge der Französischen Revolution, etwa im Auftreten der deutschen Jakobiner, sichtbar geworden war, auf einen weltweiten Höhepunkt geführt. Dabei wurde allerdings die Kehrseite der Entwicklung offenbar: Sie führte zum Triumph der Maxime, daß der Zweck die Mittel heilige, und sie mündete in die Verunsicherung und Zerstörung der politischen Moral und der menschlichen Person. Wenngleich es sich um ein geschichtliches Resultat der europäischen Entwicklung im Zeitalter der politischen Emanzipation handelt, bleibt unverkennbar, in welchem Maße es letztlich zur Auflösung des europäischen Staatensystems und der europäischen Demokratien durch Radikalismus und Blocksysteme beigetragen hat. Gewiß gehören hierher auch universalistische Ansätze nichtkommunistischer Art, wie das amerikanische Demokratiekonzept der Open diplomacy, die Idee des Völkerbundes und diejenige der One world, also der Gedanke einer Übertragung innerstaatlicher Demokratie auf internationale Politik. Die eigentliche Bedrohung lag jedoch bei jenen Parteien und Bewegungskräften, die das demokratische System ihres jeweiligen Staates zu unterminieren und funktionsunfähig zu machen vermochten, weil sie die Loyalität nicht nur der Revolution, sondern zugleich oder gar zuvörderst einem fremden Staat, einer potentiellen Großmacht mit transeuropäischem Profil zusprachen, die sich dafür als Träger der Weltrevolution legitimiert sah, nun aber ebenfalls und in alle Zukunft vorrangig eigene Machtpolitik betrieb.

In diesem Sinne bedeutete der Übergang von der revolutionären Phase zu einer ›Normalisierung‹ des Kommunismus und der sowjetischen Politik in Wahrheit den Beginn einer Unterminierung Europas und seiner Demokratien. Zusammen mit den faschistischen und nationalsozialistischen Diktaturen, deren Heraufkommen der Kommunismus mitverursacht oder erleichtert hat, zumindest durch die Lähmung der Demokratie, trug er zur Katastrophe und zum Ende der europäischen Ära bei. Auf der anderen Seite blieb der Kommunismus eigentümlich mit Europa verbunden, auf Europa konzentriert, so daß er in seinen außereuropäischen Aktivitäten wiederum eine Rolle bei der Europäisierung der Welt spielt. Denn wenn man vom Ende der europäischen Weltpolitik spricht, ist diese Kehrseite wichtig: die Europäisierung der Welt. Ähnlich kann man heute den Rückgang des politischen Liberalismus mit der Zunahme liberaler Vorstellungen in allen westlichen Parteien in Zusammenhang bringen.

Der Tod Lenins im Jahre 1924 markiert das Ende einer Epoche. Nachdem ihn drei Schlaganfälle seit 1922 schon weitgehend lahmgelegt hatten, begannen nun sofort die umstrittenen Vorgänge um die Nachfolge zwischen Trotzkij und Stalin. Die Annahme, daß erst unter dem Nachfolger der Kurs in das totalitäre Terrorsystem geführt habe, ist zumindest übertrieben, wenn man an die eiserne Konsequenz der Leninschen Machtergreifungs- und Herrschaftsakte denkt. Längst waren die Weiterentwicklungen im kommunistischen Bereich sichtbar geworden, längst aber auch die veränderten Formen der nationalen und internationalen Politik: Verfestigung und Bürokratisierung des Sowjetsystems; Entwicklung des Nationalstaatensystems und der neuen Machtpolitik in Europa; Probleme und erste Kollapse der neuen Demokratien; das Signal der faschistischen Machtergreifung in Italien, das manchen Nachahmer finden, freilich erst ein Jahrzehnt später die große Neuauflage der totalitären Machtergreifung unter Hitler hervorbringen sollte, während Stalin seine nicht minder totalitäre Alleinherrschaft zu festigen vermochte. Man ist versucht, von einem zweiten und dritten Lenin zu sprechen. Bezeichnend die gegenseitige Bewunderung, welche die Diktatoren Mussolini, Hitler und Stalin später geäußert haben, ohne daß dies ihre Anhängermassen in den feindlichen Lagern nachdenklich gestimmt hätte. Alle drei waren Virtuosen der bedenkenlosen, voll modernisierten Machtergreifung und Herrschaftsübung. Zwischen ihnen laborierten die Demokratien und halbautoritären Regime, deren Lebenschancen seit dem Ausbruch der Weltwirtschaftskrise im Jahr 1929 immer geringer wurden. Die antidemokratische Welle drang mit ansteckender Kraft vor; sie wurde zum Zeichen und zur Mode der Epoche, die so betont demokratisch begonnen hatte.

# Europa und die Welt

## Die Fortsetzung der Kolonialpolitik

Wie rasch die Hoffnung auf eine dauernde und weltweite Sicherung des Friedens in den Enttäuschungen der Nachkriegszeit untergegangen ist, zeigt nicht nur ein Blick auf die Friedenskonferenzen und den Reparationsstreit, den alten und den neuen Nationalismus und die antidemokratischen Strömungen. Die Konflikte und Probleme, mit denen Europa auf sich selbst zurückgefallen war, spiegeln sich auch in den außereuropäischen Entwicklungen und in den geringen Fortschritten, die beim Ausbau einer internationalen Politik mit Hilfe des Völkerbundes gemacht werden konnten. Die Sprengkraft der nationalstaatlichen Idee trat mit dem Krieg ebenfalls in den abhängigen und kolonialen Gebieten zunehmend hervor. Die Völker wurden als Verbündete der kämpfenden Parteien oder durch deren Versuche einer Revolutionierung gegen die bestehenden Ordnungen weithin mobilisiert. Der Krieg hatte zunächst die Herrschaftstraditionen der Besiegten angefochten und zerbrochen, aber seine Wirkung wandte sich auf längere Sicht auch gegen die Einfluß- und Kolonialpolitik der Sieger. Nicht länger konnten die weißen Herren, die sich vor den Augen der Welt vier Jahre lang selbst zerfleischt hatten, den Anspruch auf unfehlbare Überlegenheit unangefochten behaupten. Wo Autonomiebewegungen bereits bestanden, wurden sie ungemein bestärkt, und überall wurde der Nationalismus geweckt. Schon lange machte das Schreckenswort von der gelben Gefahr die Runde, bis es in die düstere Geschichtsphilosophie vom ›Untergang des Abendlandes‹ einbezogen wurde. In der Tat war der Aufstieg Japans das erste Zeichen gewesen. Der Widerstand gegen Imperialismus und Kolonialismus wurde gleichsam zur Kehrseite der Parole vom Selbstbestimmungsrecht der Nationen. Noch schien die europäische Vorherrschaft im großen und ganzen unantastbar, aber Schwierigkeiten traten an vielen Stellen in Erscheinung.[1]

Das galt vornehmlich für den Nahen Osten. Dort behauptete sich die neue Türkei trotz ihrer schweren Verluste gegen einen Teil der Pariser Friedensbestimmungen, der die Aufteilung Kleinasiens betraf; sie stieg wieder zur stärksten Macht im Vorderen Orient auf, und ihr Beispiel wirkte auf die Nachbarstaaten. So gelang Persien dank der Schwäche Rußlands die Erringung einer stärkeren Unabhängigkeit unter der neuen Erbmonarchie, die Rezâ Schâh Pahlavî 1924 proklamierte; innere Reformen und allmähliche Beteiligung an den ausländischen Ölgesellschaften begleiteten den langsamen Aufstieg des wenig entwickelten Landes. Die Verhältnisse in den weiten Gebieten des ehemaligen Türkischen Reiches waren schwieriger. Dort lagen verschiedene Interessen im Widerstreit miteinander, und es bestanden große Diskrepanzen zwischen den Versprechungen, die englische Kriegsführer wie Thomas Edward Lawrence den Arabern für ihren Kampf gegen die Türkei gemacht hatten, und den tatsächlichen Kolonialplänen der Westmächte. – Seit der Mitte des 19. Jahrhunderts schon hatten nationale Unabhängigkeitsbewegungen sich geltend gemacht. England und Frankreich hatten sie unterstützt, zuletzt im Kampf gegen die Mittelmächte. Von daher erwuchsen die Hoffnungen, die sich auf die Schaffung eines großen arabischen Königreiches vom Irak bis Ägypten richteten. Statt dessen kam es zur Aufspaltung und Zersplitterung in abhängige, halbkoloniale Einzelstaaten. Auf der Halbinsel Arabien vermochte sich zwar Ibn Sa'ûd, der Führer der streng moslemischen Wahhâbitensekte, im Kampf gegen den Bundesgenossen Englands, Emir Husain, durchzusetzen. Aber auch seine Politik einer konsequenten Abschließung gegen die westlichen Mächte wurde im weiteren unterlaufen von der Erschließung und Nutzung großer Öllager, zumal mit amerikanischem Kapital.

Sehr viel komplizierter gestalteten sich die Verhältnisse in Syrien, Palästina, Transjordanien sowie im Irak. Die Hoffnungen Emir Husains auf den Thron in einem selbständigen Syrien wurden enttäuscht; denn Syrien nebst Libanon wurde als Mandatsgebiet des Völkerbundes Frankreich unterstellt. Das Land blieb unruhig und unzufrieden, die französische Herrschaft konnte sich nur behaupten, indem sie die starken religiösen Gruppen der Christen, Mohammedaner und Sekten gegeneinander ausspielte und das Land regional aufsplitterte. Zahlreiche Aufstände begleiteten die Geschichte der nächsten zwei Jahrzehnte. Die Forderung nach Unabhängigkeit ließ sich auch durch eine geschickte und produktive Verwaltungspolitik kaum mehr zurückhalten. Ähnlich unruhig, mit blutigen Kämpfen in den Anfangsjahren, verlief die Nachkriegsgeschichte im Irak. In dem englischen Mandatsgebiet wider Willen bekam Husains Sohn Faisal den Thron. Eine Beruhigung im hitzigen Unabhängigkeitskampf trat erst ein, als mit der Nutzung des Öls die Gewährung stärkerer Autonomie einherging.

Am kompliziertesten war die Lage für das alte Heilige Land am Kreuzweg der Geschichte. Wie in der vieltausendjährigen Vergangenheit der umstrittenen Herrschaften und Spaltungen kam es auch jetzt in diesem geographisch begünstigten Raum zwischen Ägypten, dem Libanon und der arabischen Wüste zu keiner einheitlichen Lösung. Östlich des Jordan richtete England ein Protektorat Transjordanien als besondere Monarchie unter der Dynastie Husains ein. Westlich des Jordan aber, im Kernland selbst, führte die Diskrepanz verschiedener Kriegsplanungen zu jenem Palästina-Problem, das ein dauerndes Hauptproblem der nahöstlichen Politik bilden und zum Brennpunkt der Weltpolitik werden sollte. Die englische Mandatsmacht war in doppelter Weise an Versprechungen der Kriegszeit gebunden. Da war die vom britischen Außenminister Arthur James Balfour 1917 verheißene Heimstätte für die Juden in aller Welt, die wieder in ihr altes Land sollten zurückkehren können. Dies kam den Forderungen der zionistischen Bewegung entgegen, die um die Jahrhundertwende von dem Wiener Journalisten Theodor Herzl mit dem Ziel eines eigenen jüdischen Staates in Palästina gegründet worden war.[2] Es begann eine Einwanderungswelle, die sich mit der nationalsozialistischen Judenverfolgung noch steigerte. Die Balfour-Deklaration widersprach aber den Interessen der ansässigen arabischen Bevölkerung, die ihren Anspruch auf Selbstbestimmung geltend machte.

Der Versuch, beide Ansprüche miteinander in Einklang zu bringen oder ihnen durch irgendeine Teilung wenigstens halbwegs gerecht zu werden, bestimmte fortan die Geschichte dieses historisch so unvergleichlichen, zugleich so unglücklichen Landes. Alles Bemühen der englischen Mandatsmacht zur Vermittlung von Kompromissen oder zur Teilung des Landes – mit Jerusalem unter englischem Protektorat – scheiterte. Hier jüdische Proteste gegen eine Sperre der Einwanderung, dort arabische Forderungen nach Reduzierung der jüdischen Ansiedlung. Nur militärisch konnte England die von blutigen Konflikten begleitete Konfrontation noch eindämmen. Sie sollte nach dem Zweiten Weltkrieg, in dem die strategische Lage das Land zu einem Mittelpunkt der englischen Nahost-Politik gegen die potentielle deutsch-italienische Bedrohung aus Afrika, Griechenland und dem Kaukasus gemacht hatte, zu einer dramatischen Zuspitzung, zum tragischen Zusammenprall der jüdischen und arabischen Unabhängigkeitspolitik führen.

Mit derselben fortgeschrittenen Leidenschaft eines Unabhängigkeitsbewußtseins kamen in Nordafrika die ersten Bewegungen der Auflehnung gegen die Kolonialherrschaft in Gang. Zahlreiche Unruhen gab es in den ehedem vom Osmanischen Reich abhängigen Mittelmeergebieten, die nun unter italienischer und französischer Kolonialherrschaft standen. In Libyen mußten die Italiener, die unter faschistischer Herrschaft den Kolonialismus mit verstärktem Eifer betrieben, langjährigen Widerstand der einheimischen Senussi brechen. In Algerien und Marokko war Frankreich immer wieder in Aufstände verwickelt, die unter den Rebellenführern 'Abd el-Kâder und 'Abd el-Krîm größeren Umfang erreichten. Schon in den zwanziger Jahren brachte sich die Nationalistenbewegung der Jungen Tunesier zur Geltung. Auch die Spanier wurden in ihrem Teil Marokkos mit den Rifkabylen kaum fertig. England hatte in Ägypten Mühe, seine Protektoratsstellung so stabil zu halten, wie es dem britischen Interesse an Nahost im allgemeinen und am Suezkanal im besonderen entsprach.

Die Forderung nach Unabhängigkeit wurde in Kairo besonders artikuliert vertreten; hier hatte sie die stärkste Partei des Landes, die Wafd unter dem bis 1921 nach Malta verbannten Zaghlûl Pasa, zum Programm erhoben, als England im Krieg mit empfindlichen Zwangsmaßnahmen und politischen Einschränkungen in das ägyptische Leben eingriff. Nach heftigeren Unruhen konzedierte London 1922 auch die formelle Anerkennung Ägyptens als eines souveränen Staates. Aber es blieben so viele Beschränkungen und britische Vorrechte, daß die Spannungen dadurch kaum geringer wurden. Ein besonderes Kapitel war dabei der großägyptische Anspruch auf den Sudan, der fest unter englischer Kolonialherrschaft blieb. In den fortdauernden Konflikten vermochte England immer wieder den ägyptischen König, der allzu demokratisch-nationalistische Tendenzen fürchtete, gegen die Wafd-Partei auszuspielen. Eine wichtige Etappe auf dem Weg zur Unabhängigkeit bildeten die englischen Maßnahmen anläßlich des Abessinien-Krieges, die im Vertrag vom August 1936 zu einem für den Zweiten Weltkrieg bedeutsamen Militärbündnis führten, doch in der Sudan-Frage die Diskrepanz zwischen der ägyptischen Vereinigungsforderung und den englischen Selbstbestimmungsplänen für den Sudan bestehen ließen.

Im Unterschied zu diesen traditionellen Einzugsgebieten europäischer Politik um das Mittelmeer, in denen die Herrschafts- und Einigungsgedanken der arabisch-islamischen Eroberungszeiten nun mit der Idee einer arabischen Nation wiederauflebten, war im übrigen Afrika die Kolonialherrschaft noch bis zur zweiten Nachkriegszeit fast unangefochten. Der einzige Ansatzpunkt für Gegenbewegungen lag damals – und verstärkt im Zweiten Weltkrieg – in der Ausbildung und Verwendung schwarzer Hilfstruppen sowie der Heranziehung eingeborener Herrschaftsgruppen, die dann auch erste politische Forderungen stellten. Entgegen der antikolonialistischen Literatur, die nicht minder klischeehaft verfährt als die prokolonialistische Ideologie, ist festzustellen, daß zumal die englische Afrika-Politik durchaus gekennzeichnet war von dem Bemühen, eine allmähliche Beteiligung der Bevölkerung und schließlich die schrittweise Übergabe der Herrschaft einzuleiten – ein Prozeß, der durch die ruckartig beschleunigte Emanzipation von Europa als Folge des Zweiten Weltkrieges überholt wurde. Das Gegenstück kompromißloser weißer Herrschaft war Südafrika, das sich diesem Prozeß verschloß. Bemerkenswert ist aber auch die Tatsache, daß die ehedem deutschen Kolonialgebiete von den siegreichen Kolonialmächten nicht direkt, sondern über den Völkerbund als Mandatsgebiete übernommen wurden. Das bedeutete weniger eine Erweiterung und Verstärkung dieser Weltorganisation, die so weit hinter den Erwartungen zurückblieb, als vielmehr ein Zeichen dafür, daß eine unverhüllte Annexion von Kolonialgebieten anders als im 19. Jahrhundert nicht mehr zweckmäßig und zeitgerecht erschien. Zudem verband der

Völkerbund die Mandatsherrschaft mit der Auflage, daß die eingeborene Bevölkerung für die Selbstverwaltung zu erziehen sei.

Die Krise des Kolonialismus, die in den zwanziger Jahren allenthalben spürbar war, wurde durch den kolonialen und imperialen Ausgriff der zu kurz gekommenen Revisionsmächte Italien, Japan und Deutschland zwischen 1935 und 1945 zum vollen Durchbruch gebracht. Die unangetastete Herrschaft des weißen, später auch gelben Mannes hatte nicht zuletzt auf dem Rassenprivileg beruht. Nun entstand inmitten einer letzten biologischen Übersteigerung des Rassismus durch den Nationalsozialismus ein Antirassismus, der sich ebenso zu einem umgekehrten Rassismus entwickeln konnte. Die intransigente Position Südafrikas war nicht zuletzt durch die Illusion gekennzeichnet, mit Hilfe einer Rassentrennung dieses Problem lösen zu können. Aber wie alle künstlichen und einseitigen Lösungen führte sie die Frage erst recht ad absurdum; sie ließ dieses Land in die völlige Isolierung geraten, sein Herrschaftssystem konnte als besonders inhuman angeprangert werden – so groß die Zahl der unmenschlichen Diktaturen in aller Welt sein mochte.

In Asien, besonders im Fernen Osten, traten die Umschichtungen und Krisenerscheinungen des Kolonialzeitalters bereits vor dem ersten Krieg klar zutage. Das größte und volkreichste Land, China, war zwar nach wie vor ein Objekt der Macht- und Einflußpolitik fremder Mächte, aber an die Stelle der Europäer begannen die Japaner zu treten, indem sie den europäischen Krieg zu nutzen wußten. Sie übernahmen in China und im Pazifik die deutschen Besitzungen, während die USA demgegenüber ihren pazifischen Interessenbereich und die Open-door-Politik in China geltend machten. In der Tat ging Japan als der neue Träger eines fernöstlichen Imperialismus aus dem Ersten Weltkrieg hervor, obwohl es sein Kriegsziel, die Besetzung ganz Nordchinas, nicht erreichte. China blieb vor wie nach seiner Revolution von 1911 schwach und damit angreifbar, von vielen Bürgerkriegen geschüttelt, in denen Restaurationsversuche der Monarchie zusammentrafen mit Armeerevolten und Auseinandersetzungen innerhalb und zwischen den republikanischen und revolutionären Kräften der Kuo-min-tang, der Partei des bedeutenden Reformers Sun Yat-sen. Unter den Nachfolgern Sun Yat-sens schob sich im Laufe dieser Bürgerkriege der spätere Marschall Chiang Kai-shek nach vorn, indem er vom Süden des Riesenreiches her seinen Machtbereich auszudehnen vermochte. Dies geschah in zeitweiliger Anlehnung des Kuomin-tang an Rußland, das nach der Revolution nicht mehr zur Front der fremden Interventionsmächte zählte. China mochte hoffen, auf diese Weise mehr Bewegungsraum zu gewinnen. Aber damit verstärkten sich die Einflüsse und das politische Gewicht der zum Teil in Moskau geschulten Kommunisten Chinas, mit denen Chiang Kai-shek zeitweise, zumal während der japanischen Bedrohung, kooperierte, um sie dann wieder zu unterdrücken. Der kurzen Periode seiner Kontrolle über fast ganz China (1928 bis 1932) folgte der bis 1945 ununterbrochene Abwehrkrieg Chiang Kai-sheks gegen die japanischen Operationen, wobei deutsche Berater wie der ehemalige Reichswehr-Chef Hans von Seeckt eine Rolle gespielt haben.

Aber auch für Japan war der Krieg in China voller Enttäuschungen. Es gehörte wie Italien zu den unzufriedenen Siegermächten. Seine Hauptprobleme – Bevölkerungsdruck und Rohstoffbeschaffung – wurden durch die Nachkriegsregelungen nicht gelöst. Im Inneren Japans verstärkten sich die sozialen und politischen Spannungen. Sie wurden bestimmt durch den Konflikt zwischen stark traditionalistischen Positionen der autoritären Militärmonarchie und den stürmisch modernisierenden Kräften der Industrialisierung, die Forderungen nach Demokratie und Sozialismus erhoben. Der Gegensatz zwischen japanischem Nationalismus und Verwestlichung, zwischen Europäisierung und militanter Eigentradition, der seit der Öffnung des Landes charakteristisch für die japanische Problematik ist, verschärfte sich nun im Blick auf die sozioökonomischen Probleme. Japan fühlte sich nach dem unbefriedigenden Kriegsausgang als revisionistische Macht. Der Ausbruch der inneren Spannungen in imperiale Politik konnte zugleich als Ablenkung vom Druck des veralteten politischen Systems wirken. Es sollte zum zweiten Schwerpunkt des nächsten Krieges werden, ja diesen überhaupt erst zu dem globalen Weltkrieg machen, der alles Bisherige in den Schatten stellte.

Im Vergleich mit den europäischen Staaten war der Druck der Liberalisierung und Demokratisierung in Japan ruckartiger, jedoch politisch weniger folgenreich. Wohl kam es 1925 zum allgemeinen Wahlrecht, aber Kaisertum, Sonderstellung des Militärs und große Wirtschaftskonzerne setzten dem Ausbau eines demokratischen Rechtsstaates allzu enge Grenzen. Mit dem Einbruch der Weltwirtschaftskrise gewannen diejenigen Kräfte die Oberhand, die im Ausbruch nach außen die einzige Lösung sahen. So führte auch in Japan die innere Krise seit 1930 in ein autoritäres Regime mit imperialer Außenpolitik. Sie richtete sich zunächst auf die Manchurei, die 1931 besetzt wurde. Nun traten die USA als pazifische Gegenmacht in Erscheinung. Eine Konferenz in Washington hatte 1921/22 multilaterale Flotten-Rüstungsbeschränkungen vereinbart. Solche Abkommen enthüllten aber bereits die Schwäche der übrigen Mächte; allein die USA und Japan beherrschten in zunehmender Rivalität die pazifisch-fernöstliche Szene. Die Krise von 1931 machte dies offenbar. Es mißlang eine wirksame Einschaltung des Völkerbundes. Seine erste große Probe, die Anrufung durch China, zeigte desillusionierend die geringen Möglichkeiten der Liga, jenseits der engeren Interessen der europäischen Mächte, zumal Englands und Frankreichs, zu erfolgreichen Maßnahmen zu gelangen.

Von nun ab war die Eindämmung der japanischen Expansion erklärte amerikanische Politik. Die USA beriefen sich dabei auf den Kellogg-Pakt zur Ächtung von Angriffskriegen (1928) und verkündeten ihre prinzipielle Haltung in der Stimson-Doktrin von 1932, genannt nach dem US-Außenminister Henry Lewis Stimson. Sie gehört wie diejenigen von Monroe bis Truman in die Reihe der Doktrinen, die der Eindämmung fremder aggressiver Politik galten – der später sogenannten Containment policy – und nach dem Zweiten Weltkrieg zum Hauptinstrument der amerikanischen Weltpolitik werden sollten. Damals allerdings konnte die Stimson-Doktrin weder die Unterstützung Englands und Frankreichs gewinnen noch das weitere Vordringen Japans bis vor die Tore von Peking und nach Shanghai verhindern. Eine bedeutsame Folge war der Austritt Japans aus dem ohnmächtig-untätigen Völkerbund im Frühjahr 1933 – Vorbild für Hitlers erste außenpolitische Aktion, den Bruch mit dem Völkerbund vom Oktober 1933. Der wachsende Druck der Armee verpflichtete die japanischen Regierungen in der Folgezeit immer mehr auf eine Expansionspolitik, die im Juli 1937 zum vollen Kriegsausbruch zwischen Japan und China, in gewisser Weise sogar schon zu einem Auftakt des Zweiten Weltkrieges im Fernen Osten geführt hat.

Auch vor dem Hintergrund der weltpolitischen Entwicklungen blieb die Politik in Europa auf die machtpolitischen Themen fixiert, die den Ersten Weltkrieg heraufgeführt hatten und die Nachkriegsordnung bestimmten. Da sich Rußland und Amerika zurückgezogen hatten, Japan und China fern schienen und die koloniale Welt als befriedbar galt, fühlte sich Europa noch immer als Zentrum der Welt. Dies traf nicht nur auf die etablierten Mächte, sondern auch auf die jungen revisionistischen Regime in Italien und Deutschland zu. Allerdings nahm Großbritannien eine Sonderstellung ein: Es befand sich nicht nur in, sondern auch gegenüber Europa. Seine Europa-Politik war durch den Anspruch bestimmt, als Kern eines außereuropäischen Weltreiches eine distanzierte Zwischenposition einzunehmen. Die Umwandlung des britischen Empire in ein Commonwealth of Nations, einen Bund freier und gleichberechtigter Nationen, bedeutete in der Tat ein neues Element in der Weltpolitik. Es sollte sich im Zweiten Weltkrieg zeigen, daß der Zusammenhalt dieses Bundes stärker war, als die überaus lockere Konstruktion erwarten ließ. Wenn Hitler nach der englischen Ablehnung einer Teilung der Welt mit den Deutschen als ein beleidigter Bewunderer des britischen Imperiums dessen Zusammenbruch prophezeite, so hatte er wohl langfristig nicht ganz unrecht. Vorerst jedoch sollten Empire und Commonwealth maßgebend zur Niederlage des Hitler-Reiches beitragen.

Das Selbständigwerden der Dominien bewirkte zunächst eher eine Stärkung der britischen Stellung, obwohl die englische Europa-Politik dadurch immer wieder beeinträchtigt wurde. Als Vorbild einer internationalen Organisation vermochte das Commonwealth, dessen Konturen auf einer Konferenz von 1926 und im Westminster-Statut von 1931 festgelegt wurden, kaum zu wirken; zu singulär waren die historischen Voraussetzungen. Um so erstaunlicher ist, daß es nach 1945 die gewaltigen Veränderungen in der Dritten Welt überstanden hat, ja sich zunächst noch weiterentwickeln konnte, während alle anderen vergleichbaren Konstruktionen gescheitert sind. Es war eine einzigartige Lösung des Problems zeitgemäßer Anpassung an die Entkolonisierung. Die Kehrseite brachte England eine ständige Belastung mit den unvermeidlichen Spannungen zwischen und innerhalb der Glieder des Commonwealth: von dem damals schon virulanten Südafrika-Problem bis zur Rhodesien-Frage von heute.

Am schwierigsten erwies sich das Indien-Problem. Nirgendwo wurde die Herrschaft des weißen Mannes so ernsthaft und eindrucksvoll angefochten wie in Indien. Dort war schon vor 1914 in der Kongreßpartei eine Unabhängigkeitsbewegung entstanden, die sich durch die selbstbewußte Teilnahme von über einer halben Million Soldaten am Krieg verstärkte und 1919 in schwere Auseinandersetzungen führte. Die Organisation des riesigen Landes mit der nach China höchsten Bevölkerungszahl der Welt wurde nun auf ein kompliziertes System der englisch-indischen Herrschaftsteilung gegründet, das bereits seit 1917 verkündet und entwickelt worden war: mit der Beteiligung einer wachsenden Zahl von Indern an der Verwaltung und mit dem Ziel einer verantwortlichen Regierung als Teil des britischen Empire. Doch alle Lösungsversuche wurden überschattet von dem epochalen Konflikt der englischen Besatzungsmacht mit dem religiös verehrten Apostel des gewaltlosen Widerstandes, Mahātma Gāndhi. Zu der Unabhängigkeitsforderung einer englisch orientierten Oberschicht, mit der die Kolonialmacht ihre Kompromisse auszuhandeln suchte, kam die elementare Macht einer großen Volksbewegung mit unwiderstehlichem moralisch-politischem Freiheitsanspruch. Seine Erfahrungen hatte Gāndhi zwanzig Jahre lang in Südafrika gesammelt, wo er als Führer einer gewichtigen Minderheit indischer Arbeiter erfolgreich für die Verbesserung rechtlicher und ökonomischer Bedingungen gewirkt hatte. Seine legendären Methoden waren nicht bloß Streiks, Demonstrationen und Hungermärsche; das Besondere war der betont gewaltlose Charakter dieses Widerstands und die freiwillige Bereitschaft, ebenso widerstandslos in Gefängnisse zu gehen.

Seit der Rückkehr nach Indien 1916 wirkte Gāndhi mit diesem Ruf als unbestrittener Führer der nationalen Emanzipationsbewegung, die er sogleich zu einer allgemeinen Volksbewegung aller Klassen erweiterte – in dem sozial zerrissenen, von Kasten und Privilegien beherrschten Land ein revolutionäres Unterfangen. ›Non-violence‹ und ›non-cooperation‹ (mit der Kolonialmacht) waren die ungeheuer wirkungsvollen Parolen, die sich auf politische Taktik und religiös-philosophische Überzeugung gleichermaßen berufen konnten. Die moralische Stärke seiner Bewegung demonstrierte Gāndhi auch, indem er selbst die Tabus der Kastengesellschaft brach und aus der Kaste der Unberührbaren eine Tochter adoptierte. Moralische statt physische

Macht werde künftig die Politik bestimmen, das war die kraftvolle Grundlage seines Glaubens. Die geradezu revolutionäre neue Form des Konflikts war so wirkungsvoll nur möglich, weil sich die britische Kolonialmacht an rechtsstaatliche Regeln hielt, was mancher neuere Theoretiker der Gāndhi-Doktrin vom gewaltlosen Widerstand zu übersehen pflegt. Immer wieder im Gefängnis, erzielte Gāndhi mit Aufrufen zu Boykott, Steuerverweigerung und Ablehnung einer Kollaboration auch deshalb besondere Wirkung, weil er die geistig-moralischen Aspekte der Unabhängigkeitsforderung eindrucksvoll verkörperte und als überzeugter Pazifist konsequent die Grenzen des friedlichen Ungehorsams und der Gewaltlosigkeit einhielt. Kam es zu gewalttätigen Unruhen, so suchte er durch Fasten das Ende der Gewaltakte herbeizuzwingen.

Der indische Unabhängigkeitskampf, der in der Kongreßpartei seit 1920 eine machtvolle demokratische Massenorganisation auf allen Ebenen des politischen Lebens entwickelte, hatte einen tiefen Einfluß auf die allenthalben zunehmenden Bestrebungen, den Herrschaftsanspruch der Europäer auch in anderen Teilen der Welt anzufechten und auszuhöhlen. Nur so ist es zu erklären, daß nach dem Zweiten Weltkrieg, der wie auf anderen Gebieten die entscheidende Beschleunigung mit sich brachte, Indien ein weltpolitisches Prestige erlangte, das weit über das tatsächliche machtpolitische Gewicht des riesigen, aber armen und unterentwickelten Landes hinausgeht. Andererseits hängt der verblüffend reibungslose Übergang vom Unabhängigkeitskampf zur Kooperation im Commonwealth im Jahr 1947 mit jenem einzigartigen Weg zwischen Rebellion, Frieden und Verständigung zusammen, der durch den Namen Gāndhi gekennzeichnet ist. Eines konnte er allerdings nicht verhindern: die tiefe innere Zersplitterung Indiens, nationalsozial und religiös, sowie den blutigen Ausbruch des Kampfes zwischen Hindus und Moslems, der Unabhängigkeit und Nachkriegszeit überschatten sollte.

## Die amerikanische Demokratie – Weltmacht und Isolation

Der dritte große westliche Staat neben England und Frankreich, dessen Eingreifen erst den Krieg entschieden hatte und dessen Kriegsziel die Durchsetzung der Demokratie in Europa und der Welt war, sind die Vereinigten Staaten von Amerika. Sie nahmen an der dramatischen, schließlich fatalen Entwicklung der zwanziger und dreißiger Jahre nur auf indirekte Weise, vornehmlich über die Wirtschaft teil. Die USA und die Sowjetunion, tatsächlich oder potentiell die Weltmächte der Zukunft, waren, obgleich aus ganz verschiedenen Gründen, die prominenten Abwesenden der Politik nach dem Ersten Weltkrieg. Damit hing der zunehmend künstliche, forcierte Charakter der europäischen Weltpolitik zusammen, die sich gebärdete, als sei nichts geschehen, obwohl die Fortdauer einer europäischen Suprematie bis zum Schicksalsjahr 1941 nur der Passivität der großen Außenmächte zu verdanken war. Dann freilich zeigte sich, wie schon im Ersten Weltkrieg, daß die Hauptentscheidungen letztlich nicht mehr in Europa fielen.

Der Rückzug der USA aus der Weltpolitik, der jene im Rückblick gespenstisch anmutende, blutig endende Restauration und Eskalation europäischer Machtpolitik von Versailles bis Danzig möglich machte, war zugleich die Tragödie eines Mannes und seiner Vision von einer besseren Welt: des Präsidenten Woodrow Wilson. Es war die Geschichte einer Weltmacht, die den Folgen ihres eigenen beispiellosen Aufstiegs zu entgehen suchte, oder auch einer ›Weltmacht wider Willen‹, wie es Ernst Fraenkel formuliert hat. Man müßte hinzufügen, daß es außerdem ein Ringen mit den eigenen Idealen, mit dem politisch-moralischen, demokratischen Sendungsgedanken der Neuen Welt war, den Präsident Wilson gegenüber der Alten Welt und ihrer traditionellen Machtpolitik vertrat. Zwar hatten die USA selbst in einigen Etappen ihrer Geschichte solchen machtpolitischen und imperialen Bestrebungen nachgegeben, aber wenn sie sich nun, im entscheidenden Augenblick, von der Neuordnung Europas und dem Experiment einer neuen internationalen Politik in Gestalt des Völkerbundes zurückzogen, dann spiegelte dies eine tief widersprüchliche Position: Anspruch und Gewicht einer Weltmacht, Vertretung eines universalen Prinzips der demokratischen Selbstbestimmung, aber Abneigung gegenüber der weiteren Verwicklung in europäische Machtpolitik.

Demokratischer Sendungsgedanke und nationale oder hemisphärische Isolation waren in der Tat die beiden Seiten des amerikanischen Sonderbewußtseins gegenüber der Alten Welt, der man einst den Rücken gekehrt hatte. Nach dem letztlich enttäuschenden Engagement von 1917 bis 1919 erfolgte wieder um so entschiedener die Rückkehr in eine Phase der Isolationspolitik. Neuere Forschungen haben dargelegt, wie stark entgegen äußerem Anschein die transatlantischen Interessenbindungen mit ihren ständigen Kontakten und Einflußnahmen trotzdem noch immer waren.[3] Der Umkreis des amerikanischen Engagements blieb größer, als die politische Literatur von damals bis heute zu betonen pflegt. Das zeigt die Grenzen eines möglichen Isolationismus, andererseits den Widerspruch zwischen der politischen Distanz der USA von Europa und ihrem tatsächlichen Engagement in der Welt, von Kuba und Lateinamerika über die Türkei und die Sowjetunion bis China. Aber zunächst war der amerikanische Rückzug als demonstrativer Entschluß ein schockartiges Ereignis, dessen Bedeutung gar nicht zu überschätzen ist. Kurzfristig beeinträchtigte es die Friedensverträge und die Neuordnung Europas, längerfristig ermöglichte es die erneute, sich selbst widerlegende Übersteigerung einer europazentrischen Weltpolitik zu einem zweiten Weltkonflikt.

Es wäre jedoch zu einfach, in erster Linie die Enttäuschung über den Fehlschlag ihrer demokratischen Mission in Europa für den Rückzug der USA verantwortlich zu machen. Es war ein durchaus natürlicher Vorgang, im Einklang mit der demokratischen und nationalpolitischen Tradition. Denn Stärke und Schwäche jeder demokratischen Außenpolitik ist ihre Abhängigkeit von innenpolitischen Bedürfnissen. Selbst nach dem Zweiten Weltkrieg, als die weltpolitische Verflechtung unabänderlich geworden war, wurden die starken Strömungen gegen ein europäisches und internationales Engagement der USA erst durch die Verschärfung des Kalten Krieges und die sowjetische Weigerung zu gleichzeitiger Abrüstung endgültig zurückgedrängt. Die Forderung nach möglichst rascher Rückkehr zur Normalisierung mußte sich in einer Demokratie, die so stark von den Artikulationsmöglichkeiten des Kongresses gegen die Regierung wie von der Opposition und der öffentlichen Meinung insgesamt geprägt ist, nach der nationalen Anstrengung eines Krieges geltend machen: 1918 wie 1945. Wilson hat wenig getan, um die republikanische Opposition, die im Blick auf das Wahljahr 1920 seine Politik des europäischen Engagements scharf angriff, durch taktische Konzessionen zu beschwichtigen. Er lehnte bis zuletzt jedes mögliche Einlenken ab – mit der Folge, daß im Senat die für Friedensverträge geforderte Zweidrittel-Mehrheit nicht erreicht wurde; es fehlten sieben Stimmen. Dabei ist entgegen jeder allzu vereinfachten Darstellung festzuhalten, daß die Republikaner durchaus eine realistische Alternative zu Wilsons Völkerbundsutopie hatten, also nicht Isolationisten schlechthin waren.[4] Ihre Diskussion kreiste um ein Westeuropa-Bündnis zur Sicherung Frankreichs und zur Abwehr einer neuen deutschen Gefahr, das in manchem an die Lösung nach 1945 erinnert. Indem Wilson den Völkerbund einem französischen Sicherheitsvertrag voranstellte, verpaßte er die mögliche republikanische Unterstützung für beides.

Es war im Grunde eine doppelte Niederlage des Präsidenten; denn 1920 wurde dann an Stelle des Versailler Vertrages ein amerikanischer Sonderfriede mit Deutschland geschlossen, der alle Vorteile des Vertrags, nicht aber die von Wilson übernommenen Verpflichtungen enthielt. Damit wurde noch einmal ausdrücklich die Absage an den Wilson-Kurs unterstrichen, und es war klargestellt, daß die Alliierten mit keinen Garantien Amerikas rechnen konnten. Ergebnis war jene verhängnisvolle Verkrampfung der Neuordnung in Europa, die für die Deutschen auf einem Schanddiktat beruhte, während sich die Franzosen ständig durch Vertragsverletzungen gefährdet fühlten, war der Circulus vitiosus von Furcht und Empörung, von kleinlichem Insistieren und radikalem Revisionieren. Aber in Amerika wurde die für Europa so fatale Entscheidung mit einem gewaltigen Wahlsieg (November 1920) für den republikanischen Nachfolger Wilsons, Warren Harding, gerechtfertigt.

Die ›Tragödie Wilsons‹, in vielen Büchern bis heute heftig umstritten, läßt sich auf einige ganz konkrete Faktoren zurückführen. Da war Wilsons Versäumnis: die alliierten Geheimverträge während des Krieges, von den Amerikanern treffend ›Beuteverträge‹, ›Spoils treaties‹, genannt, mit denen man Länder wie Italien durch Gebietsversprechungen als Verbündete zu gewinnen suchte, zur Kenntnis zu nehmen. Die Diskrepanz zwischen seinem Weltfriedensprogramm und den Kriegszielen der Alliierten wurde beim amerikanischen Kriegseintritt nicht geklärt. Offenbar vertraute Wilson späteren Verhandlungen und dem erhofften Druck der öffentlichen Meinung zugunsten der gerechten Sache. Seine ›neue Diplomatie‹ verzichtete auf die alte Methode, Forderungen mit Gegenforderungen auszubalancieren. So hatte er, der den Krieg entschieden hatte, faktisch die schwächste Position bei den Friedensverhandlungen in Paris. Dies kostete ihn zugleich seine Stellung in der amerikanischen Innenpolitik. Daran vermochten auch die erheblichen Änderungen an den Programmen der Sieger nichts zu bessern, die er nachträglich noch erreichte. Im Grunde war er lediglich am großen Überbau des Völkerbundes, nicht an den Details der Gebiets- und Entschädigungsfragen interessiert. Mit dieser Vernachlässigung des Unterbaus verlor er die Kontrolle über den Gesamtverlauf, auf dem auch die Konstruktion des Völkerbundes beruhen mußte.

Wilson hatte sich eine übermenschliche Aufgabe gestellt, als er nicht nur der alten Diplomatie gegenübertrat, sondern es vor allem mit dem alliierten Kriegsrat zu tun hatte, der die nationalistischen Aspirationen vieler Völker autoritativ gegen die Besiegten durchsetzte. Seine Schwäche wurde nach allen Seiten offenbar, sein guter Wille zählte nicht mehr, sein Fall war nicht aufzuhalten, selbst wenn er mehr Glück gehabt hätte. Die traditionelle Abneigung der USA, politische Bindungen außerhalb der eigenen Hemisphäre einzugehen, kam nun voll zur Geltung: Der neue Isolationismus konnte sich auf die Tatsache berufen, daß zwischen der Realität der Nachkriegsregelungen und der Idee des Völkerbundes ein tiefer Riß klaffte, den die USA nicht sanktionieren konnten, wollten sie nicht weiterhin in die unvermeidlichen Konflikte zwischen Status-quo-Mächten und revisionistischen Staaten hineingezogen werden. Diese Argumentation klang überzeugend auch für die nicht wenigen Befürworter des Völkerbundes unter den Republikanern. Die Opposition wandte sich insbesondere gegen die Gleichsetzung von Friedensregelungen und Völkerbund, die dessen Mitglieder zur Verteidigung eines (umstrittenen) Status quo verpflichteten (Art. 10). Ein weiteres Problem war die mit dieser außenpolitischen Verpflichtung verbundene Machtsteigerung des Präsidenten gegenüber dem Kongreß. Gravierend kam hinzu, daß die Republikaner die Mehrheit im Senat besaßen, der Präsident sie jedoch nicht hinreichend in die Verhandlungen einbezog. Im entscheidenden Augenblick zeigte sich Wilson so starr in der Ablehnung eines Kompromisses, daß sein eigentlicher Gegenspieler, der republikanische Vorsitzende der außenpolitischen Senatskommission, Senator Lodge, ihn auf eine Weise zu Fall bringen konnte, die außerhalb Amerikas kaum verstanden wurde.

Aber auch abgesehen von den komplizierten Vorgängen amerikanischer Innenpolitik, die schwer verständlich erscheinen mußten, blieb es im Grunde eine klare Entscheidung. Wilson war um seines Prinzips einer unanfechtbaren Friedenssicherung willen entschlossen, den ominösen Artikel 10 des Völkerbund-Paktes zu verteidigen. Doch seine Kritiker und Gegner konnten, was immer ihre persönlichen und parteipolitischen Motive sein mochten, den realpolitischen Standpunkt vertreten, daß die Möglichkeit friedlicher Veränderungen des neuen Status quo von 1918/19 nicht einfach auszuschließen sei, sollte der Völkerbund lebensfähig und mehr sein als ein Instrument der Siegermächte.

Als Woodrow Wilson, nach allen Anstrengungen schon im Herbst 1919 auch physisch zusammengebrochen, von der politischen Bühne abtrat, war der Wilsonismus bereits untergegangen: in Europa und in Amerika. Dieser Ausgang bedeutete eine Verfälschung der politischen Zusammenhänge überhaupt, und zwar auf beiden Seiten. Ein kenntnisreich abwägender Schweizer Beobachter hat in der Zeit des Zweiten Weltkrieges treffend formuliert: »So wenig die Entente fähig gewesen war, den Krieg gegen die Zentralmächte ohne die Hilfe der Vereinigten Staaten zu gewinnen, so wenig gelang es ihr, das Werk von Versailles ohne die USA auf längere Zeit sicherzustellen. Mit der Ablehnung des Versailler Vertrages durch den amerikanischen Kongreß gewinnt die amerikanische Weltkriegspolitik plötzlich ein anderes Aussehen. Sie erscheint widerspruchsvoll, sinnlos, ja geradezu unehrenhaft. Widerspruchsvoll, weil sich die Interventions- und Kooperationspolitik plötzlich in eine radikale Isolierungspolitik verkehrt. Sinnlos, weil eine solche Haltung jedes tieferen Sinns entbehrt, nur als eine von den Tagesinteressen bestimmte Behandlung politischer Fragen erscheint. Unehrenhaft, weil die amerikanische Staatsführung, die ihre Interventionspolitik mit der Berufung auf allgemein verpflichtende moralische Grundsätze und das Interesse der Staatenkollektivität gerechtfertigt hatte, sich nun plötzlich jeder möglichen Einschränkung ihrer nationalen Hoheitsrechte im Interesse der Allgemeinheit widersetzte.«[5]

Damit war nicht nur eine Chance für die bessere Neuordnung und die größere Internationalität der Politik vergeben, sondern ebenso die schöne Möglichkeit, die amerikanische Demokratie als Modell und Anschauung für die europäischen Staaten gegenwärtig zu machen. Wohl zählten die nächsten zwölf Jahre nicht zu den vorbildlichsten der amerikanischen Demokratie, aber im Vergleich mit dem krisengeschüttelten Europa boten die USA immerhin ein Bild der Kontinuität, das die antidemokratische Propaganda von dem angeblich unaufhaltsamen Niedergang der Demokratien widerlegen konnte – wenn man es zur Kenntnis nahm. Doch eben dies geschah nicht oder nur unter einer schiefen Perspektive: Amerika als Wildwest eines ungezügelten, maßlosen Fortschritts. Gewiß gab es die Bewunderung der gewaltigen ökonomischen Kraft, des ›Amerikanischen Wirtschaftswunders‹, wie ein Buchtitel des deutschen Staatssekretärs Julius Hirsch lautet (1926), das im ersten Kapitel lapidar verkündet: »Europas Niedergang, Amerikas Aufstieg.« Aber daraus zogen beide Seiten keine politischen Konsequenzen. Der grundlegende Unterschied zwischen der ersten und der zweiten Nachkriegszeit beruht darin, daß die Welt, besonders Europa, nach 1945 gezwungen war, Amerika und seine Demokratie zur Kenntnis zu nehmen.

Nach 1918 aber war es ein doppelter Bruch: in Europa und in Amerika selbst. Von Wilsons Zusammenbruch im September 1919 bis zu seinem Abtreten Anfang 1921 waren die USA letztlich ohne politische Führung. Und auch in den Jahren danach hat sich, als eine Folge des überstürzten Rückzugs auf sich selbst, die amerikanische Politik weit hinter ihren Möglichkeiten und ihrer Notwendigkeit zurückgehalten. Wenn man in der amerikanischen Geschichte zwischen Präsidentenregierungs- und Kongreßregierungszeiten unterscheidet, so waren jetzt die letzteren an der Reihe: nach der idealistischen Anstrengung der Wilson-Ära und vor dem großen neuen Aufschwung der Ära Roosevelt. Ohne politische Ausstrahlung waren die Präsidenten, die dem leidenschaftlich zitierten und umstrittenen Wilson folgten: der Lokalpolitiker Warren Harding und nach seinem skandalumwitterten Tod sein Vizepräsident Calvin Coolidge. Allenfalls Herbert Hoover war als fähiger Organisator seit dem Krieg bekannt. Auf Grund der schwachen Kongreßregierungen sind manche der damals interessanten Merkmale und Vorgänge in Amerika, seiner Politik und Kultur in ihrer Bedeutung auch für die Zukunft Europas und der Welt nicht wahrgenommen und verarbeitet worden. Nur an wenigen Punkten zündete das Stichwort ›USA‹: So, wenn man an die Vorsitzenden der Kommissionen in der Reparationsfrage dachte, die wie Dawes und Young amerikanische Bankiers waren, oder als der Zusammenbruch der New Yorker Börse die Weltwirtschaftskrise einläutete, dann bei dem Rettungsversuch für das europäische Zahlungswesen 1932, dem Hoover-Moratorium, und schließlich seit der Flucht der Verfolgten aus dem nationalsozialistischen Deutschland nach Amerika.

Doch im Grunde verharrten die USA über die ganzen Jahre in einer widersprüchlichen Situation. In der Praxis ließ sich ihr Rückzug aus der Weltpolitik so wenig realisieren wie eine Lösung der amerikanischen Interessen aus den vielfältigen wirtschaftspolitischen Bindungen, in die sie nicht zuletzt durch den Krieg geraten waren. Die Tatsache, daß die USA binnen weniger Jahre aus einem Schuldner zu einem Gläubiger Europas geworden waren, konnte auch politisch nicht verdrängt werden. Amerika war vor allem eine Führungsmacht von imperialem, vorwiegend wirtschaftsimperialem Zuschnitt in seiner Welthälfte, wo es die schon vor der Jahrhundertwende angebahnte Panamerika-Politik fortsetzte. Auch diese rief wachsende Komplikationen hervor. Die empfindliche Reaktion der lateinamerikanischen Staaten auf das Übergewicht und die ambivalenten Segnungen der nordamerikanischen Wirtschaftspolitik hat es bis zur Gegenwart zu keiner politisch befriedigenden Lösung des Verhältnisses kommen lassen. Die vielfältigen Verwicklungen widersprachen der isolationistischen Ideologie, wobei im Sinne der Monroe-Doktrin die amerikanische Hemisphäre ohnehin zum Schutzbereich der USA gerechnet wurde, und lateinamerikanische Staaten begannen sogar, auf den Völkerbund als Gegengewicht gegen den großen Nachbarn und seinen erdrückenden Kapitalzufluß zu blicken. Aber auch in unmittelbarer Nähe brauten sich die Konflikte zusammen. Die radikale Agrarreform in Mexiko und die drohende Verstaatlichung der Ölausbeutung berührten direkte amerikanische Interessen. Die jahrelangen Auseinandersetzungen steigerten sich bis zum Abbruch der diplomatischen Beziehungen. In Mittelamerika führten die Unruhen zu immer neuen Eingriffen der USA, wobei es oft nicht um die lauthals beklagten imperialen Ambitionen, sondern einfach um Schutz, Beruhigung und Stabilisierung des Status quo ging.

Neben dieser ›hemisphärischen‹ Politik gab es jedoch ständig und notwendig auch eine europäische Politik der USA. Die führende Rolle bei den Versuchen einer praktikablen Reparationsplanung war nicht zu übersehen: Der Dawes-Plan (1924) und der Young-Plan (1929) tragen amerikanische Namen. Auch die Entwicklung und Politik des Völkerbundes verfolgten die USA durch eigene Beobachter aufmerksam, sie gehörten dem Internationalen Gerichtshof in Den Haag an, und sie bemühten sich an führender Stelle im Kellogg-Pakt (1928) um die Kriegsächtung und Friedenssicherung. Hinter allem stand ein dichtes Netz von Wirtschafts- und Finanzbeziehungen, die freilich große Probleme mit sich brachten und schließlich nicht wenig zur Verschärfung der Weltwirtschaftskrise beitrugen. Gerade dies hat an dem negativen Bild mitgewirkt, das von der Rolle Amerikas in Europa und der Welt in der Zeit nach dem Ersten Weltkrieg entstand. Es hat schließlich zu jener Unterschätzung der USA geführt, die dann im Deutschland der dreißiger Jahre herrschte und mit schwerwiegenden Folgen besonders für das politische Kalkül Hitlers, des Europa-Zentrikers mit weltpolitischen Ambitionen, bestimmend wurde.

Die amerikanische Innenpolitik der zwanziger Jahre konnte kaum einen Beitrag zu den Demokratieproblemen der Zeit leisten. Sie war ganz auf wirtschaftliche Prosperität gerichtet, von Korruptionsskandalen der Regierung (Harding) umwittert und vom altliberalen Glauben an die selbsttätige Lösung auch der schwierigsten sozialen und ökonomischen Probleme in einer immer komplexer werdenden Gesellschaft beherrscht. Die zwölf konservativ-republikanischen Jahre endeten in einem Fiasko, das jenen Glauben in doppelter Hinsicht erschütterte. Die Weltwirtschaftskrise kam unerwartet und löste sich nicht von selbst. Den sozialen Problemen der Geschäftszusammenbrüche, Aktienverluste und der Arbeitslosigkeit, die sie in einem bislang unerhörten Maße verursachte, war das bisherige System in keiner Weise gewachsen. Man hatte nicht wahrhaben wollen, daß der Staat zunehmend mächtiger geworden war, seitdem der Krieg die Organisation und Ausweitung des ökonomischen Potentials gefordert hatte. Aber ein Zurück in die Vorkriegszeit gab es auch in Amerika nicht – im Gegenteil: Die technisch-industrielle Entwicklung hatte sich fast explosionsartig beschleunigt, von aller Welt bestaunt, ohne daß ihre Kehrseite, ihre sozialen und politischen Komplikationen und Konsequenzen, berücksichtigt worden waren.

Amerika hatte einen beispiellosen Aufschwung der Industrie, eine gewaltige Steigerung des Verbrauchs und des Marktes erreicht, es war auch in Bezug auf modernste Technik, rationale Arbeitsorganisation, Höhe der Gewinne und Lebensstandard der Arbeiter weit voraus; der Sozialismus erübrigte sich sozusagen und kam nie über Splittergruppen hinaus. Aber nun zeigte sich drastisch, wie sehr es an den Einrichtungen und der Infrastruktur für die notwendigen Reformen in einer unvorhergesehenen Krise fehlte. So kam es nicht zu dem endgültigen Triumph über die Armut, dem sich Hoover bei seinem Amtsantritt nahe glaubte, sondern zu der größten und schwersten Wirtschafts- und Sozialkrise der amerikanischen Geschichte.

Doch sie wurde überstanden. Die Frage, warum England und Amerika eine schwere Krise auf demokratische Weise überwinden konnten, der in Deutschland die Freiheit und der Rechtsstaat zum Opfer fielen, ist mit dem Hinweis auf die politische Erfahrung der älteren Demokratien allein nicht beantwortet. Tatsächlich waren die USA auf die soziale Katastrophe am wenigsten vorbereitet, aber sie verfügten über größere Reserven. Wenn man staatliche Maßnahmen zur Arbeitsbeschaffung und zur Ankurbelung der Wirtschaft einleitete, mußten diese Reserven (materiell) eines ganzen Kontinents und (moralisch) einer bislang so erfolgreichen Geschichte des atemberaubenden Fortschritts zur Überbrückung ausreichen.

Seit 1929 begann sich vieles zu ändern. Zum ersten Mal mußten nun auch in den USA die sozialpolitischen Fragen von Staats wegen ernstgenommen werden. Die Legende vom unbegrenzten Fortschritt der Demokratie durch Prosperität war elementar erschüttert. Die konventionelle Regierungsweise von Präsident Herbert Clark Hoover stand 1932 vor der Krise des Systems, die einer Krise der Demokratie gleichkam. Mit dreizehn bis fünfzehn Millionen Arbeitslosen, einer Zahl, die prozentual höher lag als selbst in Deutschland, wußte der Laissez-faire-Liberale so wenig anzufangen wie zur gleichen Zeit der Deflationist Heinrich Brüning mit der deutschen Sozialkrise. Die amerikanische Lösung machte deutlich, wo der Vorteil und die Überlegenheit lagen: in den großen und vielfältigen Reserven des Landes und in einem elastischen, anpassungsfähigen demokratischen System. Seine Eigenart gegenüber den Demokratien Europas war zugleich seine Stärke: ein pragmatisches, nicht klassen- und ideologiegebundenes Parteiensystem. Auch dieser amerikanische Beitrag zum Demokratieproblem ist freilich erst nach 1945 zur Geltung gekommen. In der Krise von 1932 war klargeworden, daß der individualistische Kapitalismus, Rückgrat und Credo des amerikanischen Aufstiegs als Industrie- und Wirtschaftsmacht, der Ergänzung durch ein gewisses Maß an sozialer Planung und staatlicher Koordinierung bedurfte. Darauf lief die Erfahrung aller modernen Industriestaaten hinaus, und jetzt war Amerika ebenfalls mit ihr konfrontiert.

Die Wahl eines Präsidenten, der bereit und fähig war, Amerika die notwendige Veränderung zuzumuten, kam nicht zu spät. Die Ära dieses Präsidenten, Franklin Delano Roosevelts, die länger dauerte als die jedes anderen Regierungschefs der USA – von 1933 bis 1945 –, hebt sich durch das große Reformwerk des New Deal von der bisherigen amerikanischen Geschichte ab. Dieser New Deal bedeutete keine sozialistische Reform im Sinne des Planes, der geplanten Wirtschaft und Gesellschaft, sondern eine systemimmanent amerikanische Form der praktischen Anpassung und zugleich Erneuerung. Roosevelt war unter Wilson Marinestaatssekretär, 1920 bereits Kandidat der Demokratischen Partei für das Amt des Vizepräsidenten gewesen, später Gouverneur des wichtigen Bundesstaates New York geworden. Er besiegte Hoover in den Wahlen vom November 1932 mit großer Mehrheit, die ebenso den Demokraten in beiden Häusern des Kongresses zufiel. Der Umschwung vollzog sich erstaunlich reibungslos; es funktionierte die klassische Devise der amerikanischen Demokratie: »It's time for a change.« Dennoch bedeutete die Ablösung einen dramatischen Wechsel. Da Roosevelt fast verzweifelte Erwartungen entgegenkamen, war es ihm möglich, in kürzester Zeit eine Fülle grundlegender Gesetze und Maßnahmen durchzubringen, die weitgehend gegen bisherige Traditionen und teilweise auch gegen die Verfassungspraxis der USA verstießen.

Das Wesentliche war eine fast revolutionäre Ausweitung der Staatstätigkeit. Wichtig war jedoch dabei, daß trotzdem keine extremistischen und antidemokratischen Bewegungen aufkamen. Es existierte keine Alternative zur Demokratie als der Grundlage des amerikanischen Systems. Wohl gab es verschiedene Formen ihrer Handhabung, rasch wechselnde Gruppierungen, erhebliche Bereiche auch der Korruption und der Diskriminierung sowie die gewaltige Belastung durch die Rassenfrage. Aber das gehört zum Paradoxon der amerikanischen Demokratie und setzt ihrer Übertragung in andere Verhältnisse Grenzen. Indem die Demokratische Partei den New Deal trug und über enge Verbindungen zu den Gewerkschaften verfügte, hätte sie nach europäischen Maßstäben eine linksprogressive Partei sein müssen; sie beruhte aber zugleich ganz wesentlich auf der Unterstützung der Südstaaten, des Solid South, wo sie die Partei einer konservativen Wirtschafts-, Sozial- und Rassenpolitik des Status quo war. Auch eine Beurteilung, die im New Deal eine europäisch anmutende Umstrukturierung des amerikanischen Systems, ein Nachhol- und Anpassungsverfahren im Sinne des modernen Industriestaates erblickt, darf die komplizierten Macht- und Einflußverhältnisse jenes Systems nicht außer acht lassen. Roosevelt hat sie meisterhaft in seine Politik einzusetzen verstanden, gerade weil er kein doktrinärer Reformer oder gar Revolutionär war, wie bald eine Legende verkündete, die selbst den Vergleich mit sozialistischen oder faschistischen Systemveränderern nicht scheute. Er war ein Pragmatiker und Taktiker, freilich mit einem weiteren Blickfeld als seine Vorgänger. Das gilt auch für die Außenpolitik.

Seine Tätigkeit im Ersten Weltkrieg und der Einsatz für Wilsons Politik noch bei den Wahlen von 1920 standen im Zeichen einer Bejahung der amerikanischen Rolle in der internationalen Politik. Die Wendung von 1933, dem Schicksalsjahr der deutschen Demokratie, sollte auch für die amerikanische Welt- und Europa-Politik von Bedeutung sein. Doch zunächst war es die rasche Durchsetzung der neuen Maßnahmen, die den Kurs Roosevelts bestimmten. Sie kamen insofern einer Revolution gleich, als sie an die Grundprinzipien des amerikanischen Selbstbewußtseins rührten: Der Ausbau und die Erweiterung des öffentlichen Wohlfahrtswesens schienen gegen die individuelle Verantwortung zu verstoßen, die staatliche Stimulierung und Lenkung gegen die tausendfach bestätigte Überzeugung vom unendlich möglichen Fortschritt durch das freie Spiel der Wirtschaftskräfte, das ungehinderte private Unternehmertum.

Dies ähnelte in der Grundtendenz dem, was zur gleichen Zeit in anderen Ländern, auch in Deutschland zu Anfang von Hitlers Regierung, zum Abfangen der Krise und zur Wiederankurbelung der Wirtschaft getan wurde. Viele Maßnahmen waren schon vorbereitet; so stammten in Deutschland die Arbeitsbeschaffungs- oder Autobahnpläne aus der Ära Brüning und Papen. Nur bedeutete die Überwindung der Depression für das amerikanische System selbst einen ungleich tieferen, prinzipielleren Einschnitt als die staatsinterventionistischen Maßnahmen in Europa, wo die Entwicklung seit der Zuspitzung gesellschaftlicher und ökonomischer Probleme in der zweiten Hälfte des 19. Jahrhunderts längst soziale und etatistische Einschränkungen des Kapitalismus mit sich gebracht hatte. Entscheidend war eben, daß Roosevelt nicht nach traditionellem Rezept eine neue Hochkonjunktur abwartete, sondern auch aus politisch-psychologischen – und nicht nur ökonomischen – Gründen handelte.

An der Ausarbeitung des New Deal wirkte eine präsidiale Beratergruppe von Wissenschaftlern mit, die als ›Braintrust‹ Ideenformulierungen und Materialien beisteuerten und als Experten begeisterte Verbreiter, Multiplikatoren der neuen Politik waren. Auch dies bedeutete eine neue Form der gezielten intellektuellen Durchdringung von Politik, die nach 1945 überall Schule machen sollte – mit ihren Licht- und Schattenseiten der Intellektualisierung und Verwissenschaftlichung der Politik. Das Krisenprogramm stellte eine Mischung von kurzfristigen Notstands- und längerfristigen Reformmaßnahmen dar. Es blieb bei der positiven Bewertung des liberalen Wirtschaftssystems als solchem; es sollte eben durchgreifend modernisiert und so wieder funktionsfähig gemacht werden. Bei allen fragwürdigen Vergleichen zwischen dieser demokratischen Lösung der Wirtschaftskrise und ihrer diktatorischen Bewältigung durch Hitler sollte bedacht werden, daß Roosevelt eine ungleich größere Mehrheit im frei gewählten Kongreß hinter sich hatte, als sie der Reichstag selbst nach den terrorisierten Märzwahlen 1933 der Regierung Hitler bot. Die wesentlichen Punkte in der Fülle der Gesetze und Verordnungen waren: eine umfassende Überwachung der Banken, eine Ausweitung der Kreditmöglichkeiten durch eine eigene Organisation zur ›Finanzierung des Wiederaufbaus‹, staatliche Kredite und Ausgleichszahlungen für die Landwirtschaft zur Einschränkung des Anbaus und zur Stabilisierung der Agrarpreise, endlich ein Wiederaufbaugesetz, National Recovery Act, zur Ankurbelung der Industrie und der industriellen Beschäftigung.

Ebenso wichtig wie die Wirtschaftsbelebung war die von den Gewerkschaften unterstützte Regelung der Wirtschafts- und Arbeitsbeziehungen: Lohn- und Arbeitsbedingungen wurden erstmals unter Kontrolle gestellt, es wurde die Zusammenarbeit von Unternehmern und Gewerkschaften in einem System der Selbstverwaltung staatlich sanktioniert und eine staatliche Versicherung für Arbeiter eingeführt. Andere Maßnahmen waren der Erhaltung und Erschließung der Natur- und Bodenschätze sowie großen Staatsprojekten zur Arbeitsbeschaffung und Energiegewinnung gewidmet. Zum bekanntesten Beispiel wurde die Erschließung des Tennessee-Tals.

Angesichts dieser Politik der Staatseingriffe und des Schuldenmachens hat sich rasch eine starke Front der Kritiker gebildet, die außerdem gegen die bedenkliche Strapazierung des amerikanischen Verfassungssystems Sturm lief. Das konservativ orientierte Oberste Gericht, dessen Zusammensetzung durch die lange republikanische Ära bestimmt war, hat denn auch einen Großteil der Maßnahmen als verfassungswidrig suspendiert. Doch zum Teil hatte ihre Wirkung bereits eingesetzt, zum Teil konnte man sie später realisieren. Denn der energische und spürbar erfolgreiche Kurs aus der Depression heraus wurde bei den Wahlen von 1936 eindeutig bestätigt. Der triumphale Wahlsieg ließ es sogar als möglich erscheinen, durch Verfassungsänderung und Pensionierung älterer Bundesrichter eine Zusammensetzung des widerspenstigen Supreme Court in Roosevelts Sinne zu erreichen. Gegen solche Versuche erhob sich allerdings starker Widerstand und sogar der Diktaturvorwurf. Roosevelt gelang es jedoch, auch auf dem Weg der Neuernennung von Richtern (im Falle des Todes oder Ausscheidens) im Laufe der Jahre einen günstiger besetzten Supreme Court zu gewinnen; inzwischen konnten überdies viele der Maßnahmen gemildert werden. Der rasche und entschiedene Einsatz der Mittel hatte seine Wirkung getan.

Die amerikanische Demokratie befand sich unter einer starken und anerkannten Führung, als die Zeit der Diktatoren angebrochen war. Einmal mehr war die Legende widerlegt, die in Deutschland und anderwärts zum Untergang der Demokratie geführt hatte, die Behauptung, daß es in tiefen Krisen unweigerlich eines Diktators bedürfe. Der amerikanische Präsident, der in einer ähnlich schweren Krise wie Hitler die Macht übernahm, wurde auf demokratische Weise ein Träger der weltpolitischen Alternative zum Nationalsozialismus. Zwei Momente sind für die Entwicklung von Bedeutung: der Wiedereintritt der USA in eine bewußter gesehene weltpolitische Stellung sowie diese Rolle Amerikas als Antrieb und Modell für die Weiterbildung der westlichen Zivilisation. Beides ist wiederum mit der Gestalt und der Epoche Roosevelts verbunden. Roosevelt war in seinen liberalen Grundüberzeugungen Wilson verwandt. Wichtig wie Amerikas wirtschaftliche und soziale Anpassung oder Modernisierung, der er sich zunächst zu widmen hatte, wurde für ihn die Rolle der USA als Förderer und Verteidiger der Demokratie in der Welt. Die in zahlreichen Grundsatzreden eindrucksvoll vorgetragene Auffassung vom demokratischen Glauben und seiner Überlegenheit vor den anderen politischen Doktrinen besaß durchaus ideologische Züge; sie machte ihn zu einem prinzipiellen Gegner der neuen Diktaturen, die in Europa Land für Land sich ausbreiteten. Schon die berühmte ›Quarantänerede‹ von 1937, die den Diktatoren eine klare Warnung zurief, signalisierte diese Haltung. So steuerte er zu einem Zeitpunkt, als die Beschwichtigungspolitik die internationale Szene beherrschte, bereits auf die spätere Auseinandersetzung zu. Die NS-Propaganda, die ihn dann zum Kriegstreiber proklamierte, hatte erkannt, daß er trotz Neutralität entschlossen war, einen Sieg Hitlers zu verhindern. Doch die wohl unvermeidliche, durch Hitlers Angriff auf Rußland und seine Kriegserklärung an die USA (1941) herbeigeführte Allianz zwischen Demokratie und Stalin-Diktatur sollte an ihrem Ende das ganze Werk Roosevelts überschatten.

Epochal bleibt die international-politische Rolle, die Roosevelt schon vor dem Krieg durch klare Bekundungen in kritischen Augenblicken spielte. Er bewies bei allem ideellen Pathos eine realistische Einschätzung der Lage. In mehreren wichtigen Fällen drängte er, gegen Widerstand im eigenen Lager, auf Zusammenarbeit mit dem Völkerbund, zum Beispiel nach dem japanischen Angriff auf China, oder mit der Embargopolitik gegen Italien im Abessinien-Krieg. Als seine Aufforderung zur Quarantänepolitik gegen die Friedensstörer in Asien und Europa ohne konkrete Ergebnisse blieb, entschloß er sich 1938 zur Vorlage eines umfassenden Rüstungsprogramms. Auch jetzt hatte er mit dem traditionellen Isolationismus zu rechnen. Aber die Erneuerung der Neutralitätsgesetzgebung im Kongreß konnte nicht verhindern, daß

Roosevelt auf dem Weg der Hilfslieferungen von Anfang an den Kampf gegen Hitler unterstützte, bis dieser selbst die Nerven verlor und in einer zweiten Flucht nach vorn die ›Weltmacht wider Willen‹ in den Krieg zog. Der nationalsozialistische Slogan vom degenerierten Amerika wurde widerlegt, militärisch und politisch. Erstmals in der amerikanischen Geschichte wurde derselbe Präsident ein drittes und viertes Mal gewählt (1940 und 1944). Kriegsführung und Nachkriegsplanung machten deutlich, daß Roosevelt alles daran setzte, um die USA dieses Mal, anders als 1918, in ihrer weltpolitischen Stellung zu halten. Auch diese Politik war schweren Täuschungen und Selbsttäuschungen ausgesetzt, doch sie führte nicht wieder zurück in eine eingebildete Isolation. Das politische Engagement des neuen Amerika der Roosevelt-Ära war nicht mehr rückgängig zu machen.

Die Rolle der USA für die westliche Zivilisation nach dem Ersten Weltkrieg ist durch das Schlagwort ›Amerikanisierung der Welt‹ nur grob und unzureichend gekennzeichnet. Ohne Zweifel war schon mit dem kriegsentscheidenden Auftreten der USA in Europa 1917/18 und mit dem gewaltigen technisch-wirtschaftlichen Boom der zwanziger Jahre die Ausbreitung amerikanischer Entwicklungs- und Denkformen in vollen Gang gekommen. Die neue Rolle als Gläubigerland und führende Finanzmacht tat ein übriges. Die USA waren binnen kurzem zu einer wirklichen Konkurrenzmacht, ja in mancher Hinsicht zu einer Vormacht Europas geworden. Doch erst Roosevelt, von persönlicher Anziehungskraft, verstand es mit seinem Kreis begeisterter Experten den Kurs zu dramatisieren, ihn mit geistiger Atmosphäre und Qualität auszustatten; er gab dem starken, eher unreflektierten Vordringen amerikanischen Einflusses durch seine ausgeprägte politische Philosophie einen intellektuellen und moralischen Sinn. Der alte amerikanische Anspruch, die Grenzen der Zivilisation, des Fortschritts und der Demokratie immer weiter vorzuschieben, der Mythos von der Frontier, erhielt nun auch eine gesellschaftspolitische Form. Nach seinem eindrucksvollen Wahlsieg verkündete Roosevelt 1937 die Aufgabe, jetzt die Grenzen des sozialen Fortschritts weiter zu stecken, was weltpolitisch bald heißen sollte: die Grenze der Demokratie gegen die Diktaturen deutlich zu machen.

So wenig originell die Neuauflage des demokratischen Sendungsgedankens nur zwanzig Jahre nach Wilson und seinem Scheitern erscheinen mochte, sie traf nun mit der Expansion amerikanischer Wirtschaftsmacht zwischen den Kriegen und mit Hitlers Übersteigerung europazentrischer Weltpolitik zusammen; diese wirkte wie eine negative Bestätigung der Warnungen Wilsons und seiner Aufrufe für eine neue internationale Politik, und sie führte zu einem Kreuzzug für die Demokratie in einem Zweiten Weltkrieg. Der veränderte zeitgeschichtliche Zusammenhang sollte der alt-neuen Philosophie der amerikanischen Demokratie und ihrer Weltsendung eine unvergleichliche Wirkung in den vierziger und fünfziger Jahren sichern. Dafür war als ein erster Ausgangspunkt auch der Erfolg des New Deal von Bedeutung, sein fast legendärer Mythos wohl noch mehr als die tatsächlichen Resultate. Denn eine Wiederholung der Wirtschaftsblüte der zwanziger Jahre gelang nicht; zu groß blieb das Mißtrauen der Privatwirtschaft gegen eine für amerikanische Verhältnisse übermäßige staatliche und soziale Planwirtschaft. Versuche, der aktuellen Wirtschaftstheorie von John Maynard Keynes (1936) mit ihrer Forderung nach Vollbeschäftigung und der Lehre von der produktiven Funktion der Staatsdefizite zu folgen, wurden durch den Kongreß von 1938 behindert, der nach drei Wahlsiegen den fälligen Rückschlag für die Demokraten brachte. Doch wie immer man die tatsächlichen Resultate des New Deal beurteilen mochte, er leistete als Idee oder als Mythos einen wichtigen Beitrag zur möglichen Übertragung und Popularisierung des amerikanischen Systems. Die amerikanische kapitalistische Demokratie war nicht mehr allein auf einem individualistischen Laissez faire begründet. Sie erschien somit nicht mehr so weit und prinzipiell entfernt von den Ländern der Alten Welt, wo Demokratie und Kapitalismus nur in modifizierter Form auftraten und möglich waren.

Andererseits hatten Roosevelt und der New Deal bewiesen, daß eine so schwere Krise wie die amerikanische Depression von 1929 bis 1933 gerade mit den Methoden der Demokratie und einer Anpassung des Kapitalismus überwunden werden konnte, nicht wie in Deutschland mit Diktatur und Vorbereitung zu einem Krieg. Bei aller Umbildung der amerikanischen Wirtschaft, bedingt durch das Anwachsen der Staatswirtschaft, lief der weltweite Eindruck, der durch die ökonomische Leistungsfähigkeit der USA im Zweiten Weltkrieg bestätigt wurde, auf die Möglichkeit demokratischer, freiheitlicher, liberaler Lösungen der ökonomischen und sozialen wie der politischen Probleme eines modernen kapitalistischen Industriestaates hinaus, wenn man von geschickten Unterstützungsmaßnahmen des Staates verantwortungsvoll Gebrauch machte. Das Geschrei der Propagandisten und vieler Wirtschaftsprofessoren in den Diktaturen, die den New Deal als Bankrotterklärung des amerikanischen Kapitalismus gegenüber dem Wirtschaftsdirigismus des Faschismus und Nationalsozialismus sahen und daraus die Schwäche des amerikanischen Systems überhaupt folgerten, bewies nur ein völliges Mißverständnis dieser demokratischen Lösung; es wurde denn auch durch die weitere weltpolitische Entwicklung schlagend widerlegt. Das mitleidige Lächeln, mit dem die Europäer auf den amerikanischen Way of life und die politische Naivität der demokratischen Ideale herabblickten, sollte der Einsicht Platz machen, daß die westliche Zivilisation und die Freiheit in Europa nur mit ihrer Hilfe gerettet werden konnten.

## Zwischen Krise und Stabilisierung: deutsche und europäische Politik in den zwanziger Jahren

Europa gelangte in der Nachkriegszeit nur wenige Jahre lang zu einer Normalisierung oder Stabilisierung der inneren und äußeren Politik. Am Anfang und am Ende dieses Intermezzos stehen die schweren Wirtschafts- und Systemkrisen von 1923 und 1930. Während in Italien die Demokratie vom Faschismus überwältigt wurde, suchte die französische Politik unter Raymond Poincaré ihre Reparationsforderungen gegen Deutschland durch eine Besetzung der Bergwerke des Ruhrgebiets ab Januar 1923 durchzudrücken. Das Unternehmen scheiterte vollständig. Es steigerte die inflatorischen Tendenzen in der französischen Wirtschaft und stürzte die deutsche Wirtschaft, die zudem die Last eines passiven Widerstands gegen die Besetzung zu tragen hatte, in die finanzielle Katastrophe. Die politischen Konsequenzen waren verhängnisvoll, obwohl alle deutschen Parteien hinter der Widerstandspolitik gegen die französischen Maßnahmen standen. Da der Sowjetunion an einer französisch-deutschen Einigung nicht gelegen sein konnte, spielten die Kommunisten wie schon in der Kritik an Versailles die nationale Rolle, die sich dann außerhalb der Partei in der Ideologie der sogenannten Nationalbolschewisten fortsetzte. Ernst Niekisch, ein ehemaliger Führer der bayerischen Räterepublik, wurde der Vorkämpfer dieser ›rechten Leute von links‹, um eine Formulierung von Otto-Ernst Schüddekopf zu gebrauchen. Die extremistische Bewegung der Nationalsozialisten allerdings, so begrenzt ihre Wirkung über München hinaus damals noch sein mochte, suchte ihre eigenen Wege zu gehen. Fast allein Hitler kritisierte die Widerstandspolitik an der Ruhr; er gönnte keiner Weimarer Regierung die nationale Parole und war wie dann in den Jahren der großen Wirtschaftskrise an einer Verschärfung der inneren Wirren interessiert, die Deutschland zur Diktatur reif machen würde. Später freilich suchten die Nationalsozialisten wie vordem die Kommunisten einen Nationalistenführer wie Albert Leo Schlageter, der wegen Sabotage von den Franzosen erschossen wurde, als Helden für sich zu reklamieren.

Aber auch die Einigkeit der Parteien in der Ablehnung des französischen Vorgehens konnte nicht darüber hinwegtäuschen, daß die wirtschaftlichen Folgen des passiven Widerstands mit Produktionsstopps und Streiks ruinös waren. Die schleichende Inflation mit ihren verheerenden Auswirkungen auf Wirtschaft und Gesellschaft wurde nun dramatisch verschärft, politische Radikalisierung und eine Putsch-Serie drohten die Republik in den Abgrund zu reißen. Binnen kurzem verlor das Bürgertum seine Ersparnisse, brachen zahllose Betriebe zusammen, bereicherten sich geschickte Spekulanten um riesige Wirtschafts- und Sachwerte. Zum zweiten Mal nach 1918 brach für das deutsche Bürgertum die Welt der Sekurität zusammen, soweit man sie noch durch Krieg und Revolution gerettet hatte. Die psychologischen Folgen wogen wohl noch schwerer als die tatsächlichen materiellen Verluste. Als dasselbe ein drittes Mal drohte, nach 1929/30, war die Panik des Mittelstandes nicht mehr aufzuhalten, weil zu diesem Zeitpunkt die Auswirkungen der Wirtschaftskrise, zumal in Arbeitslosigkeit, für die Arbeiterschaft noch ungleich bitterer waren. Doch schon 1923 suchten die Radikalen auf beiden Seiten der politischen Szenerie, Kommunisten und Nationalisten, die Gelegenheit zur Aushöhlung und Beseitigung der demokratischen Republik zu nutzen. Diese Entwicklung wurde durch die Tatsache unterstützt, daß Frankreich und Belgien in Unkenntnis der wirklichen psychologischen Situation und gegen das Votum Englands den alten Gedanken einer Abtrennung des Rheinlands vom übrigen Deutschland erneut aufgriffen. In Aachen und Speyer wurden autonome rheinische und pfälzische Republiken ausgerufen, die von Paris wie von Brüssel anerkannt wurden. De facto war die separatistische Bewegung weder spontan noch von nennenswertem Umfang; die Aktion kehrte sich auch sogleich gegen ihre Urheber, indem sie den Widerstandswillen nur verstärkte und den Nationalismus förderte. Solche kurzsichtigen Manöver überdauerten nirgendwo die Besetzung und trugen überdies zur Erweiterung der antirepublikanischen Ressentiments bei.

Im August 1923 ließ sich unter diesen Umständen der so kostspielige passive Widerstand nicht länger durchhalten. Das Kabinett Wilhelm Cuno wurde durch eine Koalitionsregierung unter Gustav Stresemann abgelöst. Stresemann, der sich im Weltkrieg als nationalliberaler Abgeordneter noch für annexionistische Forderungen eingesetzt und fast bis zuletzt hinter der Durchhaltepolitik gestanden hatte, war inzwischen als Führer der DVP zum Vernunftrepublikaner geworden: Mit der ersten Kanzlerschaft begann seine Rolle als republikanischer Staatsmann, die ihn bald zur Außenpolitik und in eine führende Stellung unter den europäischen Staatsmännern bringen sollte. Diese bemerkenswerte Wandlung fand schon in seinen ersten Maßnahmen Ausdruck. Stresemann brach in realistischer Einsicht mit dem starren nationalen Prestigekurs Cunos, indem er den passiven Widerstand an der Ruhr beendete, um endlich normalere Beziehungen zu den Westmächten zu erreichen. Es war ein psychologisches Opfer, aber es befreite Deutschland von den katastrophalen Belastungen einer nutzlos gewordenen Kraftprobe. Nun begann der Kurs jener vorsichtig und zäh verfolgten Verständigungspolitik, die von den Gegnern der Republik als Erfüllungspolitik diffamiert wurde. Der Grundgedanke war, daß Deutschland eine Periode der Beruhigung brauche, um in beharrlichen Verhandlungen nach außen allmählich eine Revision des Versailler Vertrages zu erreichen. Das bedeutete, daß Stresemann – wie aus militärischen Gründen Reichswehr-Chef von Seeckt – sich von allen reaktionären und revolutionären Abenteuern distanzierte und die Stabilisierung der Republik als erstes Ziel ins Auge faßte, selbst wenn er seine monarchistische Grundüberzeugung nie ganz aufgab. Sein Streben nach Stärkung und Rehabilitierung Deutschlands verband sich dem Bemühen um eine Verbesserung zumal der deutsch-französischen Beziehungen und um eine engere Zusammenarbeit Deutschlands mit dem Westen. Auf dieser Basis war ein notdürftig funktionierendes Zusammenwirken mit Seeckt möglich, obwohl dieser die Anlehnung Deutschlands an den Westen als seinen russischen Militärplänen zuwiderlaufend empfand, während Stresemann das Unbehagen gegenüber der Reichswehr und den Unwillen über ihre eigenmächtigen, illegalen militärischen Aktionen, die seine Außenpolitik störten, nie losgeworden ist.

Der Abbruch des passiven Widerstands wurde von den Parteien der Großen Koalition, die Stresemanns Regierung vertrat, gebilligt: von SPD, Zentrum, DDP, DVP. Um so schärfer war die Opposition der extremen Flügel, der Nationalisten auf der rechten und der Kommunisten auf der linken Seite. Als unversöhnliche Gegner der Republik hatten sie, je auf ihre Weise, das wachsende Chaos für ihre Zwecke zu nützen gesucht. Entsprechend bekämpften sie jetzt den Abbruch des Ruhr-Kampfes als Verrat entweder an der nationalen Ehre oder an den Arbeitern. In diesem Augenblick und unter solchen äußersten Spannungen mußte sich Stresemann der Reichswehr versichern. Er war sich zunächst ihrer Loyalität keineswegs gewiß. Die Reichswehr hatte, da sie in der entmilitarisierten Zone nicht eingreifen durfte, den Ruhr-Kampf Gewehr bei Fuß beobachtet. Seeckt war entschlossen, nur im äußersten Notfall einzugreifen. Er verwarf die phantastischen Pläne zur Aufstellung von Ruhr-Freischaren, da er unterdessen gegen jegliches Experimentieren mit milizähnlichen Gebilden war; überdies befürchtete er, dies werde nicht nur Krieg mit Frankreich, sondern zugleich mit Polen und der Tschechoslowakei bedeuten, und dem war man unter keinen Umständen gewachsen.

Immerhin hatte Seeckt in den ersten Monaten des Jahres 1923 sowohl mit Ludendorff als auch mit Hitler Kontakte aufgenommen. Ferner waren Mobilmachungsvorbereitungen getroffen und sogenannte Zeitfreiwillige ausgebildet worden. Seeckt hatte gehofft, die Gegensätze zwischen England und Frankreich würden sich vertiefen und so die deutsche militärische Situation erleichtern. Mittlerweile aber sah er das Reich – denn dies, nicht die Republik war ihm Deutschland – bedroht durch innere Unruhen. Um den Bürgerkrieg zu verhindern und die vorgeblich unpolitisch-überparteiliche Stellung der Reichswehr – realiter deren Unabhängigkeit – zu wahren, stellte er sich hinter die politische Autorität. Schon zuvor hatte er selbstbewußt dem Kabinett versichert, er allein könne einen Putsch machen, doch er werde keinen machen. Jetzt, im September 1923, versagte er sich den Hoffnungen und Forderungen der extremen Rechten, die ihn für ihre Pläne gewinnen wollte. Wieder und wieder wurde ihm die Diktatur angetragen. Obgleich dies seinen Wünschen entsprechen mochte, war er vorsichtig genug, sich nicht auf ein Vabanquespiel nach Art des Kapp-Putsches einzulassen.

Zunächst verdichteten sich im September und Oktober 1923 in Mitteldeutschland und Hamburg die Bemühungen der Kommunisten, noch einmal die Revolution in Deutschland in Gang zu bringen. Sie gaben in charakteristisch raschem Kurswechsel ihre Politik der nationalen Einigkeit und die nationalbolschewistische Propaganda auf, als Stresemann von der Konfrontations- zur Verhandlungspolitik mit Frankreich überging. Die revolutionäre Situation schien auch der Komintern in Moskau gekommen zu sein. Sie überging die Bedenken einiger Kommunistenführer in Deutschland, indem sie gegen den Willen der dortigen KP-Führung revolutionäre Aktionen in Thüringen befürwortete, wo die KPD in eine Koalitionsregierung mit der SPD gelangt war. Doch man hatte die reale machtpolitische Lage ganz und gar falsch eingeschätzt: Der kommunistische Aufstand am 21. und 22. Oktober 1923 scheiterte sowohl in Thüringen als auch in Hamburg. Weder verfügte man über die nötigen bewaffneten Einheiten gegenüber der Armee, noch gab es überhaupt eine klare Revolutionsstrategie.

Diesem letzten kommunistischen Revolutionsversuch in Deutschland folgten schnellstens die nationalistischen Putschaktionen. Nachdem bereits am 1. Oktober 1923 ein Freikorpsunternehmen nach Art des Kapp-Putsches in Küstrin gescheitert war, kam es nach langen Vorspielen rechtsextremer Aktivität am 8./9. November zum Hitler-Putsch. Auch in Bayern war es zunächst um eine Art Neuauflage des Kapp-Putsches gegangen. Militärs und konservativ-reaktionäre Gruppen beherrschten die Szene, wobei allerdings die Feindschaft der rechtsgerichteten Münchener Regierungen gegen Berlin und seine republikanische Regierung eine wichtige Rolle spielte. Hitler, der ›unbekannte Frontsoldat‹ aus Österreich, vermochte sich als der entschiedenste Propagandist und schließlich Aktivist hier zum ersten Mal in die vorderste Reihe jener antidemokratischen Politiker zu drängen, die von der bayerischen Regierung toleriert und unterstützt wurden. Zusammen mit General Ludendorff, dessen Namen dem Unternehmen respektable Bedeutung verlieh, suchte Hitler das konservativ-antirepublikanische Establishment zu benutzen und zugleich zu überrumpeln, um durch eine bayerische Diktatur die Weimarer Republik zu stürzen. Auch dieses Unternehmen mißlang, aber es machte Hitler, der noch den folgenden Prozeß zur wirkungsvollen Propaganda zu nutzen verstand, weit über München hinaus bekannt; es gab ihm Gelegenheit, in milder Gefängnishaft den ersten Band seines Buches ›Mein Kampf‹ zu schreiben und von langer Hand einen neuen, erfolgreicheren Anlauf vorzubereiten.

Es grenzte an ein Wunder, daß die Weimarer Republik die revolutionär-putschistischen Anfechtungen erneut überstand. Sie dankte es Ebert, Stresemann und nicht zuletzt auch Seeckt, der eine intakte Armee als Staat im

Staate allen Putschabenteuern vorzog. Auf der Reichswehr und der Diktaturgewalt des Reichspräsidenten beruhte ganz wesentlich die Fortexistenz der Republik in der Krise, und diese Konstellation sollte sich seit 1930 wiederholen, freilich unter veränderten personellen Verhältnissen: Reichspräsident Paul von Hindenburg und die Reichskanzler Heinrich Brüning, vollends Franz von Papen und Kurt von Schleicher erwiesen sich dann als ungleich weniger entschlossen und fähig, die Diktatur von rechts abzuwehren. In der Notlage von 1923 hingegen gelang es Stresemann als Reichskanzler, die präsidiale Notverordnungsgewalt ohne Mißbrauch auch zur Überwindung der Finanz- und Wirtschaftskrise einzusetzen. Noch im November 1923 wurde eine neue Währung eingeführt. Mit diesem Schritt gegen die Inflation konnte das Vertrauen in die deutsche Wirtschaft wiederhergestellt werden.

Die innereuropäische Politik der zwanziger und dreißiger Jahre ist von den zukunftsweisenden Ansätzen und Problemen der übrigen Welt nur punktuell beeindruckt worden. Europäische Politik vollzog sich zunächst vorwiegend in dem engen Raum der Auseinandersetzungen und Verhandlungen zwischen Frankreich, England und Deutschland. Das deutsche Problem blieb auf der Tagesordnung, doch die Meinungen über seine Lösung, zumal in den Sicherheits- und Reparationsfragen, gingen weit auseinander. Bis in das Sturm- und Krisenjahr 1923 hinein war die französische Politik um eine möglichst uneingeschränkte Durchsetzung des Versailler Vertrages, notfalls ohne England, bemüht. Die weitreichende Folge war das Ende der französischen Vorherrschaft in Europa.[6] In den nächsten Jahren, nach dem Fehlschlag der Ruhr-Besetzung und mit der Neuordnung der Reparationen, konzentrierte sich Frankreich auf eine engere Zusammenarbeit mit England, die endlich auch eine französisch-deutsche Annäherung ermöglichte. Sie fand ihren weithin sichtbaren Ausdruck im Verhältnis der beiden Außenminister Aristide Briand und Gustav Stresemann, die über fünf Jahre zahlreiche Regierungswechsel in Paris und Berlin überstanden.

Der Schaden, den Frankreichs starre, oft rücksichtslose Durchsetzungspolitik in der Anfangsperiode für die Weimarer Demokratie mit sich brachte, die zahlreichen französischen Besetzungsaktionen, die Verwicklungen der Reparationsfrage mit ihren ökonomisch und politisch diskriminierenden Aspekten – all dies hatte erhebliche Kritik auf englischer Seite gefunden. So bedeutete der Ruhr-Konflikt von 1923 eine Krise der französisch-englischen Europa- und Deutschland-Politik, aber auch ihre Wende. Im selben November 1923, der für die deutsche Innenpolitik so bedeutsam war, stimmte Poincaré nach langem Weigern der englischen Forderung nach Überprüfung der deutschen Zahlungsfähigkeit zu. Und im April 1924 wurde der Dawes-Plan zur Neuregelung der Reparationen von Deutschland und Frankreich angenommen. Es war einerseits ein Triumph der englischen Normalisierungsbemühungen, andererseits ein Verzicht der französischen Durchsetzungspolitik. Wirtschaftlich brachte es allen Beteiligten die nötige Beruhigung und Sicherheit. Es förderte, so schwer die Zahlungsbestimmungen nach wie vor erscheinen mochten, das Vertrauen in die neue Reichsmark nach dem Debakel der Inflation und insofern die Möglichkeit verstärkter Wirtschafts- und Kreditbeziehungen zu Amerika. Die Annahme des Dawes-Planes bezeichnete ein verändertes Klima in der europäischen Politik. Das hieß nicht, daß plötzlich alles anders war. Für Stresemann stand auch weiterhin die Revision im Hintergrund der Politik. Verständigung und Verträge bildeten ein friedliches Mittel zum allmählichen Abbau der diskriminierenden Friedensbestimmungen. Die bis heute andauernden Kontroversen über die Zweideutigkeit der Politik Stresemanns in der Frage der Ostgrenzen sollten nicht dramatisiert werden. Entscheidend für damals war die Überzeugung, daß sich in der neuen Ära seit 1924 Frieden, Verständigung und Revision nicht mehr ausschlossen. Deshalb ist jeder Vergleich des sogenannten Revisionisten Stresemann mit dem Superrevisionisten und Vertragsbrecher Hitler unzutreffend; denn eben auf die Methoden sowie das zwischenstaatliche und internationale Verhältnis kommt es an, ganz abgesehen von der Tatsache, daß für Hitler auch der radikale Revisionismus lediglich ein Mittel zum Zweck einer grenzenlosen Herrschaftsexpansion war.

Zu dem Neuansatz von 1924 gehörte, daß beide Seiten die jeweilige Interessenlage ernst nahmen: die deutsche Souveränitäts- und Gleichberechtigungsforderung wie die französische Sicherheits- und Entschädigungsforderung. Dem entsprach der Plan einer deutschen Grenzgarantie im Westen, den Stresemann Anfang 1925 entwickelte, in der Hoffnung, daß die Erfüllung dieses französischen Grundinteresses die dafür verhängten Versailler Bestimmungen entbehrlich und die Milderung vieler Einschränkungen möglich machen würde; dabei wurde auch an Danzig und eine gewisse Revision der Ostgrenze gedacht, allerdings ohne Posen, also nicht an die Grenze von 1914. Der Locarno-Vertrag von 1925 bezweckte: sorgfältige Grenz- und Sicherheitsgarantie nach Westen, enge Zusammenarbeit mit Frankreich, dafür Möglichkeit von Modifikationen in den Reparations-, Abrüstungs- oder Grenzfragen. Der Eintritt Deutschlands in den Völkerbund, der 1926 folgte, brachte wie von selbst eine Garantie der in Locarno ausgeklammerten Ostgrenzen mit sich, gleichsam eine Rangordnung der Grenzgarantien, mit dem klaren Nachdruck auf einer konstruktiven Westpolitik, ohne daß dadurch die wirtschaftliche und zum Teil geheime militärische Zusammenarbeit mit der Sowjetunion berührt wurde, die nach Rapallo (1922) im Berliner Vertrag von 1926 neu unterstrichen wurde. Der Einwand, daß Stresemann in vertraulichen Bekundungen die Möglichkeiten unterstrich, die seine West-Politik für eine Schwächung der französisch-englischen Deutschland-Politik und eine Stärkung der deutschen Ost-Politik brachte, sollte die positiven Aspekte der Wendung von 1924/25 nicht verdunkeln. Stresemann betrieb ausgeprägte deutsche Interessenpolitik, aber er tat es friedlich und kooperativ, indem er sie nicht zuletzt auf das Interesse des Partners einspielte. Das war die Substanz seiner moralisch-europäisch begründeten, idealistisch getönten Realpolitik. Sie führte endlich die Weimarer Republik in die internationale Politik, stärkte auch den Völkerbund und fand ihren symbolischen Ausdruck in der Verleihung des Friedens-Nobel-Preises an Briand und Stresemann gleichzeitig, zusammen mit dem britischen Außenminister Austen Chamberlain. Es zeichnete sich so etwas wie der Beginn einer übernationalen Europa-Politik ab.

Im August 1929 begann die endgültige Räumung des Rheinlands von französischen Truppen, fünf Jahre vor der in Versailles bestimmten Frist, und unmittelbar darauf, am 5. September, sprach Briand vor der Völkerbundsversammlung über seinen Plan einer Vereinigung Europas durch föderale Bindung der Staaten. Es bedeutete den Versuch, die Lösung des Sicherheitsproblems durch verbindliche Zusammenarbeit zu finden. Der Europa-Gedanke, der bisher nur »die Phantasie der Philosophen und Dichter beschäftigt« habe, sollte fortan auch politisch konkretisiert werden. Das war die fast sensationell wirkende, zukunftsweisende Forderung des französischen Außenministers, die eine grundlegende Verbesserung sowohl in den deutsch-französischen als auch europäisch-internationalen Beziehungen enthielt. Die Anregung wurde aufgegriffen, nicht zuletzt durch Stresemann, der sie besonders auf dem Feld der Wirtschaftsbeziehungen zu verfolgen hoffte.

Der Versuch erscheint im Blick auf den ökonomischen Ansatz der europäischen Integrationspolitik nach dem Zweiten Weltkrieg geradezu prophetisch, und am Vorabend der Weltwirtschaftskrise hätte er Möglichkeiten der Kooperation im zersplitterten Europa schaffen können, die der Krisenbekämpfung zugute gekommen wären. Vier Tage nach Briand sprach Stresemann vor dem Völkerbund von dieser europäischen Notwendigkeit, aber sein Tod am 3. Oktober 1929 schnitt auch diesen Faden ab, und Ende Oktober schon brach die Weltwirtschaftskrise aus. Briands ausgearbeitetes Memorandum über die Schaffung einer Europäischen Föderalen Union, das im Mai 1930 die Regierungen erreichte, kam zu spät und zugleich zu früh. Den nationalistischen Rückfall vermochte es nicht zu verhindern. Der Vorstoß wurde als unrealistisch abgetan, ja als eine verhängnisvolle, sentimentale Verkennung der Machtprobleme kritisiert, was von Hitler und seinesgleichen genutzt werden konnte. Doch alle Kritik an Briand kann nicht leugnen, daß der Europa-Plan in der Lage von 1929 einen weit konstruktiveren Ansatz enthielt als die spätere Appeasement-Politik gegenüber den Diktatoren, die erst recht in Krieg und Chaos führte.

So blieb die Normalisierung der zwanziger Jahre ein Intermezzo, dem der um so furchtbarere Rückschlag rascher als befürchtet folgte. Nach dem vorzeitigen Tod Stresemanns brach er, kaum ein Jahr später, bei den Reichstagswahlen vom September 1930 herein, als Briands Hoffnungen auf eine Abschwächung des Nationalismus in Deutschland durch den Aufstieg des Nationalsozialismus so bitter enttäuscht wurden. Die Politik der Stabilisierung erschien nun nur noch als ein Waffenstillstand in der Auseinandersetzung zwischen den Ordnungsmächten und den Revisionsbewegungen. Allein in diesem Sinne verstand Mussolini den Locarno-Vertrag, als er ihm eher widerwillig beitrat. Sein Interesse blieb es, jene allgemeine Auseinandersetzung wieder in Gang zu bringen, um den faschistischen Expansionszielen näher zu kommen. Aber dem winkte nach dem halb mißglückten Korfu-Konflikt mit Griechenland (1923) erst dann Erfolg, wenn der Faschismus die anderen Mächte Europas gegeneinander ausspielen konnte. Ein nationalistisches, kein international-kooperatives Deutschland würde die Dinge in Europa am ehesten in Bewegung bringen, die das faschistische Italien trotz allem Propagandalärm allein nicht wagte.

Für die Zeitgenossen erschien am Ende der zwanziger Jahre eine gesicherte, friedliche Entwicklung Europas näher denn je gerückt. Der Kellogg-Pakt über die internationale Ächtung von Angriffskriegen (1928) war ein glaubwürdiger Ausdruck dieser Erwartung. Selbst Abrüstungsverhandlungen kamen in Gang; sie konnten das lange Ringen um eine militärische Gleichberechtigung Deutschlands gegenstandslos machen. Wirtschaftlicher Wohlstand und Sicherheit würden allmählich die düsteren Erinnerungen an 1918 und 1923 verblassen lassen, so hoffte man. Kaum jemand, nicht einmal die radikalen Antidemokraten, sahen voraus, daß man direkt an der Schwelle zu einem Zeitalter der rücksichtslosen Diktatoren stand, das in wenigen Jahren Unterdrückung, Krieg und Vernichtung von bislang unerhörten Dimensionen über Europa und andere Teile der Welt bringen würde. Die Weltwirtschaftskrise und die Machtergreifung Hitlers waren es, die den schlimmsten Rückfall in die Barbarei ermöglichen sollten. Dabei machte die Wirtschaftskrise schmerzhaft deutlich, daß weltpolitische Entwicklungen nicht mehr in erster Linie von Europa bestimmt und kontrolliert werden konnten. Das Hitler-Regime und seine Politik demonstrierten jedoch, wie wenig diese Erkenntnis ernstgenommen wurde. Es führte zu einer neuen, wohl letzten Übersteigerung europäischer Großmachtpolitik.

## Ökonomische Krisenprobleme

Die folgenden Betrachtungen erheben nicht den Anspruch, das Verhältnis zwischen materiellen und geistigen Bedingungen zu klären und ihren Einfluß auf das soziale und politische Leben zu bestimmen. Über diese strittigen Fragen wird immer wieder zu sprechen sein, aber eine fertige Antwort besitzen nur jene marxistischen Dogmatiker, die im Geistigen einen bloßen Überbau anerkennen, oder jene Hegelschen Idealisten, die darin die Bedingung aller Verhältnisse sehen. Unsere Betrachtung wird sich dagegen vornehmlich auf die politische Bedeutung von Wirtschaft und Kultur konzentrieren. Die großen Ideen und Neuerungen des Jahrhunderts eröffnen einen Zugang auch zu jenen Entwicklungen und Deutungen, die mit dem komplizierten Geflecht der sozialen und ökonomischen Beziehungen und Strukturen zu tun haben. Es ist nicht die einseitige Verursachung, sondern die enge, ja unlösliche Verflechtung der geistigen und sozialen, ökonomischen und politischen Zusammenhänge, die in der Geschichte des 20. Jahrhunderts deutlicher denn je hervortritt.

Im wirtschaftlichen und sozialen Bereich brachte der Erste Weltkrieg Veränderungen mit sich, die nicht weniger bedeutsam waren als die politischen Machtverschiebungen. Auch hier wirkte mehreres zusammen: die Beschleunigung und Verschärfung von ökonomischen und sozialen Tendenzen der Vorkriegszeit, der Bruch mit der bisherigen Welt, der Eindruck, daß das bürgerliche und kapitalistische Zeitalter sich unvermeidlich dem Ende nähere, und das Streben nach neuen Lösungen und Verwirklichungen. Russische Revolution und antidemokratische Bewegungen, linke und rechte Kapitalismuskritik verschärften diesen Prozeß. Auch in den Ländern der Sieger mußte man die Erfahrung zur Kenntnis nehmen, daß der Anteil Europas am Welthandel zurückging, daß seine ökonomische Vorherrschaft und Stabilität angeschlagen waren. Das hatte verschiedene Gründe, mit kurz- und langfristigen Aspekten: Der Aufstieg der USA veränderte auch ökonomisch die Weltlage; der Krieg hatte unvorstellbare Kosten verursacht und nur Zerstörungen gebracht; alle beteiligten Staaten mußten zu riesigen Anleihen greifen, Schulden machen. Inflation, Reparationen, Kreditschulden an die USA waren die Folgen, unter denen Besiegte wie Sieger zu leiden hatten. Die europäische Wirtschaft konnte sich nicht mehr im gewohnten Ausmaß in außereuropäischen Ländern engagieren; ihr Einfluß ging beträchtlich zurück. Die Entkolonisierung in einem solch übertragenen Sinne des Wirtschaftseinflusses setzte also bereits nach dem Ersten Weltkrieg ein. Da half es wenig, daß man sich analog zur Reparationspolitik ausländischen und kolonialen Besitz der Besiegten aneignete. Der Krieg unterbrach brutal die alte Weltwirtschaft. Als man in sie zurückkehrte, waren die gewohnten Beziehungen vielfach zerbrochen, war ein tiefgreifender Strukturwandel im Gang. Die Restauration konnte in diesem Bereich ebenfalls nur teilweise gelingen, und die Illusionen und Fiktionen, die sich daran knüpften, trugen nicht wenig zu den politischen Fehleinschätzungen und sozialen Enttäuschungen bei, zur Resignation oder zur Flucht nach vorn, in die autoritären Bewegungen.

Am deutlichsten markiert sich der Wandel in Lateinamerika. Während die

Kolonialreiche in Afrika und Asien wenigstens scheinbar intakt blieben und auch die ökonomische Herrschaft fortdauerte, haben in der amerikanischen Welthälfte Verschiebungen stattgefunden, die man als wirtschaftliche Enteuropäisierung oder umgekehrt als Amerikanisierung bezeichnen kann. Die alten deutschen und englischen Handelsbeziehungen schrumpften. An ihre Stelle rückten nordamerikanische Investitionen; Industrialisierungen und die Ölerschließung wurden mit amerikanischem Geld in Gang gesetzt. Das führte zu neuen Abhängigkeiten und hat die soziale und politische Entwicklung in Lateinamerika nicht nur gefördert, sondern zugleich kompliziert.

Insgesamt stellt sich die Tendenz in folgenden Proportionen dar: Vor dem Krieg betrug der europäische Export in die Welt dreißig Prozent, seit den zwanziger Jahren nur noch fünfundzwanzig Prozent der gesamten Exporte; vor dem Krieg hatten die außereuropäischen Länder nur fünfundzwanzig Prozent Exporte untereinander, nachher dagegen vierzig Prozent. Außerdem änderte sich die gesamte Struktur des Warenaustausches. Die klare Vorkriegspraxis, die zugleich die absolute Überlegenheit Europas ausmachte, lag im Austausch europäischer Fertigprodukte gegen Rohstoffe und Nahrungsmittel aus dem ›Rest der Welt‹. Nach dem Krieg war dieses Muster durch die Veränderungen auf beiden Seiten gestört. Die Exportschwierigkeiten für die europäische Ökonomie, zumal in den Industrieländern, trugen dann auch zur Verschärfung der Wirtschaftskrise bei. Sie waren überdies von der wachsenden Konkurrenz nichteuropäischer Industrieländer, besonders der USA und Japans, begleitet, die wiederum teils durch den Krieg, teils durch billigere (Japan) oder effizientere Produktionsweisen (USA) begünstigt wurde. Zur Krisenanfälligkeit Europas mußte in diesem Zusammenhang noch beitragen, daß der Krieg den Ausbau von Schwerindustrie forciert hatte, die mittlerweile nicht mehr voll ausgelastet oder rationell genug betrieben werden konnte, worunter die übrige Industrie litt, die sie belieferte. So brachte die Überkapazität der Kriegswirtschaft, am sichtbarsten in dem aufgeblähten Schiffsbau bei abnehmender Handelsschiffahrt, eine Belastung der Friedenswirtschaft mit sich.

Ebenso folgenreich und symptomatisch für die Probleme der Nachkriegsordnung war die Tatsache, daß der ökonomische Austausch und Kontakt selbst zwischen den europäischen Ländern stagnierte, ja hinter die Vorkriegsraten zurückfiel. Verlauf und Auswirkungen der Weltwirtschaftskrise wurden durch Abschließung und mangelnde Kooperation noch verschlimmert. Autarkistische Ideologien, gleichsam als ökonomische Ableger der Kriegs- und Nachkriegskonfrontationen, zugleich Ausdruck der weiteren Steigerung der nationalstaatlichen und nationalimperialistischen Welle, griffen um sich. Selbst wenn sie angesichts der Verflechtung der Industrieländer sachlich kaum ernst zu nehmen waren, trugen sie – etwa mit der Proklamation einer ›gesunden‹ Agrargesellschaft oder gar der Parole von ›Blut und Boden‹ – zu der wirtschafts-nationalistischen Stimmung der Zeit bei und legitimierten schließlich die expansionistischen Konzepte und Aktionen der Diktatoren in den dreißiger Jahren. Das Schlagwort vom ›Volk ohne Raum‹ ließ sich mühelos, beinahe logisch in die Theorie von den lebensnotwendigen Rohstoffen und dem unverzichtbaren Einfluß- und Handelsraum ausbauen – und von da war es nur noch ein Schritt zu der Theorie des Lebensraums, die schon im Ersten Weltkrieg verbreitet, von Hitler dann um die rassistisch-biologistische Herrschaftstheorie erweitert und politisch konkretisiert wurde. Das war gewissermaßen das extrem übersteigerte, imperialistische Gegenstück zum Wirtschaftsnationalismus; es zeigte jedoch, wohin dieser führen und was er trotz der scheinbar rein ökonomischen Begründung politisch bedeuten konnte.

Auf der anderen Seite gab es Entwicklungen, die dem Glauben an den technischen und wirtschaftlichen Fortschritt nicht nur in Amerika, sondern auch in Europa Auftrieb verschafften. So schwer der Krieg den Optimismus von dem wirtschaftlich ermöglichten Aufstieg zu immer größeren und besseren Lebensverhältnissen der Menschen und Völker erschüttert hatte, so war er doch der Schrittmacher enormer materieller Leistungen gewesen. Ließen sich seine schweren Zerstörungen und Verluste nicht gerade deshalb so rasch überwinden, weil die moderne Wirtschaft mit erstaunlicher Effizienz, mit immer neuen Errungenschaften der Technik, Wissenschaft und Organisation darüber hinweghalf? »Die Wirtschaft ist das Schicksal« – diesem Ausspruch des deutschen Wirtschaftsführers und Politikers Walther Rathenau, der 1922 einem rechtsradikalen Attentat zum Opfer fiel, lag die fast fatalistische Überzeugung zugrunde, die unter dem Eindruck der Krisen und der Not weiter denn je verbreitet war: Durch die moderne Wirtschaft seien die politischen und sozialen Probleme noch zu lösen oder aber man sei ihr auf Gedeih und Verderb ausgeliefert.

Im Glauben an Technik und Wirtschaft, an die Machbarkeit der Welt, an die Steigerung des Output durch Management, Rationalisierung und Fließbandarbeit sowie in der Dämonisierung großer Unternehmer-Kapitalisten vom Schlag eines Ford oder Krupp lebte die Vorkriegsstimmung wieder auf. Aber der Strukturwandel war unverkennbar. Er führte zur wirtschaftlichen Konzentration, zur Entpersönlichung der Wirtschaft in Aktiengesellschaften, Großbanken, Kartellen und Trusts, die ganze Produktionszweige beherrschen und Märkte kontrollieren. Auch die Wirtschaftstätigkeit des Staates nahm zu. Der Kapitalismus wurde zu einem komplizierten Mischgebilde, das dem kritischen Gemälde der Antikapitalisten von links und rechts schon bald nicht mehr entsprach. Öffentliche Beteiligung an Großunternehmen und staatliche Monopolstellung auf Gebieten des Transport-, Kommunikations- und Versorgungswesens machten an Stelle der freien Entfaltung ein kompliziertes Geflecht von Beziehungen, Abhängigkeiten und Kontrollen mehr und mehr zur Normalform; sie ist nur eben noch schwerer zu überschauen als der klassische Kapitalismus, so daß die Kritik am Hochkapitalismus, den seine selbsternannten Totengräber als Spätkapitalismus – seit über achtzig Jahren – dem Ende nahe wähnen, zur Kritik am ganzen politisch-wirtschaftlichen System geworden ist. Wohl galten die USA noch als relativ unberührt von dieser Krise – aber nur bis zur großen Depression und zum New Deal.

So ging die allgemeine Tendenz der Zwischenkriegsjahre von der Bestimmung der Wirtschaft durch Privatinteressen in Richtung gesellschaftlich und staatlich beeinflußter Konzentration. Der Krieg als Präzedenzfall kam in den folgenden Krisen immer wieder zur Geltung. Zu wichtig ist die Wirtschaft, als daß man sie in Krieg und Frieden auch in kapitalistisch strukturierten Demokratien ganz dem freien Spiel der Kräfte überlassen mag. Wenn die autoritären Systeme unter der Parole des Gemeinnutzes mit dem Ziel der besseren Mobilisierung und Kontrolle ihre Politik der staatlichen Lenkung, des Dirigismo oder der Planwirtschaft, betrieben, so befanden sie sich in gewissem Sinne im Strom einer Entwicklung, für die der Erste Weltkrieg die Zeichen gesetzt hatte. Doch selbst nicht-sozialistische, ja sogar konservative Kreise nahmen die planwirtschaftlichen Gedanken auf, auch die katholische Soziallehre stand ihnen nahe. Wirtschaftsführer wie Rathenau propagierten sie, und natürlich sympathisierten die staatlichen Bürokratien mit ihnen. Es entsprach dem bürokratischen Drang zur Ausdehnung und Durchorganisierung, den Max Weber damals als einen Grundzug von Staat und Gesellschaft in der Moderne definiert hat.

Die antikapitalistische Welle, von der später die antidemokratischen Bewegungen verschiedenster Observanz profitierten, war also im kapitalistischen Wirtschaftssystem selbst und in seinen Strukturwandlungen angelegt, insofern es die anarchischen Tendenzen der Konkurrenzwirtschaft modifizierte und staatliche Formen der Kriegswirtschaft beibehielt. Die Planwirtschaft als Alternative war mithin stets präsent, und zwar nicht nur in dem umstrittenen Zwangskurs der Sowjetunion, sondern auch in der sozialdemokratischen und gewerkschaftlichen Politik und in den staatlichen Lösungsversuchen, die dem Chaos und Elend der Wirtschaftskrisen nach 1918 und in den dreißiger Jahren entgegengesetzt wurden. Ihr Gebrauch und Mißbrauch stand dann allerdings im Schatten von Diktatur und Kriegsvorbereitung, so daß nach dem Zweiten Weltkrieg die Auseinandersetzungen zwischen markt- und planwirtschaftlichen, privaten und staatlichen Wirtschaftsformen alt-neue Aktualität erhielten.

Die konkreten Probleme, die aus den Wachstums- und Strukturschwierigkeiten der europäischen Wirtschaft resultierten, waren je nach dem Grad der Entwicklung verschieden: Arbeitslosigkeit und Produktionsrückgang in den westlichen Industrieländern, nachhinkend niedriger Lebensstandard durch sinkende Agrarpreise in Osteuropa, wo zudem der Bevölkerungsdruck zunahm. Ausgleich und Koordination erwiesen sich als unmöglich; denn sie stellten eine supranationale Aufgabe, die selbst unter dem Druck der zweiten Nachkriegszeit nur zu Teillösungen führte. Statt dessen herrschten Zölle und Einfuhrschranken. Die Länge der nationalstaatlichen Zollschranken war durch die Pariser Neuordnung von sechstausend auf zwölftausend Kilometer gewachsen. Dazu kam eine konfliktreiche, durch Schulden, Reparationen, Inflationen ineinander verwickelte, viel zu schwerfällige Währungs- und Kreditpolitik, die hinter der technisch-wirtschaftlichen Entwicklung und ihrer globalen Ausweitung zurückblieb. Die ökonomische Zersplitterung, von den Diktaturstaaten durch staatliche Lenkung des Außenhandels noch verschärft, war anachronistisch. Sie ist es bis zur Gegenwart geblieben, aber sie wirkte sich ungleich schwerer in einem Europa aus, das noch an der Wirtschaftsblüte der Vorkriegszeit orientiert war und sie romantisch glorifizierte. Das war nach 1945 anders, vor allem im Verhältnis zu den USA. Sie hatten in beiden Fällen den Krieg entschieden, spielten aber nur im zweiten Falle die international führende Rolle, die ihnen auch im Wirtschaftsbereich zugefallen war. Gerade die USA hatten sich nach 1918 verstärkt eines Schutzzollsystems bedient, das zu schweren weltwirtschaftlichen Störungen führen mußte. In den entscheidenden Jahren nach 1947/48 suchte man den ökonomischen Realitäten durch internationale Maßnahmen wie den Marshall-Plan zu entsprechen. In den zwanziger Jahren wurden die veränderte Lage und die Probleme der Interdependenz nach Möglichkeit ignoriert – von Amerika in der isolationistischen Stimmung des Boom, in Europa mit dem trotzigen Festhalten an gewohnten Stellungen. Die dennoch unvermeidlichen Beziehungen spielten sich vor allem in einer riskanten Kreditpolitik ab. Als Gläubiger Europas noch unerfahren, hat sich die amerikanische Geschäftswelt mit kurzfristigen Anleihen an oft unproduktiven Projekten, vor allem auch in Deutschland, engagiert, die sie im Fall der Krise sogleich zurückzog – mit fataler Wirkung, denn sie waren häufig langfristig angelegt worden, da man auf die Möglichkeit immer neuer Anleihen aus Amerika rechnete und auf die Gewinnmöglichkeiten nicht verzichten wollte. Statt die weltwirtschaftlichen Probleme zu mildern, hat diese Form der spekulativen Finanzbeziehungen sie noch verschärft und somit wesentlich zum Zusammenbruch nach 1929 beigetragen.

Es war im Grunde eine Doppelkrise, die 1929 hereinbrach: eine schon lange anhaltende Krise der Produktion, die in Deutschland zwischen 1929 und 1933 halbiert wurde, mit den Konsequenzen der Massenarbeitslosigkeit; und diese noch verschärfend eine rasch und dramatisch hereinbrechende Finanzkrise mit Kreditflucht und Bankenkrach. Frankreich ist erst mit Verspätung in Mitleidenschaft gezogen, dann allerdings langfristig und hart betroffen worden. Dagegen führte die Krise in England sogleich zu schweren Belastungen, aber auch rasch wieder aus ihnen heraus. Sorgfältige Vergleiche, wie sie das grundlegende Werk von David Landes[7] enthält, zeigen eine ganze Reihe von Ländern in ähnlichem Maße betroffen wie Deutschland, zumal die USA, Kanada, Polen, Österreich, die Niederlande und Frankreich. In der Produktionsentwicklung bis 1937 erweist sich Deutschland mit der Ankurbelung der Wirtschaft als führend, während Frankreich am Ende steht. Dennoch empfand man in Deutschland die Krise als besonders einschneidend. Hier war zwar der Aufstieg nach dem Tiefstand von 1923 schneller, aber die Erinnerung an die Inflation schmerzlicher als anderwärts. Es zeigte sich, auf welch labilem Grund die ›Stabilisierung‹ Europas ruhte, wie sehr sie von Spekulationen, psychologisch anfälligen Faktoren abhing. Denn der Wallstreet-Krach vom Oktober 1929 war vornehmlich ein psychologischer Schock. Das amerikanische Engagement, das sich auch auf große öffentliche Unternehmungen und Projekte mit zahlreichen Firmen erstreckte, hinterließ hier das größte finanzielle Vakuum. Während Firmen und Geschäfte zusammenbrachen, ganze Industrien Produktion und Beschäftigung reduzierten, blieb die Regierung Brüning gemäß ihrer Deflationsdoktrin und in Hoffnung auf Streichung der Reparationen dabei, ständig von ›Sanierung‹ zu sprechen und ein ›Gesundschrumpfen‹ für notwendig zu halten, bevor die Wirtschaft wieder angekurbelt würde, wobei sie die sozialen und politischen Konsequenzen einer so verheerenden Arbeitslosigkeit ignorierte. Inzwischen aber führte die Finanzkrise zum zweiten Akt der Katastrophe: zum Bankenkrach von 1931. Der dritte Akt sollte in Deutschland die ›Lösung‹ von 1933 sein.

Wieder hat man es mit Ereignissen zu tun, die wie schon beim Wallstreet-Crash von 1929 ebenso durch psychologische wie durch ökonomische Faktoren bedingt waren. Der Sturm auf die Banken, der im Mai 1931 zum Zusammenbruch der größten österreichischen Kreditanstalt und anschließend zu dem der Darmstädter Nationalbank führte, konnte durch Bankschließungen und Restriktionen nur mühsam aufgefangen werden. Er hinterließ ein Chaos auf dem deutschen und internationalen Finanz- und Währungsmarkt. Deutschland war ein Zentrum internationaler Geldanlagepolitik gewesen. England sah sich gezwungen, die geheiligte Pfundwährung in Gold aufzugeben und abzuwerten. Die politischen Implikationen waren auch hier durchaus negativ; möglicherweise kam die Psychose durch französische Andeutungen in Gang, die den Plan einer deutsch-österreichischen Zollunion torpedieren sollten; sie scheiterte dann im Herbst 1931. Das Ausmaß der Depression, verlängert und vertieft durch die Bankenkrise, war das Ende der Hoffnung, eine liberale Weltwirtschaft voll wiederherstellen zu können. Überall in Europa und Amerika folgte auf die Ära der Restauration und des Fortschritts die Periode der stürmischen Turbulenzen und der Übergang zu Lösungsversuchen, die jenseits der klassischen Nationalökonomie des Laissez faire lagen; ihr Prophet wurde der britische Wirtschaftspolitiker Keynes, der die Rettung eines demokratisch modifizierten Kapitalismus durch Staats- und Sozialmaßnahmen lehrte, einen dritten Weg zwischen Marxismus und Faschismus, die Vollbeschäftigung durch Förderung wirtschaftlichen Wachstums mit Hilfe des Deficit spending. Aber die politischen Konsequenzen waren höchst unterschiedlich, sie reichten von demokratischen zu totalitären Lösungen. Zu ihrem Verständnis bedarf es des Blicks auf die sozialen Verhältnisse, unter denen sich die ökonomische Entwicklung der Nachkriegszeit vollzog.

## Die antibürgerliche Welle: gesellschaftliche und ideologische Tendenzen

In den gesellschaftlichen Konflikten und Umschichtungen der westlichen Welt, die bereits vor der Jahrhundertwende machtvoll spürbar geworden waren, spielte die Parole von der Krise und dem Ende des bürgerlichen Zeitalters eine zentrale Rolle.[8] Als Stichwort besaß sie dieselbe Bedeutung wie das Wort von der Krise und dem Ende des Kapitalismus im Bereich der Wirtschaft, wenn beides nicht sogar gleichgesetzt wurde. Das Bürgerliche war eine durch und durch europäische Sache; es bezeichnete den Durchbruch und die epochale Leistung des modernen Europa für die Welt. Doch nun hieß es, die Zeit des Bürgertums sei in der Selbstzerfleischung des Weltkrieges vergangen, von neuen Kräften und Schichten abgelöst, vor allem von der Arbeiterschaft und den Angestellten oder vom ›neuen Nationalismus‹ der Kriegsgeneration und der Jugendbewegung. Nicht nur die Marxisten und Sozialisten, sondern auch ein Großteil der bürgerlich-nationalen, besonders der radikal nationalistischen und antidemokratischen Schriftsteller und Propagandisten der Nachkriegszeit brachten die großen Veränderungen in Gesellschaft und Staat auf die Formel: Ende des bürgerlichen Zeitalters, Durchbruch des ›Proletariats‹ (Lenin) oder des ›Arbeiters‹ (Ernst Jünger).

Es ist bezeichnend, daß die Begriffe zumeist in zwielichtiger Allgemeinheit verblieben. In Wahrheit kann von einem Untergang des Bürgertums bis zum heutigen Tag nicht gesprochen werden, auch kaum von einem Ende seiner bestimmenden Rolle in den nicht-kommunistischen Staaten; selbst unter der so betont neuen Gesellschaft des Kommunismus glaubt man einen Prozeß der Verbürgerlichung nun auch der proletarischen Schichten beobachten zu können. Das ist eine Frage der soziologischen und psychologischen Maßstäbe. Jedenfalls ist die Diagnose einer Krise des Bürgertums nur dann von Nutzen, wenn sie auf einer differenzierteren Bestimmung als der marxistischen oder der faschistischen beruht. Es zeigt sich bei einer genaueren Betrachtung des Bürgertums, daß eine soziale Schicht oder eine wirtschaftliche Aktivität oder eine politische Form oder eine geistig-psychische Einstellung oder eine moralische Haltung gemeint sein können. Und so eng diese Bedeutungen zusammenhängen mögen, so unterschiedlich ist doch der zeitgeschichtliche Befund.

Denn schon im bürgerlichen 19. Jahrhundert gab es schrille Stimmen von links wie von rechts, die das Ende prophezeiten. Später sahen andere die Oktoberrevolution und die Nachkriegsjahre, Inflation und Wirtschaftskrise, Faschismus und Nationalsozialismus, schließlich die Zerstörung und Zerteilung Europas, die weltweite Ausbreitung des Kommunismus und die Emanzipation der Dritten Welt jeweils als Datum des Untergangs an. Im Rückblick tritt aber eher das Gegenteil hervor, nämlich ein dramatisches Auf und Ab von bürgerlichen und antibürgerlichen Bewegungen und Perioden sowie ein sich wiederholender Vorgang der Verbürgerlichung von nichtbürgerlichen Schichten und Haltungen. Gleichfalls begründet ist der Eindruck, daß der Europäisierung der Welt die zunehmende Verbreitung und Durchsetzung bürgerlicher Einstellungen und Strukturen entspricht. Dies gilt besonders für das Verhältnis von Arbeiterklasse und Mittelschichten, das sich seit der Jahrhundertwende in den westlichen Industriestaaten kaum verändert, in Deutschland sogar entschärft hat. Es machte entgegen den marxistischen Erwartungen gerade nicht einer allgemeinen Proletarisierung Platz, sondern wirkte umgekehrt auf die Eröffnung neuer Aufstiegschancen für Unterschichten hin. Formen, Maßstäbe, Wertvorstellungen bürgerlicher Kultur sind geblieben, auch wo Klassenkonflikte und soziale Verschiebungen stattfanden.

Das trifft besonders für die Zeit nach dem Ersten Weltkrieg zu. Der Aufstieg des Sozialismus und der Arbeiterbewegung vor diesem Krieg und durch ihn mündete nicht einfach in eine Erweiterung der tiefen Kluft zwischen den Klassen, sondern in Versuche zu ihrer Überbrückung, zu Kompromiß und Kooperation im Rahmen einer sozial ausgestalteten, jedoch nicht sozialistischen, sondern liberal-parlamentarischen Demokratie bürgerlicher Tradition. Der Krieg hatte sozial und national eher integrierend gewirkt, so daß die Nachkriegsentwicklung überall, außer in Rußland, Formen oder wenigstens Versuche der Beteiligung oder Koalition liberaler und sozialistischer Parteien im parlamentsdemokratischen Verfassungsstaat mit sich brachte. Oft kam die bürgerlich-liberale Bewegung selbst erst in diesem Augenblick politisch zum Zuge. So 1918 in Deutschland, wo das bürgerliche Zeitalter politisch seinen vollen Durchbruch erreichte; denn das Fundament der Weimarer Republik bestand aus einem Grundkompromiß der drei Lager – Sozialismus, Liberalismus, politischer Katholizismus –, die sämtlich damals in die politische Führung gelangten. Statt der revolutionären Umwandlung einigte man sich auf das allgemeine Wahlrecht, auf die Autonomie der Tarifpartner, auf soziale, liberale und kulturelle Garantien.

Diese Kompromißstruktur der modernen Demokratie, ihre Rechtsstaatlichkeit, ihr parlamentarischer und pluralistischer Charakter bezeichnen das Wesen der gesellschaftlichen Umschichtung und ihre Grenzen. Man hat diese ›Zähmung‹ des Sozialismus in der Nachkriegsentwicklung, die den Endzeit-Erwartungen der bolschewistischen Revolutionäre so prinzipiell und existenziell widersprach, lauthals kritisiert. Der angebliche Verrat des ›Revisionismus‹ an der Revolution war aber nichts anderes als die Anerkennung der Tatsache, daß die Möglichkeiten sozialer Veränderung und sozialen Aufstiegs auch innerhalb der bürgerlichen Demokratie geschaffen werden konnten – unter weniger Risiko und Opfern als auf dem Weg blutiger Revolution und Unterdrückung. Es zeigte sich, daß der westeuropäische Sozialismus sich von Anfang an die bürgerlichen Ideale der Menschenrechte zu eigen gemacht hatte und an ihnen festhielt, auch als in seine ideologische Programmatik die marxistische Revolutionsdoktrin übernommen wurde, die ja ihrerseits alles andere als eindeutig war.

Wie die Sozialdemokraten in Deutschland und die Labour Party in England standen die meisten sozialistischen Parteien mehrheitlich hinter dem Kompromiß, der die Massen der Arbeiterschaft in den Staat integrieren wollte oder sollte. Die sozialen Konsequenzen waren in diesem Demokratiemodell schon enthalten: Es ging um einen möglichst praktikablen Ausgleich der verschiedenen Interessen in der Gesellschaft, um die weiteren sozialen und staatlichen Modifikationen des kapitalistischen Wirtschaftslebens, die ohnehin im Gang waren, und um eine friedliche Alternative zu den fortschreitend grausamen Formen der bolschewistischen Revolution, die den Liberalen und Sozialdemokraten gleichermaßen ein Greuel waren und die Kompromißbereitschaft zumal auf bürgerlicher Seite verstärkten. So kam es zu lange geforderten Errungenschaften, die den kommunistischen Argumenten viel von ihrer Wirkung nahmen: Achtstundentag, Arbeitslosenunterstützung und soziale Sicherung, Streikrecht und Tarifautonomie, volle politische Gleichheit und Abbau der sozialen Privilegien. Der Machtzuwachs der Gewerkschaften war besonders augenfällig. Von Wirtschaftsseite oft beklagt, machte er die Arbeiterorganisationen zu einer starken Stütze des demokratischen Staates, zum Garanten des politischen und sozialen Friedens im Rahmen der Verfassung, im Grunde zur stärksten Sicherung der demokratischen Formen und Regeln gegen eine Revolution. Das galt auch für eine neue Demokratie wie die deutsche, wo Gewerkschaften ebenso zur Abwehr des rechtsradikalen Kapp-Putsches von 1920 beitrugen wie zum Scheitern der kommunistischen Umsturzversuche dieser Jahre. Erst die Schwächung durch Massenarbeitslosigkeit machte sie hilflos vor der totalitären Überwältigung von 1933. Freilich erwiesen sich manche der Erwartungen, die an die reformistischen Fortschritte der Gewerkschaftsbewegung geknüpft wurden, als verfrüht oder illusionär. Große Kraftproben wie der englische Generalstreik von 1926 endeten mit gewerkschaftlichen Mißerfolgen, und seit 1929 brachte die Weltwirtschaftskrise eine Krise des gesellschaftlichen Fundamental-Kompromisses, auf dem die westlichen Demokratien beruhten.

Im Auf und Ab der Einschätzungen und der Parolen drängte scheinbar ein neues antibürgerliches Zeitalter zum Durchbruch, nun freilich nicht mehr allein mit der Perspektive einer sozialistischen Revolution, sondern, wie schon in den Krisenjahren 1920 und 1923, unter dem Ansturm von links und rechts, im Zeichen einer drohenden totalitären Diktatur. Auch diese Periode dramatisiert den antibürgerlichen Akzent mehr, als daß sie ihn realisiert. Das Maß der sozialen Umschichtungen unter faschistischer und nationalsozialistischer Herrschaft entsprach eher den allgemeinen Tendenzen der technisch-ökonomischen und zivilisatorischen Entwicklung als klassen- und schichtspezifischen Ansprüchen der neuen Regime; die Klassenkampfpolitik in der Sowjetunion wirkte auch diesmal abschreckend. Hitlers ›soziale Revolution‹ war wie die Mussolinis in der Tat mehr politischer, technisch-ökonomischer und ideologischer als sozialer Natur. Doch ihre weitreichenden Folgen – Zerstörungen, Massen-Liquidationen und -Vertreibungen, deutsche und europäische Teilung – trugen zu einer fortwirkenden gesellschaftlichen Umwälzung bei, wenngleich nicht im beabsichtigten Sinne.

Aber der Kampf gegen den Totalitarismus richtete sich zugleich gegen seine antibürgerlichen Züge, gegen die grauenhafte Perversion und Manipulation bürgerlicher Ideale, bürgerlicher Moral. Mit dem Jahr 1945 brach kein sozialistisches Zeitalter an, stellte sich das oft geweissagte Ende der bürgerlichen Ära, das selbst bürgerlich-aristokratische Widerstandsgruppen etwa des Kreisauer Kreises erwarteten, nicht ein. Vielmehr sind neue Kompromisse und Koalitionen, ein neues Einpendeln der gesellschaftlichen Struktur die Folgen des Zweiten Weltkrieges. Bemerkenswert, daß nach all den Umstürzen und Katastrophen nicht so sehr die Umwälzung in den gesellschaftlichen Strukturen, wohl aber eine Verstärkung der Mobilität, eine Flexibilisierung der Klassengesellschaft die eigentliche Veränderung ausmachen. Es hat so etwas wie ein neues bürgerliches Zeitalter begonnen, in dem es zwar starke Linksparteien, jedoch auch ein größeres Maß an Kompromißfähigkeit als nach 1918 gibt: jene sogenannte Amerikanisierung der politischen und gesellschaftlichen Strukturen, die seit 1945 ein umstrittenes Thema der Reformdiskussion in allen westlichen Demokratien ist.

Mit diesem Ausblick auf die antibürgerliche Welle nach den dreißiger Jahren soll nicht bestritten werden, daß die Weltwirtschaftskrise eine tiefe Erschütterung des nach 1918 mühsam restaurierten Glaubens an eine geregelte bürgerliche Welt hervorgerufen hat. Aber es war gerade die sozialpsychologisch begründete Furcht vor einem Absinken aus dem bürgerlichen Stand in das Proletariat, welche die Panik des Mittelstandes, die Angst vor dem Kommunismus, die Flucht in den Nationalsozialismus hervorgerufen hat. Man nahm die antibürgerlichen Töne der Faschisten und Nationalsozialisten in Kauf, wenn nur die drohende Erneuerung des Klassenkampfes vermieden wurde, die der Kommunismus als Konsequenz der Krise propagierte. Obwohl das Jahr 1933 in Deutschland das Ende der kurzen Periode des demokratischen Kompromisses bedeutet, war es in den Augen des Mittelstandes zugleich die Fortsetzung des bürgerlichen Abwehrkampfes mit den anderen Mitteln: jenen der Diktatur. Ein verhängnisvolles Mißverständnis. Die sozialen Motive der Radikalisierung von rechts und von links waren wesentlich in der Bedrohung der bürgerlichen Welt begründet. Das wirkte sich politisch in der Aushöhlung der Mitte und in der Abwertung der Ideale einer Demokratie aus, die ebenso bürgerlich-freiheitlich wie sozial-egalitär sein wollte.

Doch es wäre falsch, die Krisensymptome des politischen Liberalismus seit der Jahrhundertwende, seinen bemerkenswerten, aber kurzen Wiederaufschwung nach 1918 und seinen katastrophalen Niedergang in der Wirtschaftskrise einfach mit einem Niedergang des Bürgertums gleichzusetzen. Es konnte auch an der veralteten Struktur und den Personenverhältnissen der liberalen Parteien liegen, wenn sich die bürgerlichen Schichten parteipolitisch zersplitterten. Ferner ist zu bedenken, daß bereits nach 1848 und mehr noch nach 1871 das deutsche Bürgertum weitgehend entpolitisiert oder nach rechts orientiert war, ohne daß man deshalb von einem unbürgerlichen Zeitalter sprechen kann. Das Schwinden der englischen Liberal Party nach dem Ersten Weltkrieg war gewiß spektakulär und scheinbar definitiv. Dort bedeutete es die Ablösung durch die Labour Party, also teilweise eine Orientierung nach links. Vor allem aber wurde es durch das englische Mehrheitswahlrecht beeinflußt, und man kann gewiß nicht sagen, daß die Interessen und Ideale des englischen Bürgertums oder der entsprechenden Mittelschichten im Parlament und in der Politik Großbritanniens vor und nach der großen Krise nicht unverändert starken Ausdruck gefunden hätten. Wenn die englische Gesellschaft in ihrem Verhalten traditionsbewußt oder gar konservativ genannt wird, so eben im Festhalten an den bürgerlich-liberalen Idealen – mit oder ohne liberale Partei. Allgemeiner ist das Problem, ob nicht die Übernahme liberaler Forderungen und Prinzipien durch andere Parteien die Fortexistenz gesonderter liberaler Parteien bedrohen oder gar erübrigen kann. Eben dies geschah und geschieht überall in Europa, selbst im klassischen Land des radikalen politischen Liberalismus: in Frankreich, dort langsamer und auf verschlungenen Wegen.

Es mag erstaunlich erscheinen, daß die Zerrüttung der Vermögen durch Kriegsfolgen, Inflation und Wirtschaftskrise, zumal in Deutschland, nicht viel rascher und eindeutiger die soziale Umschichtung bestätigte, die mit dem Aufstieg des Sozialismus begonnen hatte. Allein in Rußland hat die brutale Gewalt eindeutige Verhältnisse geschaffen, aber selbst dort kam es bei der geringsten Lockerung, wie in der NEP-Periode, zu neuen Liberalisierungstendenzen. Nach dem Ende der Stalin-Zeit, in Dissidenten- und Menschenrechtsbewegungen, auch in Paradoxformeln wie jener von der sozialistischen Marktwirtschaft tritt die Tendenz zum bürgerlichen Aufstieg und Denken hervor, wiewohl das totalitäre Einparteiensystem und die autokratische, im Grunde vorbürgerliche Tradition Rußlands übermächtig bleiben.

Gegenüber dem soziologischen Schematismus der Klassenbetrachtung ist nachdrücklich auf die historisch-politische Erfahrung hinzuweisen, daß das Bürgerliche in der modernen Welt offenbar mehr bedeutet als nur eine vorübergehende soziale Schichtung; es ist ein allgemeines individuelles und soziales Bedürfnis, das mit grundlegenden geistigen und moralischen Wertbedürfnissen einhergeht. Es paßt weniger als früher in ein geradliniges Geschichtsschema mit der lapidaren Sukzessions-Formel Feudalismus – Bürgertum – Sozialismus, denn es behauptet gerade auch heute seine erstrangige Bedeutung als eine ständige Alternative zu kollektiven oder nivellierenden Formen der sozialen und staatlichen Organisation. Dabei bleibt bedenkenswert, daß das eigenständige Bürgertum im Grunde stets nur eine kleine Schicht war, seine prägende Wirkung aber weit darüber hinausging. Das Verlangen, bürgerlich zu sein oder bürgerliche Ideale zu vertreten, war immer weit stärker als Klassen- oder Parteibindungen. So haben Anhänger der SPD in den fünfziger Jahren ihre Partei weitaus überwiegend als bürgerlich bezeichnet – Jahrzehnte nach dem Niedergang und vielfach verkündeten Tod des bürgerlichen Liberalismus in Deutschland.

Was mit dem Ersten Weltkrieg verlorenging, war die bürgerliche Sekurität des 19. Jahrhunderts, auch sie von Krisen unterbrochen, aber als Orientierungswert fast unangefochten. Das hatte damals in Deutschland, anders als in England oder Frankreich, noch nicht geheißen, daß man nach der Macht im Staat greifen oder die Privilegien der Aristokratie übergehen konnte. Die Demokratien der ersten Nachkriegszeit haben demgegenüber in verschiedenen Formen die volle politische Gleichheit gebracht und doch die Freiheit erhalten. Sie waren insofern ein Höhepunkt der bürgerlich-liberalen Entwicklung und erlebten im selben Augenblick ihre Anfechtung durch alte und neue Bewegungen, durch Restauration wie durch Revolution. Wo die bürgerliche Revolution längst gelungen war, wie in England, Frankreich und vor allem in den USA, hat sich auch der politische Liberalismus nicht selbst aufgegeben wie in Deutschland – weil man wußte, was man ihm verdankte, und Zeit gehabt hatte, positive Erfahrungen mit dem liberalen Staat und seinen Vertretern zu machen.

Soziologisch gesehen waren die Übergänge überall gleich schmerzhaft. Sie vollzogen sich besonders im Bereich dessen, was in Deutschland als alter und neuer Mittelstand bezeichnet wurde. Der über Jahrzehnte dauernden Abnahme der kleinen Selbständigen entsprach die Zunahme einer breiten, in sich sehr weit gefächerten Schicht der Angestellten, die abhängig, aber durch Tätigkeit und Selbstbewußtsein von der Arbeiterschaft zum Teil weit getrennt waren: in den USA, wo sie fast ein Drittel der Bevölkerung ausmachte, treffend als ›White (gegen blue) collar workers‹ bezeichnet. Dazu kam der steigende Anteil einer anschwellenden staatlichen Bürokratie, die in der mehr oder weniger ausgeprägten Beamtentradition stand und ebenfalls betont mittelständisch-bürgerliche Züge aufwies. Es war eher eine Umstrukturierung als eine Entbürgerlichung, aber die Unsicherheiten im Selbstverständnis wie in der wirtschaftlichen Situation und die neuen, auch modernistischen Ansprüche auf mehr Egalität und technischen Fortschritt, die dabei auftraten, sind in dem massenhaften Zustrom von Angestellten zum Nationalsozialismus besonders deutlich geworden.

Ein weiterer wichtiger Strukturwandel vollzog sich mit der fortschreitenden Verstädterung und dem Rückgang der landwirtschaftlich tätigen Bevölkerung. Auch hier haben wir es mit einer langfristigen Entwicklung zu tun. Der Weg von der Agrarwirtschaft zur Industrialisierung hat erst die grundlegenden sozialen Veränderungen in Gang gesetzt, die hinter dem dritten den vierten Stand, die Arbeiterschaft, zur größten sozialen Gruppe in den westlichen Demokratien gemacht haben. Prophezeiungen, die darin das Prinzip der Zukunft, die Arbeiterschaft, das Proletariat, den Sozialismus als die einzige oder eindeutig dominierende Form der Gesellschaft und des Staates sehen wollten, sind fehlgeschlagen. Nicht nur die marxistischen Optimisten, sondern auch die konservativ-reaktionären Pessimisten haben eine Tendenz verabsolutiert und darüber andere Tendenzen vernachlässigt. Indem man das ›Proletariat‹ zur philosophischen Idee stilisierte, glorifizierend oder dämonisierend, verkannte man die empirische Realität ›Arbeiterschaft‹. Denn es zeigte sich: daß diese Schicht keineswegs so einheitlich und geschlossen war, wie man geglaubt hatte; daß sie nicht zu der übergroßen Mehrheit wurde, sondern bei etwa fünfzig Prozent der Bevölkerung verharrte; daß die moderne Gesellschaft mit ihren Aufstiegsmöglichkeiten zu einer zunehmenden sozialen Mobilität führte; daß schließlich die radikale Polarisation und Konfrontation nicht unausweichlich waren, sondern Kompromißfähigkeit und begrenzter Konflikt das Verhältnis von Arbeiterschaft und anderen Gruppen bestimmen konnten, sofern die Begegnung auf dem Boden einer ausgereiften demokratischen und liberalen Tradition stattfand.

So hat in den USA die gewaltige Industrialisierung nicht einmal zu einer größeren sozialistischen Partei geführt, weil das Parteiensystem offen und nicht klassengebunden und die soziale Mobilität fast unbegrenzt war und weil die demokratischen Traditionen ausgeprägter waren als sonst irgendwo. Überall aber wurden die Arbeiterparteien nach dem Krieg regierungsfähig, ja unentbehrlich. Die Abspaltung eines revolutionären Teils, der Kommunisten, zeigte noch deutlicher, daß Intransigenz gegenüber der liberalen

Demokratie nicht die Regel, vielmehr die Ausnahme war. Es ist keine Widerlegung dieser Feststellung, daß im weiteren Verlauf diese Kooperation gestört wurde durch den Aufstieg radikaler Antisystemparteien von rechts und links. Das bedeutete ein nicht nur soziologisch, sondern mehr noch politisch zu bestimmendes Problem des jeweiligen Staates, wie jede differenzierende Erklärung zum Beispiel der nationalsozialistischen Machtergreifung zeigt, welche die Frage beantwortet, warum und wie dies in Deutschland und nicht in anderen Industriestaaten mit ähnlich liberalen Verfassungen geschehen konnte.

Heiß umworben und propagandistisch eingesetzt wurde die Arbeiterschaft von allen Diktaturbewegungen der Epoche: Marx und Lenin haben ihr die totale Diktatur des Proletariats verheißen, Mussolini und Hitler die Ernennung aller Schaffenden zu Arbeitern vollzogen. Aber die Arbeiter blieben gerade in den Diktaturen der Zwischenkriegszeit Objekte einer von oben diktierten oder gesteuerten Politik und Ökonomie, abgesehen von denen, die durch aktives Mitmachen in Partei und System zum sozialen Aufstieg gelangten. Eine überzeugende Alternative zur Demokratie boten diese Systeme auch für die Arbeiterschaft nicht. Ihre sozialistische Politik brachte eher weniger als die Verbesserungen, die ein Industriestaat ohnehin bieten konnte und mußte. Lehrreich ist ein Vergleich der Arbeitszeiten oder der Renten in sozialistischen und westlichen Systemen. Der prinzipielle Unterschied besteht letzten Endes nicht darin, ob man nun den Klassenkampf für beendet und die Arbeiterschaft als siegreich bezeichnet, sondern ob sie im Konfliktfall für ihre Rechte und Ansprüche eintreten kann, ob sie das Streikrecht besitzt. Auch hier erscheint der Fundamentalkompromiß der bürgerlichen, parlamentarisch-pluralistischen Demokratie dem vorgeblich perfekten, in Wahrheit repressiven Arbeiterstaat sozialistischer Prägung durchaus überlegen.

Die Veränderung der sozialen Strukturen, die so eng mit dem ökonomischen Auf und Ab und mit dem Unterschied der Systeme zusammenhängt, hat ihre politische Bedeutung auch in jenen Situationen entfaltet, in denen es um nationale Interessen und zwischenstaatliche Konflikte ging. Europas nationalstaatliche Zersplitterung erlebte nach 1918 neue Höhepunkte. Entgegen den Erwartungen der Internationalisten im demokratischen wie im revolutionären Lager ist es erst nach dem Zweiten Weltkrieg zu einer überstaatlichen Koordinierung der ökonomischen wie der sozialen Kräfte gekommen: zwangsweise in der neuen kommunistischen Welt, freiwillig, und mit höherem Ertrag in Westeuropa und anderwärts.

Politisch fast völlig ignoriert, wenngleich zuweilen dramatisch diskutiert, wurde zudem jene explosionsartige Zunahme der Weltbevölkerung, die seit dem 18. Jahrhundert in Europa und Amerika, schließlich in allen Kontinenten die Modernisierung begleitet. Seit den düsteren Prognosen des Engländers Thomas Malthus über das Mißverhältnis von Bevölkerungszunahme und Ernährungslage (1798) hatte manche warnende Stimme darauf hingewiesen, daß auf diesem Felde der größte Strukturwandel und die eigentliche soziale Problematik sich entwickeln würden. Deutlicher denn je treten die ungleiche Verteilung der Güter der Welt, die sich vergrößernde Disproportion zwischen wirtschaftlichem Potential und Geburtenziffer hervor: das heute sogenannte Nord-Süd-Problem, die immer stärker werdende Diskrepanz zwischen Industrie- und Entwicklungsländern. Während die Demokratien Europas und Amerikas mit den eigenen, einzelstaatlichen Sorgen und Ambitionen beschäftigt waren und auch internationale Organisationen wenig zur Schärfung des Bewußtseins oder gar zur Lösung jener globalen Probleme beizutragen vermochten, spielten sie in den Weltanschauungen der großen politisch-ideologischen Bewegungen durchaus eine Rolle, obwohl auf verzerrte Weise. Faschismus und Kommunismus haben je eigene Theorien und ideologische Erklärungen propagiert, die nun mit großer Wirkung in diese Lücke stießen. Lebensraum- und Rassendoktrin, Imperialismus- und Weltrevolutionstheorie reduzierten jene vielschichtigen, schwer lösbaren Probleme der Zukunft jeweils auf eingängie, weil einlinige Formeln, beispielsweise: »Blut und Boden« oder »Proletarier aller Länder...«

Dem Ersten Weltkrieg entsprang und folgte mit diesen Bewegungen ein ›Weltbürgerkrieg‹, der über die Staaten und Gesellschaften hinwegreicht. Seit 1917 schneidet der sozialistisch-kommunistische, seit 1922 und 1933 der faschistisch-nationalsozialistische Weltanspruch quer durch traditionelle Fronten und staatliche Loyalitäten. Beide wenden sich aggressiv gegen überliefertes bürgerliches Bewußtsein. Wie einst im Zeitalter der großen Revolutionen, zumal nach 1789 und 1849, gibt es wieder das Phänomen der politischen Flüchtlinge. Doch auch darin sind die Dimensionen verschieden. Die Massenemigration im russischen Bürgerkrieg trug zur Auslöschung nicht nur der Aristokratie, sondern einer ganzen Mittelschicht in Stadt und Land bei. Daneben gibt es das Schicksal der großen ›Abweichler‹ aus dem eigenen Lager. Die Welt zerfällt in Verfolgerstaaten und Asylstaaten wie in Diktaturen und Demokratien. Hinzu kommen die nationalstaatlich begründeten Umsiedlungen und Vertreibungen, die im Zweiten Weltkrieg und danach zu gewaltsamen Völkerverschiebungen führen. Ihre furchtbaren Folgen für den einzelnen werden noch übertroffen durch das Phänomen der bürokratischen Kollektiv-Verfolgungen und -Tötungen aus klassen- oder rassenpolitischen Gründen. Nicht nur die Oppositionen werden verfolgt, sondern ohne Unterscheidung der Person pauschal ganze Gruppen und Bevölkerungsteile, weil sie andersartig sind oder nicht dem etablierten ideologischen Prinzip entsprechen. Die Emigration vor dem Nationalsozialismus kommt einer Kulturverschiebung aus Deutschland zumal nach Amerika gleich. Wie im Zeitalter der Glaubenskriege radikalisiert und zerstört die Ideologisierung der Politik und

Gesellschaft engste menschliche Bindungen. Die schrillen und unmenschlichen Aspekte jener Krise der modernen Welt, die besonders die politischen, sozialen und kulturellen Eliten durch Verfolgung und Exilierung betroffen hat, sind eine erschreckende Kehrseite der so vielfach erregten, vielseitigen, ungleichartigen Kultur der zwanziger und dreißiger Jahre.

## Kultur und Politik im Widerstreit

Die literarischen, künstlerischen und philosophischen Strömungen der zwanziger Jahre spiegeln jene Ambivalenz von Kontinuität und Bruch, die für die politische Entwicklung der Kriegs- und Nachkriegszeit charakteristisch war.[9] Die Außenseiter waren zu Exponenten geworden, doch sie hatten weiterhin gegen den Strom zu schwimmen. Der große Aufschwung des geistigen und künstlerischen Lebens nach dem Krieg, den man mit dem nostalgischen Begriff der goldenen zwanziger Jahre charakterisiert hat, war in vieler Hinsicht eine gesteigerte Fortführung und Ausführung lange angebahnter, seit der Jahrhundertwende entwickelter Ideen und Formen, die man in gewissem Sinne als Modernisierung bezeichnen kann: als Abschied von der romantischen und klassischen Periode der europäischen Kultur, die das 19. Jahrhundert bestimmt hatte.

Gleichzeitig wirkten der Einfluß der neuen Mittel und Medien, die Bedeutung der erschütternden Kriegserfahrung und ihrer revolutionären Folgen auf eine Verschärfung und Polarisierung des kulturellen wie des politischen Ausdrucksbedürfnisses hin. Ohne den Krieg und seine Konsequenzen undenkbar, bezeichnete dieser spezifische, scharfe Impuls einen demonstrativen Bruch mit der Vorkriegswelt, ihren Werten und Tendenzen. Das war auch in Westeuropa und Amerika, den siegreichen Erben des Krieges, der Fall. Aber es kam besonders in Mittel- und Osteuropa, in Deutschland und Österreich einerseits, im revolutionären Rußland andererseits, zur Geltung. Hier, dort und im vor- und frühfaschistischen Italien handelte es sich um einen vergleichsweise kurzen Aufschwung; denn er wurde bald von den Reglementierungen und Verfälschungen der Rechts- und Linksdiktaturen entweder mißbraucht oder aber überwältigt.

Tatsächlich war die geistige und psychologische Lage des Nachkriegs-Europa gekennzeichnet durch tiefe Risse und Konflikte, durch eine polarisierende Ungleichzeitigkeit der Entwicklungen und Maßstäbe im intellektuellen wie im politischen Leben der Zwischenkriegszeit. Sie trat schon in der Schärfe des Generationskonflikts hervor. An der Spitze des politischen Establishments stand den großen Veränderungen zum Trotz weiterhin – und vielfach bis zum nächsten Krieg – die Vorkriegsgeneration: Der Wechsel fand nicht statt, war nicht einmal in Sicht, und dies nutzten die diktatorischen Erneuerungs- und Führerbewegungen zumal der Rechten, die sich als antibürgerlichen Aufstand der Frontgeneration und der Jugend verstanden. Trotz dieses Anspruchs blieben auch sie auf Parolen und Personen gestützt, die nicht neu und jung, sondern Teil des Vorkriegs- und Kriegs-Establishments waren. Das traf auf Schlüsselfiguren wie Hindenburg und Pétain, Horthy und Pilsudski, aber auch auf Lenin und Trotzkij zu, ebenso auf den Nationalismus und Sozialismus, die autoritären und revolutionären Bewegungen rechts und links, die sie vertraten oder denen sie zur Macht verhalfen.

Auch die furchtbaren Menschenverluste des Krieges haben dazu beigetragen, die Wirkungszeit der Vorkriegsgeneration noch zu verlängern, und dies stand im scharfen Kontrast zu den gewaltigen Erschütterungen und Veränderungen, die nach neuen Ansätzen des geistigen und politischen Lebens verlangten. In den Nachkriegsdemokratien vermochten nur wenige Angehörige der Kriegsgeneration in die Führungspositionen aufzurücken, und dies eben war der Vorwurf der antidemokratischen Bewegungen. Wenn jene an die Spitze gelangten, wie 1930 Heinrich Brüning in Deutschland oder dann auch Edouard Daladier in Frankreich, blieben sie innerlich unsicher, gleichsam in einer Doppelrolle befangen: als Repräsentanten des alten Staates und zugleich der neuen Impulse; sie waren hin- und hergerissen zwischen demokratischen und autoritären Kriterien, am Ende Gescheiterte. Die Veränderungen der dreißiger Jahre, verstanden als verspäteter Durchbruch der Kriegsgeneration, waren bezogen, ja fixiert auf diesen Komplex des unbewältigten Krieges. Er fand seinen schärfsten Ausdruck im Hitler-Regime, trat aber auch anderwärts hervor: in der fortdauernden Bewunderung der Kriegsführer (rechts) oder Revolutionäre (links), in der weiteren Verunsicherung, Verleugnung oder Verhöhnung des Bürgerlichen, in der Resignation vor einem autoritären Zeitgeist. Die Nachkriegszeit ging nicht allmählich zu Ende, sondern der Krieg blieb auf der Tagesordnung, politisch in der Revisionsbewegung, ideell und psychisch in der Verstärkung autoritärer Wertvorstellungen auf Kosten der Liberalität und Toleranz.

Schließlich wurde der Glaube an die Ideale und Werte der westlichen Zivilisation, den der Krieg und die Nachkriegskrisen schon so nachhaltig erschüttert hatten, durch den Einbruch der Weltwirtschaftskrise weithin endgültig zerstört. Als Folge entwickelte sich das Klima der dreißiger Jahre im Unterschied zum Geist der zwanziger Jahre. Nun erst kam die ganze Schwere der Erschütterung, die Krieg und Kriegsfolgen für Europa bedeuteten, voll zum Ausdruck. Die zwanziger Jahre waren noch von einer Art Betäubung, vom Verdrängen und Überspielen des schwer Faßbaren gekennzeichnet. Nun aber trat die umfassende Kulturkrise voll hervor. Sie erschütterte das Vertrauen in den steten Fortschritt der modernen Welt, in ihre technischen Errungenschaften und geistigen Wertvorstellungen. Der Rückgriff auf die barbarischen Ideale der Gewalt, des sozialdarwinistischen Kampfes, des Biologismus hatte schon mit der Technisierung der kriegerischen Zerstörung und Vernichtung eine neue Dimension gewonnen. Dahinter wirkte die Erfahrung, wie leicht und rasch die moralisch-humanitären Wertvorstellungen überwunden oder zurückgedrängt wurden, wie reibungslos der Übergang vom zivilisatorischen Friedensideal zur militanten, haßgetriebenen Massenmobilisierung und zur perfektionistischen Organisation der Zerstörung verlief, wie widerstandslos schließlich in den meisten Ländern Europas demokratische Verfassungsordnungen und liberales Geistesleben diktatorischen Erfolgsregimen und Veränderungsphilosophien Platz machten.

Die kulturelle Szene der zwanziger Jahre, überschattet und polarisiert durch die unheilvollen Erfahrungen des Krieges und die unheildrohenden Perspektiven der Nachkriegszeit, spiegelte zuerst den fieberhaft intensiven Ausbruch von Gefühlen und Experimenten, die fast etwas Endzeitliches an sich hatten, dann aber auch eine große Verarmung und Ernüchterung hinter und jenseits dieser Erwartungen und Illusionen. Offenkundig war der Widerspruch der Realität zu den Proklamationen des Friedens, der moralischen Restauration, der politisch-sozialen Gerechtigkeit; der Nachhall einer viktorianischen oder wilhelminischen Ordnung des gesellschaftlichen wie privaten Lebens kontrastierte mit jener Stärke und Tiefe der emotionalen Bedürfnisse und Triebkräfte, die Kriegserfahrung und psychologische Aufklärung je auf ihre Weise sichtbar machten. Rebellion und Aufstand gegen die ältere Generation und die Eltern, bis hin zum Topos des Vatermords und zur Theorie des Ödipus-Komplexes, waren schon angebahnt in der Entstehung einer antibürgerlichen Wandervogel- und Jugendbewegung vor dem großen Krieg. Nun aber erschien die viktorianisch-wilhelminische Unterdrückung der echten Gefühle, die Illusion ihrer zivilisatorischen Bändigung im vollen, grellen Licht der Existenzkrise, die Kriegs- und Nachkriegszeit bedeuteten. Unter echten Gefühlen verstand man die Freisetzung herrschaftsfreier Bedürfnisse aus der bürgerlichen Repression, wie sie von den linken Revolutionären gefordert oder von der Freudschen Psychologie analysiert wurde; andererseits die Hypostasierung dieser Gefühle im Sinne eines neuen heroischen oder irrationalen Zeitalters, wie es die Adepten der Machtphilosophie Nietzsches und Georges Sorels oder der Lebensphilosophie Henri Bergsons und Ludwig Klages' proklamierten.

In allen Fällen war der neue Geist gegen die restaurierte Zivilisationswelt des 19. Jahrhunderts gerichtet, ob er sich nun als Moderne progressiv oder als neuer Druchbruch des Elementaren antimodernistisch verstand. Der Angriff auf die konventionelle und traditionelle, christliche oder humanistische Moral bezog seine Wirkungskraft in jedem Fall aus dem Bruch und der Auflösung der Maßstäbe, die man seit 1914 erlebt hatte. Aber noch hielt in den ersten Nachkriegskrisen zugleich die Hoffnung auf den Wiederaufbau die Balance, zumal es in den mittleren zwanziger Jahren aufwärts ging und der

Ausbruch des Pessimismus in einer neuen Blüte von Literatur und Kunst sublimiert wurde.

Um so verheerender mußte der Zusammenbruch in der weltweiten Wirtschaftskrise wirken: Von den Zweiflern und Gegnern als eine neue Widerlegung der westlichen Zivilisation und ihrer bürgerlichen Werte angeprangert, bot sie dem rechten wie dem linken Radikalismus Gelegenheit zum zweiten und fatalen Ansturm. Wenn nicht, wie in Stalins Sowjetunion und in Hitlers Deutschland, die Kultur der zwanziger Jahre in ihren modernen und realen Ausdrucksformen überhaupt als dekadent oder entartet abgetan, verfemt und verfolgt wurde, so ging ihre unmittelbare Kraft und Fülle zurück. Sie verschwand hinter den verflachenden, pseudorealistischen Formen eines nationalistisch oder sozialistisch auftretenden Kulturgebarens, das auch so manchen Vertreter der neuen Literatur, wie den expressionistischen Dichter Gottfried Benn, vorübergehend einzugliedern vermochte. Mit dem Siegeszug der autoritären Diktaturen ging die Bühne verloren, von der aus Kunst und Geist, Literatur und Wissenschaft experimentierend in das Zeitgeschehen einzugreifen versucht hatten. Dieser rasche Wandel, der in Deutschland so viele persönliche Schicksale der Verfolgung, Emigration und Selbstverleugnung mit sich brachte, machte den schwankenden Boden der zwanziger Jahre und das unsichere Gewicht des neuen Kulturaufschwungs deutlich – zum Teil auch das Versagen seiner Exponenten vor der Aufgabe der menschlichen wie der soziopolitischen Bewältigung der Kriegs- und Nachkriegskrise. Das zeigt ein Blick auf die vielgerühmte Kulturblüte der Weimarer Republik, die in manchem repräsentativ sowohl für die Stärken als auch für die Schwächen der geistigen Entwicklung zwischen den Kriegen war, diese besonders scharf, wie unter einem Brennglas, zum Ausdruck brachte, bevor sie im Feuer der Bücherverbrennung unterging.

Zwei Richtungen markieren die politische Bedeutung der Nachkriegskultur. Einerseits erwies sich gerade das militärisch geschlagene, politisch instabile und zerrissene Deutschland als ein kulturelles Experimentierfeld per se, auf das für einige Jahre die Aufmerksamkeit des Westens konzentriert war und aus dem dann nach dem Zusammenbruch der Republik, nach der Vertreibung seiner großen Vertreter durch den Nationalsozialismus, Impulse von kaum zu überschätzender Tragweite in die Welt gingen. Andererseits trugen die Schärfe der geistigen Auseinandersetzung und das politisch und moralisch oft extreme Verhalten der Intellektuellen, die das geistig-künstlerische Leben fieberhaft vorantrieben, zur Verunsicherung der Republik und zur Bloßstellung der Schwächen bei, die ihre Gegner dann so schonungslos zu nutzen verstanden: vor allem die republikanische Toleranz auch gegen die radikalen Feinde der Demokratie. Der tiefe Widerspruch des Kulturbetriebes, sein erregender und zugleich deprimierender Charakter, wie er in den

Bildern eines George Grosz, im Kontrast von Amüsierleben und sozialem Elend, zum Ausdruck kommt, mag als Folge eines verzweifelten Eskapismus interpretiert werden. Tödlich scharf war die Kritik der Linken an der bürgerlichen Republik, dem Gebilde der unerfüllten Hoffnungen, wiewohl gerade diese toleranter als irgendeine Zeit und irgendein Land die Experimentierer wie die Kritiker gewähren ließ. Das Experiment endete negativ, die Selbstkontrolle funktionierte nicht, der Rückschlag war furchtbar. Diese Erfahrung hat bewirkt, daß zunächst nach dem Zweiten Weltkrieg ungleich vorsichtiger und zurückhaltender, mit dem steten Vorbehalt der politischen und moralischen Konsequenzen gedacht und geschrieben, experimentiert und theoretisiert wurde: vornehmlich in Deutschland, wo das Verfassungsprinzip der verteidigungsbereiten, ›wehrhaften‹ Demokratie gegen die Erfahrung von Weimar gesetzt wurde, bis die linksradikalen Anfechtungen im Gefolge der weltweiten Studentenrevolte alte Gefahren aufs neue beschworen.

Die härtesten Feinde der Weimarer Republik standen zweifelsohne rechts, wie die politischen Morde und Putsche, schließlich der Untergang der Demokratie bewiesen. Und obrigkeitsstaatliche Kräfte und Strukturen übten zum Teil noch einen starken Einfluß auf staatliche und gesellschaftliche Institutionen aus. Aber Deutschland besaß zugleich den liberalsten Staat seiner Geschichte. Die Weimarer Liberalität ermöglichte deutsche Filme, die in Frankreich und England verboten wurden; bis Ende 1933 waren Beschränkung und Zensur nicht hemmender als in anderen freiheitlichen Ländern. Damit kontrastiert die Tatsache, daß viele der Intellektuellen, die davon profitierten, mit Hohn von der glanzlosen bürgerlichen Republik sprachen und weder Verständnis für die junge Demokratie noch Voraussicht für ihre Belastbarkeit bewiesen. Und wie der Kommunismus, so wurde am Ende auch Hitler nicht wirklich ernst genommen. In der linken ›Weltbühne‹ wollte man ihn ans Ruder lassen, damit er abwirtschaften könne, und die verächtliche Weigerung zu wirklicher Auseinandersetzung mit einem so niveaulosen Phänomen wie dem Nationalsozialismus drückte das verhängnisvoll typische Wort des großen Wiener Literaten Karl Kraus aus, das unbegreiflicherweise bis zum heutigen Tag zustimmend zitiert wird, obwohl es das Versagen der Intellektuellen vor der politischen Problemlage demonstriert: »Mir fällt zu Hitler nichts ein.«

An die damaligen und heutigen Bewunderer der ›Goldenen Zwanziger‹ stellt sich die Frage, ob sie nicht mit der überscharfen Kritik an allem Bestehenden ein Klima förderten, in dem die Verhöhnung der Republik und ihrer Repräsentanten besonders gedieh und ihre Verteidigung noch schwerer gemacht wurde. Fortschritt, Modernismus, Experimentieren – das hieß für viele ein Vorherrschen von Amoralismus in Kunst und Literatur, und eine demonstrative Libertinage trug dazu bei, das Vertrauen in republik- und demokratiefreundliche Intellektuelle zu erschüttern oder zu unterminieren.

Diese ungewollte Gegenwirkung tritt hauptsächlich in der Einstellung zum Staat und zur Frage eines normalen Patriotismus als Alternative zum chauvinistischen Nationalismus der Rechten hervor. Indem sie das natürliche Bedürfnis einer nationalen Identifikation vernachlässigte, deren die Republik unter den schweren inneren und äußeren Belastungen der Nachkriegszeit bedurfte, hat sich eine betont international orientierte, verletzend antibürgerlich argumentierende Linksintelligenz vor den Augen der breiten Bevölkerung diskreditiert. Der von rechts geschürte Haß auf die linksintellektuellen ›Verräter‹ konnte sich leicht der Empörung über verletzende Aussprüche bedienen: etwa Tucholskys Slogan vom Deutschland der Richter und Henker, seiner Verhöhnung jeder Manifestation patriotischer Gefühle – »Deutsch ist doof« – oder der ätzenden Karikaturen des ›typischen‹ Weimar-Deutschen, mit denen George Grosz den Zorn des Normalbürgers geradezu herausforderte.

Es kam hinzu, daß solche provokativen, schonungslosen Kritiker der Vergangenheit und Gegenwart sich mit keiner der Parteien zu identifzieren vermochten und gerade jene Politiker als Reaktionäre und Spießbürger verhöhnten, die – wie Ebert oder Stresemann – ein bislang unerhörtes Maß an politischer und kultureller Freiheit garantierten, von dem die Intelligenz in erster Linie profitierte. Daß jene Kritiker über das Ziel hinausschossen, damit ihr eigenes Anliegen gefährdeten, oft einer fragwürdigen Rangordnung in der Wahl der Themen folgten und bei ihrer Kritik am Konservativen und am Bürgerlichen im Vergleich mit anderen Ländern allzu einseitig negativ verfuhren – all dies ging wohl auf jene enttäuschte Erwartung einer unbürgerlichen Republik der Künstler und Intellektuellen zurück, die in den Umbrüchen und Krisen von 1918/19 entstanden war, jedoch in den erforderlichen praktischen Kompromissen der Folgezeit auch von den Sozialdemokraten, die man im übrigen ihres kleinbürgerlichen Lebensstils wegen belächelte, nicht erfüllt werden konnte.

Diese Grundenttäuschung, die nichts anderes als ein neues Kapitel in der Geschichte der Entfremdung von Geist und Macht war, spiegelt eine allgemeine Problematik im Verhältnis des Intellektuellen zur Politik wider. Sie trat am deutlichsten dort hervor, wo nach der Niederlage eines überalterten politischen Systems inmitten der Verzweiflung auch die Hoffnungen auf eine neue, bessere Welt jenseits der traditionellen Politik und Gesellschaft besonders hoch aufflammten. Zerbrochen war schon in der bayerischen Räterepublik der Anspruch, selbst zu regieren – jene revolutionär-utopische alte Sehnsucht der Intellektuellen, die sich bei den französischen Unruhen von 1968 in deren vielzitiertem Slogan erneut meldete: »Die Phantasie an die Macht!« Es war eine Anmaßung, zu der niemand die Intellektuellen, die so glühend für Demokratie und Volkswillen stritten, legitimiert hatte. Der Anspruch, die Zukunft zu kennen und zu gestalten, stand gegen die Notwendigkeit, mit den Aufgaben der Tagespolitik fertig zu werden. Die volle Schärfe dieses Grundkonflikts des politischen Lebens wurde wiederum im Deutschland der zwanziger Jahre besonders sichtbar, weil auch die deutschen Sozialdemokraten, intensiver als die Sozialisten etwa Frankreichs, ein anti-intellektuelles Mißtrauen gegen Literatur und Künstler entwickelten, je mehr sie deren hochmütig anmaßende Verachtung für solide Organisation und politische Tagesarbeit, für reformistische statt revolutionäre Zielsetzung spürten.

Die Haltung der Rechten war ohnehin durch einen traditionell ausgeprägten Anti-Intellektualismus gekennzeichnet. Dabei stellten die Rechtsintellektuellen der ›Konservativen Revolution‹ eine eher exzeptionelle Erscheinung dar. Als Offiziere ohne Soldaten glossiert, schleuderten auch sie mit elitärem Anspruch der demokratischen Republik die antibürgerliche Kriegserklärung einer ›Revolution von rechts‹ entgegen, bis sie schließlich nolens volens dem autoritären Umbruch gleichsam als Trotzkisten des Nationalsozialismus anheim oder zum Opfer fielen.

So saßen die geistigen Neuerer, wie radikal demokratisch oder elitär ihre Ideen und Absichten auch sein mochten, gleichsam zwischen allen Stühlen, während sie die Republik, die sie zur wahren Demokratie oder zum wahren Staat machen wollten, durch ihre Agitation ruinierten oder durch ihre Kritik nicht so stützten, wie dies notwendig und möglich gewesen wäre. Dem geistigen Niveau und der künstlerischen Qualität der Nachkriegskultur, so umstritten sie sein mochte, standen alle Möglichkeiten offen. Gerade das verhöhnte und totgesagte Bürgertum hat diese Kultur getragen oder doch toleriert; man denke an die Erfolge der antibürgerlichen, antikapitalistischen Stücke etwa Bert Brechts, des Apostaten des Augsburger Bürgertums. Aber die politische Wirkung war bestenfalls gleich null, weil ein positiver Bezug zu der realen Republik im Sinne jener kritischen Sympathie fehlte, auf die es in jeder Demokratie so entscheidend ankommt. Meist war die Wirkung negativ, weil die überkritische Darstellung und Deutung der Zeit eher als nihilistisch denn als wegweisend, konkretisierbar und positiv empfunden wurde.

Es kam noch hinzu, daß die Kommunisten ihrerseits gegen die bürgerlichen Linksintellektuellen standen, die sich ihnen nicht unterwarfen, obschon sie ihnen nützliche Dienste im Sinne einer kulturellen Volksfronttaktik leisteten. Die anti-intellektuelle Polemik der KPD konnte es zuweilen durchaus mit jener der Nationalsozialisten aufnehmen. Die beiden Extremparteien besaßen jeweils ihre eigenen Spitzenintellektuellen: Literaten wie Goebbels und Alfred Rosenberg (bei der NSDAP) oder Johannes R. Becher und die Propagandisten des Münzenberg-Konzerns (bei der KPD) wurden vom Verdikt gegen die bürgerlichen Intellektuellen ausgenommen, während sie virtuos die Kampagnen führten, die das geistige Leben vergifteten und reif machten für die Kapitulation vor den autoritären und totalitären Kräften. Es ist bezeichnend, daß unter Intellektuellen trotz allem weit mehr Sympathien für die Kommunisten als für die Sozialdemokraten bestanden: Das militante Pathos der Radikalen schien dem intellektuellen und künstlerischen Anspruch auf volle Verwirklichung eher zu entsprechen als die kleinbürgerliche Kompromißpolitik der gemäßigteren Demokraten.

Dies war gleichfalls ein großes Mißverständnis, das in den sechziger Jahren wiederkehrte, als Studentenbewegung und ›Neue Linke‹ sich auf die großen Ideale einer abstrakten Demokratie und Gerechtigkeit beriefen, um die bestehenden Demokratien als ›spätbürgerlich‹ zu denunzieren, als untergangsreif zu bekämpfen. Das Sendungsbewußtsein einer ›progressiven‹ Kunst und Literatur war um so entschiedener gegen jeden Status quo des Gesellschafts- und Parteiensystems gerichtet, je mehr die Polarisierung des politischen Lebens fortschritt. Diese Polarisierung hat schließlich alles verengt zu jener radikalen Scheinalternative vieler Intellektueller und Künstler der zwanziger und dreißiger Jahre, der man sich als vermeintlich unausweichlich unterwarf: Faschismus oder Kommunismus.

Als Komplikation wirkte eine weitere Dimension: der große Beitrag der Juden zur Kultur der Zeit. Die Spannung von Tradition und Modernisierung, von Sonderbewußtsein und Assimilationsdruck setzte ein großes Potential schöpferischer Kräfte frei, aber die rasch in den Vordergrund gerückte Stellung der jüdischen Minderheit im kulturellen Leben stieß in der neuen, ihrer selbst unsicheren Republik auf antisemitische Ressentiments, die schon im religiös und ökonomisch getönten Nationalismus der Bismarck-Zeit starke Wurzeln besaßen. Es beeinträchtigte Wirkung und Integration der Kultur von Weimar ganz besonders, daß sie als Werk ›undeutscher‹ Kräfte gescholten und mit antibürgerlich-antikapitalistischen Slogans, insbesondere mit jenen antisemitischen Stereotypen belegt wurde, gegen die rationale Argumente wirkungslos waren: Man diffamierte die Juden als Repräsentanten einer antinational-kosmopolitischen Kultur, als wurzellose und destruktive Kritiker, als Gegensatz zum ›schöpferischen‹ deutschen Geist.

Das Klischee von der ›jüdisch-überfremdeten‹ Kultur diskreditierte die westliche Zivilisation der nachrevolutionären Moderne, und es verschärfte die Spaltung zwischen rechts und links, bürgerlich und sozialistisch, reformistisch und revolutionär, nationalistisch und internationalistisch noch um eine entscheidende Nuance. So erfolgte dann auch gerade in Deutschland, wo sich jene Spaltungen besonders tief auftaten, der Umschlag von der weltoffenen, liberalen Kulturblüte der zwanziger Jahre zur engsten totalitären Reglementierung mit besonderer Heftigkeit. Doch kaum geringer war die Desillusionierung der intellektuellen Zukunftsvisionen im Blick auf die Sowjetunion Stalins, die auf ihre Weise ebenso repressiv auf den Traum von der herrschaftsfreien Politik, vom Vernunftreich der Intellektuellen reagierte.

Es war eine Erfahrung, die nach 1945 noch über zwei Jahrzehnte hin wirkte und eine Renaissance liberaler Demokratie in Westeuropa ermöglichte, jedoch auch ein ähnlich enthusiastisches Aufblühen der Kultur bremste. Als in den sechziger Jahren jene Erfahrung verblaßte, wurden fast krampfhaft die kritischen Positionen und Probleme der zwanziger Jahre wiederaufgenommen. Sie führten eher zu einer Reprise als zu neuer Entfaltung. Bereits nach wenigen Jahren erwies sich die Unwiederholbarkeit jenes geistigen und künstlerischen Aufbruchs, der auf ambivalente Weise, durch Vision und Destruktion, so wesentlich zu der vielfältigen wie verwirrenden und irrenden Entfaltung der Zeit zwischen den Kriegen beigetragen hat. Die historische Erfahrung sollte gleichwohl auch heute, im Zeichen links-intellektueller Renaissancen und unpolitischer Nostalgien, ernst genommen werden.

Blickt man auf jene historische Erfahrung und auf die gegenwärtige Diskussion, so tritt eine Reihe von fortwirkenden Einsichten hervor, die das Verhältnis der gesellschaftlichen und geistigen Wandlungen zu Kultur und Politik zwischen den Krisen betreffen.

Erstens: Es gibt einen politischen Bürgerbegriff, der bis zur Gegenwart die Funktion und das Verhältnis des einzelnen zum Staat bezeichnet: von der griechischen Vorstellung des Polites und der tragenden Rolle des Mittelstandes in der Polis (Aristoteles) über den römischen Civis (Cicero) zum Citizen und Citoyen, zur Middle class in der Neuzeit.

Zweitens: Die sozialen Bedingungen des Bürgerbegriffs wandeln sich im Lauf der neueren Geschichte: von der Stadt des Mittelalters über die Modernisierung des Staates im Absolutismus zur Aufklärung, bürgerlichen Revolution, liberalen Bürgergesellschaft. In der Entwicklung der industriellen Massengesellschaft gelingt es dem hochentfalteten Bürgertum nicht, die seinen Bedürfnissen adäquaten Sozialstrukturen zu stabilisieren, vielmehr setzt es im Zivilisationsprozeß antibürgerliche Automatismen in Gang, die seine Weiterexistenz, die bürgerliche Lebensbasis selbst, aufs äußerste in Frage stellen: Der Weg »vom dritten zum vierten Menschen« (Alfred Weber), zum »eindimensionalen Menschen« (H. Marcuse) zeichnet sich ab.

Drittens: Das bürgerliche Zeitalter des 19. Jahrhunderts und sein Wertsystem geraten gerade zum Zeitpunkt ihres scheinbar endgültigen Triumphs in eine tiefe Krise. Eine doppelte Anfechtung von links und rechts, die je unter dem Slogan des Sozialismus vordringt, betont die egalitär-kollektiven gegenüber den individuell-liberalen Fortschritts- und Ordnungsvorstellungen: als internationaler oder nationaler Sozialismus. Die antibürgerliche Welle beschwört die Zerreibung, den Verlust der Mitte herauf.

Viertens: Aber der Niedergang des Bürgertums im Zeitalter der Weltkriege resultiert keineswegs im prophezeiten Verschwinden, sondern in einer Verallgemeinerung des Bürgerlichen, einer Tendenz zur allgemeinen Verbürgerlichung selbst unter sozialistischen Systemen, die mehr ist als ein residuales Überleben historischen Bürgertums. Die politischen Formen sind unterschiedlich, aber die bürgerrechtliche Komponente als Träger und Garant politischer Kultur tritt überall hervor; ihr Fehlen oder ihre Schwäche sind ein Hauptproblem der Dritten Welt. Konstitutiv bleiben die Traditionen des politischen Bürgers nach den Modellen des französischen Republikanismus und des englischen Parlamentarismus, die Axiome des Middle-class-Egalitarismus in der betont nicht-sozialistischen Gesellschaft der USA, aber auch die fortdauernden bürgerlichen Ideale im Sozialismus – als unterschwellige Tendenz zum sozialen Aufstieg wie als menschenrechtliches Postulat.

Fünftens: Die negativen wie die positiven Prägungen des Bürgerbegriffs, vom Spießbürger zum Staatsbürger und zur Bürgerinitiative, bilden bis zum heutigen Tag einen mächtigen Faktor des politischen und gesellschaftlichen Bewußtseins. Im Auf und Ab der Entwicklung Deutschlands hat sich die Ambivalenz und Vieldeutigkeit des Bürgerlichen besonders gravierend ausgewirkt: im Versagen von 1933 wie im Wiederaufstieg nach 1945.

Sechstens: Die antibürgerlichen Wellen unserer neueren Geschichte signalisieren Kampfsituationen, aber nicht definitive, geschichtsnotwendige Entwicklungen. Marxismus und Leninismus, Faschismus und Neomarxismus, allesamt mit totalitärem Endzeitanspruch bewaffnet, haben in hundertfünfzigjähriger Folge ihre pseudowissenschaftlichen Prophezeiungen ausgestoßen. Zu früh und zu Unrecht! Die Eule der Minerva hat ihren Flug schon mehrmals vergeblich begonnen. Noch sind die Bürger freiheitlicher Staaten nicht gezwungen, vor ihrem Flügelschlag resignierend zu kapitulieren.

# Demokratie oder Diktatur

Im veränderten Staatensystem Europas bildete sich schon in den zwanziger Jahren jene Konfrontation heraus, die charakteristischer erscheint als die umstrittene Alternative von Revolution und Gegenrevolution: die Konfrontation von Demokratie und Antidemokratie. In ihr treten die Unterschiede zwischen den alten und den neuen Demokratien, zwischen den west- und nordeuropäischen Staaten einerseits und den mittel-, ost- und südeuropäischen Staaten andererseits, nicht zuletzt zwischen den Siegermächten und den Besiegten oder mit dem Sieg Unzufriedenen, wie Italien und Japan, hervor. Diese Gruppierungen haben in den dreißiger Jahren dann eine entscheidende Rolle bei der Frontbildung gespielt, in der sich außenpolitisch die Vorgeschichte des Zweiten Weltkrieges entwickelte. Denn neben der Revisionsdebatte war es die Demokratiedebatte, die politisch wie ideologisch die großen Lager innerhalb und zwischen den Staaten formiert hat.

Der äußere und innere Wirkungsbereich der modernen Demokratie ist durch den Ersten Weltkrieg geradezu ruckartig erweitert worden. Das gilt sowohl für ihre geographische Ausdehung über Europa als auch für den Ausbau der Institutionen und Verfassungen, für die Entfaltung des Parteiwesens, die Durchsetzung politischer Gleichheit, auch im Wahlrecht für Frauen, für die Bemühungen um Sicherung bürgerlicher Freiheit und politischer Partizipation. Doch mit dieser Ausdehnung und Vertiefung der Demokratisierung Europas traten, wie nach dem Zweiten Weltkrieg bei der Übertragung demokratischer Formen in die Dritte Welt, die großen Strukturprobleme hervor, die selbst in den alten Demokratien existierten. Sie mußten um so schärfer und kritischer erscheinen, je weniger die historischen, sozialen und ideellen Voraussetzungen vorhanden waren, welche den Aufstieg und die starke Verwurzelung der modernen Demokratie in einigen wenigen Staaten West- und Nordeuropas, in der Schweiz und den USA möglich machten. Das Experiment ihrer Übernahme oder Übertragung nach Mittel-, Süd- und Osteuropa mußte davon abhängen, inwieweit es möglich sein würde, in einem Nachholprozeß durch günstige politische und institutionelle Vorkehrungen sowie durch soziale Reformen die meist noch schmale Basis zu erweitern und gleichsam zu popularisieren, auf der demokratisch orientierte Politiker und Parteien die Bewährung des neuen politischen Systems herbeiführen konnten. So schwierig die Aufgabe erscheinen mochte, im Elend und Chaos der Nachkriegszeit diese Pionierarbeit zu leisten, so stellte doch die offenbare Überlegenheit der Demokratien im Krieg und auch die Niederlage der radikalen Revolution außerhalb Rußlands einen positiven Antrieb dar: Hatten nicht die alten Systeme abgewirtschaftet, und widersprach nicht auch der neue Ansatz des Links- oder Rechtsradikalismus der großen Sehnsucht nach Frieden und gerechter Ordnung, wenn er nur die alte Gewaltanwendung durch eine neue ersetzte?

So mußte zunächst vieles darauf ankommen, welches Bild und welche Inspiration die etablierten, die klassischen Demokratien vermitteln würden. Daß sie als Sieger für Elend und Ungerechtigkeiten verantwortlich gemacht würden und die harten Friedensverträge solchen Eindruck nicht gerade verbesserten, war unvermeidlich. Die innere Qualität und die Ausstrahlungskraft dieser Demokratien mußte dafür entscheidend sein, ob die Neuordnung Europas auch aus der inneren Verfassung der Staaten heraus gesichert werden konnte. Deshalb blickte man besonders auf Frankreich, England und die Vereinigten Staaten, die sich nicht nur in den europäischen Krieg, sondern auch in die Demokratiedebatten maßgebend eingeschaltet hatten.

## Frankreichs Dritte Republik

Die Politik der Westmächte war wesentlich bestimmt und beeinträchtigt durch die Tatsache, daß seit Kriegsende die verschiedenartigen Friedensinteressen wieder stark hervortraten: Sicherheit über alles für Frankreich, Distanz und Zurückhaltung für England, weltpolitischer Rückzug für Amerika. Frankreich war durch diese außen- und bündnispolitische Problematik am meisten betroffen. Doch zunächst hatte es seine Kriegsziele erreicht. Das Land der klassischen Revolution und Republik hatte sich unter gewaltigen Opfern behauptet und die Erniedrigungen und Einbußen von 1870/71 wettgemacht. Und das gegen eine Armee und Wirtschaft von so legendärer Leistungskraft wie die preußisch-deutsche. Darin lag eine Bestätigung des politischen Systems der Parlamentsdemokratie der Dritten Republik, eines Systems, das vor dem Krieg von Krisen und Zweifeln geschüttelt worden war, aber eine so schwere Anfechtung wie die Dreyfus-Affäre überstanden und im mörderischen Krieg auf eigenem Boden alle Streiks, Personalprobleme, Existenzkrisen gemeistert hatte. Das wurde geradezu als Sieg der Civilisation française gefeiert, als neuer Höhepunkt nach dem Niedergang im 19. Jahrhundert. Paris als Ort der Friedensverträge konnte als eine Hauptstadt der Welt erscheinen. Hatten doch die Bekenntnisse und Aufrufe der Intellektuellen und Professoren beider Seiten den Krieg zu einer Welt-Entscheidung zwischen deutscher Kultur und französischer Zivilisation, zwischen westlicher Demokratie und deutschem Autoritätsstaat erhoben. Diese Konfrontation bezeugte 1918 noch Thomas Mann in seinen berühmten ›Betrachtungen eines Unpolitischen‹.

Aber die Uhr ließ sich nicht in die Zeiten französischer Größe vor oder nach der Revolution zurückdrehen. Die Belastungen und Wunden des Krieges wogen für Frankreich schwerer als für jeden anderen Staat: über anderthalb Millionen Tote bei niedrigerer Bevölkerungszahl und Geburtsrate als Deutschland; fast völlige Zerstörung eines Großteils des Landes, und zwar gerade im Norden und Osten, wo sich die industriellen Zentren befanden; finanzielle und materielle Engpässe auf allen Gebieten. So erklärte sich der Schrei nach Reparationen aus Deutschland – eine verständliche Erwartung, die jedoch im Endresultat nur geringe ökonomische Vorteile, dafür um so mehr politische Probleme bringen sollte. Aber vorerst war die innere Stimmung von einem nationalen Stolz geprägt, der sich in der entschiedenen Haltung auf der Friedenskonferenz und noch deutlicher in den ersten Wahlen von 1919 zeigte. Ein Jahr nach Kriegsende erbrachten sie eine ungewöhnliche Mehrheit von über siebzig Prozent für rechtsgerichtete, konservative Parteien und Kandidaten.

Das war eine gänzlich andere Situation als in den übrigen Ländern Europas, wo meist die Linke, revolutionär oder nicht, die Nachkriegszeit beherrschte. In Frankreich, wo die Linke eine so starke Tradition besaß, war sie weit abgeschlagen. Hier hatte die Russische Revolution eine negative Auswirkung. Ihre Maßnahmen erschreckten das französische Bürgertum, zumal die Bolschewisten die Anerkennung und Rückzahlung der französischen Anleihen an Rußland verweigerten. Die Linke war vor allem als unnational und defätistisch abgestempelt. So vollzog sich der Wiederaufbau im Zeichen bürgerlicher Rechtskoalitionen. Doch es zeigte sich am Währungsverfall und der zunehmenden Staatsschuld, wie illusionär es war, diese Aufbaupolitik in erster Linie auf die deutschen Reparationen abzustellen. Das Zauberwort ›L'Allemagne paiera tout‹ stellte sich rasch als Illusion heraus. Es wuchs eine Verbitterung, die vergiftend auf die französisch-deutschen Beziehungen, die europäische Politik überhaupt und auf die innerfranzösische Entwicklung wirkte.

So wurde die Innenpolitik Frankreichs bei aller Stabilität gegenüber einem revolutionär aufgewühlten Europa schnell wieder von den personellen Problemen und Konflikten seines traditionell zerklüfteten Parteien- und Gruppensystems überschattet. Bezeichnend dafür war die Präsidentenwahl von 1920. Der bisherige Präsident Raymond Poincaré wurde in den Senat gewählt, blieb jedoch als Führer des nationalen Blocks der eigentliche starke Mann der Rechten; er war zum Beispiel für die Annexion der linksrheinischen Gebiete eingetreten. Dagegen wurde Georges Clemenceau, der stärkste demokratische Politiker der Kriegszeit, der zu Konzessionen bereit war, als Präsidentschaftskandidat mit dem Vorwurf des Atheismus von der Rechten zu Fall gebracht. Die Wahl des Nationalistenführers Alexandre Millerand trug wenig zur Klärung der verworrenen Lage bei. Verschärfend wirkten die Enttäuschungen und Befürchtungen der außenpolitischen Entwicklung von 1920/21 auf die inneren Gegensätze und Konflikte zurück. Schon im Winter 1919/20 zeigte sich, daß die erhoffte amerikanisch-englische Garantie gegen einen künftigen Angriff Deutschlands wegen des Rückzugs der USA aus der europäischen Politik nicht zustande kam; nach der Niederlage Präsident Wilsons im amerikanischen Senat schlossen die USA sogar einen Sonderfrieden mit Deutschland. Gleichzeitig ergaben sich mit Großbritannien, auf das Frankreich nun um so mehr angewiesen war, verstärkt Meinungsverschiedenheiten sowohl über die Neuordnung im Nahen Osten, in der Türkei und in Syrien, als auch über den Versailler Vertrag, seine Ausführung und seine Folgen. Aufsehenerregend war schon 1919 das Buch des später so berühmten englischen Ökonomen John Maynard Keynes über die Reparationen, in dem Versailles geradezu als karthagischer Frieden kritisiert wird; man wußte, daß der englische Ministerpräsident Lloyd George ähnlich dachte, und fühlte sich in Paris alleingelassen. Man klammerte sich weiter an die Forderung nach voller Erfüllung der Verträge, und die Übernahme der Regierung durch Poincaré (1922), der auch als Außenminister amtierte, signalisierte den starren Kurs. Alle englischen Bemühungen um Kompromißlösungen verfielen der Ablehnung, so der Vorschlag zu einem englisch-französisch-belgischen Pakt über militärische Hilfeleistung für den Fall eines deutschen Angriffs auf der Konferenz von Cannes 1922 – eine Art Vorstufe zum späteren Locarno-Pakt, der unter schrittweiser Einbeziehung auch der Besiegten zu einem europäischen Bündnis ausgebaut werden sollte. So verständlich das französische Mißtrauen gegen die drohende Abschwächung der Friedensverträge war, so sehr wurden mit diesem starren Insistieren mögliche Lösungen schon zu einem früheren Zeitpunkt verfehlt. Man taumelte in die frustrierenden Ereignisse des Jahres 1923: gescheiterte Ruhr-Besetzung und Inflation in Deutschland statt der erhofften Reparationslösung, wachsende Krise auch in Frankreich. Sie aber führte auch dort zur innenpolitischen Wende. In den Wahlen von 1924 löste eine Links-Koalition die konservativ-nationale Konstellation von 1919/20 ab. An Poincarés Stelle traten Edouard Herriot und Aristide Briand. Es begann die Periode der Zusammenarbeit an Stelle der Konfrontation.

Die enge Verflechtung innen- und außenpolitischer Probleme und Konstellationen sollte nicht über die spezifischen Eigenheiten der französischen Demokratie hinwegtäuschen. Man kann sie interpretieren als einen Rhythmus von Krisen und deren Überwindung durch eine wechselnde Balance der sozialen Kräfte. Dabei überlebten die parlamentarischen Institutionen mit Hilfe eines ständig gefährdeten Balanceakts. Der Eindruck einer solchen ›Seiltänzer-Demokratie‹, wie David Thomson sie genannt hat[1], mußte nicht nur im Licht der stabilen englischen Tradition, sondern mehr noch auf die ohnehin schwankenden neuen Demokratien Europas verwirrend wirken, zumal diese durchweg den französischen Typ der Parlamentsdemokratie übernommen hatten. Unübersichtlich, ineffizient, vom Egoismus der Personen und Gruppen zerspalten, bot sie in den zwanziger Jahren ein wenig attraktives Bild, und es drängte sich die Folgerung auf, daß sie eben allenfalls in Frankreich funktionieren könne. Der sehr spezifische Charakter dieser Demokratie, die gleichsam beides, Französische Revolution und napoleonischen Cäsarismus, als gemeinsamen Hintergrund der Nation und ihres prekären Consensus voraussetzt, beeinflußte nach dem Zweiten Weltkrieg die deutsche Hinwendung zum englischen und amerikanischen Demokratieverständnis, während Frankreich später selbst unter de Gaulle wieder die autoritäre Komponente verstärkte.

Die Geschichte der Dritten Republik verlief im Zeichen mehrerer solcher Balanceakte, die sie alle überstand, bis sie 1940 unter dem deprimierenden Druck der Niederlage aufgeben mußte. Charakteristisch sind: der plötzliche Wechsel von rechts und links; das kompromißhafte Aufschieben von Entscheidungen und demgemäß von fälligen Reformen; die Kunst des immer erneuten Ausgleichs, die über die Existenz und Drohung starker radikaler Gruppen, Parteien, Gewerkschaften hinweghalf; schließlich und vor allem der Absolutismus des Parlaments, der scheinbar eine starke und kontinuierliche Regierung unmöglich machte, ja die Regierung als einen häufig wechselnden Ausschuß des Parlaments erscheinen ließ. Man zählt dreiunddreißig Regierungen zwischen den Kriegen, die Kabinettsumbildungen nicht gerechnet. Allerdings amtierten sie mit einer begrenzten Anzahl von Personen, die sich kannten und letztlich doch eine Kontinuität hielten. So war Briand zwischen 1925 und 1932 Außenminister in vierzehn Regierungen. Die Kontinuität wurde außerdem durch eine starke und stabile Verwaltung gesichert, eine Erbschaft der absolutistisch-revolutionär-napoleonischen Modernisierung und Zentralisierung Frankreichs.

In der verwirrenden Fülle des politischen Auf und Ab gab es im Grunde zwei Formen des Regierungswechsels: entweder eine Änderung der Mehrheit, meist durch Wechsel der Liberalen von einer Links- zu einer Rechtskoalition wie 1926, 1934 und 1938 – anders als die in der Weimarer Republik üblichen häufigen Wahlen bewirkte der Koalitionswechsel eine Anpassung an die Änderung der öffentlichen Meinung; er kann ohne weiteres als ›Garantie gegen einen Bürgerkrieg‹ bezeichnet werden[2] –; oder der häufige kleine Regierungswechsel mit ähnlicher Besetzung, der wegen einer Sachfrage eine

Korrektur erforderte, ohne Koalitionsprobleme aufzuwerfen. Selbst eine solche skizzenhafte Aufzählung verrät die französische Kunst, mit einem bewußt imperfekten, zeitweise anarchisch anmutenden Regierungssystem zu arbeiten. Es besaß einen großen Vorteil vor jenen Systemen, die wie die Weimarer Republik etwa mit einem präsidial-parlamentarischen Mischsystem Stabilität und Perfektion erstrebten, ohne sie zu erreichen. Es hatte den Vorteil, daß es flexibel und korrigierbar war, um politischen und menschlichen Imponderabilien Raum zu geben, auch Improvisation zu ermöglichen und neuen Entwicklungen gerecht zu werden, ohne den demokratischen Rahmen zu sprengen. Freilich hatte es den Nachteil, daß notwendige und als notwendig erkannte Verbesserungen kaum zustande kommen konnten.

Die Reform und Modernisierung des parlamentarisch-demokratischen Regierungssystems, seine Anpassung an die Erfordernisse der technischen, ökonomischen und sozialen Realitäten des 20. Jahrhunderts und insbesondere der Nachkriegszeit blieben im Diskussionsstadium stecken. An der so viel zitierten Krise des Parlamentarismus, der mehrere Konferenzen der Interparlamentarischen Union – mit Vertretern aller parlamentarisch organisierten Staaten – in den zwanziger Jahren galten, ist die Tatsache bemerkenswert, daß fast dieselben Probleme bis zum heutigen Tag charakteristisch geblieben, nur teilweise durch Reformen gemildert sind.

Die augenfälligste Anpassung an politische und soziale Entwicklungen wäre die Erfüllung des allgemeinen gleichen Wahlrechts durch Einführung des Frauenstimmrechts gewesen. Aber gerade diese unterblieb in Frankreich auch nach den egalisierenden Wirkungen des Krieges – ein bezeichnendes Beispiel für die interessen- und balanceorientierte Beharrungskraft dieses zugleich konservativen und flexiblen Systems. Der Grund war ein negativer Consensus mit entgegengesetzten Motiven: Die Rechte stand einer allgemeinen Ausweitung des Wahlrechts ohnehin skeptisch gegenüber, die Linke fürchtete eine Verschiebung zuungunsten der laizistischen Tradition, wenn sich klerikale Einflüsse über weibliche Wähler verstärkten. Beides waren Erwägungen der Tradition und der Balance in einem etablierten System, dessen Wählerschaft in ihren Proportionen zu verändern jede Seite fürchtete. Es ist bis heute umstritten geblieben, welche möglichen Auswirkungen das Frauenstimmrecht besaß. In der Weimarer Republik, wo es sogleich eingeführt wurde, stand es im komplexen Zusammenhang einer System- und Wahlrechtsänderung, doch es läßt sich insgesamt eine gemäßigt (christlich-)konservative Haupttendenz erkennen. In Frankreich wurde der Schritt über die romanische Familientradition hinaus erst bei dem Neuanfang von 1944 getan.

Probleme der Tradition und Balance gab es auch um die Einführung des Proportional- oder Verhältniswahlrechts: Forderung einer konsequenten

Demokratietheorie, zumal der Sozialisten, gegen das historisch etablierte nichtegalitäre Mehrheitswahlrecht. Auch hier kam es im Unterschied zur Weimarer Republik, die mit der konsequenten Verhältniswahl allerdings ebenfalls nicht glücklich wurde, zunächst zu einer gemischten Lösung. Gegen alle Behauptungen, das Wahlrecht bestimme das Parteiensystem und die Verhältniswahl sei für die Zersplitterung des Parteiwesens verantwortlich, ist prinzipiell zu sagen, daß damit historisch wie politisch gesehen oft Ursache und Wirkung verwechselt werden. Immer blieb die traditionelle Vielfalt der französischen Parteien, zudem die Tendenz, sie in Blöcken zusammenzuschließen und im Rahmen des großen Gegenübers der Rechten und der Linken zu sehen. Auch die deutsche Erfahrung ist ja keineswegs eindeutig, wie die sehr verschiedenartige Entwicklung des Parteiwesens in den Republiken von Weimar und Bonn erweist; nicht so sehr die Korrelation mit dem Wahlsystem als die Interessenstruktur von Wählerschaft und Parteisystem erscheint hier als das Wesentliche. Das französische Wahlsystem von 1919 war wieder ein bezeichnender Kompromiß der Interessen: absolute Mehrheitswahlen im ersten, Verhältnis der Stimmen im zweiten Wahlgang. 1919 kam es der Rechten, 1924 der Linken zugute, 1927 machte es wieder dem traditionellen absoluten Mehrheitswahlsystem Platz. Ähnliche Experimente gab es nach 1944, mit der Folge einer erstaunlichen Konstanz im Wechsel.

In der Dritten wie noch in der Vierten Republik blieb es beim Primat des Parlaments, das seine Macht nach beiden Seiten, gegenüber dem Präsidenten wie der Wählerschaft, eher noch verstärkte. Es war das System einer Versammlungsregierung. Auch die Weimarer Republik und andere neue Demokratien praktizierten es, aber mit den fatalen Folgen einer Tendenz zur Präsidialdiktatur oder gar zum Staatsstreich gegen das Parlament. In Frankreich dagegen war das etablierte Gewicht und Interesse der Parteien stark genug, um jeden Ansatz zur Präsidialdemokratie oder auch nur zur britischen Form der Kabinettsdemokratie – mit dem Recht des Regierungschefs zur Parlamentsauflösung – abzublocken. Es war der Prototyp der absolut parlamentarischen Demokratie. Jeder Versuch anderer Staaten, dieses System zu übernehmen, scheiterte über kurz oder lang an den einzigartigen französischen Voraussetzungen, auf denen es beruhte. Zu ihnen gehörte allerdings die Möglichkeit, von der präsidialen Verordnungsgewalt an Stelle der regulären Gesetzgebung Gebrauch zu machen, wenn nur das Parlament es tolerierte. Das geschah häufig genug und mochte dem Demokratietheoretiker bedenklich erscheinen, doch es wurde die französische Verordnungspolitik – und das ist entscheidend – im Unterschied zu den letztlich fatalen Notverordnungsregimen der Weimarer Republik eben nicht mit einer Auflösung des Parlaments verknüpft, sondern dieses konnte auch dann stets noch souverän über die Regierung verfügen. Ihre Bildung und Kontrolle im Forum der Nation war das Kernprinzip der französischen Demokratie. Nie bestand eine

Versuchung, die Verordnungsgewalt zu mißbrauchen, wie das mit dem Artikel 48 der Weimarer Verfassung geschah. – Die Sicherung des Einflusses der Provinz wurde im französischen Zentralismus durch das Zweikammersystem ermöglicht. Die französische Demokratie blieb dabei weit entfernt von den Erfordernissen, die Länder mit traditioneller föderativer Struktur wie Deutschland an eine Staatsorganisation stellen. Die Weimarer Republik sollte nicht nur an ihrem eklektischen Verfassungssystem scheitern, in dem das Verhältnis der parlamentarischen, präsidialen und exekutiven Gewalt ungeklärt blieb, sondern auch an der föderalistischen Frage, die nicht im Rahmen eines funktionsfähigen demokratischen Systems gelöst werden konnte.

Man hat die Dritte Republik beschrieben als Einverständnis mit dem existierenden System und Vorliebe für wenig Veränderung, für Kompromiß und halbe Maßnahmen. Damit ist sowohl die relative Stabilität und Liberalität als auch die geringe Fähigkeit zu wirtschaftlichen und sozialen Reformen erklärt. Es war ein gewiß paradoxes System, über das am Vorabend seines Zusammenbruchs gesagt worden ist: »Konservativ in den Maßnahmen und revolutionär im Herzen; extrem und idealistisch in den Programmen, aber opportunistisch und gemäßigt im Handeln; große Männer bewundernd, doch die Macht ihnen verweigernd; gefesselt durch Eloquenz und Worte, aber häufig die Redner wechselnd; wenig befaßt mit wichtigen Problemen, um sie doch meist in letzter Minute zu lösen: die Republik à la française ist unvergleichbar« (P. Guérin).[3] Ohne Zweifel ist die französische Republik zwischen den beiden Weltkriegen vor allem deshalb überwiegend negativ beurteilt worden, weil man eine Erklärung und Rechtfertigung für 1940 suchte. Infolge dieser Perspektive sind häufig die positiven Aspekte, die Vielfalt, Lebendigkeit und Kompromißfähigkeit der französischen Demokratie übersehen worden. Mit Recht wurde gesagt: »Es ist schwerlich vernünftig, eine Form politischer und sozialer Organisation danach zu beurteilen, ob sie geeignet war, einen Krieg vorzubereiten« (R. A. C. Parker)[4]. Da war zunächst die bemerkenswerte wirtschaftliche Erholung von den Verwüstungen des Krieges, und die Weltwirtschaftskrise wirkte sich später als in anderen Ländern aus. Dann freilich war Stagnation kennzeichnend, während der lärmende Aufstieg der Diktatoren die Szene beherrschte.

Die innenpolitischen Entwicklungen entsprachen dem Auf und Ab der Ereignisse. Die Konflikte wurden in den dreißiger Jahren heftiger und mündeten in die Volksfrontpolitik von 1936 bis 1938, eine Koalition von Sozialisten, Kommunisten und Liberalen. Dagegen kann man das Jahrzehnt nach Kriegsende als das stabilste der neueren französischen Geschichte bezeichnen. Die extreme alte Rechte mit Monarchisten und Bonapartisten war fast verschwunden, der Konservatismus in das System integriert, faschistoide

Gruppen wie die Camelots du roi oder die Action française, die Jeunesses patriotes oder die Croix de feux, finanziert von einem Parfumfabrikanten, erreichten nie die Stärke der italienischen oder deutschen Rechtsradikalen. Auf der Linken hielten die Sozialisten Léon Blums entschieden am demokratischen System fest, während die revolutionäre Drohung der Kommunisten eher rückläufig wurde, nachdem sich gezeigt hatte, daß die bolschewistische Revolution eben eine russische war. Bei den Wahlen von 1932 waren die Sozialisten doppelt so stark wie die Kommunisten und erhielten wegen des Wahlsystems sogar das Zehnfache an Sitzen, während einst die entscheidende Spaltung der Sozialisten (1920) eindeutig zugunsten der Komintern ausgegangen war. Die Spaltung hatte im Grunde stabilisierend gewirkt, da sie auch in den Gewerkschaften zur Trennung der kommunistischen Systemgegner (CGTU) von der demokratischen Mehrheit der CGT führte. Schließlich kamen die Kommunisten 1936 ebenfalls so weit – gewiß aus taktischen Gründen im Angesicht der Volksfront –, die bürgerliche Republik provisorisch zu akzeptieren. Auch so blieb ihre Stärke beträchtlich, besonders dann, wenn der KP das linke Protestvotum zugute kam und die ideologisch starre Bindung an Moskau weniger hervortrat. Schon damals, mehr noch nach 1944, war die Stärke der Kommunisten in Frankreich, wie in Italien, von diesem halb- oder nichtkommunistischen Protestvotum für die äußerste Linke – aber nicht für Moskau – abhängig.

Die relative Stabilität der politischen Szene in den zwanziger Jahren, die durch den Wechsel von Regierungen und Parteiblöcken weniger beeinträchtigt wurde, als es den Anschein hatte, kontrastierte auch in Frankreich mit den Bedrohungen der Demokratie in den dreißiger Jahren. Im Zuge der dort verzögerten Wirtschaftskrise kam 1934 eine bürgerkriegsähnliche Lage zustande. Fünf Regierungen waren seit 1932 über Finanz- und Budgetfragen gestürzt. Jene klassische Kritik an der Ineffizienz der Parlamentsdemokratie, die inzwischen Italien und Deutschland in die Diktatur geführt hatte, gab den antiparlamentarischen Rechtsradikalen nun auch im Lande der traditionellen Parlamentsherrschaft Auftrieb. Zu den alten Gruppen kamen neue, wie die Solidarité Française oder der Parti Franciste, beide in Blauhemden uniformiert, um das Bild der Schwarz- und Braunhemden zu vervollständigen. Am ehesten den Faschisten oder der SA vergleichbar waren die paramilitärischen Organisationen der Croix de feux unter dem Obersten François de La Rocque; sie bereiteten ganz offenbar einen Staatsstreich vor. Der Skandal um den Finanzbetrüger Serge Stavisky mit Verbindungen in das höchste politische Establishment wurde zum Anlaß für gewalttätige Demonstrationen der antidemokratischen Rechten. Sie erreichten am 6. Februar 1934 ihren Höhepunkt mit einem Marsch auf das Parlament. In einer dramatischen Sitzung sprach dieses der neuen liberalen Regierung unter Edouard Daladier das Vertrauen aus, während die Polizei sich mit Waffengewalt durchsetzte. Die blutigen Vorfälle – siebzehn Tote, über zweitausend Verletzte, in der Mehrzahl Polizisten – und die fortbestehende Putschgefahr veranlaßten einen neuen Regierungswechsel und die Bildung einer großen Rechtskoalition, der es gelang, die eher vermeintliche als tatsächliche Gefahr eines Staatsstreichs abzufangen.

Bezeichnend wie diese französische Bewältigung einer Demokratiekrise, der in jenen Jahren die meisten europäischen Staaten anheimfielen, ist die linke Reaktion, die sie hervorrief: die Volksfront von 1936. Ihre historische Bedeutung als erster Präzedenzfall einer von der Mitte bis zu den Kommunisten reichenden Regierungskoalition ist bis heute bemerkenswert – sowohl für die (zeitweilige) kommunistische Taktik einer kooperativen Systembejahung als auch für die Versuche zu einer konstruktiven Einbeziehung der kommunistischen Anhängerschaft in demokratische Politik durch die gemäßigte Linke. Die Aktualität der Volksfront-Theorie tritt in dem Bündnis Mitterrand-Marchais bei den Präsidentschaftswahlen von 1974 wie in den gegenwärtigen italienischen Diskussionen um eine Regierungsbeteiligung der Kommunisten unter der Parole des historischen Kompromisses hervor. Damals freilich bedeutete die Volksfront einen Versuch, dessen politischer Verlauf und Ertrag zweifelhaft erscheinen müssen. So bedeutend die Statur des Sozialistenführers Léon Blum war, so wenig läßt die innenpolitische und wirtschaftliche, weniger noch die außenpolitische Bilanz die Volksfront als Modell erscheinen.

Auch hier macht der konkrete geschichtliche Zusammenhang Generalisierungen fast unmöglich. Die Koalition von Radikalen (= Liberalen), Sozialisten und Kommunisten ging bis auf den Generalstreik gegen die rechtsradikalen Umtriebe zurück, zu dem sich sozialistische und kommunistische Gewerkschaften am 12. Februar 1934 zusammengefunden hatten. Noch im März hielt die kommunistische Führung unter Maurice Thorez an ihrer Theorie des Sozialfaschismus fest, obwohl diese in Deutschland zu dem katastrophalen Ergebnis von 1933 geführt hatte. Die Sozialisten wurden als Hauptfeind gesehen – in Verkennung der antidemokratischen Bedrohung von rechts. Aber im Sommer 1934 erfolgte, wohl auf die verspätete Erkenntnis in Moskau hin, die wie immer plötzliche Schwenkung zu einem Pakt mit den Sozialisten, der nun den Kampf für demokratische Freiheiten, gegen Faschismus und Krieg propagierte. Dem schlossen sich Bemühungen um den Mittelstand und die Radikale Partei an, sogar um Katholiken und Rechte, soweit sie für das proklamierte antifaschistische Bündnis brauchbar erschienen. Ein gemeinsames Programm dieses Bündnisses (Januar 1936) war der Auftakt zum Austritt der radikal-sozialistischen Minister aus der bürgerlich-konservativen Regierung Pierre Laval, deren Appeasement-Politik gegenüber Mussolini zum Anlaß diente. Im Blick auf die kommenden Wahlen war für die Liberalen, die unter dem Mehrheitswahlsystem auf eine Wahlkoalition angewiesen waren, dieses Mal das Bündnis mit der Linken die Konsequenz: die Volksfront.

Diese Entscheidung der traditionellen französischen Mittel- und Regierungspartei, ja der eigentlich republikanischen Partei schlechthin, war für die französische Demokratie das Symbol oder die Illusion einer Integration, freilich zugleich eines Sieges der gesamten Linken mit Einschluß der Kommunisten. Immerhin wird hier der tiefe Unterschied zwischen den Demokraten Frankreichs und Deutschlands offenbar. Dieselben politisch-sozialen Gruppen des Mittelstands, die den Sieg des Rassisten Hitler ermöglichten, stützten in Frankreich die Abwehrfront unter einem jüdischen Sozialdemokraten wie Léon Blum, so groß bei ihnen die Bedenken gegen sozialistische und vollends kommunistische Politik sein mochten. Neben der dezidiert arbeiterfreundlichen Sozialpolitik, mit dem Ziel der Vierzigstundenwoche, ging es der Volksfront besonders um die Auflösung der rechtsextremistischen Gruppen. Die weitere Frage war nur, ob die innenpolitische Lösung der Volksfront irgendeine Zukunftsperspektive eröffnete, und dies darf im Blick auf ihre umstrittenen ökonomischen, militärischen wie außenpolitischen Folgen bezweifelt werden; bezeichnend die schwache Position im Spanischen Bürgerkrieg sowie die Unfähigkeit, den Weg in die Appeasement-Politik zu blockieren oder unnötig zu machen. Außerdem zeigte sich, daß die schweren Verluste der Radikalen und die großen Gewinne der Kommunisten in den Volksfrontwahlen von 1936 die Regierung Léon Blum auf die Dauer so beeinträchtigten, daß dieser schon nach Jahresfrist einer zunehmend nach rechts rückenden, schließlich eher konservativ und beschwichtigend agierenden Regierung unter dem Radikalen Daladier Platz machte.

Die Kontinuität im Wechsel der Konstellationen charakterisierte also gerade auch die linke Periode der französischen Demokratie. Selbst die Volksfront als Bollwerk gegen den Faschismus hatte nicht die Neugründung und den Zuwachs jener rechtsextremen Organisationen zu hindern vermocht, die nach dem Ende der Demokratie 1940 ihre Rolle spielen sollten. Sie waren dann noch demonstrativer auf den nationalsozialen Anspruch der radikalen Rechten ausgerichtet: Aus Croix de feux wurde Parti social français (1936), mit zeitweise zwei Millionen Anhängern. Hinzu kam mit italienischer Hilfe die Parti populaire français des ehemaligen Kommunisten Doriot (1937). Aber das Schicksal der Dritten Republik erfüllte sich primär im militärischen und außenpolitischen Breich. Die französische Demokratie war stärker als ihr Ruf; sie sicherte Freiheit und Rechtsstaat im Zeitalter der Diktatoren und wurde zur Zuflucht für Verfolgte. Es war die internationale Politik, für die Frankreich seit 1918 in starkem Maße Mitverantwortung trug, die der Dritten Republik nach siebzig Jahren Dauer unvermittelt ein Ende setzte.

## Englische Demokratie zwischen den Kriegen

Die beiden alten Demokratien Europas, die französische und die englische, haben nicht nur den Krieg, sondern auch die Krisen der Zwischenkriegszeit bestanden, jedoch auf sehr verschiedene Weise. Für Englands parlamentarisches System waren anders als für die französische Republik sowohl das unangefochtene Fortbestehen einer Monarchie mit starker Traditionsbindung charakteristisch als mehr noch die kontinuierliche Entwicklung des Regierungs- und Parteiensystems seit dem 17. Jahrhundert. Die Ausbildung der modernen Demokratie in England erfolgte im Unterschied zu der ruckartig beschleunigten Entwicklung der politischen Systeme Kontinentaleuropas, zumal Frankreichs, Deutschlands und Italiens, nur schrittweise. Sie zeichnete sich dafür durch große Beständigkeit und innere Sicherheit in der Annahme oder Ablehnung politischer Neuerungen aus. Die französische Demokratie war in vieler Hinsicht moderner, konsequenter und durch eine viel stärkere Stellung des Parlaments bestimmt, als sie Großbritannien, legendäre Mutter der Parlamente, im 20. Jahrhundert kannte. Aber was schon die kontinentalen Beobachter des 18. und 19. Jahrhunderts von Montesquieu bis Dahlmann gerühmt hatten, erwies sich als richtig: Das englische Regierungssystem war gleichsam als Gegentyp zu den radikalen Möglichkeiten des französischen Republikanismus und Demokratismus von einem Ausgleich zwischen Tradition und Entwicklung, einem historischen Consensus, einem reichen Maß an Übereinstimmung hinsichtlich der politischen Regeln getragen.

Das zeigte sich nicht zuletzt in dem Zweiparteiensystem auf der Grundlage eines altmodischen, ungerechten Wahlsystems, das allerdings ein agonales, regelhaftes Wechselspiel ermöglichte. Charakteristisch blieben auch nach dem Krieg das Fehlen politischer Unruhen und Gewalttaten und eine allgemeine Anerkennung und Stabilität des politischen Systems, die radikale Parteien ohne Chancen ließen und jeder extremen Politik nach links oder rechts, vollends jeder systemsprengenden Revolution oder Klassenkampfpolitik entgegenwirkten.

Es war ein System der Mäßigung und des Ausgleichs. An ihm gingen jene dramatischen Ereignisse der Zeit zwischen den Kriegen fast ohne Spuren vorüber, die selbst in einer so stabilen Demokratie wie den USA erhebliche Krisen und die großen Veränderungen des New Deal auslösten, ganz zu schweigen von den Staaten Kontinentaleuropas. Am ehesten mag man noch Skandinavien vergleichen, wodurch die Bedeutung der geographischen Sonderlage betont wird. Aber Großbritannien war im Unterschied zu den skandinavischen Monarchien an beiden Kriegen voll beteiligt und trotz ständigen Distanzierungsversuchen in die europäischen Nachkriegskonflikte verwikkelt; die Wirtschaftskrise traf das Land nicht weniger schwer, die inneren

Probleme waren so groß wie anderwärts. Doch wie die französische Republik das Auf und Ab der Zwischenkriegszeit durch die bemerkenswerte Beweglichkeit des Systems und eine starke moralisch-ideologische Tradition von der Aufklärung und Revolution bis zur Affäre Dreyfus zu bewältigen vermochte, so wirkte in England das Vertrauen in die Institutionen einer ungeschriebenen, um so tiefer eingewurzelten Verfassung und die Kunst der Mäßigung als soziale und politische Tugend stabilisierend. Dafür spricht die erstaunliche Tatsache, daß die innenpolitischen Konflikte zwischen 1919 und 1939 ganz ohne Gewalttaten ausgetragen wurden. Die unglückliche Irland-Frage freilich forderte Opfer bis zur Teillösung von 1921, die zur Selbstbestimmung Südirlands führte, und sie schwelte bis zum neuen Aufflammen in den sechziger Jahren weiter fort.

Die ökonomischen Probleme der Nachkriegszeit trafen Großbritannien in vollem Umfang. Am schlimmsten war eine bald einsetzende Arbeitslosigkeit, die 1921 bei sechzehn Prozent lag, nach mäßigem Rückgang 1931/32 auf über einundzwanzig Prozent stieg und bis zum Krieg 1939 mit mehr als zwölf Prozent noch beträchtlich blieb. Die wirtschaftliche Malaise, welche die Sieger von 1918 kaum weniger traf als die Besiegten, wurde schon damals durch verspätete Modernisierung des ältesten Industrielandes verschärft. Dabei spielte bereits die charakteristische Zersplitterung im britischen Gewerkschaftswesen eine Rolle. Zahllose Einzelgewerkschaften für jede spezielle Verrichtung erschwerten die Rationalisierungsvorgänge; Stagnation und Sinken der Konkurrenzfähigkeit waren die Folge. Anders als in der Politik wurde hier eine stolze Tradition zur Last, weil die veralteten Strukturen mit der Entwicklung in den USA und auf dem Kontinent nicht mithalten konnten. Die permanente ökonomische Misere wirkte sich negativ auf die Währungs- und Finanzpolitik aus.

Das Krisenpotential war also groß, und alle Voraussetzungen für klassenkämpferische Auseinandersetzung und den Aufstieg von rechts- und linksradikalen Bewegungen waren gegeben. Denn nicht bloß die Arbeiterschaft, sondern auch der tragende englische Mittelstand hatte unter den Verhältnissen zu leiden; eine solche Kombination von Faktoren trug ja in Deutschland zum Aufstieg des Nationalsozialismus bei. In England, das eine ähnliche Sozialstruktur besaß, gab es hingegen meist konservative Regierungen und eine fast unangefochtene, alternativlose Annahme des parlamentarisch-demokratischen Systems einschließlich des monarchischen Rahmens. Alle Bemühungen der Kommunisten, wirtschaftliche Unzufriedenheit und Arbeitslosigkeit zu politischen Aktionen auszunutzen, die über Streiks oder Hungermärsche mit bemerkenswert ruhigem Verlauf hinausgingen, schlugen fehl. Dabei spielte insgesamt gesehen die politische Haltung der Gewerkschaften eine ganz entscheidende Rolle. Ihre Zentralorganisation Trades Union Congress (TUC) hat die potentielle Macht nie revolutionär verstanden, wohl deshalb, weil ihre tatsächliche Machtstellung auch in der fatalen Organisationsfrage nie angetastet wurde.

Die Malaise der Industrie leistete also paradoxerweise einen Beitrag zur politischen Stabilität. Anders als auf dem Kontinent wurden die vielen Streiks nicht als Bedrohung, sondern als eine zwar lästige, jedoch normale Begleiterscheinung der Demokratie im Industriestaat verstanden, der entlastende Funktionen, gleichsam als Sicherheitsventil, zukamen – freilich wiederum auf Kosten der ökonomischen Leistungsfähigkeit. Die großen Streikjahre lagen am Anfang der Periode, vor allem bis zum Generalstreik von 1926; die Einsetzung von Räten 1920 und politische Streikaktionen schienen revolutionäre Tendenzen anzukündigen. Aber diese Nachkriegsstimmungen blieben voll unter der Kontrolle von Gewerkschaften und Labour Party. Im Grunde gab es nur einmal, im Jahr 1926, eine Zuspitzung, die nach einer Krise des Systems aussah. Auch dabei ging es jedoch lediglich um eine Kraftprobe in den Lohnverhandlungen, die von den am besten organisierten Bergarbeitern zu einem Generalstreik ausgedehnt wurde. Zwar sprach die konservative Regierung unter Stanley Baldwin von der Gefahr eines Bürgerkriegs, aber beide Seiten waren weit davon entfernt; erst die Festigkeit der Regierung zwang nämlich die TUC-Führung zu einem Streik, den sie im Grunde nicht wollte. Sie war selbst in tiefer Sorge um politische Weiterungen zu Gewalt und Umsturz. Ihre Maxime war die Erhaltung des Systems und seiner Regeln inmitten der Drohungen der Bergarbeiter. So wurde der Generalstreik vom Mai 1926 ohne Ergebnis nach neun Tagen beendet, während der Bergarbeiterstreik noch monatelang weiterging.

Es blieb die letzte Anfechtung des Systems, die in Wirklichkeit keine war. Ähnliche Streikdrohungen in der zweiten Nachkriegszeit haben bewiesen, wie typisch und wie fest verwurzelt diese englische Haltung ist. Die Streikvorgänge von 1973/74 gingen gleichfalls mit massiven ökonomischen, jedoch nicht revolutionär-politischen Pressionen einher; sie endeten zwar zuungunsten der konservativen Regierung Edward Heath, aber eben durchaus systemimmanent in einer Auflösung des Parlaments und der Wahlentscheidung, die zur Labour-Regierung Harold Wilson führte. Dieses Verhalten, das von radikalen Demokratietheoretikern damals wie heute als unpolitisch gebrandmarkt wurde, ist in Wahrheit als durchaus politisches Verständnis für die praktischen Möglichkeiten des demokratischen Prozesses und der Abneigung gegen eine theoretisch-prinzipiell begründete, aber unerprobte Tour de force zu erklären. Die Erfahrung, daß Kompromiß und Diskussion weiterführe als gewaltsame Auseinandersetzung, lag in der nun schon fast hundertjährigen Geschichte der englischen Gewerkschaften mit der Anerkennung ihrer Rolle im englischen Regierungssystem beschlossen. Nicht totale Konfrontation, sondern begrenzte Zusammenarbeit war die praktische Erfahrung, die auch das politische Verhalten der Gewerkschaften bestimmte.

Sie waren die institutionalisierte Organisation der Arbeiterbewegung und keine Partei; sie wirkten als Garant der Rechte und der Integration der Arbeiterschaft durch Verhandlungen und geregelten Konflikt. Die Labour Party entstand viel später und blieb mit allen Vor- und Nachteilen ein Ableger der Gewerkschaften, die als kollektive Mitglieder die Partei trugen. Darin liegt bis zur Gegenwart ein wesentlicher Unterschied zwischen den englischen und den kontinentaleuropäischen Partei- und Gewerkschaftsverhältnissen, zumal in der Beziehung zum System der parlamentarischen Demokratie.

Diese Bilanz wird durch die Tatsache bestätigt, daß auch Kommunisten oder deren Sympathisanten zu Gewerkschaftsführern aufstiegen. Sie konnten sogar radikale Gewerkschaftspolitik machen, wie es 1926 Arthur James Cook, der Generalsekretär der Bergarbeiter, getan hat, aber weder das politische Verhalten der Gewerkschaften ändern noch die britische KP aus der Lage einer Splitterpartei befreien. Kampf gegen den Staat oder das System oder gar das Parlament war keine zündende Parole wie fast überall sonst. Im Gegenteil: Die Labour Party eröffnete der organisierten Arbeiterbewegung die Möglichkeit, ohne kostspielige und ungewisse Umwälzungen friedlich und demokratisch an die Macht zu gelangen und soziale Reformen zu verwirklichen, selbst wenn dies nur langsam und in beschränktem Umfang geschah. Immerhin gehörten zwei Labour-Politiker, Arthur Henderson und John Robert Clynes, schon der britischen Kriegsregierung an, im Unterschied zu der sehr viel stärkeren SPD, die erst Ende 1918 in die deutsche Regierung geholt wurde. Und in den Koalitionsregierungen von 1923 sowie 1929 bis 1931 stellte Labour erstmals den Regierungschef, den ansehnlichen Ramsay MacDonald, der 1924 zugleich als Außenminister die umstrittene Aufnahme diplomatischer Beziehungen mit der Sowjetunion durchsetzte. Man hielt den Reformweg für unvermeidlich, obwohl er sehr langwierig sein sollte. Erst nach der Beteiligung an der Kriegsregierung unter Winston Churchill hat der große Wahlsieg von 1945 die Labour Party ans Ziel einer sozialen oder gar sozialistischen Umbildung Großbritanniens geführt. De facto beruhte die Stabilität und Kontinuität der englischen Demokratie zwischen den Kriegen auf der rechtzeitigen Ablösung der Liberalen durch die Labour Party als neue zweitstärkste Partei im Parlament (1922). Diese war von nun an stets potentielle Regierungspartei, und das hieß in England Her Majesty's opposition. Anerkennung, nicht Verteufelung der Opposition, das ist eine Grundlage dieser Demokratie in ihrer politischen wie sozialen Integrationsfähigkeit.

Dafür bot das Zweiparteiensystem unter englischen Verhältnissen ohne Zweifel eine wichtige Voraussetzung. Doch daraus kann keine allgemein gültige Regel abgeleitet werden, nach der nur Zweiparteiensysteme überhaupt funktionsfähig, Vielparteiensysteme und ihr Verhältnis-Wahlrecht prinzipiell abzulehnen seien, weil sie stets zu Krisen und Zerstörung der Demokratie führten. Abgesehen davon, daß diese fast dogmatisch verbreitete Doktrin inzwischen durch die Stabilität zum Beispiel der zweiten deutschen Demokratie in Frage gestellt wird, ist es kein Zufall, daß die Argumentation durchweg auf neue, von vornherein labile Demokratien wie Deutschland, Italien oder Osteuropa bezogen wird. Wo solche Demokratien das britische Wahlrecht besaßen, wie etwa die spanische Republik vor 1936, hat es nicht zu ihrer Konsolidierung, sondern eher zur Zerstörung beigetragen. Denn das Wesentliche sind die sozialen und politischen Voraussetzungen und Gruppierungen; sie in ein Zweiparteiensystem zu zwingen, kann einen Bürgerkrieg verschärfen, wie in Spanien 1936 und gewiß in Italien heute, sollte man es dort versuchen. Auch in der Weimarer Republik waren die historischen Voraussetzungen nicht gegeben, so daß erst der umgekehrte Prozeß über eine allmähliche Konzentration des Parteiensystems auf politischem, nicht wahlrechtstechnischem Weg zu einer Zweiparteienkonstellation führen konnte, wie nach 1945. Nur in England war diese Konstellation historisch gegeben; das Wahlrecht hat sie gestützt, aber nicht erzwungen. Daraus ergab sich der geradezu natürliche Übergang im Parteiensystem, der die Stabilität der britischen Parlamentsdemokratie selbst in der Zeit der sozialen und politischen Herausforderung zwischen den Kriegen sichern half. Unter diesen Umständen war sie, wie die Diktatoren zu ihrem Nachteil verkannten, allen Krisensituationen gewachsen, auch der von 1940, als sich die Insel allein dem siegreichen Diktator des Kontinents gegenüber fand – wie einst der europäischen Vorherrschaft Napoleons. – Hinzu kommt, daß ein solches Zweiparteiensystem nur möglich und operationsfähig ist, wenn es sich nicht oder jedenfalls nicht eindeutig um Klassenparteien handelt. Was heute Volksparteien genannt wird, fand sich zwischen den Kriegen nur in England und den USA. Auch hier sollten Ursache und Wirkung nicht verwechselt, sollte das Wahlsystem als Grund nicht glorifiziert werden. Vielmehr war dieses altertümliche, ungerechte Wahlsystem nur erträglich, weil die Labour Party ebenso für bürgerliche und liberale Wähler akzeptabel war, während die Konservative Partei nicht nur für die Schicht der Besitzenden, sondern mit dem zeitweise glaubwürdigen Anspruch auf Vertretung aller Schichten für die Belange der Nation über den Gruppeninteressen auftrat. Es war kein reaktionärer oder intransigenter Klassen-Konservatismus, wie ihn die Rechte zum Schaden der Demokratie auf dem Kontinent, zumal in Deutschland, vertrat. Englische Konservative, Hauptnutznießer des 1918 eingeführten Frauenwahlrechts – ab dreißig Jahren –, vermochten dies glaubwürdig darzustellen. Damit, nicht durch militärische Legendenbildung wie im Fall Hindenburg, gewannen sie zeitweilig einen Rang als nationale Figuren über Parteien und Klassen: so der konservative Führer von 1923 bis 1937, Stanley Baldwin, und dann besonders Winston Churchill.

In diesem Sinne ist die einzige große Regierungs- und Parteikrise der Periode, der Bruch vom August 1931, zu verstehen. Er war gewissermaßen die englische Form einer Bewältigung der politischen Probleme der Wirtschaftskrise, der die deutsche Demokratie zum Opfer fiel und der auch Frankreich blutige Konflikte verdankte. Die Labour-Regierung MacDonald spaltete sich über der Frage einer Kürzung der Arbeitslosenunterstützung. Einem ähnlichen Problem erlag 1930 die letzte Mehrheitsregierung der Weimarer Republik, eine große Koalition unter dem Sozialdemokraten Hermann Müller, wobei die Intransigenz der Gewerkschaften und der Parteilinken eine Rolle spielte; der verhängnisvolle Weg zu autoritären Lösungen wurde damit frei. Der bezeichnende Unterschied: In Deutschland kam es zu präsidialen Minderheitsregierungen mit Notverordnungspolitik, in England zum Zusammenschluß von Politikern aller Parteien unter MacDonald, der sich nicht wie Müller von einer gewerkschaftlich und links beherrschten Parteiräson den bequemeren Weg in die Opposition diktieren ließ. Die persönlichen Motive sind heiß umstritten worden: War es Selbstaufopferung oder Verrat MacDonalds und der (vier) Labour-Minister, die gegen die Mehrheit der Labour-Fraktion mit ihm in der Regierung blieben? Politisch gesehen war damit eine breite Mehrheit unter Beteiligung aller Parteien gesichert.

Diese englische Lösung der Krise, die in den großen Kriegskoalitionen ebenso praktiziert wurde, erweist sich eindeutig als demokratischer und effizienter, als es der damalige deutsche Aberglaube in der Ära Brüning – Papen – Schleicher wahrhaben wollte, daß nämlich eine Krise ein Fach-Kabinett ohne Parteienbindung oder gar die präsidiale Quasidiktatur fordere. Zwei Monate später bestand das englische Nationale Kabinett den Wahlkampf mit großer Mehrheit für die Große Koalition. Die Regierung Brüning hingegen, nach sechs Monaten ebenfalls zur Auflösung des Reichstags gezwungen, verbuchte eine schwere Niederlage, ohne daraus die Konsequenz einer breiteren Regierungsbildung zu ziehen, bis es zu spät war. – Wie immer die Beurteilung im einzelnen lauten mag, es legitimierte die englische Wählerschaft eine demokratische Lösung, die in Deutschland durch das Experiment mit außerparlamentarischen Lösungen verpaßt und 1932/33 unmöglich gemacht wurde. Bezeichnend auch, daß selbst bei den außergewöhnlichen englischen Wahlen von 1931 kein einziger Kommunist oder Faschist gewählt wurde, während die deutschen Septemberwahlen 1930 gerade den großen Einbruch des politischen Extremismus brachten: Kommunisten (13 Prozent) und Nationalsozialisten (18 Prozent) erreichten zusammen fast ein Drittel der Stimmen; 1928 waren es noch 10,6 beziehungsweise 2,6 Prozent gewesen. Im englischen Fall die weitestgehende Unterstützung der Nation durch die Wählerschaft für die Krisenregierung, im deutschen Fall der Anspruch einer Minderheitsregierung auf wählerentrücktes Wissen um die Interessen der Nation, mit der Folge der tiefsten Zerspaltung der Bevölkerung und ihrer radikalen Mobilisierung gegen die Demokratie im Namen einer neuen nationalen Diktatur.

Hinter der allgemeinen Bedeutung dieser Vorgänge von 1931 treten die sachlichen Probleme, die ohnehin bald durch einen wirtschaftlichen Wiederaufschwung überholt wurden, zurück. Die englischen Konservativen hatten 1935 wieder die Führung der Regierung, aber es blieb ein Rest der alten Koalition. Auch die Krise im Königshaus mit dem heiratsbedingten Rücktritt Eduards VIII. (1936) wurde ohne Bruch überstanden. 1937 übernahm Neville Chamberlain als überzeugter Mann des Friedens die Regierung. Die Tragödie der Appeasement-Politik begann. Aber inzwischen hatte die Labour Party wieder die alte Stärke erlangt. Die Versöhnung mit dem System war möglich, obschon die Krise von 1931 tiefe Wunden geschlagen hatte.

Die Bedrohung von rechts, die schließlich in Großbritannien doch noch auftauchte, verlief nicht anders. Eine British Union of Fascists (BFU), 1932 gegründet von dem reichen Ehrgeizling Oswald Mosley, der als Liberaler, dann Labour-Politiker und Regierungsmitglied noch 1929 bis 1930 soziale Reformideen gegen die Arbeitslosigkeit durchzusetzen gesucht hatte, war von vornherein zum Scheitern verurteilt, obgleich sie zeitweise (bis 1934) von der einflußreichen ›Daily Mail‹ unter dem Presselord Harold Sidney Rothermere unterstützt wurde. Es zeigt sich hier besonders deutlich, wie unhaltbar jene pseudomarxistische Faschismustheorie ist, die im hochentwikkelten Kapitalismus die Hauptursache solcher Bewegungen oder Regime sieht. Das galt höchstens für Deutschland, nicht für das halbentwickelte Italien oder gar den unterentwickelten Balkan. Andererseits haben England und die USA, eigentlicher Hort des Kapitalismus, nie vergleichbare Erscheinungen hervorgebracht. Eher war es umgekehrt: Ein starker Kommunismus, der in diesen urkapitalistischen Ländern fehlte, stimulierte in Italien und Deutschland den Aufstieg von Faschismus und Nationalsozialismus. In England reduzierte die Unglaubwürdigkeit einer faschistischen Propaganda, die mit der kommunistischen Gefahr operierte, die Chancen der Mosley-Bewegung, obwohl der Antikommunismus in den Reihen der Konservativen durchaus vertreten war und zu mancherlei Sympathien für Mussolini und Hitler führte. Allenfalls aber wurde das Dritte Reich, dem in dieser Hinsicht einige Zustimmung galt, als das erklärte Bollwerk gegen den Bolschewismus anerkannt. In England stellten weder Faschisten für die Rechte, noch Kommunisten für die Linke eine bedeutende Konkurrenz oder gar Bedrohung dar. Die Bedrohung kam wie im Fall Frankreich fast ausschließlich aus den Fehleinschätzungen und Täuschungen der Außenpolitik, deren traditionelle Methoden dem revolutionären Stil der Diktatoren nicht gewachsen waren. Die beiden alten Demokratien erwiesen sich als durchaus lebensfähig, jedoch nur für sich selbst, nicht als Stütze der neuen Demokratien, die nach dem Krieg in Europa entstanden waren.

Vor allem eines hatten die alten Demokratien den neuen voraus, die ihre Existenz dem Ausgang des Krieges und dem tatsächlichen oder vermeintlichen Einfluß fremder Mächte verdanken: Die Demokratie wurde für selbstverständlich gehalten. Das war der englischen Monarchie und der französischen Republik gemein. Solches Selbstverständnis bewiesen weitgehend auch jene Staaten, die im Windschatten der großen Auseinandersetzungen seit über hundert Jahren eine kontinuierliche Entwicklung zum konstitutionellen und parlamentarischen System erfahren hatten. Die Monarchien Skandinaviens und Hollands prägten gleichsam Mischformen zwischen englischem und französischem Demokratietyp aus, wenngleich sie als parlamentarische Monarchien mit ihren Vielparteiensystemen eher dem französisch-kontinentalen Typus zuneigten. Auch für sie ist charakteristisch, daß sie die Probleme des sozialen Wandels und der ökonomischen Krisen ohne erhebliche politische Erschütterungen und Anfechtungen des demokratischen Systems überstanden. Dabei trat in den skandinavischen Staaten wie in England die große Bedeutung des demokratischen Sozialismus, der gemäßigten Arbeiterpartei, hervor. Sie spielte in den Regierungen eine führende Rolle, in Schweden sogar ununterbrochen seit den zwanziger Jahren. Obwohl kein Wechselsystem nach Art des englischen Zweiparteiensystems entstand, erinnern die Mäßigung und Kompromißbereitschaft, die Ablehnung des politischen Extremismus von links und rechts sowie die geringe Bedeutung von Ideologien an das englische Politikverständnis.

## Italien und der Faschismus

Im Gegensatz zu den west- und nordeuropäischen Staaten ist die Einführung und Entwicklung der Demokratie im übrigen Europa identisch mit der Gründung und dem Aufstieg extrem feindlicher, links- oder rechtsgerichteter, revolutionär oder reaktionär auftretender Bewegungen und Strömungen, die eines gemeinsam haben: die antidemokratische Stoßrichtung. Das gilt für die im Windschatten des Krieges verbliebenen iberischen Staaten, es gilt vor allem für die Neugründungen in Osteuropa, selbst wenn sie auf seiten der Siegermächte standen, und für die vom Krieg am stärksten schockierten oder enttäuschten Staaten, in denen die ökonomischen und sozialen Probleme eine besondere Dynamik entfalteten, nämlich in Deutschland, Österreich und Italien. In allen diesen Fällen ist der enge Zusammenhang von Demokratiekrise und Antidemokratie charakteristisch.

In Italien wurde nach dem linken Signal der Oktoberrevolution zuerst das Signal einer ebenso extremen rechten ›Gegenrevolution‹ sichtbar: der Faschismus. Er war in der Zusammensetzung und Wirkung aber viel komplexer, als es der Terminus ›Gegenrevolution‹ nahelegt. Im Schoß der antidemokratischen Bewegung wurden gleichzeitig jene zwei bedeutungsschweren, von Blut und Terror geprägten Begriffe entwickelt, die das Jahrhundert überschatteten: Faschismus und Totalitarismus. In der Nachkriegspolitik Italiens, die vom Durcheinander revolutionärer und nationalistischer, pro- und antikommunistischer Schlagworte und Aspirationen gleichermaßen erschüttert wurde, setzte sich erstmals eine jener neuen Massenbewegungen durch, die mit der an alle Klassen appellierenden Kombination konservativer und progressiver, antikommunistischer und staatssozialistischer, reaktionärer und revolutionärer Ziele die liberale Demokratie bekämpften; sie waren das eigentlich neue Phänomen der Zwischenkriegszeit, aus dem eine totalitäre Form der Diktatur erwachsen sollte. Die Bedeutung dieser ideologisierten Massenbewegungen und ›totalitären Integrationsparteien‹ (S. Neumann) liegt darin, daß sie eine neuerliche, letzte Übersteigerung europäischer Machtpolitik und dann ihren tiefsten Fall, das Ende des europäischen Zeitalters der Welt, heraufführten. Der große Beitrag des Faschismus zur politischen Geschichte war die unerwartete Entdeckung, daß der Antisozialismus Anziehungskraft auf die Massen ausüben konnte.[5] Das setzt aber die Gegenidee des nationalen Sozialismus voraus, als eine Alternative zu Marxismus und Kommunismus, die den Wünschen jener Massen nationale und soziale Erfüllung in nationalrevolutionärem Gewand anzubieten hatte.

Der Faschismus geht in diesem Sinne zurück auf revoltierende Protestbewegungen, darunter agrar-revolutionäre Landarbeiterbewegungen in Sizilien um 1890, die sich ›Fasci revoluzionari‹ nannten. Der Nationalsozialismus hatte ebenfalls seine frühen Wurzeln in Gruppierungen wie der christlich-sozialen Antisemitenbewegung Adolf Stoeckers (um 1878) oder der antitschechischen Deutschen Arbeiterpartei Böhmens (seit 1900). Die altrömische Bezeichnung ›Fasces‹ – Rutenbündel der Liktoren als Herrschaftszeichen – wurde nun zugleich als Symbol der kollektiven Einigkeit verstanden und nahm eine doppelte Bedeutung an: eine imperiale und eine aktionistische. Fascio bezeichnet den Reichs-Herrschafts-Anspruch des Impero Romano und gleichfalls die revolutionäre oder dynamische Aktion. Auch Benito Mussolini, von Beruf Schulmeister, doch früh ein engagierter Propagandist des revolutionären Sozialismus, begann seit seiner radikalen Schwenkung nach rechts in das italienische Kriegslager (1914/15), den Fascio-Begriff in diesem Sinne zu verwenden und zu stilisieren.

Wie der Nationalsozialismus kam der Faschismus ganz wesentlich aus dem Kriege, obwohl er viele Antriebe und Elemente der Vorkriegszeit enthielt, vor allem die scharfe Kritik an liberalen Institutionen und Werten, den glühenden Nationalismus mit der Forderung nach Anschluß aller noch unerlösten Gebiete und darüber hinaus nach Großmachtstellung Italiens. Im politischen Denken Italiens spielte ferner der Glaube an die Bedeutung der direkten Aktion durch straffe Gesinnungsgruppen oder auch Gewerkschaften – im Syndikalismus, in Fabrikbesetzungen – eine wichtige Rolle. Vor 1914 schon von der Linken praktiziert, beherrschte diese Form der politischen

Auseinandersetzung nun von links und rechts die Wirren der Nachkriegszeit. Mit Mussolini war ein Motor und Führer da, wie ihn jede rechtsradikale Massenbewegung braucht. Im Krieg hatte er sich mit seiner Mailänder Zeitung ›Popolo d'Italia‹, die eine Mischung revolutionärer und nationalistischer Forderungen vertrat, als radikaler Propagandist und Demagoge profiliert. Aus der sozialistischen Zeit brachte er zudem den Sinn für Disziplin und Ideologie mit. Geschicktes Verhandeln und brutale Aktionen verstand er so zu verbinden, daß er bei den führenden Schichten Sympathien, im Mittelstand Respekt und Hoffnung, bei der Linken die wütende Feindschaft fand, an der er sich bald als selbst-glorifizierter Retter vor dem Kommunismus erfreute. Der Aufstieg des Faschismus kam vor allem als Bewegung gegen die Enttäuschungen des Friedens in Gang. Über das nationale Selbstbestimmungsprinzip, über Südtirol und Triest hinaus gingen die national-imperialen Forderungen der frustrierten Sieger auf Dalmatien und das östliche Mittelmeer, Teile Kleinasiens und der Ägäischen Inseln, später auch Tunis und Abessinien.

In die erregte Nachkriegsstimmung hinein platzte am 12. September 1919 die Nachricht von einem faschistischen Handstreich auf die vorwiegend kroatisch bevölkerte Hafenstadt Fiume (Rijeka), die zu Ungarn gehört hatte und nun Jugoslawien zugesprochen war. Anführer des Coups war Mussolinis älterer Freund aus den Jahren der Kriegspropaganda, der berühmte italienische Schriftsteller Gabriele d'Annunzio. An der Spitze einer betont altrömisch ›Legion‹ genannten Gruppe von Freiwilligen und meuternden Soldaten posierte der großspurige Dichter, Romancier und Dramatiker nach Art eines Renaissance-Potentaten als Diktator jenseits der Moral, der seine genialische Selbstdarstellung als Signal für die militante Erfüllung des italienischen Nationalismus sah. D'Annunzio hatte die Aktion ohne faschistische Parteiorganisation auf eigene Faust unternommen, und Mussolini verfolgte sie mit Rivalenneid hinter Lobsprüchen, aber sie gehörte zum Inkubationsbereich und wirkte als Fanal des sich ausbreitenden Faschismus. Es zeigte sich hier eine opernhaft-theatralische Seite des Faschismus, die auch in den dichterischen Ansprüchen Mussolinis aufscheint und selbst dem so humorlos totalen deutschen Nationalsozialismus nicht völlig abging, denkt man an die Ambitionen Hitlers als Künstler und Schwärmer für Wagner-Opern oder an den Libertinismus eines Joseph Goebbels und die Prahlereien eines Hermann Göring. Als Verehrer Nietzsches pflegte Mussolini sorgfältig seine Stilisierung zum Machtmenschen mittels des großen Wortes und der glorifizierten Tat- und Entscheidungsfreude.

D'Annunzios Herrschaft in Fiume erzielte eine gewaltige Wirkung in ganz Italien. In Massen strömten Freiwillige dorthin, wo der Poet und Diktator in pathetischen Akten das Vorbild der großen Stadtstaaten Italiens beschwor. Er hielt Hof, bis die hilflose italienische Regierung von den Alliierten die Erklärung Fiumes zur Freien Stadt und nach fünfzehn Monaten d'Annunzios Abzug erreichen konnte. Die selbstherrliche Aktion hatte die Schwäche der politischen Machtstruktur Italiens, das Machtvakuum aufgedeckt, das sich einer entschlossenen Machtergreifung anbot. Es bedeutete einen fatalen Autoritätsverlust für die Demokratie, daß die Regierung unter Francesco Nitti es mit Rücksicht auf die Sympathien in den eigenen Truppen nicht wagte, den illegalen Machenschaften und Insubordinationen in der Affäre Fiume wie bei weiteren Aktionen entgegenzutreten. Der Coup zeigte, welcher Enthusiasmus für die diktatorischen Unternehmungen zu wecken war. Viele der davon Mobilisierten blieben dabei und bildeten die Reserve für den Marsch auf Rom knapp zwei Jahre später, der mit ähnlich theatralischem Aufwand vor sich gehen sollte. Die Bedeutung des Intermezzos von Fiume, das 1924 gegen den Verzicht auf weitere Ansprüche in Dalmatien an Italien fiel, lag vor allem im Emotionalen und Psychologischen. Wie leicht die Erregbarkeit und wie schwach die Gegenkräfte waren, hatte man jetzt praktisch erfahren: Man brauchte die Sache nur in die Hand zu nehmen, legal oder nicht. Auch Technik und Stil der Massenversammlungen und Aufmärsche, des Führerkults und der Demagogenrede, der Beschwörung historischer Größe und machiavellistischer Macht, schließlich Drohung und Terror von der Leibwache bis zur Privatarmee waren Mittel, die man dramatisch erprobt und erfolgreich befunden hatte, in jenen Jahren vor und nach Fiume, in denen die italienische Demokratie von einer Agonie in die andere geriet. Ebenso nahm Hitler, vorerst ein Schüler und Nachahmer Mussolinis, die italienische Anschauung und Erfahrung in das Arsenal seiner damals noch kleineren, weniger aussichtsreichen Bewegung auf.

Die Organisation des Faschismus war, seit Mussolini am Kriegsende seine Kampfbünde geschaffen hatte, auf Grund der Anhänger und zum Teil prominenten Verbündeten äußerst vielfältig. Sie war eine eklektische Bewegung, ebenso wie ihre Ideologie. Man hat dies abschätzig bemerkt und die Widersprüchlichkeit hervorgehoben, die in lauter Antithesen zum Ausdruck kam, in Thesen gegen Demokratie, Liberalismus, Klerikalismus, Sozialismus und Kommunismus, zugleich gegen Kapitalismus, aber für einen sozialen Syndikalismus und Staatsinterventionismus, später für Kompromisse mit der Kirche. Doch Unterschätzung ist nicht am Platze, damals wie heute nicht. Denn darin lag auch die Stärke und Attraktivität. Die Ambivalenz der Parolen entsprach den äußerst zwiespältigen Stimmungen und Forderungen der Epoche. Bekannte Anhänger wie der Dirigent Arturo Toscanini oder der Dichter Tommaso Marinetti und die Futuristen kehrten dem Faschismus zwar früher oder später den Rücken; ihre damalige Unterstützung, sogar als Kandidaten, konnte die schwere Niederlage der Faschisten bei den Wahlen vom November 1919 nicht verhindern. Doch diese Erfahrung bewirkte Mussolinis taktische Wende. Ähnlich der Schwenkung Hitlers zur Legalitätspolitik nach

1923 bemühte er sich intensiver um Respektabilität bei Katholiken und Mittelstand, verschärfte seine antilinke Kampagne und errang prompt die ersten Wahlerfolge. Der erklärte Feind der liberalen Demokratie und des Parlamentarismus wurde salonfähig, und zwar im Bündnis mit Nationalisten und Rechtsliberalen unter Giovanni Giolitti (1921), die Mussolini für nützlich und zähmbar hielten – ähnlich wie ein Jahrzehnt später in Deutschland das Spiel um die Hitler-Bewegung, ihre vermeintliche Nutzung und Zähmung ging.

Die Parallelen zum Ende der Weimarer Republik sind in vieler Hinsicht frappierend. Der erst achtunddreißigjährige Mussolini verkörperte den Aufstand der Jungen gegen eine überalterte Herrschaft. In solchem Sinne lautete dann die NS-Parole: »Macht Platz, ihr Alten!« Schwache, rasch wechselnde Regierungen, Demokraten und Liberale, die ihrer selbst und ihrer Sache nicht mehr sicher waren, Verwaltungen und Beamte, die Regierung und Vorgesetzte im Stich ließen, bürokratische Sabotage und intellektueller Opportunismus – man befand sich in einem gigantischen Machtvakuum oder am Vorabend des Bürgerkrieges. Denn die gewalttätigen Auseinandersetzungen zwischen rechts und links, bei denen die faschistischen Einschüchterungsaktionen der bewaffneten Stoßtruppen der Squadre – Schwarzhemden – die Spitze hielten, dauerten an. Auch hier die Parallele zum Straßenterror der SA zehn Jahre später. Es kam zu Konflikten um den Legalitätskurs Mussolinis, der aus taktischen Gründen Zurückhaltung übte und parlamentarische Respektabilität zeigte, um die Unterstützung weiterer Kreise zu gewinnen. Er gewann das Spiel besonders wegen der Fehleinschätzung dieses Kurses durch die Liberalen und wegen der allgemein geringen Bereitschaft zur Verteidigung des wenig populären demokratischen Systems, dem die Krisen der ersten Nachkriegszeit angelastet wurden. Diese verschärften sich 1921/22 von Monat zu Monat. Inflation und Arbeitslosigkeit nahmen zu. Keine Regierung vermochte den offen terroristischen Rechtsverstößen Einhalt zu gebieten, mit denen die Faschisten das System des parlamentarischen Rechtsstaates verunsicherten.

Es war eine legale Machtergreifung vor revolutionärem Hintergrund und mit der Perspektive einer Diktatur, die, wie 1933 in Deutschland unterschätzt, auf diese Weise möglich wurde. Denn inzwischen war die Zahl der Sympathisanten in Armee und Polizei beträchtlich, und im Herbst 1922 kontrollierten die Faschisten einen Großteil Norditaliens. Der Alternative der Regierung – Ausnahmezustand und militärische Wiederherstellung der Ordnung – versagte sich nach langem Überlegen König Viktor Emanuel III., der Angst um seinen Thron hatte und falche Ratgeber dazu. Er besaß in dieser Lage dieselbe Schlüsselstellung und traf dieselbe historische Entscheidung wie 1933 der Feldmarschall-Präsident Hindenburg gegenüber Hitler. Mussolinis Machtergreifung bewies andererseits die idealistisch-ideologische

Selbstüberschätzung der staatstragenden Liberalen, die wie ihr Vertreter Giolitti stets optimistisch von der allgemeinen Überlegenheit der liberalen Demokratie überzeugt waren, werde sie nur so praktiziert, daß es ihr gelinge, alle Kräfte zu absorbieren, von den Sozialisten bis zu den Faschisten. Deshalb wurde auf den rechtzeitigen Kampf gegen die Faschisten verzichtet und ihre Einbeziehung, schließlich sogar Mussolinis Regierungsantritt toleriert, ja gefördert. Giolitti glaubte an den liberalen Staat, der »alles erträgt und alles überlebt«.[6] Es war ein Glaube des 19. Jahrhunderts, den Faschismus und Nationalsozialismus nachdrücklich widerlegt und liquidiert haben. Als Lehre bleibt, daß sich auch die liberale tolerante Demokratie gegen jene Gegner verteidigen und ihnen die vollen Freiheiten verweigern muß, die sie selbst in Frage stellen und beseitigen, sobald sie die Macht dazu haben.

Der legendäre Marsch auf Rom war in Wirklichkeit ein gut inszeniertes, wirkungsvolles Schaustück. Wohl wurde ein solcher Marsch von vierzigtausend Anhängern tagelang drohend vorbereitet und am 27. Oktober 1922 mit Unterstützung der Eisenbahner in ganz Italien von Neapel aus gestartet. Aber fast zur gleichen Zeit reiste Mussolini im Schlafwagen aus Mailand in die Hauptstadt; er war vom König bereits mit der Bildung der Regierung beauftragt, als die Anhänger anlangten. Statt des Putsches gab es eine Siegesparade. Mussolini kam legal zur Macht, doch Gewalt stand hinter ihm. Es bedeutete eine Unterschätzung des Vorgangs, verhängnisvoll im Blick auf den weiteren Machtergreifungsprozeß der Faschisten und auf dieselben Vorgänge 1933 in Deutschland, daß von dieser Legalität die Zähmung der Bewegung erhofft, ihr revolutionärer Anspruch jedoch nicht ernstgenommen wurde. Es war jenes Phänomen, das die Nationalsozialisten dann paradox aber treffend die ›legale Revolution‹ genannt haben.

Mussolinis neuer Typ der Machtergreifung[7] unterschied sich von früheren Formen des Staatsstreichs wie Lenins geplante Revolution der gewalttätigen Minderheit von der klassischen Revolution. Beide zielten nicht auf Demokratie, sondern auf Diktatur. Beide bedienten sich der Mittel des 20. Jahrhunderts zur Mobilisierung und Kontrolle der Massen. Aber wahrhaft totalitär waren erst die folgenden Regime unter Stalin und Hitler. Für Mussolini, der den 1923 von seinen Gegnern geprägten Totalitarismusbegriff in das politische Wörterbuch eingeführt hat, bedeutete er einen ziemlich fernen Wunschtraum. Der Faschismus benötigte vier Jahre, um seine Machtergreifung völlig durchzusetzen, Hitler kaum fünf Monate. Der Faschismus und seine Squadre hatten 1922 auch noch keinen Massenanhang wie Hitler und die SA im Jahr 1932. Und doch ist der 30. Oktober 1922 ein weltgeschichtliches Datum, eine verhängnisvolle Weichenstellung für Europa und das Jahrhundert. Die Möglichkeiten, die der Faschismus demonstrierte, verschafften von da an der antidemokratischen Bewegung ein Prestige und ein Instrumentarium, das zur Zerstörung der meisten europäischen Demokratien beitragen sollte.

Es war zunächst eine liberal-konservative Koalitionsregierung, hinter deren Fassade Mussolini die scheinlegale Befestigung der Macht betrieb. Keine zehn Prozent der Abgeordneten waren erklärte Faschisten, und von den Kabinettsmitgliedern war es nur eine Minderheit von vier zu zehn; in der Regierung Hitler waren es 1933 drei zu acht. So ging es zweieinhalb Jahre, bis die Gegner so weit düpiert oder geschwächt, die Mitläufer und Opportunisten so zahlreich waren, daß die Diktatur durchgesetzt werden konnte. Aber schon bald sprach Mussolini von seiner allmächtigen Revolution. Aus den Squadre war inzwischen eine vom Staat bezahlte, Mussolini unterstellte Miliz geworden. Die Geheimpolizei engte den Spielraum zumal der Linken weiter ein, und ein neues Wahlgesetz, das an Bedeutung fast dem Ermächtigungsgesetz Hitlers gleichkam und unter ähnlich scharfem Druck durchgesetzt wurde, sorgte schließlich für eine faschistische Parlamentsmehrheit, indem es der stärksten Partei zwei Drittel der Sitze zusprach. Dabei kandidierten auf der faschistischen Liste zahlreiche Liberale, darunter ehemalige Ministerpräsidenten wie Vittorio Emanuele Orlando und Antonio Salandra. Die mögliche Opposition der Katholischen Volkspartei war schon früher durch die Kirche zurückgehalten worden, die in der berechtigten Erwartung günstiger Regelungen, etwa in der Konkordatsfrage, den Generalsekretär der Partei, Don Sturzo, im Juli 1923 hatte fallenlassen – so wie sie 1933 in den Konkordatsverhandlungen mit Deutschland die Zentrumspartei und Brüning fallenließ. – Eine Krise des Regimes führte dann zu der entscheidenden Stärkung der faschistischen Herrschaft. Als der oppositionelle Reformsozialist Giacomo Matteotti, der den faschistischen Wahlbetrug kritisiert hatte, im Juni 1924 von Faschisten verschleppt und ermordet wurde, und zwar auf Veranlassung von Mussolinis Pressechef, verließen im Protest Liberale und Sozialisten das Parlament und zogen auf den Aventin; sie forderten die Auflösung der faschistischen Miliz. Aber weder die Opposition noch vollends der König waren einer weiteren politischen Initiative fähig. Deshalb vermochte Mussolini nach einer wochenlangen Krise zum Gegenschlag auszuholen: Die Opposition wurde durch Verhaftungsaktionen der Miliz eingeschüchtert und ausgeschaltet, die Zensur verschärft, die Verwaltung gesäubert. Mussolini konnte sich schon im Januar 1925 die Erklärung leisten: »Ich allein übernehme die politische, moralische und historische Verantwortung für alles, was geschehen ist... Wenn der Faschismus eine Vereinigung von Rechtsbrechern ist, bin ich der Chef dieser Vereinigung von Rechtsbrechern.«[8] Auch dies fand seine Parallele bei Hitler, der nach dem Blutbad vom 30. Juni 1934 sich selbst kurzerhand zum höchsten Gerichtsherrn der Nation ernannte. Eine legale Opposition, an die man sich – wie 1933 in Deutschland – allzulange klammerte, wurde unmöglich gemacht, ihr Ende im November 1926 besiegelt, als die

Sitze der Opposition beseitigt wurden und nur noch eine Partei im Parlament vertreten war. Die weitere Gleichschaltung brachte jene Faschisierung, von der Mussolini so stolz gesprochen hatte.

Freilich sind die Unterschiede und Grenzen der italienischen Diktatur im Vergleich mit den konsequenter totalitären Systemen des Nationalsozialismus und des Stalinismus ebenfalls sichtbar. Die weitere Entwicklung in Italien verlief anders, in vielem spezifisch italienisch. Auch die Struktur des faschistischen Herrschaftssystems wies starke Eigenheiten auf, beginnend mit der Fortdauer der Monarchie, der starken Stellung der Kirche und des Militärs, die eher das Koexistieren mehrerer Machtzentren als eine totale Führer- oder Parteidiktatur zur Folge hatte. Vieles an der faschistischen Diktatur war mehr Blendwerk und Maskerade als volle Realität, ähnlich dem Vorspiel von Fiume. Sie hatte traditionellere Züge, nicht nur weil sie weniger effizient und konsequent war als Hitler-Regime oder Stalinismus, sondern auch weil sie keine Doktrin vom absoluten Feind, auf der Totalitarismus wesentlich beruht, ausgebildet hat. Weder der Rassenfeind noch der Klassenfeind und seine Vernichtung, eher konventionelle Gegner der Rechten wie Demokraten und Kommunisten oder Pazifisten waren die Zielpunkte der Kampfpropaganda, mit denen der Faschismus seine Anhänger zu fanatisieren und mobilisieren oder von den Problemen und dem Alltag des Regimes abzulenken suchte. Der weitere Gang der faschistischen Politik ließ jedoch keinen Zweifel, daß es sich um eine entschlossene, ja brutale Diktatur handelte. Die Vollmachten der Partei wurden erweitert, ein Sondergericht ohne Berufungsmöglichkeit wurde eingerichtet, dessen Mitglieder Mussolini berief, und über Antifaschisten wurden polizeiliche Beschränkungen der Bewegungsfreiheit sowie Deportation in entlegene Gegenden oder auf Inseln verfügt, die etwa zehntausend Personen traf. Formell war die Diktatur 1928 besiegelt, als die Einheitsliste für Wahlen eingeführt wurde. Die plebiszitäre Selbstbestätigung, so typisch für die moderne Diktatur, ob rechts oder links, war perfekt: Die obligaten neunundneunzig Prozent wurden bei den Abstimmungen von 1929 und 1936 erreicht. Mussolini berief sich darauf, wenn er sich gelegentlich vor dem Ausland seiner ›wahren‹ Demokratie brüstete, und Hitler tat es ihm in den ersten Jahren seiner Herrschaft, besonders in diplomatischen Kreisen, gleich.

Wichtig für die innere Konsolidierung sowie die äußere Stellung des Regimes wurde der Abschluß der Lateran-Verträge (1929), die eine Regelung des seit 1870 strittigen Verhältnisses von Kirche und Staat brachten. Gegen Konzessionen in Fragen des Kirchenstaates und des Religionsunterrichts erhielt Mussolini die Duldung, ja teilweise Unterstützung der als herrschende Staatsreligion anerkannten katholischen Kirche. Papst Pius XI. pries Mussolini nach Vertragsabschluß als den Mann, den die Vorsehung gesandt habe. Das Ereignis sicherte Mussolini die Gefügigkeit weiter Bevölkerungskreise und staatsmännisches Ansehen im Ausland. Die Bedeutung, die der erklärte Atheist diesem Interessenbündnis zuschrieb, erhellt auch aus der Dringlichkeit, mit der er Hitler nach dessen Machtantritt den Abschluß eines Konkordats empfahl, was mit ähnlich zweideutigen Folgen im Juli 1933 geschah. Aber zunächst schienen die gemeinsamen Interessen von Faschismus und Kirche zu überwiegen: Kampf gegen Kommunismus und Sozialismus, ebenso gegen Liberalismus und Freimaurerei. Das Abkommen wurde zum Modell für klerikal-faschistische Diktaturformen, also für Österreich (1934) und Spanien (1936).

Zum Ausbau des Einheitsstaates, der in Nachahmung der Französischen Revolution sogar eine neue Zeitrechnung – mit 1922 als dem Jahr eins – proklamierte, aber wie das Dritte Reich das äußere Gerüst der Verfassung beibehielt, kam die uniformierte Organisierung der Jugend vom sechsten bis zwanzigsten Lebensjahr in der Balilla, mit dem Ziel der Indoktrination und der vormilitärischen Ausbildung. Auch der Schule wurde der Blick auf Faschismus und faschistische Revolution befohlen. Uniformen und Parolen militärisch-heroischer Prägung beherrschten die Szene. »Glauben, gehorchen, kämpfen!« stand an Hauswänden und Bahnhöfen gepinselt, oder gänzlich diktatorisch: »Mussolini hat immer recht«, oder antikisierend: »Mussolini Dux«, wie man am – damals unvollendeten – Olympiastadion noch heute lesen kann. Die ideologische Gleichschaltung wurde demonstrativ und plakativ dargeboten. Mussolini selbst an der Spitze zahlreicher Pseudophilosophen wurde nicht müde, die neue Doktrin des Faschismus zu verkünden. Der Wille des Duce war das Gesetz, so hieß es, und in der Tat besaß Mussolini seit 1931 das Recht, Dekrete mit Gesetzeskraft auch ohne und gegen den König zu erlassen. Ein faschistischer Großrat, dessen etwa dreißig Mitglieder vom Duce berufen wurden, stand über dem Parlament und dokumentierte die Einheit von Partei und Staat. Schon früh findet man, zumal in Süditalien, jenen für die weitere Entwicklung charakteristischen Wandel des Faschismus: Von einer aggressiven machtpolitischen Ideologie wurde er zum offiziellen Staatskult, und die Bewegung ordnete sich praktisch dem Staat ein und unter. Im Grunde ging es um nichts anderes als den möglichst starken Staat, Stato totalitario, Schlag gegen die lange Zersplitterung und Fremdherrschaft in Italien und Grundlage für die Wiederherstellung eines großen Mittelmeer-Reiches, das im Schlagwort vom Mare nostro und in der Beschwörung des Impero Romano propagiert wurde. Dementsprechend sollten dem Individuum nur die Interessen zustehen, die mit denen des Staates übereinstimmten. Sie brachten sein wahres Wesen zum Ausdruck. Dieser Total-Etatismus in einem Land, in dem Mißtrauen und Abneigung gegen den Staat die Tradition ist, hatte etwas ungemein Künstliches, das durch den Rückgriff der faschistischen Ideologen vornehmlich auf deutsche Staats- und Machtphilosophen wie Hegel und Nietzsche noch gesteigert wurde. Als weitere Autoritäten galten Georges Sorel mit seiner Lehre von der revolutionär-aktionistischen Gewalt, Vilfredo Pareto mit seiner autoritären Elitentheorie und Henri Bergsons Lebensphilosophie vom irrationalen Elan vital, während Mussolinis Bewunderung für Lenin privat blieb.

Die Ersetzung des parlamentarischen Systems durch das Korporativsystem (1929) war ein Beispiel für die Vieldeutigkeit der faschistischen Doktrin. Ein traditionalistisches Prinzip, das an den mittelalterlichen Ständestaat erinnerte und hinter Parteiendemokratie und Klassengesellschaft zurückgriff, wurde hier mit Anleihen an die katholische Soziallehre und an Theorien über einen revolutionären dritten Weg zwischen Kapitalismus und Sozialismus verbunden und einem modernen Zweck, der organisatorischen Kontrolle aller Arbeitenden durch den Staat dienstbar gemacht. Diese Reglementierung hatte schon eine Carta di lavoro (1927) eingeleitet. Nur noch die Stände als abhängige Gliederungen des Staates besaßen nun das Recht zur gesellschaftlichen und beruflichen Vertretung der Bürger und ihrer Interessen. Der moderne Korporativismus, den damals viele konservative wie sozialreformerisch orientierte Wirtschafts- und Gesellschaftstheoretiker in aller Welt ernstgenommen haben, wurde vom Nationalsozialismus noch eindeutiger mißbraucht. Auch in den anderen Fällen, etwa im Portugal Salazars und im Österreich von 1934 bis 1938, hat die korporatistische Staats- und Gesellschaftsverfassung vor allem einer Diktatur als Herrschafts- und Tarnmittel gedient. Die ideologischen Behauptungen des Faschismus besagen, daß der Konflikt von Kapital und Arbeit sowie die Klassenkonflikte in der korporatistischen Ordnung gelöst würden. Ihr Sinn war Disziplinierung, Verbot von Streiks, Lenkung der Wirtschaft im Staatsinteresse durch einen Dirigismus, kurz: die Ausschaltung von autonomen Organisationen der Wirtschaftspartner und die Organisation staatsabhängiger Gewerkschaften von oben nach unten. Da war nicht mehr wesentlich, daß im Faschismus Arbeitnehmer und Arbeitgeber noch nicht in einer einzigen Organisation zusammengesperrt wurden, wie dies in der Deutschen Arbeitsfront von 1933 geschah; eine selbständige Vertretung erlaubte diese Ordnung so wenig wie die Gewerkschaftsordnung in kommunistischen Regimen.

Daß es dennoch nicht zu Unruhen der Arbeiterschaft kam, gehört zu den bemerkenswerten Tatsachen, die eine einfache Klassifizierung des faschistischen wie des nationalsozialistischen Regimes als reaktionär oder gegenrevolutionär verbieten. Seine Sozialpolitik samt dem Unterhaltungsprogramm für Arbeiter – ›Dopolavoro‹ –, Vorbild der NS-Freizeitorganisation ›Kraft durch Freude‹, mochte auf Täuschungen und Verführungen beruhen. Sie brachte jedoch manche Modernisierung, außerdem Ordnungsmaßnahmen, wie die oft zitierte Pünktlichkeit der Eisenbahnen, oder öffentliche Arbeitsprogramme gegen Arbeitslosigkeit und für allgemeinnützige Zwecke, wie die Trockenlegung der Pontinischen Sümpfe, was zur Popularisierung des Regimes im allgemeinen Volksgefühl beitrug. Das alles war von einem heroisierenden Propagandagetöse begleitet. So begann schon 1925 eine ›Getreideschlacht‹. Immerhin stieg die Arbeitslosenzahl in Italien zur Zeit der Weltwirtschaftskrise (1932) nicht über eine Million, während sie in Deutschland sechs Millionen überschritt. Diese Vorteile wogen allerdings wenig gegen die Kosten der Diktatur, ihren Druck auf das geistige Leben, die Freiheit und vollends gegen den verlustreichen Weg in den Krieg, auf dem Mussolini dann in das Schlepptau Hitlers geriet, nachdem er selbst 1935 mit der Eroberung Äthiopiens vorangegangen war. Aber es entsprach seiner Doktrin von 1932: »Der Faschismus glaubt... nicht an die Möglichkeit oder Nützlichkeit ewigen Friedens... Allein der Krieg steigert sämtliche Energien des Menschen zu ihrer höchsten Anspornung.«

Der Faschismus war wie der Nationalsozialismus vor allem eine Revolution aus dem Krieg und für den Krieg. So weit bis zum heutigen Tag die Interpretationen des Faschismus divergieren mögen, so gehört Mussolini doch in die Reihe der Revolutionäre des 20. Jahrhunderts. Man mag ihn als Opportunisten und Eklektiker einstufen, sein politischer und ideologischer Standort war schillernd und wechselnd, niemals dogmatisch wie der marxistisch-kommunistische oder der rassistisch-nationalsozialistische. Aber er war der erste radikale Anführer in dem Aufstand von rechts gegen die liberale und demokratische Welt des europäischen Bürgertums. Er war vor Hitler der große Demagoge der Massensuggestion inmitten der sozialen Angst und der politischen Auflösung. Er verstand sich auf die geschmeidige Taktik zwischen sozialistischen und bürgerlich-nationalen Parolen, er trat einmal als radikaler Republikaner, dann als traditionsbewußter Monarchist auf. Er hatte über alledem den scharfen Sinn für die Macht und für die Strategie einer halb putschistisch-terroristischen, halb legalen Machtergreifung. So vermochte er wie Lenin und dann Hitler seine Rivalen an die Wand zu spielen, nicht zuletzt dank der zähen Energie und der brutalen Rücksichtslosigkeit, mit der er seine Ziele verfolgte und durchsetzte. Was ihn von den beiden anderen Virtuosen der modernen Machtergreifung unterscheidet, war der Verzicht auf eine total verbindliche fixe Idee. Auch als Revolutionär gegen die Demokratie blieb er, der Prediger des Totalitarismus, noch im Rahmen einer nationalistisch-imperialistischen Diktatur, die totalitäre Züge aufwies, doch kein totalitäres Herrschaftssystem wie das nationalsozialistische, das stalinistische oder auch das maoistische ausbaute.

## Von der Weimarer Republik zur deutschen Diktatur

Die erste deutsche Republik überstand ein Jahrzehnt länger als Italien die Krisen der Nachkriegszeit und die andauernde Anfechtung der parlamentarischen Demokratie durch ihre Gegner von links und rechts. Sie befand sich gleichsam in der Mitte zwischen den alten stabilen Demokratien und den umstrittenen Staats- und Demokratiegründungen Osteuropas und des Balkans. Man hat unter dem Eindruck des Scheiterns der Weimarer Republik und der besonderen Radikalität und Destruktivität des totalitären Systems des Nationalsozialismus zumeist die Dauerkrise und eine fast unvermeidliche Auflösung der Weimarer Republik hervorgehoben. Auf der anderen Seite boten Staat und Gesellschaft in Deutschland ganz offenbar bessere Voraussetzungen für ein funktionsfähiges System als in Italien und den meisten neuen Staaten, die früher oder später den antidemokratischen, autoritären Tendenzen der Zeit zum Opfer fielen. Auch der deutsche Fall hat seine nach Geschichte und Struktur sehr spezifischen Bedingungen und Aspekte. Aber er stellt ein so klares und eindringliches Beispiel für die Stabilisierung, die Krise und den Verfall einer modernen Demokratie dar, daß er seit je als typischer Fall eine besondere Beachtung gefunden hat.

Wo lagen die Gründe für das Scheitern? Warum konnte ein Mann wie Hitler die totale Macht gewinnen? Auf diese Doppelfrage der deutschen Demokratie ist eine Fülle unterschiedlicher Antworten gegeben worden. Bei einer kritischen Untersuchung zeigt sich, daß eine einfache Erklärung nicht möglich ist, daß alle Begründungen und Ableitungen irreführend sind, die auf einer einzigen Hauptursache oder Ursachenformel beruhen. Da ist die ökonomische Erklärung (Wirtschaftskrise), die institutionelle (Verfassungsmängel), die soziologische (Kleinbürgerpanik), die ideologische (autoritäre Tradition), die politökonomische (Kapitalismus), die massenpsychologische und die personalistische Erklärung. Zahlreiche weitere Erklärungsmuster könnten angeführt werden. Sie alle enthalten wichtige Ansätze, welche jeweils im historisch-politischen Zusammenhang zu würdigen sind. Im europäischen Aspekt ist die Weimarer Republik vor allem unter drei Gesichtspunkten zu sehen: Welches waren ihre Grundlagen? Wie griffen die bestimmenden Ereignisse ineinander? Welche Rolle spielten strukturelle und individuelle Faktoren im Verlauf ihrer tödlichen Krise?

Die Startbedingungen der neuen Republik waren denkbar schlecht; man denke an den Vertrag von Versailles und an die Revolution. Sowohl die Tiefe der Krise als auch die Ansätze der antidemokratischen Bewegung waren denen in Italien ähnlich. Ein wesentlicher Unterschied lag aber in der Tatsache, daß ein sozialdemokratischer Präsident, Friedrich Ebert, in den kritischen Jahren an der Spitze der Republik stand, von 1919 bis 1925. Erst in der zweiten Hälfte der Republik war mit Hindenburg die Staatsspitze so besetzt, daß einem Mann wie Hitler, obschon widerwillig, die Macht übergeben werden konnte, wenn er nur stark und drohend genug vor den Toren stand und sich als nützlicher Partner anbot. Die Situation im Italien von 1922 ist eher der deutschen Situation von 1932/33 vergleichbar.

Zu einfach wäre auch die Auffassung, die Weimarer Republik sei wenn nicht sogleich, so doch auf lange Sicht zum Scheitern verurteilt gewesen, weil sie schwerwiegende Strukturfehler aufwies, die aus der unvollendeten Revolution und der starken Kontinuität vordemokratischer Elemente in Staat und Gesellschaft stammten. Richtig ist vielmehr die Feststellung, daß wider Erwarten das Sturmjahr 1923 mit seinen Katastrophen überstanden wurde, die eine fester verwurzelte Demokratie ebenso hätten zu Fall bringen können. Aber das Problem blieb, daß die Demokratie, als Ergebnis der unerwarteten Niederlage empfunden, weiterhin alles andere als populär war. Schon 1920, bei den ersten Reichstagswahlen, waren die sie tragenden Parteien in die Minderheit geraten. Es gab eine zunehmende Unterstützung für die extremen Parteien der Linken und Rechten, die sie erbittert bekämpften. Entweder sahen sie, wie die Kommunisten, in der Weimarer Republik das Ergebnis eines Verrats der Sozialdemokraten und Gewerkschaften an der Arbeiterklasse durch Kompromisse mit den Kapitalisten, der Armee und der alten Führungsschicht, oder aber sie denunzierten, wie die rechtsgerichteten Kreise, die Demokratie als Produkt eines Verrats der Revolution an der kämpfenden Front – Dolchstoßlegende – und eines ausländischen Diktats über Deutschland als eine undeutsche importierte Staatsform. Die Kapitalistenklasse oder die Novemberverbrecher waren die beiden Pole einer antidemokratischen Agitation, die der Republik von Anfang an machtvoll und suggestiv entgegentrat. Für die Rechte lautete die politische und ideologische Konfrontation mit Weimar: hier Nationalinteresse, guter Deutscher und soziale Gerechtigkeit, dort hingegen Republik durch Verrat, fremdartige Demokratie, ökonomisches Elend durch Erfüllungspolitik. Für die Linke waren es die Parolen der sozialistischen Revolution und des Antimilitarismus, mit denen die Republik als bürgerlich-kapitalistisches System bekämpft wurde.

So war das negative Zusammenspiel der Republikfeinde von links und rechts nicht erst seit 1930, sondern schon am Beginn der Republik am Werk, mochten sich die feindlichen Brüder unter den Parolen ›Revolution‹ und ›Konterrevolution‹ noch so blutig begegnen. Versailles und die Revolution lieferten die großen Stichworte, mit denen agitiert wurde, sowohl 1919 als auch 1933. Dieses große antidemokratische Potential, das sich als das eigentliche Deutschland verstand, war also vorhanden, es mußte von Hitler nicht erst erfunden oder geschaffen werden, noch weniger als von Mussolini; er griff es nur auf und wurde der radikale Vorreiter der antidemokratischen Welle.

Man muß sich diese schicksalhafte Einkreisung der Demokratie durch ihre Feinde bewußt machen, um die Leistung der republikanischen Parteien und Politiker, die geschichtliche Bedeutung der Weimarer Republik gerecht zu würdigen. Sie war in Wahrheit nichts Fremdes, Importiertes, vielmehr der Durchbruch einer demokratischen Tradition, die von der Glorifizierung der

Realpolitik und des starken Staats im Zweiten Deutschen Reich überdeckt worden war, und sie bedeutete die Wideraufnahme einer übernationalen, weltbürgerlichen Kultur- und Gesellschaftstradition jenseits der nationalstaatlichen Verengung. Die Weimarer Republik war im Grunde ein Versuch, den Bismarck-Staat mit 1848 und 1789 zu verbinden. Darin lag ihr teils konservativer, teils liberal-vorausweisender Charakter beschlossen. Er wurde sichtbar in der kurzen, jedoch reichen Kulturentfaltung der ›Goldenen zwanziger Jahre‹, die nicht zuletzt ein Durchbruch von Vorkriegsströmungen in neuer Form waren. Die Außenseiter wurden zum Establishment, wie es Peter Gay und Walter Laqueur faszinierend beschrieben haben.[9] Weimar war zwar fast immer eine Republik der Minderheit, ausgenommen die kurzen Monate der Umwälzung. Darin lag die fatale Bedeutung des Versailler Vertrages, dessen erzwungene Unterzeichnung der Periode einer anfänglich überwiegenden Zustimmung ein Ende gesetzt hat. Aber es gab eine große Zahl von Schwankenden, zumal in der breiten deutschen Mittelschicht, die weder nach Versailles noch im Krisenjahr 1923 endgültig ins antidemokratische Lager abwanderten. Die Optionen und Alternativen blieben noch offen, und der Mischcharakter der Weimarer Republik, der konservative, liberale, soziale Züge verband, konnte durchaus auch Integrationswirkung entfalten. Voraussetzung dazu war, daß es zu äußeren Fortschritten und zu einer Verbesserung der internationalen Lage kam, die der Republik allmählich das Odium eines Erfüllungsgehilfen der Alliierten nahm, und daß diese Fortschritte innenpolitisch umgesetzt werden konnten, damit Effizienz des Regierungssystems und sozioökonomische Stabilität die bisherige Erfahrung widerlegten, Demokratie sei mit Krise und Unordnung gleichzusetzen. Darin liegt die Bedeutung einer Zwischenperiode der Normalisierung von 1924 bis 1929. Internationale Verträge verbesserten die Statur der Republik, ein angesehener Außenminister, Gustav Stresemann, stand für ihr wachsendes Prestige, der wirtschaftliche Fortschritt war unübersehbar.

Der Bruch von 1929/30 besitzt unter diesen Umständen entscheidendes Gewicht. Eine Verkettung von Ereignissen führte zur Umkehrung der Entwicklung, zu einer Rückkehr in die Katastrophenstimmung der Anfangszeit, nun aber unter Voraussetzungen, die einen anderen, fatalen Verlauf und Ausgang bewirken sollten. Als die Hauptfaktoren erscheinen: der plötzliche Tod Stresemanns an der Schwelle international wichtiger Entscheidungen; der Einbruch der Weltwirtschaftskrise mit einer bis dahin ungekannten Arbeitslosigkeit; die demokratiewidrigen Reform- oder Restaurationspläne um den Reichspräsidenten und die unheilvolle Rolle von Personen wie Hindenburg und Brüning, Schleicher und Papen, Hugenberg und Hitler. Erst vor diesem Hintergrund gelang es, die Mehrheit der Schwankenden zu mobilisieren, für das antidemokratische Lager zu gewinnen und die Politik der Massenbewegungen gegen die Republik zum Erfolg zu bringen. Daraus erklärt sich die besondere Form der deutschen Diktatur, die Durchsetzung der totalitärsten Variante eines antidemokratischen Regimes in einem Land mit hoher Kultur und Effizienz. Die Ereignisse offenbaren, daß in einem administrativ-ökonomisch-technisch hochentwickelten Land die Auswirkungen wirtschaftlicher Krisen auf das demokratische System besonders nachteilig sind, wenn starke Diskrepanzen zwischen staatlicher und wirtschaftlicher Struktur, zwischen geistiger und gesellschaftlicher Tradition bestehen. Ökonomische Schwankungen zeitigen dann soziale und politische Auswirkungen von besonderer Stärke. Solche Sensibilität wurde im Fall der Weimarer Republik noch verschärft durch mehrere Strukturprobleme, die sowohl den institutionellen als auch den gesellschaftlichen Aufbau betrafen. Aber ohne Zweifel stiegen und fielen das Mißbehagen und die Feindschaft gegen die Demokratie, die deren Zerstörung erst ermöglichten, mit dem wirtschaftlichen Wohlstand. Diese Korrespondenz von ökonomischen und politischen Stabilitätsbedingungen erscheint fast selbstverständlich. Aus zwei Gründen war sie damals jedoch von außergewöhnlicher Bedeutung: Ansprüche und Anforderungen an den modernen, entwickelten Industriestaat waren besonders hoch; daraus ergaben sich Möglichkeiten, aber auch Notwendigkeiten für die politische Führung, die Krisenbewältigung auf eine Wirtschafts- und Sozialpolitik der Vorsorge abzustellen.

Die verheerende Inflation von 1923 wurde eben noch überstanden, nicht zuletzt deswegen, weil sie nur kurz mit einer größeren Arbeitslosigkeit einherging und verhältnismäßig rasch beendet werden konnte. Aber sie hinterließ ein schweres Trauma. Die schmerzlichen Verluste, zumal für die Mittelschichten, machten die Furcht vor einer Wiederholung der Inflation und vor der Gefahr eines weiteren ökonomischen und sozialen Absinkens zu dem eigentlichen Motiv des politischen Verhaltens in der Krise. Es war daher verständlich, daß in allen Ländern mit dem Einbruch der Weltwirtschaftskrise der Kurs einer Deflationspolitik eingeschlagen wurde. Dieser mußte die Wirtschaftskrise allerdings vorerst verschärfen, dann verlängern, weil er die unternehmerische Aktivität behinderte, somit die Arbeitslosigkeit vergrößerte. In Deutschland wirkte sich das besonders verhängnisvoll aus. Es bestand eine beträchtliche Abhängigkeit von ausländischen, vornehmlich amerikanischen Darlehen, die in der Krise kurzfristig zurückgezogen wurden; die Neigung, alle Problemlagen auf die Demokratie, Versailles, das Ausland zu schieben, wurde durch das egoistisch-nationalistische Verhalten aller Länder in der Krise nicht geringer. Noch waren ja keine sechs Jahre seit der Inflation vergangen. Als äußerst verhängnisvoll sollte sich erweisen, daß die deutsche Krisenregierung unter Brüning seit 1930 keine breite politische Basis besaß wie etwa die englische, und daß sie ihre wirtschaftspolitischen Maßnahmen weder verständlich noch vertrauenerweckend zu machen verstand.

In diese Lücke stieß Hitler, der seine Maßnahmen virtuos zu propagieren wußte. Die Vernachlässigung der Innenpolitik zugunsten außen- und finanzpolitischer Ziele, die zum Teil bloß Hoffnungen waren, konnte sich in solcher Lage schlimm auswirken, weil sie ein innenpolitisches Machtvakuum schuf, in das systemfeindliche Kräfte eindrangen. Selbst noch so treffende Maßnahmen vermögen entgegengesetzte Wirkungen auszulösen, und das ganze politische System kann zerbrechen, bevor sich die wirtschaftliche Sanierung und Erholung einstellen. Mit derartigen Feststellungen zu der unbezweifelbaren Korrelation von ökonomischer und politischer Stabilität ist der Verlauf der Entwicklung von 1930 bis 1933 aber noch nicht erklärt. Nicht die ökonomische Verursachung, sondern die Form und die Folgen des politischen Reagierens auf die Krise waren das zentrale Problem, um das die Frage kreist, warum es in Deutschland so und nicht anders gekommen ist, ohne daß es notwendig so kommen mußte.

Die Berufung Adolf Hitlers zum Reichskanzler am 30. Januar 1933 ist im Zusammenhang jener Epoche zwischen den beiden Weltkriegen zu sehen, die durch zwei Haupttendenzen bestimmt war: Dem Zerfall und der Zerstörung der 1918/19 in West- und Mitteleuropa begründeten demokratischen Staatenordnung stand der Versuch einer Erneuerung hegemonialistischer und imperialistischer Herrschaftspolitik gegenüber. Der Aufstieg autoritärer und totalitärer Systeme, eingeleitet vom Paukenschlag der Russischen Oktoberrevolution (1917) und von der faschistischen Machtergreifung in Italien (1922), erfaßte seit dem Fall der Weimarer Republik immer weitere Teile Europas. Bereits vor dem Kriegsbeginn von 1939 waren die Demokratien in Europa zur Minderheit zusammengeschrumpft und in die Defensive gedrängt, während mit dem Völkerbund das System einer multilateralen Ordnung zusammengebrochen war. Eine Dauerkrise der internationalen Politik begleitete den inneren Prozeß der Auflösung und Umgruppierung der politischen Ordnungen. Dahinter wirkten gesellschaftliche und geistige Bewegungen, welche die westliche Zivilisation selbst in Frage stellten.

Die politische Entwicklung in Deutschland rückt mit dem Sieg der totalitären Diktaturpartei des Nationalsozialismus in den Mittelpunkt dieser Zusammenhänge. Allgemeine europäische und besondere deutsche Faktoren spielten ineinander, um das Ereignis, dessen weltpolitische Bedeutung damals nur wenige Zeitgenossen im In- und Ausland voll erkannt haben, möglich zu machen. Die virtuos gehandhabte Propaganda des Nationalsozialismus, die an alle Schichten der Bevölkerung zu appellieren verstand und im Begriff eines nationalen Sozialismus die verschiedenartigsten Wünsche und Interessen unter Schlagworten wie politische Einheit, nationale Größe, soziale Volksgemeinschaft zu verbinden vermochte, bot ein wirkungsvolles Gegenbild zur scheinbaren Schwäche und Hilflosigkeit einer in sich zersplitterten Demokratie. Die Stoßkraft des Nationalsozialismus beruhte auf der

Verknüpfung eines populären, vom Ressentiment gegen den Vielparteienstaat getragenen Antiparlamentarismus im Inneren mit einer nicht minder populären Revisionsbewegung nach außen, die alle Misere der Gegenwart auf die harte Deutschlandpolitik von Versailles und die Nachgiebigkeit der republikanischen Regierungen ihr gegenüber zurückführte. Den Hintergrund bildeten ältere Vorstellungen von nationaler Größe und Weltgeltung des Deutschtums, von Überwindung des internationalen Sozialismus und seiner Klassenkampftheorie durch völkische und rassische Einheit, von der Lösung sozialer und wirtschaftlicher Probleme durch Expansion und Erweiterung des Lebensraums. Durch die unmittelbare Verknüpfung mit den konkreten Erfahrungen der Nachkriegskrisen erlangten sie jene politische Dynamik, die alle verfassungspolitischen und moralischen Sicherungen zu überwältigen vermochte.

Dennoch wurde Hitler der Durchbruch zur Macht erst durch eine Reihe persönlicher Intrigen und Täuschungsmanöver möglich. Er gewann in freien Wahlen nie viel mehr als ein Drittel der deutschen Wähler; damit war der legale Weg über eine Mehrheitspartei, den er nach dem mißglückten Putsch von 1923 eingeschlagen hatte, blockiert. Als in den Novemberwahlen von 1932 ein deutlicher Rückgang der nationalsozialistischen Wählerstimmen – von 37 auf 33 Prozent – mit den ersten Zeichen eines Abklingens der Wirtschaftskrise zusammentraf, schien der nationalsozialistische Griff nach der Macht erneut in kaum erreichbare Ferne gerückt. Interne Spannungen in der rasch zusammengewürfelten Massenpartei waren die Folge, Parteispaltungen drohten. In dieser Lage folgte der fünfundachtzigjährige Reichspräsident Paul von Hindenburg den Ratschlägen seiner nächsten Umgebung, besonders des ebenso ehrgeizigen wie leichtfertigen Exkanzlers Franz von Papen, und berief Hitler zum Chef einer Koalitionsregierung der Nationalen Konzentration. Die Kalkulation war, daß die konservative Mehrheit im Kabinett – acht gegenüber drei Ministern der Nationalsozialisten – mit Hilfe Hindenburgs und seines Vizekanzlers Papen dergestalt die Dynamik der Hitler-Bewegung zu zähmen und für ihre eigenen Ziele einer autoritären oder monarchistischen Reform des Staates einzuspannen vermöchte.

Das war eine grandiose Fehlrechnung. Die Nationalsozialisten, einmal im Besitz weniger Schlüsselpositionen wie des Kanzleramtes, des Reichsinnenministeriums unter Wilhelm Frick sowie des preußischen Innenministeriums und damit der Polizei unter Hermann Göring, verstanden solche Pläne zu überspielen. Dies geschah mittels einer Reihe teils scheinlegaler, teils gewaltsamer Manipulationen, die durch das Schlagwort von der Nationalen Erhebung und durch wohltönende christlich-nationale Parolen verbrämt wurden. Da Hitler noch immer nicht über die Mehrheit im Parlament und in der Wählerschaft verfügte, bediente er sich – nach Artikel 48 der Weimarer Verfassung – der Diktaturgewalt des gefügigen Präsidenten, um durch eine Kette von radikalen Verordnungen im Laufe des Februar und März 1933 die öffentliche Meinung der nationalsozialistischen Propaganda gefügig zu machen, die Grundrechte zu beseitigen, die Länder gleichzuschalten und das gesamte öffentliche Leben einem permanenten Ausnahmezustand zu unterwerfen. Die bedenkenlose Ausnutzung der ungeklärten Reichstagsbrandaffäre (27./28. Februar) und ein durch Täuschung und Drohung erzwungenes Ermächtigungsgesetz (23. März 1933) trieben diesen Prozeß zur Vollendung. Die ursprüngliche Koalition der Rechtsparteien wurde jetzt in eine totale Machtergreifung der Nationalsozialisten verwandelt. Mit dieser Selbstausschaltung des Parlaments war die Diktatur Hitlers legalisiert. Die Gleichschaltung oder Unterwerfung der Verbände und Gewerkschaften, die Auflösung der Parteien und die Säuberung der Verwaltung folgten mit einer Geschwindigkeit, die das Vorbild der faschistischen Machtergreifung in Italien weit in den Schatten stellte.

Innen- und außenpolitische Fehlschlüsse von Hitlers Gegnern haben ihm diesen Weg erleichtert. Die starke politische Linke war in sich gespalten. Während die Kommunisten durch ihre Obstruktion zur Zerstörung der Republik erheblich beitrugen und sich oft genug in einer unheiligen Allianz mit den Nationalsozialisten befanden, ja die SPD als ihren Hauptfeind bekämpften, erlagen die Sozialdemokraten wie die Gewerkschaften ebenfalls der Täuschung der nationalsozialistischen Legalitätstaktik. Auch die Waffe eines Generalstreiks blieb stumpf; zu zweifelhaft erschien ihr Einsatz in einer Zeit so großer Arbeitslosigkeit, zu rasch waren dann die Machtpositionen durch das diktatorische Verordnungsregime und die gewalttätigen Parteiarmeen der Nationalsozialisten überrollt. Als die Wirklichkeit der sogenannten legalen Revolution offenbar wurde, war es zu spät für offenen Widerstand. Am 14. Juli 1933 wurde der Einparteienstaat proklamiert. Es blieb nur noch der opfervolle Weg in den illegalen Widerstand, den Teile der Arbeiterschaft, später auch der Kirchen, des Bürgertums, zuletzt der Armee gingen. Er bot wenig Hoffnung auf Erfolg. Denn inzwischen war die Konsolidierung des totalitären Führerstaats gelungen, war ein Apparat der Propaganda, der Drohung, des Terrors ausgebaut, der die Zustimmung und die Furcht der Bevölkerung gleichermaßen als Grundlage des Dritten Reiches sicherte. Seit dem Sommer 1933 gelang es dem Regime durch rigorose Pressegesetze und mit der Schaffung einer Reichskulturkammer in der Hand des Propagandaministers Joseph Goebbels, die Gleichschaltung von Kultur und Wissenschaft organisatorisch weiter voranzutreiben. Schließlich vermochte Hitler durch Versprechungen an die Militärs und durch eine blutige Säuberung der rivalisierenden SA am 30. Juni 1934 auch die Armee zur Unterwerfung unter seinen Machtanspruch zu bringen.

Der Prozeß der Machtergreifung war vollendet, als Anfang August 1934, unmittelbar nach dem Tod des hilflosen Hindenburg, die Wehrmacht auf

Hitler persönlich vereidigt und gleichzeitig die höchsten Staatsämter – Präsidentschaft und Kanzlerschaft – in der Hand des Führers und Reichskanzlers vereinigt wurden, ohne daß sich noch wirksamer Widerstand in den Reihen der Armee und der Hindenburg-Gruppe regte. Die staatsstreichförmige Schlußaktion wurde durch ein nachträgliches Plebiszit (19. August) scheinlegalisiert. Auch in der Manipulierung solcher praktisch bedeutungslosen, propagandistisch jedoch wirkungsvoll ausgenutzten Scheinwahlen, die in den ersten fünf Jahren des Regimes viermal – 1933, 1934, 1936 und 1938 – veranstaltet wurden, brauchte das neue Regime künftig keinen Vergleich mit der perfekt ausgeklügelten Technik kommunistischer Einheitswahlen zu scheuen.

Eine Voraussetzung für das ebenso schnelle wie erfolgreiche Konsolidieren der Diktatur war, daß erst einmal bewußt alle Kräfte auf die Innenpolitik konzentriert wurden. Das hieß nicht, daß Hitler die ursprünglichen Ziele seiner Expansions- und Lebensraumpolitik aufgab, sondern daß der Außenpolitik zunächst die Aufgabe einer Abschirmung der Machtergreifung angewiesen wurde, nach deren Vollendung die außenpolitischen Ziele um so entschiedener wieder in den Mittelpunkt traten. Der Neuaufschwung des wirtschaftlichen Lebens stand von Anfang an im engsten Zusammenhang mit einer breit angelegten militärischen Aufrüstung, die 1935 mit der Wiedereinführung der allgemeinen Wehrpflicht ganz offensichtlich wurde und sich durch De-facto-Entscheidungen wie den Einmarsch in das entmilitarisierte Rheinland (1936) über die Einschränkungen des Versailler Vertrages hinwegsetzte. Im engeren Kreis der politischen und militärischen Führung hatte Hitler schon unmittelbar nach Regierungsantritt keinen Zweifel daran gelassen, daß er unverrückbar an den Expansionsplänen festhalten werde. So entwickelte er bereits am 3. Februar 1933 vor den Befehlshabern der Reichswehr, deren beschränkten Sachverstand er durch militärische Versprechungen an sich zu binden verstand, die Stufenfolge seiner imperialistischen Herrschaftspolitik: innere Gleichschaltung, Zerschlagung von Marxismus und Pazifismus, Stärkung der Kampf- und Wehrbereitschaft und weitreichende Aufrüstung, dann, ausgehend vom Kampf gegen Versailles, die »Eroberung neuen Lebensraums im Osten und dessen rücksichtslose Germanisierung«; nur gelte es vorerst, die Zwischenperiode geschickt zu überbrücken. Dies geschah auf doppelte Weise. In einer Kette von spektakulären Friedensreden verkündete Hitler eine Politik der Verständigung auf der Basis der Gleichberechtigung – nicht anders als die geschmähten Staatsmänner der Weimarer Republik. Beschwichtigung, scheinbare Verhandlungsbereitschaft, geschicktes Werben um internationale Anerkennung waren die Mittel seiner Taktik, die im Inland wie im Ausland erheblichen Eindruck gemacht hat. Gleichzeitig beschritt das Dritte Reich aber schon den Weg beständiger Drohung, überraschender Sonderaktionen, vollzogener Tatsachen. Revision von Versailles nannte sich wiederum die populäre Begründung, die selbst im Ausland ein wachsendes Verständnis fand.

Was den Bemühungen demokratischer Politiker unter der Republik versagt geblieben war, fiel Stück für Stück der nationalsozialistischen Politik der Deklamationen und Drohungen in den Schoß. Daß dahinter viel weiter gesteckte Ziele galten, ist bis 1938, als die Abrundung des Großdeutschen Reiches vollendet schien, von den Nationalsozialisten verschleiert, von den Westmächten in ihrer praktischen Politik zu wenig beachtet worden. Das Ausland nahm den Nationalsozialismus zunächst als eine vorübergehende Verirrung: so der britische Botschafter in Berlin, Edgar Vincent D'Abernon, der Hitler 1929 für so vergessen hielt, daß er ihn nur noch einer Fußnote würdigte, oder der nachmals berühmte englische Historiker und Geschichtsphilosoph Arnold Toynbee, der mit vielen anderen Beobachtern noch im Dezember 1932 den Nationalsozialismus im Verfall glaubte, oder der scharfsinnige Schriftsteller des italienischen Faschismus, Curzio Malaparte, der in seinem Buch über den modernen Staatsstreich noch 1931 ein Kapitel überschrieben hat: »Der Diktator, der es nicht wird – Hitler.« Zu der internationalen Politik und den inneren Strömungen der Epoche, die solchen Regimen Anerkennung und Erfolg boten und das Gewicht der Kräfte in Europa binnen weniger Jahre so grundlegend veränderten, gehört deren tiefe Fehleinschätzung. Man hielt derartige Regime für reaktionär, für eine vorübergehende Abirrung oder gar für ein Komplott des Monopolkapitalismus, man nahm sie jedenfalls nicht ernst in ihrem modernen, wirkungsmächtigen Charakter als Massenbewegungen mit einem charismatischen Führer. Hitler als bloßer Agent des Kapitals und der Reaktion – das zumal war die grandiose Verkennung einer marxistischen Interpretation, die auch heute in der Faschismusdiskussion herrscht.

Der Nationalsozialismus war etwas anderes als jene simple Gegenrevolution, von der vor allem ihre linken Gegner unterschätzend sprechen, weil ihr Revolutionsbegriff geprägt und besetzt ist durch den Mythos von der guten Revolution entsprechend dem französischen Modell oder gar dem leninistischen Anspruch. Man glaubt den Revolutionsbegriff auch in der liberalen Interpretation aus moralischen und intellektuellen Gründen nicht auf den Typus der nationalsozialistischen Machtergreifung anwenden zu können, selbst wenn man den marxistischen und kommunistischen Alleinanspruch auf die gute oder echte Revolution nicht akzeptiert, mit dem noch heute simplifizierend zwischen Putsch und Revolution unterschieden wird. Gewiß haben die Nationalsozialisten selbst sich als den großen Gegenschlag gegen die Französische Revolution gesehen: 1933 hat Goebbels emphatisch verkündet, mit der Machtergreifung werde das Jahr 1789 aus der Geschichte gestrichen. Man unterliegt da aber einem ähnlichen Denkfehler wie bei dem Versuch, eine

Kritik an der Totalitarismustheorie mit dem Hinweis auf die tiefen Unterschiede zwischen den linken und den rechten Diktaturen zu begründen. Die Behauptung eines qualitativen Unterschieds in intellektueller oder gar moralischer Hinsicht bedeutet keinen entscheidenden Einwand, sofern die Form der Herrschaft und ihre Auswirkung auf die Beherrschten und Betroffenen vergleichbar ist. Mit seinen revolutionären und massendemokratischen Stoßkräften erwies sich der Nationalsozialismus jedenfalls als überlegen: sowohl gegenüber der demokratischen Republik als auch gegenüber der Diktaturkonkurrenz der Kommunisten.

Das führt immer wieder zu der umstrittenen Frage nach Anwendung des Revolutionsbegriffs.[10] Man mag ihn wegen der Vagheit der Bestimmung und der Disparität der Phänomene im Vergleich, außerdem wegen des agitatorischen Mißbrauchs als eines polemischen Kampfbegriffs überhaupt für den wissenschaftlichen Gebrauch ablehnen (Eugen Weber). Man mag erwägen, nur noch im neutralen und positivistischen Sinn von Machtergreifungen zu sprechen. Hält man am Gebrauch fest, weil er ohnehin nicht mehr zu unterbinden ist, dann bleiben nur zwei Möglichkeiten: entweder den alten Revolutionsbegriff trotz aller Unterschiede auf sämtliche tiefergreifenden politischen Umwälzungen anzuwenden, mögen diese nun im Zeichen linker oder rechter, sonstiger oder keiner Ideologien erfolgen und mit verschieden starken sozialen Veränderungen einhergehen; oder noch weiter zu gehen und auch große, langfristige Änderungsprozesse einschneidender Art – industrielle, soziale, Entwicklungs- oder Modernisierungsveränderungen – als Revolutionen zu bezeichnen, wie dies weithin geschieht.

Unter beiden Begriffsbestimmungen wird man dem Nationalsozialismus revolutionäre Qualitäten nicht bestreiten können. Er hat eine Machtergreifung und Gewaltordnung durchgesetzt, wie sie rascher und umfassender in der Praxis kaum zu bewerkstelligen ist. Man hat sie treffend als Revolution der neuen Ziele und Mittel beschrieben (David Schoenbaum) und das Hitler-Phänomen als die Form einer deutschen Revolution gedeutet (Joachim C. Fest). Als Machtergreifung neuen Typs besitzt der Nationalsozialismus geradezu typologische Bedeutung, wenn man die verschiedenen Stufen des Prozesses von 1933/34 revolutionssoziologisch untersucht und mit der faschistischen wie mit der Leninschen Machtergreifung vergleicht. In allen diesen Fällen handelte es sich um revolutionäre Vorgänge des 20. Jahrhunderts, die bewußt und betont mit neuartigen Mitteln des Terrors, der Massensuggestion und -kommunikation, der Kontrolle und des Zwanges arbeiteten. Als eine Revolution älteren Typs im Sinne der klassischen Revolutionssoziologien etwa Crane Brintons, Karl Griewanks oder Hannah Arendts erscheint allenfalls die Februarrevolution von 1917, während die sogenannte Oktoberrevolution bei restriktiver Terminologie viel eher als Machtergreifung neuen Typs zu bezeichnen wäre. Auch im Fall des zweiten, weiter gefaßten

Revolutionsbegriffs ist die Anwendung nicht nur auf Sozialismus und Kommunismus, sondern ebenso auf Faschismus und Nationalsozialismus durchaus zu begründen, wenn man deren epochale Wirkung und Nachwirkung bedenkt. Gerade Ernst Nolte, der die Renaissance eines generellen, im wesentlichen konterrevolutionär verstandenen Faschismusbegriffs noch in der nichtmarxistischen Form eingeleitet hat, spricht ja von der ›Epoche des Faschismus‹. Daran stört zwar der Allgemeinbegriff des Faschismus, weil er allzu unversehens den Nationalsozialismus einschließt und damit als ›deutschen Faschismus‹ relativiert. Doch bleibt die Epochenbetonung selbst richtig. Das heißt den weiteren Revolutionsbegriff auf diese rechtsdiktatorischen Bewegungen ebenso anwenden wie auf die Linksdiktaturen.

In formaler Hinsicht mögen die Machtergreifung und die Weltwirkung des Nationalsozialismus als revolutionär bezeichnet werden, sofern dieser zugegeben vage und mißbräuchliche Begriff heute, zwei Jahrhunderte nach seiner sehr konkreten Ausprägung in Amerika und Frankreich – mit großen Unterschieden auch dort –, überhaupt noch brauchbar erscheint, weil er wie Faschismus, Emanzipation, Demokratisierung zu den Allerweltsbegriffen mit wesentlich emotional-polemischer Bedeutung zählt. Schon für Hitler, als er sein Buch ›Mein Kampf‹ schrieb, für seine Ideologie- und Programmbildung, war von Anfang an ein leitender Gedanke, daß – im Gegensatz zu den linken Kritikern und den rechten Konkurrenten – der nichttraditionelle, nichtkonservative, nichtbürgerliche Ansatz und Gehalt dieser Bewegung eine wichtige, vielleicht die eigentliche Kraftquelle sowie das Geheimnis ihres Erfolgs bei den Massen, besonders bei der Jugend, darstellte. Eine Erörterung der revolutionären Qualität des Nationalsozialismus kann demnach weder Innen- und Außenpolitik noch Ideologie und Praxis getrennt betrachten. Es ist die enge Verflechtung, die für die Wirkung charakteristisch erscheint, welche der Nationalsozialismus einerseits in traditionellen, andererseits in radikalisierten Kreisen erzielte. Dabei kann offen bleiben, wieviel Bedeutung man dem Anspruch auf legale Revolution oder nationale Revolution beimißt – diesem zweifellos ungemein wichtigen Manöver zur Täuschung aller Gruppen von rechts bis links. Bezeichnend sind die Verflechtung und die Ambivalenz, die unlösliche Wechselbeziehung und Wechselwirkung jener beiden Haltungen und Überzeugungen; sie traten fast immer gleichzeitig und auch in den meisten Führerpersonen des Nationalsozialismus gekoppelt auf. Die fast dialektisch zu nennende Verknüpfung von Innen- und Außenpolitik, von Theorie und Praxis, von Traditions- und Revolutionsanspruch machte das Neue, ungemein Attraktive und Effektive der nationalsozialistischen Politik im Zeitalter des Übergangs von der liberalen Honoratioren- zur demokratischen Massengesellschaft aus.

Diese bedeutsame Verschränkung traditioneller und revolutionärer Elemente könnte in sechs Punkten charakterisiert werden.

Erstens: Die Grundidee eines nationalen Sozialismus, der Versöhnung von Arbeiterschaft und Nationalstaat, traf in die Mitte der Zeitproblematik und hat ihre epochale Bedeutung bis heute behalten, wenn man an den Sozialismus der Entwicklungsländer und den immer von neuem propagierten dritten Weg, denjenigen zwischen Kapitalismus und Kommunismus denkt.
Zweitens: Der Grundgedanke einer rassistischen Gliederung und Stufung der Menschheit stellt eine radikale Alternative nicht nur zur liberal-humanitären Idee der Weltzivilisation, sondern auch zur gängigen Nationalstaatsidee dar. Er beruht auf der Überzeugung von der Rolle des Rassismus als eines weltrevolutionären Prinzips, das den traditionellen Nationalismus ablösen und die geschichtliche Bewegung entsprechend dem Recht des Lebensraums für das rassisch überlegene Volk bestimmen werde. Darin wurzelte der Sendungsgedanke für die nationalsozialistische Innen- wie Außenpolitik.
Drittens: Der sozialdarwinistische Ansatz, der in den nationalsozialistischen Grundprinzipien enthalten war, wirkte wiederum in beide Richtungen. Als Behauptung vom überlegenen Recht des Stärkeren entspricht er einer eher konservativen Theorie der Politik, die auf die Lehre hinausläuft, daß Männer Geschichte machen. Aber der pessimistische Grundton der Sozialdarwinisten, der ja auch den Antisemitismus mit seiner Beschwörung eines angeblich drohenden Untergangs durch Überfremdung bestimmt, wird bei der Umsetzung der Lehre in politisch aktive Ideologie geradezu umgekehrt und dadurch revolutioniert: zur Antriebskraft für totalitäre Machtpolitik und rassistische Herrschaftsausweitung.
Viertens: Die nationalsozialistischen Vorstellungen zur Struktur der Gesellschaft enthielten eine eigentümliche Verbindung von konservativer Kulturromantik und ökonomisch-technischem Progressivismus, deren Gegensätzlichkeit charakteristisch ist für die Begründung und den Vollzug der praktischen Kultur-, Gesellschafts- und Wirtschaftspolitik in verschiedenen zeitlichen Perioden und sachlichen Bereichen. Auch hier kamen der Ideologie des Nationalsozialismus starke Tendenzen der Zeit entgegen, die Industrialisierung und Technisierung als neue Romantik priesen oder ›den Arbeiter‹ – wie damals in Ernst Jüngers gleichnamigem Buch – als Inbegriff einer neuen Volksgemeinschaft glorifizierten. Natürlich lief dies auf eine groteske Verzeichnung der Klassenstruktur im modernen Industriestaat hinaus, aber als Alternative zu der ja keineswegs realistischen Klassenkampfideologie hat es sowohl zur Bändigung wie zur Mobilisierung der Bevölkerung erheblich beigetragen.
Fünftens: Geradezu plakativ trat diese Kombination des Gegensätzlichen in Erscheinung, wenn die modernsten Massenmedien gehandhabt und die Technik der Massenversammlung eingesetzt wurden, etwa für so traditionalistische, agrarromantische Veranstaltungen wie den Reichsbauerntag auf dem Bückeberg. Zu diesem Komplex gehören die virtuose Gestaltung einer

Massenliturgie, der Charakter und die Wirkung einer politischen Religion mit fanatischen Gläubigen und einem pseudogermanischen oder auch pseudochristlichen Führerkult, wie es George Mosse als ›Nationalisierung der Massen‹ beschreibt. Die von Fritz Stern betonte Fundierung des Nationalsozialismus in antimodernistischen, antiindustriellen Strömungen des 19. Jahrhunderts wurde de facto ausbalanciert durch den Kult des Technischen und Effizienten, der in avantgardistischen Unternehmungen wie den Autobahnen, dem Volkswagen, dem Volksempfänger, in der geplanten Nationalisierung und Mobilisierung der Bevölkerung sowie in der meisterhaft geführten Regie des öffentlichen Lebens Ausdruck fand. Im Bereich des Militärischen, einem zentralen Bestandteil des außenpolitischen Denkens und Handelns, trat dieser Modernismus besonders deutlich hervor. Hitlers vielbewunderte Kenntnisse und sein oft gepriesenes Verständnis für geradezu revolutionäre Formen der Kriegführung standen freilich unmittelbar neben gänzlich traditionellen Auffassungen über Krieg und Außenpolitik. Der rasche Wechsel von der einen zur anderen Perspektive war ein Erfolgsgeheimnis des Nationalsozialismus; denn damit wurden Einschätzungen und Erwartungen bei Freund und Feind immer wieder in Frage gestellt, so daß bis zum heutigen Tag ein klares Urteil erschwert wird.
Sechstens: So wurden eine mystische Politik-Religion und die Anbetung des technischen Erfolgs, eine altdeutsche Bauernromantik und die moderne Massenschau oder der sozialistische 1. Mai und die national-soziale Arbeiterromantik zusammengefügt, und alles erfüllte seine Funktion in der Verbindung des Gegensätzlichen, in der Ausstrahlung nach beiden Seiten. Derart enthält das zum Beispiel in Hitlers Ordensburgrede in Sonthofen am 23. November 1937, also kurz nach der kriegsvorbereitenden Führerbesprechung vom 5. November 1937, entwickelte Konzept von dem Germanischen Reich Deutscher Nation eine charakteristische Ambivalenz. In dieser Geheimrede, die Hitler vor dem politischen Führernachwuchs über die deutsche Geschichte und das deutsche Schicksal hielt, sind die alten und durchgängigen Zielvorstellungen des Rassismus und der Lebensraumideologie zusammengefaßt. Sie münden in einen historisch drapierten, diametral verschiedene Elemente verschmelzenden Herrschaftsentwurf von Weltdimensionen, dem man die revolutionäre Qualität so wenig absprechen kann wie einhundertfünfzig Jahre zuvor dem nationalstaatlichen Ansatz der Staatsumwälzung und der Veränderung der internationalen Beziehungen. Das zutiefst Traditionalistische mag man in der geradezu mystischen Überhöhung des Reichsbegriffs erblicken. Doch eignete sich dieser verschwommene Begriff, so ambivalent er schon in der Geschichte des Zweiten Deutschen Reiches zwischen altdeutsch-konservativem und imperialistischem Verständnis des Reichsgedankens pendelte, vorzüglich für die weltherrschaftlichen Pläne und Träume, die auf eine Zerschlagung des bisherigen Staatensystems und auf neue

Formen politischen Lebens und politischer Organisation hinausliefen, wie sie Hitler schließlich in den ›Tischgesprächen‹ von 1941/42 vorgestellt hat – abermals in der charakteristischen, oft sehr banalen, jedoch offenbar wirkungsvollen Vermischung gegensätzlicher, alter und neuer, innen- und außenpolitischer Argumente.

Wo immer man in den Zeugnissen des Denkens, Planens und Handelns, die der Nationalsozialismus in verwirrender Menge hinterlassen hat, suchen mag, man wird stets auf jenen Grundzug stoßen, der es unmöglich macht, mit einer simplen Formel das Problem der Einordnung zu lösen. Auch eine allgemeine Faschismustheorie, sei sie marxistisch orientiert oder nicht, vermag dem Wesen des Nationalsozialismus nicht gerecht zu werden. Sie verkennt die Unterschiede der einzelnen Faschismen, die oft so wichtig sind wie die Ähnlichkeiten. Der Begriff ›Faschismus‹ wird auch deshalb gern von der Linken für alle rechten Bewegungen benutzt, weil er nichts über deren Inhalt und Anspruch aussagt, sobald er über die italienische Geschichte und Terminologie hinausgreift. Dagegen enthält der Begriff ›National-Sozialismus‹ eine substantielle Aussage, die durchaus ernst zu nehmen wäre, auch in den nichtdeutschen Ausprägungen. Diese so wirkungsvolle Kampfansage und Konkurrenz gegenüber dem Sozialismus wird eher verdrängt als bewältigt, wenn man inhaltslos von Faschismus oder Nazismus spricht. Aber auch prinzipiell ist es von entscheidendem Belang, ob der (italienische) Faschismus den möglichst starken, großen, totalen Staat im Sinne römischer Vergangenheit als Ziel anstrebte oder der (deutsche) Nationalsozialismus im Staat nur das technisch perfektionierte Instrument zur Organisation eines höherwertigen, die Weltpolitik revolutionierenden Rasse-Imperiums der Zukunft sah. Im einen Fall hat man es mit traditionellen Machtstaatsambitionen im Stil des Vorkriegsimperialismus, im anderen mit dem revolutionären Anspruch auf Durchsetzung und Erfüllung eines neuen Weltprinzips zu tun. Wie ernst dieser revolutionäre Anspruch zu nehmen sei, mag umstritten bleiben, nicht aber, daß er ungeahnte Potenzen mobilisierte und nie erwartete Realisierungen erreichte, die in die furchtbarsten Fanatismen und Zerstörungen der Geschichte geführt haben. Auch daraus ergeben sich Grenzen für eine allgemeine Faschismustheorie, in die ausgerechnet der Nationalsozialismus nicht paßt. Diese Theorie verstummt gerade vor jenen Positionen und Widersprüchen, die erst die riesige Wirkung des Nationalsozialismus und seine äußerste Brutalität ausmachen: vor den revolutionären Aspekten des Rassismus, der Lebensraumidee, des totalitären Herrschafts- und Führerideals. Hier liegt denn auch nach wie vor die Berechtigung und Bedeutung einer Totalitarismusforschung, die – modifizierend und weiterentwickelnd – an die wegweisenden Pionierarbeiten der Vergangenheit anknüpfen kann.

Zum Komplex der historischen Fehleinschätzung des Hitler-Regimes gehört die abschätzige Meinung, daß weder seine Ideen und sein Personal noch

Hitler selbst den Titel ›revolutionär‹ verdienten. Man sträubte sich damals wie heute, den vermeintlichen Agenten des Großkapitals – so die Linke – oder den ›böhmischen Gefreiten‹ – so Hindenburg und die Rechte – in die Reihe der Revolutionäre zu stellen, obwohl er die entscheidenden Attribute besaß: die Fixierung auf radikal verändernde Ideen, die Entschlossenheit, diese zu realisieren, koste es, was es wolle, und die Fähigkeit, dafür die Mittel und die Massen zu mobilisieren. Im letzten Viertel unseres Jahrhunderts sind solche gewöhnlichen Revolutionen, die im Tarnmantel der Tradition daherkommen können, ebenso denkbar wie sozioökonomische Katastrophen und die Manipulierung von Massenwahn. Die klassisch-liberale wie die marxistische Revolutionstheorie haben das nicht in voller Tragweite erkannt. Die Erfahrung mit dem Nationalsozialismus könnte nützlich sein, wenn sie nicht wieder in der Diskussion eines Revolutionsbegriffs steckenbleibt, der die Erkenntnis hindert, daß die Machtergreifungen und Umwälzungen unseres Jahrhunderts nicht länger an den romantischen oder ideologischen, jedenfalls mißbräuchlichen und irreführenden Vorstellungen von der guten, also linken Revolution und der schlechten, also rechten Konterrevolution zu messen sind. Die Behauptung, daß Revolutionen allein von links möglich seien, ist naiv, und zwar nicht nur im Blick auf symptomatische historische Slogans in der Art von Hans Freyers Buch ›Revolution von rechts‹ (1932) oder des Phänomens der ›linken Leute von rechts‹ in der Weimarer Republik oder auch desjenigen der ›rechten Leute von links‹ im Faschismus: vom Exsozialisten Mussolini über den Antikapitalisten Strasser zum Exkommunisten Doriot.[11] Eine solche Behauptung verkennt auch die unveränderte Kraft nationalistischer, nationalimperialer und rassistischer Ideen sowie die fortdauernde Möglichkeit pseudodemokratisch-plebiszitärer, antikapitalistisch-sozialistisch stilisierter Massenherrschaft mit oder ohne charismatischen Führer.

Es ließe sich auch die Folgerung ziehen, daß nicht eigentlich Hitler und der Nationalsozialismus, sondern erst sein Scheitern eine deutsche Revolution im Sinne der Modernisierung bedeutete. Daran stimmt gewiß so viel, daß erst 1945 eine verhängnisvolle Richtung und Möglichkeit der deutschen und der europäischen Geschichte wohl endgültig ad absurdum geführt worden ist – was 1918 die Dolchstoßlegende verhindert hat. Historisch wichtiger als die sozialen Wandlungen im Dritten Reich und die kurzfristige Machtentfaltung ist die totale Niederlage mit ihren tief einschneidenden Konsequenzen für die innere Modernisierung des Landes der verpaßten Revolutionen. Aber es bleibt, daß die ungewollten Wirkungen geschichtlicher Ereignisse ebenfalls zu ihrer Beurteilung gehören. Auch die englische Glorreiche Revolution, die amerikanische Revolution, die keine sein wollte, die napoleonische Ära mit ihren unabsehbaren Auswirkungen waren unvorhergesehene oder ungewollte Folgen historischer Krisen. Sie waren gleichsam paradoxe, doppelsinnige Revolutionen: paradox im Vereinbaren des Unvereinbaren – beispielsweise als legale Revolution –; doppelsinnig in der Gegensätzlichkeit von Intention und Ergebnis. Ihre Resultate sind deshalb nicht geringer einzuschätzen. Das gilt ebenso für die deutsche, europäische und weltpolitische Bedeutung des Nationalsozialismus und seiner Katastrophe.

## Regime und Krisen in Osteuropa

Man kann mit Hans Herzfeld die kleineren Staaten Osteuropas, die teils neu, teils stark verändert aus dem Ersten Weltkrieg hervorgingen, unter dem Gesichtspunkt ›Krisenherde der Weltpolitik‹ betrachten, wobei die Frage ihrer demokratischen Staats- und Gesellschaftsentwicklung zurücktritt.[12] Es ist auch nicht zu leugnen, daß die Pariser Friedensverhandlungen mehr den außenpolitischen Erwägungen der Großmächte als den Visionen Wilsons folgten. Das beherrschende Problem war vor allem für Frankreich, wie nach dem Ausfall Rußlands die Sicherheit gegen einen expansiven Wiederaufstieg Deutschlands garantiert werden könne. So blieben der Einfluß und das eventuelle Eingreifen der Großmächte weiterhin ein bestimmendes Moment der Entwicklung in dem ganzen Raum zwischen Rußland und Deutschland, von Finnland über die baltischen Staaten, Polen und die Tschechoslowakei, vom Balkan über Griechenland bis zur Türkei.

Auch das Ende der Zwischenkriegszeit und die Vorboten eines neuen Krieges wurden in diesem Raum besonders spürbar. Dabei ist charakteristisch, daß es sich nicht mehr allein um traditionelle Diplomatie und Einflußpolitik handelte, sondern daß politisch-ideologische Tendenzen und Veränderungen eine zunehmend wichtigere Rolle spielten. Das Ausgreifen der großen Diktaturen in den dreißiger Jahren und ihr schließlicher Triumph wurden durch die Krise der Nachkriegsdemokratien und den Aufstieg antidemokratisch-autoritärer Regime in Osteuropa in hohem Maße erleichtert. Die Problematik der nationalen Selbstbestimmung machte sich in Osteuropa ebenso geltend wie die trügerische Hoffnung eines liberalen Optimismus, mit dem man nach 1918 geglaubt hatte, die volle Verwirklichung des Selbstbestimmungsrechts in den neuen Staaten werde notwendig zu einer besseren internationalen Ordnung führen. Die Realität erwies sich jedoch als viel komplizierter und widersprüchlicher, vergleichbar dem Verhältnis von Nationalismus und internationaler Politik, von Selbstbestimmung und Demokratie überhaupt, die man zu Unrecht als identisch betrachtete. Der ost- und südosteuropäische Raum, der durch die Verdrängung Rußlands, den Zusammenbruch Österreich-Ungarns und vorher durch die Amputation der Türkei entstanden war, gab zahlreichen Völkern erstmals die Chance zur nationalen Selbstverwirklichung. Die Kehrseite war eine problematische wirtschaftliche und politische Zersplitterung, die durch den ungestümen Nationalismus dieser jungen Nationen noch verschärft wurde. Mischsiedlungen, Vielvölkerstaaten, umstrittene Grenzen verwirrten das Bild, und das demokratische Prinzip der Selbstbestimmung verwandelte sich bald in die autoritär-diktatorische Geste des machtpolitischen Anspruchs. Zu den inneren Spannungen, die daraus resultierten, kamen sozioökonomische Schwierigkeiten, zumal bei der Agrarreform, die in der benachbarten Sowjetunion suggestiv vorexerziert wurde; ihre Durchführung berührte aber wieder das Minderheitsproblem und schuf neue Unruhen.

Die allgemein ungünstigen Bedingungen und Umstände der Staatswerdung wirkten sich in erster Linie gegen die Demokratie aus, die man so vorschnell als natürliche Folge der nationalen Emanzipation betrachtete. Ökonomisch waren die neuen Staatsgebilde meist schwach, mit wenig Industrie und starker Abhängigkeit von den größeren Ländern, sowohl was den Absatz aus der eigenen Landwirtschaft als auch die Versorgung mit Industriegütern anging. Die Abhängigkeit, die man politisch so emphatisch ablehnte, blieb deshalb fast unverändert. Eine Vielzahl von neuen Zollgrenzen erhöhte die Schwierigkeiten. Die Staatswerdung selbst verursachte durch viele neue Einrichtungen zusätzliche Kosten. Die ohnehin schwachen Staatshaushalte standen also von Anfang an unter Belastungen, die selbst den Siegerstaaten wie Rumänien, Jugoslawien, Polen oder der Tschechoslowakei den Start als Demokratien ungemein erschwerten. Noch mehr mußte es für besiegte und reduzierte Länder wie Österreich, Ungarn oder auch Bulgarien gelten. Hinzu kam die geringe Erfahrung mit der komplizierten Praxis einer parlamentarischen Demokratie; denn überall war man bislang von autoritären Monarchien regiert worden. Außerdem verschärften die nationalistischen und revisionistischen Dauerkonflikte eine Instabilität, die alle jungen Staaten seit ihrer Geburt begleitete. Nur zwei von ihnen, Finnland und die Tschechoslowakei, vermochten sie demokratisch zu überstehen. Finnland gelang es, nach der Gewinnung seiner Unabhängigkeit von Rußland eine demokratische Republik zu errichten, deren Stabilität den skandinavischen Demokratien glich. Das Hauptproblem blieb das Verhältnis zur Sowjetunion, gegen die man sich zunächst abschirmen konnte. Der russische Angriff von 1939 und die Erfahrung des weiteren Krieges führten zu jener spezifischen Konstellation einer modifizierten Abhängigkeit, unter der, anders als im übrigen Osteuropa, die parlamentarische Demokratie und das Vielparteiensystem nach dem Zweiten Weltkrieg erhalten blieben.

Anders stand es um die baltischen Republiken Estland, Lettland und Litauen.[13] Sie verdankten ihre Existenz ebenfalls dem Zusammenbruch Rußlands und der Abschirmung durch die deutschen Truppen, die zunächst versucht hatten, das Baltikum für Deutschland zu gewinnen, und die 1919 sogar ein unabhängiges ›Ostdeutschland‹ von Ostpreußen bis Lettland geplant hatten. Angewiesen auf die Gunst der Westmächte, bemühten sich die drei neuen Staaten um demokratische Verfassungen und Agrarreformen. Aber der Druck Rußlands verstärkte sich bald wieder, obgleich es die Staatengründungen 1920 in aller Form anerkannt hatte. Minderheiten- und Grenzprobleme gab es zumal zwischen Litauen und Polen um die alte litauische Hauptstadt Wilna, welche die Polen 1920 durch Handstreich besetzten; der Völkerbund nahm es 1923 als vollzogene Tatsache hin, und Litauen entschädigte sich im selben Jahr durch Annexion des deutschen Memellandes. Damit wurde es zu einem potentiellen Krisengebiet, das in den revisionistischen Auseinandersetzungen bis zum Zweiten Weltkrieg eine Rolle spielte. Trotz aller Unterschiede in den drei baltischen Republiken traf sie das gleiche Schicksal: Auch Litauen sollte die bessere Beziehung zur Sowjetunion im entscheidenden Augenblick von 1940 nichts nützen. Der Nationalismus war ihr paradoxes Schicksal; denn jene Kraft, die ihnen zur Staatlichkeit verhalf, machte sie politisch lebensunfähig, weil zur Kooperation unfähig. Es war und blieb ein prekärer Zustand, in dem die drei kleinen Republiken mit ihren nationalbewußten, in demokratischer Politik jedoch unerfahrenen Völkern allmählich zu autoritären Regierungsformen übergingen. In Estland gelang 1924 die Niederschlagung eines kommunistischen Putsches, aber 1934 mißbrauchte der Ministerpräsident Konstantin Päts seine Vollmachten zur Ausschaltung des Parlaments und 1937 zur Errichtung eines Präsidialsystems, bevor 1939/40 die Sowjetunion der Selbständigkeit ein Ende setzte. Auch in Lettland war es der Ministerpräsident Karlis Ulmanis, der 1934 ein autoritär-nationalistisches Regime zur Behebung der starken innenpolitischen Zersplitterung errichtete. In Litauen waren die sozial und national begründeten Parteikämpfe besonders scharf. 1935 kam es auch dort zum Ende der Demokratie, als die führende Nationalpartei ein Verbot der Opposition, der christlichen Demokraten und Volkssozialisten durchsetzte. Für alle drei Länder bedeutete der deutsch-sowjetische Pakt von 1939 das Ende der kurzen Zeit nationaler Unabhängigkeit. Denn ihre Existenz, so berechtigt sie in nationalstaatlicher Sicht war, beruhte im Grunde auf der gleichzeitigen Schwäche Rußlands und Deutschlands.

Noch kürzer war die Dauer der Demokratie in Polen. Ihre westliche Orientierung und ihre Bedeutung für das französische Sicherheitssystem gegenüber Deutschland änderte nichts daran, daß man in Polen glaubte, nur mit autoritären Regierungen die dauernde Spannung mit Rußland bestehen zu können. Die demokratische Verfassung von 1921 blieb auf dem Papier; denn die inneren Konflikte der Parteien, der sozialen und nationalen Gruppen ließen eine normale Ausbildung des demokratischen Prozesses nicht zu. Die Verwaltung stammte aus drei verschiedenen Staatstraditionen, denen Polen seit dem 18. Jahrhundert unterworfen war: aus Preußen, Rußland und Österreich. Da gab es ferner die beträchtlichen Nationalitätenprobleme: Von den neunundzwanzig Millionen Einwohnern waren achtzehn Millionen Polen, aber eine Million Litauer, eine Million Deutsche, anderthalb Millionen Weißrussen, drei Millionen Juden und vier Millionen Ukrainer. Ein starker Antisemitismus konnte in Polen wie in Rumänien als Instrument der Regierung zur Ablenkung von inneren Problemen gehandhabt werden. Die schwierigsten Probleme brachte die Agrarreform. Sie führte zum Konflikt und im Mai 1926 zur Gelegenheit eines Militär-Putsches. Der gefeierte Kriegs- und Nachkriegsheld Marschall Józef Pilsudski wurde bei seinem Coup von fast allen Seiten begrüßt. Aber sein Regime einer verschleierten Militärdiktatur tendierte im Laufe der Jahre immer stärker zur autoritären Rechten und lancierte 1935 eine neue Verfassung, die Präsident und Regierung diktatorische Macht einräumte.

Es war eine halb autoritäre, halb konstitutionelle Diktatur, wie sie auch im nichtfaschistischen Europa der dreißiger Jahre nahezu zum Regeltyp wurde. Von Hindenburg–Papen–Schleicher über Dollfuß–Schuschnigg, Horthy und Salazar zu Metaxas und Pilsudski erstreckten sich in je verschiedener Form diese konservativ-militärischen Diktaturen, die mit dem Anspruch eines Weges zwischen Demokratie und Faschismus auftraten. Auch nach Pilsudskis Tod (1935) galt Polen als ein autoritäres System par excellence, dessen meist militärische Machthaber freilich wenig Geschick in den schwierigen Vorkriegsjahren zeigten. Die Berufung auf eine große nationale Tradition führte zu keiner brauchbaren demokratischen Lösung, sie verstärkte lediglich das antidemokratische Lager. Außerdem trug die stolze Überschätzung der eigenen Machtstellung, die zeitweilig von der Schwächung Rußlands und Deutschlands profitierte, zum Untergang von 1939 bei. Entscheidende Bedeutung kam eben nicht der Rolle Polens als dem Alliierten Frankreichs bei der Kontrolle oder Niederhaltung Deutschlands zu, sondern der deutsch-russischen Einigung. In dieser geradezu geopolitischen Abhängigkeit von den zwei großen Nachbarmächten, die dem polnischen Selbständigkeitsbedürfnis zutiefst widerspricht, liegt nach 1918 wie nach 1945, jeweils auf verschiedene Weise, das polnische Problem, die tragische Geschichte des Landes begründet.

Schwer lösbare außen- und innenpolitische Probleme griffen auch bei der Entwicklung der Nachfolgestaaten des Habsburger-Reiches ineinander. Unmittelbar mit dem deutschen Problem verknüpft waren die Geschichte und das Scheitern der Demokratie in Österreich. Nach dem Verbot des Anschlusses erreichte die Rumpfrepublik, die wirtschaftlich kaum lebensfähig war und mit Anleihen des Völkerbundes über Wasser gehalten wurde, mühsam eine gewisse Konsolidierung unter Führung des christlich-sozialen Prälaten Ignaz Seipel.[14] Neben der fortdauernden Anschlußfrage und den schweren Wirtschaftsproblemen war es vornehmlich die direkte Konfrontation militanter, quasi-militärisch organisierter Links- und Rechtsorganisationen, die eine ruhigere Entwicklung des Landes störte. Streiks, Unruhen, gewalttätige Demonstrationen führten immer wieder an den Rand des Bürgerkrieges, wobei sich insbesondere die agrarisch-rechtsautoritäre Heimwehr unter dem faschistisch orientierten Fürsten Starhemberg und der in Wien dominierende Republikanische Schutzbund gegenüberstanden; die sechzigtausend Heimwehr-Leute und die neunzigtausend ebenfalls bewaffneten Mitglieder des Schutzbundes übertrafen bei weitem die auf dreißigtausend Mann reduzierte österreichische Armee. So kam es über dem Freispruch von Heimwehr-Leuten, die der Ermordung von Sozialisten angeklagt waren, im Juli 1927 zum Sturm Wiener Arbeiter auf den Justizpalast, der in Brand gesetzt wurde; drei Tage lang währten die blutigen Unruhen. Demgegenüber drohte die Heimwehr in den folgenden Jahren immer wieder mit einem Marsch auf Wien, der nach faschistischem Muster die schwache, verfemte Parlamentsdemokratie beseitigen sollte. 1931 fand ein Putschversuch in Graz statt. Zur gleichen Zeit wurde der Plan einer Zollunion mit Deutschland erneut durch den Einspruch Frankreichs und der Kleinen Entente blokkiert.

Alle diese Krisen und Demütigungen wurden auf das Minuskonto der demokratischen Republik verbucht. Sie wurde 1932 im Lausanner Protokoll gezwungen, gegen Gewährung eines dringend benötigten Kredits auf jede politische oder ökonomische Union mit Deutschland definitiv zu verzichten. Dies war die Lage, als unter weiteren bürgerkriegsförmigen Auseinandersetzungen mit dem Aufstieg des österreichischen Nationalsozialismus die Balance zwischen den drei politischen Lagern, die sich gegenüberstanden – Sozialisten, Christlich-Soziale, Nationale –, zerstört und die Demokratie in Österreich von dem wachsenden Druck der deutschen Entwicklung zur Diktatur endgültig zunichte gemacht wurde. Eingeklemmt zwischen dem nationalsozialistischen und dem faschistischen Regime, ging auch Österreich 1933/34 unter den christlich-sozialen Kanzlern Dollfuß und – nach dessen Ermordung durch österreichische Nationalsozialisten – Schuschnigg den Weg in eine konservativ-autoritäre Diktatur, die Sozialisten und Nationalsozialisten gleichermaßen niederzuhalten suchte, bis sie 1938 vor dem großdeutschen Coup kapitulieren mußte.

Für die Demokratie in der Tschechoslowakei spielte das deutsche Problem gleichfalls eine wichtige Rolle. Obwohl es bis zum deutschen Zugriff von 1938 gelang, das parlamentarische System zu erhalten, unterblieb der Ausbau zu einem stabilen Vielvölkerstaat nach Art der Schweiz. Daher wirkte sich die entwickelte Wirtschafts- und Sozialstruktur nicht in dem Maße zugunsten einer Festigung des demokratischen Staates aus, wie dies unter so entschieden liberalen Politikern wie Tomás Masaryk und Eduard Beneš möglich erschien. Zu den nationalen Spaltungen gesellten sich soziale und konfessionelle Unterschiede, zumal zwischen den vorwiegend protestantischen Tschechen und den katholischen Slowaken. Die zentralistische Lösung, die dem französischen Vorbild entsprach, war denkbar ungeeignet für die Struktur des Landes und für den integrierenden Aufbau einer tschechoslowakischen Staatsnation. Außerdem bildete das Festhalten der maßgebenden Staatsmänner der neuen Republik am Einheitsstaat eine Hypothek, die zu schweren außenpolitischen Belastungen führte und als Vorwand für den Zugriff der Nachbarn Deutschland, Ungarn und Polen auf die Minderheitsgebiete diente. Diese revisionistischen Diktaturen vermochten schließlich die letzte Demokratie Mitteleuropas auch deshalb so leicht zu zerstören, weil Prag den Anschein einer Majorisierung der Minderheiten nicht vermeiden konnte, sofern es am zentralistischen System festhielt.

Die Entwicklung Ungarns mündete nach dem abenteuerlichen Intermezzo der Räterepublik Béla Kuns unmittelbar in das autoritäre System des Admirals Nikolaus Horthy, der als Reichsverweser an der Fortdauer der Monarchie festhielt, an einer Fiktion, mit der Ungarn seine Ansprüche auf Wiederherstellung des Territoriums begründete – sehr zur Empörung der Nachbarn. Horthys vorgeblich provisorische Regentschaft dauerte in Wahrheit bis zum Ende des Zweiten Weltkrieges. Die verfassungsstaatlichen Formen änderten nichts an der Kontinuität eines aristokratisch-autoritären Regimes, das sich früh mit den Tendenzen der faschistischen und nationalsozialistischen Politik liierte und zu einer Stütze der autoritären Welle im Donau-Raum wurde. – Die Staaten, die am meisten von der Verkleinerung Ungarns profitiert hatten, Jugoslawien und Rumänien, übernahmen am stärksten dessen Problematik: Minderheitenfragen und Entwicklungsprobleme. Ein großrumänisches Reich war als Belohnung für die Kriegsteilnahme auf seiten der Alliierten entstanden. Es hatte jedoch mit der Gegnerschaft sowohl der durch Landreformen geschädigten Ungarn – in den neuen Westgebieten Transsilvanien-Siebenbürgen – als auch der Sowjetunion – mit ihrem Anspruch auf Bessarabien – zu rechnen. Im Hin und Her der Innenpolitik standen sich liberales städtisches Bürgertum und eine starke Bauernpartei gegenüber, aber die antidemokratischen Machenschaften der Monarchisten erwiesen sich in dieser Lage als stärker. Der skandalumwitterte König Carol II. verstand es nach seiner Rückkehr aus dem selbstgewählten Exil im Jahr 1930, die verschiedenen Gruppen gegeneinander auszuspielen und im schnellen Wechsel der Regierungen eine persönliche Diktatur zu lancieren, die 1937/38 Rumänien den Weg ins Lager der autoritären Mächte wies, obwohl es ja alles andere als ein revisionistischer Staat war. Parlamentarisch-demokratische Institutionen und Prozesse vermochten nicht Wurzel zu schlagen. Seit 1933 bereitete die autoritäre und antisemitische Bewegung der Eisernen Garde den Übergang zu einer halbfaschistischen Führerdiktatur vor, die nach langen Konflikten mit dem König schließlich unter dem Marschall Jon Antonescu 1940 mit deutschem Segen verwirklicht wurde.

Anders im Ausgang, aber nicht weniger problemreich im Verlauf war das Schicksal der neuen Staatsgründung Jugoslawien, das an die serbische Monarchie anknüpfte. Der Gegensatz zwischen Serben und Kroaten, die nie zuvor zusammen einen Staat gebildet hatten, erwies sich als ruinös für jede gedeihliche Entwicklung. Eine föderalistische Lösung kam nicht zustande, und die Ermordung des kroatischen Bauernführers Stjepan Radić durch einen serbischen Parlamentarier während einer erregten Parlamentssitzung im Jahr 1928 signalisierte bereits das Ende des mühsam funktionierenden parlamentsdemokratischen Systems, das von einer Kabinettskrise zur anderen lavierte. König Alexander I. suspendierte 1929 die Verfassung. Die Diktatur überdauerte seine Ermordung 1934 in Marseille. Die Bemühungen des Regenten Prinz Paul um Wiederherstellung verfassungsmäßiger Regierungsverhältnisse wurden in den Strudel der allgemeinen Diktaturtendenzen in Mittel- und Osteuropa hineingerissen. 1939 endlich gelang immerhin unter dem Eindruck der Kriegsgefahr die Einigung über eine Teilautonomie Kroatiens. Damit wurde eine Mehrheitsregierung auf breiter Basis möglich. Erst die Besetzung durch deutsche und italienische Truppen machte 1941 der bemerkenswert selbständigen Haltung des Landes ein Ende, das sich mehr als die übrigen Balkanstaaten gegen den profaschistischen Sog zu behaupten und dann den stärksten Widerstand gegen die Kriegsbesetzung zu leisten vermochte.

Griechenland und sein Regierungssystem waren überschattet durch die ungeklärten Verhältnisse zunächst gegenüber der Türkei, die zu der schweren griechischen Niederlage in Kleinasien führte, dann gegenüber Italien, das in mehreren Aktionen seine adriatisch-mittelmeerischen Ambitionen demonstrierte. Wie in allen kleineren Staaten war auch in Griechenland eine Maximalidee vorhanden, im speziellen Fall ein großhellenisches Reich, hinter der eine zweieinhalbtausendjährige Erinnerung stand. Bis zur Gegenwart ist der häufige Wechsel monarchischer und republikanischer Regime charakteristisch. In den ersten Nachkriegskrisen (1920) mußte der seit 1910 beherrschende Politiker Eleutherios Venizelos dem aus dem Exil kommenden König weichen, aber schon 1924 kehrte er triumphal zurück. Die Republik hielt ein Jahrzehnt. Dann gewannen die royalistischen Kräfte wieder die Oberhand. In der folgenden Zeit der autoritären Regime löste der zurückgekehrte König Georg II. das Parlament auf unbestimmte Zeit auf und übertrug die Macht einem quasidiktatorischen Regime unter General Ioannis Metaxas, das auf den Kompetenzen des Kriegszustandes beruhte.

Die Resultate der Entwicklung in Osteuropa und auf dem Balkan erwiesen sich als ein schwerer Schlag für alle Hoffnungen, die an die Verwirklichung der nationalen Selbstbestimmung geknüpft waren. Es zeigte sich, daß diese nicht zwingend oder auch nur wahrscheinlich zur Ausbildung und Festigung demokratischer Systeme führte. Das Verhältnis von Nationalismus, Nationalstaat und Demokratie war komplizierter, als man in einem noch dem Liberalismus des 19. Jahrhunderts zugehörigen Optimismus angenommen hatte. Fast überall führten die schweren Strukturprobleme – Minderheitsfragen, Agrarkonflikte, ökonomisch-industrielle Mittelstandspolitik, Revolutions- und Kommunismusfurcht – zu antidemokratischen Tendenzen und diktatorischen Systemen, die zur Lösung der Schwierigkeiten auch nicht imstande waren. Diese Entwicklung diskreditierte die Idee der Demokratie und warf die Frage auf, ob diese nicht überhaupt nur unter den exzeptionellen Bedingungen der reichen, entwickelten westlichen Staaten lebensfähig sei. Zudem boten die chaotischen Verhältnisse den Großmächten die Möglichkeit zu Interventionen und Machtverschiebungen, die eine Gefährdung für das Friedens- und Ordnungssystem Europas insgesamt mit sich bringen konnten.

Andererseits beweist das Beispiel der neuen Demokratien nach dem Ersten Weltkrieg, daß aus dem Stand der sozioökonomischen Entwicklung nicht einfach auf eine politische Anfälligkeit für die Diktatur geschlossen werden kann. Es lassen sich zwei Formen der Anfälligkeit erkennen. Da waren die unter- und halbentwickelten Gebiete des Balkans und teilweise auch Italiens, Polens und des Baltikums, in denen autoritäre oder faschistische Regime als Entwicklungsdiktaturen auftreten konnten, gerade weil die politisch-staatliche Infrastruktur für tragfähige demokratische Systeme fehlte; solche Diktaturen erreichten aber nie die politisch-ideologische Perfektion der totalitären Regime. Da waren auf der anderen Seite die Länder mit hohem Entwicklungs- und Lebensstandard, denen ein Absinken oder eine tiefgreifende Strukturkrise als Folge des Krieges und der weiteren Modernisierung drohten. Das traf auf Deutschland und besonders auch auf Österreich zu, das mit seiner langen Staats- und Kulturtradition nun gleichsam funktionslos auf der Suche nach der verlorenen Rolle war. Hier gab es bessere Voraussetzungen für die Entwicklung parlamentarischer Demokratien, aber zugleich radikalere, totalitär organisierbare Neigungen und Strömungen zur reaktionären oder revolutionären Änderung der Nachkriegslage. Auch diese starke Unterschiedlichkeit der sozioökonomischen und politischen Voraussetzungen und Formen, die alle in die Diktatur führten, spricht gegen die Anwendung eines generellen Faschismusbegriffes, wie er ideologisch oder gedankenlos vereinfachend so häufig gebraucht wird.

## Iberische Diktaturen

Spanien wurde bis zum Beginn der dreißiger Jahre von den europäischen Konflikten kaum tangiert. Es vermochte freilich auch keine positive Rolle in der Entwicklung der europäischen Demokratie zu spielen. Vielmehr gehörte es zu jenen Ländern, die sich als besonders anfällig für die antidemokratischen, autoritären Diktaturbestrebungen erwiesen und die sogleich auf das faschistische Italien blickten. Ein Unterschied lag zwar in der Tatsache, daß Spanien nicht am Krieg beteiligt war, doch bedeutete das Kriegsende auch ein Ende der Vorteile, welche die Neutralität mit sich gebracht hatte. Die konstitutionelle Monarchie, die 1918 bestand, war eher oligarchisch und ständisch als demokratisch fundiert; eine starke Linke war wegen des Wahlsystems weder im Parlament – den Cortes – repräsentiert, noch erkannte sie das bestehende System an. Im Grunde befand sich Spanien in einer Situation, wie sie für die Staaten Lateinamerikas charakteristisch war und bis heute ist: Verfassung und formale Institutionen besagen wenig über die tatsächliche Machtstruktur. Ein konservativ-autoritäres Establishment beherrschte Staat und Gesellschaft. Die Militärs, die eine Armee mit aufgeblähtem privilegiertem Offizierskorps vertraten, intervenierten häufig auf ihre Weise. Auf der anderen Seite standen starke anarchistische Partei- und Gewerkschaftsgruppen gegen dieses System, das sie konspirativ zu unterhöhlen, revolutionär-aktivistisch zu sprengen suchten. Eine gemäßigte sozialistische Partei strebte vergeblich nach demokratischer Machtbeteiligung. Gleichfalls bedeutungslos blieb die Abspaltung einer kommunistischen Partei; sie war schwach, und die Mehrheit der Sozialisten lehnte den Komintern-Beitritt ab. Wichtiger war die große reformistische Gewerkschaftsbewegung UGT, die durch friedliche Streiks und Erziehungsarbeit sozioökonomische Verbesserungen und mehr politische Rechte für die Arbeiter durchzusetzen trachtete. Doch den Ton gaben auf der Linken die Anarcho-Syndikalisten an. Ihr Ziel war die Beseitigung der staatlichen Macht durch Gegenmacht, bis am Schluß ein Generalstreik von aller Autorität befreie und das goldene Zeitalter der freiwilligen Zusammenarbeit ohne Ausbeutung und Zwang einleite. Diese utopische Richtung, die sich in verschiedenen Gewerkschaftsgruppierungen organisierte und im Grunde auch antisowjetisch orientiert war, hatte ihre Unterstützung nicht zuletzt bei Bauern und Landarbeitern. Auf den großen Gütern zumal im Süden bildete das schlechtbezahlte Landproletariat ein revolutionäres Potential.

Die politische Macht war durch das Verhältnis gekennzeichnet, in dem sich Armee und herrschende Schichten in der Handhabung dieser Macht trafen. Das Offizierskorps fühlte sich angesichts der Nichtbeteiligung am Krieg unterbeschäftigt und frustriert. Um so mehr blickte es auf eine stolze Vergangenheit weit zurück und lebte in der Vorstellung einer ordnungserhaltenden Macht, die sich das Recht nahm, massiv in die Innenpolitik einzugreifen. Der obere Mittelstand kontrollierte fast allein Spaniens Industrialisierung, die allerdings nicht sehr umfangreich war, und in der Geldpolitik der Banken trafen sich die liberalen Unternehmer mit den konservativen Grundbesitzern. Dieses Interessenbündnis bildete – zusätzlich zur Armee – eine wesentliche Grundlage des Systems. Die andere bestand in der reichen und mächtigen

Kirche, die auch das Bildungswesen beherrschte. Als Bollwerk der Ordnung und Autorität war sie mehr als irgendwo sonst eine konservative Vormacht, die einem Ausbau der parlamentarischen Demokratie entgegenstand. Andererseits verschärfte der antiklerikale, ja kirchenfeindliche Kurs der demokratisch-repulikanischen Parteien und Gruppen die Konfliktsituation ganz beträchtlich und gab den extremen Polarisierungen, die zum Bürgerkrieg führen sollten, noch besonderen Auftrieb.[15]

In diesem merkwürdigen Staatswesen, das erregte Anarchisten und versteinerte Reaktionäre nebeneinander beherbergte, überdies von traditionellen regionalen Konflikten zwischen dem Zentralismus Madrids und der Autonomieforderung Barcelonas zerrissen war, herrschte de facto seit 1923 eine Militärdiktatur unter Miguel Primo de Rivera. Nach ihrem Sturz im Jahr 1930 und einem Aufstand in der Kolonie Marokko, mit dem die spanische Armee nicht fertig wurde, mußte auch König Alfons XIII. abtreten. Doch die Lage blieb nach der Ausrufung der Republik gespannt. Eine provisorische Regierung von Sozialisten und Gemäßigten unter dem Katholiken Niceto Alcalá Zamora bereitete Wahlen zu einer verfassungsgebenden Nationalversammlung vor. Ihr Ergebnis im Juni 1931 war eine große Mehrheit der Sozialisten und gemäßigten Linken, begünstigt durch Wahlbündnisse und besonders durch das Mehrheitswahlsystem, das früher der Rechten zugute gekommen war. Dieser Umstand sollte in der Folge eine verhängnisvolle Rolle spielen. Es zeigte sich, daß unter den gespannten Verhältnissen einer tief gespaltenen Gesellschaft, die über keinen breiten demokratischen Consensus verfügte, die forcierte Wirkung des Mehrheitswahlsystems nicht zur Stabilisierung beitrug[16], vielmehr eine Bürgerkriegslage herbeiführte, weil sich jeweils eine Seite benachteiligt fühlte. Entscheidend freilich blieb die extreme Zerspaltung und Polarisierung des politischen Spanien. In dem nun herrschenden republikanischen Lager war eine scharfe Zuspitzung des Liberalismus zum Radikalismus, des Sozialismus zum Syndikalismus und Anarchismus dafür charakteristisch. Im Sozialismus begann zudem ein bolschewistischer Flügel unter Francisco Largo Caballero, dem ›spanischen Lenin‹, die gemäßigte Mehrheit zu bekämpfen.

Die neue Republik von 1931 verfolgte nun ihrerseits gegen den bis dahin herrschenden Konservatismus eine radikale Politik der Veränderungen. Gegen die Kirche wurde die absolute Trennung vom Staat, die Einführung der Zivilehe, die Auflösung des Jesuitenordens und die Beschlagnahme seines Vermögens durchgesetzt. Die Armee mußte sich eine durchgreifende politische Säuberung gefallen lassen. Die Front gegen die Republik ergab sich wie von selbst; zu rasch und zu einseitig wurden die Reformen durchgesetzt, als daß im republikanischen Lager selbst eine Konsolidierung der demokratischen Kräfte erfolgen konnte. In merkwürdigem Kontrast befanden sich scharfe Maßnahmen und hilflose Unordnung, Unsicherheit im öffentlichen

Leben. Es entstand der Eindruck eines Machtvakuums, und er verstärkte sich, als zunehmend Streiks und Übergriffe von unzufriedenen, in anarchistischer Tradition stehenden Arbeitern um sich griffen. Am meisten schadete der republikanischen Regierung, daß sie zahlreiche Gewalttaten, das Niederbrennen von Kirchen und Klöstern, die Unruhen in allen Teilen des Landes nicht zu hindern vermochte. Das hat einer rechtsautoritären Gegenbewegung bald starke Unterstützung verschafft. Schon im Sommer 1932 kam es zu einer Militärrevolte in Sevilla, die jedoch mißglückte. Auf der anderen Seite brachen Anarchistenaufstände aus, so im Januar 1933 in Barcelona, wo die Regierung Truppen und Flugzeuge einsetzen mußte. Bewaffnete Auseinandersetzungen wurden zur Alltagserscheinung.

Zwischen der Gewalt von rechts und von links, aber ebenso innerhalb des republikanischen Lagers, das sich zwischen und inmitten der Polarisationen mühsam zu behaupten suchte, reifte die Bürgerkriegssituation. Bei Neuwahlen im November 1933 erlitten Republikaner und Sozialisten die erwartete Niederlage, während eine neue rechtskatholische Bewegung (CEDA) unter José Gil Robles im Wahlbündnis mit Monarchisten und Traditionalisten, den sogenannten Carlisten, die stärkste Position errang. Die politische Einschätzung der CEDA ist umstritten. Ihre Position erscheint als gemäßigt bis konservativ; ihr Hauptanliegen war die Stabilisierung einer bürgerlichen Ordnung und die Milderung des antikirchlichen Kurses. In einer Koalition mit den liberalen Republikanern, den Radikalen, bildeten sie eine Regierung, welche die meisten Reformen rückgängig machte; der Kurs neigte sich mehr und mehr nach rechts. Die Antwort war eine verstärkte anarchistische Aktivität in den Jahren 1934/35: Aufstände in Aragon, Madrid, Barcelona; Generalstreiks in Saragossa; Versuche zur Revolutionierung der Gewerkschaften durch Largo; Unabhängigkeitsbewegung in Katalonien. Gegen die Herrschaft einer Roten Armee im Bergbaurevier von Asturien wurden schließlich Truppen aus Marokko unter General Francisco Franco eingesetzt; mit ihrer Hilfe wurde die Revolte blutig niedergeschlagen, wobei Tausende von Menschen ums Leben kamen und etwa vierzigtausend eingesperrt wurden. Auf beiden Seiten wuchs die Erbitterung. Die blutige ›Vorübung für den Bürgerkrieg‹ bot das Material für eine radikale Freund-Feind-Propaganda.

Das Parlament wurde erneut aufgelöst, da sich der republikanische Präsident Zamora weigerte, den Rechtskatholiken Gil Robles zum Regierungschef zu ernennen. Die Wahlen vom Februar 1936 standen wieder im Zeichen einer klaren Konfrontation und scharfen Polarisierung. Rechts die CEDA im Wahlbündnis mit Monarchisten und Agrariern, links eine weit in die Mitte reichende Volksfront, die der Entwicklung in Frankreich sowie der neuen Taktik der Komintern entsprach. Der Ausgang der Wahlen, zwei Monate vor dem Sieg der Volksfront in Frankreich, war abermals durch das Mehrheitswahlsystem stark verzerrt: Zweihundertachtundsiebzig Abgeordnete für die

Volksfront standen gegen einhundertvierunddreißig der Rechten, und das, obwohl die Stimmenzahl der beiden Lager beinahe gleich war. Vor allem hinderte das Wahlsystem eine breitere Vertretung der Mitte – nur fünfundfünfzig Abgeordnete – und verstärkte bei der Rechten die Überzeugung von einem ungerechtfertigten und mißbräuchlichen Übergewicht der Linken. Es kam hinzu, daß die schwache liberal-republikanische Minderheitsregierung, die umgebildet wurde, von Kommunisten wie Largo geradewegs als bloßer Vorläufer der Diktatur des Proletariats bezeichnet wurde – eine Großsprecherei, die bei der Rechten und im Bürgertum zur äußersten Beunruhigung beitrug. Landbesetzungen, neue Unruhen und Streiks, Kirchenbeschädigungen, politische Morde nährten die Angst vor dem Chaos bei den Besitzenden. Sie blickten jetzt nicht mehr auf den gemäßigten Rechten Gil Robles, sondern auf antirepublikanische Monarchisten wie Calvo Sotelo und auf die rechtsradikale Falange-Bewegung, die 1933 von José Antonio Primo de Rivera, dem Sohn des Diktators, organisiert worden war. Sie war eine betont faschistische Bewegung: ständisch-antiliberal, antiparlamentarisch-autoritär, mit sozialistischen Neigungen, nicht einfach als konterrevolutionär abzustempeln, so wenig wie andere nationalsoziale Bewegungen der Zeit, doch wie diese diktatorisch, gegen die Demokratie gerichtet. Eine Miliz der Falange betätigte sich nach faschistischem Vorbild mit gewalttätigen Stoßtruppunternehmungen.

Die Republik antwortete im März 1936 mit dem Verbot und mit der Verhaftung der Führer; im November 1936 wurde Primo de Rivera hingerichtet. Zugleich versuchte man den drohenden Putsch der Armee zu verhindern, indem man zahlreiche Generale versetzte. Aber inzwischen gaben neue Übergriffe und Unruhen Anlaß, eine lange vorbereitete Aktion der Rechten auszulösen. Am 13. Juli 1936 wurde der monarchistische Oppositionsführer Calvo Sotelo von einem republikanischen Polizeioffizier ermordet, am 17. Juli lief die militärische Rebellion in Spanisch-Marokko an, am 18. Juli schon griff sie auf Spanien selbst über. Jetzt begann die endgültige Zweiteilung des unglücklichen Landes, die fast drei Jahre lang aufs blutigste ausgetragen wurde. Das antidemokratische Lager vermochte sich in den entscheidenden Jahren weiter zu verstärken und die Kraftprobe mit den Demokratien auf dem Schlachtfeld des Spanischen Bürgerkrieges für sich zu entscheiden.

Der Ausbau des Franco-Regimes während des Bürgerkrieges und in den Jahrzehnten danach ist so wenig wie die portugiesische Diktatur Salazars und andere Varianten der autoritären Welle mit dem Begriff des Faschismus zu erfassen. Nur die Falange, deren sich Franco gelegentlich bediente, war eine faschistische Bewegung, aber sie vermochte nie einen größeren Anhang, geschweige denn die Kontrolle über das System zu erringen. Dazu fehlte ihr nach dem Tod Primo de Riveras der unentbehrliche charismatische Führer. Außerdem waren die Entstehungsverhältnisse des spanischen Regimes wenig dazu geeignet. Der antidemokratische Militärputsch hatte keine faschistische Massenbewegung ausgelöst, und die konservativen Mächte behielten die volle Kontrolle über die autoritäre Diktatur, die sie errichteten. Auch dieser Fall zeigt wie der Österreichs aufs deutlichste, wie falsch eine Erklärung ist, die den Faschismus nur als das ausführende Organ reaktionärer oder kapitalistischer Mächte sieht; faschistisch oder nationalsozialistisch waren die entsprechenden Bewegungen und Regime erst dadurch, daß sie sich von diesen reaktionären Mächten abzuheben und eigene Ziele durchzusetzen wußten.

In Spanien unterschied sich die Lage in dieser Hinsicht grundlegend von der Italiens oder Deutschlands. Es ging der Rechten nicht um hochgesteckte ideologische Ziele, sondern klar und einfach um die Wiederherstellung und Sicherung des vordemokratischen, vorrepublikanischen Systems, um das konservative Establishment. Franco war kein Faschist, sondern erwies sich als ein geschickter autoritärer Politiker, der die verschiedenen Rechtskräfte in einem neuen traditionalistischen Staat zu integrieren verstand. Unter den konspirierenden Politikern und Generalen kam Franco erst in Frage, als die Führer erster Wahl umgekommen waren: nach Oppositionschef Calvo auch General José Sanjurjo, Führer der Antirepublikaner im Exil, der auf dem Flug von Portugal nach Spanien abstürzte. Nun erst fiel die Wahl der aufständischen Militärjunta auf Franco, der sich dann seit dem 1. Oktober 1936 bereits Staatsoberhaupt nannte. Es war die spanisch-lateinamerikanische Tradition des Caudillo, des politisierten Heerführers, an die hier angeknüpft wurde, und die Einbeziehung und Uniformierung der Falange im Rahmen einer nationalen Sammelbewegung, für die Franco im April 1937 sorgte, machte diese eigene Prägung der spanischen Diktatur ebenfalls deutlich. Als schlauer und vorsichtiger Politiker unterschied sich ihr Staatschef diametral von den ideologisch-revolutionär agierenden Massendemagogen in Rom und Berlin. Seine Haltung im Zweiten Weltkrieg ließ dies ganz deutlich hervortreten.

Gewiß war die Legalität auf seiten der republikanischen Regierung. Ihre Anhänger nannten sich Loyalisten, während diejenigen Francos als Rebellen, Nationalisten, Faschisten bezeichnet wurden. Denn im Bürgerkrieg nahm Franco jede Hilfe aus Italien und Deutschland an; die Unterstützung durch das faschistische Italien und das nationalsozialistische Deutschland ging bis zur militärischen Intervention durch Freiwillige und Luftangriffe. Die Bombardierung der baskischen Stadt Guernica durch Flugzeuge der deutschen Legion Condor ist in das berühmte Bild Pablo Picassos eingegangen. Auf der anderen Seite standen die Internationalen Brigaden, in die idealistische Freiwillige aus den westlichen Demokratien strömten, darunter politische Emigranten aus Deutschland. Zahlreiche bekannte Intellektuelle und Künstler ergriffen Partei und propagierten die republikanische Sache. Aber die Brigaden gerieten bald unter kommunistischen Einfluß. Deshalb war Ordnung, das große Wort des neuen Diktaturregimes, so zugkräftig. Es konnte seine Wirkung nach den permanenten Unruhen und inmitten des Bürgerkrieges um so weniger verfehlen, als die republikanische Regierung durch linksrevolutionäre Gegenbewegungen und kommunistische Aktivität, über die sie allmählich die Kontrolle verlor, zunehmend geschwächt wurde. Staatliche Autorität und Justiz verschwanden mehr und mehr, das Chaos griff um sich, der blutige Terror gegen Kirchenleute und Klassenfeinde nahm zu. Im Regierungslager fand eine gewalttätige, anarchische Revolution innerhalb des Bürgerkrieges statt; ihr Anblick bewies vielen die Berechtigung und Notwendigkeit des Franco-Regimes mit seiner Verheißung der Sicherheit. Zwar kam es Ende 1936 zur Konsolidierung unter einer Linksregierung Largo, in der bezeichnenderweise die Kommunisten für Ordnung und Disziplin eintraten; selbst Anarchisten wirkten mit. Aber das Konzept der breiten Volksfront, die vom Frühjahr 1937 bis zum Ende, im März 1939, unter dem Liberalen Juan Negrín regierte, vermochte den Niedergang nicht mehr aufzuhalten. – Die Frage, wie stark die kommunistische Unterwanderung gewesen sei und welche Wirkung die ausländische, auch sowjetische Unterstützung gehabt habe, ist nur noch interessant im Blick auf die tragischen Schicksale derer, die der Republik aus ganz Europa zu Hilfe eilten und von allen Seiten getäuscht, mißbraucht, umgebracht wurden. Wegen Abweichung sahen sich auch viele Kommunisten von Stalinisten terrorisiert und liquidiert. Eine Elite der linken europäischen Intelligenz und Schriftsteller aus unterschiedlichen Lagern unterstützten mit flammenden Appellen und eigenen Aktionen den in ihren Augen entscheidenden Kampf gegen den Faschismus: Orwell, Hemingway, Malraux, Koestler. Aber es war eine fragwürdige Kraftprobe. Wie komplex und problematisch die vermeintlich so eindeutigen Fronten waren, bewies wenige Monate später die Sowjetunion, als sie vom spanischen Schlachtfeld zum Pakt mit Hitler schritt.

Für das Franco-Regime bestand kaum einmal eine ernsthafte Gefährdung, nachdem es sich festgesetzt und mit seiner Politik des gezielten Terrors, der Exekutionen, des disziplinierten Zwangs der anderen Seite überlegen gezeigt hatte. Der Bürgerkrieg, der mehr als eine halbe Million Opfer gekostet hatte, hinterließ eine innere Erschöpfung der spanischen Gesellschaft, die das konservativ-reaktionäre Ordnungsregime, gestützt auf Armee, Kirche, Oberschicht und ruhebedürftiges Bürgertum, ohne wesentliche Anfechtungen die nächsten Jahrzehnte überdauern ließ. Die spanische Version der Antidemokratie, die Diktatur Francos, konnte ihre Wirkung auf die lateinamerikanischen Länder nicht verfehlen – vom Peronismus bis zu den immer neuen Militärregimen der Folgezeit. Im Rahmen Europas aber blieb sie ein Sonderfall. Ihre Bedeutung liegt darin, daß sie als Vorspiel zum Zweiten Weltkrieg, als Generalprobe der ideologischen Fronten betrachtet werden konnte, die mit dem Triumph der Diktatoren endete. Als Diktatur aber blieb das Franco-Regime weit entfernt vom ideologisch-revolutionären Rechtsradikalismus, fast so weit wie das Regime Salazars. Der Rückweg in die Monarchie war denn auch Francos letzte Antwort auf die Frage nach Ziel und Richtung dieses Systems. Nach seinem Tod im Jahr 1975 kam sogar der friedliche Übergang zur Demokratie in Gang. Die iberische Diktatur war eine durchaus eigenwillige Erscheinung – wie die politische Kultur der Länder, in denen traditionalistische Autorität und anarchistische Leidenschaft eng beisammenwohnen.

Bei Spaniens Nachbar, in Portugal, geschah die Diktaturwerdung fast unbemerkt, auf so konservative Weise, daß diese Diktatur selbst bei einem allgemeineren Gebrauch des Begriffs noch weniger als faschistisch bezeichnet werden kann. Portugal verstand sich als ein ständisch-korporatives System. Es war von Anfang bis beinahe zum Ende identisch mit der Herrschaft von António de Oliveira Salazar. Der Unterschied zu den autoritären und totalitären Regimen im übrigen Europa lag nicht zuletzt in der starken Kontinuität. Das Regime Salazars dauerte sechsunddreißig Jahre, bis zu dem Schlaganfall des neunundsiebzigjährigen Diktators im Jahr 1968. Allerdings überlebte es ihn lediglich um sechs Jahre. Seit 1926 war der Ökonomieprofessor Salazar mehrfach Wirtschaftsminister gewesen. 1932 schuf er als Regierungschef das System, mit dem er Portugal als einen windstillen Randstaat Europas autoritär regierte. Trotz seinem ökonomischen Sachverstand handhabte Salazar keine Entwicklungsdiktatur. Sein Staat verkörperte, soweit möglich, Stillstand, Ruhe und Ordnung in einem bewegten Europa. Erhalten wurden nicht nur die traditionellen Strukturen und der Reichtum der wenigen, sondern auch die Rückständigkeit, der Analphabetismus sowie die Fiktionen eines kolonialen Großreiches mit ruhmreicher fünfhundertjähriger Vergangenheit – ein Anachronismus, der die kleine Diktatur mit langer Verzögerung zu Fall brachte. Man mag von einer traditionellen Form des wohltätigen Despotismus oder Absolutismus sprechen, die Salazar mit Hilfe eines distanzierten, jedoch wirkungsvollen Personenkults praktizierte, von einer Regierung des unfehlbaren, darum unersetzlichen und unabsetzbaren Fachmanns. Ihre Stabilität beruhte auf dem Konsens, der zwischen den Pfeilern des Regimes herrschte: Kirche, Armee, Geldaristokratie und hohe Verwaltung. Die paternalistische Struktur und der Korporativismus legitimierten einen Regierungsstil, der in manchem der absoluten Monarchie näherstand als der modernen Diktatur. Salazar verstand es, mit kühler Effizienz über seinem Staat zu walten. Ruhe und Stabilität im Sturm der Zeiten mochten in manchem konservativen Betrachter Bewunderung und Neid wecken. Aber die Empfehlungen, Portugal als Modell zu wählen, wurden bereits während der Zwischenkriegszeit in verwandten katholischen Regimen, etwa in Österreich, ad absurdum geführt. Nach 1945 mußte das Beispiel Portugals vollends fern und unwirklich erscheinen. Denn der Preis, den Portugal für seine Beispielhaftigkeit zahlte, war hoch: Verharren in Unterentwicklung, Verzicht auf Freiheitsrechte, unausgetragene Sozialkonflikte, zukunftsloser Kolonialismus. Es bleibt ein folgenschweres Unikum, daß gerade diese Alt-Variante der autoritären Welle, die im Jahr ihres Erscheinens 1932 durchaus anderen katholisch-autoritären Ansätzen vergleichbar erschienen sein mag, bis in die siebziger Jahre alles andere überdauerte – wie eine Versteinerung der antidemokratischen Ära, ja der vordemokratischen Ordnungsidee einer fernen Vergangenheit.

# Politik der Diktatoren

## Das stalinistische Regime – Diktatur auf Dauer

Unter den vielen Erklärungen, die für den autoritären und zunehmend despotischen Charakter des sowjetischen Herrschaftssystems angeführt werden, treten drei Perspektiven hervor: die Kontinuität einer russischen Tradition der Autokratie über alle Veränderungen hinweg; die Mentalität der handelnden Personen von Lenin bis Stalin; und die schweren Belastungen eines mehrjährigen grausamen Bürgerkrieges, der gegen starke Kräfte des inneren Widerstands und der äußeren Intervention ausgetragen wurde. Dieser Kampf mit der ›Gegenrevolution‹ konnte, wie oft in der Geschichte, auch umgekehrt als Rechtfertigung der diktatorischen Maßnahmen und eines rigorosen Ausbaus der Herrschaft dienen: Da war der Feind, dessen ein absolutes Regime bedarf, um den eigenen Herrschaftsanspruch zu sichern. Zu diesem Zweck bauten die Bolschewisten nach der Kapitulation von Brest-Litowsk (März 1918) binnen kurzem eine Rote Armee von fünfhunderttausend (Anfang 1919) auf fünfeinhalb Millionen (Herbst 1920) aus. Nach einer kurzen Schwächeperiode vermochte das Großmacht gebliebene Sowjetrußland die abgefallenen oder bedrohten Gebiete der Ukraine, des Donez-Beckens, des Kaukasus und Sibiriens wiederzugewinnen. Aber es blieb isoliert; denn der Übergang vom Kriegskommunismus der rücksichtslosen Ausbeutung der Ausbeuter zur maßvolleren NEP-Politik änderte nichts daran, daß das neue Herrschaftssystem eine Diktatur von Dauer war. In den einzelnen Etappen ihrer Geschichte hat sie verschiedene Formen durchlaufen: Diktatur einer Partei, einer Clique, einer Person. Es gab keinen Ansatz zu Alternativen, wie sie sozialistische Ideologen beschäftigten: weder den Übergang zu einer rechtsstaatlichen Demokratie noch gar die Abschaffung des Staates.

Schon die Herrschaft Lenins, so weit sie von der nachfolgenden Despotie entfernt sein mochte, gründete auf dem eindeutigen Festhalten an der Diktatur. Auch der Übergang zur NEP-Politik ließ die Beherrschung der Machtpositionen unverändert. Die Geheimpolizei, zuerst Tscheka, dann GPU genannt, war allgegenwärtig, die staatliche Kontrolle aller Wirtschaftstätigkeit stets gesichert; die rechtlichen und politischen Freiheiten blieben faktisch ausgeschaltet. Im Kampf um die Nachfolge wollte der todkranke Lenin zuletzt noch den weiteren Aufstieg Stalins als Generalsekretär der Partei verhindern. Sehr entschiedene Warnungen spricht sein sogenanntes Testament aus, das im Dezember 1922 / Januar 1923 verfaßt, damals jedoch unterdrückt wurde und in der sowjetischen Öffentlichkeit erst mit der berühmten Chruschtschow-Rede von 1956 wieder auftauchte. In diesem Schreiben an das Zentralkomitee der Partei betonte Lenin, Stalin habe zu viel Macht in seiner Hand, und es sei nicht sicher, daß er sie mit der nötigen Vorsicht gebrauche; man solle für die Position des Generalsekretärs einen Mann nehmen, der das Gegenteil von Stalin sei, nämlich toleranter, loyaler, höflicher, weniger launenhaft. Lenins Warnungen bezogen sich also auf den unberechenbaren Charakter und die Grobheit Stalins; im selben Schreiben übrigens auf die Eitelkeit Trotzkijs, ohne daß in irgendeiner Weise das Diktaturregime selbst in Frage gestellt wurde, das Lenin als Parteidiktatur unter dem Signum einer Diktatur des Proletariats stets bejahte. Seine Sorge galt vornehmlich der Gefahr der Spaltung zwischen Stalin und Trotzkij.

Das Rennen machte Stalin, der mittelmäßigste, aber verschlagenste im engeren Führungskreis, indem er die Rivalen unter Lenins Mitarbeitern gegeneinander ausspielte und nacheinander ausschaltete: zuerst den Star des Regimes, Lew Trotzkij, der als brillierender Intellektueller bei vielen Parteikollegen unbeliebt war, dann die Politbüromitglieder Grigorij Sinowjew und Lew Kamenew, die 1936 noch den großen Säuberungen zum Opfer fielen. Stalins Machtbasis war die Parteiorganisation, über die sich der Georgier Sosso Dschugaschwili hocharbeitete, den Tarn- und Parteinamen Stalin annehmend. Seine endgültige Alleinherrschaft erreichte er 1928 mit der Verbannung und Ausweisung Trotzkijs, der nach langer Exilfahrt 1940 in Mexiko ermordet wurde. Mit der Entscheidung gegen Trotzkij, den glühenden Internationalisten, wurde die Ausrichtung der sowjetischen Politik auf eine baldige Weltrevolution durch Stalins nationale Parole ersetzt, nach der zuerst der Sozialismus in einem Land möglich und notwendig sei.

Der Parteikongreß von 1925 bestätigte diesen Kurs offiziell: Nach der west- und mitteleuropäischen Stabilisierung seit 1924 erschien Trotzkijs These von der permanenten Revolution anachronistisch, war der Kampf zwischen den beiden Rivalen auch auf dieser Ebene entschieden. Es mag umstritten sein, ob der Gegensatz Stalin– Trotzkij, der im Persönlichen wurzelte, auf die sachliche Formel nationale – internationale Revolutionspolitik gebracht werden kann. Neuere Untersuchungen aus dem Trotzkij-Archiv legen nahe, daß auch Trotzkij den Sozialismus in einem Land nicht prinzipiell abgelehnt hat, sondern nur Stalins drakonische Mittel, seine isolationistische Wirtschafts- und Industrialisierungspolitik.[1] Doch ohne Zweifel blieb Stalin von einem tiefen Mißtrauen gegen internationale Politik überhaupt erfüllt. Im Unterschied zu den meisten führenden Kommunisten war er bis zu seinem

Tod nur wenige Male kurz im Ausland. Er hatte nicht die vielen persönlichen Kontakte zu Linksextremisten in aller Welt wie die Revolutionäre um Lenin und Trotzkij, und er wußte weniger als sie von den inneren Verhältnissen anderer Länder und Gesellschaften. Er war der Empiriker der Macht, und die Ideologie hatte immer nur legitimierende und glorifizierende Funktionen – bis hin zum Personenkult.

Kein Wunder, daß Stalins Kurs auf den gewaltigen Ausbau des Staates samt seiner riesigen administrativen und technischen Bürokratie hinauslief. Der Widerspruch zur marxistischen Theorie kümmerte ihn so wenig wie die ideologischen Tiraden Trotzkijs. Die Theorie wurde einfach im stalinistischen Sinne weiterentwickelt – durch willige Schreiber, die im Laufe der Jahre Stalin zum genialen und schöpferischen Theoretiker machten, während das Trotzkij-Problem durch Parteiausschluß, Exil und Ermordung eindeutig machtpolitisch gelöst wurde. Die kommunistische Herrschaft in Rußland vor allem anderen zu festigen und auszubauen, das war erster Maßstab und oberstes Prinzip aller sowjetischen Politik. Darauf hatte die kommunistische Weltbewegung sich einzustellen. Neben oder statt weltrevolutionärer Agitation wurde deshalb wieder alte russische Außenpolitik ohne Rücksicht auf gesellschaftliche und ideologische Unterschiede gemacht. Die Sowjetunion erreichte durch Deutschland 1922 in Rapallo, durch die Westmächte zwei Jahre später die Anerkennung, die ihr nur noch die USA (bis 1933) und die Schweiz (bis 1939) versagten. Aber sie blieb trotz Verträgen und Beziehungen, von denen die deutsch-sowjetische Militärkooperation am berühmt-berüchtigsten wurde, ihren eigenen Problemen zugewandt, und auch über die Komintern wurden weltweit wiederum in erster Linie Interessen der sowjetischen Politik verfolgt.

Die Konsolidierung der Herrschaft Stalins und ihr Ausbau zu einer rigorosen Autokratie ist also auf das Zusammenwirken verschiedener Faktoren zurückzuführen: die Persönlichkeit Stalins; die Natur des Bolschewismus als einer totalitären Bewegung; die politische Bedrohung und Isolierung der Sowjetunion in den zwanziger Jahren; die autokratische Tradition Rußlands, tief verwurzelt in der Geschichte und dem Volk vertraut wie unter dem Zarismus. Vier Jahre nach Lenins Tod war der Übergang zu der eigentlichen Periode jenes allgegenwärtigen Zwangs- und Terrorsystems vollzogen, das unter dem Namen ›Stalinismus‹ in die Geschichte der schlimmsten Schreckensherrschaften aller Zeiten eingegangen ist. Ein Vierteljahrhundert, bis zum Tod des Diktators, bestand die unangefochtene Autokratie, die der Industrialisierung Rußlands, seiner Verteidigung gegen Hitler und schließlich der Unterwerfung Osteuropas gewidmet war. Als totalitäres Führersystem mit einer politischen Religion ist das stalinistische Regime in den Methoden seiner Herrschaftstechnik der nationalsozialistischen Diktatur durchaus vergleichbar. Der Unterschied liegt zum einen in den Ideologien, denen die beiden Diktatoren folgten oder deren sie sich bedienten, zum anderen im ökonomischen Ansatz des Stalinschen Systems, dessen Ziel die Industrialisierung mit allen Mitteln des Staates und der Menschenmanipulation war. An die Stelle der NEP-Politik trat nun der erste jener Fünfjahrespläne, deren rücksichtslose Durchsetzung fast wie die Erfüllung eines dogmatischen Heilsauftrages zum obersten Totalziel von Staat, Gesellschaft und Sowjetmensch erhoben wurde.

Die Fünfjahrespläne von 1928 und 1932, die auch von den Nationalsozialisten imitiert wurden, waren etwas ganz Neues in der Geschichte der Ökonomie: Sie wollten alle ökonomischen Bereiche und Tätigkeiten in einen einzigen, einheitlichen Rahmen fassen. Struktur und Charakter, Kultur und Sprache der Sowjetunion wurden davon entscheidend geprägt. Es begann der Weg einer radikal-kollektivistischen Sozialisierung; sie wurde im Unterschied zu früheren Ansätzen völlig von oben, von Partei und Staat, befohlen und durchgesetzt. Faktisch war das Neue ein durch und durch autoritärer Staatssozialismus, der wohl mehr mit den autokratischen Obrigkeitstraditionen Rußlands als mit einem demokratisch-revolutionären Sozialismus zu tun hatte. Aber die heftigen theoretisch-ideologischen Einwände der Gegner Stalins, an ihrer Spitze Trotzkijs, vermochten mit ihrer Kritik von außen, die Stalin als Verräter an Lenin und an der Weltrevolution, als einen reaktionären Nationalisten brandmarkte, nichts gegen den ebenso konsequenten wie grausamen Ausbau dieses Systems. Sein Träger war die ganz auf Stalin zugeschnittene Partei, die das politische Monopol besaß; der Diktator wiederum beherrschte sie nicht zuletzt mit Hilfe der riesig ausgeweiteten Geheimpolizei. Aus der Fülle von Zeugnissen weiß man mittlerweile, in welch hohem Maße Stalin vom Mißtrauen besessen war und wie gnadenlos er jeden zu verfolgen und zu treffen verstand, wenn gegen ihn nur der geringste Argwohn vorlag. Er wollte ein Lenin sein, der er nicht war. Diese verkrampfte Anstrengung erklärt sicher manches an seiner abnormen Sucht zur Selbststilisierung, ja Selbstvergöttlichung in der späteren Zeit.[2]

Damit ging die für totalitäre Politik charakteristische Feind-Freund-Haltung einher: Überall sah Stalin seine Feinde. Scharf und unerbittlich wandte er sich zunächst einmal gegen die Träger der ehemaligen NEP-Politik, das mittlere Bauerntum, also die Kulaken. Diese Bauernschicht, die der Russischen Revolution maßgebend zum Erfolg verholfen hatte, war nach Ausschaltung der Bourgeoisie ein erratischer Block geblieben. Der zähe Besitztrieb der Bauern hatte ihre Widerstandskraft gegen die kollektivistische Sozialisierung gestählt, was sich besonders in der NEP-Periode zeigte, als die Konzessionen ja gerade der Überbrückung und Beschwichtigung jenes Widerstands galten. Sobald Stalin die volle Macht besaß, setzte er auch hier sein Verständnis der sozialistischen Revolution durch: die Technisierung und Maschinisierung der gesamten Landwirtschaft. Die Kulaken leisteten erbitterten Widerstand, zerstörten Maschinen und kollektive Betriebe. Aber binnen weniger Jahre erfolgte ihre mitleidlose Liquidierung, teils ökonomisch, teils physisch; etwa zwei Millionen wurden zur Zwangsarbeit deportiert. Aller Boden wurde dem starren Schema der Kollektivierung unterworfen: als riesige Staatsgüter – Sowchosen – und als dörfliche Kooperativen – Kolchosen. Obwohl diese größte aller Agrarrevolutionen nicht ganz ohne Konzessionen, mit der Gewährung eines kleinen Stücks familiärer Eigenwirtschaft, auskam, wurde die Kollektivierung zu neunzig Prozent erreicht. Sie sollte mit der ökonomischen auch die politische Kontrolle über das ganze Land sichern.

Das Gegenstück zur gewaltsamen Kollektivierung bildete die Industrialisierung, ebenfalls ganz als ein Instrument von Partei und Staat organisiert und ohne menschliche Rücksicht vorangetrieben. Schon im ersten Fünfjahresplan, dem von 1928, steckte ein doppeltes Ziel: ökonomisch die gewaltige Beschleunigung der Industrialisierung, politisch die weitere Herrschaftsbefestigung. Gemäß der machtpolitisch-nationalen Orientierung des Stalin-Regimes sollte Rußland mit dem riesigen Industrialisierungsprogramm, in das zunehmend auch Sibirien einbezogen wurde, in erster Linie wirtschaftlich und militärisch so gestärkt werden, daß es wieder als Großmacht auftreten konnte. Neue Industriestädte wurden gegründet, wobei die Schwerindustrie einseitig bevorzugt wurde. Die Mobilisierung der russischen Potenzen diente aber nicht einer spürbaren Hebung des Lebensstandards und einer besseren sozialistischen Gesellschaft, sondern, auf Kosten der Menschen, mehr und mehr einer militärischen Aufrüstung, die sich im Zweiten Weltkrieg bewähren sollte. Die Entwicklung der Rüstungsindustrie, bei der deutsche Hilfe und geheime Kontakte der Reichswehr mit der Roten Armee eine Rolle spielten, bezog sich vorwiegend auf moderne Waffen wie Tanks und Flugzeuge; außerdem standen die Elektrifizierung mit dem Bau zahlreicher Staudämme und der landwirtschaftlich wichtige Traktorbau im Vordergrund. Dagegen wurde die Konsumindustrie bewußt knapp gehalten. Drosselung des Angebots zwang die Arbeiter zum Verzicht, hielt die Löhne niedrig, kam dem Sparen und damit dem Staat zugute. Das Ergebnis war Armut in der Bevölkerung, ein schreiender Kontrast zu dem Anspruch der Ideologie und zu der Forcierung der Industrie. Rußland wurde in den dreißiger Jahren ein Industriestaat, aber die Bevölkerung blieb im Zustand eines agrarischen, unterentwickelten Landes, hatte kaum Anteil an den Resultaten der Industrialisierung.

Zu ihrem Funktionieren bedurfte es einer verbesserten Ausbildung. Der Ausbau des vornehmlich technischen Bildungswesens sorgte in der Folge für eine rasche Transformation der sowjetischen Gesellschaft, ohne daß sich die Hebung des Bildungsniveaus politisch auswirken konnte. Politische Unfreiheit und gegängelter Lebensstandard waren Grundzüge dieser Modernisierung, die einer Abrichtung zur Bedienung einer modernen Maschinerie unter der eisernen Herrschaft von Partei und Staat glich, so sehr sie einer Bildungsexplosion der rückständigen Gesellschaft gleichkam. Es war folgerichtig, daß das höhere Bildungsniveau zu intensiverer Propaganda benutzt wurde, diese jedoch auch erforderlich machte. Denn unweigerlich mußten sich die Forderungen an das Regime verstärken. Sie wurden auf zweierlei Weise abgefangen: durch Steigerung des Terrors in den umfangreichen Säuberungsprozessen seit 1936 und durch Manipulierung von Vertrauen und Konsens gegenüber einer allwissenden Führung, nämlich durch den Ausbau eines berauschenden und betäubenden Personenkults um Stalin.

Innenpolitisch bot die Industrialisierung jede Möglichkeit zur Durchorganisierung, Kontrolle und Disziplinierung der Bevölkerung. Es war nicht mehr die Zeit der führenden Theoretiker und Revolutionäre, sondern das Eiserne Zeitalter, die Diktatur der Bürokraten und Techniker. Die Fabriken als Kasernen des Staates, aber im Namen der Arbeiterschaft und der Diktatur des Proletariats. Darin lag die herrschaftspolitische Bedeutung einer rücksichtslosen Steigerung der Arbeiterzahlen, die in Verbindung mit der landwirtschaftlichen Kollektivierung erzwungen wurde. Mit derartigen Maßnahmen sollte der Sowjetstaat, der alles andere als ein Arbeiterstaat war, seinem ideologischen Anspruch nähergebracht werden. Der Anteil der Industriearbeiterschaft an der Gesamtbevölkerung wurde bis 1937 verdoppelt; er blieb freilich mit fünfunddreißig Prozent beträchtlich hinter den Zahlen der westlichen Industrieländer und mehr noch hinter den marxistischen Theorien und Prophetien zurück.

Damit beantwortet sich die umstrittene Frage nach dem Verhältnis von Ökonomie und Politik, von wirtschaftlicher und politischer Macht in einem totalitären Herrschaftssystem. Sie läuft auf den Vorrang der Politik hinaus. Wenn die marxistische Theorie für die NS-Herrschaft lange die These vom Primat der monopolkapitalistischen Wirtschaft vertreten und Hitler lediglich als deren Agenten oder Knecht verstanden hat, so ist das ebenso falsch und irreführend für eine Realeinschätzung des Hitler-Regimes wie die Interpretation, die im Stalinismus erstrangig die technisch-industrielle Modernisierung erblickt, das Sowjetsystem als eine Entwicklungsdiktatur gewertet und die herrschaftspolitische Seite als sekundär unterschätzt hat. Es hieße, die propagierte Behauptung von dem sozialistischen Arbeiterstaat der Sowjetunion, der allmählich in einer perfekt funktionierenden Ökonomie aufgehe, ernst nehmen. In Wahrheit verstärkte sich die Herrschaft, indem alles auf industrielle Leistung abgestellt, der Arbeiter in ein strenges System der Akkordlöhne und Arbeitsdisziplin mit quasimilitärischer Organisation und Terminologie eingeordnet wurde und Umfang sowie Gewicht der Bürokratie zunahmen. Eine imponierende Ausweitung der Produktion, bessere Aufstiegsmöglichkeiten, auf der anderen Seite die betäubende Agitation, die keine Alternative ließ, Druck und Zwang ohne Ausweg – das war das System, in dem der Arbeiter angeblich Herr des Staates und seiner Wirtschaft, in Wahrheit das Objekt eines Macht- und Herrschaftswillens war, der schwerer und umfassender als je zuvor auf Rußland lastete.

Die Steigerung der Effizienz und der Stärke kann dem stalinistischen Rußland, wie seine Widerstandskraft im Zweiten Weltkrieg bewies, so wenig bestritten werden wie dem nationalsozialistischen Deutschland. Es bleibt jeweils die Frage nach dem Preis, der für die totalitäre Durchsetzung zu bezahlen ist. Wenn Stalin die Organisierung und Mobilisierung der Nation gelang, so lag der Akzent auf einer autokratischen und machtstaatlichen, nicht aber auf einer revolutionären und ideologischen oder gar demokratischen, staatsüberwindenden Politik. Mehr und mehr wurde denn auch der Stolz auf die nationalen, dann patriotischen Perspektiven des stalinistischen Systems propagiert. Die Verteufelung der zaristischen Vergangenheit wurde abgelöst durch historische Reminiszenzen an den zum Reformer Rußlands erhobenen Peter den Großen; der Stolz auf die großrussische Geschichte trat neben die statische Glorifizierung der Oktoberrevolution und Lenins. Dieselbe Verflechtung autoritär-autokratischer und sozialistisch-revolutionärer Merkmale charakterisiert das soziale und politische System, das unter dem Druck der Einmann-Diktatur und der ökonomischen Mobilisierung entstand.

Eine gerechte Beurteilung steht vor der Frage, welche Bedeutung den Texten eines totalitären Systems und seiner Verfassung, seinen Gesetzen und Institutionen zukommt. Denn zum Wesen eines solchen Systems gehört ja gerade die Ablehnung konstitutioneller, rechtsstaatlicher Sicherungen und Kontrollen unter dem Vorwand eines höheren, plebiszitär oder charismatisch legitimierten Führerwillens, einer übergeordneten sozialistischen und rassistischen Gesetzlichkeit. Das NS-System besaß gar keine eigene Verfassung, es ließ die von Weimar bestehen, ging aber gegebenenfalls darüber hinweg und berief sich auf Verordnungsgewalt oder Führerwillen. Das Stalin-System gab sich im Dezember 1936 eine Verfassung, die sowohl die revolutionäre Neuordnung bestätigte als auch klassische Verfassungselemente enthielt. Die Union der Sozialistischen Sowjet-Republiken (UdSSR) als Bund von föderalistisch gegliederten Republiken und Territorien mit einem – nur repräsentierenden – Präsidenten an der Spitze mutet ebenso konventionell an wie das Zweikammersystem auf der Basis allgemeiner Wahlen.

Die Verfassungswirklichkeit ist an dem formalen Rahmen nicht ablesbar. Die Lösung der politischen Probleme erfolgt durchaus von oben. Die parlamentarischen Körperschaften treten nur sehr selten und lediglich als Akklamationsorgane zusammen. – In der Frage der Nationalitäten, mit der sich Stalin schon früh als zuständiger Volkskommissar befaßt hatte, wird auf eine Russifizierungspolitik verzichtet und eine unpolitische Kultur- und Sprachenpflege konzediert, doch bleibt die zentrale Steuerung auch der föderativen Politik stets gesichert; wo Ansätze eines politischen Föderalismus oder gar Separatismus sich zeigen, wie traditionsgemäß in der Ukraine, werden scharfe Kontrollen mittels der Partei und Geheimpolizei eingebaut, wird jede Eigenentwicklung unterdrückt. Freier, weil folgenlos, wird mit den kulturellen Ansprüchen der kleineren Völkerschaften der Sowjetunion verfahren. Aber mit brutalen Umsiedlungs- und Reduzierungsaktionen wurde damals und wieder nach dem Krieg gegen alle Völker oder Stämme vorgegangen, die sich politisch zu regen begannen. – Ähnlich steht es mit dem scheinbar demokratischen Charakter des Wahl- und Parlamentssystems. Hier wurden scheinbar großzügig die radikal scharfen Einschränkungen der Revolutionszeit beseitigt, in der den unerwünschten Schichten und Gruppen der Bevölkerung, die als feudal oder bürgerlich diskreditiert wurden, die Bürgerrechte genommen waren; das System schien nun jedermann zugänglich zu sein. In Wahrheit genügte die einzige lapidare Voraussetzung des Einparteiensystems, um alle Rechte und Freiheiten gegenstandslos zu machen. Es gibt keine Opposition, es wird nach einer Kandidatenliste gewählt, und diese ist von der einzigen Partei aufgestellt.

Es bestätigt sich hier wie im NS-System, daß das Einparteienprinzip genügt, um jede Verfassung mit noch so schöner Fassade zu unterlaufen, zu mißbrauchen, ad absurdum zu führen. Wenn nach 1945 in anderen kommunistischen Staaten ein Mehrparteiensystem in Gestalt eines Nationalen Blocks beibehalten wurde, um diesen Fassadeneindruck zu verstärken und eine bestehende Mehrparteientradition aufzufangen, so besagt dies nichts gegen das Prinzip. Die Wahlen sind ohne Alternative, sind nicht als Wahlen, sondern als Akklamation für das System organisiert. Die Stimmenthaltung kommt ebenfalls nicht in Betracht, wenn überwacht, gefälscht, auf Geheimhaltung überhaupt verzichtet wird. Damit ist das Scheinparlament von vornherein seines politischen Eigenwertes beraubt, und es ist nur folgerichtig, daß es keine selbständigen Funktionen hat, lediglich einmal im Jahr oder sogar bloß alle zwei Jahre zusammentritt, keine wirklichen Debatten und Entscheidungen kennt. Diese diktiert die Partei, und zwar ihre Führungsgruppe beziehungsweise der Diktator, der die Schlüsselpositionen besetzt und mit der Geheimpolizei kontrolliert. Die Partei stellt nach wie vor eine winzige Minorität der Bevölkerung dar, nur ein Prozent; das waren 1930 nicht mehr als 1,2 Millionen Mitglieder. Die höchsten Parteigremien, das Zentralkomitee und darüber das Politbüro, bestimmen den Kurs. Stalins Schlüsselstellung war die des Generalsekretärs, die er seit 1922 innehatte und, entgegen den Intentionen Lenins, zum eigentlichen Machtzentrum der Diktatur ausbaute.[3] Denn damit entschied er über Aufnahme und Beförderung in der Partei, von der alles übrige abhing: Der Diktator dominiert durch seine genaue Kenntnis der Personalien auf sämtlichen Ebenen der Partei; er bedient sich der Schwächen seiner Helfer und Rivalen.

Die Herrschaft geht nicht nur im Staat über die Partei, sondern auch in der Partei selbst de facto von oben nach unten. Gestützt auf seine Beherrschung der Parteiorganisation, placierte Stalin seine Männer in die höchsten Organe, Politbüro und Zentralkomitee. Von da aus ging die Steuerung über die Führungsgremien abwärts bis in die untersten Behörden und Vertretungen. Es war eine Machtkonzentration, die ihren Gipfelpunkt wohl erst mit dem Krieg erreichte: mit der riesigen Steigerung von Armee und Polizei und endlich mit dem pseudoreligiösen Stalin-Kult, den der siegreiche selbsternannte Marschall wie ein Roter Zar nach 1945 veranstalten ließ. Dabei ist so wenig wie bei Hitler zu bezweifeln, daß die überschwengliche Verehrung im Laufe der Herrschaft nicht einfach erzwungen oder manipuliert war, sondern die Formen einer ins Mystische gesteigerten charismatischen Autorität annahm. Denn hier trafen wie mit anderen Vorzeichen in Deutschland moderne Machtentfaltung und Massensuggestion mit einer Tradition autokratischen Herrscherkultes zusammen, die, in der Revolution nur transformiert, die Gefühlsbedürfnisse weiter Volkskreise ausfüllte. In diesem Rahmen erfolgte auch die ideologische Rechtfertigung der Tatsache, daß die kommunistische Revolution und die Vernichtung des Kapitalismus selbst nach ein oder zwei Jahrzehnten noch nicht in das goldene Zeitalter führten, sondern in weiteres Leiden, Arbeit, Zwang. Die Antwort bediente sich erneut der Formel der Weltrevolution, die man 1925 durch den Sozialimus in einem Land ersetzt hatte. Jetzt hatte man es mit einer sozialistischen Übergangsgesellschaft zu tun; denn erst wenn der Kapitalismus in aller Welt beseitigt war, würde die wahrhaft kommunistische Gesellschaft kommen. Damit ließ sich Beliebiges beweisen oder widerlegen; die Interpretation des weltrevolutionären Prozesses, seiner Nähe oder Ferne, hielt jede Möglichkeit offen.

Im Bereich der Ideologie fallen ebenfalls die völlige Disziplinierung und instrumentale Ausrichtung auf. Das Eiserne Zeitalter, die dreißiger Jahre, war der gewaltigen Ausbildungsförderung zum Trotz eine Periode der intellektuellen und künstlerischen Sterilität, die in krassem Gegensatz zu den avantgardistischen, experimentierenden Formen der vorstalinistischen Periode stand. Nun wurde eine eher konservative, ja reaktionäre Kultur forciert. Sie sollte die Fortschritte und Errungenschaften unter Stalin und seinen Fünfjahresplänen feiern. Dem entsprach der Sozialistische Realismus, dessen imitierende, heroisierende Kunst nicht viel anderes war als leicht faßliche Regimepropaganda, wie sie mit unterschiedenem Vorzeichen die offizielle Kunstpolitik im nationalsozialistischen Deutschland förderte. Von der weltweit beachteten progressivistischen Gesellschaftspolitik der Revolution wurde das meiste wieder abgeschafft, so die Förderung von freier Liebe, Scheidung, Abtreibung. Erhalten blieb die atheistische Propaganda mit ihren Schauerdokumenten aus der Geschichte der Religionen, die bis heute vorzugsweise in ehemaligen Kirchen ausgestellt werden.

Der totalen Reglementierung und Kontrolle von Staat und Gesellschaft gerade im Zeitalter der forcierten Industrialisierung und Ausbildungspolitik dienten Maßnahmen, in denen sich die brutalsten Züge der stalinistischen Diktatur enthüllten: die sogenannten Säuberungen mit den großen Schauprozessen (1936 bis 1938). Sie hatten mehrere Ziele. Sie sollten alle möglichen Ansätze einer Liberalisierung im geistigen oder politischen Sinne unterbinden oder abschrecken, die durch die rasche technische Entwicklung oder gar Modernisierung der sowjetischen Wirtschaft und Gesellschaft hervorgerufen werden mochten. Sie sollten die noch verbliebenen, längst entmachteten Rivalen beseitigen, alte Rechnungen begleichen, die Einherrschaft Stalins perfekt machen. Die blutigen Säuberungen waren vor allem ein Sieg der stalinistischen Geheimpolizei; sie demonstrierten totalitäre Justiz in nacktester Form. Schließlich wurde in den erpreßten Geständnissen und der Selbstkritik der Betroffenen ein dem normalen Verstand unbegreifliches Maß an Unterwerfung unter die Partei und ihren Führer erreicht. Damit war für alle Zeiten der Typus des politisch hörigen Gläubigen, die furchtbare Konsequenz der Zerstörung der Person im totalitären System, geprägt: der Vorrang von Partei, Ideologie und System vor allen menschlichen Maßstäben, auch vor jeder Wahrheit, sowie die unendlichen Möglichkeiten der Gehirnwäsche in einem unmenschlichen Regime. Der Umfang dieser Prozesse übertraf ebenso alles Dagewesene. Die Zahl der unmittelbar Betroffenen, die eingesperrt, hingerichtet, exiliert wurden, ging in die Millionen.

Die sensationellsten Schauprozesse enthüllten nur die Verfahren gegen die prominentesten Angeklagten. Zu ihnen gehörten die beiden letzten ehemaligen Rivalen Stalins aus dem Politbüro der Lenin-Zeit, Sinowjew und Kamenew. Sie gestanden ihre Schuld in dem ersten Schauprozeß (August 1936), der, makaber genug, unmittelbar nach Einführung der neuen Verfassung stattfand. Ein zweiter im Jahr 1937 brachte unter siebzehn Prominenten auch Karl Radek, den früheren Komintern-Führer, auf die Bühne. Der bewährte Altbolschewist war einst mit Lenin aus der Schweiz nach Rußland zurückgekehrt, er hatte die kommunistischen Revolutionsversuche von 1918/19 und 1923 in Deutschland sowie die Gründung der KPD als sowjetischer Verbindungsmann gelenkt und war maßgebend an der Stalin-Verfassung von 1936 beteiligt gewesen. Im Unterschied zu den meisten, die hingerichtet wurden, wanderte er in das Gefängnis zurück, aus dem er allerdings nicht wieder auftauchte. Am sensationellsten war der dritte Schauprozeß (März 1938) mit Nikolaj Bucharin, dem Herausgeber der ›Iswestija‹ und führenden Parteitheoretiker, mit Genrich Jagoda, dem ehemaligen Chef der Geheimpolizei, sowie mit mehreren Volkskommissaren und führenden Diplomaten unter den einundzwanzig Opfern. Immer war in Anklage und erzwungenem Geständnis von einer faschistischen Verschwörung gegen Stalin die Rede, angezettelt in Verbindung mit Trotzkij und NS-Geheimdiensten.

Durch Gehirnwäsche, Folter und politisch-psychologische Suggestion vorbereitet, ging die Schau programmgemäß über die Bühne. Gnadenlos folgte die Verurteilung und meist unmittelbar danach die Hinrichtung.

Zahllose Prozesse und Säuberungen folgten bis 1939. Hunderte von Personen in wichtigen Stellungen wurden abgesetzt, eingesperrt, erschossen. Auch einige der kommunistischen Parteiführer aus Westeuropa, die vor den faschistischen und nationalsozialistischen Verfolgungen in die Sowjetunion geflohen waren, wurden liquidiert oder verschwanden lautlos. Bei der blutigen Lösung der Rivalitäten und Führungskonflikte, welche die deutsche, ungarische sowie die gesamte polnische Führungsgruppe der Exilkommunisten traf, spielten stalintreue Gefolgsleute wie Wilhelm Pieck und Walter Ulbricht aus Deutschland, aber auch Palmiro Togliatti aus Italien, zweiter Sekretär der Komintern, eine im einzelnen ungeklärte Rolle. Sie garantierten nach dem Krieg die stalinistische Kontrolle des europäischen Kommunismus.

Von den großen Säuberungen wurde ebenso die Armee erfaßt; denn ihre gewachsene Macht sollte in der Folge keine auch nur potentielle Gefahr mehr bilden. Das belastende Material war offenbar zu einem Teil gefälscht, vom deutschen Geheimdienst und der SS lanciert, um die Rote Armee zu schwächen. Die Säuberung des Militärs, zumal des sowjetischen Generalstabs, ging streng geheim vor sich. Eine Reihe von Generalen fiel ihr 1937/38 zum Opfer, darunter Marschall Michail Tuchatschewskij, der gefeierte Führer im revolutionären Bürgerkrieg und im Krieg gegen Polen. Das bedeutete in der Tat eine erhebliche Schwächung der militärischen Führung, auf die wohl einige der Schwierigkeiten im finnischen Winterkrieg zwei Jahre später und noch in der Anfangsphase des Rußland-Krieges 1941 zurückgingen. Immerhin war ein Anlaß gegeben, die Armee mit politischen Kommissaren verstärkt zu kontrollieren und ihre politische Zuverlässigkeit zu sichern.

Man wird zur Interpretation der Säuberungswelle persönliche und sachliche Gründe anführen, ohne damit die furchtbaren Formen dieser politischen und ideologischen Justiz erklären zu können. Stalins abnormal grausamer Charakter und sein unbedingter Machttrieb reichen als Gründe nicht aus. Hinzu kamen erhebliche Meinungsverschiedenheiten und potentielle Konflikte, die in den politischen Führungsgruppen über die Durchführung der Kollektivierung und Industrialisierung, den Primat der Schwerindustrie, die Forcierung der Aufrüstung bestanden. Noch immer populäre Revolutions- oder Armeeführer mochten mit Hilfe einer populären Politik, etwa zugunsten der Konsumindustrie und eines höheren Lebensstandards, der Alleinherrschaft gefährlich werden. Stalin antizipierte mit dem extremen Argwohn, dessen er fähig war, jede Machtminderung oder gar einen möglichen Machtkampf. Die großen Säuberungen setzten den Schlußstein hinter einen fünfzehnjährigen Prozeß der totalitären Gleichschaltung und der autokratischen Herrschaftsbefestigung.

Im übrigen Europa, das mit Bestürzung die kaum glaublichen Vorgänge in Rußland verfolgte, verstärkten sich erneut die Zweifel, ob man diese Sowjetunion, die nicht besser war als das Hitler-System, in eine Front gegen Hitler einbeziehen könne. Darauf sind die westliche Appeasement-Politik und die Konferenz von München im Jahr 1938 zurückzuführen, an der Moskau nicht beteiligt wurde, obwohl es 1935 einen Beistandspakt mit Frankreich und der Tschechoslowakei geschlossen hatte. Die ablehnende Haltung gegenüber der Sowjetunion wurde noch dadurch verstärkt, daß die Säuberungen sogar auf Mißliebige in den westlichen kommunistischen Parteien ausgedehnt wurden, daß der Stalinismus intrigierend und liquidierend in alle Länder Europas hineingriff. – Den Nationalsozialisten mußte beides gelegen kommen: die Schwächung der russischen Stellung, militärisch und politisch, sowie die Spaltung jener umfassenden Anti-Hitler-Front, die seit dem Völkerbundseintritt Rußlands und der Volksfront-Politik in Frankreich möglich geworden schien. Hitlers Rechnung ging auf. In den entscheidenden Wochen des Sommers 1939 gelang es den Westmächten nicht mehr, die Einbeziehung Moskaus zu erreichen. Das Rennen machte Hitler, indem Stalin sein Komplize wurde. Die erklärten Todfeinde, deren Herrschaftssysteme so verschieden und doch so ähnlich waren, wirkten nun in aller Form zusammen, um den neuen großen Krieg zu ermöglichen, den Hitler brauchte und den Stalin langfristig zur Selbstzerfleischung des Kapitalismus, kurzfristig zur Gewinnung Osteuropas nutzen wollte. Das war zunächst eine Fehlkalkulation, aber im Endresultat hat sie Stalin unter immensen Opfern, die ihn wohl kalt ließen, seinem Ziel nahegebracht. Er erreichte die Weltmachtstellung der Sowjetunion und die totale Herrschaft des Stalinismus über die Hälfte Europas, freilich nicht die Weltrevolution.

## Hitler und die Auflösung der Versailler Ordnung

Die nationalsozialistische Politik ging 1933 gleichzeitig zwei Wege zur Abschirmung der Machtergreifung und zur Gewinnung einer Zustimmung der Bevölkerungsmehrheit: den Weg der Beschwichtigung, der scheinbaren Verhandlungsbereitschaft und des geschickten Werbens um internationale Anerkennung und den Weg beständiger Drohung, überraschender Sonderaktionen und vollzogener Tatsachen. Im Zusammenspiel beider Methoden vermochte das Dritte Reich eine gefährliche Anfangsperiode erfolgreich zu überstehen, um dann, seit 1935, im Besitz einer gefestigten Machtposition nach innen und eines rasch vergrößerten militärischen und kriegswirtschaftlichen Potentials, die gewaltsame Wendung nach außen bündnis- und wehrpolitisch vorzubereiten. – Die neuere Forschung hat mit der kritischen Durchleuchtung dieses Zusammenhangs die in Memoiren und Apologien von Beteiligten verfochtene Behauptung widerlegt, Hitler habe erst im Lauf der folgenden Jahre eine ursprünglich berechtigte Revisionspolitik zum Zerstörerischen hin entwickelt und bis 1938 einen durchaus vernünftigen Kurs gesteuert. Wie die Beurteilung der pseudolegalen Machtergreifung durch die scheinbar positiven Leistungen der Sozial- und Wirtschaftspolitik verzerrt wurde, so haben auch die Anknüpfung an eine friedliche Revisionspolitik, die Zurückstellung der unveränderten Eroberungspläne und die laute Proklamierung eines Friedenskurses in Hitlers offiziellen Bekundungen das Urteil über die nationalsozialistische Außenpolitik erschwert und verwirrt. Vergessen war, wie der Autor von ›Mein Kampf‹ seinen Frieden definiert hatte: »... begründet durch das siegreiche Schwert eines die Welt in den Dienst einer höheren Kultur nehmenden Herrenvolkes.« Sowohl in Deutschland als im Ausland hielt die Illusion an, Hitler werde in der Regierungsverantwortung vernünftig werden und nicht auf die ebenso dilettantischen wie maßlosen Entwürfe zurückfallen, die das nationalsozialistische Zukunftsprogramm enthielt. Die Politik der Beschwichtigung, die das Verhalten der Westmächte bis an die Schwelle des neuen Krieges bestimmte, entstand aus diesem Glauben an die Möglichkeit einer friedlichen Eindämmung der Hitlerschen Dynamik, ähnlich der Illusion einer Zähmung Hitlers, die der Innenpolitik der Weimarer Republik zum Verhängnis wurde.

Demgegenüber beschritt Hitler elastisch, aber zäh den Weg, der Stufe für Stufe zur unumschränkten Handlungsfreiheit, zur totalen Revision und zum hemmungslosen Griff nach der europäischen Hegemonie führte. Seine ersten Ziele, vor allem die Auflösung des kollektiven Völkerbundssystems durch Einzelpakte, die Isolierung Frankreichs durch eine Bündnisfront mit dem faschistischen Italien und möglichst auch mit dem ›germanischen‹ England, zudem eine erste großdeutsche Ausweitung der Herrschaft durch den Griff nach Österreich, zeichneten sich schon früh ab. Hitler ließ keinen Zweifel daran, daß seine totalitäre Innenpolitik nach ihrer endgültigen Zweckbestimmung Funktion der neuen, expansionistischen Außenpolitik zu sein hatte. In ›Mein Kampf‹, in einer berühmten Rede vor dem Düsseldorfer Industrieklub (Januar 1932), in Vorträgen vor Generalen, Parteifunktionären und Wirtschaftsführern vor und nach 1933 betonte der Führer-Diktator unmißverständlich, daß die nationalsozialistische Herrschaftspolitik dafür die Voraussetzung psychischer, organisatorischer und militärischer Bereitschaft schaffen werde. Schon unmittelbar nach der Machtergreifung begann diese Außenpolitik tief und bestimmend in alle Lebensbereiche einzugreifen. Auf dem Weg zum Krieg wurde sie wiederum Mittel totaler, auf unbegrenzte Dynamik gegründeter Herrschaft. – Man kann mit Sigmund Neumann das Phänomen der totalitären Politik zwischen den Kriegen auf den Begriff der permanenten Revolution zurückführen.[4] In der Tat waren sowohl die nationalsozialistische als auch die faschistische und die sowjet-stalinistische Herrschaftspraxis darauf angewiesen, die Bevölkerung unter dem steten Druck großer Ereignisse und Erfolge zu halten, sie von dem Zwang der Unterwerfung auf die Erwartung des Fortschritts oder der Expansion abzulenken und den Verlust der Freiheit durch ein ständig gesteigertes Revolutions- und Sendungsbewußtsein zu kompensieren. Die nationalsozialistische Taktik verstand es, diese gefährliche Zeit der Bereitstellung zu überbrücken und drohende Rückschläge aufzufangen.

Dies geschah durch direkte Anknüpfung an die Weimarer Revisionspolitik und durch die schonende Behandlung des Auswärtigen Amtes. An seiner Spitze blieb auf Hindenburgs ausdrücklichen Wunsch der Außenminister der Kabinette Papen und Schleicher, Konstantin von Neurath, und die diplomatischen Vertretungen im Ausland, die weitgehend unverändert gelassen wurden, hatten die ausdrückliche Aufgabe, beruhigend und beschwichtigend zu wirken. Allerdings erwies sich bald, daß Neurath selbst Hitlers Planungen keinerlei Widerstand entgegensetzte, ja die Verschärfung des Revisionskurses seinerseits mit besonderer Energie betrieb und innerhalb der Regierung als williges Werkzeug der neuen Politik gelten konnte. Außerdem erwuchs dem Auswärtigen Amt in parteieigenen Organisationen wie den außenpolitischen Büros der ehrgeizigen Dilettanten Joachim von Ribbentrop und Alfred Rosenberg, in der NS-Auslandsorganisation und im neuen Propagandaministerium unter dem virtuosen Presse- und Rundfunkpotentaten Goebbels rasch eine gefährliche Konkurrenz. Mit der Taktik des Divide et impera verstand es Hitler, die beständigen Rivalitäten zwischen Partei- und Staatsorganisationen zur Stärkung der eigenen Omnipotenz gegeneinander auszuspielen.[5] Das Auswärtige Amt sah sich in der Folge rasch in die Rolle eines technischen Apparats verdrängt, bis die dauernden Interventionen der Partei durch den offiziellen Einzug der NS-Diplomatie unter Ribbentrop (1938) abgelöst und die Illusionen eines konservativen Eigengewichts des Auswärtigen Amtes als Trägers außenpolitischer Tradition und Kontinuität beseitigt wurden. Doch die ersten Schritte nationalsozialistischer Politik waren wesentlich durch den Eindruck bestimmt, den diese Scheinkontinuität, Gegenstück zur Taktik der legalen Machtergreifung, auf die in- und ausländischen Kritiker des Regimes machte.

An drei Punkten schaltete sich das Dritte Reich in die europäische Politik ein: In der Frage der Abrüstung und des Völkerbundes nahm es die Auseinandersetzung mit den Westmächten auf; in der Ost-Politik war es mit dem Problem des Verhältnisses zur Sowjetunion und Polen konfrontiert; und in der Behandlung der Österreich-Frage standen die Beziehungen zum wesensverwandten faschistischen Italien zur Diskussion. In allen drei Fällen gelang es, über eine zunächst kritische Zuspitzung zur Abwendung der Isolierung und zur Durchbrechung der drohenden Gegenfront zu kommen. Allerdings war ein nicht unerheblicher Teil der neu aufgeworfenen Fragen schon in der

Weimarer Republik gelöst, und eine Reihe weiterer Erfolge wurde nur dank dem raschen Zurückweichen der Appeasement-Politik möglich. – Zunächst setzte die deutsche Abrüstungsdelegation in Genf ihre Verhandlungen ohne wesentliche Änderung fort. Gelegentliche Störungen von seiten der Partei wurden mit Hitlers Billigung unterbunden. Obwohl das Beispiel Japans die deutsche Politik ermutigte, ihrerseits den Bruch mit dem Völkerbund anzudrohen, unterstrich Hitler in seinen programmatischen Reichstagsreden vom 23. März und 17. Mai 1933 seine Verhandlungsbereitschaft nach allen Seiten. So ließen die ersten Erfolge internationaler Anerkennung nicht auf sich warten. Am 7. Juni wurde auf Initiative Mussolinis in Rom ein Viermächte-Pakt mit Italien, England und Frankreich unterzeichnet. Wenngleich er nie ratifiziert und wirksam wurde, bedeutete er eine stillschweigende gleichberechtigte Aufnahme des nationalsozialistischen Deutschland in ein Direktorium der europäischen Großmächte. Diese Umgehung des kollektiven Völkerbundprinzips zugunsten der alten Machtpolitik schien die Notwendigkeit einer weiteren Revision des Versailler Systems zu bestätigen. Einen Monat später wurde im Vatikan ein Reichskonkordat unterzeichnet, das der katholischen Kirche in Deutschland gegen die Preisgabe des politischen Katholizismus den kirchlich-kulturellen Besitzstand garantierte, nach seiner politischen Wirkung jedoch einer Anerkennung des Regimes durch einen mächtigen Gegner gleichkam. In diesem Augenblick gerieten die Abrüstungsverhandlungen, um die sich der englische Außenminister Arthur Henderson bei Hitler selbst bemühte, erneut in eine Krise. Die französische Haltung versteifte sich im Hinblick auf die geheime Aufrüstung in Deutschland. Die kritische Behandlung der nationalsozialistischen Emigranten- und Judenpolitik im Völkerbund ließen in Hitler den Entschluß reifen, schon am 14. Oktober 1933 Deutschlands Austritt aus der Abrüstungskonferenz und fünf Tage später aus dem Völkerbund zu vollziehen. Es bezeichnet den Stil der Diktatoren und die enge Verzahnung von Außen- und Innenpolitik, daß Hitler diesen ersten außenpolitischen Kraftakt, der vor dem Hintergrund völkerbundsfeindlicher Revisionspropaganda auf weite Popularität in Deutschland rechnen konnte, mit gewaltiger Propagandaentfaltung am 12. November 1933 zum ersten Einheitsplebiszit des Regimes benutzte.

Der Bruch mit dem Völkerbund beendete die Periode der scheinbar folgerichtigen Fortsetzung der Weimarer Außenpolitik Stresemannscher Prägung. Nachdem die innere Gleichschaltung gesichert war, begann Hitlers eigene Außenpolitik. Der Gedanke der Abrüstung war tot, die Epoche der Aufrüstung wurde offenkundig. Aber weder jetzt noch bei den folgenden Coups der vollzogenen Tatsachen kamen London und Paris zu einer einheitlichen Reaktion, und Roms schwankende Haltung vereitelte vollends die Ansätze einer geschlossenen Gegenfront. Es gab sogar ansehnliche, obschon politisch nicht maßgebliche Überlegungen in England, man solle nicht nur Japan Freiheit gegen Rußland, sondern auch Deutschland Raum für Aufrüstung geben und durch ein die deutsche Westgrenze abriegelndes Bündnis mit Frankreich die deutsche Dynamik entsprechend der nationalsozialistischen Programmatik nach Osten ablenken. Die sowjetische Interpretation der westlichen Außenpolitik bauschte derartige Gedankengänge auf, weil sie der Propagandathese vom deutschen Bollwerk gegen den Kommunismus entgegenkamen; sie wurden später zur Rechtfertigung des Stalin-Hitler-Paktes von 1939 benutzt. Es ist erstaunlich, wie minimal der Widerstand gegen eine Politik war, die Zug um Zug den friedlichen Revisionskurs durch die Taktik der Drohung und Überrumpelung ersetzte, und daß Hitler in kurzer Frist konzediert wurde, was den redlichen Bemühungen der Weimarer Demokratie Jahre hindurch versagt worden war. Den Mahnern und Kritikern im Ausland und im deutschen Lager wurde zunehmend der Wind aus den Segeln genommen. Es war die Tragik der folgenden Appeasement-Politik, daß ihr Bemühen, den Frieden zu erhalten und die nationalsozialistischen Ansprüche durch die Konzession begrenzter Revisionsforderungen einzudämmen, Hitlers Selbstbewußtsein schmeichelte und die NS-Propaganda animierte, aber den Kritikern und Mahnern im deutschen Lager den Wind aus den Segeln nahm. Der Bruch mit dem Völkerbund beendete eine Ära der fortdauernden Konferenzen und ständigen Fühlungnahmen, so daß der Einfluß der sachkundigen Berufsdiplomatie in dem Maße sank, in dem die sprunghafte, eigenmächtige Instinktpolitik des Führers anstieg.

Was die Neuorientierung der deutschen Ostpolitik anlangt, so war die Weimarer Taktik durch die in den Verträgen von Rapallo und Berlin erreichte Normalisierung des deutsch-sowjetischen Verhältnisses bestimmt gewesen, die als Gegengewicht gegen den Druck der Westmächte, insbesondere im Hinblick auf die Furcht vor Polen und das schwelende Problem des Korridors vollzogen worden war. Weitsichtige Zeitgenossen wie der Geschichtsphilosoph H. G. Wells schrieben bereits 1933, daß wegen der Frage des Korridors für 1940 ein großer Krieg zu erwarten sei. Zwar war der Gedanke an eine deutsch-russische Zerschlagung Polens, der in Erinnerung an die wiederholten Teilungen dieses Landes seit den zwanziger Jahren geäußert wurde, auf einige militärische Köpfe und eine extreme Richtung der Geopolitik beschränkt geblieben, aber schon Brünings und Schleichers Politik war von der Furcht vor einer polnischen Intervention oder einer französisch-polnischen Zweifrontenbedrohung des abgerüsteten Deutschland überschattet gewesen. Hitler wich von dieser Linie zunächst nicht ab, obwohl die Zusammenarbeit zwischen Reichswehr und Roter Armee allmählich abgebaut wurde. Moskau seinerseits legte Wert auf die Beibehaltung der umfangreichen wirtschaftlichen Verbindungen und verzichtete deshalb auf wirksame Hilfeleistung für den zertrümmerten deutschen Kommunismus und auf eine Kritik am nationalsozialistischen Regime. Schneller und reibungsloser als in der Weimarer Zeit wurde Anfang Mai 1933 der schon 1931 abgelaufene Berliner Vertrag verlängert. Daß dieser erste internationale Vertrags- und Anerkennungsakt des Dritten Reiches ausgerechnet zwischen Berlin und Moskau zustande kam, zeigt so deutlich wie der Stalin-Hitler-Pakt von 1939, was von der Bollwerkthese zu halten war und wie wenig selbst harte ideologische Gegensätze die interessenpolitische Taktik totalitär gesteuerter Staaten beeinträchtigten.

Indem Hitler das deutsch-polnische Verhältnis radikal änderte, beging er einen weiteren Bruch mit der bisherigen Revisionspolitik. Das autoritär regierte Polen Pilsudskis begann sich von der wenig erfolgreichen Völkerbunds- und Frankreich-Orientierung abzuwenden und auf die antisowjetische Grundkonzeption des Nationalsozialismus zu setzen. Die polnische Furcht vor einer Isolierung durch den Viermächte-Pakt machte die Wendung möglich, mit der Hitler in einer Schnelldiplomatie eigenen Stils den Traditionskurs des Auswärtigen Amtes überspielte. Deutschlands Bruch mit dem Völkerbund beschleunigte die Verhandlungen, und nach einiger Vorbereitung durch die gelenkte Publizistik beider Seiten kam am 26. Januar 1934 ein deutsch-polnischer Nichtangriffspakt zustande. Das Abkommen sollte erst nach zehn Jahren kündbar sein; es verpflichtete beide Staaten zu völligem Gewaltverzicht und zur unmittelbaren Verständigung über alle sie betreffenden Fragen.

Das war der zweite Akt der abrupten Umorientierung deutscher Politik. Damit leitete Hitler die Periode jener bilateralen Bündnisstrategie ein, die in wenigen Jahren das kollektive Sicherheitssystem des Völkerbundes zu zerstören und die Gegner des Dritten Reiches zu isolieren bestimmt war. Die radikale Schwenkung erwies die Manövrierfähigkeit eines totalitären Regimes und seine Kontrolle über eine bislang antipolnisch orientierte öffentliche Meinung. Sie hatte freilich eine Neuorientierung der Sowjetunion zur Folge: Moskau beschleunigte die Hinwendung zu Frankreich, die zu der Ratifizierung eines Nichtangriffs- und Freundschaftspaktes (Mai 1935) führen sollte; der bislang gedrosselte deutsch-sowjetische Propagandakrieg wurde entgegen den Vorstellungen Rudolf Nadolnys, des deutschen Botschafters in Moskau, von beiden Seiten gesteigert; und mit den Bemühungen des sowjetischen Außenministers Maksim Litwinow um eine Kollektivfront gegen den Nationalsozialismus zeichnete sich eine bedrohliche Isolierung Deutschlands ab. Roosevelt vollzog die lange verzögerte Anerkennung der Sowjetunion durch die USA, und nach ebenso langer Weigerung der Westmächte erfolgte Ende 1934 die Aufnahme Rußlands an Stelle Deutschlands in den Völkerbund.

Das schnelle Vordringen ideologischer Gesichtspunkte und die enge Verflechtung innen- und außenpolitischer Antriebe sowie das Maß, in dem Hitler zur selbstherrlichen Manipulation des außeneuropäischen Apparats fortschritt, offenbart das Verhältnis zu Österreich. Es gehörte zu Hitlers, des ausgebürgerten Österreichers, Lieblingsideen, der Machtergreifung in Deutschland eine nationalsozialistische Revolution in Österreich unmittelbar folgen zu lassen. Er konnte dabei auf starke Stimmungen in allen Schichten der Bevölkerung zurückgreifen; denn der gesamtdeutsche Gedanke war keine nationalsozialistische Erfindung, sondern eine geistig-politische Kraft, die seit dem Ende des Alten Reiches lebendig geblieben war und durch den Zusammenbruch der beiden Kaiserreiche 1918 neuen Auftrieb empfangen hatte. Die nationalsozialistische Initiative gab der Idee vom Reich aller Deutschen allerdings sogleich ihren eigenen Gehalt: Nicht im föderalistischen Sinne der Liberalen von 1848 oder der Demokraten und Sozialdemokraten von 1918, nicht über eine friedliche staatsrechtliche und rechtsstaatliche Revision, sondern auf dem Weg einer erzwungenen Einverleibung in den gleichgeschalteten Einheitsstaat erstrebte Hitler den sogenannten Anschluß Österreichs.

Durch eine massive Unterstützung der österreichischen Nationalsozialisten griff die deutsche Politik seit dem Frühjahr 1933 unmittelbar in die österreichische Innenpolitik ein. Zugleich setzte sie Wien wirtschaftspolitisch unter schärfsten Druck, indem sie auf entsprechende Abwehrmaßnahmen mit einer Grenzsperre und einem Touristenboykott antwortete. Das autoritäre Regime von Engelbert Dollfuß lehnte sich angesichts der deutschen Drohungspolitik enger an Mussolini an. Es unterdrückte die österreichischen Nationalsozialisten und suchte eine ständestaatlich-diktatorische Alternative nach italienischem Vorbild und mit italienischer Unterstützung zu verwirklichen, wobei die Sozialdemokraten ausgeschaltet wurden. Vereinbarungen Österreichs mit Italien und Ungarn sowie eine feierliche Deklaration Englands, Frankreichs und Italiens bekräftigten am 17. Februar 1934 die Unabhängigkeit und Integrität Österreichs. Die Nationalsozialisten antworteten mit der Vorbereitung des Putsches und der Ermordung Dollfuß' am 25. Juli 1934, nur kurz nach der blutigen Konsolidierung des NS-Regimes in Deutschland. Der übereilte Versuch der Machtergreifung mißglückte. Daß sich die deutsche Führung aus der Affäre zurückziehen konnte, verdankte sie nicht zuletzt den willigen Vermittlerdiensten, die wiederum Papen, ungeachtet der Ermordung seiner nächsten Freunde und des Verlusts seiner Vizekanzlerschaft, als Sonderbotschafter des Führers in Wien zu leisten bereit war.

Die nationalsozialistische Politik war durch diesen Rückschlag spürbar in die Isolierung geraten. Denn neben dem Anschlußplan schien nun auch die Idee eines engen Bündnisses mit dem italienischen Faschismus in weite Ferne gerückt.[6] An der Trübung der guten Beziehungen zu Italien, die aus der Weimarer Republik stammten und durch Hitlers Mussolini-Bewunderung und Italiens Interesse an einer Ablenkung der französischen Mittelmeer- und

Balkan-Politik verstärkt wurden, konnten weder die freundschaftlich getönten Rom-Besuche Görings und Papens noch das pompöse, jedoch sachlich enttäuschende und kühle erste Treffen Hitlers mit Mussolini in Venedig im Juni 1934 etwas ändern. Im Gegenteil! Mit der Einbeziehung Ungarns in die enge italienisch-österreichische Zusammenarbeit durch die Römischen Protokolle vom März 1934 sah sich Hitler einer neuen Koalition gegenüber, die den Anschluß verhindern und die deutsche Südosteuropa-Politik blockieren konnte. Der Ring um das Dritte Reich schien sich zu schließen, als sich im Januar 1935 auch Frankreich und Italien zu einem Abkommen zusammenfanden. – Selbst bei der Rückgliederung des Saargebietes, die schon durch die Weimarer Außenpolitik gesichert war und als reife Frucht in den Schoß der NS-Propaganda fiel, waren zuletzt noch Komplikationen aufgetreten, da der Widerstandswille der deutschen Emigranten im Saarland auf das Wiederaufkommen einer längst abgeschlossenen Diskussion hinwirkte. Wenn solche Komplikationen auch in dem irreführenden Jubel des Abstimmsieges mit einundneunzig Prozent am 13. Januar 1935 untergingen, so nahmen sie doch dem Ereignis der Rückgliederung seine ursprüngliche Bedeutung für eine Besserung der deutsch-französischen Beziehungen und trugen zur Verschärfung des internationalen Klimas bei.

Im Verlauf des Jahres 1935 leiteten mehrere unerwartete Ereignisse jene Umgruppierungen der politischen Szenerie Europas ein, die Hitler den Durchbruch durch die Isolierung und den Sturz der Versailler Ordnung ermöglichte. Den Anstoß zu dieser folgenschweren Wendung gab die englische Politik. Sie hatte schon in den Verhandlungen über die Rüstungsfrage ihren Willen zur Anpassung und zum Einlenken gezeigt. Diese Neigung überdauerte Deutschlands Bruch mit dem Völkerbund und beeindruckte die französische Politik Jean Louis Barthous und Pierre Lavals. Andererseits verstärkte sich die englische Tendenz, sich aus der kontinental-europäischen Problematik zurückzuziehen und statt dessen die eigene Position abzuschirmen. Nicht nur das nationalsozialistische Regime, sondern auch das Fortschreiten der deutschen Aufrüstung und die offene Verletzung der Versailler Militärbestimmungen wurden als Realität hingenommen. Während im Zusammenwirken Frankreichs und Italiens sowie der sowjetischen Haltung sich endlich eine übermächtige Anti-Hitler-Koalition abzeichnete, die in der Konferenz von Stresa im April 1935 ihre ersten Schritte tat, verdichtete England seine Kontakte und Verhandlungen mit Berlin. Am 16. März 1935 wagte Hitler den ersten großen Schlag gegen die Restpositionen von Versailles, indem er die allgemeine Wehrpflicht verkündete und dem Ausbau einer Luftwaffe freie Bahn schuf. Darauf reagierte England mit der Sanktionierung der vollzogenen Tatsachen und der Anerkennung der Vertragsfähigkeit Hitlers; man glaubte an die Zähmbarkeit des nationalsozialistischen Revisionismus durch Konzessionen, selbst wenn sie an das Grundgefüge des Versailler Systems rührten. Aus dieser Haltung erklärt sich der deutsch-englische Flottenvertrag vom Juni 1935, das erste Epochenereignis der Appeasement-Politik, mit dem das Versagen der europäischen Koalition gegen Hitler begann. Der Skepsis der deutschen Diplomaten gegenüber nationalsozialistischen Sonderaktionen war durch diesen großen Erfolg Hitlers erneut der Boden entzogen; er beschleunigte den Aufstieg Ribbentrops, der sich als Botschafter in London in die Verhandlungen einzuschalten vermocht hatte; und er bestärkte Hitler in seiner Überzeugung, daß die Zeit für entschiedenere Taten gekommen sei. Daß die europäische Politik sich nun in Hitlers Sinn entwickelte, ist auf drei Ereigniszusammenhänge zurückzuführen: die schwierige Stellung Frankreichs nach innen und außen; die neuerliche Schwenkung Italiens im Verfolg des abessinischen Abenteuers, die den Völkerbund entscheidend erschütterte und Mussolini an Hitlers Seite führte; schließlich das weitere Vordringen der Diktatur in Europa – der Spanische Bürgerkrieg.

Die Verschiebung der Kräfteverhältnisse im Europa der dreißiger Jahre kam vor allem durch den Machtverlust Frankreichs, des Hauptträgers der Friedensordnung, zustande. Während jeder Schritt Stresemanns und seiner Nachfolger mit der französischen Sicherheitspolitik zu rechnen hatte, ließen die Reaktion auf Hitlers Bruch mit dem Völkerbund und vollends die schwache Gegenwehr gegen die Durchlöcherung der Versailler Ordnung eine wachsende Resignation erkennen. Der weiche englische Kurs und die italienischen Sonderaktionen sowie der fortschreitende Autoritätsverlust des Völkerbundes begünstigten diese Wandlung nicht unerheblich. Aber eine wichtige Ursache lag im Dilemma der französischen Politik selbst. Auch an Frankreich war, trotz ursprünglich besserer Lage der Staatsfinanzen, die Wirtschaftskrise nicht spurlos vorübergegangen. Die gemäßigte Linksregierung des Radikalsozialisten Herriot (seit 1932) war durch die fortdauernde Wirtschaftskrise gelähmt, obschon die Intensivierung der französisch-sowjetischen Beziehungen vorübergehend eine neue Karte ins Spiel brachte. Frankreich verharrte in einem parlamentarischen und parteipolitischen Dilemma, das dem der Weimarer Republik ähnlich war. Kabinette stürzten in rascher Folge durch die Intransigenz der Interessengruppen. Die schwankende Haltung der radikalen Sozialisten in der Schlüsselstellung verstärkte die Instabilität. Legislaturperioden, die von einem Wahlerfolg der Linken eingeleitet wurden, endeten bei Rechtsregierungen.

Wie weit Hitlers Bruch mit dem Völkerbund das französische Konzept der kollektiven Sicherheit ins Wanken brachte, bekundete die französische Erklärung vom 17. April 1934: Frankreich werde künftig seine Sicherheit mit eigenen Mitteln wahren. Eine solche Absage an die Appeasement-Politik konnte nur wirksam werden, wenn dahinter die Bereitschaft zum Präventivkrieg stand. So aber bewirkte sie, daß Frankreich auch in englischen Augen mit der Verantwortung für das Scheitern der Abrüstungs- und Revisionsverhandlungen belastet war, während der wichtigste Verbündete gegenüber Deutschland, Polen, seine eigenen Wege ging. Daß nicht nur die neuen Demokratien zerfielen, sondern auch im Herzen der europäischen Demokratie selbst diese existentiell bedroht wurde, war in Paris sehr wohl spürbar. Die Krise des parlamentarischen Regimes beherrschte auch dort die Schlagzeilen. Ein autoritär-bonapartistischer Antiparlamentarismus rief zum Kampf gegen die Dritte Republik auf. Halbfaschistische Gruppen wie die Feuerkreuzler inszenierten am 6. Februar 1934 Unruhen in der Hauptstadt. Der Eckpfeiler des Versailler Systems schien auch innerlich brüchig zu werden.

Welche Folgen dies für die weitere Entwicklung der europäischen Machtverhältnisse hatte, erwies sich in dem Augenblick, als das französisch-italienische Interessenbündnis auf die Probe gestellt wurde. Noch im Laufe des Jahres 1934 hatte der aus Poincarés Kreis stammende französische Außenminister Barthou energisch das französische Bündnissystem zu aktivieren gesucht. Er war durch die Hauptstädte der französischen Verbündeten in Osteuropa gereist, er hatte die oft erörterte, oft gescheiterte Idee eines Ostlocarno zu forcieren gesucht, das den Status quo auch auf der anderen Seite Deutschlands garantieren sollte. Nur Rußland und die Tschechoslowakei zeigten sich interessiert. Die sowjetische Politik hatte angesichts der deutsch-japanischen Doppelbedrohung inzwischen ihre scharfe Gegnerschaft gegen das Versailler System in eine Taktik der Kooperation mit dessen Trägern gewandelt. Der Weg zu einer französisch-russischen Allianz nach dem Vorbild der Konstellation vor dem Ersten Weltkrieg war frei. Aber mitten in seinen Bemühungen, auch Jugoslawien in die erneuerte Sicherheitsfront einzubeziehen, erlag Barthou den Kugeln, die ein kroatischer Attentäter am 9. Oktober 1934 auf den jugoslawischen König Alexander bei dessen Staatsbesuch in Marseille feuerte – eine Aktion der antiserbischen Untergrundbewegung, die von Italien und Ungarn aus operierte.

Barthous Nachfolger verfolgte eine neue Linie. Pierre Laval zeigte weniger Interesse an einer französisch-sowjetischen Annäherung; er stellte seine Taktik zur Sicherung der französischen Position auf einen weiteren Ausbau der Beziehungen zu Italien. Ein Besuch in Rom, begleitet von der Erfüllung einiger Territorialforderungen Italiens in Libyen und Somaliland, gipfelte am 7. Januar 1935 in der Erklärung, daß alle Meinungsunterschiede beseitigt seien; sie verschwieg den Preis, den Mussolini für ein Mitwirken an der Eindämmungsfront gegen Deutschland fordern wollte: freie Hand in Abessinien. Die Wiedereinführung der Wehrpflicht in Deutschland beschleunigte die französischen Anstrengungen. Frankreich brachte Hitlers Vertragsbruch vor den Völkerbund und traf sich mit Italien und England in Stresa zu nachdrücklichem Protest. Doch rechtliche Argumente galten nicht mehr. Daß der Völkerbund mit moralischen Ermahnungen, nicht aber mit Sanktionen antwortete, enthüllte den Zerfall des kollektiven Sicherheitsgedankens. Selbst die drei Großmächte begnügten sich in Stresa mit der Bekräftigung von Locarno und der Bestätigung der österreichischen Integrität. Einer wirkungsvollen gemeinsamen Aktion standen die pazifistische Stimmung bei der Bevölkerung Englands und Frankreichs sowie die italienischen Sonderpläne entgegen. Während England im Flottenabkommen mit Deutschland seinen eigenen Weg des Appeasement weiterging, machte die Umgruppierung der europäischen Fronten rasche Fortschritte. Im selben Jahr wurde in Paris ein französisch-sowjetischer Beistandspakt unterzeichnet, dem sogleich in Prag ein ähnliches tschechisch-sowjetisches Abkommen folgte. Beider Wirkung war zwar stark eingeschränkt durch die Rücksicht auf Locarno und auf die Resistenz Polens, das einen direkten Zugang Rußlands zu deutschem und tschechoslowakischem Gebiet sperrte. Aber für die nationalsozialistische Propaganda waren diese Pakte ein willkommener, weithin akzeptierter Beweis für das europäische Ausmaß der kommunistischen Gefahr, außerdem Anlaß zu der Behauptung, Frankreichs Politik bedrohe den Locarno-Vertrag.

Mussolini hielt die Zeit für gekommen, den ersten Akt jener imperialen Expansion der faschistischen Herrschaft zu eröffnen, die er Jahre zuvor gefordert und versprochen hatte. Der Schritt zum Imperium wurde, wie es älteren italienischen Ambitionen, Experimenten und Rückschlägen entsprach, in Afrika getan, nun aber nicht mehr als bloßes Sammeln von Wüsten, sondern im Griff nach dem fruchtbaren Ostafrika. Der Faschismus stellte sich mit dieser Konzeption, die er als natürliche Ergänzung des mittelmeerischen Mare-nostro-Imperialismus formulierte, bewußt in die Tradition des kolonialpolitischen Expansionismus. Anders als der Nationalsozialismus, dessen Lebensraumkonzeption auf die zusammenhängende Erweiterung des Mutterlandes gerichtet war, wollte Mussolini das Zuspätkommen Italiens bei der Verteilung der Welt im 19. Jahrhundert einfach wettmachen. Ein solcher Revisionismus bedeutete nichts weniger als den Versuch, sich der allgemeinen geschichtlichen Tendenz entgegenzustemmen. An den Krisensymptomen der großen Imperien Englands und Frankreichs wurde von Jahr zu Jahr deutlicher, daß mit dem beginnenden Erwachen der beherrschten und verwalteten Kolonialvölker das Ende einer Epoche der kolonialen Strategie näher rückte. Wieviel mehr galt dies für ein Land wie Abessinien, das eine stärkere Tradition und ein größeres staatliches Selbstbewußtsein besaß als andere Gebiete des afrikanischen Kontinents und das seit 1923 sogar mit italienischer Unterstützung Mitglied des Völkerbundes war. Seit dem gescheiterten Versuch von 1893 hatte der italienische Nationalismus Abessinien zum ersten Objekt kolonialen Interessen- und Prestigedenkens erhoben. Grenzzwischenfälle Ende 1934, Vermittlungsversuche des bestürzten Laval, der seine ganze Politik in Gefahr sah, Anrufung des Völkerbundes durch Abessinien brachten die Krise rasch zur Reife.

Frankreich wie England, dessen afrikanische und indische Interessen betroffen waren, standen vor der Alternative: Stärkung der Autorität des Völkerbundes in letzter Stunde, auch im Hinblick auf Deutschland, durch eine entschiedene Verhinderung des faschistischen Unternehmens oder seine Tolerierung mit dem Ziel der Bindung Italiens an eine Bündnispolitik in Europa, die auch ohne Völkerbund dem Problem Hitler gewachsen war. Beide Wege waren riskant und unbequem. Es kam jedoch zu keiner Entscheidung, weil die Interessenlagen der Westmächte in bezug auf den Abessinien-Konflikt wie auf die deutsche Frage zu unterschiedlich waren. Anders als bisher drang nun England auf entschiedene Stützung des Völkerbundes, während Frankreich in der Furcht vor einem Konflikt, der nur im Sinne Hitlers sein konnte, zu bremsen suchte. Die Folge waren Unstimmigkeiten, die Mussolini taktischen Spielraum und Zeit zur Entfaltung des Krieges gaben. Übrigens stand die unverändert aufrüstungs- und interventionsfeindliche Stimmung einer englischen Bevölkerungsmehrheit, die den Gewaltexperimenten der Diktatoren gelegen kam, ohnehin einer energischen Initiative Londons entgegen. Untersuchungsausschüsse, neue Schlichtungsversuche, auch eine britische Flottendemonstration im Mittelmeer erwiesen sich als wirkungslos. Am 3. Oktober 1935 marschierten italienische Truppen in Abessinien ein und überwanden mit ihren vielfach überlegenen Kräften, sogar unter Einsatz von Giftgas durch die Luftwaffe, bis zum Mai 1936 den erbitterten Widerstand des überfallenen Landes.

Das Ende des Völkerbundes war mit diesem eindeutigen Kriegsakt eigentlich schon besiegelt, auch wenn Italien in Genf der Aggression schuldig gesprochen wurde. Denn die Verhängung von Wirtschaftssanktionen blieb gänzlich wirkungslos, sie beschleunigte nur die innereuropäischen Folgen der Krise: den Prestigeverlust der beiden großen Demokratien Europas und die Zerstörung des Völkerbundes, während sich Mussolini, ein Beispiel für Späteres setzend, seines Triumphes über fünfzig Nationen rühmte. Dieser Triumph war vollständig, als die Erhebung des italienischen Königs zum Kaiser von Abessinien, erste Erfüllung der imperialen Grundkonzeption des Faschismus, vom Völkerbund schon im Juli 1936 mit der Aufhebung der Sanktionen und, Staat um Staat, mit der Anerkennung der vollzogenen Tatsachen beantwortet wurde. Die Ablösung des englischen Außenministers Hoare durch Eden im Dezember 1935 und der Rücktritt seines nicht minder deutlich gescheiterten Kollegen Laval einen Monat später hatten das Debakel nicht mehr zu ändern vermocht. Weltpolitisch war der kurze Kolonialkrieg indes für das jüngere Diktaturregime Hitlers auf seinem Weg aus der Isolierung in die Politik ungestörter Bündnisstrategie und Kriegsvorbereitung von ungeheurem Nutzen.

Deutschland zog nicht nur wirtschaftlichen Vorteil aus dem Sanktionskrieg, sondern benutzte die Schwenkung Italiens und die Lähmung des Völkerbundes zu einem weiteren Überraschungsakt: zum Einmarsch ins entmilitarisierte Rheinland. Wieder bewährte sich die Aktionsfähigkeit des totalitären Regimes. Die blitzartige Politik deutscher Sondermeldungen überrumpelte alle Bedenken der Diplomaten und Militärs. Am 29. Mai 1936 folgte die Inszenierung einer plebiszitären Selbstbestätigung des Dritten Reiches, diesmal mit dem Ergebnis von neunundneunzig Prozent. Es fehlte abermals nicht an einem Vorwand für diesen Schlag gegen den Versailler Vertrag und mehr noch gegen den Locarno-Vertrag, den Hitler kurz zuvor erneut ausdrücklich anerkannt hatte: Man verwies auf die Ratifizierung des französisch-sowjetischen Paktes, der fast als einziges Instrument einer Anti-Hitler-Front aus dem Debakel von 1935/36 übriggeblieben war. Das Gesetz des Handelns lag nun eindeutig bei Frankreich, wollte es nicht endgültig seinen Legalitätsstandpunkt, ja das gesamte Gefüge des Versailler Systems aufgeben, ohne gegen Konzessionen auch verläßliche Sicherungen einzutauschen. Wieder kam es zu energischen Protesten und Deklarationen. Wieder geschah nichts. Wieder entzog sich die französische Regierung dem Zwang der Verantwortung. Noch weniger dachte England an irgendeine Aktion. Eden verurteilte den deutschen Schritt, riet aber zur Mäßigung und zur Vermeidung von weiteren Konflikten. Eine Konferenz der Locarno-Mächte in London kam über eine Anrufung des Internationalen Gerichtshofes in Den Haag und über gegenseitige Garantieabkommen nicht hinaus.

Auf diese Weise hatte das Dritte Reich durch einen neuen großen Erfolg ein weiteres Stück auf dem kürzesten Weg zur Revision durch Aktion und über sie zur europäischen Hegemonie zurückgelegt. Die meisten Beurteiler stimmen darin überein, daß hier die letzte sichere Chance, dem Vormarsch Hitlers Einhalt zu gebieten, ungenutzt vorüberging. Auch wenn England wenig Neigung zum Eingreifen, doch viel Verständnis für die deutsche Revisionspolitik zeigte, ja im Grunde nur die Methoden mißbilligte und auf Hitlers stets erneute Friedensdeklarationen baute, hätte ein französisches Einschreiten dieses Mal zweifellos keinen entscheidenden Widerstand gefunden. Italien war noch mit seiner eigenen Aktion beschäftigt, und die übrigen Locarno-Mächte hätten ihre Unterstützung schwerlich versagt, während die deutschen Mittel, wie die militärischen Fachleute gegen Hitler zu Recht geltend machten, für eine Auseinandersetzung damals keineswegs ausreichten.

Es war freilich nicht nur Hitlers machtpsychologischer Instinkt für die Gunst der Stunde; es waren mehrere politische Faktoren, die den Ausgang dieser wohl entscheidenden Machtprobe mit der Versailler Ordnung mitbestimmt haben. Dazu gehörte in erster Linie der innere Zustand Frankreichs selbst. Dort war es unter dem Eindruck der europäischen Entwicklung, der fortdauernden Wirtschaftskrise, die verspätet eingesetzt hatte, aber auch der halbfaschistischen Bewegungen im eigenen Land immer schwieriger geworden, eine stabile Regierung zu bilden. Dadurch gewann eine Linkskoalition an Boden, die als Volksfront nun neben den Sozialisten und Radikalsozialisten auch erstmals die Kommunisten umfaßte. Die Neuorientierung der sowjetischen Politk, der die französische KP mit einem Einschwenken in die Koalitionsbereitschaft folgte, schien die Arbeitsfähigkeit und Popularität dieses auf Antifaschismus und soziale Reform gegründeten Experiments zu verbürgen. Tatsächlich errangen die Parteien der Volksfront bei den Parlamentswahlen vom April/Mai 1936 dank der Wirkung des Mehrheitswahlrechts einen vollen Erfolg; mit dem Regierungsantritt des Sozialistenführers Léon Blum war ein entschiedener Kurs möglich geworden.

Allerdings barg dieser Umbruch eine Fülle von Problemen in sich. Den Kritikern der Volksfront schien er die Berechtigung der nationalsozialistischen Antikommunismus-Propaganda zu beweisen und im Sinn der Bollwerkthese die deutsche Sendung gegenüber dem Vordringen des Kommunismus in Europa zu bestätigen. In Frankreich kamen nun ebenfalls jene erbitterten Auseinandersetzungen über eine Alternative Faschismus–Kommunismus in Gang, die einst, mit umgekehrter Frontstellung, die deutschen Intellektuellen vor Hitlers Aufstieg zur Macht aufgewühlt hatten. Die französische Außenpolitik war auf diese Weise im wichtigen Augenblick zusätzlich geschwächt. Die Rüstungsmaßnahmen blieben weiterhin gehemmt durch den traditionellen Pazifismus insbesondere der Sozialisten und ihr Mißtrauen gegen die Armee und ›Marchands des canons‹. Blum mußte an der Spitze einer keineswegs krisenfesten Koalition seine Energie den inneren Problemen des Landes widmen, das seit Mitte Mai 1936 von der größten Streikaktion seiner Geschichte gelähmt war. Unterdes schien sich mehr denn je die außenpolitische Überlegenheit der diktatorischen Regime über die noch verbliebenen Demokratien zu erweisen. Ein neuer Krieg war, wenn nicht unausweichlich, so doch bei der Natur der Hitlerschen Pläne wahrscheinlich geworden.

Hitlers Coup vom 7. März 1936 setzte ein Epochendatum der Zwischenkriegszeit. Er besiegelte den Zusammenbruch der europäischen Friedensordnung von 1918/19, auch wenn die Fassade noch drei Jahre lang aufrechterhalten wurde. Der rasche Fortschritt der deutschen Aufrüstung erlaubte keinen Zweifel, daß das Dritte Reich bald entscheidendes Gewicht in der europäischen Politik besitzen werde. So kam alles auf die Beurteilung der Ziele Hitlers an. Heute weiß man aus der Überfülle nichtöffentlicher Zeugnisse, daß sie unverrückbar der expansiven, kriegerischen Lebensraumtheorie zugeordnet blieben. Solche Zeugnisse waren damals nur wenigen bekannt. Doch in Millionenauflage war ›Mein Kampf‹ in alle Erdteile gelangt. Es existierten die rassen- und geopolitischen Entwürfe Alfred Rosenbergs und anderer Ideologen. Klar lesbar waren die Axiome einer Weltanschauungs-Lehre, die in Deutschland zur Allgemeinverbindlichkeit erhoben war. Ihre geradezu wörtliche Verwirklichung war auf vielen Gebieten der Innenpolitik schon zielbewußt fortgeschritten, am sichtbarsten in der Entrechtung und

Verfolgung der Juden durch Boykott, Entlassung, Berufsverbot, legalisiert in den auf dem Nürnberger Parteitag von 1935 verhängten Blutschutzgesetzen. Dies konnte nur ein Auftakt zur ›Endlösung‹ sein, der völligen Verdrängung und Vernichtung des Judentums, die verschärft seit 1938 und 1941 betrieben wurde.

Außenpolitisch gab es vor 1938 ähnliche Möglichkeiten zur Realisierung der Herrschaftsziele noch nicht. Aber daß mit dem expansionistischen Kernstück der nationalsozialistischen Ideologie weniger konsequent, weniger rücksichtslos Ernst gemacht werde, war nach der Erfahrung der Machtergreifungs- und Gleichschaltungspolitik nicht anzunehmen. Die wenigen eigenen Initiativen, die Hitler zunächst zur äußeren Abschirmung, dann zur Emanzipation seiner Herrschaft unternahm, waren zwar taktisch durch die Forderung nach friedlicher Revision verhüllt und sachlich auf eine wachsende Verständnisbereitschaft, zumal gegenüber England, abgestimmt; ihr wahrer Charakter trat jedoch schon in den Methoden dieser neuen Außenpolitik hervor, die den Autor der machiavellistischen Gedankengänge in ›Mein Kampf‹ und den Meister des totalitären Terrorregimes erkennen ließen. Daß man in Deutschland wie außerhalb beides voneinander trennen zu können glaubte und in der Frage der Verwirklichung der weitgehend bekannten Ziele die enge Verflechtung von Innen- und Außenpolitik verkannte, war eine der Ursachen des im Rückblick scheinbar unvermeidlichen Weges in den Krieg, in die Zerstörung Europas.

## Die Vorbereitung des Krieges

Hitlers Erfolge, der unwirksame Attentismus der Westmächte, das Debakel des Völkerbundes und die Sondertouren Italiens schufen 1936 eine neue Situation. Der Ring der französischen Sicherheitsallianzen war gesprengt. Die bilaterale, isolierende Verhandlungs- und Bündnistaktik Hitlers durchlöcherte das multilaterale Friedens- und Ordnungsprinzip. Das in vielem, vielleicht viel zuvielem korrekturbedürftige Versailler System war zur Fiktion geworden. Die zwischenstaatlichen Beziehungen und Machtverhältnisse Europas waren in den Sog einer allgemeinen Fluktuation und Instabilität geraten, der gegenüber jedes Land das Seine zu suchen und an einer verbindlichen Lösung für alle, am Prinzip der kollektiven Sicherheit zu zweifeln begann, das vor der raschen und effektiven Machtpolitik sichtbar versagt hatte. Die beiden rechten Diktaturregime waren die Begründer und Meister dieses neuen Stils; sie hatten schon durch die Erfolge von 1935/36 an Prestige nach innen wie außen gewonnen. In der Folge waren sie in der Lage, Europa das Gesetz ihres Handelns aufzunötigen.

Das Dritte Reich erlangte auf Grund der konsequenteren Zielstrebigkeit seiner Führung in der einlinigen Verfolgung der nationalsozialistischen Postulate und Visionen sowie vermöge seines größeren Potentials bald ein Übergewicht über die faschistische Politik. Mehr noch als Mussolini gründete Hitler seine künftige Politik auf die Intuition, daß die Westmächte ihre Macht gegenüber einer dosierten Taktik der Erpressung um den Preis des Krieges nicht einsetzen, daß sie Stück um Stück zurückweichen würden. Das war die Erfahrung dieser Jahre, eine Erfahrung, die auch die kleinen Staaten unsicher und anfällig für die Taktik Hitlers machte. Es war zudem eine geradezu dogmatische Überzeugung, die in dem Glaubenssatz von dem politisch und rassisch dekadenten, untergangsreifen Zustand der westlichen Demokratien gründete. Hier trafen sich, durch die Ereignisse der vorangegangenen Jahre scheinbar schlüssig bestätigt, Politik und Ideologie. Wie verhängnisvoll richtig die Erfahrung war, zeigten die Erfolge der nächsten zwei Jahre. Doch wie blind das weltanschauliche Dogma hier wie in der Innen- und Rassenpolitik machte, erwies dann die für Hitler ungünstige Ausweitung zu einem allgemeinen Krieg, der die Taktik einer risikolosen, sukzessiven Eroberung der einzelnen Herrschaftsobjekte durchkreuzte und zuletzt dem Dritten Reich selbst ein Ende setzte.

Durch den Abessinien-Krieg entstand eine Interessengemeinschaft, wie sie zuvor trotz allen ideologischen Sympathien nicht möglich war. Er behinderte die Reaktion der Westmächte auf den deutschen Bruch des Locarno-Vertrags, nachdem ein Jahr zuvor schon Hitlers Bruch des Versailler Vertrags eine rechtzeitige englisch-französische Gegenaktion zur faschistischen Unternehmung verhindert hatte. Es begann ein noch unkoordiniertes, aber fast zwangsläufiges Zusammenspiel der beiden Diktaturen, das mit dem Versailler System das europäische Ordnungsgefüge selbst in seinen Grundfesten erschütterte. Zwar nahm Italien trotz aller Konflikte mit England und Frankreich an der Londoner Protestkonferenz der Locarno-Mächte teil und schien geneigt, gegen Anerkennung seiner Eroberung wieder in die alte Front einzuschwenken, aber die Versuchung des erfolgreichen Diktators, den einmal errungenen Sieg zu weiteren gewaltsamen Unternehmungen auszunützen, war stärker. Das rückte Mussolini trotz mancher Furcht vor den deutschen Großmachtplänen an die Seite der status-quo-feindlichen Politik Hitlers und entfernte ihn von der Politik der bewahrenden Mächte, zumal der ohnehin verachteten Demokratien. Zugleich räumte die von Papen betriebene Entspannung des deutsch-österreichischen Verhältnisses, obschon sie keines der Probleme löste und den Anspruch Hitlers nur aufschob, das wichtigste Hindernis einer deutsch-italienischen Annäherung aus dem Weg.

Der Spanische Bürgerkrieg brachte die Entwicklung zu rascher Reife. Die Bedeutung des fast drei Jahre währenden brutalen, blutigen Ringens lag nicht bloß in der Tatsache, daß damit der Umfang der demokratiefeindlichen Bewegung in Europa beträchtlich vermehrt, sondern mehr noch darin, daß

Spanien zum ersten großen Schlachtfeld der neuen politischen und weltanschaulichen Fronten in Europa wurde. Italiens Position im Mittelmeer und vor allem Frankreich gegenüber konnte durch den Konflikt und den Regimewechsel nur gewinnen. Auf der anderen Seite war der natürliche Platz des Volksfront-regierten Frankreich an der Seite der spanischen Linksregierung. Es entsprach jedoch dem französischen Attentismus, daß sich Paris auf die Anregung einer strikten Nichteinmischungspolitik beschränkte und in diesem Sinne am 1. August 1936 an London wie an Rom herantrat. England reagierte zustimmend, aber auch Italien ging zum Schein auf die Anregung ein, zumal sie faktisch schon eine Gleichstellung der spanischen Rebellen mit der legalen Regierung bedeutete. Es erwies sich rasch, daß der in London tagende Ausschuß zur Überwachung der Nichteinmischung so wenig Autorität und Wirkung zu entfalten vermochte wie die Sanktionspolitik des Völkerbundes ein Jahr zuvor. Italien ließ sich nicht abhalten, die Aufständischen mit Kriegsmaterial und mit Truppen zu unterstützen, die als Freiwillige getarnt waren. Dem Beispiel folgten Deutschland mit der Entsendung der Legion Condor zur Unterstützung Francos und die Sowjetunion auf republikanischer Seite mit der Entsendung von Material, Technikern, Freiwilligen und Kommissaren zur kommunistischen Unterwanderung des Konflikts. Schwach und wenig wirksam war demgegenüber die Hilfe, die Spaniens Regierung schließlich von westlicher Seite erfuhr, so groß das Prestige der prorepublikanischen Intellektuellen aus ganz Europa war. Der Spanische Bürgerkrieg förderte eine enge Zusammenarbeit zwischen Deutschland und Italien, die ihren Höhepunkt und ihre Besiegelung in der Begründung der Achse Berlin-Rom fand. Mussolini prägte den Ausdruck in einer Rede am 1. November 1936. Er verkündete den hegemonialen Herrschaftsanspruch der beiden neuen Machtzentren, die sich als künftiger europäischer Ordnungs- und Kristallisationspunkt zwischen den ›dekadenten‹ Demokratien und der bolschewistischen Gefahr zusammengeschlossen hatten. Damit zeichnete sich die tragende Allianz des Zweiten Weltkrieges ab.

Nachdem Deutschland die Eroberung Abessiniens anerkannt, Mussolini sich seines langjährigen gemäßigten Außenministers entledigt hatte und die Kontakte verstärkt worden waren, empfing Hitler am 24. Oktober 1936 den Besuch des neuen italienischen Außenministers Graf Ciano, des dreiunddreißigjährigen Schwiegersohns von Mussolini, der bisher das faschistische Propagandaministerium geleitet hatte. Ergebnis war ein Abkommen, durch das Francos Herrschaftsanspruch anerkannt und eine Abgrenzung zwischen dem mitteleuropäischen und dem mediterranen Interessenbereich der beiden Diktaturen vereinbart wurde.

Vor allem aber trat der Kampf gegen den Bolschewismus, durch Rußlands Eingreifen in Spanien um neue Argumente bereichert, in den Mittelpunkt der beiderseitigen Propaganda, einer Propaganda, die weiterhin nicht ohne Wirkung auf die öffentliche Meinung des Westens, besonders auf England, blieb. Im November 1936 kam auch der Abschluß eines antikommunistischen Propagandaabkommens zwischen Deutschland und Japan zustande: der Antikomintern-Pakt. Auf der Basis gemeinsamer ideologischer Feindvorstellung wurde hier erstmals die weltpolitische Ausweitung nationalsozialistischer Dynamik offenkundig. Vor dem Hintergrund der unentschlossenen, erfolglosen Politik der Westmächte verfehlte die selbstsichere, machtprunkende Achse Berlin-Rom mit ihrem Anspruch, Drehpunkt für die Politik der Zukunft zu sein, den Eindruck auch auf andere Staaten nicht. Bereits im Januar 1937 belohnte Hitler Belgiens Abkehr von dem kraftlosen französischen Allianzsystem mit der Bereitschaft zur Anerkennung der Unverletzlichkeit Belgiens und Hollands. Ähnliche Überlegungen diktierten den weiteren Weg Polens zwischen Deutschland und Frankreich, die Haltung revisionistisch gestimmter Länder wie Ungarn und Bulgarien und die Annäherung Jugoslawiens an Italien. Nur die Verbindung Frankreichs zur Tschechoslowakei und zur Sowjetunion wurde von der Verschiebung der Machtverhältnisse zugunsten der Achse noch nicht beeinträchtigt.

Die tödliche Krise des Versailler Systems und das deutsche Beispiel haben alle Probleme der Pariser Friedensverträge wieder aufgerührt und den kunstvoll gesicherten Status quo auch zwischen den kleineren Mächten ins Wanken gebracht. Die Türkei vermochte schon im Juli 1936 auf der Konferenz in Montreux die Remilitarisierung der Dardanellen und die Aufhebung der internationalen Kontrolle durchzusetzen. Im Nahen Osten, in Nordafrika, Indochina und Indien gerieten die spätkolonialistischen Positionen der Westmächte im Verlauf der scheinbar unaufhaltsamen Machtverschiebung in erneute Krisen. England und Frankreich sahen sich sowohl als europäische wie als Weltmächte bedrängt, während Stärke und Prestige der nicht saturierten, vorwärtsdrängenden jungen Staaten, sichtbar in der unangefochtenen Erfolgspolitik Mussolinis und Hitlers, von Monat zu Monat wuchsen. Rußlands Verbindung mit Frankreich war zum Zeitpunkt der Begründung der Achse keineswegs so gefestigt, daß sie eine sichere Verstärkung des Westens bedeuten konnte. Frankreichs untätige Haltung hatte den Unwillen und Verdacht Moskaus erweckt, und in Paris, mehr noch in London, waren die Meinungen über die russische Bündnisfähigkeit weiterhin geteilt. Rußland selbst befand sich im Zeichen der Stalinschen Fünfjahrespläne, des Aufbaus der Schwerindustrie und der Kollektivierung der Landwirtschaft inmitten einer Periode äußerster Forcierung der innenpolitischen Gleichschaltung, Der Terror sogenannter Säuberungen mit Schauprozessen, also die rigorose Befestigung der stalinistischen Diktatur, beschäftigte die sowjetische Politik in einem Maße, daß ihre außenpolitische Aktivität auf Deklarationen und kritische Beobachtung der Entwicklung beschränkt blieb.

Auch in London und Paris verstärkte die Anschauung des Stalinschen Terrorregimes die antisowjetischen Stimmen, während in Moskau die Furcht vor einer antikommunistischen Front von Faschisten und westlichem Kapitalismus sowie der Verdacht besonders eines englischen Einverständnisses mit dem deutschen Drang nach Osten oder eines europäischen Ausgleichs auf Kosten der Sowjetunion lebendig blieben. Behielten die Großmächte die Teilung in drei große Lager bei, war dann nicht jener Partner im Vorteil, dem es gelang, sich aus der drohenden Auseinandersetzung mit dem ›Faschismus‹ herauszuhalten? Ein solcher Gedanke kam nicht gerade der Stärkung einer Ost-West-Front gegenüber der ›Achse‹ zugute.

Die beherrschenden Ereignisse am Vorabend des Krieges, die Entscheidungen der westlichen Appeasement-Politik und die machiavellistische Schwenkung der Sowjetunion standen im Zeichen solcher zunächst noch vagen Überlegungen. Der raschen weiteren Entfaltung der nationalsozialistischen Machtpolitik und ihrer Wendung nach außen war damit beiderseits freie Bahn geschaffen. Hitlers Taktik hat sich dabei nie geändert: weitgehende Forderungen, geheime Planung, emphatische Friedensversicherungen, erfolgreicher Überraschungsakt und sofort weltweite Versicherung, daß dies der letzte Akt deutschen Lebensrechts sei und er hinfort an die jeweilige Seite keine Forderungen mehr habe.

Die Appeasement-Politik, seit 1937 untrennbar mit der Politik des britischen Premiers Neville Chamberlain verbunden, ist bis heute Gegenstand der Diskussion geblieben. Es gibt keinen Zweifel, daß die englische Politik sich über die Möglichkeit, Hitler durch Erfüllung verständlicher Forderungen zu bändigen und die Drohung der Achse zu zerbrechen, grundlegend getäuscht, ja das nationalsozialistische Selbstbewußtsein und den unersättlichen Eroberungstrieb Hitlers nur gestärkt hat. Auf der anderen Seite trafen die Befürchtungen der englischen Appeaser insofern zu, als in der Tat ein Krieg, auch wenn er am Ende erfolgreich war, für Großbritannien und sein Weltreich vorwiegend negative Folgen hatte. Die britische Sicherheitspolitik war der Lage weder rüstungsmäßig noch psychologisch gewachsen.[7] Neben solcher Motivation gab es Anhaltspunkte für den guten Glauben der Westmächte. Wenn der Fortgang des Spanischen Bürgerkrieges die gefährliche Aktivität der Achsenmächte täglich aufs neue bewies, so schien doch auch deutscherseits keine Bereitschaft zu bestehen, die Intervention zu einer kriegerischen Ausweitung fortzutreiben. Heute ist – aus der Hoßbach-Niederschrift vom November 1937 – zwar bekannt, daß Hitler in seinen Kriegsplänen bewußt daran angeknüpft hat. Doch versäumte er gerade damals keine Gelegenheit, den neuen britischen Botschafter in Berlin, Nevile Henderson, mit Gesten der Freundschafts- und Friedensbereitschaft zu beeindrucken. Schon am vierten Jahrestag der Machtergreifung trat er mit der feierlichen Versicherung vor den gleichgeschalteten Reichstag, die Politik der Überraschungen sei nun zu Ende. Es gab Verhandlungen um einen sogenannten

Westpakt und englische Besuche bei Hitler, so den des späteren Außenministers Edward Halifax im November 1937. Neue Zeichen der Entspannung folgten. Nichts jedoch konnte die stete Verstärkung der deutsch-italienischen Allianz behindern, die in Mussolinis pompösem Berlin-Besuch im September 1937 und in Italiens Beitritt zum Antikomintern-Pakt im November 1937 einen Höhepunkt fand. Es war kein Zufall, daß gleichzeitig Japan seine Aktionen in China wieder aufnahm und bis zum Jahresende Shanghai und Peking besetzte. Aber die ersten Entscheidungen fielen in Europa. Noch während England und in seinem Schlepptau Frankreich in jedem Zeichen Hitlerschen Einlenkens eine Bestätigung ihres wohlwollenden Attentismus zu erblicken suchten, weihte Hitler die politisch-militärische Führung des Dritten Reiches in seinen unabänderlichen Entschluß eines Eroberungskrieges in nächster Zukunft ein.

Am 5. November 1937 fand in der Berliner Reichskanzlei jene denkwürdige Besprechung statt, die durch die Niederschrift des damaligen Obersten Friedrich Hoßbach überliefert ist. In Hitlers Ausführungen tritt hinter den militärischen Überlegungen die wirtschafts- und bevölkerungspolitische Begründung der nationalsozialistischen Expansionsideologie in ihrem durchaus übernational-imperialistischen Charakter besonders klar hervor, mit Argumenten und Zielsetzungen, die seit dem Erscheinen von ›Mein Kampf‹ in zahlreichen Schriften propagiert worden waren, ohne daß sich die Staatsführung offiziell dazu bekannt hätte. Die Geheimhaltung der innersten Wirklichkeit und der letzten Zielsetzung, auch in der Praxis der Konzentrationslager und in der Politik gegen die Juden, ist bezeichnend für die Problematik totalitärer Herrschaftspraxis und für ihre Unsicherheit gegenüber dem wirklichen, nicht dem gelenkten und irregeführten gesunden Volksempfinden, auf das sie sich so emphatisch berief. Die geheime Führerbesprechung beweist zugleich, wie wenig Hitler an einer bloß nationalstaatlichen Revision gelegen war und wie bewußt er nun, nach Jahren der abschirmenden und vorbereitenden Taktik, in jene Periode strategischer Verwirklichung eintrat, die er bereits 1933 als zweite Etappe nationalsozialistischer Zukunftspolitik entworfen hatte.

Was Hitler nun 1937 vor engstem Kreise als seine »grundlegenden Gedanken über die Entwicklungsmöglichkeiten und -notwendigkeiten unserer außenpolitischen Lage«, als Aktionsplan und testamentarische Hinterlassenschaft für den Fall seines Ablebens verkündete, ging von den alten Grundvorstellungen des Buches ›Mein Kampf‹ aus. Die Erhaltung und Vermehrung der Volksmasse war erstes Ziel der nationalsozialistischen Politik; sie erforderte die Vergrößerung des verfügbaren Herrschafts- und Einflußraums um einen geschlossenen Rassenkern. Daraus ergab sich der unabdingbare Anspruch auf Expansion, da in Hitlers Augen die deutsche Zukunft, die Lösung der sozialen Probleme und die Abwehr rassischer Infiltration, »ausschließlich durch die Lösung der Raumnot bedingt« werde. Die »einzige, uns vielleicht traumhaft erscheinende Abhilfe« lag für Hitler »in der Gewinnung eines größeren Lebensraums, ein Streben, das zu allen Zeiten die Ursache der Staatenbildung und Völkerbewegung gewesen« sei. Dies aber könne nur durch wirtschafts- und volkspolitische Expansion in Europa, nicht etwa durch liberalistische Nationalbewegung geschehen. Deshalb gehe es um den Aufbau eines großen Weltreichs, das man landmäßig-räumlich geschlossen um einen starken Rassenkern schaffen und gegen allen Widerstand durchsetzen müsse. Und in diesem Sinne, so betonte Hitler eindeutig, bevor er seine Gedanken zur Auslösung und Führung des Krieges entwickelte, könne es »zur Lösung der deutschen Frage... nur den Weg der Gewalt geben« – eine Gewaltlösung, die aus rüstungs- wie bevölkerungspolitischen Gründen möglichst bald gesucht werden müsse. Nach seinem »unabänderlichen Entschluß« beabsichtigte Hitler, die Lösung der Raumfrage bis spätestens 1943, 1945, bei günstiger Konstellation wie dem fortdauernden Konflikt im Mittelmeer aber möglicherweise schon 1938 zu vollziehen; sie sollte mit der »blitzartigen« Zerschlagung der Tschechoslowakei und Österreichs beginnen. Um alle möglichen Hindernisse auszuräumen, wie sie auch in den Bedenken einiger Teilnehmer der Besprechung, vor allem der Generale Werner von Blomberg und Werner von Fritsch, spürbar waren, nahm Hitler Anfang Februar 1938 erneut einen Umbau der Führung vor: Neurath wurde endgültig durch Ribbentrop ersetzt, Fritsch, der Befehlshaber des Heeres, und Blomberg, der Kriegsminister, wurden durch Intrigen Hermann Görings und Heinrich Himmlers zu Fall gebracht, und die gesamte Wehrmacht hatte sich Hitler direkt zu unterstellen. Obwohl dies zu Empörung und einer ersten Opposition im Offizierskorps führte, war damit die feste Ausgangsposition für den ersten großen Überraschungsschlag nach außen geschaffen. Die bestgerüstete, modernste Streitmacht Europas begann sich in Bewegung zu setzen.

Seit der Abkehr Mussolinis von den Westmächten und der Interessenverschiebung der italienischen Politik zum mediterranen Mare-nostro-Imperialismus bot sich die Einverleibung Österreichs, populärstes Ziel des nationalsozialistischen Expansionswillens, als erste Etappe an. Das nationale Selbstbestimmungsrecht lieferte, solange es der nationalsozialistischen Zielsetzung entsprach, den wirkungsvollen Vorwand. Versailles war Vergangenheit, eine Intervention der Westmächte für das Relikt eines zerbrochenen Systems kaum zu erwarten. In Österreich selbst hatte die kraftlose Halbdiktatur des Dollfuß-Nachfolgers Schuschnigg auch durch Verbote und Verfolgung die nationalsozialistische Aktivität nicht zu verhindern, eine eigenständige Politik nicht zu popularisieren vermocht, ja, die Gegnerschaft fast aller Lager auf sich gezogen. Am 12. Februar 1938 folgte der österreichische Bundeskanzler manchen Warnungen zum Trotz einer förmlichen Vorladung Hitlers nach Berchtesgaden und ließ sich durch Drohungen zur Ernennung eines nationalsozialistischen Innenministers bestimmen. Diese Position erhielt der Staatsrat Arthur Seyß-Inquart. Verspätete Widerstandsversuche und die Einleitung eines Plebiszits zugunsten der Unabhängigkeit Österreichs beantwortete Hitler mit einem Ultimatum. Im überstürzten Zugriff übernahm Seyß-Inquart die Kanzlerschaft und öffnete auf telefonische Anweisung Görings aus Berlin den bereitstehenden Truppen die Grenzen. Am 13. März 1938 vollzog Hitler in Wien die ›Wiedervereinigung‹ der ›Ostmark‹ mit dem Reich. Ein Plebiszit mit neunundneunzig Prozent bestätigte die Aktion, die ohne Widerstand unter dem irregeleiteten Jubel der Bevölkerung, freilich auch im raschen Zupacken der Himmlerschen Verhaftungs- und Erschießungskommandos, vonstatten ging.

Hitler war nach Österreich zurückgekehrt; sein Werk, so kündete die Propaganda, war erfüllt. Das internationale Echo erhärtete die optimistische Prognose des Diktators, der noch ein Jahr zuvor allen weiteren Überraschungen entsagt hatte. In England überwog wieder, bei aller Mißbilligung der Methoden, die Neigung zum Verständnis des Vorgangs; zu stark war das Bedürfnis nach bürgerlicher Ruhe und nach Erhaltung des Empire. Frankreich blieb, von Regierungskrisen erschüttert, fast bewegungslos den eigenen innenpolitischen Problemen zugewandt. Mussolini, der notgedrungen stillgehalten hatte, empfing ein überschwengliches Danktelegramm Hitlers. Sogar von Chiang Kai-shek kamen Glückwünsche. Die Begründung des Großdeutschen Reiches hatte unabsehbare Folgen. Sie bedeutete nicht, wie viele Zeitgenossen glauben wollten, den Abschluß der Revision, sondern den Beginn der Expansion. Schon Hitlers nächster Schritt, die Einverleibung des Sudetenlandes, war Beweis dafür; er konnte an die ethnisch-nationale, nicht aber an die revisionistische Ideologie anknüpfen und enthielt im Kern bereits Hitlers »unabänderlichen Entschluß« vom 30. Mai 1938, »die Tschechoslowakei in absehbarer Zeit durch eine militärische Aktion zu zerschlagen«.

Die Tschechoslowakei, Restposition des französischen Allianzsystems, war durch die Österreich-Aktion strategisch bedrohlich isoliert. Noch im März 1938 bezog Hitler die sudetendeutschen Nationalsozialisten, ganz nach dem Vorbild der Österreich-Politik, in sein Spiel ein. Wieder griffen innen- und außenpolitische Erpressung, bewußt übersteigerte sudetendeutsche Maximalforderungen und militärische Drohung ineinander. Konrad Henlein, der Führer der sudetendeutschen Nationalsozialisten, handelte nach Hitlers Anweisungen: »Wir müssen also immer so viel fordern, daß wir nicht zufriedengestellt werden können.«[8] In Deutschland selbst ließ Hitler zum »Schutz der Sudetendeutschen und (zur) Aufrechterhaltung weiterer Unruhen und Zusammenstöße« Freikorps aufstellen. Alle Zeugnisse sprechen dafür, daß Hitler den inneren Konfliktfall, den die sudetendeutschen Nationalsozialisten herbeizuführen hatten, zur Intervention benutzen wollte. Dieses Mal stieß die bewährte Taktik freilich auf Hindernisse. Durch die entstehende Hegemonialstellung Deutschlands in Mitteleuropa und durch den Eindruck der Österreich-Aktion auf den benachbarten Südosten beunruhigt, kam Italien den englischen Ausgleichsversuchen vorübergehend entgegen. Zwar setzte London seinen Kurs der Beschwichtigung, des Friedens um beinahe jeden Preis, gegenüber allen Beteiligten fort. Doch ließ die französische Reaktion auf eine Mobilisierung der tschechoslowakischen und deutschen Truppen erkennen, daß Frankreich seine Allianzverpflichtungen zu erfüllen gedachte. Das hinderte nicht, daß Chamberlain durch Entsendung eines Vermittlers, Walter Runcimans, die Prager Regierung zur äußersten Konzessionsbereitschaft gegenüber den sudetendeutschen Autonomieansprüchen aufforderte. Der Ausbruch des Krieges schien unvermeidlich zu sein, als Hitler am 12. September 1938 in einer entfesselten Rede vor dem letzten Nürnberger Parteitag den Sudetendeutschen die militärische Hilfe Deutschlands ankündigte.

Aber noch war Chamberlains Hoffnung, wenn nicht auf Bändigung Hitlers, so auf Rettung des Friedens, nicht erschöpft. Er bot Hitler seinen Besuch an und bewies damit den Ernst seiner Bemühungen, freilich auch – in den Augen des Gegners – seinen Respekt vor der deutschen Macht. Es war ein neuer großer Erfolg Hitlers, daß Chamberlain ihn ohne Rücksicht auf Prestigefragen am 15. September 1938 in Berchtesgaden aufsuchte und ihm seine Unterstützung in der Frage der Eingliederung des Sudetenlandes zusagte. Auch Frankreich beugte sich den Vorstellungen des englischen Premiers. Dem gemeinsamen Druck gab Prag nach vergeblichen Protesten am 22. September nach. Als Chamberlain einen Tag später in Bad Godesberg eintraf, stieß er auf neue Forderungen Hitlers. In einer wütenden Brandrede, am 26. September, wiederholte Hitler seine Kriegsdrohungen. Frankreich und England mobilisierten ebenfalls ihre Streitkräfte. Nun war es Mussolini, der wegen des Rückstands der eigenen Kriegsvorbereitungen Hitler dazu brachte, doch noch Chamberlains Vorschlag einer Konferenz in letzter Stunde anzunehmen und den Angriff zu verschieben. – So kam unter fragwürdigen Bedingungen am 29. September 1938 die Münchener Konferenz zustande. Chamberlain und Daladier fanden sich mit Mussolini bei Hitler ein, um seine Bedingungen über die sofortige Annexion des Sudetengebiets entgegenzunehmen und ohne wesentliche Milderung zu akzeptieren. Für die Tschechoslowakei, die nicht vertreten war, blieb nur die Entgegennahme des Diktats. Die Rettung des Friedens geschah wohl gegen Hitlers ursprünglichen Willen: »Chamberlain, der Kerl, hat mir den Einzug in Prag verdorben!« Es mag Hitlers Entschluß beeinflußt haben, daß er sich bei einer waffenstarrenden Parade in Berlin von der mangelnden Kriegsbegeisterung der Bevölkerung überzeugen konnte. Aber das änderte nichts an der Tatsache, daß damit die Grenzen einer sinnvollen Befriedungspolitik überschritten waren.

Für die politische und militärische Opposition in Deutschland, die seit dem demonstrativen Rücktritt des Generalstabschefs Ludwig Beck am 18. August 1938 von einem Scheitern des Hitlerschen Kriegskurses alles erwartet hatte, bedeutete München einen schweren Rückschlag. Die Tschechoslowakei, die den Verlust wichtiger militärischer Anlagen zu beklagen hatte, war verteidigungslos der Gnade Deutschlands ausgeliefert, auch wenn England und Frankreich die neuen Grenzen garantierten. Der Glaubwürdigkeit und dem Selbstbewußtsein der Westmächte versetzte München vor den Augen aller Welt einen schweren Schlag. Hitler hingegen bestärkte es in der Überzeugung, daß seinem Willen, seinem Instinkt und seiner Intuition keine Grenzen gesetzt seien. Mit der Münchener Konferenz war eine trügerische Atempause verknüpft. Entgegen der deutsch-britischen Übereinkunft, künftig alle Meinungsverschiedenheiten durch Verhandlungen auszuräumen, entgegen Hitlers feierlicher Versicherung vom 26. September 1938, Deutschland wolle gar keine Tschechen und habe nach der Lösung dieses Problems in Europa keine territorialen Forderungen mehr, entgegen der in England so verständnisvoll akzeptierten Behauptung, es gehe dem Nationalsozialismus nur um das Selbstbestimmungsrecht und die Wiedervereinigung aller Deutschen, gab Hitler schon drei Wochen nach der Münchener Konferenz den Befehl zur »Erledigung der Resttschechei« und begann den slowakischen Nationalismus für dies Ziel einzusetzen. Der triumphale Empfang Chamberlains in London sowie der scheinheilige Abschluß eines deutsch-französischen Konsultativpakts in Paris am 6. Dezember 1938 waren letzte, schon gespenstische Bestätigungen der Appeasement-Politik. Wohl gab die Verschiebung des nationalsozialistischen Angriffskrieges den Westmächten ein Jahr Frist zur verspäteten Aufrüstung, doch sie gab diese Frist auch ihren Gegnern. Die Tatsache, daß die Sowjetunion, Vertragspartner Frankreichs und der Tschechoslowakei, bei der Münchener Regelung gänzlich übergangen wurde, legte mit dem verstärkten Mißtrauen Moskaus gegenüber der westlichen Politik den Keim zu jener Schwenkung des sowjetischen Kurses, der Hitler den erfolgreichen Durchbruch zum Krieg erst möglich machte.

Die systematische Zerstückelung der restlichen Tschechoslowakei machte unter dem Druck der Nachbarstaaten und den Schiedsansprüchen der Achse Berlin–Rom schnelle Fortschritte. Noch zum Ende des Jahres 1938 begannen sich die Slowakei und Karpato-Rumänien aus den Resten des Vielvölkerstaates zu lösen. Die Taktik der Provokation reichte diesmal nicht aus. Es bedurfte noch des geförderten Anlasses einer slowakischen Unabhängigkeitserklärung, um mit der Existenz der sogenannten Resttschechei den künstlichen Frieden und die Illusionen Chamberlains endgültig ad absurdum zu führen. In der Nacht zum 15. März 1939 diktierte Hitler dem tschechischen Ministerpräsidenten Emil Hácha unter Androhung der Zerstörung Prags durch die Luftwaffe die Kapitulation des Staatsrestes und verfügte zur »Sicherung von Ruhe, Ordnung und Frieden in diesem Teil Mitteleuropas« den Einmarsch der deutschen Truppen. Ohne Widerstand wurden Böhmen und Mähren besetzt und zum deutschen Protektorat erklärt. Damit war praktisch nur die Konsequenz aus der Situation gezogen, die München und seine Folgen geschaffen hatten.

Der neue Gewaltakt Hitlers schuf in zweierlei Hinsicht eine veränderte Lage: Das Prinzip des Selbstbestimmungsrechts und der nationalethnischen Revision der Versailler Grenzen war erstmals eindeutig verletzt; die Befriedungspolitik der Westmächte auf der Grundlage von Verhandlungen über nationale deutsche Revisionsforderungen war endgültig gescheitert. Es konnte keinen Zweifel mehr geben, daß Hitler weder durch internationale Abmachungen und Verträge, die ihm nicht mehr als ein Fetzen Papier waren, noch durch weitgehende Konzessionen zu bändigen war. Vor dieser Wirklichkeit ließen sich auch die englischen Illusionen, die alle Belastungsproben der vergangenen sechs Jahre überstanden hatten, nicht mehr aufrechterhalten. Selbst Chamberlain wurde vom Umschwung der öffentlichen Meinung ergriffen. Noch im Februar 1939, nach dem Fall Barcelonas, einen Monat vor dem Fall Madrids, hatten England und Frankreich das Regime des siegreichen Generals Franco anerkannt, der seinerseits sogleich dem Antikomintern-Pakt beitrat und die Gegenfront, somit die Bedrohung Frankreichs, verstärkte. Doch nun beschränkten sich London und Paris nicht mehr auf Proteste. Die Appeasement-Politik war zu Ende, ohne daß Hitler, der sich mit so großem Erfolg darauf gestützt hatte, sich dieses Wandels voll bewußt wurde. Das beweist sein Festhalten an der bisherigen Taktik, ein Objekt nach dem anderen zu isolieren und von innen und außen sturmreif zu machen. Es bedurfte keiner großen Hellsicht, um den nächsten Schritt der nationalsozialistischen Expansion zu erraten. Polen war das letzte Land, demgegenüber der Vorwand der Revision noch anwendbar war. Die nationalsozialistische Regierung in Danzig war wie die Bewegung zur Rückgliederung des polnischen Korridors von der Berliner Zentrale bislang zurückgehalten worden. Sofort nach Besetzung der Tschechoslowakei und der folgenden Einverleibung des Memellandes durch ein am 22. März 1939 gestelltes Ultimatum an das hilflose Litauen erging an Polen die Aufforderung, der Antikomintern beizutreten und über Danzig zu verhandeln, und am 28. April erklärte Hitler in einer Rede, das Danzig-Problem müsse gelöst werden.

Doch mittlerweile war der Wandel der westlichen Politik erstmals zu spüren. Am 31. März 1939 ergriff England mit einer Garantie an Polen, der sich Frankreich mit einer Bekräftigung der bestehenden Allianz anschloß, die Initiative zu einer unmißverständlichen Warnung. Sie wurde durch die feierliche Versicherung an Deutschland unterstrichen, daß sich England jedem neuen Angriff mit Gewalt widersetzen werde. Am 13. April folgten ähnliche Garantieversprechen an Rumänien und Griechenland, dann im Hinblick auf

Italien an die Türkei. Hitler ließ sich dadurch nicht beirren. Er antwortete am 28. April mit der Kündigung sowohl des deutsch-polnischen Paktes als auch des deutsch-englischen Flottenabkommens und forderte neben Danzig eine exterritoriale Verbindung durch den Korridor. Gleichzeitig ließ er für den 1. September 1939 die Befehle für den Angriff auf Polen ausarbeiten und machte vor vertrautem Kreise klar, daß die ganze Korridorfrage nur ein Vorwand für die gewaltsame Expansion sei: »Danzig ist nicht das Objekt, um das es geht. Es handelt sich für uns um eine Arrondierung des Lebensraums im Osten und Sicherstellung der Ernährung... bei erster passender Gelegenheit (ist) Polen anzugreifen.«[9] Obwohl England den Ernst seiner neuen Politik durch verstärkte militärische Vorbereitungen unterstrich und sich am 14. April auch der amerikanische Präsident Roosevelt mit Mahnungen an Hitler und Mussolini wandte, dauerte die Erinnerung an den bisherigen Kurs verwirrend fort. Da an der Überlegenheit der deutschen Aufrüstung zum gegebenen Zeitpunkt nicht zu zweifeln war, konnte nur eine Verschiebung der Auseinandersetzung die Kräfteverhältnisse ausgleichen. Gerade in jenen Tagen hielt sich Mussolini, vom siegreichen Ausgang des spanischen Abenteuers zum äußersten Selbstbewußtsein erhoben, stärker denn je an das Dritte Reich; territoriale Forderungen – Nizza, Tunesien, Djibuti, auch Suez – hatten die Frontstellung Italiens gegenüber den Westmächten erneut verschärft. Trotz manchem gegenseitigen Mißtrauen, das durch Mussolinis Vermittlerrolle in München und Hitlers Aktionen in Wien und Prag genährt wurde, erfuhr die Interessengemeinschaft neue Impulse. Italien hatte sich inzwischen durch die Annexion Albaniens (April 1938) gegenüber den deutschen Erfolgen schadlos zu halten versucht, war aber entsprechend dem Stand seiner Rüstungen an einer Verzögerung des Kriegsbeginns um drei bis vier Jahre interessiert. Es glaubte die eigene Position zu verbessern, indem es am 22. Mai in Berlin den Stahlpakt schloß, ein Offensivbündnis zur gegenseitigen Unterstützung im Kriegsfall; in Wirklichkeit band es Mussolini unwiderruflich an Hitlers Willen, den durch München verhinderten Krieg im Sommer 1939 nachzuholen.

In der Zuspitzung der europäischen Politik mußte der Haltung der Sowjetunion, des zweiten großen Nachbarn Polens, dieses Mal erste Bedeutung zukommen. Die Münchener Konferenz war die große Enttäuschung gewesen, zugleich die Quelle eines Mißtrauens, das durch den drohenden polnischen Konflikt und die englische Garantieerklärung eher noch gesteigert wurde. Zu der Furcht vor einer Einigung aller übrigen auf Kosten Moskaus trat noch ein zweites Motiv. Seit dem verlorenen Krieg von 1920 hatte Rußland, bis 1918 im Besitz des größten Teils von Polen, die bestehende Grenze nur als vorläufig empfunden. Kaum anders stand es um die sowjetische Haltung zu den baltischen Staaten, die sich am Ende des Krieges aus dem russischen Herrschaftsbereich gelöst hatten. Auch Rußland fühlte sich, wie die deutsch-sowjetische Zusammenarbeit in den zwanziger Jahren demonstrierte, als revisionistische Macht; die taktische Schwenkung von 1933/34 hatte diese Tatsache nur vorübergehend verdeckt. Vielleicht war es für totalitäre Staaten mit ihrer rigorosen Lenkung der allumfassenden Propaganda doch möglich, die ideologischen Gegensätze vorübergehend hinter die aktuelle Macht- und Interessenpolitik zu stellen. Vielleicht konnte die Sowjetunion anstelle der Westmächte gar der lachende Dritte in der bevorstehenden Auseinandersetzung sein.

Solche Gedanken, die auf einer alten Tradition deutsch-russischer Zusammenarbeit, auf strategischen Überlegungen der Militärs und auf Hitlers Bemühungen um Vermeidung eines Zweifrontenkrieges nach den Erfahrungen des Ersten Weltkrieges fußten, bestimmten die kommende Entwicklung mit der sensationellen Wendung im August 1939. Sie überschatteten auch bald die Initiative, die inzwischen die Westmächte an sich gerissen hatten, indem sie bereits im April, unmittelbar nach der Annexion Prags, in neuen Bündnisverhandlungen Moskau zur Mitgarantie für Polen und Rumänien zu veranlassen suchten. Die Sowjetunion antwortete mit dem Vorschlag, dies auf alle ihre westlichen Nachbarn auszudehnen. Die betroffenen Staaten, fast durchweg seit Kriegsende mit sowjetischen Forderungen und kommunistischer Unterwanderung konfrontiert, weigerten sich mit verständlicher Energie gegen die Aussicht, unter irgendeinem Vorwand den Durchmarsch oder einen Beistand russischer Truppen hinnehmen zu müssen und damit erst recht zum nationalsozialistischen Angriffsziel zu werden. Unter ständigem gegenseitigen Argwohn schleppten sich die Verhandlungen ohne wesentliches Ergebnis hin. Es glich einem Rückschlag, daß im Mai 1939 Litwinow, der Exponent und Träger der westlichen Orientierung Moskaus, durch Wjatscheslaw Molotow in der Führung der sowjetischen Außenpolitik abgelöst wurde. Neue Forderungen Molotows, insbesondere die Frage des von Polen verweigerten Durchmarschrechts für die Rote Armee, verhinderten den Abschluß eines Militärbündnisses und bewiesen, daß sich die Sowjetunion unterdessen bedenkenlos, wie es totalitärer Machtpolitik entspricht, dem anderen Lager und seinem großzügigeren Angebot verpflichtet hatte.

Erste Kontakte mit dem erklärten faschistischen Todfeind nahm Moskau schon im April 1939 bei Wirtschaftsverhandlungen in Berlin auf. Die nationalsozialistische Feindpropaganda schwenkte vom Bolschewismus auf die demokratischen ›Plutokratien‹ über. Hitlers unveränderliches Angriffsdatum – 1. September – führte dann zur überstürzten Übereinkunft. Während die englisch-französischen Unterhändler noch in Moskau weilten, machte sich Ribbentrop, der sowjetischen Einladung folgend, auf den Weg und unterzeichnete in der Nacht seiner Ankunft, am 23. August, an der Seite Molotows und in Gegenwart Stalins jenen deutsch-russischen Nichtangriffspakt, der die Welt in höchste Überraschung und in den Krieg stürzte. Hitler und

Stalin waren übereingekommen, keinen Staat zu unterstützen, der mit einem der Vertragspartner im Krieg stehe. Damit waren die Westmächte isoliert. Den Kern des Abkommens und seine interessenpolitische Grundlage bildete jedoch ein geheimes Zusatzprotokoll, das der »Abgrenzung der beiderseitigen Interessensphären in Osteuropa« gewidmet war und »für den Fall einer territorial-politischen Umgestaltung« Finnland und Baltikum außer Litauen, die Osthälfte Polens und Bessarabien der Sowjetunion zusprach; daß die Frage der Erhaltung eines polnischen Reststaates offengelassen und ausdrücklich betont wurde, das Protokoll solle »von beiden Seiten streng geheim behandelt werden«, läßt den unmittelbaren Sinn des Abkommens deutlich hervortreten. Hitler bot Stalin mehr, als die Westmächte im Respekt vor der Freiheit und Souveränität der betroffenen Staaten je erörtern konnten, und er erhielt dafür freie Hand für den Angriff auf Polen und für die »territorial-politische Umgestaltung der zum polnischen Staat gehörenden Gebiete« bis zu Narew, Weichsel und San. Die Tür zum Zweiten Weltkrieg und zur deutschen Expansion war aufgestoßen, aber zugleich war auch der Sowjetunion der Weg nach Westen geöffnet. Nicht die »Abwehr des Kommunismus«, wie der Nationalsozialismus mit großem Erfolg verkündet hatte, sondern blinde Expansionspolitik war der Inhalt des Hitler-Regimes. Ribbentrop erklärte Stalin rundheraus, »daß England stets den Versuch gemacht habe und noch mache, die Entwicklung guter Beziehungen zwischen Deutschland und der Sowjetunion zu stören«. Er ging in der machiavellistischen Umdeutung der Bollwerkthese sogar so weit, auch den Antikomintern-Pakt als »im Grunde nicht gegen die Sowjetunion, sondern gegen die westlichen Demokratien gerichtet« zu bezeichnen.[10] So ist Hitler zum »größten Schrittmacher des Bolschewismus in Europa«[11], ja in der Welt geworden. Die Umstände und die Folgen seines Entschlusses zum Krieg beweisen es.

Dieses außerordentliche Ereignis hatte gar nicht zu überschätzende Konsequenzen. Es war das Interessenbündnis zweier Todfeinde, garniert von Trinksprüchen Stalins auf Hitler, begleitet von einer völligen Umkehrung der Propaganda und getragen von der Überzeugung, daß die toatalitären Mächte eben anders als Demokratien »auf schwankende öffentliche Meinung keine Rücksicht zu nehmen« brauchten, wie es Ribbentrop in einem Schreiben an seinen Moskauer Botschafter formuliert hat. Es war totalitäre Diplomatie reinsten Stils, wie man hier im Frieden geheim, aber verbindlich Kriegsbeute verteilte, extreme Schwenkungen vollzog, in Stundenschnelle Verträge zerriß und neue schloß. Das ging nicht ohne Schocks in beiden Lagern vor sich. Der nationalsozialistische Chefideologe Rosenberg vertraute seinem Tagebuch bittere Reflexionen an, und der nichtrussische Kommunismus in ganz Europa stand vor seiner schwersten Belastungsprobe; nicht alle Anhänger vermochten mit der strikten Aufforderung zum Salto mortale fertig zu werden. Doch Einfluß auf den soliden Machiavellismus des Stalin-Hitler-Pakts konnten solche Hemmungen nicht nehmen. Es enthüllte sich deutlicher denn je der Sinn der inneren Gleichschaltung für die Außenpolitik einer totalitären Diktatur.

Nach langem Schweigen haben kommunstische Politiker und Historiker zwar einige Versuche der Rechtfertigung des Ereignisses unternommen. Aber soweit sie überhaupt auf die entscheidenden Zusammenhänge eingehen und nicht das Zusatzprotokoll einfach verschweigen, beschränken sie sich auf hypothetische Gegenvorwürfe. Sie erinnern an München und den irrealen Wunschtraum eines deutsch-englischen Kreuzzuges gegen den Bolschewismus. Sie übergehen die harte Tatsache der Teilung Polens vor Kriegsbeginn und die imperialistische Grundnote des Abkommens, die wenige Wochen später im sowjetischen Einmarsch nach Ostpolen, dann auch im russischen Angriff auf Finnland, in der Besetzung des Baltikums, Bessarabiens und der Bukowina bestätigt wurde. Damals freilich, als die Aufteilungspläne noch auf den Gebrauch der beiden Diktatoren beschränkt waren, standen zwei Konsequenzen des Nichtangriffspaktes, der dem Dritten Reich als Angriffspakt diente, im Vordergrund der Beurteilungen: Es war Rückendeckung für Hitler, außerdem erlaubte er Stalin, wie er meinen konnte, die gewinnreiche Rolle eines Zuschauers bei der Selbstzerfleischung des Kapitalismus und seiner »faschistischen Spätgeburt«; er war also trotz aller Monstrosität der Umstände ein legitimes Instrument der kommunistischen Weltrevolution.

Obwohl sich kaum zwei Jahre später erweisen sollte, daß auch der totalitären Diplomatie Grenzen gesetzt waren, erfüllte der Pakt zunächst einmal seine Funktion. Die nationalsozialistische Aktion konnte mit Beschleunigung und mit den vertrauten Mitteln vorangetrieben werden: »Ich werde propagandistischen Anlaß zur Auslösung des Krieges geben«, hatte Hitler den Generalen versichert. Alle Propaganda war nun auf die »blutende Grenze« im Osten, auf das Selbstbestimmungsrecht der Volksdeutschen, das Anschlußrecht für Danzig gerichtet. Ultimative Forderungen an Warschau erstickten die Möglichkeit von Verhandlungen. Eine Flut von aufgebauschten Zwischenfällen und gestellten Provokationen, wie zuletzt noch ein von Himmler inszenierter Überfall mißbrauchter KZ-Insassen in polnischen Uniformen auf den Sender Gleiwitz, lieferten den Vorwand. Letzte westliche Vermittlungsversuche hatten keine Aussicht auf Erfolg, auch ein Konferenzvorschlag Mussolinis, der nicht kriegsbereit war, kam zu spät. »Ich habe nur Angst«, so erklärte Hitler den Oberbefehlshabern der Wehrmacht am 22. August 1939, »daß mir noch im letzten Moment irgendein Schweinehund einen Vermittlungsplan vorlegt.« Am 24. August bekannte sich Chamberlain vor dem Unterhaus zur Garantieverpflichtung gegenüber Polen; einen Tag später folgte demonstrativ die Unterzeichnung eines englisch-polnischen Bündnisses. Für Hitler barg diese Entwicklung gewiß eine Enttäuschung in sich. Mit einem abenteuerlichen Weltteilungsvorschlag, der im Rückgriff auf die Ideen von ›Mein Kampf‹ die Realität der englischen Politik völlig verkannte, suchte er London noch am 25. August zur Preisgabe seiner Bündnisverpflichtungen zu veranlassen, indem er gegen die deutsche Handlungsfreiheit im Osten eine Garantie für das britische Weltreich anbot. Aber selbst der Pakt zwischen Moskau und Berlin konnte die Westmächte nicht mehr dazu bewegen, Polen wie einst die Tschechoslowakei preiszugeben.

Daß Hitler und sein so selbstbewußt englandkundiger Außenminister den Bedenken der Generale und Diplomaten gegenüber bis zuletzt an die Lokalisierbarkeit des Krieges glaubten, war die erste in einer Reihe von Fehlspekulationen, die binnen weniger Jahre über das kurze Schicksal des Dritten Reiches entschieden. Den Gang der Ereignisse konnte freilich auch die Aussicht auf einen allgemeinen europäischen Krieg nicht aufhalten. Nur um wenige Tage verschob Hitler seinen Angriffsbefehl, der inzwischen vorverlegt war, wieder auf das alte Datum des 1. September 1939. Einen Tag später erklärte Italien seine Neutralität. Die deutschen Truppen waren im raschen Vordringen, als am 3. September nach dem englischen das französische Ultimatum eintraf, dem die Kriegserklärung der beiden Westmächte folgte. Der deutsch-polnische Konflikt führte, fünfundzwanzig Jahre nach dem Ausbruch des Ersten Weltkrieges, in einen neuen Weltkrieg; die zwei Jahrzehnte seit 1918 erwiesen sich vor der Geschichte als eine bloße Zwischenkriegszeit.

# Der neue Weltkrieg

## Vom europäischen Konflikt zum globalen Krieg

Nur eine Generation lag zwischen den beiden Katastrophen Europas, und die Erinnerung beeinflußte nachdrücklich das Denken und Handeln der Beteiligten, die Strategie und Taktik der Führer. Auch die betroffenen Völker waren sich der Tragweite des Geschehens tiefer bewußt als im Aufschwung der Begeisterung von 1914. Dies galt nicht zuletzt für Deutschland. Die rigorose Gleichschaltung des öffentlichen Lebens durch Terror und Drohung, die systematische Durchdringung aller Bezirke durch eine umfassende Propaganda, selbst die bewundernde Anerkennung der Erfolge Hitlers und die weitreichende Überzeugung von der Rechtmäßigkeit der Revisionspolitik konnten nicht hindern, daß eine Mehrheit der Bevölkerung ganz und gar nicht begeistert auf jenen Augenblick reagierte, der lange gefürchtet, jedoch immer wieder abgewendet worden war. Noch weniger martialisch war die Stimmung im anderen Lager. Die Überzeugung, gegen Vertragsbruch, Aggression und Unterdrückung für eine gerechte Sache zu stehen, ließ Engländer und Franzosen den Krieg als nüchterne, bittere Notwendigkeit empfinden. Niemand vermochte vorauszusagen, welche Dauer und welchen Umfang die Auseinandersetzung haben würde, welches Maß an psychischen und materiellen Belastungen sie auferlegte. Nur eines war sicher: Ungleich mehr als 1914 bis 1918 war es ein Krieg auch der inneren Herrschaftsformen, ein Krieg der Ideologien, der Propaganda und der Wahrheiten, ein europäischer Bürgerkrieg, der nicht einfach über die Verteilung der Macht, sondern über das künftige Gesicht, über den geistigen und moralischen Wert Europas entschied. Die Intensität, die er erlangte, und das Ausmaß, das er schließlich erreichte, haben alles Bisherige weit hinter sich gelassen.

Gewiß gab es Zweifel und Gegenwirkungen. In Deutschland waren die Existenz und das Anwachsen einer Widerstandsbewegung bis zur blutigen Liquidierung nach dem vergeblichen Aufstand des 20. Juli 1944 eng mit dem Aufbegehren gegen einen verbrecherischen Angriffskrieg verbunden. In England und Frankreich wiederum konnte man hören, es sei töricht, für Danzig zu sterben und Deutschlands Kriegsmaschine um einer Grenzberichtigung oder selbst um Polens willen auf sich zu ziehen. Die Kriegführung der Westmächte machte zunächst keinen Versuch, den Westwall zu durchstoßen, den Hitler mit viel Lärm und Propaganda errichtet, aber noch keineswegs vollendet hatte. Selbst nachdem die Entscheidung gegen die Befriedungspolitik gefallen war, wirkte die Furcht vor Hitlers modernem Kriegspotential lähmend; in der raschen Neuaufrüstung erblickte man nicht zu Unrecht eine Überlegenheit der deutschen Waffen wie der militärischen Taktik gegenüber den älteren Armeen der Gegner. Obwohl Mussolini sich die Freiheit der Kriegsentscheidung zu einem für Italien günstigeren Zeitpunkt vorbehielt und keine unmittelbare Bedrohung der französischen Südgrenze bestand, hielt Frankreichs militärische Führung an der defensiven Strategie fest und verließ sich auf die schwerbefestigte Maginot-Linie. England beteiligte sich nur mit einer kleinen Truppe an dem fast harmlosen Stellungskrieg des Winters 1939/40 gegen Deutschland am Westwall.

Die Masse der deutschen Armeen, unterstützt durch die modernste Luftwaffe, überrannte Anfang September 1939 in einer Zangenbewegung von drei Seiten die polnische Verteidigung. In knapp zwei Wochen brach der Widerstand des weit unterlegenen Gegners zusammen, und zum vereinbarten Zeitpunkt, am 17. September, marschierte die Rote Armee vom Osten ein und versetzte Polen den Todesstoß: Seinem Botschafter wurde in Moskau brüsk erklärt, der polnische Staat habe aufgehört zu bestehen. Nach reibungslosen Verhandlungen wurde in Moskau ein weiterer deutsch-sowjetischer Vertrag über die Abgrenzung der beiderseitigen Eroberungen und Interessensphären abgeschlossen (28. September), wobei Rußland sich gegen Gebietskonzessionen in Polen die Verfügungsgewalt auch in Litauen sicherte. Die vierte Teilung des polnischen Staates war vollzogen; das deutsch-sowjetische Interessenbündnis auf der Basis gemeinsamer Beutepolitik hatte sich erstmals bewährt. Hitler triumphierte am 19. September in einer Rede zu Danzig: »Polen wird niemals wieder auferstehen. Dafür garantiert ja letzten Endes nicht nur Deutschland, sondern dafür garantiert ja auch Rußland.« Noch klarer feierte er diese Koexistenzpolitik auf der Basis geteilter Beute wenig später vor dem Reichstag: »Deutschland und Rußland werden – jeder in seinem Raume – zur Wohlfahrt der dort lebenden Menschen und damit zum europäischen Frieden beitragen.«

In derselben Reichstagsrede an die Adresse der Westmächte machte Hitler sich alle jene Gedanken zunutze, die um den Preis der Anerkennung der vollzogenen Tatsachen auf eine Wiederherstellung des Friedens zielten. Wieder versicherte er, Deutschland sei jetzt saturiert, wieder spielte er mit Pathos das Instrument der Friedensliebe und Verständigungsbereitschaft. Jetzt freilich, nach den Erfahrungen gebrochener Versprechungen und mißbrauchter Geduld, ohne Erfolg. Chamberlain und Daladier wiesen das Angebot sogleich ebenso öffentlich wie entschieden zurück; auch belgisch-holländische Vermittlungsversuche blieben ohne Erfolg. Aber noch immer stand die Westfront am noch nicht vollendeten Westwall Gewehr bei Fuß, lagen sich die Truppen in ihren oft weit auseinanderliegenden Befestigungen fast ohne Kampfhandlungen und Verluste gegenüber – mit jener seltsamen Mischung von Lustlosigkeit, gegenseitiger Schonung und Propaganda, die in England zum Begriff des Phoney war, des unwirklichen Scheinkrieges, geführt hat. Es war ein Nervenkrieg, der durch die anhaltende Schwenkung der kommunistischen Propaganda nach sowjetischem Vorbild noch verstärkt wurde; auch die inzwischen verbotene KP Frankreichs richtete ihre Untergrundfähigkeit nach Kräften auf die Schwächung der französischen Moral und Verteidigungskraft, was die nationalsozialistische These von der Sinnlosigkeit des Krieges ihrerseits stützte.

Unterdessen zog die Sowjetunion alle erreichbaren Konsequenzen aus dem Pakt mit Hitler und der Kriegslage. Schon im Oktober 1939 begann sie mit der Deportation von 1,6 Millionen Polen aus ihrem Besatzungsgebiet und zwang die hilflosen baltischen Staaten zur Entgegennahme von Nichtangriffspakten und russischen Stützpunkten. Die Ablehnung ähnlicher Forderungen durch Helsinki beantwortete die Rote Armee am 30. November mit dem Angriff auf Finnland. Einzige Folge war ein letztes gespenstisches Wiederauftreten des Völkerbundes, der auf Finnlands Antrag am 14. Dezember den Ausschluß Rußlands aus seiner Mitte vereinbarte. Der vorübergehende Gedanke, Finnland zu Hilfe zu kommen, scheiterte am Problem des Durchmarschrechts durch die skandinavischen Länder; ohnehin ohne Aussicht auf Erfolg, hätte eine solche Unternehmung Rußland aktiv in den Krieg gegen die Westmächte hineingezogen. So konnte die Sowjetunion nach unerwartet hartnäckigem Widerstand Finnland am 12. März 1940 den Frieden diktieren, der einigen Landgewinn und Marinebasen einbrachte.

Im Norden Europas kam auch Hitlers Krieg unter dem konzentrierten Einsatz deutscher Marine wieder in Gang. Englands überlegene Seestreitkräfte konnten nicht verhindern, daß Hitler am 9. April 1940 die Verminung norwegischer Hoheitsgewässer durch die Westmächte zum Vorwand nahm, um in rascher Aktion Dänemark und Norwegen zu besetzen. Dänemark ergab sich ohne Kampf; nur im Norden Norwegens, in Narvik, wo inzwischen englisch-französische Truppen gelandet waren, dauerte der Kampf noch durch den Juni, während Regierung und König nach England flohen und Nationalsozialisten ein Besatzungsregime, dann eine Satellitenregierung unter Vidkun Quisling einsetzten. Die Okkupation Skandinaviens verschonte Schweden, sicherte Deutschland jedoch die wichtige nordschwedische Erzzufuhr und eine breite Angriffsbasis für den See- und Luftkrieg gegen England. Sie war nur ein Auftakt zur lange verzögerten Wendung gegen die Westmächte selbst, die noch immer untätig in den französischen Befestigungen auf ihren Einsatz warteten.

Am 10. Mai 1940 begann die mehrfach verschobene Offensive im Westen.

Anders als 1914 war sie, obgleich die Grundidee des Schlieffen-Plans beibehalten wurde, von vornherein auf eine Kombination von Durchbruch und weitestmöglicher Umfassung angelegt. So wurde nicht nur Belgien, sondern auch Holland ohne Bedenken und ohne Rücksicht auf feierliche vertragliche Verpflichtungen sofort in die Operationen einbezogen. Hitlers Behauptung, es gehe ihm um den Schutz der Neutralität dieser Länder, war lediglich ein Vorwand, den niemand ernst nehmen konnte. Mit der Bombardierung Rotterdams eröffnete er zugleich den Bombenkrieg gegen die Zivilbevölkerung, der dann so schwer auf Deutschland selbst zurückfallen sollte. Am 15. Mai 1940 war Holland überrannt; es kapitulierte, Regierung und Königsfamilie flohen nach England. In raschem Durchstoß erreichten die überlegenen deutschen Panzertruppen den Kanal und trennten die Hauptmasse der französischen von den nördlichen englisch-französisch-belgischen Streitkräften. Nur dank einem kurzen Zögern der deutschen Führung gelang es den englischen und einem kleinen Teil der französischen Truppen in einer denkwürdigen Rettungsaktion, sich im letzten Augenblick bei Dünkirchen der Gefangennahme zu entziehen und bei Verlust allen Materials den Kern der britischen Landstreitkräfte übers Meer zu retten. Am 28. Mai erklärte auch Belgiens König gegen den Willen der eigenen Regierung die Kampfhandlungen für beendet. Leopold III., der seiner Regierung nicht nach London folgte, konnte im weiteren Verlauf des Krieges eine Zusammenarbeit mit den Siegern nicht ganz vermeiden – eine Tatsache, die zu bitteren Kontroversen um das belgische Königshaus führte, bis Leopold 1951 abdankte.

Frankreich wie England waren durch die schockierenden Ereignisse des Mai 1940 im Innersten getroffen. Schon am 10. Mai hatte Winston Churchill, der Exponent der konservativen Rebellen gegen die Appeasement-Politik, die Führung Englands aus den Händen des gebrochenen Chamberlain übernommen. An der Spitze eines Koalitionskabinetts der Konservativen und der Labour Party erwies sich der streitbare Premier als Symbol des neuformierten englischen Widerstandswillens. In Frankreich, das dem deutschen Siegeszug nun allein gegenüberstand, hatte schon im März Paul Reynaud den Premier der Münchener Konferenz, Daladier, abgelöst. Jetzt wurde die militärische Führung umgebildet und eine neue Verteidigungslinie aufgebaut.

Aber schon vier Wochen nach Beginn der Offensive gelang dem Gegner der entscheidende Durchbruch auf Paris. Es wurde am 14. Juni von deutschen Truppen besetzt. Der Krieg im Westen ging zu Ende. England konnte die verzweifelten Hilferufe des Verbündeten lediglich mit der bitteren Feststellung beantworten, daß es nunmehr alle verbliebenen Kräfte zur eigenen Verteidigung zusammenhalten müsse. Auch ein Appell Reynauds an Roosevelt vermochte diese Lage nicht zu verbessern. Nur einem kleinen Teil deutscher Flüchtlinge, die in Frankreich politisches Asyl gesucht hatten und seit

Kriegsausbruch interniert waren, gelang es in letzter Minute, nach England und Amerika zu entkommen.

Aber in einer Rede am 4. Juni ließ Churchill keinen Zweifel, daß er den Krieg gegen Hitler fortsetzen werde. Und auch in Frankreich, wo bis zum letzten Augenblick fieberhaft mit England verhandelt wurde, prallten die Meinungen hart aufeinander, ob mit der Niederlage der Krieg selbst verloren sei und man sich voll auf die neue Situation einstellen müsse, oder ob nicht der Rückschlag nur vorübergehend und es die Pflicht der Regierung sei, von Nordafrika aus den Widerstand fortzusetzen. Am 15. Juni ging Churchill bei einem letzten Treffen mit der nach Bordeaux geflohenen französischen Regierung so weit, Frankreich eine Union mit England anzubieten, wodurch die Kontinuität des Staates über die Niederlage hinweg ungebrochen erhalten werden sollte. Aber die Ereignisse erstickten solche Erwägungen im Ansatz. Am 10. Juni, als kein Risiko mehr gegeben war, hatte auch Mussolini sein Schweigen beendet und den Westmächten den Krieg erklärt. Dadurch war Südfrankreich bedroht, die Auseinandersetzung unwiderruflich verloren. Am 17. Juni machte Reynaud dem legendären Heerführer des Ersten Weltkrieges und Verteidiger von Verdun, dem greisen Marschall Henri Philippe Pétain Platz. Sein Prestige, so hoffte man, würde Frankreich erträglichere Positionen in dem Waffenstillstand sichern, der unvermeidlich geworden war. Wenige Tage später diktierte Hitler in dem Salonwagen zu Compiègne, in dem Deutschland zweiundzwanzig Jahre zuvor den Verlust des Ersten Weltkrieges quittiert hatte, dem Abgesandten des Marschalls seinen Willen: deutsche Besetzung von drei Fünftel des Staatsgebietes, Kriegsgefangenschaft der Armee und Entwaffnung auch der Flotte bis auf einige Schutzverbände, künftige Anlehnung des Reststaates an Deutschland.

Hitler stand mit der Niederwerfung Frankreichs im Zenit seiner Macht. Er hatte, wie er glaubte und durch den Akt im Wald von Compiègne demonstrierte, die Niederlage des Ersten Weltkrieges rückgängig gemacht – ein Ziel, das sein politisches Denken und Handeln von Anbeginn bestimmte. Das Dritte Reich war in wenigen Monaten zur unumstrittenen Hegemonialmacht im nichtrussischen Europa emporgestiegen. Italiens unrühmliche Rolle als Beutepartner minderte Mussolinis Prestige und deckte die wahren Machtverhältnisse auch innerhalb der Achse auf. Der Fall Frankreichs hinterließ ein Vakuum, das den nationalsozialistischen und faschistischen Doktrinen von der Neuordnung Europas freie Bahn und weite Entfaltungsmöglichkeit gewährte. Nur drei Machtzentren waren übriggeblieben, die der weiteren Expansion der nationalsozialistischen Herrschaft Widerstand leisten konnten: England, Rußland und die Vereinigten Staaten von Amerika. Rußland und die USA besaßen, wie die Dinge jetzt lagen, nur potentielle Bedeutung. In Amerika waren die Meinungen durchaus unterschiedlich. Isolationistisch-neutralistische Neigungen hatten ein bedeutendes Gewicht, wenngleich die

Entschlossenheit besonders Roosevelts zur Unterstützung Englands außer Zweifel stand und die USA jedenfalls den Hitler-Stalin-Pakt von 1939 ebensowenig anerkannten wie die damit eingeleitete Neuordnung in Osteuropa. Dies und die amerikanische Unterstützung osteuropäischer Exilregierungen in London beeinträchtigte im weiteren Verlauf des Krieges auch die alliierte Gegenfront, wobei Moskau auf den Gewinnen von 1939/40 beharrte.

Die Sowjetunion selbst, beeindruckt durch die deutschen Erfolge und getäuscht in ihren Hoffnungen auf eine verlustreiche Selbstzerfleischung der ›Staaten des Kapitalismus‹ tat zunächst alles, um die Beziehungen zu Deutschland intakt zu halten. Moskau benutzte die Ereignisse in Frankreich, um auf dem Weg über Ultimaten, Regierungswechsel, Volksabstimmungen und spontane Anschlußforderungen sich die baltischen Staaten noch im Sommer 1940 einzuverleiben. Wenig später folgte, widerstrebend von den Achsenmächten zur Kenntnis genommen, der Anschluß Bessarabiens und der nördlichen Bukowina. Auch Rußland brachte sein Staatsgebiet fast wieder auf den Stand des Zarenreiches und gewann dreiundzwanzig Millionen neue Sowjetbürger. Es beleuchtet die neue Situation, daß Hitler schon im Sommer 1940 begann, den Angriff auf Rußland in seine Planungen einzubeziehen, obwohl er am 19. Juli noch emphatisch vor dem Reichstag erklärte, das deutsch-russische Verhältnis sei »endgültig festgelegt« und jede Hoffnung auf neue Spannungen »kindisch«. Unter den gegebenen Umständen war England die einzige Bastion, die der Festigung des neuen deutschen Imperiums und der Beendigung der ersten Kriegsphase noch im Wege stand. Hitlers Illusion, England unter dem Eindruck des deutschen Sieges durch neue Friedensreden zum Einlenken zu bringen, zerbrach an dem zähen Willen Churchills.

Die Invasion Englands war eine Aktion, die die Kräfte der deutschen Marine überstieg, und die anfängliche Überlegenheit der deutschen Luftwaffe, die London durch pausenlose Angriffe zu zermürben suchte, erwies sich entgegen Görings Prahlereien als kurzatmig. Nach mehrmaliger Verschiebung ließ Hitler schon zu Ende des Jahres 1940 den Plan einer Eroberung des englischen Mutterlandes fallen. Das war im Anschluß an das »Wunder von Dünkirchen«, wie sich herausstellen sollte, ein erster Wendepunkt des Krieges, vergleichbar mit der Wirkung der Marne-Schlacht von 1914. Künftig fand sich Hitler vor einer Situation, die der Napoleons nicht unähnlich war. Auch die Konsequenzen bis hin zum Rußland-Feldzug waren fast zwangsläufig dieselben. Der Krieg dauerte fort, entgegen den Erwartungen vieler Zeitgenossen, weil das England Churchills nicht mehr bereit war, selbst einem günstigen Kompromiß zuzustimmen. Das bedeutete nichts anderes, als daß der Weg aus dem Dilemma langwierig sein und letztlich dadurch entschieden würde, ob es gelang, den Krieg an neue Fronten zu verlagern und gleichzeitig neue Partner auf seine Seite zu bringen.

Nach dem Scheitern der Invasionspläne gegen England richtete Hitler seine Anstrengungen darauf, ganz Europa in ein Hinterland der deutschen Kriegsführung zu verwandeln: teils ohne kostspielige Eroberung durch einseitige Verträge, teils durch direkten Druck und Besetzung. Italien sicherte sich seinen Anteil als formal gleichberechtigter, wenn auch oft als hinderlich empfundener Mitträger dieser neuen Ordnung. Es manövrierte Hitler dabei in Situationen hinein, die den deutschen Kriegskurs ganz erheblich belasteten.

Während die russischen Annexionsunternehmen gegen Rumänien von der Achse mit der deutschen Besetzung dieses Landes und mit Gebietsabtretungen an Ungarn und Bulgarien beantwortet wurden und die deutsch-sowjetischen Beziehungen erste Bruchstellen zeigten – eine Tatsache, die auch in dem Abschluß eines Dreimächte-Pakts zwischen Rom, Berlin und Tôkyô ihren Ausdruck fand (September 1940) –, verlagerte sich der Schwerpunkt des Krieges auf einen neuen Schauplatz. Am 28. Oktober 1940 suchte Mussolini Hitlers Überraschungstaktik mit gleicher Münze heimzuzahlen. Ohne deutsches Wissen eröffnete er vom okkupierten Albanien aus den Angriff auf Griechenland. Das Mittelmeer wurde in zunehmendem Maße das neue Zentrum des abgebrochenen Krieges mit England.

Bereits im September 1940 hatten italienische Truppen die libysch-ägyptische Grenze überschritten, um Mussolinis Vision der Besetzung Kairos wahrzumachen. Für einen Augenblick schienen Englands nahöstliche Position und der Weg nach Indien in Gefahr. Aber schon zu Ende des Jahres waren die Angreifer weit nach Libyen zurückgeworfen. Gleichzeitig schloß sich der englische Griff um das neue faschistische Imperium in Ostafrika, das ohne Verbindung zum Mutterland keinen wirksamen Widerstand zu leisten vermochte. Nur mit Hilfe eines deutschen Afrika-Korps gelang es, den nordafrikanischen Rest des Impero Romano zu halten, während der Angriff auf Griechenland in einer Serie von Niederlagen steckenblieb. Damit war Hitlers Blick auf die Bedeutung des Mittelmeeres für den Kampf gegen England gelenkt. Der Schlüssel zur Herrschaft in diesem Bereich lag zum guten Teil bei der Bewältigung des Problems, das der britische Stützpunkt Gibraltar für die Achse darstellte. Es bedeutete einen weiteren Rückschlag im Jahr der Siege, daß Franco zwar freundliche Sympathie für seine italienischen und deutschen Helfer bekundete und später die Geste machte, eine Freiwilligen-Division an die Ostfront zu entsenden, daß er jede eigene Beteiligung am Krieg aber geschickt zu vermeiden wußte. Auch eine Begegnung mit Hitler an der französisch-spanischen Grenze brachte den spanischen Diktator nicht von seinem schlau gesteuerten Kurs der wohlwollenden Neutralität ab.

In diesem Zusammenhang spielte das weitere Schicksal Frankreichs eine bedeutsame Rolle. Selbst nach der Niederlage und Teilbesetzung des Mutterlandes besaß die einstige Vormacht Europas noch drei gewichtige Pfänder:

ein großes Kolonialreich, das dem deutschen Zugriff fast ganz unzugänglich war; eine ansehnliche Flotte, auf die Englands Seestrategie mit besonderer Aufmerksamkeit blickte; und die Autorität Pétains, die für Zusammenhalt und weiteren Einsatz dieser potentiellen Machtmittel maßgebend war und der politischen Taktik Rest-Frankreichs zunächst ein gewisses Eigengewicht verlieh. Durch die als vorübergehend empfundenen Waffenstillstandsbedingungen, durch Förderung der Idee deutsch-französischer Zusammenarbeit auf der Basis einer Neuordnung Europas, durch anfängliche Rücksichtnahme auf empfindliche Punkte des französischen Selbstbewußtseins suchte die nationalsozialistische Führung den Tatsachen Rechnung zu tragen. Sie widerstand dabei geschickt manchen italienischen Forderungen und manchen wunschhaften Andeutungen Spaniens, doch es tauchten weitreichende Pläne zur Germanisierung Burgunds und Nordfrankreichs bis zur Somme auf. Für die Politik des französischen Reststaates ergaben sich daraus die Schwierigkeiten, aber auch Chancen eines geschickten Taktierens zwischen den Forderungen des beherrschenden Siegers und den Möglichkeiten, die in der Fortdauer der englischen Kriegsführung, in deutsch-italienischen Unstimmigkeiten und in der Bedeutung des französischen Restpotentials für die Ausweitung des Krieges enthalten waren. Denn schließlich ließ der Waffenstillstand die Frankreich-Frage in der Schwebe.

Das hinderte nicht, daß das Kernland der kontinentaleuropäischen Demokratie dem Sog der diktatorischen Welle Rechnung trug, der von den Siegern ausging. Schon am 10. Juli 1940 hatte Pétain im neuen Regierungssitz Vichy die Selbstausschaltung des französischen Parlaments und seine Erhebung zum führerähnlichen Staatschef akzeptiert. Ein autoritäres Regime mit korporativ-ständischem Einschlag nach faschistischem Muster proklamierte den Neubau des Staates. Entscheidend mußte nun erscheinen, wem der politisch unerfahrene Greis von Hindenburgschem Zuschnitt die tatsächliche Führung der Politik überlassen würde. Pierre Laval beanspruchte hier den ersten Platz; sein Opportunismus bestimmte zunächst den französischen Kurs: Anpassung an Deutschland mit einem Treffen Hitler-Pétain (Oktober 1940), das den Beginn der offiziellen Kollaboration bezeichnet, dementsprechend Lösung der durch die Ereignisse überholten, durch einen britischen Angriff auf die französische Flotte widerlegten Bindung an England. Es komplizierte diesen Kurs, daß gleichzeitig, am 17. Juli, von dem nach London geflohenen General Charles de Gaulle eine »Bewegung für ein freies Frankreich« begründet wurde, die für eine Fortsetzung des Widerstands an Englands Seite aufrief und in mehreren zunächst freilich mißglückten Unternehmungen auch im französischen Kolonialreich Fuß zu fassen suchte, beispielsweise in Dakar.

Weder in Afrika, wo die Restpositionen der Achse nur eben gehalten wurden, noch in Frankreich, wo Lavals Abgang im Dezember 1940 ein unverändertes Vakuum hinterließ, sehr wohl aber in der östlichen Hälfte Europas geriet der festgefahrene Krieg wieder in Fluß. Auf dem Balkan unterwarfen die Verschiebungen von 1940 das deutsch-sowjetische Verhältnis einer ersten Belastung. Die ungeklärte Interessenabgrenzung der drei Großmächte barg den Keim zu akuten Konflikten. Die Verhandlungen, die Molotow auf Ribbentrops Einladung im November 1940 in Berlin führte, endeten ohne Ergebnis. Für ihren Eintritt in den Dreimächte-Pakt der Achsenmächte und Japans forderte die Sowjetunion vergebens die volle Herrschaft über das Schwarze Meer einschließlich Bulgariens und die östliche Nordsee einschließlich Finnlands. Aber Hitler war ohnedies zu diesem Zeitpunkt fest entschlossen, zum suspendierten Kernprogramm des Nationalsozialismus zurückzukehren und die Lösung des Kriegsproblems sowie die weltherrschaftliche Vollendung seines Imperiums in der Eroberung Rußlands zu suchen. Nach scharfen diplomatischen Konkurrenzkämpfen zwischen Berlin und Moskau, in deren Verlauf Bulgarien zwei sowjetische Bündnisangebote ablehnte, trat Sofia im März 1941 dem Dreimächte-Pakt bei und öffnete den deutschen Truppen seine Grenzen. Ungarn und Rumänien waren denselben Weg schon gegangen, Jugoslawien stand vor einer ähnlichen Entscheidung. Einen Staatsstreich opponierender Gruppen am 26. März beantwortete Hitler mit der raschen Eroberung Jugoslawiens. Er benutzte die Gelegenheit, um den tapferen Widerstand Griechenlands gegen den bis dahin erfolglosen italienischen Angriff am 23. April zu brechen und mit einer verlustreichen Fallschirmjägeroperation auch die durch englische Truppen aus Nordafrika verstärkte Insel Kreta am 31. Mai zu besetzen. Die Neuordnung des Balkans, die in der Zerteilung Jugoslawiens und Griechenlands unter die Achsenmächte bestand, verschärfte die deutsch-sowjetischen Spannungen zusehends. Es war bezeichnend, daß die letzte jugoslawische Regierung vor dem deutschen Einmarsch noch einen Freundschaftspakt mit Moskau geschlossen hatte, bevor sie ins Exil ging. Die politisch-strategische Ausgangsposition für den nächsten großen Sieg war bezogen. Allerdings verzögerte der Balkan-Feldzug Hitlers Vorbereitungen zur Wendung nach Osten um einige für den Ausgang vielleicht entscheidende Wochen.

Der Angriff auf die Sowjetunion am 22. Juni 1941, auf den Tag einhundertneunundzwanzig Jahre nach Napoleons fatalem Einmarsch in Rußland, kam für Moskau nicht gänzlich unerwartet. Deutschlands Vordringen ans Schwarze Meer und die vorübergehende Drohung einer türkisch-nahöstlichen Front, die sich mit dem Machtergreifungsversuch eines achsenfreundlichen Regimes im Irak und einer gescheiterten Einflußnahme auf Persien abzeichnete, hatten Rußland alarmiert. Schon am 13. April war Moskau mit dem Abschluß eines sowjetisch-japanischen Nichtangriffspakts ein wirkungsvoller Gegenzug gelungen, der die russische Ostgrenze entlastete und das Gewicht des im Ursprung antisowjetischen Dreier-Pakts verminderte.

Die gewaltigen Truppenbewegungen in Polen und Ostpreußen konnten kaum ein Geheimnis sein, und die politischen und wirtschaftlichen Kontakte waren trotz sowjetischer Bemühungen stetig zurückgegangen. Trotzdem machte der Angriff gegen die schlecht organisierte russische Verteidigung rasche Fortschritte. Im Spätherbst war die Front schon nahe an Moskau und Leningrad herangerückt, war die Ukraine überrannt und damit ein wesentliches Postulat der Idee vom Lebensraum verwirklicht.

Hitler schien trotz der Verspätung der Offensive mit seiner Einschätzung der Kräfteverhältnisse, die nicht zuletzt an dem wenig ruhmreichen Verlauf des sowjetischen Finnland-Krieges orientiert war, noch einmal gegen die Warnungen der Fachleute recht zu behalten. Doch das waren Landgewinne, die angesichts der Ausdehnung Rußlands den Krieg so wenig entschieden wie zu Napoleons Zeiten, solange nicht die Vernichtung der ausweichenden russischen Militärmacht gelang. Und eben davon war die Offensive noch weit entfernt, als verfrüht der russische Winter einbrach und auch der militärische Widerstand sich wieder versteifte. In diesem Augenblick trat eine Reihe von Ereignissen ein, die das Gesicht des Krieges von Grund auf veränderten und Hitler zunächst unmerklich, dann immer nachdrücklicher an die Grenzen seiner Möglichkeiten gemahnten. Noch vor Ende des Jahres war aus dem europäischen Krieg der isolierten Fronten, der den Innenmächten Deutschland und Italien eine natürliche Überlegenheit gewährt hatte, ein Weltkrieg geworden, dessen Führung Hitler Stück um Stück entglitt.

Der deutsche Angriff auf Rußland war ein erster Wendepunkt nicht nur des europäischen Krieges, sondern der weltpolitischen Entwicklung insgesamt – aber nicht in dem Sinne, in dem Hitler diesen »schwersten Entschluß meines Lebens« in einer gespenstischen Reichstagsrede am Tag des Angriffs und in einem vorangehenden Brief an Mussolini gerechtfertigt hatte. Er erlöste England aus der einjährigen Isolierung einer letzten kriegführenden Macht gegen Hitler. Churchill zögerte keinen Augenblick, Rußland der vollen Hilfe Großbritanniens zu versichern und dies auch durch ein förmliches Abkommen am 13. Juli 1941 zu besiegeln. Der deutsche Angriff resultierte in einer globalen Ausweitung des Konflikts, der die Achse auch mit der Herrschaft über zwei Drittel von Europa nicht gewachsen sein konnte. Er befreite zugleich, indem er die Sowjetunion in das Zentrum der Auseinandersetzung mit dem nationalsozialistischen Weltherrschaftsanspruch rückte, die kommunistischen Untergrundbewegungen aus ihrer orientierungslosen Lähmung. Er verlieh der militär- und außenpolitischen Aktivität der Sowjetunion ein Gewicht, wie sie es seit ihrem Bestehen noch nicht zu erlangen vermochte hatte, und öffnete ihr den Weg zur Weltmacht – wieder wie 1939 entgegen der nationalsozialistischen Bollwerkpropaganda. Auch die Erweiterung des deutschen Lebensraums um die riesigen eroberten Gebiete trug nicht die erwarteten Früchte. Die bislang so erfolgreiche Expansions- und

Herrschaftsideologie des Nationalsozialismus erwies sich jetzt geradezu als Hemmnis für die militärische und politische Bewältigung des Krieges. Statt das deutsche Potential entscheidend zu stärken und den materiellen Rückhalt für die kommende weltpolitische Auseinandersetzung zu schaffen, rief die am Rassendogma vom Herren- und Untermenschen orientierte Unterdrükkungs- und Ausrottungspolitik der nationalsozialistischen Statthalter nach kurzen Illusionen der vom Kommunismus ›befreiten‹ Bevölkerung eine hartnäckige Widerstandshaltung und einen Partisanenkrieg hervor.

Die Grenzen totalitären Denkens und totalitärer Politik offenbarten sich hier deutlicher denn je, da gleichzeitig die »Endlösung der Judenfrage« mit der kalten Vernichtung von vielen Millionen Menschen aus allen besetzten Ländern begann. Noch bevor Hitler im Sommer 1942 die größte Ausdehnung seines Machtbereichs erreichte, setzte in Wahrheit schon die Endphase der nationalsozialistischen Herrschaft ein. Der äußere Wendepunkt lag, wie im Ersten Weltkrieg, beim Eingreifen der Vereinigten Staaten; die militärischen und politischen Umstände dieser Ereignisse vom 7. bis 11. Dezember 1941 – japanische Expansion und erster Rückschlag in Rußland – unterschieden sich jedoch völlig von 1917.

Der Übergang vom europäischen zum globalen Krieg rückte einen Schauplatz, der lange fast unbeachtet geblieben war, wieder in den Vordergrund der Aufmerksamkeit. Während das Dritte Reich im Zenit seiner Machtentfaltung stand und mit dem faschistischen Italien im Schlepptau durch Besetzung oder Satellitenregime über Europa herrschte, blieb der Dritte im Bunde der expansiven Großmächte nicht untätig. Japan hatte die Gelegenheit der europäischen Vorkriegskrisen benutzt, um nach dem Abschluß des manchurischen Eroberungskrieges seine Kräfte auf das Hauptziel China zu konzentrieren. Im Juli 1937 waren die Kampfhandlungen wieder aufgelebt. Obwohl es auch in der Folge nicht gelang, den nach Chungking ausweichenden Chiang Kai-shek endgültig zu besiegen, gewann Japan mit der Errichtung einer chinesischen Satellitenregierung in Nanking (1940) Kontrolle über große Gebiete Ostchinas. Aber während die europäischen Kolonialmächte durch Hitler gefesselt waren und die Sowjetunion einen Konflikt mit Japan vermied, ja mit dem Neutralitätspakt vom April 1941 vertragsmäßig ausschloß, richtete sich die Aufmerksamkeit Amerikas zunehmend auf Japans forcierte Aktivität.

Amerikanische Interessen waren in China berührt, und die weitergehenden Pläne Tôkyôs in Südostasien drohten die pazifischen Einfluß- und Sicherheitsbedürfnisse der USA zu verletzen. Ganz offenbar gedachte Japan im Schatten des europäischen Krieges seinen Traum eines ostasiatischen Lebens- und Herrschaftsraums auf dem Boden der europäischen und amerikanischen Besitzungen und im Ausgriff nach Indien und Australien zu verwirklichen. Drei Faktoren sind für diesen Aspekt der Kriegsausweitung und seine Folgen bedeutsam: die kriegerisch-autoritäre Herrschaftstruktur Japans; die Reaktion der Vereinigten Staaten; das aus dem Konflikt resultierende Erwachen der Kolonialvölker.

Für Japans Expansionspolitik wurde das mühselige Vordringen in die weiten Räume Chinas immer problematischer. Zwar hatte Tôkyô die europäische Krise von 1938 zur Eroberung von Hankou und Kanton genutzt. Aber in demselben Maße, in dem Englands Gegenposition geschwächt wurde, versteifte sich die amerikanische Haltung. Das wurde beschleunigt durch die Ankündigung einer neuen Ordnung Ostasiens, mit der Japan am 18. November 1938 amerikanische Proteste beantwortete. Auch wenn jede nähere Erklärung dieses Begriffes fehlte, begann deutlich zu werden, daß die Unternehmungen in China nur einen Auftakt zu weitergehenden Plänen Japans darstellten. Die Vorstellungen, die im Zusammenhang mit den Problemen der China-Politik in Tokio entwickelt wurden, erinnerten durchaus an die politisch-wirtschaftlichen Zielsetzungen der Achsenmächte: Unabhängigkeit und volle Autarkie eines ostasiatischen Blocks unter japanischer Führung, Ausschaltung des europäisch-amerikanischen Imperialismus, zugleich Abwehr des Kommunismus. Mit der Eroberung der Insel Hainan im Februar 1939 begann Japan ganz bewußt den Angriff auf die strategischen Verbindungslinien der Westmächte im Fernen Osten. Er wurde in den folgenden Monaten mit verstärktem Druck auf die westlichen Interessenstützpunkte in chinesischen Städten fortgesetzt. Die japanische Stellung war um so stärker, als Rußland angesichts seiner europäischen Isolierung nicht daran denken konnte, seine ostasiatischen Interessen zu aktivieren und in China aktiv zu intervenieren. Allerdings setzten sich die japanischen Militärkreise, die seinerzeit den Antikomintern-Pakt lanciert hatten, mit ihrer Forderung nach einem deutsch-japanischen Militärbündnis noch nicht durch; die beiden Kriegsschauplätze blieben voneinander isoliert. Die amerikanische Kündigung des Handelsabkommens von 1911 am 27. Juli 1939 und der Stalin-Hitler-Pakt trafen die japanische Position ganz empfindlich. So reagierte Tôkyô auf den europäischen Kriegsausbruch zunächst mit Gesten der Entspannung und Neutralität. Aber die Niederlage der Westmächte eröffnete den japanischen Plänen rasch neue Möglichkeiten. Französisch-Indochina, nun auch von Thailand bedrängt, wurde mit Forderungen nach Zulassung japanischer Kontrollen und Stützpunkte gegen Chungking-China unter Druck gesetzt und England zur Schließung der Burma-Straße, einer der letzten Verbindungen mit Chungking, veranlaßt. Die holländischen und britischen Kolonien im Raum des proklamierten Groß-Ostasien waren unmittelbar bedroht und von Europa aus kaum zu halten. In dieser Hinsicht kam der Haltung Amerikas, das – anders als Rußland – als einzige der interessierten Mächte noch die volle Handlungsfreiheit besaß, die größte Bedeutung zu. Sie setzte Japans

Versuchen, aus den europäischen Ereignissen von 1940/41 vollen Nutzen zu ziehen, de facto erhebliche Schranken.

Doch auch die Politik der Vereinigten Staaten war nicht frei von Hemmungen. Die Stimmung der Bevölkerung verharrte noch weitgehend in den Parolen des Isolationismus, nach denen die Intervention im Ersten Weltkrieg ein Fehler und die betonte Abstinenz von Völkerbund und internationaler Politik in der Zwischenkriegszeit den eigenen Interessen am förderlichsten war.[1] Mit einer Serie von Neutralitätsgesetzen glaubte der amerikanische Kongreß seit dem Abessinien-Konflikt von 1935 auch der aufsteigenden Kriegsdrohung begegnen zu können. Blockade von Rüstungslieferungen an alle Partner eines zukünftigen Krieges war die Antwort auf die Zuspitzung der europäischen Krise – eine Entscheidung, die freilich eher den Aggressoren zugute kam. Präsident Roosevelt war unter diesen Umständen kaum in der Lage, konstruktive Außenpolitik im Krisenfalle zu betreiben. Seine warnende Rede vom 5. Oktober 1937 an die Adresse der Achsenmächte, in der er die Demokratien zur gemeinsamen Abwehr gegen die Übergriffe der Diktaturen und zur Verhängung einer Quarantäne gegen das Gift ihrer Ideologie aufrief, wurde denn auch von der amerikanischen Öffentlichkeit weithin ungünstig aufgenommen, während sich Hitler und Mussolini wenig beeindruckt zeigten.

Nur langsam änderte sich diese Haltung der isolierten Neutralität, die von den USA ausdrücklich am 5. September 1939, unter ihrem Einfluß auch von der Panamerikanischen Konferenz zu Panama am 2. Oktober 1939 mit der Erklärung einer Dreihundert-Meilen-Zone entlang der Atlantik-Küste zur Sea-safety-zone und mit einer allgemeinen Neutralitätserklärung der amerikanischen Republiken bekräftigt wurde. Das hinderte allerdings nicht, daß nun auch die Vereinigten Staaten in enger Zusammenarbeit mit Kanada ihre vernachlässigte Rüstung zu stärken begonnen. Außerdem versagten sie sich im Sommer 1940, nach dem schockierenden Fall Frankreichs, nicht dem dringenden Wunsch Churchills, England gegen die Überlassung von Stützpunkten auf britischen Besitzungen in Amerika fünfzig alte Zerstörer leihweise zu überlassen. Das war ein erster Schritt zum Engagement, obschon er noch ganz im Rahmen der isolationistischen Abschirmung der westlichen Hemisphäre geschah. Churchill, unermüdlich um die amerikanische Partnerschaft bemüht, hat ihn treffend als Übergang von der Neutralität zur Nichtkriegführung bezeichnet, amerikanische Historiker wie William Langer sprechen von der Periode des Undeclared war.[2]

Der große Wahlsieg vom November 1940, mit dem erstmals ein amerikanischer Präsident mit einer dritten Amtsperiode betraut wurde, gab Roosevelt endlich freie Hand in der Verfolgung seiner pro-englischen, durch eine enge Freundschaft mit Churchill auch persönlich fundierten Politik gegen die Neutralisten. Am 11. März 1941 billigte der Kongreß das Lend-Lease-Gesetz, das dem Präsidenten die Macht gab, jedem Land, dessen Verteidigung er als lebensnotwendig für die Verteidigung der USA erachtete, amerikanische Hilfe zu geben und dafür eine Kompensation nach eigenem Ermessen entgegenzunehmen. Das ermöglichte die fast unbeschränkte Unterstützung Englands und zugleich eine Vereinfachung der Finanzierung, die nach dem Ersten Weltkrieg zu solchen Konflikten auch zwischen den Siegermächten geführt hatte. Und nach Hitlers Angriff auf die Sowjetunion, den Roosevelt mit der Entsendung seines persönlichen Beraters Harry Lloyd Hopkins nach Moskau beantwortete, wurde dieser Kriegsschauplatz in die großzügige Unterstützungspolitik einbezogen: Am 6. November 1941 erhielt Moskau einen stattlichen ersten Lend-Lease-Kredit. Die Vereinigten Staaten griffen damit wenigstens indirekt in den Krieg ein. Die endgültigen Konturen einer weltweiten Anti-Hitler-Koalition zeichneten sich ab.

Bei einem Treffen auf Schiff vor Newfoundland am 9. August 1941 verständigten sich Churchill und Roosevelt auf einen ersten großen Entwurf der Kriegs- und Friedensziele: die Atlantik-Charta, in der beide Mächte auf Landgewinn verzichteten, das Selbstbestimmungsrecht der Völker, die Freiheit der Meere, die Förderung wirtschaftlichen und sozialen Fortschritts bekräftigten und internationale Sicherheit und Abrüstung als Inhalt des künftigen Friedens forderten. Fünfzehn Regierungen einschließlich Rußland schlossen sich sechs Wochen später dieser Deklaration an, die bei aller Ähnlichkeit mit Wilsons Vierzehn Punkten doch ihre Wirkung als eingängiges Programm auf die im Krieg befindlichen Völker nicht verfehlte. Man kann diese Atlantik-Charta aber auch als Basis eines ersten ›Mythos der Befreiung‹ kritisieren[3], sofern ihre Verheißungen im Blick auf das unterjochte Osteuropa dann grausam enttäuscht werden sollten. Dabei vertrat die Sowjetunion schon damals ihre später so rücksichtslos praktizierte Version, diese Prinzipien müßten jeweils angepaßt werden an die Umstände, Bedürfnisse und besonderen Eigenheiten der betreffenden Länder. Was Moskau darunter verstand, unterschied sich allerdings fundamental von den Vorstellungen und Intentionen der Westmächte.

Bereits im Januar 1941 waren geheime militärische Besprechungen zwischen Amerika und Großbritannien in Gang gekommen, und mit der Besetzung nicht nur Grönlands – auf dänischen Wunsch –, sondern auch Islands hatten die USA auch in Europa erstmals Position bezogen. Aber noch immer war der inneramerikanische Widerstand gegen eine aktive Beteiligung am Krieg unüberwindlich stark. Nicht nur die Verfechter der Isolationstradition in allen Lagern, vor allem in der republikanischen Oppositionspartei und in den westlichen Staaten der USA, hielten an der Meinung fest, Amerika könne und müsse sich nach den Erfahrungen des Ersten Weltkrieges auf eine wirksame nichtkriegerische Hilfe für die demokratische Welt beschränken. Es ist bis heute heftig umstritten und wohl auch fraglich geblieben, ob Roosevelt und Churchill mit dieser Stimmung fertig geworden wären, wenn nicht auf der anderen Seite der Erde, im pazifischen Interessengebiet gerade der isolationistischen Weststaaten Amerikas, der Angriff Japans das lange dahinschwelende Feuer zum Aufflammen gebracht hätte.

Japan hatte im September 1940 nach ultimativem Druck auf die hilflose Vichy-Regierung Indochina besetzt. Amerika hatte darauf mit einer für Japans Kriegsindustrie schwerwiegenden Sperre der Eisen- und Stahlausfuhr, schließlich auch der indonesischen Ölausfuhr, Japan wiederum mit dem Beitritt zum Dreimächte-Pakt geantwortet. Hitlers Angriff auf Rußland verschaffte Tôkyô die Rückenfreiheit für die weitere Entwicklung der Expansionspläne nach Südosten. Zur Enttäuschung der europäischen Partner blieb dies – nicht die erhoffte Zweifrontenbedrohung Rußlands – weiterhin die Stoßrichtung Japans. Auch in Tôkyô gab es zwar Meinungsverschiedenheiten über die künftige Taktik. Doch setzte sich im Juli 1941 die aggressive Konzeption der Armee, deren Exponent, General Hideki Tôjô, damals das Kriegsministerium, Mitte Oktober 1941 sogar die Regierung übernahm, endgültig über die vorsichtigeren Erwägungen der Marinekreise hinweg. Tôjô trat als ehemaliger Botschafter in Berlin auch besonders nachdrücklich für ein Zusammengehen mit den Achsenmächten ein. Die ausgedehnten japanisch-amerikanischen Verhandlungen von Sommer und Herbst 1941 boten unter diesen Umständen wenig Erfolgsaussichten. Auf der einen Seite warnte Roosevelt scharf vor weiteren japanischen Aktionen und bekräftigte Churchill Englands Solidarität mit dem amerikanischen Standpunkt, auf der anderen Seite kam die japanische Regierung schon im September zu dem festen Entschluß, Amerika, England und das von Hitler besetzte Holland binnen Monatsfrist mit militärischer Gewalt zur Anerkennung seiner Herrschafts- und Expansionsansprüche zu zwingen. Als am 26. November auch der japanische Botschafter mit verschärften Forderungen Amerikas konfrontiert wurde, waren die Washingtoner Verhandlungen praktisch gescheitert. Am 1. Dezember faßte Tôkyô den endgültigen Entschluß zum Krieg, die Verhandlungen wurden nur noch zum Schein fortgeführt. Ein letzter Friedensappell Roosevelts vom 6. Dezember an den japanischen Kaiser Hirôhîtô blieb ohne Echo. Trotz frühen Warnungen des amerikanischen Botschafters in Tôkyô und manchem Einblick in die Kriegsvorbereitungen – Washington war in den Besitz des japanischen Code gelangt – traf der Angriff auf den Hawaii-Stützpunkt Pearl Harbour am 7. Dezember 1941 die amerikanischen Streitkräfte völlig unvorbereitet.

Das war ein zweiter Wendepunkt des Krieges: der Weltkrieg. Schon am 11. Dezember erklärten Deutschland und Italien den Vereinigten Staaten den Krieg und beendeten damit endgültig die inneramerikanische Diskussion. Hitler hatte Japan zum Angriff ermutigt. Mit der vorschnellen Herausforderung der kriegsentscheidenden Macht beschleunigte er seinen eigenen Untergang. Wie im Entschluß zum Angriff auf Rußland, als er England nicht überwinden konnte, so wagte er erneut die ungeduldige Flucht nach vorn, die Herausforderung des nach seiner Meinung »Unvermeidlichen«. Und wie er Rußland in einem Blitzkrieg von wenigen Wochen niederzuwerfen gedacht hatte, so postulierte er jetzt gegen die Warnungen der Experten, die Tonnage der angelsächsischen Mächte sei zu gering, um eine Expeditionsarmee nach dem Kontinent zu transportieren. Die beiden Auseinandersetzungen griffen ineinander. Der größte Vernichtungskrieg aller Zeiten war begonnen.

Der Schock der japanischen Offensive, die ohne Kriegserklärung der nicht kampfbereiten amerikanischen Flotte schwere Verluste zufügte, zwang das amerikanische Volk zu einmütiger Kriegsbereitschaft zusammen. Spätere Kritiker Roosevelts sind deshalb so weit gegangen, den Präsidenten der bewußten Provozierung des japanischen Angriffs zu zeihen. Das war in der Tat die These der gegnerischen Propaganda, aber sie hat in den leidenschaftlich geführten Nachkriegsuntersuchungen keinen überzeugenden Anhalt gefunden. Zunächst war vielmehr die militärische Überlegenheit Japans so eindeutig, daß auch die erbittertste Kritik an Roosevelt nicht bestreiten kann, daß wohl Nachlässigkeit, nicht aber eine Verschwörung die USA unter solchen Umständen in den Krieg gestürzt hat. Zudem bestehen über den frühen japanischen Angriffsentschluß keine Zweifel. Es war klar, daß Amerika beträchtliche Zeit benötigen würde, um sein überlegenes Rohstoff- und Industriepotential auf die neuen Erfordernisse umzustellen und mehr als hinhaltenden Widerstand zu leisten. Erst gegen Ende des Jahres 1942 begannen die amerikanischen Anstrengungen und der ungebrochene Widerstand Englands und Rußlands auch militärisch spürbar zu werden. Es war der entscheidende Vorteil der neuen Anti-Hitler-Front, daß Amerika die gefährliche Zwischenzeit im Schutz zweier Weltmeere unzerstört, ja nahezu unbedrängt überstehen und zur Mobilisierung seiner weit überlegenen Reserven nutzen konnte, während sich die Gegner in verlustreichen Angriffskämpfen auf noch entfernten Kriegsschauplätzen verbrauchten. Die Umstellung der amerikanischen Wirtschaft vollzog sich nach der Straffungspolitik des New Deal mit einer Schnelligkeit und Wirksamkeit, die den Gemeinplatz von der Unterlegenheit kapitalistischer Demokratien gegenüber dirigistischen Diktaturen in Frage stellte. Weit mehr noch als 1917/18 wurden die Vereinigten Staaten zur kriegstragenden Säule der ganzen Koalition.

Zunächst freilich war Ostasien ein schutzloses Vakuum, dem Zugriff des Agressors preisgegeben. Japan überrannte in raschen See- und Landattacken Hongkong (25. Dezember 1941) und die Philippinen, eroberte an der Seite Thailands Malaya und Singapore (15. Februar 1942), drang in Burma ein und bedrohte Indien, besetzte Niederländisch-Ostindien und stand schon im März 1942 vor den Toren Australiens. Erst in diesem Augenblick traf die Offensive in den Gewässern von Neuguinea auf eine amerikanische Gegenwehr, die sich nun stetig versteifte und Japans weiterem Vordringen eine Grenze setzte. Parallel zu den Ereignissen auf dem europäisch-afrikanischen Kriegsschauplatz wurde es dann in schweren Kämpfen Insel um Insel wieder zurückgedrängt. Die großen Land- und Rohstoffbasen, über die Japan mit seinem neuen Großreich verfügte, kamen ihm trotz rigoroser Ausbeutungsmaßnahmen so wenig hinreichend zugute wie den Achsenmächten ihr europäisches Imperium. Vielmehr führte die Herrschaftspolitik die Kolonialvölker zu eigener politischer Aktivität, zu Widerstandsregungen und schließlich zu einem politischen Erwachen, das die Niederlage Japans überdauerte und das Ende der kolonialen Herrschaft überhaupt besiegelte. Indonesien, die Philippinen, Indochina, Malaya gingen den Weg zur Selbständigkeit, der eine neue Ära in Asien wie in Afrika eröffnete.

## Europa zwischen Terror und Widerstand

Die Geschichte des Zweiten Weltkrieges unterscheidet sich trotz manchen Parallelen in wesentlichen Punkten von der des Ersten. Dazu gehört das Ausmaß, in dem die machtpolitischen, nationalstaatlichen und gesellschaftlichen Fronten überkreuzt und durchschnitten wurden von einem Konflikt der politischen Ideologien und moralischen Loyalitäten. Als Form eines Weltbürgerkrieges war dieser Konflikt ungleich elementarer als der ideologische Propagandakampf zwischen demokratischem Westen und autoritären Mittelmächten im Ersten Weltkrieg. Bemerkenswert freilich, daß in beiden Fällen die Position Rußlands das Muster der Konfrontationen störte. Die Allianz mit dem Zarismus hatte den westlichen Demokratieanspruch fragwürdig gemacht, und das Bündnis mit dem Stalinismus widersprach sowohl der nationalsozialistischen Kampage gegen den Bolschewismus als auch dem westalliierten Kreuzzug für die Freiheit. Die verwirrenden Komplikationen eines Weltbürgerkrieges führen oft zu zerstörerischen Verirrungen, aber auch zu großartig demonstrativen Entscheidungen von Personen und Gruppen für Freiheit und Recht jenseits bloßer Machtpolitik. Sie beweisen die Fortdauer der menschlichen, geistigen und sittlichen Substanz in einem Völker- und Staatenleben, das man längst dem ›Untergang des Abendlandes‹ (Oswald Spengler) und der ›Revolution des Nihilismus‹ (Hermann Rauschning) ausgeliefert glaubte.

Seit 1940/41 offenkundig geworden war, daß eine Befreiung Europas der Hilfe von außen bedurfte und also auf Gedeih und Verderb auf die ungleichen Mächte USA und Sowjetunion angewiesen war, konnte kein Zweifel mehr bestehen, daß das lange verdeckte Ende des europäischen Zeitalters gekommen war. Noch blieb Europa im Zentrum des Geschehens, aber es war vom Subjekt zum Objekt des Weltgeschehens geworden. Nach 1918 noch einmal verschleiert, in der Fortdauer der Kolonialherrschaft und im Ausgriff der autoritären Diktaturen noch einmal geleugnet, mußte dieser Wandel der weltpolitischen Konstellation nun endgültig erscheinen. Allerdings enthielt die Tatsache, daß es zwei politisch, gesellschaftlich und ideologisch völlig konträre Weltmächte waren, die über das Schicksal Europas entschieden, auch eine neue, künftige weltpolitsiche Bedeutung der Europa-Politik. Der kleine, zerspaltene, schon totgesagte Kontinent sollte ein Zentrum des Weltgeschehens nach dem Krieg bleiben, wenn auch in Abhängigkeit oder unsicherer Zwischenstellung zwischen den Supermächten. Vergeblich waren dann die Versuche einer Rebellion gegen dieses Schicksal, etwa im Gaullismus, aussichtsreicher schon die Ansätze einer Einigungspolitik zur Entwicklung Europas als einer dritten Kraft.

Alle diese Probleme waren in der Kriegsentwicklung seit 1941 schon enthalten. Der Niedergang der nationalsozialistischen Kriegsherrschaft im Augenblick ihrer größten Entfaltung verschärfte die beiden Tendenzen: sowohl die Zerstörungs- und Vernichtungspolitik des Dritten Reiches als auch die Politik eines inneren Widerstands und Wiederaufbaus in und zwischen den besetzten Ländern Europas. Der politische Schwerpunkt des Krieges blieb nach dem Kriegseintritt der USA und Japans in Europa. In Roosevelts politischem Denken bestimmte der Kampf gegen Hitler, die Entscheidung im europäischen Krieg, die Zukunft der Welt. Wenngleich sich die amerikanische Propaganda mit Nachdruck der psychologischen Kriegsführung gegen die harten japanischen Kampf- und Herrschaftsmethoden widmete, ließ sie – begünstigt durch die deutsche Kriegserklärung und die vehemente nationalsozialistische Propaganda – nie einen Zweifel daran, daß ungeachtet der unmittelbaren militärischen Bedrohung, die zunächst von Japan ausging, der Hauptgegner Hitler war. Der Kampf gegen ihn wurde von den Westmächten von Anfang an als ein Lebenskampf der rechtsstaatlichen Demokratie abendländischer Prägung gegen den freiheitswidrigen Totalitarismus, ja als ein Kreuzzug gegen den Zerstörer von Christentum und Moral, den Tyrannen, geführt. Es war ein Krieg der Ideologien, der oft die nationalpolitischen Schranken in den Hintergrund treten ließ und bald die Intensität eines Religions- oder Bürgerkriegs erreichte. Die nationalsozialistische Propaganda lieferte ihrerseits beredte Zeugnisse. Der »Kampf gegen den Bolschewismus« war zugleich ein Kampf gegen die »plutokratischen Demokratien«; denn hinter beiden stand der Herrschaftsanspruch des »Weltjudentums« – die fixen Ideen aus ›Mein Kampf‹ blieben der ideologische Rahmen dieses Weltkampfes.

Ausmaß und Dauer des Krieges der Ideologien bewirkten, daß in den besetzten Ländern Europas Widerstandsbewegungen gegen die eigene Regierung sich verstärkten und mit der Wertskala des Patriotismus und Nationalismus auch der Begriff des Verrats ins Zwielicht übernationaler Ideologiekonflikte geriet. Andererseits rückten freiwillige SS-Truppen nichtdeutscher Herkunft nach Rußland; sie wurden zu Pionieren jenes SS-Reichs erhoben, auf das besonders Himmlers Entwürfe einer neuen Ordnung zugeschnitten waren. Welche Wirklichkeit hinter jenem germanischen Elitestaat der Zukunft stand, enthüllten die ›Tischgespräche‹ Hitlers um die Jahreswende 1941/42: Erschließung des eroberten Raums vom Nordkap zum Alpenwall, vom Atlantik zum Schwarzen Meer durch Autobahnen und germanische Wehrsiedlungen; Berlin als gigantische Welthauptstadt mit Namen ›Germania‹; Rest-Rußland als riesiger Truppenübungsplatz und Kolonie, in der man die eingeborene Bevölkerung reduziert und verkommen läßt, ihre Schulen schließt und sie »nicht mehr lernen (läßt), als höchstens die Verwendung der Verkehrszeichen« und das Verstehen deutscher Befehle; notfalls wird die in Gettos konzentrierte Bevölkerung durch ein paar Bomben vernichtet »und die Sache ist erledigt«.

In solchen Äußerungen Hitlers, deren Ernsthaftigkeit durch die Herrschaftspraxis in den besetzten Ländern besonders des Ostens und durch die Ausführungsbestimmungen des pedantischen Exekutors Himmler vielfach bestätigt wurde, offenbart sich der Charakter der Auseinandersetzung. Es war in der Tat ein Kampf um die Erhaltung der menschlichen Substanz und der Freiheit der Person, der dem Rest der Welt aufgegeben war. Dazu befand man sich nun freilich im Bündnis mit der Sowjetunion, die zumal in der Stalin-Ära ihr totalitäres Regime mit aller Brutalität bewies und sich einst nicht gescheut hatte, im Verein mit dem Dritten Reich dieses Regime rücksichtslos zu erweitern. Es gehörte zur Tragik, freilich ebenso zu den Schwächen Roosevelts, daß er dieses Bündnis nicht auf ein bloßes Notbündnis beschränkte, daß er wohl allzu optimistisch an eine allmähliche Wandlung und Läuterung des sowjetischen Regimes glaubte. Er wurde im Zuge der Linkswendung der New-Deal-Periode und der antifaschistischen Grundstimmung der amerikanischen Intelligenz auch durch seine Umgebung in seiner Einstellung stark beeinflußt. Zwar gewann der vom US-Finanzminister Henry Morgenthau entworfene Plan einer völligen industriellen Entmachtung Deutschlands nur vorübergehend Bedeutung. Doch das Streben nach einer dauerhaften Neuordnung der zwischenstaatlichen Beziehungen nach dem Krieg führte zu Illusionen und prosowjetischen Konzessionen, die teils dem Zwang der Umstände und Hitlers eigenen Aktionen, teils dem Hang zu wohlgemeinten, an Woodrow Wilson erinnernden Utopien entsprangen.

Doch wie die Dinge nach Amerikas Kriegseintritt lagen, gab es kaum eine Wahl zwischen Antikommunismus und Antifaschismus. Das erste und beherrschende Kriegsziel war der Widerstand und der Sieg gegen die offenbar fast grenzenlose Dynamik der Hitlerschen Kriegsmaschine. Im Sommer 1942 erreichte sie ihren absoluten Höhepunkt: Stalingrad und der Kaukasus,

Nordafrika bis vor die Tore Alexandrias waren die Glieder einer deutschen Zangenbewegung, die den gesamten Nahen Osten bedrohte und sogar eine Vereinigung mit Japan in Indien möglich erscheinen ließ. Aber im nämlichen Augenblick erfuhren wie ihr asiatischer Bundesgenosse auch die Achsenmächte die Auswirkungen der gewaltigen materiellen Unterstützung Englands und der Sowjetunion durch die USA, die entgegen den dogmatischen Illusionen Hitlers weder von einer demokratischen Dekadenz angefressen noch durch den japanischen Angriff hinlänglich abgelenkt waren. Einer neuen russischen Offensive gelangen seit November 1942 große Geländegewinne an der Südfront und dank Hitlers starrer Durchhaltestrategie im Januar 1943 auch die Einschließung und Vernichtung einer ganzen deutschen Armee in Stalingrad. Zur gleichen Zeit wurde der südliche Zangenflügel durch die neuformierten britischen Truppen bei El-Alamein zerbrochen (Oktober 1942) und die dezimierte deutsch-italienische Afrika-Armee nach Libyen zurückgedrängt. Vor allem aber faßten erstmals auch amerikanische Truppen am Mittelmeer Fuß und eröffneten dort im Verein mit englischen und freifranzösischen Streitkräften einen neuen Kriegsschauplatz, der das Potential der an allen Fronten getroffenen Achsenmächte zusätzlich beanspruchte und zersplitterte. Am 8. November 1942 erfolgte völlig überraschend die Landung in Marokko und Algerien, die zunächst zögernde französische Kolonial-Besatzung wurde rasch gewonnen, und sechs Monate später waren sowohl die nach Tunesien geworfenen Truppen als auch der Rest des verfolgten Afrika-Korps auf einen engen Brückenkopf zusammengedrängt: Zweihundertfünfzigtausend Mann gingen, da Hitler wie in Stalingrad jeden Rückzog verbot, im Mai 1943 den Weg in die Gefangenschaft.

Das militärische Fiasko in Rußland und Afrika drängte die Angreifer seit der Jahreswende 1942/43 in die Verteidigung. Stalingrad und die Kapitulation der deutsch-italienischen Afrika-Armee in Tunis waren die untrüglichen Zeichen des Niedergangs, der zunächst das faschistische Italien, dann auch das Dritte Reich unaufhaltsam seinem Ende entgegentrieb. Im deutschen Lager verstärkten sich die Stimmen derer, die an eine rechtzeitige Beendigung des in ihren Augen verlorenen Krieges dachten. Zwei Faktoren wirkten einer solchen Lösung entgegen, die unabsehbaren Verluste an Menschen und Gütern hätte verhindern können: auf der einen Seite die blinde Entschlossenheit Hitlers, seinem pathologischen Herrschaftswillen alles zu opfern und im Fall des Scheiterns Europa samt Deutschland mit in den Abgrund zu reißen; auf der anderen Seite die daraus resultierende Entschlossenheit der Alliierten, mit dem nationalsozialistischen Regime keinen Frieden zu schließen und auf der bedingungslosen Kapitulation zu bestehen – eine Formel, die Roosevelt und Churchill im Januar 1943 bei ihrem Treffen in Casablanca angesichts der Wendung des Krieges prägten.

Das waren die beiden unversöhnlichen Axiome, die den über zweijährigen

Todeskampf der Aggressionsmächte beherrschten. Auch die alliierte Politik war in der Verfolgung ihres Prinzips nicht frei von doktrinären Zügen, so daß sie der Durchhaltepropaganda eines Goebbels, der Stalingrad zum Anlaß nahm, den Totalen Krieg zu erklären, unfreiwillige Hilfe leistete. Den fortgesetzten Versuchen aus dem Kreis der deutschen Opposition, eine Verhandlungsbasis für ein vom Nationalsozialismus befreites Deutschland und damit den nötigen Operationsraum und Rückhalt für die Widerstandsbewegungen zu gewinnen, waren verhängnisvoll enge Grenzen gesetzt. Die nationalsozialistische Führung antwortete auf die schweren Rückschläge mit einer Verschärfung des inneren Terrors und einer Strategie des blinden Einsatzes um jeden Preis. Der Totale Krieg, Endstadium des totalen Staates, bedeutete rücksichtslose Mobilisierung aller Kräfte und zugleich die eiskalte Vernichtung aller andersdenkenden oder mißliebigen Menschen. Er vermochte das Ergebnis der Entscheidung, die vorher gefallen war, nicht aufzuhalten, aber er verzögerte es lange und qualvoll. Nach der Schuld an der Entfesselung des Krieges wurde der Nationalsozialismus nun für die Zerstörung Europas und ihre fortdauernden Folgen verantwortlich.

Das lange Endstadium des europäischen Krieges besaß drei Schwerpunkte: Rußland, Italien, Frankreich. Hitlers erste Reaktion auf die alliierte Landung in Französisch-Nordafrika war eine Änderung der Frankreich-Politik. Die Mehrheit der Franzosen hatte, solange die deutsche Kriegführung unwiderstehlich erfolgreich schien, in der geforderten Zusammenarbeit das kleinere Übel erblickt; nur so glaubten sie die eigenen Interessen gegen italienische und spanische Ambitionen abgeschirmt. Auch der Aktivität de Gaulles gegenüber hielt sich, trotz wachsender Sympathien, die französische Generalität an die unverminderte Autorität Pétains, der diese Politik des kleineren Übels verkörperte. Dabei spielte eine Rolle, daß im Gegensatz zu London Washington die diplomatischen Beziehungen zu Vichy aufrechterhalten hatte. Aber mit den ersten deutschen Rückschlägen und der zunehmenden Aktivität der frei-französischen Bewegung an der Peripherie des Kolonialreiches begann sich die Stimmung und die taktische Lage Frankreichs zu ändern.

Die Aktivierung innerfranzösischen Widerstandes ging mit einer Verschärfung des deutschen Besatzungskurses einher. In Hitlers Augen war die von manchem seiner Anhänger mit so viel Optimismus verfolgte deutsch-französische Zusammenarbeit gescheitert, als die alliierte Landung in Algier und Oran (November 1942) kaum auf Widerstand traf und der französische Befehlshaber, Admiral François Darlan, sich von Pétain löste. Die Folge war die deutsche Besetzung auch Rest-Frankreichs am 11. November 1942. Der größte Teil der französischen Flotte vermochte sich im Hafen von Toulon durch Selbstzerstörung dem deutschen Zugriff zu entziehen. Das Vichy-Regime Pétains, der im April des Jahres unter deutschem Druck wieder Laval eingesetzt hatte und ihn jetzt von seinem Nachfolger mit diktatorischen Vollmachten erhob, war fortan kaum mehr als eine Fassade der Besatzungsherrschaft, bis der Marschall vor den anrückenden Invasionstruppen im August 1944 gewaltsam nach Deutschland verbracht wurde. Aber auch das Problem einer frei-französischen Gegenregierung, die Frankreich wieder zu einem alliierten Kriegspartner machte, dauerte nach der Ermordung Darlans durch einen Anhänger de Gaulles in langwierigen Meinungsverschiedenheiten zwischen de Gaulle und dem von Amerika unterstützten Exponenten Henri Honoré Giraud fort, obwohl sich beide Gruppen schon im Mai 1943 zu Algier in einem Komitee der Nationalen Befreiung zusammengefunden hatten, das dann in die erste provisorische Regierung des befreiten Frankreich überging.

Im ganzen besetzten Europa war die Frage nach dem Verhältnis von Kollaboration und Opposition aufgeworfen. Diese Schlüsselworte bezeichneten ein Grundproblem des Zweiten Weltkrieges. Ein Minimum an Kollaboration mit der Besatzungsmacht war offenbar nicht zu vermeiden, wenn es um das Überleben ging. Die große Skala an Möglichkeiten reichte aber von aktiver Zusammenarbeit bis zum Nichtmitmachen, und auf der anderen Seite waren die Formen des Widerstehens von der passiven zur aktiven Opposition überaus vielfältig. Sie wechselten von Monat zu Monat, von Land zu Land. Kollaboration und Résistance bildeten sich in Frankreich besonders beispielhaft aus.[4] Es war das größte besetzte Land mit einer eigenen Regierung und einer gewissen Sonderstellung in Hitlers neuem Europa. Die aktive, selbst ideologische Unterstützung des NS-Regimes ging hier weiter als anderwärts, aber auch die Widerstandsbewegung griff seit 1943 besonders wirkungsvoll um sich. Dazwischen stand wie in allen besetzten Ländern die große Mehrheit derer, die Politik erlitten und durch die beiden Kategorien nicht erfaßt wurden: jene graue Zone der Namenlosen, für die Anpassung an die NS-Besatzung eine Funktion ihres tagtäglichen Existenzkampfes, nicht eine Frage der großen politisch-ideologischen Entscheidungen war.

Die Beurteilung des Ausmaßes und des Verhältnisses von Kollaboration und Résistance wird kompliziert durch die von Land zu Land verschiedenen Methoden des Besatzungsregimes selbst. Sie waren im Osten ungleich härter als im Westen und Norden, wo eine gewisse Zusammenarbeit im Namen einer Europa-Politik unter deutscher Führung propagiert wurde, die als rassistisch-nordisch, arisch-germanisch, antislawisch und antisemitisch bestimmte Neuordnung posierte. In Wirklichkeit ging es auch hier um die ökonomische Ausbeutung im Rahmen einer NS-Großraumpolitik, die zielbewußt und rücksichtslos organisiert wurde – von den Rohstoffen und Produkten bis zur Rekrutierung ausländischer Arbeitskräfte. Der ideologische Anspruch auf Eingliederung der sogenannten germanischen Gebiete Frankreichs, Belgiens, Hollands und Skandinaviens in das Dritte Reich fand angesichts der Besatzungspolitik so wenig Unterstützung in der Bevölkerung, daß das neue Europa über Planungen kaum hinauskam. Am bekanntesten wurde in Norwegen die rechtsradikale Sammlungsunion von Vidkun Quisling, dessen Name als Bezeichnung für kollaborierende Satellitenparteien in besetzten Ländern diente. Dazu gehörten nationalsozialistische Bewegungen wie die von Anton Mussert in Holland, von Léon Degrelle in Belgien, von Marcel Déat und Jacques Doriot in Frankreich; die letzteren übrigens waren miteinander rivalisierende Exsozialisten beziehungsweise Exkommunisten, deren linke Herkunft nicht untypisch war. Aber sie galten weithin als Verräter und erzielten wenig politische Wirkung, selbst als im Zusammenhang mit der Aufstellung von nicht-deutschen Freiwilligenverbänden und SS-Truppen für Hitlers Rußland-Feldzug seit 1941/42 die aktive Kollaboration konkretere Formen annahm und mancherlei Illusionen in rechtsgerichteten, antikommunistischen Gruppen weckte.

Im Grunde enthielt die Propaganda für einen Kampf Europas gegen den Bolschewismus die einzigen Ansatzpunkte für größere politisch-ideologische Aktionen mit übernationaler Ausstrahlungskraft. Doch sie brachte nicht viel mehr als einige Divisionen mit hochtrabenden Namen wie Charlemagne oder Wiking zustande; später wurden auch Balten, Ukrainer und andere Nationalitäten unter russischer Herrschaft in SS-Einheiten organisiert. Ihr militärischer wie politischer Wert blieb gering. Wenn das Franco-Regime seine Blaue Division beisteuerte, so hatte das wohl mehr mit Francos Interesse zu tun, die Deutschen zufriedenzustellen und einige Unterstützung zu erlangen, ohne in ein engeres Militärbündnis gezwungen zu werden. Das geringe Echo solcher Versuche ist abermals Beweis für die Tatsache, daß ›der Faschismus‹ als eine internationale Bewegung über den Bereich der jeweiligen nationalen Führerdiktaturen hinaus kaum existierte.

Wichtiger als die ideologische und militärische Kollaboration war das Maß an täglicher Zusammenarbeit in Wirtschaft und Verwaltung, von der Rüstungsindustrie bis zur Polizei, ohne das die Besatzungsherrschaft nicht funktionieren konnte. Die formellen und informellen Beziehungen aller Art reichten in den westlichen Ländern auch in weite gesellschaftliche und kulturelle Bereiche, und sie waren in vielen persönlichen Fällen höchst unterschiedlich gelagert. Opportunismus und Verblendung, die Anziehungskraft der Macht auf Intellektuelle und Praktiker, Profit und Karriere – die Motive für Kollaboration waren weit gestreut; dazu gehörte auch der rechtzeitige Übergang zur wachsenden Résistance. Jede Beurteilung muß die komplizierten Verhaltungsbedingungen unter einem totalitären Regime berücksichtigen; sie kann die Grenzen freiwilliger und unfreiwilliger Kollaboration kaum festlegen, ohne jeden Fall zu prüfen, und da dies unter den turbulenten Verhältnissen des Zusammenbruchs und der Befreiung nicht möglich war, sind den großen Säuberungen von 1944/45 manche zu Unrecht zum Opfer gefallen, manche Schuldigen aber auch entgangen.

Anders als die Träger des Widerstands oder die Protagonisten der Kollaboration suchte die große Masse der Bevölkerung in dem weiten Zwischenbereich zwischen beiden Einstellungen die Jahre zu überstehen. Sie war gewiß gegen die Besatzungsherrschaft gestimmt, aber sie arbeitete faktisch für sie und hatte sich weithin damit abzufinden. Der Unterschied zu den Umständen und Bedingungen des Widerstands in Deutschland und Italien lag darin, daß man einer fremden Besatzung gegenüberstand und schließlich den Widerstand als patriotisch-nationalen Kampf führen konnte, während deutscher und italienischer Widerstand als Aufstand und Verrat gegen die eigene Regierung galt. In jedem Fall war das Verhalten gegenüber dem Diktatur- und Besatzungsregime, dem man so oder so nicht entfliehen konnte, von einem tiefen Dilemma gekennzeichnet, dem die allzu pauschalen Chrakterisierungen der zeitgeschichtlichen Literatur nicht gerecht werden, wenn sie das Ausmaß der Résistance entweder übertreiben oder bagatellisieren und zu wenig von der täglichen Problematik des Lebens unter der Diktatur handeln. Hier fehlt es noch in allen Ländern an abgewogenen Analysen, mit denen sich die unerfreulichen, unheroischen Tatsachen der Besatzungs- und Kollaborationszeit darstellen lassen, um jenseits der Tabus glorifizierender Widerstandsliteratur oder pauschaler Verurteilungen ein differenzierendes Bild der jeweiligen Verhältnisse zu vermitteln.

In Osteuropa gab es ebenfalls zeitweilig Ansätze zu weitergehender Kollaboration. Das NS-Regime und sein Kampf gegen den Bolschewismus übten zunächst als Alternative zur Unterdrückungspolitik der Sowjetunion auf die betroffenen oder benachbarten Völker eine gewisse Anziehungskraft aus. Es kam auch dort zur Aufstellung von Truppen aus abtrünnigen Soldaten. Am bekanntesten wurde die Armee des ehemals sowjetischen Generals Andrej Wlassow. Ein bizarres Beispiel bildete der Appell an die sowjetischen Orientvölker, die ›zwischen Hakenkreuz und Sowjetstern‹ – so das gleichnamige Buch von Patrick von zur Mühlen (1971) – zu manövrieren suchten. Aber die tatsächliche Besatzungspolitik räumte in Osteuropa sehr viel rascher und brutaler mit den meisten Illusionen von Kollaboration auf; sie überholte zudem die Pläne einer Neugliederung des russischen Raumes, die im Interesse des antibolschewistischen Kampfes nicht zuletzt im Ostministerium Alfred Rosenbergs entwickelt wurden.

Diese Realität strafte die emphatischen Propagandaslogans von der neuen Ordnung Europas und der Welt Lügen. Der Schlüsselbegriff war auch gar nicht Europa, sondern das Reich; dessen immer weitere Ausdehnung über alle staatlichen Grenzen hinaus war der Kern der Europa-Politik Hitlers. Vor der Unmenschlichkeit des Ost-Krieges und der Ost-Herrschaft, der Versklavung der Slawen und der Ermordung der Juden, zerstoben die Illusionen einer positiven Lösung der Probleme Osteuropas. Waren die Deutschen 1941 im Baltikum und in der Ukraine noch als Befreier begrüßt worden, so rief die Ausbeutungs- und Vernichtungspolitik Hitlers und seines Hauptexekutors Himmler einen Widerstand hervor, der im Partisanenkampf bald zu einer ernsten Bedrohung der deutschen Kriegs- und Besatzungspolitik wurde. Die Erbitterung, mit der die tägliche Konfrontation in den besetzten Gebieten Rußlands und Polens, der Tschechoslowakei und Jugoslawiens erlebt wurde, hatte andere Dimensionen als im Westen. Der ideologische Vernichtungskampf gegen den Rassenfeind, zumal gegen Juden und Slawen, wurde hier ganz buchstäblich »durchgeführt«, wie es die bürokratische Vokabel der verblendeten Herrschafts- und Vernichtungsfunktionäre um Himmler ausdrückte.[5]

Den äußeren Rahmen machte die Besatzungspolitik aus, die seit dem Angriff auf Polen mit voller Brutalität und unter Berufung auf Kriegsnotwendigkeiten praktiziert wurde. Als erstes erfolgte die Ausdehnung des Reichsgebietes weit über die Revision der Versailler Grenzen hinaus. Von Polen wurden das Wartheland sowie die Bezirke Zjechanow und Suwalki für Ostpreußen abgetrennt, Oberschlesien wurde auf das gesamte Industriegebiet einschließlich Teschen ausgedehnt. Durch Verdrängung der polnischen Bevölkerung, Ansiedlung Volksdeutscher aus dem Baltikum und Südosteuropa und Eindeutschung der »rassisch wertvollen« Einwohner sollte die Volkstumsgrenze vorgeschoben werden. Das ging so weit, daß die SS im Herbst 1942 in Raum Lublin mittels überstürzter Zwangsevakuierung und Massenverhaftung polnischer Bauern begann, Raum für ein deutsches Großsiedlungsgebiet zu schaffen. Im Westen wurden Elsaß-Lothringen und Eupen-Malmedy rückgegliedert, von Slowenien die Untersteiermark und ein Teil von Krain, beide nur mit deutschen Minoritäten, abgetrennt. Aber auch das Protektorat Böhmen-Mähren und das Generalgouvernement Polen galten als ein Teil des Reiches. Der Status der weiteren Ostgebiete blieb im Grunde ungeklärt. Sie wurden in zwei Reichskommissariate unter den Gauleitern Erich Koch und Hinrich Lohse aufgegliedert: als Ostland mit Baltikum und Weißrußland sowie als Ukraine. Beide blieben militärisches Operationsgebiet, zugleich Tummelplatz der SS, ihrer Rassen- und Vernichtungspolitik. Schon bei der Planung des Rußland-Feldzuges hatte Hitler vor den Spitzen des Heeres im Juli 1940 die Zerschlagung Rußlands in mehrere Teilbereiche gefordert. Im März 1941 sprach er erneut von der Auflösung Rußlands in mehrere Staaten und lehnte es ab, an die Stelle des bolschewistischen ein nationales Rußland treten zu lassen.[6] Bald wurde jedoch deutlich, daß die mit brutaler Gewalt auszuführende Neuordnung auf die totale Beherrschung und Ausbeutung des russischen Lebensraums bis zum Ural hinauslief; darüber geben Hitlers ›Tischgespräche‹ von 1941/42 klar Auskunft. Damit war den Träumen Rosenbergs der Boden entzogen, blieb alles dem Machtkampf der Ostinstanzen überlassen. Die allgemeine Verwirrung, die daraus resultierte, wurde auf dem Rücken der Bevölkerung ausgetragen.

Den grausigen Höhepunkt bildete der Völkermord an den Juden. Nach den Erfolgsziffern Karl Adolf Eichmanns wurden bis zum Sommer 1944 über sechs Millionen ermordet, davon vier Millionen in Vernichtungslagern. Nachträgliche Schätzungen der Gesamtverluste bewegen sich zwischen fünf und sieben Millionen; jedenfalls ging die Gesamtzahl der Juden von fünfzehn Millionen auf neun Millionen, in Europa von 9,2 auf 3,1 Millionen zurück. Dieser Holocaust war mehr als eine Kriegs- oder Terrormaßnahme. Weder individuelles Urteil noch innere Auseinandersetzung, weder öffentliche Abschreckung noch kriegspolitische Maßnahmen spielten eine bestimmende Rolle. Die Vernichtungsaktion gründete im biologistischen Wahnsinn der NS-Ideologie; sie hebt sich deshalb auch klar aus dem Terror der Revolutionen und Kriege in der bisherigen Geschichte heraus. Es war die gänzlich unpersönliche, bürokratische Ausmerzung eines Volkes, das in toto als minderwertiges Untermenschentum, als tierisches »Ungeziefer« klassifiziert und vom Züchter Himmler wie eine biologische Krankheit behandelt wurde.

Der Widerstand gegen diese Vernichtungspolitik wurde kompliziert und verwirrt durch die Irreführungen, Geheimhaltungen und Drohungen, mit denen sie vor sich ging. Der Aufschrei der Welt kam spät. Moralische Autoritäten wie die Kirchen bis hin zum Vatikan versäumten klare Stellungnahmen, aus Opportunismus, aber auch aus Anfälligkeit für die antidemokratischen, antibolschewistischen und antisemitischen Slogans der NS-Ideologen, die den brutalen Aktionen einen geschichtlichen Sinn zu geben suchten. Die fast widerstandslose Ausführung der ungeheuerlichen Verbrechen bei der sogenannten Endlösung durch bieder anmutende Familienväter in SS-Uniform ist allenfalls zu erklären durch die grandiose Perversion der Werte, mit der sich der Nationalsozialismus im Sinne eines mißverstandenen Nietzsche oder Machiavelli und eines biologistischen Sozialdarwinismus gegen die moralische Welt des Abendlandes, der westlichen Zivilisation, wendete. Diese moralische Perversion eröffnete einen tiefen Blick in die Fähigkeit und Anfälligkeit zur Barbarei, die dem modernen Menschen im fortgeschrittenen 20. Jahrhundert gegeben ist – Reaktion auf die Aufklärung und die liberale Kultur eben dieser Moderne. Sie bewahrheitete die düsteren Prophezeiungen, die schon von Kritikern des Kultur- und Fortschrittsglaubens im 19. Jahrhundert ausgesprochen worden waren: vom deutschen Donner, der wie nie in der Geschichte einmal die Welt erschüttern werde (Heinrich Heine), und vom Weg des Menschen über die Humanität in die Bestialität (Franz Grillparzer).

Es gab zahlreiche Proteste und manches Widerstehen gegen die Brutalität der totalitären Herrschafts- und Vernichtungspolitik. Juden wurden versteckt und Transporte sabotiert; in Holland streikte man bereits im Februar

1941 gegen die Verschleppung von Juden; in den Gettos und Konzentrationslagern Osteuropas kam es zu Rebellionen; der große Aufstand im Warschauer Getto Anfang 1943 wurde nach langen blutigen Kämpfen von der SS niedergeschlagen. Aber der Widerstand wurde der NS-Herrschaft erst dann gefährlich, als die wesentlichen militärischen Entscheidungen gefallen waren; das totalitäre System des Nationalsozialismus war von innen nicht zu stürzen, so wenig wie die stalinistische Diktatur. Für die Beteiligten und Betroffenen war es schrecklich zu erleben, daß innerer Widerstand kaum etwas vermochte, aber auch, daß die Außenwelt von den Alliierten bis zu Papst Pius XII. den Nachrichten hilflos gegenüberstand, die seit 1943 über die Vernichtungspolitik des NS-Regimes nach außen drangen. Mehr hätte getan werden können, um Juden zu retten und das Funktionieren der Herrschaft zu sabotieren. Und doch war überall Widerstand beständig am Werk. Das galt nicht zuletzt von den Herrschaftsländern Italien und Deutschland selbst. Bis zum Krieg hatten dort schon Zehntausende von Menschen in Lagern und Gefängnissen für ihre Überzeugung und ihre Aktivitäten zu büßen, bevor noch im übrigen Europa die Lichter der Freiheit ausgingen.

Die wirkungsvollsten Versuche zur Anfechtung des totalitären Systems bedurften der Hilfe von Insidern, von Offizieren, Beamten, Wirtschaftlern. Das erwies sich auch an den Wendepunkten des deutschen Widerstands, zumal 1938 und 1943/44. Andererseits kann von der breiten Basis einer massenhaften Volksopposition, wie sie vor allem die kommunistische Widerstandslegende für sich in Anspruch nimmt, erst für die Schlußjahre gesprochen werden. Vorher hatten gerade die Kommunisten zwar große Opfer gebracht, ihre Untergrundstrategie aber auf so fragwürdig verallgemeinernde Klischees vom Faschismus und von seiner monopolkapitalistischenNatur gegründet, daß sie wenig gegen die nationalistische Massenwirkung und die virtuose Herrschaftstechnik vermochte, die mit reaktionären und revolutionären Mitteln zugleich operierte. Es kam hinzu, daß die Kommunisten in allen Ländern den Direktiven der Zentrale in Moskau zu folgen hatten, die ihre Politik alles andere als realitätsgerecht lenkte. Das Auf und Ab der Beurteilung und Taktik, je den Interessen der sowjetischen Außenpolitik folgend, erreichte den Tiefpunkt zwischen 1939 und 1941, als die kommunistischen Parteien ihre antifaschistische Propaganda einstellen mußten und die französische KP Frankreich im Krieg gegen Hitler-Deutschland nicht unterstützte. Eine richtige Einschätzung des kommunistischen Widerstands nach 1941 darf nicht außer acht lassen, daß die Linksradikalen weder die einzigen noch die verläßlichsten Gegner der Rechtsradikalen waren – steckt doch im Verhalten vor 1933 wie im Pakt von 1939 so manches Gemeinsame an Methoden und Zielen.

Um so wichtiger war die Rolle Englands, das in der dunkelsten Periode allein noch gegen den Nationalsozialismus im Kampf stand. Die Sendungen von ›Radio London‹ hatten für das entmutigte, zwischen Hitler und Stalin aufgeteilte Europa eine kaum zu überschätzende Bedeutung. – Die Wende brachten der deutsche Angriff auf Rußland und der Kriegseintritt der USA. Nun konnten sich mit erneuter Hoffnung in allen Ländern Widerstandsbewegungen entwickeln, zunehmend aufgerüttelt durch die brutale Verschärfung der NS-Herrschaft. Je mehr Fremdarbeiter zwangsverpflichtet wurden und je stärker sich der wirtschaftliche Druck auswirkte, desto mehr Männer schlossen sich Résistance- und Guerillagruppen an, die unter verschiedenen politischen Vorzeichen seit 1942 in ganz Europa operierten. Dem weiten Bereich der Widerstandstätigkeit entsprachen eine scharfe Überwachung und ein umfassender Gegenterror des Regimes: Geiselerschießungen, Niederbrennen von Ortschaften und Kollektivbestrafungen aller Art führten in den besetzten Ländern zu einer blutigen Geschichte der politischen Märtyrer. Die Erinnerung, zu Stein geworden in vielen Denkmälern, sollte in der Nachkriegszeit eine große Rolle spielen – für die Wiedergewinnung des nationalen Selbstbewußtseins und die Entwicklung der Europa-Idee, aber auch für den kommunistischen Helden- und Systemkult.

Wie immer man die Details der Geschichte des ›anderen Europa‹ und des ›anderen Deutschland‹ beurteilen mag – daß es sie gab, war das große Unterpfand einer Zeit, in der die deprimierenden Erfahrungen des Niedergangs und der Hilflosigkeit der alten Welt alles überschatteten. »Die Bedeutung der Europäischen Resistance bestand wohl nicht so sehr in ihren tatsächlichen strategischen und materiellen Erfolgen als in der psychologischen Erfahrung, die sie vermittelte, in der Kontinuität, die sie dem nationalen Leben gab, und in der Basis, die sie für den Wiederaufbau nach dem Krieg legte. Ihr wichtiger Beitrag ist ebenso auf dem moralischen und politischen wie auf dem militärischen Gebiet zu sehen.[7]

## Ende der deutschen Diktatur – Probleme der Befreiung

Im selben Maße, in dem sich der weitere Verlauf des Krieges gegen Hitler und seine Herrschaft zu wenden began, traten die Probleme des Kriegsbündnisses der Westmächte mit der Sowjetunion sichtbarer hervor. Stalin fiel wieder in sein altes Mißtrauen zurück und verdächtigte die Partner, sie verzögerten absichtlich die Errichtung einer zweiten Front in Europa. Das war jetzt in der Tat ein zentrales Problem der weiteren Kriegsführung.[8] Während die englisch-amerikanischen Truppen von Afrika aus im Juli 1943 Sizilien eroberten, gingen die Meinungen über den Einsatzpunkt dieser zweiten Front auch in der westlichen Führung auseinander. Churchill plädierte, in klarer Erkenntnis der harten Ralitäten, für eine Invasion auf dem Balkan, die ein Gegengewicht gegen das Vordringen und die Ansprüche Rußlands sowie eine bessere Sicherung der nahöstlichen Position verbürgen würde. Aber in langwierigen Verhandlungen, zuletzt der Außenminister in Moskau (Oktober/November 1943), begann sich der für die sowjetische Europa-Politik ungleich günstigere, für das Schicksal Osteuropas letztlich verhängnisvolle Entschluß durchzusetzen, die entscheidende westliche Invasion in Frankreich zu eröffnen.

Vor diesem Hintergrund trafen sich Anfang Dezember 1943 in Teheran, das seit der gemeinsamen Besetzung Persiens im August 1941 ein Schnittpunkt der russisch-westlichen Einflußzonen war, die Regierungschefs der drei Großmächte, um ihre Gedanken über die Neuordnung Europas nach dem Krieg auszutauschen. Beide Seiten hatten darüber ihre eigenen Vorstellungen entwickelt. Die Westmächte waren nach Besuchen Edens und Churchills in Washington (März und Mai 1943) übereingekommen, Rußlands Annexion der baltischen Staaten sowie Bessarabiens und den Besitz Polens östlich der Grenzen von 1920 anzuerkennen. Es war ein bitterer Entschluß, der den Motiven der englischen Kriegserklärung von 1939 zuwiderlief. Aber dieser Preis war für die Allianz zu zahlen. Polen sollte dafür durch Ostpreußen entschädigt werden. Im August 1943 wurde auf einer englisch-amerikanischen Konferenz zu Quebec auch der Gedanke einer neuen internationalen Organisation, eins verbesserten Völkerbundes, diskutiert. Als Churchill und Roosevelt mit solchen Überlegungen zum ersten Treffen mit Stalin nach Teheran reisten, hatte sich nicht nur der pazifische Krieg, sondern auch die europäische Position der Achsenmächte in einem für die Alliierten günstigen Sinne entwickelt.

Für Italien bedeutete der Verlust aller afrikanischen Besitzungen und das Überspringen eines aussichtslos gewordenen Krieges aufs Mutterland eine Existenzkrise des Faschismus. Vorfaschistische Kräfte und Institutionen, die Mussolini weder zu beseitigen noch voll gleichzuschalten vermocht hatte – vor allem die Monarchie, der Adel, die Kirche und die Militärs –, strebten nun aus dem Zwangssystem heraus; sie konnten sich dabei auf eine schnell anwachsende Friedensstimmung der Bevölkerung stützen. Noch im Februar 1943 hatte Mussolini elf Kabinettsmitglieder einschließlich seines Schwiegersohnes Ciano entlassen und selbst die Außenpolitik übernommen. Aber selbst aus faschistischen Kreisen verstärkte sich nun, da Italien gänzlich auf den Willen und die Hilfe Hitlers angewiesen war, die Neigung zu einem Separatfrieden. Am 24. Juli 1943 fand sich erstmals seit 1939 das höchste Parteiorgan, der Faschistische Großrat, zu einer langen Sitzung zusammen, in deren Verlauf sich neunzehn der achtundzwanzig Mitglieder gegen den Duce stellten. Tags darauf wurde Mussolini beim König die Entlassung mitgeteilt und eine mögliche Flucht durch seine Verhaftung vereitelt. Die Fortexistenz der Monarchie in der faschistischen Ära schien tatsächlich einen fast reibungslosen Übergang zu ermöglichen. Am 28. Juli 1943 verfügte Marschall

Pietro Badoglio als neuer Regierungschef die Auflösung der Faschistischen Partei, ohne freilich angesichts der deutschen Truppen im Land den Krieg sogleich beenden zu können. Erst nach einem komplizierten Doppelspiel kam es im Augenblick der alliierten Landung auf dem Mutterland am 3. September zur geheimen Kapitulation in Algier.

Da die Geheimhaltung mißglückt war, hatten die deutschen Truppen Rom besetzt, als am 8. September 1943 General Dwight David Eisenhower den Waffenstillstand verkündete. König und Regierung entkamen nach Brindisi, aber Italien blieb bis zum Ende Kriegsschauplatz. Rom selbst war noch bis Juni 1944 in deutscher Hand. Inmitten der allgemeinen Verwirrung gelang es der deutschen Führung, die italienischen Truppen zu entwaffnen, südlich von Rom eine neue Front zu stabilisieren, am 12. September Mussolini aus seiner Gefangenschaft zu befreien und ihn drei Tage später zur Gründung einer Italienischen Sozialen Republik radikal-faschistischer Prägung in Norditalien zu bewegen. Dort residierte der Duce in dem Badeort Salò als Diktator von Hitlers Gnaden, nahm blutige Rache an seinen Opponenten im Faschistischen Großrat, auch an Ciano, und endete einen Tag vor Hitlers pseudoheroischem Selbstmord, auch er an der Seite seiner langjährigen Konkubine (Clara Petacci), beim Versuch, verkleidet in die Schweiz zu entkommen, durch Kugeln italienischer Partisanen am Comer See; er wurde dann noch in Mailand öffentlich aufgehängt.

Hitler und Deutschland blieben das zentrale Problem, dem sich die Gipfelkonferenz der Alliierten in Teheran gegenübersah. Durch eine neue sowjetische Offensive war die internationale Position Stalins erheblich gefestigt. Der Große Vaterländische Krieg führte zum wirkungsvollen Primat des nationalen über das internationale Profil der Sowjetunion, freilich auch zur Wiederaufnahme traditioneller russischer Expansionsziele. Die Konferenz stand somit schon im Zeichen der Meinungsverschiedenheiten, die zwischen den ungleichen Partnern eines ganz vom Vorrang der Außen- und Militärpolitik beherrschten Kriegsbündnisses nach Bändigung der deutsch-japanischen Bedrohung und im Angesicht des Sieges offenbar werden mußten. Dabei waren die russischen Vorwürfe durchaus zu widerlegen. Wohl trug die Sowjetunion noch immer die Hauptlast des europäischen Krieges. Aber England hatte bereits zu einem Zeitpunkt Widerstand geleistet, als Stalin noch die Früchte seines bedenkenlosen Paktes mit Hitler pflückte, und es hatte in hartnäckigem Ringen, zuletzt im Verein mit Amerika, den Bruch der Achse erreicht und Deutschland eine neue Front im Süden aufgezwungen, die nun auch die Ostfront erheblich entlastete. Amerika schließlich war, ganz abgesehen von der umfangreichen Materialhilfe an die Alliierten, in einen erbitterten Insel-für-Insel-Krieg mit der Großmacht Japan verwickelt; das war gewiß eine zweite Front, die nicht zuletzt der Sowjetunion den Rücken freihielt.

Man hat deshalb mit gewichtigen Argumenten kritisiert, daß insbesondere Roosevelt jetzt und in der Folge den russischen Vorstellungen und Forderungen zu weit entgegengekommen sei. Eine solche Kritik übersieht allerdings, daß der Krieg noch keineswegs als entschieden gelten konnte und die ständig sich steigernden Exzesse der nationalsozialistischen Herrschaft alle Bedenken wegen des Preises überschatteten, der für eine wirkungsvolle Bündispolitik mit der Sowjetunion zu zahlen war. Außerdem hat die nationalsozialistische Propaganda mit ihrer Tendenz, auf ein Auseinanderfallen der Gegenkoalition zu setzen, die alliierten Bemühungen um Rußland nur verstärkt. Charakteristisch für Roosevelts Politik waren eher eine anhaltende Abneigung gegen vorzeitige politische Festlegungen und die Tendenz zum Verschieben der Entscheidungen für Mittel- und Osteuropa sowie der Konzessionen an die Sowjetunion auf eine ungewisse Nachkriegszeit. Doch zweifellos bewiesen Stalin und Churchill den besseren Blick für die Realitäten der Machtpolitik, während Roosevelt, in der genialen Führung der Innenpolitik erfahren, durch persönlichen Kontakt und großzügiges Entgegenkommen eine weiterreichende Verständigung mit dem sowjetischen Diktator verwirklichen zu können glaubte. Churchills Balkan-Pläne verfielen der Ablehnung, als Roosevelt im Bemühen um Verständigung den russischen Protesten Gehör schenkte.

Das war eine schwerwiegende Vorentscheidung für die künftige Verteilung der Macht in Europa, selbst wenn die alliierte Anerkennung einer militärischen Zuständigkeit der Sowjetunion für Osteuropa nicht die Hinnahme einer sowjetischen Hegemonie in diesem Gebiet bedeutete. Auch die noch unverbindlichen Gedanken über die Zerschlagung Deutschlands, die von Stalin geforderte Ausdehnung des polnischen Gebietes bis an die Oder und die künftige Organisation der Vereinten Nationen erhielten erst im Verlauf der weiteren Beratungen bis zum Winter 1944/45 feste Gestalt. – Auf dem Weg nach Teheran waren Roosevelt und Churchill am 1. Dezember 1943 in Kairo auch mit Chiang Kai-shek zusammengetroffen und hatten die fernöstlichen Kriegsziele diskutiert. China sicherten sie die Rückgabe aller japanischen Eroberungen seit 1914 einschließlich Formosa und die Errichtung eines selbständigen Korea zu. Diese Entscheidung sollte durch das Vordringen der chinesischen Kommunisten gegen die Nationalisten Chinag Kai-sheks zuletzt noch erheblich kompliziert und mit schwerwiegenden Folgen in den westlichen Meinungsstreit mit Rußland hineingezogen werden.

Die Befreiung Europas vollzog sich mithin unter Umständen, die schon die Probleme der Nachkriegszeit vorprägten. Seit der Invasion Frankreichs am 6. Juni 1944 erhoben sich überall Résistance-Bewegungen. Satellitensysteme brachen zusammen, Finnland und Rumänien suchten den Waffenstillstand. Aber die Verlängerung des Krieges durch Hitlers Durchhaltepolitik kostete noch Millionen Opfer in den Konzentrationslagern, die weitere Zerstörung

Deutschlands und der Niederlande, deren Befreiung durch das allierte Luftlandeunternehmen von Arnheim im September 1944 scheiterte. Während die Opposition in Deutschland nach dem Attentatsversuch auf Hitler vom 20. Juli 1944 blutig und kompromißlos ausgerottet wurde, vermochte sie sich in Italien noch in den Schlußmonaten des Krieges weitgehend durchzusetzen. Es gelang ihr sogar, den flüchtenden Mussolini festzunehmen und hinzurichten. Während Deutschland in einem Inferno der Zerstörung zusammenbrach, erhoben in Mailand und anderwärts die Komitees der Widerstandsbewegung ihre Stimme, um die Befreiung Italiens zu verkünden. Der Nationalsozialismus dagegen hielt Deutschland bis zum Ende im eisernen Griff.

Längst war indessen das problematische Verhältnis zwischen den Westalliierten und der Sowjetunion im praktischen Prozeß der Befreiung Europas akut geworden. Moskau hatte sich einst zu den allgemeinen Formulierungen der Atlantik-Charta von 1941 bekannt, die zur Befreiung und Souveränität der Nationen, zur Selbstbestimmung ohne Annexionen und zur wirtschaftlichen Zusammenarbeit aufrief. Aber es hatte sich sogleich die eigene Interpretation vorbehalten. Die faktische Entwicklung von Krieg und Besetzung machte der Sowjetunion seit 1943 eine Politik der vollzogenen Tatsachen möglich, soweit sie den Wettlauf nach Mitteleuropa gewann. Sie handelte nach dem ebenso einfachen wie brutalen Prinzip, zu dem sich Stalin später auch gegenüber dem jugoslawischen Partisanenführer Milovan Djilas bekannte: Jeder setze sein eigenes System durch, soweit seine Armee reiche; anders könne es nicht sein. Dem stand die große Alternative gegenüber, um die es in der Geschichte der Großmächte und der kleineren Völker entscheidend geht: »The eagle should permit the small birds to sing and care not wherefore they sang« (Churchill zu Stalin).[9]

Die Aufteilung der Kriegsführung zwischen Ost und West und der Verzicht auf eine Sicherung des Balkans mußten die sowjetischen Pläne in Ost- und Mitteleuropa einseitig fördern. Mit dem Wunsch einer Abschirmung der Sowjetunion verband sich der unveränderliche, nur vorübergehend durch die Auflösung der Komintern (1943) taktisch verschleierte Ausdehnungswille des Kommunismus. Wiederum wurde die enge Verflechtung von Innen- und Außenpolitik als Grundprinzip totalitärer Herrschaftspraxis sichtbar. Stalin war sich wohl bewußt, daß die Rückkehr freier und souveräner Regierungen in das von den Achsenmächten befreite Ost- und Mitteleuropa ein kommunistisches Rußland in die alte Isolierung versetzen würde. Nur die sowjetische Eroberung dieser Länder und die Einsetzung von kommunistischen Regierungen konnte das verhindern – ein Ziel, das erst in der Nachkriegszeit erreicht wurde, obwohl es bereits 1944 sichtbar war. Die Lage der einzelnen Länder in der sowjetischen Besatzungssphäre Europas war unterschiedlich. Teils hatten sie bereitwillig mit den Achsenmächten kollaboriert, teils besaßen sie Exilregierungen, teils waren Untergrund- und Partisanenbewegungen wie in Jugoslawien schon zu einer Macht mit politischem Eigengewicht und zum Gegenspieler der Exilregierungen geworden. Die Sowjetunion machte sich die unübersichtliche Vielfalt dieser Verhältnisse zunutze, als sie in das Vakuum hineinstieß, das der Rückzug der nationalsozialistischen Terrorherrschaft hinterließ. Überall spielten dabei die kommunistischen Widerstandsgruppen dank ihrer straffen Organisation, ihrer zuverlässigen Ergebenheit gegenüber Moskau und dem Willen der sowjetischen Besatzungsmacht eine bestimmende Rolle, auch wenn diese Rolle weder ihrer Zahl noch dem Willen der Bevölkerung entsprach, die nur das eine Diktaturregime mit einem neuen vertauschte. Ein Mythos der Befreiung suchte über die Tatsache hinwegzutäuschen, daß der Westen die Befreiung Osteuropas nicht zu erreichen vermochte, wobei Illusionen und Schwächen zusammenwirkten.

Ein erstes Beispiel bot Polen. Hier lag nach den Worten Churchills die »erste der Ursachen, die zum Zusammenbruch der großen Allianz geführt haben«. Die Beschlüsse und Entscheidungen über Polen, die seit der Konferenz von Teheran getroffen wurden, gehören zu den wichtigsten Schritten auf dem Weg in den Kalten Krieg, nicht erst die Nachkriegspolitik, in der die Schwäche des Westens gegenüber der sowjetischen Intransigenz voll sichtbar wurde und zu Gegenmaßnahmen führte – verspätet, soweit es Polen und Osteuropa betraf. Im Sommer 1944 waren die russischen Truppen vor Warschau angelangt.

Schon zuvor hatte Moskau der polnischen Exilregierung in London die Anerkennung entzogen. Jetzt hielt die sowjetische Führung den Vormarsch an und überließ im August und September 1944 die tapferen Aufständischen in der polnischen Hauptstadt kaltblütig dem furchtbaren Massaker der SS-Besatzung. Wohl war die Sowjetarmee auf deutschen Widerstand gestoßen. Aber daß sie keinen Versuch eines Vorstoßes auf Warschau machte und alle westliche Unterstützung aus der Luft, ja die amerikanisch-englische Benutzung ukrainischer Flugplätze ablehnte, hatte mit der nüchtern kalkulierten Tatsache zu tun, daß so der nichtkommunistische Widerstand in Polen entscheidend dezimiert und die Londoner Exilregierung ein für allemal diskreditiert wurde. Schon die sowjetische Ermordung Tausender von polnischen Offizieren im Wald von Katyn, noch vor dem deutschen Einmarsch 1941, gehört in diesen Zusammenhang. Und nunmehr, im Juli 1944, drängte Moskau darauf, ein im ostpolnischen Lublin gebildetes Nationales Befreiungskomitee unter kommunistischer Führung zur legitimen polnischen Regierung zu erheben.

So wurde die Entwicklung in Polen zu einem besonders tragischen Testfall. Zur Verteidigung dieses Landes waren England und Frankreich in den Krieg gegangen, aber die polnische Ostgrenze ließ sich gegen die sowjetischen Ansprüche nicht halten. Auch in der Hoffnung, eine Westverschiebung Polens könne die Sowjetunion vom Eingriff in die polnische Innenpolitik abhalten, sollten sich Churchill und Roosevelt täuschen. In Wahrheit band gerade diese Entscheidung Polen fast unlöslich an den sowjetischen Nachbarn, der als Schutzmacht gegen einen zu erwartenden deutschen Revisionismus auftreten konnte. Wieder einmal wurde dem unglücklichen Land die Lage zwischen Deutschland und Rußland zum Verhängnis. Seit 1941 hatte sich die polnische Exilregierung in London unter General Wladislaw Sikorski verzweifelt gegen den sowjetischen Einfluß gewehrt, während Churchill vergebens zu vermitteln suchte; seine Haltung schwankte zwischen großer Sympathie mit den Polen und interessiertem Verständnis für die sowjetischen Kriegsanstrengungen. Deshalb scheiterte auch Sikorskis Plan einer ostmitteleuropäischen Konföderation, die sich gegen Deutschland und Rußland gleichermaßen schützen sollte. Als Moskau im Sommer 1944 mit der polnischen Exilregierung in London brach und dem Lubliner Komitee die Verwaltung im sogenannten befreiten Polen übertrug, zeigten sich die Westmächte überaus nachgiebig, um nicht allen Einfluß auf die Neuordnung in Osteuropa zu verlieren. Der neue Chef der Londoner Exilregierung, Stanislaw Mikolajczyk, Führer der polnischen Bauernpartei, der nach Sikorskis umstrittenem Tod durch Flugzeugabsturz die Unabhängigkeit Polens zu retten suchte, wurde seit Oktober 1944 auch von Churchill selbst zur Hinnahme der Westverschiebung Polens gedrängt. Aber als er im Juni 1945 endlich zustimmte, waren die Entscheidungen gefallen und die wichtigsten Regierungsposten in kommunistischer Hand. Die Scheinkoalitionen der ersten Nachkriegszeit waren wenig mehr als eine Fassade, hinter der sich fortschreitend die kommunistische Machtergreifung und Gleichschaltung vollzogen. Mikolajczyk mußte 1948 erneut und endgültig in die Emigration gehen. Es war eine äußerst deprimierende Erfahrung: Der Krieg von 1939 ging 1944/45 noch einmal verloren.

Ein so kundiger Zeitgenosse und abwägender Analytiker wie der amerikanische Diplomat George Kennan hat die wohl entscheidende Bedeutung der polnischen Frage und der westlichen Neigung zur Beschwichtigungspolitik gegenüber Stalin in seinen Memoiren treffend hervorgehoben: »Das war der Augenblick, um, wenn überhaupt, eine volle und realistische Auseinandersetzung mit den Sowjetführern auszutragen. Damals hätten sie mit der Alternative konfrontiert werden müssen, entweder ihre Politik vollständig zu ändern und einer Zusammenarbeit bei der Errichtung wirklich unabhängiger Länder in Osteuropa zuzustimmen, oder auf westlich-alliierte Unterstützung und Förderung für die verbleibenden Phasen ihrer Kriegsanstrengung zu verzichten.«[10] Daß diese politische Auseinandersetzung zu einem Zeitpunkt versäumt wurde, als die Kriegsentscheidung zwar längst gefallen war, Stalin aber einen Sonderfrieden des Westens mit Deutschland fürchtete, macht die westliche Fehlkalkulation zu einem doppelt tragischen Ereignis. Es beschwor den späteren Ost-West-Konflikt herauf und stellte damit die Weichen in die

Richtung des Kalten Krieges und der sowjetischen Dauerbeherrschung Osteuropas.

Anders als in Polen, jedoch im Ergebnis ähnlich, verlief die Entwicklung in der Tschechoslowakei. Dort kam es ebenfalls zu einer Vorentscheidung, als der ehemalige Präsident Beneš in Erinnerung an das Versagen des Westens auf der Münchener Konferenz, doch entgegen den Warnungen Englands und der Exil-Polen, schon Ende 1943 in Moskau eine neue Allianz mit der Sowjetunion abschloß. Für die Aufnahme von Kommunisten in seine geplante Nachkriegsregierung empfing er von Stalin das Versprechen der vollen Wiederherstellung und Souveränität seines Staates. Dieser bilaterale Alleingang von Beneš, der eine Friedensregelung einseitig zugunsten der sowjetischen Garantie präjudizierte, erwies sich als verhängnisvoller Fehler. Die Umarmung Stalins hinderte ein Jahr später nicht die russische Annexion der Karpato-Ukraine im Osten der Tschechoslowakei und bedeutete lediglich einen Aufschub der vollen kommunistischen Machtübernahme bis zu dem Putsch vom Februar 1948. Vor allem wurde frühzeitig der polnische Plan einer Föderation osteuropäischer Staaten durchkreuzt, den Beneš als antisowjetisch und somit unrealistisch verwarf. Das war abermals eine wichtige Weichenstellung auf dem Weg in die sowjetische Beherrschung Osteuropas.

Land um Land fiel in den letzten Monaten des Krieges im Zeichen einer Befreiung, die sich als harte Besetzung, Ausbeutung und Gleichschaltung herausstellte, dem Zugriff und dem Grenzdiktat der Sowjetunion anheim: Finnland und Rumänien mußten Gebiete abtreten, Bulgarien hatte, obwohl nie am Krieg im Osten beteiligt, noch die russische Kriegserklärung und Besetzung hinzunehmen. Am ehesten vermochte sich Finnland zu behaupten, das im September 1944 kapituliert hatte. Zwei Faktoren erwiesen sich als ausschlaggebend: die feste Haltung, die in diesem Fall Churchill und Roosevelt in Teheran gezeigt hatten, und die Nichtbesetzung durch die Rote Armee. Vergeblich waren die Bemühungen Ungarns, Bulgariens und Rumäniens, seit Anfang 1944 mit geheimen Annäherungen an die Westalliierten ihre Länder – durch Separatfrieden – vor der russischen Besetzung zu bewahren. Durchweg zeigte sich, daß bereits die De-facto-Entscheidungen gegen Ende des Krieges das Schicksal der betroffenen Länder Europas besiegelten und die geplanten Friedensregelungen nichts mehr ausrichteten, jedenfalls soweit es sich um den sowjetischen Machtbereich handelte.

Die Teilung Europas, die nach drei Jahrzehnten fast unverändert andauert, wurde durch diese Entwicklung schon früh begründet und fixiert. Nur an zwei Stellen war die Entwicklung nach 1945 noch im Fluß: in Jugoslawien und in Griechenland. In Jugoslawien, wo eine monarchisch-westlich orientierte und eine kommunistisch dominierte Partisanenbewegung miteinander rivalisierten, setzte sich die letztere unter Tito im Oktober 1944 durch; auch dort schien das Ringen um die Einflußsphären im russischen Sinne entschieden zu sein. Aber dann sollte sich die Fähigkeit zur Unabhängigkeit von Moskau erweisen; die Rote Armee vermochte in Jugoslawien nicht zu intervenieren. Und in Griechenland mißglückte das Manöver einer kommunistischen Einflußnahme, nachdem englische Truppen Athen befreit hatten; der blutige Bürgerkrieg mit den vom Norden unterstützten Kommunisten überdauerte freilich noch den europäischen Krieg und wurde Teil des Nachkriegskonfliktes zwischen Ost und West.

In Westeuropa machte sich der wiedererstehende Anspruch Frankreichs auf gleichberechtigte Partnerschaft mit den drei Großen als ein besonderer Faktor geltend. Im Augenblick der Eroberung Roms war unter dem Kommando General Eisenhowers auch die lange erwartete und doch überraschend geführte Invasion der anglo-amerikanischen Truppen in der Normandie geglückt, am 6. Juni 1944. Damit kam die Demokratie über den Kanal nach Europa zurück. Der Kontinent war nicht länger einer der beiden totalitären Diktaturen, der nationalsozialistischen oder der sowjetischen, auf Gedeih und Verderb überlassen. Der vielgerühmte Atlantik-Wall brach unter den Schlägen der überlegenen Invasionsarmee bald zusammen, und schon zwei Monate später überschritten amerikanische Truppen die deutsche Grenze.

Der Ausgang des Krieges konnte für die nationalsozialistische Führung nicht mehr zweifelhaft sein. Aber ebenso offenbar war die Entschlossenheit Hitlers, anders als 1918, bis zum völligen Ende Stadt um Stadt, Dorf um Dorf, ja »jeden Quadratmeter«, wie es im Führerbefehl vom 24. März 1945 hieß, verteidigen zu lassen. Die destruktive Dynamik des nationalsozialistischen Terrorsystems fiel jetzt mit aller Erbitterung und Zerstörung auf Deutschland selbst zurück. Auch der verzweifelte Versuch der allzulange unterschätzten Widerstandsbewegung in Deutschland, das zuvor mehrfach gescheiterte Attentat auf Hitler am 20. Juli 1944 auszulösen und mit einem Umsturz den Krieg zu beenden, schlug fehl. Hitler überlebte den Bombenanschlag des Obersten Claus Graf Schenk von Stauffenberg und zwang mit Massenhinrichtungen und verschärftem Terror das ausgeblutete und zerbombte Land zum letzten Einsatz. Das Endstadium des Regimes mit der Mobilisierung des Volkssturms und der Hitlerjugend und mit den Erschießungskommandos der SS kostete schwerere Verluste als der ganze bisherige Krieg. Auch der Versuch einer deutschen Kapitulation im Westen, den am selben 20. Juli der Pariser Befehlshaber General Karl Heinrich von Stülpnagel unternommen hatte, wurde im Keim erstickt.

Ende August 1944 zog de Gaulle an der Seite Eisenhowers in Paris ein. Aber trotz Churchills Drängen wurde die provisorische Regierung, die de Gaulle in Zusammenarbeit mit der inner-französischen Widerstandsbewegung sogleich gebildet hatte, erst im Oktober 1944 formal von den Alliierten anerkannt. Das hatte seinen Grund in der ebenso beharrlichen wie unbequemen Forderung des Generals, Frankreich in seine Rechte als alliierte Großmacht wieder einzusetzen und an der machtpolitischen Vorbereitung des Friedens zu beteiligen. Obwohl die Taktik de Gaulles sein Verhältnis zu Roosevelt stetig verschlechterte und bis Jalta (Februar 1945) nur mäßige Früchte zeitigte, führte sie dann doch noch zum Erfolg. Offensichtlich ging es nicht nur um die europäische Position Frankreichs, sondern auch, so wenig die äußeren Machtverhältnisse diesen Anspruch zu begründen schienen, um die Chance einer französischen Mittlerstellung in der latenten Konfliktsituation zwischen Ost und West. Es war ein erster Schritt auf diesem Weg, daß de Gaulle mit seinem Außenminister Georges Bidault im Dezember 1944 nach Moskau reiste und nach dem englisch-sowjetischen Vorbild (1942) ein Zwanzig-Jahr-Bündnis mit der Sowjetunion schloß. Es öffnete ihm allerdings noch keine Tür zu der letzten Kriegskonferenz der großen Drei, die zwei Monate später bezeichnenderweise auf sowjetischem Boden stattfand. Aber Frankreich war wieder im Spiel, und es vermochte mit britischer Unterstützung bei den weiteren Deutschland-Beratungen den Anspruch auf eine eigene Besatzungszone durchzusetzen. Von dieser Basis gelang Frankreich bei Kriegsende doch noch der Sprung unter die großen Vier, von denen die Gestaltung des Friedens abhing.

Die Konferenz von Jalta (4. bis 11. Februar 1945) fand die Verbündeten an der Schwelle des militärischen Sieges an allen Fronten des Weltkrieges. Sie trug denn auch die Friedensvisionen und mit ihnen die Hoffnungen Roosevelts auf eine demokratische Neuordnung der Welt noch einmal hoch empor. Westeuropa war befreit, alliierte Truppen standen in Westdeutschland, die Sowjetunion hatte Osteuropa besetzt, und im Pazifik war nach der Rückeroberung der Philippinen das japanische Imperium ausgelöscht, das japanische Mutterland selbst bedroht. Doch die Behandlung Polens hatte erkennen lassen, daß die Sowjetunion jetzt, da der Druck der Kriegsanstrengungen nachließ, ihre eigenen Wege zu gehen begann. In einem Brief an Churchill vom 4. Mai 1945 erklärte Stalin lakonisch, nur Leute, die ihre freundliche Einstellung zur Sowjetunion bewiesen hätten und ernsthaft zur Kooperation mit dem Sowjetstaat bereit seien, sollten bei der Bildung einer künftigen polnischen Regierung konsultiert werden.[11] Das bedeutete die Ausschaltung der Londoner Exilregierung. Demgegenüber verblaßten die Meinungsunterschiede, die zwischen den Westmächten über die Wiederherstellung der westeuropäischen Regierungen aufgekommen waren.

Auch in Jalta waren keine festen Abmachungen in den konkreten Fragen der Besetzung und Teilung Deutschlands sowie der Reparationspolitik gelungen. Als unzulänglich erwiesen sich die Vorbereitungen durch eine im Oktober 1943 eingesetzte alliierte European Advisory Commission, nicht zuletzt wegen der unzureichenden Beteiligung der USA, die allzulange vor politischen Festlegungen zurückscheute. Die Sowjetunion bestand auf der

Annexion Ostpolens und hielt dementsprechend an der Forderung fest, Polen dafür durch die deutschen Ostgebiete zu entschädigen. Äußerstenfalls diskutierte sie die Erweiterung ihres Lubliner Satellitenregimes um einige Vertreter der Londoner Exilregierung. Die globale Einigung auf eine Wiederherstellung demokratischer Regime durch freie Wahlen bedeutete wenig angesichts des Sinnes, den Moskau diesen Begriffen unterlegte, und angesichts der Taktik der pseudodemokratischen Machtergreifung, mit der es den besetzten Ländern seinen Willen aufzwang. Kaum minder fragwürdig war das amerikanische Bemühen, die Sowjetunion noch in den Krieg gegen Japan zu bringen; der harte japanische Widerstand mit der Aussicht auf eine verlustreiche Verlängerung des pazifischen Krieges spielte hier eine ähnlich verhängnisvolle Rolle wie die Durchhaltepolitik Hitlers in Europa.[12]

In der zentralen Deutschland-Frage kam es zunächst zur Übereinstimmung in einigen allgemeinen Punkten. Dazu zählten die völlige Demilitarisierung und die Aufteilung Deutschlands in der einen oder anderen Form, wobei vornehmlich an die Zerschlagung Preußens, die Abtrennung des Rheinlands und Bayerns sowie an die Selbständigkeit Österreichs gedacht war. Indem man auf den preußischen Militarismus blickte, übersah man freilich allzu leicht die wesentlichen österreichisch-bayerischen Komponenten des Nationalsozialismus, die Herkunft und Aufstieg des Hitlerismus bestimmt hatten. Und die konkrete Form einer Zerteilung Deutschlands blieb in den alliierten Beratungen zwischen 1943 und 1945 ebenso vage wie jedwede Beschränkung, die ihm aufzuerlegen war. Vorübergehend stand im Vordergrund der schon erwähnte amerikanische Morgenthau-Plan, der große Gebietsabtrennungen, einen Abbau der Industrie und die Agrarisierung von Rest-Deutschland empfahl. Diese extremste Lösung wurde jedoch bald durch Erwägungen über die notwendigen Funktionen auch eines geschwächten Deutschlands im Rahmen des europäischen Wiederaufbaus überholt. Es kam hinzu, daß die Besatzungszonen, die sich die drei und dann vier Großmächte zusprachen, eine gleichmäßige und koordinierte Behandlung des Deutschland-Problems erschwerten, eine gesamtdeutsche Lösung schließlich überhaupt verhinderten, während die unmittelbaren Interessen der Besatzungsmächte – zumal in der sowjetischen und in der französischen Zone – in den Vordergrund traten.

Es wird umstritten bleiben, inwieweit der plötzliche Tod Roosevelts am 12. April 1945 die Probleme der Zukunftsgestaltung Deutschlands und Europas komplizierte und die Haltung der Sowjetunion intransigenter machte. Das ungeklärte und allzu optimistisch eingeschätzte Verhältnis der Siegermächte zueinander trat jedenfalls in seiner vollen Spannung und Widersprüchlichkeit hervor. Ob Roosevelt tatsächlich die im Krieg verschobenen Perspektiven hätte zurechtrücken können, ist fraglich. Als der noch wenig bekannte Vizepräsident Harry S. Truman, der bislang ganz der amerikanischen Innenpolitik zugewandt war, die westliche Führung übernahm, war der Ausgang des Krieges längst entschieden.

Dennoch verkündete die NS-Propaganda eine letzte, irreale Hoffnung Hitlers, der in Roosevelts Tod den Fingerzeig seiner oft zitierten Vorsehung erblickte und mit vielen verblendeten Anhängern bis zuletzt an eine Entzweiung der Alliierten, an ein rettendes Wunder noch kurz vor dem totalen Zusammenbruch Deutschlands glaubte. Man setzte Roosevelts Tod sogar mit dem geschichtswendenden Tod der Zarin Elisabeth im Siebenjährigen Krieg in Parallele. Zwar dachte Hitler nicht ernstlich daran, der so abenteuerlichen wie unrealistischen Vorstellung einer Aufgabe der Westfront und einer gemeinsamen Wendung mit den Westmächten gegen Osten Raum zu geben. Aber noch lange nach 1945 wirkte die nationalsozialistische Überzeugung nach, nur die Kurzsichtigkeit der Westmächte habe die Abwehr des Bolschewismus in letzter Stunde verhindert. Solche Behauptungen setzen freilich voraus, daß selbst nach den furchtbaren Erfahrungen mit der nationalsozialistischen Kriegs- und Herrschaftspolitik die hundertfach widerlegte Bollwerkthese des Nationalsozialismus weiterhin ernst genommen wurde. Die Tatsachen bezeugten anderes: Hitler hatte der Sowjetunion die Tür nach Europa geöffnet, zuerst im Beutepakt von 1939 und erneut 1941, als er die Westmächte in das Kriegsbündnis mit der Sowjetunion hereinzwang; und seine Terrorherrschaft beschwor jene Rachepolitik herauf, die über Schuldige und Unschuldige hereinbrach und viele andere Länder zumal Osteuropas nicht minder hart traf als das verführte Deutschland. Noch die letzte verzweifelte Gegenoffensive setzte Hitler im Dezember 1944 im Westen an. Auch die vielgerühmten Geheimwaffen, Raketen zur Vergeltung der vernichtenden Bombenangriffe auf Deutschland, waren seit Juni 1944 nach Westen gerichtet. Der Terror der Sippenhaft und der Standgerichte traf die aufbegehrenden Soldaten und Zivilisten an West- und Ostfront.

Es gehört zu den Beweisen für die betäubende Wirkungskraft eines totalitären Systems, daß die Masse der Bevölkerung nach der blutigen Vernichtung der deutschen Opposition bis zum Ende einem Führer folgte, der aus der Abgeschiedenheit seines Berliner Bunkers die Vernichtungsbefehle hinausgehen ließ. Die Suggestion, die von dem Anspruch auf gottähnliche Allmacht auf den Diktator selbst zurückwirkte und ihn zur sinnentleerten Hybris trieb, wurde in Hitlers Kriegspolitik manifest. Unvermeidliche Folge der aggressiven Dynamik, mit der das nationalsozialistische Regime stand und fiel, war sie zugleich eine letzte Konsequenz der Problematik totalitärer Herrschaft überhaupt. Im Verlauf der Kriegsausweitung waren alle Lebensfunktionen des Dritten Reiches so unmittelbar auf den einzigen Führer zugeschnitten, daß sein Kontakt zur Außenwelt lediglich über widerspruchslos ergebene Gehilfen gehalten wurde, die seine verzerrte Sicht der Lage nicht ernsthaft zu korrigieren vermochten oder wagten. Hitler verlor den zunächst so ausgeprägten Sinn für realistische Taktik mehr und mehr; er akzeptierte nur noch die Informationen, die seinen unveränderten Wunschbildern entsprachen. Sich selbst mit der Vorsehung identifizierend, schaltete er das Korrektiv der Wirklichkeit schließlich ganz aus und verhängte für jede mißliebige Äußerung die Todesstrafe. Die Kehrseite war der Glaube, daß nur er die wahren Zusammenhänge überschaue, daß nur er recht eigentlich wisse, was dem deutschen Volk nütze oder zustehe, so daß er alles selbst tun, gleichsam jedem Bataillon die Befehle geben müsse. Das daraus resultierende Chaos, die paradoxe Führungslosigkeit des totalen Führerstaates in der Endphase des Krieges, erklärte Hitler als Frucht des Verrats, des Versagens der Generale und des deutschen Volkes insgesamt.

Indem eine totalitäre Herrschaft alle politischen und moralischen Kontrollen beseitigt, funktioniert sie wohl rascher und eindrucksvoller, doch letztlich nicht geordneter und erfolgreicher als der demokratische Rechtsstaat. Hinter der rigorosen Scheinordnung des Dritten Reiches standen vielmehr das Durcheinander der Ämterrivalitäten, die Willkür der Führerbefehle, die Unsicherheit einer allgemeinen Furcht vor Bespitzelung und Terror. Ihr Ergebnis war jener Schwund des Realitätsbewußtseins, der in dem Chaos der Schlußwochen gipfelte, beispielhaft sichtbar in den Absetzungs- und Erschießungsbefehlen, mit denen Hitler selbst seine engsten Paladine wie Göring und Himmler bedachte. In den Exzessen seines Untergangs offenbarte sich der Charakter eines Systems, das nach der verführerischen Theorie der Diktatur höhere staatlich-politische Ordnung und Effektivität, gesteigerten Wohlstand und Entfaltungsraum für seine Bürger versprach, realiter durch organisierte Willkür und pseudorechtlich sanktionierte Verbrechen herrschte. Mehr als sieben Millionen Tote, über zwölf Millionen Flüchtlinge, die Verstümmelung und Spaltung des Landes, das Ende der staatlichen Existenz – das war die deutsche Bilanz des Dritten Reiches. Die europäische Bilanz des Nationalsozialismus, darunter die systematische Ermordung von sechs Millionen Juden, die Verwüstung Osteuropas und die Dezimierung seiner Bewohner, übertraf diese Zahlen noch um ein Vielfaches. Der Erste Weltkrieg hatte zehn Millionen Tote gekostet. Nun starben in Rußland und China je über fünfzehn Millionen, in Polen sechs, in Japan und Jugoslawien fast zwei Millionen. Von den auf über fünfzig Millionen geschätzten Opfern des Krieges waren die Hälfte Zivilisten, Zeugen einer möglichen Selbstzerstörung der modernen Welt. Der alliierte Bombenkrieg, mit dem Höhepunkt des Luftangriffs auf Dresden im Februar 1945, kostete zuletzt noch schwerste Opfer. Die nationalsozialistische Durchhaltepolitik trug die Hauptverantwortung. Auch mit ihrem eigenen Wertmaßstab, dem Erfolg, war diese Politik endgültig widerlegt – freilich, um welchen Preis.

Am 20. April 1945, dem sechsundfünfzigsten Geburtstag Hitlers, begann die russische Eroberung Berlins. Fünf Tage später trafen sich westliche und sowjetische Truppen erstmals an der Elbe, wo die Westmächte vereinbarungsgemäß haltgemacht hatten. Dank dieser Tatsache und im späteren Tausch gegen die Einräumung westlicher Sektoren im viergeteilten Berlin (Juli 1945) konnte die Sowjetunion die vereinbarte ostdeutsche Zone besetzen, obwohl Thüringen und weite Teile Sachsens zuerst von amerikanischen Truppen erobert waren. Eine Armee nach der anderen ergab sich. Am 7. Mai unterzeichnete in Reims das Oberkommando der Wehrmacht die bedingungslose Kapitulation der von Hitler eingesetzten Regierung Karl Dönitz. Der Akt wurde einen Tag später unter russischer Beteiligung in Berlin wiederholt. Der europäische Krieg war zu Ende. Gegenüber allen Angeboten von Separatverhandlungen waren die Westmächte bis zuletzt den Verpflichtungen ihres Kriegsbündnisses mit der Sowjetunion treu geblieben. Nachdem die Amerikaner unter Truman auf die mögliche Besetzung Berlins und zuletzt noch Prags verzichtet hatten, zogen sie sich jetzt auf einem Gebiet von sechshundertundfünfzig Kilometer Länge und bis zweihundert Kilometer Breite aus dem Herzen Europas zurück und begannen sogleich abzurüsten. Die amerikanischen Landtruppen in Europa wurden bis zum März 1946 von dreieinhalb Millionen auf vierhunderttausend Mann reduziert. Drei Millionen Sowjettruppen in vierzig Divisionen standen in der Folgezeit nur elf westliche Divisionen gegenüber.

Deshalb kam dem Ereignis, das drei Monate später auch dem japanischen Widerstand ein Ende setzte, besondere Bedeutung zu. Noch am 26. Juli 1945 hatte Tôkyô, den pausenlosen Bombenangriffen zum Trotz, eine Aufforderung zur Kapitulation zurückgewiesen. Am 6. August fiel die erste Atombombe auf Hiroshima. Unter furchtbaren Verlusten der Bevölkerung verfiel die Stadt in Sekundenschnelle der Zerstörung. Drei Tage später widerfuhr Nagasaki dasselbe Schicksal. Damit begann eine neue Ära der Menschheitsgeschichte.

Der Weltkrieg hatte die wissenschaftliche und technologische Entwicklung ruckartig vorangetrieben. Die Doppelwirkung, einmal für den Fortschritt, zum anderen für die Zerstörung trat vor allem in den epochalen Entdeckungen der Physik hervor. Mit der Anwendung der theoretischen Erkenntnisse von Albert Einstein, Max Planck und Ernest Rutherford, von Niels Bohr, Werner Heisenberg und Otto Hahn war eine Atomphysik begründet worden, die beiden Seiten eine riesige Ausweitung des Krieges ermöglichte, sobald die Atomspaltung, die Hahn bereits 1938 gelungen war, auch technisch angewendet werden konnte. Die deutsche Seite war nicht nur durch die technischen Anforderungen gehandikapt, sondern mehr noch durch die ideologische und rassistische Politik, die zur Vertreibung und Emigration einer großen Zahl von hervorragenden Wissenschaftlern nach England und Amerika geführt hatte. Auch Niels Bohr konnte noch 1943 von den Engländern im Zusammenwirken mit dem dänischen Widerstand in den Westen geholten werden. Der Wettlauf um die Atombombe war um diese Zeit bereits entschieden. Hitler konzentrierte damals seine Erwartungen auf die Raketenwaffen, die nach dem Krieg zum Teil von denselben Technikern, etwa Wernher von Braun, mit großer Bedeutung für die Raumfahrt in West und Ost weiterentwickelt wurden. Kaum denkbar, was geschehen wäre, wenn das NS-Regime die Atombombe zuerst besessen hätte, was zunächt nicht unmöglich erschien. Das Problem der politischen und moralischen Verantwortung der Wissenschaftler stellte sich nun in einer ganz neuen, ungleich dringenderen Weise.

Aber auch als Problem der internationalen Politik in der künftigen Auseinandersetzung mit der Sowjetunion war die Atombombe ein gravierendes Moment. Neuere Forschungen haben ergeben, daß schon Roosevelt – nicht erst sein Nachfolger Truman, den die Kritiker der amerikanischen Politik im Zusammenhang mit der Entstehung des Kalten Krieges allzu scharf von dem Rooseveltschen Kooperationskurs abheben – den Gedanken aufnahm, eine atomare Überlegenheit der USA für die Gestaltung der Außen- und Weltpolitik nach dem Krieg auszunützen.[13] Dabei wirkte sich sein enger Kontakt zu Churchill, dem Realpolitiker, aus. Wenn Roosevelt der Bombe schon seit 1943/44 eine Rolle als diplomatische Waffe zuweisen wollte, um die Sowjetunion zu einem kooperativen Verhalten in der Friedensgestaltung zu veranlassen, dann weist ihn das als einen dezidierten Pragmatiker aus, der ein schärferes machtpolitisches Bewußtsein im Blick auf die internationale Rolle der USA besaß, als weithin angenommen wird. – Amerika war nach geheimen dreijährigen Vorarbeiten im Besitz einer Waffe, die den traditionellen militärischen Vorstellungen ein Ende zu setzen schien und neben den politischen auch die moralischen Probleme des Machtdenkens in ein neues Licht rückte. Nicht minder schwere Aufgaben standen noch bevor. Europa lag am Boden. Es war vom Träger der Weltgeschichte zum bloßen Objekt der Weltpolitik geworden. An der Seite der siegreichen Demokratien stand als Erbschaft Hitlerscher Politik eine totalitäre Macht mit unbegrenzten Ansprüchen. Das bis heute fortdauernde Ringen um den Frieden wird von der Frage überschattet, ob die Menschheit die Kräfte der Zerstörung, die ein totaler Krieg entfesselt hat, noch zu bändigen verstehe. Wie immer man den nach schweren Bedenken gefaßten amerikanischen Entschluß, die Bombe 1945 noch einzusetzen, um einen verlustreichen Endkampf zu vermeiden, beurteilen mag, es bleibt die Tatsache, daß nach dem Sieg über Hitler das Monopol der Atombombe der westlichen Politik einen entscheidenden Trumpf zur Eindämmung der sowjetischen Herrschaftsansprüche in die Hand gab. Amerika, der ›Weltmacht wider Willen‹, war damit eine Verpflichtung zur Weltpolitik auferlegt, der es sich, anders als nach dem Ersten Weltkrieg, nicht entziehen konnte.

## Zur Diskussion von 1945

Die alte kommunistische These, wonach der Westen, zumal die USA, nach Roosevelts Tod die Zusammenarbeit abrupt einseitig gebrochen und die Sowjetunion ökonomisch wie militärisch unter Druck gesetzt hätten, ist als revisionistisch-selbstkritische Erklärung des Kalten Krieges in den sechziger Jahren von linken Historikern aufgenommen und in der neomarxistischen Bewegung mit großem Widerhall bei Studenten und Intellektuellen zur massiven Kritik der gesamten kapitalistischen Nachkriegspolitik in Europa erweitert und vergröbert worden. Drei Punkte werden dabei besonders hervorgehoben, um die primäre Verantwortung des Westens oder mindestens seine große Mitschuld am brüsken Übergang vom Kriegsbündnis zum Kalten Krieg zu beweisen: der plötzliche Stopp des amerikanischen Lend-Lease-Programms für die Sowjetunion; die atomare Diplomatie als politisches Druckmittel; die ökonomische Einfluß- und Profitpolitik, die mit dem Höhepunkt des Marshall-Plans zur einseitigen Restauration einer kapitalistischen Gesellschaft mit antikommunistischer Ausrichtung in Westeuropa geführt habe. Charakteristisch für diese Interpretation ist die Aufbauschung einzelner Faktoren, die einem komplexen Geflecht von Umständen und Bestrebungen angehören, zur entscheidenden Bedingung der Entwicklung, ja zur Schlüsselerklärung schlechthin: ökonomischer Imperialismus, militärisch-politisches Herrschaftsstreben, Welt-Kapitalismus.

Das dermaßen simple Bild zerfällt, wie alle rechten oder linken Legenden von der jüdischen bis zur kapitalistischen Weltverschwörung, bei einem genaueren Blick auf die Fakten in seine Bestandteile. Da ist der Abbruch des Lend-Lease-Programms, das der Sowjetunion für fast zehn Milliarden Dollar Hilfe gewährte. Schon seit Anfang 1944 war seine Fortführung über das Kriegsende hinaus fragwürdig, zumal sich Washington und Moskau über die Zinszahlung nicht einigen konnten. Die bürokratisch starre Beendigung sofort am Tag der deutschen Kapitulation war vielleicht politisch unklug und bot für Stalin Anlaß zu gesteigertem Mißtrauen, aber sie entsprach den vertraglichen Abmachungen der Lend-Lease-Politik. Überdies hatte die Sowjetunion ja schon vor Kriegsende, besonders in Polen, nicht im Sinn der Kooperation gehandelt und Grund zu solchem strikteren Verhalten gegeben. Was die atomare Diplomatie anlangt, so gehörte die Einbeziehung der neuen Waffe in die amerikanische Nachkriegspolitik bereits zu den Erwägungen der Rooseveltschen Politik. Wie die Durchsetzung der sowjetischen Herrschaftsziele in Osteuropa beweist, hatte sie außerdem keine wesentliche Wirkung auf die machtpolitische Entwicklung in den entscheidenden Monaten von 1945.

Zu dem Vorwurf der kapitalistischen Interessen- und Einflußpolitik ist zu sagen, daß die USA es versäumt haben, den sowjetischen Wunsch nach möglichen Krediten gegen sowjetische Konzessionen bei der Frage der europäischen Neuordnung und internationalen Kooperation auszuspielen. Roosevelt hatte sich auch hierbei desinteressiert an konkreten Abmachungen gezeigt, und weitere mögliche Versuche, sich der ökonomischen Waffe zu bedienen, sind unterblieben. Dies schon widerlegt die ökonomistischen und marxistischen Behauptungen, mit denen die linken Revisionisten im Gegensatz zu den rechten Roosevelt-Kritikern statt der Russophilie umgekehrt eine Russophobie der amerikanischen Politik anprangern. Dabei wird von rechten wie linken Revisionisten der Aufbau der Politik viel zu planvoll und deterministisch gesehen. Zudem gibt es keine ernsthaften Beweise für die Verschwörungstheorie, derzufolge kapitalistisch-imperialistische Drahtzieher zur Etablierung von Absatzmärkten und zur Weckung von Waffenbedarf den Konflikt mit der Sowjetunion geradezu naturnotwendig hervorgerufen hätten. Selbst wenn man derart spekulative Interpretationen ernst zu nehmen bereit wäre, fehlen die konkreten Anhaltspunkte dafür, daß Stalin in Osteuropa nur eine milde Einflußpolitik zur berechtigten Sicherung der Sowjetunion, im übrigen einen kooperativen Friedens- und Freundschaftskurs gesteuert hätte. Die Realität war eine Praxis der Unterdrückung und der Konfrontation auf allen Ebenen der alliierten und europäischen Politik, insbesondere seit der Verschärfung der polnischen Frage, also bereits seit 1944.

Der Bruch von 1945 entstand mithin weder so plötzlich noch mit einer derartigen ökonomischen oder imperialistischen Motivation, wie dies die Amerika- und Kapitalismuskritiker wollen. In der historischen Perspektive erscheint eher das Kriegsbündnis der beiden Großmächte als das Außergewöhnliche, nicht jene politische Rivalität und Gegnerschaft in Europa und Asien, die mit dem Ende des Krieges unverhüllt auftraten. Nach dem Sieg über den gemeinsamen Feind mußte die Grundverschiedenheit zwischen der totalitär-kollektivistisch organisierten Sowjetunion mit ihrem revolutionsexpansiven Anspruch und den liberal-individualistischen Demokratien Amerikas und Westeuropas sich wieder krasser geltend machen. Das Notbündnis von 1941, das Stalin 1939 noch verweigert hatte, zerbrach mit seinem Anlaß: dem Hitler-Regime. Die grundlegende Divergenz der Systeme von Ost und West, nicht eine antisowjetische Verschwörung, bewirkte die neuerliche Entfremdung, die ebenso Rückfall in die Vorkriegslage wie Neubeginn eines Kalten Krieges war. Neu war freilich nicht nur das globale Ausmaß der bevorstehenden Konfrontation, die zu einem Krieg am Rande des Krieges wurde, sondern auch die sowjetische Gleichschaltungspolitik mit militärischen Mitteln. Sie störte in erster Linie die Hoffnung auf eine universale Konfliktlösung und Friedenspolitik, auf der Roosevelts Kurs beruhte. Die amerikanische Politik war Reaktion, Suche nach Ersatz für das zerstörte Konzept der Kooperation, politisch, ökonomisch und militärisch.

In diesem Rahmen statt in recht vagen Verschwörungs- und Imperialismusthesen, ist der Übergang vom Bündnis des Krieges zum Konflikt des Friedens zu erörtern. Mehr als der dürftige Kompromiß der UNO und das bewaffnete Gegenüber der Blöcke war 1945 nicht zu erwarten. Nicht ein Zuviel an antibolschewistischer Militanz und Aggressivität ist zu kritisieren, vielmehr ein Zuwenig an Konsequenz in der Wahrnehmung der westlichen Belange bei den Entscheidungen von 1944/45. Erst als weitere Einbrüche drohten, begann die amerikanische Politik die Konsequenz aus den bitteren Erfahrungen zu ziehen und sich mit ihren vollen wirtschaftlichen Mitteln in den Kalten Krieg einzuschalten, der faktisch längst im Gange war und bereits zur kommunistischen Gleichschaltung ganz Osteuropas – mit Ausnahme der Tschechoslowakei vor 1948 – geführt hatte. Auch in dieser Hinsicht war es die sowjetische Politik, die sich gegenüber den Bekenntnissen der Atlantik-Charta und der demokratischen Kooperation änderte, nicht die amerikanische Einstellung, die auf die Prinzipien der Selbstbestimmung und Selbstregierung für die befreiten Völker gerichtet blieb. Die Politik Trumans konkretisierte und praktizierte diese Einstellung, wenn sie nach der langen Zeit des Zögerns und der Täuschung angesichts der sowjetischen Realpolitik schließlich zu Gegenmaßnahmen und zum Schutz wenigstens der übrigen Länder Europas vor der östlichen Kontinentalmacht schritt. Verspätet, doch nicht zu spät wurde der Weltanspruch des Leninschen Kommunismus wieder ernstgenommen.

# Die großen Entscheidungen

Der Friede, vor dem Europa und die Welt am Ende des Zweiten Weltkrieges standen, kann durch einen Vergleich mit der ersten Nachkriegszeit beleuchtet werden. Nach kaum mehr als einem Vierteljahrhundert war die Welt grundlegend verändert. Die Wirkung des Krieges auf das Jahrzehnt nach 1917/18 war gekennzeichnet durch Faktoren, die auf die Zeit nach 1945 nicht mehr zutrafen: die extreme Politisierung der Massen; die romantisch-heroisierenden Impulse des Kriegserlebnisses; die bürgerkriegsartigen Konflikte und ideologischen Frontbildungen in der Fortsetzung des Krieges; das Trauma der Enttäuschten, durch den Krieg Gescheiterten, des Status Beraubten; die Suche nach Schuldigen und Sündenböcken; die Zuspitzung der sozialen Konflikte und die extremen politischen Polarisierungen.[1]

Die Zeit nach dem Zweiten Weltkrieg stellt geradezu einen Gegenpol zu solchen Tendenzen dar. Dabei spielte ohne Zweifel auch eine Rolle, daß man sich 1945 bemühte, dem Scheitern der Nachkriegspolitik von 1918 die Rezepte für eine bessere und erfolgreichere Nachkriegsordnung abzugewinnen. In der Gründung der Vereinten Nationen und in der Behandlung des deutschen Problems wurde dieses Bemühen besonders sichtbar; es wirkte sich dann auch ganz entscheidend auf den Neubau der zweiten deutschen Republik aus. Der durch die Jahrhunderte wiederholte Versuch, aus der Geschichte zu lernen, ist wohl nie mit größerem Nachdruck unternommen worden. Andererseits erscheinen elementare Problemstellungen von 1945 im Vergleich mit 1918 als völlig neu oder zumindest als gänzlich unterschiedlich. Dazu zählen die Entkolonisierung der Welt, die Spaltung Europas, die globale Blockbildung, der Bipolarismus.[2]

Doch auch die neuen Probleme und Formen der nationalen und internationalen Politik sind in einer historischen Perspektive zu sehen. Es war der Eindruck vieler Zeitgenossen und der Tenor vieler politischer Schriften, daß nun ein ganz neues Weltzeitalter anbreche, daß Hoffnung und Befürchtung völlig neue Dimensionen annähmen, daß das Ende der bisherigen Geschichte und der Anfang einer einigen, friedlichen Welt, der ›One world‹ gekommen seien. Aber entgegen solchen Empfindungen des einzigartigen Augenblicks ist der konkrete historische Rahmen der veränderten Lage rasch offenbar geworden. Die ›Stunde Null‹, besonders in der zutiefst erschütterten Welt deutscher Intellektueller 1945 ein bestimmender Bezugspunkt, existierte mehr als eine philosophische und moralische Idee denn als eine politische Realität. Betrachtet man die drei großen Bereiche, in denen sich die allgemeine Politik entwickelte, so erkennt man in dem Bruch von 1945 zugleich den starken Zusammenhang mit bestimmten Vorkriegs- und Kriegsentwicklungen.

Erstens: Das Deutschland-Problem war ein Prüfstein der europäischen Politik seit dem 19. Jahrhundert. Es beherrschte weitgehend die Geschichte zwischen den beiden Weltkriegen. Seine veränderte Dimension liegt in der Aufteilung auf die politisch-ideologischen Weltblöcke.

Zweitens: Der Ost-West-Konflikt bahnte sich seit den Konstellationen zwischen 1917 und 1920 an: Die Geschichte des Kalten Krieges gehört zur Geschichte der Sowjetunion und der westlichen Antworten auf ihre revolutionäre und totalitäre Herausforderung; sie erweiterte sich ins Globale durch die aktive und definitive Beteiligung der USA an der Weltpolitik, und daraus erwuchs die Bipolarität der internationalen Politik überhaupt, die trotz allen Veränderungen bis heute besteht.

Drittens: Das Imperialismus- und Kolonialproblem betrifft einen lange angebahnten Prozeß des Übergangs, der unmittelbar mit der Anfechtung der europäischen Suprematie vor und nach dem Ersten Weltkrieg zusammenhängt. In der Emanzipation der neuen Nationen spiegelt sich aber zugleich die Europäisierung der Welt, die Übertragung ihrer Konzepte des Nationalstaats, der Demokratie und der Industriegesellschaft.

Die großen Entscheidungen fielen nicht auf Friedenskonferenzen wie 1919/20 und auch nicht isoliert in der nationalen Innen- und Außenpolitik der einzelnen Staaten. Sie waren vielmehr weitgehend das Ergebnis eines Prozesses der internationalen Politik, der sich über fünf Jahre, bis zum Korea-Krieg (1950) hinzog, und nach weiteren fünf Jahren zur vollen Konsolidierung in den Pariser Verträgen und in der Moskau-Reise Adenauers führte. Es waren die Jahre der entscheidenden Weichenstellungen, die bis zum heutigen Tag gültig geblieben sind, also erheblich länger als die des Ersten Weltkrieges.

Die Entscheidungen fielen auf dem Felde enger Verflechtung und Wechselbeziehungen der großen Problembereiche. Charakteristisch ist im Unterschied zu 1918 das Maß, in dem die einzelstaatliche Politik hinter die internationale zurücktrat und auch die nationale Innenpolitik der Einzelstaaten von jener bestimmt wurde. Das hieß jedoch nicht einseitiger Primat der Außenpolitik; im Gegenteil: Die Verschränkung innen- und außenpolitischer, ideologischer und sozio-ökonomischer Motive tritt mehr denn je hervor. Kein Staat kann sich mittlerweile der Illusion hingeben, seine Geschichte selbst zu bestimmen: Die Interdependenz ist sowohl das Schicksal als auch die Chance der zweiten Nachkriegszeit.

Unsere Betrachtung sucht diesem grundlegenden Tatbestand zu entsprechen. Zunächst ist der Blick auf die internationale Szene zu richten: die rasche Entfaltung des Konfliktpotentials von 1945, die Bipolarisierung und Spaltung der Welt, die Konsequenzen für das internationale System, das im wesentlichen schon 1948/49 festlag, und für die Außenpolitik der Staaten. Daran knüpft sich die Frage nach den innenpolitischen Entwicklungen und Strukturen, nach der Rekonstruktion und den Perspektiven der Demokratie, nach den Formen der Antidemokratie und der Diktatur. Ihr enger Zusammenhang mit der bipolaren Weltentwicklung, aber auch die fortbestehenden Besonderheiten nationaler und traditionaler Art kommen ebenfalls in dem entscheidenden Jahrfünft nach 1945, besonders zwischen 1947 und 1949, zur Ausprägung. Und endlich: Diese ›Formative years‹ entscheiden bis zum heutigen Tag über das Selbstverständnis der Staaten und Blöcke. Wo dieses in eine Bewegung oder Krise gerät, wie am Ende der sechziger Jahre, da handelt es sich zugleich um eine Krise in der Beurteilung der großen Nachkriegsentscheidungen. Anders sind die Bezugspunkte der ›Dritten Welt‹, der das dann folgende Kapitel gilt.

## Der bipolare Friede: Ordnungen und Konflikte des Nachkriegs (1945/46)

Die Probleme der jüngsten Geschichte, die 1945 begann, reichen sämtlich in den Zweiten Weltkrieg und in die Bedingungen seines Entstehens zurück. Eine isolierte Betrachtung der Nachkriegspolitik wäre schief und irreführend. Das bezeugt die Deutschland-Frage. Sie setzt nicht mit den Vertreibungen und der Spaltung von 1945 ein, sondern bereits mit den deutschen Entscheidungen seit 1933, mit der nationalsozialistischen Aggressions- und Katastrophenpolitik und den unvermeidlich schweren Reaktionen, die ihr folgten. Der Aufstieg der Sowjetunion zu einer Weltmacht und die Emanzipation der Kolonialvölker sind ohne die Entscheidungen des Hitler-Regimes so wenig zu denken wie der Niedergang der europäischen Herrschaft in der Welt und die Abhängigkeit und Spaltung, in die Europa geriet. Die schweren Fehler und Illusionen der ersten Nachkriegsordnung, der Rückzug der USA von der Verantwortung als Weltmacht und für den Völkerbund, das Versagen der Westmächte vor der nationalsozialistischen Herausforderung, gehören zu den weiteren Ursachen der Lage, in der sich das geschlagene und zerstörte Europa befindet. Es war befreit von einer unvorstellbar grausamen Herrschaft, aber schon der Beginn des Friedens sah die siegreichen Mächte in argwöhnischer Gegenüberstellung an den neuralgischen Punkten: in

Deutschland und Südosteuropa, im Mittleren Osten und in China. Die erste Konferenz in Europa fand ab Mitte Juli 1945 in Potsdam, dem Herzen Preußens, statt, dessen endgültige Zerstörung sie symbolisierte. Schon die Potsdamer Konferenz stand unter dem Druck einer zunehmenden Spannung zwischen Ost und West, die nicht nur Kriegsziele und Grenzfragen, sondern ganz konkret die Einfluß- und Besatzungspolitik in den Machtsphären der Großmächte betraf. Der Westen kritisierte die sowjetische Forcierung eines kommunistischen Machtergreifungskurses in Bulgarien und Rumänien, die Sowjetunion beanstandete das englische Eingreifen in den griechischen Bürgerkrieg und gegen die kommunistische Aufstandsbewegung. In der Tat hatte Churchill schon im Mai 1945 die nachmals berühmte Wendung niedergeschrieben: Ein Eiserner Vorhang werde von den Russen niedergelassen; man wisse nicht, was in ihrem Gebiet Europas vor sich gehe.

Die Probleme der Friedensordnung wurden in zwei großen Gruppen behandelt: Für das Deutschland-Problem, dessen Lösung sich die Großmächte vorbehielten, wurden in Potsdam eine Reihe leitender Prinzipien entwickelt; für die Friedensverträge der Achsenpartner Italien, Rumänien, Bulgarien, Ungarn und Finnland traf ein Rat der Außenminister die nötigen Vorbereitungen. Die Friedensregelungen mit den Achsenpartnern gestalteten sich schwierig genug, selbst wenn man das Zentralproblem Deutschland ausklammerte. Die Verhandlungen zogen sich bis Ende 1946 hin; langwierige Konferenzen in den Hauptstädten der Alliierten führten schließlich im Februar 1947 zur Unterzeichnung in Paris. Hier konnte man noch am ehesten Parallelen zu 1919 entdecken. Als das grundlegende Prinzip galt erneut das Selbstbestimmungsrecht, als Maßstab der Grenzregelungen der territoriale Stand vor der nationalsozialistischen Expansion. In Ost- und Südosteuropa kam es unter sowjetischem Druck zu erheblichen Abweichungen von diesem Prinzip, während im Westen es nur kleinere Korrekturen gab. Italien behielt entgegen manchen Erwartungen das ganze 1919 annektierte Südtirol. Die begrenzte kulturell-politische Autonomie, die dem vorwiegend deutschsprachigen Gebiet in einem Abkommen zwischen den Außenministern Österreichs und Italiens 1946 zugesichert wurde, blieb umstritten; eine gerechte Lösung wurde lange Zeit umgangen, indem die Provinz Bozen mit der italienischsprachigen Provinz Trient zusammengelegt und dadurch majorisiert wurde. Dagegen büßte Italien nach konfliktreichen Verhandlungen einen Teil seiner Erwerbungen von 1919 gegenüber Jugoslawien ein. Triest wurde ausgeklammert und blieb unter westlicher Besatzung, bis Tito 1954 die Rückgabe an Italien konzedierte. Immerhin fiel für den Hauptpartner der Achse und Urheber des Faschismus das Ergebnis erstaunlich milde aus. Italien hatte sich rechtzeitig genug abzusetzen vermocht. Die Voraussetzungen für einen besseren Verlauf der italienischen zweiten Nachkriegszeit schienen gegeben zu sein.

Die Wiederherstellung der Vorkriegsgrenzen in ganz Osteuropa war hingegen durch den Vorbehalt belastet, daß die Sowjetunion auch jene großen Gewinne behielt, die sie im Zeichen des Paktes mit Hitler 1939 gemacht hatte. Das betraf das rumänische Bessarabien ebenso wie die Annexionen in Finnland, das damit vom Eismeer abgeschnitten wurde. Die Sowjetunion und Polen behandelten trotz starker Einwände auf der Potsdamer Konferenz ihre ›Verwaltung‹ Ostdeutschlands als definitive Annexion, indem sie Städte und Dörfer umbenannten und die Umsiedlung forcierten. Die Westverschiebung Polens war Kompensation für die Abtretung der umfangreicheren Ostgebiete an die Sowjetunion, die Polen größtenteils 1920 Rußland abgenommen hatte. Auch hier bildete der Beute-Pakt der Diktatoren von 1939 den Hintergrund; er hatte Rußland Ostpolen und das Baltikum konzediert. Nun wurde er in allen Punkten definitiv vollzogen, nur eben auf Kosten Deutschlands. Der Sowjetunion stand das Tor nach Mitteleuropa offen. Die Verluste durch den Ersten Weltkrieg und die Revolution waren wieder eingeholt; das militärisch besetzte Einflußgebiet aber war weiter denn je ausgedehnt.

Die Frage nach Schuld und Verantwortung für die Umwälzung in Europa ist anders gelagert als nach dem Ersten Weltkrieg. Sie liegt primär im Angriffskrieg Hitlers, in der brutalen Herrschafts- und Vernichtungspolitik gegen Juden, Polen und Russen, endend in der Massenflucht der ostdeutschen Bevölkerung, die durch überstürzte Räumungsaktionen des NS-Regimes noch verschärft wurde. Im weiteren kam freilich zu der Massenflucht die Massenaustreibung, zu dem deutsch-sowjetischen Komplizentum zwischen 1939 und 1941 die Nachgiebigkeit der Westmächte gegenüber den Forderungen der Sowjetunion und Polens, nachdem diese unleugbar eine Hauptlast des Krieges getragen hatten. Der zweite Versuch, Europa nach dem Nationalstaatsprinzip und Selbstbestimmungsrecht zu ordnen, sollte statt durch Anpassung der Grenzen an die Nationalitäten, die nach 1918 gescheitert war, nun durch Anpassung der Nationalitäten an die Grenzen gesicherte Verhältnisse schaffen. Das Mittel war die Massenumsiedlung; auch sie nichts gänzlich Neues nach dem türkisch-griechischen Konflikt in den Jahren 1920 bis 1923 und der nationalsozialistischen Umsiedlungspolitik von 1939 bis 1945. Die Nachkriegsregelung erreichte jedoch einen ungleich größeren Umfang. Sie stand im Zeichen erregter Leidenschaften, die Krieg und brutale Besetzungspolitik hervorgebracht hatten.

Entschieden und rücksichtslos regierte nun der Gedanke, daß künftig kein Revisionismus auf der Grundlage von Nationalitätenproblemen mehr möglich sein dürfe. Eine lange europäische Kultur- und Siedlungsgeschichte war mit einem Schlag rückgängig gemacht, wobei entschiedener noch als nach dem Ersten Weltkrieg die Verwirklichung des Nationalismus absolut gesetzt wurde. Daß das zu einem Zeitpunkt geschah, in dem moderne Technik und ein globaler Krieg die Welt zusammengerückt und die Notwendigkeit übernationaler Ordnungsstrukturen deutlicher denn je gemacht hatte, gehört zu den Grundwidersprüchen der Nachkriegsgeschichte. Derselbe Widerspruch belastet die im Zeichen eines hochgetriebenen Nationalismus erfolgende Staatswerdung der Völker Afrikas und Asiens und stürzt sie in immer neue Krisen – ein Problem der Geschichte überhaupt, die im Vollzug der Strukturen hinter neuen Konstellationen nachhinkt. – Betroffen waren zunächst in erster Linie die Deutschen. Der Haß, den die nationalsozialistische Unterdrückungs- und Vernichtsungspolitik hervorgerufen hatte, trieb sie nicht nur aus den Minderheitsgebieten Südosteuropas, sondern auch aus großen Teilen Ostdeutschlands, aus den zusammenhängenden Siedlungsräumen jenseits der Oder-Neiße-Linie und der Sudeten. Die radikalen Germanisierungspläne des Dritten Reiches schlugen auf die Deutschen selbst zurück. Unter Verlust ihrer Habe strömten über zehn Millionen in die mittel- und westdeutschen Kerngebiete und vermehrten dort die Probleme, die das geschlagene und zerbombte Land zu tragen hatte.

Aus einem Fehler der Zeit nach dem Ersten Weltkrieg freilich hatte man gelernt. Die wirtschaftlichen Einschränkungen und Reparationen, die das Klima damals vergiftet hatten, wurden diesmal nicht so umfassend und realitätsfern gehandhabt. Gewiß mutete die sogenannte Demontagepolitik zunächst kaum weniger hart und einschneidend an, aber sie lief auf zeitlich und sachlich klarer begrenzte Bestimmungen hinaus, die darum eher kalkulierbar, realistischer wirkten. In Potsdam wurden als Leitprinzipien die völlige Entwaffnung und Entmilitarisierung Deutschlands sowie die Bestrafung der für die NS-Politik Verantwortlichen festgelegt. Dem folgte eine weitgehende Überwachung des öffentlichen Lebens in allen vier Besatzungszonen Deutschlands. Ein Gesetz zur Befreiung von Nationalsozialismus und Militarismus diente als Grundlage für eine Entnazifizierung, die in großem Ausmaß mit umstrittenem Erfolg die innenpolitische Szene der ersten Monate und Jahre bestimmte. In den Nürnberger Prozessen wurden die hauptverantwortlichen NS-Führer als Kriegsverbrecher von einem interalliierten Gericht abgeurteilt, und es schloß sich eine Reihe von Nachfolgeprozessen gegen Vertreter des Staats- und Parteiapparats sowie der Wirtschaft an. Die Kritik an diesen neuartigen Maßnahmen richtete sich besonders gegen die Selbstkonstituierung der Siegermächte als internationaler Gerichtshof und gegen die Anwendung nachträglicher Strafbestimmungen. Soviele Zweifel der legalen Prozedur gelten mögen, recht eindeutig waren die Prozesse Antwort auf eine verbrecherische Politik von bislang ungekannten Ausmaßen.

Man kann die Nürnberger Prozesse und die Entnazifizierung als eine Art Revolutionsersatz betrachten. Diesem Versuch einer gleichsam künstlichen Revolution von außen und oben kam insofern Bedeutung zu, als er ganz betont die Fehler von 1918 vermeiden wollte. Tatsächlich sollte sich der längere

Zeitraum des Besatzungsregimes als eine Art Schutzschirm über der Nachkriegsentwicklung auswirken. Vorübergehend jedoch zeitigte diese Ersatzrevolution durch politische Bestrafung und Säuberung eher Problematisches. Zu weit und pauschal war der Rahmen der Entnazifizierung gespannt. Fehlgriffe und Leerlauf bei der automatischen Überprüfung von Millionen nomineller Parteigenossen, Mitläufer und Betroffener, die meist ergebnislos endete, stumpften die Wirkung ab und verursachten zudem solchen Aufwand, daß darüber manche relevanten Fälle verschleppt oder gar versäumt wurden. Man zog die nationalsozialistischen Führer und Funktionäre durch das Diktum von außen und oben nur teilweise zur Rechenschaft, sowohl bei der Entnazifizierung als auch in den Nürnberger Prozessen der Alliierten, die als Siegerjustiz kritisiert werden konnten. Nicht wenige der Verantwortlichen und Täter des Regimes konnten untertauchen oder mit Hilfe von Untergrundorganisationen die rettenden Ufer Südamerikas, des Nahen Ostens oder Spaniens erreichen. Mit großer Verspätung konnte auch deutscherseits konsequenter mit der Ahndung der NS-Verbrechen begonnen werden, nachdem die Alliierten die Kompetenzen übertragen hatten; da aber behinderte der zeitliche Abstand Durchführung und Wirkung der Verfahren.

Im sowjetisch besetzten Teil Deutschlands wurde die Liquidierung des Nationalsozialismus gewiß sehr viel rigoroser betrieben. Doch die Alternative der SED-Herrschaft, der sich die Bevölkerung nur langsam und resignierend beugte, unterschlug einen Teil der historischen und psychologischen Problematik, dessen Ausdruck der Nationalsozialismus war. Die Kollektivierung von Industrie und Landwirtschaft sollte dem Faschismus gemäß der marxistischen Lehre die ökonomischen Ausgangspunkte entziehen. Aber die faktische Herrschaft von Obrigkeitsstaat, Einparteienregime und totalitärer Ideologie knüpfte erneut an die autoritäre Struktur politischen Verhaltens, an die antidemokratischen Traditionen eines Deutschland ohne demokratische Revolution an. Ohnehin erscheint die Frage nach der Wirkung der kommunistischen Bewältigung des Nationalsozialismus im Rahmen einer gesamtdeutschen Bilanz hypothetisch, da eine Wiedervereinigung im Zeichen des Nationalstaates von Jahr zu Jahr ferner gerückt wurde. Nur in Westdeutschland konnten Fortdauer oder Bewältigung nationalsozialistischer Ideen und Hypotheken als Inhalte des politischen Denkens und Verhaltens empirisch verfolgt werden, nur hier war die politische Mobilität der Bevölkerung in offenen Wahlen, Meinungsbefragungen, publizistischer Aktivität meßbar.

Der Kampf um die Friedensordnung ließ die latenten Meinungsverschiedenheiten zwischen West und Ost, auf die das Dritte Reich vergeblich gesetzt hatte, mit zunehmender Stärke aufleben. Hatte Hitler nicht doch recht gehabt? In der Folge gab die Besatzungspolitik viel rascher als geplant wieder eigener Staatlichkeit und einem erneuerten deutschen Selbstbewußtsein

Raum. Konnten sich nicht jene bestätigt fühlen, die statt des Bruchs mit der nationalsozialistischen Vergangenheit die Kontinuität des Reiches betont hatten? Die Gunst der ›Stunde Null‹, des ›Abschieds von der bisherigen Geschichte‹, der gründlichen Besinnung auf die deutsche Schuld und die ›deutsche Katastrophe‹, die auch deutsche Gelehrte und Denker vom Range Alfred Webers, Karl Jaspers', Friedrich Meineckes beschworen hatten, die Abkehr vom Nationalismus und Militarismus, in der sich zunächst die meisten Politiker von Kurt Schumacher bis zu Konrad Adenauer und Franz Josef Strauß einig waren, machte fast überstürzt einer Rückkehr auch der Deutschen in politische und militärische Macht Platz.

Die Potsdamer Konferenz hatte beschlossen, vorerst keine zentrale deutsche Regierung zu dulden und die Grenzfrage ebenfalls nur provisorisch festzulegen. Ihre Ergebnisse waren im wesentlichen von negativen Erwägungen bestimmt: straffe Kontrolle und Niederhaltung Deutschlands und seiner Verbündeten. Aber das Scheitern der ersten Nachkriegsordnung von 1919 und die Erfahrung zweier Weltkriege in einer Generation zwangen zu neuen Wegen. Ganz offenbar war eine Wiederherstellung des internationalen Systems der Zwischenkriegszeit nicht möglich; zu groß waren die Veränderungen in Europa und in aller Welt. Vor allem eines erschien überdeutlich: Ein abermaliger Rückzug der USA aus der Weltpolitik war nicht mehr praktikabel. Der Krieg hatte die Kräfteverhältnisse zwischen allen Mächten entscheidend verschoben. Großbritannien war nachhaltig geschwächt, sein Kolonialreich als Stütze britischer Politik erschüttert. Die Sowjetunion hatte wohl die umfangreichsten Verluste erlitten, aber sie holte sich nicht nur den Löwenanteil an Reparationen und Besatzungsbeute, sondern gewann mit dem Vorrücken bis nach Mitteleuropa zusätzlich die Möglichkeit, ihr wirtschaftliches und politisches Gewicht bald wiederherzustellen und erheblich zu erweitern. Hitlers Angriff und dann die zwangsläufige westliche Unterstützung hatten Rußland nach dem schweren Sturz im Gefolge des Ersten Weltkrieges wieder in den Rang einer Weltmacht erhoben – und dies in einer Situation, die den Niedergang der übrigen europäischen Großmächte besiegelte und die traditionelle Machtstruktur Europas zerstörte. Allein die USA hatten durch die Anstrengungen des Krieges eine Steigerung ihres Potentials erreicht, die sie in eine natürliche Hegemonialstellung versetzte.

Amerika und die Sowjetunion waren nun als Super-Großmächte allen anderen Staaten überlegen. Die Frage ihres Verhältnisses mußte als das zentrale Thema der internationalen Politik das künftige Schicksal Europas und wohl auch der Welt bestimmen. Diese Situation wurde noch unendlich kompliziert durch die Tatsache, daß anders als nach dem Ersten Weltkrieg die siegreichen Mächte durch einen tiefgreifenden Unterschied in der Ideologie, in den politischen und sozioökonomischen Ordnungsvorstellungen getrennt wurden.

Der Wesensunterschied war durch die Notwendigkeiten der Kriegführung gegen den gemeinsamen Feind zeitweilig überdeckt worden, begann nun aber mit voller Schärfe wieder hervorzutreten. Er verriet sich auch darin, daß die Sowjetunion als totalitäres Regime ihre ganze Kraft konzentriert auf die jeweiligen Ziele und Erfordernisse ausrichten konnte, während die westlichen Demokratien den Strömungen der öffentlichen Meinung Rechnung tragen, ihre Außen- und Militärpolitik den verschiedensten Bedingungen einer pluralistischen Innenpolitik anpassen mußten. Das Kriegsbündnis hatte zu prosowjetischen Stimmungen geführt; in den westlichen Staaten wirkten kommunistische Parteien, deren Loyalität mehr der Außenpolitik der Sowjetunion als der ihres jeweiligen Staates zugute kam.

Es war ein Ausdruck dieser Stimmungen, in denen Illusionen und Kriegsmüdigkeit zusammenflossen, daß vornehmlich die USA schnell den Übergang zur Friedenswirtschaft vollzogen und fast ohne Sicherungen ihren mächtigen Kriegsapparat auf ein Minimum abzurüsten begannen. Man verkannte die Tatsache, daß mit dem bloßen Schweigen der Geschütze der Krieg nicht zu Ende war, solange keine tragfähige Friedensordnung ausgebaut war und solange nicht das Verhältnis der beiden Großmächte dauerhaft geklärt werden konnte. Wohl ließ sich in einer freiheitlichen Demokratie wie der Amerikas der elementare Wunsch nach Entlassung der Soldaten und nach rascher Rückkehr zum Friedensdasein nicht ignorieren. Wohl verlieh der alleinige Besitz der Atombombe ein starkes Sicherheitsgefühl. Wog aber das Atommonopol die riesigen nicht abgerüsteten Armeen Rußlands auf? Steckte in dieser atomaren Strategie gar eine neue Form der Gleichgewichtspolitik? Es wurde dabei leicht übersehen, welche Möglichkeiten und Ambitionen die militärische Präsenz der Sowjetunion enthielt: nicht nur die Besetzung und brutale Kontrolle von halb Europa, sondern auch die konkrete Chance, das Konzept der Weltrevolution inmitten der sozialen und politischen Labilität des zerstörten und verelendeten Europa weiter voranzutreiben. Wenn schon starke kommunistische Parteien in Frankreich und Italien mit in der Regierung saßen, warum sollte es nicht möglich sein, daß solche Länder auf ganz legale Weise zu Sowjet-Republiken werden könnten? – Ungefähr anderthalb Jahre lang dominierte eine durchaus ungewisse, fluktuierende weltpolitische Situation, in der die formale Fortdauer des Kriegsbündnisses und die Hoffnung auf Eine Welt zur Verwischung der realen Unterschiede und zur Verkennung der Tatsache beitragen konnten, daß es zwei Welten waren, die den Krieg siegreich überstanden hatten: eine demokratische und eine revolutionär-diktatorische. Erst um die Wende von 1946 auf 1947 kam diese Realität und mit ihr der revolutionär-machtpolitische Anspruch der sowjetischen Politik den westlichen Regierungen, vor allem den USA, klar zu Bewußtsein. Es war der offene Beginn des Kalten Krieges.

Zwei Momente besaßen entscheidende Bedeutung für die Entwicklung der

Nachkriegspolitik: Europa war auf Gedeih und Verderb der Gnade der beiden Supermächte ausgeliefert, in deren Schatten auch England und vollends Frankreich als Großmächte standen; andererseits ließen die geplanten Nachkriegsregelungen manchen Spielraum. Die amerikanischen Erwartungen einer weiteren Zusammenarbeit mit der Sowjetunion erwiesen sich bald als zu optimistisch. Es zeigte sich, daß die russischen und westlichen Vorstellungen über Demokratie und ihre Wiederherstellung in Europa unvereinbar waren. Zu spät wurde Churchills realpolitische Einsicht bestätigt, daß eine militärische Besetzung der zentraleuropäischen Metropolen Berlin, Prag und Wien die westliche Position bedeutend verstärkt und der freiheitlichen Demokratie auch in Mittel- und Osteuropa bessere Chancen gegeben hätte. Doch die Weichen der Nachkriegsordnung waren bereits gestellt: Wiederaufbau der Demokratie im Westen, Revolutionierung und Sowjetdiktatur, verkleidet als Volksdemokratie, im Osten. Obwohl in den Ländern, über die der Krieg mit teilweise schwersten Zerstörungen hinweggegangen war, anfangs die Bewältigung ganz spezifischer Probleme der erschöpften Bevölkerungen im Vordergrund stand und Verarmung und Verelendung scheinbar revolutionäre Situationen geschaffen hatten, erwies sich der Rahmen der Vorentscheidungen, der bei Kriegsende feststand, als stärker. Bestimmend war der Einfluß der Besatzungsmächte in Deutschland und Österreich, aber auch in den anderen Ländern spielte die Zugehörigkeit zu den beiden Haupteinflußsphären eine Rolle.

So zeichnete sich in den Ländern, die von der Roten Armee kontrolliert wurden, bald jene Umformung von Koalitionsregierungen bürgerlicher und linker Parteien in volksdemokratische Regime ab, die nichts anderes bedeuten sollten als den jeweils national modifizierten Übergang zu einem kommunistischen Herrschaftssystem. Nach dem Vorbild der sowjetischen Machtergreifung und Herrschaftsbefestigung sollte sich das Regime auf den Teil der Bevölkerung stützen, der als ›Arbeiter und Bauern‹ qualifiziert wurde, doch im Grunde kaum mehr als eine kommunistische Funktionärsclique mit deren Anhängern war. Das Ziel war die Durchsetzung des Einparteiensystems, auch wenn andere Parteien als nützliche Satellitenorganisationen innerhalb eines kommunistisch kontrollierten Nationalen Blocks weiterbestanden. Der hierarchisch-diktatorische Charakter dieser Scheindemokratien, die formal als parlamentarische Systeme organisiert waren, trat in der einseitigen Steuerung der Personalpolitik von oben und in der Zwangsgleichschaltung aller gesellschaftlichen Organisationen, nicht zuletzt der Gewerkschaften, hervor. Der Prozeß war jeweils abgeschlossen, wenn die Wahlen die Form plebiszitärer Akklamation von Einerlisten und Ja-Parolen mit Ergebnissen von neunzig bis neunundneunzig Prozent erreicht hatten.

Bei dieser Revolution von oben, die in den Ländern unter sowjetischer Besatzung 1945/46 stattfand, bestanden natürliche Unterschiede. Schon die

Form der Volksdemokratie mit der Einbeziehung und dem formalen Fortbestehen von bürgerlichen Parteien war ein taktisches Zugeständnis an die historisch-politischen und gesellschaftlichen Eigenheiten, die im sowjetischen Modell anders waren als in den osteuropäischen Staaten. Die Machtergreifung begann regelmäßig mit einer Koalitionsregierung, die als antifaschistische Einheitsfront konstituiert wurde. Die Nichtkommunisten wurden dann Schritt für Schritt unter indirektem oder direktem Druck eliminiert. Das neue Regime wurde durch Landreformen und Großpropaganda popularisiert. Am Ende beseitigte man die letzten Reste der bürgerlichen Demokratie oder – wie in Bulgarien und Rumänien – der Monarchie. Der Machtergreifungsprozeß erfolgte verschiedentlich nicht ohne Komplikationen und Verzögerungen. In der westlich orientierten Tschechoslowakei konnte er erst mit dem sowjetisch gestützten Putsch von Februar 1948 vollendet werden, und in Polen zwang das besondere Interesse Englands, das ja zur Rettung Polens in den Krieg eingetreten war und eine polnische Exilregierung beherbergt hatte, zu einer langsameren Gleichschaltung. Die demonstrative Präsenz der Roten Armee glich das Handikap aus, daß in keinem der osteuropäischen Staaten die Kommunisten in freien Wahlen eine Mehrheit erhielten, es sei denn durch eine Vereinigung mit Sozialisten, die auf Täuschung und Zwang beruhte, wie in Ostdeutschland oder in Polen.

Charakteristisch waren auch die Vorgänge in Ungarn. Dort hatte die Volksfront-Taktik der Kommunisten zunächst einen großen Wahlsieg der Kleinbauernpartei nicht zu verhindern vermocht (November 1945). Aber ihre starke Mehrheitsstellung in Parlament und Regierung – sechzig Prozent – wurde durch personalpolitische Eingriffe des sowjetischen Vorsitzenden der alliierten Kontrollkommission unterlaufen. Er verlangte, daß ein Kommunist aus den Zeiten der Räterepublik von 1919, Mátyás Rákosi, und ein kollaborierender Sozialist als stellvertretende Premiers dem Regierungschef der Bauernpartei zur Seite gestellt wurden. Nach bewährter Praxis totalitärer Machtergreifungen genügte dann die Besetzung des Innenministeriums durch einen weiteren Kommunisten, um die Minister und Mitglieder der Mehrheitspartei unter Bespitzelung und Druck durch die Sicherheitspolizei zu setzen, sie durch Beschuldigung der Spionage und Verschwörung zu verunsichern und schließlich zu Rücktritt und Emigration zu zwingen. Solcher kalten Revolution folgte die Gleichschaltung. Dem vierundzwanzig Jahre währenden autoritären Regime Admiral Horthys schloß sich nach nur zwei Jahren liberaler und demokratischer Regierung die stalinistische Diktatur an. Der Versuch, mit dem ungarischen Aufstand von 1956 dieses Regime neun Jahre später wieder abzuwerfen, erhellte noch einmal blitzartig die undemokratische Realität der Volksdemokratie, aber auch die Unmöglichkeit, aus dem sowjetischen Systembereich auszubrechen. Das Ergebnis der Entwicklung in Osteuropa war überall das gleiche, ob es nun rascher oder langsamer erzwungen wurde: Bis 1948 war das kommunistische Machtmonopol, die totalitäre Gleichschaltung der Innen- und Außenpolitik, erreicht.

In Mitteleuropa blieb die endgültige Entscheidung noch bis 1948/49 suspendiert. Die ohnehin zentrale Deutschland-Frage wurde von Anfang an durch die Spaltung der Systeme verschärft. Beides war deutlich: sowohl die machtpolitische als auch die symbolische Bedeutung jeder Entscheidung in der Deutschland-Frage. Die Kriegskonferenzen bis hin zu Potsdam hatten lediglich einen Rahmen gesetzt, doch der Friedensvertrag, der ihn ausfüllen sollte, blieb in der Politisierung und Polarisierung der alliierten Deutschland-Politik stecken. Die Bestrafung und die Hinrichtung von zehn führenden Vertretern des NS-Regimes in Nürnberg war einer der wenigen gemeinsamen Akte der Besatzungsmächte. Schon bei der Denazifizierung zeigten sich unter den Siegermächten die unterschiedlichen politischen und rechtlichen Auffassungen, zumal zwischen Ost und West. Für die Sowjets lief sie auf die Beseitigung des kapitalistischen Systems samt der bürgerlichen Demokratie hinaus, auf die Zerstörung der freien Wirtschaft und des Rechtsstaates. Entnazifizierung war ihnen ein politischer Hebel zur Abschaffung des Privateigentums in Industrie, Handel und Gewerbe und zu einer radikalen Landreform, mit dem Ziel der Verstaatlichung oder Kollektivierung. Darin offenbart sich, wie mißbräuchlich eine Faschismustheorie ist, die das komplexe Phänomen simplifizierend auf eine Ursache zurückführt und damit ein Kampfinstrument gegen die westliche Demokratie gewinnt. Für die Westmächte hingegen war Denazifizierung die Verfolgung der konkreten Verbrechen, die freilich umständliche, oft impraktikable Feststellung und Ahndung individueller Schuld, die in den Jahren nach 1945 tief in das öffentliche Leben eingriff, doch an den freiheitlich-rechtsstaatlichen Prinzipien festhielt und die Grundlagen des sozialen und politischen Lebens unangetastet ließ.

Die Streitfrage, wer die antifaschistische Politik mit mehr Erfolg durchgeführt habe, wurde bald zu einem bloßen Vorwand für die tatsächlichen Differenzen zwischen den Mächten. Bereits im Laufe des Jahres 1946 war nicht nur die Wiederherstellung einer zentralen deutschen Regierung, sondern auch die Funktionsfähigkeit des alliierten Kontrollrats, der Viermächte-Verwaltung also, die an ihrer Stelle in Berlin amtieren sollte, so fragwürdig geworden, daß jede der beiden Seiten sich auf eine langdauernde Teilung Deutschlands einzurichten begann. Der westlichen Seite kam dabei in der Sicht und Sympathie der Bevölkerung der Vorteil der größeren Freiheit und Rechtssicherheit zugute. Die russische Besatzungspolitik erstickte jeden Versuch, diese Sympathien für den Westen in eine politische Bewegung zur Wiedervereinigung durch freie Wahlen umzusetzen, damals wie in der Folge. So schwach die Unterstützung des kommunistischen Kurses durch die Bevölkerung sein mochte, so entschieden war der sowjetische Wille, keinen westlichen Einfluß mehr zuzulassen.

## Gründung der UNO und Nahost-Krise

Eindeutiger als am Ende des Ersten Weltkrieges waren dieses Mal die Machtverhältnisse geklärt. Aber anders als damals trennte eine tiefe politisch-ideologische Kluft die Siegermächte. Die Ordnung der Nachkriegsverhältnisse entsprach keineswegs den Erwartungen, Hoffnungen und Erfordernissen, die der gemeinsame Kampf gegen Hitler und die Erfahrungen der Zwischenkriegszeit hervorgerufen hatten. Nationales Prestigedenken und imperiale Machtpolitik bestimmten nach wie vor die zwischenstaatlichen Beziehungen. Deshalb kam vieles darauf an, was aus den vornehmlich von den USA vorangetriebenen Versuchen würde, jenen Kräften der nationalistischen Zersplitterung eine überstaatliche, weltumfassende Institution entgegenzustellen: die Organisation der Vereinten Nationen (UN, UNO). Auch hier war das Beispiel von 1919/20 nicht gerade ermutigend; denn der Völkerbund, den der amerikanische Präsident Wilson propagiert hatte, war an allen großen Aufgaben gescheitert, nicht zuletzt, weil sich die USA nach dem Sturz Wilsons in die Isolationspolitik zurückgezogen hatten und dem Völkerbund von Anfang an Kraft und Glaubwürdigkeit nahmen. Nun war die Situation verändert: Die europäische Epoche der Weltpolitik war endgültig zu Ende, Amerika und Rußland standen sich gegenüber, während England und Frankreich an Gewicht verloren hatten, Deutschland, Italien und Japan aus der Reihe der Großmächte ausgeschieden waren.

Es entsprach den Konzeptionen der Roosevelt-Ära und freilich auch ihren Illusionen von der One world, daß schon früh entsprechende Planungen für eine wahrhaft globale Weltorganisation einsetzten. Seit der Atlantik-Charta von 1941, den nachfolgenden Konferenzen zur Planung der Kriegsziele und der Friedensverträge liefen intensive Vorbereitungen. Ihre erste Bemühung war, die Fehler und Probleme der Völkerbundsgründung zu vermeiden. Die Organisation der UNO sollte unabhängig von den Friedensdiktaten der siegreichen Mächte erfolgen. Als Gründungsmitglieder allerdings galten alle die Staaten, die Deutschland und Japan den Krieg erklärt hatten. Am 25. April 1945 begann die Gründungskonferenz in San Francisco über die Verwirklichung der zuletzt in Jalta besprochenen Pläne zu beraten. Ein Kernproblem war die Ausdehnung der Mitgliedschaft. Ursprünglich hatte Rußland eine Zulassung aller sechzehn Sowjet-Republiken verlangt. Jetzt kam es zum Kompromiß: Neben Rußland sollten die Ukraine und Weißrußland zugelassen werden; die Sowjetunion verfügte damit über drei Stimmen – ein Privileg gegenüber allen anderen Mitgliedsstaaten. Ein ebenso strittiger Verhandlungspunkt war das wichtige Vetorecht, das den permanenten Mitgliedern des Sicherheitsrates zustand. Im Juni 1945 wurde aber über die sonstigen Organisationsfragen Klarheit erreicht, und im Oktober 1945 traten die UN formell ins Leben, als ihre Charta zunächst von neunundzwanzig Staaten unterzeichnet wurde. Schon bei der ersten Arbeitssitzung in London im Januar 1946 gab es einundfünfzig Mitgliedsstaaten, 1979 waren es über einhundertfünfzig; der Völkerbund hatte fünfzig bis sechzig besessen.

Die UNO ist von Anfang an umfassender angelegt als der Völkerbund. Ihr Sitz ist nicht mehr in Europa, sondern in New York. Die Kontinuität wurde dadurch demonstriert, daß eine Versammlung des Völkerbundes noch im April 1946 in Genf abgehalten wurde, auf der man alle Einrichtungen der UNO zusprach. Der Aufbau ihrer Organisation wurde in vielem ähnlich gestaltet. Ihre Hauptorgane sind die Vollversammlung, das Generalsekretariat und der Sicherheitsrat als wichtigstes Teilgremium. Dazu kommen verschiedene Kommissionen wie der Wirtschafts- und Sozialrat oder die UNESCO (UN Educational, Scientific and Cultural Organization) und spezialisierte Institutionen auf vielen Gebieten gemeinsamen Interesses. Im übrigen übernahm die UNO die bisherigen Völkerbundsmandate; sie wurden durch neue ergänzt, besonders über die ehemaligen italienischen Kolonien. Wie im Völkerbund blieb auch in der Konstruktion der UNO die Vollversammlung im großen und ganzen eine beratende Körperschaft ohne durchgängige Entscheidungsmacht. Aber sie erhielt beträchtliche Einwirkungsmöglichkeiten, zumal in zwei Punkten: Sie wählt sowohl die sechs nichtpermanenten Mitglieder des Sicherheitsrates als auch die Mitglieder anderer UN-Organisationen; und sie verfügt über die Zulassung neuer Mitglieder oder ihren Ausschluß, wobei die Empfehlung des Sicherheitsrates vorgeschaltet ist. Die entscheidende Machtposition kommt jedoch dem Sicherheitsrat zu, schon deswegen, weil die fünf permanenten Mitglieder – USA, Sowjetunion, England, Frankreich und China – ein Vetorecht besitzen, dessen Bedeutung kaum überschätzt werden kann. Selbst in dieser bisher größten übernationalen und überstaatlichen Organisation sind die tatsächlichen zwischenstaatlichen Machtverhältnisse die eigentliche Realität. Nur wenn keine vitalen Interessen der Großmächte berührt sind, ist der Vorrang internationaler Rechts- und Schlichtungsgrundsätze vor dem einzelstaatlichen Souveränitätsegoismus durchzusetzen.

Die Konstruktion der UNO bleibt weit entfernt von dem alten Wunschtraum, die zwischenstaatlichen Beziehungen und Konflikte durch Kompromiß und Mehrheitsentscheidung verbindlich zu regeln, also gewissermaßen das demokratische Prinzip eines Ausgleichs der Interessen und Gegensätze aus der Innenpolitik der Staaten in die internationale Politik einzuführen. Sobald eine Großmacht auch nur indirekt an einem Konflikt mitbeteiligt ist, schließt das Vetorecht eine Lösung durch Mehrheitsentscheidung aus. Es bleiben somit bloß die alten, ungewissen Mittel der Vermittlung und des Kompromisses mit der steten Gefahr, daß ihr Scheitern in einen offenen Konflikt führen und die UNO ausschalten kann. Welche Schwierigkeiten diese Konstruktion impliziert, zeigte sich bereits bei der Wahl des ersten Generalsekretärs. Zwar gelang nach vielschichtigem Tauziehen die Wahl eines Kompromiß-Kandidaten, des Norwegers Trygve Lie, aber die Auseinandersetzungen um ihn sowie um seine Nachfolger, die alle aus kleineren neutralen Ländern stammen, gingen fort: um Dag Hammerskjöld (Schweden), Sithu U Thant (Burma) und Kurt Waldheim (Österreich). Obschon die UNO soviel globaler und effizienter organisiert ist, vermochte sie bislang nicht die tatsächlichen Macht- und Herrschaftsverhältnisse zu repräsentieren. Es gab die privilegierten Mächte mit Vetorecht, es entstand im Laufe der Jahre der ›Atomklub‹ der Nuklearmächte, doch kam die große Überlegenheit der Supermächte USA und Sowjetunion nur indirekt zum Ausdruck, wiewohl es ihr Zusammenwirken oder ihr Konflikt ist, der über das Schicksal der ganzen Welt entscheidet, damals wie heute. Im ersten Jahrzehnt stand auch die UNO im Zeichen des Kalten Krieges; die Mitglieder gruppierten sich um die beiden Supermächte. In der Ära des atomaren Gleichgewichts führten Entspannung und eine vermehrte Mitgliederzahl zu einer Auflockerung, aber auch zu einer Aufspaltung in mehrere Lager, die ebenso eine größere Beweglichkeit wie eine Unberechenbarkeit im politischen Prozeß zwischen den Mitgliedsländern mit sich brachte.

Die zentrale Aufgabe, den Frieden zu sichern, vermochte die UNO bisher besser zu erfüllen als der Völkerbund. Sie spielt zudem eine bedeutungsvolle Rolle als ständiges Zentrum einer weltweiten Kommunikation und Koordination und als Plattform für neue Staaten. Während die Vollversammlung meist als Forum für Propagandareden und zur offiziellen Konfliktaustragung diente, gelang es in den Komitees, im Sicherheitsrat und hinter den Kulissen zuweilen wichtige Entscheidungen anzubahnen. Die Beendigung der Berlin-Blockade (1949) und die Einführung von friedenswahrenden Streitkräften in Korea (1950), Nahost (1956 und wieder 1973) und im Kongo (1960) zeigen die Möglichkeiten, jedoch auch die engen Grenzen, die selbst einer so globalen Weltorganisation gesetzt sind, solange nationalstaatliche Souveränität und machtstaatliche Politik, mit Waffen von unerhörter Zerstörungskraft, das weltpolitische Geschehen bestimmen. Eines aber ist unverkennbar: Die UNO ist alles andere als eine europäische Einrichtung, sie ist vielmehr zunehmend eine nicht- oder gar antieuropäische Organisation, ein Ausdruck der neuen weltpolitischen Lage. – Die Konstruktion der UNO brachte es mit sich, daß die tiefgreifenden ideologischen Unterschiede der Hauptmächte hier sogleich mit aller Deutlichkeit spürbar und wirksam wurden. Nicht nur die Aufnahme Spaniens, sondern auch die Zulassung von Staaten wie Irland, Portugal und Transjordanien wurden in der Anfangsperiode durch die Sowjetunion blockiert. Noch schwerer wog die Tatsache, daß inzwischen aus der Hinterlassenschaft des Krieges eine Reihe neuer internationaler Konfliktsituationen entstanden war, die dringend nach konstruktiver übernationaler Behandlung verlangte. Dies galt besonders für den Vorderen Orient. Auch wenn die Auseinandersetzung zwischen Ost und West in Europa, wo ein Eiserner Vorhang im Entstehen war, ihre schärfsten Fronten entwickelte, sollte die eigentliche weltpolitische Dynamik dieser Auseinandersetzung in den ehemals kolonialen Ländern ihren Ansatzpunkt und Ausdruck finden. Die Machtverschiebungen, die sich in der Dritten Welt vollzogen, beeinflußten wiederum das Verhältnis zwischen Ost und West ganz wesentlich.

Für die Unabhängigkeitsbewegungen der arabischen Welt hatte schon der Erste Weltkrieg die Weichen gestellt. Dennoch waren koloniale Abhängigkeiten geblieben. Die wirtschaftliche und politische Entwicklung war zumeist um Jahrhunderte zurück. Doch Religion und Kultur des Islam bildeten lange eine Gemeinsamkeit. Der Zweite Weltkrieg zerbrach auch hier die Dämme und eröffnete sowohl den nationalen wie den übernationalen Emanzipationsbestrebungen ihre weltpolitische Chance. Ein epochaler Schritt war die Gründung der Arabischen Liga in Kairo, die im März 1945 durch die Regierungschefs und Außenminister von zunächst sechs Staaten erfolgte. Die Liga versteht sich als ein Instrument zur Koordination, propagandistischen Unterstützung und Integration der in sich höchst verschiedenartigen, in Stammesinteressen, dynastische Sonderbestrebungen und politisch-ideologische Parteien aufgesplitterten Bewegung. Dabei wird der panarabische Gedanke teils traditionalistisch begründet mit der Einheit der islamischen Welt nach dem großen Vorbild der früheren mohammedanischen Reiche, teils progressiv-modernistisch verstanden im Sinne einer politisch-sozial und ökonomisch forcierten Emanzipation, für die nicht zuletzt der westliche Nationalismus samt seiner Übersteigerung in Panbewegungen gleichsam Pate stand. Konkrete Ziele der Liga sind die Sicherung des Friedens zwischen den arabischen Staaten, die allseitige Verstärkung ihrer Kontakte und die Erreichung einer gemeinsamen Politik und Aktionsfähigkeit gegenüber der nichtarabischen Welt. Bei der Unterstützung von Selbständigkeitsbewegungen in den noch kolonial abhängigen arabischen Ländern wird der Begriff ›arabisch‹ sehr weit gefaßt; man hält sich trotz allem säkularisierten Modernismus an die Vorstellung einer islamischen Welt.

Ein Programmpunkt rückte in der Folge ins Zentrum: die Proklamation Palästinas als Teil dieser arabischen Welt. So sehr man zu dieser Zeit, um 1945, auch noch von einem Verständnis für das Problem des Judentums sprach, so eindeutig wurde in der Erklärung betont, daß »nichts willkürlicher und ungerechter wäre als eine Lösung des europäischen Judenproblems durch eine neue Ungerechtigkeit auf Kosten der Araber in Palästina«. Vorerst besaß die arabische Welt wenig tatsächliche Macht. Aber ihr Gewicht für die internationale Politik war beträchtlich, zum einen wegen der riesigen Ölvorräte und deren Bedeutung für die großen Industriemächte, die zu Verträgen westlicher Ölgesellschaften mit arabischen Herrschern führte, zum anderen wegen der geographischen Lage am Schnittpunkt dreier Kontinente, die überragende verkehrspolitische und strategische Bedeutung besitzt. Das galt besonders für England im Blick auf die Landverbindung nach Indien zwischen den beiden Kriegen und im Krieg, als es vorübergehend zu einer deutschen Bedrohung des Raumes kam. Auch nach der Unabhängigkeit Indiens blieb vorerst ein starkes englisches Engagement als Hauptfaktor der nahöstlichen Politik bestehen. Daneben standen die amerikanischen Interessen, vor allem aber ein traditionelles Interesse Rußlands, das die Meerengen zwecks Zugang zur offenen See betraf, sich aber auch über den Iran und die Türkei auf die anderen Gebiete und Positionen des Nahen Ostens richtete.

Die Machtverschiebung im Zuge des Zweiten Weltkrieges begann mit dem Ausscheiden Frankreichs aus der Reihe der unmittelbar beteiligten Großmächte. Es bedeutete den ersten großen Erfolg der Arabischen Liga, daß die politischen Unruhen in den französischen Mandatsgebieten Syrien und Libanon, denen erneut die Unabhängigkeit versprochen worden war, durch englische Intervention 1946 mit dem Abzug der französischen Truppen endeten, wobei auch Amerika und die Sowjetunion starken Druck ausübten. Solche Interventionen bezeugen, daß es keine geschlossene Front der ›bösen‹ Kolonialmächte gab, wie die unkritische Propaganda des Antikolonialismus will. Das zeigt sich auch darin, daß in der Folge England aus seinen nahöstlichen Positionen weichen mußte, die für das Inselreich mit dem Blick auf die Verbindung nach Asien selbst nach der Unabhängigkeit Indiens großes Gewicht besaßen. Ägypten drängte auf eine Änderung der Abmachungen aus der Vorkriegszeit mit dem Ziel des völligen Abzugs der britischen Truppen und einer Union mit dem englischen Sudan. Das Streben über die bloß nationale Befreiung hinaus auf einen abgerundeten Großstaat am Nil bewies erneut die Fragwürdigkeit einer Argumentation, die den Nationalstaat zu imperialen Zielsetzungen braucht und mißbraucht.

Eine unentschlossene englische Politik hatte es im britischen Mandatsgebiet Palästina mit scharf widerstreitenden Interessen zu tun. Auf der einen Seite stand der verstärkte Zustrom von Juden nach den Verfolgungs- und Vernichtungsaktionen im Krieg, auf der anderen Seite wirkte die traditionelle Konzeption einer englischen Balancepolitik mit den Arabern. Verschiedene Schlichtungsversuche, die seit 1946 mit amerikanischer Beteiligung unternommen wurden, scheiterten an den Forderungen der beiden Seiten. Als auch ein englischer Teilungsplan ohne Resultat blieb, erbat England die Entscheidung der UNO, die nach langen Untersuchungen und Diskussionen im November 1947 mit starker Mehrheit eine Teilung Palästinas beschloß. Damit begann die lange Reihe der Lösungen durch Teilung als einziger Ausweg aus einem machtpolitischen Dilemma: in Deutschland, Korea, Vietnam, Indien. Obwohl der Staat Israel auf diese Weise international auf höchster Ebene anerkannt war, fehlte noch viel an einer wirklichen Lösung des Problems; denn die arabischen Staaten verweigerten jede Anerkennung dieser

Entscheidung und beschworen einen permanenten Kriegszustand herauf, der bis zur Gegenwart schwere Rückwirkungen auf die Weltpolitik hat. Der allmähliche Rückzug Englands erfolgte überall – zumal im Irak – unter spannungsreichen Beziehungen and Konflikten mit der arabischen Welt. Nur die Nachkriegsschöpfung Jordanien, ein schwacher und armer, von der Palästina-Frage und ihren Flüchtlings- und Grenzproblemen belasteter Staat, stand noch in einem positiven Verhältnis zu England, das die finanzielle Stützung und den Ausbau von Verwaltung und Armee übernahm.

Rußland, das in seinem Drang zur offenen See ein altes Interesse an den Meerengen hatte, war bei allen Ereignissen im Nahen Osten stets mit im Spiel. Die Sowjetunion ist die einzige Großmacht, die eine gemeinsame Grenze mit den Staaten im Vorderen Orient besitzt und dies nachhaltig zur Wirkung bringt. Im Krieg hatten sich England und Rußland geeinigt, angesichts eines drohenden Einflusses der Achsenmächte im Iran dessen Schutz gemeinsam zu übernehmen. Die sowjetischen Truppen sollten den nördlichen Iran allerdings vereinbarungsgemäß binnen sechs Monaten nach Kriegsende wieder räumen. Statt dessen versuchte Moskau nach dem in Europa erprobten Rezept die Anwesenheit sowjetischer Truppen zu einem prokommunistischen Umsturz zu benutzen, der ihm eine außenpolitische Kontrolle über den Iran und den Einbruch in den Orient ermöglicht hätte. Diese machtpolitische Strategie war nichts anderes als eine besonders wirkungsvolle, weil verschleierte und doch innenpolitisch totalere Form des sowjetischen Imperialismus. Sie wird von vielen Politikern Asiens und Afrikas, die gebannt auf den abziehenden westlichen Kolonialismus starren, immer verkannt. In diesem Fall bot ein Umsturzversuch der persischen kommunistischen Tudeh-Partei im nordiranischen Aserbeidschan im August 1945 den Ansatzpunkt, wobei die anwesenden russischen Truppen das Eingreifen der zentral-persischen Polizeikräfte behinderten. Der nächste Schritt war die Veranstaltung von Neuwahlen unter russischer Protektion mit dem entsprechenden gewünschten Resultat und im Dezember 1945 die Ausrufung einer autonomen Regierung Aserbeidschan, während die Sowjetunion eine neue englisch-amerikanische Aufforderung zur Räumung ignorierte. Die iranische Regierung wandte sich deshalb an die UNO, aber von dieser Seite kam lediglich die Aufforderung, der Iran und die Sowjetunion sollten in direkten Verhandlungen die Streitfrage beilegen. Da geschah etwas Unerwartetes, vergleichbar der späteren Lösung des Österreich-Problems. Nach heftigen Protesten des Iran und der Westmächte erklärte Moskau plötzlich Ende März 1946 seine Bereitschaft zur überfälligen Räumung Aserbeidschans. Auf diese Weise beendete die kommunistische Satellitenrepublik ihr kurzes Dasein, so daß die iranische Regierung ihre Herrschaft über das gesamte Staatsgebiet wiederherzustellen vermochte.

Inzwischen war auch ein sowjetischer Versuch gescheitert, die benachbarte Türkei unter stärkstem Druck zu weitgehenden Konzessionen zu zwingen. Zu den Forderungen Moskaus gehörten die Abtretung eines Teils von Armenien sowie die Änderung der Meerengen-Regelung im Sinne einer gemeinsamen russisch-türkischen Kontrolle des Bosporus und der Dardanellen. Nach heftigen Auseinandersetzungen und einem Schlichtungsversuch der USA mußte die Sowjetunion schließlich auch hier für den Augenblick auf eine Revision des Status quo verzichten. Doch die Türkei blieb diplomatisch weiterhin unter Druck – eine Tatsache, die zur Stützung dieses Staates durch England und die USA führte und die türkische Mitgliedschaft in dem Nordatlantischen Verteidigungspakt (NATO) zum Ergebnis hatte. – Dasselbe gilt für die Auseinandersetzungen in und um Griechenland. Dort hatte die fortdauernde Aktivität einer Widerstandsbewegung unter kommunistischem Einfluß und mit russischer Waffenunterstützung aus Bulgarien und Jugoslawien zu einem verlängerten Bürgerkrieg geführt. Der UNO, die von Griechenland angerufen worden war, gelang auch in diesem Fall keine Lösung. Nur die entschlossene Unterstützung durch England verhinderte zunächst eine prokommunistische Entscheidung. Mehrere Ereignisse trugen dazu bei, daß sich das Verhältnis zwischen Ost und West aus dem Zustand der latenten Spannung in den des politischen Konflikts verwandelte. Dabei war Griechenland einer der Anlässe, die den Übergang vom bipolaren Frieden zum Kalten Krieg intensiviert haben. Seine Hauptetappen und wichtigsten Schauplätze gehören in den Zusammenhang einer innen- wie außenpolitisch verschärften Konfrontation zwischen den USA und der Sowjetunion – zunächst in Europa, dann in Ostasien.

## Stufen des Ost-West-Konflikts: Eindämmungspolitik und deutsche Spaltung

Im Jahr 1947 fielen die ersten großen Entscheidungen, die den Kalten Krieg zwischen Ost und West markieren, wobei sich die USA endgültig zur aktiven Weltpolitik bekannten. Regierung und Kongreß in Washington beschlossen, den im Gang befindlichen Prozeß der Abrüstung anzuhalten und dem Vordringen der Sowjetunion nicht mehr nur mit diplomatischen Protesten, sondern direkt entgegenzutreten. Der unmittelbare Anlaß war Griechenland, wo Großbritannien, durch den Krieg geschwächt und durch sein Engagement im Vorderen Orient belastet, nicht länger allein die griechische Abwehr gegen die aus dem kommunistischen Norden verstärkten, sehr aktiven Aufstandskräfte zu stützen vermochte. Griechenland sah sich einem kombiniert außen-, militär- und innenpolitischen Druck ausgesetzt, wie ihn die Sowjetunion seit 1944 vielfach praktiziert hatte, zuletzt im Iran, stets in der Hoffnung, daß ein innerer Umsturz am ehesten möglich sei auf dem Boden der sozialen und wirtschaftlichen Verelendung, in der Krieg und Besatzung unterentwickelte Länder zurücklassen. Die Abwehr einer solchen Bedrohung konnte nicht einfach militärisch erfolgen, sondern bedurfte der elementaren Voraussetzung einer großzügigen, weitplanenden Wirtschaftshilfe zur inneren Stabilisierung und Immunisierung der gefährdeten Länder.

Dies war eine aus Tatsachen erwachsene Einsicht, welche die amerikanische Außenpolitik wie die internationale Politik überhaupt grundlegend veränderte. Sie war als Prinzip schon im Neuansatz der UNO gegenüber dem Völkerbund enthalten. Die ökonomische und soziale Förderung der Länder als vornehmstes Mittel zur Sicherung des Friedens und der Demokratie statt einer bloß politisch-diplomatischen Ausgleichspolitik fand Ausdruck in der Einrichtung der Nebenorganisationen der UNO. Darin lag der konkrete Einsatzpunkt der amerikanischen Außenpolitik selbst. Sie bekannte sich kraft ihres ökonomischen Potentials nun erst bewußt zur Rolle der Vormacht des Westens und des weltpolitischen Gegenpols gegenüber der Sowjetunion. Als sich England im Februar 1947 außerstande erklärte, die griechische Bürde noch länger allein zu tragen, entschlossen sich die USA im Blick auf die strategische Lage Griechenlands und den psychologischen Effekt eines weiteren kommunistischen Erfolges zu einer aktiven Unterstützung der antikommunistischen Regierung in Athen. Erstmals wurden die Überlegungen über den Zusammenhang von außen-, militär- und wirtschaftspolitischen Maßnahmen in praktische Politik umgesetzt. Das hieß nun unmittelbar dem ehemaligen sowjetischen Verbündeten entgegentreten, die über das Kriegsbündnis hinaus verlängerten Hoffnungen und Illusionen der Roosevelt-Ära auf globale Zusammenarbeit aufgeben oder wenigstens realistisch modifizieren. Diese Haltung orientierte sich am Erfordernis einer ›Politik der Stärke‹, wie sie Churchill in seiner Fulton-Rede schon 1946 gefordert hatte, um die Sowjetunion zur Respektierung der westlich-demokratischen Position zu zwingen; und sie wurde reflektiert in einem berühmt gewordenen Artikel in der Zeitschrift ›Foreign Affairs‹ vom Juli 1947: »The sources of Soviet conduct.« Sein mit X zeichnender Autor war George F. Kennan, der rußlanderfahrene Direktor des Planungsstabes im US-Außenministerium, der gegen die sowjetisch-kommunistischen Vorstöße eine systematische Politik der Eindämmung forderte.

Bereits am 12. März 1947 hatte Präsident Truman vom amerikanischen Kongreß die Bewilligung der stattlichen Summe von vierhundert Millionen Dollar zu einer sofortigen und direkten Unterstützung Griechenlands und der Türkei gefordert, um die anhaltend drohende kommunistische Ausbreitung oder Machtergreifung dort zu verhindern. Die einen Monat später erfolgte Bewilligung dieser Summe bedeutete den Beginn einer neuen Epoche der amerikanischen Außenpolitik. Sie wird schlagwortartig durch den Begriff der Truman-Doktrin gekennzeichnet, deren einfacher, unmißverständlicher Sinn es war, weltpolitisch sichtbar zu machen, daß die USA sich mit allen ihren Möglichkeiten nun jedem Bestreben einer weiteren Ausdehnung der Sowjetunion und ihrer Einflußsphären widersetzen werde. In Trumans Botschaft an den Kongreß boten die USA »den freien Völkern, die dem Versuch der Unterwerfung durch bewaffnete Minderheiten oder äußeren Druck Widerstand entgegensetzen«, ihre Unterstützung an. Mit dem Beginn dieser Eindämmungspolitik formierten sich die Fronten eines faktisch bereits bestehenden Weltgegensatzes zwischen Ost und West auch in der konkreten Politik mit aller Deutlichkeit und Schärfe. Wenngleich es unmittelbar um die Sicherung Griechenlands und der Türkei ging, fand die eigentliche Auseinandersetzung vor allem in Mitteleuropa und dann in Ostasien statt.

Die Gegensätze, die in der Deutschland-Frage seit langem vorhanden waren, brachen den bisherigen Scheinfrieden auf. Spät angesichts der sowjetischen Erfolge seit 1944 begann sich die westliche Politik auf die Sicherung Mitteleuropas zu konzentrieren. Gleichzeitig mit der Vorbereitung der Truman-Doktrin wurde die Koordinierung der amerikanischen und englischen Besatzungszonen in einer zunächst vor allem wirtschaftlich konstituierten Bizone organisiert, an die sich langsam und unter Widerständen die französische Zone annäherte. Dabei standen ökonomische Gesichtspunkte im Vordergrund: Das größere Wirtschaftsgebiet ermöglichte eine effizientere Verwaltung des zerstörten und verelendeten Westdeutschland, für das zumal die USA erhebliche Hilfsmittel aufbringen mußten. Der Sowjetunion wurde weiterhin angeboten, sich mit ihrer Zone an einer graduell vereinfachten und vereinigten Deutschland-Politik zu beteiligen. Ihre klare Ablehnung bleibt ein gravierender Geschichtsfaktor. Daran kann auch die westliche Selbstkritik nichts ändern, die zumindest seit den sechziger Jahren in einer revisionistischen, linken Uminterpretation der amerikanischen Politik des Kalten Krieges gipfelt. Sie verkennt die jahrelangen Bemühungen, deren Ergebnislosigkeit klar werden ließ, daß die ehemaligen Alliierten in ihren Auffassungen über Europa und die künftige Gestaltung Deutschlands zu keinen Übereinkünften oder auch nur Kompromissen gelangen konnten: Weder in der Frage der politischen Ordnung, der staatlichen und gesellschaftlichen Verfassung, der nationalen Einheit, noch in den ökonomischen Fragen der Reparationen, Demontagen, Kontrollen und des Wiederaufbaus waren gemeinsame Ansätze zu erreichen.[3]

So begann die amerikanische Politik auch in Deutschland auf die Stützung und die allmähliche Erholung des verelendeten Landes hinzuwirken und ihre Wirtschaftshilfe dem besiegten Hauptgegner nicht zu versagen. Demgegenüber fuhr die Sowjetunion fort, mittels ihrer Besatzungspolitik möglichst viel wirtschaftliches Potential aus Deutschland herauszuholen und dies von den westlichen Besatzungszonen kategorisch zu fordern, indem sie sich auf die Reparationserörterungen während der Potsdamer Konferenz berief. Angesichts der zerrütteten Nachkriegslage in Westdeutschland hätten letzten Endes die Westmächte solche Reparationen finanzieren müssen, doch dazu waren die USA nicht mehr bereit. Unter dem Provisorium des Besatzungsregimes begannen inzwischen die regionalen Regierungen und Parlamente begrenzte eigene Funktionen in der Innen- und Wirtschaftspolitik auszufüllen und überregionale deutsche Organe wie den Bizonenwirtschaftsrat auszubauen. Dabei kam zum Tragen, daß die USA und England ihre Eindämmungspolitik nicht mehr nur hinhaltend wie in den ersten zwei Jahren verfolgten. Eine Stärkung des sowjetischen Potentials aus den Mitteln der westlichen Besatzungszonen mußte als unsinnig erscheinen, solange die Sowjetunion nicht zu übergreifenden Regelungen und Sicherungen in der Frage der Integrität der europäischen Länder und ihres Wiederaufbaus bereit war. Und eben davon war man weiter denn je entfernt. Immer widerstrebender wurde die sowjetische Haltung in der Viermächte-Verwaltung Deutschlands sowie Österreichs. Endgültig sichtbar wurde dies in den ergebnislosen Beratungen der Außenminister auf einer Konferenz, die im März und April 1947 in Moskau stattfand.

Die Entwicklung vollzog sich vor dem Hintergrund der fortdauernden politischen Krise in ganz Westeuropa, das sich von den Folgen des Krieges nur sehr langsam zu erholen vermochte. Die ökonomischen Probleme, die eine gefährliche soziale Unzufriedenheit mit sich brachten, hingen aufs engste mit dem Zustand Deutschlands in der Mitte Europas zusammen. Ob man wollte oder nicht, Deutschland mußte in den Wiederaufbauprozeß einbezogen werden, wenn er die Gefahr eines weiteren Vordringens des Kommunismus bannen oder doch abmildern konnte. In Italien und Frankreich waren die kommunistischen Parteien seit Kriegsende in die Regierung einbezogen und hatten es in den Wahlen bis zu einem Drittel der Stimmen gebracht, so daß die Möglichkeit eines vielleicht sogar halblegalen Umsturzes gar nicht so abwegig erschien.

Das augenfällige Phänomen der schleichenden Machtergreifung einer totalitären Minderheitspartei war nach den Erfahrungen des Faschismus und Nationalsozialismus eine Realität; es bedurfte womöglich nicht einmal der Anwesenheit der Roten Armee – wie in Osteuropa seit 1943/44 –, vielleicht genügten – wie 1922 und 1933 – die Kompromißbereitschaft und der mangelnde Abwehrwille der demokratischen Parteien oder eines Großteils der Bevölkerung, wenn diese auf Grund der wirtschaftlichen und sozialen Existenzprobleme die Freiheit in ungesicherten Verhältnissen der Sicherheit in einer totalitären Gesellschaftsordnung opfern mochten. Eine solche Gefahr bestand in Westdeutschland nicht unmittelbar. Hier kontrollierten Besatzungsmächte die politische Dynamik. Außerdem waren die Erfahrungen mit dem Nationalsozialismus und der kommunistischen Zwangspolitik nicht dazu angetan, Illusionen über die Absichten der Kommunisten in Westdeutschland aufkommen zu lassen. Die KPD blieb daher eine Splitterpartei, deren Mitglieder und Wählerzahlen kaum über fünf Prozent hinauskamen; ihre Bemühungen um Volksfront-Koalitionen und Vereinigungsversuche mit der SPD, wie sie in Berlin und der Ostzone forciert wurden, hatten in Westdeutschland keinerlei Aussicht. Auch in Italien und in Frankreich wurden im Mai 1947 Regierungen ohne kommunistische Beteiligung gebildet und die kommunistischen Parteien seither konsequent in der Opposition gehalten, freilich ohne daß ihr inner- wie außerparlamentarischer Einfluß entscheidend gebrochen worden wäre. Der Prozeß einer nichtkommunistischen Stabilisierung, der auf der wachsenden Desillusionierung über den Mißbrauch antifaschistischer Koalitionstaktik zu kommunistischer Machtergreifungspolitik beruhte, war auf Dauer nur deshalb erfolgreich, weil die wirtschaftliche Stabilisierung ebenfalls Fortschritte machte.

Die amerikanische Wirtschaftshilfe war vorerst hauptsächlich für das geschwächte England eingesetzt worden, wo politische Tradition und ein funktionsfähiges Parteiensystem den Kommunisten keine Chance ließen. Der Truman-Doktrin folgte nun ein zweiter historischer Schritt: der Marshall-Plan. Am 5. Juni 1947 entwickelte der neue amerikanische Außenminister George Catlett Marshall in einer Rede vor der amerikanischen Harvard University einer noch zögernden Öffentlichkeit den Plan eines umfassenden, auf lange Sicht angelegten Hilfsprogramms, für das 12,5 Milliarden Dollar aufgebracht werden sollten. Das Neue und Konstruktive dabei war, Europa als Ganzes zu behandeln, statt Hilfsmaßnahmen auf die einzelnen Länder ad hoc zu verzetteln und damit das Chaos eher noch zu vergrößern. Die amerikanische Hilfe war an die Voraussetzung gebunden, daß sich die Länder Europas auf Pläne für den wirtschaftlichen Wiederaufbau des Kontinents einigten. Das war mehr als eine bloße ökonomisch-politische Kalkulation. Die Erkenntnis der Gründe für das Nachkriegsdilemma verband sich mit dem Versuch, die internationalen Beziehungen auf eine wahrhaft übernationale Basis zu stellen, diese Basis aber realistischer zu begründen, als es in den Vereinten Nationen möglich war, und sie durch solide ökonomische Hilfe und Zusammenarbeit aller dazu bereiten Länder zu untermauern.

Der Marshall-Plan unterschied sich ganz und gar von der Resignation nach dem Ersten Weltkrieg. Schon im Juli 1947 trafen sich die Vertreter von sechzehn Staaten in Paris; die konkrete Ausarbeitung des Marshall-Plans, das European Recovery Programm (ERP), machte rasche Fortschritte, wobei der englische Außenminister Ernest Bevin die aktivste Rolle spielte. Bald erwies sich das Unternehmen als eine der erfolgreichsten und wirkungsvollsten Finanz- und Wirtschaftsoperationen der Geschichte. Es nimmt dieser Feststellung nichts an Wert, daß der Marshall-Plan zugleich vom wohlverstandenen Eigeninteresse der USA getragen war; das sicherte ihm realpolitisch sogar den Erfolg – im Unterschied zu doktrinär oder idealistisch begründeten

Unternehmen, die vor der Realität der Politik allzu leicht versagen. Der Marshall-Plan konnte auf die erforderliche Dauer – bis 1952 – konsequent durchgeführt und durchgehalten werden, obschon er als Riesenunternehmen, für das es noch kein Beispiel gab, mit schwierigen politischen Komplikationen rechnen mußte.

Wenn das Ergebnis letztlich eine Vertiefung des Ost-West-Gegensatzes war, so doch nur im Sinne ihrer Verdeutlichung und Entschleierung. Das war auch nicht die Schuld der Urheber, denn der amerikanische Vorschlag der Zusammenarbeit und Hilfe war an alle Staaten ergangen. Die Sowjetunion knüpfte ihre Beteiligung jedoch an so weitreichende Bedingungen, daß sie faktisch nicht in Frage kam. Folgerichtig ging sie zur Opposition gegen den Marshall-Plan als solchen über, um ihn propagandistisch als Werkzeug eines ›amerikanischen Imperialismus‹ zu denunzieren. Das hatte schwerwiegende Rückwirkungen auf alle von der Sowjetunion abhängigen Staaten und schränkte den universalen Ansatz des Planes ein. Finnland verzichtete mit ausdrücklichem Bedauern, wofür es politische und geographische Gründe anführte, auf die Teilnahme an der ersten Konferenz im Juli 1947 in Paris. Die Tschechoslowakei nahm die Einladung zunächst an, aber ihr Regierungschef wurde bei einem Besuch in Moskau noch kurzfristig zur Absage veranlaßt.

Die Kehrseite der sowjetischen Reaktion war, daß die Zusammenarbeit für den Marshall-Plan eine engere Bindung der beteiligten Staaten an die USA bewirkte und die Fronten im Sinne der Eindämmungspolitik verschärfte. Die russischen Gegenmaßnahmen ließen nicht auf sich warten. Mit der Gründung der Kominform schritt Moskau de facto zur Erneuerung der 1943 aus optischen Gründen aufgelösten Komintern. Dafür gab es die quasioffizielle sowjetische Erklärung, daß die Welt in zwei große Lager zerfalle: in das imperialistisch-kapitalistische unter den USA und das antiimperialistisch-antikapitalistische unter der Sowjetunion. Die einfache Formel erwies sich als ebenso wirkungsvolle wie irreführende Parole. Sie konnte aber nicht darüber hinwegtäuschen, auch nichts an der Tatsache ändern, daß eben der Marshall-Plan die Erholung des verelendeten Europa und seinen raschen, erfolgreichen, gewaltigen ökonomischen Aufstieg in den folgenden Jahren ermöglichte. Seine Bedeutung für eine europäische Einigungspolitik ist ebenfalls kaum zu überschätzen.

Als die Außenminister der vier Großmächte im November 1947 sich erneut, diesmal in London, trafen, war von Molotow wenig mehr als sein notorisches Nein zu erwarten. Die Londoner Außenministerkonferenz war das Fazit der einschneidenden Wandlung der internationalen Situation und Politik seit Beginn des Jahres: Zwei Welten standen sich schroff gegenüber; von einer dritten Macht war noch nichts zu sehen; es herrschte nun wirklich der Zustand eines ›Kalten Krieges‹. Vor dem ›Heißen Krieg‹, der in zu frischer Erinnerung war, zurückschreckend entwickelten die beiden Lager eine neuartige Form der Auseinandersetzung, die jedoch nicht weniger entschieden geführt wurde.

Man kann das Jahrzehnt seit dem Epochenjahr 1947 in zwei Phasen einteilen. Die ersten fünf Jahre standen im Zeichen entschlossener Gegenmaßnahmen der Westmächte, beginnend mit dem veränderten Engagement der USA und dem Abbau der Kriegs- und Nachkriegsillusionen, wobei sich die Fronten der internationalen Politik bis an den Rand des Krieges formierten. Das zweite Jahrfünft war bestimmt durch das Bestreben, das Machtgleichgewicht zu bewahren und das Problem des Nebeneinanderlebens der beiden Blöcke mit Begriffen wie Koexistenz oder Modus vivendi zu lösen. Seit 1957/58 trat dann erneut eine wachsende sowjetische Dynamik hervor, die durch die Ereignisse der Sputnik-Revolution, der Berlin-Drohung und der Kuba-Krise gekennzeichnet ist. Die fünfziger Jahre wurden begleitet durch die Entwicklung von Bewegungen zwischen den Blöcken und Fronten: durch den Aufstieg einer Dritten Kraft und durch neutralistische Tendenzen, die an Gewicht zunahmen, um schließlich über die UNO ihren Einfluß auf eine Durchbrechung des übermächtigen Ost-West-Gegensatzes geltend zu machen. Der Neutralismus verstärkte sich nicht nur in den neuen Staaten, sondern auch innerhalb der westlichen Welt, während solche Bestrebungen im kommunistischen Block wie selbstverständlich nicht geduldet werden.

Der eigentliche Kernpunkt des Kalten Krieges blieb – unbeschadet der vielen ihn auslösenden Faktoren – das Deutschland-Problem.[4] Die ursprüngliche Einigkeit der Alliierten, ihr Minimalkonsens, beruhte auf dem fundamentalen Willen, Deutschland auf lange Zeit unter Kontrolle zu halten und insbesondere keine Wiederherstellung des militärischen Potentials zu dulden. Es herrschte die Überzeugung, daß Deutschland immer eine unheilvolle Politik treibe, wenn es ihm gelinge, Ost und West gegeneinander auszuspielen. Dies traf nur auf die Entfesselung des Zweiten Weltkrieges zu, doch nicht auf 1914. Aber die Möglichkeit einer Neubelebung der überschätzten Rapallo-Politik blieb ebenso für den Westen ein Schreckgespenst wie für die Sowjetunion eine Westorientierung des deutschen Potentials und ein neues deutsches Bollwerk gegen den Kommunismus. Voraussetzung einer Lösung des Deutschland-Problems war also, daß es zu keiner Zerspaltung der alliierten Mächte komme.

Hier nun schuf die Umorientierung von 1947 eine neue Situation. Die komplizierte Viermächte-Verwaltung hörte geradezu zwangsläufig auf zu funktionieren. Feste Regelungen oder eine einheitliche Ablösung der Besatzungsregime durch einen Friedensvertrag waren ferner denn je gerückt. Dies wurde im Februar 1948 auf der Deutschland-Konferenz der Großmächte in London ganz offensichtlich. Die letzten Hoffnungen auf ein russisches Interesse an einer gemeinsamen Regelung zerbrachen, als auch der internationale Kontrollrat in Berlin, in dem die vier Mächte noch am engsten zusammenzuarbeiten hatten, nach dem abrupten Abbruch seiner Sitzung am 20. März 1948 durch den amtierenden Vorsitzenden Marschall Wassilij Sokolowskij funktionsunfähig wurde, so daß ihm nur technische Kontakte blieben.

Das Scheitern des bisherigen Kurses forcierte die Vorbereitungen für einen politischen Zusammenschluß der drei westlichen Zonen über die ökonomische Trizone hinaus sowie die Bildung einer eigenen deutschen Zentralregierung in diesem Gebiet. Die Sowjets hatten mit ihrem Ausmarsch aus dem Kontrollrat, wohl ohne es zu wollen, den Grund für die Organisation einer Bundesrepublik in Westdeutschland gelegt; sie verkannten, daß der Westen zu weiteren Zugeständnissen nicht mehr bereit war und nun seiner eigenen Deutschland-Politik folgte. Sie begann Ende Juni 1948 mit einer umfassenden Währungsreform und der Ausgabe einer neuen D-Mark. Damit war die Trennung in West- und Ost-Währung herbeigeführt; denn die Ostzone zog drei Tage später nach. Die beiderseitigen Maßnahmen mußten in Berlin besonders scharf aufeinanderstoßen. Eine Folge war der sowjetische Versuch, durch massive Sonderbestimmungen in Berlin nicht nur die Spaltung der Stadt, sondern den Rückzug der Westmächte und die Einbeziehung ganz Berlins in den eigenen Machtbereich zu erzwingen. Am 24. Juni 1948, vier Tage nach der westlichen Währungsreform, begann die Berlin-Blockade. Aber sie traf auf den unerwartet entschlossenen Widerstand sowohl der Westmächte, die eine Luftbrücke organisierten, als auch der Westberliner Bevölkerung unter ihrem erfahrenen Bürgermeister Ernst Reuter, einem Sozialdemokraten, der nach dem Ersten Weltkrieg als Kommunist das Sowjetsystem kennengelernt hatte, vor dem Dritten Reich in die Türkei emigriert war und sich nun als ein Fels in den sowjetischen Pressionsversuchen gegen West-Berlin bewährte.

Wieder versagte die UNO: Die Behandlung der Berlin-Blockade im Sicherheitsrat (Oktober 1948) stieß auf sowjetisches Veto. Zudem verzichteten die USA auf den zunächst erwogenen gewaltsamen Durchbruch. Aber die gewiß kostspielige Luftbrücke war erfolgreich. Die Sowjetunion wagte nicht, sie auf Kosten eines Krieges zu verhindern. Die fast ein Jahr andauernde Blockade war etwas völlig Neuartiges auf dem Feld der internationalen Politik; sie war Brinkmanship am Rande des Krieges, Symbol und Charakteristikum des Kalten Krieges. Die Beendigung der Blockade auf einer Konferenz des Rats der Außenminister in Paris in den Monaten Mai und Juni 1949, die sonst erfolglos blieb, änderte nichts daran, daß der Ausbau eines westdeutschen Staates in sein entscheidendes Stadium trat. Im April 1949 hatten sich die drei Westmächte in Washington endgültig darauf geeinigt –, selbst der starke Widerstand Frankreichs gegen die Errichtung eines größeren deutschen Teilstaates war unter dem Eindruck der Blockade gewichen, obwohl das Saar-Problem noch fast ein Jahrzehnt hindurch die französisch-deutschen Beziehungen belastete.

Im Sommer 1949 erfolgte die Bildung einer Bundesrepublik Deutschland aus den elf Ländern der westlichen Besatzungszonen unter Beteiligung West-Berlins. Die Ausarbeitung eines Grundgesetzes (GG) als der – vorläufigen – Verfassung durch einen Parlamentarischen Rat, die Annahme des GG durch die Mehrheit der westlichen Landtage mit Ausnahme Bayerns sowie die Wahlen zu einem Deutschen Bundestag im August 1949 und durch diesen am 20. September 1949 die Bildung einer ersten westdeutschen Regierung unter Konrad Adenauer geschahen im konsequenten Zusammenwirken der innen- und außenpolitischen Interessen, der westdeutschen und westalliierten Politik. Die russische Reaktion ließ abermals nicht auf sich warten. Sie war eine direkte Nachahmung: die Erhebung ihrer Zone zu einer Deutschen Demokratischen Republik (DDR) am 7. Oktober 1949, mit dem Schein sogar einer größeren Souveränität und den äußeren Attributen einer verfassungsmäßig gesicherten Mehrparteiendemokratie.

Die Wirklichkeit trat schon nach den Volkskongreßwahlen im Mai 1949, bei denen immerhin ein Drittel der Wähler noch gegen die Einheitsliste gestimmt hatte, spätestens aber in den Volkskammerwahlen im Oktober 1950 mit ihrem totalitären Ergebnis von 99,7 Prozent Ja-Stimmen deutlich hervor. Es handelt sich von da an um ganz unverblümt vorbestimmte Einheitswahlen zugunsten der Herrschaft der Kommunistischen Einheitspartei (SED), die sich des Instruments einer Nationalen Front bedient, um die anderen Parteien gleichzuschalten und einzubauen, zugleich abhängige Massenorganisationen als Transmissionsriemen zu gebrauchen. Unter dem Schein des Mehrparteiensystems und des Parlamentarismus ist die DDR eine ›Volksdemokratie‹, die von der autokratischen Besatzungspolitik der Sowjetunion in besonderem Maße abhängt. Gewiß blieb auch die Bundesrepublik zunächst ihren Besatzungsmächten untergeordnet, doch es sollte sich bald zeigen, daß diese Abhängigkeit etwas gänzlich anderes bedeutete, weil sie rasch eine Politik der freien Zusammenarbeit einleitete sowie den Aufbau und Bestand eines freiheitlichen Rechtsstaates ermöglichte und garantierte, statt ihn wie in der DDR zu verhindern. Dort war die Besatzungsmacht eine Zwangsherrschaft, hier wurden die Besatzungsmächte als Schutzmächte empfunden, wie auch der Flüchtlingsstrom von drei Millionen Deutschen aus der DDR beweist.

Die Entscheidung der Westalliierten für eine neue Staatsbildung, deren Umstände in den Büchern von Hans-Peter Schwarz und Ernst Nolte, von Karlheinz Niclauß und Volker Otto gründlich erörtert sind, hatte die Wiedereinfügung Deutschlands in die europäische Staatenwelt und nach dem Neubeginn der inneren Politik das Problem der äußeren Bewegungsfähigkeit einer deutschen Politik zur Folge. Sie führte aber, scheinbar unvermeidlich damit verknüpft, zu der schwerwiegenden Konsequenz einer Spaltung Deutschlands in zwei Staaten, die auf Grund der äußeren Machtverhältnisse unter völlig verschiedenen Bedingungen und Einflüssen zu existieren und sich zu entwickeln hatten. Es war verständlich, daß diese Tatsache von den Besatzungsmächten nicht bedauert wurde, weder von der Sowjetunion, sofern ihre Hoffnungen auf ein kommunistisches Gesamtdeutschland fehlschlugen, noch von Frankreich, das weiterhin dem Gedanken der Konsolidierung eines wiedervereinigten und unabhängigen Deutschland mißtrauisch gegenüberstand. Das Bekenntnis zur Wiedervereinigung wurde dennoch am Anfang von allen Besatzungsmächten nachdrücklich ausgesprochen und durch die Folgejahre wiederholt. Aber die realpolitischen Tatsachen bezeugten eine andere Sprache. Das Problem der deutschen Einheit wurde noch dadurch erheblich kompliziert, daß jeder der beiden Teilstaaten angesichts der Verfestigung der gewaltigen Gegensätze in der Folge darauf bestand, diese Wiedervereinigung könne und dürfe nur nach den eigenen Maßstäben geschehen; sie war damit unlöslicher denn je mit dem Ost-West-Konflikt verknüpft.

Die Bundesrepublik hatte die stärkere, nach demokratischen Maßstäben legitimere Position, nicht einfach, weil sie das größere Staatswesen war und die Mehrheit der deutschen Bevölkerung vereinigte, sondern weil sie, deren Politik und Regierung auf freien Wahlen beruhten, gleich von Anbeginn die Forderung nach freien gesamtdeutschen Wahlen als dem rechtlich und politisch legitimen Weg zu einem demokratischen Gesamtdeutschland vertreten konnte. Das war sowohl ein tatsächlicher als auch psychologischer Vorteil der Bundesrepublik, dem sich die sowjetische und sowjet-deutsche Politik auf dem Feld der innerdeutschen wie der internationalen Beziehungen und der Anerkennungsfrage auch in der Folgezeit gegenübersahen. Aber auch im Westen und selbst in den neutralen Ländern war, bei allem Verständnis für die Legitimität der deutschen Forderung, die Erinnerung an das nationalsozialistische Großdeutschland so lebendig, daß eine aktive Unterstützung der Wiedervereinigungsthese, die bei gegebenem Stand der Dinge wenig realpolitische Chancen besaß, von dieser Seite ebenfalls kaum zu erwarten war.

Status quo und Eindämmung erschienen als die optimalen Möglichkeiten – Status quo also auch der deutschen Teilung als Ergebnis des von Deutschland verschuldeten Krieges. Das lief in der Bundesrepublik auf die Einsicht hinaus, daß man sich zunächst in der neuen Lage einrichten und vorrangig den eigenen Status sichern müsse. Dieser Kurs der Regierung Adenauer blieb nicht unbestritten. Die innerdeutsche Opposition der SPD bezweifelte – bei aller Entschiedenheit ihrer Abgrenzung gegenüber dem Kommunismus – die Richtigkeit der so raschen Entscheidung zur Staatsgründung auf Kosten der Einheit. Die Diskussion in der Bundesrepublik wie zwischen West und Ost bewegte sich fortan mit Leidenschaft um die Fragen einer Alternative zum

Status quo der Teilung, ohne daß je eine Mehrheit der Bevölkerung für einen unsicheren Alternativkurs außerhalb der Westbindung zu gewinnen war.

Die Strukturen in Ostdeutschland entfernten sich trotz Wiedervereinigungsparolen, die auf beiden Seiten des Eisernen Vorhangs betont wurden, rasch von den gesamtdeutschen Bekenntnissen und den noch halbdemokratischen Formen des Anfangs. Einerseits konnte sich die kommunistische Herrschaft in der DDR nur mit russischer Hilfe an der Macht halten, andererseits erschienen der Sowjetunion das Potential und die strategische Lage Ostdeutschlands wichtig genug, um ihren Besitz zweifelsfrei und rücksichtslos zu sichern. Wohl gab es interne Spannungen und scheinbare Konzessionen an ehemals demokratische Politiker wie Otto Grotewohl oder Otto Nuschke, die Spitzenpositionen in der DDR erhielten. Aber allen pseudodemokratischen Manövern zum Trotz bestand von Anfang an keine Alternative zu der strikten Einparteienherrschaft der SED unter den Altkommunisten Wilhelm Pieck und Walter Ulbricht, die nie einen Fußbreit vom stalinistischen Kurs abwichen. Diese sowjetisch-sowjetdeutsche Führung kontrollierte die Verteilung der Ministerposten und der Parlamentssitze über Einheitswahlen und einstimmige Akklamationen, mochten im Rahmen der Nationalen Front auch angeblich liberale, nationale, ja christlich-demokratische Parteien fortbestehen. Nur in den Anfangszeiten der sowjetischen Besatzungszone hatte es zu abweichenden Ergebnissen und kommunistischen Niederlagen, selbst nach der Einverleibung der SPD, kommen können.

Die Krise dieses Systems, die großen Streiks und Demonstrationen von Berliner Arbeitern am 17. Juni 1953, die sich zu einem Volksaufstand der Bevölkerung in Ost-Berlin und in anderen Städten der DDR ausweiteten, hatten ihre Ursache in den Schwächen des Sowjetregimes nach Stalins Tod und in den ungleich schlechteren wirtschaftlichen Verhältnissen Ostdeutschlands im Vergleich zu Westdeutschland, aber ebenso in den fortbestehenden Forderungen nach politischer Freiheit und Wiedervereinigung. Die rücksichtslose Niederschlagung durch Sowjettruppen offenbarte – Jahre vor den Ereignissen in Ungarn und der Tschechoslowakei –, was von dem demokratischen Anspruch eines solchen Regimes und seiner sowjetischen Schutzmacht zu halten war; sie demonstrierte die kompromißlose Entschlossenheit der Sowjetunion, ihren diktatorisch regierten Machtbereich gegen jede Anfechtung, selbst aus dem eigenen Lager der Arbeiter und Sozialisten, zu behaupten. Das gilt für Streiks, Reformforderungen und alle Regungen einer inneren Mobilität des Systems nicht minder als für die Interessen einer außenpolitischen Konsolidierung und Stärkung des Ostblocks. Der Ausbau der DDR zum stabilsten Bestandteil dieses Blocks trug dem Grundprinzip Rechnung, nach dem die Sowjetpolitik es vorzog, lieber ihr ›demokratisches‹ Gesicht zu verlieren, als weitere Risiken einzugehen. Spätestens zur Mitte der fünfziger

Jahre war daher die innere Spaltung Deutschlands in zwei Staaten besiegelt, wenngleich das Wort ›Wiedervereinigung‹ in vieler Munde blieb und die Hoffnungen, zumal in der DDR, noch lange wachhielt.

## Europa-Politik und Westbündnis

Sowohl politisch und wirtschaftlich als auch militärstrategisch gesehen war es nach dem Beginn des Kalten Krieges für die Westmächte, zumal für die Eindämmungspolitik Trumans, ein logischer Schritt, die Bundesrepublik Deutschland sogleich in die neu formierte westliche Allianz einzubeziehen. Nur die Form mußte noch gefunden werden. Ein Grundgedanke, von dem die Planungen ausgingen, war der Zusammenschluß von Westeuropa und dessen enge Verbindung mit den USA und Kanada. Man konnte sich auf die völlig veränderte Lage stützen, die im Vergleich zu allen früheren Versuchen einer europäischen Einigung bis hin zum Völkerbund bestand. So weit ins 19. und 18. Jahrhundert der Europa-Gedanke zurückreichen mochte, erst jetzt war eine Verwirklichung näher gerückt, obschon beschränkt auf den kleineren Rahmen Westeuropas. Die Erfahrung aus einem gemeinsamen Widerstand gegen Faschismus und Nationalsozialismus hatte in diesem Sinne breitere Volksteile stärker berührt. Bis zum Zweiten Weltkrieg war der Austrag der europäischen Konflikte Inhalt der Weltpolitik gewesen. Auch die ersten Abmachungen nach 1945 galten primär nationalstaatlichen Zielen und traditionellen Frontstellungen; so stand der englisch-französische Vertrag von Dünkirchen im März 1947 noch im Zeichen der Verhinderung eines deutschen Wiederaufstiegs. Inzwischen aber trat die Sicherheitsfrage als ein übernationales und übereuropäisches Problem hervor, bestimmt durch den weltpolitischen Gegensatz der Supermächte, der die erheblich kleineren und schwächeren westeuropäischen Staaten gleichsam automatisch aneinanderrückte. Schon im März 1948 kam es in Brüssel zu einem auf fünfzig Jahre geschlossenen Vertrag, der Frankreich und England nun eng mit den Benelux-Staaten – Belgien, Niederlande und Luxemburg – zusammenband. Sein Hauptinhalt waren die gegenseitige Unterstützung im Fall eines Angriffs auf einen der fünf Partner und die Organisation eines permanenten Rats als eines gemeinsamen beratenden Organs. Mit diesem Abkommen begann die europäische Integrationspolitik, die unter weltpolitischen Gesichtspunkten sogleich starke amerikanische Unterstützung erfuhr.

Die neue Europa-Politik wurde möglich, weil zwei Motive zusammenkamen: seit Kriegsende wachsende Europa-Bewegungen in vielen Ländern und das Streben nach Zusammenfassung des zersplitterten europäischen Potentials im Sinne der Eindämmungspolitik gegen die Sowjetunion. Neben dem machtpolitischen Grund war es der moralische, geistige Impuls der europäischen Bewegungen, der nach manchem vergeblichen Anlauf der Zwischenkriegszeit, wie dem Briand-Plan von 1929 und der paneuropäischen Bewegung des Richard Graf von Coudenhove-Kalergi, nun endlich eine Aufweichung des nationalen Souveränitätsdenkens bewirkte.[5] Gleichzeitig mit dem Vertrag von Brüssel fand eine erste Konferenz von über achthundert Delegierten aus den nichtkommunistischen Ländern Europas in Den Haag statt, die über den politischen Kern des Brüsseler Paktes hinaus der Diskussion und den Entwürfen einer umfassenderen Einigung Europas gewidmet war. Zwischenstaatliche Fühlungnahmen und detailliertere Planungen machten unter den drängenden Bedingungen der allgemeinen Lage von 1948 rasche Fortschritte. Allerdings blieb die traditionelle Zurückhaltung Englands bei allen Festlegungen, die den ›Kontinent‹ betrafen; denn im Zweiten Weltkrieg war das englische Inselbewußtsein nicht völlig widerlegt worden. Das Bestehen der Schlacht um England 1940 war gleichsam ein Grund für die europäische Verspätung Großbritanniens, die sich zwei Jahrzehnte später noch nachteilig auswirken sollte. Zwar war Churchill schon seit 1946 als starker Befürworter der Europa-Ideen aufgetreten, aber er tat es als ein Vertreter der Opposition. Die britische Haltung blieb zwiespältig. Immerhin konnte der Rat des Brüsseler Paktes im Januar 1949 konkrete Pläne vorlegen, auf die sich Frankreich und England zu einigen vermochten. Im Mai kam es zur Unterzeichnung des Statuts eines Europa-Rates, dem neben den fünf Brüsseler Staaten die drei skandinavischen Länder sowie Irland und Italien beitraten.

Dieser Europa-Rat, der zunächst zehn und heute über zwanzig Staaten umfaßte, bedeutete einen ersten markanten Schritt nach vorn, obschon seine Grenzen und Beschränkungen groß, seine praktisch-politischen Wirkungsmöglichkeiten noch gering waren. Seine Struktur besteht in einem Rat der Außenminister und einer beratenden Versammlung ohne beschließende Funktion, mit anfangs je achtzehn Delegierten aus England, Frankreich und Italien, je sechs aus den Niederlanden, Belgien und Schweden, je vier aus Dänemark, Irland und Norwegen und drei aus Luxemburg. Von einer Übertragung der Souveränitäten auf diese übernationale Institution kann keine Rede sein. Aber sie bildet eine nützliche permanente Plattform für die Beratung und Koordination politischer Entscheidungsprozesse, auch wenn die Entscheidung bei den Außenministern beziehungsweise den Regierungen liegt. Mit der Menschenrechts-Konvention von 1950 unterwarfen sich die Mitglieder einer verbindlichen Verpflichtung, wie sie bis heute sonst nirgends besteht. Im August und September 1949, gleichzeitig mit der Geburt der Bundesrepublik Deutschland, hielt der Europa-Rat seine ersten Sitzungen ab. Als Präsident wurde der belgische Außenminister Paul-Henri Spaak, als vorläufiger Sitz die alte französisch-deutsche Stadt Straßburg gewählt – symbolisch auch für das künftige deutsch-französische Verhältnis und für die Überwindung der alten nationalen Zerklüftung Europas.

So weit war es allerdings noch nicht. Die Meinungsverschiedenheiten über Art und Tempo der Einigungspolitik blieben beträchtlich. Das war bei der Deutschland-Frage sehr deutlich zu spüren. Die Zulassung der Bundesrepublik zum Europa-Rat wurde zunächst aufgeschoben. Erst nach einem Kompromiß in der Saar-Frage lenkte auch Frankreich ein. Die Europa-Politik war deshalb so schleppend, weil die Meinung dominierte, daß eine raschere Einigungspolitik nur im Fehlschlag enden würde. Am ehesten waren, wie der Marshall-Plan erwiesen hatte, auf dem wirtschaftlichen Gebiet Fortschritte zu erzielen. Sie würden auf die Einigungs- und Integrationspolitik selbst zurückwirken, sie zwangsläufig fördern – das jedenfalls war die Hoffnung, die bis zum heutigen Tag die Europa-Politik bestimmt und beschränkt.

Deutschlands Zulassung zum Europa-Rat im Jahr 1950 stand schon im Zeichen neuer Entwicklungen. Die westalliierten Kontrollen begannen sich fühlbar zu lockern. Im September 1950 wurde der Bundesrepublik ein eigenes Außenministerium zugestanden, das zunächst Adenauer selbst mit übernahm. Dadurch war Bonn die Möglichkeit gegeben, mit Energie in die Europa-Politik einzusteigen. Dies geschah mit jener eindeutigen Entschiedenheit, die – Kern der Adenauer-Politik – ohne Zweifel den Weg zur politischen Souveränität und zum wirtschaftlichen Wiederaufstieg Westdeutschlands beschleunigte. Sie hat freilich, wie die Opposition zu betonen nicht müde wurde, die deutsche Spaltung, wenn nicht vertieft, so doch gewiß nicht vermindert, indem sie die Bundesrepublik rascher und unwiderruflicher als erwartet in das westliche Bündnissystem hineinführte und damit jeden neutralistischen Lösungsversuch kategorisch ausschloß. Auch Frankreich begann sich bei allem Mißtrauen dieser Entwicklung in der Deutschland-Politik zu fügen, auf die sich inzwischen die amerikanische Politik festgelegt hatte.

Eine wichtige Konsequenz war, daß Frankreich seine Europa-Politik aktivierte. Es ergriff die Initiative zu einer Wirtschaftsunion, die nach dem französischen Außenminister Schuman-Plan genannt wurde – ein historisch wahrhaft bedeutsamer Versuch, in der konkreten ökonomischen Wirklichkeit jene Probleme anzupacken und wenigstens zu einer Teillösung zu führen, die Europa-Bewegungen und Europa-Rat eher ideologisch und theoretisch behandelten. Ein erster Vorschlag Robert Schumans erfolgte im Mai 1950. Unter den Urhebern trat Jean Monnet, der spätere erste Präsident der Hohen Behörde des Schuman-Plans, besonders hervor. Inhalt dieser Montanunion war eine Zusammenfassung der mächtigen deutschen und französischen Kohle- und Stahlproduktion, unter Einbeziehung der Benelux-Länder, als Grundlage der westeuropäischen Industrien. Der geniale politische Kerngedanke aber bestand in der Möglichkeit, dadurch die mißtrauische Überwachung Deutschlands in eine konstruktive Kooperation zu verwandeln. Aus der negativen Kontrolle wurde eine Art positiver Kontrolle.

Mit der Unterzeichnung des Vertrags über diese Europäische Gemeinschaft für Kohle und Stahl (EGKS) am 18. April 1951 verbanden sich jene sechs Staaten Westeuropas, die den Kern aller weiteren europäischen Institutionen und Gemeinschaften ausmachten. Die erste europäische Gemeinschaft war durch vier Organe getragen: als Exekutive eine Hohe Behörde mit Vertretern der Teilnehmerländer, die zu Empfehlungen und begrenzt auch zu Entscheidungen fähig war; ein Ministerrat der Regierungen; eine Versammlung der Parlamente je nach Größe der Länder zur Kontrolle der Hohen Behörde; sowie ein Gerichtshof. Dieses Experiment, zwar noch wesentlich auf technische und industrielle Belange beschränkt, aber mit den Elementen und Wirkungen eines Integrationsprozesses, war Vorbild für andere Teillösungen und Mittel der Gewöhnung an eine europäische Koordination nationaler Interessen, zunächst auf wirtschaftlichem, zwangsläufig jedoch auch auf politischem Gebiet. Gerade seine konkrete, durchaus begrenzte Natur machte den Schuman-Plan zu einem wichtigen Beispiel, aber die politischen und militärischen Konsequenzen reichten weit über die ökonomische Kooperation hinaus. An die Stelle jener national autarken Rüstung, deren Eskalation sich in den letzten europäischen Kriegen entladen hatte, trat das Prinzip der gegenseitigen Kontrolle durch positive Kooperation und Integration.

Die Mitgliedsländer der Montanunion gaben freiwillig ein Stück ihrer Souveränität an die Hohe Behörde in Luxemburg ab. Die amerikanischen Sympathien für das europäische Integrationsvorhaben waren stark, aber England machte diesen Schritt nicht mehr mit. Das Beharren auf ungeteilter Souveränität und das Festhalten an der Sonderlage des Commonwealth beließen die englische Wirtschaft unter anderen Voraussetzungen, die sich auf lange Sicht freilich ungünstig auswirken sollten. Die heftige Kritik der Sowjetunion an der Kooperation in Westeuropa unter Einbeziehung Westdeutschlands und die internationale Bedeutung dieser Entwicklung gehören in den Rahmen eines noch größeren Zusammenhangs, der inzwischen die westliche Politik bestimmte: die Gründung des Nordatlantik-Paktes (NATO). Während die europäische Integration ein langwieriger Prozeß sein mußte, so daß er vorerst wenig Einfluß auf die kritische Entwicklung des Ost-West-Konflikts haben konnte, drängte die Zuspitzung der internationalen Spannungen zu einer unmittelbaren Koordinierung nun ganz konkret auch des militärischen Potentials der westlichen Welt.

Zu Beginn des Kalten Krieges war die militär-strategische Situation noch durch das amerikanische Monopol der Atombombe gekennzeichnet. Aber ein Ende war abzusehen, ohne daß der amerikanische Vorsprung von 1945 wirklich zu einer Stabilisierung genutzt worden war. Der Weg ging recht unvermittelt von den Roosevelt-Hoffnungen zur Realität der schärfsten Ost-West-Spannung. Tatsächlich erfolgte früher als erwartet, im September 1949, der erste russische Atombombenversuch – ein Epochendatum der internationalen Politik. Das Ende der amerikanischen Monopolstellung bedeutete eine Verschiebung des Machtgleichgewichts und stellte alle darauf gegründeten weltpolitischen und strategischen Erwägungen in Frage. Es begann ein bis heute dauernder Prozeß des Umdenkens und der Kontroversen über atomare und konventionelle Kriegsführung, über begrenzten oder totalen Krieg, über Wert und Grenzen einer Strategie der Abschreckung; moralische, politische und militärtechnische Argumente gehen ineinander über. Die Diskussion darüber hat in dem Buch eines späteren weltpolitischen Akteurs, in Henry Kissingers ›Atomwaffen und Auswärtige Politik‹ (1957), ihren klarsten Ausdruck gefunden. Obwohl die Sowjetunion zunächst atomar noch weit unterlegen war, mußte nun die entscheidende Frage heißen, ob nicht der beiderseitige Besitz der Atombombe zu einem Remis führe, die Anwendung der neuen Waffe und damit ihren Abschreckungswert nahezu ausschließe und also den vor-atomaren Mitteln von Politik und Kriegsführung wieder neue Bedeutung gebe. Und auf diesem Sektor war das Übergewicht unzweifelhaft bei der Sowjetunion, die ihre konventionellen Streitkräfte nie in einem dem Westen vergleichbaren Maße abgerüstet hatte. Angesichts dieses Ungleichgewichts gingen die amerikanischen Bemühungen, zumal seit der Berlin-Blockade, dahin, den nichtkommunistischen Teil Europas nicht mehr nur wirtschaftlich-sozial-politisch, sondern auch konventionell-militärisch stabil und immun zu machen. Der Beginn der europäischen Integrationspolitik kam solchen Überlegungen entgegen, so daß das Zusammenwirken der westlichen Staaten diesseits und jenseits des Atlantik vereinfacht wurde. An die Stelle komplizierter Einzelpakte in klassischer Bündnispolitik rückte die Möglichkeit eines überstaatlichen Zusammenwirkens nach kollektivem Sicherheitsprinzip.

Diese Möglichkeit wurde institutionell verwirklicht, als 1949, Anfang April, wenige Monate vor dem russischen Atombombenversuch, der Nordatlantik-Pakt zustande kam. Er bedeutete eine gewaltige Wende der traditionellen amerikanischen Außenpolitik; denn mit ihm wurde das alte Prinzip aufgegeben, daß die USA in Friedenszeiten keine Allianzen außerhalb ihres Kontinents abschlossen – Voraussetzung war die Annahme der Vandenberg-Resolution durch den amerikanischen Senat im Juni 1948. Um so rascher verliefen dann die Verhandlungen mit den Mächten des Brüsseler Paktes, welche die europäische Vorarbeit gewissermaßen bereits geleistet hatten. Dem Vertragsabschluß in Washington am 4. April 1949 folgte der zügige Aufbau der North Atlantic Treaty Organization selbst. Ihren Kernbestand bildeten die Brüsseler Signatarmächte – die Benelux-Länder, Frankreich und Großbritannien – sowie die USA und Kanada; dazu kamen später in weiter Auslegung des Atlantik-Begriffes die seit der sowjetischen Bedrohung von 1947 in die Eindämmung einbezogenen Mittelmeer-Staaten Italien, Griechenland und Türkei, ferner Portugal und die skandinavischen Länder Norwegen, Dänemark und Island.

Charakter und Effektivität dieser umfassenden Militärallianz sind betont auf den defensiven Zweck bezogen. Doch darüber hinaus wurde die NATO von Anfang an als Instrument der politischen Zusammenarbeit und Kooperation, ja einer ideologisch betonten Atlantischen Gemeinschaft aufgefaßt. Außerdem enthielt die NATO den konstruktiven Gedanken einer positiven gegenseitigen Kontrolle und einer Ausschaltung künftiger Rivalitäten und Konflikte innerhalb der westlichen Staaten. Die Kehrseite war eine gewisse Minderung der umfassenden Ordnungsidee der UNO, die regionale Bündnisse durchaus vorsieht, vor allem jedoch die entschiedenste institutionelle Bestätigung der Polarisierung der Blöcke. Denn trotz ihrem Defensivcharakter ist die NATO in erster Linie Ausdruck und Mittel der Eindämmungspolitik gegenüber der Sowjetunion und ihrer Machtpolitik. Deshalb gab es schon vor der Unterzeichnung des Paktes sowjetische Proteste. Dem Abschluß folgte unmittelbar die Bitte der Brüsseler Vertragspartner um amerikanische Militärhilfe – ein Wunsch, dem Amerikas Politik beschleunigt entsprach, als die erste sowjetische Atombombe gefallen war. Die amerikanische Politik der Militärhilfe, begonnen im Zeichen der Truman-Doktrin 1947, trat jetzt in ein zweites, umfassenderes Stadium. Sie blieb nicht auf Europa und die NATO beschränkt, sondern lief im Sinne der universalen Ausweitung der Eindämmungspolitik auch in Asien an.

Der erstrebte Ausbau der NATO, als deren erster Oberbefehlshaber General Eisenhower sein Hauptquartier in Fontainebleau bei Paris aufschlug, verlief nicht ohne Differenzen in den Auffassungen der einzelnen Partner. Für die USA war die NATO eine Verstärkung und Absicherung im Konflikt mit der Sowjetunion, für die europäischen Partner enthielt sie zugleich auch Gefahren, die in den Bedenken der jeweiligen Oppositionsparteien betont wurden. Sie argumentierten, daß durch die NATO die Gegensätze gerade in der unmittelbaren Nähe des sich schließenden Eisernen Vorhangs verschärft würden; während die USA die Distanz wahren könnten, würde Europa durch die konsequente Automatik des Bündnissystems möglicherweise zuerst und am schwersten in einen direkten Konflikt hineingezogen. Einem Europa als Schlachtfeld eines Krieges der Supermächte würde auch ein Sieg nichts mehr nützen; er wäre allenfalls die Befreiung eines womöglich atomar zerstörten Kontinents. Derart kritische und neutralistische Strömungen kamen zumal in Westdeutschland auf, das ja zentral betroffen war, wenn es nach völliger Abrüstung so plötzlich wieder militärisch relevant wurde.

Aber die Alternative – Westbündnis oder Neutralisierung Europas – war in doppelter Hinsicht unrealistisch. Zum einen blieb die Hälfte Europas so oder so russisch besetzt, zum anderen besaß Westeuropa nicht das Minimum an Macht, um sich eine wirkliche Neutralität oder gar die Position einer dritten Kraft sichern zu können. Eher lag der Gedanke nahe, mit Hilfe der durch die NATO erworbenen Stärke und Stabilität eine Sicherung des Modus vivendi mit der Sowjetunion zu erreichen – eine Absicht, die durchaus in den Bereich der amerikanischen Containment-Politik fiel. Die Eindämmung der sowjetischen Dynamik sollte zwar durch eine Demonstration der Stärke der Gegenposition erfolgen, aber zugleich in der Erwartung, von da aus Verhandlungsmöglichkeiten zu gewinnen. Die Gründung der NATO war der Appell an die russische Einsicht und Vorsicht, mit der man wohl rechnen konnte, da die Kalkulation des Risikos der Politik des mißtrauischen Stalin im Unterschied zu Hitler sehr wohl eigen war, so totalitär ihr Anspruch im übrigen sein mochte. Die Meinungsverschiedenheiten zwischen den NATO-Partnern wurden ferner durch die Tatsache genährt, daß in der amerikanischen Politik selbst verschiedene Auffassungen miteinander rivalisierten. Sie gipfelten in dem militärstrategischen Gedanken an einen offenen Konflikt, in dem Europa die Rolle eines bloßen Vorpostens der Verteidigung, äußerstenfalls die eines Vorstoßes zu spielen hatte. Das Mißtrauen mancher europäischer Partner resultierte aus der Befürchtung, die USA könnten auf ihre Kosten vorprellen, weil sie weniger dem Risiko der Zerstörung ausgesetzt sind.

Die weltpolitischen Ereignisse um Korea ließen die europäische Wiederaufrüstung jedoch unumgänglich erscheinen. Bei den darauf gerichteten Überlegungen der Alliierten blieb das Deutschland-Problem eine belastende Hypothek. Die Bundesrepublik Deutschland war der wichtigste Grenzstaat gegenüber dem sowjetischen Teil Europas, ihre Verteidigung also von fundamentaler Bedeutung. In militärischer Sicht mußte es als unerläßlich erscheinen, daß das deutsche Potential voll herangezogen wurde. Aber gerade dies war politisch und psychologisch recht problematisch. So rasch die USA abermals die Initiative ergriffen, so empfindlich mußte es, nur fünf Jahre nach dem Ende des Hitler-Terrors, die Gefühle im Europa diesseits und jenseits des Eisernen Vorhangs treffen, wenn erneut deutsche Soldaten auftauchten. Aus diesem Grund lief das Bemühen um eine Lösung zunächst auf die positive Kontrolle durch Integration hinaus: auf eine europäische Armee, in die nach und nach deutsche Militärkontingente eingebaut werden sollten. Es begann die Geschichte der Europäischen Verteidigungsgemeinschaft (EVG), die nach langen Mühen am französischen Widerstand scheitern sollte. So blieb schließlich doch die Lösung der NATO. Die Aufnahme der Bundesrepublik im Jahr 1954 sollte die endgültige Abrundung des Nordatlantischen Verteidigungspaktes bedeuten. Das hieß, daß der zweiten deutschen Republik auch die volle Souveränität nicht vorenthalten werden konnte.

Darauf antwortete die Sowjetunion wie selbstverständlich mit dem Ausbau der Zweistaaten-Theorie in der Deutschland-Politik. Im März 1954 erklärte Moskau das sowjetische Besatzungsregime für beendet. Ein Jahr später trat die DDR dem Warschauer Pakt bei. Im September 1955 drängte man in Moskau Adenauer zur Aufnahme diplomatischer Beziehungen, um anschließend sofort mit der DDR einen Pakt zu schließen, der die völlige Gleichstellung dieses Satellitenregimes demonstrieren sollte. Die westliche und westdeutsche Antwort war die sogenannte Hallstein-Doktrin, nach der die Bundesrepublik allein das Recht zur Vertretung Deutschlands besaß und jede Anerkennung der DDR durch dritte Staaten als unfreundlichen Akt betrachten und mit dem Abbruch der Beziehungen beantworten konnte. Diese Vorgänge besiegelten für anderthalb Jahrzehnte die unvereinbaren Positionen in der Ost-West-Deutschland-Politik. Die Beziehungen zu Osteuropa wie zur Dritten Welt wurden davon maßgebend beeinflußt, und zwar in doppelter Weise: im Sinne der Behinderung einer beweglichen Politik sowie im Sinne einer Stabilisierung und Stärkung der eigenen Position, die Westeuropas weiteren Aufschwung ermöglichte.

## Zwischen Aktion und Reaktion: die Sowjetunion und der Westen

Die westliche Politik war häufig Reaktion auf den Fortgang des expansiven sowjetischen Machtergreifungskurses, der schon 1944 in den besetzten Ländern begonnen hatte. Wenn die sowjetische Politik seit 1947 ihrerseits weitgehend als Reaktion auf die Stabilisierung der westlichen Position erscheint, dann hat man es in Wahrheit mit schwer entwirrbaren Wechselwirkungen der Ost-West-Beziehungen zu tun: beispielhaft bei der Verfestigung der deutschen Spaltung, in der Gründung der Bundesrepublik und in der scheinbaren Imitation der DDR. Man kann bei allen Einschränkungen sagen, daß der Westen wohl seit 1947/48 in vielen Einzelschritten die Initiative hatte, daß sie aber eine Reaktion auf die Erfahrungen der unmittelbaren Nachkriegszeit und auf die Enttäuschungen war, die das sowjetische Verhalten, besonders den amerikanischen Hoffnungen und Illusionen der Roosevelt-Ära, und nochmals 1947/48, bereitet hatte. Durchaus aktiv blieb die Nachkriegspolitik der Sowjetunion gerade in den vier einschneidenden Ereigniszusammenhängen zwischen 1948 und 1950: Blockade von West-Berlin; Sowjetisierung und Gleichschaltung der besetzten Staaten Ost- und Südosteuropas mit dem Endpunkt des Staatsstreiches in der Tschechoslowakei; Krise und Bruch im Verhältnis zum kommunistischen Jugoslawien; militärischer Ausgriff auf Korea.

Im Europa der Nachkriegszeit konnte die Tschechoslowakei als das Land erscheinen, das für einen Ausgleich, ja als Brücke zwischen Ost und West, vorzüglich geeignet war. Slawisch und westlich zugleich, besaß dieses Land traditionelle Verbindungen nach beiden Seiten. Freilich war die Westorientierung mit der schweren Hypothek der Preisgabe der Tschechoslowakei durch den Westen belastet, die in der Münchener Konferenz von 1938 mit den Konzessionen Englands und Frankreichs an Hitler begonnen hatte. Die kommunistische Partei war denn auch relativ stark; sie erreichte in der noch einigermaßen freien Wahl von 1946 achtunddreißig Prozent, mehr als in den anderen sowjetisch besetzten Ländern. Die zunächst verhältnismäßig freie Entwicklung der Politik fand ihren Ausdruck auch in der Tatsache, daß die Tschechoslowakei als einziger Staat im sowjetischen Einflußbereich sich anfangs bereit zeigte, an den Verhandlungen über den Marshall-Plan teilzunehmen. Der sowjetische Druck, der nach einem Besuch des Prager Regierungschefs in Moskau zur plötzlichen Änderung der Haltung in jener Frage führte, leitete die große Wendung ein, die auch in Prag auf die innere Umwälzung, die staatsstreichförmige Gleichschaltung vom Februar 1948, hinauslief. Dem alten demokratischen Staatspräsidenten Beneš, der wenig später starb, widerfuhr Ähnliches wie 1939 dem schwachen Präsidenten Hácha von seiten des Dritten Reiches: Er wurde unter äußersten Druck gesetzt und mußte einer prokommunistischen Umbildung der Regierung zustimmen. Der Putsch wurde als innere Angelegenheit bezeichnet und dadurch jedem Eingreifen der UNO entzogen, obwohl er die unwiderrufliche, keinesfalls dem Willen der Bevölkerungsmehrheit entsprechende Eingliederung des Landes in den entstehenden Ostblock, in den russischen Herrschaftsbereich, bedeuten sollte.

Die Gleichschaltung von Prag besaß Bedeutung über den Fall Tschechoslowakei hinaus. Sie signalisierte den Abschluß der diktatorisch-totalitären Blockbildung, mit der die Sowjetunion nicht erst auf die Einrichtung der NATO reagierte; im Gegenteil: Wie der Fall Berlin das wirtschaftliche und politische Zusammenrücken der westlichen Staaten forcierte, so beschleunigte der Fall Tschechoslowakei die Bildung der NATO. Das gilt gleichfalls für den weiteren Prozeß der rücksichtslosen Eingliederung aller osteuropäischen Länder mit sowjetischer Besatzung in den Ostblock. Dem totalitären System entsprach es, daß damit radikal-diktatorische Konsequenzen nicht nur militärischer, sondern auch politischer, sozioökonomischer und nicht zuletzt ideologischer Art einhergingen. Der Unterschied zu den ungleich freieren Zusammenschlüssen des Westens, die sich deshalb sehr viel komplizierter gestalteten, liegt auf der Hand. Der Wiederbelebung der Komintern in der Kominform (1947) folgte 1949 das kommunistische Gegenstück zum Marshall-Plan: der Rat für gegenseitige Wirtschaftshilfe (COMECON), der die Integration der kommunistischen Länder zu einem strikt von Moskau gesteuerten Ostblock politisch-ökonomisch institutionalisierte und besiegelte. Diese Entwicklung war nur unter dem Zwang der sowjetischen Besatzungstruppen gegen die anfänglich noch starken Eigeninteressen der einzelnen Länder durchzusetzen, selbst wenn diese bereits kommunistisch regiert wurden.

Die totale Gleichschaltung, die 1948 in allen sowjetisch kontrollierten Ländern vollendet war, fand in Verfolgungen und Prozessen gegen die verschiedensten gesellschaftlichen Gruppen Ausdruck; die Verurteilung von

Priestern und Bischöfen machte auch vor den höchsten Würdenträgern wie den Kardinälen Alojzije Stepinac (Kroatien), József Mindszenty (Ungarn) und Josef Beran (Tschechoslowakei) nicht halt. Umfassend kontrollierte die Geheimpolizei das politische und soziale Leben; sie arbeitete überall mit der elaborierten wie erfahrenen sowjetischen Organisation eng zusammen – eine ungemein wirkungsvolle Form der durchgängigen Beherrschung auch der Innen- und Gesellschaftspolitik der Ostblockländer seitens der Sowjetmacht. Durch Konzentration der Handelsbeziehungen auf die Sowjetunion, Kollektivierung der Landwirtschaft und staatliche Industrialisierung wurde die kommunistische Umstrukturierung vorangetrieben. Zwangsläufig kam es immer wieder zu Spannungen wegen der schematisch-brutalen Anwendung der oktroyierten Wirtschafts- und Lebensformen, die zugleich auf eine direkte Ausbeutung der anders gearteten osteuropäischen Länder hinauslief. Auch Reparationen und Demontagen, Zwangsbeteiligungen und Zwangsausfuhren zugunsten der Sowjetunion wurden rücksichtslos fortgesetzt, obwohl es sich mittlerweile um kommunistische Bruderländer handelte. Derartige Maßnahmen, in Polen und Ungarn auch die Zwangskollektivierung der Bauern, die an ihrem Besitz aus den Enteignungen der Nachkriegszeit festhielten, führten zu Mißstimmungen und Krisen, die freilich sämtlich gewaltsam unterdrückt werden konnten. Voraussetzung blieb die Präsenz der Roten Armee und des sowjetischen Geheimdienstes.

Das zeigte sich besonders eindringlich und folgenreich im Fall des einzigen kommunistischen Staates ohne russische Besatzung: in Jugoslawien. Es wurde geschildert, wie dort nach erbittertem Partisanen- und Bürgerkrieg der verschiedenen Widerstandsbewegungen die kommunistisch bestimmte Partisanenregierung unter Tito 1944 die Herrschaft gewann. Die Befreiung erfolgte zwar nicht ohne russische Beihilfe, doch im Zeichen eines selbständigen kommunistischen Regimes unter einem zum Nationalhelden gewordenen Partisanenführer. Die Herrschaft Titos war etwas anderes als ein von der russischen Besatzungsmacht erzwungenes oder gesteuertes Satellitenregime; denn der jugoslawische Boden wurde von sowjetischen Truppen nicht betreten. Die Bedeutung des jugoslawischen Sonderfalls war, daß er sich in der Folge – mit dem Höhepunkt der Polen- und Ungarn-Krisen von 1956 – als überaus anregendes und für die Sowjetunion gefährliches Beispiel und Vorbild nationalkommunistischer Sonderbewegungen und Sonderlösungen erwiesen hat.

Für Jugoslawien, wo sich die kommunistische Herrschaft seit 1944 gegen rivalisierende Partisanen- und Gegenbewegungen blutig durchgesetzt hatte, bedeutete das Jahr 1948 ebenfalls den entscheidenden Einschnitt, jedoch anderer Art. Bis dahin hatte Tito ein gutes, sogar enges Verhältnis zu Moskau gepflegt. Doch der gesteigerte sowjetische Führungs- und Integrationsanspruch, der einen totalitär beherrschten Machtblock unter Herrschaft der

Stalinschen Diktatur zu erzwingen vermochte, stieß nun auf das Selbstbewußtsein eines kommunistischen Staates aus eigener Kraft und mit eigener populärer und tatkräftiger Führung. Stalins Methode, mit brutal-primitivem Druck, mit Drohungen und Erpressungen politischer und ökonomischer Art vorzugehen, versagte, weil das Mittel der direkten Gewalt durch sowjetische Besatzungsorgane in diesem Fall nicht zur Verfügung stand. Im Juni 1948 kam es auf einer Sitzung der Kominform, der Jugoslawien demonstrativ fernblieb, zum offenen Bruch. Er war etwas völlig Neuartiges in der Geschichte des Kommunismus. Frühere Abweichungen und Konflikte im kommunistischen Lager wurden nur unter Parteien in nichtkommunistischen Ländern ausgetragen; in den kommunistischen Ländern selbst endeten sie stets mit der brutalen Unterdrückung durch den Machtspruch Moskaus und der dort gerade herrschenden Führungsgruppe. Plötzlich war das Dogma von der Geschlossenheit des kommunistischen Lagers und seiner Doktrin, von dem unanfechtbaren Führungsrecht der Sowjetunion, erstmals von einem kommunistischen Staat durchbrochen, und zwar ohne die Möglichkeit, den Konflikt intern zu bereinigen oder mit Gewalt schnell aus der Welt zu schaffen.

Das Ereignis war prinzipieller Art, ganz gleich, wie man die Größe und das politisch-militärische Gewicht Jugoslawiens einschätzte, am ehesten vergleichbar der Gefahr häretischer Bewegungen für die Kirche. Dies um so mehr, als jeder Versuch Moskaus, die jugoslawische KP von innen mit ideologischen Einheitsargumenten auszuhöhlen oder gegen Tito aufzuwiegeln, auch in der Zukunft scheiterte. Durch seine Standhaftigkeit gegenüber der Sowjetunion vermochte Tito das nationale Selbstbewußtsein auch der nichtkommunistischen Schichten im Lande für sich zu mobilisieren, seine Position zu befestigen, den Rückhalt und die Grundlage seines Regimes sogar erheblich zu erweitern. Obwohl Jugoslawien ein kommunistischer Einparteienstaat mit den Merkmalen der diktatorischen Herrschaft blieb, waren die Konsequenzen für die internationale Politik im allgemeinen und für den politisch-ideologischen Weltanspruch des Kommunismus im besonderen unabsehbar. Auch die beträchtliche Lockerung des inneren Systems mit seiner Mischung von rätedemokratischen und autoritär-kommunistischen Elementen, der vielbeachteten Arbeiterselbstverwaltung und der Zulassung eines freien Marktes galt als interessante Variation und Perspektive des Sozialismus, wenngleich sie unter spezifisch jugoslawischen Bedingungen stand.[6]

Die westliche Politik erkannte in diesem Fall, anders als in Osteuropa 1945/46 und in China 1948, sogleich die Bedeutung der jugoslawischen Haltung, gewarnt durch die Berlin-Blockade und den Putsch von Prag. Eine bald einsetzende Wirtschaftshilfe, zumal der USA, verbesserte die Lage Titos gegenüber einem nicht nur ideologischen, sondern auch massiven ökonomischen Druck der Sowjetunion und ihrer Satelliten. Das Durchbrechen des

Moskauer Monopolanspruchs in der kommunistischen Welt, die jugoslawische Häresie, gewann Dauer und Stabilität. Man erblickte in ihr den Beweis für einen eigenen Weg zum Sozialismus im kommunistischen Sinne, der nicht mehr in erster Linie dem russischen Eigeninteresse und der russischen Außenpolitik folgt. Dieses Vorbild lieferte einen Impuls für die Neubelebung der Idee einer Dritten Kraft zwischen den Blöcken, für einen Neutralismus sowohl nichtkommunistischer als auch kommunistischer Staaten; es müsse nur gelingen, sich gegen die direkten Eingriffsmöglichkeiten der Sowjetunion abzuschirmen. Im westlichen Lager erwuchsen Hoffnungen auf eine Einbeziehung Jugoslawiens, aber verschiedene Versuche erbrachten als Äußerstes die Schaffung eines nicht sehr wirksamen Balkan-Paktes mit der Türkei und Griechenland. Die Erwartung, diese Partner der NATO könnten Tito in das Westbündnis führen, erfüllte sich nicht. In der UNO stimmte Jugoslawien weiterhin oftmals mit dem Ostblock ab.

Die innenpolitische und theoretisch-ideologische Entwicklung des Sonderfalles Jugoslawien stieß ebenso auf Grenzen. Immerhin wurde eine eigene Konzeption von Volksdemokratie entwickelt, die sich von der stalinistischen Doktrin scharf abhob. Nicht der Staat sollte das Hauptinstrument zur Entfaltung in höhere Stadien des Kommunismus sein, vielmehr sollte diese Aufgabe im Rückgriff auf die ältere marxistische Lehre vom Absterben des Staates einer zunehmenden Selbstverwaltung der Arbeiter und Betriebe, schließlich der Gesellschaft insgesamt, zufallen. Den ökonomischen und sozialen Fortschritt wollte man nicht mit bürokratisch-staatlichen Mitteln wie im Stalinismus, auch nicht über eine befohlene Kollektivierung der Landwirtschaft erzwingen. Die Partei sollte als ›Bund der Kommunisten‹ nicht der alleinige Führer einer Diktatur des Proletariats sein und nicht das Monopol über alle gesellschaftliche und staatliche Tätigkeit haben. Damit war das totalitäre Konzept des Stalinismus aufgegeben: An die Stelle der gewaltsamen Fiktion einer totalen Identität von Partei, Staat und Gesellschaft trat die Vision eines modifiziert kommunistischen Systems, einer sozialistischen Demokratie, die wesentlich auf den Gremien der Selbstverwaltung in den Betrieben aufbauen sollte. Das wurde in der Praxis nur teilweise realisiert und blieb in der Theorie widersprüchlich; denn es erhielt sich die Diskrepanz zwischen einer diktatorischen Monopartei und einem betont nichttotalitären Staats- und Gesellschaftssystem. Der Einfluß dieser kommunistischen Alternative erwies sich jedoch als weltweit. Sie enthielt die umfassendste kommunistische Kritik am Stalinismus. Außerdem beeindruckte sie mit der Theorie der sozialistischen Demokratie vor und nach 1956 – und wieder 1968 – die Diskussion um die kommunistischen Parteien in Osteuropa wie im Westen.

Kein Wunder, daß die Sowjetunion den jugoslawischen Schritt sehr ernst nahm. Die jugoslawische Krise war eine Ursache für die Verschärfung der Kontrollen und Zwangsmaßnahmen innerhalb des gesamten sowjetischen

Herrschaftsbereichs. Auf allen Gebieten wurde der totalitäre Kurs angezogen. In Ungarn fand ein Schauprozeß mit Verhängung lebenslänglicher Haft gegen Kardinal Mindszenty statt (1949). In Polen und in der Tschechoslowakei wurde die katholische Kirche gleichfalls unter Druck gehalten. Man verhaftete den Warschauer Kardinal Stephan Wyszyński. Besonders aber setzte eine Verfolgung von angeblichen Agenten ein, die nichts anderes war als Terror mit dem Ziel einer umfassenden Säuberung gerade auch der kommunistischen Parteien des Ostblocks, hauptsächlich ihrer Spitzen. Damit warnte man vor einer befürchteten Nachahmung Titos: Titoismus galt als todeswürdiges Verbrechen.

Der sowjetische Terror in den Jahren 1948 bis 1952 entsprang dem pathologischen Mißtrauen des alten Stalin gegen jedermann – unter veränderten Umständen vergleichbar dem Säuberungskurs der dreißiger Jahre. In allen Ländern wurde der stalinistische Zuschnitt der Herrschaft, Diktatur und Personenkult eines Stalin völlig ergebenen Parteiführers, weiter verschärft: Rákosi in Ungarn, Ulbricht in der DDR, Klement Gottwald und Antonín Novotný in der Tschechoslowakei, Boleslaw Bierut in Polen sowie Gheorghe Gheorghiu-Dej und Ana Pauker in Rumänien waren die kleinen Stalins. Sie sorgten dafür, daß überall im Ostblock höchste Funktionäre aller erdenklichen, teilweise absurden Verbrechen angeklagt und in Schauprozessen zu sogenannten Geständnissen gebracht wurden. Auch die Parteiorganisationen, die der Zustrom neuer Mitglieder und Mitläufer in den Nachkriegsjahren aufgeschwemmt hatte, sollten wieder zu blind gehorsamen Instrumenten im Sinne der Leninschen Kaderpartei werden. Hunderttausende wurden ausgestoßen, ganze Zentralkomitees umgestülpt und viele KP-Führer liquidiert, erschossen, gehängt. Traičo Kostow in Bulgarien, László Rajk in Ungarn, Wladimir Clementis und Rudolf Slánský in der Tschechoslowakei. Wenige überlebten in Gefängnissen wie Wladyslaw Gomulka in Polen; sie spielten nach Stalins Tod eine Rolle in der Periode des ›Tauwetters‹ und der relativen Liberalisierung. Zur Verschärfung des Terrors bis zum Jahre 1953 hat gewiß die Erwartung eines baldigen Endes der Stalin-Ära beigetragen: Die Nachfolgekonflikte warfen ihre Schatten voraus, und die Beseitigung von Rivalen bot sich an.

Die gewaltsame Gleichschaltung Osteuropas zu einem monolithischen Block verhalf auch der westlichen Eindämmungspolitik in dieser entscheidenden Phase zu der Möglichkeit, einen Damm vor jene Ausdehnung kommunistischer Regime zu setzen, die seit 1944 einen Großteil Europas und Asiens erfaßt hatten. Nach der Wende von 1948 konnten sie sich nur noch in einem Teil Vietnams und auf Kuba durchsetzen. Erst 1975 kam es zum endgültigen Debakel in Indochina, wobei einerseits die Guerillataktik, andererseits die inneren Verhältnisse, Nationalismus und Korruption, die Hauptrolle spielten. Die stabilisierende Wirkung der Containment-Politik war zum Zeitpunkt ihrer Entfaltung 1948 noch keineswegs gesichert. Es blieb vielmehr die Taktik sowjetischer Außenpolitik, im Falle eines Festfahrens oder Rückschlags mit der Bewegungs- und Manövrierfähigkeit eines totalitären Regimes den Druck an einen anderen Ort der inzwischen weltweiten Fronten des Kalten Krieges zu verlagern. Während die Politik der Eindämmung in Europa festere Grenzen setzte und die Fronten im Deutschland-Problem fixierte, rückte anderswo eine zur Hinterlassenschaft des Zweiten Weltkrieges gehörende Region in den Vordergrund: der Ferne Osten, besonders Korea, wo die Ost-West-Interessen aufeinanderstießen.

In China war zunächst die Kuo-min-tang-Regierung Chiang Kai-sheks, die den Kampf gegen Japan geführt hatte, von allen Alliierten unterstützt worden. Nun verstärkten sich wieder die älteren bürgerkriegsartigen Rivalitäten zwischen der Nationalregierung und den zunehmend von Moskau, dem unmittelbaren Nachbarn, geförderten Kommunisten. Zur Erschöpfung durch den langen Krieg gegen Japan gesellten sich im Regime Chiang Kai-sheks Korruption und das Ausbleiben der überfälligen Reformen. Amerikanische Unterstützung vermochte unter diesen Umständen kaum etwas auszurichten. Deshalb geriet bis 1949 das gesamte Festland unter die Kontrolle der Kommunisten, die eine Volksrepublik China gründeten. Nur auf der von den Japanern zurückgegebenen Insel Formosa konnte das nationale China als Reststaat fortbestehen. Das Fehlen einer rotchinesischen Flotte und die militärische und ökonomische Stützung durch die USA ermöglichten dort das Überleben des alten Regimes über Chiang Kai-sheks Tod hinaus. Es behauptete für über zwei Jahrzehnte – bis 1973 – den Sitz Chinas in der UNO und die Schlüsselstellung samt Vetorecht als eine der fünf Großmächte im Sicherheitsrat.

Für die amerikanische Politik war es indes eine fragwürdige Belastung, daß auf solche Weise ein Riesenreich, das ein Viertel der Erdbevölkerung umfaßt, außerhalb der UNO blieb. Die USA begaben sich dadurch nicht nur jeder Einwirkungsmöglichkeit, sondern gerieten oft in schwierige Situationen auch in der nichtkommunistischen Welt. Andererseits vermochte Großbritannien die frühe Aufnahme diplomatischer Beziehungen zu Peking kaum zu nutzen. Für die USA war das China-Problem ganz besonders gelagert. Chiang Kai-shek war ein enger Verbündeter gewesen, und es gab eine mächtige China-Lobby, besonders im Westen der USA, die innenpolitisch eine Änderung der amerikanischen China-Politik blockierte. Vor allem aber war die Glaubwürdigkeit der amerikanischen Bündnispolitik in Asien überhaupt gefordert. Man fürchtete die Kettenreaktion einer Erschütterung der Eindämmungsfront in Asien, wenn man Chiang Kai-shek, den jahrzehntelangen Bundesgenossen, einfach fallen ließ. Über fünfundzwanzig Jahre, bis zu den Besuchen Henry Alfred Kissingers und Richard Nixons in Peking im Jahr

1972, blieb die amerikanische Politik im Bann solcher Argumente. Entscheidendes Gewicht hatten sie durch den kommunistischen Vorstoß in Korea erlangt, der von Rotchina gestützt wurde. Der Korea-Krieg, dessen Hauptlast neben der koreanischen Bevölkerung die USA tragen mußten, hatte wie die Nichtanerkennung Rotchinas erhebliche Folgen für die UNO und die weitere Entwicklung des Kalten Krieges. Die Rückwirkung auf Europa und den dort angebahnten Integrations- und Aufrüstungsprozeß, besonders auf den Entschluß zur Wiederbewaffnung Deutschlands, ist kaum zu überschätzen.

Wie in Europa waren auch im besetzten, zuvor von den Japanern okkupierten Korea in den Nachkriegsjahren die amerikanisch-sowjetischen Verhandlungen über allgemeine freie Wahlen und eine unabhängige einheitliche Staatsbildung gescheitert, so daß Teilung die Folge war: zwei Staaten diesseits und jenseits einer am Schreibtisch gezogenen Demarkationslinie längs dem achtunddreißigsten Breitengrad, quer durch Korea. Südlich wurde die Republik Korea, nördlich eine Volksrepublik Korea gegründet, beide blieben durch sowjetisches beziehungsweise amerikanisches Veto von der UNO ausgeschlossen. Nachdem im Sommer 1949 die amerikanische Besatzung beendet war und die US-Truppen aus Südkorea abgezogen wurden, brachen nach vielerlei Gerüchten und manchen Anzeichen, die man nicht sehr ernst nahm, zur allgemeinen Überraschung am 25. Juni 1950 nordkoreanische Truppen über den achtunddreißigsten Breitengrad nach Südkorea ein. Da zeigte sich der Wandel der amerikanischen Politik zu einem konsequenten Eindämmungskurs auch hier. Die USA reagierten sofort, erreichten die Einberufung des Sicherheitsrates der UNO in einem Augenblick, da der sowjetische Delegierte wieder einmal die Sitzung boykottierte, und setzten eine Resolution durch, in der die nordkoreanische Aktion als Aggression in aller Form verurteilt wurde. Das war ein formaler Erfolg; denn die bewaffnete Hilfe Amerikas, die Präsident Truman Südkorea sogleich zusicherte, war damit als internationale UNO-Aktion sanktioniert. Dies machte nicht bloß Eindruck auf die Weltöffentlichkeit, sondern hinderte die Sowjetunion an einem aktiven Eingreifen in das Unternehmen, wie immer die ursprünglichen Absichten waren.

Die schweren militärischen Rückschläge der Anfangswochen demonstrierten, wie unvorbereitet der angeblich provozierte Angriff der Kommunisten Südkorea, die USA und die UNO-Truppen traf. Zurückgedrängt bis auf den Brückenkopf Pusan an der Südecke der Halbinsel, vermochten sie erst nach fieberhaften Nachschubtransporten aus Japan im September 1950 zum erfolgreichen Gegenangriff bis zum achtunddreißigsten Breitengrad anzutreten. Die Frage war nun, ob die geschlagenen Nordkoreaner auf ihr eigenes Gebiet weiter verfolgt werden sollten. Nach einem Ultimatum entschied sich der amerikanische Befehlshaber dafür, bis fast an die nordkoreanisch-chinesische Grenze am Yalu-Fluß vorzurücken. Die Kehrseite des Erfolgs war die

Befürchtung, daß es zu einer direkten Intervention der nach bewährtem Rezept als Freiwillige eingesetzten rotchinesischen Truppen kommen würde; damit drohte die Ausweitung des begrenzten Konflikts zu einem schwer eindämmbaren Krieg, in dem vermutlich die Sowjetunion sich nicht länger auf politisch-propagandistische und waffentechnische Unterstützung beschränken würde. Tatsächlich führte verstärktes chinesisches Eingreifen zum neuerlichen Rückzug der UNO-Truppen, so daß der Gedanke an den Einsatz der Atombombe gegen China auftauchte. Die erregten Diskussionen im westlichen Lager, die im Dezember 1950 in einem Eilbesuch des britischen Regierungschefs Clement Richard Attlee in Washington gipfelten, führten zu einem förmlichen Konflikt zwischen politischer und militärischer Führung, zwischen Truman und Douglas MacArthur, der im April 1951 abgelöst wurde. Mit dem Verzicht auf atomare Kriegführung setzte der amerikanische Präsident nicht nur den Primat der Politik entschlossen gegen starke inneramerikanische Widerstände durch, sondern entsprach auch den Grundsätzen der Vernunft und Humanität zu einem Zeitpunkt, als Amerika noch eindeutig die atomare Überlegenheit besaß. Das Ergebnis war eine Erstarrung der Fronten am achtunddreißigsten Breitengrad, ein Stalemate wie in Deutschland: die Besiegelung der Teilung, auch wenn es noch jahrelang schwieriger Waffenstillstandsverhandlungen bedurfte (Juli 1951 bis Juli 1953), bis dieser faktische Zustand seine legale Festlegung erfuhr.

Der Korea-Konflikt wirkte sich auf die außen- und innenpolitische Entwicklung in Asien und Europa aus. Er bestätigte und verstärkte die Eindämmungspolitik als das Prinzip des Westens: sowohl im Deutschland- wie im Japan-Komplex. Die Einfügung Japans in die Eindämmungsfront war eine erste Konsequenz; seine Bedeutung als Basis für die koreanische Verteidigung, darüber hinaus als Schlüsselstellung im fernöstlichen Raum und für die chinesische Frage war augenfällig. Dabei erschien eine Lösung des Japan-Problems viel einfacher als ein gangbarer Weg in der Deutschland-Frage. Das Land war nur amerikanisch besetzt, die Abtretungsfragen mit Rußland schienen geklärt zu sein. So konnte im September 1951 die Friedenskonferenz von San Francisco stattfinden, auf der die Mehrzahl der interessierten Staaten den Friedensvertrag mit Japan unterzeichnete. Allerdings fehlte die Sowjetunion; andere Staaten wie Australien und die Philippinen stimmten erst nach dem Abschluß von gesonderten Sicherheitsverträgen mit Amerika zu. Dabei ging es vornehmlich um Garantien für den bevorstehenden Fall einer Wiederaufrüstung Japans, die dort selbst noch länger als in Deutschland innenpolitisch heftig umkämpft blieb. Die Wiederherstellung der japanischen Souveränität war weiterhin eingeschränkt durch vertragliche Abmachungen mit den USA, deren Truppen nach Ende des Besatzungsregimes als Bündnispartner bleiben sollten, um die Aufstellung japanischer Einheiten, die durch die Verfassung ausgeschlossen wurde, zu erübrigen. In Wahrheit wurden japanische Soldaten in Form von Sicherheitskräften dann doch rekrutiert, weswegen die inner-japanische Auseinandersetzung um den amerikanisch-japanischen Sicherheitsvertrag und seine Erneuerung, die 1959/60 zur Absage des Eisenhower-Besuchs in Japan führte, bis zur Gegenwart schwelt, obwohl eine große Mehrheit des japanischen Parlaments hinter der Abmachung steht; erst 1974 konnte es ein amerikanischer Präsident riskieren, Tôkyô zu besuchen.

Mit der Konferenz von San Francisco 1951/52 war die amerikanische Verteidigungs- und Eindämmungsfront und mit ihr die Bipolarisierung der Weltpolitik auch im Fernen Osten stabilisiert und institutionalisiert. Es entstand ein System von Stützpunkten, in kommunistischen Augen ein Einkreisungssystem, gegen das die russischen und chinesischen Bemühungen um Ausbruch und Durchbruch sich richteten. Zu ihren neuen Einsatzpunkten gehörten Indochina und das blutige Ringen um Vietnam. Daneben setzte ein Umwerben der neuen Staaten Asiens von Indien bis Indonesien ein, die vom Kalten Krieg und der Eindämmungspolitik durch Wirtschaftshilfe zeitweise profitierten.

Die Auswirkungen des Korea-Krieges, dieser letzten Entfaltung der Stalinschen Machtpolitik, machten sich in Europa kaum weniger bemerkbar. Eine Folge war die Einfügung der Bundesrepublik Deutschland nicht nur in die wirtschaftliche, sondern auch in die militärische Zusammenarbeit des Westens. Nichts hat den Ausbau des Atlantik-Pakts mehr beschleunigt als Korea. Die Verlagerung der amerikanischen Hilfe in den militärisch-waffenmäßigen Bereich löste freilich Meinungsverschiedenheiten aus. Wenngleich die Wirtschaftshilfe höchst erfolgreich war und der Marshall-Plan sich nach den vorgesehenen fünf Jahren seiner Erfüllung näherte, waren Zweckmäßigkeit und Grad der politisch-militärischen Sicherungsmaßnahmen innerhalb der europäischen Staaten umstritten; es blieben die Ängste, daß die USA auf Kosten und auf dem Rücken Europas vorprellen würden. Gegen die Kritik an der Aufrüstung und gegen die Befürchtung, europäische und deutsche Möglichkeiten zu einem Ausgleich mit der Sowjetunion zu versäumen, standen jedoch die Lehren von Korea. Der amerikanische Plan einer Verstärkung der NATO um zwölf deutsche Divisionen schuf besondere psychologische Probleme. Nur fünf Jahre nach der Niederwerfung des Dritten Reiches gab es eine starke Gegenstimmung in Frankreich wie in England, wo Churchill sich dafür aussprach, die Labour-Regierung aber skeptisch war. In Deutschland selbst kam es zu erbitterten Auseinandersetzungen politischer und moralischer Art.[7] Immerhin führte der Ausbruch des Korea-Konflikts im August 1950 sofort zu einer Resolution der beratenden Versammlung des Europa-Rates zu Straßburg, in der die Schaffung einer vereinten europäischen Armee unter einem europäischen Verteidigungsminister, überstaatlicher europäischer Kontrolle und in enger Zusammenarbeit mit den USA und Kanada gefordert wurde – ein kühner Vorstoß, wenn man bedenkt, welche Probleme damals schon der Prozeß einer ökonomischen und politischen Integration Europas aufwarf; seit Verabschiedung des Schuman-Plans stagnierte der Ausbau zu einer umfassenden Gemeinschaft.

Die Idee einer europäischen Armee traf auf die französische Skepsis, die in einer Dauerdiskussion über drei Jahre zu immer neuen Plänen führte. Am wichtigsten wurde der nach dem französischen Außenminister genannte Pleven-Plan; er sah eine Europa-Armee aus kleinen nationalen Einheiten und darin die Einfügung deutscher Streitkräfte vor, die das Wiedererstehen einer deutschen Nationalarmee oder eines Generalstabs erübrigen sollte. Der Plan mündete in das Projekt der Europäischen Verteidigungsgemeinschaft.[8] Ob Frankreich den Weg zur EVG ernsthaft verfolgt oder von vornherein nur als verzögernden Umweg beschritten hat, ist umstritten. Auch deutscherseits wirkte die massive Opposition gegen Wiederaufrüstung einem Projekt entgegen, das die Spaltung zu vertiefen und der antimilitärischen Intention bei der Gründung der Bundesrepublik sowie dem ausdrücklichen Verzicht auf Wiederbewaffnung im Grundgesetz zu widersprechen schien. Auf der anderen Seite gab es gewichtige Argumente für die EVG mit deutscher Beteiligung. Die Wiederaufrüstung beschleunigte die nationale und machtpolitische Rehabilitierung auf dem Weg zur Gleichberechtigung Deutschlands, sie verstärkte den Drang zur europäischen Integration und zur vollen Eingliederung der Bundesrepublik in den Westen als Konsequenz der 1949 besiegelten Spaltung und als natürliche Antwort auf die Zuspitzung des Kalten Krieges. Die betonte Anlehnung der Adenauer-Regierung an die USA veranlaßte die Sowjetunion, ihre Propaganda für eine Neutralisierung Deutschlands zu intensivieren und sich für eine Viermächte-Konferenz einzusetzen. Aber in der zugespitzten Lage des Jahres 1951 scheiterten bereits die Vorverhandlungen über eine Tagesordnung, ähnlich den koreanischen Waffenstillstandsverhandlungen, die sich ohne Fortschritt noch über zwei Jahre hinschleppten.

Adenauer wollte die Wiederbewaffnung nicht nur negativ als Konsequenz des Kalten Krieges, sondern auch positiv als Voraussetzung oder realpolitischen Weg zur Wiedervereinigung; denn die ›Politik der Stärke‹ schaffe erst die Verhandlungsbasis. Dies wurde gegen die weiteren sowjetischen Vorstellungen, besonders gegen die berühmte Stalin-Note vom 10. März 1952, postuliert, die wohl ein Störmanöver war und auf den Abzug der amerikanischen Truppen abzielte, in ihrem weitgehenden Angebot – freie Wahlen in ganz Deutschland gegen Abzug der Besatzungstruppen, Schaffung einer deutschen Nationalarmee und Blockfreiheit für Gesamtdeutschland – nicht ernsthaft getestet, beim Wort genommen wurde. So kam es am 27. Mai 1952 zur Unterzeichnung des EVG-Vertrages durch die Außenminister der sechs Mitglieder der Montanunion. Sie fiel mit der Ratifizierung des Montanunion-Vertrags zusammen und eröffnete den Ausblick auf Fortschritte bei der westeuropäischen Einigung. Doch dieser Ansatz führte in die Sackgasse. Einmal wegen der Zwangssituation, in die Frankreich durch seinen Kolonialkrieg in Indochina geraten war, zum anderen wegen der veränderten Dimension der atomaren Rüstung. Fast gleichzeitig erprobten nämlich die beiden Supermächte die Wasserstoffbombe: Die USA brachten sie im November 1952, die Sowjets neun Monate später zur Explosion. Damit war die gegenseitige Vernichtung möglich geworden.

In jenem Augenblick bahnte sich eine zweite Phase des Kalten Krieges an, die unter dem Schlagwort der Koexistenz steht. Sie bedeutet das friedliche, wenngleich fragwürdig-ungesicherte und weiterhin labile Nebeneinanderexistieren der beiden Blöcke. Der Wandel markierte sich äußerlich durch den Führungswechsel in den beiden Zentren der weltpolitischen Entscheidung, in Washington und in Moskau. Anfang 1953 trat Eisenhower an die Stelle Trumans, und nach fast drei Jahrzehnten der Alleinherrschaft starb am 5. März 1953 Stalin, der totalitäre Diktator des Ostens.

Der mißtrauische und tyrannische Charakter des Sowjetführers war in den letzten Jahren seines Lebens noch schärfer hervorgetreten. Die weitreichende Verfolgung und Reglementierung von Intellektuellen, die ideologische Durchsetzung falscher Wissenschaftstheorien wie die Umweltlehre des Biologen Lyssenko oder Stalins eigene, nationalistisch gefärbte Sprachtheorie, das Beharren auf dem totalen Gegensatz von kommunistischer und westlich-kapitalistischer Wirtschaftspolitik, die Erwartung eines baldigen Zusammenbruchs des Westens – all das waren Symptome der äußersten politisch-ideologischen und psychologischen Verhärtung. Sie kennzeichnete noch das Ende des Stalin-Regimes, dem die Kampagne gegen eine angebliche Ärzte-Verschwörung vorausging, und dem ein verwirrendes Hin und Her in der Nachfolgefrage folgte, mit dem letzten Akt der Hinrichtung von Stalins mächtigem Geheimpolizeichef Berija.

Die Hoffnungen, die sich an das Epochenereignis von Stalins Tod knüpften, sollten sich allerdings nur teilweise erfüllen: Abrechnung mit der Vergangenheit, Liberalisierung und Lockerung des Systems, Beziehungen zu Tito und zum Westen wurden insoweit toleriert, als sie Extremformen des Stalinismus modifizierten, die sowjetische Herrschaft aber nicht beeinträchtigten. Weder die Diktatur noch der Kalte Krieg waren damit zu Ende. Es änderten sich lediglich die Formen und mit ihnen einige der Probleme und Illusionen; die Grundfragen aus der Zeit der großen Entscheidungen blieben auch in der folgenden Ära der großen Wandlungen gegenwärtig.

# Renaissance der Demokratie

## Voraussetzungen und Tendenzen eines Wiederaufbaus

Begriff und Entwicklung Westeuropas nach dem Zweiten Weltkrieg unterscheiden sich grundlegend von den traditionellen Formen, in denen die europäische Staatenwelt entstanden und bis in unser Jahrhundert gewachsen ist. Die einschneidenden Veränderungen vor und nach dem Ersten Weltkrieg waren noch weithin verdeckt von älteren Strukturen und Illusionen. Erst im Augenblick der globalen Entscheidungen von 1945, die den lange angebahnten Veränderungsprozeß durch neue Faktoren beschleunigten, traten die realen Tendenzen der Entwicklung klar hervor. Die Umgestaltung Europas wurde in vier großen Zusammenhängen sichtbar und wirksam.

Erstens: Vor allem anderen stand die Erfahrung, daß die Weltpolitik nicht länger auf einem von Europa ausgehenden Konzert der Mächte beruhte. Das Abrücken von der Europazentrizität galt im Grunde schon für die Periode zwischen den beiden Weltkriegen, obschon das Bewußtsein der Völker und Staatsmänner damals noch weit hinter der Realität zurückblieb. Das internationale Gewicht der USA und die Krisen der Kolonialimperien, der Aufstieg Japans und das eurasische Potential Rußlands waren solche Realitäten der Zwischenkriegszeit. Ihre Verkennung trug zum Scheitern der internationalen Rekonstruktion nach dem Ersten Weltkrieg bei und ermöglichte dadurch erst Hitlers Großmachtpolitik. Es ist bezeichnend, daß der Völkerbund praktisch auf die europäische Dimension der Mächtepolitik beschränkt war und es nicht vermochte, der Realität einer globalen Ausweitung der internationalen Beziehungen, einer Interdependenz der politischen und ökonomischen Probleme der Staaten Rechnung zu tragen. Der Erste Weltkrieg mit seinen Folgen, die Katastrophe der Weltwirtschaftskrise und der Aufstieg des Faschismus, der die Wirkung einer Kettenreaktion entfaltete, waren Ausdruck der internationalen Verflechtung, der die traditionelle Politik der Staaten nicht gewachsen war. Erst die Trümmer von 1945 signalisierten unwiderruflich das Ende jener klassischen nationalstaatlichen Souveränitätspolitik der Neuzeit, die Weltgeschichte und Weltpolitik allein von Europa aus, durch die Gegensätze und Bündnisse der europäischen Mächte bestimmt sah. An ihre Stelle traten supranationale Gebilde, die Europa bald in zwei Teile spalteten und zugleich transzendierten. Sie wurden durch zwei Supermächte beherrscht, deren Politik in zunehmendem Maße mit der außereuropäischen Welt der neuen Staaten konfrontiert war. Europa war vom Subjekt zum Objekt der internationalen Politik geworden, seit amerikanische und sowjetische Truppen sich in der Mitte Deutschlands getroffen hatten und die UNO erstmals die Plattform für eine universale Politik schuf. Anders als in den Umwälzungen zwischen 1917 und 1919, die große Reiche stürzten, Regime tiefgreifend veränderten, neue Staaten schufen, stellte die zweite Nachkriegszeit in Europa das Staatensystem wieder her, das der nationalsozialistische Imperialismus überrollt hatte. Außer der sowjetischen Annexion der baltischen Länder, Ostpolens, Bessarabiens und der Karpatho-Ukraine gab es eine gravierende Neugestaltung: die Zerschlagung des Deutschen Reiches. Mit der nationalstaatlichen Restauration war jedoch der traditionelle Souveränitätsanspruch der Staaten nicht so ausschließlich wie früher erneuert. Er wurde überlagert von der bipolaren Politik, die militärisch, ökonomisch und ideologisch dominierte.

Zweitens: die tiefgreifende Veränderung der internationalen Lage Europas wirkte entscheidend auf die innere Struktur der europäischen Länder zurück. Sie wurde von der außenpolitischen Blockbildung abhängig, die im Zuge der Konfrontation zwischen Ost und West, zwischen sowjetischer und amerikanischer Hegemonialmacht auch die ideologische und innenpolitische Szene bestimmte. Schon 1946 kristallisierte sich eine Zweiteilung Europas in parlamentarisch-liberale Demokratien und kommunistische Einparteiregime heraus, die Westeuropa nach seiner inneren Form eindeutig von Osteuropa schied. Die Variationsbreite innerhalb dieser Frontstellung war maßgebend für die Einschätzung der jeweiligen Staaten, ihrer nationalen Ausprägung und ihres politischen Gewichts. Aber selbst Länder, die eine gewisse Unabhängigkeit zwischen den sich verfestigenden Blöcken zu bewahren vermochten, waren in ihrer inneren Struktur von jener Zweifrontenbildung bestimmt, wobei außerhalb des Kontrollbereichs der sowjetischen Militärmacht, auch in den neutralen Staaten Schweden, Schweiz und Österreich, die westliche, nichtkommunistische Form des Regierungssystems vorbildhaft blieb; dem Sonderfall Jugoslawien stand die Erhaltung einer Vielparteiendemokratie in Finnland gegenüber. Anders als in der Zwischenkriegszeit, in der ein Pluralismus der Mächte sowohl die internationale als auch die innere Politik charakterisierte und vielfältige Formen und Frontbildungen der europäischen Staaten erlaubte, wurde nun eine politische Zuordnung gültig, nach der Westeuropa die nichtkommunistisch regierten Länder umfaßt. In diesem über die geographische und bündnispolitische Abgrenzung hinausgehenden Sinne des politischen Systems bezeichnet es jenen Teil Europas, in dem Politik und Herrschaft auf pluralistischer Willensbildung beruhen – in der Form von Mehrparteiensystemen mit der Chance des Regierungswechsels und der

Opposition. Eine Ausnahme bildeten zeitweilig die autoritären Systeme in Spanien, Portugal und Griechenland, die zugleich demonstrierten, daß die außenpolitische Zugehörigkeit zum Westen noch nicht identisch war mit einem innenpolitischen Gefüge westlicher Demokratie.

Drittens: Die sozioökonomischen und kulturellen Wandlungen in diesem Westeuropa waren äußerlich durch die Zerstörungen des Krieges, die Verschiebung der Bevölkerungsstruktur und den Rückzug aus den außereuropäischen, kolonialen Herrschaftsgebieten markiert. Langfristig handelte es sich um den Wiederaufbau mit den günstigen Möglichkeiten zur Modernisierung und Industrialisierung, der die traditionellen Formen nationalstaatlicher Politik überlagerte und neue Formen überstaatlicher Kooperation erzwang. Auch dieser Prozeß, so gewiß er durch militärpolitische Faktoren im Gefolge des Kalten Krieges ausgelöst und gefördert wurde, war nicht auf den Bereich der westlichen Bündnis- und Blockpolitik beschränkt; er bezog die blockfreien Staaten ebenso ein. Denn die Entwicklung dieses ausgeweiteten wie eingeschränkten Westeuropa beruhte auf besonderen Voraussetzungen ökonomischer, sozialer und kultureller Art, die zunächst dem Verlauf des Eisernen Vorhangs folgten, aber mit der Lockerung der Barrieren zwischen West und Ost auch eine allmähliche Konvergenz der Systeme in den Bereich der Diskussion rücken.

Viertens: Das Regierungssystem der parlamentarischen Demokratie, zwischen den Kriegen erschüttert und von autoritär-diktatorischen Regimen zerstört, erwies sich als überraschend regenerationsfähig. Anders als nach 1918, als die ›Krise des Parlamentarismus‹ rasch zum populärsten Schlagwort wurde und die meisten neuen Demokratien binnen kurzem antiparlamentarischen Bewegungen zum Opfer fielen, stabilisierte sich der westliche Typ der Parlamentsdemokratie in einem unerwarteten, bislang nicht möglichen Ausmaß. Die Erfahrungen der zwanziger und dreißiger Jahre hatten gelehrt, die moderne Demokratie als eine komplexe, stets gefährdete, keineswegs vollkommene Regierungsform zu erkennen, die unter den Bedingungen der Industrialisierung und Technisierung, der sozialen Umschichtung und des geistigen Wandels einer ständigen Umformung und Anpassung ausgesetzt ist. Zwei Grundprobleme der modernen Demokratie westlicher Prägung sind evident: Einmal steht sie im Zeichen von Spannungen und Diskrepanzen zwischen Freiheit und Gleichheit, zwischen Herrschaft und Selbst- oder Mitbestimmung, zwischen sozialer Ordnung und individueller Entfaltung, zwischen der Idee der Volkssouveränität und der Praxis der Repräsentation, zwischen direkter Demokratie und einem Parlamentarismus, ohne den politische Willensbildung und demokratische Regierung in Großstaaten unmöglich erscheint. Zum anderen geht es um die innere Strukturkrise des parlamentarischen Systems selbst. Sie verschärft sich mit der Expansion der Staatsmacht auf immer weitere Bereiche der Gesellschaft und Wirtschaft.

Der gewaltige Ausbau der Verwaltung, die Verschiebung der Macht von der Legislative zur Exekutive, die Verdrängung parlamentarischer Bestimmung und Kontrolle der Politik durch Tendenzen zur Bürokratie, Expertokratie und bloßen Parteienherrschaft gefährden die Effizienz und Glaubwürdigkeit des demokratischen Prozesses.

Solche Probleme beherrschten auch nach dem Zweiten Weltkrieg Aufbau und Entfaltung der westlichen Demokratien. Sie funktionstüchtig zu machen, die politischen und sozialen Spannungen des Massenzeitalters in eine stabile, zugleich anpassungsfähige Ordnung aufzunehmen, war die Aufgabe, an der die meisten europäischen Demokratien nach 1918 gescheitert sind. Demgegenüber bestanden für den Wiederaufbau der Parlamentsdemokratien in Westeuropa nach 1945 in dreifacher Hinsicht verbesserte Voraussetzungen. Zum einen: Verfassungspolitisch verfügte man über schmerzliche Erfahrungen, die in konstitutionellen Bestimmungen zum Schutz des parlamentarischen Systems, seiner Arbeitsfähigkeit und Stabilität ihren Niederschlag finden konnten. So mit besonderer Konsequenz im Regierungssystem der westdeutschen Bundesrepublik, aber auch anderwärts, zuletzt in der Fünften Republik Frankreichs, um die politische Zersplitterung zugunsten einer Stabilisierung des Parlamentssystems zu bändigen. – Zum anderen: Soziologisch führten die Umwälzungen der Kriegs- und Nachkriegszeit in einen Prozeß der Umschichtung und Auflockerung der traditionellen Gesellschaftsstrukturen – mit der Folge einer zunehmenden Entideologisierung und Pragmatisierung der Parteien. Dadurch wurden die Koalitions- und Kooperationsfähigkeit der sozialen und politischen Gruppen innerhalb des Systems gefördert, die traditionelle Zerklüftung der politischen Gesellschaft abgemildert und die Tendenz zu Drei- oder Zweiparteiensystemen verstärkt, auf die verfassungs- und wahlrechtspolitische Vorkehrungen hinwirkten. Solche Tendenzen sind in der Entwicklung Westdeutschlands besonders deutlich hervorgetreten, wo sich die Umsiedlung und Eingliederung von über zehn Millionen Flüchtlingen auswirkte. Aber auch in anderen Ländern gab es Symptome sozialer Auflockerung und Mobilität, die den demokratischen Prozeß erleichterten und die parlamentarische Willensbildung vereinfachten, indem ideologisch zugespitzte Frontstellungen abgeschwächt, demokratisch-kooperative Verhaltensweisen gefördert, politische Konflikte zugunsten praktischer Kompromisse entschärft wurden.

Schließlich: Außenpolitisch wurde die Stabilisierung der westeuropäischen Demokratien schon früh abgeschirmt durch eine Bündnis- und Kooperationspolitik, die sich von den sowjetrussischen Herrschaftsansprüchen in Ost- und Mitteleuropa ganz und gar unterschied. Nach dem Ersten Weltkrieg hatte ein ungehemmter Nationalismus die Politik der europäischen Länder erregt und die inneren Grundlagen der Demokratie zerstört, während sich die USA, die den Krieg entschieden, die Friedensordnung und den Völkerbund inauguriert hatten, aus der internationalen Politik zurückzogen. Anders nach 1945. Die amerikanische Politik der Abschirmung und Eindämmung gegenüber dem Kommunismus stellte Westeuropa durch den Marshall-Plan und das NATO-Bündnis alsbald in den Rahmen einer intensiven internationalen Kooperation. Es ergaben sich Aspekte für eine supranationale Integration in westeuropäisch-atlantische Gemeinschaftsformen, die eine Art Schutzschirm über den neuen Parlamentsdemokratien darstellten und eine ungestörtere, weniger krisenerschütterte Entwicklung als nach dem Ersten Weltkrieg ermöglichten. Dies hinderte zwar nicht, daß die politische Zersplitterung und die Existenz starker kommunistischer Parteien, zumal in Italien und Frankreich, weiterhin die Gefahr innenpolitischer Krisen implizierte. Aber eine Wiederholung der Systemkrisen der Vorkriegszeit, die zur Kapitulation vor den Diktatoren geführt hatten, konnte in allen Fällen vermieden werden.

An die Stelle des Gewirrs nationaler Ambitionen trat inmitten des Elends der zweiten Nachkriegszeit die konkrete Einsicht in die Notwendigkeit einer Selbstbeschränkung nationaler Souveränitäten. Schon die Widerstandsbewegungen hatten weitreichende Pläne zur engeren europäischen Kooperation, ja zur politischen Integration Europas ausgearbeitet. Der Zwangslage von 1945/46 war nur durch Anerkennung der ökonomischen, militärischen und politischen Verflechtung, nicht durch isolierte Staatspolitik zu begegnen. Die Anerkennung einer derartigen Verflechtung wurde durch den unaufhaltsamen Abbau der Kolonialreiche erleichtert, weil er die europäischen Staaten stärker auf die Aufgaben der inneren Strukturreform und der Kooperationspolitik verwies. Vor solchen Problemen verblaßten allmählich die traditionellen nationalstaatlichen Spannungen, nahm die Möglichkeit des zwischen- und innerstaatlichen Kompromisses zu. Besonders augenfällig traf dies auf die westdeutsche Demokratie zu, die sich nach der Schonfrist der Besatzungszeit im Schutz der westeuropäischen und atlantischen Bündnisse fast störungsfrei entwickeln und stabilisieren konnte. Die Erfahrung einer politisch und ökonomisch effizienten Parlamentsdemokratie war etwas Neues gegenüber der Zwischenkriegszeit, in der man parlamentarische Politik mit Krise und Scheitern gleichzusetzen sich gewöhnt hatte.

Die innere Entwicklung von Westeuropa weist Merkmale auf, die bei erheblicher Unterschiedlichkeit der nationalen Tradition und der politischen Stellung allen Staaten gemeinsam sind. Ihre enge Kooperation hängt nicht zuletzt auch mit der Ähnlichkeit der politischen Parteien und Kräfte zusammen, die in der jeweils entscheidenden Phase an der Macht waren, zumal mit der Bedeutung der christlich-demokratischen Parteien. Drei Haupttendenzen lassen sich für die Zeit unmittelbar nach Kriegsende erkennen. Erstens: Fast überall erfuhr die politische Linke eine erhebliche Stärkung. Das demonstrierte im Juli 1945 der große Wahlsieg der britischen Labour Party, die eine nach dreizehnjähriger Regierung abgenutzte konservative Partei ablöste. Das erwies sich an der Stärke der kommunistischen und sozialistischen Parteien in Frankreich und Italien, an den Versuchen zur Bildung antifaschistischer Linkskoalitionen in den ersten Nachkriegsregierungen, an der Fortdauer sozialdemokratischer Regierungen in Skandinavien und an der vollen Einbeziehung der Linken auch dort, wo bürgerliche Regierungskoalitionen entstanden. Der Linksruck führte freilich, im Unterschied zu den Vorgängen unter sowjetischem Einfluß in Osteuropa, nirgends zu einer dauernden Vereinigung oder Verschmelzung sozialistischer und kommunistischer Parteien. – Zweitens: Die politische Rechte ging unter allgemeiner Diskreditierung zurück. In Italien kam es überdies zu einer Ablösung der Monarchie durch die Republik. Die bestehenden Monarchien in den Benelux-Ländern und auf dem Balkan wurden dagegen demokratisch modifiziert und eingeschränkt, soweit sie nicht – wie in Großbritannien oder Skandinavien – schon vorher völlig konstitutionalisiert und parlamentarisiert waren. Wenngleich die Rechtsparteien nicht einfach mit der Schuld der Kollaborationspolitik belastet werden konnten, gab ihre zwiespältige Haltung gegenüber den autoritären, antidemokratischen Ideologien und Regimen Grund dafür, daß die antifaschistische Welle der Nachkriegszeit hauptsächlich gegen die konservative Rechte gerichtet war. Hinzu kam das Versagen einer konservativ-liberalen Wirtschaftspolitik zwischen den Kriegen, das zur Krise der Demokratien beigetragen hatte. Eine Restauration der kapitalistischen Ordnung schien nicht in Frage zu kommen, weil die staats- und zwangswirtschaftlichen Maßnahmen der Kriegszeit in der Notlage der Folgezeit fortbestehen mußten. Der Trend zu weiterer Planwirtschaft und Nationalisierung, zu tiefgreifenden politisch-gesellschaftlichen Reformen gründete in der weitverbreiteten Auffassung, dem Versagen des Kapitalismus vor dem Faschismus folge notwendig eine Ära des Sozialismus, auch in Westeuropa. – Drittens: Binnen weniger Jahre kam es zu einem allgemeinen Umschwung der politischen Stimmungen und der Kräfteverhältnisse in den Demokratien Westeuropas, so unterschiedlich die Umstände im einzelnen waren.

Kennzeichen dafür waren die Ausschaltung der kommunistischen Parteien von der Regierungsbeteiligung, die Stärkung einer gemäßigten Mitte und insbesondere der Aufstieg christlich-demokratischer Parteien in die Schlüsselpositionen von Staat und Gesellschaft. Sie stellten ein neues Element in der Parteienstruktur Westeuropas dar. Obwohl sie auf ältere Formen christlich-konfessioneller Parteien zurückgingen, sprengten die Bejahung der parlamentarischen Demokratie, die Aufnahme linker, christlich-sozialer Impulse und die Zurückdrängung konservativ-klerikaler Traditionen den bisherigen Rahmen kirchlicher Interessengruppen und eröffneten den Weg zu einer Volkspartei der Mitte, die zur Koalition nach allen Seiten, zur Versöhnung von Sozialismus und Kapitalismus fähig sein wollte. Diese Emanzipation christlich-demokratischer Sammelbewegungen vermochte einen Großteil der bürgerlichen Schichten zu integrieren. Die Unterstützung der Kirchen, die allein die ideologischen Zusammenbrüche der Periode als starke Autoritäten überlebt hatten, ja in Italien und Deutschland die fast einzigen intakten, von den Besatzungsmächten anerkannten Institutionen waren, kam ihnen dabei freilich ebenso zustatten wie die Verbindung mit Gruppen der antifaschistischen Résistance und die Parole eines neuen demokratischen Anfangs nach dem abschreckenden Beispiel des blutig gescheiterten bürgerlichen Antidemokratismus.

Von beträchtlicher Bedeutung war die Tatsache, daß diese vorwiegend katholisch geprägten Parteien und ihre großen Exponenten De Gasperi, Schuman und Adenauer den übernationalen Rahmen der Politik als Idee und Wirklichkeit betonten. Die Einheit Europas – das hieß für sie ein Bollwerk des christlichen Abendlandes gegen den Bolschewismus. Ihre Überzeugung war mehr als militärischer und ökonomischer Opportunismus; sie war eine gemeinsame Ideologie, die sich auf große Traditionen der europäischen Geschichte und Philosophie, auf die religiösen und moralischen Werte des Abendlandes berufen konnte. Es war nicht mehr der radikalliberale Idealismus eines Wilson, der diese Europa-Politiker beflügelte. Aber sie waren auch weit entfernt von dem ideologischen Nationalismus der Zwischenkriegspolitik. Ihr nüchterner Stil kontrastierte zwar mit den großen Zielen und Emotionen der Europa-Bewegungen, die aus dem Widerstand und der ersten Nachkriegszeit herauswuchsen, aber sie vermochten sich dieser auf solide und erfolgreiche Weise zu bedienen, als die Stunde dafür gekommen war. Die großen Exponenten waren alte Männer, deren Karriere durch Diktaturen abgeschnitten worden war. Sie hatten nicht mehr viel Zeit, ihre lange politische Erfahrung umzusetzen, und sie nutzten sie mit Vernunft und Umsicht, ohne Rücksicht auf nationalistische oder sozialistische Visionen ihrer Zeitgenossen und politischen Opponenten. Die Europa-Politik der entscheidenden Jahre war eine Vernunftpolitik, in der die geschichtliche Rolle von Personen besonders hervortrat.

Der tiefgreifende Umschwung, der sich seit 1947 abzeichnete, wurde sowohl durch ökonomische als auch durch politische und militärische Faktoren beschleunigt, wobei Innen- und Außenpolitik eng verflochten waren. Aus der offenen, bewegten Nachkriegslage mit der Vision vieler Intellektueller von der notwendig sozialistisch geprägten Umformung des Staates und der Gesellschaft führte die Entwicklung zur Verfestigung der parlamentarischen Mehrparteienregime und zum Wiederaufbau der liberalen Wirtschafts- und Gesellschaftssysteme im Zeichen einer Verstärkung der Mitte und der Rechten. Mit diesem Wandel, der in der deutschen Terminologie als soziale Marktwirtschaft bald starke Ausstrahlungskraft, als Wirtschaftswunder überzeugende Popularität gewann, waren die Weichen für die wirtschaftspolitische Entwicklung bis zur Gegenwart gestellt. Das war eine historische Entscheidung, zu der eine realistische Alternative bald kaum mehr bestand. Allzu eindeutig erschienen die Tatsachen. Die ökonomische Stabilisierung im Namen des Marshall-Plans kontrastierte grell mit den Mißerfolgen der kommunistischen Wirtschaftspolitik in Osteuropa. Die Konfrontation der Supermächte USA und UdSSR wurde in wachsendem Maße als eine Kraftprobe zwischen freiheitlich offenen und zwangsgelenkten Gesellschaftssystemen empfunden. Und die Forcierung der stalinistischen Herrschaftspolitik, die ihren Höhepunkt im Umsturz von Prag und in der Blockade Berlins, ihre Antwort in der Verstärkung der amerikanischen Containment policy mittels ökonomischer und militärischer Hilfe für Westeuropa fand, verminderte zusätzlich die Anziehungskraft sozialistischer Politik im Westen Europas und hatte das Ausscheiden der kommunistischen Parteien aus den Regierungen zur Folge. Die liberal-demokratische Stabilisierung Westeuropas war nicht einfach das Resultat einer finsteren Verschwörung kapitalistischer Imperialisten, wie die sowjetische Propagandathese lautete. Denn nicht nur der Kommunismus, sondern auch die Ideen einer sozialistischen Reform und einer von den Supermächten unabhängigen europäischen Entwicklung wurden durch die repressive Wirtschafts- und Gleichschaltungspolitik der Sowjets in Osteuropa diskreditiert. Das Resultat waren allenthalben antikommunistisch orientierte bürgerliche Regierungen – seit 1951 auch in Großbritannien –, die den Wiederaufbau im Zeichen der ökonomischen Unterstützung und militärischen Abschirmung der USA betrieben; die wirtschaftliche Erholung und politische Festigung kamen der Restauration traditioneller Strukturen in Staat und Gesellschaft zugute. Die wachsende europäische und atlantische Zusammenarbeit wurde in dieselbe Richtung gelenkt. Am Ende der vierziger Jahre waren die Entscheidungen gefallen, die für Westeuropa bis zum heutigen Tag den bestimmenden Rahmen bilden.

Die großen Ereignisse der fünfziger und sechziger Jahre, in der Europa-Politik wie in der Innenpolitik des Westens, sind durch jene Entscheidungen bedingt und begrenzt. Davon war besonders die demokratische Linke betroffen, deren gesellschafts- und außenpolitische Opposition gegen den westlichen Restaurationskurs erfolglos blieb, bis sie früher, wie in Frankreich, oder später, wie in Westdeutschland und Italien, die vollzogenen Tatsachen anerkennen mußte. Mögliche Alternativen zu dem eingeschlagenen Kurs der Konfrontation zwischen Ost und West, beziehungsweise zwischen liberalkonservativer und sozialistischer Gesellschaftspolitik, wurden nie ernsthaft auf ihre Realisierbarkeit getestet. Am stärksten und entschiedensten war die Politik der Stabilität im Zeichen der Konfrontation in Westdeutschland ausgeprägt: Die Anschauung der sowjetischen Zwangspolitik in Ostdeutschland und die Chance der politischen Rehabilitierung und des raschen Wiederaufstiegs aus der Katastrophe wirkten hier als besonders mächtige Antriebskräfte. Deshalb läßt sich nicht entscheiden, ob mit vielen kritischen Betrachtern von den ›verpaßten Chancen‹ der Nachkriegszeit gesprochen werden kann oder ob nicht doch eherne Notwendigkeit die Entscheidung zur Teilung Europas, zumal Deutschlands, erzwang, wie es die Überzeugung der Handelnden und einer Mehrheit der Bevölkerung unter dem Eindruck der Bedrohungen und Krisen des Kalten Krieges und angesichts des ungleich höheren Freiheits- und Lebensstandards im Westen war.

## Westeuropa und England

Vor dem Hintergrund dieser Tendenzen blieb die Geschichte der einzelnen Länder Westeuropas in der Nachkriegszeit an die jeweiligen Probleme der speziellen nationalstaatlichen Entwicklung und der unterschiedlichen sozioökonomischen Bedingungen gebunden, deren Konflikte so lange die europäische Politik fast ausschließlich bestimmt hatten. Das war durchaus natürlich. Es signalisierte nicht nur das schwere Gewicht traditioneller Verhaltensweisen und Ideologien, ihr Nachhinken hinter veränderten Realitäten, sondern entsprach auch den sehr heterogenen Umständen und Interessen der Staaten und Völker Europas. Die Spannung zwischen einzelstaatlicher und europäischer Politik gehört zum Inhalt sowohl der zwischenstaatlichen Beziehungen als auch der ökonomischen Interessenpolitik und der Meinungs- und Bewußtseinsbildung in den Gesellschaften Westeuropas. Wenn diese Spannung mehr und mehr durch den konkreten Ausbau von Institutionen der Zusammenarbeit relativiert wurde, die ihren ökonomischen Unterbau schließlich in einer Europäischen Wirtschaftsgemeinschaft fanden, so war dies ein wesentlicher Fortschritt in der Konfliktregelung und Koordination zumal der ökonomischen Interessen; es schloß aber entgegen der Erwartung ihrer Protagonisten noch keineswegs die politische Integration zu einem westeuropäischen Bundesstaat ein. Einem solchen qualitativen Sprung widersprachen allen offiziellen Bekenntnissen zum Trotz sehr konkrete einzelstaatliche Interessen.

Am augenfälligsten war der Unterschied zwischen den intakten Nationalstaaten Westeuropas und der besonderen Interessenlage des westlichen Deutschland, das die Sicherung seiner Staatlichkeit und Gleichberechtigung ganz wesentlich der überstaatlichen Europa-Politik verdankte. Auf der anderen Seite stand Frankreich, dessen Politik vorrangig auf volle Rehabilitierung nach der Katastrophe von 1940 und auf Sicherung seiner Stellung als unabhängige Großmacht im Lager der Sieger gerichtet war. Die Annäherung dieser polaren Positionen und mithin das deutsch-französische Verhältnis bildeten die Voraussetzung für jede Europa-Politik. Sie zeichnete sich erstmals nach der Wende von 1947/48 ab. Zuvor aber schien sich das politische System der Vierten Republik trotz manchen verfassungspolitischen Änderungen und ungeachtet des französischen Machtverlustes als europäische und koloniale Macht dem Stil der Dritten Republik der Vorkriegszeit anzunähern. Es gab zwar neue Elemente, unter ihnen vor allem die Bestrebungen Charles de Gaulles und die fortdauernde Bedeutung der Résistance, aber sie wirkten in ambivalenter Weise auf die politische Entwicklung ein.

Eine Figur von beherrschender Egozentrik, umstritten und doch unumgehbar, hat de Gaulle die Geschicke Frankreichs zweimal entscheidend beeinflußt: mit der Proklamation des Widerstands 1940 und mit der Lösung der Algerien-Krise 1958 bis 1961, die den Umbau der schwankenden Republik zum gaullistischen Präsidialregime der Fünften Republik besiegelte. Doch Ende 1945 scheiterte er, der über ein Jahr als gleichsam demokratischer Diktator regiert hatte[2], bei dem Versuch, mit der großen Autorität des Widerstandsführers einen etatistischen, stabilisierenden Umbau des parlamentarischen Parteienstaats durchzusetzen. Die Mischung absolutistisch-traditionalistischer und plebiszitär-demokratischer Ideen, die der gaullistischen Sammelbewegung vorschwebte, hatte erst in der Bürgerkriegssituation von 1958 eine Chance. Auch die mystische Glorifizierung der Nation, die de Gaulle in sich verkörpert sah, sollte sich unter den Bedingungen der Nachkriegszeit als anachronistisches Intermezzo erweisen. Sie entfaltete wohl gewisse Wirkungen auf eine nationalbewußte Auflockerung der Blöcke in West und Ost, konnte aber weder militärisch – durch den Aufbau einer französischen Atommacht – noch ökonomisch oder in der internationalen Politik mit der Realität der übernationalen Supermächte konkurrieren; sie wirkte sich vielmehr negativ als Störfaktor in der europäischen Integrationspolitik und in ihrem Verhältnis zu Großbritannien und den USA aus.

Die historische Rolle de Gaulles bestand 1945 darin, daß er die breiteste antifaschistische Koalition von rechts bis links verkörperte. Auf dieser Grundlage etablierte die Résistance, die von den Kommunisten zu den Konservativen reichte, ihre Stellung als tragende politische Schicht der Vierten Republik. So kompliziert und instabil das parlamentarische Kompromißgebilde dieser Republik erscheinen mochte, es überstand auf dieser Basis die schweren Belastungen und inneren Konflikte des Indochina-Krieges und leitete den ökonomischen Aufschwung ein, den die Fünfte Republik dann für ihre Festigung und die ambitiöse Nationalpolitik des Gaullismus nutzen konnte. Außerdem half das politische Gewicht einer europa-freundlichen Résistance die tastenden Ansätze zu einer europäischen Einigungsbewegung, für die das französische Votum entscheidend sein mußte, zu verwirklichen. In der Spannung zwischen nationalistischem Gaullismus, kommunistischer Daueropposition und europäischer Kooperation behauptete sich die letztere als Realität und bestimmende Kraft.

Es war ein innenpolitisch bewegter Prozeß, der von de Gaulles demonstrativem Rücktritt im Januar 1946 zum NATO-Bündnis und zur Montanunion der Sechs (1950), nach dem Scheitern der Europäischen Verteidigungsgemeinschaft (1954) schließlich in die Politik der Pariser Verträge (1954) und der Europäischen Wirtschaftsgemeinschaft (1957) führte. So viele Rückschläge dieser Kurs vor und nach der Wiederkehr de Gaulles im Jahr 1958 erlitt, so grundlegend unterschied er sich von den Methoden und Zielsetzungen der französischen Politik nach dem Ersten Weltkrieg. Alle Versuche, einer nationalen Großmacht-Prestigepolitik den Vorrang zu sichern vor einer konkreten Politik des inneren Aufbaus und der übernationalen Kooperation, endeten wie später de Gaulles eigentliche Zielsetzungen in der Sackgasse. Dabei blieben die politischen Mehrheitsverhältnisse in Frankreich überaus kompliziert. In den ersten Wahlen zur verfassungsgebenden Versammlung im Oktober 1945 standen sich drei fast gleich starke Blöcke gegenüber: Kommunisten und Volksrepublikaner mit je sechsundzwanzig Prozent und Sozialisten mit vierundzwanzig Prozent. Auch die Gewerkschaftsgruppierung blieb – wie in Italien – dreigeteilt. Augenfällig war die Rolle, die eine neue christlich-demokratische Sammlungsbewegung spielen konnte, die neben bürgerlich-konservativen Schichten auf der Basis der Widerstandstradition auch liberale und linksgemäßigte Kräfte anzog. Im Unterschied zu früheren christlichen Parteien, die gegen das liberale und laizistische Frankreich von 1789 operiert hatten, suchte der Mouvement Républicain Populaire (MRP) demokratisch-republikanische und christlich-konservative, liberale und soziale Traditionen zu versöhnen in einer Volkspartei über den Klassen. Während die Sozialisten von ihrer Regierungstreue wenig profitierten und ständig Anhänger verloren, die Kommunisten als koalitionsunfähig galten, die Liberalen zur Splittergruppe herabsanken und die Gaullisten seit 1947 eine intransigente Rechte anführten, vollzog der MRP unter Robert Schuman als Premier (1947 bis 1953) und danach Außenminister die Schwenkung in eine europäische Politik, die trotz einem Rückgang der MRP-Stimmen und der Stärke der linken und rechten Europa-Gegner mit der Zustimmung einer pragmatischer denkenden Bevölkerung rechnen konnte.

Der neue Kurs wurde durch die christlich-demokratisch geführten Regierungen in Italien, den Benelux-Staaten und in der neugegründeten Bundesrepublik Deutschland begünstigt. So erhielt die Europa-Politik einen eher konservativ-bürgerlichen Akzent, zumal sich die nichtkommunistische Linke lange Zeit nur zögernd beteiligte; am stärksten noch die gemäßigten Gewerkschaften, darunter auch der große Deutsche Gewerkschaftsbund (DGB).

Die MRP-Außenminister behielten diesen Kurs bei. Allerdings wurde ihre Partei, anders als die europäischen Bruderparteien, von der gaullistischen Konkurrenz im konservativen Bürgertum bedrängt und erheblich geschwächt. Ihrer vitalen Funktion in den Entscheidungen zwischen 1948 und 1952 folgte kein der CDU in Bonn vergleichbarer Aufstieg. Zu stark war die Anziehungskraft des gaullistischen Rassemblement du Peuple Français (RPF), der paradoxerweise auch vielen ehemaligen Pétain-Anhängern eine neue politische Heimat bot, einfach weil er rechts, national-autoritär und kritisch gegen die Parteiendemokratie auftrat. Der General selbst distanzierte sich seit 1953 von allen Parteien. Aber der MRP wurde von der Polarisierung zwischen Systemgegnern von links, von den Kommunisten, und von rechts, von den Gaullisten, schließlich fast aufgerieben. Den Versuchen eines entschiedeneren Reformkurses unter Politikern wie dem links-liberalen Liquidator des Indochina-Krieges, Pierre Mendès-France, sind wichtige Impulse zur Modernisierung der Wirtschafts- und Gesellschaftsstruktur zu verdanken, die vornehmlich von Jean Monnet mit Hilfe einer eigenen Behörde gefördert wurden. Sie kamen dann der Fünften Republik zugute, konnten jedoch die zunehmende Lähmung der Vierten Republik durch den Algerien-Krieg nicht aufhalten. Als 1958 der dramatische Machtwechsel stattfand, zogen skeptische Betrachter sogar Vergleiche zwischen dem Schicksal der Mitte in der Weimarer Republik und de Gaulles Machtergreifung. Nur war dieser kein Hindenburg und vollends kein Hitler; vielmehr gelang ihm, indem er die cäsaristisch-bonapartistische Militärtradition in Anspruch nahm, die Beruhigung der teilweise putschbereiten Armee, für die das versinkende Empire mehr bedeutete als die meist mißtrauisch betrachtete Republik.

Das Debakel in Indochina hatte die Militärs schwer getroffen und den Algerien-Krieg um so mehr zu einer Prestigeangelegenheit gemacht. Es kam hinzu, daß die unmittelbare Bindung Algeriens an Frankreich nicht nur durch zahlreiche Siedler seit über einem Jahrhundert postuliert, sondern mit der Einrichtung der Departements Algier, Oran und Constantine in aller Form dokumentiert wurde. Aber gerade der Konflikt zwischen ökonomisch und politisch benachteiligten Eingeborenen und den nicht minder fest eingesessenen französischen Siedlern, die trotz einem Verhältnis von eins zu sieben dieselbe Stimmenzahl besaßen, machte die Auseinandersetzung so unvermeidlich scharf und langwierig, ja brutal, nachdem die Nachfolger von Mendès-France sich einmal zur Verteidigung der französischen Ansprüche entschlossen hatten, obwohl gleichzeitig Tunis und Marokko freigegeben wurden. Das Scheitern der Suez-Unternehmung im Jahr 1956, die als Warnung an den arabischen Nationalismus gedacht war, wirkte noch anfachend. Ein Guerillakrieg zwischen der Algerischen Befreiungsfront (FLN) und der Armee, gegen deren Foltermethoden sich auch viele französische Intellektuelle wandten, zehrte an der französischen Wirtschaftskraft. Schließlich führte die Koalition von Siedlern und Armee zu offenen Rebellionen gegen die Kompromißversuche der Pariser Regierung, und deren Unfähigkeit, der militärischen Putschgefahren Herr zu werden, endete am 29. Mai 1958 mit der Einsetzung de Gaulles als Regierungschef. Entgegen der Erwartung der Rechten wirkte de Gaulle als Liquidator der Algerien-Politik. Dieser stolze Mann war weder ein politischer Abenteurer noch ein prestigehungriger Nationalist wie die Algerien-Generale und -Politiker Raoul Salan, Jacques Soustelle, Georges Bidault. Auch zeigte sich die französische Öffentlichkeit bei aller Kritik an der gescheiterten Vierten Republik und trotz weiten Sympathien für die konservative Stabilität eines gaullistischen Präsidialregimes nicht zur Kapitulation vor einer Diktatur, militärisch oder zivil, bereit. Das wurde sichtbar, als die Übergangsfunktion des Gaullismus sich erschöpft hatte. Die endgültige Entkolonisierung war von de Gaulle schon 1960 mutig und entschieden eingeleitet worden, als die übrigen afrikanischen Kolonien die Unabhängigkeit erhielten. Und nach neuen Krisen und Aufständen konnte 1962 auch die Algerien-Frage gelöst werden. Ein sechsjähriger Prozeß hatte an den Rand des Bürgerkrieges geführt. De Gaulles Rolle als Stabilisator kann kaum überschätzt werden.

In den Folgejahren zeigte sich die Kehrseite dieser Stabilität der Fünften Republik. Sie verbarg hinter der Fassade der Modernisierung und der national-atomaren Großmachtpolitik wirtschaftliche Stagnation und politische Realitätsblindheit, nicht zuletzt in der Europa-Politik. Die große Krise von 1968 und das endgültige Abtreten de Gaulles manifestierten aber zugleich die Existenz einer vitalen demokratischen Kultur, die cäsaristische und faschistische Tendenzen zu überstehen, den starken Kommunismus zu reformistischem Kurs zu veranlassen und fast alle politischen Kräfte an die republikanische Tradition von 1789 zu binden vermag. Anders als Italien oder Deutschland besitzt Frankreich darin einen tragenden Minimalkonsens, der hinter dem oft verwirrend chaotischen Eindruck der politischen und ideologischen Gegensätze wirksam bleibt. Bei der Anpassung Frankreichs an den Wandel Europas spielten Interessen und Kalkulationen der Wirtschaft, die sich vom kostspieligen nationalistischen Autonomismus de Gaulles zunehmend beeinträchtigt fanden, gravierend mit – ein weiteres Symptom der Bedeutung, die europäische Wirtschaftspolitik für die innere Struktur und Entwicklung der Staaten gewinnt. Hier liegt auch der zentrale Punkt für die Erwartung, daß von der ökonomischen Verflechtung ein wachsender Sog auf die Integration ausgehen wird.

Das Todesjahr de Gaulles (1970) stand bereits im Zeichen einer wachsenden Anpassung des gaullistischen Systems an demokratische und europäische Postulate. Den Antiamerikanismus hatte der General selbst noch abgebaut. Das brüske doppelte Veto gegen die Einbeziehung Großbritanniens, das auch in persönlichen Ressentiments begründet war, machte konkreten Verhandlungen Platz. Im schmerzlichen Verzicht auf das Kolonialreich sowie in der europäischen und bilateralen Kooperation mit Westdeutschland hatte de Gaulle über seinen Schatten springen müssen. Sein Konzept eines französisch geführten Westeuropa der Nationen erwies sich als unrealistisch. Entscheidend blieben die Schritte, die in der Vierten Republik gemacht worden waren. An diese knüpfte in deutlicher Distanz von seinem Vorgänger, dem de Gaulle-Nachfolger Georges Pompidou, der erste nachgaullistische Präsident, Valéry Giscard d'Estaing (1974) an. Aber auch er hat weiterhin, selbst nach seiner dramatischen Wiederwahl 1978 gegen die Vereinigte Linke von Mitterrand bis Marchais, mit einer europakritischen Front der Kommunisten und Gaullisten (Chirac) zu ringen. Er baut dabei auf ein engeres Verständnis mit Helmut Schmidt, dem deutschen Partner.

Kaum weniger dramatisch verlief die Entwicklung Italiens. Zahllose Regierungskrisen und die fortdauernden ökonomischen und sozialen Strukturprobleme beeinträchtigten sowohl die innere Modernisierung als auch die europäische Politik des Landes. Auf der Erneuerung der Demokratie lastete nicht nur die faschistische Erbschaft, sondern ebenso eine lange Geschichte der Fremdbesetzung, die staatliche Autorität stets als feindlich erscheinen ließ. Hinzu kamen die Fortdauer feudalistischer Strukturen und die Diskrepanz zwischen dem industriellen Norden und dem agrarischen Süden. Als verspätete Nation wie Deutschland hatte Italien besondere Schwierigkeiten mit der Entwicklung eines demokratischen Staatsgefühls. Obwohl es anders als in Deutschland gelungen war, Faschismus und Krieg abzubrechen, wurde die innere Spaltung eher noch vertieft. Während gegen Mussolinis Restrepublik im Norden eine Widerstandsbewegung erstarkt war, die einschneidende politische und soziale Reformen erstrebte, hatte bei Kriegsende bereits das vorfaschistische und vordemokratische Establishment in Süd- und Mittelitalien die alte Staats- und Gesellschaftsordnung restauriert. Als im Juni 1946 die mit dem Faschismus diskreditierte Monarchie durch Volksabstimmung abgeschafft wurde, votierte nur im Norden eine Mehrheit für die Republik. Die Democrazia Cristiana (DC), als breite Sammelpartei mit rechten und linken Flügeln ein neues Element auch der italienischen Politik, löste sich nicht im selben Maße wie andere christlich-demokratische Parteien von der direkten Bindung an eine konservative Kirche; sie behielt ihren Schwerpunkt im unterentwickelten Süden und regierte als permanente Staatspartei vorwiegend mit Rechtskoalitionen. Ein stärkerer Umbau von Staat und Gesellschaft, wie ihn die linke Resistenza zumal des Nordens nach Kriegsende forderte, und vor allem die überfällige Landreform scheiterten an dieser mächtigen Bastion. Die Partei besaß aber in Alcide De Gasperi einen fähigen Führer des antifaschistischen Zentrums in der DC, der die Flügel gegeneinander auszuspielen und im Mai 1947 Kommunisten und Linkssozialisten auszumanövrieren verstand. Diese Entscheidung wurde durch die Wahlen vom April 1948 bestätigt, in denen die DC eine absolute Mehrheit errang, die sie bis 1953 behielt und dann nie wieder erlangte.

Die politischen Kräfte zerfielen ähnlich wie in Frankreich in drei große

Lager, wobei die DC als Mitte-Rechts-Partei weitaus die stärkste Position behauptete, zwischen achtunddreißig und fünfzig Prozent, während die Kommunisten bei fünfundzwanzig Prozent, die Sozialisten bei fünfzehn bis zwanzig Prozent verharrten. Das Experiment einer antifaschistischen Allparteienregierung unter Ferruccio Parri (Juni bis Dezember 1945) war in Reformplanungen steckengeblieben, und eine vorübergehend enge Zusammenarbeit von Sozialisten und Kommunisten, die 1946 die Möglichkeit einer Linksregierung gegen die DC eröffnete, endete mit Konflikten und Abspaltungen bei den Sozialisten, von denen die Sozialdemokraten unter Giuseppe Saragat mit etwa sechs Prozent die wichtigste Rolle spielen sollten. Die Wende zu einer nichtsozialistischen West- und Europa-Politik bannte schließlich seit Mai 1947 die starke Linke in eine Daueropposition und besiegelte eine krisenreiche Politik des Status quo. Erst 1962 begann mit einer Öffnung nach links unter Amintore Fanfani (DC) der Versuch, überfällige soziale Reformen und Modernisierungsmaßnahmen auf breiterer Basis zu fördern.

Der Weg in die christdemokratische Ära der Europa-Politik, den De Gasperi in acht Jahren Regierung mit Nachdruck verfolgte, brachte etwas verspätet auch Italien ein Wirtschaftswunder. Seine Früchte waren aber ungleich verteilt. Statt eines Ausgleichs wie gleichzeitig in Deutschland erfolgte eine Konsolidierung ohne Lösung der Probleme in den unterentwickelten Gebieten und ohne Reform eines veralteten Bildungssystems und eines teils korrupten, teils überbesetzten, schwerfälligen Staatsapparats. Dadurch wurden die antistaatliche Gefühlstradition in weiten Schichten der italienischen Bevölkerung und die tiefe Zerklüftung des politischen und gesellschaftlichen Lebens noch verschärft. Auch die Aufgabe einer föderalistischen Strukturreform blieb ungelöst. Zersplitterung und Unbeweglichkeit kennzeichnen die Lage bis heute. Die vielbeklagte Malaise hängt nicht zuletzt mit der Schwäche des in sich gespaltenen, einst so mächtigen italienischen Sozialismus zusammen – Folge seines ambivalenten Verhältnisses zu den Kommunisten. Man hat immer wieder Vergleiche zur Weimarer Republik angestellt. Aber der rasche Wechsel der Regierungen besagt genausowenig über die tatsächlichen Probleme wie in Frankreichs Dritter und Vierter Republik. Als Demokratie leidet die italienische Republik eher an der dreißig Jahre lang fast gleichgebliebenen Regierungskonstellation. Sie bedeutet im Grunde nach Schweden die langlebigste parlamentarische Regierung der Nachkriegszeit. Die Democrazia Cristiana stellte jeden Regierungschef, ein Wechsel mit der Opposition erschien unmöglich, wollte man nicht die Kommunisten verantwortlich einbeziehen.

Das Problem besteht also, so paradox dies im Blick auf die pausenlosen Kabinettskrisen sich ausnehmen mag, in einer Blockierung des Parteien- und Koalitionssystems. Es erschöpft sich in einem Karussell der immer gleichen christdemokratischen Führungskräfte, die längst nicht an das Format eines De Gasperi heranreichen, jedenfalls nicht in der Lage sind, die nötigen Strukturänderungen durchzusetzen. Sie werden beherrscht von personalen Rivalitäten und von den großen Unterschieden zwischen reformerischen und konservativen Flügeln. Dabei erwies sich der rechte Flügel oft als stärker; ihm gehörten zunächst auch Kräfte an, die nur deshalb keine eigene Rechtsbewegung organisierten, weil diese durch den Faschismus diskreditiert war. Auch als sich seit den fünfziger Jahren eine italienische Rechte von einigem Gewicht entwickelte, Monarchisten und Neofaschisten, blieb das grundlegende Dilemma der DC bestehen: im Interesse der Regierungsbildung stets eine innerparteiliche Koalition zusammenzuhalten, innere Streitigkeiten zu neutralisieren und eine Reform des aus der monarchistischen und faschistischen Zeit stammenden Staatsapparats trotz vieler Pläne immer wieder aufzuschieben. Wie man diesen veralteten Apparat besser den Veränderungen der italienischen Gesellschaft und der erheblichen industriellen Entwicklung des Landes anpassen, den kranken Staat und die vitale Gesellschaft in Einklang bringen könne – dieses Hauptproblem blieb ungelöst.

Die permanente Regierungspartei findet sich, darin Demokratien mit ähnlicher Konstellation wie Indien oder Japan vergleichbar, dieser Aufgabe gegenüber durch die eigenen inneren Spannungen fast wie gelähmt. Die häufigen Regierungswechsel bedeuten nur eine Scheindynamik. De facto ging ein Wechselspiel vor sich, in dem die innerparteilichen Gruppen der DC und der Anhang dieser Politiker, die oft untereinander auswechselbar erscheinen, jede wichtige Veränderung und Entscheidung blockierten. Man könnte dieses System als Kompromiß- oder Klienteldemokratie bezeichnen und damit als halbentwickelten Typus von jenen Parlamentsdemokratien abheben, die dem Prinzip der politischen Verantwortung und des Wechsels von Regierung und Opposition den ersten Rang sichern. Demgegenüber verharrte die permanente italienische Regierungspartei in einem internen Intrigenspiel, das den in Italien so heftig beklagten Immobilismus zur Folge hat. Zudem behinderte die Intransigenz der Sozialisten, die nicht ohne die Kommunisten koalieren wollen, eine demokratische Mehrheitsbildung. Die Gefahr, daß die Demokratie auf solche Weise erneut unheilbar diskreditiert wird, ist nicht von der Hand zu weisen. Denn es macht die Lage nicht einfacher, daß die italienischen Kommunisten seit einigen Jahren ihre Regierungsfähigkeit herausstellen, daß sie einen Weg durch die Institutionen zur Macht suchen und daß sie sich zur Europa-Politik bekennen, wobei sie ihre Gewerkschaftsmacht und ihre Mitwirkung in der Kommunalpolitik als Beweise der Unentbehrlichkeit und demokratischen Verläßlichkeit anführen.

Die Parole vom historischen Kompromiß zwischen Christdemokraten und Kommunisten weist keinen Weg aus dem Dilemma, sofern der leninistische

Charakter der PCI, ihre Bindung an Moskau fortbestehen. Zudem würde das Hauptproblem, die Ermöglichung eines vollen Regierungswechsels, von einer solchen Koalition nicht gelöst. Die Putschgerüchte, die immer wieder auftauchen und auf einige Generale oder Neofaschisten weisen, sind derzeit weniger ernst zu nehmen als die Unsicherheit, die der rechts- und linksradikale Terror anarchistischer Kreise verbreitet. Aber der Ruf nach dem starken Mann könnte sich verstärken, wenn zum politischen Immobilismus eine Verschärfung der Wirtschaftskrise hinzukäme; die inflatorische Verschuldung des Landes bietet dafür akute Ansatzpunkte. Es bleibt bemerkenswert, daß unter so chaotischen Umständen im öffentlichen Leben die italienischen Wahlen bis heute keine wesentliche Verschiebung der Kräfteverhältnisse brachten und daß das christdemokratische Minderheitskabinett unter Giulio Andreotti nach der Ermordung des Parteiführers Aldo Moro durch Terroristen im Frühjahr 1978 mit Duldung der Kommunisten den schwierigen Stabilisierungskurs fortsetzen konnte, wenngleich sich im Januar 1979 bereits neue Regierungskrisen abzeichneten. So krank der Staat vielen erscheinen mag, so vital zeigt sich die Gesellschaft in ihrer Fähigkeit zu erstaunlichen Formen der Selbsthilfe neben dem Staat und gegen ihn. Italien versteht zu überleben, lautet die oft gehörte Antwort. Sie schöpft mehr als nur Trost aus den reichen Erfahrungen einer diffizilen Geschichte. Daß eine wirkliche Staatskrise (wie 1922) vermieden, Kommunisten und Neofaschisten halbwegs gezähmt und mit wechselnden Koalitionen zeitweise eine Chance zur sozialen und ökonomischen Modernisierung eröffnet werden konnte, die wenigstens partiell genutzt wurde – diese positiven Aspekte der zweiten italienischen Demokratie sind großteils eine Folge der westeuropäischen Zusammenarbeit.

Auch die kleineren Demokratien Westeuropas hatten ihre spezifischen Probleme und Interessen. In den Benelux-Ländern wie in Skandinavien blieb die parlamentarische Monarchie britischer Prägung erhalten. Hauptfragen der Nachkriegsentwicklung waren die Auseinandersetzung um das Verhältnis von Kollaboration und Widerstand gegen das deutsche Besatzungsregime, die Spannung zwischen Kontinuität und Neuformung der politischen Struktur, die Wendung gegen den Kommunismus und die sozioökonomische Rekonstruktion und Reform. Sie waren in den Benelux-Ländern besonders eng verknüpft mit der Diskussion um die nationalstaatlichen und internationalen Perspektiven künftiger Politik. Dies galt vor allem für Belgien, wo Kriegs- und Nachkriegsverhältnisse den alten Sprach- und Kulturstreit zwischen Wallonen und Flamen aufleben ließen. Der anachronistisch anmutende Konflikt erhielt Verschärfung durch die sozioökonomischen Unterschiede, unter denen die beiden Volksteile sich entwickelten. Während die alte Kohlenindustrie in Wallonien, wo sozialistische und antiklerikale, profranzösische Traditionen dominierten, in eine Dauerkrise geriet, gewann das agrarische Flandern, das konservativ-katholisch bestimmt war, durch die industrielle Modernisierung zunehmend an Gewicht. Einen speziellen Streitpunkt bildete die im flämischen Bereich gelegene, aber französischsprachige Hauptstadt Brüssel. Die flämischen Ansprüche verstanden sich als Abwehr gegen das wallonisch-französische Übergewicht auf kulturellem Sektor. Lang andauernde Konflikte um König Leopold III., der 1951 abdankte, und um die Kollaborationshaltung flämischer Gruppen kamen hinzu. So wurde die politische Machtverteilung unter den Christlich-Sozialen mit fünfunddreißig, Sozialisten mit dreißig und Liberalen mit zweiundzwanzig Prozent durch radikale wallonische und flämische Parteien erheblich kompliziert. Nur mit Mühe gelang den großen Parteien, die in wechselnden Koalitionen regierten, der gesamtstaatliche Brückenschlag. Auch der entschieden eingeschlagene Weg in die Europa-Politik, der Belgien mit dem benachbarten Luxemburg zur Zentrale der meisten europäischen Institutionen und 1967 zum Hauptsitz der NATO machte, konnte das Kernproblem, eine funktionsgerechte Verfassungsreform, nicht lösen. Darüber stürzte zuletzt (1978) auch der engagierte Europa-Politiker Leo Tindemans. An der Demokratie des kleinen Luxemburg, das ähnliche Parteiverhältnisse, aber dank durchgängiger französisch-luxemburgdeutscher Doppelsprachigkeit eine größere Homogenität und Stabilität aufweist, ist noch bemerkenswert, daß nach einer Dauerregierung der Christlichen Demokraten 1974 bis 1979 die liberale Partei die Regierung führte – eine der wenigen im Parteisinne liberalen Regierungen im Europa der Nachkriegszeit.

Im Unterschied zu Belgien überwanden die Niederlande die schweren Kriegszerstörungen und den Verlust ihres indonesischen Kolonialreiches durch die rechtzeitige ökonomische Modernisierung zumal der Landwirtschaft und durch eine entschiedene Europa-Politik, die auf eine supranationale Union unter Einbeziehung Großbritanniens gerichtet war. Als Hauptproblem blieb freilich die traditionelle Aufspaltung in sozial und zugleich konfessionell geschlossene Körper oder Säulen, das Phänomen der gesellschaftlich-politischen Versäulung, als Strukturprinzip des politischen Systems bestehen. Im Gegensatz zu den anderen Staaten Westeuropas kam es erst 1975 zur Bildung einer christlich-demokratischen Sammelpartei. Neben der katholischen Volkspartei mit rund dreißig, der gemäßigten Arbeiterpartei mit rund fünfundzwanzig und den Liberalen mit rund zwölf Prozent vertraten zwei separate Parteien das protestantische Bürgertum: die Antirevolutionäre Partei und die Christlich-Historische Union mit je etwa zehn Prozent. Dem entsprach die Aufspaltung in sozialistische, katholische und protestantische Gewerkschaften. Diese historische Eigenwilligkeit der politischen Kultur der Niederlande, die als eine tiefreichende Verkrustung der Gesellschaft in integrierte Teilgebilde erscheint, ist freilich weder der Klassengesellschaft Italiens oder Frankreichs noch der Kultur- und Sprachspaltung Belgiens zu vergleichen. Die bemerkenswert geschlossene Haltung der Bevölkerung unter dem deutschen Kriegsregime wurde dadurch ebensowenig beeinträchtigt wie der erstaunlich erfolgreiche Kurs ökonomischer und sozialer Reformen in der Nachkriegszeit, der besonders nach dem Ende der Kolonialpolitik den Niederlanden eine starke Stellung auch in der Europa-Politik sicherte.

Die verspätete Hinwendung Englands zur europäischen Einigungspolitik, die auch nach dem umstrittenen Beitritt zur EWG im Jahr 1973 kontrovers geblieben ist, macht die besonderen Probleme der britischen Nachkriegsentwicklung deutlich. Sie lagen auf drei Gebieten, waren jedoch eng miteinander verknüpft: Dekolonisierung und Ende des Empire; Festhalten an den von de Gaulle gebrandmarkten Beziehungen zu den USA, denen England politisch und ökonomisch näher stand als dem übrigen Europa; traditionelle Distanz zur Europa-Politik, mit der man sich bei allem Interesse nicht zu identifizieren vermag; und endlich das schwierige Verhältnis von Tradition und Modernisierung in einem Land von ungebrochener politischer Kontinuität, das zugleich das älteste Industrieland der modernen Zeit ist. Das englische Sonderbewußtsein gegenüber Europa entspringt nicht zuletzt der Tatsache, daß rund neun Jahrhunderte lang kein fremdes feindliches Heer englischen Boden betrat, anders als im ›Rest of Europe‹, wo gerade das Erlebnis der europäischen Bruderkriege so stark auf die Einigungspolitik einwirkte. Als besonders akut aber erwies sich nach Kriegsende der Widerspruch zwischen der imperialen Großmachtstellung, die eine aktive Rolle in den weltpolitischen Aspekten des beginnenden Kalten Krieges implizierte, und der tatsächlichen Schwäche der englischen wie der kolonialen Position nach den gewaltigen Anstrengungen im Zweiten Weltkrieg, den Großbritannien ein ganzes Jahr lang allein hatte führen müssen. Doch auch die Frage der sozialen und politischen Reformen meldete sich sogleich zu Wort, als noch vor Ende des Krieges mit Japan 1945 die ersten Wahlen seit 1935 ausgerechnet den siegreichen konservativen Regierungschef Churchill stürzten und eine Labour-Regierung ans Ruder brachten.

Das Zusammentreffen von Kolonial-, Großmacht- und inneren Reformproblemen mit dem allgemeinen Nachkriegselend erklärt den raschen Niedergang des britischen Einflusses, der die Entwicklung zum Bipolarismus der beiden Supermächte beschleunigte. Die Konservativen waren unbeschadet der Popularität Churchills, der ja gegen die konservative Politik der dreißiger Jahre rebelliert hatte, durch ihre vierzehnjährige Regierungszeit und die Katastrophe der Appeasement-Politik diskreditiert. Außerdem war die Labour Party im Kriegskabinett durch Politiker wie Clement Richard Attlee und Ernest Bevin vertreten gewesen. Das Erlebnis des Krieges, der gemeinsamen Belastungen und staatlich-gesellschaftlichen Mobilisierungen hatte ein starkes Bedürfnis nach Sozialreform, nach Verwirklichung sozialer Gerechtigkeit, geweckt. Churchill galt als Gegner solcher Reformen, so groß sein politisches Prestige sein mochte.

Die neue Regierung Attlee war in der Tat primär den inneren Problemen zugewandt. Ihr großes Ziel war die Verwirklichung eines Welfare state gleichsam von der Wiege bis zum Grabe, der die soziale Sicherung aller Bürger in Arbeitslosigkeit und Alter – durch den National Insurance Act – sowie ihre volle medizinische Versorgung – durch den National Health Act – garantieren sollte. Der Durchsetzung einer solchen Sozialisierung gegen die Konservativen und den Widerstand der betroffenen Gruppen der Unternehmer und Ärzte entsprach im ökonomischen Sektor die Nationalisierung wichtiger Industrien wie Kohle, Gas, Elektrizität, des Transportwesens sowie der Bank of England. Das war ein recht weitgehendes Experiment, obwohl in keiner Weise der Sozialisierungspolitik in kommunistischen Ländern vergleichbar. Aber die Sozialreform erforderte eine hohe Besteuerung, und ihre sozioökonomischen Wirkungen brachten erhebliche Probleme für die englische Nachkriegswirtschaft mit sich. Sie trafen mit den Krisenerscheinungen ihrer teilweise veralteten Struktur zusammen und behinderten oder belasteten eher die Wiederankurbelung des ökonomischen Lebens als sie zu stimulieren. Während in Westeuropa seit 1947/48 die Weichen wieder auf freie Marktwirtschaft gestellt wurden, wozu wesentlich die Diskreditierung aller Sozialisierungsmaßnahmen durch die gewaltsamen Vorgänge in Osteuropa beitrug, wurden in England die Beschränkungen und Kontrollen der Kriegszeit fortgesetzt oder sogar verschärft. Mit einer Politik des Konsumverzichts suchte die Labour-Regierung nicht nur die Kosten der Sozialreform, sondern auch die Konkurrenzfähigkeit der englischen Wirtschaft zu sichern; Lebensmittel, Kleidung, Benzin, Devisen blieben rationiert. Damit hinkte Großbritannien der stimulierenden Befreiung des Wirtschaftsprozesses in Westeuropa nach. Während man in anderen Ländern das Zuwenig an Sozialreform beklagte, wurde hier die Kehrseite sichtbar: Bürokratisierung und Stagnation statt Wirtschaftswunder und Modernisierung.

Das britische Engagement in Europa blieb in England umstritten. Die politische und finanzielle Belastung der Besatzungs- und Bündnispolitik war noch am ehesten zu rechtfertigen und auch im eigenen Interesse geboten. Die ambivalente und zögernde Haltung in der Europa-Politik wirkte negativ auf die mögliche Führungsrolle zurück, die England im Prozeß der Vereinigung von Westeuropa hätte spielen können.

Ob Kolonien, falls sie Rohstoffe produzieren, ein Vorteil oder, weil sie Verwaltungs- und Militäraufwand verursachen, ein kostspieliger Nachteil seien, hat die Imperialismus- und Kolonialismusdebatte seit jeher bewegt. Meist fiel die Antwort allzu einfach aus, indem man, marxistisch oder nicht, auf die ökonomische Ausbeutung hinwies. Doch die Kosten der militärischen und administrativen Sicherung eines weltweiten Kolonialreiches wie des britischen Imperiums schlugen in einem Augenblick der Erschöpfung von Wirtschaft und Industrie und der Verschiebung des weltpolitischen Kräftefeldes weit schwerer zu Buch. Britische Truppen standen fast überall, sie waren in zahllose Konflikte und Verantwortungen verstrickt. Eine Fortdauer dieser Machtstellung kam unter den Verhältnissen der zweiten Nachkriegszeit eher einer allgemeinen Schwächung der englischen Politik gleich: sowohl in Europa, wo die Besatzungstruppen unmittelbar in die Ost-West-Konfrontation eingespannt waren, als auch in Afrika und Asien, wo man sich zwischen Entkolonisierung und Eindämmungspolitik fand, ohne die Handlungsfreiheit und das Gewicht der Supermächte zu besitzen. Als eine Weltmacht ohne Macht, global verpflichtet, jedoch nicht mehr führungs- und konkurrenzfähig gegenüber den Supermächten, war Großbritannien überfordert, ganz gleich ob die Wirtschaft mehr sozialistisch oder kapitalistisch, die Politik von Labour oder von den Konservativen geführt wurde. Dies zeigte sich spätestens mit der Suez-Unternehmung im Jahr 1956, dem letzten konservativen Versuch imperialer Politik, der auch deshalb so definitiv scheiterte, weil er nur von den alten Kolonialmächten England und Frankreich unternommen wurde, während Amerika und Sowjetunion den Fortgang blockierten. Selbst was militärisch noch gelang, wie die Besetzung des Suezkanals, war politisch unmöglich geworden. Der Traum einer Erneuerung wenigstens der Nahost-Stellung traf auf die Interessen der Supermächte und die panarabischen Ambitionen eines der neuen Diktatoren der Dritten Welt, das Gamal Abd El-Nasser.

Der Abbau der außereuropäischen Verpflichtungen, beginnend mit Indien (1947), wurde von den Labour-Regierungen entschiedener als von den Konservativen betrieben. Doch er vollzog sich kontinuierlich über zwei Jahrzehnte, bruchloser als in anderen Kolonialreichen. Auch die britischen Einflußgebiete wurden weitgehend aufgegeben, notfalls unter Ablösung durch die USA, so 1947 in Griechenland und in der Türkei. In jedem Fall war es das Bemühen, kein Vakuum zu hinterlassen, sondern rechtzeitig die Fähigkeit zur Selbstregierung mit tragfähigen politischen Institutionen zu entwickeln. Daß es nach wenigen Jahren der Unabhängigkeit in vielen Fällen doch zu Krisen und diktaturförmigen Regimen kam, hatte mit der Übertragbarkeit politischer Systeme zu tun. Immerhin konnte die Konstituierung Indiens und Pakistans und ihr Verbleib im Commonwealth als großer Erfolg dieser Entkolonisierungspolitik betrachtet werden. Das galt nicht im selben Maße für Afrika, wo zwar die Institutionen, aber nicht die politischen Strukturen für funktionsfähige Demokratien geschaffen werden konnten. Neue Staatsgrenzen und damit Nationen wurden oft künstlich aus den kolonialen Verwaltungseinheiten abgeleitet. Der Versuch friedlicher Integration der zahlreichen Stämme in einem Parteien- und Sozialsystem westlicher Prägung endete meist in Einmann- und Einparteienherrschaft oder in Militärregimen. Deren

Parole und Anspruch einer Afrikanisierung führte zu eigenwilligen, oft eher rückwärtsgewandten Synthesen europäisch-afrikanischer Kultur, aber selten zu effizienten Staats- und Wirtschaftsgebilden, geschweige denn zu echten Demokratien. Die Serie der Unabhängigkeitserklärungen begann mit Ghana (1957), das sich bald in die Diktatur des starken Mannes der ersten Stunde, Kwame Nkrumah, verwandelte; es folgten Nigeria (1960), wo die Tragödie von Bürgerkrieg und Diktatur 1965 begann, Sierra Leone und Tansania (1961), Uganda (1962), Kenya (1963), Zambia (1964), Malawi (1966) und schließlich in einem eigenmächtigen Akt der weißen Minderheit Rhodesien (1969).

Die innere Entwicklung in England selbst stand weiterhin im Zeichen des Zweiparteiensystems. Von 1951 bis 1964 amtierten wieder konservative Regierungen, zunächst noch einmal unter Churchill, dann unter Eden, der über die Suez-Krise stolperte, schließlich unter Harold Macmillan. Sie beendeten zwar die ökonomische Rationierungs-, Spar- und Einschränkungspolitik und machten einen Teil der Nationalisierung rückgängig, aber sie behielten die wichtigsten Einrichtungen des Wohlfahrtssystems bei. Das nun schon traditionelle britische Handelsdefizit belastete weiterhin die wirtschaftliche Erholung. Der Abbau des Empire löste nicht alle Probleme, so spürbar die Entlastung war. Die vielfältigen Verpflichtungen und die Kontinuität eines relativ kostspieligen Lebensstils hinderten England daran, rechtzeitig die notwendigen Veränderungen in der Wirtschaft voranzutreiben, wie dies auf dem Kontinent im Zuge des Wiederaufbaus weithin geschah. Das galt gleichfalls für die englische Gesellschaftsstruktur, so bemerkenswert ihre bruchlose Stabilität und ihre politische Anpassungsfähigkeit sein mochten. Das viel bewunderte Erziehungswesen, auf dem sie beruhte, war nicht nur von der Entwicklung einer demokratischen Massengesellschaft weit abgehoben; es neigte dazu, über der Bildung zum Gentleman die Erfordernisse des technischen Spezialistentums, dessen ein moderner Industriestaat bedarf, zu vernachlässigen. Das sind freilich Probleme, die sich in allen westlichen Staaten zunehmend stellten, so daß eine förmliche Explosion des Bildungswesens seit den sechziger Jahren überall Wachstumskrisen und Studentenunruhen auslöste. Aber in England hing davon eine ständig gefährdete Wirtschaftslage ab. Es kommt hinzu, daß man das Gewicht Großbritanniens auch dann noch überschätzte, als es tatsächlich nurmehr eine mittlere europäische Macht war. Zu schnell war der Abbauprozeß verlaufen. Eine äußere Kontinuität, wie sie sich in der großen Institution des Commonwealth darstellte, konnte eine Zeitlang über die tatsächlichen Machtverhältnisse hinwegtäuschen.

Der Weg nach Europa, der schließlich als einziger geblieben war, wurde nicht mit der nötigen Energie eingeschlagen und die Konkurrenzfähigkeit der englischen Wirtschaft allzulange mit dem Maßstab ihrer alten Privilegien gemessen, nicht mit derselben Anstrengung wie in anderen Industrieländern gefördert. In der Zersplitterung und Streiklust der englischen Gewerkschaften, die auf Sozialversicherung und Vollbeschäftigung des Wohlfahrtsstaates bauten und im Gegensatz zu kontinentaleuropäischen Gewerkschaften allzulange und nachhaltig jeder Europa-Politik widerstrebten, ist diese Illusionsfähigkeit noch tief verankert. In diesem Punkt fällt der englischen Linken, die in der Regierungsposition bis 1979 für die europäische Zukunft Englands in einer entscheidenden Phase verantwortlich war, der Abschied von der Vergangenheit sogar besonders schwer. Die noch immer umstrittene Entscheidung zum Beitritt in die EWG, die eine konservative Regierung (Heath) noch 1973 vollzog, eine Labour-Regierung (Wilson) wieder in Frage stellte oder mit Callaghan nur halbherzig anerkannte, kann sich erst dann voll für England und Europa auswirken, wenn der Beitrag eingebracht wird, den England auf dem Gebiet der politischen Institutionalisierung Europas mit seiner großen Erfahrung parlamentarischer Regierung leisten kann. Es setzt den Willen zu einer konkurrierenden und integrierenden Zusammenarbeit voraus, der die nostalgischen Bindungen Englands an die Größe des British Empire, an die Bedeutung des Königreiches und an die national-insulare Unabhängigkeit nicht länger entgegenstehen.

England benachbart und historisch vielfältig verbunden, freilich durch bittere Dissonanzen von ihm getrennt, setzte Irland nach dem Zweiten Weltkrieg, 1948/49, seine Unabhängigkeit auch vom Commonwealth durch und konstituierte sich als Republik. Bis zur Mitte der sechziger Jahre schien es, als könne der uralte Konflikt mit dem protestantisch dominierten Nordirland, das bei England verblieb, allmählich abgebaut werden. Aber dann zeigte sich die Tiefe der Zerklüftung, zumal innerhalb von Ulster selbst, zwischen der auch wirtschaftlich vorherrschenden pro-englisch-protestantischen Mehrheit und der katholisch-irischen Minderheit, die sich als unterprivilegiert fühlt. Die religiösen Differenzen, die mit den sozioökonomischen Unterschieden zwischen dem industrialisierten Norden und der agrarisch bestimmten Republik Irland einhergehen, führten in einen seit Jahren währenden blutigen Bürgerkrieg, in dem beide Seiten, die terroristische Aktivität der Irish Republican Army (IRA) und der Gegenterror der englisch-protestantischen Unionisten, zur Radikalisierung beitrugen. Seit 1973 greift der Bombenterror auf England selbst über, ohne daß eine Lösung abzusehen ist.

## Demokratien zwischen EWG und Ostblock

Der Sonderfall England war nicht nur durch die britische Commonwealth-Politik, den Überhang der einstigen weltpolitischen Stellung und die speziellen Beziehungen zu den USA bestimmt. Dazu gehörten ebenso stets sein Blick auf ein Europa außerhalb der Gemeinschaft der Sechs und schließlich der

Versuch, alternativ zur EWG in der European Free Trade Association (EFTA) einen Zoll- und Handelsbund mit den übrigen nichtkommunistischen Ländern Europas zu entwickeln (1958). Für alle diese Staaten war die englische Position von Bedeutung, sofern sie den eigenen Weg in der Nachkriegszeit außerhalb der Blöcke oder der engen westeuropäischen Bindungen zu bestätigen schien. In dieser Hinsicht war der englische Beitritt zur EWG ein wichtiger Vorgang; denn ihm folgten einige EFTA-Partner. Zum nichtkommunistischen Europa zählten die skandinavischen Länder und Finnland, die neutralen Staaten Österreich und Schweiz, ferner Griechenland, die iberischen Länder und Irland. Während die südeuropäischen Staaten, ökonomisch noch Entwicklungsländer, entweder in autoritären Staatsformen verharrten, wie Portugal (bis 1974) und Spanien (bis 1976), oder zwischen einer labilen Demokratie und Diktaturanfälligkeit schwankten, wie Griechenland mit seinem Militärregime (1967 bis 1974), gehörten die anderen Staaten zu den stabilsten Demokratien.

Das war besonders erstaunlich im Fall zweier Länder, die nach dem Krieg in Gefahr standen, unter sowjetischen Einfluß zu geraten: Finnland und Österreich. Beide verfügten über keine ältere demokratische Tradition, sondern hatten in der Zeit zwischen den Weltkriegen früher oder später ihre neuen Demokratien wieder mit autoritären Regimen vertauscht. Das entscheidende Moment war auch hier, daß es Finnland gelang, eine Besetzung durch die Rote Armee zu vermeiden. Die territorialen Abtretungen in Karelien an Rußland waren einschneidend und bedeuteten für eine halbe Million Finnen, also für beinahe zwanzig Prozent der Bevölkerung, die schmerzhafte Umsiedlung. Dies trug wohl dazu bei, daß die finnischen Kommunisten zwar in die Regierungskoalition aufgenommen werden mußten, dort jedoch im kritischen Jahr 1948 nicht zur Machtübernahme kamen, sondern in den Wahlen geschlagen wurden, so daß ihnen nur zwanzig Prozent der Parlamentssitze verblieben und sie in der Folge nie eine Chance besaßen, zur stärksten Partei zu werden. Als Warnung genügte damals das Beispiel der Tschechoslowakei, wo allerdings die Präsenz sowjetischer Truppen eine wichtige Rolle gespielt hatte. Am meisten Einfluß besaßen die finnischen Kommunisten in den Gewerkschaften. Die sozialen und ökonomischen Fortschritte hingegen erbrachten sichere demokratische Mehrheiten. Wie anderwärts, zumal in Skandinavien und England, trugen die Stärke der Sozialdemokratie und ihr Wille zur Abgrenzung gegen die Kommunisten zur Stabilisierung der Demokratie bei. Der Koalitionspartner, die Agrarier – Zentrum –, nahmen eine vermittelnde Position ein; sie stellten den langjährigen Staatspräsidenten, Urho Kekkonen, der als geschickter Taktiker das prekäre Balancieren mit dem riesigen Nachbarn beherrschte. Seit 1966 gab es wieder vereinzelte KP-Regierungsmitglieder – eine Konzession an die Entspannung, die aber sorgfältig begrenzt wurde.

Die oft kritisierte ›Finnlandisierung‹ betrifft die nicht ganz unabhängige Neutralität, die das ökonomisch an Rußland angelehnte Land außenpolitisch mit starker Rücksicht auf die Sowjetunion verfolgen mußte. Der sowjetische Druck blieb jedoch gemäßigt, da man in Moskau den negativen Eindruck auf Schwedens Willen zur Neutralität befürchten mußte, wenn man es dem Westen nicht in die Arme treiben wollte. Innenpolitisch herrschte eine westliche Demokratie, in der parlamentarische und präsidiale Strukturformen verbunden waren; ihre freiheitliche Form wurde von der Sowjetunion, die im Winterkrieg 1939/40 den finnischen Widerstandswillen kennengelernt hatte, gegen die besondere Neutralität des Landes hingenommen. Es ist bemerkenswert, daß dies fast demonstrativ bestätigt wurde mit der vorzeitigen Räumung des sowjetischen Marinestützpunktes auf der strategischen Halbinsel Porkkala bei Helsinki, und zwar im Entspannungsjahr 1955, in dem der zweite unsichere Grenzfall am Rande des Eisernen Vorhanges durch einen plötzlichen sowjetischen Kompromiß geklärt werden konnte: Österreich.

Der finnische und der österreichische Fall erscheinen bei allen Unterschieden darin vergleichbar, daß im russischen Entgegenkommen das Kalkül steckte, einen attraktiven Präzedenzfall für die Neutralisierung Skandinaviens beziehungsweise Mitteleuropas und für eine Art Pufferzone zwischen den Blöcken zu schaffen – ein wichtiges Thema der folgenden Jahre. Die Beendigung einer Viermächte-Besetzung in Österreich, die Deutschland nachgebildet war, einschließlich der Viermächte-Verwaltung Wiens inmitten der sowjetischen Zone, ging deshalb rasch und reibungslos vor sich, weil in Wien von Anfang an eine zentrale Regierung amtierte. Dahinter stand das alliierte, vornehmlich sowjetische Interesse an der Trennung eines unabhängigen Österreich von Deutschland. Solche Motive hatten die Sowjetunion schon Ende April 1945, noch vor der deutschen Kapitulation, veranlaßt, der Bildung einer provisorischen österreichischen Regierung unter dem Sozialdemokraten Karl Renner zuzustimmen, der schon erster Bundeskanzler der Republik Österreich von 1919 gewesen war. Auch als bei den Wahlen im November 1945, zu denen die ehemaligen NS-Mitglieder kein Stimmrecht besaßen, die Kommunisten eine bloße Splitterpartei mit fünf Prozent Anhängern blieben, nahmen die Sowjets den Fortbestand einer zentralen Regierung unter der Kontrolle der vier Alliierten hin. So rücksichtslos die Konfiskationen und Interventionen waren, mit denen die sowjetische Besatzungsmacht ökonomische und politische Interessen in ihrer Zone wahrnahm, indem sie bis ins Jahr 1963 hinein wertvolle Wirtschaftsunternehmen als ehemals deutschen Besitz beschlagnahmte und die Ausbeutung als Reparation bezeichnete, kam es doch selbst in den Jahren schwerster Eingriffe und Spannungen nicht zur Spaltung, nicht zur sogenannten Lösung durch Teilung, wie in Deutschland.

Ein charakteristischer Unterschied zur ersten Republik von 1918 war auch die fast gleiche Kräfteverteilung zwischen einer katholischen Österreichischen Volkspartei (ÖVP) und den Sozialisten (SPÖ), während die Kommunisten eine Splitterpartei blieben. Die bittere Erfahrung der Zwischenkriegszeit und die knappen Mehrheitsverhältnisse sowie die prekäre Lage zwischen den Besatzungsmächten führten zu jener Regierungsform der genau ausbalancierten Großen Koalition zwischen ÖVP und SPÖ, die unter der Bezeichnung ›Proporzsystem‹ oder einfach ›Proporz‹ als österreichische Spezialität in die politische Theorie der fünfziger und sechziger Jahre eingegangen ist. Der politische Proporz bedeutete zugleich die Aufteilung der wirtschaftlichen und gesellschaftlichen Macht unter die Großkoalition; er brachte die Gefahr der Patronagepolitik und eine gewisse Lähmung des parlamentarischen Prozesses mit sich, wenn die eigentlichen Entscheidungen im Koalitionsausschuß fern dem Parlament fielen und eine wirksame Opposition fehlte. Aber dies ermöglichte den politischen Integrationsprozeß zu einer österreichischen Nation deutscher Sprache, nachdem die Idee des Anschlusses an Deutschland in der NS-Zeit seit 1938 diskreditiert, die Attraktivität des geteilten Nachbarn stark gesunken war. Die Zwangsehe des Koalitions-Proporzes überbrückte ferner die alte tiefe Kluft zwischen den städtisch-industriellen Regionen um das ›rote Wien‹ einerseits, den konservativ-agrarischen Provinzen andererseits, die zur Diktatur der dreißiger Jahre geführt hatte. Und die Große Koalition stärkte zuerst die gesamtösterreichische Stellung gegenüber den Besatzungsmächten; sie legitimierte dann den Weg in den Staatsvertrag von 1955; sie erleichterte schließlich auch das schwierige Ausbalancieren der österreichischen Neutralität, die der Preis der Unabhängigkeit war. Denn Österreich blieb ein unmittelbares Nachbarland zum Ostblock, das zuweilen, wie beim Flüchtlingsstrom nach dem Ungarn-Aufstand von 1956, in schwierige Situationen geraten konnte. Der sowjetische Argwohn zwang zum Verzicht auf manche populäre Entscheidung, beispielsweise auf den Beitritt zur EWG, während die Sympathien und das Regierungs-, Gesellschafts-, Wirtschaftssystem dem Westen zugewandt waren.

Erst als dieser Kurs der besonderen österreichischen Neutralität fester verankert und die Große Kluft zwischen den politischen Lagern durch zwei Jahrzehnte gemeinsamer Regierungstätigkeit vermindert war, in der Sozialisten meist den Präsidenten – Karl Renner, Adolf Schärf, Franz Jonas –, die Volkspartei meist den Kanzler – Leopold Figl, Julius Raab, Alfons Gorbach, Josef Klaus – gestellt hatten, kam es zur Normalisierung mit einem Wechsel zwischen Regierung und Opposition. Nachdem 1964 die ÖVP unter Josef Klaus erstmals allein regiert hatte, übernahm 1970 die SPÖ unter Bruno Kreisky die Verantwortung, und 1974 wurde der parteilose, doch von der SPÖ aufgestellte Außenminister Rudolf Kirchschläger zum Präsidenten gewählt. Die Stabilisierung der Demokratie in einem neutralen, aber westlich freien Österreich, die 1973 in der Wahl des ehemaligen Außenministers Kurt Waldheim zum UNO-Generalsekretär Ausdruck fand, läßt sich auf drei Faktoren zurückführen: auf jenen vorsichtigen Proporzkurs einer Großen Koalition in der langen schwierigen Übergangszeit; auf die im Vergleich zu Deutschland so günstige Lösung der Frage der Einheit im Streit der Besatzungsmächte durch den Staatsvertrag von 1955, die der Demokratie zugute kam; und auf einen erstaunlichen wirtschaftlichen Aufschwung des kleinen Landes, der in besonders deutlichem Kontrast zur krisenerfüllten Zeit der ersten Republik stand. Bei aller Kritik und Selbstkritik, an der es in diesem Reststaat eines großen Reiches nie gefehlt hat, muß die österreichische Lösung als ein kleines Wunder in den Jahren der bipolaren Konfrontation erscheinen, ähnlich wie die österreichische Neutralität unnachahmlich ist. Die Anfälligkeit für wirtschaftliche Krisen und die prekäre Ost-West-Lage sind dennoch geblieben; sie bilden auch heute den Problemhorizont des Landes, nicht die oft dramatisierte Gefahr einer Restauration der Habsburg-Monarchie, von der insbesondere die SPÖ lange geängstigt wurde, und wohl auch nicht mehr das Südtirol-Problem, das nach einem fünfzig Jahre langen Streit mit Italien 1969 durch die Gewährung von Autonomierechten an die deutschsprachige Provinz Bozen endlich entschärft werden konnte.

Anders ist der historische Hintergrund und der politische Charakter der benachbarten Schweiz, des klassischen Landes der Neutralität und der Demokratie. Die Schweiz ist neben Schweden der einzige Staat Kontinentaleuropas, der im Zweiten Weltkrieg demokratisch und neutral geblieben war. Doch das schweizerische Regierungssystem blieb ebenfalls nicht unberührt von den allgemeinen Tendenzen der Demokratieentwicklung: Zunahme der Staatstätigkeit, Stärkung der Exekutive, zentralistische Neigungen als Folge kriegswirtschaftlicher Maßnahmen. Diese wurden in der Nachkriegszeit weitgehend verfassungspolitisch bestätigt. Es war eine sowohl administrativ als auch ökonomisch und sozial bedingte Modifikation des liberalen Systems, die aber den Grundcharakter der Schweizer Demokratie beibehielt: ihre besondere Mischung von direktdemokratischen und repräsentativen Elementen, und das eigentümliche Proporzsystem der Regierung, in der die verschiedenen parlamentarischen Parteien vertreten sind und sich jährlich im Vorsitz abwechseln. Auch von dem österreichischen Typus und von den Großen Koalitionen in anderen Ländern ist diese Form der Proporz- oder Konkordanzregierung, wie sie in der neueren Theorie bezeichnet wird, grundlegend unterschieden. Ihre Basis ist nicht nur ein großes Maß an politischem Consensus, getragen von einer stolzen Tradition und einem hohen Lebensstandard, sondern auch die traditionelle Vielgestaltigkeit dieses einzigartigen Mehrvölker- und Mehrsprachenstaates; denn die Schweizer sahen immer gerade im demokratischen Zusammenspiel der Vielfalt ihre Stärke – eine Widerlegung der völkischen oder gar rassistischen Theorien des Nationalismus und der übersteigerten Ideologien vom homogenen Nationalstaat, die in Mittel- und Osteuropa so viel Unheil anrichteten.

Die Schweiz ist freilich unnachahmlich geblieben. Ihre Modellwirkung für die politische Entwicklung der Demokratie in anderen Ländern ist auch dadurch eingeschränkt, daß der Wert der direktdemokratischen Verfahren im Blick auf die modernen Erfordernisse eines Regierungssystems in der schweizerischen Diskussion selbst in Frage gezogen wird. Man macht vor allem geltend, daß die Schweizer Neutralität einzigartig günstige wirtschaftliche Voraussetzungen für die höchst komplizierte und anspruchsvolle Demokratie geschaffen hat: eine starke Anziehungskraft für Geld und Wirtschaftskräfte aus aller Welt sowie den devisenbringenden Tourismus. Diese besonderen Umstände brachten selbstverständlich Probleme, denen sich das politische System nur langsam anpaßt: So führte die Schweiz als letzte der Demokratien erst 1972 das volle Frauenwahlrecht ein; aktuell sind der ungewöhnlich hohe Anteil ausländischer Arbeiter und die Furcht vor einer Überfremdung; und die Frage einer Modernisierung ohne Verlust der historisch-politischen Grundlagen, wie des Volksreferendums über Gesetze oder des Zusammenhangs von Wehrsystem und Bürgerrecht, bleibt virulent. – Die schweizerische Neutralität endlich wird durch die betonte Distanz von Bündnissen und internationalen Organisationen wie UNO oder EWG nach wie vor peinlich bewahrt. Sie schließt aber die Mitarbeit in internationalen Gremien, die zentrale Bedeutung von Genf als Sitz vieler solcher Organisationen und die führende Position im Roten Kreuz nicht aus. Eindeutig sind ebenso das Bekenntnis zur westlichen Demokratie und eine kritische bis antikommunistische Haltung der Schweizer Öffentlichkeit gegenüber dem Ostblock. Die Schweizer Neutralität unterscheidet sich mithin durch ihren eher konservativ-liberalen, eigenständigen Tenor von der Österreichs, die von der sorgsamen Rücksichtnahme auf die Großmächte gekennzeichnet ist.

Wieder anders ist der Zuschnitt Schwedens, das seine Demokratie durch die Debakel Europas zu retten oder zu lavieren vermochte. Die Ähnlichkeit mit den anderen skandinavischen Staaten, die unter der nationalsozialistischen Besetzung zu leiden hatten, ist recht bemerkenswert. Schweden, Dänemark und Norwegen sind wie England monarchische Demokratien geblieben; sie sind durch eine Art Zweiparteiensystem im Vielparteiensystem bestimmt, wobei eine große sozialdemokratische Partei meist die Regierung stellt, während konservative, liberale und agrarische Parteien dank dem Verhältniswahlrecht zwar einzeln vertreten, aber selten zu Mehrheitskoalitionen imstande sind. Die Kommunisten gelangten hingegen nie über den Rang einer Splitterpartei hinaus, selbst wenn sie gelegentlich eine sozialdemokratische Minderheitspartei stützten, wie in den letzten Jahren in Schweden und Dänemark. Ebenso charakteristisch war der Ausbau des Wohlfahrtsstaates, der in vielen Zügen an die englischen Nachkriegsreformen erinnert, wenngleich die geringere Dichte der städtisch-industriellen Struktur zu großen Unterschieden in der ökonomischen und sozialen Entwicklung des skandinavischen Typus des Welfare state führte. Neben der parteipolitischen Kontinuität ist der weite Ausbau der Sozialgesetzgebung das innenpolitische Prinzip aller skandinavischen Staaten: Eine gemeinsame Sozialversicherung und die Volkspension – fünfundsechzig Prozent des höchsten Einkommens über fünfzehn Jahre hin, in Schweden 1959 eingeführt – waren ihre wirkungsvollen Ergebnisse, die auch auf andere Demokratien Europas ausstrahlten. Das schwedische Modell wurde zum vielgerühmten, von der europäischen Linken propagierten Vorbild für sozialreformerische Bemühungen in den fünfziger und sechziger Jahren. Seine Anziehungskraft liegt in dem Anspruch, eine eigene sozioökonomische Struktur in der Mitte zwischen kapitalistischer Freiheit und kollektivistischem Zwang zu entwickeln, eine ›Politik des Kompromisses‹, die möglichst alle soziale Unsicherheit beseitigen und doch zu höchstem Lebensstandard führen soll.[3] Das ist weitgehend gelungen. Es steht im scharfen Kontrast zu dem amerikanischen Modell, das in Westeuropa vorherrscht, und beweist die Möglichkeit, ohne stärkere Nationalisierung der Industrie, wie in England, oder gar deren Sozialisierung, wie im Ostblock, die Probleme der Klassengesellschaft auf einem höheren Niveau zu lösen, als es die kommunistischen Systeme mit ihrer Politik einer allgemeinen Nivellierung vermögen. Voraussetzungen dafür sind eine hochentwickelte Spezialindustrie, die zu neunzig Prozent privat blieb, und ein System der Zusammenarbeit von Unternehmen, Gewerkschaften und Staat. Das schwedische Beispiel eines gemischten Wirtschaftssystems hebt sich somit von den englischen und deutschen Mischsystemen ab. Es ist ein System, das den Unternehmern zwar hohe Besteuerung und ein gewisses Maß staatlicher Lenkung auferlegt, aber zugleich den Gewerkschaften Disziplin in der ebenfalls staatlich mitgesteuerten Festlegung der Löhne abverlangt. Freilich sind auch gewisse Kehrseiten – die empfindliche Abhängigkeit von einem florierenden Außenhandel mit hochqualifizierten Spezialprodukten sowie eine erhebliche Kriminalität samt anderen negativen Begleiterscheinungen der Wohlstandsgesellschaft – nicht ausgeblieben.

Der politische Prozeß der schwedischen Demokratie entspricht der überlegten, kompromißhaften Grundstruktur des sozialen und wirtschaftlichen Lebens. Bezeichnend dafür ist die sorgsame Vorbereitung jeder Gesetzgebung. An ihr werden alle Gruppen beteiligt und möglichst zu einem vorherigen Consensus gebracht. Wie in der Schweiz lassen sich umstrittene und schwer kompromißfähige Themen durch ein Volksreferendum klären. Im übrigen hinderte die Neutralität, die Schweden mit Rücksicht auf Finnland nach der Gründung der NATO beibehielt, weder die entschiedene Abwehr sowjetischer Infiltrationsversuche noch die enge ökonomische und soziale Zusammenarbeit mit den skandinavischen Nachbarn, institutionalisiert in einem 1951 gegründeten Nordischen Rat. Es war kein Zufall, daß Norwegen und Schweden die beiden ersten Generalsekretäre der UNO stellten; das Engagement in internationalen Organisationen ist bemerkenswert stark geblieben. Daß Norwegen nach dem vergeblichen Versuch zur Gründung eines skandinavischen Verteidigungsbündnisses 1949 doch der NATO beitrat, Dänemark und Island nachzog, hing vorwiegend mit den wiederholten Druckversuchen der Sowjetunion zusammen, die durch ihre finnischen Annexionen zum Nachbarn geworden war und prekäres Interesse an dem strategisch und wegen seiner Bodenschätze wichtigen norwegischen Spitzbergen zeigte. – Die Bedeutung der skandinavischen Demokratien mag hauptsächlich in den innen- und sozialpolitischen Formen der Modernisierung gesehen werden, die sie als einen besonders stabilen, zugleich anpassungsfähigen Typus der europäischen Parlamentsdemokratie ausweisen, auch wenn öfters mit Minderheitskabinetten regiert wird und gelegentlich Protestier-Bewegungen zumal gegen die hohen Soziallasten auftreten. Es sind keine Länder für Diktatoren. Ebenso wichtig ist die außen- und militärpolitische Bedeutung. Auch wenn Skandinavien im Windschatten der Weltpolitik zu liegen scheint, besitzt es ein großes geographisch-strategisches Gewicht. In künftigen Entwicklungen des Ost-West-Verhältnisses an der Flanke der NATO könnte es eine Rolle spielen, die es nach fast zwei Jahrhunderten des Friedens wieder stärker in den Mittelpunkt des Geschehens rückt.

Am südlichen Rande Europas, auf der Iberischen Halbinsel wie in Griechenland und der Türkei, blieb das Schicksal der Demokratie ungewiß. Hier sind die Formen und Probleme der Zwischenkriegszeit noch weitgehend gegenwärtig. In Spanien überstand das autoritäre Regime des Generals Franco seit seiner Etablierung im blutigen Bürgerkrieg die Anfechtungen sowohl Hitlers (1940) als auch der siegreichen Alliierten nach 1945. Daß sich Franco länger als irgendein anderer Diktator an der Macht hielt, verdankte er neben seiner geschickten Kriegs- und Nachkriegstaktik dem starken Bündnis von Armee, Kirche und Besitz sowie der Furcht vor einer Wiederholung des Bürgerkrieges, die in weiten Kreisen der Bevölkerung herrschte. Die historische Erfahrung der anarchistischen Konflikte schreckte offenbar mehr als die autoritäre Diktatur, die sich in den sechziger Jahren zu mildern schien und mit einem Aufschwung von Wirtschaft und Industrie eine Besserung des Lebensstandards brachte. Am meisten Unruhe gab es noch von seiten der traditionellen regionalen und der ethnischen Opposition, also einmal von seiten der Katalanen, zum anderen von seiten der Basken. Gelegentliche Streiks, Attentate sowie Bewegungen an den Universitäten und in den unteren Rängen der Kirche waren als politische Widerstandsaktionen nie eine wirkliche Bedrohung des Regimes, solange die Struktur der Diktatur und ihr Repräsentant unangefochten blieben.

Wie im Fall des benachbarten Salazar-Regimes war daher die Frage der Nachfolge das Kernproblem. Schon 1947 hatte Franco Spanien wieder zur Monarchie erheben lassen und sich selbst zum Staatschef auf Lebenszeit gemacht. Nach seinem Tod sollte ein neuer König, den er 1969 bestimmte, auf das bestehende Regime vereidigt werden. Das ist geschehen: Im November 1975 übernahm Prinz Juan Carlos aus dem Haus Bourbon als König die Position des Staatschefs. Für die Frage nach den Zukunftsmöglichkeiten einer Demokratie in Spanien werden vornehmlich eine weitere Modernisierung im wirtschaftlichen und sozialen Bereich sowie die Einbeziehung Spaniens in die allgemeine westeuropäische Entwicklung von Bedeutung sein. Die Zulassung Spaniens zur UNO im Jahr 1955 war eine erste Wende nach dem langen Ausschluß vom internationalen Geschehen. Es folgte 1956 ein militärisches Abkommen mit den USA, das Spanien in das Netz der Stützpunkte einbezog, freilich ohne eine NATO-Mitgliedschaft, die auf den Widerstand vieler Partner gestoßen wäre. Auch die Sowjetunion nahm seit den sechziger Jahren keinen Anstoß daran, mit dem faschistisch genannten Regime Handel und Kulturaustausch zu pflegen. Aus West- und sogar Osteuropa kam zudem ein einträglicher Massentourismus. Die ökonomischen Auswirkungen waren ebenso beträchtlich wie die politischen Vorteile für das Regime. Obwohl sie dem Land allmählich einen gewissen Anschluß an die Modernität brachten, hängt die Demokratisierung davon ab, ob sich gemäßigte Parteien und Gewerkschaften durchsetzen. Ungewißheit lastete über der Nach-Franco-Ära, solange sich die tatsächliche politische Entwicklung hinter der Fassade eines veralteten Regimes nur unzureichend oder gewaltsam Ausdruck verschaffen konnte. Doch mit der Regierung einer neuen konservativ-liberalen Partei unter verjüngter Führung (Adolfo Suarez) wurde ein friedlicher Übergang zur konstitutionellen Demokratie und zur Verfassung von 1978 erreicht, den auch die Linke mitträgt: Die Erfahrungen des Bürgerkrieges bleiben eine nachwirkende Warnung, aber die blutigen Eruptionen der baskischen Frage halten das Land in Atem.

Die paternalistische Diktatur in Portugal überlebte nach vier Jahrzehnten strenger Stabilität Krankheit und Tod des fast achtzigjährigen Salazar nur um wenige Jahre, obwohl es zunächst eher erstaunlich war, wie störungslos der Übergang von dem ehemaligen Wirtschaftsprofessor Salazar zu dem Nachfolger, dem Rechtsprofessor Marcelo Caetano, vor sich ging. Aber die Diktatur der Professoren beruhte in erster Linie auf einer ökonomischen Politik zugunsten der oligarchischen Besitzstruktur des Landes. Sie war eine überkommene Form autoritärer Herrschaft, die auch deshalb nicht ›Faschismus‹ genannt werden kann, weil sie dessen Verfolgten im Zweiten Weltkrieg Asyl bot und ein wichtiger Stützpunkt der Westalliierten war und nach 1945 blieb. Als eine historisch begründete Form der Diktatur sah sie ihre Legitimation in der Bewahrung des Kolonialreiches. Im Zeitalter der antikolonialen Emanzipation wurde diese anachronistische Politik, die Portugal eher Lasten als Vorteile brachte, mit der Fiktion einer unlöslichen Zusammengehörigkeit der europäischen und afrikanischen Teile Portugals unter dem alten Namen ›Lusitanien‹ gerechtfertigt. Doch der innere Widerspruch dieses letzten Kolonialreiches, das eine große Vergangenheit, aber eine kleine und schwache europäische Basis besaß, war angesichts der wachsenden Aufstandsbewegungen in Angola, Mozambique und Guinea nicht mehr zu überbrücken, vollends als Mitte der sechziger Jahre ganz Afrika frei geworden war.

Die portugiesische Revolution von 1974 beruhte auf der Kritik der Militärs an dieser Fiktion, die nicht länger zu halten und zu verteidigen war. Erst mit Hilfe dieser begrenzten, konservativ-gemäßigten Rebellion um den General António Spínola vermochte sich dann im weiteren eine radikalere militärische und politische Bewegung zum Sturz des ganzen Regimes und zur revolutionären Umgestaltung im demokratischen oder sozialistischen Sinne durchzusetzen. So populär der Umsturz war, so groß erscheinen die Probleme um die Schaffung einer politischen Struktur mit regierungsfähigen Parteien. Der Rücktritt Spínolas schon nach wenigen Wochen, die unklaren Machtverhältnisse im militärischen Bereich, die Stärke linksradikaler und anarchistischer Strömungen, auch die Verschiebung der ersten Wahlen auf einen Zeitpunkt fast ein Jahr nach dem Umsturz – diese Probleme lassen den Ausgang eines demokratischen Experiments nach so langwährender Diktatur in einem wenig entwickelten Land noch ungewiß erscheinen. Trotz klarer Mehrheit für die gemäßigten Parteien in den Parlamentswahlen vom April 1976 – Sozialisten mit fünfunddreißig, Sozial-Liberale mit vierundzwanzig, Christdemokraten mit vierzehn, Kommunisten mit fünfzehn Prozent – bleiben schwierige Koalitionsprobleme für die neuen, unerfahrenen Parteibildungen, wobei die Frage der Sozialisierung im Mittelpunkt steht. Es glich zunächst einem kleinen Wunder, wie enthusiastisch und zugleich unblutig diese Öffnung zu einer pluralen Demokratie erfolgte. Ihre Anziehungskraft im Wettstreit mit konservativ-autoritären, aber auch sozialistisch-kommunistischen Systemformen ist auf der Iberischen Halbinsel und in Südeuropa überhaupt durchaus gegenwärtig, so unsicher die politische Form und die Zukunft der Demokratie unter den historischen, sozialen und ideologischen Belastungen gerade in diesen Ländern sein mögen. Portugals Zugehörigkeit zur NATO könnte – nach dem Scheitern eines linksradikalen Revolutionsversuches im Dezember 1975 – dabei eine Hilfe sein. Wie im Fall Spaniens wird es vor allem um eine modernisierende Zusammenarbeit mit Westeuropa, um eine weitere Durchbrechung der langen Isolierung gehen.

Auch die Probleme der Demokratie in Griechenland haben wesentlich mit der sozioökonomischen Modernisierung zu tun. Dabei spielte aber die geographisch-militärstrategische Lage des Landes wie schon immer in seiner dreitausendjährigen Geschichte eine bestimmende Rolle. Im Geburtsland der Demokratie war deren Geschick von einem verwirrenden Auf und Ab der Regime gekennzeichnet. Die Funktion von Personen und Cliquen, die auch hier auffindbare Klienteldemokratie, erschwerte und destabilisierte den politischen Prozeß, weil sie dem Werden eines wirksamen Parteiensystems entgegenstand. Am Ende des Zweiten Weltkrieges wurde die demokratische Erneuerung nach den Perioden der Diktatur und der Besatzung durch einen dreijährigen kommunistisch geführten Bürgerkrieg mit blutigen Verlusten und großen Zerstörungen behindert; erst im Zeichen der Truman-Doktrin konnte der Wiederaufbau beginnen. Als eine monarchische Demokratie unterschied sich das politische System Griechenlands von den strikt konstitutionellen englischen und skandinavischen Monarchien durch die aktiven Interventionen, mit denen der König öfters und meist mit unglücklichem Ausgang in die Regierungspolitik und die häufigen Kabinettswechsel eingriff. Wohl wurde eine Festigung erreicht, als 1952 die konservativen Gruppen mit Marschall Alexandrós Papágos, dem erfolgreichen Verteidiger gegen Italiens Angriff von 1940, einen zugkräftigen Regierungschef ans Ruder brachten, und auch sein Nachfolger Konstantin Karamanlis zeigte sich als ein starker Mann, der den wirtschaftlichen Aufbau durch eine Reihe von Förderungsprogrammen mit amerikanischer Hilfe voranbrachte.

Aber noch blieben viele Probleme ungelöst, zumeist als Folge der anhaltend großen Arbeitslosigkeit, die seit den sechziger Jahren Hunderttausende griechischer Gastarbeiter vor allem nach Deutschland und Frankreich führte. Als der starrköpfige König Paul I. 1963 einen Konflikt mit Karamanlis vom Zaune brach – es ging um die Zweckmäßigkeit eines königlichen Staatsbesuches in London –, folgten erneut Jahre der politischen Instabilität. Nun griffen wieder die in der stramm antikommunistischen Regierungszeit von Karamanlis verstummten Befürchtungen eines kommunistischen Umsturzes um sich, traumatisches Erbe des Bürgerkrieges. Sie boten auch einer Gruppe von ambitionierten Obristen unter Giorgiós Papadópoulos 1967 den Vorwand zur Errichtung einer Militärdiktatur, die mit überaus harter Unterdrückung aller politischen Gruppen sieben Jahre lang das Land mit einer primitiven autoritär-nationalistischen Ordnungsideologie regierte. Auch hierbei spielte der König, nun der junge Konstantin II., eine unglückliche Rolle: zuerst 1965, als er mit Giorgiós Papandréou den Führer der stärksten Partei, der Zentrumsunion, entließ und durch zusammengewürfelte geschäftsführende Regierungen das Land in ein politisches Vakuum führte; und dann, indem er den Putsch der Obristen, der einem unzweifelhaften Wahlerfolg Papandréous zuvorkam, scheinbar legalisierte, bevor er sich allzu spät dagegen wandte und schließlich ins Exil nach Italien und England ging. Umstritten ist die Frage einer amerikanischen Beteiligung an der Diktatur geblieben; unzweifelhaft ist jedoch das Interesse, das die USA auf stabile politische Verhältnisse an diesem Eckpfeiler der Mittelmeer-Strategie richten.

Die Rückberufung des 1963 nach Paris gegangenen Karamanlis und seine überwältigende Bestätigung in den Wahlen vom November 1974 waren eine neue Chance für die griechische Demokratie. Ein Plebiszit beseitigte endgültig die diskreditierte Monarchie. Freilich zeigte das Auftreten von nahezu fünfzig Parteien, daß die alten Probleme nicht verschwunden sind: ein labiles, personalisiertes Parteienfeld und ein latenter Anti-Amerikanismus. Auch hier werden, wie in den neuen iberischen Demokratien, große Hoffnungen auf einen Eintritt in die EWG gesetzt, der allerdings auf Seiten der Linken umstritten bleibt. Das Abtreten der Diktatur war nur möglich geworden durch das Scheitern ihrer Zypern-Politik, die mit allen Konsequenzen für die traditionellen Spannungen zwischen Griechenland und der Türkei auf der wiedergewonnenen Demokatie lastet.

Noch weniger kann in der Türkei, der anderen Bastion der amerikanischen Eindämmungspolitik seit den vierziger Jahren, von einer stabilen, funktionsfähigen Demokratie gesprochen werden. Im Zweiten Weltkrieg bis auf die Schlußmonate neutral, war das Land unmittelbar danach stärkstem sowjetischen Druck ausgesetzt. Die Bitte um westliche Hilfe führte zu der raschen Einfügung in die westliche Allianz – an der Seite des alten Erzfeindes Griechenland. Eine innenpolitische Folge waren die ersten freien Wahlen, in denen 1950 die bisherige Opposition unter Adnan Menderes den seit 1938 herrschenden Nachfolger Kemal Pasa Atatürks, General Ismet Inönü, ablöste. Auch hier trug erhebliche amerikanische Hilfe zu einer ökonomischen Aufwärtsentwicklung bei, wie sie der Grundintention der Truman-Doktrin entsprach. Aber als Ende der fünfziger Jahre neue Rückschläge zur Unzufriedenheit führten, griff die Regierung Menderes gleichfalls zu den alten Mitteln der Unterdrückung von Pressefreiheit, der Verfolgung politischer Gegner und der Arretierung oppositioneller Parlamentarier. Ein Militärputsch unter General Kemal Gürsel machte 1960 der bereits suspendierten Demokratie ein Ende. Menderes wurde 1961 mit zwei anderen Ministern hingerichtet und ein halb parlamentarisches, halb diktatorisches Regime unter starkem Einfluß der Militärs etabliert, zunächst noch einmal mit dem alten Inönü, dann mit Premiers aus der Gegenpartei oder mit parteilosen Regierungschefs.

Das Charakteristikum dieser Semidemokratie, die wohl über ein Zweiparteiensystem, nicht aber über hinreichende rechtsstaatliche Tradition nach so langer Autokratie verfügte und sozioökonomisch noch immer ein halbes Entwicklungsland war, blieb die Neigung zur Militärdiktatur. Das Militärregime versteht sich als die ordnende, reformierende, modernisierende Kraft; gleichzeitig verschärfen sich erbitterte, oft blutige Auseinandersetzungen zwischen radikalen Gruppen der Rechten und der Linken. So ist die Anfangsform der jungen Türkei unter dem Staatshelden Atatürk präsent geblieben, in die das Land immer wieder zurückfällt, wenn Krisen heraufziehen. Daß es sich heute um Offiziere einer weitgehend amerikanisch gerüsteten NATO-Macht handelt, fällt kaum ins Gewicht. Im Sommer 1974 führte der Übergriff der griechischen Diktatoren auf Zypern zur regelrechten kriegerischen Besetzung einer Inselhälfte durch die türkische Armee. Die Zypern-Frage, 1959/60 unter dem vielgewandten Erzbischof und Insel-Präsidenten Makarios III. scheinbar gelöst, mit einem freilich komplizierten System der Minderheitenrechte für die Türken, ist in mehreren Bürgerkriegen zu einer schweren Belastung auch für die Südostflanke der NATO geworden, intensiviert durch die Drohung von Norden, aus der Sowjetunion mit ihrer verstärkten Mittelmeer-Flotte und aus den kommunistischen Ländern des Balkan. Diese Fronten lassen die politischen Systeme der Türkei und Griechenlands nicht zur Ruhe kommen.

## Die zweite Demokratie in Deutschland: die Bundesrepublik

In der raschen Entwicklung Westeuropas nach dem Zweiten Weltkrieg spielte die deutsche Frage eine doppelte Rolle. Von Anfang an hingen die Bewältigung der Kriegsfolgen, die Organisation des Wiederaufbaus und die Sicherung der dazu notwendigen Kooperation aufs engste mit dem Problem der Kontrolle und Einordnung des besetzten Deutschland zusammen. Auch die Politik des Marshall-Planes und des Containment stand nach der Wende von 1947/48 in diesem Zusammenhang. Nun wurde die zunächst negative und restriktive Kontrolle Westdeutschlands in ein System positiver Kontrolle durch Kooperation und partielle Integration verwandelt; dies war die Substanz der Verhandlungen und Verträge, die von der Westeuropäischen Union über die Gründung der Bundesrepublik, der Montanunion und der NATO zu den Pariser Verträgen und zur Europäischen Wirtschaftsgemeinschaft führte. Auf der anderen Seite eröffnete eine europäische Politik mit der Zielvorstellung der politischen Integration, die sich auf Pläne der europäischen Widerstandsbewegungen im Krieg und eine Vielfalt von Europa-Bewegungen in der ersten Nachkriegszeit berufen konnte, konkrete Perspektiven für eine übernationale Lösung des deutschen Staatsproblems. Sowohl ökonomisch als auch politisch gewann die Europa-Idee eine machtvolle Funktion, nicht nur als Ersatz für den zerstörten deutschen Nationalstaat. Sie bot ein neues Bezugssystem, nachdem der übersteigerte Nationalismus des NS-Regimes nationalstaatliches Denken als letzte Instanz ad absurdum geführt hatte.

Die Politik des ersten Bundeskanzlers, Konrad Adenauers, der von 1949 bis 1963, unerwartet lange, an der Regierung blieb, stützte sich von Anbeginn voll auf jenen supranationalen Aspekt der Europa-Politik. Angesichts der machtpolitischen Realitäten am Ausgang der vierziger Jahre wurde die nationalstaatliche Argumentation der sozialdemokratischen Opposition unter Führung Kurt Schumachers von der Mehrheit der westdeutschen Bevölkerung nicht als Alternative angenommen. Das deutsche Problem der Teilung wirkte gravierend auf die Beschleunigung und Stabilisierung der westeuropäischen Kooperation ein. Den unmittelbaren Interessen der westdeutschen Bevölkerung war damit am meisten gedient, obwohl das proklamierte Ziel einer Wiedervereinigung in die Ferne gerückt, schließlich fast unwirklich wurde, so emphatisch Regierung und Bevölkerungsmehrheit daran festhielten. Der angebliche Primat der Wiedervereinigung erwies sich je länger je mehr als unerreichbares Postulat, während die Stabilisierung dem unmittelbaren Bedürfnis nach Wiederaufbau und Sicherheit entsprach. Die Entscheidung für eine liberal-demokratische, marktwirtschaftlich-soziale Staats- und Gesellschaftsordnung stand unter dem gleichen Vorzeichen. Dirigismus, Sozialismus und Zwangswirtschaft waren mit dem Odium der Diktatur, des Kriegs- und Nachkriegselends belastet, und die aktuelle osteuropäische Zwangssozialisierung, die ökonomische Dauerkrisen zur Folge hatte, wirkte in unmittelbarer Nachbarschaft besonders wenig attraktiv.

Mehr als jeder andere europäische Staat profitierte die Bundesrepublik von den großen Entscheidungen, die seit 1947/48 die Entwicklung bis heute fast unausweichlich determinieren. Daraus ergaben sich Schwierigkeiten, die der deutschen Entwicklung eigentümlich sind, aber sie wurden überdeckt oder ausgeglichen durch eine ausgeprägte Stabilität – Folge der schnellen wirtschaftlichen Erholung, der Konzentration einer desillusionierten Bevölkerung auf Arbeit und privaten Erfolg, der langen Regierungsfrist des erfahrenen Taktikers Adenauer und der überzeugend liberal-demokratischen Erscheinung eines Theodor Heuss, der von 1949 bis 1959 der erste Präsident war. Die Bundesrepublik vermied verfassungspolitische Schwächen, die der Weimarer Republik früh zum Verhängnis geworden sind. Die Stellung von Kanzler und Regierung wurde gestärkt, die Diktaturgewalt des Präsidenten abgebaut, der parlamentarische Prozeß gefestigt, indem der Sturz eines Kanzlers von der Wahl eines neuen abhängig gemacht ist – das konstruktive Mißtrauen –, das Verbot antidemokratischer Parteien durch das Bundesverfassungsgericht ermöglicht, schließlich die Zersplitterung des Parteienfeldes durch eine Fünf-Prozent-Klausel in den Wahlgesetzen erschwert. Der Sinn all dieser Bestimmungen war, eine Zerstörung der Demokratie mit pseudodemokratischen Mitteln zu verhindern, wie dies 1933 geschehen war; die modifizierte, militante oder wehrhafte Demokratie von Bonn sollte ihrem prinzipiellen Gegner nicht die unbeschränkte Toleranz gönnen, an der die Weimarer Republik zugrunde gegangen war.

Die Gewöhnung an ein besser funktionierendes Parteiensystem führte auch zu einer zunehmend positiven Bewertung der Demokratie selbst, an der es nach 1918 gefehlt hatte. Über das Kanzlerregime eines großen alten Mannes mit fast patriarchalischer Autorität wurde eine Brücke von der obrigkeitsstaatlichen Tradition Deutschlands zur stabilen pluralistischen Demokratie geschlagen. Die historische Zersplitterung des Parteiwesens wurde durch eine Konzentration der politischen Gruppierungen auf zwei fast gleich große Parteien abgelöst, auf die alte SPD und die neue CDU, neben denen sich als kleinere dritte Partei mit sechs bis zwölf Prozent auf Dauer nur die Liberalen (FDP) behaupten konnten. Eine solche Konstellation erinnerte an das kooperationsfähige britische oder amerikanische Parteiwesen. Das Bonner System vermochte sich von den Problemen zu lösen, die für die zerklüfteten kontinentaleuropäischen Parteiensysteme typisch waren. Es war das Ergebnis eines längeren Prozesses der Entideologisierung und Pragmatisierung der Parteien, der im Godesberger Programm von 1959 die Liberalisierung der SPD und schließlich wie in den Ländern so auch im Bund den Test eines vollen Regierungswechsels von der CDU zur SPD ermöglichte. Dabei war das Bonner Parteiensystem nie politisch-ökonomischen Krisen vom Ausmaß der Weimarer Dauerkrise ausgesetzt. Dies bleibt zu bedenken, wenn aus den Wahlziffern, die seit 1957 regelmäßig über neunzig Prozent der Stimmen für die drei Bonner Parteien erbringen, schon auf politische Stabilität, auf dauerhaft demokratische Verhaltensstruktur und auf eine verläßliche politische Kultur in der Bundesrepublik geschlossen wird. Seit Mitte der sechziger Jahre, nach dem Ende der Ära Adenauer, im Zeichen eines Wechsels der Generationen, der Veränderung der internationalen Situation und der Krise der Wiedervereinigungsidee, kamen auch die fortdauernden Probleme, das Unfertige des Bonner Staates stärker zum Vorschein.

Aber die politische Basis, auf der die zweite deutsche Republik sich entwickeln konnte, war unleugbar breiter und sicherer. Die erschütternde Erfahrung des Scheiterns von 1933 und von 1945 wirkte als eine stets präsente Warnung vor den beiden Grundfehlern der jüngsten deutschen Geschichte: Anfälligkeit für diktatorische Lösungen und Hilflosigkeit gegenüber den Feinden der Demokratie. Hinzu kam die Tatsache, daß ein breiter Consensus in der Ablehnung der gegenwärtigen kommunistischen wie der vergangenen nationalsozialistischen Herrschaftsansprüche totalitärer Prägung bestand. Der Antitotalitarismus war eine lebendige und positive Kraft, deren politische Bedeutung für die demokratische Entwicklung der vierziger und fünfziger Jahre, zumal im Herzen Europas, kaum überschätzt werden kann. Den späteren Kritikern des Totalitarismusbegriffs fehlt oft eine Anschauung davon, wie konkret die doppelte Bedrohung – jene durch die eben überwundenen Rechtsdiktaturen und jene durch die präsente Ausbreitung des Stalinismus – für die verletzlichen Neuanfänge der europäischen Demokratien tatsächlich gewesen ist.

Der antitotalitäre Consensus erwies sich jedenfalls als politisch sehr viel tragfähiger denn die schwache Kompromißstruktur der Weimarer Republik. Die bürgerlichen Wähler der Mitte und der Rechten, die mit dem Aufstieg der CDU unter Adenauer erstmals eine große Sammelpartei besaßen und damit Arbeiterstimmen gewannen, waren auf jenen Consensus ebenso festgelegt wie die Linke, die wegen der Diskreditierung der Kommunisten im wesentlichen von der SPD repräsentiert wurde. Zwar dauerte der Streit, der seit der Gründung des westdeutschen Staates um die Wirtschafts- und Sozialpolitik wie um die West- und Deutschland-Politik zwischen Regierung und Opposition ausgetragen wurde, bis ans Ende der fünfziger Jahre sehr heftig fort. Aber er blieb im Rahmen des Grund-Consensus, und gerade die Tatsache, daß ein so erbitterter Gegner Adenauers wie der Oppositionsführer Schumacher, von zehn Jahren Konzentrationslagerhaft im Dritten Reich schwer gezeichnet, an der freiheitlich-demokratischen Politik so leidenschaftlich festhielt wie an der Forderung nach einer nationalen Wiedervereinigungspolitik, trug entscheidend zur Integration der Arbeiterschaft in die neue Republik bei. Gleiches galt für seine Nachfolger Erich Ollenhauer und Willy Brandt, die beide im Exil den Nationalsozialismus bekämpft hatten und nicht zuletzt das innere Zusammenwachsen der 1933 auseinandergerissenen Nation symbolisierten. Ihr Kurs der konstruktiven Opposition, gestützt durch sozialdemokratische Regierungen in mehreren deutschen Ländern und West-Berlin, wo Brandt sich als Regierender Bürgermeister zu profilieren vermochte, führte die SPD schließlich in die Rolle einer nichtmarxistischen sozialen Volkspartei. Die neomarxistischen Strömungen, mit denen die SPD seit Ende der sechziger Jahre zu ringen hat, ändern nichts an dieser grundlegenden Bedeutung der sozialdemokratischen Oppositions- und Staatspolitik für die politische Integration der Bevölkerung in die Parlamentsdemokratie; sie kommt in den fast einhelligen Wahlentscheidungen für das Dreiparteiensystem der Bundesrepublik zum Ausdruck.

Auch die Gründung und der Zusammenhalt einer großen Einheitsgewerkschaft, des DGB, waren eine Folge der schmerzlichen Erfahrungen während der Weimarer Epoche und der Diktaturzeit, als die Spaltungen der Gewerkschaftsbewegung ihre demokratische Rolle und ihre Widerstandsfähigkeit stark vermindert, ja gebrochen hatten. Der Einfluß des DGB wirkte ganz wesentlich auf die politische und soziale Integration der Arbeiterschaft in die neue Republik. Sein Gewicht beim Ausbau eines modernen Arbeits- und Sozialgefüges und bei der Entwicklung von Formen der Mitbestimmung trug dazu bei, daß die Lohn- und Sozialbedingungen über die Jahre fast ohne größere Streikwellen ständig verbessert werden konnten. Im Unterschied zu den meisten westlichen Industriestaaten gelang es, ein effizientes System von Verhandlungen zwischen den Sozialpartnern, zuweilen auch mit der Regierung, zu entwickeln.

Die Erfahrungen mit der Weimarer Republik und dem Dritten Reich, dessen Bilanz das Scheitern der national-imperialen Bestrebungen des großdeutschen Gedankens bedeutete, forderten zu einer völligen Neubestimmung des deutschen Staatsbegriffs heraus. Dies geschah freilich nicht so eindeutig, als daß nicht verschiedenartige Interpretationen möglich wurden. Die Problematik betraf sowohl die außenpolitische Lage und Abgrenzung als auch das innenpolitische Selbstverständnis des neuen Staatswesens. Hinsichtlich der Staatsgrenzen verstand sich die Bundesrepublik nach ihrem Grundgesetz von 1949 als ein Provisorium auf dem Weg zur Wiedervereinigung der beiden getrennten Teile. Sie ging entgegen der faktischen Grenzziehung entlang der Oder-Neiße-Linie von dem territorialen Bestand des Deutschen Reiches von 1937 aus, zu dessen alleinigem Rechtsnachfolger sie sich proklamierte. Darin steckte ein Widerspruch zu den außenpolitischen Realitäten, der zunehmend spürbar werden mußte. Innenpolitisch wurde die Bundesrepublik zwar definitiv als ein demokratischer und sozialer Rechtsstaat föderativer Ordnung bestimmt, aber auch hier gingen die Meinungen bald auseinander, welcher konkrete Gehalt den Begriffen der freiheitlich-rechtsstaatlichen Demokratie und des sozialen Bundesstaates zukommen sollte. Von der sozialistischen über die liberale Begründung erstreckte sich die Deutung bis hin zu staatstraditionalistischen Thesen, mit denen auch die Demokratie der Bundesrepublik aus den herkömmlichen Kategorien eines Obrigkeits- und Beamtenstaates erklärt oder kritisiert wurde. Das ist an den Auseinandersetzungen um Deutschland-Politik und Wiederbewaffnung, um Staatsschutz und Notstandsgesetzgebung, um Wahlreform und Föderalismus in den fünfziger und sechziger Jahren immer wieder ablesbar.

Auch die Staatsgründung von 1949 konnte bei Berücksichtigung der damaligen Gegebenheiten ja nicht unmittelbar auf einer demokratischen Bewegung von unten beruhen. Teile der Bevölkerung verharrten nach den Enttäuschungen und Erschöpfungen der Hitler-Zeit zunächst in unpolitischer Distanz gegenüber den Anforderungen eines demokratischen Staates, selbst wenn dieser überwiegend Zustimmung fand, wie die Wahlen bewiesen. Die Folge war das Nebeneinander einer im Vergleich zu Weimar stark gesicherten, als militant bezeichneten Verfassungsordnung und einer Bevölkerung, deren Hauptinteresse auf ökonomische Entwicklung und Schutz vor der sowjetischen Macht gerichtet war. Mit einem demokratischen Staatsgefühl, das auch politischen Krisen standhalten konnte, war eine derartige Einstellung noch nicht gleichzusetzen. Bei den Widersprüchen und Schwierigkeiten erschienen vier Punkte besonders nennenswert. Erstens: Die Selbstdefinition der Bundesrepublik als ein Provisorium, das sich als Staat erst in der nationalen Wiedervereinigung oder in supranationalen Lösungen erfüllen kann. Zweitens: Die staatliche Verfestigung der nationalen Teilung, mit der Folge einer Spannung zwischen National- und Staatsbewußtsein. Drittens: Die Bezogenheit des staatspolitischen Consensus auf die Frontstellung des Kalten Krieges, mit der Gefahr einer besonderen Sensibilität gegenüber allen internationalen Veränderungen. Viertens: Die Diskrepanz zwischen der pragmatischen Hinnahme von Westpolitik und Status quo, mit der Garantie der Bundesrepublik als eines Benefizsystems wirtschaftlichen Erfolgs, und der Forderung nach Offenhalten, Revision und freier Selbstbestimmung gegenüber dem Osten.

Das politische Selbstverständnis der westdeutschen Bevölkerung wandelte sich während der Ära Adenauer, nicht nur unter dem Eindruck der politischen Fortschritte und Rückschläge, sondern auch im Zeichen des Wechsels der Generationen und ihres Erfahrungshorizontes, ihres politischen Koordinatensystems. Das geht aus zahlreichen Meinungsanalysen eindeutig hervor. Während 1951 noch fünfundvierzig Prozent der Westdeutschen die kaiserliche Zeit vor 1914 und immerhin zweiundvierzig Prozent die Hitler-Zeit für die beste hielten, lauteten die entsprechenden Zahlen 1963, am Ende der Adenauer-Ära, nur noch sechzehn Prozent und zehn Prozent, während zwei Drittel meinten, es sei den Westdeutschen in diesem Jahrhundert nie so gut gegangen wie jetzt, und sich insofern mit der Bundesrepublik identifizierten. Da die positive Einschätzung unter den Jüngeren allgemein am stärksten war, konnte die Bundesrepublik in einem Alter, mit dem es bei der Weimarer Republik schon zu Ende ging, dank der ökonomischen Erfolgsbilanz und trotz der Stagnation ihrer Ost- und Wiedervereinigungspolitik auf eine stetig zunehmende Identifizierung der Bürger rechnen. Im selben Maße schwand die Vorstellung, daß Deutschland seine frühere weltpolitische Rolle wiedererlangen werde: 1954 glaubte noch die Hälfte der Westdeutschen daran, zehn Jahre später waren es weniger als zwanzig Prozent. Von Jahr zu Jahr erwies sich klarer, daß der Einschnitt von 1945 eine ungleich schärfere Zäsur bedeutete als die nie akzeptierte Niederlage von 1918, und daß man die so viel schwereren nationalen Einbußen als Folge der nationalsozialistischen Katastrophe hinnahm, ohne die Demokratie kurzerhand dafür verantwortlich zu machen.

Die innerdeutschen Strömungen und Stimmungen, denen die westdeutsche Regierung gerecht zu werden, die sie politisch zu formen beanspruchte, waren in der Mitte der fünfziger Jahre zunehmend mit der überragenden Stellung verbunden, die Adenauer an der Spitze der Kanzlerdemokratie gewann und 1957 erstmals in der Geschichte der deutschen Demokratie durch einen Wahlsieg mit absoluter Mehrheit, mit vierundfünfzig Prozent der Bundestagssitze, für seine Partei zu legitimieren vermochte. Die sozialdemokratische Opposition konnte ihre Position ebenfalls festigen und, indem sie über ein Drittel der Parlamentssitze erlangte, wenigstens die Funktion einer kontrollfähigen Minderheit ausüben. Dagegen gerieten fast alle kleineren Parteien in den Sog der wirtschaftlich erfolgreichen Regierungspartei, erlagen der Tendenz zum Zweiparteiensystem, scheiterten an der Fünf-Prozent-Klausel des Wahlgesetzes oder wurden durch die Spaltungstaktik Adenauers dezimiert. Zum Erfolg durch das Wirtschaftswunder kam ein allmählicher Abbau der klassenideologischen Trennung zwischen dem bürgerlichen und dem sozialistischen Lager. Angesichts der kriegs- und nachkriegsbedingten Umschichtung der westdeutschen Gesellschaft trat die Klassen- und Ideologiefixierung der Parteien im politischen Bewußtsein und in der Wahlentscheidung zurück; sie wurden zu erklärten ›Volksparteien‹.

Die ständige Berufung auf die Vorteile und Garantien des Westbündnisses, die Adenauer mit gutem Grund für seine Politik in Anspruch nahm und als einzigen Weg zur Lösung des Deutschland-Problems proklamierte, spielte eine wesentliche Rolle bei seinen Wahlsiegen. Ebenso wichtig war seine Erfolgstaktik gegenüber den Verbänden und Interessengruppen. Indem er deren Vertretern direkten Zugang zum Bundeskanzleramt gewährte, verstand er Partei und Parlament zurückzudrängen und seine Position unangreifbar zu machen. Seine originelle Stärke lag sehr wohl auf innenpolitischem Gebiet. Der erfahrene Oberbürgermeister regierte den Staat mit taktischem Geschick und mit der Autorität seiner erstaunlichen Alterskraft. Er war erst mit dreiundsiebzig Jahren an die Macht gekommen und trat als Siebenundachtzigjähriger 1963 nur ungern zurück; bis zu seinem Tod im Jahr 1967 blieb er ein scharfer Beobachter der Bonner Szene. Seine Grundentscheidung für den Westen war schon bei Amtsantritt überzeugend. Was nachkam, war vor allem das beharrliche, erfolgreiche Festhalten an den Konstellationen von 1948/49. Die unverkennbare Leistung dieses Staatsmannes für die Konsolidierung der Bundesrepublik bestand in der Kunst, wie er den so widersprüchlichen Pluralismus der politischen und sozialen Interessen, die verwirrende Vielfalt der Gruppen und Ziele, Traditionen und Ressentiments zu entschärfen und in das Bett seines Erfolgskurses zu lenken vermochte. – Diese Grundtaktik hatte auch ihre Kehrseite. Sie machte es Adenauer, der bald über mehr Autorität und eine gefestigtere Gefolgschaft verfügte als irgendein Staatsmann in der Geschichte der deutschen Demokratie, ganz offenbar schwer, seine Position der Stärke voll für eine Politik einzusetzen, die die Selbsttäuschungen und Widersprüche in der Deutschland- und Oder-Neiße-Frage gesteuert hätte. Sein Kurs suchte nicht nur Wirtschaftsinteressenten aller Provenienz, sondern auch Vertriebenenverbände und rehabilitierte Militärs, ehemalige Nationalisten und Nationalsozialisten, zu integrieren. Er nahm das Dilemma in Kauf, das in dem kompromißlosen Nebeneinander von Westintegration und Forderungen nach Osten lag. Die Rücksicht auf divergierende Kreise und Strömungen, deren Adenauer zur Festigung und Behauptung seiner innenpolitischen Position zu bedürfen glaubte, behinderte außenpolitische Initiativen der Bundesrepublik und enthob die ohnehin mit anderen Problemen beschäftigten Westmächte einer stärkeren Aktivität in der Deutschland-Frage. Die vielgeforderte Bewältigung der Vergangenheit, die im inneren Bereich der Erziehung und demokratischen Festigung der Bundesrepublik mit Aufwand und gewissem Erfolg betrieben wurde, hinkte außenpolitisch um einiges nach. So konnte die Hypothek, die die Bundesrepublik auch in dieser Hinsicht als erklärter Nachfolger des Hitler-Regimes trug, zunächst nur nach Westen, nicht nach Osten abgetragen werden.

Unter diesen Umständen ließ sich auch der Unterschied zwischen der Oder-Neiße-Frage und dem Wiedervereinigungsproblem nicht klären und als Ausgangspunkt einer deutsch-polnischen Annäherung benutzen, obwohl dies zumal im Augenblick des polnischen Tauwetters, 1956, Auswirkungen auf die Wiedervereinigungsfrage und die Sicherheitsproblematik hätte haben können, die damals in östlichen und westlichen Entwürfen wie Rapacki-Plan und Eden-Plan diskutiert wurden. Auch auf der moralischen Ebene erschien es vielen Kritikern bedenklich, daß die Last, die die Deutschen jenseits der Elbe stellvertretend für alle Deutschen zu tragen haben, nicht klar genug von den theoretischen Revisionswünschen der ehemaligen Vertriebenen abgehoben wurde, die inzwischen an der Sicherheit und dem Wohlstand der Bundesrepublik teilhatten. Neben dem Gesamtdeutschen Ministerium blieb lange ein Vertriebenenministerium bestehen; die Kinder der Ostvertriebenen, die im Westen aufgewachsen oder sogar geboren waren, wurden weiterhin durch Sonderstatus der Schar der Vertriebenen zugeordnet. Ihr Wille zur Rückkehr in die ehemalige Heimat war höchst zweifelhaft, aber das Prinzip blieb offiziell unantastbar. In den Augen ihrer östlichen Nachbarn konnte die Bundesrepublik lange als ein revisionistisch gesinnter Staat erscheinen, der mit der Erbschaft des Hitler-Regimes nicht gänzlich gebrochen hatte. Auch die Frage der Wiedervereinigung war in den Bereich des Revisionismus gerückt, so gewiß sie auf eine andere Ebene gehörte. Denn es handelte sich ja nicht um territoriale Probleme, sondern um siebzehn Millionen Menschen, denen das Recht auf Selbstbestimmung, auf freie Wahl einer eigenen Regierung und Lebensform verweigert wurde. Die Gleichsetzung eines rechtlich wie politisch und moralisch so legitimen Anliegens mit der ungeklärten Streitfrage der Ostgrenze, die Flucht, Vertreibung und deutsche Schuld am Nachbarn zu einer territorialen Frage gemacht hatte, ließ in den Augen des Westens die Wiedervereinigung zu einem Schemen verblassen, der – ebenso wie die Forderung nach Wiederherstellung der Grenzen von 1937 – durch die Realität von zwei deutschen Staaten im Laufe der Zeit ausgelöscht werde. Diese Verkettung von ungleichen Problemen und Motiven nahm der Oder-Neiße-Frage den Restwert, den sie, zum rechten Zeitpunkt als Verhandlungsobjekt des Westens eingesetzt, noch besitzen mochte, und sie komplizierte zugleich die Position des Westens in der Berlin-Frage, die Moskau aus der Deutschland-Frage auszuklammern und einer isolierten Lösung zuzudrängen suchte. Dies aber drohte der Funktion Berlins, potentiell als Hauptstadt Gesamtdeutschlands, faktisch als Schaufenster und Orientierungspunkt für die Bevölkerung der DDR, ein Ende zu setzen.

Es war eine Folge der suggestiven Regierungstaktik, bei der Adenauer patriarchalische Führung und elastischen Erfolgspragmatismus verband, daß die deutsche Bevölkerung, zufrieden mit der Gegenwart, voll Hoffnung auf die westliche Stärke und Versicherungen in der Deutschland-Frage, fast ahnungslos in die Krisen von 1958 (Berlin-Ultimatum) und 1961 (Berliner Mauer) hineingeriet. Erst die russischen Sputniks und Ultimaten setzten Zeichen, die weithin erkennbar machten, daß die Zeit nicht für eine automatische Versöhnung von Westkurs und Wiedervereinigung gearbeitet hatte. Es wurde nun klar, daß allen Propagandathesen zum Trotz die Positionen in der Wiedervereinigungsfrage unvereinbar waren. Die Kommunisten konnten nicht hoffen, in freien Wahlen je eine Mehrheit zu erlangen, und der Westen mußte bei jeder Lösung der Deutschland-Frage auf machtpolitisch gesicherten Garantien bestehen, die eine schleichende Machtergreifung durch Druck oder Putschvorgänge wie in den osteuropäischen Ländern ausschlossen. Solche Garantien aber verweigerte die Sowjetunion unter Vorwänden wie dem von der Souveränität der DDR, sowenig sie sich im Ernstfall selbst an die Prinzipien der Nichteinmischung und Souveränität hielt, wie das Beispiel Tschechoslowakei zweimal, 1948 und 1968, bewies.

Die Belastungsproben, denen sich die Bundesrepublik in den sechziger Jahren zunehmend gegenübersah – Ende der Ära Adenauer, amerikanisch-sowjetische Annäherung und Krise der Europa-Politik –, machten die Empfindlichkeit der westdeutschen Position deutlich und brachten Symptome der Unruhe hervor, die alte und neue Schwächen der deutschen Demokratie anzeigten. Im zweitweiligen Aufstieg der autoritär-nationalistischen NPD einerseits, in der ebenso raschen Radikalisierung von antiautoritären, neoromantischen Studenten- und Jugendbewegungen andererseits, die das bisherige Selbstverständnis der Bundesrepublik in Frage stellten,[4] trat jenes Krisenpotential in Erscheinung, das seit dem Sturz der Regierung Erhard (1963 bis 1966) und dem Experiment der Großen Koalition (1966 bis 1969) auf eine neue Polarisierung hinwirkte. Die politischen Reaktionen auf jede auch nur befürchtete Rezession wie 1966/67 konnten ebenso bedenklich erscheinen. Eine Wirtschaftskrise wie die von 1930 würde ein so sensibles, auf sozialen und ökonomischen Fortschritt gebautes System schwer treffen. Seit 1967 verstärkten sich im Zeichen der ökonomischen Rezession, des Vietnam-Krieges und der Studentenunruhen denn auch vorübergehend die Vorbehalte gegen die Bonner Demokratie. Der Aufstieg des rechtsradikalen Nationalismus und des linksradikalen Utopismus profitierte von den Mißgefühlen gegen die Große Koalition, die einer wirksamen parlamentarischen Opposition in Fragen wie der Notstandsgesetzgebung wenig Raum zu bieten schien, weil nur die kleine FDP gegen die Regierung stand. Die Situation reizte zu einem

Aufstand gegen das parlamentarische Establishment und das System selbst. Antisystemliteratur wurde vorübergehend zu einer intellektuellen Mode, von der die antikapitalistische, neomarxistische Agitation der Neuen Linken profitierte. Die Schatten von Weimar tauchten auf: extreme Polarisierung und Antiparlamentarismus von rechts und links.[5]

Aber in der weiteren Entwicklung wurde dann offenbar, wie viel stabiler die zweite Demokratie in Deutschland begründet ist. Am eindringlichsten tritt dies im funktionsfähigen Parteiensystem, in der Regierungskontinuität der Kanzlerdemokratie und in der Zurückdrängung jener rechts- und linksextremistischen Gruppierungen hervor, die das Leben der ersten deutschen Republik zerstört haben. Diese Merkmale gelten auch angesichts der neuen Anfechtungen des deutschen und internationalen Terrorismus mit dem Höhepunkt der Ermordung des Generalbundesanwalts Siegfried Buback und der namhaften Wirtschaftsführer Jürgen Ponto und Hanns-Martin Schleyer 1977/78 sowie der Auseinandersetzung um eine extremistische Unterwanderung des öffentlichen Dienstes auf Grund des Extremistenbeschlusses von 1972. Der systemfeindlichen Parole vom »Marsch durch die Institutionen« steht das verfassungspolitische Selbstverständnis der streitbaren, abwehrbereiten Demokratie entgegen. Falls sie sich in dem antitotalitären Grundprinzip der Bonner Verfassung nicht beirren läßt und den Tendenzen und Kampagnen der Verunsicherung nicht nachgibt, bleiben die Schatten von Weimar gebannt: die Gefahren einer Über-Toleranz gegen jene, die Freiheitsrechte für freiheitsfeindliche Ziele zu mißbrauchen suchen.

Bonn ist nicht Weimar. Den Unterschied signalisierte auch der Regierungswechsel von 1969, der Sozialdemokraten erstmals nach vierzig Jahren wieder in die beiden höchsten Positionen des Staates brachte: den Emigranten und Widerstandskämpfer Willy Brandt als Kanzler, den profilierten Protestanten Gustav Heinemann als Präsidenten. Heinemanns Nachfolger war 1974 bis 1979 Walter Scheel (FDP), der zuvor mit Brandt die Ostpolitik als Außenminister verantwortete. Die neue Führung und mit ihr die Funktionsfähigkeit des Systems hatten sich an der Behandlung lange aufgeschobener Grundprobleme zu bewähren, vornehmlich einer umstrittenen Ostpolitik, welche die schmerzlichen Konsequenzen von 1945 für das Deutschland-Problem und für die deutschen Ostgrenzen anerkannte.

Es entstand ein Mythos der Ostpolitik, der sich mit den Namen Brandt, Bahr und Wehner verbindet. Auch unter veränderten Verhältnissen wird zumal in der SPD der Wunsch wachgehalten, vorrangig die von Euphorien begleitete Entspannungspolitik der frühen siebziger Jahre fortzusetzen, in denen manche Blütenträume nicht gereift sind. Die Politik Helmut Schmidts versucht, nach einem zweiten Besuch Breschnjews in Bonn (Mai 1978), zwischen den partei- und staatspolitischen, ideologischen und realistischen Positionen zu lavieren, denen sie in der Deutschland-Politik unterworfen ist, nachdem das Bundesverfassungsgericht erneut das verfassungspolitische Gebot – Offenhalten der deutschen Frage – bestätigt hatte. Aber von einer Schaukelpolitik zwischen West und Ost kann dabei nicht die Rede sein. Die Bundesrepublik bleibt angewiesen auf ihre Zugehörigkeit zu Westeuropa und auf den Fortschritt der Integrationspolitik, der sie ihre Existenz und ihre Entwicklung verdankt. Nur, wenn die Möglichkeit einer gesamteuropäischen Kooperation konkretere Formen annähme, würde sich auch die Frage einer Annäherung der zwei deutschen Staaten in West und Ost und ihre Wiedervereinigung neu stellen. Aber dies setzt Änderungen der weltpolitischen Konstellation voraus, die auf lange Sicht kaum abzusehen sind. Die unmittelbaren Probleme liegen in der Frage der weiteren Verflechtung und Koordinierung Westeuropas.

Inzwischen hatte sich die Bundesrepublik mehrmals dem demokratischen Test des Regierungswechsels zu stellen. Ihre Stabilität bewährte sich 1974 auch im dramatisch schnellen Übergang von Willy Brandt zu Helmut Schmidt. Der neue Bundeskanzler, erfahren als Parlamentarier, versiert in der Außen-, Militär- und Wirtschaftspolitik, vermochte die sozialliberale Regierung im internationalen Vergleich überzeugend zu stabilisieren. Rasch wurde die für die deutsche Spaltung bezeichnende Spionageaffäre Guillaume bewältigt – ein DDR-Spion als persönlicher Referent des Kanzlers –, über die Brandt gestürzt war. Und sollte Schmidt – erstmals in der Geschichte der Kanzlerdemokratie nicht zugleich der Führer seiner Partei – trotz seiner erfolgreichen Stabilitätspolitik inmitten internationaler Wirtschaftskrisen gar wegen der Folgen einer ehedem überstürzten und einseitigen Reformpolitik seine knappe Regierungsmehrheit verlieren, die durch ideologische Strömungen und latente Konflikte der SPD mit ihrem Kanzler gefährdet wird, so ist mit der CDU/CSU eine Opposition zur Stelle, die ihre Mühe mit dem Erbe Adenauers hat, doch 1979 die Bundespräsidentenwahl gewinnen konnte. Politische Alternativen, Wechsel von Regierung und Opposition sind in der Bundesrepublik eine Realität. Demokratie und übernationale Kooperation haben im freien Teil Deutschlands eine bessere Chance als je zuvor. Es bleibt neben der militärischen Sicherung, die auf der NATO und dem engen Verhältnis zu den USA beruht, wohl eine strukturbedingte Sensibilität für wirtschaftliche Krisen; an ihr dürfte sich die weitere Entwicklung entscheiden. Auch das Vordringen antiautoritärer Wellen im Gefolge eines Psychologismus und Soziologismus, welche die Herrschaftsstrukturen westlicher Gesellschaften anzweifeln, verunsichert die junge politische Form der deutschen Demokratie. Seit Mitte der siebziger Jahre ist aber eine gewisse Tendenzwende gegen die Modeströmungen von 1968 unverkennbar, wobei die Parteien selbst eine Besinnung auf die Grundwerte freiheitlich-demokratischer Politik zu fördern bestrebt sind. So scharf die Auseinandersetzungen um Demokratieverständnis und Radikalenbekämpfung[6], um Vergangenheitsbewältigung und Zukunftsfragen, um wirtschaftliches Wachstum und soziale Sicherung bleiben, so ungleich besser als in der Weimarer Republik sind die allgemeinen Voraussetzungen der Bundesrepublik.

Der sichere wirtschafts- und bündnispolitische Kurs, dem Westdeutschland seine gefestigte Stellung in Europa verdankt, fing die Enttäuschungen vieler über den Verzicht auf nationale Einheit auf. Zwar erwies sich der Weg von der Nichtanerkennung der Teilung und der DDR bis zu ihrer allmählichen Hinnahme als lang und schmerzlich. Aber er ersparte den Politikern, die an der offiziellen Wiedervereinigungsthese festhielten, wie der Bevölkerung, die sich allmählich an den Status quo gewöhnte, jene extremste Belastungsprobe, die das Entweder-Oder einer Entscheidung zwischen demokratischer Westorientierung und neutralistischer oder prosowjetischer Wiedervereinigungspolitik bedeutet hätte. Auch in diesem Sinne war die Politik der Ära Adenauer mehr als ein bloßer Übergang. Die Orientierung nach Westen, die enge Zusammenarbeit mit den USA und trotz mancher Hindernisse besonders mit Frankreich waren eine wahrhaft epochale Entscheidung. Sie resultierte wohl auch aus Adenauers katholischer, rheinisch-nichtpreußischer Überzeugung und der christdemokratischen Interessenlage gegenüber einem stärker sozialistisch bestimmten Osten und Ostdeutschland. Aber Deutschland gewann mit dem zügigen Aufstieg der Bundesrepublik und ihrer Stabilisierung als einer parlamentarischen Demokratie schneller als erwartet eine neue, adäquatere Rolle als mittlere Macht mit einem engen Verhältnis zu Westeuropa, in freiheitlicher Selbsteinschätzung als eine Demokratie, aber ohne Großmachtträume. Sie ist darin repräsentativ für die Möglichkeiten, die ein freies Europa besitzt, das von der politischen Weltmachtrolle Abschied zu nehmen hatte, aber durch den raschen Wiederaufbau und die starke Kooperation einen Teil seiner Bedeutung als starke Wirtschaftsmacht und Träger der Demokratie im Rahmen einer größeren Gemeinschaft, der westlichen Staats- und Kulturgemeinschaft, zurückgewinnen konnte.

## Eine zweite deutsche Diktatur: die DDR

Die Entwicklung der westdeutschen Demokratie stand betont unter dem Postulat: Bonn ist nicht Weimar. Anders als 1918 waren die Voraussetzungen, anders auch die Lebensbedingungen und die Form der Bundesrepublik in ihrer weiteren Geschichte. Eine stark modifizierte Parlamentsdemokratie, ein verändertes Parteiensystem, Wirtschaftserfolg und Westbündnis sicherten Stabilität und Dauer. Der große Unterschied zu Weimar lag aber auch in der Tatsache der Teilung begründet. So schmerzlich sie nationalpolitisch war, so viel trug sie dazu bei, die zweite deutsche Demokratie von der Weimarer Krankheit zu befreien: durch rechts- und linksradikale Parteien eingekreist und erdrückt zu werden. 1945 war in Deutschland nicht nur die rechte Diktaturbewegung des Nationalsozialismus widerlegt, sondern bald, lange vor dem Verbot der KPD im Jahr 1956, angesichts der Sowjet-Politik, auch die linke des Kommunismus zusammengeschrumpft und diskreditiert. Der Kommunismus wanderte in die sowjetische Zone aus, wo er von Moskaus Gnaden sein eigenes System errichten konnte: die nur dem Namen nach ›demokratische‹ Diktatur der DDR, die auf die Westdeutschen so abschreckend wirkte wie die sowjetische Nachkriegspolitik überhaupt.

Zwei Politiker der Weimar-Ära präsidierten dieser Neuentwicklung des deutschen Problems: Adenauer und Ulbricht. Adenauer schlug mit seiner erfolgreichen Westpolitik die Brücke zu einer stabileren zweiten Demokratie, die anders als die Weimarer Republik von der Bevölkerung anerkannt wurde. Walter Ulbricht dagegen, der Mitbegründer der KPD im Jahr 1919, ihr Reichstagsabgeordneter bis 1933, unerschütterlicher Stalinist auch in der Emigration, der alle Säuberungen in Moskau stets linientreu überstand, erzwang auf den Trümmern des Hitler-Regimes ein neues Einparteienregime von oben, das in Form und Methoden unmittelbar an autoritäre Traditionen in Deutschland anknüpfen konnte, so antifaschistisch die Aufmachung und so verschieden die Ziele sein mochten. Die DDR muß eine zweite deutsche Diktatur genannt werden, da sie auf der Entwöhnung der Deutschen von Demokratie und ihrer Gewöhnung an den Obrigkeitsstaat aufbaute. Gewiß wurde im Osten Deutschlands die Liquidierung des Nationalsozialismus konsequenter als im Westen betrieben, aber die Alternative war die Herrschaft einer neuen, nun linken Einheitspartei, der sich die Bevölkerung langsam und resignierend beugte. Damit dauerte im Grunde ein Hauptmerkmal jener historischen und psychologischen deutschen Problematik fort, deren Ausdruck der Nationalsozialismus war. Verstaatlichung und Kollektivierung von Industrie und Landwirtschaft sollten zwar dem Faschismus, den die Kommunisten in grober Mißdeutung mit dem privaten Kapitalismus gleichsetzten, die ökonomischen Ausgangspunkte entziehen. Aber die faktische Herrschaft von Obrigkeitsstaat, SED-Regime und totalitärer Ideologie knüpfte aufs neue an die autoritäre Struktur des politischen Verhaltens, an den Macht- und Staatskult der neueren deutschen Geschichte, an die illiberalen und freiheitsfeindlichen Traditionen an. Denn so tief einschneidend die ›sozialistische Revolution‹ der DDR auch war, sie bedeutete erneut eine Revolution von oben, ohne freie demokratische Zustimmung und Legitimierung.

So wurde die Frage der demokratischen Bewältigung der Vergangenheit, für die westdeutsche Demokratie eine Grundfrage ihrer Existenz, in der DDR von oben gelöst: im Sinne einer Gegendiktatur, die gar keine Gelegenheit zur Entwicklung und Bewährung einer eigenständigen und verantwortlichen

Demokratie gab, weil sie jedes Risiko ihrer Anfechtung scheute und weder am Anfang noch später bereit war, sich dem freien Votum der Bevölkerung zu stellen. Nur in Westdeutschland kann das politische Denken und Verhalten der Deutschen nach dem Krieg über drei Jahrzehnte hinweg empirisch verfolgt werden, nur dort ist die politische Mobilität und Stabilität des oft berufenen Volkswillens in offenen Wahlen, Meinungsbefragungen, publizistischen Zeugnissen aller Art fortdauernd meßbar. In der DDR sind viele der brennenden Fragen, die an eine zweite deutsche Demokratie nach dem Scheitern von Weimar zu stellen waren, durch ein teils autoritäres, teils totalitäres System verdeckt. Dennoch gab es Entwicklungsstufen in der Behandlung der deutschen Frage wie im Ausbau des kommunistischen Systems. Der starken wirtschaftspolitischen Stellung der Bundesrepublik im Westen entspricht inzwischen eine beachtliche Position der DDR im Rahmen des Ostblocks. Die Bevölkerung, die sich mit dem politischen Regime abzufinden hatte, entwikkelte mit den Jahren einen gewissen Stolz auf die Fortschritte der eigenen Gesellschaft und begann sich mit dem Staat und seiner Leistung, wenn schon nicht mit der SED-Herrschaft zu identifizieren. Das setzte aber voraus, daß die Hoffnung auf eine nationale Wiedervereinigung mit dem größeren westlichen Teil Deutschlands weithin geschwunden war.

Die Sonderlage und der oft berufene Wettstreit der Systeme, zumal im Vergleich des Lebensstandards in West und Ost, mögen zur Motivierung der größeren Anstrengungen und Erfolge beigetragen haben, die zunächst Deutschland-West, dann aber auch zunehmend Deutschland-Ost, gemessen an den übrigen Ländern Europas, erreichten. Das mag als paradoxe, zugleich als bezeichnende Kompensation für das geschlagene Land und seine Zerspaltung als Nation, seine Doppelrolle als Pfeiler der feindlichen Fronten in West und Ost, erscheinen. Das Hauptmotiv war aber das elementare Bedürfnis nach Rekonstruktion und Verbesserung menschenwürdiger Lebensumstände, nicht eine ideologisch-theoretische Position, die nachträglich hineingedeutet wird.

Die Entstehung der DDR erfolgte im Zeichen der totalen Abhängigkeit von der diktatorisch herrschenden Besatzungsmacht, und sie galt allgemein außerhalb der kommunistischen Welt als Zwangsherrschaft von fremden Gnaden, als ›Macht ohne Mandat‹, wie es der Titel eines grundlegenden Werkes von Ernst Richert über die DDR in den fünfziger Jahren ausdrückt.[7] Diese Illegalität des Staates unterscheidet ihn von anderen kommunistischen Systemen, die zwar ebenfalls mittels Zwang von oben und außen errichtet wurden, jedoch als Nationalstaaten mit eigenständiger Tradition eine natürliche Substanz besitzen, während die DDR ein durch und durch künstliches Gebilde war. Das unterscheidet sie zudem von anderen Staaten deutscher Sprache wie der Schweiz oder Österreich, die aus einer eigenhistorischen Substanz stammen und nie dem neueren deutschen Nationalstaat angehörten. Die Auffassung vom illegitimen Charakter dieses zweiten deutschen Staates bestimmte zu Recht das Verfassungsverständnis der Bundesrepublik, und mit Ausnahme der kleinen westdeutschen KPD waren sich darin alle politischen Parteien einig. Im allgemeinen Sprachgebrauch blieb es lange bei den Begriffen ›Ostzone‹ oder ›Sowjetzone‹. Kein Staat außerhalb der kommunistischen Welt erkannte die DDR im ersten Jahrzehnt ihres Bestehens diplomatisch an. Der Alleinvertretungsanspruch der Bundesrepublik beruhte also in erster Linie auf den Merkmalen, die der DDR fehlten: auf freiheitlich-rechtsstaatlichen Qualitäten und demokratischer Struktur. Die russische Besatzungsmacht spielte für den Ostteil Deutschlands die allentscheidende Rolle. Bereits bei Kriegsende war die Gruppe Ulbricht aus Moskau eingeflogen worden, um die Schalthebel der Macht nach sowjetischen Direktiven zu übernehmen. Als die Zwangsvereinigung der SPD mit der KPD der kommunistisch dominierten Sozialistischen Einheitspartei (SED) bei den Oktoberwahlen 1946 nicht zu einer Mehrheit verhalf, wurde der Weg über das Blocksystem einer Nationalen Front forciert. Es sicherte künstlich fabrizierten oder eingeschüchterten Scheinparteien und ihren Massenorganisationen, die entsprechend der Theorie Lenins als ›Transmissionsriemen‹ der Partei in die Bevölkerung hinein funktionieren sollten, neben der SED eine vorher festgesetzte Quote von Parlamentssitzen und Regierungsposten, der SED aber die absolute Führung in allen Gremien des Staates und der Gesellschaft. Von nun an gab es nur noch jene alternativlosen Akklamationswahlen, deren Ergebnis mit neunundneunzig Prozent so charakteristisch für alle totalitären Regime ist.

Die sonstigen Umstände der Staatsgründung waren ebenfalls bezeichnend für die teils offen erzwungene, teils pseudolegal verschleierte Diktaturform der DDR. Der Volkskongreß in der Sowjetzone, der ursprünglich als gesamtdeutsches Propagandainstrument gedacht war und seit März 1948 eine Verfassung vorbereitete, war so wenig durch Wahlen legitimiert wie der Volksrat, der sie im März 1949 verabschiedete und die Einheitswahlen über Einheitslisten ausarbeitete. Die Volkskammer der DDR schließlich, die über Zwischenstufen 1950 daraus hervorging, ist allen äußeren Attributen zum Trotz von Anfang an kein parlamentarisches Gremium, sondern ein Akklamationsorgan nach sowjetischem Muster. Freie Abstimmungen gab es in diesem Scheinparlament künftig so wenig wie freie Wahlen, die eine Artikulation jenes tatsächlichen Willens des Volkes erlaubt hätten, auf den man sich so emphatisch berief, indem man alle Einrichtungen der DDR mit der Vorsilbe ›Volks-‹ versah, und den man doch so deutlich fürchtete, nachdem er sich zuletzt noch beim Aufstand von 1953 gegen die kommunistische Herrschaft gewandt hatte.

Auf die Verfassung der DDR, formell die einer rechtsstaatlichen und parlamentarischen Demokratie, wurde beim Ausbau der zentralisierten Partei-

und Bürokratenherrschaft wenig Rücksicht genommen, weder auf die politischen Kontrollrechte noch auf die menschenrechtlichen Schutzbestimmungen. Fünfjahrespläne nach sowjetischem Muster (ab 1951), Liquidierung des Privateigentums in der Wirtschaft, Gleichschaltung im Kultur- und Erziehungswesen kennzeichnen die Entwicklung, wenn auch deutlich gegen den Willen der Mehrheit der Bevölkerung, der zunehmend bedrängten Kirchen und zumal der Bauern, die getreu dem sowjetischen Vorbild nur vorübergehend von der Enteignung des Großgrundbesitzes profitierten, dann ab 1958 kollektiviert wurden. Die bewußte Taktik der gebrochenen Versprechungen gehört seit Lenin zum Programm des Kommunismus und seiner allesrechtfertigenden Revolution.

Die Forcierung des sozialistischen Einheitsstaates erlebte zahlreiche Rückschläge vor und nach dem Aufstand von 1953. In den fünfziger Jahren verließen mehr als zwei Millionen Menschen, über ein Zehntel der Bevölkerung, den seiner disziplinierten Sparsamkeit und national-autoritären Traditionspflege wegen auch als ›rotes Preußen‹ charakterisierten Zwangsstaat, der überdies durch sowjetische Reparationsauflagen ausgepreßt wurde. Den Höhepunkt bildete der Sommer 1961, als ökonomische Krisenerscheinungen und Gerüchte über eine baldige Abschließung der DDR und West-Berlins den Flüchtlingsstrom noch einmal dramatisch anschwellen ließen. Allein im Juli 1961 verließen dreißigtausend meist jüngere DDR-Bürger ihren Staat. In den folgenden zwei Wochen verdoppelte sich die Zahl, bis am 13. August die Grenze nach West-Berlin verriegelt und mit einer fünfundvierzig Kilometer langen Betonmauer zur Einschließung der eigenen Bevölkerung in das ›sozialistische Vaterland‹ begonnen wurde. Jeder Versuch zur Republikflucht sollte mittels des Schießbefehls blutig verhindert und schwer bestraft werden.

Das bedeutete eine Abrundung der Diktatur auch nach außen und zugleich die emphatische Manifestation der Eigenstaatlichkeit, die seit 1955 die frühere Wiedervereinigungspropaganda der DDR allmählich ablöste. Denn nun blieb der Bevölkerung nichts anderes übrig, als sich mit dem bestehenden System und seiner Einbindung in die kommunistische Welt abzufinden. Die gesamte Westgrenze der DDR wurde durch einen Todesstreifen hinter Zäunen und Stacheldraht, mit Minen und Schußapparaten, hermetisch abgeriegelt. Eine revisionistische Literatur über die DDR verkennt oder verdrängt in ihrer Polemik gegen die kritische Forschung im Zeichen des Kalten Krieges oft den grundlegenden Unterschied zwischen der westlichen und der kommunistischen Politik, läßt ihn hinter einer vorgeblich ›realistischen‹ oder wertfreien Betrachtung der Erfolge der DDR-Politik und einer ›Normalisierung‹ zurücktreten, die doch nichts anderes ist als die zeitgemäße Version der kommunistischen Diktatur in einer modernen, technokratisch und ökonomisch effizienteren, aber darum kaum minder autoritären Form.

Bei der negativen Einschätzung der DDR durch die Bevölkerung in den fünfziger Jahren spielten gewiß auch die geringe Aussicht auf Verbesserung des Lebensstandards und der mangelnde Spielraum zur Entfaltung eigener Initiativen eine Rolle. Dies begann sich zu ändern. Die disziplinierte Diktatur der sechziger Jahre, zu der es keine Alternative mehr gab, führte die DDR ökonomisch an die Spitze der kommunistischen Staaten als siebtgrößte Industriemacht der Welt. Obwohl sie noch weit hinter der Bundesrepublik zurück war, begann der Unterschied im Lebensstandard zu verblassen. Aber das geschah gerade um den Preis der diktatorischen Absperrung und politischen Resignation. Eine bloße statistische Rechnung verfehlt diesen politischen und menschlichen Preis, der für die Errungenschaften und die Konsolidierung des Systems zu zahlen war. Noch 1975 hat ein englischer Beobachter den unwillkürlichen Eindruck einer Berichtsreise durch die DDR in die Worte gefaßt: Man habe dort ständig das Gefühl, was nicht verboten ist, sei Pflicht. Ein Grundzug der modernen pseudodemokratischen Diktatur, der linken oder rechten. Ein System von Zuckerbrot und Peitsche verstand zunehmend, die nie gewagte demokratische Legitimierung durch freie Wahlen zu kompensieren, indem es ökonomische Belohnungen und Privilegierungen für verschiedene Bevölkerungsgruppen, die Herausbildung einer neuen Elite, ein scheinbar, zumal für Arbeiter und Arbeiterkinder, progressives Erziehungssystem und den verständlichen Stolz derer einsetzte, die nicht länger die armen Vettern sein wollten, wenn es schon keine Alternative zur Existenz in der DDR mehr gab.

Aus all diesen Gründen ist die fortschreitende Akzeptierung des Systems der DDR, in der inzwischen eine Mehrheit ihrer Bürger aufgewachsen ist, durchaus zu erklären. Es bedarf hierfür nicht jener teils verstiegenen, teils apologetischen Theorien vom Systemwandel, mit denen soziologische Untersuchungen die grundsätzliche Veränderung, ja zuweilen den überlegenen demokratischen Charakter dieser modernisierten sozialistischen Regime behaupten, indem sie ihren materiellen Output betonen und das Gewicht der institutionellen und geistig-moralischen Faktoren, ihren Charakter als Diktatur außer acht lassen oder bagatellisieren. Bezeichnend ist vielmehr, wie empfindlich dieses System nach wie vor auf alle Tendenzen zur Liberalisierung reagiert und jede Lockerung auch innerhalb der Staaten des Ostblocks als Gefährdung empfindet.

Das wurde exemplarisch in der scharfen Reaktion der DDR auf den Prager Frühling 1968 sichtbar. Die Ansteckungsgefahr wurde als bedrohlicher denn irgendwo sonst empfunden. Ulbricht setzte sich an die Spitze der Kritiker des Prager Reformkurses. Er unterwarf den Austausch mit der Tschechoslowakei einer scharfen Zensur und wirkte führend an der gewaltsamen Niederschlagung mit. Drei Jahrzehnte nach der Münchener Konferenz beteiligten sich deutsche Truppen an einer neuen Besetzung des unglücklichen Landes.

Sie kamen zwar aus dem entgegengesetzten Lager, aber wieder ging es darum, den Funken einer demokratischen Politik auszulöschen. Für Ulbricht kam noch die Befürchtung hinzu, daß Prag die Verbindung zur Bundesrepublik stärke und damit die Position der DDR im Ostblock schwäche. Abermals zeigte sich, welche Bedeutung trotz aller krampfhaften Betonung ihrer Eigenständigkeit und Rechtmäßigkeit die DDR der Konfrontierung und dem Vergleich mit der Bundesrepublik beimaß. Eine solche Haltung bestätigt die in der DDR so heftig bestrittene westliche Auffassung, daß es sich auch nach der internationalen Anerkennung der zwei deutschen Staaten um ein besonderes Verhältnis handelt, ob dieses nun als ein Problem der nationalen Identität oder der Gesellschaftssysteme verstanden wird.

Es ist nicht zu verkennen, daß die DDR nach ihrer schließlichen internationalen Anerkennung, die durch den Abschluß des Grundlagenvertrages mit der Bundesrepublik (1973) ermöglicht wurde, die national-deutsche Bestimmung des eigenen Staates immer mehr abzubauen sucht. Schon ihre neue Verfassung von 1968, erneut revidiert 1974, und die Streichung der Vorsilbe ›deutsch-‹ in offiziellen staatlichen und gesellschaftlichen Bezeichnungen der DDR demonstrieren die Tendenz, von der ursprünglichen Selbsteinschätzung als sozialistischer Staat deutscher Nation wegzukommen und die völlige Trennung von Deutschland, das primär durch die größere Bundesrepublik repräsentiert wird, zu vollziehen. Abgrenzung wird zu einem Hauptprinzip der DDR-Politik. Aber sofern der Begriff des Nationalstaats die politische Welt bestimmt und die Integration in supranationale Systeme keinen wirklichen Ersatz darstellt, bleibt das Problem der deutschen Nation ein wesentlicher Bestandteil und Bezugspunkt der Entwicklung beider deutscher Staaten.[8]

Eine Lösung dieser Frage im Sinne der Wiedervereinigung scheint ferner denn je gerückt zu sein. Die als sensationell empfundenen Treffen der beiden Regierungschefs, Willy Brandts und Willi Stophs, in Kassel und Erfurt im Jahre 1970 demonstrierten sowohl die Emotionen als auch die Grenzen. Gewisse Erleichterungen machte die folgende Ostpolitik möglich. Gegen entscheidende Fortschritte in der Deutschland-Politik sprechen aber vor allem die beiden grundlegenden Interessen, in denen sich Ost und West auf negative Weise nahekommen: die Anerkennung der unverändert tiefen prinzipiellen Verschiedenheit zwischen westlicher Demokratie und kommunistischer Parteidiktatur sowie die Furcht vor einer Vereinigung der Wirtschaftskraft der beiden deutschen Staaten, die in politischer und militärischer Hinsicht die innere Balance Europas und der West-Ost-Politik sprengen könnte. Besonders stark ist nach wie vor der Widerstand der Sowjetunion und der DDR gegen jede konkrete gesamtdeutsche Politik. Denn so groß die Fortschritte bei der Konsolidierung des ostdeutschen Staates im Rahmen des Ostblocks sein mögen, und so gewiß der Übergang der Macht von Ulbricht auf Stoph und Erich Honecker, von kommunistischen Uraltfunktionären auf eine jüngere, in der DDR selbst groß gewordene Elite von Partei- und Wirtschaftsmanagern, Veränderungen und ökonomische Verbesserungen des Systems mit sich brachte, so wahrscheinlich hätte doch eine Lockerung der Diktatur und eine ernsthafte, auf Selbstbestimmung gegründete Deutschland-Politik noch immer die Neigung nach Westen zur Folge. Der Erfolg und die Stabilität der zweiten deutschen Demokratie bleiben ein Gewinn, der hohe Preis der fortdauernden Trennung und der Diktatur im anderen Deutschland wird in überwiegendem Maße von der Bevölkerung der ostdeutschen Republik gezahlt.

# Die großen Wandlungen

## Die sowjetische Diktatur – Wandel und Dauer

Nach den Anstrengungen und Verwüstungen des Krieges hatten die schweren Aufgaben des Wiederaufbaus, aber auch die massive sowjetische Machtpolitik in Europa und Asien und die Fortdauer des Stalin-Regimes zu einer neuen Verschärfung der Diktatur in der Sowjetunion geführt. Wenn in der zweiten Hälfte der vierziger Jahre und in den fünfziger Jahren der Totalitarismusbegriff auch auf den Stalinismus angewandt wurde, sogar von den linken Kritikern der Diktatur, dann hatte dies seinen Grund ebenso in der forciert totalitären Entwicklung des späten Stalin-Regimes wie in der Zuspitzung des Kalten Krieges. Was über das System der dreißiger Jahre zu berichten war, galt erneut: eine gewalttätige Industrie- und Landwirtschaftspolitik unter den Fünfjahresplänen von 1946 und 1951, die mit Normerhöhung und Akkordarbeit die schlechtbezahlten Arbeiter unter Druck hielt; ein engmaschiges System der Überwachung mit Bestrafungen ohne Rücksicht auf Menschen- und Freiheitsrechte; Gefängnisse und ein riesiges Netz von Arbeitslagern, zumal in Nordrußland und Sibirien, als Zwangsmittel gegen jede Opposition; die rücksichtslose Mobilisierung des Kräftepotentials in Rußland wie in den besetzten Ländern Europas.

Noch willkürlicher als zuvor dirigierte und manipulierte Stalin den Parteiapparat, dem wiederum Staat und Wirtschaft ausgeliefert waren. Die zahlreichen Zeugen bis hin zu dem späteren Nobelpreisträger Aleksandr Solschenizyn, die Opfer des Regimes sind, aber auch die Enthüllungsrede Chruschtschows von 1956 lassen keinen Zweifel an dem totalitären Charakter des Einmann- und Einparteiensystems, in dem der Stalin-Kult bislang ungekannte Höhen des Byzantinismus erreichte. Dasselbe traf auch für die sogenannten Volksdemokratien zu, die in diesen Jahren zu möglichst willfährigen Satelliten des Stalinismus degradiert wurden. Überall wurden seine Voraussetzungen in riesigen Ausmaßen ausgebaut. Geheimpolizei, Armee, Bürokratie, strikte Zensur, propagandistische Lenkung aller Medien, Verkündung der jeweiligen Parteidirektiven als absolute und einzige Wahrheit, Begrenzung aller persönlichen Bewegung und Äußerung – das waren die Kennzeichen einer Diktatur, in der die Monopartei selbst zu einem bloßen

Werkzeug des Diktators wurde. Von 1939 bis 1952 fand überhaupt kein Parteikongreß statt.

Der Tod Stalins war mithin ein epochales Ereignis auch für die innere Form der Sowjetunion. Nun mußte sich zeigen, wie weit nicht das leninistisch-kommunistische System, sondern nur gewisse Exzesse der Stalinschen Diktatur für die Schreckensherrschaft in den dreißiger Jahren und nach dem Krieg verantwortlich waren. Dies sollte dann in der Tat die offizielle Version der Chruschtschow-Ära werden, wobei die Frage sorgfältig ausgeklammert blieb, ob eine grenzenlose Entfaltung der persönlichen Despotie nicht in der Natur des Systems liege. Es konnte kaum mit der marxistischen Auffassung von der beschränkten Rolle der Personen im geschichtlichen Prozeß übereinstimmen, wenn Stalins Verhalten allein zum Schlüssel der Erklärung wurde. Die nachstalinistische Zeit trägt denn auch zwei Grundzüge: einerseits die Rückkehr zu traditionelleren Formen des Machtkampfes unter der freilich eher irreführenden Bezeichnung der kollektiven Führung; andererseits die eindeutige Fortdauer der Diktatur einer Partei und der scharfen Beschränkung aller Menschen- und Bürgerrechte. Beides erlaubte auch in Perioden scheinbarer Liberalisierung nicht viel mehr als eine gewisse Lockerung im Zeichen der Umstellung von Zuständigkeiten; denn die strikte Kontrolle von oben nach unten und das Monopol der kommunistischen Ideologie, der bürokratische und autokratische Grundcharakter des Sowjetsystems sind bewahrt. Das erwies sich immer wieder, wenn die Liberalisierung von außen auf die Probe gestellt und mit Gewalt dann sogleich die Diktatur restauriert wurde: 1953 in der DDR, 1956 in Ungarn, 1968 in der Tschechoslowakei.

Die Lösung der Nachfolge Stalins im Jahr 1953 war konfliktreich. Persönliche Verbindungen, Einflußsphären und Zuständigkeiten fluktuierten in kaum durchschaubarer Weise. Aus dem Machtkampf ging hinter dem ›Kronprinzen‹ Georgij Malenkow der agile neue Generalsekretär der Partei, der neunundfünfzigjährige Nikita Chruschtschow als starker Mann hervor. Er schaltete mit Hilfe seiner Anhänger, die er rasch in Schlüsselpositionen lanciert hatte, noch 1953 die beiden anderen Rivalen aus, die als Vertreter des ursprünglichen Führungstrios nach Malenkow an Stalins Sarg gesprochen hatten: Lawrentij Berija und Wjatscheslaw Molotow. Kaum zwei Jahre später fiel auch Malenkow. Es zeigte sich in der Folge, daß die Position des Generalsekretärs nach wie vor stärker war als die des Ministerpräsidenten, damals Nikolaj Bulganins; die Partei beherrschte den Staat. Seit 1955 im Duumvirat mit Bulganin, vereinigte Chruschtschow 1958 beide Positionen in seiner Hand. Die Diktatur war unter veränderten Vorzeichen restauriert. Bemerkenswert war immerhin, daß bei diesem wie bei den folgenden Machtwechseln die Unterlegenen am Leben gelassen wurden; die Erschießung Berijas, des langjährigen Geheimpolizeichefs, blieb die Ausnahme. In der Struktur der Partei- und Staatselite kam es zu Umschichtungen, aus denen auf eine stärkere Berücksichtigung der technischen und ökonomischen Spezialisten gegenüber der alten politisch-administrativen Bürokratie zu schließen war. Auch die versprochene Steigerung der Verbrauchsgüterindustrie und die Bemühungen um eine Erhöhung des Lebensstandards im Vergleich zum Westen galten als Zeichen einer tiefgreifenden Veränderung. Entstalinisierung, Liberalisierung, Tauwetter, Koexistenz waren nach innen wie nach außen die erwartungsvollen Parolen.

Der temperamentvolle, demonstrativ offen wirkende Ukrainer Chruschtschow regierte und agierte sehr viel anders als der mißtrauisch-verschlagene Georgier Stalin, aber auch er war durchaus ein Produkt und bis zu Stalins Tod sogar ein verläßlicher Exponent des stalinistischen Systems, für das er die großen Säuberungen von 1937/38 im Bereich der Ukraine organisiert hatte; der Lohn war sein Sitz im Politbüro. Die Veränderungen im Sowjetsystem der fünfziger und sechziger Jahre, die sein Werk waren, erleichterten das Los der Menschen im Sowjetbereich und ermöglichten die Einleitung einer internationalen Entspannungspolitik, ohne daß der diktatorische Charakter des Systems selbst und sein machtpolitischer Anspruch in Europa und in der Weltpolitik aufgegeben wurde, wie manche revisionistischen Kritiker des Kalten Krieges im Westen glaubten hoffen zu können. Daß Chruschtschow aus den internen Machtkämpfen von 1955 bis 1957 als Sieger hervorging, obwohl sein Kurs der Veränderungen mit der Verantwortung für die Krisen in Polen und Ungarn belastet wurde, dankte er einer geschickten Personalpolitik in den Parteigremien und der engen Zusammenarbeit mit der Armee unter Marschall Georgij Schukow. Als die Armee vorübergehend in den Vordergrund des Machtgeschehens trat, wähnten manche Kreml-Deuter das Sowjetsystem schon auf dem Weg zu einer ordinären Militärdiktatur. Aber Chruschtschow vermochte im Oktober 1957 Schukow auf die gleiche robuste, jedoch unblutige Weise zu verdrängen wie zuvor Lasar Kaganowitsch und Dimitrij Schepilow. Als er schließlich im März 1958 auch Bulganin fallenließ und die Ämter des Generalsekretärs und des Regierungschefs in seiner Hand vereinigte, wurde seine volle Machtstellung deutlich. Er hielt sie über sechs Jahre, bis zum Herbst 1964.

Die erneute Monopolisierung der Macht im Sowjetsystem bedeutete keine Wiederkehr des Stalin-Regimes; zu verschieden waren sowohl die Personen als auch die inneren Entwicklungen. Vielmehr gründete Chruschtschow seine Herrschaft betont auf die Entstalinisierung, wie er sie in seiner großen Geheimrede vor dem zwanzigsten Parteitag der KPdSU verkündet hatte. Aber das hieß nichts anderes als die bessere marxistisch-leninistische Begründung der Diktatur: Auf Stalins persönliche Despotie und seine Abweichung vom wahren Leninismus wurden die vergangenen Fehler zurückgeführt; man rehabilitierte die Opfer des Stalinismus, aber gleichzeitig kanonisierte man den Leninismus als Grundlage des neuen Regimes. Erst die Abweichungen des späteren Stalin waren zu kritisieren, nicht die Sowjetdiktatur selbst – so lautete jetzt die offizielle Version der Sowjetgeschichte, die bis zum heutigen Tag mit der Dogmatisierung des Leninismus die Grenzen der Entstalinisierung aufweist. Das Chruschtschow-Regime bedeutete eine Modifikation, aber keine grundlegende Veränderung; die Mittel und Formen wurden modernisiert und teilweise entschärft, doch einer Liberalisierung blieben engste Grenzen gesetzt, und von einer verfassungs- und rechtsstaatlichen Demokratie konnte keine Rede sein. Dies gilt für die sowjetische Politik bis heute.

Der Sturz des siebzigjährigen Chruschtschow am 13./14. Oktober 1964 kam einem Coup gleich; er gelang den Gegnern im Parteipräsidium während eines Ferienaufenthaltes des reise- und auftrittsfreudigen Mannes. Die Bilanz seiner Politik erscheint höchst ambivalent. Den großen Erfolgen mit dem ersten Durchbruch der Raumfahrt seit 1957 standen Fehlplanungen und Rückschläge gegenüber. Die jovialen und prahlerischen Gesten des Diktators – der zur UNO in New York reiste und dort seinem Temperament freien Lauf ließ, indem er mit dem Schuh auf das Pult klopfte – erreichten einen Höhepunkt mit dem Wirtschaftsprogramm von 1961 und der Voraussage, die sowjetische Produktion werde schon 1970 die amerikanische übertreffen. Die Spannung zwischen der Entwicklung der Schwerindustrie und der versprochenen Erhöhung des Lebensstandards durch Verbrauchsgüterproduktion bestand fort, und die Landwirtschaft blieb ebenfalls weit hinter den geplanten Produktionsziffern zurück. Über allem hingen drohend die Spaltung des Weltkommunismus, die Anfechtung der sowjetischen Führungsrolle, die Verschärfung des russisch-chinesischen Konflikts. Es war bezeichnend, daß Moskau den Plan einer Weltkonferenz der kommunistischen Parteien zur Verurteilung der chinesischen Abweichung und Bekräftigung der sowjetischen Führung fallenlassen mußte, da es zu viele Gegenstimmen gab. Damit war keine Demokratisierung im kommunistischen Lager verbunden, nur ein unwillentliches Einlenken. Ob die nachstalinistische Diktatur wirklich nicht mehr totalitär genannt werden kann, wie die Kritiker des Totalitarismusbegriffs nun eilig proklamierten, bleibt eine Kontroverse. Nach wie vor bestehen das Monopol der Partei, die ideologische Doktrin, die Wirtschaftslenkung, die Beschränkung aller politischen und geistigen Freiheiten; immer noch wird die Herrschaft mit den Akklamationsakten der manipulierten Wahlen von neunundneunzig Prozent und mit der exklusiven Wertung und Verheißung eines total kommunistischen Endzustandes legitimiert, dem alle demokratischen, liberalen oder sozialistischen Bedürfnisse oder Forderungen unterworfen werden.

Deshalb bedeutete die erneute Ablösung der Einmanndiktatur durch eine – man mag sagen – kollektivere Führung im Jahr 1964 keine grundlegende Systemänderung. Der Wechsel der Personen führte nach den exzentrischen Eskapaden Chruschtschows, dem das Parteipräsidium Vetternwirtschaft und Willkür, Großsprecherei und Versagen zumal in der Wirtschaftspolitik vorwarf, zu einer neuen Konsolidierung und Stabilisierung des Systems. An der nun wieder geteilten Spitze stand als neuer Generalsekretär der Partei Leonid Breschnjew, der als technischer und agrarischer Spezialist galt – kein überraschender Aufstieg, nachdem er seit 1960 bereits als nominelles Staatsoberhaupt der UdSSR fungiert hatte. Auch der neue Regierungschef Aleksej Kosygin hatte sich als technischer und ökonomischer Fachmann hochgedient. Es war ein deutlicher Ruck in Richtung auf eine solidere wirtschaftliche und politische Entwicklung. So war auch die Fortsetzung und dann die Intensivierung der Entspannungspolitik zu verstehen. Sie sollte günstigere Voraussetzungen für die Befriedigung technisch-ökonomischer Bedürfnisse schaffen, die einen intensiveren Austausch mit den westlichen Industrieländern erforderte; und sie sollte die politische Konsolidierung mit Hilfe einer multilateralen europäischen Sicherheitskonferenz und durch bilaterale Verhandlungen zwischen Moskau und Washington fördern. Beiden Zielen diente auch eine Normalisierung der Beziehungen zu dem industriell potenten Westdeutschland, die 1969 eingeleitet wurde und in der Folge zu einer großen Zunahme des deutsch-sowjetischen Handels geführt hat.

Erhalten blieb das tiefe Mißtrauen gegen eine wirkliche Öffnung nach außen, die das Sowjetsystem trotz Verstärkung der Beziehungen zu aller Welt ablehnt. Die Erhöhung des Lebensstandards führte im Westen zu der weitverbreiteten Hoffnung, daß ein gut genährter Bolschewist nicht nur kompromißbereiter sei, sondern zugleich mit den materiellen Wünschen und Bedürfnissen höhere Anforderungen an seine persönlichen Entfaltungs- und Freiheitsrechte stellen werde. Doch eine derartige Konsequenz der ökonomischen Fortschritte wird als Bedrohung des Systems selbst mit entschiedenen Gegenmaßnahmen beantwortet. An der eindeutigen Grenzziehung gegenüber allen Tendenzen zu einem demokratischen Sozialismus und zu einer pluralistischen Umwandlung des Einparteiensystems oder zu rätekommunistischen Experimenten wie der jugoslawischen Arbeiterselbstverwaltung besteht jedenfalls nach der Niederschlagung des Prager Frühlings kein Zweifel. Der Entspannung nach außen folgte keine entsprechende Lockerung nach innen. Von der Gewährung individueller Freiheitsrechte bleibt das System weit entfernt. Die bemerkenswerten Veränderungen, die mit der Gründung von Menschenrechtsbewegungen und mit dem mutigen Auftreten von Kritikern wie dem Schriftsteller Solschenizyn und dem Physiker Andrej Sacharow Ausdruck gefunden haben, sind widerrufbare, scharf kontrollierte, gegebenenfalls mit Verfolgung und Exilierung geahndete Konzessionen, die am Grundcharakter der sowjetischen Diktatur weniger ändern, als nach dem Tod Stalins zu hoffen war. Auch die Einführung einer neuen sowjetischen Verfassung im Jahr 1977 bestätigt letztlich die Prinzipien der bürokratischen Einparteiendiktatur.[1] Das Sowjetsystem steht der Renaissance der Demokratie in Europa nahezu unverändert gegenüber. Das Gewicht dieser autokratischen Diktatur lastet trotz Modernisierung der Mittel und Formen im einzelnen so schwer und bestimmend wie je auf den abhängigen Staaten Osteuropas.

## Internationale Politik zwischen Koexistenz und Krise

Für die erste Phase des Kalten Krieges waren die Steigerung des Stalinschen Herrschaftskurses in Osteuropa und die konsequente amerikanische Eindämmungspolitik in Westeuropa und im Fernen Osten bezeichnend. Mit dem Regierungswechsel in beiden Supermächten schien 1953 eine Chance gekommen zu sein, die rigorose Konfrontation zu lockern. Zunächst jedoch zeigten sich kaum Veränderungen. Entgegen manchen Befürchtungen, ein republikanischer Präsident werde zu einer isolationistischen Politik zurückkehren, bewies Eisenhower nach seiner Position als alliierter und dann als NATO-Oberbefehlshaber keine Neigungen in dieser Richtung, und seine Mitarbeiter traten sogar für eine noch entschiedenere Fortsetzung der bisherigen Politik ein. Der Eindämmungskurs war im ganzen erfolgreich gewesen: Man hatte eine Konsolidierung erreicht, freilich in der Form eines Gleichgewichts der Supermächte, auch angesichts der Erprobung der Wasserstoffbombe; der frühere atomare Vorsprung der USA war aufgezehrt. Der neue Außenminister, John Foster Dulles, ging ebenfalls keine Risiken ein; er enttäuschte die Erwartungen, die an seine Gedanken einer Policy of liberation geknüpft wurden. Zu keinem Zeitpunkt schritt er zu der aktiven Befreiungspolitik fort, die in dem Konzept eines Zurückschiebens der sowjetischen Sphäre steckte. Die Tendenz ging eher wieder dahin, die Initiative der Sowjetunion zu überlassen, darauf allerdings entschieden und sofort zu reagieren.

Auf der anderen Seite galt der Wechsel im Weißen Haus 1953 wie 1961, am Beginn der Ära John Fitzgerald Kennedy, für die Sowjetunion als Chance zur Änderung einer erstarrten Lage. Moskau erinnerte an Eisenhowers Rolle im Zweiten Weltkrieg gegen Deutschland und beschwor dessen gute Zusammenarbeit mit den sowjetischen Militärs. Der Tod Stalins lockerte den Druck auf die sowjetische Führungsschicht, doch er stellte sie zugleich vor das schwierige Problem der Nachfolge, das in totalitären Diktaturen äußerst kritisch ist, da es in der Hauptsache die Neuverteilung und Neukonsolidierung der Macht und somit die Umformung des Regimes bedeutet. Daß die Innenpolitik vorübergehend in den Vordergrund trat und die Diadochenkämpfe zum Fall des mächtigen Geheimpolizeichefs von Stalin und dann zur Verdrängung des ›Kronprinzen‹ Malenkow durch Chruschtschow führten, wobei die Armee eine Rolle spielte, blieb nicht ohne Rückwirkung auf eine Veränderung der außenpolitischen Taktik, vielleicht auch der Zielsetzung.

Dies um so mehr, als sich gleichzeitig der Aufstieg Rotchinas, der Volksrepublik China, anbahnte. Erstmals trat eine zweite kommunistische Großmacht in Erscheinung, die über ein riesiges Zukunftspotential verfügte. Nach der endgültigen Vertreibung Chiang Kai-sheks konsolidierte sich diese Volksrepublik in den fünfziger Jahren fast unter Ausschluß der Weltpolitik in einer großangelegten Gleichschaltung mit totalitären Zügen: Einseitige Indoktrination, radikale Landreform und Verstaatlichung der privaten Wirtschaft waren Stufen in einem Zwangsprozeß, dem Millionen zum Opfer fielen. Wie Lenin den Marxismus für seine Arbeiter- und Bauernrevolution zurechtgebogen hatte, so setzte Mao Tse-tung seine marxistische Variante einer Revolution der Bauernmassen an die Stelle der städtisch-industriellen Revolution. Mit äußersten Anstrengungen wurde der Rückstand in Industrie und Landwirtschaft aufgeholt. Volkskommunen sorgten für die Kollektivierung, und der Militarismus wurde vorangetrieben. Ökonomische Fehlschläge bei diesem forcierten Kurs wurden zunehmend der Sowjetunion angelastet, die seit 1960 ihre Techniker abzog. Der große Gegensatz im kommunistischen Lager steigerte sich in jenen Jahren zu einem fortdauernden politisch-ideologischen Schisma. Für China ist die Sowjetunion der erklärte Rivale im kommunistischen Führungsanspruch, vielleicht sogar ein gefährlicherer Gegner, als es die USA, die kapitalistische Gegenmacht, sind. Ein Leitmotiv für den kostspieligen Versuch Maos, das ganze System durch eine proletarische Kulturrevolution auf den Kopf zu stellen, war wohl sein Abscheu vor einer bürokratischen Verfestigung nach Art des Sowjetsystems. Jedenfalls trieben die verwirrenden Vorgänge in den Jahren 1966/67 die politischen und ideologischen Spannungen zur Sowjetunion in die Nähe der militärischen Konfrontation.

Unter dem sich anbahnenden chinesisch-sowjetischen Konflikt entstand für die UdSSR mit dem Blick auf den Westen eine veränderte Situation mit strategischen Auswirkungen, die ihren Niederschlag in der Neubelebung des auf Lenin zurückgeführten Konzepts von der friedlichen Koexistenz fanden – in der Einsicht, daß die Weltrevolution nicht auf einmal zu verwirklichen, vielmehr ein Nebeneinander von Kapitalismus und Sozialismus, von Internationalismus, sowjetrussischer Nationalpolitik und westlichem Kolonialismus für eine Übergangszeit unvermeidlich sei. Die konkrete Anwendung des Konzepts auf die neue Phase des Kalten Krieges bedeutete, daß eine Verhandlungspolitik zwischen West und Ost ausgelöst wurde, die über eine sehr viel mildere Tonart der politischen und propagandistischen Verlautbarungen aus Moskau signalisiert wurde. Zunehmend mündeten die sowjetischen Forderungen in die Proklamation von zwei Grundprinzipien: Frieden und Koexistenz, Nebeneinanderleben von Systemen unterschiedlicher gesellschaftlicher und politischer Struktur und Zielsetzung.

Die Parolen trafen auf eine weitere Bereitschaft auch im Westen, zumal sie nicht unvereinbar mit der Eindämmungspolitik waren, ja im Grunde ihren Erfolg bestätigten. Eine kühn deutende Kreml-Astrologie glaubte weitgehende Konsequenzen aus der Tatsache ziehen zu können, daß Wandlungen im Führungsaufbau und in der Wirtschaftspolitik Moskaus darauf schließen ließen, man mache mit einem friedlichen Wettbewerb ernst und er werde die forcierte Aufrüstung zugunsten einer Produktion von Verbrauchsgütern und einer Erhöhung des Lebensstandards einschränken. Die Erwartungen gingen so weit, darin eine Parallele zu den zwanziger Jahren zu sehen. Wie damals gehe es um die innere Stabilisierung, den Sozialismus im eigenen Lager, deshalb um die Zusammenarbeit mit Ländern der nichtkommunistischen Welt, ohne Rücksicht auf die ideologischen und politischen Unterschiede. Warum sollte die Sowjetunion nicht wie andere revolutionäre Regime der Geschichte sogar als ein saturiertes Mitglied der Völkergemeinschaft eingegliedert werden, wie Roosevelt es gehofft hatte. Konnte dadurch nicht der festgefahrene Ost-West-Konflikt aufgelockert oder gar aufgehoben, das gefährliche Stalemate der Blöcke beendet werden?

Vor diesem Hintergrund und unter solchen Bedingungen standen die folgenden Versuche, durch Annäherung und Teillösungen den Kalten Krieg zu überwinden oder doch in seiner Gefährlichkeit zu entschärfen. Nach zahlreichen Erwägungen und Besprechungen, die zwischen den Westmächten seit Frühjahr 1953 gepflogen wurden, beschloß eine Konferenz der Außenminister der USA, Englands und Frankreichs, in gleichlautenden Noten an Moskau mit Fragen und Vorschlägen heranzutreten. Sie galten der Erkundung der neuen sowjetischen Position und der realen Möglichkeiten, die sich daraus nicht zuletzt für die Deutschland- und Wiedervereinigungsfrage ergeben konnten; mehr noch für das Problem Österreichs, wo ja im Unterschied zu Deutschland keine staatliche Trennung der Zonen bestand und die Vorklärungen für einen Friedensvertrag schon weiter gediehen waren. Eine weitere Besserung der Beziehungen und ein demonstratives Symptom für die Aussichten der neuen Politik bot die plötzlich möglich gewordene Beendigung der Waffenstillstandsverhandlungen in Korea, die sich so lange vergeblich, quälend und offenbar aussichtslos hingeschleppt hatten.

Neben der ›Koexistenz‹ wurde bald ›Entspannung‹ zu einem Schlagwort, das die Bemühungen der Folgezeit begleitete. So langsam die Fortschritte bei der Wiederaufnahme eines Gesprächs waren, das man Jahre zuvor abgebrochen hatte, so blieb nunmehr wenigstens der politische Kontakt erhalten. Er erreichte seine erste bedeutende Konkretisierung in der Berliner Konferenz der Außenminister der vier Großmächte im Januar und Februar 1954. Berlin war wie kein zweiter Ort ein Symbol der Problematik und nun der Hoffnung. Die Konferenz machte allerdings sichtbar, daß die Erwartungen oder die Befürchtungen, die vier Großen könnten sich auf deutsche Kosten einigen, voreilig und ohne ausreichende realpolitische Basis waren. Das westliche

Grundprinzip einer Neuordnung Europas durch freie Wahlen als Voraussetzung und Kern der deutschen Wiedervereinigung wurde nach wie vor von der Sowjetunion strikt abgelehnt. Sie forderte übergreifende Regelungen, welche auch die Eingliederung der Bundesrepublik in den Westen rückgängig machten. Es stand eben nicht einfach die Deutschland-Frage samt Wiedervereinigung und Friedensvertrag zur Entscheidung; eine isolierte Lösung war ausgeschlossen, weil damit die sowjetische Position in den benachbarten osteuropäischen Ländern in Frage gestellt worden wäre. Der Abzug ihrer Truppen aus Deutschland hätte für die Sowjetunion eine Revision ihres Besatzungsregimes im Ostblock bedeutet. Kaum weniger Hindernisse gab es auf westlicher Seite. Viel zu groß erschien das Risiko einer militärischen Entblößung Europas bis zum Rhein, sofern keine ausreichenden Kontrollen gegenüber einem dann möglichen sowjetischen Vorstoß gegeben waren. Besonders entschieden war der Widerstand der Regierung Adenauer gegen solche Tendenzen.

So blieb die Berliner Konferenz ohne Ergebnisse in der deutschen Frage. Sie mündete im April 1954 in eine Konferenz in Genf, die sich mit der Diskussion des anderen großen Problemkomplexes, der Fernost-Politik, befaßte. Denn während die sowjetische Politik in Europa auf den Status quo festgelegt erschien, hielt sie ihre Dynamik, ihr Interesse an Veränderung, im Fernen Osten weiterhin virulent. In Genf konzentrierte man sich zudem auf die Emanzipation der abhängigen Welt. Die Chance, die der Rückzug und Abbau der Kolonialreiche sowie der nationalistische Unabhängigkeits- und Fortschrittsdrang der neuen Staaten für das Bewegungs- und Ausdehnungsbedürfnis des Kommunismus allgemein, der Sowjetunion und Chinas im besonderen boten, enthielt die Möglichkeit, hier eher denn in Europa die westliche Position zu schwächen und propagandistisch zu durchlöchern. Auch im Rückzug war man noch immer an die koloniale Vergangenheit gebunden, und mit dem Rückzug verbanden sich teilweise schwere Konflikte, folgenreiche Fehlentscheidungen.

Indochina ist dafür ein treffendes Beispiel. Frankreich war nach dem Abzug der japanischen Besatzung bei Kriegsende wieder dorthin zurückgekehrt, sah sich aber einem ähnlich veränderten politischen Selbständigkeitsdrang gegenüber wie die Holländer in Indonesien. Die französische Politik verhielt sich wenig geschickt und vorausschauend, sie versäumte mögliche Kompromisse mit der Emanzipationsbewegung und ihrem Anführer Ho Chi Minh, die zunächst, 1947, durchaus real erschienen. Es begannen bewaffnete Konflikte, vorerst lokal, mit schwachen Rebellengruppen. Die Unabhängigkeitsbewegungen übten jedoch einen zunehmenden Sog auf die Bevölkerung aus; sie waren durch die Unübersichtlichkeit des Landes und das Durcheinander der indochinesischen Gruppierungen verschiedenster politischer und religiöser Richtungen stark begünstigt. Die wenig planvollen französischen Aktionen und Interventionen wurden bald zu einer schweren Belastung des erst im Wiederaufbau befindlichen Mutterlandes. Der Kolonialkonflikt verschlang Mittel und Summen von der Größenordnung der amerikanischen Wirtschaftshilfe an Frankreich, und er führte schließlich zu einer tiefen Krise in Frankreich selbst, als nach dem Sieg der Kommunisten in China direkte militärische Unterstützung in unkontrollierbarer Menge über die Grenzen nach Indochina gelangte. Damit geriet die Unabhängigkeitsbewegung zunehmend in kommunistisches Fahrwasser. Es zeigte sich, daß unter solchen Umständen eine Stützung der französischen Kolonialmacht durch die USA nichts mehr half. Eine fehlgeleitete militärische Großoperation endete 1954 mit der Belagerung und Katastrophe der französischen Garnison Dien-Bien-Phu im Innern von Nordvietnam. Die USA hatten wohl eine Intervention erwogen, doch war die Parallele zu Korea fragwürdig. So stand die Genfer Konferenz unter dem Druck des kommunistischen Erfolges, der Moskau und Peking hoffen ließ, den Emanzipationskampf der Kolonialvölker für die Weltrevolution zu reklamieren.

Inzwischen hatte Frankreich unter dem Realisten Pierre Mendès-France die aussichtslose Politik, die das französische Potential wie die westliche Politik belastete, überraschend schnell zu beenden vermocht. Er konnte sogar einen Trumpf ausspielen, der die kommunistische Verhandlungs- und Kompromißbereitschaft erzwang: die vorübergehende Möglichkeit einer amerikanischen Intervention. Korea war auch in dieser Beziehung noch von Bedeutung. Es bot im Juli 1954 das Muster für eine Übereinkunft mit China: die Teilung Indochinas in Kambodscha, Laos, ein kommunistisches Nordvietnam und jenseits des siebzehnten Breitengrades ein Südvietnam. Ähnlich wie in Korea erwies sich das Prinzip der freien Wahlen zur Wiedervereinigung als nicht realisierbar. Die Verfestigung von zwei vietnamesischen Staaten, die Verhärtung der Waffenstillstandssituation zum endgültigen Zustand der Spaltung, wurde unabwendbar, und ein fast zwanzigjähriger Bürgerkrieg begann, dem 1978/79 noch innerkommunistische Auseinandersetzungen folgten, Stellvertreterkonflikte des russisch-chinesischen Gegensatzes.

Diese neuerliche Erfahrung resultierte in verstärkten amerikanischen Anstrengungen zur Schließung des Damms gegenüber dem Kommunismus auch in Südostasien. In diesem Raum behielt die Eindämmung den Vorrang vor der Koexistenz, war gewissermaßen Koexistenz nur als Containment möglich. So kam es zur Organisation eines der NATO ähnlichen defensiven Militärbündnisses in Südostasien. Schon im September 1954 wurde in der philippinischen Hauptstadt Manila eine Charta zum Schutz und zur Förderung der Selbständigkeit der Völker Ostasiens verkündet und die Errichtung der South East Asia Treaty Organization (SEATO) beschlossen. Im Unterschied zur NATO war die SEATO eher ein Konsultativ- denn ein Militärpakt. Ihm gehörten neben den drei westlichen Großmächten USA, England und Frankreich fünf asiatisch-australische Länder an: Philippinen, Thailand, Pakistan, Australien, Neuseeland. Da sich Indien und Indonesien neutral außerhalb hielten, besaß der Pakt nicht entfernt die Geschlossenheit und Wirkung wie die NATO in und um Europa.

Auch in Europa war der militärische Aspekt der Eindämmungsfront nach wie vor in der Schwebe. Die Verwirklichung der EVG wurde durch das französische Engagement in Indochina zusätzlich kompliziert. Keine der geschwächten Regierungen in Paris wagte das Risiko einer parlamentarischen Behandlung der EVG, bis angesichts wachsender Ungeduld der europäische Partner und der USA Mendès-France sich 1954 endlich entschloß, auch hierin klare Verhältnisse zu schaffen, indem er den mehr als zwei Jahre zuvor unterzeichneten Vertrag ohne eigene Stellungnahme pro oder kontra der parlamentarischen Abstimmung unterbreitete. Mit der knappen, jedoch eindeutigen Ablehnung von 319 zu 264 Stimmen setzte das französische Parlament der Leidensgeschichte der EVG ein Ende. Die Folge waren empörte Vorwürfe der Staaten, die schon ratifiziert hatten, teilweise, wie in der Bundesrepublik, gegen gewichtige Opposition. Eine baldige Lösung des Problems der deutschen Wiederbewaffnung erschien freilich auch der französischen Seite unumgänglich. Sie wurde auf englische Initiative nach einer Konferenz der sechs europäischen Partner mit den USA und Kanada in London gefunden: die Alternativlösung der Pariser Verträge. Ihr Hauptinhalt war die Einigung der Besatzungsmächte mit der Bundesrepublik über die Ablösung des Besatzungsregimes durch einen Deutschland-Vertrag, der den Status der alliierten Truppen, ähnlich dem japanischen Friedensvertrag, neu regelte. Der Brüsseler Vertrag wurde zu einer umfassenderen Westeuropäischen Union (WEU) erweitert, der auch die Bundesrepublik und Italien beitraten. Außerdem wurden der Ausbau einer deutschen Armee von zwölf Divisionen sowie einer Luftwaffe von fünfundsiebzigtausend Mann und einer Küsten-Marine von fünfundzwanzigtausend Mann, die Aufnahme Bonns in die NATO und die Unterstellung der Bundeswehr unter das NATO-Oberkommando vereinbart.

Die französische Zustimmung wurde durch eine Einigung in der Saar-Frage ermöglicht, die auf die Europäisierung des Saargebietes unter wirtschaftlicher Anlehnung an Frankreich, doch mit einer eigenen Vertretung in den europäischen Gremien hinauslief. Der große Unterschied zur kommunistischen Praxis der Annexion in Ostdeutschland und Osteuropa, ebenso zur Südtirol-Frage, lag in dem Pariser Zugeständnis, daß das Saar-Abkommen erst nach einer Abstimmung der betroffenen Bevölkerung gültig werden solle. Auch als diese 1955 im Sinne einer Rückgliederung an Deutschland ausfiel, kam es entgegen den Befürchtungen Adenauers zu keiner Verschlechterung der deutsch-französischen Beziehungen. Das bezeugt eine beispielhafte Haltung sowohl der französischen Politik als auch der Öffentlichkeit, die sonst in Europa nicht ihresgleichen hatte – einen entscheidenden französischen Beitrag zur deutsch-französischen Annäherung, der über der Aufzählung deutscher Konzessionen, zumal auf wirtschaftlichem Sektor, nicht vergessen werden sollte.

Die NATO-Lösung wurde am 30. Dezember 1954 in Paris, wenngleich knapp – 287 zu 260 Stimmen –, im Februar 1955 in Bonn gegen sowjetische Proteste gebilligt. Solche Proteste waren gewiß mehr als bloße Propaganda; sie besiegelten wohl endgültig die Abwendung Moskaus von deutschen Wiedervereinigungshoffnungen. Dies waren auch die Argumente der Opposition in Bonn, die darin mehr als die übliche sowjetische Drohtaktik erblickte. In der Tat bedeutete die Verwirklichung der Wiederaufrüstung durch den Bonner Beitritt zur NATO einen entscheidenden Einschnitt in der Deutschland-Politik. Andererseits hatte das Scheitern der Berliner Konferenz schon fast alle Ansätze zu realen Alternativen begraben. Die Sowjetunion, in der die machtpolitische Umstellung und innere Konsolidierung nach Stalins Tod noch im Gang war, hielt trotz allem an der außenpolitischen Grundlinie der Koexistenz und Verhandlungstaktik fest. Überdies wurde das antimilitaristische Pathos der Sowjetunion durch den Umstand entwertet, daß in der DDR längst militärähnliche Verbände in größerer Stärke existierten. Moskau zog mit entsprechenden Organisationen und Militärbündnissen, vor allem mit der Gründung des Warschauer Paktes, nach. Sie wurden zwar ähnlich wie 1949 im Fall der Gründung der DDR als eine bloße Reaktion auf westliches Vorgehen gerechtfertigt, legalisierten in Wahrheit aber den längst bestehenden Militärblock der kommunistischen Staaten unter totaler sowjetischer Führung nur nachträglich, nach außen hin.

Dennoch hielt sich auf beiden Seiten die Neigung zur Entspannung. So groß das Mißtrauen in Washington war, so unermüdlich versuchten Paris und besonders London Verhandlungen in Gang zu bringen. Anders als 1948 könne man sie nun von der Basis eigener Stärke aus führen, lautete die Begründung. Von sowjetischer Seite wurden diese Tendenzen durch die Bereitschaft verstärkt, an einer Lösung des österreichischen Problems mitzuwirken, indem man es von der bislang damit verknüpften Deutschland-Frage trennte. Das war eine bemerkenswerte Wendung der sowjetischen Politik, deren Motive im einzelnen umstritten sind, die aber zweifellos auch als Demonstration der Entspannungs- und Verhandlungswilligkeit gemeint war. Die Österreich-Beratungen der Großmächte machten gute Fortschritte, nachdem der österreichische Bundeskanzler Raab in Moskau seinen Kooperationswillen gegenüber der Sowjetunion versichert und die Verpflichtung der strikten Neutralität übernommen hatte. Schon im Mai 1955 konnte ein Staatsvertrag als Friedensvertrag mit Österreich durch die vier Mächte unterzeichnet werden. Er bestimmte die volle Unabhängigkeit Österreichs innerhalb der Grenzen vom 1. Januar 1938; er verbot wie 1919, aber nun mit mehr Begründung, eine Vereinigung mit Deutschland; er schloß den Beitritt Wiens zu militärischen Allianzen aus.

Die in der Tat erfolgreiche, so überraschend schnell vollzogene Lösung des Österreich-Problems war das einzige konstruktive Ereignis in der langen Reihe der Ost-West-Kompromißversuche seit 1945. Es führte deshalb zu weitergehenden Überlegungen und Kombinationen. Kein Wunder, daß der Gedanke von entmilitarisierten und neutralisierten Zonen in Europa Auftrieb erhielt. Österreich als Anfang und Beispiel wirkte auch auf die Lösungsversuche zur Deutschland-Frage ein. Der Erfolg der Österreich-Verhandlungen schien die Möglichkeit noch weitergreifender Übereinkünfte zu enthalten, wenn die neue Atmosphäre genutzt wurde. Auf solchen Überlegungen beruhte nicht zuletzt die Genfer Gipfelkonferenz vom Juli 1955. Diesmal waren es die Westmächte, die Moskau nach zehn Jahren des Konflikts – erstmals wieder seit Potsdam – zu einer Viermächte-Konferenz der Regierungschefs einluden. Diese Konferenz auf höchster Ebene, die am 18. Juli 1955 im Völkerbundspalais zu Genf Eisenhower, Bulganin mit Chruschtschow, Eden und Faure zusammenführte, besaß wie jede Gipfeldiplomatie mehr propagandistische Stoßrichtung als sachbezogenen Verhandlungsgehalt. Das galt selbst für den fast sensationellen Vorstoß Eisenhowers, der eine weitgehende gegenseitige Kontrolle der Rüstung und eine neuartige Luftinspektion vorschlug: An die Stelle der Schritt-für-Schritt-Diplomatie sollte die konkrete Problemlösung treten. Genf erbrachte keinerlei faßbare Ergebnisse; es blieb bei Händeschütteln und allgemeinen Deklamationen, an die sich weithin Hoffnungen knüpften. Der Geist von Genf war so wenig wie drei Jahre später der Geist von Camp David in der Lage, Fortschritte in den brennenden Fragen der Welt-, Europa- und Deutschland-Politik zu stimulieren.

Vor diesem Hintergrund spielte sich ein weiteres, vielfach als sensationell empfundenes Ereignis ab: Adenauers Besuch in Moskau und die Aufnahme diplomatischer Beziehungen zwischen der Sowjetunion und der Bundesrepublik. Das Ereignis hatte eine komplizierte Vorgeschichte. Bereits der Verlauf der Korea-Krise hatte die Sowjetunion zu einer Überprüfung ihrer Europa-Politik veranlaßt. Kurz vor der Unterzeichnung des EVG-Vertrages im Mai 1952 suchte sie in die für sie ungünstige Entwicklung eines militärischen Zusammenschlusses von Westeuropa einzugreifen, indem sie am 10. März 1952 in einer Note Vorschläge für einen Friedensvertrag mit Deutschland vorlegte. Dies war die berühmte Stalin-Note, um die es bis zur Gegenwart so viele deutsche Diskussionen und Auseinandersetzungen gibt. Ihr Kern war die sowjetische Zustimmung zur Wiedervereinigung eines unabhängigen Deutschland, falls dieses auf die geplanten militärischen Bündnisse verzichtete. Der für sich gesehen verlockende Vorschlag stand aber im Zusammenhang mit den sowjetischen Anstrengungen auf Zerspaltung der westlichen Front, Trennung der USA von Europa und einem Rückzug aller Besatzungstruppen; die geographische Position gab der Sowjetunion offensichtlich Vorteile. Die Problematik des Vorschlags zeigte sich auch darin, daß Moskau damals und in der Folge stets auf der Reihenfolge bestand: Bildung einer gesamtdeutschen Regierung vor der Abhaltung allgemeiner Wahlen, während der Westen nach den bitteren Erfahrungen der Nachkriegsjahre entschieden den Vorrang freier Wahlen betonte. Es handelte sich um einen grundlegenden Unterschied im Verständnis von Freiheit, Wahl, Demokratie, der durch noch so verlockende Visionen von einer bündnisfreien Friedenszone in Mitteleuropa nicht zu verdecken war. Von einem ernsthaften Lösungsversuch konnte jedenfalls keine Rede sein, wenn und solange nicht freie Wahlen der Regierungsbildung vorangingen. Aber es konnte kritisiert werden, daß Adenauer und die Westmächte nicht nachdrücklicher versuchten, den russischen Vorstoß wenigstens in der Wiedervereinigungs- und Wahlfrage beim Wort zu nehmen und die Sowjetunion zu zwingen, Farbe zu bekennen.

Auf diese Weise stand Moskau als diejenige Macht da, die die meisten Vorschläge und den letzten Versuch zur Lösung der Deutschland-Frage unternommen hatte. Mit solchem Anspruch konnte sie nun beginnen, die durch die Entstehung und Entwicklung der Bundesrepublik geschaffene Situation stillschweigend anzuerkennen und damit auf die These von der Zweistaatlichkeit Deutschlands einzuschwenken. Diese Tendenz wurde durch den Aufstand in der DDR vom 17. Juni 1953 verschärft, der alle Illusionen über die wahre Einstellung der Mehrheit der Bevölkerung zu diesem Regime zerstörte, freilich auch die westlichen Illusionen über ein Eingreifen im Sinne der Liberation. Die Einladung Moskaus an Adenauer besiegelte die beiderseitige Resignation vor vollzogenen Tatsachen. Wohl mochte die deutsche Seite unter dem Eindruck der Gipfelkonferenz vom Juli 1955 auf sowjetische Konzessionen in der Wiedervereinigungsfrage hoffen, oder wenigstens auf die Möglichkeit, den wirklichen sowjetischen Preis für die Wiedervereinigung zu erkunden. Statt dessen brachten weder der Moskau-Besuch noch ein neues Treffen der Außenminister der vier Großmächte in Genf im Oktober 1955 einen Fortschritt, sondern eher eine ernüchterte Atmosphäre, in der die Illusionen des Genfer Gipfels verblichen.

Das hinderte nicht, daß an der fragwürdigen Gipfeldiplomatie festgehalten wurde und Hoffnungen auf Akte wirklicher Entspannung genährt wurden. Die durch Stalins Tod ausgelösten innenpolitischen Bewegungen mochten die sowjetische Außenpolitik verhandlungswillig halten. Dafür sprachen aufsehenerregende Ereignisse wie die Reise Chruschtschows zu Tito nach Belgrad (1955), scheinbar ein sowjetischer Gang nach Canossa mit reuevoller Selbstkritik. Gegen die stalinistische Politik richtete sich auch die Entlassung des Außenministers Molotow, der als Exponent eben dieses harten Kurses gelten mußte. Den Höhepunkt markierte die sensationelle Geheimrede Chruschtschows auf dem zwanzigsten Parteitag der KPdSU im Februar

1956, die einen unerhört heftigen Angriff auf die Stalinsche Politik der letzten zwei Jahrzehnte enthielt. Die Deutungen des Sinns und der Motive dieser Rede gingen weit auseinander. War es ein Zeichen des Beginns einer wahrhaft kritischen Diskussion der Politik in der Sowjetunion, die eine echte Krise, die Unzufriedenheit mit dem totalitären System, also den Beginn einer ernst zu nehmenden Wandlung signalisierte? Oder war es nur ein geschickter Schachzug zur Täuschung nach außen und zur Ablenkung von inneren Schwierigkeiten, ein präventiv wirkendes Sicherheitsventil? Die weltpolitischen Auswirkungen erschienen jedenfalls gewaltig, gerade weil die Vorgänge so verwirrend, so schwer zu deuten waren, weil sie ebenso hoffnungsvolle Ansätze verhießen wie eine Instabilität demonstrierten, die sich in einem Sprung nach vorn entladen konnte.

Diese Situation des Schwankens zwischen Symptomen und Tendenzen der Entspannung nach außen und innen, des vielzitierten Tauwetters, und einer allgemeinen Unsicherheit in der Beurteilung der internationalen Lage, mündete in der Doppelkrise vom Herbst 1956: einerseits in die Aufstände in Polen und Ungarn, andererseits in den Suez-Konflikt. Es war eine Krise des Sowjetblocks, zugleich aber der westlichen Politik in ihrer Unsicherheit gegenüber diesem Block. Obwohl man am ursprünglichen Dulles-Konzept der Befreiung festhielt, wurde keine konkrete politische Linie dafür entwickelt. Gefährlich klafften ideologische Propaganda und wirkliche Möglichkeiten auseinander. Hoffnungen wurden genährt, zumal in Polen und Ungarn, die nicht erfüllt werden konnten. Diese Problematik traf mit dem Rückzug der westlichen Kolonialmächte zusammen, den die Sowjetunion schon seit Jahren geschickt genutzt hatte. Die Krise konzentrierte sich im Sommer 1956 auf den Nahen Osten, wo die Auseinandersetzung um den Suezkanal mit der Entwicklung des Israel-Problems koinzidierte.

## Emanzipation der kolonialen Länder

Der Zweite Weltkrieg war der große Beschleuniger und Revolutionierer, der Wendepunkt in der Geschichte der kolonialen Welt. So viele Zeichen bereits nach dem Ersten Weltkrieg in Nahost, Nordafrika und Indien sichtbar geworden waren, so gewiß führten erst die Niederlagen, die sich westliche Länder und Kolonialmächte in Europa, Asien und Afrika 1939 bis 1945 zufügten, zu dem einschneidenden Prestigeverlust für die Herrschaft des weißen Mannes. Der Prozeß von Entkolonisierung und Emanzipation geriet sehr bald in den Ost-West-Konflikt. Rußland, das in der zaristischen Zeit ebenfalls eine Politik der imperialen Eroberungen in Europa wie in Asien betrieben hatte, war auch als Sowjetunion nicht bereit, auf die riesigen nichtrussischen Gebiete zu verzichten; es hatte 1939 und 1945 sogar alle Verluste mehr als wettgemacht. Aber mit Hilfe des Leninschen Begriffs vom ›Imperialismus als höchster Stufe des Kapitalismus‹ verstand es die Sowjetunion geschickt, sich als antiimperialistische Macht zu deklarieren und sowohl die zaristischen als auch die eigenen Erwerbungen samt der kontinental-kolonialen Expansion in Nordasien als das Ergebnis freiwilliger Eingliederung oder geschichtlicher Notwendigkeit zu verschleiern und zu legitimieren. Daß sie als sozialistisches Land im Leninschen Sinne gar nicht imperialistisch oder kolonialistisch sein konnte, war eine plumpe Fiktion mit großer Wirkung. Eine solche Argumentation hob insbesondere die imperiale Machtentfaltung des kommunistischen Rußland von dem kapitalistischen Imperialismus des Westens ab und ließ die Sowjetunion als Verbündete der antikolonialen Bewegung, des asiatischen und afrikanischen Nationalismus schlechthin, auftreten. Erst in der weiteren Entwicklung des Konflikts mit China und in der russisch-chinesischen Rivalität in der Dritten Welt wurde dieser Anspruch ernsthaft angefochten. Die straff autokratische Herrschaft, mit der sich Rußland seit Jahrhunderten die eurasischen Gebiete mit ihren verschiedenen Völkerschaften unterworfen und einverleibt hatte, ließ ein Kolonialproblem gar nicht zu, daher auch keine politische Emanzipation und Loslösung der nichtrussischen Bevölkerung. Die kontinentale Reichspolitik war dem westlichen Übersee-Kolonialismus überlegen.

Auf der anderen Seite wurde die amerikanische Politik in der Kolonialfrage durch innere und äußere Widersprüche behindert und kompliziert. Die USA waren nur vorübergehend und im kleinsten Maßstab Kolonialmacht gewesen; nach ihrer Entstehung als selbst unabhängig gewordene Kolonie verhielten sie sich ausgesprochen antikolonialistisch. Eine solche Haltung kennzeichnete beispielsweise Wilsons Deklamation des Selbstbestimmungsrechts der Nationen als eines Grundprinzips der Neuordnung nach dem Ersten Weltkrieg. Doch diese Deklamation war mit den fragwürdigen Folgen konfrontiert, die eine simple Vereinfachung der Kolonial- und Selbstbestimmungsfrage haben mußte. Es erwies sich, daß die Selbstbestimmung nach dem Nationalprinzip eine Fülle von neuen Problemen aufwarf – wie in Europa vor und nach 1918, so jetzt in Afrika. Neben dem ökonomischen gab es ein politisches Entwicklungsproblem für die neuen Staaten. Sie mußten die verschiedenen Stufen in der Fähigkeit zur Selbstregierung wie einst die europäischen Staaten durchlaufen, wobei schmerzliche Erfahrungen den optimistischen Glauben korrigierten, ein Volk bedürfe nur der Etablierung demokratischer Institutionen, um dieser Selbstregierung fähig zu sein. Der amerikanische Ansatz, den Wilson am klarsten formuliert hatte, ließ sich als naiv-optimistisch diskreditieren. Belastend für Amerika kam hinzu, daß gerade seine engsten Verbündeten, England und Frankreich, die größten Kolonialmächte waren und deshalb die Hauptstöße der antikolonialistischen Bewegung auf sich zogen. So war die amerikanische Politik genötigt, auf zwei recht unterschiedlichen Prinzipien aufzubauen, indem sie den eigenen Antikolonialismus mit der Rolle des Hauptpartners von Kolonialstaaten verband. Ihre Mißerfolge sind offensichtlich auf jene kaum tragfähige Doppelpolitik zurückzuführen. Dies behinderte die Konkurrenz mit der Sowjetunion gerade auf einem Gebiet, auf dem der amerikanische Anspruch auf ein antikolonialistisches Prestige historisch so viel mehr gerechtfertigt war als die sowjetische Fortsetzung zaristischer Machtpolitik.

Welche Schwierigkeiten hieraus für die aktive Unterstützungspolitik der USA gegenüber den Entwicklungsländern erwuchsen, zeigte die Problematik der Auslandshilfe. Sie war ungleich größer und umfassender als die sowjetische, die sich auf wenige Brennpunkte konzentrierte. Aber sie wurde durch jenes Grunddilemma geschmälert und oft genug als Mittel des alten Imperialismus verdächtigt, zumal wenn sie in enger Verkoppelung mit der Eindämmungspolitik und mit ökonomischen Motiven auftrat. Die neuen Staaten, die in den Ost-West-Konflikt gerieten, wurden rasch erfahren in der Ausnützung des Kalten Krieges und seiner Folgen zu eigenen Gunsten. Das Ausspielen des einen Lagers gegen das andere gehört zu den probaten Mitteln, die eine unleugbare Chance für die Beschleunigung der Entkolonisierung mit sich brachten –allerdings auch die Schattenseiten einer solchen Beschleunigung, wenn die nötigen Voraussetzungen fehlten.

In nahezu allen Ländern Ostasiens hatte die brutale japanische Besatzung zugleich die Schwäche der Europäer enthüllt und wahrhaft national-revolutionierend gewirkt. Die Unabhängigkeit Indonesiens war eine unmittelbare Frucht der japanischen Aggression. Als die Holländer ihre patriarchalische Vorkriegsherrschaft 1945 wieder aufnehmen wollten, sahen sie sich einer einheimischen Regierung teils aus Kollaborateuren, teils aus Widerstandskämpfern der japanischen Zeit gegenüber, die einer Wiederherstellung der Vorkriegssituation erfolgreich widerstrebte. Im Jahr 1947 kam es dennoch zum Versuch einer Kompromißlösung: Die Niederlande bemühten sich wie Frankreich und später Portugal um eine überhastete Nachahmung des englischen Commonwealth. Aber die Niederländisch-Indonesische Union unter der holländischen Krone war ein kurzlebiges Experiment. Die Konflikte und Unruhen dauerten fort, als 1949 eine neue Übergangslösung, die Vereinigten Staaten von Indonesien, versucht wurde. Statt dessen kam es schon 1950 zur Begründung einer Republik von Indonesien, die sich völlig von den Niederlanden löste. Dies geschah unter dem Beifall nicht nur der asiatischen und kommunistischen Staaten, sondern bemerkenswerterweise auch der USA, die hier zur Enttäuschung Hollands ihr klassisches Dilemma auf Kosten des Bundesgenossen lösten und durch starken Druck auf Den Haag die holländische Resignation erst möglich machten.

Die gelenkte Demokratie, die Sukarno, der starke Mann der Nachkriegszeit, der zuvor mit den Japanern kollaboriert hatte, in den folgenden Jahren entwickelte, zeigte schon beispielhaft, welche Probleme der rasche Übergang zur Selbstregierung mit sich brachte. Wohl handelte es sich um ein Land mit reichen Kultur- und Geschichtstraditionen, aber das politische Zusammengehörigkeitsgefühl war wenig entwickelt, die politische Einheit im Grunde nur durch die Kolonialherrschaft vorgegeben und von ihr sogar abgeleitet, wie die spätere Annexion West-Neu-Guineas bewies. Daraus resultierten jene fast unlösbaren Probleme der inneren Struktur, die in den meisten Entwicklungsländern auf dem schwierigen Weg zur Nationsbildung auftreten. Die anfänglich versuchte Demokratie machte bald autoritären, dann militärischen Diktaturen Platz, und die sozioökonomische Entwicklung hinkte weit nach. Im Kontrast zu der allzu kurzen politischen Erfahrung stand das internationale Gewicht, das Indonesien als eine der Hauptstützen der neutralen oder blockfreien Staatengruppe in den fünfziger Jahren erlangte. Das wirkte gleichfalls problematisch auf ein Land zurück, das innerlich alles andere als ausbalanciert war, aber um so stärker sein nationalistisches Selbstgefühl unter einer zunehmend autokratischen Führung ausspielte.

Bei den Emanzipationsbewegungen, die sich in den englischen Kolonialgebieten durchsetzten, stand die Frage der Unabhängigkeit Indiens nach der konfliktreichen Vorgeschichte seit dem Ersten Weltkrieg im Vordergrund.[2] Die weitgehenden Konzessionen, die England im Zweiten Weltkrieg angesichts der deutsch-japanischen Bedrohung und einer antibritischen Unabhängigkeitsbewegung zugestanden hatte, wollte es in die Gewährung des Dominion-Status einbauen. Erst die Labour-Regierung war in der Lage, die unabwendbare Entscheidung der Unabhängigkeit Indiens rechtzeitig einzuleiten, jedoch ohne das Problem des unüberbrückbaren Gegensatzes zwischen Hindu- und Moslembevölkerung lösen zu können. So kam es 1947 zur Gründung von zwei Staaten: Hindu-Indien und Moslem-Pakistan wurden unter furchtbaren Konflikten und langen Nachwehen mit einer Massenverschiebung der Bevölkerung verwirklicht. Wider Erwarten sprengten aber weder der Dauerstreit über Kashmir und die groteske Zweiteilung Pakistans, die nach einem Vierteljahrhundert schließlich zum Abfall von Bangla Desh führte, noch die Konstituierung Ceylons als eines besonderen Staates das Commonwealth, die besondere Leistung der englischen Übergangspolitik; nur Burma, das ebenfalls schon 1948 unabhängig wurde, blieb außerhalb des Commonwealth.

Die weltpolitische Bedeutung dieser Auflösung des britischen Empire auf eine im ganzen doch fast organische Weise kann kaum überschätzt werden. Schon deshalb nicht, weil Indien sein Gewicht als potentielle Großmacht dank der geschickten Mittelstellung von Jawāharlāl Nehru sehr bald in der UNO wirksam zu machen verstand, so gewiß es ebenfalls zu den Entwicklungsländern gehörte und soziale und wirtschaftliche Probleme zu lösen hatte, die seine Stabilität bedrohten und seine tatsächliche Macht des weiteren sehr einschränken sollten. Zeitweise vermochte Nehru tatsächlich so etwas wie eine neutrale Vermittlerrolle zwischen Ost und West zu spielen, klug taktierend und mäßigend, freilich auch mit mancher Selbsttäuschung und einer Selbstgerechtigkeit, die von dem historischen Kampf Gāndhis profitierte, sich aber im Konflikt über Kashmir abnutzte, in dem sich auch Indien den sonst so verurteilten nationalen und machtpolitischen Interessen unterworfen zeigte. Für die Zukunft der neuen Staaten hing viel davon ab, ob Indien als Vorbild und Vorkämpfer einer eigenständigen, dennoch mit westlich-britischen Mitteln aufgebauten rechtsstaatlichen Demokratie und mit seinem Experiment eines sozialistischen Mehrparteienstaates Erfolg auf Dauer haben würde. Der Nachweis, daß eine westliche Form der Demokratie unter den anderen Bedingungen Asiens möglich sei, mußte von entscheidender Bedeutung für die Meinungsbildung in der nicht zum Westen gehörenden Welt sein. Indien allein kam als Gegengewicht zu der noch volkreicheren Großmacht in Frage, die mit dem Anspruch auf Vorbild für ganz Asien aufzutreten begann: zur Volksrepublik China. Hier lagen wichtige Zukunftsperspektiven für die gesamte Weltpolitik. Grenzkonflikte zeigten seit Beginn der sechziger Jahre, daß es nur eine Frage der Zeit war, in welcher Richtung und mit welchem machtpolitischen Ergebnis sich diese asiatische Großmachtkonstellation entwickeln würde. Sie konnte dem Westen, aber ebenso der Sowjetunion über den Kopf wachsen und zu wesentlichen Veränderungen des Machtgleichgewichts in der Welt führen.

Der Übergang weiterer englischer Kolonialgebiete in Asien und danach in Afrika zu selbständigen Staatsgebilden mit Kooperation im Commonwealth schien zunächst die Möglichkeit erfolgreicher Übertragung westlicher Regierungssysteme zu erweisen: In Malaysia, Ghana und mehr noch in Nigeria, dem größten afrikanischen Staat, sprach vorerst der äußere Anschein für einen fast reibungslosen Weg in das Commonwealth. Doch dessen Zukunft ist nicht abzusehen, es bleibt die Frage, ob der Übergang nicht doch ein nur langsamerer Prozeß der Auflösung der britischen Politik war. Große Schwierigkeiten traten in Rhodesien in Erscheinung, wo sich schließlich ein weißes Minderheitenregime etablieren sollte. Und auch das Prunkstück englischen Demokratie-Exports, Nigeria, geriet schon 1965 in einen langen und blutigen Bürgerkrieg, der die Probleme politischer Integration und Nationswerdung unter afrikanischen Verhältnissen demonstrierte und in einem Militärregime endete, wie es für die meisten unabhängig gewordenen Staaten in den siebziger Jahren charakteristisch ist.

Noch kritischer stellten sich derartige Fragen beim Blick auf die Auflösung des französischen Kolonialreiches. Die Voraussetzungen für einen friedlichen Übergang schienen ursprünglich unproblematischer zu sein als in den englischen Gebieten, da die französische Kolonialmacht sich um ein engeres Verhältnis zur Bevölkerung bemüht und den Rassenkonflikt durch eine stärkere Assimilation mit der eingeborenen Bevölkerung entschärft hatte. Aber die Kehrseite war, daß eben deshalb eine französisierte Intelligenz noch radikaler nationalistisch eingestellt war; sie konnte es aus dem Studium der französischen Geschichte und Politik erfahren, welche Sprengkraft die Idee der Menschenrechte, Grundpfeiler französischer Bildung, besaß, wenn sie gegen die eigene Kolonialherrschaft gewendet wurde. Auf derselben Basis konnte eine starke antikolonialistische Front der Intelligenz im französischen Mutterland entstehen, die der Verunsicherung und schließlich fast bürgerkriegsartigen Zuspitzung an der Wende zu den sechziger Jahren im Zeichen des Algerien-Krieges Vorschub leistete. Das Trauma der Niederlage von 1940 und die tatsächliche Schwäche Frankreichs, die dem wiedererstandenen Großmachtanspruch so eklatant widersprach, hatte zunächst in das Debakel von Indochina geführt.

Auch der Versuch einer Umwandlung des Kolonialreiches in eine Französische Union, die bereits in der Verfassung der Vierten Republik 1945 vorgezeichnet war, vermochte das Dilemma nicht zu lösen. Die Union wollte unter verschiedenen Kategorien der Abhängigkeit und Assoziation je nach den Bedingungen der Entwicklung die vorwiegend afrikanischen Territorien mit Frankreich verbinden. Ihre Bevölkerung sollte, über die englische Lösung hinausgehend, teilweise im französischen Parlament repräsentiert sein oder sogar das Bürgerrecht erhalten, was man in Algerien versuchte. Aber Teilerfolgen in der Ära de Gaulles, zumal in Westafrika, war doch nur eine kurze Dauer beschieden. Nordafrika erwies sich als eine Bürde. Den tunesischen Aufstand vermochte Mendès-France gerade noch durch die Einleitung von Verhandlungen (1954/55) zu lösen. Dieser Weg zur Unabhängigkeit sicherte die Fortdauer guter Beziehungen, wobei die Stabilität des persönlichen Regimes von Habīb Bū Rgība wesentlich mitspielte. Nach blutigen Konflikten gelang auch im Fall Marokkos der Übergang (1956). Aber seit Ende 1955 tobte für Jahre der algerische Krieg, der die französische Innen- und Außenpolitik gleichermaßen aufs schwerste belastete und die ganze Nordafrika-Politik zu verderben drohte. Er führte zu einem militärischen und finanziellen Verschleiß, zu innerem Umsturz und zu Bürgerkriegsdrohung. Daraus ergab sich eine vermehrte Hypothek für die gesamte westliche Politik, und zwar nicht nur gegenüber dem kommunistischen Block, sondern auch im Hinblick auf das Verhältnis zu den neuen Staaten, deren Gewicht in der UNO von Jahr zu Jahr zunahm. Die antiwestliche Tendenz des neuen Nationalismus bedrohte die Möglichkeit einer Kontinuität der Beziehungen zwischen Europa und der Dritten Welt, die selbst im revolutionären Übergang noch gegeben war.

Besonders erschwerend für die Weltpolitik verlief die Entwicklung im Vorderen Orient. Dort konnte sich nach Frankreichs Ausscheiden auch England als einzige noch beteiligte Großmacht in dem überaus labilen Kräftewirrwarr der arabischen Staaten und Bewegungen nicht mehr behaupten. Es mißlang in der dramatischen Zuspitzung der Ereignisse von 1956 der Abgang und Übergang zu friedlicher Zusammenarbeit. Das Zentralproblem war Israel, das in einem von arabischer Seite nicht anerkannten Waffenstillstand existierte und in arabischen Augen nichts als eine neue Version des westlichen Imperialismus darstellte, so wenig es gerade in diesem Fall begründet war.[3] Die amerikanische Außenpolitik, die für beide Seiten aus unterschiedlichen Gründen Sympathien zeigte, mußte vielmehr ebenso inkonsequent wie ungeschickt erscheinen. Besser wurde die sowjetische Politik damit fertig, obwohl sie ursprünglich keineswegs antiisraelisch gewesen war, sondern die Gründung Israels mitgetragen hatte. Aber im Blick auf den größeren Nutzen, den eine Parteinahme für die arabische Sache ihrer Machtpolitik in der kolonialen oder ehemals kolonialen Welt bringen mußte, sowie im Interesse einer Anfechtung der westlichen Position in Nahost, noch dazu in der Hoffnung auf wachsende Unterstützung in der UNO, wandte sich Moskau vom kleinen Israel ab und belieferte seine Gegner mit Waffen. Die massive militärische Einschaltung der Sowjetunion verstärkte die Labilität und Unübersichtlichkeit der ohnehin komplizierten politischen Verhältnisse in der arabischen Welt. Eine Barriere dagegen sollte der Pakt der angrenzenden Staaten Türkei, Iran, Irak, Pakistan mit England bilden: im Sinne der Eindämmungspolitik, doch ohne Mitgliedschaft der USA, die ihre Beziehungen zu den anderen arabischen Staaten nicht gefährden wollten. Dieser Bagdad-Pakt (CENTO) von 1955 ist im Lauf der Jahre durch Ereignisse wie den Umsturz im Irak, die Krise Pakistans und 1979 den Umsturz im Iran fast bedeutungslos geworden.

Dies war der Hintergrund für die schwere Weltkrise vom Herbst 1956, zu der die Entwicklung im Vorderen Orient ihren wichtigen Teil beitrug. Ihre beiden Komponenten, die Suez-Krise und der Aufstand in Ungarn, waren zwar nach Entstehung und Bewertung grundlegend verschieden, aber auf fragwürdige Weise waren hier die beiden politisch-militärischen Blöcke zu einer Demonstration der Machtbalance am Rande des Krieges herausgefordert. In der Doppelkrise von 1956 ist noch ein anderer Aspekt sichtbar: die Lockerung der Blöcke, die zentrifugalen Tendenzen sowohl im amerikanischen wie im sowjetischen Allianzsystem. England und Frankreich sahen ihre Interessen durch die amerikanische Nahost-Politik vernachlässigt, während sich der ungarische Aufstand aus dem Konflikt zwischen Stalinisten unter dem KP-Generalsekretär Rákosi und Vertretern der Reform- und Entspannungspolitik mit dem Regierungschef Imre Nagy an der Spitze entwickelte. Die Verbesserung der sowjetischen Beziehungen mit Tito im Sommer 1956 und die Veränderungen in Polen wirkten beschleunigend: Der Aufstand in Budapest nahm am 23. Oktober 1956 revolutionäre Formen an, als er sich allgemein gegen die kommunistische Alleinherrschaft richtete.

Der grundlegende Unterschied zwischen der außenpolitischen Krise im Westbündnis und der innenpolitischen Rebellion im Ostblock ist evident. Zu den auslösenden Faktoren der Nahost-Krise von 1956 zählte die amerikanische Ablehnung einer riesigen Anleihe für den Assuan-Damm, der mit den Plänen und dem Prestige Nassers aufs engste verknüpft war, so daß Nasser im Stil des Diktators mit der vertragsbrüchigen Nationalisierung des Suezkanals reagierte. In der Atmosphäre äußersten Mißtrauens verdichteten sich alle bisherigen Probleme: Israels Furcht vor einem ägyptischen Angriff, den Nasser wieder und wieder angekündigt hatte, obwohl es sich um eine Drohung nach außen wie nach innen handeln mochte; der Prestigeverlust der englischen Regierung, die in einer Kettenreaktion ihre Restpositionen im Nahen Osten bedroht sah; die französische Empörung wegen der Unterstützung des nordafrikanischen Aufstands durch Ägypten; schließlich die Befürchtungen wegen der Verkehrswege und der Rechte der westlichen Ölgesellschaften. Da die amerikanische Position schwankend und unklar war, entstand eine natürliche Koalition Großbritanniens mit Frankreich und Israel gegen Ägypten. Daß die USA nicht informiert wurden, konnte als alarmierendes Zeichen der Schwäche des NATO-Bündnisses empfunden werden. Der israelische Angriff Ende Oktober 1956 überrannte in nur vier Tagen die Sinai-Halbinsel. Nach zwei Tagen griffen England und Frankreich in den Krieg ein: Am 5. November landeten sie Truppen in Port Said. Zum ersten Mal nach Korea kam es nun zur unmittelbaren Einschaltung der UNO; der Sicherheitsrat forderte energisch zur sofortigen Beendigung der Aktion auf. Das war nur möglich, weil beide Supermächte sich beteiligten. Schon einen Tag nach der Landung stellten England und Frankreich ihre Operationen ein, was als ein schwerer Prestigeverlust zu verbuchen war. Gleichzeitig bestätigte ihr Verhalten, daß die Westmächte sich bei Fehlaktionen der Autorität und den Beschlüssen der UNO beugten, anders als der Ostblock, wie beim Parallelfall Ungarn deutlich wurde. Bei der Diskussion über den westlichen Imperialismus hat die Dritte Welt diesen augenfälligen Unterschied oft verkannt. Die schnelle Entscheidung, der sich Israel nach einigem Zögern ebenfalls unterwarf, führte zur Stationierung einer internationalen UNO-Truppe. Die eigentlichen Probleme, die die Krise ausgelöst hatten, blieben allerdings in den folgenden Jahren ein ständiger Konfliktstoff.

Während in der Suez-Krise Moskau mit massiven Drohungen eines Raketenkrieges London und Paris unter Druck setzte, verletzte die Sowjetunion ihrerseits rücksichtslos und mit brutalem Erfolg dieselben Prinzipien, die sie im Vorderen Orient gegen die Westmächte zu verteidigen vorgab. Die Bewegung, die der Tauwetter-Periode im Ostblock gefolgt war, griff erst einmal in Polen um sich. Dort waren die nationalen Selbständigkeitsgefühle, gestützt von der Kirche, am stärksten hervorgetreten. Außerdem hatte der Führungswechsel zu dem einst von Stalin verfolgten Gomulka ein erstaunliches

Maß an Liberalisierung mit sich gebracht, das man durch geschicktes Balancieren vor sowjetischem Einspruch schützte. Nicht so in Ungarn, wo sich neue Impulse im plötzlichen, ungestümen Ausbruch eines Volksaufstands Luft verschafften. Binnen einer Woche, zwischen dem 23. und 31. Oktober 1956, wurden die Ereignisse bis zur Einführung des Mehrparteiensystems und zur Forderung nach Austritt aus dem Warschauer Pakt fortgetrieben.

Doch das berührte den Kern, auch für das Chruschtschow-Regime: keine Lockerung oder Liberalisierung des Ostblock- und KP-Systems. Schon am 4. November beendeten sowjetische Truppen nach Kämpfen und Liquidierungen, denen auch Nagy zum Opfer fiel, diesen am weitesten gehenden Versuch einer Demokratisierung, der je im Ostblock unternommen wurde. Eine Massenflucht in den Westen angesichts der Rückkehr der Diktatur war der tragische Ausklang. Die ungarische Revolution vermochte so wenig wie die polnische und zwölf Jahre später die tschechoslowakische den eisernen Rahmen des Ostblocks aufzusprengen. In jedem Fall zeigte sich, daß die westliche Eindämmungspolitik die sowjetische Machtsphäre respektierte. Die Blockdisziplin dominierte weiterhin über der Entspannungspolitik; die später sogenannte Breschnjew-Doktrin war immer präsent. Ein Ausbrechen aus dem Block war nie zu tolerieren. Die sowjetische Intervention vernichtete in Budapest wie in Prag jedes Prinzip der nationalen Selbstbestimmung, dem sich die vielgeschmähten Kolonialmächte im Fall der Suez-Krise sofort gebeugt hatten.

Erneut enthüllte sich die Unfähigkeit der UNO, im Fall eines Konflikts der Weltmächte zu handeln, wenn eine dieser Mächte UNO-Entscheidungen nach Belieben annahm und verwarf. Hinzu kam die ungleiche Beurteilung der beiden Fälle durch die nichteuropäischen und blockfreien Staaten, an ihrer Spitze Indien. Für sie ging der Fall Suez gegen den Imperialismus, während Ungarn nur als ein interner Machtkonflikt galt, der die Neutralen nichts angehe. Derartige Fehlbeurteilungen mit zweierlei Maßstäben, seitdem oft wiederholt, werfen die Frage auf, ob nicht die UNO durch das ständige Anwachsen der Zahl neuer Staaten überhaupt zu objektiver Beurteilung und Schlichtung der künftigen Konflikte unfähig werde. Berlin und der Kongo waren die nächsten Fälle des Versagens, und das Problem ist in der einseitigen Behandlung der Israel-Frage 1974/75 fast unerträglich geworden.

Die Konflikt- und Problemzusammenhänge, die der Zweite Weltkrieg und die unmittelbare Nachkriegszeit hervorgebracht haben, dauerten über die sechziger Jahre hinweg mit unverminderter Schärfe fort. Sie vermehren sich um neue oder doch in ihrem weltpolitischen Gewicht neuartige Faktoren, die den Charakter der inneren und äußeren Politik fast von Jahr zu Jahr verändern. Drei Problemkreise ragen hervor. Erstens: Die überstürzte Emanzipation der letzten Kolonialländer, zuletzt noch der portugiesischen (1974), schafft im selben Maße, in dem die Kolonialmächte als gemeinsamer Gegner wegfallen, eine Fülle von Konfliktherden nun auch zwischen diesen neuen Staaten; denn sie alle sind nach dem alten-neuen Prinzip des Nationalismus angetreten. Es entstehen neue Schauplätze der Politik. Die Interdependenz der Krisen und Konflikte nimmt noch zu. – Zweitens: Daraus resultiert eine geradezu revolutionäre Wandlung in der Struktur der UNO, die dem fortdauernden Konflikt der Weltmächte neue Akzente gibt und die Stimmen Europas und des Westens immer mehr zurückdrängt. – Drittens: Der Aufstieg Chinas zur zweiten kommunistischen Großmacht bringt erhebliche Konfliktstoffe in den Ostblock, die noch gewichtiger sind als die Wirkungen des jugoslawischen Präzedenzfalls. Die Diskrepanz über die Auslegung des marxistisch-leninistischen Dogmas, zum Beispiel über die Unvermeidlichkeit der Kriege, enthält zugleich Konfliktmöglichkeiten über das sowjetisch-chinesische Verhältnis und die Führungsfrage im Ostblock hinaus. Die Gefahr einer schwerwiegenden Störung des so komplizierten Gleichgewichtssystems durch einen massiven Vorstoß oder eine Flucht nach vorn ist nicht auszuschließen, wenn dieser Konflikt unlösbar, der sowjetische Führungsanspruch ernsthaft gefährdet würde und nur militärisch durchzusetzen wäre.

## Außereuropäische Welt: China, Japan, Lateinamerika

Um die Mitte der sechziger Jahre erreichte die Welle der Entkolonisierung die meisten ihrer Ziele. Die neuen Staaten der Dritten Welt, die sich außerhalb Europas und Nordamerikas entwickelten, nahmen definitive Konturen an. Zusammensetzung sowie Politik der UNO änderten sich ganz wesentlich. An die Stelle des Konfliktes zwischen Kolonialmächten und Kolonien trat nun der Gegensatz von Industrie- und Entwicklungsländern. Das alles vollzog sich mit so dramatischer Schnelligkeit, daß man eine Ablösung oder Überlagerung des Ost-West-Konfliktes durch den neuen Nord-Süd-Konflikt kommen sah; die Rede vom Ende des Kalten Krieges schien somit bestätigt zu werden. – Ein Jahrzehnt später stellen sich die Probleme sehr viel komplizierter dar. Auf der einen Seite umfaßt gerade auch die Dritte Welt nach Struktur und Orientierung höchst vielfältige Gebilde, die ihrerseits in verschiedene Gruppen und Typen von Staaten, Gesellschaften und Wirtschaften zerfallen; in den letzten Jahren offenbarte die Öl- und Rohstoff-Frage den krassen Unterschied zwischen armen und reichen Entwicklungsländern. Auf der anderen Seite führen Lockerungen und Spannungen innerhalb der Blöcke zu einer stärkeren Differenzierung auch in und zwischen den Ost-West-Beziehungen. Und doch behalten sowohl die Fronten der Ost-West-Spannung als auch das Gegenüber von Industrie- und Entwicklungsländern ihre weltpolitische Bedeutung – nicht nur für die Abstimmungen in der UNO, die den Westen mehr und mehr in die Position einer reichen, aber oft ohnmächtigen Minderheit versetzen, sondern auch für die machtpolitischen Balanceakte, mit denen beispielsweise der amerikanische Außenminister Henry Kissinger sich um die Entschärfung der Lage im Nahen Osten und in Afrika bemüht.

Ein Blick auf die Entwicklungen seit dem Ende der fünfziger Jahre in Asien und Lateinamerika zeigt die Komplexität der außereuropäischen Welt, aber ebenso die Fortdauer der Probleme aus der Periode der kolonialen Emanzipation. Wohl am wichtigsten erscheinen die großen Veränderungen im kommunistischen China und der weitere Wiederaufstieg des hochindustrialisierten Japan. Nach der endgültigen Vertreibung Chiang Kai-sheks ging die Konsolidierung der Volksrepublik China in den fünfziger Jahren fast unter Ausschluß der Weltpolitik vor sich. Die Unterstützung Nordkoreas war lediglich ein Intermezzo in dem Prozeß einer fast völligen Abschließung gegen den Westen und einer großangelegten Gleichschaltung mit totalitären Zügen. Einseitige Indoktrination, radikale Landreform und Verstaatlichung der privaten Wirtschaft waren Stufen in diesem Zwangsprozeß, der Millionen von Opfern forderte.

Der Fortschritt der Diktatur wurde vor allem durch den Einsatz der riesigen Massen bedürfnisloser Landbewohner ermöglicht. Wie schon Lenin den Marxismus für seine Arbeiter- und Bauernrevolution zurechtgebogen hatte, die von der proletarischen Revolution der ursprünglichen Lehre ganz erheblich abwich, so setzte Mao Tse-tung seine Variante einer Revolution der Bauernmassen an die Stelle der städtisch-industriellen Revolution. Das hinderte beide nicht, ihre russische oder chinesische Machtergreifung und Gleichschaltung als die wahre Anwendung des Marxismus zu vertreten und damit die großen Kontroversen des Weltkommunismus in den sechziger Jahren zu vertiefen. Der rücksichtslose Menscheneinsatz resultierte in einer Steigerung der agrarischen Produktion, die zunehmend auch die Mittel zu einer Industrialisierung mit sowjetischem Beistand abwarf. Zwar kam es auch in China 1956/57 vorübergehend zu einem ›Tauwetter‹, in dem von Maos poetischen Lebens- und Revolutionsweisheiten zur Abwechslung der Spruch galt: »Laßt hundert Blumen blühen.« Doch als die kurze Zeit einer Liberalisierung zeigte, wie rasch sich selbst im gleichgeschalteten China die Abweichungen entwickelten, wurden die Zügel wieder um so schärfer angezogen; möglicherweise diente die Episode begrenzter Meinungsfreiheit auch bloß der Enttarnung potentieller Gegner.

Es folgte die Periode, in der mit äußersten Anstrengungen der Rückstand in Industrie und Landwirtschaft schlagartig aufgeholt sowie die Kollektivierung durch Volkskommunen und Militarisierung der Arbeitseinsätze vorangetrieben werden sollte: Maos »großer Sprung vorwärts«. Ökonomische Fehlschläge dieses forcierten Kurses, der erneut gewaltige Opfer forderte, wurden nun nicht nur ideologiegemäß den Kapitalisten und Reaktionären, sondern zunehmend auch der Sowjetunion angelastet, die seit 1960 ihre

Techniker abzog, während sich der große Gegensatz im kommunistischen Lager zu einem politisch-ideologischen Schisma steigerte. Es ist nicht zu übersehen, welche Bedeutung dabei die totalitäre Taktik einer Ablenkung von inneren Schwierigkeiten nach außen, der Gleichschaltung und Mobilisierung durch Hochsteigerung eines verabsolutierten Feindes hatte. Man besaß davon gleich zwei: die USA als kapitalistische Gegenmacht und die Sowjetunion als Rivalin im kommunistischen Führungsanspruch. Ein weiteres Problem stellte der Bevölkerungszuwachs in dem dichtbevölkerten Siebenhundert-Millionenland dar. Kampagnen zur Geburtenbeschränkung und gegen Frühehen wurden jetzt mit demselben Eifer betrieben wie zuvor die Kollektivierung und später die Kulturrevolution; das öffentliche Leben und die Propaganda erhielten einen noch prüderen Zuschnitt, als in totalitären Systemen ohnehin üblich.

Schon 1964 gelang es dem chinesischen Gewaltkurs, die erste Atombombe zu zünden. Dieses Ereignis kam rascher als erwartet, und das weltweite Echo aus Bewunderung und Schrecken hat in den Jahren, in denen die Verschärfung des Konflikts Peking–Moskau fortschritt, zur Glorifizierung des Maoismus in den beginnenden Studentenbewegungen, wie zuvor in den Guerilla-Kämpfen, beigetragen. Das zweite große Ereignis, das dieser Dramatisierung des rotchinesischen Systems und seines Aufstiegs zu einer Weltrolle großen Auftrieb gab, war die ›große proletarische Kulturrevolution‹ von 1966/67. So rätselhaft die Vorgänge für die Außenwelt sein mochten, die zunächst kaum mehr als die Schlagzeilen erfuhr – das Hauptmotiv für diesen kostspieligen Versuch, das ganze System auf den Kopf zu stellen, war wohl: Maos Abscheu vor einer bürokratischen Verfestigung nach Art des Sowjetsystems und sein ›leninistisches‹ Gegenrezept der permanenten Revolution durch Ausspielen der parteilichen gegen die staatlichen Funktionäre, der jungen Generation gegen die Alten, der Schüler und Studenten gegen Lehrer und Professoren. Die weltweit sich ausbreitende antiautoritäre Welle rollte hier im Dienst einer besonders starken Befestigung des totalitären Regimes, der Herrschaft des charismatischen Führers über den zerrissenen Fronten des Maoismus und jenen traditionellen Partikularismus von Provinzfunktionären, der auch unter dem Kommunismus in dem Riesenreich fortdauerte.

Für die Außenwelt ergab sich ein verwirrendes, an Paradoxien reiches Bild der turbulenten Vorgänge. Das forcierte Lesen der banalen Lebens- und Kampfsprüche des Großen Vorsitzenden Mao, zugleich der Bibel des Guerilla-Kampfes, trat schließlich als das demonstrative Ergebnis dieser Revolution hervor: als eine neue Stufe der Gleichschaltung, die offenbar nicht zuletzt Konflikte um die Nachfolge Maos und der alt werdenden Führung bereinigen sollte. Die rituelle Kampfsprache der Kulturrevolution, die mit ihren riesigen Wandzeitungen auch den Studentenrevolutionären im Westen als doktrinäres Vorbild diente, ließ freilich die wahren Vorgänge und Intentionen kaum erkennen. Sie erinnerte an pseudoreligiöse Verfolgungs- und Erweckungskampagnen, die auf einem Anspruch totaler Wahrheit und Einheit bestehen, dem alles andere geopfert werden soll.

Der Ablauf des Kulturkampfes wurde zunächst vom Millionenheer der Roten Garde bestimmt, jener maoistischen Jugendorganisationen, die seit dem Sommer 1966 durch die größeren Städte Chinas zogen und mit primitiven Kampfparolen und tumultuarischen Besetzungen das öffentliche Leben lahmlegten. Der erklärten Beseitigung der Reaktionäre und der Säuberung vom Revisionismus folgten Anfang 1967 förmliche Kämpfe mit Arbeiter- und Soldatengruppen. Als die negativen Folgen für die innere Ordnung und die ökonomische Produktion offenbar wurden, versteifte sich die Haltung der Partei. Die Roten Garden wurden zurückgepfiffen und wieder in die Schulen geschickt, die sie auf den Kopf gestellt hatten. Aber noch bis 1969 bestimmten sie in revolutionären Komitees einen Teil des politischen Lebens; sie konnten immer wieder im blutigen Kampf mit Antimaoisten eingesetzt werden, der weiterhin ein Instrument der Parteiführung blieb, obschon für die Außenwelt und gewiß auch für die meisten Chinesen über dem Propagandagetöse unklar blieb, wer denn nun wirklich die täglich verteufelten Feinde waren, die unter solchen Opfern bekämpft wurden. Der chinesische Pseudo-Bürgerkrieg endete 1969 mit der Rück-Kommandierung der Jugend, die während der Kulturrevolution in die Städte gestürmt war, auf das Land und in die agrarische Produktion. Den Abschluß bildete die neu formierte Alleinherrschaft Maos, während enge Mitarbeiter und prospektive Nachfolger wie Marschall Lin Piao für tot erklärt wurden.

Die zeitweilig bis in die Nähe militärischer Konfrontation gesteigerten politischen Spannungen und ideologischen Konflikte mit der Sowjetunion, wobei einer den anderen als Häretiker verteufelte, erreichten in dieser Zeit neue Höhepunkte. Ihr Zusammenhang mit dem inneren Machtkampf, die Funktion einer Feindideologie für immer neue Gleichschaltungen, liegt auf der Hand. Daß die Feindhaltung nach der Kontaktaufnahme Pekings mit Washington (1972) fortdauerte, zeugt zugleich von den tatsächlich bestehenden Grenzfragen und strategischen Problemen, die wohl auch in Zukunft nicht verschwinden werden. Hier liegt ein Ansatzpunkt für eine veränderte amerikanische Außenpolitik, die sowohl mit Moskau als auch mit Peking zu operieren sucht.

Dem Tod Mao Tse-tungs im Jahr 1976, dessen einbalsamierte Leiche nach dem Vorbild des pseudoreligiösen Lenin- und des zeitweiligen Stalin-Kults in einem eigenen Mausoleum der Massenanbetung zur Schau gestellt wurde, folgten bald erste Zeichen einer Ent-Maoisierung. Chiang Ching, die Witwe des Führers, verfiel mit ihren als ›Viererbande‹ verteufelten Gefolgsleuten der Ächtung. Der Nachfolgekampf wurde rasch zugunsten einer Richtung entschieden, die dem Kurs einer weiteren Öffnung und Modernisierung Chinas verpflichtet war. Beschleunigt wurden die Beziehungen zu den nichtkommunistischen Industrieländern des Westens verstärkt, wobei ökonomische und strategische Gesichtspunkte zusammenwirkten. Die große Wendung erreichte ihren Höhepunkt mit den demonstrativen Reisen der neuen chinesischen Führer nach Europa, Amerika, Japan (1978/79) und mit Konflikten um Vietnam und Kambodscha, um den sowjetischen Einfluß in Ostasien zurückzudrängen und die veränderte weltpolitische Stellung Chinas zu befestigen. Im Februar 1979 kam es aus diesem Grund zum ersten Mal in der Geschichte zum Krieg zwischen zwei kommunistischen Staaten. Welche Konsequenzen die Öffnung des Riesenlandes für die innere Struktur des Regimes und für die Lockerung seines kommunistisch-totalitären Selbstverständnisses haben wird, ist ungewiß. Aber zu den Erfolgen des neuen Kurses gehört ohne Zweifel, daß er die ›China-Lobby‹ in den USA aufzubrechen und die amerikanische Stützung Taiwans abzubauen verstand.

Die Änderung der chinesischen Politik betraf die amerikanischen Bündnispartner nicht nur in Europa, sondern auch in Ostasien, vor allem in Japan. In einer charakteristischen Mischung aus Veränderung und Kontinuität war das Land als eine monarchische Demokratie mit einem seit 1926 alle inneren Umstürze und imperialen Abenteuer überdauernden Kaiser als dem politisch-religiösen Symbol aus der amerikanischen Besatzung und der ›künstlichen Revolution‹ der Nachkriegszeit hervorgegangen. Die neue parlamentarische Demokratie wurde von der geschlagenen, atomar getroffenen Nation so gelehrig aufgenommen wie einst die westliche Technologie und Wirtschaft. Dazu gehörte die später umstrittene Sonderbestimmung eines Verzichts auf militärische Aktivität für alle Zeiten, die Art. 9 der amerikanisch verordneten Verfassung von 1947 enthielt. Unter der Regierung des Führers der konservativ-liberalen Mehrheitspartei Shigeru Yoshida, der in seiner prowestlichen demokratischen Orientierung an die europäischen Großen dieser Schlüsseljahre erinnerte, engagierte sich Japan energisch für einen ökonomischen Wiederaufbau, der die schweren Verluste und Zerstörungen rascher als erwartet beseitigte. Einer radikalen Reform der Wirtschafts- und Sozialstruktur wurden zwar ähnlich wie in Deutschland durch die entscheidenden Ereignisse von 1947/48 Grenzen gesetzt, aber die Neuerungen in der Erziehung und Landreform, die Modernisierung von Gesellschaft und Staat beschleunigten einen Aufschwung, der die Probleme der japanischen Restauration überdeckte.

Der Korea-Krieg nahm Einfluß nicht nur auf die rasche Entwicklung zu einem relativ milden japanischen Friedensvertrag und zur Souveränität des Staates (1951), sondern vor allem auf die Rolle Japans als Hauptpartner der amerikanischen Fernost-Politik, so sehr dies von der japanischen Linken in der Folge abgelehnt wurde. In Wahrheit trugen die ›Schutzglocke‹ der USA über Japan und die oft als unehrenhaft angeprangerte verteidigungspolitische Abhängigkeit von Amerika zur Entlastung des Landes von den militärischen und psychologischen Problemen des Wiederaufstiegs entscheidend bei, sowohl im Innern als auch in den wichtigen Beziehungen zu den im Krieg besetzten Ländern, die den Rohstoffbedarf decken und den Wirtschaftsraum für das beengte Industrieland vergrößern konnten. Das Ergebnis war die eigentümliche Diskrepanz zwischen einem pazifistisch-ideologischen Antiamerikanismus, der sich im Laufe der fünfziger Jahre entwickelte, und einer entschiedenen Ausnutzung der günstigen Bedingungen, die amerikanischer Schutz und wirtschaftlicher Boom nach Korea gewährten. Dieses Nebeneinander von ideologischer Fixierung, traditionellem Nationalismus und sozioökonomischem Pragmatismus oder auch Opportunismus entspricht der Parallelität von restaurativen und modernisierenden, japanisch-eigenständigen und westlich-aufgeschlossenen Denk- und Lebensweisen, die für die neue, expandierende japanische Gesellschaft charakteristisch ist.

Auch die politische Form der japanischen Demokratie spiegelt diese Verhältnisse. Ständig an der Regierung war die liberal-demokratische Partei, die jedoch in Wahrheit aus drei Parteigruppen – Liberalen, Demokraten und Progressiven – bestand und entgegen dem Namen eher die Rolle einer gemäßigt konservativen Partei spielte. Die linke Opposition von kaum über fünfunddreißig Prozent war in sich mehrfach gespalten, die Sozialisten zerfielen seit 1959 in pro- und antikommunistische Parteien von bescheidener Größe. Dahinter blieben die Kommunisten, sofern sie mit Moskau identifiziert wurden, noch weiter zurück; ihre Stellung wurde durch den Aufstieg Chinas und den ideologischen Kampf zwischen Moskau- oder Peking-Orientierung kompliziert, so daß sie keinen Massenanhang zu gewinnen vermochten. Die Hauptstärke der Linken lag bei den Gewerkschaften und mehr noch in der immer wieder aufflammenden, zwischen Pazifismus und Nationalismus schwankenden oder gar sie verbindenden Mobilisierung der antiamerikanischen Emotionen, die unterschwellig wohl auch die traditional-antiwestlichen Gefühle reflektierten. Das führte zeitweilig zu heftigen, ja brutalen Auseinandersetzungen, die den demokratischen Formen der Austragung von Konflikten zuwiderliefen. Aber es änderte nichts daran, daß in allen japanischen Wahlen die Kräfteverteilung fast konstant, die Mehrheitsstellung der Regierungspartei unangefochten blieb. Regierungskrisen fanden gleichsam unter Liberaldemokraten statt; eine sozialistische Alternative kam nicht zur Geltung. Die Schärfe der Konfrontation mit der extremen Linken im gewerkschaftlichen und studentischen Lager sowie der gelegentlich hervortretende Rechtsextremismus mögen mit der Frustration zusammenhängen, die das Maß an Stabilisierung oder gar ›Überstabilisierung‹ des Systems nicht zuletzt bei Intellektuellen erzeugt.

Insgesamt erwies sich die enge Verbindung mit der amerikanischen Eindämmungspolitik, die Japan eigene Verteidigungsanstrengungen ersparte und mit den US-Truppen große amerikanische Ausgaben zugute kommen ließ, ohne den anwachsenden Handel mit China zu stören, als so vorteilhaft, daß die periodischen Gegenbewegungen, ob sie nun nationalem Stolz oder pazifistischer Sensibilität besonders gegen Atomwaffen entstammten, politisch wenig vermochten. Das galt jedenfalls, solange die ökonomischen Fortschritte anhielten, die das überbevölkerte Land mit Hilfe eines weltweiten Handels und Exports auch nach Amerika und Europa erreichte – dort oft zum Mißvergnügen der unterbotenen Industrie. Die Energiekrise und der Ölpreisauftrieb von 1973 trafen das Land deshalb besonders schwer. Als der einzige westlich organisierte Industriestaat mit nichteuropäischer Bevölkerung befindet sich Japan dabei in einer prekären Lage. Sein künftiges Verhältnis zum kommunistischen China als einem großen Markt, aber auch einer werdenden Industriemacht vor den Toren Japans erlangt auch in dieser Hinsicht zunehmende Bedeutung. Die politische Annäherung, erleichtert durch die Wendung der chinesisch-amerikanischen Beziehungen, machte rasche Fortschritte.

Anders als der Ferne Osten und der Vordere Orient, die von unmittelbarer Bedeutung für die Geschichte des Kalten Krieges waren, fand der lateinamerikanische Kontinent weltpolitisch geringere Beachtung. Die koloniale Vergangenheit lag weit zurück, und in den beiden Weltkriegen waren Südamerikas Staaten am Rande geblieben; ihre innere Entwicklung im Wechsel von oligarchischen und diktatorischen Herrschaftssystemen war verwirrend und ohne klare Perspektiven. In der Zeit zwischen den Kriegen wurde mit Hilfe ausländischen Kapitals die Industrialisierung vorangetrieben. Der vorherrschenden Agrarstruktur mit Großgrundbesitz und landwirtschaftlichem Proletariat trat eine zunehmende Verstädterung gegenüber. Das Anwachsen einer Arbeiterklasse und einer Mittelschicht schien die Modernisierung der Sozialstruktur einzuleiten. Es ergab sich eine Mischung aus industrieller Veränderung und kolonialen Traditionsformen, aus sozialer Mobilität und privilegierten Besitz- und Herrschaftsverhältnissen. Dabei lebten fast drei Viertel der Bevölkerung unter westlich-kapitalistischen Wirtschaftsverhältnissen, während die Staaten mit starker indianischer Bevölkerung, besonders die Andenländer und Teile von Mexiko, Guatemala und Brasilien, noch weitgehend in vorindustriellen Zuständen verharrten. Die Folge war eine zunehmende Verschärfung der Gegensätze zwischen modernisierenden und traditionalen Kräften. Während die Geschichte Lateinamerikas seit der Befreiung aus der Kolonialherrschaft immer von Aufständen und Revolten begleitet war, traten nun revolutionäre Spannungen in Erscheinung. Die Forderung nach einschneidenden Agrar- und Sozialreformen begünstigte das Auftreten sozialistischer und kommunistischer Bewegungen. Charakteristisch ist die enge Verbindung sozialradikaler und nationalistischer Bewegungen.

So viele Verfassungen, Wahlen und parlamentarische Regierungen es in den Ländern Lateinamerikas gab, so oft man das nordamerikanische Präsidialsystem nachzubilden versuchte, das sich als ebenso wenig verpflanzbar erwies wie die europäische Parlamentsdemokratie, so regelförmig erhielt sich die Diktatur mit militärischer Stützung. Nur auf diese Weise schien die nötige Planungs- und Reformpolitik möglich zu werden, obwohl sich von Mal zu Mal zeigte, daß Korruption und Willkür in Diktaturen lediglich in anderer Form auftreten. Was fehlte, waren vor allem stabile und funktionsfähige Parteisysteme. Noch ausgeprägter als in den südeuropäischen Staaten beherrschten Cliquen- und Klientelsysteme den politischen Prozeß. Der Caudillismo, die Ad-hoc-Parteibildung um den starken Mann, den Caudillo, verhinderte die kontinuierliche, stabilisierende Zusammenarbeit von sachorientierten Parteien auf der Grundlage konkreter Programme. Dahinter standen einmal die Tatsache, daß nie das Maß an ökonomischer Stabilität erreicht wurde, das politische Stabilität ermöglicht, zum anderen der extreme Nationalismus und die Unfähigkeit der Zusammenarbeit unter den lateinamerikanischen Staaten, obgleich sie Sprache und koloniale Vergangenheit verband. Ökonomische Kooperation und Planung verliefen noch am ehesten über die von den USA gestützte, 1948 gegründete ›hemisphärische‹ Organisation der Amerikanischen Staaten (OAS), also über nordamerikanischen Einfluß, der trotz der großen Hilfsprogramme und Kennedys ›Allianz für den Fortschritt‹ (1961) so mißtrauisch betrachtet wurde, daß jedes lateinamerikanische Regime die Anti-USA-Stimmung als wirksames Herrschafts- und Ablenkungsmittel benutzen konnte.

Dies gehört gleichfalls zu den vielen Widersprüchen eines Kontinents, der aus dem Zwischenstadium von Kolonial- und Entwicklungsländern mit halb industrieller, halb agrarisch-feudaler Struktur nicht hinausgelangte. Immerhin machte die Erschließung des großen wirtschaftlichen Potentials, das zumal in Brasilien, Venezuela und Mexiko bereitliegt, allmählich sichtbare Fortschritte, auch mit der Perspektive des sozialen und politischen Fortschritts. Schon seit 1945 nahm die Zahl der Palastrevolutionen ab, und dem Fall Juan Domingo Peròns 1955 folgte der Sturz weiterer Diktatoren, so daß in den sechziger Jahren parlamentarisch-konstitutionelle Regime, obschon meist mit autoritärem Einschlag, die Szene beherrschten; das Anwachsen einer bürgerlichen Mittelschicht mochte die Verankerung der Demokratie begünstigen. Aber es blieb stets der radikale Appell an die Massen, oft mit Rechts- und Linksparolen zugleich, wie es für den Peronismus charakteristisch war. Kein Wunder, daß der Gegenruf nach Ordnung nicht verstummte und sich die Tendenz zu Militärdiktaturen seit etwa 1963 in fast allen Staaten Lateinamerikas wieder verstärkte.

Es kann unter diesen Umständen aber auch nicht erstaunen, daß die Sozialisten und Kommunisten in den Staaten und Regierungen Lateinamerikas keine stärkere Rolle zu spielen vermochten, obwohl ökonomische Krisen und soziale Verelendung viel Anlaß dazu boten. Begriff und Verständnis der Revolution waren selbst bei Arbeiterschaft und Gewerkschaften durch betont nationalistisch und zugleich sozialistisch geprägte Rechts-Links-Bewegungen wie den Peronismus so stark mit Beschlag belegt, daß nur in zwei Fällen, in Kuba und Chile, sozialistisch-kommunistische Revolutionsbewegungen zum Zuge kamen. Das marxistische oder leninistische Muster paßte ohnehin nicht, wenngleich die ideologische Revolutionspropaganda einer lautstarken Linksintelligenz, zumal an den vernachlässigten Universitäten, davon reichen Gebrauch machte. Obschon seit 1918 überall kommunistische Parteien gegründet worden waren, hatten sie erst dann begrenzten Erfolg, wenn sie – wie seit den fünfziger Jahren – einen nationalistischen Sozialismus oder Kommunismus vertraten und sich in den allzeit populären Antiamerikanismus mit wirkungsvoller Propaganda gegen die Ausbeutung durch US-Firmen und Monopole einzuschalten vermochten. Innere Konflikte der Linken hinderten weiterhin ihren politischen Einfluß. Stärker als anderwärts machten sich in Lateinamerika die Aufspaltung in einzelne marxistische Richtungen und ihre Orientierung auf Moskau beziehungsweise auf Peking geltend.

Unter diesen Umständen entwickelte sich der weltweit ausgreifende Eindruck und Einfluß der kubanischen Revolution sowie der Anhänger ihrer Strategie und Theorie des politisch-militärischen Machtkampfes: der Guerilla.[4] Als Fidel Castro im Januar 1959 die Militärdiktatur des Generals Fulgencio Batista stürzte, tat er zunächst nichts anderes als die meisten lateinamerikanischen Diktatoren mit progressivem Anspruch: Er benutzte antiamerikanische Propaganda zur Popularisierung seiner autoritären Machtstellung. Erst die brüske Streichung der subventionierten Zuckerimporte durch die USA veranlaßte den selbststilisierten Revolutionär, sich an Moskau zu wenden. Eine Reihe weiterer Fehler der amerikanischen Politik, zumal die Landung von Exilkubanern in der Schweinebucht im April 1961, führte ihn endgültig ins kommunistische Lager. Der totalitäre Einheitsanspruch seiner Herrschaft beruht weiterhin auf dem Kampf gegen den dämonisierten US-Imperialismus, für den er die ökonomische und militärische Abhängigkeit von Moskau, zuweilen auch von Peking, eintauschte. Aber in der westlichen Hemisphäre nimmt der Castroismus, der Linksintellektuelle überall begeisterte, eine einzigartige Stellung ein.

# Weltpolitik und Europa

Es gibt verschiedene Möglichkeiten, die Epoche nach dem Zweiten Weltkrieg zu gliedern und ihre Haupttendenzen hervorzuheben. Wichtige Einschnitte – die großen Wendepunkte von der Truman-Doktrin (1947) bis zum Korea-Konflikt (1950), die Verträge und Konferenzen von 1954/55, die Ungarn- und Suez-Krise (1956), die Berlin-Krisen (1958 und 1961) und die Kuba-Konfrontation (1962), oder Eskalation (1964), Wendung (1971) und Zusammenbruch in Vietnam (1975) – besagen noch wenig über die tatsächlichen Tendenzen, die erst allmählich voll erkennbar und interpretierbar werden. So ist noch heute Skepsis geboten, wenn viele meinen, die Entwicklung nach dem Muster ›Kalter Krieg – Entspannung‹ eindeutig charakterisieren oder gar periodisieren zu können. Zumindest erscheint eine zeitliche Abgrenzung äußerst schwierig, ja unmöglich, schon weil jene Begriffe heftig umstritten sind. Außerdem sind die daran geknüpften Deutungen fragwürdig, wenn sie höchst komplexe Vorgänge internationaler wie innenpolitischer Entwicklung auf eine einzige Formel zurückführen.

Die gängigste Formel zur Charakterisierung der Epoche besagt, in der Periode des Kalten Krieges vollziehe sich mit der Konsolidierung der Blöcke auch die Polarisierung der politischen Systeme; und die Periode der Entspannung, der Détente, führe dann zur Lockerung und Liberalisierung, gleichsam Entdisziplinierung der Systeme und zum Polyzentrismus. Eine derart globale Aussage kann jedoch die machtvolle Fortdauer der militär- und gesellschaftspolitischen Konfrontation nicht erklären. Sie verfehlt auch die eigentlich interessanten Einzelfälle, etwa die gewaltsame Niederhaltung der tschechoslowakischen Liberalisierung von 1968, oder sie wird durch andere, zumal personale Faktoren wesentlich eingeschränkt; man denke an die Bedeutung de Gaulles oder des Endes der Ära Adenauer, aber auch an die Verhärtung der deutschen Spaltung gerade nach Beginn der Entspannung, mit dem Bau der Berliner Mauer (1961) und der Besiegelung der Zweistaatentheorie in der deutschlandpolitischen Realität von heute.

In Wahrheit bezeichnet Détente, seit Beginn der sechziger Jahre zum Schlüsselwort für die Ost-West-Beziehungen geworden, zwar einen realen

Vorgang, doch ist dieser zugleich begrenzt und in seiner Dauer und Reichweite ungewiß. Ein Schwebezustand zwischen Wirklichkeit und Illusion ist überhaupt charakteristisch für den politischen Gehalt der Entspannung. Der Übergang zur vollen und dauerhaften Kooperation hängt letztlich von einer tiefgreifenden Liberalisierung der Sowjetunion und ihres Machtbereiches ab. Es kommt hinzu, daß sich sehr unterschiedliche Vorstellungen und Erwartungen an die Détente knüpfen. In der sowjetischen Interpretation dient sie gegenwärtig vor allem der internationalen Bestätigung und Legalisierung des Status quo im ost-mitteleuropäischen Machtbereich sowie der Verminderung des amerikanischen Einflusses auf Europa überhaupt. Die englische Politik sah in der Détente eine wünschenswerte Normalisierung der Beziehungen zwischen den beiden Hälften Europas. Die gaullistische Politik erblickte in ihr den ehrgeizigen Weg zu einer national bestimmten europäischen Kooperation und einer verstärkten Rolle Frankreichs. Die westdeutsche Politik Willy Brandts meinte mit Détente die Möglichkeit einer Ostpolitik, die nach langer Verzögerung die Beziehungen zu Osteuropa den Realitäten anpaßte, aber die Frage einer Wiedervereinigung Deutschlands weiterhin offen ließ.[1]

So komplex und ungewiß die Hauptfrage nach der Entspannungspolitik erscheint, so gewiß können im letzten Kapitel des Buches nur Hinweise und Versuche zur Interpretation einiger wichtiger Tendenzen unserer Zeit gegeben werden. Zu den großen Fragestellungen gehört ohne Zweifel jene nach der Möglichkeit einer Politik der Entspannung und Koexistenz. Doch sie wird erst sinnvoll und konkretisierbar, wenn zugleich nach dem neuen Mächtesystem gefragt wird, das den Bipolarismus ablöst, und nach den Möglichkeiten einer Angleichung oder gar Konvergenz der Systeme als der Voraussetzung und Folge von Entspannungs- und Koexistenzpolitik. Hinzu kommen Fragen nach der weiteren Zukunft der Demokratie in einer Welt von Diktaturen, Einparteiensystemen und Militärregimen, nach der Weltgesellschaft und Weltzivilisation, die aus der globalen Ausdehnung des Kommunikationswesens und der Interdependenz der Wirtschafts- und Ernährungsprobleme entsteht. Die Amerikanisierung oder die Europäisierung der Welt, aber auch ein möglicher Widerstand dagegen und gegen die Tendenz, Modernisierung mit Verwestlichung gleichzusetzen, mithin die Rolle des sowjetischen und chinesischen Weges und vor allem der Dritten Welt – das alles sind Probleme, die nicht auf eine Formel zu bringen sind. Deshalb läßt der Titel des Kapitels offen, wie weit Europa vor der Weltpolitik oder diese vor Europa rangiert, wenn von den Tendenzen der Entspannung, der gesellschaftlichen und ideologischen Bewegungen, schließlich dem weiteren europäischen Integrationsprozeß gesprochen wird.

Die Zeit nach dem Zweiten Weltkrieg hat beides gesehen: das Ende Europas und seine Wiedergeburt. Es war das Ende des Versuches, nach 1918 noch einmal europazentrische Politik und Herrschaft zu praktizieren. Aber es war auch ein Wiederaufstieg des 1945 so gründlich totgesagten Europa. Trotz der Spaltung und einer teils begrüßten, teils umstrittenen ›Amerikanisierung‹, trotz einer brutal eingreifenden ›Sowjetisierung‹ hat Europa ökonomisch und kulturell wieder großes eigenes Gewicht, politisch eine neue Stellung erlangt – eine Rolle freilich, die es in West und Ost vorerst unzulänglich, fast ängstlich und unpolitisch ausfüllt. Die große Ölkrise von 1973 hat mit einem Mal die Abhängigkeit der Industrieländer erneut demonstriert. Sie führt zu inneren Auseinandersetzungen um Notwendigkeiten und Risiken einer Atomenergiepolitik. Die Revolution im ölreichen Iran (Februar 1979) erhellt blitzartig die Schwäche Europas.

## Blockpolitik und Entspannung

Der Beginn der später als ›Détente‹ bezeichneten Entspannungspolitik ist umstritten geblieben. Die Außenminister- und Gipfelkonferenzen von 1954 und 1955 waren wohl ein Anfang, aber die Ungarn-Ereignisse und die Suez-Krise ließen den wahren Charakter des neuen Ansatzes im unklaren, und die nachfolgenden Konfrontationen sprachen ebenso für die Fortdauer des Kalten Krieges wie für dessen Abbau durch Détente. Einzelnen Entspannungsschritten steht der anhaltende Rüstungswettlauf gegenüber. Ähnlich wie der Kalte Krieg verlief die betonte Détente nicht gradlinig, und oft war sie nur kurzlebig. Nach ein, zwei Jahren folgte der Lockerung, dem Tauwetter, meist eine neue Abkühlung und Spannung: so nach 1955/56, 1959/60, 1963/64 und 1969 bis 1971. Dabei haben Berlin- und Kuba-Krise, DDR-Mauer, Vietnam-Krieg, Budapest/Prag und Nahost-Krisen eines gemeinsam: die Tatsache, daß immer wieder die im Kalten Krieg fixierten Linien der Abgrenzung und Eindämmung, der Interessensphären und Blockpolitik bestätigt und durch scharfe Reaktionen der Gegenseite nicht entscheidend in Frage gestellt wurden. Das war zumal die Erfahrung von 1968 in Prag. Die Ansätze von Entspannungspolitik beruhten auf der immer erneuten Bestätigung und gar Befestigung der Grenzen und Blöcke aus der Zeit der großen Entscheidungen in den Jahren von 1947 bis 1950.

Wenn es einen allmählichen, fast unmerklichen oder immer wieder aufgehaltenen Prozeß der Veränderungen gab, so lag er auf dem Gebiet der Handelsbeziehungen, mehr noch auf dem der Rüstungskontrolle, das heißt der waffentechnischen und strategischen Verhältnisse in der Periode der Wasserstoffbomben (1953) und der Raumfahrt (1957/58), in der das beiderseitige Zerstörungspotential ein Gleichgewicht des Schreckens heraufführte. Doch wie tief und weit eine qualitative Veränderung geht, die es erlaubt, irgendwann ein Ende des Kalten Krieges festzustellen, ist fraglich geblieben. Kaum abzusehen sind noch immer die politischen Konsequenzen, die aus der militärtechnischen Pattsituation und den Bemühungen um beiderseitige Reduzierung des so gewaltig kostspieligen wie gefährlichen Rüstungswettlaufs für den Frieden resultieren, auch wenn sich seit 1973 Konferenzen wie die für die Sicherheit und Zusammenarbeit in Europa (KSZE) in Helsinki und Belgrad, Genf und Wien darum bemühen.

Zunächst war am Ende der fünfziger Jahre die weltpolitische Lage durch einen militärischen Wettlauf bestimmt, in dem sich die USA um Schließung der Sputnik-Lücke bemühten – mit großen wissenschaftlichen und ökonomischen Anstrengungen, die im Laufe der sechziger Jahre zu der eindeutigen amerikanischen Überlegenheit, schließlich zur ersten bemannten Landung auf dem Mond führten. Der Bipolarismus blieb bestimmend; denn obwohl er als ein friedlicher Wettstreit gerühmt wurde, war er mit der Entwicklung der Raketentechnik ebenso militärisch relevant, wie er tief in das ökonomische Leben der beiden Supermächte eingriff und ihre Selbstdarstellung und ihr Prestigebedürfnis beherrschte. Auf der anderen Seite drängte die Einsicht in die selbstzerstörerische Wirkung, die eine atomare Auseinandersetzung mit Raketenwaffen über Kontinente hinweg in kürzester Frist haben kann, zunächst zur Einstellung von oberirdischen Atomversuchen (1963) und dann zu Verhandlungen über die Verhinderung einer weiteren Verbreitung von Atomwaffen. Dem 1968 in Washington, London und Moskau geschlossenen Vertrag blieben nicht nur die neuen Atommächte Frankreich und China, sondern auch eine ganze Reihe potentieller Atomwaffenbesitzer fern, so die jüngste Atommacht Indien (1974) oder die Gegner in der Nahost-Auseinandersetzung, zumal Israel und Ägypten, die der atomaren Bewaffnung nicht fern sind. Daß der Versuch eines Verbreitungsstopps gescheitert sein dürfte, beeinträchtigt die Monopolstellung der beiden Supermächte, bedeutet aber alles andere als einen Fortschritt in der Entspannungspolitik. Die Gefahren kriegerischer Eskalation und damit weltweiter Konfrontation sind im Gegenteil angewachsen, gleichgültig, ob man sie noch als Kalten Krieg bezeichnen mag oder nicht.

Die Ansätze einer Politik der Détente treten also eher in Phasen, in einem Auf und Ab des Kalküls und der machtpolitischen Möglichkeiten auf. Das gab es schon vor dem Jahr 1953, sogar nahe den Höhepunkten des Kalten Krieges, etwa bei der Beendigung der Berliner Blockade (1949), mit den Koreanischen Waffenstillstandsverhandlungen (1951) sowie in der oft zitierten Stalin-Note zur deutschen Wiedervereinigung (1952). Die Veränderung bestand in der allmählichen Minderung der schärfsten Spannungen, die aus der Stalin-Ära stammten. Die Wandlung gleicht einer Fieberkurve der amerikanisch-sowjetischen Beziehungen. Fortschritte und Rückschritte haben im Zeitalter der superatomaren Balance eine zwingende Kraft. Entspannungsansätze – wie jene unblutigen Führungswechsel in der Sowjetunion samt ökonomischer Lockerung und Hebung des Lebensstandards oder der Arbeiteraufstand in der DDR, die Rebellion in Ungarn und die Liberalisierungstendenzen in der Tschechoslowakei wurden nach gewissen Liberalisierungserscheinungen im Ostblock immer wieder brutal zurückgenommen, sofern sie den Zusammenhalt des Blocks und die kommunistische Alleinherrschaft berührten. Das galt sogar für die Sowjetunion selbst, wo die Nachfolgekämpfe um Stalins Macht nach der berechtigten Hinrichtung Berijas nicht in neue Schauprozesse und Liquidationen führten, sondern zu den wechselseitigen Absetzungen von Malenkow und Molotow bis Chruschtschow, die man am Leben ließ. Zuweilen glaubte man, nur noch eine konventionelle Diktatur vor sich zu haben. Die Ankurbelung der Konsumgüterproduktion deutete ebenfalls auf eine ökonomische Lockerung und Hebung des Lebensstandards hin. Gleiches wurde den osteuropäischen Satelliten erlaubt – mit noch größerer Wirkung, weil dort die Nähe zum Westen, seinen ökonomischen, sozialen und liberalen Lebensformen ungleich stärker zur Geltung kommen konnte. Wenn die einseitige Schwerindustrialisierung zugunsten der Konsumgüter vermindert und die Zwangskollektivierung der Landwirtschaft abgemildert wurde, dann nahm man Abweichungen in Kauf, die an die Frühzeit des Sowjetsystems und der NEP-Politik erinnern mochten. Sie trugen das Risiko von Rebellionen in sich, doch sobald sich ernsthafte Konsequenzen andeuteten, zeigte sich noch jedesmal, wie rigid in Wahrheit das System geblieben war und wie uneingeschränkt die sowjetische Oberherrschaft nach wie vor das Kontroll- und Entwicklungsmonopol besaß.

Jedesmal beendeten dann sowjetische Panzer – oder militärische Drohungen der Sowjets, wie in Polen – die Aufstandsbewegungen: in Ost-Berlin (Juni 1953), wo aus Lohnfragen Arbeiteraufstände mit einer Ausweitung auf Freiheits- und Wiedervereinigungsforderungen entstanden; in Ungarn (November 1956), wo der Reformkurs mit dem Altstalinismus kollidierte und die Rebellion das System selbst sprengte; in der Tschechoslowakei (August 1968), wo die Liberalisierung zur tiefgreifenden Veränderung sowohl des Systems als auch der kommunistischen Partei in Richtung auf einen demokratischen Sozialismus führte. Jedesmal blieben die Westmächte Gewehr bei Fuß und respektierten entgegen den politisch-moralischen Ansprüchen ihrer Propaganda die machtpolitischen Abgrenzungen, den Primat der Blockpolitik – wie beim Bau der Berliner Mauer (1961).

Die Ansätze der Entspannung haben also in verschiedenen Übergangsphasen stets zu ernsthaften Belastungen für die kommunistische Diktatur und zu Sprengungsversuchen in den osteuropäischen Satellitenstaaten geführt. Dabei zeigte sich, welche Schwierigkeiten mit Reformen entstehen konnten, die das System stützen sollten – eine Erfahrung jedes prärevolutionären Reformkurses. Immer wieder wurde mit straff angezogenen Kontrollen auf die Wirkungen der Entstalinisierung in den einzelnen Ländern geantwortet. Das geschah bereits mit dem Warschauer Pakt (1955), der neben der militärischen Aufgabe die Funktionen der Herrschaftssicherung in den Ländern des Ostblocks hat. Die Forderung, aus dem Pakt auszuscheiden, war denn auch jedesmal das entscheidende Moment für die sowjetischen militärischen Interventionen, in Ungarn wie dann in der Tschechoslowakei. Andere Ostblock-Institutionen, etwa solche auf ökonomischem und nuklearem Gebiet, haben dieselbe Doppelaufgabe: sachliche und politische Koordination, Aufrechterhaltung von Abhängigkeiten, Gleichschaltung.

Was für den Ostblock gilt, war in anderer Weise auch die Problematik des Westens. Die Frage nach dem Verhältnis untereinander und zur amerikanischen Hauptmacht wurde durch die dramatischen Ereignisse in Ost-Berlin und Ungarn und die offenkundige Unfähigkeit zum Eingreifen aktualisiert. Allerdings waren durch das offizielle sowjetische Abrücken vom Stalinismus und die Regungen von Selbständigkeit oder Lockerung ohnehin Entspannungshoffnungen genährt, die weit über die Realität hinausschossen. Ausdruck fand die Stimmungsänderung in den Diskussionen über atomwaffenfreie oder rüstungsverdünnte Zonen in Mitteleuropa, die unter dem Namen des polnischen Außenministers Adam Rapacki entwickelt wurden und vornehmlich in England sowie bei der sozialdemokratischen Opposition in Deutschland Interesse fanden. Einen Höhepunkt erreichte die westliche Diskussion einer Auflockerung der Blocksysteme und der Bipolarität durch einen Polyzentrismus vor allem in zwei Zusammenhängen seit dem Ende der fünfziger Jahre: durch de Gaulle und den Gaullismus sowie durch den chinesisch-sowjetischen Konflikt.

Nach dem Ende des Korea-Krieges und des französischen Engagements in Vietnam war die westliche Politik im Fernen Osten nicht mehr einheitlich. Während die USA an der Eindämmung gegenüber Rotchina und an der Unterstützung Chiang Kai-sheks festhielten, zogen sich England und Frankreich zurück und gaben einer Entspannung zugunsten der Lage in Europa den Vorrang. Daher die Anerkennung Pekings durch England, daher auch die wachsenden Bemühungen de Gaulles um die Wiederbelebung bilateraler Beziehungen zwischen den Staaten Europas, die der groben Konfrontation der Blöcke entgegenwirken mochten. Darin steckte eine Tradition französischer Außenpolitik, die selbst in der Zeit der konsequenten Block- und Europa-Politik nicht untergegangen war. Zudem war es die persönliche Politik de Gaulles, seine im Zweiten Weltkrieg entwickelte Aversion gegen die überlegene englisch-amerikanische Macht, auf die er so angewiesen war, daß sie seinen Stolz verletzte, den Stolz des großen Frankreich, mit dem er sich gänzlich identifizierte. Die Rebellion gegen die amerikanische Vormacht, die Ablehnung der englischen Mitgliedschaft in der EWG, der Rückzug aus dem Militärverband der NATO, die Proklamation eines ›Europa der Vaterländer‹ statt der bundesstaatlichen Integration, aber auch die vielfältigen Sonderkontakte mit osteuropäischen Ländern, mit Moskau und Peking, zu dem er

1964 diplomatische Beziehungen aufnahm, machten das Frankreich de Gaulles zum Symbol der Antiblockbewegung. Der Gaullismus wurde zur Bezeichnung für nationalistische, polyzentrische Bewegungen in Europa und aller Welt.

Aber dahinter stand wenig tatsächliche Macht. Die Möglichkeiten waren viel begrenzter, als es der große, starrsinnige Mann wahrhaben wollte, der eine so exzentrische Mischung von mystischem Sendungsbewußtsein und nonkonformistischer, aber traditionaler, nationalstaatlicher Realpolitik darstellte. De facto waren die Wirkungen der gaullistischen Antiblockpolitik geringer, als es die aufsehenerregenden Aktionen erwarten ließen, mit denen der französische Präsident nach der Liquidation des Algerien-Problems in die Europa- und Weltpolitik eingriff. Das hatte seinen Grund in der Diskrepanz zwischen Anspruch und Macht. Der General operierte mit einer Art Narrenfreiheit von einer Basis aus, die durch die ungeliebte amerikanische Macht gesichert wurde. Nur so konnte die Force de frappe als vermeintlich eigenständige französische Atommacht existieren. Gleichzeitig erwiesen sich abermals die engen Grenzen, die jeder Entspannungspolitik gezogen waren, sofern diese auf einer Auflockerung der Blöcke oder gar auf ihrer Auflösung in souveräne Nationalstaaten beruhte, wie es der Gaullismus mehr oder weniger deutlich zu suggerieren suchte.

Wie die Doppelkrise von 1956 vorerst eine Verschärfung, dann eher eine Minderung der Konflikte zwischen den Supermächten zur Folge hatte, so wirkte auch der zweite weltpolitische Zusammenhang der sechziger Jahre, die sowjetisch-chinesischen Spannungen, in ambivalenter Weise auf die Block- und Entspannungspolitik von Ost und West ein. Wiederum war ein wesentliches Moment die verstärkte Bedeutung, die Europa in ökonomischer wie in politischer Hinsicht gewann. Die Fortdauer einer gewissen Vielfalt der kommunistischen Systeme in Osteuropa, von der Behauptung des Gomulka-Regimes über die Sonderpolitik Rumäniens bis zum tschechoslowakischen Liberalisierungskurs, war kennzeichnend. Dazu gehörten Staaten mit fast völliger Kollektivierung der Landwirtschaft wie die DDR und die Tschechoslowakei, aber auch solche mit überwiegend privater Landwirtschaft wie Polen. Was die Führungspersonen anlangt, so gab es die noch halbstalinistischen Regime in Ost-Berlin mit Ulbricht und Prag mit Gottwald und Nowotný. Wenn die DDR eine Krise des Systems vermeiden konnte, wie sie in Reaktion auf die Diktatur Nowotnýs die Tschechoslowakei erfaßte, dann lag dies an der Führungsspitze, die Moskau treu ergeben war, an dem ökonomisch besser fundierten Modernisierungsprozeß, der sozialen Unzufriedenheiten begegnete, und an der unvergessenen Erfahrung von 1953. Bei allen Unterschieden zwischen den sozialistischen Staaten wurde dafür gesorgt, daß die Abweichungen keine blockpolitischen Konsequenzen zeitigten. Der Zusammenhang und Zusammenhalt wurde durch die Wirtschaft zwangsläufig immer enger. Eine ökonomische Interdependenz trat an die Stelle jenes offenen Zwanges, mit dem in der Stalin-Ära die Unterwerfung der osteuropäischen Staaten unter die Führung und die Interessen der Sowjetunion erzwungen worden war.

Die Ablösung eines autokratisch und terroristisch geführten Blocksystems durch ein enges Interessenbündnis bedeutet eine innere Konsolidation der kommunistischen Regime, obwohl sie auf die Sowjetunion als Schutzmacht angewiesen blieben. Hier erlangte der Begriff der sozialistischen Souveränität Bedeutung; er suchte den zunehmenden Anspruch auf nationale Eigenständigkeit mit dem gemeinsamen Interesse der kommunistischen Systemerhaltung zu verbinden, einem Interesse, das freilich im Zweifelsfall ebenso den Vorrang besaß wie die sowjetische Entscheidungsmacht. Das war der Sinn der sogenannten Breschnjew-Doktrin, die 1968 in Prag zur Rettung des Systems angewandt wurde. Die brutale Verletzung der Legitimität und Souveränität dieses verbündeten Staates offenbarte erneut die Grenzen der Entwicklung von der totalitären Blockpolitik zur sozialistischen Interessengemeinschaft.

Immerhin modifizierten die ökonomischen Fortschritte, die in den sechziger Jahren in Osteuropa gemacht wurden, den Stil der Blockpolitik und die Rolle der Sowjetunion recht augenfällig. Dazu trug die Herausforderung Pekings bei, das Moskau zwang, auf das eigene Lager mehr Rücksicht zu nehmen und die Osteuropäer mehr als Alliierte denn als Satelliten zu behandeln. Denn weit wirkungsvoller noch als der Titoismus von 1948 konnte das China der sechziger Jahre – das mit seinem inneren Machtkampf auch Ansatzpunkte für Rebellionen gegenüber der Gleichschaltung bot – eine Alternative von wachsender Macht für kommunistische Staaten und Parteien werden. Albanien und in der Außenpolitik auch Rumänien demonstrierten diesen neuen politischen Stil, der zwar nicht zur Auflösung des Ostblocks, wohl aber zu Machtverschiebungen in der kommunistischen Welt führte. Wenn man China und das gaullistische Frankreich als die großen Störenfriede der beiden Blöcke und der bipolaren Blockpolitik bezeichnen mag, so muß man nicht nur die Größenverhältnisse im Auge behalten, sondern vor allem die Bedeutung einer Neuorientierung der amerikanischen Politik, die am Beginn der siebziger Jahre die Volksrepublik China in die Weltpolitik einführte und die lange verweigerte Aufnahme in die UNO ermöglichte.

Die Kontaktaufnahme zwischen Peking und Washington im Jahr 1972, die 1978 gegen Proteste Taiwans wie der Sowjetunion zu demonstrativ engen diplomatischen Beziehungen führte, brachte Ansatzpunkte für eine veränderte amerikanische Außenpolitik, die sowohl mit Moskau als auch mit Peking zu operieren sucht. Damit wurde erstmals seit 1945 die Bipolarisierung ernsthaft in Frage gestellt – etwas, das weder der Aufstieg einer neutralen Dritten Welt noch der Anspruch de Gaulles wirklich vermocht hatten. De

Gaulles Politik der Nadelstiche ging zwar von der Verminderung der NATO-Truppen bis zur Verbannung der NATO samt den amerikanischen Truppen aus Frankreich (1967), aber seine Idee einer dritten Kraft in Europa als Gegengewicht zu den Supermächten, vor allem zu den USA, krankte an den illusorischen Primatansprüchen eines kleinatomaren Frankreich, die sich sogar störend auf eine eigeneuropäische Entwicklung auswirken mußten. Supranationale Verbindungen betrachtete de Gaulle stets mit äußerstem Mißtrauen, es sei denn, die französische Führungsrolle war gesichert. Davon zeugte seine ambivalente Haltung gegenüber der EWG, die nicht auf den Austritt, jedoch auch nicht auf die Weiterentwicklung der Gemeinschaft zielte. Dabei stützte er seine ganze Politik notwendig auf die fortbestehenden Schutzbeziehungen mit den USA und England, so grundsätzlich er sich davon distanzierte und so scharf er in jenen Jahren des Werbens auch gegenüber dem Osten die amerikanische Vietnam-Politik kritisierte.

Der sowjetische Einmarsch in die Tschechoslowakei war die entscheidende Krise des Polyzentrismus in Europa, ganz besonders der gaullistischen Politik. Sie wirkte sich um so nachdrücklicher aus, als in derselben Zeit auch die Innenpolitik der Fünften Republik vorübergehend in eine schwere Krise geriet. Die Revolten der Studentenbewegung (Mai 1968) deckten viele Schwächen und Fiktionen des stolzen gaullistischen Herrschaftssystems auf, in einem Augenblick, als de Gaulle mit fast blindem Starrsinn zu einem Staatsbesuch in Rumänien aufbrach. Im folgenden Jahr ließ sich der General offenbar absichtlich auf ein negatives Plebiszit ein und trat zurück. Der Nachfolger Pompidou steuerte einen vorsichtigeren Kompromißkurs, der schließlich England den Weg in die EWG öffnete. Gleichzeitig bewirkten die abschreckenden Prager Ereignisse eine Wiederbelebung der NATO. Das schloß weitere Bemühungen um Entspannung nicht aus, aber die Alternative Blockpolitik oder Entspannung erwies sich im Übergang zu den siebziger Jahren als eine fragwürdige Formel.

Die amerikanisch-sowjetischen Beziehungen wurden in dieser Periode seit Ende der fünfziger Jahre auch durch die Führungsverhältnisse in Washington und Moskau stark beeinflußt. 1957, im Jahr nach der Doppelkrise, war Chruschtschow aus einem Führungskonflikt als der starke Mann hervorgegangen. Der temperamentvolle wie unstete Sowjetführer sorgte für ein dramatisches Auf und Ab der Ost-West-Beziehungen. Nach dem Erfolg des ersten Sputnik (Oktober 1957) entbrannte ein Wettrennen um die Raumfahrt und um die neue Technologie der Raketen, wobei sich eine sowjetische Überlegenheit zeigte. Die nächsten Jahre standen im Zeichen eines militärpolitisch unsicheren Gleichgewichts des Schreckens. Verschiedene Pläne zum Auseinanderrücken der Supermächte in Europa wurden erörtert, verworfen, von der Berlin-Krise überschattet. Vorübergehend schien eine neue Blockade zu drohen, als der anwachsende Strom von Flüchtlingen nach West-Berlin scharfe Absperrmaßnahmen des Ostens hervorrief. Am 10. November 1958 stellte Chruschtschow ein Ultimatum, mit dem der Abzug der Besatzungsmächte aus Berlin erzwungen werden sollte. Am 27. November wurde die Erklärung West-Berlins zu einer Freien Stadt innerhalb der DDR gefordert. Doch die feste amerikanische Haltung führte zu einem jener plötzlichen Kurswechsel, wie sie für die Sowjetrepublik, zumal in der Ära Chruschtschows, charakteristisch waren. Unmittelbar auf die scharfe Erneuerung der Konfrontation in Berlin folgte wieder ein Akt der Entspannung. Während das Berlin-Ultimatum ablief, ließ Chruschtschow von seinem versierten Mitarbeiter Anastas Mikojan ein neues Gipfeltreffen vorbereiten. Er reiste als erster sowjetischer Machthaber der Geschichte im September 1959 mit Familie in die USA. Wieder konnte man hören, daß gerade mit Präsident Eisenhower, dem westalliierten Oberbefehlshaber von 1944/45, auf der Grundlage des Kriegsbündnisses eine Verständigung über den Abbau des Kalten Krieges möglich sein müsse. Vor der UNO propagierte Chruschtschow die totale Abrüstung, in Hollywood aß er mit Filmstars, und mit Eisenhower diskutierte er in Camp David, dem Landsitz der US-Präsidenten, über Berlin-Frage und Abrüstung: Der vielbeschworene Geist von Camp David weckte damals – wie zwei Jahrzehnte später beim israelisch-ägyptischen Gespräch – euphorische Erwartungen.

Obwohl jener Kontakt der beiden mächtigsten Politiker der Welt ohne konkrete Ergebnisse blieb, schien eine neue Epoche der Entspannung durch Gipfeltreffen eingeleitet zu sein. Aber kurz vor dem vereinbarten Treffen in Paris, im Mai 1960, gab Moskau den Abschuß eines amerikanischen Aufklärungsflugzeuges über Rußland bekannt. In lärmenden Auftritten ging Chruschtschow ebenso brüsk wieder zur Konfrontationstaktik über, wie er zuvor jovial auf Freundschaftskurs gegangen war. Er ließ die Pariser Konferenz platzen und sagte den vereinbarten Rußland-Besuch Eisenhowers ab. Wahrscheinlich begegnete er damit zugleich Meinungskonflikten mit Kreisen der sowjetischen Führung, die den persönlichen Entspannungskurs im Sinne von Camp David ablehnten. Ausschlaggebend war wohl ebenso, daß gerade 1959/60 der sowjetisch-chinesische Gegensatz sich erstmals zum offenen Konflikt steigerte. Peking beschuldigte die Sowjetunion der Furcht vor dem Westen und der Komplizenschaft mit den USA.

Aber die amerikanisch-sowjetischen Kontaktversuche lebten in demselben Maße wieder auf, in dem die sowjetisch-chinesischen Konflikte zunahmen. Einen neuen Ansatz bot der Präsidentenwechsel von 1960 in Washington. Chruschtschow rechnete mit der unverkennbaren Neigung John F. Kennedys und seiner liberalen Berater, von den konservativen Positionen des Kalten Krieges abzurücken. Schon im Juni 1961 kam es denn auch zu der ersten Begegnung in Wien. Aber wie immer der Eindruck Chruschschows gewesen sein mag, er führte zu einer Erneuerung der ultimativen Forderung nach Lösung der Berlin-Frage im sowjetischen Sinne. Dahinter stand die Drohung, einen separaten Friedensvertrag mit der DDR abzuschließen, der dieser die Verfügung über die Zufahrtswege nach West-Berlin übergeben sollte. Beide Seiten unternahmen militärische Gesten. Am 13. August 1961 erfolgte der Bau der Berliner Mauer. Die hermetische Befestigung der gesamten Westgrenze der DDR wurde über die Jahre verstärkt ausgebaut. Das war die Perfektionierung der deutschen Spaltung, zugleich die rigorose Blockierung des millionenfachen Flüchtlingsstromes von Ost nach West, jener ›Abstimmung mit den Füßen‹, die eine so empfindliche Schwächung für das Selbstgefühl und das Potential des sozialistischen Lagers bedeutet hatte. In den Wochen der neuerlichen Konfrontation hatte die Ost-West-Bewegung noch einmal den Charakter einer Massenauswanderung angenommen: über hunderttausend Flüchtlinge im ersten Halbjahr 1961.

Die Betonmauer mit den Stacheldrahtsperren und Todesstreifen, die grausam die Stadt durchschneidet, demonstriert den verhängnisvoll doppeldeutigen Charakter der Ost-West-Politik nach Stalin: Gerade die Manifestation des Eisernen Vorhangs und des Kalten Krieges ermöglichte mit der endgültigen Konsolidierung der DDR und des Ostblocks eine stetigere Politik der Entspannung und Koexistenz, die in den Jahren zuvor noch so beunruhigende Risiken für Moskau mit sich gebracht hatte. Für einige Wochen führte die Deutschland- und Berlin-Frage noch einmal nahe an einen militärischen Konflikt heran; ein amerikanischer Panzerdurchmarsch im Fall der Blockade war erwogen, die Niederreißung der Mauer gefordert worden. Doch die Abgrenzung in Europa war vollzogen und ein Jahr später, nach der Kuba-Krise von 1962, auch weltpolitisch so weit geklärt, daß hinter der institutionalisierten Aufteilung eine Politik der vorsichtig dosierten, aber kontinuierlichen Zusammenarbeit zwischen Washington und Moskau stattfinden konnte, die unter Respektierung der beiderseitigen Sphären einer möglichst dauerhaften Regelung aller Nachkriegsprobleme und einer Vermeidung jeder direkten Konfrontation galt. In seinem triumphalen Berlin-Besuch im Juni 1963, wenige Monate vor seiner Ermordung, machte Kennedy in diesem Rahmen die westliche Position in Berlin ähnlich eindeutig klar wie zuvor Moskau seinen Ostberliner Machtanspruch. Prag war 1968 eine neue Besiegelung und eine schmerzliche Erinnerung an das Einverständnis, das so viele tragische Schicksale schuf und so viele keimende Hoffnungen im Ostblock erstickte.

Die Respektierung oder förmliche Anerkennung des Status quo gipfelte in den Verträgen, mit denen die Bundesrepublik ihre Beziehungen zur Sowjetunion, zu Osteuropa und zur DDR ›normalisierte‹. Mit seiner Politik ließ Willy Brandt als Bundeskanzler der Kooperations- und Versöhnungspolitik Adenauers nach Westen nun auch nach Osten die unvermeidliche Hinnahme der Konsequenzen folgen, die das Dritte Reich und seine Katastrophenpolitik heraufbeschworen hatte. Umstritten ist die Frage nach dem weiteren Anspruch auf Wiedervereinigung, auf den ohnehin keine deutsche Regierung einfach verzichten kann, weil und sofern er auf dem demokratischen Recht der Selbstbestimmung beruht. Der westdeutsche und innerdeutsche Meinungsstreit wird weitergehen. Aber er kann nicht mehr um die Frage einer nationalstaatlichen Revision oder eines Anschlusses der DDR geführt werden, wie zur Zeit Adenauers, sondern nur noch im Rahmen der westöstlichen Status quo- und Entspannungspolitik. Im Laufe der sechziger Jahre entstanden mehrere Einrichtungen zur Vermeidung kriegsgefährlicher Konfliktsituationen, zur Verhütung eines oft gefürchteten Krieges aus Versehen oder aus Mißverständnis, angesichts einer Kriegstechnik, die binnen Minuten zur Vernichtung des Gegners oder beider Kontrahenten führen kann. So richtete man schon 1963 einen heißen Draht, eine Direktverbindung zwischen Washingthon und Moskau, ein, erzielte ein Atomwaffenversuchsverbot, plante dann eine gemeinsame Weltraumforschung und verstärkte die wirtschaftlichen und kulturellen Beziehungen.

Aus der Distanz weniger Jahre läßt sich nicht sagen, ob man wirklich von einem Ende jener Periode sprechen kann, die weder Frieden noch Krieg war. Die Zeichen von Entspannung und sogenannter Normalisierung sind unterdessen deutlicher und dauerhafter als im Jahrzehnt von 1953 bis 1963. Dazu trug die Ablösung des ebenso aufgeschlossenen wie sprunghaften sowjetischen Parteichefs Chruschtschow im Herbst 1964 bei. Sein Nachfolger, Leonid Breschnjew, setzte die Entspannungspolitik eher noch beharrlicher fort, gewiß auch veranlaßt durch innersowjetische Probleme, aber zugleich mit Konsequenzen für das Sowjetsystem wie für die abhängigen Staaten. Die Frage einer Liberalisierung kommunistischer Systeme gewann mit dem wirtschaftlichen Fortschritt und der äußeren Konsolidierung und Lockerung neue Aktivität.

Was in Polen und Ungarn sich nach Stalins Tod entwickelt hatte, gelangte zehn Jahre später, zunächst behutsam in der relativ eigenständigen rumänischen Außenpolitik, dann dramatisch im ›tschechoslowakischen Frühling‹, dem vielfältigen elementaren Durchbruch politischer und intellektueller Bewegungskräfte, zum Ausdruck. Daß der Anspruch auf einen menschlicheren, demokratischen Kommunismus brutal und unter Protest der übrigen Welt erstickt wurde, zeigte die Basis des Einverständnisses, auf dem der prekäre, bipolare Frieden nach wie vor beruhte, obschon man den Kalten Krieg so oft für beendet erklärte. Wo diese Abgrenzung der Herrschafts- und Einflußverhältnisse nicht hinreichend stabilisiert war, wie in Vietnam, im Nahen Osten, in Angola oder Äthiopien, war auch der Kalte Krieg nicht zu Ende. Die Blockpolitik überdauerte die Periode der Lockerung; mehr als zwei Jahrzehnte nach dem Ende Stalins bestimmt sie das Gesicht Europas. Unverändert gilt die Skepsis, mit der wenige Tage vor dem Tod, im Mai 1959, Außenminister Dulles die sowjetische Koexistenzpolitik und den kommunistischen Revolutionsbegriff lapidar charakterisiert hatte: »Chruschtschow sagt, er sei für friedliche Koexistenz. Was er meint, hat er in Ungarn bewiesen: Während eine Revolution gegen eine nichtkommunistische Regierung richtig, angemessen, natürlich ist und unterstützt werden sollte, ist eine Revolution gegen eine kommunistische Regierung unweigerlich falsch und muß unterdrückt werden. So bedeutet die friedliche Koexistenz, die er befürwortet, Frieden für die kommunistische Welt und ständigen Streit für die nichtkommunistische Welt.«[2] War das lediglich die Position des Kalten Kriegers, die Dulles in den Augen seiner linken Kritiker in aller Welt verkörperte, oder faßte es doch die frühen Erfahrungen der Koexistenzpolitik mit den Realitäten von 1953 in Ost-Berlin, 1956 in Ungarn, 1958 in West-Berlin zusammen? Und erscheint es in der Perspektive der sechziger Jahre nicht ebenso treffend, wenn man die Mauer (1961), den Vietnam-Konflikt und Prag (1968) bedenkt?

Der Einfluß der Entspannungspolitik auf den inneren Zustand und die Abhängigkeit der osteuropäischen Staaten in ihrem Verhältnis zur Sowjetunion ist nicht zu leugnen, jedoch auch schwer zu bestimmen. Man kann die Versuche zur Liberalisierung und Befreiung zwischen 1953 und 1968 damit unmittelbar in Verbindung bringen, man kann aber ebenso an der Relevanz des Faktors Entspannung zweifeln. Deutlich ist, daß Détente beides zugleich oder nacheinander bewirken konnte: eine natürliche Lockerung und eine präventive Verstärkung der Diktatur, Liberalisierung und Antiliberalisierung, Reform und Gegenreform des Kommunismus. Das gilt bereits für den Abfall Jugoslawiens und die heftige sowjetische Reaktion gegenüber allen osteuropäischen Regimen. Seither ist unzweifelhaft, daß die Frage der kommunistischen Diktatur stets eng und fast unlöslich mit der Frage der nationalen und antirussischen Unabhängigkeit verknüpft ist. Im Fall Rumänien, vorher schon Albanien, zeigte sich, daß die nationale Politik eher zu verfolgen war, wenn eine straffe Diktatur beibehalten wurde. Das umgekehrte gilt für Polen und Ungarn: innere Reform und Lockerung bei Erhaltung oder neuer Stabilisierung der Abhängigkeit vom Sowjetblock und strikter Unterstützung der sowjetischen Außenpolitik. Eine Lockerung auf beiden Ebenen hingegen gelang nur in Jugoslawien; in Ungarn wie in der Tschechoslowakei wurde das Zusammentreffen von Reformkurs und nationalpolitischer Emanzipation sofort blockiert. Daß sich die DDR auf beiden Ebenen seit ihrem Schwächeanfall von 1953 am stärksten an die sowjetische Linie hält, hängt nicht nur mit der überwältigenden sowjetischen Präsenz, sondern auch mit ihrer besonderen Interessenlage in dieser Hinsicht zusammen. Sie war kein Nationalstaat und fühlte sich daher in doppelter Weise bedroht. Jede Lockerung konnte sie als Herrschaftssystem wie als Staat an der Wurzel treffen. Ihre Sonderstellung ist bis heute evident, so sehr ökonomische Fortschritte und ein augenfälliger Rückgang der Wiedervereinigungshoffnungen eine allmähliche Hinnahme des Staates durch die Bevölkerung befördern mußten.

Speziellere Untersuchungen machen klar, daß große Unterschiede zwischen osteuropäischen Staaten mit größerer oder geringer Eigenpolitik gegenüber der Sowjetmacht bestehen.[3] Neben der DDR sind es Polen, Ungarn und Bulgarien, die sich während der sechziger Jahre besonders wenig von Moskau abhoben. Auf der anderen Seite rangieren Albanien und Jugoslawien, die man auch als die Außenseiter von Sowjet-Europa bezeichnen kann[4], ferner Rumänien und die Tschechoslowakei. Im einzelnen bleibt freilich offen, warum der eine Fall von Moskau toleriert wird, der andere unterdrückt wurde. Die Reaktion erscheint nicht konsistent; der Rolle von Personen und ihren Entscheidungen kommt dabei wohl stets erhebliche Bedeutung zu. Besonders auf dem Feld der ökonomischen Reformen, die vielfach zu Annäherungen an marktwirtschaftliche, beinahe pluralistische Politik führten, war der Spielraum zeitweise ganz erheblich. Doch hing die Tolerierung offenkundig von einer vorsichtigen Mäßigung in politischen Fragen und von einem Verzicht auf politische Reform ab. Etwas mehr wirtschaftliche und individuelle Freiheit durfte nicht die historisch übliche Konsequenz von mehr politischer Freiheit haben. Es gibt zahlreiche Anhaltspunkte für einen Rückgang des sowjetischen Einflusses im nationalen Leben dieser Länder, etwa die deutliche Verschiebung zugunsten des westlichen Anteils am Osthandel, den westlichen Tourismus und die Übersetzung westlicher Bücher, zugleich eine Balkanisierung des Sozialismus.[5] Das jugoslawische Beispiel gewann mit der ökonomischen Dezentralisierung und Selbstverwaltung Mitte der sechziger Jahre neue Bedeutung für diese Tendenzen in den meisten Staaten Osteuropas, wieder mit dem Höhepunkt des Prager Frühlings. Dazu kam das Bedürfnis nach Modernisierung, nach Auseinandersetzung mit sozial- und wirtschaftswissenschaftlichen Entwicklungen des Westens, das bis heute präsent ist.

Die Auswirkungen der Entspannungspolitik seit 1969 auf Osteuropa blieben jedoch äußerst begrenzt. Weder die amerikanische China-Politik noch die deutsche Ost-Politik oder die Europäische Sicherheitskonferenz führten in der Frage der Lockerung und Änderung weiter. Hinter der Anerkennung der Herrschafts- und Einflußsphäre Moskaus beziehungsweise Washingtons blieben die Forderungen nach größerer Durchlässigkeit und Bewegungsfreiheit, auf die der Westen im Interesse der osteuropäischen Bevölkerung auf der Europäischen Sicherheitskonferenz drängte, immer wieder zurück. Schon im Februar 1970 hatte Präsident Nixon dem Kongreß erklärt, die USA wollten die legitimen Sicherheitsinteressen der UdSSR nicht unterminieren; die Zeit sei vorbei, in der man in Osteuropa strategische Vorteile gegen die Sowjetunion suchen könne; die amerikanische Politik der Verhandlung und Détente strebe danach, die vorhandenen Spannungen abzubauen, nicht neue zu erzeugen. Es bleibt die Frage, ob eine Détente, die so eindeutig auf Anerkennung des Status quo beruht, für Osteuropa vorteilhaft ist. Präsident Gerald Rudolph Ford wollte den Begriff der Détente geradezu aus dem Wortschatz der Amerikaner gestrichen sehen. Im Blick auf das deutsche Problem lockerten die Entspannungsbemühungen einen Teil jener Verkrampfungen, die für das Verhältnis sowohl der Bundesrepublik zu Osteuropa als auch der osteuropäischen Staaten untereinander und mit der DDR über zwei Jahrzehnte charakteristisch waren. Das Schreckgespenst des Revisionismus und Revanchismus konnte verblassen, die rigide Sonderstellung der DDR abgebaut werden, die Ära Ulbricht als letzte Bastion der Stalin-Zeit zu Ende gehen.

Einen weiteren Fortschritt über kleine Konzessionen im Reise- und Grenzverkehr hinaus behindert freilich die prinzipielle Abneigung des Sowjetblocks, einen Zusammenhang zwischen Entspannungspolitik einerseits, Informations- und Bewegungsfreiheit zwischen Ost und West andererseits anzuerkennen. Es ist der Testfall einer Détente, daß solche vertrauensbildenden Maßnahmen möglich werden, ohne die wirkliche Entspannung nicht denkbar erscheint. Die dürftige Wirkung der Konferenz von Helsinki wie die der gleichlaufenden Konferenzen zur Rüstungsbeschränkung dokumentiert, welche engen tatsächlichen Grenzen ihr nach wie vor gezogen sind. Wohl findet auf dem Sektor des Sports eine Art Europäisierung statt, und gewiß schaffen die Fernsehübertragungen eine engere Kommunikation, die auf ein Massenpublikum bewußtseinsbildend wirkt. Aber gerade die systemstützende Rolle des Sports wird unablässig betont. Es kann keine Rede davon sein, daß das machtpolitische Verständnis der Sowjetunion, das in der Doktrin von der begrenzten Souveränität innerhalb des sozialistischen Lagers Ausdruck findet, seit dem Testfall von Prag (1968) abgeschwächt wurde. Das zeigt sich an der restriktiven Entwicklung in der Tschechoslowakei selbst, wo man unter Gustáv Husák vergeblich einen Reformkurs ähnlich dem János Kádárs in Ungarn nach 1956 erwartet. ›Fortschrittliche‹ Veränderungen, die man in den Ländern Osteuropas nahezu pausenlos anzukündigen pflegt, werden im Westen eingehend und optimistisch diskutiert, so daß viele den totalitären und autoritären Charakter der osteuropäischen Systeme schwinden sehen.[6] Aber den Reformen folgt noch immer regelmäßig die Gegenreform. Kommunistische Diktatur und sowjetische Hegemonie bleiben erhalten. Selbst in Jugoslawien verschärften sich, zum Ausgleich der möglichen Wirkungen einer Détente, wieder die inneren Kontrollen – bis hin zur Unterdrückung intellektueller Strömungen, beispielsweise des Reformmarxismus einer Gruppe von Philosophen um die Zeitschrift ›Praxis‹, die ihre Professuren an der Universität Belgrad verloren, wenn man sie nicht gar verhaftete.

Für jede optimistische Erwartung muß eine Auflockerung in Osteuropa und Deutschland nach wie vor der wichtigste Testfall einer wirklichen Détente sein. In dieser zentralen Region sind der Zweite Weltkrieg und der Kalte Krieg entbrannt; Berlin und Warschau, Budapest und Prag waren seitdem die Schauplätze der äußersten Zuspitzung von Spannung und Rebellion. Die Aufmerksamkeit der gegenwärtigen und der künftigen Europa-Politik wie der internationalen Bemühungen um Entspannung und Liberalisierung, um Sicherheit und Verhütung des großen Konflikts muß unverändert diesem Gebiet gelten. Mag es im Vergleich zu anderen Krisenzonen in Nah- und Fernost auch als konsolidiert und entschärft erscheinen, die innere Spannung und der äußere Druck dauern fort. Denn es bleibt auch in der Politik der Détente der grundlegende Widerspruch enthalten, der alle Ost-West-Politik seit dem Krieg beherrscht, ohne daß eine wirkliche Alternative sichtbar wurde. Brandts Ost-Politik, de Gaulles Vision von einem unabhängigen Europa vom Atlantik zum Ural, die amerikanische Strategie des Bridge building zwischen Washington und Moskau, West- und Osteuropa – alle diese Versionen der Détente beruhten auf der Annahme oder Erwartung eines inneren Liberalisierungsprozesses im Ostblock und in der Sowjetunion. Beispielhaft eine Rede des amerikanischen Außenministers Dean Rusk im Oktober 1964: »It is not necessary to think of liberation as the result of some cataclysmic clash of nations; one can begin to think of liberation through change and through the reappearance of historic ties which lie deeply in the hearts of the peoples concerned.«[7] Es war der ›Wandel durch Annäherung‹, wie es Egon Bahr, ein enger Berater Willy Brandts, damals formuliert hat: eine alte Idee und neue Hoffnung, durch Austausch und Handel die Brücke nach Osteuropa zu bauen, von der Präsident Lyndon Baines Johnson so Entscheidendes erwartete. In einer bemerkenswerten Ansprache erklärte der amerikanische Präsident am 23. Mai 1964 den optimistischen Sinn dieser westlichen Osteuropa-Politik: »We will continue to build bridges across the gulf which has divided us from Eastern Europe. They will be bridges of increased trade, of ideas, of visitors, and of humanitarian aid. We do this for four reasons: First, to open new relationships to countries seeking increased independence yet unable to risk isolation. Second, to open the minds of a new generation to the values and the visions of the Western civilization from which they come and to which they belong. Third, to give freer play to the powerful forces of national pride – the strongest barrier to the ambition of any country to dominate another. Forth, to demonstrate that identity of interest and the prospects of progress for Eastern Europe lie in a wider relationship with the West.«

Von hier spannt sich in der Tat der Bogen über die deutsche Ost-Politik bis zu den Konferenzen von Helsinki (1973) und Belgrad (1977).[8] Aber einschneidende Ereignisse wie die von Prag (1968) demonstrierten immer aufs neue, daß die Sowjetunion solche inneren Veränderungen in ihrem Machtbereich blockieren würde, und zwar ohne Rücksicht auf Legalität oder Souveränität, selbst wenn – anders als die Ungarn 1956 – die Prager Reformer nicht aus dem Block ausbrachen, sondern noch im Juni 1968 Manöver des Warschauer Paktes in der Tschechoslowakei hinnahmen und sich ganz auf die inneren Veränderungen zu konzentrieren suchten. Das entscheidende Prinzip, das auch danach alle politisch substantiellen Folgen der Entspannung außerhalb des Kriegs- und Rüstungsbereichs in Frage stellte, ist das Festhalten an der kommunistischen Diktaturform und an jener kompromißlosen Zementierung des Sowjetblocks, worauf Breschnjew in den kritischen Tagen von 1968 bestand, als die tschechoslowakischen Führer auf die Sympathien westlicher Kommunisten hinwiesen. Diese, so soll er erklärt haben, seien zum Reformismus übergegangen: »Uns interessiert nicht, was sie sagen. Es gibt keine Hoffnung auf Revolution im Westen. Wir müssen die kommunistische Gemeinschaft konsolidieren.«[9]

Seit ein paar Jahren wirkt noch ein weiterer Faktor verstärkt auf die Entspannungspolitik ein: das Interesse der beiden kommunistischen Großmächte, einen amerikanischen Akkord mit dem jeweils anderen zu stören, indem man selbst die Beziehungen zu Washington intensiviert. War es zunächst die Sowjetunion, die diese Karte in den sechziger Jahren gegen China auszuspielen suchte, so parierte China mit der ebenso raschen wie überraschenden Wendung der amerikanisch-chinesischen Beziehungen, die im Juli 1971 in der Reise Kissingers und im Februar 1972 in der Einladung von Präsident Nixon nach Peking zum Ausdruck kam. Die Motive waren sowohl militärischer als auch technisch-wirtschaftlicher Art. Ein Bedürfnis nach Zusammenarbeit mit dem Westen zur Förderung des ökonomisch-industriellen Fortschritts überschnitt sich mit sicherheitspolitischen Erwägungen. Doch diese Öffnung nach Westen steht jederzeit unter innenpolitischen und ideologischen Vorbehalten. Wenn sie nicht genügend einbringt oder aber die Oppositionsregungen im kommunistischen System stärkt, wie die amerikanisch-sowjetischen Handelsgeschäfte in ihrer Verkoppelung mit der Frage der jüdischen Emigration aus der Sowjetunion Ende 1974, zeigt sich die übliche fragile und schwankende Natur aller Détentepolitik gerade auch im Zeichen der Dreierkonstellation Washington-Peking-Moskau. Das Selbstverständnis der kommunistischen Systeme wird dadurch nicht verändert. Die Zusammenarbeit mit dem Klassenfeind, dem sonst als imperialistisch verrufenen Kapitalismus, wird mit den stets verfügbaren Lenin-Zitaten als instrumentales Verfahren zur Stärkung des Sozialismus sanktioniert und zugleich beschränkt, jederzeit abrufbar oder widerrufbar gemacht.

Es bleibt allerdings die Frage, ob nicht langfristig doch Wirkungen auftreten, die den Kommunismus sowohl in Rußland und China als auch in Osteuropa und in den nichtkommunistischen Ländern substantiell betreffen könnten. Es ist die Chance, aber ebenso das Risiko einer flexibleren Entspannungspolitik, daß sie dem Westen neben der größeren Bewegungsfreiheit auch Verunsicherung und Illusionismus im Verhältnis zur nichtdemokratischen Welt einbringt. Dasselbe gilt umgekehrt für die Sowjetunion, für die kommunistische Welt. Sie findet sich in dem Dilemma zwischen dem Wunsch nach Handel mit dem kapitalistischen Westen und einer unverändert totalitären Ideologie, die sich als unversöhnliche Gegenposition zum Westen versteht. So sucht sie die Früchte einer kalkulierten Détente zu gewinnen, ohne das Risiko der offenen Gesellschaft einzugehen, das eine Politik der Entspannung als innere Folge mit sich bringt. Wie immer das Dilemma beurteilt wird, hoffnungsvoll oder skeptisch, es erhärtet, daß nicht allein der Westen unter dem Druck jener weltweiten materiellen und geistigen Veränderungen steht, die seine Werte und Ordnungen so grundlegend in Frage stellen.

Die beiden Aspekte der sowjetischen Westpolitik sind auf paradoxe Weise ständig präsent: Ideologie und Praxis, Diktatur und Koexistenz, Militanz und Entspannung. Auf der einen Seite ergibt dies die skeptische Bilanz: Moskau hat sich heute die Vorteile der Détente gesichert, ohne wie zu Chruschtschows Zeiten die Risiken der Liberalisierung und Öffnung von Staat und Gesellschaft einzugehen. Das Breschnjew-Regime hat eine Formel gefunden, um die außenpolitischen und ökonomischen Dividenden einer Kooperation mit dem Westen zu erlangen, ohne den gefährlichen Preis einer Entspannung im eigenen Hause zu zahlen.[10] Geringe Konzessionen, zum Beispiel in der Frage der jüdischen Emigration oder der Tolerierung einiger prominenter politischer Dissidenten, werden eng begrenzt und jederzeit widerrufbar gehandhabt. Auch der Import westlicher Technologie und Ökonomie hat lediglich zu geringen Veränderungen der etablierten Ordnung, ihres bürokratisch-autoritären Charakters und geschlossen-sekretiven Stils geführt. Der Entspannung als Kooperation, als Öffnung, als Liberalisierung entspricht, einem System kommunizierender Röhren gleich, die Abgrenzung als verstärkter ideologischer Kampf samt Repression. Auf der anderen Seite operiert die Sowjetunion mit größerer Behutsamkeit, sobald es um ihr konkretes Verhältnis zu Amerika und zu Westeuropa geht. Die ökonomischen Krisenerscheinungen werden zwar immer wieder als Beweis der prinzipiellen Überlegenheit des Sozialismus gewertet, aber der prophezeite Niedergang des Kapitalismus ändert nichts an der Vorsicht, mit der Moskau allen Fragen einer politischen Aktivität der kommunistischen Parteien im Westen gegenübersteht. Es gibt ein Lebensinteresse an der engen Kooperation mit der effizienteren westlichen Wirtschaft und mithin eher an ihrem Fortbestand als an ihrem Zusammenbruch. Dies gilt vorrangig für die empfindliche Wirtschaft der osteuropäischen Staaten, die von westeuropäischen Wirtschaftskrisen ebenso stark betroffen werden wie von der Ölpreisfrage. Zugleich ist die deutliche Befürchtung erkennbar, Schlappen wie der Sturz des Volksfrontregimes Salvador Allendes in Chile (1970–1973) – Versuch eines Weges zwischen Demokratie und Diktatur, einer legalen sozialistischen Revolution zwischen Freiheit und Zwang – könnten sich wiederholen, wenn die westlichen Kommunisten sich vorzeitig exponierten und auf Machtkämpfe einließen. Von daher erklärt sich der abwartende Kurs Moskaus gegenüber den italienischen, französischen und wohl auch portugiesischen Kommunisten. Überall kontrastieren die pragmatischen Erwägungen mit den ideologischen und herrschaftsdoktrinären Postulaten, sowjetrussische Realpolitik mit kommunistischer Revolutionstheologie.

Auch die anhaltende Aufrüstung der Sowjetunion, ihre wachsende Aktivität in Asien und Afrika – von Vietnam über Afghanistan und Iran bis Äthiopien, Mozambique und Angola, wo sie sogar kubanische Truppen einsetzte – sowie die Veränderung der weltpolitischen Konstellationen durch die Umorientierung Chinas tragen zu einer Komplizierung der Entspannungspolitik bei. Zunehmend treten in der zweiten Hälfte der siebziger Jahre die militärischen und außenpolitischen Schwächen Westeuropas und die Illusionen über Reich- und Tragweite der Détente hervor. In den Erfolgen des Breschnjew-Kurses steckt immer neuer Zündstoff für Differenzen über die westliche wie über die kommunistische Strategie zwischen Ost und West.[11] Das hat seine Gültigkeit auch hinsichtlich des ökonomischen Bereichs. Da besteht ein Interesse an der engen Kooperation mit der effizienteren westlichen Wirtschaft und mithin mehr an ihrem Fortbestand als an ihrem Zusammenbruch: Von westeuropäischen Wirtschaftskrisen wird die empfindliche Wirtschaft der osteuropäischen Staaten zwangsläufig ebenso stark in Mitleidenschaft gezogen wie von den Ölpreistendenzen. Die paradoxen, widersprüchlichen Züge einer solchen Politik nehmen eher zu als ab. Die Zukunftsprognosen über die innenpolitischen Folgen der Ost-West-Politik im Zeichen der Détente gehen Ende der siebziger Jahre weit auseinander.

## Kommunismus in der nichtkommunistischen Welt

Die große Verschiebung des internationalen Kräftefeldes im Gefolge des Zweiten Weltkrieges wirkte sich in drei Richtungen aus: weltpolitische Rolle der USA und der Sowjetunion, Reduzierung des Gewichts von Europa, Ausdehnung der kommunistischen Systeme auf ein Drittel der Welt. Statt rund zweihundert Millionen leben nun weit über eine Milliarde Menschen unter diesen Systemen, mehr als unter den pluralistischen Demokratien westlicher Prägung, selbst wenn man noch Indien und einen Teil Lateinamerikas dazu zählen wollte; ein weiteres Drittel machen jene neuen Staaten und Entwicklungsländer aus, die in meist militärische Diktaturregime nationalautoritärer Prägung einmündeten. Außerdem sind in den demokratischen und in den national-diktatorischen Systemen kommunistische Bewegungen legal oder illegal aktiv; ihr Einfluß stellt ein Problem dar, das mit zahlenmäßigen Angaben nicht zu erfassen ist. Von Land zu Land ist die Lage anders, dennoch treten typische Formen der Organisation und der Aktivität, der Taktik und der Strategie hervor, wie sie im ideologischen Schrifttum des Weltkommunismus verbindlich formuliert sind. Deshalb ist sowohl die Analyse der einzelnen kommunistischen Parteien im Rahmen von Länderstudien als auch der systematische Vergleich im Überblick aufschlußreich.[12] Zusätzliche Komplikationen bilden die Abspaltung oder Sonderentwicklung kommunistischer Parteigruppen, die einem Anti-Moskau- oder Pro-Peking-Kurs, einer trotzkistischen oder anarchistischen Richtung folgen und durch ihre militante oder gewalttätige Aktivität über die noch so geringen Mitglieder- und Wählerzahlen hinaus politischen Widerhall erreichen.

Durchgängig gilt die Beobachtung, daß entgegen der Marxschen Erwartung proletarisch-kommunistische Großparteien oder Massenbewegungen unter demokratischen Verhältnissen nirgends Aussicht auf Gewinn einer Wählermehrheit und auf legale Regierungsgewalt haben. Nach dem Stand von 1973 entfielen fast vierundneunzig Prozent aller kommunistischen Parteimitglieder in der Welt auf die vierzehn Länder unter kommunistischer Herrschaft, siebzig Prozent allein auf China und die Sowjetunion; nur sechs Prozent leben in Mehrparteiensystemen. Man zählt etwa hundert nationale kommunistische Parteien. In einem Viertel der Staaten, darunter in allen arabischen, sind sie verboten. Die Zunahme der Mitgliedschaft blieb in den letzten fünfundzwanzig Jahren, seit den Entscheidungen von 1949/50, im wesentlichen auf die kommunistischen Systeme selbst beschränkt. Auch in Japan – 320000 Mitglieder, zehn Prozent Wähler – und in den beiden europäischen Demokratien, in denen kommunistische Großparteien mit neunzig Prozent der westeuropäischen Mitgliedschaft überhaupt existieren, in Italien – 1,6 Millionen Mitglieder, siebenundzwanzig Prozent Wähler, bei den folgenden Wahlen bis vierunddreißig Prozent – und Frankreich – 275000 Mitglieder, zwanzig Prozent Wähler, ist allenfalls der Weg über Koalitionen zur Macht denkbar. So bleibt es denn trotz allen demokratischen Legalitätsbeteuerungen doch bei dem von Lenin abgeleiteten Doppelrezept zur Machtergreifung: Benutzung eines Links- oder Volksfront-Bündnisses und zugleich oder auf dieser Basis gewaltsame Durchsetzung der Alleinherrschaft durch Druck oder Terror.

Im allgemeinen vermögen die kommunistischen Parteien unter demokratischen Verhältnissen sowie in den meisten Nationaldiktaturen nur einen zahlenmäßig äußerst geringen Teil der Bevölkerung zu gewinnen, ganz im Gegensatz zu ihrem Anspruch, als einzige oder vorrangige Vertreter der arbeitenden Masse zu gelten. Außer den genannten Ländern mit größeren KPs sind noch Finnland – 50000 Mitglieder, siebzehn Prozent Wähler – und Chile vor dem Putsch von 1973 – 120000 Mitglieder, etwa fünfzehn Prozent der Abgeordneten – zu nennen, wobei in Finnland die Sozialdemokraten als

Vertreter der Arbeiterschaft mit einem Verhältnis von sechsundzwanzig zu siebzehn Prozent viel stärker waren. Es sind andere Wege, jene über eine Bündnisstrategie sowie über eine Infiltration und Manipulation von gewerkschaftlichen Aktivitäten, die im politischen Machtkalkül eine besondere Rolle spielen. Analysen der Wahlstatistiken und Schätzungen der Mitgliederziffern ergeben, daß im Verhältnis zum weltrevolutionären Anspruch die zahlenmäßige Präsenz des Kommunismus sowohl in Industrie- als auch in Agrarländern, in alten und neuen Staaten, klein geblieben ist. Um so mehr Funktion kommt der Kaderpartei zu. Die kommunistischen Minderheiten fühlen sich als Elite oder werden gerade dann als solche bewertet, wenn kritisch auf die Tatsache hingewiesen wird, daß die nichtkommunistischen Liberalen und Demokraten, Sozialisten und Nationalisten in den Parteisystemen und Wahlergebnissen aller Länder außerhalb des sowjetisch-chinesischen Machtbereichs weitaus die Mehrheit darstellen. Es hat jedoch einige Bedeutung, wenn die beiden kommunistischen Parteien Indiens – die moskau-orientierte CPI arbeitet volksfrontartig mit der führenden Congress Party zusammen – je fast fünf Prozent der Stimmen erhalten. Das sind immerhin 14,5 Millionen in einem Riesenland, dessen Demokratie nach der autoritären Suspendierung durch Indira Gāndhi (1975) vom Zerfall bedroht ist; der Verlust der Demokratie in Indien würde das demokratische Lager in der Welt um ein Drittel reduzieren. Aber nur in Frankreich und Italien existieren traditionell große kommunistische Wählerparteien; sonst liegt ihre Wählerstärke fast durchweg unter fünf Prozent, in Westdeutschland und in den britisch geprägten Regierungssystemen erreicht sie noch nicht einmal ein Prozent. Sie bilden weithin eine Quantité negligeable, die erst durch ihre autoritäre Elite- und Revolutionstheorie Bedeutung erlangt – nicht dagegen als eine demokratische Volks- oder Massenbewegung, wie es der ideologische Anspruch will.

Historisch gesehen zeigt sich eine bemerkenswerte Fluktuation der zahlenmäßigen Verhältnisse der kommunistischen Parteien. Sie bezeugt, daß außenpolitische Tendenzen, die allgemeine Bewertung der sowjetischen Politik und die jeweilige Parteilinie die Mitgliederzahlen ebenso beeinflussen wie innenpolitische und sozioökonomische Probleme in den einzelnen Ländern. Als Höhepunkte in der wellenförmigen Bewegung der kommunistischen Anhängerzahlen erscheinen die Jahre wirkungsvoller antifaschistischer Propaganda vor 1933, die Zeit des Spanischen Bürgerkrieges und die Volksfront-Politik in Frankreich (1936 bis 1938). Die Anti-Hitler-Koalition (1941 bis 1945) brachte einen erheblichen Zuwachs an organisierten Anhängern, noch mehr an Sympathisanten aus allen Bevölkerungskreisen, in verschiedenen Staats- und Gesellschaftssystemen. Während die Tendenz in den Jahren des Kalten Krieges rückläufig war, geht sie seit den sechziger Jahren wieder auf Zunahme. Daran ist der lateinamerikanische Linksextremismus nicht ganz unbeteiligt. Der revolutionäre Anspruch des Kubaners Fidel Castro beruhte seit 1959 auf dem populären Kampf gegen den US-Imperialismus, für den er die ökonomische und militärische Abhängigkeit von Moskau, zuweilen auch von Peking, eintauschte. Obwohl der Vorstoß Chruschtschows in der Kuba-Krise nach dramatischen Entschlüssen Kennedys mit dem Rückzug der sowjetischen Raketen im Oktober 1962 endete, wirkte der kommunistische Brückenkopf weiterhin als ein Wahrzeichen des Antiamerikanismus und als Basis für den chinesisch-maoistisch inspirierten Guerillakampf, mit dem umstürzlerische Castro-Männer wie der weltweit glorifizierte Argentinier Ernesto Che Guevara verelendete Bauernmassen zu mobilisieren suchten. Guevara wurde 1967 von bolivianischen Militärs erschossen.

Die Aktivitäten der revolutionären Umsturzbewegungen hielten an. Als Stadtguerilla posierende Terrorgruppen trachten danach, mit Geiselentführungen und punktuellen Gewaltaktionen das Establishment zu verunsichern. Die von Washington gestützten Maßnahmen zur Abwehr der Guerillatätigkeit wirkten sich gegen die Linke insgesamt aus, stärkten die bestehenden Diktaturen und trugen sogar zum Scheitern des einzigen sozialistischen Experiments mit legalen Mitteln in Lateinamerika bei: des Volksfront-Regimes Allendes in Chile. Der Castroismus begeisterte zahlreiche Linksintellektuelle in allen westlichen Ländern. Von daher stammen Slogans für die Radikalisierung der Universitäten im Westen, die in die weltweiten Studenten- und Guerillabewegungen einmündeten. Diese sind ein guter Nährboden für die kommunistische Renaissance, die seit etwa einem Jahrzehnt in den westlichen Demokratien vornehmlich unter Intellektuellen und im Mittelstand zu registrieren ist. Sie vermag allerdings in der breiten Arbeiterschaft kaum Fuß zu fassen, sofern diese nicht, wie in Frankreich und Italien, längst teilweise kommunistisch organisiert ist. Die sozialdemokratischen Parteien halten oder verbessern fast durchweg ihre Stellung, wo sie traditionell stark sind. Auch die neuen oder erneuerten kommunistischen Bewegungen bleiben in allen übrigen Ländern in der Rolle von kleinen Außenseiter- und Extremparteien. Selbst in der Revolutionslage Portugals gelangte die KP nicht über fünfzehn Prozent hinaus.

Der kommunistische Zuwachs seit 1945 birgt Ausgangspunkt und Ursache für immer neue Spaltungen und Anfechtungen. Der Konflikt Moskau–Peking, in dem man sich gegenseitig der Häresie bezichtigt, und das alte Problem der linksextremen Gewaltstrategie, das sich in der Wiederbelebung der Anarchismusdebatte spiegelt, wirken anziehend und zugleich abstoßend auf potentielle Anhänger und Sympathisanten. Neben der leninistischen, dritten Internationale, der als Kominform wiedererstandenen Komintern, bildete sich eine vierte, in der die trotzkistischen Gruppen ihren Weltanspruch anmelden, so klein sie sein mögen. Solche Anschauungsunterschiede erhöhen zwar das Interesse der Öffentlichkeit und machen die kommunistischen Gruppen stets präsent, aber sie stören auch das Bedürfnis nach sicherer Orientierung und totaler Heilsgewißheit, die der Kommunismus als politische Religion mit seinem Dogma der Welterklärung und Welterlösung befriedigen will. Wenn mehrere kommunistische Zentren mit dem Anspruch auf Verbindlichkeit der marxistisch-leninistischen Theorie und Politik auftreten, dann mag dies die Anziehungskraft des Kommunismus auf die Anwärter eines allumfassenden und fanatisch vertretenen politischen Glaubens ebenso schmälern, wie es diesen intellektuell interessanter macht. Alarmierend ist die radikalisierende Wirkung, wie sie von moralisch erregenden und politisch fragwürdigen Ereignissen in den westlichen Gesellschaften der Gegenwart ausgeht, zumal auf die Jugend und die junge Intelligenz. Sie sind beeindruckt von Maos dynamischem Rezept einer permanenten Revolution durch Ausspielen des parteilichen Aktivismus gegen staatliche Funktionäre, der jungen Generation gegen die Alten, der Schüler und Studenten gegen Lehrer und Professoren, von den einseitigen Kampagnen gegen den Vietnam-Krieg, für den Weltfrieden, zur Lösung der Rassen- und Ernährungsfragen, für die Befreiungsbewegungen der Dritten Welt und insgesamt gegen den Kapitalismus, der sich für alle Gebrechen verantwortlich machen läßt.

So werden sie unversehens für linke, oft kommunistisch gesteuerte oder vereinnahmte Aktionen und Bindungen gewonnen. Besonders leicht können die vielzitierten Widersprüche im Kapitalismus, die aus der raschen Industrialisierung mit Hilfe internationalen Kapitals und Monopolisierung resultieren, im Sinne der marxistischen Analyse hochgespielt werden. Allerdings bietet das wirtschafts- und machtpolitisch mindestens ebenso egoistische Verhalten der kommunistischen Staaten, voran die Großmachtpolitik der Sowjetunion, keine sozialistische Alternative. In Wahrheit gibt es heute keine sozialistische Weltwirtschaft, sondern lediglich ein in sich zusammenhängendes, interdependentes System weltwirtschaftlicher Beziehungen, das nach wie vor einen prinzipiell kapitalistischen Charakter hat; die kommunistischen Staaten sind daran nach den Formen und Regeln des Kapitalismus beteiligt. Jeder Staat folgt egoistisch seinen Interessen, einer Art Staatsräson, ohne daß man ihn deswegen als progressiv beziehungsweise reaktionär einstufen kann, wie es die Ideologen behaupten. – Es ist nicht zuletzt der alte Traum von einem dritten Weg, der immer wieder aus solchen Konfrontationen hervorgeht und den kommunistischen Effekt der Kapitalismuskritik aufspaltet. Man kann nicht nur mit Wolfgang Leonhard von einer Dreispaltung des Marxismus sprechen[13], sondern wird oft in ein und demselben Land eine viel größere Skala von Differenzierungen bemerken: prosowjetisch, prochinesisch, projugoslawisch, prokubanisch, trotzkistisch, rätediktatorisch, anarchistisch und Gleiches in Gegenpositionen. Die kommunistischen Richtungen scheiden sich wieder und wieder an konkreten Entscheidungen, vornehmlich an der Stellungnahme zu den Versuchen eines selbständigen Weges zwischen den Blöcken und zu der Forderung einer sozialistischen Demokratie zwischen sowjetischer Autokratie und westlichem Kapitalismus. Aber die Geschichte der Spaltungen und Distanzierungen gegenüber sowjetischer Großmachtpolitik zeigt nach einer kurzen Periode der Offenheit und Selbstkritik, daß der dritte Weg noch weniger Aussicht auf Gefolgschaft und Erfolg hat als die kommunistische Hauptlinie, die überwiegend von Moskau bestimmt wird. Auch die massive Kritik an den sowjetischen Interventionen in Budapest und Prag, die in den westlichen Hauptparteien von Italien und Frankreich geübt wurde, mündete nie in eine größere Unterstützung des dritten Weges, der Trotzkisten oder der Maoisten, sondern wiederholte nur jene personellen und ideologischen Positions- und Gruppenkämpfe, die seit dem Beginn in den frühen zwanziger Jahren für den Kommunismus charakteristisch sind.

Ein Überblick über die Stärke und die Gruppierungen unter den kommunistischen Bewegungen in nichtkommunistischen Staaten läßt erkennen, daß die Politik einer Détente zwischen den USA und der Sowjetunion, vollends zwischen den USA und China zu vermehrten Schwierigkeiten in den nationalen und internationalen Parteiorientierungen des Kommunismus führte. Der Kommunismus wird durch das Hervortreten einer multipolaren Welt, welche die Bipolarität zurückdrängt, vor neue Probleme gestellt, und es mag so scheinen, daß der Abbau des Kalten Krieges auch in dieser Hinsicht neue Möglichkeiten enthält. Dennoch gilt die allgemeine Beobachtung, daß Détente nur bis an einen Punkt geführt wird, an dem sie ihre Voraussetzung, den Zusammenhalt der Systeme und Blöcke, nicht ernsthaft gefährdet. Die tschechoslowakische Krise samt ihrer ansteckenden Wirkung wurde weltweit durch Spaltungen, Neugründungen, Neubesetzungen von kommunistischen Parteien und Führungen so eindeutig bewältigt, daß sie kaum weiterreichende politische und ideologische Folgen nach sich zog. Alle Hoffnungen auf eine grundlegende Wandlung des Weltkommunismus im Zeichen der Entspannungspolitik und einer Modernisierung oder gar Liberalisierung und Demokratisierung, alle Erwartungen hinsichtlich einer konsequenten Entsprechung von äußerer und innerer Détente, erscheinen entweder verfrüht oder überhaupt verfehlt, weil sie die Fortdauer jenes prinzipiellen Unterschieds zwischen der pluralistisch-liberalen und der zentralistisch-autoritären Konzeption unterschätzen, vor dem seit je alle Versuche einer Versöhnung von Kommunismus und Demokratie zu Illusionen werden.

Es ist mithin bezeichnend, daß die Kommunisten solche Versöhnungen in Gestalt von Volksfront-Bündnissen und gemeinsamen Aktionen der sogenannten demokratischen Kräfte von Zeit zu Zeit proklamieren, jedoch mit militanter Entschiedenheit alle daran geknüpften Theorien einer allmählichen Konvergenz der Systeme bekämpfen. Vor den zentralen Fragen einer sonst so stark propagierten Entspannungspolitik, die der westliche Kommunismus seit Jahren ungelöst läßt, weicht man weiterhin in sichere Bereiche der Agitation aus: entweder in die generelle wohlfeile Propaganda gegen Kapitalismus und Faschismus oder in Teilfragen von sozialer, ökonomischer und humanitärer Bedeutung, die konkret und zugleich einleuchtend genug sind, um die ideologischen und theoretischen Widersprüche der kommunistischen Position in der Entspannungs- und Demokratisierungspolitik zu verdecken oder vergessen zu machen. Dabei schaffen aber die seit Ende der sechziger Jahre forcierten Bemühungen der italienischen und französischen Kommunisten, über Volksfront-Bündnisse oder Großkoalitionen nach einem Vierteljahrhundert endlich wieder in die Regierung zu gelangen, immer neue Konflikte um die Moskauer Parteilinie. Der Versuch, national selbständig zu erscheinen und überhaupt die Spannungen zwischen nationalen und sowjet-kommunistischen Interessen zu überspielen, erscheint zeitweilig als die bestimmende Taktik dieser beiden großen Parteien sowie der finnischen KP, während in den übrigen Ländern des Westens die zahlenmäßige Position des Kommunismus trotz aller propagandistischen Präsenz für eine einflußreichere Bündnispolitik zu klein ist. In Westdeutschland beispielsweise gaben 1972 und 1976 trotz Aufschwung linksradikaler und kommunistischer Aktivitäten seit 1968 nur 0,3 Prozent der Wähler ihre Stimme für die DKP ab. Wo die Kommunisten mit wenigstens fünf Prozent eine Schlüsselstellung einnahmen, wie angesichts der sozialdemokratischen Minderheitsregierung Olof Palme (1974) in Schweden, ergaben sich sogleich die geschilderten Probleme.

Der Kommunismus in der nichtkommunistischen Welt ist nur unvollständig beschrieben, solange er nicht mit dem Grad der tatsächlichen politischen Stabilität der einzelnen Staaten verglichen wird. Obwohl die kommunistischen Parteien fast überall als Splitter- oder Kleinparteien existieren, bauen sie auf ein Potential von Unzufriedenen und Protestierenden, das in politischen und ökonomischen Krisen mobilisiert werden kann. Zu dem, was für die Strategie der Kaderpartei, der Volksfront und der legalen oder illegalen Machtergreifung einer Minderheit relevant ist, gehört die Anziehungskraft des Marxismus auf einflußreiche Kreise der Gesellschaft, zumal der jüngeren Intelligenz. Die so verführerisch geschlossene Kapitalismus- und Gesellschaftskritik, in den Entwicklungsländern ihre antikoloniale Weiterentwicklung in der Imperialismuskritik, sind bequeme Mittel zur Erklärung aller Probleme als Folgen fremder Ausbeutung. Die Wirkung auf die Länder Lateinamerikas, die vom Trauma der europäisch-nordamerikanischen Überlegenheit geradezu besessen sind, könnte sich künftig stärker als bisher auch in einer Anfälligkeit für linke Revolutionen nach dem Muster Kubas oder Chiles erweisen. Die lateinamerikanischen Staaten, die aus dem Zwischenstadium von Kolonial- und Entwicklungsländern mit halb industrieller, halb agrarisch-feudaler Struktur nicht herausgewachsen sind, enthalten durch ihre vielen Widersprüche manchen Zündstoff. Das Experiment Salvador Allendes war schon wegen der ökonomischen Unfähigkeit zum Scheitern verurteilt, selbst wenn man die Gegenwirkungen von außen, hauptsächlich seitens der USA, bedenkt; Wiederkunft und Ende des Peronismus änderten nichts an der Dauerkrise Argentiniens; das brasilianische Militärregime steht trotz modernisierenden Zügen noch in der Tradition einer autoritären Oligarchie; stabil ist die reaktionäre Dauerdiktatur in Paraguay; auch Uruguay, einst als die Schweiz Südamerikas gerühmt, ist weit von seiner demokratischen Vergangenheit entfernt; die Hoffnungen auf die progressive Militärdiktatur in Peru sind mittlerweile geschwunden; das vom Ölreichtum begünstigte Venezuela und das wirtschaftlich wie sozial erfolgreich reformierte Mexico vermochten am ehesten Regierungen mit westlich-demokratischen, rechtsstaatlichen Merkmalen zu stabilisieren. Die nahe Zukunft Lateinamerikas steht unter dem wachsenden Druck der explosiven Probleme, die ähnlich wie in Indien, anders als in China, wo Kampagnen zur Geburtenbeschränkung und gegen Frühehen längst eingeleitet sind, durch die starke Bevölkerungszunahme erheblich dramatisiert werden – ein möglicher Einsatzpunkt für die weltkommunistische Tendenz.

Eine Renaissance des Marxismus ist in allen westlichen Ländern unverkennbar. Sie geht mit weitreichenden Forderungen nach Veränderung gerade auch in den demokratischen Systemen einher, ohne daß es bislang gelungen wäre, die linken und marxistischen Ideen in konkrete politische Organisation und Machtstrategie umzusetzen; denn die kommunistischen Machtergreifungen erfolgten weder durch intellektuelle Überzeugung noch über den Stimmzettel, sondern überall durch militärische Gewalt. Was die Guerillabewegungen und Studentenrevolutionen der sechziger Jahre anlangt, so leiteten sie, obschon ihnen wenig geistige Substanz über den neomarxistischen Ansatz hinaus eignet, doch einen schwerwiegenden weltweiten Prozeß der Gewöhnung an Gewalt und Unterminierung rechtsstaatlicher Ordnungen im Namen einer total und absolut gesetzten sozialen Gerechtigkeit ein. Seine Folgen könnten beides sein: Durchdringung mit linksradikalen Ideen und Verunsicherung der Demokraten, zugleich Brutalisierung und Gegenreaktion mit der Gefahr einer Zerstörung der moralischen und politischen Ordnungen. Eine Welt, in der schon heute zwei Drittel der Bevölkerung unter diktatorischen Regimen leben und außer Lateinamerika auch der große Subkontinent Indien bedroht erscheint, könnte auf solche Weise reif werden für jene totalitäre Transformation, die der Kommunismus auf demokratischem Weg nicht zu erreichen vermag. Das entspricht der Erwartung der sowjetischen Ideologen im professoralen Gewand, die ungeachtet aller Spaltungen und Konflikte im Kommunismus unter ständiger Berufung auf Lenin eine Kommunistische Weltbewegung (KWB) im steten Vormarsch sehen und seine Strategie und Taktik offen verkünden – mit pseudowissenschaftlicher

Gewißheit und einer Deutlichkeit, die den Anhängern Begeisterung vermittelt, während sie von den anderen oft zu wenig ernst genommen wird.[14]

Für die KWB sind nach Wadim Sagladin, dem stellvertretenden Leiter der internationalen Abteilung des ZK der KPdSU, fünf Punkte maßgebend. Erstens: Auch im Zeitalter der Détente wird die sozialistische Revolution als Hauptaufgabe bezeichnet. Ihr Merkmal ist »die Machtübernahme durch die kommunistische Partei, die als Vertreterin des Proletariats auftritt«. Dabei ist der bewaffnete Aufstand »nur einer der möglichen Wege der Revolution; auch ein friedlicher Weg ist denkbar«. Mit entwaffnender Logik wird die pseudolegale Machtergreifung propagiert: »Falls die herrschenden Klassen bereit sind, der Machtübernahme durch die revolutionäre Klasse keinen bewaffneten Widerstand zu leisten, ermöglichen sie den friedlichen Weg der Revolution.« Es wird aber vorausgesagt, »daß die Revolution in unserer Zeit in einer großen Gruppe von kapitalistischen Ländern offensichtlich auf nicht-friedlichem Wege vor sich gehen wird. Zu diesen Ländern gehören viele lateinamerikanische Staaten und auch verschiedene Länder Westeuropas«. – Zweitens: Es muß alles getan werden, um jene politische und wirtschaftliche Krise zu beschleunigen, in der allein die Revolution möglich ist. Dazu gehören Bündnisse mit anderen Gruppen; denn die kommunistischen Parteien ändern »die Form ihrer Taktik so oft, wie dies erforderlich ist«. Geschaffen werden soll »ein Staat der Diktatur des Proletariats«, in welchem die kommunistische Partei schlechterdings »die Macht ausübt«. Sie tut dies mit dem Ziel der »Unterdrückung des Widerstands der feindlichen Klassen«. – Drittens: Zur Vorbereitung der Revolution ist jedes Mittel und jede Täuschung recht. Der Weg über den »antifaschistischen Befreiungskampf« und eine »volksdemokratische Revolution« bot vor und nach 1945 besonders gute Möglichkeiten, weil »dieser Kampf durch die Sowjetarmee unmittelbar unterstützt werden konnte«. Heute ist »der Kampf für Frieden, Demokratie und nationale Befreiung eines der wichtigsten Mittel, die Massen an die Revolution heranzuführen«. Bei dieser Bündnispolitik werden »allgemein-demokratische« Parolen von der Demokratisierung über Mitbestimmung bis zur Mittelstandspolitik benutzt, an die sich die kommunistischen Regime selbst in keiner Weise halten, die aber »die Unterstützung auch von Kräften finden, die unmittelbar revolutionäre, sozialistische Maßnahmen kaum befürworten würden«. – Viertens: Diese innere Vorbereitung der Revolution durch bewußte Vortäuschung und Manipulation sogenannter demokratischer Ziele wird außenpolitisch durch die sowjetische Koexistenzpolitik und die kommunistische Friedenspropaganda unterstützt. Das »hat nichts mit Pazifismus gemein«. Abgelehnt werden nicht alle Kriege, sondern nur »ungerechte« Kriege. Zu unterstützen sind hingegen alle Bewegungen für soziale und nationale Befreiung, antiimperialistische und revolutionäre »gerechte Kriege«, wie immer man sie jeweils aus der kommunistischen Parteiräson definiert. Auch dies kann zum Bündnis mit nichtsozialistischen Kräften benutzt werden, sofern und solange es dem revolutionären Fernziel zustatten kommt. In diesem Sinne ist die »friedliche Koexistenz... aus marxistisch-leninistischer Sicht eine spezifische Form des Klassenkampfes«. Die taktische Zusammenarbeit mit den »kapitalistischen« Staaten im Rahmen der Entspannungspolitik trägt zum ökonomischen Wachstum der »sozialistischen« Länder bei, wodurch »die materielle Basis des weltweiten revolutionären Prozesses gefestigt wird«. Denn: »Die KWB kämpft für friedliche Koexistenz und Zusammenarbeit, weil sie ihrem Ziel förderlich sind.« – Fünftens: Nach dem Grundsatz, daß der Zweck die Mittel heilige, wird schließlich auch das Verhalten in und gegenüber den »bürgerlichen Demokratien« bestimmt. Die Kommunisten sind angehalten, die demokratischen Werte und Institutionen, die bürgerlich-sozialen Rechte und Freiheiten als Druckmittel gegen eben jene »kapitalistischen« Demokratien zu benutzen. Weil Mitarbeit in den »Vertretungsorganen bürgerlich-demokratischer Staaten« eine wirkungsvolle »Voraussetzung für den Klassenkampf« ist und die Werte der bürgerlichen Demokratie sich besonders gut zur vorrevolutionären Bündnispolitik eignen, sollen Kommunisten im Kampf gegen »faschistisch-diktatorische Regime« zunächst für bürgerliche Demokratien eintreten. Dabei wird das Verhältnis zu den Sozialdemokraten wie schon in den zwanziger Jahren auf charakteristisch zweideutige Weise bestimmt. Sozialdemokraten sind »Hauptfeinde der Einheit der Arbeiterklasse«, was vor allem auf ihre »rechten Führer« und die »unter ihrem Einfluß stehenden Gewerkschaften« zurückgeführt wird. Andererseits machen die taktischen Umstände, besonders die bedeutende Stellung der Sozialdemokraten in Westeuropa, eine zeitweilige »Aktionseinheit« notwendig. Die erforderlichen Zugeständnisse stehen jedoch stets unter Vorbehalt und ändern nichts an dem prinzipiellen Kampf gegen den »Sozialdemokratismus«.

Für die konkrete Politik der Kommunisten und ihre Einschätzung dokumentiert sich hier eine Kontinuität der machtpolitischen Zielsetzung, die heute häufig durch Erwartungen an die Entspannungspolitik, durch Konvergenzerscheinungen und Kooperationstaktik, zumal in Italien oder Frankreich, verdeckt wird. Der poststalinistische Kommunismus verzichtet nicht auf den ursprünglichen Monopolanspruch; seine Strategie in der nichtkommunistischen Welt ist von den zeitbedingten Änderungen sowie von den Spaltungs- und Führungsproblemen im Verhältnis Moskau–Peking wenig betroffen. Das Ziel bleibt die Revolutionierung, die kommunistische Diktatur. Der Weg dorthin kann über eine Volksfront oder große Koalition führen, in der sich die Kommunisten zunächst demokratisch verhalten, um dann, im Besitz der Regierungsgewalt, zunehmend diktatorische Ziele anzusteuern. In Frankreich hielten die Kommunisten trotz verbalen Zugeständnissen für die ›Diktatur des Proletariats‹ auch bei ihrer Bündnispolitik mit den Sozialisten an der sowjetischen Linie fest, ob es sich nun um die Entspannung oder um deren Grenzen handelte. Größer erscheint die Bewegungsfreiheit der italienischen Kommunisten, die als Massenpartei selbst in bürgerliche Schichten reichen und über kommunale Machtpositionen verfügen. Gegenüber Moskau wurde zuweilen ein eigener Kurs demonstriert, um die Anhänger zu beschwichtigen. Die parlamentarisch so schwierige Situation in Italien mag eine Regierungsbeteiligung der Kommunisten nahelegen; man mag hoffen, der Zwang zu einer verantwortlichen Staatspolitik könne sie in ihrer Rolle als Ordnungsmacht festhalten. Aber gewiß ist es falsch, sie in dieser Hinsicht mit Sozialdemokraten oder Mitgliedern der Labour Party gleichzusetzen. In Wahrheit strebt der Kommunismus stets die autoritäre Ordnung an, jene Ordnung der Diktatur, mit der er seine organisatorische Geschlossenheit erreicht, die jedoch bürgerliche wie linksradikale Verbündete so oft enttäuscht hat. Das Problem einer Einbeziehung der Kommunisten in demokratische Politik besteht eben darin zu verhindern, daß diese Ordnung der Diktatur an die Stelle der Demokratie gesetzt wird. Es ist umstritten, ob dies je gelingen kann. Kommunistische Machtergreifung bedeutet seit Lenins Beispiel unverändert die unbefristete Parteidiktatur, ob sie nun auf gewaltsam-putschistische oder auf pseudodemokratische Weise durchgesetzt wird.

Taktik und Strategie der kommunistischen Partei in der nichtkommunistischen Welt lassen zwei Merkmale erkennen. Zum einen werden Koexistenz- und Détente-Politik auch heute im Sinne Lenins nur instrumental, als Mittel zum Zweck der revolutionären oder pseudolegalen Machtdurchsetzung, gesehen. Zum zweiten trägt das Konzept der kommunistischen Machtergreifung auch in der nachstalinschen Epoche durchaus totalitäre Züge; von einem grundlegenden Wechsel zu sprechen und den demokratisch-friedlichen Charakter der kommunistischen Politik, ihre Modernisierung gegenüber der stalinschen Autokratie hervorzuheben, heißt die gleichbleibenden totalitären Grundzüge verkennen: den unveränderten Monopolanspruch und die ideologische Dogmatik des Kommunismus in aller Welt. Sein taktisches Verhalten, das wechselnde Bekenntnis zu revolutionärer oder zu pseudodemokratischer und pseudolegaler Machtergreifung, ist ein konstantes Charakteristikum, das dem Links- und Rechtstotalitarismus gleichermaßen eignet. Die Behauptung, man könne linken und rechten Totalitarismus nicht vergleichen, übersieht diesen Grundzug, der zuerst für die Technik und Taktik der Machtergreifung, dann für den Aufbau der totalitären Diktatur bezeichnend ist – damals wie heute. Wie immer man die ideologische und politische Qualität des Kommunismus und seiner Diktatur im Vergleich zu faschistischen und verwandten Diktaturbewegungen bewerten mag, stets treten neben den großen Unterschieden die grundlegenden Ähnlichkeiten in der praktischen Partei- und Herrschaftspolitik hervor. Damit ist die Möglichkeit künftiger

Entwicklungen zu größerer Selbständigkeit nationaler kommunistischer Parteien nicht verneint. Die Doppelrolle war immer vorhanden: einmal als nationale Partei, zum anderen als Teil der kommunistischen Weltbewegung; die eine Funktion sollte die andere stützen, aber sie ging letztlich auf Kosten der Demokratie. Einen Sonderweg beschritt die kommunistische Partei Jugoslawiens, wenngleich selbst dieses Beispiel die Grenzen zeigt, die einer Liberalisierung gesetzt sind, solange kommunistische Parteien sich der erst neuestens umstrittenen Diktatur des Proletariats und damit dem totalitären Monopolanspruch verpflichtet fühlen. Neben der Frage nach Selbständigkeit gegenüber Moskau oder Peking ist dies der eigentliche Prüfstein. An der Unvereinbarkeit von Kommunismus und freiheitlicher Demokratie hat sich nichts geändert, so groß die Wünsche und Erwartungen an eine nachtotalitäre Epoche auch sein mögen.

Ob Détente eine wahrhaft langfristige Veränderung nicht nur der internationalen Politik, sondern auch der Entwicklung und des Verhältnisses von kommunistischen und demokratischen Systemen und Parteien darstellt, muß offen bleiben. Sicherlich wirkt in ihr mehr Kontinuität und taktisches Verhalten des Weltkommunismus nach, als viele optimistische Deutungen annehmen. Immerhin läßt sich hoffen, daß eine lange Gewöhnung an friedlichere Formen des Konflikts zu Änderungen im politischen Denken jener führt, die noch immer Kampf und Unterdrückung als Mittel ihrer Politik bekennen. Solange die friedliche Koexistenz proklamiert, eine ideologische Koexistenz jedoch für prinzipiell unmöglich erklärt wird, muß es wohl bei dem Scheinfrieden eines bloßen Waffenstillstands zwischen feindlichen Lagern bleiben.

## Außeneuropa – Amerika

In vier Staaten außerhalb Europas haben sich europäische Kultur und westliche Politik bestimmend erhalten. Als ehemalige Kolonialländer wurden sie im 20. Jahrhundert zur Stütze des Westens und Europas selbst: die USA sowie die Commonwealth-Staaten Kanada, Australien und Neuseeland. Von europäischen Einwanderern gegründet, doch lange vor der Emanzipation der Dritten Welt über den Kolonialstatus hinausgewachsen, bildeten diese Länder rechtsstaatliche Demokratien, die an Stabilität die meisten Staaten, selbst diejenigen Europas, übertreffen. Eine Geschichte Europas, die den weiteren Unmkreis unserer Zivilisation bedenkt, muß diesen Zusammenhang mit ›Außeneuropa‹ heute, im Zeitalter der globalen Verbreitung und Krise des Europäischen zugleich, mehr denn je beachten. Neben Japan und Westeuropa erreichten die vier außeneuropäischen Länder den höchsten Lebensstandard und das größte Maß an politischer und geistiger Freiheit. Der englische Ursprung wirkte sich in diesen Einwandererländern entschiedener aus als der europäische Einfluß in den Kolonien mit eingeborener Bevölkerung, die mit der Selbständigkeit den Zusammenhang mit dem Europäischen großteils wieder abwarfen. Das zivilisatorische Gefälle bringt Probleme der politisch-ökonomischen und der geistig-moralischen Verantwortung für die westliche Welt mit sich. Inwieweit lassen sich Gegenwart und Zukunft unserer Zivilisation mit Begriffen wie Amerikanisierung oder Europäisierung kennzeichnen, die den Prozeß der Modernisierung auf ein ganz spezifisches, liberal und sozial bestimmtes Menschenbild festlegen? Es ist die Frage nach Richtung und Ziel der Zivilisation Europas.

Die drei Commonwealth-Staaten, deren äußerst stabile Position in einer sich wandelnden nichteuropäischen Welt so bedeutsam ist, stehen teils im ursprünglichen englisch-europäischen Bezugssystem, teils im stärker werdenden Zusammenhang des amerikanischen Einflusses. Es ist bemerkenswert, auf welche Weise das überkommene britische Regierungssystem, eingefügt in die anderen Gesellschaftsentwicklungen, im Laufe der Zeit modifiziert oder sogar zu einem möglichen Modell für Staaten der Dritten Welt gemacht werden konnte. Als prägende Erfahrung kam die unmittelbare Teilnahme an der westlich-europäischen Geschichte und Politik in den beiden Weltkriegen auf englisch-französischer Seite hinzu. – Die Unterschiede zu dem britischen Regierungssystem kommen am deutlichsten in Kanada zur Geltung, wo eine starke französischsprachige Minorität einen eigenen Traditionsanspruch erhebt. Dort entfaltete sich ein Mehrparteiensystem auf regionaler Basis, das zeitweise zu Koalitionsregierungen nach Art der kontinentaleuropäischen Parlamentsdemokratie führte. Dies widerlegt die Behauptung, ein Mehrparteiensystem wie in England oder Kanada treibe zwangsläufig zum Zweiparteiensystem, das auf alle Fälle überlegen sei. Ferner bezeichnen die föderalistische Struktur des Landes, seine große Ausdehnung und seine unmittelbare Nachbarschaft zu den mächtigen USA einen wesentlichen Unterschied zum britischen Inselstaat. Das wirft die Frage nach dem Verhältnis von Größe, Bevölkerungszahl und Form der Demokratie auf. Ähnliches gilt für Australien, den weithin fast menschenleeren Kontinent, und es gilt natürlich für die USA selbst. Dort wurde freilich nie die britische Parlamentsdemokratie übernommen, sondern im Laufe der zweihundertjährigen Geschichte ein eigener Typus der Demokratie entwickelt, der sich von den europäischen Formen abhebt.

Die Vereinigten Staaten von Amerika, schon am Ende des Ersten Weltkrieges gewichtiger Faktor der Weltpolitik, nach 1945 Führungsmacht des Westens, erster Atomstaat, technologisch-wirtschaftlicher Gigant und erste Weltmacht, hatten als Demokratie wie als Zivilisation eine gewaltige Ausstrahlung auf Europa und auf die Dritte Welt. Dennoch gelang nirgendwo die Übertragung der amerikanischen Präsidialdemokratie in reiner Form, wenn man die Resultate in ganz Lateinamerika und in Ostasien bedenkt. Gleichzeitig wuchsen allenthalben jene Ressentiments gegenüber einer als Amerikanisierung kritisierten Abhängigkeit, die im Gaullismus am schärfsten artikuliert wurden, jedoch auch in Japan und der amerikanischen Hemisphäre, von Lateinamerika bis Kanada, um sich griffen. Die Beziehungen der USA zum übrigen Westen sind von der Spannung zwischen enger Zusammenarbeit und dem Bedürfnis nach nationaler, wirtschaftlicher und kultureller Interessen- und Selbständigkeitspolitik bestimmt. Im Rahmen der NATO waren die USA und Kanada enger denn je zuvor zusammengerückt. Zum steilen Aufstieg Kanadas als Wirtschafts- und Handelsmacht trugen seine großen Bodenschätze bei, die erst zu einem Teil erschlossen sind, und gewiß auch die starke Beteiligung der USA an der Entwicklung der Ressourcen des Landes.

Aber eben daraus ergaben sich Probleme: einerseits in den Wirtschaftsbeziehungen Kanadas zu dem großen Nachbarn, andererseits in der innenpolitischen Struktur des Landes, dessen weitgespannte Geographie und englisch-französische Kultur besondere Anforderungen an Organisation und Integration des Staates stellen. So stark das Bewußtsein der gemeinsamen militär- und sicherheitspolitischen Aufgaben war, das seinen Ausdruck in den Abwehrmaßnahmen gegen mögliche Angriffe über dem Nordpol fand, so deutlich machte sich immer wieder das kanadische Bedürfnis nach Abgrenzung gegenüber den USA und nach Reduzierung des amerikanischen Einflusses in der Industrie- und Bodenpolitik geltend. Das spiegelte sich in den Wahlen. So siegten 1957 die Konservativen unter John Diefenbaker über die seit 1935 regierende liberale Partei mit antiamerikanischen Argumenten, und diese blieben auch in den sechziger Jahren an der Tagesordnung, obwohl indessen wieder die Liberalen die Macht übernahmen. An ihrer Spitze stand mit dem beliebten Pierre Elliot Trudeau (1968–1979) ein Franko-Kanadier – Zeichen jener wachsenden Ansprüche des frankophonen Bevölkerungsteils, die in der französischsprachigen Ostprovinz Quebec zeitweise bis zu beinahe separatistischen Aktivitäten führten und dem Gaullismus auch in der Neuen Welt Anhang verschafften. De Gaulles Besuch im Jahr 1967, der in seinem Slogan vom ›Quebec libre‹ gipfelte, blieb allerdings Episode. Kanadas Föderalismus und Mehrparteiensystem bieten Möglichkeiten, die innenpolitischen Probleme im Rahmen einer Form zu lösen, die zwischen dem britischen und dem amerikanischen System liegt. – Die britische Tradition repräsentiert, wie in Australien und Neuseeland, der Generalgouverneur an der Spitze des Bundesstaates. Er wird vom englischen Monarchen auf Vorschlag der kanadischen Regierung ernannt. Britischem Vorbild entspricht auch das Zweikammersystem mit einem nach Mehrheitswahl auf fünf Jahre gewählten Unterhaus und einem vom Generalgouverneur auf Vorschlag der Regierung zusammengesetzten Senat. Dagegen ist das alte Zweiparteiensystem der

Liberalen und Konservativen durch den Aufstieg dritter und vierter Parteien, die sozialreformerische oder einzelstaatliche Interessen vertreten, stark modifiziert und in den einzelnen Provinzen höchst unterschiedlich strukturiert.[15] Zwar blieb die Linke – Neue Demokratische Partei – auch in Kanada schwach, aber sie verfügt immerhin über eine eigene parlamentarische Vertretung und vermag daher ebenso wie die von mittelwestlichen Farmern gestützte Sozialkreditpartei einen gewissen politisch-parlamentarischen Einfluß geltend zu machen. Von sozialistischen oder gar kommunistischen Tendenzen ist weit und breit keine Spur.

Australien und Neuseeland blieben dem britischen Vorbild noch näher verbunden, zumal in der Kontinuität und Homogenität der politischen Kultur. Dennoch suchten sie die amerikanische Nachbarschaft und politische Zusammenarbeit im Bereich des Pazifik zunehmend in dem Maße, in dem der britische Rückzug östlich von Suez seit den fünfziger Jahren eine Realität wurde. Der Zweite Weltkrieg mit dem gemeinsamen Kampf gegen die japanische Expansionspolitik hatte die neue Konstellation recht eigentlich begründet. Obwohl der Vietnam-Krieg, an dem sich Australien und Neuseeland anfänglich beteiligten, heftige innere Konflikte brachte, wurde das amerikanische Bündnissystem in Ostasien, in dem die beiden Staaten eine zentrale Rolle spielen, nicht ernsthaft angefochten. Der Kommunismus blieb auf kleine Splittergruppen beschränkt, die den Wendungen und Spaltungen des Weltkommunismus folgten. Von großer Bedeutung sind die künftigen Verhältnisse zu den neuen und alten Staaten in diesem Raum, von den Nachbarländern Indonesien und Philippinen bis hin zu Japan, dem einzig westlich organisierten Industriestaat mit nichteuropäischer Bevölkerung, und zu China als einem großen Markt, einer werdenden Industriemacht und einem kommunistischen Giganten. Außen- wie innenpolitisch gravierend bleibt die Frage der künftigen Einwanderungspolitik, die fundamental über die Stellung und die Form der beiden so eng dem Westen und der westlichen Demokratie verbundenen Staaten entscheiden wird. Die heftig diskutierte Lockerung der Bestimmungen gegen asiatische Einwanderer weist auf das zentrale Problem dieses fünften Kontinents, der bislang konsequenter als irgendein anderes Land Außeneuropas am Prinzip der europäischen Rekrutierung und der europäisch-amerikanischen Orientierung der Bewohner festhielt.

Der Eigencharakter der parlamentarischen Demokratie in Australien ist in erster Linie durch die an Kanada erinnernde bundesstaatliche Struktur und durch die Form des Zweikammersystems, im Bund- wie in den Gliedstaaten, bestimmt. Das Repräsentantenhaus wird alle drei Jahre nach dem Mehrheitswahlrecht, der Senat alle sechs Jahre durch Verhältniswahl gewählt – alle drei Jahre die Hälfte –, wobei je zehn Sitze jedem der sechs Gliedstaaten zustehen. Aber der aus der konstitutionellen Monarchie abgeleitete Charakter der Verfassung – mit einem die britische Krone vertretenden Generalgouverneur und einem parlamentarisch bestimmten Prime Minister an der Spitze –, die vorwiegende Geltung des britischen Rechts und die weitgehende Verwirklichung des Wohlfahrtsstaates heben, wie im benachbarten Neuseeland, die innere Bindung an das englische Mutterland hervor. Im Unterschied zu Australien ist die Parlamentsdemokratie des kleineren Neuseeland nicht föderalistisch und seit 1950 auch nur noch in einer Kammer organisiert, wobei das Zweiparteiensystem, mit einer konservativ-liberalen National Party und einer Labour Party, konsequent das politische Leben beherrscht, obwohl auch dort etwa zehn Prozent der Wählerstimmen an kleinere Parteien gehen. Dagegen schälte sich in Australien seit dem Aufstieg der Country Party und einer Democratic Labour Party zwischen National und Labour Party eine Mehrparteienkonstellation heraus; auch darin ist die Ähnlichkeit mit Kanada nicht zu verkennen. Allerdings regierte fast dauernd eine konservative Koalition gegen die Labour Party, die nach dreiundzwanzig Jahren erst 1972 unter Edward Gough Whitlam an die Macht gelangte und diese 1975 wieder verlor.[16]

Wichtiger als die Fortdauer des Commonwealth in Außeneuropa wurde die Entwicklung der USA nach dem Zweiten Weltkrieg. Ihre Form und Bedeutung unterscheiden sich grundlegend von der Geschichte Amerikas nach 1918. Innenpolitisch wurde sie durch ein großes Maß an Stabilität und einen hohen, weiter steigenden Lebensstandard auch der breiten Bevölkerung bestimmt, durch Qualitäten also, die ein weithin bewundertes Modell für die demokratische und die wirtschaftliche Entwicklung in der Welt setzten und die USA gleichsam in die Position des Vorbilds erhoben, die Frankreich im 18. und England im 19. Jahrhundert eingenommen hatten. Außenpolitisch war es die nunmehr unwiderrufliche Entscheidung zur Weltpolitik und zum fortdauernden Engagement auch in Europa, die Amerikas Rolle als Vormacht des Westens in der bipolaren Konfrontation mit der Sowjetunion und dem kommunistischen Lager ausprägte. Das eigenwillige Regierungssystem der Präsidialdemokratie ermöglichte den USA ein bislang ungewöhnlich hohes Maß an politisch-ökonomischer Effizienz, ohne daß die individuellen Freiheiten und Opportunities einer offenen Gesellschaft wie in den meisten anderen Demokratien durch den Staat eingeschränkt oder wie in kommunistischen Systemen gar aufgehoben wurden. Dennoch werden seit den sechziger Jahren die Probleme dieser so dezidiert liberalen und demokratischen Gesellschaft stärker sichtbar: Fragen der Diskriminierung und Gleichberechtigung des schwarzen Bevölkerungsteils, der sozialen Infrastruktur einer kapitalistischen Wettbewerbsgesellschaft, der Verantwortung einer Überflußgesellschaft gegenüber den Weltproblemen der Armut und Unterdrückung. Zusammen mit dem umstrittenen Engagement in Vietnam über ein Jahrzehnt hin begannen derartige Probleme den Glanz einer weltweiten Amerikanisierung in den Augen der Zeitgenossen zu verdüstern. Die Bewegungen der rebellischen Studenten machten dasselbe Amerika, von dem sie ausgingen und inspiriert wurden, zum Inbegriff einer radikalen Systemkritik. Sie bedeutet mit dem linksextremen, antikapitalistischen Antrieb vielfach einen Rückfall in eng nationale, ja provinzielle Denk- und Verhaltensweisen, da sie sich gegen die globalen, weltzivilisatorischen Ideale einer hochentwickelten Demokratie mit entsprechendem Lebensstandard wendet.

Die Geschichte der amerikanischen Innenpolitik seit 1945 bezeugt die Fähigkeit einer unverwechselbaren Demokratie, die auf den europäischen Betrachter heute, wie einst auf Alexis de Tocqueville, so überraschend und verwirrend wirkt – die amerikanische Fähigkeit, sich neuen Fragestellungen und Konstellationen rascher als andere Gesellschaften anzupassen und in jeder übermäßigen Machtkonzentration Gegenkräfte zu entwickeln. Wenn der unbekannte Provinzpolitiker Harry S. Truman in der welthistorischen Situation von 1945 die Erbschaft Roosevelts übernehmen und realpolitisch zu modifizieren verstand, wenn er die Entscheidungen des Kalten Krieges zu treffen und die Sozialreformen des New Deal in einen Fair Deal hineinzuführen vermochte, so war das nicht dem Wunder einer gewiß unterschätzten Persönlichkeit, sondern der Fähigkeit eines politischen Systems zuzuschreiben, das Kontinuität und Wandel zugleich auf eine Weise ermöglichte, die mit den Regierungskrisen der meisten anderen Demokratien, vor allem jedoch mit der Willkür der Diktaturregime scharf kontrastierte. Die Prüfungen des Kalten Krieges und des Korea-Konflikts beeinflußten die amerikanische Innenpolitik nachhaltig. Mit dem Namen des Senators Joseph McCarthy, der zwischen 1949 und 1954 eine sensationell aufgemachte Kommunistenverfolgung betrieb, ist bis zum heutigen Tag eine vielzitierte Erfahrung der politischen Gesinnungsverfolgung verknüpft.

Die Kritik an den Entartungen des McCarthyismus verdeckt freilich allzu gern, daß der Antikommunismus jener Jahre durchaus verständlich und begründet war: nämlich als Reaktion auf die Enttäuschung der Hoffnungen, die man hauptsächlich im Lager Roosevelts für die amerikanisch-sowjetische Zusammenarbeit gehegt hatte. Statt dessen hatte die sowjetische Intransigenz, zumal in der Europa- und Deutschland-Politik, bis zum Bruch geführt. Außerdem wurden mehrere aufsehenerregende Spionagefälle bekannt, die vom macht- und weltpolitisch bedeutsamen Verrat der Atombombentechnik an die Sowjetunion bis zur kommunistischen Agententätigkeit im amerikanischen Außenministerium reichten. Ein hoher Beamter, Alger Hiss, wurde 1949 der Spionage überführt; ein aus Deutschland nach England emigrierter Physiker, Klaus Fuchs, der in die Vorbereitung der Atombombenkonstruktion eingeweiht war, hatte Spionage aus kommunistischer und pazifistischer Überzeugung betrieben; ein amerikanisches Ehepaar, Julius und Ethel Rosenberg, wurde 1950 wegen Atomverrats schon während des Krieges verurteilt und 1953 hingerichtet. Unter solchen Aspekten entfaltete McCarthy eine emotionalisierte Kampagne der Gesinnungsschnüffelei, die zeitweise die Grenzen des liberalen Rechtsstaates zu verletzen drohte. Er machte weder vor Trumans Außenministern Dean Acheson und George Catlett Marshall noch vor Präsident Eisenhower selbst halt. Doch in diesem Augenblick, 1954, wandte sich der Senat gegen den rabiaten Kollegen aus Wisconsin; drei Jahre später starb er fast ebenso unbeachtet, wie er es vor seiner Kampagne gewesen war. Sein Aufstieg und Fall wurde zum Symbol der Möglichkeiten, aber auch der Grenzen demagogischer Karriere durch weitgestreute Verdächtigungen unter den Bedingungen einer Demokratie, die alle Vor- und Nachteile großer Öffentlichkeit demonstrierte.

Das Amerika der fünfziger Jahre stand im Zeichen der ausgleichenden Präsidentschaft Eisenhowers, die viele innere Probleme einfach ausklammerte. Sein innenpolitisch gemäßigt konservativer Kurs vermied auch in der Außenpolitik, trotz der weltweiten Aktivitäten von John Foster Dulles, vor und nach der Doppelkrise von 1956 alle Experimente. Nach den Anstrengungen des Kalten Krieges dankten die Republikaner ihre Machtübernahme der Popularität Eisenhowers, auch dem Konflikt, der zwischen Truman und Mac Arthur über die Frage einer Ausweitung des Korea-Krieges ausgetragen wurde. Obwohl Truman sich durchsetzte, kostete ihn die Absetzung des glorifizierten Generals so viel Sympathien, daß er auf eine Wiederwahl verzichtete. Der Kandidat der Intellektuellen und Demokraten, Gouverneur Adlai Ewing Stevenson, hatte 1952 wie 1956 keine Chance, gegen den Feldherrn der Invasion und Sieger des Zweiten Weltkrieges durchzukommen. Eisenhower galt weithin als überparteilich, aber er hatte als Vizepräsidenten einen ehrgeizigen Mann der republikanischen Parteimaschine neben sich, der sich ebenfalls in den Untersuchungen zum Fall Hiss profiliert hatte und nun nach dem höchsten Amt strebte: den versatilen Anwalt Richard Nixon.

Der Übergang zu den sechziger Jahren brachte in mehrfacher Hinsicht Neuansätze für Amerikas Innenpolitik wie für die Europa- und Weltpolitik. Mit dem knappen Sieg des erst dreiundvierzigjährigen demokratischen Senators John Fitzgerald Kennedy über den Routinier Nixon – nach einem Wahlkampf, bei dem das Fernseh-Duell der Kandidaten eine wichtige Rolle spielte, das Zeitalter der Telekratie sich meldete –, erhielt 1960 zum ersten Mal in der amerikanischen Geschichte ein Katholik das höchste Amt. Der gutaussehende, energisch und idealistisch wirkende Mann mit dem betonten Image der Modernität symbolisierte den dezidierten Generationswechsel und einen neuen Kult der Jugend. Modische Strömungen machten ihn in ungewöhnlich kurzer Zeit zu einem Liebling der Welt. Das Jahrzehnt einer neuen Jugendbewegung, von dem Glamour und den Erregungen der Jazz- und Fernsehkultur, aber ebenso von einem Kult der Veränderung und der Gewalt zunehmend geprägt, fühlte sich weithin von dem jungen Amerika inspiriert, das der neue Präsident und seine Frau repräsentierten. Wie selbstverständlich leiteten die amerikanischen Bürgerrechts- und Studentenbewegungen eine stürmische Welle der radikal-demokratischen und anarchistischen Kampfansagen gegen etablierte Ordnungen und Autoritäten ein: die antiautoritäre Bewegung, vornehmlich an Universitäten und Schulen.

Die Ermordung Kennedys am 22. November 1963 in Dallas/Texas, nie völlig aufgeklärt und weltweit beklagt, schnitt eine kurze Amtszeit ab, welche die hohen Erwartungen des Programms einer New frontier, eines Aufbruchs zu neuen Ufern, in der Politik nicht erfüllen konnte. Weithin im Westen entstand ein Vakuum, das mit Frustrationen über das als vergeblich oder fragwürdig empfundene Engagement der USA in Vietnam, mit übersteigerter oder zynischer Kritik an der politischen Realität und am Establishment überhaupt ausgefüllt wurde. Der nachfolgende Präsident Lyndon Baines Johnson (1963 bis 1968) erreichte wichtige Fortschritte in der Bürgerrechtspolitik und im Erziehungswesen, die insbesondere die Gleichheit des schwarzen Bevölkerungsteils fördern halfen und von großen Bewegungen zur Emanzipation der Benachteiligten begleitet wurden. Der später ermordete schwarze Pfarrer Martin Luther King suchte als Führer der Bürgerrechtsbewegung einen gemäßigten Kurs der gewaltlosen Demonstration zu steuern, bei dem er sich auf christliche Nächstenliebe, auf Gāndhi und auf den amerikanischen Philosophen Henry David Thoreau, den Verfasser des klassischen Essays ›On the duty of civil disobedience‹ (1849), berief, während extreme Organisationen die Black power geltend zu machen trachteten. Doch blieben die Bemühungen Johnsons, der eine Great society zum Programm erhob, überschattet vom Verfall des amerikanischen Prestiges in der Welt und in den USA selbst. Der Prestigeverlust erreichte den Tiefpunkt in einer Serie gewalttätiger Unruhen in amerikanischen Städten und Universitäten sowie 1968 in der Ermordung Robert Kennedys, des jüngeren Bruders des toten Präsidenten.

Diese Krise des amerikanischen Selbstverständnisses mit der Zuspitzung der inneren Unruhen und des scheinbar unlösbaren Vietnam-Problems[17] verhalf 1968/69 der konservativen Gegenpolitik Nixons zum Durchbruch. Noch 1964 war ein ähnlicher Versuch des konservativen Republikaners Barry Goldwater gescheitert. Nun gelang es mit Hilfe einer Kombination von innenpolitischer Härte und unkonventioneller Öffnungen der Außenpolitik, die neben dem Abbau des Vietnam-Krieges Erfolge in der Détente- und China-Politik erzielte oder anbahnte, die amerikanische Meinungsbildung abermals so zu verändern, daß Nixon 1972 mit riesiger Mehrheit wiedergewählt wurde. Hätten die Rechtsverletzungen bei der Affäre des Einbruchs in das Watergate-Gebäude, den Sitz der Demokratischen Partei, den ebenso intelligenten wie skrupellosen Mann im August 1974 nicht zu Fall gebracht, so wäre Nixon wohl als ein Erneuerer des weltpolitischen Gewichts und Ansehens der USA in die Geschichte eingegangen. Immerhin demonstrieren die für Amerika einmaligen Ereignisse der Entlarvung sowie des unvermeidlichen Rücktritts sowohl des Vizepräsidenten Spiro Agnew wegen Steuerhinterziehung (1973) als auch des Präsidenten selbst wegen Vertuschung des Einbruchs und Behinderung der Aufklärung nicht nur die Möglichkeit des Machtmißbrauchs, sondern ebenso die Stärke und Fähigkeit des parlamentarischen und rechtsstaatlichen, publizistischen Kontrollsystems, das eine unerbittliche Öffentlichkeit der Politik erzwingt. Der Schock von Watergate war eine Bewährungsprobe der Demokratie, die vor den Augen der ganzen Welt abrollte, sofern man das Schauspiel einer öffentlichen Kontrolle der Macht nicht wie in Moskau oder Peking verständnislos oder bewußt verschwieg, weil es Kritik an der eigenen abgeschlossenen Parteidiktatur zu erwecken in der Lage war.

Außer vielen ökonomischen Problemen der Bewältigung von Inflation, Rezession und der Ölfrage, die Amerika mit der übrigen Welt teilt, wobei die materiellen und technischen Reserven des großen Landes weitaus bessere Lösungsmöglichkeiten eröffnen, als sie in Europa oder in Japan oder gar in den Entwicklungsländern gegeben sind, bleibt die zentrale Aufgabe der weitere Ausgleich im Bereich der sozialen und rassischen Diskriminierung. Die USA werden stets gemessen an den hohen Idealen der Freiheit, Gleichheit und Opportunity für alle, die in die Neue Welt kommen, unbeschadet ihrer nationalen und sozialen Herkunft; denn das ist die große Verheißung der amerikanischen Demokratie, die über zwei Jahrhunderte der Alten Welt entgegengehalten wird. Wenngleich die Vorstellung vom Schmelztiegel der Nationen und Klassen, die der amerikanischen Gesellschaftsentwicklung zugrunde lag, in ihren integrativen und egalitären Konsequenzen nie voll verwirklicht werden konnte, weil nationale Gruppierungen von zunächst benachteiligten Minoritäten wie Iren, Polen, Italienern oder Juden eine große Rolle spielten, so übertrifft der Integrations- und Egalisierungsprozeß doch alle vergleichbaren Gesellschaften in Vergangenheit und Gegenwart. Amerika kann zu Recht als das beste Beispiel einer offenen und freien Gesellschaft gelten, in der nationale und soziale Schranken rascher relativiert und überschritten wurden als anderwärts.

Daraus wird erklärbar, warum sich ein Sozialismus oder gar Kommunismus mit Gewicht nie entwickeln konnte – in dem Land und Kontinent mit dem stärksten industriellen Kapitalismus. Die Gründe liegen einerseits im Fehlen einer feudal-aristokratischen Tradition, im demokratisch-egalitären Ethos, in der frühen Durchsetzung des rechtsstaatlichen und repräsentativen Systems, andererseits in den Ausdehnungsmöglichkeiten, dem reichen Potential und der sozialen Mobilität, eben im Fehlen einer ausgeprägten und statischen Klassengesellschaft. Die Arbeiterschaft bildet wegen der heterogenen Substruktur in Gruppen höchst unterschiedlicher nationaler, kultureller und sozialer Herkunft ohnehin keine einheitliche Klasse. Außerdem trägt die Anschauung des vergleichsweise so viel niedrigeren Lebensstandards, der Unterdrückung von Freizügigkeit und Streik in sozialistischen und kommunistischen Systemen zu dem unverändert fundamental antisozialistischen Charakter der amerikanischen Gesellschaft erheblich bei.

Nur in der Rassenfrage, zumal in der historischen Benachteiligung des schwarzen Bevölkerungsteils, hinkt der Prozeß der demokratischen und sozialen Egalisierung nach, da die Probleme gewaltig waren. Nach Rückkehr aus dem Zweiten Weltkrieg, der nicht zuletzt gegen den nationalsozialistischen Rassismus geführt worden war, hatten schwarze Veteranen verstärkt die Forderung nach voller Gleichberechtigung erhoben; sie fanden damit zunehmend Verständnis und Unterstützung in der Öffentlichkeit, so daß unter Beteiligung von Weißen große Organisationen wie die National Association for the Advancement of Colored People (NAACP) und der radikalere Congress of Racial Equality (CORE) entwickelt werden konnten. Bürgerrechte und Aufhebung der Rassentrennung, Civil rights und Desegregation, wurden zu Kampfparolen, auf die sich in der Folge alle amerikanischen Regierungen einzustellen hatten. Schon Präsident Truman berief ein gemischtes Committee on Civil Rights, das Berichte und Empfehlungen zur Aufhebung der Diskriminierung auf den wichtigsten Gebieten vorlegte: im Wohnungswesen, in der Erziehung, im Berufsleben und in der Wahlberechtigung. Die volle Integration wurde zuerst in der Armee erreicht. Der Desegregationsprozeß, vorangetrieben durch Entscheidungen des Supreme Court (seit 1954) und durch wachsenden demonstrativen Widerstand, stieß in den übrigen Bereichen des sozialen und politischen Lebens, hauptsächlich in den Südstaaten, auf starke Hindernisse. Auch als die entscheidenden politischen und juristischen Durchbrüche unter den Präsidenten Eisenhower, Kennedy und Johnson erreicht waren, ließen sich die objektiven Schwierigkeiten, die ungleichen Voraussetzungen und Befähigungen sowie die Gettobildung in den Städten, nur langsam abbauen. Sie verschärften sich noch im Zuge der Zuwanderung nach Norden, während gleichzeitig militante schwarze Bewegungen ihrerseits auf Rassentrennung setzten und mit gewalttätiger Aktivität das radikale Klima der sechziger Jahre anheizten.

Wie in Europa lag der Höhepunkt der Gewaltanwendung im Jahr 1968. Die Ermordung Martin Luther Kings und Robert Kennedys, die Zuspitzung des Vietnam-Krieges, die studentischen und schwarzen Protestaktionen riefen Gegenbewegungen unter dem Vorzeichen ›Law and order‹ hervor und verhalfen letztlich Nixon zum Wahlsieg, nachdem blutige Tumulte den demokratischen Wahlkonvent 1968 in Chicago gestört und Hubert Horatio Humphrey, Johnsons Vizepräsidenten, um seine Chance gebracht hatten. Die fortdauernden inneren Probleme Amerikas, voran diejenigen der gesellschaftlichen Reform und einer zunehmenden Gewalt in der Politik, die auch in zahlreichen Flugzeugentführungen, meist nach Kuba, demonstrativen Ausdruck fand, waren Symptome einer weltweiten Entwicklung, die zuerst in Amerika auftrat. Die Fähigkeit zu einer friedlichen Lösung der Rassenfrage im Rahmen des demokratischen Rechtsstaates ist für die USA als Führungsmacht des Westens, für ihre moralische Glaubwürdigkeit und ihr politisches Prestige vor der Welt nicht weniger bedeutsam als die richtige Taktik im Nahost-Konflikt oder in Afrika. Dieser Zusammenhang bringt jedoch auch Schwierigkeiten in der Führung der Außenpolitik mit sich, wie sie seit 1977 bei der schwankenden Afrika-Politik von Präsident Carter, zumal in der Frage der Unterstützung revolutionärer Befreiungsbewegungen, in der Spannung zwischen Menschenrechts- und Machtpolitik, sichtbar werden.

## Das alte und neue Europa – Perspektiven der Entwicklung

Die Geschichte Europas nach dem Ersten Weltkrieg war vor allem eine Geschichte der Nationen, diejenige nach dem Zweiten Weltkrieg ist wesentlich eine Geschichte der Blöcke. Aber nach 1945 wurde zum ersten Mal zugleich Ernst gemacht mit der alten Idee von der Einheit Europas. In seinem weltbekannten Buch ›Der Aufstand der Massen‹ schrieb José Ortega y Gasset schon 1929, inmitten der nationalistischen Welle zwischen den Kriegen: »Machten wir heute eine Bilanz unseres geistigen Besitzes – Theorien und Normen, Wünsche und Vermutungen –, so würde sich herausstellen, daß das meiste davon nicht unserem jeweiligen Vaterland, sondern dem gemeinsamen europäischen Fundus entstammt. In uns allen überwiegt der Europäer bei weitem den Deutschen, Spanier, Franzosen...; vier Fünftel unserer inneren Habe sind europäisches Gemeingut.«

Die Wiederentdeckung der europäischen Gemeinsamkeiten hatte bereits nach dem Ersten Weltkrieg Europa-Bewegungen inspiriert und Hoffnungen emporgetragen, jedoch enttäuscht. Vergeblich hatten Briand und Stresemann französisch-deutsche Außenpolitik im europäischen Geiste zu fördern gesucht, vergeblich hatten Männer wie der spätere Widerstandskämpfer Carlo Mierendorff, damals junger sozialdemokratischer Reichstagsabgeordneter, am Vorabend der Hitlerschen Machtergreifung 1932 die »Besinnung auf Europa« beschworen: »Es handelt sich um die Organisation Europas aus überstaatlichem Denken, es handelt sich um die Überwindung jenes Nationalstaatenwahns, an dessen Forcierung die europäischen Völker heute zugrunde zu gehen drohen.« Den entscheidenden Einschnitt in der Entwicklung einer eigenständigen Europa-Politik setzten allerdings erst das totalitäre Schreckensregime Hitlers, der Zweite Weltkrieg und die Drohung der Stalinschen Diktatur. In voller Schärfe wirkten sich jene neuen weltpolitischen Realitäten des 20. Jahrhunderts aus, die schon im Ersten Weltkrieg spürbar geworden, dann aber durch die Restauration national-imperialer Macht- und Kolonialpolitik in den zwanziger und dreißiger Jahren überdeckt worden waren. Demgegenüber machte die Katastrophe des Zweiten Weltkrieges die neuen Faktoren und Realitäten europäischer Politik endgültig sichtbar. Drei große Zusammenhänge sind immer deutlicher hervorgetreten und bis heute bestimmend geblieben. Erstens: Die europäischen Nationalstaaten wurden vom Subjekt zum Objekt der Weltpolitik; die Geschichte Europas bestimmt nicht länger die Weltgeschichte, sie ist nicht mehr der Inbegriff der Weltgeschichte. Zweitens: An die Stelle der souveränen Einzelstaaten mit dem Anspruch auf Großmacht- und Kolonialpolitik traten machtpolitisch und ideologisch scharf abgegrenzte Blöcke; sie verfestigten eine Teilung Europas unter der Vormachtstellung der außereuropäischen Supermächte, der Vereinigten Staaten von Amerika und Sowjetrußlands, die den Krieg entschieden und über den Frieden verfügt haben; es ist ein bipolarer Frieden im Zeichen eines bis heute fortdauernden Kalten Krieges. Drittens: Der Zerteilung und Außenlenkung Europas, seiner Zerstörung und Selbstzerstörung in zwei mörderischen Kriegen und in einem radikalen Kampf der politischen Systeme und Ideologien, der seit 1917 mit Unterbrechungen anhält, stand ein unerwartet rascher Prozeß der Erholung und Erneuerung Westeuropas gegenüber.

Bis dahin war Europa vom Konzert der Mächte sowie vom Neben- und Gegeneinander der Nationen gekennzeichnet, die sich selbst als Zentren der Welt, ihre nationalen Ziele als oberste Werte in der internationalen Politik betrachteten. Die Existenzkrise dieses Europa trat in der Zeit zwischen den Kriegen immer unverhüllter hervor. Die Katastrophe des Zweiten Weltkrieges und der Zusammenbruch der deutschen Diktatur, jener Übersteigerung der nationalen und imperialen Europazentrik par excellence, waren ein Wendepunkt. Er besiegelte die lange verdrängte Einsicht, daß die europäischen Bruderkriege zur Niederlage der europäischen Staaten und Nationen und zum Verlust der Stellung Europas in der Welt geführt hatten. So bedeutete 1945 nicht bloß die Befreiung vom totalitären Terrorsystem des Nationalsozialismus, sondern gleichfalls die schmerzhafte Loslösung von den Illusionen, die nach dem Ende des Ersten Weltkrieges fortgedauert hatten. Damit war der Weg für eine Entwicklung zwischennationaler und schließlich supranationaler Politik frei, wie sie vorher nur als Idee und Wunschtraum existiert hatte. Dazu trug freilich auch die Teilung Europas in Blöcke mit der Vorherrschaft einer totalitären Supermacht in Osteuropa bei, so sehr gerade sie die Hoffnung enttäuschte, daß aus dem globalen Kriege sicherer und definitiver als aus dem Ersten Weltkrieg die Demokratie als Sieger hervorgehen werde.

Gewiß blieb in der Entwicklung nach 1945 das alte Europa präsent. Die einen haben den so unerwartet raschen Wiederaufbau als Restauration kritisiert, die anderen aufatmend als Renaissance betrachtet. Dessen ungeachtet ist er ohne die neuen Ansätze einer überstaatlichen Kooperation und einer supranationalen Integration nicht zu denken. Die Jahrhunderte alte Forderung nach europäischer Einigung war mit stark veränderten Inhalten zwingend motivierbar geworden. Die neuen Motive entstammten den Widerstandsbewegungen und dem Erlebnis des Zusammenbruchs, sie entsprachen dem Bedürfnis nach engerer wirtschaftlicher Zusammenarbeit und einer gemeinsamen politisch-militärischen Abschirmung Westeuropas gegenüber dem Ostblock. Wenn in der Nachkriegszeit von Europa gesprochen wird, dann ist jener Teil gemeint, der sowjetischer Herrschaft und Kontrolle entging und durch den Begriff ›Freie Welt‹ als politisch zusammengehörig beziehungsweise abgehoben empfunden wird. Selbst eine revisionistische Betrachtung der Nachkriegsgeschichte, die seit einigen Jahren die Mitschuld des Westens an der Entstehung des Kalten Krieges überstark betont, wird – wenn sie kritisch vorgeht – den grundlegenden Unterschied zwischen dem Zusammenschluß Westeuropas und der Unterwerfung Osteuropas nicht leugnen können. Denn es sind gegensätzliche innere Verfassungen und Auffassungen von Demokratie, gegensätzliche Formen des Zusammenschlusses, der intendierten Integration, der Vorstellung von einer möglichen Einheit Europas überhaupt. Grundlegend unterschieden ist bereits die Position der Großmächte in oder gegenüber jedem Einigungsprozeß. Es ist keine Art von übernationaler Organisation in Osteuropa vorstellbar, die nicht von der Macht der Sowjetunion beherrscht, mit ihr geradezu identisch wäre. Anders im Westen, wo von Anfang an der Gedanke der gleichberechtigten Mitwirkung und freien Wahlen bestimmend ist, so daß der Bündnis- und der Einigungsprozeß Westeuropas nicht mit dem Einfluß und der Macht der USA gleichgesetzt werden kann; denn Amerika spielt zwar in der NATO eine entscheidende Rolle, jedoch nicht in den europäischen Gemeinschaften.

Nach drei Jahrzehnten erscheint der Verlauf der Ereignisse, die Europa und die Welt so entscheidend veränderten, in vieler Hinsicht logisch oder gar unausweichlich, so heftig umkämpft die Nachkriegsentscheidungen von Fall zu Fall gewesen sind, so viele Einzelfaktoren auf sie eingewirkt haben. Auch unter solchen Aspekten ist die Kritik jener revisionistischen Historiker fragwürdig, die dem Westen eine fast verschwörerische Dramatisierung der Kalten Krieges unterstellen und in der engen Kooperation Westeuropas ein bewußtes Mittel zur Verschärfung der Konfrontation, ja das eigentliche Hindernis für eine gesamteuropäische Lösung der Nachkriegsprobleme sehen. Eine derartige Sicht bedeutet im Grunde genommen nichts anderes als eine Rückkehr zu den Hoffnungen und Illusionen von 1945. Doch das Konzept von der One world, Alternative zur Spaltung und Konfrontation in Europa, wurde schon damals durch die konträre Interessenlage der beiden Supermächte und das totalitäre Herrschaftsverhalten der Sowjetunion eindeutig ad absurdum geführt. Die Nachkriegsgeschichte Europas enthält auch in historischer Perspektive zuviel an Folgerichtigkeit, als daß ihr Verlauf und Ergebnis lediglich aus den Fehlern der Politiker oder einer dämonisierten Verschwörung von Interessenten des Kalten Krieges zu erklären wäre. Aus der allgemeinen Beobachtung erhellt: Konfrontation und Blockpolitik verstärken die Einigungspolitik eines neuen Europa; Entspannung und Polyzentrismus lassen Züge des alten Europa wieder auftauchen. Es stehen sich die westliche kleineuropäische Lösung und eine gesamteuropäische Idee gegenüber, die von der deutschen sozialdemokratischen Kritik an der West-Lösung bis zu den Antiblock- und nationaleuropäischen Visionen de Gaulles reicht. Der Verlauf der Europa-Politik nach 1945 bestätigt sowohl die Stärke als auch die fortdauernde Problematik der Idee von der Einheit Europas.

Das Herauswachsen des modernen Europa aus der mittelalterlichen Welt, sein Einmünden in die internationalen Zusammenhänge und sein Untergehen in einer globalen Weltzivilisation sind das zentrale Problem jeder europäischen Geschichte, die bis in die Gegenwart führt. Es handelt sich dabei um das Europa der westlichen Zivilisation, in vielen Darstellungen ohne Rußland. Die Ost-West-Problematik der Gegenwart besitzt jedoch ihre tiefen historischen Perspektiven. Die Geschichte Europas in welthistorischer Sicht stellt sich als ein ständiger, geradezu dialektischer Konflikt zwischen zwei Grundtendenzen dar: Auseinanderentwicklung der Staaten, Nationen, Kulturen und ihr enger Zusammenhang; Verschiedenheit und Gleichheit; Differenzierung und Vereinheitlichung. Nie ist Europa eine politische Einheit gewesen. Die mittelalterlichen Kaiser strebten nach Vormachtstellung unter den europäischen Königen, nicht weniger und nicht mehr. Das Papsttum hatte, so stark die kulturellen Bindungen des mittelalterlichen Europa durch die Kirche waren, gegen den Universalanspruch von Kaiser und Reich immer wieder die Fürsten und die ›Nation‹ gestützt. Universalismus und Partikularismus standen in dauernder Spannung zueinander, und Außenmächte wie Türken und Russen wurden öfter gegen die Einigungsmacht mobilisiert.

Seit Beginn des 19. Jahrhunderts wurden schließlich zwei herausragende, obschon sehr verschiedenartige Versuche zu einer gewaltsamen Durchsetzung des Einheitsprinzips unternommen: zwischen 1806 und 1812 unter Napoleon und zwischen 1940 und 1945 unter Hitler. Beide sind gescheitert. Aber auch die Versuche zur Stabilisierung eines Gleichgewichts hatten stets nur vorübergehend Erfolg. Solange Europa die Welt bedeutete, blieb die europäische Einheit ein ferner Traum, so real die Gemeinsamkeiten und Wechselbeziehungen waren. Selbst die französischen und nationalsozialistischen Eroberungen Europas, ob sie nun mit dem Anspruch der revolutionär-zivilisatorischen Einigung oder der geopolitischen und rassistischen Neuordnung auftraten, waren nichts anderes als Hegemonialpolitik, Vorherrschaft eines europäischen Staates über die anderen, imperiale Reichspolitik in jenem alten Sinne des Wortes, der vom Imperium Romanum stammt. Der Gedanke der Einheit war im Mittelalter ideologisch und religiös begründet: Römische Kaiseridee und Papsttum bildeten den Kristallisationskern. In ihrem Konflikt lag der Ansatzpunkt der Einzelstaaten. Die Neuzeit hingegen definierte sich geradezu mit der vollen Selbständigkeit der Einzelstaaten und ihrer säkularisierten Staatsräson. Dem modernen souveränen Staat folgte die Konstituierung der Nation als Grundeinheit des politischen Lebens. Das bedeutete die Differenzierung Europas in verschiedene Länder, in denen nun eine politische Integration nach den Prinzipien monarchisch-absolutistischer Einzelherrschaft und nationalstaatlicher Lebensgemeinschaft durchgesetzt wurde.

Der Prozeß erreichte im 19. Jahrhundert seinen Höhepunkt. Für die Wende waren zwei Faktoren ausschlaggebend: die ökonomisch-technische Entwicklung, die seit der Industrialisierung und der Revolutionierung des Verkehrswesens die Interdependenz fast ruckartig steigerte; und – nach der Schwächung als Folge der großen Kriege – die politische Entwicklung der außereuropäischen Welt über den kolonialen Status hinaus, wodurch Europa und seine Staaten mehr und mehr in die Rolle einer Macht unter anderen Mächten versetzt und notwendig der Gedanke an die Überwindung der politischen Zersplitterung erneuert wurde. Realiter stellt sich die europäische Geschichte der letzten zwei Jahrhunderte als ein Auf und Ab oder Hin und Her dieser Tendenzen dar. Auf das Konzert der europäischen Mächte folgten in der Zeit der Französischen Revolution und Napoleons die Parolen der Modernisierung und Einheit im Namen überstaatlicher, menschheitsumspannender Werte. Unter dem Blickwinkel der Heiligen Allianz kam dann die Erneuerung der Mächtepolitik als eine Art gegenrevolutionärer Ersatz dieser Einheit. Das alt-neue Konzert der Mächte wurde wetterleuchtend unterbrochen durch die Revolutionen von 1848, die nicht zuletzt ein Zeichen europäischer Gemeinsamkeit waren. Aber damals gab es auch schon die Zukunftsvision von den beiden Supermächten jenseits Europas, Amerika und Rußland, über die mit manchen nachdenklichen Zeitgenossen der scharfsinnige Diagnostiker von Revolution und Demokratie in Europa und Amerika, Alexis Clérel de Tocqueville, 1835 reflektiert hat.

Damit waren drei der entscheidenden Themen des Europa-Problems angeschlagen, die das 20. Jahrhundert bestimmen sollten: die Einheit und besondere Rolle Europas; seine nationale Vielfalt und machtpolitische Divergenz; sein Verhältnis der Abhängigkeit von zwei Außenmächten, die zwei Grundprinzipien politischer Herrschaft verkörpern: Freiheit und Knechtschaft, wie es schon Tocqueville scharf gesehen hat. Was noch fehlte, war ein Begriff von der Stärke und Vehemenz national-imperialer Herrschaftsexpansion in Europa selbst, etwas, das die zu spät gekommenen Nationalstaaten Italien und

Deutschland ins Spiel brachten. Es geschah zunächst durch eine Verschärfung des imperialistischen Konkurrenzkampfes mit den etablierten Weltmächten im Ersten Weltkrieg und wirkte als Bestätigung der Weltmachtstellung, zugleich als deutscher Führungsanspruch in Mitteleuropa und als italienische Irredenta- und Mare-nostro-Forderung im südeuropäisch-mittelmeerischen Raum. Auch nach diesem ersten Debakel dauerte das alte Mächtekonzert trügerisch fort, noch um die schrillen Dissonanzen gesteigert, die von zahlreichen neuen souveränen Nationalstaaten herrührten. Aber wie brüchig das alte System bereits war, bewiesen der Aufstieg des Dritten Reiches sowie die zunehmende Anfechtung europäischer Kolonialpolitik im Nahen Osten und in Indien.

Der zweite Versuch einer hegemonialen Einigung Europas durch Unterwerfung, den das faschistische Italien und das nationalsozialistische Deutschland unternahmen, indem sie einen neuen Drehpunkt der europapolitischen, weltgeschichtlichen Bewegung verkündeten, die Achse Berlin–Rom, war bald zum Scheitern verurteilt. Mehr noch als die Versuche der Revolution Napoleons eignete diesen Aktionen zur Gleichschaltung und Neuordnung Europas ein künstlich-gewaltsamer Charakter. Ihr unmenschliches Grundprinzip, die extrem nationalistische und rassistische Terrorpolitik, sprach jeder Forderung nach europäischer Geltung hohn. Gleiches gilt für den dritten Versuch, der unmittelbar folgte: für den Kontroll- und Herrschaftsanspruch der Sowjetunion über das von Hitler befreite Europa – im Geleit mit der Ausbreitung kommunistischer Bewegungen und ihrem Führungsanspruch als vorgeblich stärkste Widerstandskräfte gegen den Faschismus. Die Parallelen treten bei aller Unterschiedlichkeit der politisch-ideologischen Umstände und Ziele deutlich hervor. Bei jedem Versuch zu einer europäischen Vorherrschaft greifen außen- und innenpolitische Strategien und Wirkungen ineinander. An die Rolle der Jakobiner und der internationalen Sympathisanten der Französischen Revolution erinnern die autoritären Sympathisanten der Achse, aber auch die Glaubenstruppen der kommunistischen Parteien, die in ganz Europa sowjetischer Herrschaftsexpansion den Weg bereiten. Nach der Eroberung wurden jeweils Satellitenregime eingesetzt, Grenzen willkürlich verändert. Aber etwas Neues ist die Stellung Europas zwischen zwei Supermächten, die durch Teilung und Eindämmung die Balance zu halten versuchen, im geschichtlichen Vergleich zum europäischen Auf und Ab von einzelstaatlichen und universalen Tendenzen. Der neuen Konstellation entspricht das neue Prinzip einer schrittweisen Einigung Westeuropas durch Institutionen und Prozesse – auf der Grundlage der Gleichberechtigung aller Staaten und mit dem Ziel der Integration, nicht der Domination. Diese Entscheidung ist gegen die Tradition hegemonialer Einheitspolitik gerichtet, ebenso gegen einen Rückfall in die Tradition der vielstaatlichen Machtpolitik.

Man hat daher in Abgrenzung zu den bisherigen Versuchen von einem dritten Weg Europas gesprochen. Damit würde freilich mißverständlich die Illusion einer völlig unabhängigen Neutralität zwischen den Supermächten bezeichnet, die immer wieder als Alternative durch die Diskussion der Ost-West- und Europa-Politik des Westens geistert. Dies aber war sie gerade nicht. Denn die treibende Kraft hinter der europäischen Einigungsbewegung, vor allem hinter den Versuchen der ökonomischen und politischen Konkretisierung war die Idee der Freiheit und der Demokratie, für die man gegen den totalitären Despotismus Hitlers gekämpft hatte. Das war eine westliche Idee, die selbst in ihrer sozialistischen Ausprägung von der drapierten Despotie des Stalinismus grell und hart abstach. Wenn die Sowjetunion in ihrem Machtbereich darauf mit der Schaffung von überstaatlichen Einrichtungen und ökonomischen Koordinationsprozessen, vor allem mit einer forcierten Gleichschaltung, reagierte, so braucht dies zukünftig nicht auszuschließen, daß auch davon integrierende Wirkungen ausgehen, die unter veränderten politischen Verhältnissen einem gesamteuropäischen Einigungsprozeß zugute kommen. Auch dies ist ein Aspekt der Frage nach der Möglichkeit, über Entspannung und Koexistenz zu einer Annäherung zu gelangen, in der sich die ökonomischen und technologischen Sachzwänge der Industriegesellschaft auf eine Konvergenz der Systeme und Blöcke auswirken könnten. Wie immer man diese Frage beurteilt, die in Ost und West aus gegensätzlichen Gründen zumeist emphatisch verneint wird, eines ist kaum bestreitbar: Bipolarismus, Blockpolitik, Einigung Westeuropas und die hegemoniale Zwangskooperation Osteuropas bezeichnen und bewirken Wandlungen, mit denen das alte, oft totgesagte Europa in ein neues transformiert wird, dessen Form und Substanz freilich noch ungewiß bleiben, solange die Teilung andauert.

Wahrscheinlicher ist die weitere Konsolidierung des getrennten Europa: Ost wie West. Aber nur Westeuropa hat die Chance, im Zeitalter jener Europäisierung und Amerikanisierung der Welt, die der Ära der europäischen Weltherrschaft gefolgt ist, eine eigene Rolle zu spielen. Es könnte zur Ablösung der bipolaren Weltpolitik durch eine Konstellation wie die neuerdings häufig erörterte Pentarchie beitragen, der neben den beiden Weltmächten sowie China und Japan ein eigenständiges Europa angehört. Voraussetzung dafür ist der weitere Fortschritt auch der politischen Integration. Ihre Perspektiven sind vor dem Hintergrund der bisherigen Entwicklung der europäischen Gemeinschaften zu würdigen. Denn hier, in der Frage der Funktions- und Handlungsfähigkeit Westeuropas als einer ökonomischen und politischen Macht auf der Seite des Westens, liegt auch das Schicksal der freiheitlichen Demokratie und ihrer geistig-moralischen Wertwelt beschlossen.

So verstanden wird die Gestaltung eines erneuerten Europa auch von den

Kritikern und Gegnern als Testfall betrachtet. Der Ansatz nach 1945 widersprach der marxistisch formulierten Wunsch-These des kommunistischen Lagers, daß der Kapitalismus sich selbst zerfleischen werde. Es hätte nach dieser Sicht keine Renaissance eines eigenständigen, demokratischen Europa geben dürfen, allenfalls die Einmündung seiner Restbestände in eine sozialistisch-proletarische Weltrevolution und Weltzivilisation. Aber so zutreffend manche der auf Lenin zurückgehenden Prognosen vom Ende des Kolonialzeitalters erscheinen – die weitere Erwartung trat nicht ein, auch dann nicht, als der Unterjochung und Befreiung Europas die Abspaltung des sowjetisch besetzten Teiles folgte. Auf der anderen Seite wurden weiterreichende Hoffnungen der westlichen Europa-Bewegung ebenfalls enttäuscht. Denn es war kurzfristig nicht möglich, die vom tiefen politisch-moralischen Ernst getragenen Manifeste und Pläne zu einer europäischen Föderation, die aus den Widerstandsbewegungen in vielen westeuropäischen Ländern zwischen 1940 und 1945 hervorgegangen waren, wenigstens im nicht sowjetisch besetzten Europa, diesseits des Eisernen Vorhanges, zu verwirklichen.[18] Doch politische und ökonomische Argumente sprachen auf jeden Fall für einen großräumig koordinierten Wiederaufbau; in diesem Punkt wirkte die europäische Großraumpolitik des Dritten Reiches nach, so grob sie die Interessen der Völker verletzt und die Europa-Idee mißbraucht hatte.

Der Unterschied zu den früheren Versuchen wurde bald deutlich. Weitestgehende Ansätze in den zwanziger Jahren waren entweder zu wenig auf die konkreten politischen Verhältnisse bezogen, wie Coudenhove-Kalergis Kampagne für ein Paneuropa, oder sie waren, wie die Pläne Stresemanns und Briands, durch den Mißerfolg der deutsch-französischen Kooperation und das Hitler-Regime diskreditiert. Dann gab es den Vorschlag Churchills, in der Stunde der Niederlage von 1940 eine Union Englands und Frankreichs zu gründen; 1943 folgte seine Aufforderung zur Schaffung eines Europa-Rates nach dem Krieg. Es war die Bedeutung der westeuropäischen Entwicklung im Zeichen des beginnenden Kalten Krieges, daß die Institutionalisierung der ökonomischen Zusammenarbeit im Marshall-Plan und in der 1948 in Paris gegründeten Organization for European Economic Cooperation (OEEC) die Konflikte der unmittelbaren Nachkriegszeit, die in manchem an die Jahre nach dem Ersten Weltkrieg erinnerten, im westlichen Lager überbrückte, und daß über das Elend der Nachkriegszeit und die Entzweiung im westlichen Lager hinweg die Anknüpfung an die Europa-Bewegung gelang, unfreiwillig ausgelöst beziehungsweise gefördert durch Frankreichs starke Intransigenz gegenüber der alliierten Deutschland-Politik, vor allem jedoch durch die sowjetische Politik.

Man kann sechs Stufen der Institutionalisierung der Europa-Politik unterscheiden: OEEC (1948), Europa-Rat (1949), Montanunion (1950), EVG (1952, 1954 gescheitert), Euratom und EWG (1957). Schon der Arbeit der

OEEC war ein in diesem Ausmaß unerwarteter Erfolg beschieden. Von da an datiert jene entschiedene Konkretion der Europa-Idee, die trotz allen folgenden Rückschlägen und dürftigen Teilergebnissen nicht mehr aus der Welt zu schaffen war. Schon die bloße Existenz von übernationalen Gremien und Institutionen hat Gewicht, wenn diese auf die unmittelbaren Interessen und Bedürfnisse der Mitglieder zugeschnitten sind. Die Skepsis gegenüber einer Institutionalisierung, die in den Erfahrungen mit dem Völkerbund und mittlerweile der UNO begründet ist, kann auf die soviel konkretere Europa-Politik nicht in derselben Weise zutreffen, so viele Probleme künftig auftreten mögen. Der Europa-Rat, das erste politische Gremium, hat gewiß die Erwartungen nicht erfüllt. Seine Gründung sollte eine bewußte Konkretion der Europa-Idee, eine politische Autorität mit verbindlichen Aufgaben und realer, wenn auch begrenzter Macht sein. Die Hoffnung auf Vereinigte Staaten von Europa, die der erste Präsident, Paul-Henri Spaak aus Belgien, aussprach, erwies sich jedoch als schwer vereinbar mit der Ausdehnung der Mitgliedschaft auf zahlreiche Staaten, die wohl an den ökonomischen Kooperationsweisen des Marshall-Plans, nicht aber an supranationaler Integration interessiert waren.

Es bleibt ein Hauptproblem jeder politischen Einigungspolitik, daß schon im engsten Kreise der Sechs und vollends bei den anderen Staaten der Souveränitätsvorbehalt zu groß ist. Das gilt vorrangig für Großbritannien, das auf seine mögliche Schlüsselrolle in der Europa-Politik damals verzichtete. Bezeichnend, daß die Beratende Versammlung des Europa-Rates nicht nur keine Entscheidungen treffen, nur zum Teil nützliche Koordinierung leisten kann, sondern daß sogar ihre Agenda vom Ministerrat abhängt und selbst dieser gegen den Willen der jeweils interessierten Regierung keine verbindlichen Entschlüsse zu fassen vermag.

Mit dieser enttäuschenden Beschränkung auf eine bloße Verständigung unter europäischen Parlamentariern und Regierungen, die allen Versuchen zur Fortentwicklung im Sinne politischer Integration entsagte, kontrastierte die so viel wirksamere Montanunion. Der direkte Zusammenhang zwischen ökonomischen und politischen Interessen verbürgt die Funktionsfähigkeit übernationaler Gremien eben am ehesten. Die persönliche Konstellation war gleichfalls bedeutsam. Der erste westdeutsche Bundeskanzler, Konrad Adenauer, war an der Kooperation mit Frankreich ganz besonders interessiert; er betrieb diese noch intensiver und erfolgreicher als Stresemann, weil er der West- und Frankreich-Politik klar den Vorrang vor jeder Ost-Politik gab. Auf der anderen Seite standen der französische Außenminister, Robert Schuman, und der erste Präsident der Montanunion, Jean Monnet, der seinerzeit Churchills französisch-britische Union inspiriert hatte und einen Hauptpfeiler der institutionellen Europa-Politik darstellte. Angesichts der Probleme des Europa-Rates erschien die Schaffung von Institutionen zu gemeinsamer Wirtschaftspolitik als die beste Basis, mußte die Auflösung der traditionellen Rüstungsrivalität auf dem Gebiet der Kohle- und Stahlindustrie ein realer, tragender Fortschritt sein. Den Kern bildete jener enge, von umstrittenen Grenzen durchschnittene Raum zwischen Ruhr, Lothringen und Belgien, der an Bodenschätzen und Industrie reich ist und – seit Karl dem Großen – eine sehr alte europäische Tradition besitzt. Hier, wo sich die drei letzten großen Kriege konzentriert hatten, entstand symbolisch und konkret jene Gemeinschaft der Sechs, die den weiteren Ausbau einer europäischen Einigung tragen sollte. An Stelle des alten Streits um das Ruhr- und das Saargebiet, der das politische Klima nach dem Ersten Weltkrieg vergiftet hatte und nach 1945 wieder drohte, konnte das Fundament für eine ökonomische Kooperation gelegt werden – mit der politischen Wirkung, den alten nationalistischen Streit beizulegen.

Während der nächste Ansatz, der Versuch einer militärischen Integration in der EVG, scheiterte, wies die deutliche Erfolgsbilanz der Montanunion den Weg zum Ausbau der Europa-Politik auf der realen Basis gemeinsamer wirtschaftlicher Interessen. Ausschlaggebend war insbesondere die Fortführung der supranationalen Elemente aus dem Schuman-Plan; sie traten sowohl in den Mehrheitsentscheidungen des Ministerrates und in der Möglichkeit der Abberufung von Mitgliedern der Exekutive, der Hohen Behörde, durch das Parlament zutage als auch vor allem in der Hohen Behörde selbst, in der supranationale Entscheidungen ohne Anweisungen der Regierungen durch Mehrheitsvotum gefällt wurden. Die Niederlage der EVG in Frankreich, bei der noch einmal in negativer Koalition Kommunisten und Gaullisten zugunsten des alten Europa zusammengewirkt hatten – die einen entsprechend der sowjetischen Beschwörung der deutschen Gefahr, die anderen für die Souveränität der ruhmreichen französischen Armee –, konnte den Zusammenhalt der Gemeinschaft der Sechs nicht sprengen. In den folgenden zwei Jahrzehnten zeigte sich die Zählebigkeit des neuen Europa, sobald die institutionellen Ansätze – und Gewohnheiten – vorhanden waren. Logische Fortsetzung war die Ausdehnung der Montanunion auf andere Bereiche: Eine Konferenz der Außenminister in Messina (1955) veranlaßte weitere Schritte durch eine Kommission der Gemeinschaft unter Spaak, und diese führten 1957 zu den Verträgen über Euratom und EWG.

Abermals waren die Hoffnungen höher gespannt, als es die Realitäten erlaubten. Wenn Monnet und Spaak von Euratom eine ähnlich integrierende Wirkung durch gemeinsame Atomenergiepolitik erwarteten wie mit dem Schuman-Plan, so waren die Vorstellungen von einer revolutionären Wende in der Energiepolitik ganz einfach zu hoch gesteckt oder zu verfrüht. Außerdem warf die wissenschaftliche Zusammenarbeit in vier national integrierten Atomforschungszentren – Italien, Belgien, die Niederlande, Deutschland – Probleme auf, die bald die Grenzen solcher Integration unter den fortbestehenden nationalstaatlichen Strukturen und die Widersprüche einer multinationalen Forschungspolitik vor einer politischen Einigung erkennen ließen. Wichtiger wurde daher auf die Dauer die EWG, der Gemeinsame Markt der Sechs, der nach langen Vorbereitungen mit den Römischen Verträgen vom März 1957 beschlossen wurde. Sie war ein Kompromiß und forderte weitere Kompromisse von den ökonomisch so unterschiedlich strukturierten Partnern. Ihre Institutionen übernahm sie großteils von der Montanunion. 1965 gelang dann die Zusammenlegung der Einrichtungen von Schuman-Plan, Euratom und EWG zu einer Europäischen Gemeinschaft (EG) – ein Fortschritt der Organisation Westeuropas. Nicht ohne amerikanische Unterstützung zielten die Bemühungen auf eine möglichst umfassende Wirtschaftsgemeinschaft. Man erinnerte an den Zollverein, der im 19. Jahrhundert der deutschen Einheit vorangegangen war. Walter Hallstein, ein enger Mitarbeiter Adenauers, amtierte als Präsident der EWG. Dieser Common market, wie er mit zunehmendem Respekt in London genannt wurde, ließ die Ersatzgründung der übrigen europäischen Länder unter Führung Englands, die EFTA, bald weit hinter sich. Denn eine gemeinsame Zollpolitik, die Phase um Phase verwirklicht werden sollte, bedingte eine Abstimmung staatlicher Wirtschaftspolitik und eine gemeinsame Handelspolitik. Der Prozeß wurde über die volle Zollunion (1968) bis in die Phase gemeinsamer Agrarpolitik vorangetrieben, wo nun jedoch die besonderen Strukturprobleme einer sich modernisierenden Landwirtschaft mit großen regionalen und nationalen Unterschieden zusammentreffen. Seither bestimmt das Bemühen um eine Wirtschafts- und Währungsunion als weitere Stufe zu einer politischen Vision die Entwicklung – so in Tindemans' Bericht von 1977 und in Giscards Währungsinitiative von 1978. Die Institutionalisierung des Europa der Sechs, seine Erweiterung zum Europa der Neun und künftig gar der Zwölf bietet ein komplexes Bild des Unfertigen, Angefochtenen, aber auch des Fortschreitens. Als Positivum tritt die Gewöhnung an stetige zwischen- und überstaatliche Kooperation hervor, die Europa, wie nie in seiner national-staatlichen Geschichte, durchlebt. Als Negativum zeigt sich: das Stocken der Integration sowie die Relativierung des Integrationsbegriffes selbst, der bahnbrechenden Vorstellung also, daß ein europäischer Bundesstaat oder ein ähnliches föderales Gebilde das Neben- und Gegeneinander der Nationalstaaten ablösen könne.

Die dramatischen Krisen und Rückschläge in den letzten Jahren zeugen von der Kompliziertheit des ökonomischen Integrationsprozesses, von dem man einst allzu selbstverständlich die politische Integration erwartet hatte. Doch alle Kritik an den umständlichen, oft genug widersprüchlichen Operationen um den gemeinsamen Agrarmarkt sollte beachten, daß auch eine nationale Lösung um die schweren Probleme nicht herumführen könnte. Ein umfassenderer Wirtschaftsraum bietet auf jeden Fall Vorteile; denn er erlaubt eine größere Manövrierfähigkeit für die nötigen Maßnahmen. Geduld ist vonnöten, sie wird in den langen Übergangsfristen nahegelegt, die ganz realistisch vorgesehen sind. Nach Jahrhunderten der Eigenstaatlichkeit bedarf jede Supranationalität mehr als der Beschlüsse von drei Jahrzehnten. Der europäische Weg bleibt so attraktiv, daß das Krisen-Karussell rund um die EWG-Kommission in Brüssel weder weitere Länder wie Dänemark, Irland und England 1973 vom Beitritt abschreckte, noch die Assoziierungswünsche anderer Staaten aufhält. Die Ablehnung der Beitrittspolitik durch ein Plebiszit in Norwegen und ähnliche Manöver der englischen Linken erscheinen eher als Verzögerungstaktik, so mächtig die Gegenfront in England auftreten mag – als »eine unheilige Allianz britischer Nationalisten, Klein-Engländer, Pro-Kommunisten und Gewerkschaftsführer, die Wettbewerb vom Kontinent fürchten«, wie die ›New York Times‹ vom 3. Dezember 1974 meint.[19] An der Jahreswende 1974/75 waren trotz allem dreiundfünfzig Prozent der befragten Briten für den Verbleib in der EG, nur ein knappes Sechstel – sechzehn Prozent – plädierte für den Austritt aus Europa. Auch aus der sowjetischen Kritik an der Entwicklung der europäischen Gemeinschaft sprechen Respekt sowie Enttäuschung über diesen neuerlichen Aufschub des Zusammenbruchs, dem der Kapitalismus nach kommunistischem Dogma längst hätte erlegen sein müssen. Ein Wandel der sowjetischen Haltung wird spürbar: von der Beschimpfung und Nichtanerkennung der EWG zum wachsenden Bemühen um industriell-technische und handelspolitische Beziehungen mit Westeuropa.

Zwei Hauptfragen der künftigen Europa-Politik bilden die demokratische Parlamentarisierung und die Föderalisierung der Europäischen Gemeinschaft. Die lange geplanten Direktwahlen zum Europäischen Parlament (Juni 1979) sind dabei von entscheidender Bedeutung. Sie könnten sowohl in der Annäherung und Zusammenarbeit der verschiedenen nationalen Parteien und Parteisysteme als auch in der Verstärkung der parlamentsdemokratischen Komponente gegenüber der Kommission und dem Ministerrat, also der Bürokratie und den Regierungen, einen großen Fortschritt bringen. Der Weg vom Europa der Technokraten und der Nationalsouveränitäten zu einem demokratischen Bundesstaat, das alte Ziel der Europa-Bewegungen, das auch in Tindemans' Bericht von 1977 anklingt, freilich nur in vorsichtiger und eher skeptisch stimmender Form, dieses Ziel bleibt in der Ferne. Das zeigt auch die wissenschaftliche und politische Diskussion der sogenannten Disparitäten, das heißt der inneren und strukturellen Unterschiede zwischen den Mitgliedstaaten auf den verschiedensten Ebenen der Kooperation, die den Schritt zur Integration überall erschweren, ja fast unmöglich erscheinen lassen.

Neben den Divergenzen in den Regierungs- und Parteisystemen sind es besonders die großen Disparitäten im Gewerkschaftswesen, im Verständnis von Sozialpolitik und Mitbestimmung, die sehr unterschiedliche Erfahrungen und Lösungsversuche mit sich bringen. Die Rolle konservativer, christlich-demokratischer und liberaler Parteien ist in den einzelnen Ländern keineswegs identisch. Vor allem aber trennen Haltung und Stellung der sozialistischen und kommunistischen Parteien und der ihnen verbundenen Gewerkschaften die politische Kultur und das politische Bewußtsein der Staaten Nord-, West- und Südeuropas so stark, daß die Diskussion eines sozialistischen oder sozialdemokratischen Verständnisses, der Glaubwürdigkeit des Eurokommunismus und der Möglichkeit einer Volksfrontpolitik, tiefe Gräben schafft. Die Frage nach der Einbeziehung des Kommunismus in die europäische Parlaments- und Regierungspolitik kann nur mit äußerster Skepsis geprüft werden. Der Gradmesser dabei ist, ob sich die Partei von dem totalitären Anspruch des bisherigen Kommunismus löst, ja ob sie das überhaupt kann. Für den französischen Fall scheint dies in weiter Ferne zu liegen. Konkretere Ansatzpunkte zeigt die Diskussion in Italien. Aber sie muß ebenfalls beachten, daß jede kommunistische Regierungsbeteiligung den Weg zu einer Parlamentarisierung und Demokratisierung der Europa-Politik erschwert – nicht nur aus militärisch-sicherheits- und wirtschaftspolitischen Gründen, sondern auch wegen der Kluft, die sie zwischen den Parteilagern und im politisch-ideellen Verständnis der Europäischen Gemeinschaft aufreißt.

Andere große Disparitäten betreffen die zunehmend wichtiger werdende Regionalpolitik, die Unterschiede in Einkommen und Lebensstandard, in der Regelung der Arbeitsbedingungen und der sozialen Sicherung. In einigen Ländern dauert die Tradition des Klassenkampfes und die ideologische Polarisierung fort, in anderen hingegen wird die rechtlich-institutionelle Verankerung einer Mitbestimmung und Sozialpartnerschaft, wie in der Bundesrepublik, oder einer Industrial democracy, wie in Großbritannien, betont. Solche Unterschiede behindern die Zusammenarbeit und den Zusammenschluß der Gewerkschaften im transnationalen Sinne. Dennoch wird man sagen können, daß der Druck der Interessen hier ebenso Fortschritte gebracht hat wie im Falle der Parteien, die durch die Aussicht auf allgemeine Europa-Wahlen zu engerer Kooperation, ja zu gemeinsamen Programmen und Organisationen getrieben werden.

Groß sind die weiteren Pläne der Europäischen Gemeinschaft auf den Gebieten eines gemeinsamen Finanz- und Steuerwesens, der gleichmäßigen Arbeits- und Sozialpolitik, der Freizügigkeit von Kapitalbewegungen sowie des gemeinsamen Arbeitsmarktes mit seiner Bedeutung für die vielen Gastarbeiter. Die Realisierung solcher Pläne wird gewiß nicht ohne politische Folgen sein; andererseits sind derartige Vorhaben nicht zu verwirklichen ohne Fortschritte auf dem Weg der politischen Integration. Dieser unauflösbare Zusammenhang ist das Kernproblem. So einschneidende Vorkommnisse wie die Ölkrisen seit 1973 zeigen die Schwäche einer europäischen Einigung, die nur auf dem ökonomischen Nutzen, nicht auch auf zwingenden politischen Entscheidungsprozessen aufgebaut ist. Noch immer bedarf es jedesmal einer kolossalen Anstrengung in Konferenzen und Konsultationen, um eine gemeinsame Plattform zu finden, wenn sie überhaupt zustande kommt. Zudem kreist die Deutschland- und Europa-Diskussion seit Kriegsende um die kardinale Frage, die auch der Übergang zum Europa der Neun oder Zwölf nicht lösen kann: Verfestigung Kleineuropas oder Offenhalten für gesamteuropäische Lösungen?

Diese Fragestellung fand im Problem der Deutschland-Politik ihren schärfsten Ausdruck: Provisorium der Bundesrepublik oder Definitivum der zwei deutschen Staaten? Die Antworten sind in beiden Fällen ebenso fest miteinander verquickt. Der Straßburger Europa-Rat, der das ganze nichtkommunistische Europa vertritt, war ein weiterer Ansatz, der aber bisher kaum über die Funktion eines gelegentlichen Koordinationsgremiums hinaus entwickelt werden konnte. Es bleibt die Frage nach dem Verhältnis zwischen Blockpolitik und Europa-Politik, nach der Beziehung zu einem kommunistisch dominierten Osteuropa, endlich die erweiterte Perspektive von gesamteuropäischen Lösungen, die jenseits der bipolaren Weltpolitik und der Konfrontation von kommunistischen und westlichen Systemen denkbar wären. Das sind hypothetische Fragen, die seinerzeit der Gaullismus – freilich mit antiamerikanischer Spitze – aufwarf, die aber angesichts der nationalen Gefühle in Osteuropa und einer wachsenden innereuropäischen Kommunikation, zumal im Kultur-, Sport-, Fernsehbereich, nicht für alle Zeiten auszuschließen sind.

Innereuropäisch treten vor allem drei aktuelle Probleme hervor: die Auseinandersetzung um einen umstrittenen Wandel des westlichen Kommunismus und um seine Koalitionsfähigkeit in Linksbündnissen, vorrangig in Italien, künftig auch in Spanien und Portugal; die Polarisierung in Frankreich, wo 1976 das Linksbündnis des Sozialisten Mitterand mit dem Kommunisten Marchais nur knapp die Mehrheit verfehlte, ohne eine demokratisch und europapolitisch handlungsfähige Koalition zu verbürgen; die Auseinanderentwicklung von Nord- und Südeuropa, gerade auch in parteipolitischer Hinsicht, und die Stärkung europafeindlicher Bewegungen, welche die Integration wie das West-Bündnis gefährden könnten. Begründet bleiben die Zweifel, die auch von Führern der Sozialdemokratie wie Harold Wilson oder Helmut Schmidt an der demokratischen Qualität des ›neuen‹ Kommunismus geäußert wurden, wenn man etwa auf das unverändert totalitäre Organisations- und Abstimmungsverhalten in jenen Parteien blickt.[20]

Die Stimme Europas, die seiner Wirtschaftskraft und dem Gewicht seiner freiheitlichen Demokratien in einer von Diktaturen überschwemmten Welt entspräche, muß sich noch artikulieren lernen. Sie wird dies nicht mehr so tönend können wie in den Jahrhunderten, als Weltpolitik europäische Politik war und das Zeitalter Europas die Weltgeschichte bedeutete. Doch Europa kann in einer von Unterdrückung und Zerspaltung geplagten Welt mit der Autorität seiner geistigen und materiellen Kultur sehr wohl eine entscheidende Rolle für die Zukunft der Menschheit spielen, wenn es seine Möglichkeiten erkennt und praktiziert, Beispiele zu setzen und Erfahrungen zu vermitteln. Vor allem in zweierlei Hinsicht: als ein Hort der voll entwickelten, höchstmöglich freiheitlichen und sozialen Demokratie, als eine offene Gesellschaft,[21] in der allein Konflikte sich friedlich austragen und Fortschritte ohne Unterdrückung vorantreiben lassen; und als Experiment eines ersten supranationalen Integrationsprozesses, der in Freiheit und Selbstbestimmung erfolgt und eine lange Geschichte imperialer und nationalistischer Auseinandersetzung abschließt, indem die Lösung außenpolitischer Konflikte durch zwischenstaatliche, supranationale Organe erfolgt. Europa könnte damit einen exemplarischen Beitrag leisten zu der Verwandlung ungezügelter staatlicher Machtpolitik in demokratische und rechtsstaatliche Weltinnenpolitik. Wenn supranationale Einigung und schließlich ein föderativer europäischer Staat in einem Gebiet verwirklicht würden, das so verschiedene Sprachen und Strukturprobleme, so eigenständige und konfliktreiche historische Traditionen aufweist, dann müßte dies Ausstrahlungskraft auch auf andere Staaten und Regionen der Welt besitzen. Eine Voraussetzung für ein derart gestaltetes Europa bleibt die enge Zusammenarbeit mit den USA, solange die gegnerischen Blöcke und Machtkoalitionen fortdauern und die militärisch überlegene Präsenz der Sowjetmacht in Europa ausbalanciert werden muß. Ein Rückfall in die chaotische Machtpolitik der Zeit zwischen den Kriegen ist so lange nicht völlig gebannt, als archaische nationalsouveräne Strukturen und mit ihnen Mißtrauen zwischen den Partnern fortdauern. Die Erkenntnis, daß heute nur noch ein vereinigtes Europa wirkungsvoll in eine veränderte Weltpolitik eingreifen kann, von der alle europäischen Staaten so stark abhängig sind, mußte sich nicht erst mit der Ölkrise von 1973 einprägen.

Die amerikanische Europa-Politik enthält Widersprüche. Auf der einen Seite unterstützte sie die Einigungsbestrebungen äußerst machtvoll, auf der anderen Seite kritisiert sie oft genug recht heftig, daß Europa nicht seinen Anteil an der weltpolitischen Verantwortung trage, sondern zu jener Isolationspolitik neige, mit der die USA nach dem Ersten Weltkrieg sich ihrer Verantwortung entzogen. Durch Europas Haltung werde Amerika erst zu einer übermäßigen Ausweitung der Rolle als Supermacht gezwungen. Die amerikanische Empfindlichkeit pflegt groß zu sein, wenn sich europäische Kritik etwa am Vietnam-Krieg oder an der amerikanisch-sowjetischen Détente-Politik äußert, wenn eine eigenständige Wirtschaftspolitik Europas mit amerikanischen Interessen in Konflikt gerät oder die multinationalen Konzerne unter amerikanischer Kontrolle angeprangert werden. Seit dem Schock der Watergate-Affäre ist das Nachlassen amerikanischer Führungs- und Koordinierungskraft offensichtlich. Der unklare Kurs des seit 1977 amtierenden Präsidenten Jimmy Carter vermag empfindliche Positionsverluste strategisch und ölwirtschaftlich wichtiger Art nicht zu hindern. Da die NATO allein offenkundig nicht länger in der Lage ist, in der Zeit der Détente die Koordinierung der politischen Interessen des Westens zu leisten, bleibt eine Frage an die Zukunft, wie es gelingen kann, das richtige Maß an Kooperation und Selbständigkeit in den Beziehungen zwischen Europa und Amerika zu finden. Auch dafür sind nach wie vor Fortschritte in der politischen Integration von entscheidender Bedeutung. In diesen Rahmen gehören etwa die Bemühungen, mit Hilfe der Westeuropäischen Union eine eigene europäische Rüstungspolitik zu institutionalisieren, wodurch die starke Abhängigkeit von der amerikanischen Rüstungswirtschaft sich reduzieren ließe. Als Teil einer gemeinsamen Verteidigungsorganisation innerhalb der NATO könnte sie die Lücke füllen, die seit Ablehnung der EVG unverändert in der Struktur der westeuropäischen Gemeinschaft klafft.

Die gegenwärtige Krise in der Wirtschaftspolitik, die mit hohen Inflationsraten und stagnierender Arbeitslosigkeit auch das politische System der westlichen Demokratien bedroht, ist als Folge der Ölpreispolitik und einer globalen Rezession zugleich eine Krise der Weltpolitik. Ihre Bewältigung hängt weitgehend von der Koordinations- und Aktionsfähigkeit in den amerikanisch-europäischen Beziehungen ab. Sie bringt eine schwere Belastungsprobe mit sich und enthält die Gefahr eines Zerfalls des Westens in kurzsichtige nationale Interessenpolitik. Sie kann aber ebenso einen Impuls für Europa bedeuten: den Schritt über die bisherigen Barrieren zwischen ökonomischer und politischer Integration. Es geht die alte Streitfrage um, ob der Druck zur Ausweitung wirtschaftlicher Zusammenarbeit nicht doch eines Tages an den Punkt gelangt, an dem auch die politischen Beschränkungen einer Integration notwendig fallen. Das erscheint als eine reale Hoffnung in der gegenwärtigen Krise, nicht zuletzt deshalb, weil die Alternative einen Rückfall in wirtschaftspolitisches Chaos, soziales Elend und in eine Bedrohung der Demokratie bewirken würde. Die Lehren der dreißiger Jahre sollten schrecken: vor allem die Europäer, doch auch Amerika und die übrige Welt, die von einer solchen Entwicklung kaum weniger betroffen wären.

Das kleiner gewordene Europa bleibt ein maßgebender Faktor der größer gewordenen, interdependenten Welt. Zu seinen großen geistigen und politischen Herausforderungen gehört die seit 1917 andauernde Auseinandersetzung mit den totalitären Versuchungen und Verführungen unserer Epoche. Von seinen Feinden, den Lobrednern der alten und der neuen Diktatoren, unablässig als dekadent geschmäht und wieder und wieder totgesagt[22], kann das freie Europa jene geschichtlichen Erfahrungen nutzen, die es über bloß nationalstaatliche Interessen- und Machtpolitik hinaus auf die Förderung eines gemeineuropäischen Bewußtseins drängen. Nur dann wird es die schweren Anfechtungen bestehen können, welche seiner weiteren Einigung entgegenstehen: nationalistische Souveränitätsideologien von rechts oder links; antidemokratischer Extremismus und Gefährdung der Menschen- und Bürgerrechte; fortdauernde Bedrohungen im Ost-West-Konflikt, aber auch zunehmende Probleme der Nord-Süd-Spannung. Dafür gilt es das Ziel im Auge zu behalten, das Jean Monnet, der große Pionier der europäischen Einigungspolitik, seinen Memoiren von 1976 vorangestellt hat: »Nous ne coalisons pas des États, nous unissons des hommes.«

# Anmerkungen

## Krieg und Frieden

1 Hajo Holborn: Der Zusammenbruch des europäischen Staatensystems, Stuttgart 1954, und Felix Gilbert: The end of the European era, New York 1970; vgl. auch Robert O. Paxton: Europe in the twentieth century, New York 1975, und Gerhard Binder: Geschichte im Zeitalter der Weltkriege, 2 Bde., Stuttgart 1977.

2 So das Résumé der wichtigsten Faktoren bei John Major: The contemporary world, A historical introduction, London 1970, S. Xf.

3 Arno Mayer: Political origins of the new diplomacy 1917–1918, New Haven, Conn., 1959, S. 368 ff. (Epilog, »Wilson versus Lenin«).

4 Dazu seinerzeit besonders die Publikationen von Ludwig Dehio: Gleichgewicht oder Hegemonie, Betrachtungen über ein Grundproblem der neueren Staatengeschichte, Krefeld 1948, und: Deutschland und die Weltpolitik im 20. Jahrhundert, München 1955.

5 Vgl. jetzt auch: Der Vertrag von Versailles, München 1978, S. 22 ff.; beste Zusammenfassung der Diskussion um den Versailler Vertrag bei Karl Dietrich Erdmann: Die Zeit der Weltkriege (Gebhardt: Handbuch der deutschen Geschichte, Bd. 4), Stuttgart 1976, S. 198 ff.

6 Treffend schreibt auch James Joll in der Einleitung zu seiner ausgezeichneten Bilanz der letzten hundert Jahre europäischer Geschichte: »We can now see... that the First World War was not such a total break as it appeared to be, and that the movements and ideas which have conditioned the experiences of the later twentieth century had nearly all made their appearance before 1914« – James Joll: Europe since 1870, New York 1973, S. XIII.

7 Das drückte sich nicht nur in der Flut revisionistischer Literatur aus, es war auch die Auffassung der meisten Demokraten in Deutschland. Als Beispiel sei hier der Sozialdemokrat und langjährige preußische Ministerpräsident Otto Braun genannt, der als demokratische Säule der Weimarer Republik galt, bevor er 1933 nach Hitlers Machtübernahme in die Schweiz emigrierte. Seine Memoiren – Otto Braun: Von Weimar zu Hitler, Zürich 1940 – bringen das Verhängnis auf eben diese Formel: Versailles und Hitler.

8 René Albrecht-Carrié: A diplomatic history of Europe since the Congress of Vienna, New York 1958, S. 342 ff.

## Die revolutionäre Welle

1 Dazu jetzt auch Paul Noack: Die manipulierte Revolution, Von der Bastille bis in unsere Zeit, München 1978, S. 13 ff..

2 Zum Vergleich von Oktobercoup und Februarrevolution s. Roger Pethybridge: The spread of the Russian Revolution, Essays on 1917, London 1972.
3 Horst Lademacher (Hrsg.): Die Zimmerwalder Bewegung, Bd. 1, Den Haag 1967, S. 116 ff.
4 So etwa A. J. McGregor: The ideology of fascism, New York 1969.
5 Vgl. Francis L. Carsten: Revolution in Mitteleuropa 1918–1919, Köln 1973, und Dietrich Geyer: »Sowjetrußland und die deutsche Arbeiterbewegung«, in: Vierteljahreshefte für Zeitgeschichte 24, 1976, S. 2 ff.
6 Dazu besonders Paul Aldrich: Kronstadt 1921, Princeton, N. J., 1970.

## Europa und die Welt

1 Dazu jetzt generell Rudolf von Albertini: Europäische Kolonialherrschaft 1880–1914, Zürich 1976, und: Dekolonisation, Die Diskussion über Verwaltung und Zukunft der Kolonien 1919–1960, Köln 1966.
2 Vgl. Walter Z. Laqueur: Der Weg zum Staat Israel, Wien 1975.
3 Man vergleiche etwa die Sammelbesprechung einschlägiger Literatur von Richard M. Abrams: »US Intervention Abroad: The First Quarter Century«, in: American Historical Review 79, 1974, S. 72–102; zu Deutschland besonders aufschlußreich Werner Link: Die amerikanische Stabilisierungspolitik in Deutschland 1921–1932, Düsseldorf 1970.
4 Dazu die differenzierte Betrachtung der vielfältigen Stimmungen und Richtungen unter den Republikanern von Lloyd E. Ambrosius: »Wilson, the Republicans, and French Security After World War I«, in: Journal of American History 59, 1972/73, S. 341 ff.
5 Max Silberschmidt: Der Aufstieg der Vereinigten Staaten von Amerika zur Weltmacht, Aarau 1941; vgl. jetzt Hans R. Guggisberg: Geschichte der USA, Stuttgart 1975, S. 165 ff., und Erich Angermann: Die Vereinigten Staaten von Amerika, München 1966, S. 55 ff.
6 Vgl. jetzt besonders Stephen A. Schuker: The end of French predominance in Europe, Chapel Hill, N. C., 1976.
7 Davis Landes: Der entfesselte Prometheus, Köln 1973.
8 Vgl. Karl Dietrich Bracher: Schlüsselwörter in der Geschichte, Düsseldorf 1978, S. 75 ff.
9 Peter Gay: Die Republik der Außenseiter, Geist und Kultur in der Weimarer Zeit, Frankfurt am Main 1970; zur Diskussion der britischen Krisensituation vgl. jetzt George Watson: Politics and literature in modern Britain, London 1977, S. 98 ff.

## Demokratie oder Diktatur

1 »by means of a perpetual tight rope performance« – David Thomson: Democracy in France, The Third Republic, 2. Aufl., London 1954, S. 184.
2 So Édouard Bonnefous: Histoire politique de la Troisième République, Bd. 6, Paris 1965, S. 196.
3 Paul Guérin: Le problème français, Paris 1939, S. 43 ff.
4 Robert Alastair Clarke Parker: Das zwanzigste Jahrhundert, Tl. 1: 1918–1945, Frankfurt am Main 1967, S. 164.
5 Robert Alastair Clarke Parker: Das zwanzigste Jahrhundert, Tl. 1: 1918–1945, Frankfurt am Main 1967, S. 138.
6 Vgl. die beste Darstellung der faschistischen Machtergreifung von Adrian Lyttelton: The seizure of power, Fascism in Italy 1919–1929, London 1973; s. auch S. W. Halperin: Mussolini and Italian fascism, Princeton, N. J., 1964, S. 146 ff.

7 Renzo de Felice: Mussolini, Bd. 1: Il rivoluzionario, Turin 1965, S. 607.
8 L. Salvatorelli und G. Mira: Storia d'Italia nel periodo fascista, Turin 1964, S. 352.
9 Peter Gay: Die Republik der Außenseiter, Geist und Kultur in der Weimarer Zeit, Frankfurt am Main 1970; jetzt auch Walter Laqueur: Weimar, Die Kultur der Republik, Berlin 1976.
10 Vgl. die scharfsinnige Kritik von Eugen J. Weber: »Revolution?, Counterrevolution?, What Revolution?«, in: Journal of Contemporary History 9, 1974, S. 3–47; dazu ferner David Schoenbaum: Die braune Revolution, Köln 1968, S. 25 ff./Karl Dietrich Bracher: Zeitgeschichtliche Kontroversen, 3. Aufl., München 1979, S. 62 ff./Joachim Fest: Hitler, Berlin 1973, S. 533 ff./Sebastian Haffner: Anmerkungen zu Hitler, München 1978, S. 77 ff.; jetzt auch Paul Noack: Die manipulierte Revolution, München 1978, S. 23 ff.
11 Otto E. Schüddekopf: Linke Leute von rechts, Stuttgart 1960; Ernst Nolte: Der Faschismus in seiner Epoche, München 1965, S. 117 u. 559; Bertram M. Gordon: »The Condottieri of the Collaboration, Mouvement Social Révolutionnaire«, in: Journal of Contemporary History 10, 1975, S. 261–282.
12 So Hans Herzfeld: Die moderne Welt, 1789–1945, Tl. 2, 4. Aufl., Braunschweig 1970, S. 260.
13 Dazu besonders Georg von Rauch: Geschichte der baltischen Staaten, Stuttgart 1970.
14 Grundlegend Klemens von Klemperer: Ignaz Seipel, Staatsmann einer Krisenzeit, Graz 1976, Kap. IV.
15 Die beste Gesamtdarstellung gibt Stanley G. Payne: A history of Spain and Portugal, 2 Bde., Madison, Wis., 1973; vgl. ferner besonders Raymond Carr (Hrsg.): The republic and the civil war in Spain, New York 1971, und Hugh Thomas: Der spanische Bürgerkrieg, Berlin 1962.
16 Dazu grundsätzlich Sten S. Nilsson: »The Consequences of Electoral Laws«, in: European Journal of Political Research 2, 1974, S. 283 ff., und schon vordem Sten S. Nilson: »Wahlsoziologische Probleme des Nationalsozialismus«, in: Zeitschrift für die gesamte Staatswissenschaft 110, 1954, S. 279 ff.

## Politik der Diktatoren

1 Dazu Richard B. Day: Leon Trotsky and the politics of economic isolation, Cambridge 1973.
2 Jetzt grundlegend Robert Tucker: Stalin as revolutionary, New York 1973, besonders S. 425 ff., ferner Adam B. Ulam: Stalin, The man and his era, New York 1973, und Ronald Hingley: Joseph Stalin, Man and legend, New York 1974.
3 Dazu grundlegend Robert Tucker: Stalin as revolutionary, New York 1973, S. 292 ff.; s. auch die wichtige vergleichende Untersuchung von Aryeh L. Unger: The totalitarian party, Party and people in Nazi Germany and Soviet Russia, Cambridge 1974.
4 Sigmund Neumann: Permanent revolution, The total state in a world at war, New York 1942.
5 Karl Dietrich Bracher, Gerhard Schulz und Wolfgang Sauer: Die nationalsozialistische Machtergreifung, [3. Aufl.,] Bd. 1, Berlin 1973, S. 239 f.; jetzt auch Klaus Scholder: Die Kirchen und das Dritte Reich, Bd. 1, Berlin 1977, S. 277 ff.
6 Dazu grundlegend Jens Petersen: Hitler und Mussolini, Die Entstehung der Achse Berlin–Rom 1933–1936, Tübingen 1973, S. 328 ff.
7 Vgl. jetzt Reinhard Meyers: Britische Sicherheitspolitik 1934–1938, Düsseldorf 1976, S. 65 ff.
8 Nürnberger Dokumente, Bd. 25, S. 434 (Dok. 388-PS).
9 Nürnberger Dokumente, Bd. 37, S. 546 ff. (Dok. L–079).

10 Nachweise bei Karl Dietrich Bracher: Die deutsche Diktatur, 6. Aufl., Berlin 1979, S. 345 ff.
11 So Walter Hofer: Die Entfesselung des Zweiten Weltkrieges, Frankfurt am Main 1964, S. 117 ff.; zur Vorgeschichte ferner Hans-Adolf Jacobsen: Nationalsozialistische Außenpolitik 1933–1938, Frankfurt am Main 1968/Klaus Hildebrand: Deutsche Außenpolitik 1933–1945, Kalkül oder Dogma?, 2. Aufl., Stuttgart 1973/Manfred Funke (Hrsg.): Hitler, Deutschland und die Mächte, Düsseldorf 1976/Gerhard L. Weinberg: The foreign policy of Hitler's Germany, Chicago, Ill., 1970 (diesem Band, der den Zeitraum von 1933 bis 1936 behandelt, wird sich binnen Jahresfrist der in Vorbereitung befindliche Folgeband des Autors anschließen: Starting a war, The foreign policy of Hitler's Germany 1937–1939).

## Der neue Weltkrieg

1 Die Kontroverse um Roosevelt hat in den vierziger und fünfziger Jahren zu einer ersten Form des isolationistischen, antiinterventionistischen ›Revisionismus‹ in der historisch-politischen Literatur geführt (die zweite Welle des Revisionismus, in den sechziger Jahren, richtete sich dann gegen die amerikanische Politik des Kalten Krieges); vgl. dazu Justus D. Doenekke: The literature of isolationism, Colorado Springs, Colo., 1972, und Warren J. Cohen: The American revisionists, Chicago, Ill., 1967.
2 William L. Langer und Sarell E. Gleason: Undeclared war 1940–1941, New York 1953; zur politisch-militärischen Entwicklung generell vgl. besonders Andreas Hillgruber: Deutschlands Rolle in der Vorgeschichte der beiden Weltkriege, Göttingen 1967, und Andreas Hillgruber: Deutsche Großmacht- und Weltpolitik im 19. und 20. Jahrhundert, Düsseldorf 1977, S. 148 ff., sowie weitere Veröffentlichungen des gleichen Autors.
3 So besonders in der grundlegenden Untersuchung von Bennett Kovrig: The myth of liberation, Baltimore, Md., 1973, S. 4.
4 Beste Darstellung von Robert O. Paxton: Vichy France, Old guard and new order, 1940–1944, New York 1972; zur deutschen Außenpolitik grundlegend Eberhard Jaeckel: Frankreich in Hitlers Europa, Stuttgart 1966.
5 Martin Broszat: »NS-Konzentrationslager«, in: Hans Buchheim, Martin Broszat, Hans-Adolf Jacobsen und Helmut Krausnick: Anatomie des SS-Staates, Bd. 2, Olten 1965, S. 105 ff.
6 Vgl. die Eintragungen von Generaloberst Halder, Franz Halder: Kriegstagebuch, Tägliche Aufzeichnungen des Chefs des Generalstabs des Heeres, Bd. 2, Stuttgart 1963, S. 32 ff. u. 49 ff.
7 James Joll: Europe since 1870, London 1973, S. 403.
8 Dazu besonders Robert Beitzell: The uneasy alliance, America, Britain and Russia 1941–1943, New York 1972.
9 Winston Churchill: The Second World War, Bd. 6: Triumph and tragedy, Boston, Mass., 1953, S. 366.
10 George F. Kennan: Memoiren eines Diplomaten · Memoirs 1925–1950, 5. Aufl., Frankfurt am Main 1969, S. 216 ff.: »Ich war damals und bin heute der Meinung, daß das der Augenblick war, in dem wir mit den Sowjets zu einer grundsätzlichen politischen Auseinandersetzung hätten kommen sollen. Wir hätten ihnen anheimgeben müssen, entweder ihre Politik völlig umzustellen und sich auf wirkliche Zusammenarbeit mit wirklich unabhängigen osteuropäischen Staaten einzurichten oder aber für den Rest des Krieges auf die Hilfe und das Wohlwollen der westlichen Alliierten zu verzichten.«
11 Korrespondenz zwischen Stalin und Churchill, Hrsgg. vom sowjetischen Außenministerium, Bd. 2, Moskau 1957, S. 227 (4. Mai 1945): »Only people who have demonstrated by deeds their friendly attitude to the Soviet Union, who are willing honestly and sincerely to

cooperate with the Soviet State, should be consulted on the formation of a future Polish government.«

12 Dazu George F. Kennan: Memoiren eines Diplomaten · Memoirs 1925–1950, 5. Aufl., Frankfurt am Main 1969, S. 230ff., 371ff.; zur militärischen Lage vgl. Diane S. Clemens: Jalta, Stuttgart 1972.

13 Dazu neuerdings Martin J. Sherwin: »The Atomic Bomb and the Origins of the Cold War«, in: American Historical Review 18, 1973, S. 945–968 (mit der Literatur).
Die linken Kritiker Trumans und seiner Politik im Kalten Krieg stützten sich auf ›revisionistische‹ Bücher wie Gar Alperowitz: Atomic diplomacy, New York 1965/William A. Williams: The tragedy of American diplomacy, Neuaufl., New York 1962/D. F. Fleming: The cold war and its origins, 1917–1960, 2 Bde., Garden City, N. Y., 1961/David Horowitz: The free world colossus, New York 1965/Gabriel Kolko: The politics of war, The world and US foreign policy 1943–45, New York 1968, und Gabriel Kolko: The limits of power, The world and US foreign policy 1945–54, New York 1972.
Gegen solche Fehlinterpretationen besonders scharf die Kritik von Robert J. Maddox: The new left and the origins of the cold war, Princeton, N. J., 1973; schwach die Stellungnahme von Gar Alperowitz, in: Journal of American History 59, 1972/73, S. 1062ff.; vgl. ferner Warren F. Kimbal: »The Cold War Warmed Over«, in: American Historical Review 79, 1974, S. 1119ff.
Eine ausgewogene Darstellung geben dagegen John L. Gaddis: The United States and the origins of the cold war 1941–1947, New York 1972, und George C. Herring: Aid to Russia 1941–1946, Strategy, diplomacy and the origins of the cold war, New York 1973; zum Gesamtkomplex eigenwillig Ernst Nolte: Deutschland und der Kalte Krieg, München 1974, S. 173ff.
Die neueste Darstellung (mit Neigung zur ›revisionistischen‹ Interpretation) gibt Daniel Yergin: Shattered peace, The origins of the cold war and the national security state, Boston, Mass., 1977.

## Die großen Entscheidungen

1 Dazu, am Beispiel Österreichs aufgezeigt, die treffende Skizze von Adam Wandruszka: »Die Erbschaft von Krieg und Nachkrieg«, in: Österreich 1927 bis 1938, Wien 1973, S. 20–31; beste Kurzdarstellung der Epoche Andreas Hillgruber: Europa in der Weltpolitik der Nachkriegszeit (1945–1963), München 1979.

2 Zu den Begriffen und Problemen Gottfried-Karl Kindermann (Hrsg.): Grundelemente der Weltpolitik, München 1977, John H. Herz: Staatenwelt und Weltpolitik, Hamburg 1974, und Hans-Peter Schwarz (Hrsg.): Handbuch der deutschen Außenpolitik, 2. Aufl., München 1976, S. 23ff.

3 Dazu (von gemäßigt ›revisionistischer‹ Seite) Bruce Kuklick: American policy and the division of Germany, The clash with Russia over reparations, Ithaca, N. Y., 1972; bei aller amerikanischen Selbstkritik wird hier doch deutlich, daß von einer antisowjetischen Verschwörung keine Rede sein kann und daß eher die Unübersichtlichkeit der Lage die Entscheidungen von 1945–1947 bestimmt hat.

4 Zu den Deutschland-Kontroversen grundlegend Hans-Peter Schwarz: Vom Reich zur Bundesrepublik, Neuwied 1966.

5 Dazu besonders Walter Lipgens: Die Anfänge der europäischen Einigungspolitik 1945–1950, Tl. 1, Stuttgart 1977.

6 Aus der Fülle der Literatur herausgegriffen zwei neuere Publikationen, A. Ross Johnson: The transformation of communist ideology, The Yugoslav case 1945–1953, Cambridge,

Mass., 1972, und Othmar N. Haberl: Die Emanzipation der KP Jugoslawiens von der Kontrolle der Komintern/KPdSU 1941–1945, München 1974.

7 Dazu jetzt Hans-Adolf Jacobsen: Von der Strategie der Gewalt zur Politik der Friedenssicherung, Düsseldorf 1977, S. 222 ff.

8 Vgl. auch Paul Noack: Das Scheitern der Europäischen Verteidigungsgemeinschaft, Düsseldorf 1977, S. 16 ff.

## Renaissance der Demokratie

1 Walter Z. Laqueur: Europa aus der Asche, München 1970.

2 Als »dictatorship by consent« charakterisiert es Gordon Wright: The reshaping of French democracy, Boston, Mass., 1970, S. 51.

3 So das Buch von Dankwart Rustow: The politics of compromise, A study of parties and cabinet government in Sweden, Princeton, N. J., 1955; jetzt auch M. D. Hancock und G. Sjoberg (Hrsg.): Politics in the post-welfare-state, New York 1972, sowie M. D. Hancock: Sweden, The politics of post-industrial change, Hinsdale, Ill., 1972.

4 Vgl. neben den Büchern von Alfred Grosser – so Alfred Grosser: Deutschlandbilanz, Geschichte Deutschlands seit 1945, Sonderausg., München 1972 – besonders die Beiträge in Richard Löwenthal und Hans-Peter Schwarz (Hrsg.): Die zweite Republik, Stuttgart 1974; ferner Friedrich K. Fromme: Von der Weimarer Verfassung zum Bonner Grundgesetz, Tübingen 1960/Thomas Ellwein: Das Regierungssystem der Bundesrepublik Deutschland, 4. Aufl., Opladen 1977/Kurt Sontheimer: Grundzüge des politischen Systems der Bundesrepublik Deutschland, 6. Aufl., München 1977/Eckhard Jesse: Die Demokratie der Bundesrepublik Deutschland, Bonn 1978.

5 Vgl. schon Richard Löwenthal: Der romantische Rückfall, Stuttgart 1970, S. 8 ff., und jetzt Kurt Sontheimer: Das Elend unserer Intellektuellen, Hamburg 1976.

6 Einmal geht es in scharfer Zuspitzung seit den sechziger Jahren um die alte Kontroverse zwischen parlamentarisch-repräsentativen und plebiszitär-identitären Demokratiebegriffen, vgl. Wolfgang Mantl: Repräsentation und Identität, Demokratie im Konflikt, Wien 1975, sowie Karl Dietrich Bracher, Christopher Dawson, Willi Geiger und Rudolf Smend (Hrsg.): Die moderne Demokratie und ihr Recht, 2 Bde., Tübingen 1966; zum anderen geht es um das Aufkommen radikaler und extremistischer Tendenzen, vgl. Manfred Funke (Hrsg.): Extremismus im demokratischen Rechtsstaat, Ausgewählte Texte und Materialien zur aktuellen Diskussion, Bonn 1978, s. besonders S. 225 ff. und 389 ff.

7 Ernst Richert: Macht ohne Mandat, Opladen 1963.

8 Vgl. Curt Gasteyger: Die beiden deutschen Staaten in der Weltpolitik, München 1976, S. 9 ff.

## Die großen Wandlungen

1 Zum Fortbestehen totalitärer Strukturen Boris Meissner: Das Sowjetsystem und seine Wandlungsmöglichkeiten, Bern 1976, S. 24 ff., sowie Boris Meissner, Georg Brunner und Richard Löwenthal: Einparteisystem und bürokratische Herrschaft in der Sowjetunion, Köln 1978, S. 96 ff.

2 Beste Darstellung des Wandels in Afrika und Asien von John Donald Bruce Miller: Survey of Commonwealth affairs, Problems of expansion and attrition, 1953–1969, Oxford 1974, vgl. auch Johannes H. Voigt: Indien im Zweiten Weltkrieg, Stuttgart 1978; zur aktuellen

Entwicklung der Innen- und Außenpolitik Japans zuletzt Current History 75, 1978, Nr. 141 (November 1978).

3 Vgl. besonders Jacob L. Talmon: Israel among the nations, London 1970, S. 131 ff., beachtenswert in diesem Buch auch der tiefschürfende Eingangsessay, »Jews Between Revolution and Counter-Revolution«, S. 1 ff.; zum Thema neuerdings Shlomo Aronson: Conflict and bargaining in the Middle East, Baltimore, Md., 1978.

4 Dazu besonders die Studien von Fritz R. Allemann: Macht und Ohnmacht der Guerilla, München 1974, und Walter Z. Laqueur: Terrorismus, Kronberg 1977; grundlegend zum Demokratieproblem in Mittel- und Südamerika jetzt Juan J. Linz und Alfred Stepan (Hrsg.): The breakdown of democratic regimes, Latin America, Baltimore, Md., 1978.

## Weltpolitik und Europa

1 Dazu Josef Korbel: Détente in Europe, real or imaginary?, Princeton, N. J., 1972; zuletzt besonders Hans-Peter Schwarz und Boris Meissner: Entspannungspolitik in Ost und West, Köln 1979.

2 Zitiert nach Bennett Kovrig: The myth of liberation, Baltimore, Md., 1973, S. 229.

3 Dazu William R. Kintner und Wolfgang Klaiber: Eastern Europe and European security, New York 1971, S. 219 ff.

4 So Andreas Dorpalen: Europe in the 20th century, New York 1968, S. 554.

5 Nachweise bei Charles Gati: »Communism and Détente«, in: Journal of International Affairs 28, 1974, S. 164 ff.

6 Vgl. dazu auch die Reihe Integration and community building in Eastern Europe, Hrsg. Jan F. Triska, 8 Bde., Baltimore, Md., 1968–1973, mit den Bänden zu den einzelnen Ländern.

7 US Department of State Bulletin, 5. Oktober 1964, S. 465.

8 Vgl. Hans-Adolf Jacobsen, Wolfgang Mallmann und Christian Meier (Hrsg.): Sicherheit und Zusammenarbeit in Europa (KSZE), 2 Bde., Köln 1973–1978, und Hans-Peter Schwarz: Zwischenbilanz der KSZE, Stuttgart 1977.

9 Bericht von Frank Hardy, in: Sunday Times (London), 3. November 1968.

10 So Hedrick Smith, Chef des Moskauer Büros der New York Times, in: New York Times, 23. Dezember 1974, S. 1 u. 16, mit bezeichnenden Details – zum Folgenden vgl. dagegen den kontrastierenden Artikel des Nachfolgers von Smith, Christopher Wren, in: New York Times, 25. Februar 1975, S. 8.

11 Zur Diskussion vgl. Karl Carstens und Dieter Mahncke (Hrsg.): Westeuropäische Verteidigungskooperation, München 1972/Gerhard Wettig: Europäische Sicherheit, Das europäische Staatensystem in der sowjetischen Außenpolitik 1966–72, Düsseldorf 1972/Klaus von Schubert (Hrsg.): Sicherheitspolitik der Bundesrepublik Deutschland, Köln 1978; zu den größeren Zusammenhängen vgl. ferner Karl Kaiser: Die europäische Herausforderung und die USA, München 1973, und Alfred Grosser: Das Bündnis, Die westeuropäischen Länder und die USA seit dem Krieg, München 1978.

12 Dazu vgl. besonders die einschlägigen Artikel in Claus D. Kernig (Hrsg.): Sowjetsystem und demokratische Gesellschaft, Eine vergleichende Enzyklopädie, 6 Bde., Freiburg im Breisgau 1967–1973, sowie den zugehörigen Sonderbd.: Die kommunistischen Parteien der Welt, Freiburg im Breisgau 1969, ferner die grundlegenden Analysen in Thomas H. Hammond (Hrsg.): The anatomy of communist takeovers, New Haven, Conn., 1975.
Zu den folgenden geschätzten Zahlen vgl. den Jahr für Jahr laufenden Überblick des US Departement of State: World strength of the communist party organizations, 25. Ausg., Washington, D. C., 1973 (irrig die hier angegebene Zahl der Parteimitglieder in Bulgarien, S. 45).

Zum Vergleich s. auch die fortlaufenden Berichte und Analysen der Zeitschrift Studies in Comparative Communism, Los Angeles, Cal., 1968 ff.

13 Wolfgang Leonhard: Die Dreispaltung des Marxismus, 2. Aufl., Düsseldorf 1970.

14 Maßgebend war vor allem ein von dem Stellvertretenden Leiter der Internationalen Abteilung des ZK der KPdSU vorgelegtes, 1972 zuerst in russischer Sprache erschienenes Werk, Wadim Walent. Sagladin (Hrsg.): Die kommunistische Weltbewegung, Abriß der Strategie und Taktik, Frankfurt am Main 1973; vgl. dazu (mit den einschlägigen Zitaten) den Kommentar eines sowjetischen Professors und die Kritik eines deutschen Experten – Michael S. Woslenskij: »Über die Strategie und Taktik der kommunistischen Weltbewegung«, in: Osteuropa 24, 1974, S. 845 ff., und Klaus Mehnert: ebd., S. 855 ff.

15 Vgl. die Behandlung der regionalen politischen Kulturen und Parteiensysteme: Canadian Journal of Political Science 7, 1974, Nr. 3.

16 Zum Regierungssystem Ruth Atkins und Adam Graycar: Governing Australia, Sydney 1972 (mit Literatur), ferner, als umfassende Darstellung im größeren Zusammenhang, Charles Osborne (Hrsg.): Australia, New Zealand and South Pacific, A handbook, New York 1970.

17 Bezeichnend für die oft einseitige Haltung der westlichen Selbstkritik ist die mahnende Antwort eines deutschen Journalisten, der selbst jahrelang als Kriegsberichterstatter in Vietnam tätig war, auf die Stellungnahme eines amerikanischen Kollegen, der angesichts des gegenwärtigen Flüchtlingselends in Südostasien mit dem ›entsetzlichen Gedanken‹ spielte, daß auch er vielleicht zur ›furchtbaren Situation‹ dieser Menschen beigetragen haben könne. In einer Leserzuschrift – International Herald Tribune, Nr. 29,973, 26. Juni 1979, S. 8 – meint Uwe Siemon-Netto: »Nachdem ich fünf Jahre lang für deutsche Publikationsorgane über den Vietnamkrieg berichtet habe, verfolgt mich jetzt der Gedanke an die Rolle, die wir Journalisten dort gespielt haben. Wir wußten, soweit wir es wirklich wissen wollten, um die teuflische Natur des Regimes in Hanoi. Wir wußten, daß 1956 nahezu 50000 Bauern in Nord-Vietnam ermordet worden waren. Wir wußten, daß nach der Teilung des Landes fast eine Million Nord-Vietnamesen in den Süden geflüchtet waren. Viele von uns haben die geschundenen und zerfetzten Leiber der Männer, Frauen und Kinder gesehen, die von den Vietkong in der Anfangsphase des Krieges hingemordet wurden. Und viele von uns sahen 1968 die Massengräber von Hue, sahen die Leichen Tausender von Zivilisten, noch in die festlichen Kleider gehüllt, die sie zum Tet, dem vietnamesischen Neujahrstag, angelegt hatten. Warum, um Gottes willen, haben wir über diese Zeugnisse einer genau durchdachten Strategie Nord-Vietnams nicht mindestens ebenso ausführlich berichtet wie über das Massaker von My Lai und andere Vorfälle dieser Art, die in keiner Weise Bestandteil der amerikanischen Politik in Vietnam waren? Was brachte uns dazu, unsere Leser in dem Glauben zu wiegen, daß die Kommunisten Wohlverhalten an den Tag legen würden, wären sie einmal in ganz Vietnam an die Macht gelangt? Was veranlaßte uns, ... Warnungen von offizieller amerikanischer Seite als Übertreibungen hinzustellen – Warnungen, die besagten, daß ein kommunistischer Sieg in ein Massaker münden würde? Warum schlossen wir die Augen vor der Tatsache, daß jener Mann, auf den der Mord an 50 000 Bauern zurückgeht, daß Truong Chinh unter den Führern in Hanoi einer der Mächtigsten war (und er ist es noch immer)? Was machte uns glauben, er und seine Genossen würden Milde walten lassen im unterworfenen Süd-Vietnam? Es ist wahr, in Vietnam hat es kein Massaker gegeben wie in Kambodscha. Hanoi treibt nur gelassen, das ist alles, die Bürger chinesischer Abstammung und die Regimegegner ins Meer, so wie Nasser es mit den Israelis machen wollte, doch ein Massaker sollte es nicht geben, versteht sich. Tragen wir Journalisten nicht einen Teil der Schuld am Tod der Zehntausende, die ertrunken sind? Und tragen wir nicht einen Teil der Schuld an der Feindseligkeit, die jene empfängt, die überleben? Haben wir nicht die öffentliche Meinung gegen sie aufgebracht, indem wir sie – wie einst in Amerika eine einmalig schäbige Karikatur – darstellten als eine Bande von Zuhältern, Huren, Kriegsgewinnlern, korrupten Generalen

oder, bestenfalls, hartgesottenen Reaktionären? Wenn man bedenkt, daß die vietnamesische Tragödie von heute eine ganze Menge zu tun haben könnte mit der Art, in der wir über die vietnamesische Tragödie von gestern berichteten, wenn man bedenkt, daß wir Journalisten mitschuldig sein könnten an der unmenschlichen Weise, in der die Welt jene Menschen behandelt, die vertrieben werden von einem unmenschlichen Regime, das einige von uns als heroisch hingestellt hatten, dann, meine ich, stünde uns alten Vietnam-Füchsen ein bißchen Demut gut zu Gesicht.«

18 Umfangreiche Sammlung von Walter Lipgens: Europa-Föderationspläne der Widerstandsbewegungen 1940–1945, München 1968 (umfaßt Beispiele aus Frankreich, Italien, Deutschland, Belgien, den Niederlanden, Polen, Großbritannien, aus den USA, aus konfessionellen Kreisen und den Kirchen), weiterhin Walter Lipgens: Die Anfänge der europäischen Einigungspolitik 1945–1950, Tl. 1: 1945–1947, Stuttgart 1977; vgl. auch Thomas Jansen und Werner Weidenfeld (Hrsg.): Deutschland – Bilanz und Perspektive, Mainz 1973, sowie die Veröffentlichungen des Instituts für Europäische Politik in Bonn.

19 »Labour Against Europe«, in: New York Times, 3. Dezember 1974, S. 40.

20 Vgl. jetzt besonders Dieter Oberndörfer (Hrsg.): Sozialistische und kommunistische Parteien in Westeuropa, Opladen 1978, S. 10 ff.

21 Bemerkenswert die zunehmende Beachtung, die das klassische Werk Karl Poppers (1945 erstmals veröffentlicht) gegenüber totalitären und neo-marxistischen Gesellschafts- und Demokratietheorien findet – Karl R. Popper: Die offene Gesellschaft und ihre Feinde, 2 Bde., 3. Aufl., München 1973 (gefolgt von der Taschenbuchausgabe, 4./5. Aufl., 1975–1977).

22 Zur Debatte um die marxistische Anfechtung der liberalen Demokratie besonders Raymond Aron: Plädoyer für das dekadente Europa, Berlin 1978; vgl. auch Jean-François Revel: Die totalitäre Versuchung, Berlin 1976.

# Anhang

# Bibliographie

## Krieg und Frieden


R. Albrecht-Carrié, A diplomatic history of Europe since the Congress of Vienna, New York 1958

H. Arendt, Elemente und Ursprünge totaler Herrschaft, Frankfurt am Main 1958. (The origins of totalitarianism, 2. Aufl., London 1958)

Von den Baltischen Provinzen zu den Baltischen Staaten, Beiträge zur Entstehungsgeschichte der Republiken Estland und Lettland 1917–1918, Hrsgg. im Auftr. der Historischen Kommission von J. von Hehn u.a., Marburg an der Lahn 1971

W. Baumgart, Vom europäischen Konzert zum Völkerbund, Friedensschlüsse und Friedenssicherung von Wien bis Versailles, Darmstadt 1974

G. Binder, Geschichte im Zeitalter der Weltkriege, Unsere Epoche von Bismarck bis heute, Bd. 1: 1870 bis 1949, Stuttgart 1977

D.G. Boadle, Winston Churchill and the German question in British foreign policy 1918–1922, Den Haag 1973

E. Bonjour, Geschichte der schweizerischen Neutralität, Vier Jahrhunderte eidgenössischer Außenpolitik, Bde. 1–9, Basel 1965–1976

K.D. Bracher, Die deutsche Diktatur, Entstehung, Struktur, Folgen des Nationalsozialismus, [6. Aufl.,] (Ullstein Bücher 35002), Berlin 1979

K.D. Bracher, Zeitgeschichtliche Kontroversen – Um Faschismus, Totalitarismus, Demokratie, 3. Aufl., München 1979

O. Braun, Von Weimar zu Hitler, New York 1940

B.J. Cohen, The question of imperialism, The political economy of dominance and dependence, London 1974

A. Corben, The nation state and national selfdetermination, Neuaufl., New York 1969

L. Dehio, Deutschland und die Weltpolitik im 20. Jahrhundert, München 1955

L. Dehio, Gleichgewicht oder Hegemonie, Betrachtungen über ein Grundproblem der neueren Staatengeschichte, Krefeld 1948

A. Dorpalen, Europe in the 20th century, New York 1968

W. Ebenstein, Today's isms: communism, fascism, capitalism, socialism, Englewood Cliffs, N.J., 1970

K.D. Erdmann, Die Zeit der Weltkriege = B. Gebhardt, Handbuch der deutschen Geschichte, Hrsg. H. Grundmann, Bd. 4, Stuttgart 1976

I. Fetscher, Demokratie zwischen Sozialdemokratie und Sozialismus, Stuttgart 1973

St. Fischer-Galati (Hrsg.), Man, state and society in East European history, London 1970

D. F. Fleming, The United States and the League of Nations 1918–1920, New York 1968

J.D. Forman, Capitalism: economic individualism to today's welfare state, New York 1972

U. FORTUNA, Der Völkerbundsgedanke in Deutschland während des Ersten Weltkrieges (Wirtschaft, Gesellschaft, Staat 30), Zürich 1974

M. FUNKE (Hrsg.), Totalitarismus, Düsseldorf 1978

L. GALL (Hrsg.), Liberalismus (Neue wissenschaftliche Bibliothek 85), Köln 1976

F. GILBERT, The end of the European Era, 1890 to the present, New York 1970

H. GRAML, Europa zwischen den Kriegen (dtv-Weltgeschichte des 20. Jahrhunderts 4005), München 1969

H. GRANFELT, Alliances and ententes as political weapons, From Bismarck's alliance system to present time, Lund 1970

G. HALL, Imperialism today, An evaluation of major issues and events of our time, New York 1972

H. HERZFELD, Die moderne Welt, 1789–1945, Tl. 2: Weltmächte und Weltkriege, Die Geschichte unserer Epoche, 1890–1945, 4. Aufl. Braunschweig 1970

H. HERZFELD, Weltstaatensystem und Massendemokratie, 5. Aufl., Stuttgart 1954

A. HILLGRUBER, Deutschlands Rolle in der Vorgeschichte der beiden Weltkriege (Die deutsche Frage in der Welt 7), Göttingen 1967

A. HILLGRUBER, Großmachtpolitik und Militarismus im 20. Jahrhundert, Düsseldorf 1974

A. HILLGRUBER, Deutsche Großmacht- und Weltpolitik im 19. und 20. Jahrhundert, Düsseldorf 1977

F.H. HINSLEY, Nationalism and the international system (Twentieth Century Studies 5), London 1973

H. HOLBORN, Der Zusammenbruch des europäischen Staatensystems, 2. Aufl. (Urban Bücher 7), Stuttgart 1955. (The political collapse of Europe, New York 1951)

W. HUBATSCH, Im Bannkreis der Ostsee, Grundriß einer Geschichte der Ostseeländer in ihren gegenseitigen Beziehungen, Marburg an der Lahn 1948

D.E. INGERSOLL, Communism, fascism and democracy, The origins and development of three ideologies, Columbus, Ohio, 1971

J. JOLL, Europe since 1870, An international history, London 1973

K. KLUXEN (Hrsg.), Parlamentarismus (Neue wissenschaftliche Bibliothek 18), Köln 1967

E. KOLB (Hrsg.), Vom Kaiserreich zur Weimarer Republik (Neue wissenschaftliche Bibliothek 49), Köln 1972

P. KRÜGER, Deutschland und die Reparationen 1918/19, Die Genesis des Reparationsproblems in Deutschland zwischen Waffenstillstand und Versailler Friedensschluß (Vierteljahreshefte für Zeitgeschichte, Schriftenreihe, 25), Stuttgart 1973

D. LANDES, Der entfesselte Prometheus, Technologischer Wandel und industrielle Entwicklung in Westeuropa von 1750 bis zur Gegenwart (Studien-Bibliothek), Köln 1973. (The unbound Prometheus, Technological change and industrial development in Western Europe, 1750 to the present, Cambridge, Mass., 1969)

G. LICHTHEIM, Kurze Geschichte des Sozialismus, Köln 1972. (A short history of socialism, New York 1970)

G. LICHTHEIM, Europe in the twentieth century, London 1972

C.A. MACARTNEY, Geschichte Ungarns (Urban Taschenbücher 139), Stuttgart 1971. (Hungary, A short history, Chicago, Ill., 1968)

J. MAJOR, The contemporary world, A historical introduction, London 1970

A. MAYER, Political origins of the new diplomacy 1917–1918 (Yale historical publications, studies 19), New Haven, Conn., 1959

W. MOMMSEN, Imperialismustheorien, Göttingen 1977

E. NOLTE, Der Faschismus in seiner Epoche, Die Action française, der italienische Faschismus, der Nationalsozialismus, 4. Aufl., München 1971

R.A.C. PARKER, Das zwanzigste Jahrhundert, Bd. 1 (Fischer Weltgeschichte 34), Frankfurt am Main 1967. (Europe 1919–1945, London 1969)

R. O. Paxton, Europe in the twentieth century, New York 1975
R. G. Plaschka und K. Mack (Hrsg.), Die Auflösung des Habsburgerreiches, Zusammenbruch und Neuorientierung im Donauraum (Schriftenreihe des Österreichischen Ost- und Südosteuropa-Instituts 3), München 1970
S. Pollard und C. Holmes, The end of the old Europe, 1914–1939, New York 1973
G. von Rauch, Geschichte der baltischen Staaten (Reihe Kohlhammer), Stuttgart 1970
L. Reinisch (Hrsg.), Die Europäer und ihre Geschichte, Epochen und Gestalten im Urteil der Nationen, München 1961
H. Ronde, Von Versailles bis Lausanne, Der Verlauf der Reparationsverhandlungen, Stuttgart 1950
M. Salvadori (Hrsg.), European liberalism, New York 1972
L. Schapiro, Totalitarism, London 1972
G. Schulz, Revolution und Friedensschlüsse 1917–1920 (dtv-Weltgeschichte des 20. Jahrhunderts 4002), München 1967
H. G. Schumann (Hrsg.), Konservativismus (Neue wissenschaftliche Bibliothek 68), Köln 1974
K. Schwabe, Deutsche Revolution und Wilson-Friede, Die amerikanische und deutsche Friedensstrategie zwischen Ideologie und Machtpolitik 1918/19, Düsseldorf 1971
G. Scott, The rise and fall of the League of Nations, New York 1974
Der Vertrag von Versailles, Mit Beiträgen von S. Haffner, J. Bateson, J. M. Keynes, H. Nicolson, A. Brecht, W. I. Lenin u. a., München 1978
F. P. Walters, A history of the League of Nations, 2 Bde., 2. Aufl., London 1960
D. C. Watt, F. Spencer und N. Brown, A history of the world in the 20th century, London 1967
H.-U. Wehler (Hrsg.), Imperialismus (Neue wissenschaftliche Bibliothek 37), Köln 1970
P. von zur Mühlen, Rassenideologien, Geschichte und Hintergründe, Berlin 1977

## Die revolutionäre Welle

P. Aldrich, Kronstadt 1921, Princeton, N. J., 1970
W. T. Angress, Die Kampfzeit der KPD (Geschichtliche Studien zu Politik und Gesellschaft 2), Düsseldorf 1973. (Stillborn revolution, The communist bid for power in Germany 1921–1923, Port Washington, N. Y., 1972)
O. Anweiler, Die Rätebewegung in Rußland 1905–1921 (Studien zur Geschichte Osteuropas 5), Leiden 1958
H. Arendt, Über die Revolution, 2. Aufl., München 1974. (On revolution, London 1963)
J. M. Bochenski, Marxismus – Leninismus, Wissenschaft oder Glaube?, 4. Aufl. (Studienbücher), München 1975
K. D. Bracher, Die Entstehung der Weimarer Verfassung (Schriftenreihe der Niedersächsischen Landeszentrale für Politische Bildung, Demokratie und Entscheidungen 5), Hannover 1963
J. Carmichael, Trotzki, Übers. J. Schwab, Berlin 1973 (Trotsky, An appreciation of his life, London und New York 1972)
F. L. Carsten, Der Aufstieg des Faschismus in Europa (Res novae 65), Frankfurt am Main 1968. (The rise of fascism, Berkeley, Cal., 1967)
F. L. Carsten, Revolution in Mitteleuropa 1918–1919 (Studien-Bibliothek), Köln 1973. (Revolution in Central Europe 1918–1919, Berkeley, Cal., 1972)
D. Caute, Communism and the French intellectuals 1914–1960, London 1964
I. Deutscher, Trotzki, Übers. H. Maor, 3 Bde. (Politische Paperbacks), Stuttgart 1962–1963; Neuausg., 3 Bde. (Urban Taschenbücher 158–160), Stuttgart 1972 (Trotsky, 3 Bde., London 1954–1963)

F. Fejtö, L'héritage de Lénine, Introduction à l'histoire du communisme mondial, Paris 1973
J. D. Forman, Communism: from Marx's Manifesto to 20th-century reality, New York 1972
J. D. Forman, Socialism: its theoretical roots and present-day development, New York 1972
D. Geyer (Hrsg.), Sowjetunion, Außenpolitik, 1917–1955 (Osteuropa-Handbuch 3,3), Köln 1972
M.-L. Goldbach, Karl Radek und die deutsch-sowjetischen Beziehungen 1918–1923 (Schriftenreihe des Forschungsinstituts der Friedrich-Ebert-Stiftung 97), Bonn 1973
H. Hautmann, Rätedemokratie in Österreich 1918–1924, in: Österreichische Zeitschrift für Politikwissenschaft 1972
M. Hellmann (Hrsg.), Die russische Revolution von 1917, Von der Abdankung des Zaren bis zum Staatsstreich der Bolschewiki, München 1964
H. Hillmayr, Roter und weißer Terror in Bayern nach 1918, Ursachsen, Erscheinungsformen und Folgen der Gewalttätigkeiten im Verlauf der revolutionären Ereignisse nach dem Ende des Ersten Weltkrieges (Moderne Geschichte 2), München 1974
J. Jaroslawski, Theorie der sozialistischen Revolution von Marx bis Lenin, Hamburg 1973
U. Kluge, Soldatenräte und Revolution, Studien zur Militärpolitik in Deutschland 1918/19 (Kritische Studien zur Geschichtswissenschaft 14), Göttingen 1975
E. Kolb, Die Arbeiterräte in der deutschen Innenpolitik 1918/19 (Beiträge zur Geschichte des Parlamentarismus und der politischen Parteien 23), Düsseldorf 1962
P. Krevenhörster, Das Rätesystem als Instrument zur Kontrolle politischer und wirtschaftlicher Macht, Opladen 1974
H. Lademacher (Hrsg.), Die Zimmerwalder Bewegung, Protokolle und Korrespondenzen, 2 Bde., Den Haag 1967
W. Z. Laqueur und G. L. Mosse (Hrsg.), Linksintellektuelle zwischen den beiden Weltkriegen, München 1969
B. Lazič und M. M. Drachkovitch, Lenin and the Comintern, Stanford, Cal., 1972
G. Lichtheim, Europa im zwanzigsten Jahrhundert, Eine Geistesgeschichte der Gegenwart, München 1973. (Europe in the twentieth century, London 1972)
A. J. McGregor, The ideology of fascism, New York 1969
A. J. Mayer, Dynamics of counterrevolution in Europe, 1870–1956, An analytic framework, New York 1971
G. H. Meaker, The revolutionary left in Spain 1914–1923, Stanford, Cal., 1974
S. Miller und G. A. Ritter (Hrsg.), Die deutsche Revolution 1918–1919, Frankfurt am Main 1968
J. P. Nette, Der Aufstieg der Sowjetunion, Wien 1972. (The Soviet achievement, London 1967)
P. Noack, Die manipulierte Revolution, Von der Bastille bis in unsere Zeit, München 1978
R. W. Pethybridge, The spread of the Russian Revolution, Essays on 1917, London 1972
T. Pirker, Komintern und Faschismus 1920–1940, Dokumente zur Geschichte und Theorie des Faschismus (Vierteljahreshefte für Zeitgeschichte, Schriftenreihe, 10), Stuttgart 1965
T. Pirker, Utopie und Mythos der Weltrevolution, Zur Geschichte der Komintern 1920–1940, München 1964
R. G. Plaschka, H. Haselsteiner und A. Suppan, Innere Front – Militärassistenz und Umsturz in der Donaumonarchie 1918, Bd. 1: Streik und Meuterei, Bd. 2: Umsturz, München 1974
G. von Rauch, Geschichte der Sowjetunion, 6. Aufl., Stuttgart 1977
G. von Rauch, Lenin, Die Grundlegung des Sowjetsystems, Hrsg. G. Franz, 3. Aufl. (Persönlichkeit und Geschichte 8), Göttingen 1962
W. G. Rosenberg, Liberals in the Russian Revolution, The Constitutional Democratic Party 1917–1921, Princeton, N. J., 1974
K.-H. Ruffmann, Sowjetrußland, Struktur und Entfaltung einer Weltmacht (dtv-Weltgeschichte des 20. Jahrhunderts 4008), München 1967

L. SCHAPIRO, Die Geschichte der Kommunistischen Partei der Sowjetunion, Frankfurt am Main 1961. (The Communist Party of the Soviet Union, London 1960)

TH. SCHIEDER (Hrsg.), Revolution und Gesellschaft, Theorie und Praxis der Systemveränderung, Freiburg im Breisgau 1973

CH. SETON-WATSON, Italy from liberalism to fascism 1870–1925, London 1967

R. SORG, Marxismus und Protestantismus in Deutschland, Eine religionssoziologisch-sozialgeschichtliche Studie zur Marxismus-Rezeption in der evangelischen Kirche 1848–1948, Köln 1974

N.N. SUCHANOW, 1917, Tagebuch der russischen Revolution, Übers. und Hrsg. N. Ehlert, Vorw. I. Fetscher, München 1967. (Zapiski o revoljuzii, 7 Bde., Berlin 1922–1923)

R. L. TÖKÉS, Bela Kun and the Hungarian Soviet Republic, The origins and role of the Communist Party of Hungary in the revolutions of 1918–1919, New York 1967

L. TROTZKI, Mein Leben, Versuch einer Autobiographie, Frankfurt am Main 1961. (My life, An attempt at an autobiography, New York 1930)

L. TROTZKI, Stalin, Eine Biographie, Hrsg. H. Mehringer, 2 Bde. (Rowohlts Texte des Sozialismus und Anarchismus 283/284), Reinbek 1971. (Stalin, An appraisal of the man and the influence, New York 1941)

R. TUCKER, The Marxian revolutionary idea, Essays on Marxist thought and its impact on radical movements, Princeton, N.J., 1969

R. TUCKER, Stalin as revolutionary, London 1974

A.B. ULAM, Die Bolschewiki, Vorgeschichte und Verlauf der Kommunistischen Revolution in Rußland, Köln 1967. (The Bolsheviks, The intellectual and political history of the triumph of communism in Russia, New York 1965)

E.J. WEBER, Revolution? Counterrevolution? What revolution? in: Journal of Contemporary History 9, 1974

E.J. WEBER, Varieties of fascism, Doctrines of revolution in the twentieth century, London 1964

H. WEBER, Die Wandlung des deutschen Kommunismus, Die Stalinisierung der KPD in der Weimarer Republik, 2 Bde., Frankfurt am Main 1969

R.F. WHEELER, Die »21 Bedingungen« und die Spaltung der USPD im Herbst 1920, Zur Meinungsbildung der Basis, in: Vierteljahreshefte für Zeitgeschichte 23, 1975

R. F. WHEELER, USPD und Internationale, Sozialistischer Internationalismus in der Zeit der Revolution, Berlin 1975. (The Independent Social Democratic Party and the Internationals, An examination of socialist internationalism in Germany 1915 to 1923, Pittsburgh, Pa., 1970)

## Europa und die Welt

R. M. ABRAMS, United States intervention abroad: the first quarter century, in: American Historical Review 79, 1974

R. VON ALBERTINI, Dekolonisation, Die Diskussion über Verwaltung und Zukunft der Kolonien 1919–1960 (Beiträge zur Kolonial- und Überseegeschichte), Köln 1966

R. VON ALBERTINI, Europäische Kolonialherrschaft 1880–1940 (Beiträge zur Kolonial- und Überseegeschichte), Zürich 1976

R. VON ALBERTINI (Hrsg.), Moderne Kolonialgeschichte (Neue wissenschaftliche Bibliothek 39), Köln 1970

L. E. AMBROSIUS, Wilson, the Republicans, and French security after World War I, in: Journal of American History 59, 1972/73

E. ANGERMANN, Die Vereinigten Staaten von Amerika (dtv-Weltgeschichte des 20. Jahrhunderts 4007), München 1966

M. BAUMONT, Aristide Briand, Diplomat und Idealist. (Persönlichkeit und Geschichte 43), Göttingen 1966

W. BESSON, Friedrich Ebert, Verdienst und Grenze, 2. Aufl. (Persönlichkeit und Geschichte 30), Göttingen 1971

K. D. BRACHER, Schlüsselwörter in der Geschichte, Mit einer Betrachtung zum Totalitarismusproblem, Düsseldorf 1978

I. M. CUMPSTON (Hrsg.), The growth of the British Commonwealth 1880–1932, London 1973

E. EYCK, Geschichte der Weimarer Republik, 2 Bde., 4./5. Aufl., Stuttgart 1973

W. FISCHER, Die Weltwirtschaft im 20. Jahrhundert, Göttingen 1979

J. A. GARRATY, The New Deal, National Socialism and the Great Depression, in: American Historical Review 78, 1973

P. GAY, Die Republik der Außenseiter, Geist und Kultur in der Weimarer Zeit, 1918–1933, Einl. K. D. Bracher, Frankfurt am Main 1970. (Weimar culture, The outsider as insider, New York 1968)

H. R. GUGGISBERG, Geschichte der USA, Stuttgart 1976

H. D. HALL, Commonwealth, A history of the British Commonwealth of Nations, London 1971

H. HELBIG, Die Träger der Rapallo-Politik (Veröffentlichungen des Max-Planck-Instituts für Geschichte 3), Göttingen 1958

F. HIRSCH, Gustav Stresemann, Patriot und Europäer (Persönlichkeit und Geschichte 36), Göttingen 1964

K. HOLL (Hrsg.), Wirtschaftskrise und liberale Demokratie, Göttingen 1979

R. N. IVER, The moral and political thought of Mahatma Gandhi, New York 1973

J. JACOBSON, Locarno diplomacy, Germany and the West 1925–1929, Princeton, N. J., 1972

G. F. KENNAN, Amerikas Außenpolitik 1900–1950 und ihre Stellung zur Sowjetmacht, Zürich 1952. (American diplomacy 1900–1950 and the challenge of Soviet power, Chicago, Ill., 1951)

J. M. KEYNES, The economic consequences of the peace, Neuaufl., London 1950

C. P. KINDLEBERGER, Die Weltwirtschaftskrise 1929–1939 (Geschichte der Weltwirtschaft im 20. Jahrhundert 4), München 1973. (The world in depression 1929–1939, London 1973)

TH. KOCH, Die goldenen zwanziger Jahre, Frankfurt am Main 1970

N. KREKELER, Revisionsanspruch und geheime Ostpolitik der Weimarer Republik, Die Subventionierung der deutschen Minderheit in Polen 1919–1933 (Vierteljahreshefte für Zeitgeschichte, Schriftenreihe, 27), Stuttgart 1973

C.-D. KROHN, Stabilisierung und ökonomische Interessen, Die Finanzpolitik des Deutschen Reiches 1923–1927 (Studien zur modernen Geschichte 13), Düsseldorf 1974

W. Z. LAQUEUR, Der Weg zum Staat Israel, Geschichte des Zionismus, Wien 1975. (History of Zionism, London 1972)

W. Z. LAQUEUR, Weimar, Die Kultur der Republik, Berlin 1976. (Weimar, A cultural history 1918–1933, London 1974)

W. LINK, Die amerikanische Stabilisierungspolitik in Deutschland 1921–1932, Düsseldorf 1970

H. LUMER, Zionism, its role in world politics, New York 1973

H. PIEPER, Die Minderheitenfrage und das Deutsche Reich 1919–1933/34 (Darstellungen zur auswärtigen Politik 15), Frankfurt am Main 1974

G. VON RAUCH und B. MEISSNER, Die deutsch-sowjetischen Beziehungen von 1917 bis 1967, Würzburg 1967

H. RAUPACH, Strukturelle und institutionelle Auswirkungen der Weltwirtschaftskrise in Ost-Mitteleuropa, in: Vierteljahreshefte für Zeitgeschichte 24, 1976

H. VON RIEKHOFF, German-Polish relations, 1918–1933, Baltimore, Md., 1971

S. A. SCHOKER, The end of French predominance in Europe, Chapel Hill, N. C., 1976

F. SIEBERT, Aristide Briand, Ein Staatsmann zwischen Frankreich und Europa, Politische Biographie, Zürich 1973

M. SILBERSCHMIDT, Der Aufstieg der Vereinigten Staaten von Amerika zur Weltmacht, Staat und Wirtschaft der USA im 20. Jahrhundert, Aarau 1941

R. von Thadden Hrsg.), Die Krise des Liberalismus zwischen den Weltkriegen, Göttingen 1978

E. Wandel, Die Bedeutung der Vereinigten Staaten von Amerika für das deutsche Reparationsproblem 1924 bis 1929 (Tübinger Wirtschaftswissenschaftliche Abhandlungen 11), Tübingen 1971

G. Watson, Politics and literature in modern Britain, London 1977

U. Wengst, Graf Brockdorff-Rantzau und die außenpolitischen Anfänge der Weimarer Republik (Moderne Geschichte und Politik 2), Frankfurt am Main 1973

A. Williams, Britain and France in the Middle East and North Africa 1914–1967, London 1968

L. Zimmermann, Frankreichs Ruhrpolitik: Von Versailles bis zum Dawes-Plan, Hrsg. W.P. Fuchs, Göttingen 1971

## Demokratie oder Diktatur

P. Alatri, Le origini del fascismo, Rom 1971

G. Amendola, Der Antifaschismus in Italien, Stuttgart 1977

H. Benedikt u.a. (Hrsg.), Geschichte der Republik Österreich, Wien 1954

K. von Beyme, Die parlamentarischen Regierungssysteme in Europa, 2. Aufl., München 1973

Ch. Bloch, Die Dritte Französische Republik, Entwicklung und Kampf einer parlamentarischen Demokratie (1870–1940), Stuttgart 1972

E. Bonnefous, Histoire politique de la Troisième République, 7 Bde., Paris 1956–1967; Bd. 3: L'après-guerre 1919–1924, 1959, Bd. 4: Cartel des gauches et union nationale 1924–1929, 1960, Bd. 5: La république en danger: des ligues au front populaire 1930–1936, 1962, Bd.: 6: Vers la guerre: du front populaire à la conférence de Munich 1936–1938, 1965, Bd. 7: La course vers l'abîme: la fin de la Troisième République 1938–1940, 1967

K.D. Bracher, Die Auflösung der Weimarer Republik, Eine Studie zum Problem des Machtverfalls in der Demokratie (Schriften des Instituts für Politische Wissenschaft 4), 6. Aufl., Düsseldorf 1978

K.D. Bracher, Deutschland zwischen Demokratie und Diktatur, Beiträge zur neueren Politik und Geschichte, München 1964

K.D. Bracher, Das deutsche Dilemma, Leidenswege der politischen Emanzipation, München 1971

M. Broszat, Der Nationalsozialismus, Weltanschauung, Programm und Wirklichkeit, Stuttgart 1960

H. Brüning, Memoiren 1918–1934, Stuttgart 1970

Die »Burg«, Einflußreiche Kräfte um Masaryk und Beneš, Hrsgg. unter Mitarb. von K. Bosl, 2 Bde., München 1973–1974

R. Carr (Hrsg.), The republic and the civil war in Spain, New York 1971

R. Collier, Der Duce, Aufstieg und Fall des Benito Mussolini, München 1974. (Duce! A biography of Benito Mussolini, New York 1971)

M. Cowling, The impact of Labour 1920–1924, The beginning of modern British politics, London 1971

Ch. F. Delzell, (Hrsg.), Mediterranean fascism 1919–1945, New York 1971

M.K. Dziewanowski, Joseph Pilsudski, A European federalist 1918–1922 (Hoover Institution Publications 79), Stanford, Cal., 1969

R. de Felice, Mussolini, Bd. 1–3, Turin 1965–1974, Bd. 1: Il rivoluzionario 1883–1920, 1965, Bd. 2: Il fascista, 1967, Bd. 2, I: La conquista del potere 1921–1925, 1968, Bd. 2, II: L'organizzazione dello stato fascista, 1925–1929, 1970, Bd. 3: Il duce, 1973, Bd. 3, I: Gli anni di consenso 1929–1936, 1974

R. de Felice, Der Faschismus, Stuttgart 1977
St. A. Fischer-Galati, Twentieth century Rumania, London 1970
F. Golczewski, Das Deutschlandbild der Polen 1918–1939, Eine Untersuchung der Historiographie und der Publizistik (Geschichtliche Studien zu Politik und Gesellschaft 7), Düsseldorf 1974
A. J. Gregor, The fascist persuasion in radical politics, Princeton, N. J., 1974
A. J. Gregor, The ideology of fascism, The rationale of totalitarianism, New York 1969
P. Guerin, Le problème français, Paris 1939
S. Haffner, Anmerkungen zu Hitler, München 1978
S. W. Halperin, Mussolini and Italian fascism, Princeton, N. J., 1964
P. K. Hämäläinen, Nationalitetskampen och språkstriden i Finland 1917–1939, Helsinki 1969
K. Hildebrand, Vom Reich zum Weltreich, Hitler, NSDAP und koloniale Frage 1919–1945 (Veröffentlichungen des Historischen Instituts der Universität Mannheim 1), München 1969
A. Hitler, Hitlers zweites Buch, Ein Dokument aus dem Jahre 1928, Hrsg. G. Weinberg, Geleitw. H. Rothfels (Quellen und Darstellungen zur Zeitgeschichte 7), Stuttgart 1961
J. K. Hoensch, Geschichte der Tschechoslowakischen Republik 1918–1965 (Urban Taschenbücher 96), Stuttgart 1966
J. B. Hoptner, Yugoslavia in crisis 1934–1941, New York 1962
G. Jasper (Hrsg.), Von Weimar zu Hitler 1930–1933 (Neue wissenschaftliche Bibliothek 25), Köln 1968
K. von Kklemperer, Ignaz Seipel, Staatsmann einer Krisenzeit, Übers. M. Kees, Graz 1976. (Ignaz Seipel, Christian Statesman in a time of crisis, Princeton, N. J., 1973)
H. H. Knütter, Die Juden und die deutsche Linke in der Weimarer Republik 1918–1933 (Bonner Schriften zur Politik und Zeitgeschichte 4), Düsseldorf 1971
V. La Cour, Danmarks historie 1900–1945, 2 Bde., Kopenhagen 1950
K. E. Lönne, Benedetto Croce als Kritiker seiner Zeit (Bibliothek des Deutschen Historischen Instituts in Rom 28), Tübingen 1967
H. Lutzhöft, Der Nordische Gedanke in Deutschland 1920–1940 (Kieler Historische Studien 14), Stuttgart 1971
A. Lyttleton (Hrsg.), Italian fascism from Pareto to Gentile, London 1973
A. Lyttleton, The seizure of power, Fascism in Italy 1919–1929, London 1973
V. S. Mamatey und R. Luža (Hrsg.), A history of the Czechoslovak republic 1918–1948, Princeton, N. J., 1973
H. Marcon, Arbeitsbeschaffungspolitik der Regierung Papen und Schleicher, Grundsteinlegung für die Beschäftigungspolitik im Dritten Reich (Moderne Geschichte und Politik 3), Frankfurt am Main 1974
J. T. Marcus, French socialism in the crisis years 1933–1936, Fascism and the French left, New York 1958
W. N. Medlicott, Contemporary England 1914–1964 (A History of England 10), London 1967
F. Mennekes, Die Republik als Herausforderung, Konservatives Denken in Bayern zwischen Weimarer Republik und antidemokratischer Reaktion ⟨1918–1925⟩ (Beiträge zur historischen Strukturanalyse Bayerns im Industriezeitalter 8), Berlin 1972
A. Mohler, Die konservative Revolution in Deutschland 1918–1932, 2. Aufl., Darmstadt 1972
H. Mommsen, D. Petzina und H. Weisbrod (Hrsg.), Industrielles System und politische Entwicklung in der Weimarer Republik, Düsseldorf 1974
B. Nellessen, Die verbotene Revolution, Aufstieg und Niedergang der Falange (Hamburger Beiträge zur Zeitgeschichte 1), Hamburg 1963
K. J. Newman, Zerstörung und Selbstzerstörung der Demokratie, Europa 1918–1938, Köln 1972

S. S. NILSSON, The consequences of electoral laws, in: European Journal of Political Research 2, 1974
S. S. NILSSON, Wahlsoziologische Probleme des Nationalsozialismus, in: Zeitschrift für die gesamte Staatswissenschaft 110, 1954
H. G. W. NUSSER, Konservative Wehrverbände in Bayern, Preußen und Österreich 1918–1933, Mit einer Biographie von G. Escherich 1870–1941, 2 Bde., München 1973
P. OUSTON, France in the twentieth century, New York 1972
S. G. PAYNE, A history of Spain and Portugal, 2 Bde., Madison, Wis., 1973
S. G. PAYNE, The Spanish revolution, New York 1970
A. POLONSKY, The little dictators, The history of Eastern Europe since 1918, London 1975
A. POLONSKY, Politics in independent Poland 1921–1939, The crisis of constitutional government, New York 1972
W. RÖHRICH, Robert Michels, Vom sozialistisch-syndikalistischen zum faschistischen Credo (Beiträge zur Politischen Wissenschaft 14), Berlin 1972
L. SALVATORELLI und G. MIRA, Storia d'Italia nel periodo fascista, 5. Aufl, Turin 1964
W. SCHIEDER (Hrsg.), Faschismus als soziale Bewegung, Hamburg 1976
M. SCHNEIDER, Unternehmer und Demokratie, Die freien Gewerkschaften in der unternehmerischen Ideologie der Jahre 1918–1933 (Schriftenreihe des Forschungsinstituts der Friedrich-Ebert-Stiftung 116), Bonn-Bad Godesberg 1975
D. SCHOENBAUM, Die braune Revolution, Eine Sozialgeschichte des Dritten Reiches, Köln 1968. (Hitler's social revolution, Class and status in Germany, 1933–1939, Garden City, N. Y., 1966)
O. E. SCHÜDDEKOPF, Linke Leute von rechts, Die nationalrevolutionären Minderheiten und der Kommunismus in der Weimarer Republik, Stuttgart 1960
G. SCHULZ, Aufstieg des Nationalsozialismus, Krise und Revolution in Deutschland, Berlin 1974
H. SCHULZE, Otto Braun oder Preußens demokratische Sendung, Frankfurt am Main 1978
H. SCHUSTEREIT, Linksliberalismus und SPD in der Weimarer Republik (Geschichte und Gesellschaft), Düsseldorf 1973
L. GRAF SCHWERIN VON KROSIGK, Staatsbankrott, Die Geschichte der Finanzpolitik des Deutschen Reiches von 1920 bis 1945, Göttingen 1974
H. SETON-WATSON, Osteuropa zwischen den Kriegen, 1918–1941, 2. Aufl., Paderborn 1948. (Eastern Europe between the wars, 1918–1941, Cambridge 1945)
K. SONTHEIMER, Antidemokratisches Denken in der Weimarer Republik, Die politischen Ideen des deutschen Nationalismus zwischen 1918 und 1933, 4. Aufl., München 1966
P. F. SUGAR (Hrsg.), Native fascism in the successor states 1918–1945 (Publications from the American Bibliographical Center, Twentieth Century Series 4), Santa Barbara, Cal., 1971
S. SUVAL, The Anschluss question in the Weimar era, A study of nationalism in Germany and Austria 1918–1932, Baltimore, Md., 1974
J. E. TALBOTT (Hrsg.), France since 1930, New York 1972
D. THOMSON, Democracy in France, The Third Republic, 2. Aufl., London 1954
A. TYRELL, Vom Trommler zum Führer, Der Wandel von Hitlers Selbstverständnis zwischen 1919 und 1924 und die Entwicklung der NSDAP, München 1975
M. VAUSSARD, Histoire de l'Italie moderne, Bd. 2: 1870–1971, Paris 1972
T. VOGELSANG, Reichswehr, Staat und NSDAP, Beiträge zur deutschen Geschichte 1930–1932 (Quellen und Darstellungen zur Zeitgeschichte 11), Stuttgart 1962
A. WANDRUSZKA, Die Erbschaft von Krieg und Nachkrieg, in: Österreich 1927 bis 1938, Protokoll des Symposions in Wien 23.–28. Oktober 1972, Hrsg. L. Jedlicka und R. Neck (Wissenschaftliche Kommentare des Körner Stiftungsfonds 1), München 1973
H. WASSER, Parlamentarismuskritik vom Kaiserreich zur Bundesrepublik, Analyse und Dokumentation (Reihe Problemata), Stuttgart 1974

D. Wolf, Die Doriot-Bewegung, Ein Beitrag zur Geschichte des französischen Faschismus (Quellen und Darstellungen zur Zeitgeschichte 15), Stuttgart 1967
H. Zimmermann, Die Schweiz und Österreich während der Zwischenkriegszeit, Eine Studie und Dokumentation internationaler Beziehungen im Schatten der Großmächte, Wiesbaden 1973
E. Zöllner, Geschichte Österreichs, Von den Anfängen bis zur Gegenwart, 5. Aufl., München 1974

## Politik der Diktatoren

S. Allard, Stalin und Hitler, Die sowjetische Außenpolitik 1930–1941, Bern 1974
D. Bourgeois, Le Troisième Reich et la Suisse 1933–1941, Neuenburg/Schweiz 1974
K. D. Bracher, W. Sauer und G. Schulz, Die Nationalsozialistische Machtergreifung, Studien zur Errichtung des totalitären Herrschaftssystems in Deutschland 1933/34, [3. Aufl.,] 3 Bde. (Ullstein Bücher 2992–2994), Berlin 1973
M. Broszat, Der Staat Hitlers, Grundlegung und Verfassung seiner inneren Entwicklung (dtv-Weltgeschichte des 20. Jahrhunderts 4009), München 1969
A. Bullock, Hitler, Eine Studie über Tyrannei, Neuaufl., Düsseldorf 1971. (Hitler, A study in tyranny, London 1952)
J. Carmichael, Säuberung, Die Konsolidierung des Sowjetregimes unter Stalin 1934–1938, Berlin 1972. (Stalin's masterpiece, The consolidation of the Soviet regime, ›Show trials‹ and ›purges‹ of the thirties, London 1972)
B. Celovsky, Das Münchener Abkommen 1938 (Quellen und Darstellungen zur Zeitgeschichte 3), Stuttgart 1958
R. Conquest, Am Anfang starb Genosse Kirow, Säuberungen unter Stalin, Düsseldorf 1970. (The great terror, Stalin's purge of the thirties, Neuaufl., London 1973)
M. Cowling, The impact of Hitler, British politics and British policy 1933–1940, Cambridge 1975
R. B. Day, Leon Trotsky and the politics of economic isolation, Cambridge 1973
H. C. Deutsch, Das Komplott oder die Entmachtung der Generale, Blomberg- und Fritsch-Krise, Hitlers Weg zum Krieg, Übers. B. Kiegeland, Zürich 1974. (Hitler and his generals, The hidden crisis, January-June 1938, Minneapolis, Minn., 1974)
I. Deutscher, Stalin, Eine politische Biographie, 2. Aufl., Stuttgart 1962. (Stalin, A political biography, London 1949)
P. M. Diehl-Thiele, Partei und Staat im Dritten Reich, Untersuchungen zum Verhältnis von NSDAP und allgemeiner innerer Staatsverwaltung, 1933–1945 (Münchener Studien zur Politik 9), München 1969
H. Duhnke, Die KPD von 1933 bis 1945, Köln 1972
R. Eilers, Die nationalsozialistische Schulpolitik, Eine Studie zur Funktion der Erziehung im totalitären Staat (Staat und Politik 4), Köln-Opladen 1963
J. C. Fest, Hitler, Eine Biographie, Berlin 1973
M. Funke, Sanktionen und Kanonen, Hitler, Mussolini und der internationale Abessinienkonflikt 1934–1936, 2. Aufl. (Bonner Schriften zur Politik und Zeitgeschichte 2), Düsseldorf 1970
M. Funke (Hrsg.), Hitler, Deutschland und die Mächte, Studien zur Außenpolitik des Dritten Reichs (Athenäum/Droste Taschenbücher Geschichte 7213), Düsseldorf 1976
H. Heiber, Joseph Goebbels, Berlin 1962
K. Heiden, Adolf Hitler, Das Zeitalter der Verantwortungslosigkeit, 2 Bde., Zürich 1936–1937
K. Hildebrand, Deutsche Außenpolitik 1933–1945, Kalkül oder Dogma?, 2. Aufl., Stuttgart 1973

L. Hill (Hrsg.), Die Weizsäcker-Papiere 1933–1950, Berlin 1974
H. Himmler, Geheimreden 1933 bis 1945 und andere Ansprachen, Hrsg. B. F. Smith und A. F. Petersen, Einf. J. C. Fest, Berlin 1974
H. Himmler, Reichsführer!... Briefe an und von Himmler, Hrsg. H. Heiber, Stuttgart 1968
R. Hingley, Joseph Stalin, Man and legend, New York 1974
W. Hofer, Die Entfesselung des Zweiten Weltkrieges, Eine Studie über die internationalen Beziehungen im Sommer 1939, Frankfurt am Main 1964
St. Horak, Poland's international affairs 1919–1960, A calendar of treaties, agreements, conventions, and other international acts, with annotations, references and selections from documents and texts of treaties (Indiana University Publications, Russian and East European Series 31), Bloomington, Ind., 1964
P. Hüttenberger, Die Gauleiter, Studie zum Wandel des Machtgefüges in der NSDAP (Vierteljahreshefte für Zeitgeschichte, Schriftenreihe, 19), Stuttgart 1969
H.-A. Jacobsen, Nationalsozialistische Außenpolitik 1933–1938, Frankfurt am Main 1968
K. Kipphan, Deutsche Propaganda in den Vereinigten Staaten, 1933–1941 (Beihefte zum Jahrbuch für Amerika-Studien 31), Heidelberg 1971
H. Mau und H. Krausnick, Deutsche Geschichte der jüngsten Vergangenheit, 1933 bis 1945, 6. Aufl., Tübingen 1964
R. Meyers, Britische Sicherheitspolitik 1934–1938, Studien zum außen- und sicherheitspolitischen Entscheidungsprozeß (Bonner Schriften zur Politik und Zeitgeschichte 11), Düsseldorf 1976
K. Middlemas, Diplomacy of illusion, The British government and Germany 1937–1939, London 1972
H. Mommsen, Beamtentum im Dritten Reich, Mit ausgewählten Quellen zur nationalsozialistischen Beamtenpolitik (Vierteljahreshefte für Zeitgeschichte, Schriftenreihe, 13), Stuttgart 1966
S. Neumann, Permanent revolution, The total state in a world at war, New York 1942
K. Niclauss, Die Sowjetunion und Hitlers Machtergreifung, Eine Studie über die deutsch-russischen Beziehungen der Jahre 1929 bis 1935 (Bonner historische Forschungen 29), Bonn 1966
D. Orlow, The history of the Nazi party, 2 Bde., Pittsburgh, Pa., 1969–1973
J. Petersen, Hitler und Mussolini, Die Entstehung der Achse Berlin–Rom 1933–1936 (Bibliothek des Deutschen Historischen Instituts in Rom 43), Tübingen 1973
D. Petzina, Autarkiepolitik im Dritten Reich, Der nationalsozialistische Vierjahresplan (Vierteljahreshefte für Zeitgeschichte, Schriftenreihe, 16), Stuttgart 1968
Th. Pirker (Hrsg.), Die Moskauer Schauprozesse 1936–1938 (dtv-Taschenbücher 146 – dtv-Dokumente), München 1963
H. Raupach, Geschichte der Sowjetwirtschaft (Rowohlts Deutsche Enzyklopädie 203/204), Reinbek 1964
H. Rauschning, Gespräche mit Hitler, Zürich 1939; Neuausg., Wien 1973
G. Reichert, Das Scheitern der Kleinen Entente, Internationale Beziehungen im Donauraum von 1933 bis 1938, München 1971
W. Rings, Die Schweiz im Kriege, 1933–1945, Ein Bericht, 2. Aufl., Zürich 1974
H. Roennefarth, Die Sudetenkrise in der internationalen Politik, Entstehung, Verlauf, Auswirkung, 2 Tl.-Bde., Wiesbaden 1961
W. Rosar, Deutsche Gemeinschaft, Seyss-Inquart und der Anschluß, Wien 1971
L. Sabaliunas, Lithuania in crisis, Nationalism to communism, 1939–1940, London 1972
Th. Schieder, Hermann Rauschnings »Gespräche mit Hitler« als Geschichtsquelle (Rheinisch-Westfälische Akademie der Wissenschaften, Vorträge, Geisteswissenschaften 178), Opladen 1972
W. Schieder und Ch. Dipper (Hrsg.), Der spanische Bürgerkrieg in der internationalen Politik (1936–1939), München 1976

K. Scholder, Die Kirchen und das Dritte Reich, Bd. 1: Vorgeschichte und Zeit der Illusionen 1918–1934, Berlin 1977

A. J. Sherwin, Island refuge, Britain and refugees from the Third Reich 1933–1939, London 1973

Th. Sommer, Deutschland und Japan zwischen den Mächten 1935–1940, Vom Antikominternpakt zum Dreimächtepakt, Eine Studie zur diplomatischen Vorgeschichte des Zweiten Weltkriegs (Tübinger Studien zur Geschichte und Politik 15), Tübingen 1962

A. C. Sutton, Western technology and Soviet economic development 1930 to 1945, Stanford, Cal., 1971

J. Sywottek, Mobilmachung für den totalen Krieg, Die propagandistische Vorbereitung der deutschen Bevölkerung auf den Zweiten Weltkrieg (Studien zur modernen Geschichte 18), Opladen 1976

K. Thöne, Entwicklungsstadien und Zweiter Weltkrieg, Ein Wirtschaftswissenschaftlicher Beitrag zur Frage der Kriegsursachen, Berlin 1974

H. R. Trevor-Roper, Hitlers letzte Tage, Zürich 1948; Neuausg. (Ullstein Bücher 525), Berlin 1965. (The last days of Hitler, London 1947)

R. C. Tucker, Stalinism, New York 1977

H. E. Tutas, NS-Propaganda und deutsches Exil 1933–1939 (Deutsches Exil 1933–1945, 4) Worms 1974

A. B. Ulam, Stalin, The man and his era, New York 1973

A. L. Unger, The totalitarian party, Party and people in Nazi Germany and Soviet Russia, Cambridge 1974

T. Vogelsang, Die nationalsozialistische Zeit, Deutschland 1933 bis 1939 (Ullstein Bücher 3847 – Deutsche Geschichte 7), 3. Aufl., Berlin 1976

G. L. Weinberg, The foreign policy of Hitler's Germany, Diplomatic revolution in Europe 1933–1936, Chicago, Ill., 1970

V. Wieland, Zur Problematik der französischen Militärpolitik und Militärdoktrin in der Zeit zwischen den Weltkriegen (Wehrwissenschaftliche Forschungen, Abt. Militärgeschichtliche Studien, 15), Boppard 1973

T. Wittlin, Commissar, The life and death of Lavrenty Pavlovich Beria, New York 1972

M. Wojciechowski, Die polnisch-deutschen Beziehungen 1933–1938 (Studien zur Geschichte Osteuropas 12), Leiden 1971

## Der neue Weltkrieg

H. G. Adler, Theresienstadt 1941–1945, Das Antlitz einer Zwangsgemeinschaft, Geschichte, Soziologie, Psychologie, 2. Aufl. (Civitas Gentium), Tübingen 1960

D. Aigner, Winston Churchill, Ruhm und Legende, Hrsg. G. Franz (Persönlichkeit und Geschichte 84/85), Göttingen 1975

G. Alperowitz, Atomic diplomacy, Hiroshima and Potsdam, The use of the atomic bomb and the American confrontation with Soviet power, New York 1965

H. Arendt, Eichmann in Jerusalem, Ein Bericht von der Banalität des Bösen, 4. Aufl., München 1976; Neuaufl. (rororo Sachbuch 7117), Reinbek 1978

R. Aron, Histoire de Vichy 1940–1944, Paris 1955

R. Aron, Histoire de la libération de la France, Paris 1959

U. Bahnsen und J. P. O'Donnell, Die Katakombe, Das Ende in der Reichskanzlei, Stuttgart 1975

R. Beitzell, The uneasy alliance, America, Britain and Russia 1941–1943, New York 1972

W. Benz und H. Graml (Hrsg.), Sommer 1939, Die Großmächte und der europäische Krieg, Stuttgart 1979

N. W. BETHELL, Das letzte Geheimnis, Die Auslieferung russischer Flüchtlinge an die Sowjets durch die Alliierten 1944–1947, Berlin 1975. (The last secret, The delivery to Stalin of over two million Russians by Britain and the United States, New York 1974)
E. BETHGE, Dietrich Bonhoeffer, Theologe, Christ, Zeitgenosse, 3. Aufl., München 1970
J. BILLIG, Les camps de concentration dans l'économie du Reich hitlérien, Paris 1973
G. BLOND, Pétain (1856–1951), Paris 1966
C. BLUMENBERG-LAMPE, Das wirtschaftliche Programm des »Freiburger Kreises«, Entwurf einer freiheitlich-sozialen Nachkriegswirtschaft, Nationalökonomen gegen Nationalsozialismus (Volkswirtschaftliche Schriften 208), Berlin 1973
H. BOEHME, Der deutsch-französische Waffenstillstand im Zweiten Weltkrieg, Tl. 1: Entstehung und Grundlagen des Waffenstillstandes von 1940 (Quellen und Darstellungen zur Zeitgeschichte 12), Stuttgart 1966
D. BONHOEFFER, Gesammelte Schriften, Hrsg. E. Bethge, 6 Bde. (Bd. 1–4, 2. Aufl.), München 1965–1974
M. BOVERI, Der Verrat im 20. Jahrhundert, Für und gegen die Nation, Geleitw. G. Heinemann, Einf. H. Becker, Sonderausg., Hamburg 1976
D. BRANDES, Die Tschechen unter deutschem Protektorat, Hrsg. Vorstand des Collegium Carolinum, Forschungsstelle für die böhmischen Länder, 2 Tl.-Bde., München 1969–1975
M. BROSZAT, Nationalsozialistische Polenpolitik 1939–1945 (Vierteljahreshefte für Zeitgeschichte, Schriftenreihe, 2), Stuttgart 1961
J. W. BRÜGEL, Tschechen und Deutsche 1939–1946, München 1974
H. BUCHHEIM, M. BROSZAT, H.-A. JACOBSEN und H. KRAUSNICK, Anatomie des SS-Staates, 2 Bde. (Walter Texte und Dokumente zur Zeitgeschichte, Drittes Reich), Freiburg im Breisgau 1965
W. S. CHURCHILL, Der Zweite Weltkrieg, 6 Bde., Stuttgart 1949–1954. (The Second World War, 6 Bde., London 1948–1953)
W. S. CHURCHILL, J. W. STALIN und C. R. ATTLEE, Die unheilige Allianz, Stalins Briefwechsel mit Churchill und Attlee 1941–1945 (Rowohlt Paperback 34), Reinbek 1964
D. S. CLEMENS, Jalta, Übers. H. Lindemann, Stuttgart 1972. (Yalta, New York 1970)
W. J. COHEN, The American revisionists, The lessons of intervention in World War I, Chicago, Ill., 1967
P. COSGRAVE, Churchill at war, Bd. 1: Alone, 1939–1940, London 1974
M. L. VAN CREVELD, Hitler's strategy 1940–1941, The Balkan clue, Cambridge, Mass., 1973
A. DALLIN, Deutsche Herrschaft in Rußland 1941–1945, Eine Studie über Besatzungspolitik, Düsseldorf 1958. (German rule in Russia, 1941–1945, A study of occupation policies, London 1957)
L. E. DAVIS, The cold war begins, Soviet-American conflict over Eastern Europe, Princeton, N. J., 1974
F. W. DEAKIN, Die brutale Freundschaft, Hitler, Mussolini und der Untergang des italienischen Faschismus, Köln 1964. (The brutal friendship, Mussolini, Hitler and the fall of Italian fascism, London 1962)
H. S. DINERSTEIN, Der Krieg und die Sowjetunion, Die Atomwaffen und der Wandel im militärischen und politischen Denken der Sowjets, Köln 1960
J. D. DOENECKE, The literature of isolationism, A guide to noninterventionist scholarship 1930–1972, Colorado Springs, Colo., 1972
J. DOUGLAS-HAMILTON, Geheimflug nach England, Der ›Friedensbote‹ Rudolf Hess und seine Hintermänner, Vorw. A. Bullock, Einf. H.-A. Jacobsen, Düsseldorf 1973. (Motive for a mission, The story behind Hess' flight to Britain, London 1971)
EUROPEAN RESISTANCE MOVEMENTS, 1939–1945, 2 Bde. (International Conference of the Resistance Movements 1–2), Oxford 1960–1964

M. D. Fenyo, Hitler, Horthy and Hungary, German-Hungarian relations 1941–1944 (Yale Russian and East European Studies 11), New Haven, Conn., 1972

A. Fischer, Sowjetische Deutschlandpolitik im Zweiten Weltkrieg 1941–1945, Studien zur Zeitgeschichte, Stuttgart 1975

D. F. Fleming, The cold war and its origins, 2 Bde., New York 1961

J. Förster, Stalingrad, Risse im Bündnis 1942/43 (Einzelschriften zur militärischen Geschichte des Zweiten Weltkrieges 16), Freiburg im Breisgau 1975

J. L. Gaddis, The United States and the origins of the cold war, 1941–1947, New York 1972

Ch. de Gaulle, Memoiren, Der Ruf, 1940–1942, Berlin 1955. (Mémoires de guerre, Paris 1954)

J. Gérard-Libois und J. Gotovitch, L'an 40, la Belgique occupée, Brüssel 1971

J. Goebbels, Tagebücher aus den Jahren 1942 bis 1943, Hrsg. L. P. Lochner, Zürich 1948

R. Goldston, Pearl Harbour, December 7, 1941: The road to Japanese aggression in the Pacific, New York 1972

H. Groscurth, Die Tagebücher eines Abwehroffiziers, 1938–1940, Mit weiteren Dokumenten zur Militäropposition gegen Hitler, Hrsg. H. Krausnick und H. C. Deutsch (Quellen und Darstellungen zur Zeitgeschichte 19), Stuttgart 1970

L. Gruchmann, Nationalsozialistische Großraumordnung, Die Konstruktion einer »Deutschen Monroe-Doktrin« (Vierteljahreshefte für Zeitgeschichte, Schriftenreihe, 4), Stuttgart 1962

L. Gruchmann, Der Zweite Weltkrieg, Kriegführung und Politik (dtv-Weltgeschichte des 20. Jahrhunderts 4010), München 1967

F. Halder, Kriegstagebuch, Tägliche Aufzeichnungen des Chefs des Generalstabes des Heeres 1939–1942, Hrsg. Arbeitskreis für Wehrforschung, 3 Bde., Stuttgart 1962–1964

P. M. Hayes, Quisling, The career and political ideas of Vidkun Quisling (1887–1945), Newton Abbot 1971

W. J. Helbich, Franklin D. Roosevelt (Geschichte im Buch), Berlin 1971

G. C. Herring, Aid to Russia 1941–1946, Strategy, diplomacy and the origins of the cold war, New York 1973

R. Hilberg, The destruction of the European Jews, Chicago, Ill., 1961

A. Hillgruber, Hitler, König Carol und Marschall Antonescu, Die deutsch-rumänischen Beziehungen 1938–1944, 2. Aufl., Wiesbaden 1965

A. Hillgruber, Hitlers Strategie, Politik und Kriegsführung 1940–1941, Frankfurt am Main 1965

A. Hillgruber (Hrsg.), Probleme des Zweiten Weltkrieges (Neue wissenschaftliche Bibliothek, Geschichte, 20), Köln 1967

A. Hillgruber (Hrsg.), Staatsmänner und Diplomaten bei Hitler 1939–1944, 2 Bde., Frankfurt am Main 1967–1970

A. Hitler, Hitler's secret conversations 1941–1944, Hrsg. H. R. Trevor-Roper, London 1953

A. Hitler, Hitlers Tischgespräche im Führerhauptquartier 1941–1942, (Aufgezeichnet) von H. Picker, Hrsg. P. E. Schramm, A. Hillgruber und M. Vogt, Neuausg., Stuttgart 1976

R. Hoess, Kommandant in Auschwitz, Autobiographische Aufzeichnungen, Eingeleitet und kommentiert von M. Broszat (Quellen und Darstellungen zur Zeitgeschichte 5), Stuttgart 1961

P. Hoffmann, Widerstand – Staatsstreich – Attentat, Der Kampf der Opposition gegen Hitler, 2. Aufl., München 1970

L. Hory und M. Broszat, Der kroatische Ustascha-Staat, 1941–1945 (Vierteljahreshefte für Zeitgeschichte, Schriftenreihe, 8), Stuttgart 1964

W. Hubatsch, »Weserübung«, Die deutsche Besetzung von Dänemark und Norwegen 1940, nach amtlichen Unterlagen dargestellt (Studien und Dokumente zur Geschichte des Zweiten Weltkrieges 7), 2. Aufl., Göttingen 1960

G. JACQUEMYNS, La société belge sous l'occupation allemande 1940-1944, 3 Bde., Brüssel 1950
E. JÄCKEL, Frankreich in Hitlers Europa, Die deutsche Frankreichpolitik im Zweiten Weltkrieg (Quellen und Darstellungen zur Zeitgeschichte 14), Stuttgart 1966
W. JAKSCH und E. BENEŠ, Briefe und Dokumente aus dem Londoner Exil, 1939–1945, Hrsg. F. Prinz (Schriften der Studiengesellschaft für mittel- und osteuropäische Partnerschaft), Köln 1973
J. O. JATRIDES, Revolt in Athens, The Greek communist »second round«, 1944-1945, Princeton, N.J., 1972
L. DE JONG, Die deutsche Fünfte Kolonne im Zweiten Weltkrieg (Quellen und Darstellungen zur Zeitgeschichte 4), Stuttgart 1959. (De duitse vijfde colonne in de tweede wereldoorlog, Arnheim 1953)
G. F. KENNAN, Memoiren eines Diplomaten. Memoirs 1925–1950, Vorw. K. Mehnert, 5. Aufl., Frankfurt am Main 1969. (Memoirs 1925–1950, Boston, Mass., 1967)
W. F. KIMBALL, The cold war warmed over, A review article, in: American Historical Review 79, 1974
CH. KLESSMANN, Die Selbstbehauptung einer Nation, Nationalsozialistische Kulturpolitik und polnische Widerstandsbewegung im Generalgouvernement 1939–1945 (Studien zur modernen Geschichte 5), Düsseldorf 1971
F. KNIPPING, Die amerikanische Rußlandpolitik in der Zeit des Hitler-Stalin-Pakts 1939–1941 (Tübinger Studien zur Geschichte und Politik 30), Tübingen 1974
E. KOGON, Der SS-Staat, Das System der deutschen Konzentrationslager, Neuausg. München 1974
G. KOLKO, The politics of war, The world and US foreign policy 1943-45, New York 1968
B. KOVRIG, The myth of liberation, East-Central Europe in US diplomacy and politics since 1941, Baltimore, Md., 1973
H. VON KRANHALS, Der Warschauer Aufstand 1944, 2. Aufl., Frankfurt am Main 1964
K. KWIET, Reichskommissariat Niederlande, Versuch und Scheitern nationalsozialistischer Neuordnung (Vierteljahreshefte für Zeitgeschichte, Schriftenreihe, 17), Stuttgart 1968
W. L. LANGER und S. E. GLEASON, The undeclared war 1940-1941, New York 1953
J. LEUTZE, The secret of the Churchill-Roosevelt correspondence: September 1939–May 1940, in: Journal of Contemporary History 10, 1975
W. LINK, Das Konzept der friedlichen Kooperation und der Beginn des Kalten Krieges (Mannheimer Schriften zur Politik und Zeitgeschichte 2), Düsseldorf 1971
W. LIPGENS (Hrsg.), Europa-Föderationspläne der Widerstandsbewegungen 1940–1945, München 1968
H.-D. LOOCK, Quisling, Rosenberg und Terboven, Zur Vorgeschichte und Geschichte der nationalsozialistischen Revolution in Norwegen (Quellen und Darstellungen zur Zeitgeschichte 18), Stuttgart 1970
J. MABIRE, Les SS français, La Brigade Frankreich, Paris 1973
R. J. MADDOX, The new left and the origins of the cold war, Princeton, N.J., 1973
B. MARTIN, Friedensinitiativen und Machtpolitik im Zweiten Weltkrieg 1939–1942 (Geschichtliche Studien zu Politik und Gesellschaft 6), Düsseldorf 1974
V. MASTNY, The Czechs under Nazi rule: The failure of national resistance, 1939–1942, New York 1971
R. MICHEL, Histoire de la résistance 1940-1944, Paris 1950
M. L. MILLER, Bulgaria during the Second World War, Stanford, Cal., 1975
A. S. MILWARD, Die deutsche Kriegswirtschaft 1939–1945 (Vierteljahreshefte für Zeitgeschichte, Schriftenreihe, 12), Stuttgart 1966. (The German economy at war, London 1965)
A. S. MILWARD, The fascist economy in Norway, New York 1972
A. S. MILWARD, The new order and the French economy, Oxford 1970
G. MOLTMANN, Amerikas Deutschlandpolitik im Zweiten Weltkrieg, Kriegs- und Friedensziele 1941–1945 (Jahrbuch für Amerikastudien, Beiheft 3), Heidelberg 1958

CH. MÜLLER, Oberst i. G. Stauffenberg, Eine Biographie (Bonner Schriften zur Politik und Zeitgeschichte 3), 2. Aufl., Düsseldorf 1970

S. MYLLYNIEMI, Die Neuordnung der baltischen Länder 1941–1944, Zum nationalsozialistischen Inhalt der deutschen Besatzungspolitik (Suomen Historiallinen Seura, Historiallisia tutkimuksia 90), Helsinki 1973

S. NEUMANN, Permanent revolution, The total state in a world at war, New York 1942

E. NOLTE, Deutschland und der Kalte Krieg, München 1974

R. O. PAXTON, Vichy France, Old guard and new order, 1940-1944, New York 1972

K. REINHARDT, Die Wende vor Moskau, Das Scheitern der Strategie Hitlers im Winter 1941/42 (Beiträge zur Militär- und Kriegsgeschichte 13), Stuttgart 1972

G. REITLINGER, Die Endlösung, Hitlers Versuch der Ausrottung der Juden Europas 1939–1945, München 1964. (The final solution, The attempt to exterminate the Jews of Europe, 1939–1945, London 1961)

N. RICH, Hitler's war aims, 2 Bde., New York 1973–1974

G. RITTER, Carl Goerdeler und die deutsche Widerstandsbewegung, Neuausg. (dtv-Taschenbücher 216-18), München 1964

H. ROTHFELS, Die deutsche Opposition gegen Hitler, Eine Würdigung, Neuausg. (Fischer Taschenbuch 1989), Frankfurt am Main 1977

M. R. SCHÄRER, Deutsche Annexionspolitik im Westen, Die Wiedereingliederung Eupen-Malmedys im Zweiten Weltkrieg (Europäische Hochschulschriften 3, 38), Frankfurt am Main 1975

J. SCHMIDT, Martin Niemöller im Kirchenkampf (Hamburger Beiträge zur Sozial- und Zeitgeschichte 8), Hamburg 1971

I. SCHOLL, Die weiße Rose (Fischer Taschenbuch 88), 25. Aufl., Frankfurt am Main 1977

H. J. SCHULTZ (Hrsg.), Der 20. Juli – Eine Alternative zu Hitler?, Stuttgart 1974

M. J. SHERWIN, The atomic bomb and the origins of the cold war, U. S. atomic energy policy and diplomacy, 1941–1945, in: American Historical Review 78, 1973

F. SIEBERT, Italiens Weg in den Zweiten Weltkrieg, Frankfurt am Main 1962

B. S. TELPUCHOWSKI, Die sowjetische Geschichte des Großen Vaterländischen Krieges 1941–1945, Hrsg. A. Hillgruber und H.-A. Jacobsen (Arbeitskreis für Wehrforschung), Frankfurt am Main 1961

E. THOMSEN, Deutsche Besatzungspolitik in Dänemark 1940-1945 (Studien zur modernen Geschichte 4), Düsseldorf 1971

J. TOMASEVICH, War and revolution in Yugoslavia 1941–1945, The Chetniks, Stanford, Cal., 1975

LA VIE DE LA FRANCE SOUS L'OCCUPATION, 1940 à 1944, 3 Bde., Paris 1957

V. VIERHELLER, Polen und die Deutschlandfrage, 1939–1949 (Abhandlungen des Bundesinstituts für Ostwissenschaftliche und Internationale Studien 23), Köln 1970

J.H. VOIGT, Indien im Zweiten Weltkrieg, Stuttgart 1978

W. WAGNER, Belgien in der deutschen Politik während des Zweiten Weltkrieges (Militärgeschichtliche Studien 18), Boppard 1974

W. WARMBRUNN, The Dutch under German occupation 1940-1945, Stanford, Cal., 1963

G. WEISENBORN (Hrsg.), Der lautlose Aufstand, Bericht über die Wiederstandsbewegung des deutschen Volkes 1933–45, 4. Aufl. (Bibliothek des Widerstandes), Frankfurt am Main 1974

W. A. WILLIAMS, Die Tragödie der amerikanischen Diplomatie, Übers. N. Lindquist, Frankfurt am Main 1973. (The tragedy of American diplomacy, Neuaufl., New York 1962)

E. L. WOODWARD, British foreign policy in the Second World War, London 1962

D. YERGIN, Shattered peace, The origins of the cold war and the national security state, Boston, Mass., 1977

G. ZAMBONI, Mussolinis Expansionspolitik auf dem Balkan, Italiens Albanienpolitik vom 1. und 2. Tiranapakt im Rahmen des italienisch-jugoslawischen Interessenkonflikts und der italienischen imperialen Bestrebungen in Südosteuropa (Hamburger Historische Studien 2), Hamburg 1970

E. ZELLER, Geist der Freiheit, Der 20. Juli, 5. Aufl. München 1965

P. VON ZUR MÜHLEN, Zwischen Hakenkreuz und Sowjetstern, Der Nationalismus der sowjetischen Orientvölker im Zweiten Weltkrieg (Bonner Schriften zur Politik und Zeitgeschichte 5), Düsseldorf 1971

## Die großen Entscheidungen

W. ABELSHAUSER, Wirtschaft in Westdeutschland 1945–1948, Rekonstruktion und Wachstumsbedingungen in der amerikanischen und britischen Zone (Vierteljahreshefte für Zeitgeschichte, Schriftenreihe, 30), Stuttgart 1975

G. AMBROSIUS, Die Durchsetzung der sozialen Marktwirtschaft in West-Deutschland 1945–1949, Stuttgart 1977

A. BARING, Außenpolitik in Adenauers Kanzlerdemokratie, Bonns Beitrag zur Europäischen Verteidigungsgemeinschaft (Schriften des Forschungsinstituts der Deutschen Gesellschaft für Auswärtige Politik 78), München 1969

W. BENZ, G. PLUM und W. RÖDER, Einheit der Nation, Stuttgart 1978

BIRKE, R. NEUMANN und E. LEMBERG (Hrsg.), Die Sowjetisierung Ost-Mitteleuropas, Untersuchungen zu ihrem Ablauf in den einzelnen Ländern, Frankfurt am Main 1959

R. DOHSE, Der dritte Weg, Neutralisierungsbestrebungen in Westdeutschland zwischen 1945 und 1955, Hamburg 1974

H. FEIS, Zwischen Krieg und Frieden, Das Potsdamer Abkommen, Frankfurt am Main 1962. (Between war and peace, The Potsdam Conference, Princeton, N. J., 1960)

F. FEJTÖ, Geschichte der Volksdemokratien, 2 Bde., Graz 1972. (Histoire des démocraties populaires, Paris 1972)

M. E. FOELZ-SCHROETER, Föderalistische Politik und nationale Repräsentation 1945–1947, Westdeutsche Länderregierungen, zonale Bürokratien und politische Parteien im Widerstreit, Stuttgart 1974

O. C. GARDNER (Hrsg.), The Korean War, New York 1972

J. GIMBEL, Amerikanische Besatzungspolitik in Deutschland 1945–1949, Frankfurt am Main 1971. (American occupation of Germany, Politics and the military, 1945–1949, Stanford, Cal., 1968)

L. GRUCHMANN, Das Korea-Problem, seine Bedeutung für das geteilte Deutschland (Zur Politik und Zeitgeschichte 3), Berlin 1960

O. N. HABERL, Die Emanzipation der KP Jugoslawiens von der Kontrolle der Komintern/KPdSU 1941–1945 (Untersuchungen zur Gegenwartskunde Südosteuropas 8), München 1974

T. E. HACHEY, The problem of partition: Peril to world peace, Chicago, Ill., 1972

J. N. HERZ, Staatenwelt und Weltpolitik, Aufsätze zur internationalen Politik im Nuklearzeitalter, Übers. L. Flechtheim (Kritische Wissenschaft), Hamburg 1974. (The nation state and the crisis of world politics, Essays on international politics in the 20th century, New York 1976)

H. HERZFELD, Berlin in der Weltpolitik, 1945–1970 (Veröffentlichungen der Historischen Kommission zu Berlin 38), Berlin 1973

A. HILLGRUBER, Europa in der Weltpolitik der Nachkriegszeit 1945–1963, München 1979

J. K. HÖNSCH und G. NASARKSKI, Polen, 30 Jahre Volksdemokratie, Hannover 1975

G. W. HOFFMANN und F. W. NEAL, Yugoslavia and the new communism. New York 1962

K. HÜFNER und J. NAUMANN, Das System der vereinten Nationen, Eine Einführung (Studienbücher zur auswärtigen und internationalen Politik 9), Düsseldorf 1974

P. HÜTTENBERGER, Nordrhein-Westfalen und die Entstehung seiner parlamentarischen Demokratie (Veröffentlichungen der Staatlichen Archive des Landes Nordrhein-Westfalen, Reihe C, 1), Siegburg 1973

G. Ionescu, Communism in Rumania 1944–1962, London 1964
H.-A. Jacobsen, Von der Strategie der Gewalt zur Politik der Friedenssicherung, Beiträge zur deutschen Geschichte im 20. Jahrhundert, Düsseldorf 1977
A.R. Johnson, The transformation of communist ideology, The Yugoslav case 1945–1953 (Studies in communism, revisionism, and revolution 18), Cambridge, Mass., 1972
G.K. Kindermann (Hrsg.), Grundelemente der Weltpolitik, Eine Einführung, Geleitw. H.J. Morgenthau, München 1977
C. Kolko, The limits of power, The world and US foreign policy 1945–54, New York 1972
B. Kovrig, The Hungarian People's Republic (Integration and community building in Eastern Europe 7), Baltimore, Md., 1970
B. Kuklick, American policy and the division of Germany, The clash with Russia over reparations, Ithaca, N.Y., 1972
C.F. Latour und T. Vogelsang, Okkupation und Wiederaufbau, Die Tätigkeit der Militärregierung in der amerikanischen Besatzungszone Deutschlands 1944–1947 (Studien zur Zeitgeschichte), Stuttgart 1972
W. Link, Deutsche und amerikanische Gewerkschaften und Geschäftsleute 1945–1975, Düsseldorf 1978
W. Link, Das Konzept der friedlichen Kooperation und der Beginn des Kalten Krieges, Düsseldorf 1970
W. Lipgens, Die Anfänge der europäischen Einigungspolitik 1945–1950, Tl. 1: 1945–1947, Stuttgart 1977
K. Matthews, Memoirs of a mountain war, Greece 1944–1949, London 1972
B. Meissner, Die Sowjetunion, die baltischen Staaten und das Völkerrecht, Köln 1956
J. Mindszenty, Erinnerungen, Berlin 1974
J.N. Moore (Hrsg.), The Arab-Israeli conflict, 3 Bde., Princeton, N.J., 1974
R. Morgan, Washington und Bonn, Deutsch-amerikanische Beziehungen seit dem Zweiten Weltkrieg, München 1975. (The United States and West Germany 1945–1973, A study in alliance politics, Oxford 1974)
K. Niclauss, Demokratiegründung in Westdeutschland, Die Entstehung der Bundesrepublik 1945–1949, München 1974
P. Noack, Das Scheitern der Europäischen Verteidigungsgemeinschaft, Entscheidungsprozesse vor und nach dem 30. August 1954 (Bonner Schriften zur Politik und Zeitgeschichte 17), Düsseldorf 1977
E. Nolte, Marxismus, Faschismus, Kalter Krieg, Stuttgart 1977
V. Otto, Das Staatsverständnis des Parlamentarischen Rates, Ein Beitrag zur Entstehungsgeschichte des Grundgesetzes für die Bundesrepublik Deutschland (Beiträge zur Geschichte des Parlamentarismus und der politischen Parteien 42), Düsseldorf 1971
A.H. Rashed, Arabische Einheit – Wunschbild oder Wirklichkeit?, Struktur und Funktion der ›Liga der Arabischen Staaten‹, Vorw. K. Mehnert (Wissenschaftlich-publizistische Buchreihe 10), Tübingen 1974
R.A. Remington, The Warsaw Pact, Case studies in communist conflict resolution (Studies in Communism, Revisionism, and Revolution 17), Cambridge, Mass., 1971
E. Reuter, Schriften, Reden, Hrsg. H.E. Hirschfeld und H.J. Reichardt, Vorw. W. Brandt, Bd. 3: Artikel, Briefe, Reden 1946 bis 1949, Berlin 1974
W. Rudzio, Die Neuordnung des Kommunalwesens in der Britischen Zone, Zur Demokratisierung und Dezentralisierung der politischen Struktur: eine britische Reform und ihr Ausgang (Quellen und Darstellungen zur Zeitgeschichte 17), Stuttgart 1968
D. Russinow, The Yugoslav experiment, 1948–1974, London 1977
U. Scheuner, Die Vereinten Nationen als Faktor der internationalen Politik (Rheinisch-westfälische Akademie der Wissenschaften, Vorträge, 210), Opladen 1976
H.P. Schwarz, Vom Reich zur Bundesrepublik, Deutschland im Widerstreit der außenpoliti-

schen Konzeption in den Jahren der Besatzungsherrschaft 1945–1949 (Politica, Abhandlungen und Texte zur politischen Wissenschaft, 38), Neuwied 1966
H. P. SCHWARZ (Hrsg.), Handbuch der deutschen Außenpolitik, 2. Aufl., München 1976
T. SHARP, The wartime alliance and the zonal division of Germany, Oxford 1975
M. SKODVIN, Norden eller NATO? Utenriksdepartementet og allianspørgsmålet, 1947–1949, Oslo 1971
J. SNETSINGER, Truman, the Jewish vote and the creation of Israel, Stanford, Cal., 1974
A. C. SUTTON, Western technology and Soviet economic development 1945 to 1965, Stanford, Cal., 1973
A. SYWOTTEK, Deutsche Volksdemokratie, Studien zur politischen Konzeption der KPD 1935–1946 (Studien zur modernen Geschichte 1), Düsseldorf 1971
M. TOMALA, Polen nach 1945 (Reihe Kohlhammer), Stuttgart 1973
G. J. TRITTEL, Die Bodenreform in der Britischen Zone 1945–1949 (Vierteljahreshefte für Zeitgeschichte, Schriftenreihe, 31), Stuttgart 1975
A. B. ULAM, The rivals, America and Russia since World War II, London 1973
T. VOGELSANG, Das geteilte Deutschland (dtv-Weltgeschichte des 20. Jahrhunderts 4011), München 1966
W. WAGNER, Die Entstehung der Oder-Neiße-Linie in den diplomatischen Verhandlungen während des Zweiten Weltkrieges, 3. Aufl., Stuttgart 1964
W. WAGNER, Europa zwischen Aufbruch und Restauration, Die europäische Staatenwelt seit 1945 (dtv-Weltgeschichte des 20. Jahrhunderts 4014), München 1968
G. WETTIG, Entmilitarisierung und Wiederbewaffnung in Deutschland 1943–1955, Die internationalen Auseinandersetzungen um die Rolle der Deutschen in Europa (Schriften des Forschungsinstituts der Deutschen Gesellschaft für Auswärtige Politik 25), München 1967
J. W. WHEELER-BENNETT und A. NICHOLLS, The semblance of peace, The political settlement after the Second World War, New York 1972
H. WINKEL, Die Wirtschaft im geteilten Deutschland 1945–1970 (Wissenschaftliche Paperbacks, Sozial- und Wirtschaftsgeschichte 4), Wiesbaden 1974
C. M. WOODHOUSE, The struggle for Greece 1941–1949, London 1976
ST. G. XYDIS, Greece and the great powers 1944–1947, Prelude to the ›Truman Doctrine‹, Thessaloniki 1963

## Renaissance der Demokratie

K. ADENAUER, Erinnerungen, 4 Bde., Stuttgart 1965–1968
ADENAUER-STUDIEN, Hrsg. R. Morsey und K. Repgen, Bde. 1–4 (Veröffentlichungen der Kommission für Zeitgeschichte, Reihe B, Forschungen, 10/13/15/21), Mainz 1971–1977
R. ALBRECHT-CARIÉ, Britain and France, Adaptations to a changing context of power, Garden City, N. Y., 1970
U. VON ALEMANN, Parteiensysteme im Parlamentarismus, Eine Einführung und Kritik von Parlamentarismustheorien (Studienbücher zur Sozialwissenschaft 7), Düsseldorf 1973
C. J. BARTLETT, A history of postwar Britain 1945–1947, London 1977
W. BESSON, Die Außenpolitik der Bundesrepublik, Erfahrungen und Maßstäbe, München 1970; Neuausg. (Ullstein Bücher 2982), Berlin 1973
K. VON BEYME, Die politische Elite in der Bundesrepublik Deutschland, München 1971
K. VON BEYME, Die parlamentarischen Regierungssysteme in Europa, 2. Aufl., München 1974
K. D. BRACHER, Theodor Heuss und die Wiederbegründung der Demokratie in Deutschland, Tübingen 1965
K. D. BRACHER, CH. DAWSON, W. GEIGER und R. SMEND (Hrsg.), Die moderne Demokratie und ihr Recht, Modern constitutionalism and democracy, Festschrift für Gerhard Leibholz, 2 Bde., Tübingen 1966

L. Edinger, Politics in West Germany, 2. Aufl., Boston, Mass., 1979
H.W. Ehrmann, Das politische System Frankreichs, München 1976
Th. Ellwein, Das Regierungssystem der Bundesrepublik Deutschland, 4. Aufl., Opladen 1977
S.L. Fisher, The minor parties of the Federal Republic of Germany, Toward a comparative theory of minor parties, Den Haag 1974
F.K. Fromme, Von der Weimarer Verfassung zum Bonner Grundgesetz, Tübingen 1960
M. Funke (Hrsg.), Extremismus im demokratischen Rechtsstaat, Ausgewählte Texte und Materialien zur aktuellen Diskussion, Bonn 1978
J. Gabbe, Parteien und Nation, Meisenheim 1976
G. Galli, Storia della Democrazia Cristiana, Bari 1978
C. Gasteyger, Die beiden deutschen Staaten in der Weltpolitik, München 1976
Ch. de Gaulle, Memoiren der Hoffnung, Die Wiedergeburt 1958–1962, Übers. H. Kusterer, Wien 1971 (Mémoires d'espoir, 2 Bde., Paris 1970–1971)
W. Grewe, Rückblenden, Aufzeichnungen eines Augenzeugen deutscher Außenpolitik von Adenauer bis Schmidt, Berlin 1979
A. Grosser, Deutschlandbilanz, Geschichte Deutschlands seit 1945, Sonderausg. (Hanser Informationsprogramm), München 1972. (L'Allemagne de notre temps, 1945–1970, Paris 1970)
A. Grosser, La politique extérieure de la V$^{e}$ République, Paris 1965
A. Grosser und H. Menudier, La vie politique en Allemagne fédérale, Paris 1970
M.D. Hancock, Sweden, The politics of post-industrial change, Hinsdale, Ill., 1972
M.D. Hancock und G. Sjoberg (Hrsg.), Politics in the post-welfare-state, Responses to the new individualism, New York 1972
W.F. Hanrieder, Die stabile Krise, Ziele und Entscheidungen der bundesrepublikanischen Außenpolitik 1949–1969, Übers. T. Schmiederer (Studienbücher zur auswärtigen und internationalen Politik 1), Düsseldorf 1971. (The stable crisis, Two decades of German foreign policy, New York 1970)
W. Hennis, P. Graf Kielmannsegg und U. Matz (Hrsg.), Regierbarkeit, Studien zu ihrer Problematisierung, 2 Bde., Stuttgart 1977–1979
F. A. Hermens und P. H. Köppinger, Von der Diktatur zur Demokratie, Das Beispiel Spaniens und Portugals, Verfassung und Verfassungswirklichkeit, Berlin 1976
A. Hillgruber, Die »deutsche Frage« in der Weltpolitik, Frankfurt am Main 1974
St. Hoffmann u.a. (Hrsg.), In search of France, Cambridge, Mass., 1963
M. Jakobson, Finnlands Neutralitätspolitik zwischen Ost und West, Düsseldorf 1969. (Finnish neutrality, A study of Finnish foreign policy since the Second World War, London 1968)
E. Jesse, Die Demokratie der Bundesrepublik Deutschland, Eine Einführung in das politische System, Bonn 1978
H. Kaack, Geschichte und Struktur des deutschen Parteiensystems, Opladen 1971
G.F. Kennan, Memoiren 1950–1963, Übers. H.J. von Koskull, Frankfurt am Main 1973. (Memoirs 1950–1963, Boston, Mass., 1972)
H.H. Knütter, Ideologien des Rechtsradikalismus im Nachkriegsdeutschland, Eine Studie über die Nachwirkungen des Nationalismus (Bonner historische Forschungen 19), Bonn 1961
H.G. Koch, Staat und Kirche in der DDR, Zur Entwicklung ihrer Beziehungen von 1945–1974, Stuttgart 1975
H. Kohl (Hrsg.), Konrad Adenauer 1876/1976, Einl. A. Grosser, Stuttgart 1976
W.Z. Laqueur, Europa aus der Asche, Geschichte seit 1945, München 1970. (Europe since Hitler, London 1970)
G. Leibholz, Strukturprobleme der modernen Demokratie, 3. Aufl., Karlsruhe 1967
N. Lepszy, Regierung, Parteien und Gewerkschaften in den Niederlanden, Düsseldorf 1979
G. Leptin (Hrsg.), Die Rolle der DDR in Osteuropa (Deutsche Gesellschaft für Osteuropakunde), Berlin 1974

R. LÖWENTHAL (Hrsg.), Die Demokratie im Wandel der Gesellschaft (Veröffentlichung des Otto-Suhr-Instituts, Freie Universität Berlin), Berlin 1963

R. LÖWENTHAL, Der romantische Rückfall, Wege und Irrwege einer rückwärtsgewendeten Revolution (Urban Taschenbücher, Reihe 80, 803), 2. Aufl., Stuttgart 1970

R. LÖWENTHAL und H.P. SCHWARZ (Hrsg.), Die zweite Republik, 25 Jahre Bundesrepublik Deutschland – Eine Bilanz, Stuttgart 1974

P. C. LUDZ, Parteielite im Wandel, Funktionsaufbau, Sozialstruktur und Ideologie der SED-Führung, Eine empirisch-systematische Untersuchung (Schriften des Instituts für politische Wissenschaft 21), 3. Aufl., Opladen 1970

W. MANTL, Repräsentation und Identität, Demokratie im Konflikt, Ein Beitrag zur modernen Staatsformenlehre (Forschungen Staat und Recht 29), Wien 1975

A. MARWICK, War and social change in the twentieth century, A comparative study of Britain, France, Germany, Russia and the United States, London 1974

U. MATZ (Hrsg.), Grundprobleme der Demokratie (Wege der Forschung 116), Darmstadt 1973

G. MAUDE, The Finnish dilemma, Neutrality in the shadow of power, New York 1976

W. PFEILER und J.P. MENTZEL, Deutschlandbilder, Die Bundesrepublik Deutschland aus der Sicht der DDR und der Sowjetunion (Bonner Schriften zur Politik und Zeitgeschichte 6/7), Düsseldorf 1972

A.S. MILWARD, The economic effects of the two world wars on Britain, London 1970

H. MOMMSEN (Hrsg.), Sozialdemokratie zwischen Klassenbewegung und Volkspartei (Fischer Athenäum Taschenbücher 4045), Frankfurt am Main 1974

J.P. MORGAN, The House of Lords and the Labour government 1964–1970, Oxford 1975

M. NIKOLINAKOS, Widerstand und Opposition in Griechenland, Vom Militärputsch 1967 zur neuen Demokratie, Neuwied 1974

D. NOHLEN, Wahlsysteme der Welt, München 1978

E. NORMAN, A history of modern Ireland, Coral Gables, Fla., 1971

A. POPPINGA, Konrad Adenauer, Geschichtsverständnis, Weltanschauung und politische Praxis, Stuttgart 1975

E. RICHERT, Macht ohne Mandat, Der Staatsapparat in der Sowjetischen Besatzungszone Deutschlands, Einl. M. Drath (Schriften des Instituts für politische Wissenschaft 11), Opladen 1963

M. ROWOLD, Im Schatten der Macht, Zur Oppositionsrolle der nicht-etablierten Parteien in der Bundesrepublik, Vorw. K.D. Bracher (Bonner Schriften zur Politik und Zeitgeschichte 9), Düsseldorf 1974

H. RUDOLPH, Die Gesellschaft der DDR – eine deutsche Möglichkeit?, Anmerkungen zum Leben im anderen Deutschland, 2. Aufl., München 1973

D. A. RUSTOW, The politics of compromise, A study of parties and cabinet government in Sweden, Princeton, N.J., 1955

T. SCHRAMM, Das Verhältnis Bundesrepublik Deutschland zur DDR nach dem Grundvertrag, Eine Einführung in die staats- und völkerrechtlichen Problembereiche mit Dokumentensammlung, 2. Aufl., Köln 1975

K. VON SCHUBERT, Wiederbewaffnung und Westintegration, Die innere Auseinandersetzung um die militärische und außenpolitische Orientierung der Bundesrepublik 1950–1952 (Vierteljahreshefte für Zeitgeschichte, Schriftenreihe, 20), 2. Aufl., Stuttgart 1972

D. SETTEMBRINI, La chiesa nella politica italiana, Mailand 1977

K. SONTHEIMER, Das Elend unserer Intellektuellen, Hamburg 1976

K. SONTHEIMER, Grundzüge des politischen Systems der Bundesrepublik Deutschland, 6. Aufl., München 1977

K. SONTHEIMER und W. BLEEK, Die DDR, Politik, Gesellschaft, Wirtschaft (Kritische Wissenschaft), Hamburg 1972

R. TOMASON, Sweden, prototype of modern society, New York 1970

Ph. M. Williams, Crisis and compromise, Politics in the Fourth Republic, Neuaufl., London 1964
S. J. Woolf (Hrsg.), The rebirth of Italy, 1943–1950, New York 1972
G. Wright, The reshaping of French democracy, Boston, Mass., 1970

## Die großen Wandlungen

S. Allard, Russia and the Austrian State Treaty, A case study of Soviet policy in Europe, University Park, Pa., 1970
F. R. Allemann, Macht und Ohnmacht der Guerilla, München 1974
F. Ansprenger, Die Auflösung der Kolonialreiche (dtv-Weltgeschichte des 20. Jahrhunderts 4013), München 1966
H. Arendt, Die ungarische Revolution und der totalitäre Imperialismus, München 1958
S. Aronson, Conflict and bargaining in the Middle East, Baltimore, Md., 1978
N. W. Bethell, Die polnische Spielart, Gomulka und die Folgen, Wien 1971. (Gomulka, His Poland and his communism, Neuausg., Harmondsworth 1972)
G. Beyhaut, Süd- und Mittelamerika, Bd. 2: Von der Unabhängigkeit bis zur Krise der Gegenwart (Fischer Weltgeschichte 23), 3. Aufl., Frankfurt am Main 1974
K. von Beyme, Ökonomie und Politik im Sozialismus, Ein Vergleich der Entwicklung in den sozialistischen Ländern, München 1975
J. E. Black und K. W. Thompson (Hrsg.), Foreign policies in a world of change, New York 1963
G. Bortoli, Als Stalin starb, Kult und Wirklichkeit, Übers. J. Nehring, Stuttgart 1974
The Breakdown of democratic regimes: Latin America (The breakdown of democratic regimes, Hrsg. J. J. Linz und A. Stepan, 3), Baltimore, Md., 1978
G. Brunner, Politische Soziologie der UdSSR, Wiesbaden 1977
M. Djilas, Die neue Klasse, Eine Analyse des kommunistischen Systems, München 1963. (Nowa klasa, Analiza systemu komunistycznego, New York 1958)
H. End, Zweimal deutsche Außenpolitik, Internationale Dimensionen des innerdeutschen Konflikts 1949–1972, Köln 1973
F. Fejtö, Budapest 1956, La révolution hongroise (Collection Archives 24), Paris 1966
E. Forndran, Rüstungskontrolle, Friedenssicherung zwischen Abschreckung und Abrüstung (Krieg und Frieden), Düsseldorf 1970
S. H. Gordon, Czechoslovakia's interrupted revolution, Princeton, N. J., 1976
H. Haftendorn, Abrüstungs- und Entspannungspolitik zwischen Sicherheitsbefriedigung und Friedenssicherung, Zur Außenpolitik der BRD 1955–1973 (Krieg und Frieden), Düsseldorf 1973
N. L. Hoepli (Hrsg.), Aftermath of colonialism, New York 1973
M. Howard (Hrsg.), Restraints on war, Studies in the limitation of armed conflict, Oxford 1979
G. Ionesco, The politics of the European communist states, London 1967
H.-A. Jacobsen und W. von Bredow (Hrsg.), Mißtrauische Nachbarn, Deutsche Ostpolitik 1919–1970, Eine Dokumentation, Düsseldorf 1970
H.-A. Jacobsen und M. Tomala (Hrsg.), Wie Polen und Deutsche einander sehen, Beiträge aus beiden Ländern, Düsseldorf 1973
T. Jansen, Abrüstung und Deutschlandfrage, Die Abrüstungsfrage als Problem der deutschen Außenpolitik (Sozialwissenschaftliche Bibliothek 1), Mainz 1968
A. Koestler, I. Silone, R. Wright u. a., Der Gott, der keiner war, Hrsg. R. Crossmann und F. Borkenau, Neuaufl., München 1962 (The god that failed, New York 1949)
I. Lapenna, State and law, Soviet and Yugoslav theory (London School of Economics and Poli-

tical Science, Papers in Soviet and East European Law, Economics and Politics 1), London 1964
W. Z. LAQUEUR, Communism and nationalism in the Middle East, Neuaufl., London 1957
W. Z. LAQUEUR, The road to war 1967, The origins of the Arab – Israeli conflict, Neuaufl., London 1969
W. Z. LAQUEUR, Terrorismus, Kronberg im Taunus 1977. (Guerilla, A historical and critical study, London 1977)
W. LEONHARD, Kreml ohne Stalin, 4. Aufl., Köln 1963
W. LEONHARD, Die Revolution entläßt ihre Kinder, Neuaufl., Köln 1969
W. LEONHARD, Nikita Sergejewitsch Chruschtschow, Aufstieg und Fall eines Sowjetführers (Die Zeitgeschichte im Bild), Luzern 1965
M. LEWIN, Political undercurrents in Soviet debates, From Bucharin to the modern reformers, Princeton, N. J., 1974
S. B. LISS und P. K. LISS (Hrsg.), Man, state and society in Latin American history, New York 1972
D. MAHNCKE, Berlin im geteilten Deutschland (Schriften des Forschungsinstituts der Deutschen Gesellschaft für Auswärtige Politik 34), München 1973
B. MEISSNER, Das Sowjetsystem und seine Wandlungsmöglichkeiten (TM – Tatsachen und Meinungen 35), Bern 1976
B. MEISSNER, G. BRUNNER und R. LÖWENTHAL, Einparteisystem und bürokratische Herrschaft in der Sowjetunion, Köln 1978
J. D. B. MILLER, Survey of Commonwealth affairs, Problems of expansion and attrition, 1953–1969 (Royal Institute of International Affairs), Oxford 1974
D. OLLAWA, Demokratie und nationale Integration in Nigeria, Frankfurt am Main 1973
H.-G. PÖTTERING, Adenauers Sicherheitspolitik 1955–1963, Ein Beitrag zum deutsch-amerikanischen Verhältnis, Vorw. H.-A. Jacobsen (Bonner Schriften zur Politik und Zeitgeschichte 10), Düsseldorf 1975
H. K. RUPP, Außerparlamentarische Opposition in der Ära Adenauer, Der Kampf gegen die Atombewaffnung in den fünfziger Jahren, Eine Studie zur innenpolitischen Entwicklung der BRD (Sammlung Junge Wissenschaft), Köln 1970
C. STERN, Ulbricht, Eine politische Biographie, Köln 1964
G. STOURZH, Kleine Geschichte des österreichischen Staatsvertrages, Wien 1975
J. L. TALMON, Israel among the nations, London 1970
J. H. VOIGT, Indien im Zweiten Weltkrieg (Studien zur Zeitgeschichte 11), Stuttgart 1978
H. WASSMUND, Kontinuität im Wandel, Bestimmungsfaktoren sowjetischer Deutschlandpolitik in der Nach-Stalin-Zeit, Köln 1974
L. L. WHETTEN, The canal war, Four-power conflict in the Middle East (Studies in Communism, Revisionism, and Revolution 20), Cambridge, Mass., 1974
S. ZUKIN, Beyond Marx and Tito, Theory and pratice in Yugoslav socialism, Cambridge 1975

## Weltpolitik und Europa

R. ALBRECHT-CARRIÉ, The unity of Europe, An historical survey, Garden City, N. Y., 1965
R. ARON, Plädoyer für das dekadente Europa, Berlin 1978. (Plaidoyer pour l'Europe décadente, Paris 1977)
R. ATKINS und A. GRAYCAR, Governing Australia, Sidney 1972
AUSTRALIA, NEW ZEALAND AND THE SOUTH PACIFIC, A handbook, Hrsg. C. Osborne, London 1970
W. BÖTTCHER, A. STEININGER und G. UNSER (Hrsg.), Das große Dreieck, Washington, Moskau, Peking, Zum 65. Geburtstag von Klaus Mehnert, Stuttgart 1971

H. Brahm (Hrsg.), Opposition in der Sowjetunion, Berichte und Analysen, Düsseldorf 1972
M. Brecher, The foreign policy system of Israel, Setting, images, processes, New Haven, Conn., 1972
H. Brugmans, L'idée européenne, 1920 à 1970, 3. Aufl., Brügge 1970
A. W. DePorte, Europe and the superpowers, The enduring balance, New Haven, Conn., 1979
G. Erb (Hrsg.), Europäische Gemeinschaften, Politologische Analysen (Wege der Forschung 337), Darmstadt 1976
F. Fejtö, Chine – URSS, 2 Bde., Paris 1964–1966
C. Gati, Communism and détente, in: Journal of International Affairs 28, 1974
J. C. Gautron, Organisations européennes, Paris 1973
H. Geissler, Der Weg in die Gewalt, München 1978
D. Goetze, Castro, Nkruma, Sokarno, Berlin 1977
St. R. Graubard (Hrsg.), A new Europe?, Boston, Mass., 1964
A. Grosser, Das Bündnis, Die westeuropäischen Länder und die USA seit dem Krieg, Übers. W. Sczepan und F. Mager, München 1978. (Les occidentaux et les États-Unis depuis la guerre, Paris 1978)
E. B. Haas, Uniting of Europe, Political, social and economic forces 1950–1957, Palo Alto, Cal., 1968
Th. H. Hammond (Hrsg.), The anatomy of communist takeovers, New Haven, Conn., 1975
V. Horský, Prag 1968, Systemveränderung und Systemverteidigung (Studien zur Friedensforschung 14), Stuttgart 1975
H.-A. Jacobsen, W. Mallmann und Chr. Meier (Hrsg.), Sicherheit und Zusammenarbeit in Europa (KSZE), Analyse und Dokumentation, 2 Bde. (Dokumente zur Außenpolitik 2/3), Köln 1973–1978
Th. Jansen und W. Weidenfeld (Hrsg.), Deutschland – Bilanz und Perspektive, Ein Handbuch, Mainz 1973
K. Kaiser, Die europäische Herausforderung und die USA, Das atlantische Verhältnis im Zeitalter weltpolitischer Strukturveränderungen, München 1973. (Europe and the United States, The future of the relationship, Washington, D. C., 1973)
C. D. Kernig (Hrsg.), Sowjetsystem und demokratische Gesellschaft, Eine vergleichende Enzyklopädie, 6 Bde., Freiburg im Breisgau 1967–1973
C. D. Kernig (Hrsg.), Sowjetsystem und demokratische Gesellschaft, Sonderbd.: Die kommunistischen Parteien der Welt, Freiburg im Breisgau 1969
W. R. Kintner und W. Klaiber, Eastern Europe and European security, New York 1971
Th. Koch, Nordamerika, Texte, Bilder, Dokumente (Weltmächte im 20. Jahrhundert 3), München 1972
J. Korbel, Détente in Europe, real or imaginary?, Princeton, N. J., 1972
M. Kriele, Die Menschenrechte zwischen Ost und West, Köln 1977
P. Lendvai, Die Grenzen des Wandels, Spielarten des Kommunismus im Donauraum, Wien 1977
W. Leonhard, Die Dreispaltung des Marxismus, Ursprung und Entwicklung des Sowjetmarxismus, Maoismus und Reformkommunismus, 2. Aufl., Düsseldorf 1970
W. Leonhard, Am Vorabend einer neuen Revolution?, Die Zukunft des Sowjetkommunismus, Gütersloh 1975
R. Löwenthal (Hrsg.), Die Sowjetunion als Weltmacht (Deutsche Gesellschaft für Osteuropakunde), Berlin 1976
R. Mayne (Hrsg.), Europe tomorrow, 16 Europeans look ahead, London 1972
K. Mehnert, China nach dem Sturm, Bericht und Kommentar, Mit einem neuen Kapitel »Ein Jahr danach« (dtv, Allgemeine Reihe, 882), München 1973
K. Mehnert, Moskau und die neue Linke, Die Reaktion Moskaus auf die Neue Linke, Stuttgart 1973

M. Morozow, Leonid Breschnew, Sonderausg., Stuttgart 1976
H. Müller-Roschach, Die deutsche Europapolitik, Wege und Umwege zur politischen Union Europas, Hrsg. R. Regul (Schriftenreihe Europäische Wirtschaft 78), Baden-Baden 1974
D. Nohlen und F. Nuscheler, Handbuch der Dritten Welt, 4 Bde., Hamburg 1974–1978
D. Oberndörfer (Hrsg.), Sozialistische und kommunistische Parteien in Westeuropa, 2 Bde. (Veröffentlichung des Sozialwissenschaftlichen Forschungsinstituts der Konrad-Adenauer-Stiftung), Opladen 1978
W.H. Parker, The superpowers, The United States and the Soviet Union compared, New York 1972
S. Pollard, European economic integration 1815–1970, London 1974
K.R. Popper, Die offene Gesellschaft und ihre Feinde, 2 Bde., 3. Aufl., München 1973. (The open society and its enemies, 2 Bde., 5. Aufl., Princeton, N.J., 1966)
W.E. Ratliff, Castroism and communism in Latin America 1959–1976, Washington, D.C., 1976
J.-F. Revel, Die totalitäre Versuchung, Berlin 1976. (La tentation totalitaire, Paris 1976)
E. Richert, Die radikale Linke, Von 1945 bis zur Gegenwart, Berlin 1969
D. de Rougemont, Die Schweiz, Modell Europas, Der schweizerische Bund als Vorbild für eine europäische Föderation, Wien 1965. (La Suisse, ou l'histoire d'un peuple heureux, Genf 1964)
L. Ruehl, Machtpolitik und Friedensstrategie, Einf. J. Steinhoff, Hamburg 1974
G. Runkle, Anarchism, old and new, New York 1972
W.W. Sagladin u.a., Die kommunistische Weltbewegung, Abriß der Strategie und Taktik, Frankfurt am Main 1973
Chr. Sasse, Regierungen, Parlamente, Ministerrat. Entscheidungsprozesse in der Europäischen Gemeinschaft (Europäische Studien des Instituts für Europäische Politik 6), Bonn 1975
K. von Schubert (Hrsg.), Sicherheitspolitik der Bundesrepublik Deutschland, 2 Tl.-Bde., Köln 1978
R.O. Schulze, Politik und Gesellschaft in Kanada, Meisenheim 1977
H.P. Schwarz, Zwischenbilanz der KSZE, Stuttgart 1977
H.P. Schwarz und B. Meissner, Entspannungspolitik in Ost und West, Köln 1979
J.J. Servan-Schreiber, Die amerikanische Herausforderung, 9. Aufl., Hamburg 1970 (Le défi américain, Paris 1967)
L. Siegesmund, Portugal in Europa und Übersee, Nürnberg 1973
A. Solschenizyn u.a., Stimmen aus dem Untergrund, Zur geistigen Situation in der UdSSR, Neuwied 1975
M. Steinkühler (Hrsg.), Eurokommunismus im Widerspruch, Köln 1977
Westeuropäische Verteidigungskooperation, Hrsg. K. Carstens und D. Mahncke (Schriften des Forschungsinstituts der Deutschen Gesellschaft für Auswärtige Politik 31), München 1972
G. Wettig, Frieden und Sicherheit in Europa, Probleme bei den Konferenzen für Sicherheit und Zusammenarbeit in Europa (KSZE) und für wechselseitige Truppenreduzierung in Europa (MBFR) (Militärpolitische Schriftenreihe 12), Stuttgart 1975
G. Wettig, Europäische Sicherheit, Das europäische Staatensystem in der sowjetischen Außenpolitik 1966–72, Düsseldorf 1972
J. Woddis, New theories on revolution, A commentary on the views of Frantz Fanon, Régis Debray and Herbert Marcuse, New York 1972
M.S. Woslenskij, Über die Strategie und Taktik der kommunistischen Weltbewegung, Eine sowjetische Darstellung, in: Osteuropa 24, 1974

# Personenregister

'Abd el-Kader, um 1808–1883, arabischer Emir, Anführer des Berber-Aufstands 1832–1847: 85
'Abd el-Krim (Karîm), Muhammad, um 1880–1963, marokkanischer Jurist, Journalist und Politiker, Anführer der Rifkabylen 1920–1926 und Emir des Rif 1922: 85
'Abd en-Nâsir, Gâmal ed-Dîn, 1918 bis 1970, ägyptischer Offizier und Politiker, Oberkommandierender der Streitkräfte 1952/53, Stellv. Ministerpräsident und Innenminister 1953/54, Ministerpräsident 1954-1962 und seit 1967, Staatspräsident seit (1954) 1956: 352, 406
Acheson, Dean Gooderham, 1893–1971, amerikanischer Jurist und Politiker, Assistant Secretary of State 1941–1945, Undersecretary of State 1945–1947 und Secretary of State 1949–1953: 452
Adenauer, Konrad, 1876-1967, Jurist und Politiker, Oberbürgermeister von Köln 1917–1933, 1945, Präsident des Preußischen Staatsrats 1920-1932, Vorsitzender der CDU 1946–1966, Präsident des Parlamentarischen Rats 1948/49, Bundeskanzler 1949–1963 und Bundesaußenminister 1951–1955: 285, 291, 310, 315, 319, 330, 338, 367–369, 371f., 374, 376–378, 395, 397f., 417, 428, 464, 466
–, Besuch in Moskau, 9.–13. 9. 1955: 284, 319, 398
Agnew, Spiro Theodore, geb. 1918, amerikanischer Jurist und Politiker, Gouverneur von Maryland 1966–1969 und Vizepräsident der USA 1969–1973: 454
Albrecht-Carrié, René, geb. 1904, amerikanischer Historiker: 49
Aleksandra, Fjodorowna, ursprüngl. Alix (Alice), 1872–1918, Tochter des Großherzogs Ludwig IV. von Hessen, Prinzessin von Hessen-Darmstadt, Gemahlin des Zaren Nikolaus II., seit 1894: 54
Alexander, 1893–1920, König von Griechenland seit 1917: 188
Alexander I., 1888–1934, König von Jugoslawien seit 1921: 188, 218
Alfons XIII., 1886–1941, König von Spanien 1902–1931: 191
Allende Gossens, Salvador, 1908–1973, chilenischer Arzt und sozialistischer Politiker, Begründer 1933 und Generalsekretär des Partido Socialista seit 1943, Gesundheitsminister 1939–1942, Vizepräsident 1962–1967 und Präsident des Senats 1967–1970, Staatspräsident seit 1970: 434, 438, 442
Andreotti, Giulio, geb. 1919, italienischer Jurist, Journalist und Politiker, Verteidigungsminister 1959–1966, 1974, Ministerpräsident 1972/73 und seit 1976: 348
Antonescu, Jon, 1882–1946, rumänischer Offizier und Politiker, Verteidigungsminister 1937/38, Marschall, Ministerpräsident und Staatschef 1940–1944: 187
Arendt Bluecher, Hannah, 1906–1975, Soziologin und Hochschullehrerin: 176
Attlee, Sir Clement Robert, 1883–1967, britischer Jurist, Politiker und Hochschullehrer, Unterstaatssekretär im Kriegsministerium 1924, Postmaster General 1931, Führer der Labour Party 1935–1955, Lordsiegelbewahrer 1940–1942, Minister für die Dominien 1942/43 und Premierminister 1945–1951: 328, 350f.

Badoglio, Pietro, 1871–1956, italienischer Offizier und Politiker, General 1916, Gou-

verneur von Libyen 1929–1933, Feldmarschall und Oberkommandierender in Äthiopien 1935/36, Chef des Generalstabs 1937–1940 und Ministerpräsident 1943/44: 267f.
BAHR, EGON KARLHEINZ, geb. 1922, Journalist, Fernsehredakteur und Politiker, Sonderbotschafter im Auswärtigen Amt 1966–1969, Staatssekretär im Bundeskanzleramt 1969 bis 1972, Bundesminister für besondere Aufgaben 1972–1974 und für wirtschaftliche Zusammenarbeit 1974–1976: 375, 432
BALDWIN, STANLEY, seit 1937: EARL BALDWIN OF BEWDLEY, VISCOUNT CORVEDALE, 1867–1947, britischer Kunstschmied und Politiker, Premierminister 1923/24, 1924 bis 1929, 1935–1937: 151, 153
BALFOUR, SIR ARTHUR JAMES, seit 1922: EARL OF BALFOUR, 1848–1930, britischer Politiker, Vorsitzender der Konservativen Partei 1895–1911, Schatzkanzler 1895–1902, Premierminister 1902–1905, First Lord of the Admiralty 1915/16, Außenminister 1916 bis 1919 und Präsident des Geheimen Rats 1919–1922, 1925–1929: 85
–, ›Balfour Declaration‹, 2.11.1917: 85
BARTHOU, JEAN LOUIS, 1862–1934, französischer Jurist, Schriftsteller und Politiker, Innenminister 1896–1898, Justizminister 1909–1911, 1913, 1926, Ministerpräsident 1913 und Vorsitzender der Reparationskommission 1922–1926: 216, 218
BATISTA Y ZALDÍVAR, FULGENICO, geb. 1901, kubanischer Offizier und Politiker, Staatspräsident 1940–1944, 1952–1958: 416
BAUER, OTTO, 1881–1938, österreichischer Politiker und Theoretiker des Austromarxismus, Staatssekretär im Außenministerium 1918/19 und Mitglied des Nationalrats 1919–1933: 25
BECHER, JOHANNES ROBERT, 1891–1958, Lyriker und kommunistischer Propagandist, DDR-Kulturminister seit 1954: 134
BECK, LUDWIG, 1880–1944, Generalstabsoffizier, Chef des Truppenamts 1933–1935 und Chef des Generalstabs 1935–1938, Generaloberst 1938: 232
BENEŠ, EDUARD, 1884–1948 tschechischer Wirtschaftswissenschaftler und Politiker, Hochschullehrer in Prag 1909–1915, Außenminister 1918–1935, Ministerpräsident 1921/22 und Staatspräsident 1935–1938, 1945–1948: 186, 273, 321
BENN, GOTTFRIED, 1886-1956, Arzt, Essayist und Lyriker: 131
BERAN, JOSEF, 1888–1969, tschechischer Priester, Erzbischof von Prag 1946–(1951) 1965, Kardinal der Kurie seit 1965: 322
BERDJAJEW, NIKOLAI ALEKSANDROWITSCH, 1874–1948, russischer Kultur- und Religionsphilosoph: 80
–, »Das neue Mittelalter«, 1924: 80
BERGSON, HENRI, 1859–1941, französischer Philosoph: 130, 165
BERIJA, LAWRENTIJ PAWLOWITSCH, 1899 bis 1953, georgischer Ingenieur und sowjetischer Politiker, Volkskommissar für Inneres und Staatssicherheit 1938–1945, Marschall 1945, Stellv. Vorsitzender des Rates der Volkskommission 1941–1946 und Stellv. Ministerpräsident 1946–1953: 331, 386, 390, 421
BEVIN, ERNEST, 1881–1951, britischer Gewerkschaftler und Politiker, Generalsekretär der Transportarbeitergewerkschaft 1921 bis 1940, Arbeitsminister 1940–1945, Außenminister 1945–1951 und Lordsiegelbewahrer 1951: 305–307, 309, 350
BIDAULT, GEORGES, geb. 1899, französischer Lehrer, Journalist und Politiker, Mitglied der Résistance 1941–1945, Vorsitzender des Mouvement Républicain Populaire 1949 bis 1952, Ministerpräsident 1946, 1949/50, Außenminister 1945/46, 1947/48, 1953/54 und Verteidigungsminister 1952/53: 275, 305, 344, 392
BIERUT, BOLESLAW, 1892–1965, polnischer Setzer und kommunistischer Politiker, Vorsitzender 1948–1954 und Erster Sekretär der PZPR seit 1954, Staatspräsident 1947–1952 und Ministerpräsident 1952–1954: 325
BISMARCK(-SCHÖNHAUSEN), OTTO (EDUARD LEOPOLD), GRAF VON, seit 1871: FÜRST VON, seit 1890: HERZOG VON LAUENBURG, 1815–1898, Politiker und Staatsmann, preußischer Gesandter am Bundestag in Frankfurt am Main 1851–1859, Gesandter in St. Petersburg 1859–1862 und Botschafter in Paris 1862, preußischer Ministerpräsident 1862–1873, 1873–1890 und Außenminister 1862–1890, Reichskanzler 1871–1890: 169

Blomberg, Werner von, 1878–1946, Generalstabsoffizier, Chef des Truppenamts 1927 bis 1929, Reichswehrminister 1933–1935, Reichskriegsminister und Oberbefehlshaber der Wehrmacht 1935–1938, Generalfeldmarschall 1936: 229
Blum, Léon, 1872–1950, französischer Theaterkritiker, Schriftsteller und Politiker, Vorsitzender des P.S.F. seit 1920, Außenminister 1946/47, Ministerpräsident 1936/37, 1938, 1946/47 und Stellv. Ministerpräsident 1937/38, 1948: 76, 146–148, 222
Bohr, Niels Hendrik David, 1885–1962, dänischer Atomphysiker, Hochschullehrer in Kopenhagen 1916–1943: 279
Bonnefous, Édouard, geb. 1907, französischer Politikwissenschaftler und Politiker, Handelsminister 1952, Minister ohne Portef. 1953, Postminister 1955/56 und Minister für Öffentliche Arbeiten 1957/58: 142
–, »Histoire politique de la Troisième République«, 1956–1965: 142
Bourguiba, Habib, siehe Bû Rgîba, Habîb
Brandt, Willy, ursprüngl. Herbert Karl Frahm, geb. 1913, Journalist und Politiker, Präsident des Abgeordnetenhauses 1955 bis 1957 und Regierender Bürgermeister von Berlin 1957–1966, Vorsitzender der SPD seit 1964, Vizekanzler und Bundesaußenminister 1966–1969, Bundeskanzler 1969 bis 1974: 369, 375 f., 383, 418, 427, 432
–, Treffen mit Stoph in Erfurt, 19.3., und Kassel, 21.5.1970: 383
Braun, Wernher, Freiherr von, 1912 bis 1977, Physiker und Raketenkonstrukteur. Technischer Direktor der Heeres-Versuchsanstalt Peenemünde 1937–1945, Direktor des George C. Marshall Space Flight Center in Huntsville, Ala., 1960–1972: 280
Brecht, Bert(olt), eigentl. Eugen Berthold Friedrich Brecht, 1898–1956, Dichter: 134
Breschnjew, Leonid Iljitsch, geb. 1906, sowjetischer Landvermesser, Hütteningenieur und Politiker, Sekretär des ZK der KPdSU 1952/53, 1956–1960, 1963/64, Erster Sekretär, seit 1966 Generalsekretär, des ZK der KPdSU seit 1964 und Staatspräsident 1960–1964: 375, 389, 428, 433–435
–, Breschnjew-Doktrin, seit 1968: 407, 424, 433
Briand, Aristide, 1862–1932, französischer Jurist, Journalist und Politiker, Erziehungsminister 1906–1908, Innenminister 1909–1911, 1913, Justizminister 1912/13, 1914/15, Außenminister 1915–1917, 1921/22, 1925–1932 und Ministerpräsident 1909–1911, 1913, 1915–1917, 1921/22, 1925/26, 1929: 109, 111 f., 141 f., 456, 463
–, ›Memorandum‹ über die Schaffung einer Europa-Union, 17.5.1930: 111, 314
Brinton, Crane, 1889–1968, amerikanischer Historiker, Hochschullehrer in Cambridge, Mass., seit 1946: 176
Brüning, Heinrich, 1885–1970, Volkswirt und Politiker, Geschäftsführer des DGB 1920–1930, Reichskanzler 1930–1932 und Außenminister 1931/32, Hochschullehrer in Cambridge, Mass., 1937–1951 und in Köln 1951–1954: 98, 100, 109, 129, 154, 162, 169 f., 213
Buback, Siegfried, 1920–1977, Jurist, Assessor 1950, Staatsanwalt 1953, Erster Staatsanwalt 1959, Oberstaatsanwalt 1963 und Bundesanwalt beim Bundesgerichtshof 1971, Generalbundesanwalt seit 1974: 375
Bucharin, Nikolaj Iwanowitsch, 1888 bis 1938, russischer kommunistischer Politiker und Theoretiker, Chefredakteur der ›Iswestija‹ 1934–1937: 207
Bulganin, Nikolaj Aleksandrowitsch, 1895–1975, sowjetischer Politiker, Funktionär der Tscheka 1918–1922, Vorsitzender des Stadtsowjets von Moskau 1931–1937, Stellv. Vorsitzender des Rats der Volkskommissare 1938–1941, Generalleutnant 1942, Generaloberst und Armeegeneral 1944, Marschall 1947 und Verteidigungsminister 1947–1949, 1953–1955, Ministerpräsident 1955–1958: 386 f., 397
Bû Rgîba (Bourguiba), Habîb, geb. 1903, tunesischer Jurist und Politiker, Begründer der Nationalistenbewegung Neo-Destûr 1934, Ministerpräsident seit 1956 und Staatspräsident seit 1957: 404

Cachin, Marcel, 1869–1958, französischer Lehrer und kommunistischer Politiker, Führer der französischen KP 1920–1940 und Mitglied des Senats 1935–1940: 76
Caetano, Marcelo José das Neves Alves, geb. 1906, portugiesischer Jurist, Hochschullehrer und Politiker, Kolonialminister

1944–1947, Chef des Präsidialministeriums 1955–1958, Rektor der Universität Lissabon 1959–1962, Ministerpräsident 1968–1974 und Außenminister 1969/70: 362

CALVO SOTELO, JOSÉ, 1893–1936, spanischer Politiker, Zivilgouverneur von Valencia 1919–1925 und Finanzminister 1925 bis 1930: 193 f.

CAROL II., 1893–1953, König von Rumänien 1930–1940: 187

CARTER, JIMMY (James) EARL, geb. 1924, amerikanischer Marineoffizier, Farmer, Geschäftsmann und Politiker, Gouvernor of Georgia 1970–1974, Präsident der USA seit 1977: 456, 471

CASTRO RUZ, FIDEL, geb. 1927, kubanischer Jurist und kommunistischer Diktator, Staatschef seit 1959: 416, 438

CHAMBERLAIN, SIR (JOSEPH) AUSTEN, 1863–1937, britischer Politiker, Postmaster General 1902/03, Schatzkanzler 1903–1905, 1919–1921, Staatssekretär für Indien 1915–1917, Außenminister 1924–1929 und First Lord of the Admiralty 1931: 111

CHAMBERLAIN, (ARHTUR) NEVILLE, 1869 bis 1940, britischer Geschäftsmann und Politiker, Postmaster General 1922/23, Gesundheitsminister 1923/24, 1924–1929, Schatzkanzler 1923/24, 1931–1937 und Premierminister 1937–1940: 155, 227, 231–233, 237, 240, 242

CHIANG CHING, ursprüngl. Luan Shu-meng, später Li Ching-yün, geb. 1914, chinesische Schauspielerin und kommunistische Politikerin, Lebensgefährtin des Mao Tse-tung seit 1938, Sekretärin der Abteilung Kulturrevolution beim ZK der KPCh 1966–1976, Mitglied des Politbüros 1969–1976: 411

CHIANG KAI-SHEK, offiz. Chiang Chengcheng, 1887–1975, chinesischer Offizier und Politiker, Präsident des Exekutivrats 1930 bis 1946, Generalissimus 1935, Staatspräsident 1928–1931, 1943–1949 und Staatspräsident in Taiwan seit 1949: 87 f., 230, 249, 269, 326, 391, 409, 422

CHIRAC, JACQUES RENÉ, geb. 1932, französischer Verwaltungsjurist und Politiker, Staatssekretär für soziale Angelegenheiten 1967/68 und für Wirtschaft und Finanzen 1968–1971, Minister für Zusammenarbeit mit dem Parlament 1971/72, Landwirtschaftsminister 1972–1974, Innenminister 1974, Ministerpräsident 1974–1976, Vorsitzender des RPR seit 1976, Bürgermeister von Paris seit 1977: 345

CHRUSCHTSCHOW, NIKITA SERGEJEWITSCH, 1894–1971, ukrainischer Maschinenschlosser und sowjetischer Politiker, Erster Sekretär des ZK der ukrainischen KP 1938–1949, Sekretär 1949–1953 und Erster Sekretär des ZK der KPdSU 1953–1964, Ministerpräsident 1958–1964: 199, 385–390, 397–399, 407, 421, 425, 428 f., 434, 438

–, Berlin-Ultimatum, 27. 11. 1958: 308, 374, 417, 419, 425 f., 429

–, Besuch in Jugoslawien, 26. 5. – 2. 6. 1955: 398

–, Besuch in den USA, 15.–28. 9. 1959: 426

–, Rede vor dem XX. Parteitag der KPdSU, 25. 2. 1956: 199, 385, 387, 398 f.

CHURCHILL, SIR WINSTON (LEONARD SPENCER), 1874–1965, britischer Offizier, Journalist und Politiker, Handelsminister 1908 bis 1910, Innenminister 1910/11, First Lord of the Admiralty 1911–1915, 1939/40, Munitionsminister 1917–1919, Kriegsminister 1919–1921, Kolonialminister 1921/22, Schatzkanzler 1924–1929 und Premierminister 1940–1945, 1951–1955: 27, 152 f., 242–244, 248, 251–253, 257, 266 f., 269–275, 280, 287, 293, 303, 314, 329, 350 f., 353, 463 f.

–, Rede im Westminster College, Fulton, Mo., 5. 3. 1946: 303

CIANO, GALEAZZO, CONTE DI CORTELLAZZO, 1903–1944, italienischer Diplomat und faschistischer Politiker, Propagandaminister 1935/36, Außenminister 1936–1943 und Botschafter beim Vatikan 1943: 225, 267 f.

CLEMENCEAU, GEORGES, 1841–1929, französischer Arzt, Journalist und Politiker, Innenminister 1906–1909, 1914 und Ministerpräsident 1906–1909, 1917–1920: 37, 141

CLEMENTIS, VLADIMIR (Vlado), 1902–1952, slowakischer Jurist und kommunistischer Politiker, Unterstaatssekretär im Außenministerium 1945–1948 und im Innenministerium 1945/46, Außenminister 1948–1950: 325

CLYNES, JOHN ROBERT, 1869–1949, britischer Gewerkschaftler und Politiker, Staatssekretär 1917/18 und Minister für Ernährung

1918, Lord Privy Seal 1924, Innenminister 1929–1931: 152
COOK, ARTHUR JAMES, 1884–1931, britischer Gewerkschaftler, Generalsekretär der Bergarbeiter-Gewerkschaft seit 1924: 152
COOLIDGE, CALVIN, 1872–1933, amerikanischer Jurist und Politiker, Präsident des Senats von Massachusetts 1914/15, Lieutenant Governor 1916–1918 und Governor von Massachusetts 1919/20, Vizepräsident 1920 bis 1923 und Präsident der USA 1923–1928: 96
COUDENHOVE-KALERGI, RICHARD NIKOLAUS GRAF, 1894–1972, österreichischer politischer Schriftsteller und Theoretiker, Begründer der Paneuropa-Bewegung 1923, Hochschullehrer in New York 1940 bis 1945: 314, 463
–, »Paneuropa«, 1923: 314, 463
CUNO, WILHELM, 1876–1933, Reeder und Politiker, Reichskanzler 1922/23: 106

D'ABERNON, EDGAR VINCENT, VISCOUNT, 1857–1941, britischer Offizier und Finanzfachmann, Botschafter in Berlin 1920 bis 1926: 175
DAHLMANN, FRIEDRICH CHRISTOPH, 1785–1860, Historiker und Politiker, Hochschullehrer in Kiel 1813–1829, in Göttingen 1829–1837 und in Bonn seit 1842: 149
DALADIER, ÉDOUARD, 1884–1970, französischer Lehrer und Politiker, Kolonialminister 1924, Kriegsminister 1925, 1936–1940, Unterrichtsminister 1926, Außenminister 1940 und Ministerpräsident 1933/34, 1938–1940, Bürgermeister von Avignon 1953 bis 1958: 129, 146, 148, 231, 240, 242
D'ANNUNZIO, GABRIELE, 1863–1938, italienischer Dichter und Politiker: 158 f.
DARLAN, JEAN FRANÇOIS, 1881–1942, französischer Admiral und Politiker, Oberbefehlshaber der Kriegsmarine 1939–1941 und Marineminister 1940/41, Außen- und Verteidigungsminister 1941/42: 259 f.
DAWES, CHARLES GATES, 1865–1951, amerikanischer Jurist, Bankier und Politiker, Comptroller of the Treasury 1897–1901, Vorsitzender des Reparationsausschusses 1923/24, Vizepräsident der USA 1925–1929, Botschafter in London 1929–1932: 96
–, Dawes-Plan, 1.9.1924: 97, 109 f.
DÉAT, MARCEL, 1894–1955, französischer Philosoph und Politiker, Hochschullehrer in Reims, Luftfahrtminister 1936 und Arbeitsminister 1942–1944/45: 261
DE GASPERI, ALCIDE, 1881–1954, italienischer Journalist und Politiker, Generalsekretär des Partito popolare italiano 1924–1926 und der Democrazia Cristiana 1944–1954, Außenminister 1944–1946, 1951–1953 und Ministerpräsident 1945–1953: 338, 345 bis 347
DEGRELLE, LÉON, geb. 1906, belgischer Journalist und faschistischer Politiker, Begründer der Rexisten-Bewegung 1930, Begründer 1941 und Kommandeur 1944/45 der Wallonischen Legion: 261
DIEFENBAKER, JOHN, 1895–1979, kanadischer Jurist und Politiker, Führer der Konservativen 1956–1967 und Premierminister 1957–1963: 448
DJILAS, MILOVAN, geb. 1911, jugoslawischer kommunistischer Politiker und Schriftsteller, Mitglied des Politbüros 1940–1954, Minister für Montenegro 1945, Minister ohne Portefeuille 1948 und Stellv. Staatspräsident 1953/54: 270
DÖNITZ, KARL, geb. 1891, Marineoffizier, Befehlshaber der U-Bootwaffe 1936–1943, Großadmiral 1943 und Oberbefehlshaber der Kriegsmarine 1943–1945, designierter Reichspräsident und Chef der Geschäftsführenden Reichsregierung 1945: 279
DOLLFUSS, ENGELBERT, 1892–1934, österreichischer Landwirt und Politiker, Landwirtschaftsminister 1931/32, Bundeskanzler und Außenminister seit 1932: 185 f., 215, 229
DORIOT, JACQUES, 1886–1945, französischer Metallarbeiter und kommunistischer, seit 1934 faschistischer Politiker, Begründer des Parti populaire français 1937 und Führer der Légion Tricolore 1941–1944: 148, 181, 261
DREYFUS, ALFRED, 1859–1935, französischer Offizier, Hauptmann in einem Artillerie-Regiment und Angeklagter in einem Spionageprozeß 1894: 139, 150
DULLES, JOHN FOSTER, 1888–1959, amerikanischer Jurist und Politiker, Senator 1949–1953 und Sonderbotschafter in Japan 1951, Secretary of State 1953–1959: 390, 392, 398 f., 428 f., 452

Ebert, Friedrich, 1871–1925, Gewerkschaftler und Politiker, Reichskanzler 1918/19 und Reichspräsident 1919–1925: 67f., 108, 133, 167

Eden, (seit 1954:) Sir (Robert) Anthony, seit 1961: Earl of Avon, 1897–1977, britischer Politiker, Lord Privy Seal 1934/35 Foreign Secretary 1935–1938, 1940–1945, 1951–1955, Premierminister 1955–1957: 267, 353, 373, 392, 397f.

–, ›Eden-Plan‹, 18.–23.7.1955: 373

Edward VIII. Albert, seit 1937: Edward Duke of Windsor, 1894–1972, britischer Thronfolger, König von Großbritannien 1936, Gouverneur der Bahamas 1940 bis 1945: 155

Eichmann, Karl Adolf, 1906–1962, Kaufmann und nationalsozialistischer Beamter, Leiter des Judenreferats im Reichssicherheitshauptamt der SS 1939–1945: 264

Einstein, Albert, 1879–1955, Physiker, Hochschullehrer in Zürich 1909–1914, in Berlin 1914–1933 und in Princeton, N.J. 1933–1945: 279

Eisenhower, Dwight David, 1890–1969, amerikanischer General und Politiker. Oberbefehlshaber auf dem europäischen Kriegsschauplatz 1942–1945, Generalstabschef 1945–1948, Oberbefehlshaber der NATO-Streitkräfte in Europa 1950–1952, Universitätspräsident 1948–1953, Präsident der USA 1953–1961: 268, 274, 318, 329, 331, 390, 397, 426, 452, 455

–, Besuch Chruschtschows in den USA, 15.–28.9.1959: 426

Elisabeth, Jelisaweta Petrowna, 1709 bis 1762, Zarin von Rußland seit 1741: 277

Erhard, Ludwig, 1897–1977, Wirtschaftswissenschaftler und Politiker, Hochschullehrer in Nürnberg 1928–1942, bayerischer Wirtschaftsminister 1945/46, Direktor der Verwaltung für Wirtschaft der Bi-Zone 1948/49, Bundeswirtschaftsminister 1949 bis 1963, Vizekanzler 1957–1963 und Bundeskanzler 1963–1966: 374

Faisal I., 1883–1933, König des Irak seit 1921: 84

Fanfani, Amintore, geb. 1908, italienischer Wirtschaftswissenschaftler und Politiker, Hochschullehrer in Mailand 1936–1943, Arbeitsminister 1947, Landwirtschaftsminister 1951–1953, Innenminister 1953/54, Ministerpräsident 1954, 1958/59, 1960–1963, Außenminister 1965, 1966–1968, Präsident des Senats seit 1968 und Sekretär der DC 1954–1959, 1973–1975: 346

Faure, Edgar, geb. 1908, französischer Jurist, Schriftsteller und Politiker, Budgetminister 1950/51, Justizminister 1951/52, Finanzminister 1953–1955, 1958, Außenminister 1955, Ministerpräsident 1952, 1955/56, Hochschullehrer in Dijon 1962–1966, Landwirtschaftsminister 1966–1968 und Erziehungsminister 1968/69: 397f.

Fest, Joachim C., geb. 1926, Journalist, Fernsehredakteur und Schriftsteller: 176

Figl, Leopold, 1902–1965, österreichischer Agraringenieur und Politiker, Gründer der ÖVP 1945, Bundeskanzler 1945–1953, Außenminister 1953–1959, Präsident des Nationalrats 1959–1962 und Landeshauptmann von Niederösterreich seit 1962: 357

Ford, Gerald Rudolph, geb. 1923, amerikanischer Jurist und Politiker, Vizepräsident der USA 1973/74, Präsident der USA 1974–1977, Hochschullehrer in Ann Arbor, Mich., seit 1977: 431

Ford, Henry, 1863–1947, amerikanischer Großindustrieller, Gründer der Ford Motor Company 1903: 115

Fraenkel, Ernst, geb. 1898, Jurist, Historiker und Politologe, Hochschullehrer in Berlin 1951–1967: 92

Franco y Bahamonde, Francisco, 1892 bis 1975, spanischer Offizier und Politiker, General 1926, Chef des Generalstabs 1934–1936, nationalspanischer Regierungschef 1936 und Caudillo 1937, Generalissimus und Staatschef 1939–1975: 192–196, 225, 233, 245, 261, 361f.

–, Treffen mit Hitler in Hendaye, 23.10.1940: 245

Freud, Sigmund, 1856–1939, österreichischer Neuropathologe und Psychiater, Begründer der Psychoanalyse, Hochschullehrer in Wien 1902–1938: 130

Freyer, Hans, 1887–1969, Philosoph und Soziologe, Hochschullehrer in Leipzig 1920–1922, 1925–1948, in Kiel 1922–1925, in Münster 1953–1955 und in Ankara 1954/55, 1957, 1960, 1965: 181

–, »Revolution von rechts«, 1932: 181
FRICK, WILHELM, 1877–1946, Jurist und nationalsozialistischer Politiker, thüringischer Innenminister 1930/31, Reichsinnenminister 1933–1943 und Reichsprotektor in Böhmen und Mähren 1943–1945: 172
FRITSCH, WERNER FREIHERR VON, 1880 bis 1939, Generalstabsoffizier, Chef der Heeresleitung 1934/35, Generaloberst 1935 und Oberbefehlshaber des Heeres 1935–1938, Kommandeur eines Artillerie-Regiments 1938/39: 229
FROISSARD, LOUIS OSCAR, eigentl. Ludovic Oscar, 1889–1946, französischer kommunistischer Politiker, Mitbegründer und Führer der P.C.F. 1920, Arbeitsminister 1935/36, Staatsminister 1938 und Minister für Öffentliche Arbeiten 1938, 1940: 76
FU'AD I. (Ahmad Fu'ad Pascha), 1868–1936 Sohn des Khediven Ismā'īl Pascha, Khedive, seit 1917, und König von Ägypten seit 1922: 86
FUCHS, KLAUS, geb. 1911, Mathematiker, Physiker, kommunistischer Politiker und Sowjet-Spion: 451

GĀNDHI, INDIRA, Geburtsname: Shrimati Indira Prijardashini Nehru, geb. 1913, indische Politikerin, Vorsitzende der Congress Party 1959 und 1966–1977, Ministerpräsidentin 1966–1977: 437
GĀNDHI, MŌHANDĀS KARAMCHAND, 1869 bis 1948, indischer Jurist und Politiker, Führer der Unabhängigkeitsbewegung seit 1920: 90f., 403, 453
GAULLE, CHARLES ANDRÉ JOSEPH MARIE DE, 1890–1970, französischer Offizier und Politiker, Hauptmann 1916, Oberst und Kommandeur eines Panzerregiments 1937–1939, General 1940, Chef des Comité français de libération nationale 1940–1944, Ministerpräsident 1944–1946, 1958/59 und Staatspräsident 1944–1946, 1959–1969: 27, 142, 246, 259f., 274f., 341–345, 350, 404, 417, 422–425, 432, 448, 459
–, »Français libres«, Komitee in London, gegr. 25. 6. 1940, und »Comité français de libération nationale« in Algier, 1940 bis 1944: 246
GAY, PETER, geb. 1923, amerikanischer Historiker, Hochschullehrer in New York 1962–1971 und in Hartford, Conn., seit 1971: 128, 169
GEORG II., 1890–1947, König von Griechenland 1922–1924 und seit 1935: 188
GHEORGHIU-DEJ, GHEORGHE, 1901–1965, rumänischer Eisenbahnarbeiter, kommunistischer Gewerkschaftler und Politiker, Generalsekretär der KP 1945–1954 und seit 1955, Verkehrsminister 1945–1947, Industrieminister 1949–1952, Ministerpräsident 1952 bis 1955 und Vorsitzender des Staatsrats seit 1961: 325
GIL ROBLES Y QUIÑONES, JOSÉ MARÍA, geb. 1898, spanischer Jurist und Politiker, Gründer und Vorsitzender der Confederación Española de Derechas Autónomas, CEDA, 1932–1936 und Verteidigungsminister 1935: 192f.
GILBERT, FELIX, geb. 1905, amerikanischer Historiker, Hochschullehrer in Bryn Mawr, Pa., 1946–1962, in Princeton, N.J., 1962 bis 1975 und in Northampton, Mass., 1975/76: 17
–, »The End of the European Era, 1890 to the Present«, 1970: 17
GIOLITTI, GIOVANNI, 1842–1928, italienischer Politiker, Finanzminister 1889/90, Innenminister 1901–1903 und Ministerpräsident 1892/93, 1903–1905, 1906–1909, 1911–1914, 1920/21: 160f.
GIRAUD, HENRI HONORÉ, 1879–1949, französischer General, Hochkommissar für Französisch-Nordafrika und Oberbefehlshaber der Streitkräfte des Comité français de libération nationale 1942–1944: 260
GISCARD D'ESTAING, VALÉRY, geb. 1926, französischer Finanzfachmann und Politiker, Inspecteur des Finances 1954, Staatssekretär und Finanzminister 1959–1962, Finanz- und Wirtschaftsminister 1962–1966, 1969 bis 1974, Staatspräsident seit 1974: 345, 466
GOEBBELS, PAUL JOSEPH, 1897–1945, Journalist und nationalsozialistischer Politiker, Gauleiter von Berlin seit 1926, Reichsminister für Volksaufklärung und Propaganda seit 1933: 134, 158, 173, 175, 211, 259
GÖRING, HERMANN, 1893–1946, Offizier, Flugzeugführer und nationalsozialistischer Politiker, Reichstagspräsident 1932–1945, preußischer Ministerpräsident 1933/34, Reichsluftfahrtminister 1933–1945 und

Oberbefehlshaber der Luftwaffe 1935 bis 1945: 158, 172, 216, 229f., 244, 278
GOLDWATER, BARRY MORRIS, geb. 1909, amerikanischer Kaufmann und Politiker, Senator von Arizona 1952–1964 und seit 1968, Präsidentschaftskandidat 1964: 453
GOMULKA, WŁADISŁAW, geb. 1905, polnischer Schlosser und kommunistischer Politiker, Stellv. Ministerpräsident 1945–1948, Generalsekretär der PPR 1943–1946 und der PZPR 1946–1948, Erster Sekretär der PZPR 1956–1970: 325, 406, 423
GORBACH, ALFONS 1898–1972, österreichischer Jurist und Politiker, Landesführer der Vaterländischen Front in der Steiermark 1933–1938, Parteiobmann der ÖVP 1960 bis 1963 und Bundeskanzler 1961–1964: 357
GOTTWALD, KLEMENT, 1896–1953, tschechischer Tischler, kommunistischer Journalist und Politiker, Generalsekretär des ZK der KSČ 1929–1939, Vorsitzender der KSČ seit 1945, Ministerpräsident der ČSR 1946–1948 und Staatspräsident der ČSSR seit 1948: 325, 423
GRAMSCI, ANTONIO, 1891–1937, italienischer Journalist und kommunistischer Politiker: 77f.
GRIEWANK, KARL, 1900–1953, Historiker, Hochschullehrer in Berlin 1943–1946 und in Jena seit 1947: 176
GRILLPARZER, FRANZ, 1791–1872, österreichischer Jurist und Dichter: 264
GROENER, WILHELM, 1867–1939, Generalstabsoffizier und Politiker, Chef der Eisenbahnabteilung im Generalstab 1912–1914 und Chef des Feldeisenbahnwesens 1914 bis 1916, Chef des Kriegsamts 1916/17, General 1918 und Erster Generalquartiermeister 1918/19, Reichsverkehrsminister 1920 bis 1923, Reichswehrminister 1928–1930 und Reichsinnenminister 1931/32: 68
GROSZ, GEORGE, eigentl. Georg Ehrenfried, 1893–1959, Maler und Graphiker: 132f.
GROTEWOHL, OTTO, 1894–1964, Drucker und kommunistischer Politiker, Innenminister 1921/22 und Justizminister von Braunschweig 1922/23, DDR-Ministerpräsident seit 1949: 312
GRUBER, KARL, geb. 1909, österreichischer Jurist, Diplomat und Politiker, Landeshauptmann von Tirol 1945, Außenminister 1945–1953, Botschafter in Washington, D.C., 1954–1957, in Madrid 1961–1966, in Bonn 1966, in Washington, D.C., 1969–1972 und in Bern 1972–1974, Berater im Bundeskanzleramt 1966–1969: 287
GUÉRIN, DANIEL, geb. 1904, französischer Journalist, Schriftsteller und Soziologe: 145
GÜRSEL, KEMAL, 1895–1966, türkischer Offizier und Politiker, Armeegeneral und Oberbefehlshaber der Landstreitkräfte 1958 bis 1960, Ministerpräsident und Verteidigungsminister 1960/61, Staatspräsident 1961 bis 1966: 365
GUEVARA, ERNESTO, gen. CHÉ, 1928–1967, argentinischer Arzt, kommunistischer Agitator und Guerillero, kubanischer Industrieminister 1961–1964: 438
GUILLAUME, GÜNTER, geb. 1927, Journalist und DDR-Agent, Mitarbeiter im Bundeskanzleramt 1970–1973 und Referent im Büro des Bundeskanzlers 1973/74: 376

HÅKON VII., 1872–1957, König von Norwegen seit 1905: 241
HABSBURG, HAUS: 26, 35, 37, 45, 66, 71, 185, 358
HÁCHA, EMIL, 1872–1945, tschechischer Jurist und Politiker, Präsident der Čt von Böhmen und Mähren 1939–1945: 232, 321
HAHN, OTTO, 1879–1968, Chemiker, Hochschullehrer in Berlin 1910–1934 und Direktor des Max-Planck-Instituts 1946–1959: 279
HALIFAX, EDWARD FREDERICK LINDLEY WOOD, EARL of, 1881–1959, britischer Politiker, Unterrichtsminister 1922–1924, 1932 bis 1935, Landwirtschaftsminister 1924/25, Vizekönig von Indien 1926–1931, Kriegsminister 1935, Lordsiegelbewahrer 1935–1938, Außenminister 1938–1940 und Botschafter in Washington, D.C., 1940–1946: 228
HALLSTEIN, WALTER, geb. 1901, Jurist, Hochschullehrer und Politiker, Hochschullehrer in Berlin 1929/30, in Rostock 1930–1941 und in Frankfurt a.M. 1942–1944, 1946–1950, Staatssekretär im Bundeskanzleramt 1950/51 und im Auswärtigen Amt 1951–1958, Präsident der EWG-Kommission 1958–1967: 466
–, Hallstein-Doktrin, verkündet 23.9.1955: 320

HAMMARSKJÖLD, DAG, 1905–1961, schwedischer Jurist, Schriftsteller, Diplomat und Politiker, Staatssekretär im Finanzministerium 1936–1945, Unterstaatssekretär im Außenministerium 1949–1951, Stellv. Außenminister 1951–1953 und Generalsekretär der UNO seit 1953: 298, 361
HARDING, WARREN GAMALIEL, 1865–1923, amerikanischer Zeitungsverleger und Politiker, Senator von Ohio 1915–1920 und Präsident der USA seit 1921: 93, 96f.
HEATH, EDWARD RICHARD GEORGE, geb. 1916, britischer Offizier, Bankkaufmann und Politiker, Arbeitsminister 1959/60, Lord Privy Seal 1960–1963, Industrieminister 1963/64, Führer der Conservative Party 1965–1975 und Premierminister 1970 bis 1974: 151, 354
HEGEL, GEORG WILHELM FRIEDRICH, 1770–1831, Philosoph, Hochschullehrer in Jena 1801–1806, Gymnasialrektor in Nürnberg 1808–1816, Hochschullehrer in Heidelberg 1816–1818 und in Berlin seit 1818: 113, 164
HEINE, HEINRICH, eigentl. Harry, 1797 bis 1856, Jurist, Journalist und Dichter: 264
HEINEMANN, GUSTAV, 1899–1976, Volkswirtschaftler, Jurist und Politiker, Oberbürgermeister von Essen 1946–1949, Präses der Gesamtdeutschen Synode 1949–1955, Justizminister von Nordrhein-Westfalen 1947/48, Bundesinnenminister 1949/50, Bundesjustizminister 1966–1969 und Bundespräsident 1969–1974: 375
HEISENBERG, WERNER KARL, 1901–1976, Physiker, Hochschullehrer in Göttingen 1924/25, 1946–1958, in Leipzig 1927–1941, in Berlin 1941–1945 und in München 1955–1966: 279
HEMINGWAY, ERNEST, 1898–1961, amerikanischer Schriftsteller: 195
HENDERSON, ARTHUR, 1863–1935, britischer Gewerkschaftler und Politiker, Vorsitzender der Labour Party 1908–1910, 1914–1917, President of the Board of Education 1915/16, Paymaster General 1916/17, Home Secretary 1924, Foreign Secretary 1929–1931, Präsident der Abrüstungskonferenz in Genf seit 1932: 152, 212
HENDERSON, SIR NEVILE MEYRICK, 1882–1942, britischer Diplomat, Gesandter in Belgrad 1929–1935, Botschafter in Buenos Aires 1935–1937 und in Berlin 1937 bis 1939: 227
HENLEIN, KONRAD, 1898–1945, Bankbeamter und nationalsozialistischer Politiker, Führer der Sudetendeutschen Partei 1933–1938, Reichskommissar für das Sudetenland 1938/39, Gauleiter und Reichsstatthalter 1939–1945: 230
HERRIOT, ÉDOUARD, 1872–1957, französischer Lehrer, Schriftsteller und Politiker, Bürgermeister von Lyon 1905–1912, Senator 1912–1916, Transportminister 1916/17, Ministerpräsident und Außenminister 1924/25, 1926, 1932, Minister ohne Portef. 1934–1936: 141, 217
HERZFELD, HANS, geb. 1892, Historiker, Hochschullehrer in Halle an der Saale 1921–1938, in Freiburg im Breisgau 1946–1950 und in Berlin 1950–1960: 182
HERZL, THEODOR, 1860–1904, österreichischer Journalist und Schriftsteller, Begründer des politischen Zionismus 1896/97: 85
HEUSS, THEODOR, 1884–1963, Journalist, Schriftsteller und Politiker, Hochschullehrer in Berlin 1920–1933 und in Stuttgart 1948/49, Kultusminister von Württemberg-Baden 1945/46, Vorsitzender der F.D.P. 1946–1949 und Bundespräsident 1949 bis 1959: 367
HIMMLER, HEINRICH, 1900–1945, Landwirt und nationalsozialistischer Politiker, Reichsführer der SS 1929–1945, Staatssekretär im Reichsinnenministerium 1936–1943, Reichsinnenminister 1943–1945 und Oberbefehlshaber des Ersatzheeres 1944/45: 229f., 237, 257, 263f., 278
HINDENBURG, PAUL VON BENECKENDORFF UND VON, 1847–1934, Offizier und Staatsmann, Generalstabschef eines Armeekorps 1896, Divisionskommandeur 1900, General 1905, Armeekommandeur 1914, Generalfeldmarschall und Oberbefehlshaber im Osten 1914, Chef des Generalstabs 1916 bis 1918 und Reichspräsident seit 1925: 109, 129, 153, 160, 167, 169, 172–174, 181, 185, 211, 246, 343
HIRÔHÎTÔ, geb. 1901, Prinzregent 1921 bis 1926 und Kaiser von Japan seit 1926: 253, 412
HIRSCH, JULIUS, 1882–1961, Wirtschafts-

wissenschaftler, Staatssekretär im Reichswirtschaftsministerium 1919–1923, Hochschullehrer in Köln 1917–1919, in Berlin 1924–1933 und in New York seit 1941: 96
–, »Das amerikanische Wirtschaftswunder«, 1926: 96
Hiss, Alger, geb. 1904, amerikanischer Jurist, Beamter im Department of State 1936–1947 und Präsident des Carnegie Endowment for International Peace 1947/48: 451 f.
Hitler, Adolf, 1889–1945, nationalsozialistischer Politiker, Führer der NSDAP seit 1921, Reichskanzler seit 1933, Nachfolger des Reichspräsidenten und Oberbefehlshaber der Wehrmacht seit 1934: 18, 20–22, 24, 26 f., 39, 41, 43, 45, 48, 52, 56–59, 61 f., 65 f., 69 f., 82, 89, 97, 100–103, 105, 107–112, 115, 122, 126, 129, 131 f., 148, 155, 158–164, 166–177, 179–181, 195, 200, 203, 206, 209–218, 220–249, 251–254, 256–260, 262 f., 266–270, 274–280, 282, 286, 288, 290 f., 296, 319 f., 332, 343, 361, 456, 459, 461, 463
–, Attentat des Obersten Graf Stauffenberg im Führerhauptquartier, 20. 7. 1944: 239, 270, 274
–, Machtergreifung, 30. 1. 1933: 52 f., 56 bis 59, 61 f., 82, 112, 126, 161 f., 164, 171–174, 181, 209–211, 215, 223, 227, 456
–, »Mein Kampf«, 1925: 108, 177, 209, 222 f., 228, 238, 256
–, Putschversuch in München, 8./9. 11. 1923: 48, 70, 108, 172
–, Rede in Danzig, 19. 9. 1939: 240
–, Rede vor dem Düsseldorfer Industrieklub, 26. 1. 1932: 210
–, ›Röhm-Putsch‹, 30. 6. 1934: 162, 173
–, »Hitlers Tischgespräche im Führerhauptquartier 1941–1942«, 1952/1963: 180, 257, 263
–, Treffen mit Franco in Hendaye, 23. 10. 1940: 245
–, Treffen mit Mussolini in Venedig, 14. 6. 1934: 216
–, Treffen mit Pétain in Montoire, 24. 10. 1940: 246
Hoare, Sir Samuel (John Gurney), siehe Templewood of Chelsea, Samuel John Gurney Hoare
Ho Chi-minh, ursprüngl. Nguyen That Thanh (?), 1890(?)–1969, annamesischer kommunistischer Politiker, Führer der Vietminh 1941–1954, Staatspräsident von Nordvietnam seit 1954: 393
Holborn, Hajo, 1902–1969, Historiker, Hochschullehrer in Heidelberg 1926–1931, in Berlin 1931–1934 und in New Haven, Conn., seit 1934: 17
–, »Der Zusammenbruch des europäischen Staatensystems«, 1954: 17
Honecker, Erich, geb. 1912, Dachdecker und kommunistischer Funktionär, Vorsitzender der Freien Deutschen Jugend, FDJ, 1946–1955, Erster Sekretär, seit 1976: Generalsekretär des ZK der SED seit 1971: 384
Hoover, Herbert Clark, 1874–1964, amerikanischer Bergbauingenieur, Großindustrieller und Politiker, Secretary of Trade 1921–1928 und Präsident der USA 1929 bis 1933: 96, 98 f.
–, Hoover-Moratorium, 20. 6. 1931: 96
Hopkins, Harry Lloyd, 1890–1946, amerikanischer Sozialarbeiter und Politiker, Secretary of Commerce 1938–1940, Administrator des Lend-Lease-Abkommens 1941 und Sonderbeauftragter Präsident Roosevelts 1941–1945: 252
Horthy von Nagybánya, Nikolaus, 1868–1957, ungarischer Marineoffizier und Politiker, Konteradmiral und Oberbefehlshaber der K.u.K. Flotte 1918, Kommandeur der ungarischen Nationalarmee 1919 und Reichsverweser in Ungarn 1920–1944: 44, 129, 185, 187, 294
Hossbach, Friedrich Wilhelm Ludwig, geb. 1894, Generalstabsoffizier, Oberstleutnant 1934 und Adjutant der Wehrmacht bei Hitler 1934–1938, Generalmajor und Divisionskommandeur 1942, General und Kommandeur einer Armee 1944/45: 227 f.
–, ›Hoßbach-Protokoll‹, 5./10. 11. 1937: 179, 227 f.
Hugenberg, Alfred, 1865–1951, Verwaltungsbeamter, Zeitungsverleger und Politiker, Vorsitzender der Deutschnationalen Volkspartei 1928–1933 und Reichswirtschaftsminister 1933: 169
Humphrey, Hubert Horatio, 1911–1978, amerikanischer Apotheker, Hochschullehrer und Politiker, Bürgermeister von Minneapolis, Minn., 1945–1948, Senator von Minne-

sota 1948–1964 und seit 1971, Vizepräsident der USA 1964–1969 und Hochschullehrer in Minneapolis, Minn., seit 1969: 455

Husain ibn 'Alî, 1856–1931, arabischer religiöser Führer und Politiker, Groß-Scharîf von Mekka 1908–1924 und König im Hedschâz 1916–1924: 84

Husák, Gustáv, geb. 1913, slowakischer Jurist und kommunistischer Politiker, Chef der slowakischen Landesregierung 1946–1950, Stellv. Ministerpräsident 1968, Erster Sekreter des ZK der slowakischen KP 1968/69 und des ZK der KSČ seit 1969, Staatspräsident seit 1975: 431

Inönü, Mustafa Ismet, ursprüngl. Mustafa Ismet Paşa, 1884–1973, türkischer Generalstabsoffizier und Politiker, Chef der Operations-Abteilung im Hauptquartier 1915 bis 1917, Kommandeur eines Armeekorps 1917/18, Chef des Generalstabs 1920–1923, Außenminister 1923/24, Ministerpräsident 1923/24, 1925–1937, 1961–1965 und Staatspräsident 1938–1950: 365

Jagoda, Genrich Georgijewitsch, eigentl. Hirsch Jehuda, 1891–1938, sowjetischer Politiker, Oberbefehlshaber der Roten Armee 1918/19, Chef der Tscheka/GPU 1920–1936 und Volkskommissar des Inneren 1934–1936: 207

Jaspers, Karl, 1883–1969, Philosoph, Hochschullehrer in Heidelberg 1916–1937, 1945–1948 und in Basel 1948–1964: 291

Johnson, Lyndon Baines, 1908–1973, amerikanischer Lehrer, Jurist und Politiker, Senator von Texas 1949–1961, Vizepräsident 1961–1963 und Präsident der USA 1963–1969: 432, 453, 455

Jonas, Franz, 1899–1974, österreichischer Schriftsetzer und Politiker, Stellv. Obmann der SPÖ 1950–1965, Bürgermeister und Landeshauptmann von Wien 1951–1965, Bundespräsident seit 1965: 357

Juan Carlos I., geb. 1938, König von Spanien seit 1975: 362

Jünger, Ernst, geb. 1895, Schriftsteller: 119, 178

–, »Der Arbeiter, Herrschaft und Gestalt«, 1932: 119, 178

Kádár, János, geb. 1912, ungarischer Feinmechaniker und kommunistischer Politiker, Innenminister 1948–1950, Erster Sekretär der KP seit 1956 und Ministerpräsident 1956–1958, 1961–1965: 431

Kaganowitsch, Lasar Moisejewitsch, geb. 1893, sowjetischer Politiker, Sekretär des ZK der KPdSU 1928–1939, Volkskommissar für Verkehr 1935–1937 und für die Schwerindustrie 1937–1939, Stellv. Vorsitzender des Rats der Volkskommissare 1938 bis 1946 und Erster Stellv. Ministerpräsident 1953–1957: 387

Kamenew, eigentl. Rosenfeld, Lew Borisowitsch, 1883–1936, russischer kommunistischer Politiker, Mitglied des Politbüros 1917–1927, Vorsitzender des Allrussischen Zentralvollzugsausschusses 1917, Vorsitzender des Rats für Arbeit und Verteidigung 1924–1926 und Volkskommissar für Außen- und Binnenhandel 1926/27: 199, 207

Kapp, Wolfgang, 1858–1922, Landwirt und Politiker, Generallandschaftsdirektor in Ostpreußen 1906–1916, 1917–1920: 70, 73

–, Kapp-Putsch, 13.–18.3.1920: 70, 73, 108, 121

Karamanlis, Konstantin, geb. 1907, griechischer Jurist und Politiker, Arbeitsminister 1946/47, Transportminister 1947, Verkehrsminister 1948/49, Minister für Öffentliche Arbeiten 1952–1954, Vorsitzender der Nationalradikalen Union, ERE, 1956–1963, Ministerpräsident 1955–1963 und seit 1974: 364f.

Károlyi von Nagykároly, Michael (Mihály) Graf, 1875–1955, ungarischer Politiker, Ministerpräsident 1918/19 und Staatspräsident 1919, Botschafter in Paris 1947 bis 1949: 71

Kekkonen, Urho, geb. 1900, finnischer Jurist und Politiker, Justizminister 1936/37, 1944–1946, Innenminister 1937–1939, Außenminister 1954, Präsident des Reichstags 1948–1950, Ministerpräsident 1950–1953, 1954–1956 und Staatspräsident seit 1956: 355

Kellogg, Frank Billings, 1856–1937, amerikanischer Jurist und Politiker, Secretary of State 1925–1929: 88

–, [Briand-]Kellogg-Pakt, 27.8.1928: 88, 97, 112

KEMAL PAŞA, MUSTAFA, seit 1935: KAMAL ATATÜRK, 1881?–1938, türkischer Offizier und Politiker, Chef der nationalistischen Gegenregierung in Ankara und Oberkommandierender 1920–1922, Staatspräsident seit 1923: 47, 365f.

KENNAN, GEORGE FROST, geb. 1902, amerikanischer Diplomat und Historiker, Hochschullehrer in Princeton, N.J. 1954–1961, 1963–1967, Botschafter in Moskau 1952 und in Belgrad 1961–1963: 272, 303

–, »The Sources of Soviet Conduct«, 1947: 272, 303

KENNEDY, JOHN FITZGERALD, 1917–1963, amerikanischer Staatswissenschaftler, Marineoffizier und Politiker, Senator von Massachusetts 1953–1961 und Präsident der USA seit 1961: 390, 415, 426f., 438, 452f., 455

–, Besuch in Deutschland, 23.–26.6., mit Berlin-Besuch, 26.6.1963: 427

KENNEDY, ROBERT, FRANCIS, 1925–1968, amerikanischer Jurist, Marineoffizier und Politiker, Secretary of Justice 1961–1964, Senator von New York (State) seit 1965: 453, 455

KERENSKIJ, ALEKSANDR FJODOROWITSCH, 1881–1970, russischer Jurist und Politiker, Justizminister 1917, Kriegs- und Marineminister 1917, Ministerpräsident 1917 und Oberkommandierender der Streitkräfte 1917: 55, 59

KEYNES, JOHN MAYNARD, seit 1942: BARON KEYNES OF TILTON, 1883–1946, englischer Wirtschafts- und Finanzwissenschaftler: 104, 119, 141

–, »The Economic Consequences of the Peace«, 1919: 141

–, »The General Theory of Employment, Interest and Money«, 1936: 104

KING, MARTIN LUTHER, ursprüngl. Michael King, 1929–1968, amerikanischer Geistlicher und Bürgerrechtskämpfer: 453, 455

KIRCHSCHLÄGER, RUDOLF, geb. 1915, österreichischer Jurist und Politiker, Stellv. Generalsekretär für Auswärtige Angelegenheiten im Außenministerium 1962–1967, Gesandter in Prag 1967–1970, Außenminister 1970–1974 und Bundespräsident seit 1974: 357

KISSINGER, HENRY ALFRED, geb. 1923, amerikanischer Jurist, Publizist und Politiker, Hochschullehrer in Cambridge, Mass., 1952–1974 und in Washington, D.C., seit 1977, Berater Präsident Nixons 1968–1974, Secretary of State 1974–1977: 317, 326f., 409, 433

–, »Nuclear Weapons and Foreign Policy«, 1957: 317

KLAGES, LUDWIG, 1872–1956, Philosoph: 130

KLAUS, JOSEF, geb. 1910, österreichischer Jurist und Politiker, Landeshauptmann von Salzburg 1949–1961, Landesobmann der ÖVP in Salzburg 1952–1961, 1963, Obmann der ÖVP 1963–1970, Finanzminister 1961 bis 1963 und Bundeskanzler 1964–1965/66, 1966–1970: 357

KOCH, ERICH, geb. 1896, Eisenbahnbediensteter und nationalsozialistischer Politiker, Gauleiter von Ostpreußen 1928–1945 und Oberpräsident von Ostpreußen 1933–1945, Reichskommissar für die Ukraine 1941 bis 1944: 263

KOESTLER, ARTHUR, geb. 1905, britischer Journalist und Schriftsteller: 195

KONSTANTIN I., 1868–1923, König von Griechenland 1913–1917, 1920–1922: 188

KONSTANTIN II., geb. 1940, Vizekönig 1964 und König von Griechenland seit 1964: 364

KORNILOW, LAWR GEORGIJEWITSCH, 1870 bis 1918, russischer General, Oberbefehlshaber der Streitkräfte 1917 und Kommandeur der Weißen Armee im Südabschnitt 1917/18: 59, 73

–, Kornilow-Putsch, 8.–15.9.1917: 59, 73

KOSTOW, TRAIČO, 1897–1949, bulgarischer kommunistischer Politiker, Sekretär der KP 1946–1949, Wirtschafts- und Finanzminister 1946–1949, Stellv. Ministerpräsident 1946–1949: 325

KOSYGIN, ALEKSEJ NIKOLAJEWITSCH, geb. 1904, sowjetischer Verwaltungsfachmann und Politiker, Volkskommissar für die Textilindustrie 1939/40, Minister der Finanzen 1948 und für Konsumgüter 1953/54, 1955/56, Leiter des Staatsplan-Amtes 1959/60, Stellv. Vorsitzender des Rates der Volkskommissare 1940–1946 und Stellv. Vorsitzender des Ministerrats 1953–1956, 1957–1964, Vorsitzender des Ministerrats seit 1964: 389

KRAUS, KARL, 1874–1936, österreichischer Schriftsteller und Satiriker: 132

KREISKY, BRUNO, geb. 1911, österreichischer Jurist und Politiker, Staatssekretär für Auswärtige Angelegenheiten im Bundeskanzleramt 1953–1959, Außenminister 1959 bis 1965/66, Obmann der SPÖ seit 1967 und Bundeskanzler seit 1970: 357
KRUPP, ALFRED, 1812–1887, Großindustrieller: 115
KUN (KHUN), BÉLA, 1886–1939? (1937?), ungarischer Journalist und kommunistischer Politiker, Organisator der Räterepublik Ungarn und Volkskommissar des Äußeren 1919: 71, 187

LANDES, DAVID SAUL, geb. 1924, amerikanischer Historiker, Hochschullehrer in New York 1952–1958, in Berkeley, Cal., 1958–1964 und in Cambridge, Mass., seit 1964: 118
–, »The Unbound Prometheus«, 1969: 118
LANGER, WILLIAM LEONARD, geb. 1896, amerikanischer Historiker, Hochschullehrer in Cambridge, Mass., 1929–1964: 251
LAQUEUR, WALTER Z., geb. 1921, britischer Journalist und Historiker, Hochschullehrer in Waltham, Mass., 1967–1970 und in Tel Aviv seit 1970: 169
LARGO CABALLERO, FRANCISCO, 1869 bis 1946, spanischer kommunistischer Gewerkschaftler und Politiker, Arbeitsminister 1931 und Ministerpräsident der Volksfront-Regierung 1936/37: 191, 193, 195
LA ROCQUE, FRANÇOIS COMTE DE, 1886 bis 1946, französischer Offizier, Vorsitzender des Croix de feu 1931–1936, Begründer des Parti social français: 146
LAVAL, PIERRE, 1883–1945, französischer Jurist und Politiker, Justizminister 1926, Arbeitsminister 1930, 1932, Außenminister 1932, Ministerpräsident 1931/32, 1935/36 und Ministerpräsident in Vichy (1942 bis 1944): 147, 216, 218–220, 246f., 259f.
LAWRENCE, THOMAS EDWARD, 1888–1935, britischer Forscher, Truppenführer und Schriftsteller: 84
LENIN, eigentl. Uljanow, WLADIMIR ILJITSCH, 1870–1924, russischer Jurist, kommunistischer Journalist, Schriftsteller und Politiker, Vorsitzender des Rats der Volkskommissare seit 1917: 18, 22, 25, 27, 33, 49, 52, 55–66, 68–72, 74f., 78f., 81f., 119, 126, 129, 161, 165f., 198–201, 204f., 207, 380f., 391, 400, 409, 442, 445
–, Machtergreifung, 26.10. / 8.11.1917: 52f., 55–63, 70, 72, 81, 171, 176
–, »Staat und Revolution«, 1917: 59
–, »Testament«, 1922/23: 199
LEONHARD, WOLFGANG, geb. 1921, kommunistischer Funktionär und Journalist in Ost-Berlin 1945–1949, Emigrant in Jugoslawien 1949/50, Publizist in Düsseldorf, Frankfurt, Köln und Manderscheid seit 1950 und Hochschullehrer in New Haven, Conn., seit 1966: 439
–, »Die Dreispaltung des Marxismus«, 1970: 439
LEOPOLD III., geb. 1901, König der Belgier 1934–1951: 242, 349
LIE, TRYGVE HALVDAN, 1896–1968, norwegischer Jurist und Politiker, Justizminister 1935–1939, Handelsminister 1939/40, 1964/65, Außenminister 1941–1945 im Exil und 1945/46, Industrieminister 1963/64, Generalsekretär der UNO 1946–1952: 298, 361
LIEBKNECHT, KARL, 1871–1919, kommunistischer Politiker, Mitbegründer des Spartakus-Bundes 1917: 68, 70
LIN PIAO, eigentl. Lin Yü-yang, 1908–1971, chinesischer Offizier und kommunistischer Politiker, Leutnant 1925, Kommandeur eines Armeekorps 1932, Kommandeur einer Armee 1947, Stellv. Ministerpräsident seit 1954, Marschall 1955, Verteidigungsminister seit 1959: 411
LITWINOW, eigentl. Wallach, MAKSIM MAKSIMOWITSCH, 1876–1951, russischer kommunistischer Politiker und Diplomat, Volkskommissar für Auswärtige Angelegenheiten 1930–1939: 214, 235
LLOYD GEORGE, DAVID, seit 1944: EARL LLOYD-GEORGE OF DWYFOR, 1863–1945, britischer Lehrer und Politiker, Handelsminister 1905–1908, Schatzkanzler 1908–1915, Munitionsminister 1915/16, Kriegsminister 1916, Premierminister 1916–1922 und Vorsitzender der Liberal Party 1926–1931: 34, 141
LODGE, HENRY CABOT, 1859–1924, amerikanischer Jurist, Journalist und Politiker, Hochschullehrer in Cambridge, Mass., 1876–1879, Senator von Massachusetts seit 1893: 95

LOHSE, HINRICH, 1896–1964, Kaufmann und nationalsozialistischer Politiker, Gauleiter von Schleswig-Holstein 1925–1945 und Oberpräsident von Schleswig-Holstein 1933 bis 1945, Reichskommissar für das Ostland 1941–1945: 263

LUDENDORFF, ERICH, 1865–1937, Generalstabsoffizier und Politiker, Chef der Aufmarsch-Abteilung im Generalstab 1908 bis 1912, Chef des Stabes einer Armee 1914–1916, General 1916 und Erster Generalquartiermeister 1916–1918: 34, 70, 107

LUKÁCS, GEORG VON, 1885–1971, ungarischer marxistischer Soziologe, Literaturkritiker und Politiker, Volkskommissar für Unterricht 1919, Hochschullehrer in Budapest 1945–1951, 1957/58, Erziehungs- und Kulturminister 1956: 71

LUXEMBURG, ROSA, 1870 (1871?)–1919, marxistische Theoretikerin und Mitbegründerin des Spartakus-Bundes 1917: 68

LYSSENKO, TROFIM DENISSOWITSCH, 1898 bis 1976, sowjetischer Agrarwissenschaftler, Agrarbiologe und Botaniker, Direktor des Genetischen Instituts der Akademie der Wissenschaften der UdSSR 1940–1965: 331

MACARTHUR, DOUGLAS, 1880–1964, amerikanischer Offizier, Oberst 1917, Generalmajor 1918, General 1922, Chef des Generalstabs 1930–1935, Armeegeneral 1942, Oberbefehlshaber der Streitkräfte im Pazifik 1945, Oberbefehlshaber der alliierten Streitkräfte in Japan 1945–1951, Oberbefehlshaber der UN-Streitkräfte in Korea 1950/51: 327f., 452

MCCARTHY, JOSEPH RAYMOND, 1908–1957, amerikanischer Jurist und Politiker, Senator von Wisconsin seit 1946 und Vorsitzender des Ständigen Untersuchungsausschusses des Senats 1950–1955: 451f.

MACDONALD, JAMES RAMSAY, 1866–1937, britischer Journalist und Politiker, Führer der Labour Party 1911–1914 und seit 1922, Premierminister 1924, 1929–1931, 1931 bis 1935 und Außenminister 1924: 152, 154

MACMILLAN, HAROLD MAURICE, geb. 1894, britischer Verleger und Politiker, Luftfahrtminister 1945, Wohnungsbauminister 1951–1954, Verteidigungsminister 1954/55, Außenminister 1955 und Schatzkanzler 1955–1957, Führer der Conservative Party 1957 bis 1963 und Premierminister 1957 bis 1963: 353

MAKARIOS III., eigentl. Michael Christodoulos Mouskos, 1913–1977, zyprischer griechisch-orthodoxer Priester und Politiker, Metropolit von Kition (Larnaka) 1948–1950, Erzbischof von Zypern seit 1950 und Staatspräsident von Zypern seit 1959: 366

MALAPARTE, CURZIO, eigentl. Kurt Erich Suckert, 1898–1957, italienischer Journalist und Schriftsteller: 175

–, »Technique du coup d'état«, 1931: 175

MALENKOW, GEORGIJ MAKSIMILIANOWITSCH, geb. 1902, sowjetischer Politiker, Sekretär des ZK der KPdSU 1939–1941, 1946–1953, Stellv. Ministerpräsident 1946–1953, 1955–1957, Erster Sekretär des ZK der KPdSU 1953 und Ministerpräsident 1953–1955: 386, 390, 421

MALRAUX, ANDRÉ, 1901–1976, französischer Schriftsteller und Politiker, Informationsminister 1945/46, 1958 und Staatsminister für kulturelle Angelegenheiten 1958 bis 1969: 195

MALTHUS, THOMAS ROBERT, 1766–1834, englischer Volkswirtschafts- und Soziologieforscher: 127

–, »An Essay on the Principle of Population«, 1798: 127

MANN, THOMAS, 1875–1955, Dichter und Schriftsteller: 140

–, »Betrachtungen eines Unpolitischen«, 1918: 140

MAO TSE-TUNG, 1893–1976, chinesischer kommunistischer Politiker, Mitglied des ZK 1923–1927, 1928/29, Vorsitzender der Zentralen Volksregierung 1949–1954 und Vorsitzender der Volksrepublik China seit 1954: 391, 409–411, 439

MARCHAIS, GEORGES, geb. 1920, französischer Metallarbeiter und kommunistischer Politiker, Stellv. Generalsekretär 1970–1972 und Generalsekretär des P.C.F. seit 1972: 147, 345, 469

MARCUSE, HERBERT, 1898–1979, Soziologe, Hochschullehrer in Cambridge, Mass., 1951–1954, in Waltham, Mass., 1954–1965 und in San Diego, Cal., seit 1965: 136

MARINETTI, FILIPPO TOMMASO, 1876–1944, italienischer Dichter, Begründer des Futurismus: 159

MARSHALL, GEORGE CATLETT, 1880–1959, amerikanischer Offizier, Diplomat und Politiker, General, Oberbefehlshaber des Heeres 1939–1945, Botschafter in Peking 1945 bis 1947, Secretary of State 1947–1949 und Secretary of Defense 1950/51: 305–307, 309, 452
–, Marshall-Plan, verkündet 5.6.1947, siehe Europäisches Wiederaufbau-Programm, ERP
MARX, KARL HEINRICH, 1818–1883, Journalist und Schriftsteller, Geschichtsphilosoph und Soziologe, Leiter der Internationalen Arbeiter-Assoziation 1864–1872: 25, 57, 59, 126, 436
MASARYK, TOMÁS GARRIGUE, 1850–1937, tschechischer Soziologe und Politiker, Präsident der ČSR 1918–1935: 45 f., 186
MATTEOTTI, GIACOMO, 1885–1924, italienischer Jurist und Politiker, Generalsekretär der PSI 1924: 162
MAX (Maximilian), PRINZ VON BADEN, 1867–1929, Offizier, Thronfolger in Baden seit 1907, Reichskanzler 1918: 67
MEINECKE, FRIEDRICH, 1882–1954, Historiker, Hochschullehrer in Straßburg 1901 bis 1906, in Freiburg im Breisgau 1906–1914, in Berlin 1914–1928 und seit 1948, Rektor der Freien Universität Berlin 1949: 30, 291
–, »Die deutsche Katastrophe«, 1946: 30, 291
MENDERES, ADNAN, 1899–1961, türkischer Jurist, Landwirt und Politiker, Vorsitzender der Demokratischen Partei 1950–1960 und Ministerpräsident 1950–1960: 365
MENDÈS-FRANCE, PIERRE, geb. 1907, französischer Jurist, Wirtschaftsfachmann und Politiker, Unterstaatssekretär beim Schatzamt 1938, Wirtschaftsminister 1944/45, Ministerpräsident und Außenminister 1954/55: 343, 394 f., 404
METAXAS, IOANNIS, 1871–1941, griechischer General und Politiker, Generalstabschef 1915–1917 und Ministerpräsident 1936 bis 1941: 185, 188
MIERENDORFF, CARLO, 1897–1943, Journalist, Gewerkschaftler und Politiker: 456
–, »Besinnung auf Europa«, 1932: 456
MIKOJAN, ANASTAS IWANOWITSCH, 1895–1978, georgischer kommunistischer Journalist und sowjetischer Politiker, Volkskommissar für den Handel 1926–1934 und für die Lebensmittelindustrie 1934–1938, Volkskommissar, seit 1946 Minister, für den Außenhandel 1938–1949, Erster Stellv. Ministerpräsident 1949–1964 und Vorsitzender des Präsidiums des Obersten Sowjet 1964/65: 426
MIKOŁAJCZYK, STANISŁAW, 1901–1966, polnischer Landwirt und Politiker, Finanzminister 1942/43 und Ministerpräsident der Exilregierung in London 1943/44, Landwirtschaftsminister 1945–1947 und Führer der Bauernpartei 1945–1947: 272
MILLERAND, ALEXANDRE ÉTIENNE, 1859 bis 1943, französischer Jurist und Politiker, Handelsminister 1899–1902, Kriegsminister 1912/13, 1914/15, Ministerpräsident 1920 und Staatspräsident 1920–1924: 141
MINDSZENTY, JÓSZEF, ursprüngl. Josef Pehm, 1892–1975, ungarischer Priester, Bischof von Veszprém 1944/45, Erzbischof von Gran und Fürstprimas von Ungarn 1945–1974, Kardinal seit 1946: 322, 325
MIRBACH-HARFF, WILHELM, GRAF VON, 1871–1918, Diplomat, Gesandter in Athen 1915–1917 und diplomatischer Vertreter in Moskau 1918: 65
MITTERAND, FRANÇOIS MAURICE, geb. 1916, französischer Politiker, Minister für Kriegsteilnehmer 1947/48 und für Überseefragen 1950/51, Staatsminister 1953, Innenminister 1954/55, Justizminister 1956/57, Senator 1959–1962 und Vorsitzender des Parti socialiste seit 1971: 147, 345, 469
MOLOTOW, eigentl. Skrjabin, WJATSCHESLAW MICHAILOWITSCH, geb. 1890, russischer kommunistischer Journalist und Politiker, Vorsitzender des Rates der Volkskommissare 1930–1941 und Volkskommissar, seit 1946 Minister, für Auswärtige Angelegenheiten 1939–1949, 1953–1956: 235, 247, 305, 307, 309, 386, 392, 398, 421
MONNET, JEAN, 1888–1979, französischer Kaufmann, Finanzier und Politiker, Stellv. Generalsekretär des Völkerbunds 1919 bis 1923 und Präsident der Hohen Behörde der Montan-Union 1952–1955: 315, 343, 464 f., 472
MONROE, JAMES, 1758–1831, amerikanischer Jurist und Politiker, Senator 1790 bis 1794, Gesandter in Paris 1794–1796, Gouverneur von Virginia 1799–1802, 1810, Se-

cretary of State 1811–1817 und Präsident der USA 1817–1825: 89
–, Monroe-Doktrin, 2.12.1823: 89, 97
MORGENTHAU, HENRY, JR., 1891–1967, amerikanischer Landwirt, Journalist und Politiker, Vorsitzender des Federal Farm Board 1933/34 und Secretary of the Treasury 1934–1945: 257
–, Morgenthau-Plan, 19.–22.9.1944: 257, 276
MORO, ALDO, 1916–1978, italienischer Jurist, Hochschullehrer und Politiker, Unterstaatssekretär im Außenministerium 1948 bis 1953, Justizminister 1955–1957, Erziehungsminister 1957–1959, Sekretär der DC 1959–1964, Ministerpräsident 1963 bis 1968, 1974–1976 und Außenminister 1964/65, 1965/66, 1969–1972, 1973/74, Präsident des Nationalrats der DC seit 1976: 348
MOSCA, GAETANO, 1858–1941, italienischer Staatsrechtler, Hochschullehrer in Turin 1896–1923 und in Rom 1923–1933, Unterstaatssekretär im Kolonialministerium 1914 bis 1916 und Senator 1919: 77
MOSLEY, SIR OSWALD ERNALD, geb. 1896, britischer Offizier und Politiker, Kanzler des Herzogtums Lancaster 1929/30, Gründer der New Party 1931, Führer der British Union of Fascists 1932–1940 und Gründer des Union Movement 1948: 155
MOSSE, GEORGE L., geb. 1918, amerikanischer Historiker, Hochschullehrer in Madison, Wis.,: 179
–, »The Nationalization of the Masses«, 1975: 179
MÜLLER, HERMANN, 1876–1931, Journalist und Politiker, Reichsaußenminister 1919/20 und Reichskanzler 1920, 1928–1930: 154
MÜNZENBERG, WILLI, 1889–1945, kommunistischer Politiker, Verleger und Finanzmann: 134
MUSSERT, ANTON ADRIAAN, 1894–1946, niederländischer Ingenieur, Begründer der Nationaal Sozialistische Beweging 1933 und ›Führer des niederländischen Volkes‹ 1942 bis 1945: 261
MUSSOLINI, BENITO, 1883–1945, italienischer Journalist und faschistischer Politiker, Begründer der Fasci del Combattimento 1919, Ministerpräsident seit 1922, Außenminister 1922–1929, 1932–1936, 1943 bis 1945 und Innenminister 1922–1924, 1926–1943: 18, 20, 27, 39, 48, 56, 59, 62, 66, 77, 82, 112, 122, 126, 147, 155, 157–166, 168, 181, 212, 215–220, 224–226, 228–231, 234, 237, 240, 243, 245, 248, 251, 267f., 270, 345
–, Befreiung auf dem Gran Sasso, 12. 9. 1943: 268
–, Ermordung am Westufer des Comer Sees, 28.4.1945: 268, 270
–, Machtergreifung, 28.10.1922: 48, 53, 56f., 59, 62, 82, 159–162, 171, 173, 176
–, Staatsbesuch in Deutschland, 25.–28. 9. 1937: 228
–, Treffen mit Hitler in Venedig, 14. 6. 1934: 216

NADOLNY, RUDOLF, 1873–1953, Diplomat, Kabinettschef 1919, Gesandter in Stockholm 1920–1924, Botschafter in Ankara 1924 bis 1932 und in Moskau 1933/34, Chef der Abordnung auf der Genfer Abrüstungskonferenz 1932/33: 214
NAGY, IMRE, 1898–1957, ungarischer Schlosser und kommunistischer Politiker, Landwirtschaftsminister 1944/45, Innenminister 1945/46, Stellv. Ministerpräsident 1952/53 und Ministerpräsident 1953–1955, 1956: 405, 407
NAPOLEON I. BONAPARTE, 1769–1821, korsischer Offizier, französischer Oberbefehlshaber in Italien 1796/97, Erster Konsul 1799–1802, Konsul 1802–1804 und Kaiser der Franzosen 1804–1814, 1815: 22, 142, 153, 244, 247f., 459–461
NASSER, GAMAL ABD EL-, siehe ‘Abd en-Nâsir, Gamâl
NEGRÍN LÓPEZ, JUAN, 1889–1956, spanischer Physiologe, Hochschullehrer und Politiker, Finanzminister 1936/37 und Ministerpräsident 1937–1939: 195
NEHRU, JAWĀHARLĀL, 1889–1964, indischer Jurist und Politiker, Generalsekretär 1923, 1928, 1933 und Präsident der Kongreßpartei 1929, 1936, 1939, Ministerpräsident und Außenminister seit 1946: 402f.
NEUMANN, SIGMUND, geb. 1904, amerikanischer Soziologe, Hochschullehrer in Middletown, Conn., seit 1934: 210
NEURATH, KONSTANTIN, FREIHERR VON,

1873–1946, Jurist, Konsularbeamter und Diplomat, Vizekonsul in London 1903 bis 1908, Gesandter in Kopenhagen 1919 bis 1922, Botschafter am Quirinal 1922–1930 und in London 1930–1932, Reichsaußenminister 1932–1938 und Reichsprotektor in Böhmen und Mähren 1939–1941: 211, 229
Niclauss, Karlheinz, geb. 1937, Historiker: 310
Niekisch, Ernst, 1889–1967, kommunistischer Publizist und Theoretiker, Vorsitzender des Zentralen Arbeiter- und Soldatenrats in München 1918/19: 105
Nietzsche, Friedrich, 1844–1900, Dichter, Philologe und Philosoph, Hochschullehrer in Basel 1869–1879: 130, 158, 164, 264
Nikolaus II. Aleksandrowitsch, 1868 bis 1918, Zar von Rußland 1894–1917: 52, 54
Nitti, Francesco Saverio, 1868–1953, italienischer Wirtschaftswissenschaftler und Politiker, Landwirtschaftsminister 1911–1914, Finanzminister 1917–1919 und Ministerpräsident 1919/20: 159
Nixon, Richard Milhous, geb. 1913, amerikanischer Jurist und Politiker, Senator von California 1951–1953, Vizepräsident 1953–1961 und Präsident der USA 1968–1974: 326f., 430, 433, 452–455
–, Besuch in der Volksrepublik China, 21.–28.2.1972: 326f., 433
–, Watergate-Skandal, Einbruch in das Wahlhauptquartier der Democratic Party, 17.6.1972: 453f., 471
Nkrumah, Kwame, 1909–1972, ghanaischer Journalist und Politiker, Vorsitzender der Convention People's Party, CPP, 1949–1966, Premierminister der Goldküste, seit 1957 Ghana, 1951–1957, 1957–1966 und Staatspräsident von Ghana 1960 bis 1966: 353
Nolte, Ernst, geb. 1923, Historiker, Hochschullehrer in Marburg a.d.L. 1965–1973 und in Berlin seit 1973: 177, 310
Novotný, Antonín, geb. 1904, tschechischer Schlosser, kommunistischer Funktionär und Politiker, Erster Sekretär der KSČ 1953–1968, Stellv. Ministerpräsident 1953 und Staatspräsident 1957–1968: 325, 423
Nuschke, Otto, 1883–1957, Journalist und DDR-Politiker, Vorsitzender der CDU der Sowjetischen Zone seit 1948 und Stellv. DDR-Ministerpräsident seit 1949: 312

Ollenhauer, Erich, 1901–1963, Kaufmann, Journalist und Politiker, Vorsitzender der Sozialistischen Arbeiterjugend 1928 bis 1933, 2. Vorsitzender 1946–1952 und Vorsitzender der SPD seit 1952, Vizepräsident 1951–1963 und Präsident der Sozialistischen Internationale 1963: 369
Orlando, Vittorio Emmanuele, 1860 bis 1952, italienischer Jurist und Politiker, Justizminister 1907–1909, 1914–1916, Innenminister 1916/17 und Ministerpräsident 1917–1919: 162
Ortega y Gasset, José, 1883–1955, spanischer Philosoph, Journalist und Schriftsteller, Hochschullehrer in Madrid 1911–1936, 1949–1953: 456
–, »La rebelión de las masas«, 1929, deutsch: »Der Aufstand der Massen«, 1931: 456
Orwell, George, eigentl. Eric Arthur Blair, 1903–1950, englischer Schriftsteller: 195
Otto, Volker, geb. 1939, Historiker, Direktor des Hessischen Volkshochschulverbands seit 1977: 310

Päts, Konstantin, 1874–1956?, estnischer Landwirt und Politiker, Staatschef 1918/19, Ministerpräsident 1923/24, 1931/32, 1932/33, 1933–1938 und Staatspräsident 1938–1940: 184
Palme, Sven Olof Joachim, geb. 1927, schwedischer Jurist und Politiker, Ministerialdirigent im Amt des Ministerpräsidenten 1961–1963, Minister für besondere Aufgaben 1963–1965, Verkehrsminister 1965 bis 1967, Unterrichtsminister 1967–1969, Vorsitzender der Sozialdemokratischen Arbeiterpartei seit 1969 und Ministerpräsident 1969–1976: 441
Papadopoulos, Giorgios, geb. 1919, griechischer Offizier und Politiker, Oberst 1960, Ministerpräsident und Verteidigungsminister 1967–1973, Außenminister 1970–1973 und Präsident der Republik 1973, aus der Armee ausgestoßen 1976: 364
Papagos, Alexandros, 1883–1955, griechischer Offizier und Politiker, Kriegsminister 1935, 1936, Marschall und Oberbefehls-

haber der Streitkräfte 1940/41, Ministerpräsident seit 1952: 364

Papandreou, Giorgios Andreas, 1888 bis 1968, griechischer Jurist und Politiker, Generalgouverneur von Chios 1917–1920, Innenminister 1923, Wirtschaftsminister 1925, Erziehungsminister 1930–1932, Arbeitsminister 1933 und Ministerpräsident 1944, 1963: 364

Papen, Franz von, 1879–1969, Offizier und Politiker, Militärattaché in Mexiko und Washington 1913–1915, Oberstleutnant und Generalstabschef der türkischen Palästina-Armee 1918, Reichskanzler 1932 und Vizekanzler 1933/34, Reichskommissar in Preußen 1932, 1933–1939, Botschafter in Wien 1934–1938 und in Ankara 1939–1944: 100, 109, 154, 169, 172, 184, 211, 215 f., 224

Pareto, Vilfredo, 1848–1923, italienischer Hütteningenieur, Wirtschaftswissenschaftler und Soziologe, Hochschullehrer in Lausanne 1893–1900: 77, 165

–, »Trattato di sociologia generale«, 1916: 77

Parker, Robert Alastair Clarke, geb. 1927, englischer Historiker, Hochschullehrer in Oxford seit 1957: 145, 157

Parri, Ferruccio, geb. 1890, italienischer Journalist und Politiker, Ministerpräsident 1945: 346

Pauker, Ana, 1894–1960, rumänische kommunistische Politikerin, Außenminister 1947–1952 und Stellv. Ministerpräsident 1949–1952: 325

Paul I., 1901–1964, König von Griechenland seit 1947: 364

Paul Karadjordjević, geb. 1893, Vetter König Alexanders I. von Jugoslawien, Prinzregent 1934–1941: 188

Perón, Juan Domingo, 1895–1974, argentinischer Offizier und Politiker, Militärattaché in Santiago de Chile 1936/37, in Rom 1937–1939 und in Berlin 1939–1942, General 1943, Staatspräsident 1946–1955 und seit 1973: 195, 415

Petacci, Clara, gest. 1945, italienische Schauspielerin, Geliebte Mussolinis: 268

Pétain, Henri Philippe, 1856–1951, französischer Generalstabsoffizier und Politiker, Oberkommandierender 1917/18, Marschall 1918, Botschafter in Madrid 1939/40, Premierminister 1940 und Staatschef in Vichy 1940–1944: 129, 243, 246, 259 f., 343

–, Treffen mit Hitler in Montoire, 24.10.1940: 246

Peter I. Aleksejewitsch, der Grosse, 1672–1725, Zar von Rußland seit 1682: 204

Picasso, eigentl. Ruiz y Picasso, Pablo, 1881–1975, spanischer Maler, Graphiker, Bildhauer und Keramiker: 194

Pieck, Wilhelm, 1876–1960, kommunistischer Politiker, Vorsitzender der KPD 1945/46 und der SED 1946–1949, DDR-Staatspräsident seit 1949: 208, 312

Piłsudski, Józef, 1867–1935, polnischer Politiker und Offizier, Armee-Oberbefehlshaber und Staatschef 1918–1920, Marschall 1920, Kriegsminister 1926–1935 und Ministerpräsident 1926–1928, 1930: 47, 129, 185, 214

Pius XI. (Achille Ratti), 1857–1939, Präfekt der Biblioteca Ambrosiana in Mailand 1907–1912 und der Biblioteca Vaticana 1914–1918, Apostolischer Visitator 1918, Nuntius in Warschau 1919/20, Erzbischof von Mailand und Kardinal 1921, Papst seit 1922: 163

Pius XII. (Eugenio Pacelli), 1876–1958, Priester 1899, Titularerzbischof von Sardes 1917, Nuntius in München 1917–1925 und in Berlin 1920–1925, Kardinal 1929, Kardinalstaatssekretär 1930, Papst seit 1939: 265

Planck, Max Karl Ernst Ludwig, 1858–1947, Physiker, Hochschullehrer in Kiel 1885–1889 und in Berlin 1889–1927, Präsident der Kaiser-Wilhelm-Gesellschaft 1930–1937: 279

Pleven, René, geb. 1901, französischer Jurist, Industriekaufmann und Politiker, Finanzminister 1944–1946 und Wirtschaftsminister 1945, Verteidigungsminister 1949/50, 1952–1954, Ministerpräsident 1950/51, 1951/52, Außenminister 1958 und Justizminister 1969–1973: 330

–, Pleven-Plan, beraten 15.2. und 22.11. 1951: 330

Poincaré, Raymond, 1860–1934, französischer Jurist und Politiker, Erziehungs- und Kultusminister 1893, 1895, Finanzminister 1894/95, 1906, Ministerpräsident 1913,

1922–1924, 1926–1929, Staatspräsident 1913–1920 und Senator seit 1930: 105, 109, 140f., 218
POMPIDOU, GEORGES JEAN RAYMOND, 1911–1974, französischer Lehrer, Industriekaufmann und Politiker, Berater de Gaulles 1948–1954, 1958, 1961/62, Ministerpräsident 1962–1968 und Staatspräsident seit 1969: 345, 425
PONTO, JÜRGEN, 1923–1977, Jurist und Bankier, Vorstandssprecher der Dresdner Bank AG. seit 1969: 375
PRIMO DE RIVERA Y SAENZ DE HEREDIA, JOSÉ ANTONIO, 1903–1936, spanischer Politiker, Begründer der Falange Española 1933: 193
PRIMO DE RIVERA Y SAENZ DE HEREDIA, MIGUEL, MARQUÉS DE ESTELLA, 1870–1930, spanischer General und Politiker, Gouverneur von Cádiz 1915–1917 und Staatschef 1923–1930: 191, 193

QUISLING, VIDKUN, 1887–1947, norwegischer Offizier und faschistischer Politiker, Verteidigungsminister 1931–1933, Führer der Nasjonal Samling 1933–1945 und Ministerpräsident 1942–1945: 241, 261

RAAB, JULIUS, 1891–1964, österreichischer Ingenieur und Politiker, Bundesminister für Handel und Verkehr 1938, Bundesminister für Öffentliche Arbeiten und Wiederaufbau 1945–1948, Obmann der ÖVP 1951–1960 und Bundeskanzler 1953–1961: 357, 396
RADEK, eigentl. Sobelsohn, KARL BERNHARDOWITSCH, 1885 (1883?) bis 1939?, polnischer Journalist, kommunistischer Politiker und sowjetischer Unterhändler: 207
RADIĆ, STJEPAN, 1871–1928, kroatischer Bauernführer und Politiker, jugoslawischer Erziehungsminister 1925–1927: 188
RAJK, LÁSZLÓ, eigentl. Ladislaus Reich, 1909–1949, ungarischer kommunistischer Politiker, Innenminister 1946–1948 und Außenminister 1948/49: 325
RÁKOSI, MÁTYÁS, 1892–1971, ungarischer kommunistischer Politiker, Volkskommissar 1919, Sekretär der Komintern 1921–1924, Stellv. Ministerpräsident 1945–1952 und Ministerpräsident 1952/53: 71, 294, 325, 405
RAPACKI, ADAM, 1909–1970, polnischer Genossenschaftsexperte und kommunistischer Politiker, Schiffahrtsminister 1947 bis 1950, Unterrichtsminister 1950–1956 und Außenminister 1956–1968: 373, 422
–, Rapacki-Plan, erstmals vorgelegt 2.10.1957: 373, 422
RASPUTIN, GRIGORIJ JEFIMOWITSCH, 1871 bis 1916, russischer Mönch: 54
RATHENAU, WALTHER, 1867–1922, Großindustrieller und Politiker, Reichsminister für Wiederaufbau 1921/22 und Reichsaußenminister 1922: 115f.
RAUSCHNING, HERMANN, geb. 1887, Landwirt und Politiker, Vorsitzender des Danziger Landbunds 1932–1934 und Präsident des Senats von Danzig 1933/34: 255
–, »Die Revolution des Nihilismus«, 1938: 255
RENNER, KARL, 1870–1950, österreichischer Jurist, Schriftsteller und Politiker, Staatskanzler 1918–1920, 1945, Staatssekretär des Äußeren 1919/20, Präsident des Nationalrats 1931–1933 und Bundespräsident seit 1945: 356f.
REUTER, ERNST, 1889–1953, Journalist, Kommunalwissenschaftler und Politiker, Kommissar in Saratow, Wolgadeutsches Kommissariat 1918, Funktionär der KPD 1918–1922, Stadtrat in Berlin 1926–1931, Oberbürgermeister von Magdeburg 1931 bis 1933, Hochschullehrer in Ankara 1939/40 und Oberbürgermeister, seit 1950: Regierender Bürgermeister, von Berlin seit 1948: 309
REYNAUD, PAUL, 1878–1966, französischer Jurist und Politiker, Finanzminister 1930, 1938, 1948, Kolonialminister 1931, Ministerpräsident 1940, Präsident des Organisationskomitees der Montan-Union 1952/53, Stellv. Ministerpräsident 1953/54 und Präsident des Verfassungskomitees 1958: 242f.
REZÂ SCHÂH PAHLAVÎ (Rezâ Khân), MUHAMMAD, 1878–1944, persischer Offizier und Politiker, Ministerpräsident 1920/21, 1923–1925 und Schâh des Iran 1925 bis 1941: 84
RIBBENTROP, JOACHIM VON, 1893–1946, Kaufmann und nationalsozialistischer Politiker, Botschafter in London 1936–1938 und Reichsaußenminister 1938–1945: 211, 217, 229, 235f., 238, 247

RICHERT, ERNST, 1912–1976, Journalist und Soziologe: 379
RÖHM, ERNST, 1887–1934, Offizier und nationalsozialistischer Politiker, Stabschef der SA seit 1931: 162, 173
ROOSEVELT, FRANKLIN DELANO, 1882 bis 1945, amerikanischer Jurist und Politiker, Gouverneur von New York 1928–1933 und Präsident der USA seit 1933: 27, 96, 99–104, 214, 234, 242, 244, 251–253, 256–258, 267, 269, 272f., 275–277, 280–282, 296, 303, 316, 320, 451
–, ›Quarantäne-Rede‹, 5.10.1937: 102, 251
ROSENBERG, ALFRED, 1893–1946, Architekt, nationalsozialistischer Theoretiker und Politiker, Reichsleiter des Außenpolitischen Amtes der NSDAP 1933–1941 und Reichsminister für die besetzten Ostgebiete 1943–1945: 134, 211, 222, 236, 262f.
ROSENBERG, ETHEL GREENGLASS, 1918 bis 1953, Ehefrau des Julius Rosenberg und Sowjet-Spionin: 451f.
ROSENBERG, JULIUS, 1916–1953, amerikanischer Elektroingenieur, Fabrikant und Sowjet-Spion: 451f.
ROTHERMERE, HAROLD SIDNEY HARMSWORTH, VISCOUNT, 1868–1940, britischer Finanzexperte und Zeitungsverleger: 155
RUMOR, MARIANO, geb. 1915, italienischer Lehrer und Politiker, Unterstaatssekretär im Landwirtschaftsministerium 1951–1954 und im Amt des Ministerpräsidenten 1954, Landwirtschaftsminister 1959–1963, Sekretär der DC 1963–1968, Innenminister 1963, 1972/73, Ministerpräsident 1968–1970, 1973/74 und Außenminister 1974–1976: 347
RUNCIMAN, WALTER, seit 1937: VISCOUNT RUNCIMAN OF DOXFORD, 1870–1949, britischer Reeder und Politiker, Präsident des Board of Trade 1914–1916, 1931–1937 und Präsident des Geheimen Rats 1938/39: 231
RUSK, DEAN, geb. 1909, amerikanischer Jurist, Staatswissenschaftler und Politiker, Unterstaatssekretär im State Department 1949–1952, Präsident der Rockefeller Foundation 1952–1960, Secretary of State 1960–1969: 432
RUTHERFORD, ERNEST RUTHERFORD, BARON, 1871–1937, britischer Physiker, Hochschullehrer in Montreal 1891–1907, in Manchester 1907–1919 und in Cambridge seit 1919: 279

SACHAROW, ANDREJ DIMITRIJEWITSCH, geb. 1921, russischer Physiker, Atomforscher und Schriftsteller: 389
SAGLADIN, WADIM WALENTINOWITSCH, geb. 1927, sowjetischer Diplomat, Journalist und Hochschullehrer, Stellv. Leiter der Abteilung für Internationale Fragen im ZK der KPdSU seit 1967: 443
SALAN, RAOUL, geb. 1899, französischer Offizier, Oberst 1943, Brigadegeneral 1944, Oberbefehlshaber der Streitkräfte in Tonking 1952/53 und in Algerien 1956–1958, Militärgouverneur von Paris 1959/60, Anführer der O.A.S. 1961/62: 344
SALANDRA, ANTONIO, 1852–1931, italienischer Verwaltungswissenschaftler und Politiker, Finanzminister 1906, Schatzminister 1909/10, Ministerpräsident und Innenminister 1914–1916: 162
SALAZAR, ANTÓNIO DE OLIVEIRA, 1889 bis 1974, portugiesischer Wirtschaftswissenschaftler und Politiker, Finanzminister 1926, 1928–1932, Ministerpräsident und Staatschef 1932–1974: 165, 185, 193, 196, 362
SANJURJO SACANELL, JOSÉ, 1872–1936, spanischer General, Kommandant der Guardia Civil 1931 und Kommandant der Carabiñeros 1932: 194
SARAGAT, GIUSEPPE, geb. 1898, italienischer Wirtschaftswissenschaftler und Politiker, Minister ohne Portef. 1944, Botschafter in Paris 1945/46, Präsident der Nationalversammlung 1946, Stellv. Ministerpräsident 1947–1949, 1954–1957, Generalsekretär der PSLI 1950/51 und der PSDI 1957–1964, 1976, Außenminister 1963/64 und Staatspräsident 1964–1971: 346
IBN SA'ÛD, 'ABD AL-'AZÎZ, 1882–1953, arabischer religiöser Führer und Politiker, König im Hedschâz 1925–1932 und im Nedschd 1926–1932, König von Sa'ûdi-Arabien seit 1932: 84
SCHÄRF, ADOLF, 1890–1965, österreichischer Jurist und Politiker, Obmann der SPÖ 1945–1957, Vizekanzler 1945–1957 und Bundespräsident seit 1957: 357
SCHEEL, WALTER, geb. 1919, Bankkauf-

mann, Wirtschaftsberater und Politiker, Bundesminister für wirtschaftliche Zusammenarbeit 1961–1966, Vizepräsident des Bundestages 1967–1969, Vorsitzender der F.D.P. 1968–1974, Außenminister und Vizekanzler 1969–1974, Bundespräsident 1974 bis 1979: 375

SCHEIDEMANN, PHILIPP, 1865–1939, Buchdrucker, Journalist und Politiker, Staatssekretär ohne Portef. 1918, Mitglied des Rates der Volksbeauftragten 1918/19, Ministerpräsident 1919 und Oberbürgermeister von Kassel 1920–1925: 67, 70

SCHEPILOW, DIMITRIJ TROFIMOWITSCH, geb. 1905, sowjetischer Journalist und Politiker, Leiter der Propaganda-Abteilung beim ZK der KPdSU 1948–1952, Sekretär des ZK der KPdSU 1955 und Außenminister 1956/57: 387

SCHLAGETER, ALBERT LEO, 1894–1923, Student, Freikorpskämpfer 1919–1921 und Widerstandskämpfer im Ruhrgebiet 1923: 105

SCHLEICHER, KURT VON, 1882–1934, Generalstabsoffizier und Politiker, Generalleutnant 1929 und Chef des Ministeramts im Reichswehrministerium 1929–1932, Reichswehrminister 1932 und Reichskanzler 1932/33: 109, 154, 169, 185, 211, 213

SCHLEYER, HANNS-MARTIN, 1915–1977, Jurist und Industriemanager, Präsident der Bundesvereinigung der Deutschen Arbeitgeberverbände seit 1973: 375

SCHLIEFFEN, ALFRED, GRAF VON, 1833 bis 1913, Generalstabsoffizier, Abteilungschef im Großen Generalstab 1884–1888, Oberquartiermeister 1888–1891, Chef des Geeralstabs 1891–1906 und Generalfeldmarschall 1911: 242

–, Schlieffen-Plan, 1903–1912: 242

SCHMIDT, HELMUT, geb. 1918, Volkswirt und Politiker, Vorsitzender des Sozialistischen Deutschen Studentenbundes, SDS, 1947/48, Innensenator von Hamburg 1961–1965, Bundesverteidigungsminister 1969–1972, Bundesminister für Wirtschaft und Finanzen 1972, Bundesfinanzminister 1972–1974, Bundeskanzler seit 1974: 345, 375 f., 469

SCHOENBAUM, DAVID, geb. 1935, amerikanischer Historiker und Journalist, Hochschullehrer in Iowa City, Iowa, seit 1967: 176

–, »Hitler's Social Revolution«, 1966: 176

SCHÜDDEKOPF, OTTO-ERNST, geb. 1912, Historiker, Hochschullehrer in Braunschweig 1953–1977: 105

SCHUKOW, GEORGIJ KONSTANTINOWITSCH, 1896–1974, sowjetischer Offizier und Politiker, Stellv. Volkskommissar für Verteidigung 1941, Oberbefehlshaber der Mittelfront 1941/42, der Südfront 1943/44 und der Ukrainischen Front 1944/45, Marschall 1945 und Oberbefehlshaber der Streitkräfte in der Sowjetischen Besatzungszone 1945/46, Verteidigungsminister 1955–1957: 387

SCHUMACHER, KURT, 1895–1952, Jurist, Journalist und Politiker, Vorsitzender der SPD seit 1946: 291, 367, 369

SCHUMAN, ROBERT, 1886–1963, französischer Jurist und Politiker, Staatssekretär für Elsaß-Lothringen 1940, Finanzminister 1946, 1947, Ministerpräsident 1947/48, Außenminister 1948–1951, 1951/52, Justizminister 1955/56 und Präsident des Europäischen Parlaments 1958–1960: 309, 315, 338, 342, 464

–, Schuman-Plan, unterzeichnet 18.4.1951, siehe Europäische Gemeinschaft für Kohle und Stahl: 315 f., 330, 465 f.

SCHUSCHNIGG, KURT, EDLER VON, 1897 bis 1977, österreichischer Jurist und Politiker, Justizminister 1932–1934 und Unterrichtsminister 1933/34, Bundeskanzler 1934 bis 1938 und Außenminister 1936–1938: 185 f., 229

SCHWARZ, HANS-PETER, geb. 1934, Politikwissenschaftler, Hochschullehrer in Osnabrück 1963–1966, in Hamburg 1966–1973 und in Köln seit 1973: 310

SEECKT, HANS VON, 1866–1936, Generalstabsoffizier, Chef des Generalstabs des türkischen Feldheeres 1917/18, Chef des Oberkommandos Nord im Grenzschutz Ost 1919, Generaloberst 1926 und Chef der Heeresleitung 1920–1926: 88, 106 bis 109

SEIPEL, IGNAZ, 1876–1932, österreichischer Geistlicher, Hochschullehrer und Politiker, Bundeskanzler 1922–1929: 185

SEYSS-INQUART, ARTHUR, 1892–1946, österreichischer Jurist und nationalsozialistischer Politiker, Staatsrat 1937, Innenminister 1938 und Bundeskanzler 1938, Reichsstatthalter in

Österreich 1938/39 und Reichskommissar für die Niederlande 1940–1945: 230
Sikorski, Władisław, 1881–1943, polnischer Ingenieur, Offizier und Politiker, General und Armeekommandeur 1920, Chef des Generalstabs 1921/22, Ministerpräsident 1922/23, Kriegsminister 1924/25 und Ministerpräsident der Exilregierung in London seit 1941: 272
Sinowjew, Grigorij Jewsejewitsch, eigentl. Hirsch Apfelbaum, 1883–1936, russischer kommunistischer Politiker, Mitglied des Politbüros 1918–1926, Vorsitzender 1919 und Ausschußvorsitzender der Komintern 1918–1926: 199, 207
Slánský, eigentl. Salzmann, Rudolf, 1901–1952, tschechischer kommunistischer Journalist und Politiker, Generalsekretär der KSČ 1945–1951 und Stellv. Ministerpräsident 1951: 325
Sokolowskij, Wassilij Danilowitsch, 1897–1968, sowjetischer Offizier und Politiker, Befehlshaber der Westfront 1943/44, Chef des Stabes der Ukrainischen Front 1944/45, Marschall 1946 und Oberbefehlshaber der Streitkräfte in der Sowjetischen Besatzungszone 1946–1949, Chef des Generalstabs 1952–1960 und Stellv. Verteidigungsminister 1955–1960: 309
Solschenizyn, Aleksandr Isajewitsch, geb. 1918, russischer Schriftsteller: 385, 389
Sorel, Georges, 1847–1922, französischer Ingenieur und Sozialtheoretiker: 130, 165
Soustelle, Jacques Émile Yves, geb. 1912, französischer Ethnologe und Politiker, Hochschullehrer in Paris 1938/39 und seit 1969, Informationsminister 1945, 1958/59, Generalsekretär des R.P.F. 1947–1952, Generalgouverneur von Algerien 1955/56 und Minister für die Überseegebiete und Atomfragen 1959/60: 344
Spaak, Paul-Henri, 1899–1972, belgischer Jurist und Politiker, Außenminister 1936 bis 1939, 1944–1949, 1954–1957, 1961 bis 1966, Ministerpräsident 1938/39, 1946, 1947–1949, Präsident der Beratenden Versammlung des Europarats 1949–1951, Präsident des Parlaments der Montanunion 1952–1954 und Generalsekretär der NATO 1957–1961: 314, 464f.
Spengler, Oswald, 1880–1936, Geschichtsphilosoph, Gymnasiallehrer in Hamburg 1908–1911: 29, 255
–, »Der Untergang des Abendlandes«, 1918–1922: 29, 255
Spínola, António Sebastião Ribeiro de, geb. 1910, portugiesischer Offizier und Politiker, Oberst 1963 und Brigadegeneral 1964, Oberbefehlshaber und Gouverneur von Guinea/Bissao 1968–1973, Stellv. Generalstabschef 1974 und Vorläufiger Präsident der Republik 1974: 363
Stalin, eigentl. Jossif Wissarionowitsch Dschugaschwili, 1879–1953, georgischer Revolutionär und sowjetischer Politiker, Volkskommissar für Nationalitätenfragen 1917–1923 und für Arbeiter- und Bauerninspektion 1919–1922, Generalsekretär der KPdSU seit 1922, Vorsitzender des Rats der Volkskommissare seit 1946, des Ministerrats seit 1941, Marschall 1943 und Generalissimus 1945: 26f., 57, 60f., 63, 71, 79–82, 102, 124, 131, 135, 161, 163, 198–209, 213, 235f., 266–270, 272f., 275, 281f., 312, 319, 322, 325, 330f., 339, 385–387, 390, 396–399, 406, 420f., 427f., 456
Starhemberg, Ernst Rüdiger, Fürst von, 1899–1956, österreichischer Politiker, Führer der Heimwehr 1930–1936, Innenminister 1930 und Vizekanzler 1934–1936: 186
Stauffenberg, Claus Graf Schenk von, 1907–1944, Offizier, Oberst und Stabschef des Befehlshabers des Ersatzheeres 1944: 274
Staviski, Serge Alexandre, 1886–1934, französischer Finanzmann und Anlagenbetrüger: 146
Stepinač, Alojzije, 1898–1960, kroatischer Priester, Erzbischof von Agram 1937, Kardinal 1952: 322
Stern, Fritz Richard, geb. 1926, amerikanischer Historiker, Hochschullehrer in New York seit 1953: 179
Stevenson, Adlai Ewing, 1900–1965, amerikanischer Jurist und Politiker, Gouverneur von Illinois 1948–1952, Präsidentschaftskandidat 1952 und 1956, Chefdelegierter bei der UNO seit 1961: 452
Stimson, Henry Lewis, 1867–1950, amerikanischer Jurist und Politiker, Generalgouverneur der Philippinen 1927–1929, Secretary of War 1911–1913, 1940–1945 und Secretary of State 1929–1933: 89

–, Stimson-Doktrin, 7.1.1932: 89
Stoecker, Adolf, 1835–1909, Geistlicher und Politiker, Hof- und Domprediger in Berlin 1874–1889: 157
Stoph, Willi, geb. 1914, Maurer und kommunistischer Politiker, DDR-Innenminister 1952–1955 und Verteidigungsminister 1956–1960, Stellv. Vorsitzender 1954–1964 und Vorsitzender des DDR-Ministerrats 1964–1973, Vorsitzender des DDR-Staatsrats seit 1973: 383f.
–, Treffen mit Brandt in Erfurt, 19.3., und Kassel, 21.5.1970: 383
Strasser, Gregor, 1892–1934, Apotheker und nationalsozialistischer Politiker, Leiter der Organisationsabteilung der NSDAP in Norddeutschland 1925–1932, Reichsorganisationsleiter der NSDAP 1932: 181
Strauss, Franz Josef, geb. 1915, Politiker, Generalsekretär 1949–1952 und Stellv. Vorsitzender der CSU 1951–1961, Vorsitzender der CSU seit 1961, Bundesminister für besondere Aufgaben 1953–1955 und für Atomfragen 1955/56, Bundesverteidigungsminister 1956–1962 und Bundesfinanzminister 1966–1969, Ministerpräsident von Bayern seit 1978: 291
Stresemann, Gustav, 1878–1929, Industrieller und Politiker, Reichskanzler 1923 und Reichsaußenminister seit 1923: 106 bis 112, 133, 169, 212, 217, 456, 463f.
Stülpnagel, Karl Heinrich von, 1886–1944, Offizier, General und Oberquartiermeister im Generalstab 1938–1940, Militärbefehlshaber in Frankreich 1942 bis 1944: 274
Sturzo, Don Luigi, 1871–1959, italienischer Geistlicher und Politiker: 162
Suarez Gonzalez, Adolfo, geb. 1932, spanischer Jurist, Verwaltungsbeamter und Politiker, Generaldirektor des staatlichen Rundfunks RTVE 1969–1975, Führer der UDPE seit 1975, Minister und Generalsekretär der Falange 1975/76, Ministerpräsident seit 1976, Begründer und Führer des UDC seit 1977: 362
Sukarno, 1901–1970, javanischer Ingenieur und Politiker, Gründer der Indonesischen Nationalpartei 1927, Präsident der Republik Indonesien (1945–)1949–1967: 401
Sun Yat-sen (Mandarin Sun Wen-shu), 1866–1925, chinesischer Arzt und Politiker, Präsident der Republik 1911/12, 1921–1925 und Begründer der Kuo-min-tang 1912: 87

Templewood of Chelsea, Samuel John Gurney Hoare, (seit 1944:) Viscount, 1880–1959, britischer Politiker, Secretary for Air 1924–1929, 1940, Secretary for India 1931–1935, Foreign Secretary 1935, First Lord of the Admiralty 1936/37, Home Secretary 1937–1939, Lord Privy Seal 1939/40, Außerordentlicher Botschafter in Madrid 1940–1944: 220
Thomson, David, geb. 1912, englischer Historiker, Hochschullehrer in Cambridge: 142
Thoreau, Henry David, 1817–1862, amerikanischer Naturforscher, Lehrer und Schriftsteller: 453
Thorez, Maurice, 1900–1964, französischer Bauarbeiter und kommunistischer Politiker, Generalsekretär des P.C.F. 1930–1964, Staatsminister 1945/46 und Stellv. Ministerpräsident 1946, 1947: 147
Tindemans, Leo, geb. 1922, belgischer Politiker, Minister für Gemeinschaftsangelegenheiten 1968–1972, Landwirtschaftsminister 1972/73, Stellv. Ministerpräsident und Budgetminister 1973/74, Ministerpräsident 1974–1978, Vorsitzender der Europäischen Volkspartei seit 1976: 349, 466f.
Tito, eigentl. Josip Broz, geb. 1892, kroatischer Mechaniker und jugoslawischer kommunistischer Politiker, Generalsekretär der Kommunistischen Partei Jugoslawiens 1937–1941, Ministerpräsident (1943) 1945 bis 1953 und Staatspräsident seit 1953: 26, 45, 273, 287, 322–325, 398, 405
–, Besuch Chruschtschows in Jugoslawien, 26.5.–2.6.1955: 398
Tocqueville, Alexis Charles Henri Maurice Clérel, Comte de, 1805–1859, französischer Politiker, Historiker und Staatstheoretiker, Außenminister 1849: 451, 460
–, »De la démocratie en Amérique«, 1835: 451, 460
Togliatti, Palmiro, 1893–1964, italienischer kommunistischer Journalist und Politiker, Generalsekretär der PCI seit 1944, Stellv.

Ministerpräsident 1944/45 und Justizminister 1945/46: 208
TÔJÔ, HIDEKI, 1884–1948, japanischer General und Politiker, Stabschef der Kwantung-Armee 1937/38, Kriegsminister 1940/41, Ministerpräsident 1941–1944 und Chef des Generalstabs 1944/45: 253
TOSCANINI, ARTURO, 1867–1957, italienischer Dirigent: 159
TOYNBEE, ARNOLD JOSEPH, 1889–1975, britischer Historiker, Kulturhistoriker und Geschichtsphilosoph, Hochschullehrer in London 1919–1956: 175
TROTZKIJ, LEW DAVIDOWITSCH, eigentl. Leib Bronstein, 1879–1940, russischer kommunistischer Politiker und Publizist, Volkskommissar für Auswärtige Angelegenheiten 1917/18 und für Landesverteidigung 1918–1924: 60, 62f., 79, 81, 129, 199–201
TRUDEAU, PIERRE ELLIOT, geb. 1919, kanadischer Jurist, Wirtschaftswissenschaftler und Politiker, Hochschullehrer in Montreal 1961–1965, Justizminister und Generalstaatsanwalt 1967/68, Führer der Liberalen Partei seit 1968 und Ministerpräsident 1968–1979: 448
TRUMAN, HARRY S., 1884–1972, amerikanischer Kaufmann, Jurist und Politiker, Senator 1934–1944, Vizepräsident 1944/45 und Präsident der USA 1945–1953: 89, 276f., 279f., 283, 303f., 312, 327f., 331, 451f., 455
–, Truman-Doktrin, 12.3.1947: 89, 303f., 306, 318, 364f., 417
TUCHATSCHEWSKIJ, MICHAIL NIKOLAJEWITSCH, 1893–1937, russischer Gardeoffizier und Offizier der Roten Armee, Oberbefehlshaber in Polen 1920/21, Generalstabschef 1925–1928, Stellv. Volkskommissar für Verteidigung 1931–1937 und Marschall 1935: 208
TUCHOLSKY, KURT, 1890–1935, Schriftsteller und Journalist: 133

ULBRICHT, WALTER, 1893–1973, kommunistischer Politiker, Generalsekretär 1950 bis 1953 und Erster Sekretär der SED 1953–1971, Stellv. DDR-Ministerpräsident 1949–1960 und DDR-Staatsratsvorsitzender seit 1960: 208, 312, 325, 378, 380, 382–384, 423, 431
ULMANIS, KARLIS, geb. 1877, verschleppt 1940, lettischer Landwirt, Journalist und Politiker, Staatschef 1918/19, 1919–1921 und Ministerpräsident 1925/26, 1931, 1934 bis 1940: 184
U THANT, SITHU, 1909–1974, burmesischer Gymnasiallehrer, Journalist und Politiker, Abteilungsleiter im Informationsministerium 1949–1957, Botschafter bei der UNO 1957–1961, Generalsekretär der UNO 1961–1971: 298

VANDENBERG, ARTHUR HENDRICK, 1884 bis 1951, amerikanischer Journalist und Politiker, Senator von Michigan seit 1920 und Vorsitzender des Ausschusses für Auswärtige Angelegenheiten seit 1946: 317
–, Vandenberg-Resolution, 11.6.1948: 317
VENIZELOS, ELEUTHERIOS KYRIAKOS, 1864–1936, griechischer Jurist und Politiker, kretischer Justizminister 1899–1901 und griechischer Ministerpräsident 1910–1915, 1917–1920, 1924, 1928–1932, 1933: 188
VIKTOR EMANUEL III., 1869–1947, König von Italien 1900–1946 und Kaiser von Abessinien 1936–1941: 160–162, 164, 220, 267f.

WALDHEIM, KURT, geb. 1918, österreichischer Diplomat und Politiker, Gesandter 1956–1958 und Botschafter in Ottawa 1958–1960, Leiter der Politischen Abteilung im Außenministerium 1962–1964 und Außenminister 1968–1970, Ständiger Vertreter Österreichs bei der UNO 1965–1968 und Generalsekretär der UNO seit 1971: 298, 358
WEBER, ALFRED, 1868–1958, Volskwirtschaftler und Soziologe, Hochschullehrer in Prag 1904–1907 und in Heidelberg 1907–1933: 30, 136, 291
–, »Abschied von der bisherigen Geschichte«, 1946: 30, 291
WEBER, EUGEN, geb. 1925, amerikanischer Historiker, Hochschullehrer in Stanford, Cal., seit 1965: 176
WEBER, MAX, 1864–1920, Jurist, Volkswirtschaftler und Soziologe, Hochschullehrer in Berlin 1893/94, in Freiburg im Breisgau 1894–1896, in Heidelberg 1897–1903 und in München seit 1919: 27, 30, 116

WEHNER, HERBERT, geb. 1906, Journalist und Politiker, Vorsitzender des Bundestagsausschusses für Gesamtdeutsche Fragen 1949–1966, Stellv. Vorsitzender der SPD 1958–1973, Minister für Gesamtdeutsche Fragen 1966–1969, Vorsitzender der Bundestagsfraktion der SPD seit 1969: 375

WELLS, HERBERT GEORGE, 1866–1946, englischer Naturwissenschaftler, Journalist und Schriftsteller: 36, 49, 213

WHITLAM, EDWARD GOUGH, geb. 1916, australischer Jurist und Politiker, Führer der Labor Party 1967–1977, Premierminister und Außenminister 1972–1975: 450

WILHELM II., 1859–1941, deutscher Kaiser und König von Preußen 1888–1918: 54, 66f.

WILHELMINE, 1880–1962, Königin der Niederlande 1890–1948: 242

WILSON, (JAMES) HAROLD, geb. 1916, britischer Wirtschaftswissenschaftler und Politiker, Handelsminister 1947–1951, Führer der Labour Party 1963–1976 und Premierminister 1964–1970, 1974–1976: 151, 354, 469

WILSON, THOMAS WOODROW, 1856–1924, amerikanischer Jurist, Hochschullehrer und Politiker, Universitätspräsident 1902–1910, Gouverneur von New Jersey 1910–1912 und Präsident der USA 1913–1921: 18, 24, 33–39, 49f., 67, 71, 92–96, 99f., 102f., 141, 182, 252, 257, 296, 338, 400

–, ›neue Diplomatie‹, ›new diplomacy‹: 39, 49f., 81, 94

–, »Vierzehn Punkte«, »Fourteen Points«, verkündet 8.1.1918: 34–38, 67, 252

WLASSOW, ANDREJ ANDREJEWITSCH, 1901 bis 1946, russischer Offizier, General der Roten Armee und Chef der sowjetischen Militärmission in China 1938, Chef des Komitees zur Befreiung der Völker Rußlands (1943) 1944/45 und Kommandeur der Russischen Befreiungsarmee 1944/45: 262

WYSZYŃSKI, STEFAN, geb. 1901, polnischer Priester, Hochschullehrer und Publizist, Erzbischof von Lublin 1946, Erzbischof von Gnesen und Primas von Polen 1948, Kardinal 1952: 325

YOSHIDA, ursprüngl. Takeuchi, SHIGERU, 1878–1967, japanischer Diplomat und Politiker, Außenminister 1945–1947, 1948 bis 1954 und Ministerpräsident 1946/47, 1948–1954: 412

YOUNG, OWEN D., 1874–1962, amerikanischer Jurist und Finanzmann, Hochschullehrer in Boston, Mass., 1896–1903, Vorsitzender des Sachverständigenkomitees zur Regelung der Reparationsfrage 1929: 96

–, Young-Plan, 11.2.1929 –9.7.1932: 97

ZAGHLÛL (PAŞA), SA'D, 1860–1927, ägyptischer Jurist, Journalist und Politiker, Begründer der Wafd 1919, Unterrichtsminister 1907–1910, Justizminister 1910–1913, Ministerpräsident 1924 und Parlamentspräsident seit 1926: 86

ZAMORA Y TORRES, NICETO ALCALÁ, 1877–1949, spanischer Jurist und Politiker, Kriegsminister 1922/23, Ministerpräsident 1931 und Staatspräsident 1931–1936: 191f.

ZUR MÜHLEN, PATRICK VON, geb. 1938, Historiker: 262

–, »Zwischen Hakenkreuz und Sowjetstern«, 1971: 262

# Orts- und Sachregister

AACHEN, Separatistenrevolte, 21.10.–30.11. 1923: 106
ABESSINIEN, siehe Äthiopien
ABRÜSTUNGSBEMÜHUNGEN, nach 1918: 112, 211–213, 216–218
–, Abrüstungskonferenz des Völkerbunds in Genf, 2. 2. 1932–April 1937: 112, 211–213, 216–218
–, nach 1945: 93, 252, 279, 292, 302, 397f., 426
–, –, Rüstungsbeschränkung und Rüstungskontrolle: 419f., 431
ABSOLUTISMUS: 136, 196, 460
ACHTSTUNDENTAG: 121
ACTION FRANÇAISE, französische monarchistisch-chauvinistische Bewegung, 1899 bis 1936: 146
ADRIATISCHES MEER: 188
ÄGÄIS, Ägäisches Meer: 158
ÄGYPTEN, britisches Protektorat April/November 1914–28. 4. 1936, Königreich (1917–1922 Sultanat) 7. 10. 1917–23. 7. 1952, Republik seit 24. 7. 1952/18. 6. 1953: 26, 84–86, 245, 300, 352, 406f., 420
–, Britisch-ägyptischer Bündnis- und Militärvertrag, 22. 8. 1936: 86, 300
–, Suez-Krise, 26. 7.–3. 12. 1956: 352, 406f.
–, Vereinigung mit Syrien, Vereinigte Arabische Republik, UAR, 22. 2. 1958–28. 9. 1961: 300
ÄRMELKANAL: 242, 274
ÄTHIOPIEN (Abessinien), Kaiserreich, 27. 9. 1916–12. 9. 1974, Militärdiktatur seit 12. 9. 1974: 86, 102, 158, 166, 217–220, 224f., 251, 428, 435
–, Abessinien-Krieg, 3. 10. 1935–9. 5. 1936: 86, 102, 166, 217–220, 224f., 251
AFGHANISTAN: 435
AFRIKA: 22–25, 75, 85, 219f., 224–226, 234, 245f., 255, 258f., 266f., 289, 301, 344, 352f., 363, 399f., 403, 409, 425, 456
–, Afrikanischer Kriegsschauplatz, 4. 8. 1940–12. 5. 1943: 85, 245f., 255, 258f., 266, 300
AGRARPARTEIEN, Bauernparteien: 272, 294, 355, 359
AGRARREFORM: 183–185
–, Baltische Staaten: 183f.
–, Italien: 77, 345
–, Japan: 412
–, Lateinamerika: 414
–, Mexiko: 97
–, Osteuropa: 183–185
–, Polen: 185
–, Rumänien: 187
–, Rußland, UdSSR: 55, 58, 183
AGRARREGIONEN UND AGRARSTRUKTUR, Landwirtschaft und Bauernstand: 73, 114, 117, 125, 183–185, 189, 421, 423, 437, 466
–, Baltische Staaten: 183f.
–, Belgien: 349
–, China: 391, 409–411
–, Deutschland.: 178f., 290, 295, 378, 381, 423
–, Irland: 354
–, Italien: 77, 157, 166, 345
–, Jugoslawien: 324
–, Kanada: 448f.
–, Lateinamerika: 414f., 441
–, Niederlande: 349
–, Österreich: 357
–, Osteuropa: 183–185, 294, 322, 324, 423
–, Polen: 185, 322, 423
–, Rumänien: 187
–, Rußland, UdSSR: 54f., 58, 62, 64f., 79, 183, 201–203, 385, 388

–, Spanien: 190
–, Tschechoslowakei: 322, 423
–, Ungarn: 322
–, USA: 101
EL-ALAMEIN, Kämpfe um, 1. 7.–3. 11. 1942: 258
ALBANIEN, Fürstentum, 10. 8. 1913–21. 1. 1925, Königreich, 21. 1. 1925–8. 4. 1939, von Italien annektiert 12. 4. 1939–8. 9. 1943/20. 11. 1944, Volksrepublik seit 1. 1. 1946: 234, 245, 424, 429f.
ALEXANDRIA: 258
ALGERIEN, französische Kolonie 1830/1847–1962, Republik seit 1. 6. 1962: 85, 258, 341, 343f., 404, 423
–, Algerien-Konflikt, 13. 5. 1958–19. 3. 1962: 341, 343f., 404, 423
–, –, Front de la libération nationale, F.L.N.: 343
–, –, Organisation de l'Armée secrète, O.A.S.: 343f.
–, Landung britisch-amerikanischer Truppen, 7. 9. 1942: 258f.
ALGIER (Alger, el-Ǧezā'ir): 259, 268, 348
ALLDEUTSCHER VERBAND (bis 1894: Allgemeiner Deutscher Verband), gegr. 9. 4. 1891: 24
ALPENREGION: 257
AMERIKA: 32, 92, 94, 96f., 113–115, 126–128, 317, 448
AMERIKANISCHE REVOLUTION, 19. 4. 1775–3. 9. 1783: 52, 181, 400
›AMERIKANISIERUNG‹, in Westeuropa und Lateinamerika, nach 1918: 102, 114, 122
–, in Westeuropa, Ost- und Südostasien, nach 1945: 30, 122, 418f., 447f., 450, 462
ANALPHABETENTUM: 196
ANARCHISMUS UND ANARCHISTEN: 59, 190, 196, 348, 361, 363, 436, 438f.
–, Italien: 348
–, Rußland: 59
–, Spanien: 190–192, 195f., 361
ANGOLA, portugiesische Kolonie (Portugiesisch-West-Afrika) bis 11. 11. 1975, selbst. seit 11. 11. 1975: 363, 428, 435
ANTIKOMINTERN-PAKT, 25. 11. 1936: 226, 228, 233, 236, 250
ANTISEMITISMUS: 28, 135, 157, 178, 185, 187, 260, 264
APPEASEMENT POLICY, Beschwichtigungspolitik: 102, 111, 147f., 155, 209, 212f., 217, 219, 227, 231–233, 242, 350
–, gegenüber Stalin: 269, 271f.
ARABER, Arabische Länder, Arabische Staaten: 25f., 47, 84–86, 299–301, 343, 352, 405, 436
ARABIEN: 84
ARABISCHE LIGA, gegr. 22. 3. 1945: 299f.
ARAGON: 192
ARBEITERBEWEGUNG: 60, 72f., 75, 79, 120, 152, 156
ARBEITERSCHAFT: 55, 58, 69, 79, 116, 119–121, 125f., 157, 165, 178, 260, 266, 312, 436, 438, 468
–, China: 409–411
–, Dänemark: 360
–, Deutschland: 60, 68f., 106, 120f., 165f., 173, 178f., 266, 364, 367, 369, 382, 420f., 468
–, Finnland: 436f.
–, Frankreich: 364, 438
–, Griechenland: 364
–, Großbritannien: 121, 150–152, 154, 351, 468
–, Italien: 77, 157, 165f., 438
–, Jugoslawien: 323f., 325, 389
–, Lateinamerika: 414, 416
–, Norwegen: 360
–, Österreich: 186
–, Rußland, UdSSR: 54f., 58, 62, 64, 79, 198, 202f., 385, 389
–, Schweden: 359f.
–, Schweiz: 359
–, Spanien: 190, 192
–, Südafrika: 90
–, USA: 98, 101, 125, 454f.
ARBEITER-UND-BAUERN-MACHT, kommunistische Parole von der: 293
ARBEITER- UND SOLDATENRÄTE: 54, 67
–, Deutschland, 1918/19: 67–71
–, Reichskonferenz in Berlin, 16.–20. 12. 1918: 68
–, Rußland, siehe Sowjets
ARBEITGEBER-ARBEITNEHMER-VERHÄLTNISSE: 165, 369, 468
–, Deutschland: 165, 369
–, Italien: 165
–, Schweden: 360
ARBEITSLOSIGKEIT: 116–118, 121, 150, 154f., 160, 165f., 169f., 173, 351, 364, 471

ARGENTINIEN: 415, 442
ARMENIEN: 302
ARNHEIM: Luftlandeunternehmen, britisches, 17.–26. 9. 1944: 270
ASERBEIDSCHAN, iranische Provinz, Kommunistenherrschaft, 15. 12. 1945–11. 12. 1946: 301
ASIEN: 22, 24–26, 75, 87, 102, 289, 300 f., 318, 325 f., 329, 352, 385, 399 f., 403, 435
–, Konferenz über die Konflikte in Asien, Genfer, 26. 4.–21. 7. 1954: 393 f.
ASSUAN: 406
ASTURIEN: 192
–, Sozialistenrevolte, Rote Armee, 6.–19. 10. 1934: 192
ATHEISMUS: 141, 206
ATHEN: 274, 303
ATLANTIK, Atlantischer Ozean: 257, 317, 432
ATLANTIK-CHARTA, Atlantic Charter, verkündet 14. 8. 1941: 252, 270, 283, 296
ATLANTIK-PAKT, siehe NATO
ATLANTIKWALL, Kette deutscher Küstenbefestigungen an der niederländischen, belgischen und französischen Küste, erb. September 1942–Juni 1944: 274
ATOMENERGIE, siehe Kernenergie und Kernkraftwerke
ATOMFORSCHUNG, siehe Kernforschung
ATOMWAFFEN, siehe Nuklearwaffen
AUFKLÄRUNG: 136, 150, 264
AUGSBURG: 134
AUSTRALIEN: 249, 254, 328, 395, 446–450
AUSWANDERUNG, aus Europa: 446 f., 449
AUTARKIE UND AUTARKIEBESTREBUNGEN: 114, 250
AUTOKRATIE: 20, 36, 54, 65 f., 124, 154, 198, 200 f., 203, 206, 208, 310, 386, 400, 402, 424, 440, 445
AUTORITÄRE HERRSCHAFT: 19, 25, 27, 29, 33, 47, 57, 79, 82, 89, 113, 116, 129, 131, 134 f., 140, 167, 171–173, 182–194, 196–198, 201, 214 f., 246, 250, 256, 290, 294, 323, 334, 337, 355, 361–364, 378 f., 381, 402, 415 f., 431, 434 f., 437, 440, 442, 445, 461

BAD GODESBERG: 231
–, Godesberger Programm der SPD, 13.–15. 11. 1959: 368
BAGHDAD: 405
BALANCE OF POWERS, Gleichgewicht der Mächte: 20, 49, 292, 459
–, Machtgleichgewicht im Ost-West-Konflikt: 292, 308, 317, 405, 408, 461
›BALFOUR DECLARATION‹, siehe Balfour, Sir Arthur James
BALKAN, siehe Südosteuropa
BALKANPAKT, Bündnis zwischen Jugoslawien, Griechenland, Rumänien und der Türkei, 9. 2. 1934: 324
BALTIKUM UND BALTISCHE STAATEN: 43, 47, 182–185, 189, 234, 236 f., 241, 244, 261, 263, 267, 288, 333
–, Besetzung, sowjetische, 1940, und Annexion, 1940 und seit 1944/45: 43, 184, 234, 237, 241, 244, 263, 267, 288, 333
BANGLA DESH: 402
BARCELONA: 191 f., 233
–, Militärrevolte, Feb./März 1933: 192
BASKENLAND: 194, 361 f.
BAYERN: 67, 69, 71, 105, 108, 133, 276, 310
–, Partikularistenbestrebungen, 22. 10. 1923–18. 2. 1924: 108
–, Räterepublik, 2. 4.–2. 5. 1919: 67, 69, 71, 105, 133
BELGIEN: 23, 40, 106, 226, 240, 242, 261, 313–318, 330, 337, 342, 348–350, 464–469
–, Armee: 242
–, Besetzung, deutsche, 10. 5. 1940–16. 1. 1945: 242, 261
–, Flamen: 348 f.
–, Kolonien: 23
–, Parteien und Parteiensystem: 349
–, Verfassung: 349
–, Wallonen: 348 f.
BELGRAD: 398, 420, 432
–, Konferenz für Sicherheit und Zusammenarbeit in Europa, Folgekonferenz, 4. 10. 1977–9. 3. 1978: 420, 432
BENELUX, Zollunion Belgiens, der Niederlande und Luxemburgs von 1944, seit 1. 1. 1948: 348
BERCHTESGADEN: 229, 231
BERLIN: 68–70, 79, 108–110, 194, 228, 230 f., 235, 247, 253, 257, 277–279, 293, 295, 298, 306, 309, 312, 317, 320 f., 323, 339, 369, 374, 381, 392, 407, 420–423, 425–427, 429, 432

–, Reichskanzlei: 228, 277
–, Reichstagsgebäude: 173
–, –, Reichstagsbrand, 27. 2. 1933: 173
–, Berliner Vertrag zwischen Deutschland und der UdSSR, 24. 3. 1926: 110, 213f.
–, Kapp-Putsch, 13.–18. 3. 1920: 70, 73, 108
–, Reichskonferenz der Arbeiter- und Soldatenräte, 16.–20. 12. 1918: 68
–, Spartakistenunruhen, 5.–13. 1. 1919: 68
–, Kapitulation, 2. 5. 1945, und Waffenstillstandsunterzeichnung in Karlshorst, 8. 5. 1945: 278f.
–, Viermächte-Status, seit 7. 7. 1945: 279, 293, 295, 298, 306, 308–310, 312, 317, 320f., 323, 339, 369, 373f., 381, 392, 407, 420–423, 425–427, 429, 432
–, –, Außenministerkonferenz der USA, Großbritanniens, Frankreichs und der UdSSR, 25. 1.–18. 2. 1954: 392f., 396
–, –, Berlin-Ultimatum Chruschtschows, 27. 11. 1958: 308, 374, 417, 419, 425f., 429
–, –, Blockade, sowjetische, 24. 6. 1948–12. 5. 1949: 298, 309, 317, 320f., 323, 339, 419f., 425
–, –, –, Luftbrücke, 26. 6. 1948–12. 5. 1949: 309
–, –, Berlin (West): 309f., 320, 369, 381, 425–427, 429, 432
–, –, –, Besuch John F. Kennedys, 26. 6. 1963: 427
–, –, Ost-Berlin, Sowjetischer Sektor: 79, 306, 312, 421–423, 426f., 429, 432
–, –, –, Mauerbau, 13. 8. 1961: 374, 381, 407, 417, 419, 421, 427, 429
–, –, –, Volksaufstand, 17. 6. 1953: 79, 312, 380f., 386, 398, 419–423, 429, 432
Bessarabien, zu Rumänien seit 1918, zur UdSSR seit 27. 6. 1940: 187, 236f., 244, 267, 287, 333
Block, Nationaler, Nationale Front, kommunistische Zusammenfassung von Satellitenparteien: 205, 293f., 310, 312, 380
Blockfreie Staaten: 324, 334, 402, 407
Blockpolitik, Machtpolitik unter den Voraussetzungen der Blockbildung, nach 1945: 20, 23, 81, 283–286, 308, 318, 324, 331, 333, 341, 350, 355f., 358, 361, 392, 405, 408, 417–428, 440, 456–459, 469f.
–, Sowjetische, Ostblock: 284–286, 308, 312, 318, 321–325, 331, 333, 341, 356f., 359f., 379, 382f., 392, 399, 404–408, 417–428, 431–433, 440, 457–459, 469f.
–, ›Wandel durch Annäherung‹, These Egon Bahrs: 432
Böhmen: 46, 157, 233
–, Königreich, 1198–7. 11. 1918: 46, 157
Böhmen und Mähren, Protektorat, 16. 3. 1939–9. 5. 1945: 233–235, 263, 320f.
Bolivien: 414, 438
Bolschewiki (Mehrheitler), Bolschewismus, radikaler Zweig der russischen Sozialisten, seit 30. 8. 1903: 20, 33–35, 37, 39, 47, 53, 55–65, 72–82, 120, 140, 146, 155, 198, 200, 207, 225, 235–237, 255f., 261, 263, 277, 338, 389
–, Machtergreifung, Oktoberrevolution, siehe Rußland, Russisches Reich, Oktoberrevolution
Bonn: 343, 372, 375, 396
–, Pädagogische Akademie, erb. 1930–1933, Bundeshaus seit 1949: 343
Bordeaux: 243
Bosporus: 302
Bozen: 287, 358
Brasilien: 414f., 442
Brenner, Brenner-Paß: 44
Breschnjew-Doktrin, siehe Breschnjew, Leonid Iljitsch
Brest-Litowsk, russische Stadt am Bug: 62
–, Friedensschluß der Mittelmächte mit Rußland, 3. 3. 1918: 62, 198
Brindisi: 268
British Broadcasting Corporation, BBC, Fremdsprachendienste, 1939–1945: 266
Brüssel: 313, 349, 467
–, Brüsseler Pakt, 17. 3. 1948: 313f., 317f., 395
Budapest: 71, 405, 432
Bückeberg, Anhöhe bei Hameln: 178
Bürgerinitiativen: 137
Bürgerliches Zeitalter: 113, 119
–, viktorianische und wilhelminische Epoche: 130
Bürgerrechte, Civil rights, und Bürgerrechtsbewegung in den USA: 453, 455
Bürgertum, Bürgerliche Schichten, Bürgerliche Gesellschaft: 55–57, 105, 113, 119–129, 131–137, 140, 153, 166f., 169f.,

173, 187, 192f., 195, 201, 205, 293–295, 337–339, 342, 349, 372, 415, 445
–, der Bürger als Begriff und Vorstellung: 136f.
Bukowina, zu Rumänien seit 10. 9. 1919, zur UdSSR seit 27. 6. 1940: 237, 244
Bulgarien, Königreich, 5. 10. 1908–9. 9. 1944/8. (15.) 9. 1946, Volksrepublik seit 15. 9. 1946: 43, 183, 226, 245, 247, 273, 287, 294, 302, 325, 430
–, Dreimächte-Pakt, Beitritt zum, 1. 3. 1941: 247
–, Kommunistische Machtergreifung, 9. 9. 1944: 273, 287, 294
Burgund: 246
Burma (Union of Burma), britischer Besitz 1826/1852/1885–4. 1. 1948, unabh. seit 4. 1. 1948: 250, 254, 298, 402
–, Besetzung durch Japan, 16. 1. 1942–3. 5. 1945: 250, 254
Burma-Strasse, Verbindung zwischen Burma und China, von Lashio bis Chungking: 250

Cambridge, Mass., Harvard University, gegr. 1636/1638: 306
Camelots du roi, Jugendgruppe der Action Française, 1908–1936: 146
Camp David, Md., Treffen Eisenhowers mit Chruschtschow, 15.–28. 9. 1959: 397, 426
Cannes, französisches Seebad an der Riviera: 141
–, Reparationskonferenz von, 6.–14. 1. 1922: 141
Carlisten (Traditionalisten), spanische monarchistische Partei, gegr. 1833: 192
Casablanca, Konferenz von, 14.–25. 1. 1943: 258, 295
Cento (Central Treaty Organization), seit 24. 3. 1959: 405
Ceylon (seit 31. 5. 1970: Sri Langka): 402
Chicago, Ill.: 455
Chile: 414, 416, 434–436, 438, 449
China: 25, 72, 87–89, 92, 102, 228, 249f., 269, 278, 287, 297, 323, 326–329, 388, 391, 393f., 400, 403, 408–414, 416, 418, 420, 422–424, 426, 430, 433, 435f., 438, 440, 442, 444, 446, 449, 453f., 462
–, Armee: 87
–, Chinesische Revolution, 10. 10. 1911–12. 2. 1912: 87
–, Eroberung und Besetzung durch Japan, 7. 7. 1937–24. 10. 1945: 87–89, 102, 228, 249f., 269, 278, 326–329
–, Kommunistische Machtergreifung auf dem Festland, Volksrepublik China, seit 1. 10. 1949: 72, 269, 323, 326–328, 388, 391, 393f., 400, 403, 408–414, 416, 418, 420, 422–424, 426, 430, 433, 435–440, 442, 444, 446, 449, 453f., 462
–, –, Amerikanisch-chinesische Annäherung, Juli 1971, und Besuch Nixons in Peking, 21.–28. 2. 1972: 326f., 411f., 414, 424, 430, 433, 453
–, –, Armee: 328, 391, 454
–, –, Außenpolitik: 409–412, 414, 424, 430, 433, 438–440
–, –, Kollektivierung der Landwirtschaft: 391, 409f.
–, –, –, Volkskommunen: 391, 409
–, –, Kulturrevolution, 12. 8. 1966–12. 10. 1976: 391, 410f.
–, –, Propaganda: 409–411
–, Nationalregierung, auf Taiwan seit 4. 12. 1949: 92, 269, 326, 390, 409, 412, 422, 424
Christentum, Christen: 84, 130, 157
Christlich-Demokratische Parteien: 336–338, 342, 345, 349, 468
–, Belgien, Christliche Volkspartei, CVP, gegr. 1945: 342, 349
–, Deutschland, Christlich-Demokratische Union, CDU, und Christlich-Soziale Union, CSU, gegr. 1945: 338, 342f., 367–372, 376f.
–, –, Mitteldeutschland, CDU: 312
–, Frankreich, Mouvement républicain populaire, M.R.P., gegr. 3. 9. 1944, aufgel. 1967: 338, 342f.
–, Italien, Democrazia Cristiana, DC, gegr. (1943) 1944: 338, 342, 345–348
–, Luxemburg, Christlich-Soziale Volkspartei: 342, 349
–, Niederlande, Römisch-Katholische Staatspartei, RKSP, 1896–1945, und Katholische Volkspartei, seit 1945: 342
–, Österreich, Christlich-soziale Partei, CP, 1891–1934, und Österreichische Volkspartei, ÖVP, seit 1945: 185f., 357
–, Portugal, Partido da democracia cristã, PDC: 363
Chungking (Chung-ch'ing): 249f.

COMECON, siehe Rat für Gegenseitige Wirtschaftshilfe
COMER SEE: 268
COMMONWEALTH OF NATIONS, BRITISH, seit 1926 (1931): 89–91, 316, 350–354, 401–403, 446–450
COMPIÈGNE, französische Ortschaft an der Oise, Waffenstillstand von, 11. 11. 1918 und 22. 6. 1940: 35, 39, 66, 243
CONSTANTINE: 343
CONTAINMENT POLICY, Eindämmungspolitik gegen den Kommunismus: 88f., 302–313, 317–319, 325–329, 336, 339, 365f., 390, 392, 394f., 401, 405, 407, 414, 419, 422, 461
CROIX DE FEU, französische autoritäre Wehrorganisation, 1927–1936: 146, 148, 217

DÄNEMARK: 40, 241, 252, 260f., 279f., 314, 317, 337, 348, 355, 359–361, 466–469
–, Besetzung, deutsche, 9. 4. 1940–4. 5. 1945: 241, 252, 260f., 279f., 359
–, –, Division Wiking, 5. SS-Panzergrenadierdivision: 261
–, Parteien und Parteiensystem: 348, 359–361
»DAILY MAIL«, Londoner Tageszeitung, begr. 1896: 155
DAKAR: 246
DALLAS, TEX.: 453
DALMATIEN, österreichisches Kronland 1867–1918, zu Jugoslawien seit (1919) 12. 11. 1920: 44, 158f.
DANZIG: 40, 110, 233f., 237, 239f.
–, Freie Stadt, 15. 11. 1920–1. 9. 1939: 40, 92, 110, 233f., 237
DARDANELLEN: 226, 300–302
–, Meerengen-Abkommen von Montreux, 20. 7. 1936: 226
DARMSTÄDTER UND NATIONALBANK, DANATBANK, gegr. (1853 und 1881) 1922, zusammengebr. 13. 7. 1931: 118
DAWES-PLAN, siehe Dawes, Charles Gates
DEFICIT SPENDING, finanzpolitische Maßnahme in Zeiten wirtschaftlicher Depression, Erhöhung der Staatsausgaben durch Kreditaufnahme: 104, 119
DEFLATION, Deflationäre Finanzpolitik: 98, 118, 170
DEMOKRATIE: 17–21, 23, 25f., 28f., 31, 33–39, 42f., 45, 47, 49f., 54f., 57–63, 65f., 68–82, 88, 91–93, 97–99, 101–104, 116, 119–127, 131–198, 201, 203, 217, 220, 222, 224f., 235f., 244, 246, 255f., 274–276, 278, 280–283, 285f., 292–295, 303, 305, 311, 332–339, 344, 346f., 352–379, 383, 388–390, 398, 400–403, 407, 415, 418, 428, 434–438, 440, 442–447, 449–451, 457f., 460, 462f., 467–471
–, Afrika: 352f., 403
–, Asien: 403
–, Belgien: 337, 348–350
–, Bulgarien: 183
–, Chile: 434f.
–, Dänemark: 348, 355, 359–361
–, Deutschland: 33, 41f., 58, 67–72, 75, 98, 100–103, 106, 109, 120f., 131–135, 142–145, 148, 153–156, 160, 167–177, 215, 288, 290, 295, 305, 310f., 335–339, 344f., 366–379, 428, 468
–, Estland: 184
–, Finnland: 183, 333, 355f.
–, Frankreich: 29, 139–150, 156, 217, 220–222, 246, 335, 339, 341–346, 436, 468f.
–, Griechenland: 361, 363–365
–, Großbritannien: 29, 98, 121, 139, 142, 149–156, 220, 339, 348, 352–355, 359, 403, 447, 467f.
–, Indien: 347, 403, 435, 437
–, Indonesien: 401f.
–, Italien: 33, 76–78, 105, 149, 153, 156, 159–162, 339, 345–348, 436, 468
–, Japan: 88, 347, 412f.
–, Jugoslawien: 183
–, Kanada: 447–449
–, Lateinamerika: 415, 435, 442
–, Lettland: 184
–, Litauen: 184
–, Luxemburg: 348f.
–, Niederlande: 156, 348
–, Norwegen: 348, 355, 359–361
–, Österreich: 43, 72, 156, 183, 185f., 333, 355, 357f.
–, Polen: 183–185
–, Portugal: 156, 361, 363
–, Rumänien: 183, 187
–, Rußland, UdSSR: 33, 55, 57f., 66, 198, 201
–, Schweden: 156, 333, 346, 348, 358–361
–, Schweiz: 138, 333, 355, 358f.
–, Skandinavien: 156, 183, 358–361

–, Spanien: 156, 189–196, 361 f.
–, Tschechoslowakei: 45, 183, 186 f., 321
–, Türkei: 361, 365
–, Ungarn: 43, 183, 294, 407
–, USA: 29, 81, 91–93, 95–104, 116, 125, 138, 142, 149, 254, 282, 292 f., 303, 333, 448, 450–456
–, ANTIDEMOKRATIE: 57, 59, 66 f., 69–71, 78, 82 f., 95, 108, 112 f., 116, 119, 129, 138–197, 147, 157, 162, 167–170, 182, 185, 187, 189, 193–197, 264, 286, 290, 337 f., 472
–, PLEBISZITÄRE: 358–360
DEUTSCH-FRANZÖSISCHER KRIEG, 19. 7. 1870–10. 5. 1871: 39 f., 139, 465
DEUTSCHLAND: 18, 21, 24, 29 f., 33–48, 50, 54–60, 66–73, 75, 79, 82, 86–89, 93, 96–98, 100–112, 114 f., 117 f., 120–124, 126–129, 131–135, 140–150, 152–156, 158, 160–189, 194, 200, 202, 204, 206–280, 285–296, 300, 304–306, 308–316, 319 f., 326–330, 333, 335 f., 338–340, 342, 344–346, 357 f., 364, 366–384, 389 f., 392 f., 395–398, 417, 421–423, 425–432, 437, 441, 451, 456 f., 459–469
–, Mitteldeutschland: 70, 78, 108, 279, 289, 294, 312, 339, 373, 377–381
–, Norddeutschland: 68
–, Ostdeutschland: 40, 183, 269, 276, 288 f., 370, 372 f., 395
–, Westdeutschland: 275, 289 f., 304–306, 309, 315 f., 335 f., 339 f., 367–381
–, RÖMISCHES REICH DEUTSCHER NATION, erloschen 6. 8. 1806: 215, 459 f.
–, DEUTSCHER BUND, 8. 6. 1815–23. 8. 1866: 123
–, –, Revolution, seit 13. 3. 1848, und Nationalversammlung, bis 18. 6. 1849: 123, 127, 169, 215, 460
–, NORDDEUTSCHER BUND, 18. 8. 1866–18. 1. 1871: 37, 123
–, –, Deutsch-Französischer Krieg, 19. 7. 1870–10. 5. 1871: 39 f., 139, 465
–, DEUTSCHES REICH, 1871–1918: 21–24, 30, 33–38, 40–42, 45, 47, 54–56, 58, 60, 66–73, 86 f., 106, 120, 123, 129, 135, 140 f., 156, 169, 179, 182–184, 200, 214, 239, 243, 291, 308, 371, 461, 466
–, –, –, Armee: 36, 56, 58, 68, 139, 153, 168
–, –, –, Friedensschluß von Brest-Litowsk, 3. 3. 1918: 62, 198
–, –, –, Kolonien: 23, 40, 86 f., 113
–, –, –, Reichsgründung, 18. 1. 1871: 39
–, –, –, Revolution, 3.–9. 11. 1918: 54 f., 66–71, 106, 112, 133, 152, 167 f., 181, 206, 215, 289
–, –, –, Waffenstillstand, 11. 11. 1918: 35, 39, 66, 243, 274
–, –, 1918–1933 (WEIMARER REPUBLIK): 30, 33–42, 45, 47 f., 50, 56–60, 65–73, 75 f., 78, 80, 86–89, 93, 96–98, 100–112, 114 f., 117 f., 120–124, 126, 128 f., 131–135, 137, 140–150, 152–156, 160–187, 189, 200, 204, 207, 209–217, 222, 235, 274, 289–291, 343, 346, 367–371, 375, 377–379, 456, 463 f.
–, –, –, Arbeitslosigkeit: 98, 100, 106, 117 f., 121, 166, 169 f., 173
–, –, –, Außenpolitik: 42, 106 f., 169, 210–212, 216 f., 456, 463 f.
–, –, –, –, Auswärtiges Amt: 211
–, –, –, Berliner Vertrag mit der UdSSR, 24. 3. 1926: 110, 213 f.
–, –, –, Blockade, alliierte, 2. 11. 1914–12. 7. 1919: 69
–, –, –, Dolchstoßlegende: 36, 168, 181
–, –, –, Freikorps, Freiwilligenverbände, 11. 11. 1918–19. 3./27. 6. 1921: 68–70, 108
–, –, –, –, Baltikum-Kämpfe, 1918/19: 182
–, –, –, Friedensvertrag mit den USA, 25. 8. 1921: 93, 141
–, –, –, Friedensvertrag von Versailles, 28. 6. 1919: 20, 39–42, 45, 55, 67, 69, 73, 92–95, 105 f., 110 f., 141, 170, 172, 174 f., 212, 216–219, 221–224, 226, 229, 233, 263, 285
–, –, –, Grenzen, Fragen der: 40, 110, 213
–, –, –, Handelsflotte: 40, 114
–, –, –, Hitler-Putsch in München 8./9. 11. 1923: 48, 70
–, –, –, Inflation, 1921/22–20. 9. 1923: 105, 109 f., 112, 118, 123, 141, 168–170
–, –, –, Kapp-Putsch, 13.–18. 3. 1920: 70, 73, 108, 121
–, –, –, Kommunistenunruhen, 1918–1921 und 1923: 68, 70, 78, 106, 108, 121, 207
–, –, –, –, Mitteldeutschland, 20.–31. 3. 1921 und 12. 10.–12. 11. 1923: 68, 70, 78, 108
–, –, –, –, Norddeutschland, 31. 3.–17. 4. 1919, und Hamburg, 22.–24. 10. 1923: 68, 108
–, –, –, Kriegsschuldfrage: 40

–, –, –, Memelland-Annexion durch Litauen, 10. 1./15. 2. 1923: 40, 184
–, –, –, Nationalversammlung in Weimar, 6.–11. 2. 1919: 67–69
–, –, –, Notverordnungen: 109, 144f., 154, 172
–, –, –, Parteien und Parteiensystem: 69, 73–76, 80, 105–108, 144, 146, 153f., 168, 172f., 346, 367f., 375, 377f.
–, –, –, Putschversuch Hitlers in München, 8./9. 11. 1923: 48, 70, 108, 172
–, –, –, Rat der Volksbeauftragten, 10. 11. 1918–13. 2. 1919: 67
–, –, –, Reichsbahn, Deutsche, begr. 24. 4. 1920: 40
–, –, –, Reichskanzler und Reichskanzleramt: 172, 174
–, –, –, Reichspräsident und Reichspräsidentenamt: 143–145, 154, 160, 167, 169, 172 bis 174, 343, 367
–, –, –, Reichstag: 143, 154, 168, 172f., 378
–, –, –, Reichswehr, 27. 2. 1919–16. 3. 1935, und Regierungstruppen, 10. 11. 1918–27. 2. 1919: 40, 68, 88, 106–109, 168, 173f., 200, 202, 213, 235
–, –, –, Reparationen: 40f., 83, 96f., 105, 109f., 113, 117f., 140f., 289
–, –, –, Rheinland-Besetzung, 6. 12. 1918–30. 6. 1930: 40f., 106, 109, 111
–, –, –, Rüstungsbeschränkungen: 40, 110, 212f.
–, –, –, Ruhrgebiet-Besetzung, 10. 1. 1923–31. 7. 1925: 42, 105–107, 109, 141
–, –, –, Saargebiet, 19. 1. 1920–1. 3. 1935: 40, 216, 465
–, –, –, Separatistenunruhen im Rheinland, 21. 10. 1923–17. 2. 1924: 106
–, –, –, Verfassung, 10. 2. 1919: 144, 164, 167, 172, 204f., 367, 370
–, –, –, Verträge von Locarno, 1. 12. 1925: 110, 112, 218f., 221, 224
–, –, –, Vertrag von Rapallo, 16. 4. 1922: 47, 80, 110, 200, 213, 308
–, –, –, Völkerbund, Eintritt in den, 8. 9. 1926: 110
–, –, –, Zollunion mit Österreich, 21. 3.–3. 9. 1931: 118, 186
–, –, 1933–1945 (Drittes Reich): 18f., 22–24, 27, 30, 35f., 39, 41, 43–47, 52, 57–59, 65, 71, 75, 82, 85, 87, 89, 96–98, 100–104, 112, 115, 117f., 121–124, 126f., 131f., 135, 137, 146–148, 153, 155f., 160–182, 184–188, 194, 200f., 203–206, 208–280, 284–291, 300, 305f., 308f., 311, 319–321, 329, 332f., 343, 348, 350, 356–359, 366–373, 378, 390, 427, 455–457, 459, 461–463
–, –, –, Achse Berlin–Rom, Vertrag vom 25. 10. 1936: 225–227, 232, 247, 461
–, –, –, Afrika-Korps, 8. 2. 1941–12. 5. 1943: 85, 245f., 255, 258f., 300
–, –, –, Anschluß Österreichs, 13. 3. 1938: 45, 175, 186, 215f., 229–231, 234, 357
–, –, –, Anschluß des Sudetenlands, 10. 10. 1938: 175, 186, 230f., 320
–, –, –, Antikomintern-Pakt, 25. 11. 1936: 226, 228, 233, 236, 250
–, –, –, Arbeitslosigkeit und Arbeitsbeschaffungsprogramm: 100, 173
–, –, –, Außenpolitik: 27, 89, 174, 177–180, 210–219, 223, 227f., 230, 235–237, 239
–, –, –, Auswärtiges Amt: 211, 214
–, –, –, Balkan-Feldzug, seit 2. 3. 1941: 188, 247, 258–267, 270f., 273f., 278, 302f., 322, 364
–, –, –, Besetzung Dänemarks und Norwegens, 9. 4. 1940–4./7. 5. 1945: 241, 252, 260f., 279f., 359
–, –, –, Besetzung der ČSR, 15. 3. 1939, und Protektorat Böhmen und Mähren, 16. 3. 1939–9. 5. 1945: 45, 186f., 232–235, 263, 273, 279, 294, 307, 318, 320f.
–, –, –, Deutsche Arbeitsfront, DAF, gegr. 10. 5. 1933: 165
–, –, –, Deutsch-britisches Flottenabkommen, 18. 6. 1935: 217, 219, 234
–, –, –, Deutsch-französisches Konsultativabkommen, 6. 12. 1938: 232
–, –, –, Deutsch-italienischer Freundschafts- und Beistandspakt, Stahlpakt, 22. 5. 1939: 234
–, –, –, Deutsch-italienisch-japanisches Militärabkommen, 18. 1. 1942: 250
–, –, –, Deutsch-polnischer Nichtangriffspakt, 26. 1. 1934: 214, 234
–, –, –, Deutsch-sowjetischer Grenz- und Freundschaftsvertrag, 28. 9. 1939: 240
–, –, –, Deutsch-sowjetischer Nichtangriffspakt, 23. 8. 1939: 47, 57, 184, 195, 209, 213f., 235–238, 240f., 244, 250, 265, 268, 277, 288

–, –, –, Dreimächte-Pakt mit Italien und Japan, 27. 9. 1940: 245, 247, 253
–, –, –, Emigration: 96, 127, 131, 194, 212, 216, 242f., 279, 309, 369, 378
–, –, –, Ermächtigungsgesetz für Hitler, 23. 3. 1933: 162, 173
–, –, –, Gleichschaltung der Länder, 31. 3. 1933: 173f., 212, 215, 223, 239
–, –, –, Grenzen, Fragen der: 213, 237
–, –, –, Invasion Englands, geplante, Unternehmen Seelöwe, 16. 7.–12. 10. 1940: 244f.
–, –, –, Italienischer Kriegsschauplatz, 8. 9. 1943–9. 5. 1945: 266–268, 270, 274, 287, 345
–, –, –, Judenverfolgung: 85, 212, 223, 228, 249, 264f., 288, 300
–, –, –, –, Nürnberger Gesetze, 15. 9. 1935: 223
–, –, –, Konkordat, 20. 7. 1933: 162, 164, 212
–, –, –, Kriegserklärung an die USA, 11. 12. 1941: 102f., 253f., 256, 266
–, –, –, Kriegsmarine: 217, 219, 241, 244
–, –, –, Legion Condor, 6. 11. 1936–6. 6. 1939: 194, 225
–, –, –, Luftkrieg, 1939–1945: 241f., 277f., 289
–, –, –, Luftlandetruppen (Fallschirmjäger): 247, 268
–, –, –, Luftwaffe: 194, 216, 232, 240, 244
–, –, –, Machtergreifung Hitlers, 30. 1. 1933: 52f., 56–59, 61f., 82, 112, 126, 161f., 164, 171–177, 181, 209–211, 215, 223, 227, 456
–, –, –, Memelland, Wiedereingliederung, 22. 3. 1939: 233
–, –, –, Münchener Abkommen, 29. 9. 1938: 209, 231–234, 237, 320
–, –, –, Polen-Feldzug, 1. 9.–6. 10. 1939, und Besetzung Polens (Generalgouvernement), bis 23. 2. 1945: 185, 238, 240f., 248, 258–267, 269, 271–273, 275f., 278, 281f., 288, 294
–, –, –, Reichsarbeitsdienst, RAD, eingef. 26. 6. 1935: 100
–, –, –, Reichsautobahn: 100, 179
–, –, –, Reichskulturkammer, einges. 22. 9. 1933: 173
–, –, –, Reichsministerium für Volksaufklärung und Propaganda, errichtet 13. 3. 1933: 173, 211
–, –, –, Reichstag: 101, 212, 227, 240, 244, 248
–, –, –, –, Reichstagsbrand, 27. 2. 1933: 173
–, –, –, Rheinland-Einmarsch, 7. 3. 1936: 174, 221f.
–, –, –, ›Röhm-Putsch‹, 30. 6. 1934: 162, 173
–, –, –, Rüstung: 65, 174, 209, 212f., 216, 222, 232, 234, 240, 261
–, –, –, Rußland-Feldzug, seit 22. 6. 1941: 102, 208, 244f., 247–249, 253f., 257–269, 275–278, 288, 291, 296
–, –, –, Saargebiet, Wiedereingliederung, 1. 3. 1935: 216
–, –, –, Sudetenkrise, 20. 5.–10. 10. 1938: 230f.
–, –, –, Umsiedlung Volksdeutscher, 1939 bis 1945: 127, 288
–, –, –, V-(Vergeltungs-)Waffen: 277, 280
–, –, –, Viermächte-Pakt, 7. 6. 1933: 212, 214
–, –, –, Völkerbund, Austritt aus dem, 19. 10. 1933: 89, 212–214, 216f.
–, –, –, Volkssturm, errichtet 18. 10. 1944: 274
–, –, –, Wehrmacht (bis 16. 3. 1935: Reichswehr): 173f., 179, 188, 209, 213, 216, 218, 221, 228–245, 247, 258–268, 270, 274, 277–280
–, –, –, Westfeldzug, seit 10. 5. 1940, und besetzte Gebiete, bis 9. 5. 1945: 39, 142, 145, 153, 240–246, 250–253, 258–267, 269f., 274–277, 314, 340f., 348–350, 404, 452, 463
–, –, –, –, Ardennen-Offensive, 16. 12. 1944–16. 1. 1945: 277
–, –, –, –, Invasion, anglo-amerikanische, in der Normandie, 6. 6. 1944: 260, 267, 269, 274, 452
–, –, –, –, Waffenstillstand mit Frankreich, 22. 6. 1940: 39, 142, 243, 246, 340, 404
–, –, –, –, Waffenstillstand, Bedingungslose Kapitulation, 7./8. 5. 1945: 258, 279, 281, 329, 356
–, –, –, Widerstand gegen das NS-Regime: 122, 173, 229, 232, 239, 259, 262, 265f., 270, 274, 277, 456
–, –, –, –, Attentat auf Hitler, 20. 7. 1944: 239, 270, 274
–, –, –, Zusammenbruch und Besetzung

durch die Alliierten, seit 16. 10. 1944: 181, 257–280, 333, 356, 368, 457
–, Alliierte Besetzung und Verwaltung, 9. 5. 1945–23. 5. 1949: 29, 42, 75, 93, 122, 132, 137, 142, 181, 274–280, 284–291, 293, 295 f., 300, 304–306, 308–313, 315, 320, 326, 328, 330, 333, 335 f., 338–340, 352, 356–358, 366–370, 372 f., 377 f., 392 f., 395–398, 412, 451, 463, 469
–, –, Alliierter Kontrollrat, seit 2. 8. 1945: 295, 309
–, –, Amerikanische Zone: 276, 289 f., 304–306, 309 f., 318
–, –, Außenministerkonferenz der USA, Großbritanniens, Frankreichs und der UdSSR in Moskau, 10. 3.–24. 4. 1947: 305
–, –, Außenministerkonferenz der USA, Großbritanniens, Frankreichs und der UdSSR in London, 25. 11.–15. 12. 1947: 307
–, –, Außenministerkonferenz der USA, Großbritanniens und Frankreichs in Washington, D.C., 8. 4. 1949: 309
–, –, Außenministerkonferenz der USA, Großbritanniens, Frankreichs und der UdSSR in Paris, 23. 5.–20. 6. 1949: 309
–, –, Außenministerkonferenz der USA, Großbritanniens, Frankreichs und der UdSSR in Berlin, 25. 1.–18. 2. 1954: 392 f., 396
–, –, Außenministerkonferenz der USA, Großbritanniens, Frankreichs und der UdSSR in Genf, 27. 10.–16. 11. 1955: 398
–, –, Bi-Zone, seit 1. 1. 1947, und Tri-Zone, seit 24. 7. 1947, Vereinigtes Wirtschaftsgebiet: 304–306, 308–310
–, –, –, Verwaltungsrat, 24. 7. 1947–20. 9. 1949: 305
–, –, Blockade Berlins, sowjetische, 24. 6. 1948–12. 5. 1949: 298, 309, 317, 320 f., 323, 339, 419 f., 425
–, –, Britische Zone: 276, 289 f., 304–306, 309 f., 318, 352
–, –, Demontagen: 289, 291, 304, 322
–, –, Deutschland-Konferenz der USA, Großbritanniens, Frankreichs und der Benelux-Staaten in London, 23. 2.–26. 3. und 20. 4.–2. 6. 1948: 308
–, –, Deutschland- und Abrüstungskonferenz der USA, Großbritanniens, Frankreichs und der UdSSR in Genf, 17.–23. 7. 1955: 397 f.
–, –, Entmilitarisierung: 276, 289, 308, 318, 329 f.
–, –, Entnazifizierung: 289 f., 295, 395
–, –, Französische Zone: 275 f., 289 f., 304–306, 309 f., 318
–, –, Grenzen, Fragen der: 286–289, 291, 370, 373, 375
–, –, Nürnberger Prozesse gegen die sog. Kriegsverbrecher, 14. 11. 1945–14. 4. 1949: 289 f., 295
–, –, Ostdeutschland, polnische Verwaltung jenseits der Oder-Neiße-Linie: 269, 271 f., 276, 286, 288 f., 370, 372 f., 395
–, –, Parlamentarischer Rat, 1. 9. 1948–23. 5. 1949: 310
–, –, Parteien: 305 f., 310–312
–, –, Potsdamer Konferenz, 17. 7.–2. 8. 1945: 287–289, 291, 295, 304, 397
–, –, Reparationen: 275, 289, 291, 304 f., 322, 356, 381
–, –, Saarland, Abtrennung von der Französischen Zone, 7. 7. 1945, und eigene Verwaltung, bis 31. 12. 1956: 310, 315, 395, 465
–, –, Sowjetische Zone: 75, 276, 279, 289–291, 294 f., 304–306, 309–313, 319 f., 325, 339, 357, 374, 376–384, 393
–, –, –, DDR, siehe Deutschland, DDR
–, –, Vertreibung der Ostdeutschen und Sudetendeutschen: 122, 127, 278, 286, 288 f., 335, 372 f.
–, –, Währungsreform, 20. 6. 1948: 309
–, –, Währungsumstellung in Ost-Berlin und in der Sowjetischen Zone, 23. 6. 1948: 309
–, –, Wiederaufbau: 276, 304 f., 315, 335 f., 366, 377, 379
–, –, Wiedervereinigung: 290, 310–313, 330, 367–374, 376 f., 379, 383, 392 f., 396–398, 418, 421, 428 f.
–, Bundesrepublik Deutschland, seit 23. 5. 1949: 29, 42, 75 f., 132, 137, 142, 153, 284 f., 290, 309–316, 318–321, 326–330, 335 f., 338–340, 342–346, 356 f., 364, 366–383, 389, 392 f., 395–398, 417 f., 422, 427–432, 437, 441, 451, 464 f., 468 f.
–, –, Außenpolitik: 285, 310–316, 319 f., 330, 338–340, 342 f., 345, 366 f., 369–380, 383, 395–398, 418, 427 f., 430, 432, 464
–, –, –, ›Hallstein-Doktrin‹, verkündet 23. 9. 1955: 320, 380
–, –, –, Ostpolitik: 285, 319, 371, 375 f., 383, 397 f., 418, 427 f., 430, 432, 464
–, –, Berlin-Ultimatum Chruschtschows, 27. 11. 1958: 308, 374, 417, 419, 425 f., 429

–, –, Bundeskanzler und Bundeskanzleramt: 366–368, 371 f., 375 f.
–, –, Bundespräsident und Bundespräsidentenamt: 367, 375
–, –, Bundestag: 310, 343, 367, 371 f.
–, –, Bundesverfassungsgericht: 367, 376
–, –, Bundeswehr: 395 f.
–, –, Deutschlandvertrag (Generalvertrag), 26. 5. 1952: 395
–, –, Große Koalition, von den beiden größten im Bundestag vertretenen Parteien getragene Regierung, 1. 12. 1966–21. 10. 1969: 374 f.
–, –, Grundgesetz, 23. 5. 1949: 132, 310, 330, 367, 370, 375 f., 380
–, –, Grundlagenvertrag mit der DDR, 21. 6. 1973: 283, 427
–, –, Note, sowjetische, an die drei Westmächte, 20. 3. 1952: 330, 397, 420
–, –, Notstandsgesetz, 17. Gesetz zur Veränderung des GG, 24. 6. 1968: 370, 374
–, –, Pariser Verträge, 20.–23. 10. 1954: 342, 366, 395
–, –, Parteien und Parteiensystem: 144, 305 f., 310–312, 335, 339, 342 f., 367–372, 374–378, 395 f., 422
–, –, Saarland, Rückgliederung, 1. 1. 1957: 315, 395, 465
–, –, Studenten- und Jugendbewegung, ›Neue Linke‹: 374–376
–, –, Wiederbewaffnung: 319, 327, 329 f., 370, 372, 395–398
–, DDR (Deutsche Demokratische Republik), seit 7. 10. 1949: 42, 75 f., 309–313, 319 f., 325, 339, 357, 373 f., 376–384, 386, 393, 396, 398, 417, 419, 421–423, 429–432, 469
–, –, Enteignung in Industrie und Handel, sog. Volkseigene Betriebe: 290, 295, 378, 381
–, –, Flüchtlinge, mitteldeutsche, Flüchtlingsbewegung: 310, 335, 381, 425–427
–, –, Fünfjahrespläne: 381
–, –, Grenze, Innerdeutsche, Zonengrenze: 381, 427
–, –, –, Grenzbefestigungen: 381, 427
–, –, –, Schießbefehl: 381
–, –, Kollektivierung der Landwirtschaft: 290, 295, 378, 381, 423
–, –, Mauerbau, Ost-Berliner, 13. 8. 1961: 374, 381, 407, 417, 419, 421, 427, 429
–, –, Nationale Front: 310, 312, 380
–, –, Propaganda: 380 f., 383
–, –, –, Abgrenzung (gegenüber dem Westen): 383
–, –, –, Zweistaaten-Theorie, sowjetische, seit 26. 7. 1955: 319, 383, 398, 417
–, –, Verfassung: 380, 383
–, –, Volksarmee: 381–383, 396
–, –, Volksaufstand in Ost-Berlin und Mitteldeutschland, 17. 6. 1953: 79, 312, 380 f., 386, 398, 419–423, 429, 432
–, –, Volkskammer: 310, 318, 380
DIEN-BIEN-PHU, Kapitulation von, 7. 5. 1954: 394
DIKTATUR: 17–21, 31, 36, 43, 45–47, 50, 55 f., 58–60, 63 f., 66, 70 f., 74 f., 77, 81 f., 87, 102–105, 111 f., 115–117, 123, 126–128, 130 f., 145 f., 155, 157–163, 165, 167, 170, 174, 176 f., 182 f., 185–191, 193–196, 198–201, 215, 217, 222, 237, 256, 261 f., 271, 274, 278, 286, 294, 334, 336, 338, 352, 355, 361, 367 f., 380, 382, 390, 402, 414–416, 418, 422, 435 f., 438, 442, 445, 451, 469, 471
–, linke, kommunistische: 55 f., 58–61, 63 f., 71 f., 74 f., 77–79, 81 f., 102–104, 115, 126, 128, 131, 161–163, 176 f., 182, 198–209, 226, 237, 256, 265, 269, 271, 274, 292–294, 312, 321–325, 331, 334, 336, 353, 368, 377–399, 407, 409, 416, 421–423, 429, 431–435, 438, 444–446, 454, 456, 471
–, rechte, faschistische: 18, 56, 58–60, 63 f., 66, 70, 74, 77 f., 81 f., 102–105, 109, 111 f., 115, 123, 126, 128, 131, 146, 153, 155, 157, 160–166, 170, 172, 174, 176 f., 182, 185–191, 193–196, 200 f., 215, 217, 220, 222–225, 229 f., 237, 245 f., 256, 261 f., 271, 274, 277 f., 334, 338, 352, 355, 357, 361–365, 367 f., 378, 382, 402, 435 f., 438, 442, 445, 457, 471
DIKTATUR DES PROLETARIATS, marxistischer Begriff der: 58 f., 68, 71, 75, 79, 126, 193, 199, 203, 324, 443, 446
DIRIGISMUS, siehe Wirtschaft, Dirigismus
DJIBOUTI, selbst. seit 27. 6. 1977: 234
DONAU UND DONAURAUM: 187
DONEZ-BECKEN: 198
DREIMÄCHTE-PAKT, Bündnis Deutschlands mit Italien und Japan, 27. 9. 1940: 245, 247, 253
DRESDEN, Luftangriff auf, 13./14. 2. 1945: 278

Dritte Welt, politisches Schlagwort, Sammelbezeichnung für nicht der westlichen oder der sozialistischen Welt angehörende, ›neutrale‹ Staaten und Staatengruppierungen, auch für nichtindustrialisierte Länder: 20, 23, 25, 48, 72, 75, 90, 120, 137f., 286, 299, 320, 352, 400–406, 408, 418, 424, 439, 446f.
Dünkirchen: 242, 244, 313
–, Britisch-französischer Beistandspakt von, 4. 3. 1947: 313
–, Schlacht von, 31. 5.–4. 6. 1940: 242, 244
Düsseldorf: 210

›Eden-Plan‹, siehe Eden, Sir (Robert) Anthony
Einparteienherrschaft: 25, 56, 163–165, 290, 352, 378, 418, 435f.
–, faschistische: 56, 58, 173, 205, 211
–, kommunistische: 56f., 60f., 72, 124, 198–209, 290, 293, 312, 323f., 333, 352, 378–381, 383–385, 389, 418, 435f.
Eiserne Garde, rumänische nationalistisch-völkische Bewegung, 1924–1944: 187
Eiserner Vorhang, Begriff für die Abriegelung des sowjetischen Machtbereichs gegen den Westen, von Churchill geprägt 5. 3. 1946: 287, 299, 312, 318f., 334, 356, 427, 463
Eismeer: 288
Ekuador: 414
Elbe: 279, 373
Elsass: 39, 263
Emigration, politisch bedingte: 96, 127, 131, 194, 212, 216, 242f., 272, 279, 294, 357, 369, 378, 381, 425–427, 433f.
Energie und Energiegewinnung: 101, 414, 419, 465f., 469–471
Entente, Kleine, Bündnis der ČSR mit Jugoslawien und Rumänien, 1920/1922–1938: 37, 46, 186
Entkolonisierung, siehe Kolonien und Kolonialpolitik, Entkolonisierung
Entspannung (politische), Détente: 20, 298, 355f., 375, 389, 392, 396, 398f., 405, 407, 417–435, 439f., 443–446, 453, 459, 462, 470f.
Entwicklungsländer: 23, 127, 178, 401f., 408, 415, 435, 441f., 454
Entwicklungspolitik, Unterstützung der Entwicklungsländer durch die Industrieländer: 23, 75
Erfurt: 383
Estland, unabh. Republik seit 24.2./10.4./12. 11. 1918, Freistaat seit 14. 12. 1918: 43, 47, 183f., 234, 236
–, sowjetischer Überfall, 16. 6. 1940, und Annexion, 6. 8. 1940: 43, 184, 234, 237, 241
Eupen, zu Belgien 1920–1940 und seit 1945: 263
Europäische Einigungsbestrebungen, nach 1918: 24, 111, 313f., 338, 456, 463, 467
–, Europa-Politik, nach 1945: 30, 111, 256, 266, 285, 307, 313–319, 330f., 336–354, 362, 366f., 374, 376, 395, 418f., 422f., 432, 451f., 456–472
–, –, Außenministerkonferenz der Montan-Union in Messina, 4. 6. 1955: 465
–, –, Brüsseler Pakt, 17. 3. 1948: 313f., 317f., 395
–, –, Kongreß der europäischen Einigungsbewegungen in Den Haag, 7.–10. 5. 1948: 314
–, –, Pariser Verträge, 20.–23. 10. 1954: 285, 342, 366, 395
Europäische Freihandelszone, EFTA (European Free Trade Association), gegr. 20. 11. 1959: 355, 466
Europäische Gemeinschaft, EG, bis 1974: Europäische Wirtschaftsgemeinschaft, EWG, gegr. 26. 3. 1957: 340, 342, 347, 350, 354f., 357, 359, 365f., 422, 425, 458, 462 bis 469
–, Beitritt Großbritanniens, Irlands und Dänemarks, 1. 1. 1973: 354f., 359, 466–469
–, Kommission: 467
–, Parlament, Europäisches (Assemblée), einges. 1. 1. 1958: 462f.
–, –, Direktwahlen der Abgeordneten in den neun Ländern, 7.–10. 6. 1979: 467f.
–, Römische Verträge, 25. 3. 1957: 466
Europäische Gemeinschaft für Atomenergie, EURATOM, gegr. 25. 3. 1957: 463, 465f.
–, Außenministerkonferenz von Messina, 4. 6. 1955: 465
Europäische Gemeinschaft für Kohle und Stahl (Montan-Union), gegr. 25. 7. 1952: 315f., 330, 342, 366, 463–466

–, Außenministerkonferenz von Messina, 4. 6. 1955: 465
–, Gerichtshof: 316
–, Hohe Behörde: 316, 465
–, Ministerrat: 316
EUROPÄISCHE VERTEIDIGUNGSGEMEINSCHAFT, EVG, geplante, 27. 5. 1952–31. 8. 1954: 319, 329f., 342, 395, 397, 463, 465, 471
EUROPÄISCHER WIEDERAUFBAU, nach 1945: 266, 276, 281, 286, 305f., 313–316, 321, 329, 332–340, 348, 353, 377, 456–458, 463
EUROPÄISCHES WIEDERAUFBAU-PROGRAMM, ERP (European Recovery Program), Marshall-Plan, beg. 3. 4. 1948: 117, 281, 306f., 315, 321, 329, 336, 339, 366, 463f.
–, Konferenz der ERP-Länder in Paris, 12. 7.–22. 9. 1947: 306f., 463
EUROPÄISCHE WIRTSCHAFTSGEMEINSCHAFT, EWG, siehe Europäische Gemeinschaft, EG
EUROPARAT (Council of Europe), gegr. 5. 5. 1949: 314, 329, 463f., 469
EXPRESSIONISMUS: 131

FALANGE ESPAÑOLA, gegr. 1933: 193f.
FASCHISMUS: 17f., 21f., 26–28, 30, 32f., 44, 53, 57f., 71, 76–78, 80–82, 104f., 112, 119f., 122f., 127f., 135, 137, 145–148, 154–167, 175–177, 180–182, 185–190, 193–195, 208, 221f., 227, 237, 243f., 257, 261, 267, 287, 295, 305, 313, 332, 337f., 345, 347, 362, 378, 441, 445, 461, 472
–, Belgien, Rex-Bewegung (Rexisten), gegr. 1930: 261
–, Frankreich: 145f., 221, 261
–, –, Parti Franciste, rechtsradikale Bewegung, 1933–1944: 146
–, –, Parti populaire français, 1937–1944: 148
–, –, Parti social français, nationalistisch-soziale Bewegung, 1936–1944: 148, 261
–, Großbritannien, British Union of Fascists, 1932–1940: 154f.
–, Italien: 17f., 21f., 26, 44, 57–59, 71, 76–78, 80–82, 85, 104f., 112, 122, 127f., 146, 155–167, 171, 173, 175–177, 180f., 186, 189f., 193f., 208, 210–212, 215, 217, 219f., 222–225, 243, 245, 257, 267f., 270, 287, 295, 305, 313, 332, 338, 345–348, 441, 461
–, –, Balilla, Jugendorganisation, gegr. 3. 4. 1926: 164
–, –, Dopolavoro, Opera Nazionale, O.N.D., gegr. 1. 5. 1925: 165
–, –, Fasci del combattimento, gegr. 23. 2. 1919: 159
–, –, Fascio, Begriff des: 157
–, –, Gran Consiglio, Großrat: 164, 267f.
–, –, Impero Romano, Vorstellung vom: 157, 164, 219f., 245
–, –, Machtergreifung, ›Marsch auf Rom‹, 28. 10. 1922: 48, 53, 56f., 59, 62, 82, 159–162, 171, 173, 176
–, –, Mare nostro, Parole vom: 164, 188, 219, 229, 461
–, –, Milizia Nazionale: 162
–, –, Propaganda: 112, 126, 159, 163f., 166, 225
–, –, Squadre: 160–162
–, –, Stato corporativo: 165
–, –, Zeitrechnung: 164
–, Kroatien: 45
–, Niederlande: 261
–, Spanien: 193f.
–, ANTIFASCHISMUS: 122, 163, 222, 239, 259–266, 270f., 273f., 279, 295, 337f., 345f., 348, 437, 463
–, NEOFASCHISTEN, italienische: 347f.
FEUDALISMUS: 124, 205, 345
FILM UND FILMINDUSTRIE: 132
FINNLAND, unabh. seit 27. 11. 1917, Republik seit 17. 7. 1919: 43, 59, 182f., 208, 236f., 241, 247f., 269, 273, 287f., 307, 333, 355f., 360f., 436f., 441
–, Angriff der UdSSR, Winterkrieg, 30. 11. 1939–12. 3. 1940, und Krieg gegen die UdSSR, 26. 6. 1941–19. 9. 1944: 183, 208, 237, 241, 248, 356
–, Parteien und Parteiensystem: 183
FINNLANDISIERUNG: 356
FIUME (Sankt Veit am Flaum), seit 1945/1947: RIJEKA, ungarisches autonomes Gebiet 1779–1918, zu Italien 27. 1. 1924–10. 2. 1947, zu Jugoslawien seit 5. 10. 1954: 158f.
–, Überfall d'Annunzios auf, 12. 9. 1919–12. 11. 1920: 158f., 163
FLANDERN: 348f.
FONTAINEBLEAU, NATO-Hauptquartier für Europa, SHAPE, 1949–1966/67: 318
»FOREIGN AFFAIRS«, amerikanische Vierteljahresschrift, begr. 1922: 303

FRANKREICH: 22–24, 29, 35, 37, 39, 47, 52, 54, 56, 76, 84, 88f., 91, 93, 105–111, 117f., 123f., 129, 132–134, 137, 139–150, 154–156, 177, 182, 184, 186f., 192, 209f., 212–222, 224–226, 228, 230–235, 238–247, 251, 253, 258–261, 265, 267, 269, 271, 274f., 287, 289f., 292f., 295–297, 300f., 304–311, 313–318, 320, 326, 329–331, 335, 337, 339–346, 352, 356, 358, 362, 364, 377, 392–398, 400f., 403–407, 420–425, 435–438, 440f., 444f., 448, 450, 456, 459, 463–469
–, Nordfrankreich: 140, 246
–, Ostfrankreich: 140
–, Südfrankreich: 243
–, KAISERREICH, 2. 12. 1804–6. 4. 1814: 22, 142, 181
–, –, Rußland-Feldzug Napoleons, 24. 6.–28. 11./30. 12. 1812: 247f.
–, –, (ZWEITES), 2. 12. 1852–4. 9. 1870: 39
–, –, –, Deutsch-französischer Krieg, 19. 7. 1870–10. 5. 1871: 39f., 139
–, DRITTE REPUBLIK, 18. 2. 1871–22. 6. 1940: 22f., 29, 35, 37, 39–42, 47, 54, 56, 76, 84f., 88f., 91, 93, 105–111, 117f., 123, 129, 132–134, 137, 139–150, 154–156, 182, 184, 186f., 192, 209f., 212–222, 224–226, 228, 230–235, 238–247, 251, 253, 258–261, 265, 267, 269, 271, 274f., 289f., 292f., 296, 301, 320, 337, 340–342, 346, 356, 456, 463
–, –, Armee: 111, 139, 148, 231, 240–244
–, –, Außenpolitik: 109, 111, 141f., 147f., 155, 182, 215–222, 226, 233, 235, 342
–, –, Britisch-französische Garantieerklärung für Polen, 31. 3. 1939: 233f.
–, –, Deutsch-französisches Konsultativabkommen, 6. 12. 1938: 232
–, –, Dreyfus-Affäre, 15. 10./22. 12. 1894/9. 9./21. 9. 1899–12. 7. 1906: 139, 150
–, –, Französisch-sowjetischer Beistandspakt, 2. 5. 1935: 209, 214, 218f., 221
–, –, Kolonien: 22f., 85, 246, 258f., 341–344, 393–395, 400f., 403–407
–, –, Kriegsmarine: 243, 246, 259
–, –, Parlament: 139, 142, 144–146, 149, 217f., 222, 246
–, –, Parteien und Parteiensystem: 76, 123, 139f., 142, 144–148, 217, 221f., 346
–, –, Präsident und Präsidentenamt: 141f., 144, 147
–, –, Rüstung: 222, 232
–, –, Ruhrgebiet-Besetzung, 10. 1. 1923–31. 7. 1925: 42, 105–107, 109, 141
–, –, Senat: 140
–, –, Stavisky-Skandal, rechtsradikale Unruhen, Generalstreik, Jan./Feb. 1934: 146
–, –, –, Unruhen in Paris, 6.–14. 2. 1934: 146f., 218
–, –, Viermächte-Pakt, 7. 6. 1933: 212, 214
–, –, Volksfront-Regierung, 4. 6. 1936–21. 6. 1937: 76, 145–148, 192, 209, 222, 225, 437
–, Westfeldzug, deutscher, seit 10. 5. 1940, und Besetztes Gebiet, Vichy-Regierung, bis 9. 5. 1945: 39, 142, 145, 148, 153, 240–246, 250–253, 258–267, 269f., 274–277, 314, 340f., 348–350, 404, 452, 463
–, –, État français, Vichy-Regierung, 17. 6. 1940–17. 8. 1944: 243, 245–247, 253, 258–266, 343
–, –, Besetzung des zunächst unbesetzten Gebiets, 11. 11. 1942: 259
–, –, Division Charlemagne, 33. SS-Grenadierdivision: 261
–, –, Kollaboration: 246, 259–263
–, –, Résistance: 259–261, 265f., 269, 274, 341f.
–, –, Waffenstillstand, 22. 6. 1940: 39, 142, 243, 246, 340, 404
–, »Français libres«, Komitee in London, gegr. 25. 6. 1940, und »Comité français de liberation nationale« in Algier, 1940–1944: 246, 258–260, 274
–, VIERTE REPUBLIK, 29. 8./10. 9. 1944–28. 9. 1958 (Gouvernement provisoire, 29. 8. 1944–27. 10. 1946): 143, 146, 260, 274f., 287, 295, 297, 300, 304–311, 313–318, 326, 329–331, 339–346, 352, 358, 362, 392–398, 400f., 403–407, 421f., 463–465
–, –, Armee: 274, 300, 343f., 394, 404, 406, 465
–, –, Außenpolitik: 274f., 315, 329f., 339, 341–343, 345, 393–396, 404–406, 422, 464f.
–, –, Britisch-französischer Beistandspakt, 4. 3. 1947: 313
–, –, Französisch-sowjetischer Bündnisvertrag, 10. 12. 1944: 275
–, –, Indochina-Krieg, 19. 12. 1946–21. 7. 1954: 325, 329, 331, 341, 343, 393–395, 404, 422

–, –, Kolonien: 331, 341–344, 352, 393 bis 395, 400 f., 403–407
–, –, Parlament: 144, 335, 341, 395, 404
–, –, Parteien und Parteiensystem: 146, 305 f., 336 f., 339, 341–346, 395
–, –, Präsident und Präsidentenamt: 144
–, –, Suez-Krise, 26. 7.–3. 12. 1956: 343, 352 f., 399, 405–407, 417, 419, 452
–, FÜNFTE REPUBLIK, seit 8. 1. 1959: 335, 339, 341–345, 364, 377, 410–425, 435–438, 440 f., 444 f., 448, 459, 463–469
–, –, Algerien-Konflikt, 13. 5. 1958–19. 3. 1962: 341, 343 f., 404, 423
–, –, Armee: 343 f.
–, –, Außenpolitik: 342, 344 f., 418, 422–425, 463 f.
–, –, Force de Frappe: 341, 344, 420, 423
–, –, Kolonien: 341, 343 f., 348, 400 f., 403–407
–, –, Parteien und Parteiensystem: 335, 341, 343–345, 441, 469
–, –, Studentenunruhen in Paris, Mai 1968: 133, 344, 425
FRANZÖSISCHE REVOLUTION von 1789: 18, 22, 52, 54, 80 f., 127, 139 f., 142, 150, 164, 169, 175, 179, 342, 344, 460 f.
FRAUENSTIMMRECHT, siehe Wahlen, Wahlsysteme und Wahlrecht, Frauenstimmrecht
FREIHEIT DER MEERE, Freedom of the seas: 252
FREIMAUREREI: 164
FULTON, Mo., Rede Churchills im Westminster College, 5. 3. 1946: 303
FUTURISMUS, künstlerische Richtung in der modernen Malerei: 159

GAULLISMUS: 256, 341–345, 417 f., 422–425, 432, 447, 459, 465, 469
–, Rassemblement du Peuple français, R.P.F., gegr. 1947, seit 1959: Union des démocrates pour la V^eme^ République, UDR, seit 1977: Rassemblement pour la République, RPR: 341–343, 345
GEISTESWISSENSCHAFTEN: 19
GENF: 212, 220, 297, 359, 393 f., 397 f., 420
–, Sitz des Völkerbundes und der UNO: 212, 220, 297, 359, 397
–, Außenministerkonferenz der USA, Großbritanniens, Frankreichs und der UdSSR, 27. 10.–16. 11. 1955: 398
–, Deutschland- und Abrüstungskonferenz der USA, Großbritanniens, Frankreichs und der UdSSR, 17.–23. 7. 1955: 397 f.
–, Konferenz über die Konflikte in Asien, 26. 4.–21. 7. 1954: 393 f.
GEOPOLITIK: 213, 222, 459
GESCHICHTSSCHREIBUNG: 17–19, 21 f., 27, 29–31, 57, 459
–, sowjetische: 30, 57, 59 f., 62 f., 200
–, ZEITGESCHICHTE: 17–19, 27, 29–31, 57, 61 f., 92, 175–177, 180 f., 209 f., 237, 251, 262, 280–285, 310
GESELLSCHAFT, GESELLSCHAFTSSTRUKTUR UND GESELLSCHAFTSORDNUNG: 19–21, 25–29, 32, 53, 59, 62 f., 65, 70, 78, 99 f., 103, 105, 116, 119–130, 132, 135–137, 164–171, 177 f., 182, 191, 195, 200–203, 206 f., 255 f., 261, 293 f., 321, 324, 334 f., 337–339, 343, 345–351, 353, 357, 367, 372, 376, 383, 408, 412 f., 417 f., 434, 437, 439–442, 450 f., 453–455, 470 bis 472
GEWERKSCHAFTEN: 76, 116, 121, 157, 165, 190, 293, 342, 354, 360, 369, 437, 444, 467 f.
–, Dänemark: 360
–, Deutschland: 121, 154, 168, 173, 342, 369, 468
–, –, DGB (Deutscher Gewerkschaftsbund), gegr. 1949: 342, 369, 468
–, Finnland: 355
–, Frankreich: 76, 142, 146, 342
–, –, Confédération générale du travail, C.G.T., gegr. 1895: 76, 146 f.
–, –, Confédération générale du travail unitaire, C.G.T.U., gegr. 1918: 146 f.
–, Großbritannien: 121, 150–152, 154, 354, 467 f.
–, –, Trades Union Congress, TUC, gegr. 1868: 150 f., 467 f.
–, Italien: 76 f., 157, 165, 342, 347
–, Japan: 413
–, Lateinamerika: 416
–, Niederlande: 349
–, Norwegen: 360
–, Rußland, UdSSR: 76
–, Schweden: 360
–, Spanien: 190, 192, 362
–, –, Unión General del Trabajadoros, UGT: 190
–, USA: 99, 101

GHANA (bis 5. 3. 1957: Gold Coast, britische Kolonie seit 1850, Kronkolonie seit 1874 und Protektorat seit 1896/1935): 353, 403
GIBRALTAR, britische Kronkolonie, britisch seit 3. 8. 1704: 245
GLEIWITZ: 237
GLORREICHE REVOLUTION, Glorious Revolution, unter Führung des Parlaments erzwungener Wechsel auf dem britischen Thron, 5. 11. 1688–24. 5. 1869: 52, 181
GOLDSTANDARD: 118
–, Großbritannien, aufgeg. 21. 9. 1931: 118
GRAN SASSO, Befreiung Mussolinis, 12. 9. 1943: 268
GRAZ: 186
–, Heimwehr-Putsch, 13. 9. 1931: 186
GRIECHENLAND: 44, 47, 85, 112, 182, 188, 233, 245, 247, 273f., 287f., 302f., 308, 317, 324, 334, 337, 352, 355, 361, 363–366, 466
–, Angriff Italiens, 28. 10. 1940, und Deutschlands, 6. 4. 1941, Besetzung, bis 13. 1. 1945: 85, 245, 247, 273f., 302f., 364
–, –, Landung britischer Truppen in Patras, 4. 10. 1944, und Besetzung Athens, 13. 10. 1944: 274, 287, 302f., 352
–, Griechisch-türkischer Konflikt, 10. 1. 1921–11. 10. 1922: 44, 47, 188, 288
–, Kommunistischer Aufstand der Untergrundbewegung E.A.M., 3. 12. 1944–11. 1. 1945, und Bürgerkrieg, bis 6. 9. 1949: 274, 287, 302–304, 308, 352, 364
–, Korfu-Konflikt mit Italien, 13.–27. 9. 1923: 112
–, Militärregime, 13. 12. 1967–1. 8. 1974: 355, 364f.
–, Parteien und Parteiensystem: 364f.
GRÖNLAND: 252
GROSSBRITANNIEN: 22–24, 29, 34f., 39, 52, 54, 84–86, 88–91, 98, 106f., 109–111, 114, 117–119, 121, 123f., 132, 137, 139, 141f., 144, 149–156, 170, 175, 181, 210, 212, 215–221, 223–228, 230–248, 250–254, 256, 258f., 265–277, 279, 287–291, 293–297, 300–311, 313–318, 320, 326, 329, 337, 339, 341, 344, 349–356, 358–360, 362, 364, 392–398, 400, 402–407, 417, 420–422, 425, 427, 447, 449, 451, 463, 466–469
–, Afrikanischer Kriegsschauplatz, 4. 8. 1940–12. 5. 1943: 85, 245f., 255, 258f., 266f., 300
–, Arbeitslosigkeit: 150, 154f.
–, Armee: 86, 90, 231, 240–242, 247, 258, 266, 270, 274, 300, 351f., 406
–, Außenpolitik: 85, 152, 155, 182, 220f., 231, 233, 235, 237, 248, 267, 269, 272, 280, 300f., 305f., 314, 329, 350–355, 394–396, 405f., 418, 422, 425, 464, 466f.
–, Battle of Britain, Luftschlacht um England, 13. 8.–12. 10. 1940: 244, 314
–, Britisch-ägyptischer Bündnis- und Militärvertrag, 22. 8. 1936: 86, 300
–, Britisch-französischer Beistandspakt, 4. 3. 1947: 313
–, Britisch-französische Garantieerklärung für Polen, 31. 3. 1939: 233f., 237
–, Britisch-polnischer Beistandsvertrag, 25. 8. 1939: 237f.
–, Britisch-sowjetisches Beistandsabkommen, 12. 7. 1941: 248
–, Britisch-sowjetischer Bündnisvertrag, 26. 5. 1942: 275
–, Commonwealth of Nations, British, seit 1926 (1931): 89–91, 316, 350–354, 401–403, 446–450
–, –, Westminster, Statute of, 11. 12. 1931: 89
–, Deutsch-britisches Flottenabkommen, 18. 6. 1935: 217, 219, 234
–, Empire, British: 23, 89–91, 227, 230, 238, 350–354, 402
–, –, Empire-Konferenz in London, 19.–23. 11. 1926: 89
–, Generalstreik, 3.–12. 5. 1926: 121, 151f.
–, Glorreiche Revolution (Glorious Revolution), 5. 11. 1688–24. 5. 1689: 52, 181
–, Italienischer Kriegsschauplatz, 8. 9. 1943–8. 5. 1945: 266–268, 270, 274, 287, 345
–, Kolonien: 22f., 85f., 88–91, 250f., 291, 350–354, 400–406
–, Kriegsmarine: 217, 219f., 241
–, Landung in Patras, 4. 10. 1944, und Besetzung Athens, 13. 10. 1944, Griechischer Bürgerkrieg, 3. 12. 1944–6. 9. 1949: 274, 287, 302f., 352
–, National Health Act, (1946) 5. 7. 1948: 351
–, National Insurance Act, (1946) 5. 7. 1948: 351

–, Nationalisierung der Schlüsselindustrien, seit 1945: 351, 353, 360
–, Nordirland (Northern Ireland, Ulster): 150, 354
–, Parlament: 123, 137, 142, 144, 149–154, 156, 237, 354
–, Parteien und Parteiensystem: 123, 149–156, 242, 306, 337–339, 350–354, 368, 446–449
–, Rüstung: 220, 227, 232
–, Suez-Krise, 26. 7.–3. 12. 1956: 343, 352f., 399, 405–407, 417, 419, 452
–, Viermächte-Pakt, 7. 6. 1933: 212, 214
–, Welfare state, Programm der Labour Party: 351, 353f., 359f.
–, Westfeldzug, deutscher, seit 10. 5. 1940, und besetzte Gebiete Westeuropas, bis 9. 5. 1945: 153, 240–242, 244, 258, 266, 270, 274, 314
–, –, Invasion Englands, geplante, Unternehmen Seelöwe, 16. 7.–12. 10. 1940: 153, 244f.
–, –, Invasion in der Normandie, angloamerikanische, 6. 6. 1944: 260, 267, 269, 274, 452
Guatemala: 414
Guerilla, Guerillabewegungen, Guerillakämpfe: 26, 325, 343
–, kommunistische: 26, 325, 410, 416, 438, 442
Guernica, baskische Stadt nordöstlich von Bilbao, Luftangriff auf, 26. 4. 1937: 194
Guinea, Einverleibung Portugiesisch-Guineas, 1973/74: 363

Den Haag, 's Gravenhage: 97, 221, 314
–, Internationaler Gerichtshof, siehe Schiedsgerichtshof, Ständiger (Internationaler)
–, Kongreß der europäischen Einigungsbewegungen, 7.–10. 5. 1948: 314
Hainan (Hai-nan): 250
Halle an der Saale: 75
–, Parteitag (›Spaltungsparteitag‹) der USPD, 12.–17. 10. 1920: 75
Hallstein-Doktrin, siehe Hallstein, Walter
Hamburg: 108
–, Kommunistenaufruhr, 22.–24. 10. 1923: 108
Hankou (Han-k'ou): 250
Hawaii: 253
Hegemonie, Hegemonialmächte und Hegemonialbestrebungen, europäische: 20f., 34, 171, 210, 221, 231, 243, 269, 431, 459–462
–, Hegemonialmächte, universale: 291, 333, 431
Heimwehr, österreichische Heimatschutzorganisation und politische Bewegung, 1918–1936: 186
Helsinki, Helsingfors: 356, 420, 431f.
–, Konferenz für Sicherheit und Zusammenarbeit in Europa, KSZE, seit 3. 7. 1973 in Helsinki, 18. 9. 1973–21. 7. 1975 in Genf und 30. 7.–1. 8. 1975 in Helsinki: 389, 420, 430–432
Hendaye, Treffen Hitlers mit Franco, 23. 10. 1940: 245
Hinduismus: 91, 402
Hiroshima, Luftangriff und Atombombenabwurf auf, 6. 8. 1945: 279, 412
›Historischer Kompromiss‹, Compromesso storico, Einbeziehung der Kommunisten in ein parlamentarisch-demokratisches Regierungsbündnis: 147, 347f.
Hongkong (Hong Kong), britische Kronkolonie (1843) seit 29. 8. 1842: 254
–, Eroberung, 25. 12. 1941, und Besetzung durch Japan, bis 30. 8. 1945: 254
Hoover-Moratorium, siehe Hoover, Herbert Clark
Humanismus: 130

Ideologie: 18f., 22f., 25–30, 32, 38, 49, 52–65, 69, 72, 80, 86, 102, 105, 114, 120, 127, 138, 148, 156–160, 164–168, 177–182, 189, 194–196, 198, 200–208, 214f., 222–224, 226, 228, 230, 235f., 239, 249, 251, 255–257, 260–265, 279, 284f., 290f., 296, 321, 323f., 331, 333, 335, 337f., 340, 359, 364, 372, 375f., 378, 388, 391f., 409–411, 413, 418, 433–437, 439f., 442–446, 457, 461, 468, 472
Imperialismus: 17, 20–27, 33, 48, 50, 58, 75, 83, 87f., 114f., 127, 166, 171, 176, 180, 237, 282, 285, 301, 307, 333, 350–353, 370, 400f., 405–407, 416, 438, 441, 457, 460f.
–, Deutschland: 22, 87, 115, 174, 179–181, 228, 237, 333, 370, 459–461
–, Frankreich: 22, 459–461
–, Großbritannien: 23, 350–353

–, Italien: 87, 157f., 164, 166, 219f., 229, 461
–, Japan: 32, 87f., 275
–, Rußland, UdSSR: 22, 26, 237, 301, 399–401
–, USA: 32, 307, 416, 438
INDIEN, INDISCHER SUBKONTINENT: 90f., 220, 226, 245
INDIEN, britische Kolonie (British India, Kaiserreich seit 1. 5. 1877) 1757/10. 2. 1763–15. 8. 1947, Bundesstaat (Union of India, Bharat) seit 16. 8. 1947: 90f., 220, 226, 245, 249, 254, 258, 300, 329, 347, 352, 395, 399, 402f., 407, 420, 437, 442, 461
–, Indian National Congress (Congress Party), begr. 1885: 90f., 437
–, Kasten und Kastensystem: 90
–, Parteien und Parteiensystem: 348, 403, 437
–, Unabhängigkeitsbewegung: 90f., 300
–, Unabhängigkeitserklärung, 15. 8. 1947: 300, 352, 402f.
INDOCHINA, Französisch-Indochina (Indochine, Indochine française), 1887/88–21. 7. 1954 (1955/56): 226, 250, 253, 255, 325, 329, 331, 341, 343, 393–395, 404
–, Besetzung durch Japan, 9. 3.–9. 9. 1945: 250, 253, 255, 393
–, Indochina-Krieg, 19. 12. 1946–21. 7. 1954: 325, 329, 331, 341, 343, 393–395, 404, 422
INDONESIEN (bis 30. 12. 1949: Niederländisch-Indien): 329, 349, 393, 395, 401f., 449
INDUSTRIALISIERUNG im Massenzeitalter: 22, 88, 98, 114, 125, 178f., 199–203, 207f., 322, 334, 409, 414, 439
INDUSTRIE, INDUSTRIELLE PRODUKTION UND INDUSTRIELÄNDER: 19, 22, 33, 53, 73, 88, 98–101, 104, 114–118, 120, 125–127, 136, 140, 150–152, 170, 176, 178f., 183, 189f., 200–203, 208, 226, 253, 258, 275, 290, 295, 299, 315f., 322, 334, 345, 348–358, 360f., 369, 378, 382, 385, 387–389, 391, 409f., 412–415, 419, 421, 433, 437, 441, 449, 454, 460, 462, 465, 467–471
INDUSTRIELLE REVOLUTION: 19, 33, 53, 176, 460
INFLATION UND INFLATIONISTISCHE TENDENZEN, nach 1918: 105, 108–110, 113, 117f., 120, 123, 141, 160, 170
–, nach 1945: 348, 454, 471
INTERNATIONALE, II., gegr. in Paris, 1889, neu gegr. (Sozialistische Arbeiterinternationale) in Hamburg, 1923: 56, 73f.
INTERNATIONALE, III., siehe Komintern
INTERNATIONALE, IV., Gründung Trotzkijs in Mexiko, 1938: 436, 438, 440
INTERNATIONALE ARBEITSORGANISATION, International Labour Organization, ILO, gegr. 1919: 51
INTERPARLAMENTARISCHE UNION, Union interparlementaire, IPU, gegr. 1889: 143
IRA (Irish Republican Army), irisch-nordirische Untergrundorganisation: 354
IRAK, Königreich 23. 8. 1921–14. 7. 1958, Republik seit 14. 7. 1958: 84, 247, 301, 405
IRAN, Kaiserreich, bis 16. 1./1. 2. 1979, Islamische Republik, seit 12. 2. 1979: 83f., 247, 267, 300–302, 405, 419, 435
–, Besetzung, britisch-sowjetische, 25. 8. 1941–1945/46: 267, 301f.
IRLAND (Eire): 150, 298, 314, 354f., 466–469
–, FREISTAAT, Irish Free State, seit 6. 12. 1921, und REPUBLIK, Republic of Ireland, seit 18. 4. 1949: 150, 298, 314, 354f., 466–469
ISLAM: 84, 86, 91, 299, 402
ISLAND: 252, 317, 361
ISRAEL, Republik, begr. 14. 5. 1948: 24f., 300f., 399, 405–407, 420
–, Suez-Krise, 26. 7.–3. 12. 1956: 343, 352f., 399, 405–407, 417, 419, 452
ISTANBUL, Konstantinopel: 47f.
»ISWESTIJA«, Moskauer Tageszeitung, Regierungsorgan der UdSSR, gegr. 1917: 207
ITALIEN: 23f., 33, 44, 47, 76–78, 82, 87, 89, 94, 104f., 112, 128, 138, 146–149, 153, 155–167, 171, 173, 175, 180, 188–190, 194, 210–212, 215–221, 223–226, 228–231, 234, 237f., 240, 243, 245–251, 255, 258f., 262, 265, 267f., 270, 287, 292, 296f., 305f., 314, 316f., 330, 337–339, 342, 344–349, 364, 395, 435–438, 440f., 444f., 460f., 464–469
–, Mittelitalien: 345
–, Norditalien: 268, 345
–, Süditalien: 157, 164, 266, 345
–, KÖNIGREICH, 17. 3. 1861–9. 5. 1946: 23, 44, 47, 76–78, 87, 89, 94, 102, 105, 128, 138, 146, 149, 155–167, 171, 173, 180, 189, 219, 267f., 287, 337, 345, 348, 460f.

–, –, Armee: 158–160, 163, 267f.
–, –, Fiume, Überfall d'Annunzios auf, 12. 9. 1919–12. 11. 1920: 158f., 163
–, –, Inflation: 160
–, –, Kolonien: 23, 85, 87, 219, 258, 267, 297
–, –, Parlament: 160, 162–165
–, –, Parteien und Parteiensystem: 76–78, 146, 160–163
–, –, Verfassung: 164
–, FASCHISTISCHE ÄRA, 30. 10. 1922–30. 9. 1943/28. 4. 1945: 23, 33, 44, 47, 53, 57–59, 76–78, 82, 85, 87, 89, 94, 102, 104f., 112, 127f., 146, 148, 155–167, 171, 173, 175–177, 180f., 186, 188–190, 193f., 208, 210–212, 215–221, 223–226, 228–232, 234, 237f., 240, 243, 245–251, 255, 258f., 262, 265, 267f., 270, 287, 345, 348, 461
–, –, Abessinien-Krieg, 3. 10. 1935–9. 5. 1936: 86, 102, 166, 217–220, 224f., 251
–, –, Achse Berlin–Rom, Vertrag vom 25. 10. 1936: 225–227, 232, 247, 461
–, –, Afrikanischer Kriegsschauplatz, 4. 8. 1940–12. 5. 1943: 85, 245f., 255, 258f., 266f., 300
–, –, Angriff auf Griechenland, 28. 10. 1940, und Teilnahme an der Besetzung Griechenlands, bis 9. 9. 1943: 85, 245, 247, 302f., 364
–, –, Antifaschistischer Widerstand, Resistenza, Partisanen: 262, 265f., 268, 270, 345f.
–, –, Antikomintern-Pakt, Beitritt zum, 6. 11. 1937: 228
–, –, Arbeitslosigkeit: 160, 165f.
–, –, Armee: 163, 188, 194, 225, 247, 258, 267f.
–, –, Außenpolitik: 225, 229
–, –, Balkan-Feldzug, seit 6. 4. 1941: 188, 247, 258–267, 270f., 273f., 278, 302f., 322, 364
–, –, Besetzung, 7. 4. 1939, und Annexion Albaniens, 12. 4. 1939: 234, 245
–, –, Carta di lavoro, 21. 4. 1927: 165
–, –, Deutsch-italienischer Freundschafts- und Beistandspakt, Stahlpakt, 22. 5. 1939: 234
–, –, Deutsch-italienisch-japanisches Militärabkommen, 18. 1. 1942: 250
–, –, Dopolavoro, Opera Nazionale, O.N.D., gegr. 1. 5. 1925: 165
–, –, Dreimächte-Pakt mit Deutschland und Japan, 27. 9. 1940: 245, 247, 253
–, –, Kolonien: 23, 85, 87, 217–220, 245, 258, 267, 297
–, –, Konkordat und Lateran-Vertrag, 11. 2. 1929: 162–164
–, –, Korfu-Konflikt mit Griechenland, 13.–27. 9. 1923: 112
–, –, Korporativsystem des Staates, Stato corporativo, eingef. 24. 3. 1929: 165
–, –, Kriegserklärung an die USA, 11. 12. 1941: 102f., 253f., 256, 266
–, –, Luftwaffe: 220
–, –, Milizia Nazionale: 162
–, –, Römische Protokolle, 17. 3. 1934: 216
–, –, Sondergericht, Tribunale Speziale: 163
–, –, Machtergreifung Mussolinis, ›Marsch auf Rom‹, 28. 10. 1922: 48, 53, 56f., 59, 62, 82, 159–162, 171, 173, 176
–, –, Verfassung: 164
–, –, Verträge von Locarno, 1. 12. 1925: 110, 112
–, –, Viermächte-Pakt, 7. 6. 1933: 212, 214
–, –, Waffenstillstand Badoglios, 3. 9. 1943, und Italienischer Kriegsschauplatz, 8. 9. 1943–9. 5. 1945: 266–268, 270, 274, 287, 345
–, –, –, Repubblica Sociale Italiana, Regierung Mussolinis in Norditalien, 15. 9. 1943–28. 4. 1945: 268, 270, 345
–, –, Zensur: 162
–, seit 19./25. 6. 1945, REPUBLIK seit 12. 6. 1946: 44, 147, 153, 267, 287, 292, 296f., 305f., 314, 316f., 330, 337–339, 342, 344–349, 364, 395, 435–438, 440f., 444f., 464–469
–, –, Agrarreform: 345
–, –, Armee: 348
–, –, Außenpolitik: 338f., 345f.
–, –, Parteien und Parteiensystem: 153, 305f., 336–339, 345–348, 436–438, 441, 445, 469
–, –, Compromesso storico, Schlagwort für eine Regierungsbeteiligung der Kommunisten: 147, 347f.
–, –, Verfassung, 1. 1. 1948: 345

JALTA, Konferenz von, 4.–12. 2. 1945: 275, 295f.

JAPAN: 17, 21, 29, 32, 83, 87–89, 102, 114, 138, 212, 226, 228, 247, 249–256, 258, 268f., 275f., 278f., 296, 326–329, 347, 393, 395, 401, 409, 412–414, 436, 446, 448f., 454, 462
–, Amerikanisch-japanischer Sicherheitsvertrag, 8. 9. 1951: 328f.
–, Angriff auf Pearl Harbour, 7. 12. 1941: 249, 253
–, Antikomintern-Pakt, 25. 11. 1936: 226, 228, 233, 236, 250
–, Armee, Selbstverteidigungsstreitkräfte: 88f., 250, 253, 328f.
–, Atombombenabwurf auf Hiroshima, 6. 8. 1945, und Nagasaki, 9. 8. 1945: 279, 412
–, Besetzung Indochinas, 9. 3.–9. 9. 1945: 250, 253, 255, 293
–, Deutsch-italienisch-japanisches Militärabkommen, 18. 1. 1942: 250
–, Dreimächte-Pakt mit Deutschland und Italien, 27. 9. 1940: 245, 247, 253
–, Eroberung und Besetzung Chinas, 7. 7. 1937–24. 10. 1945: 87–89, 102, 228, 249f., 269, 278, 326–329
–, –, Besetzung von Shanghai, 28. 1. 1932: 89, 228
–, Friedensvertrag von San Francisco, Cal., 8. 9. 1951: 328f., 395, 412
–, Kriegsmarine: 88, 253
–, Parteien und Parteiensystem: 329, 348, 412f.
–, Pazifischer Kriegsschauplatz, 7. 12. 1941–24. 10. 1945: 249–256, 258, 267–269, 275f., 278f., 296, 326–329, 347, 350, 401, 412f., 449
–, Sowjetisch-japanischer Neutralitätsvertrag, 13. 4. 1941: 247, 249
–, Verfassung, 3. 5. 1947: 328, 412
–, Völkerbund, Austritt aus dem, 27. 3. 1933: 89, 212
–, Wiederbewaffnung, nach 1945: 328f.
JERUSALEM: 85
JESUITENORDEN, S.J.: 191
JEUNESSES PATRIOTES, französische rechtsradikale Jugendbewegung: 146
JORDAN: 84
JORDANIEN, britisches Mandat 1919/25. 4. 1920–1946, Königreich seit 22. 3. 1946 (1920–1950: Transjordanien): 84, 298, 301
JUDEN UND JUDENTUM: 85, 135, 148, 185, 223, 249, 256, 262–265, 278, 281, 288, 299f., 433f., 454
–, Judenverfolgung in Deutschland, 1933–1945: 85, 212, 223, 228, 249, 262–265, 278, 288, 300
JUGENDBEWEGUNG in Deutschland, um 1900–1933: 119, 130
JUGOSLAWIEN, Königreich (1918–1929: der Serben, Kroaten und Slowenen, seit 3. 10. 1929: Jugoslavija), prokl. 4. 12. 1918, Föderative Volksrepublik, seit 29. 11. 1945: 26, 35, 37, 44–46, 71, 79, 183, 187f., 218, 226, 247, 263, 270f., 273f., 278, 287, 302, 320, 322–325, 331, 333, 389, 398, 405, 408, 422, 429–431, 446
–, Besetzung durch Deutschland und Italien, 6. 4. 1941–9. 5. 1945: 188, 247, 263, 270f., 273f., 278, 322
–, –, Partisanen, königstreue, seit 10. 5. 1941: 263, 273
–, –, –, kommunistische, seit 1941/42: 270, 273f., 322
–, Dreimächte-Pakt, Beitritt zum, 25. 3. 1941: 247
–, Kommunistische Machtübernahme, 20. 10. 1944/29. 11. 1945: 45, 322–324
–, –, Arbeiterselbstverwaltung: 323f., 389, 430
–, –, Bruch mit der UdSSR, Ausschluß aus dem Kominform, 27. 6. 1948: 26, 79, 320, 322–324, 408, 424, 429
–, –, Geheimpolizei: 322
–, Sowjetisch-jugoslawischer Freundschaftsvertrag, 6. 4. 1941: 247
–, Staatsstreich, Machtübernahme durch General Simović, 27. 3. 1941: 247
–, Verfassung: 188
JUNGTÜRKEN, türkische Reformbewegung, um 1860/1876–1926: 47
JUNGE TUNESIER, nordafrikanische nationalistische Bewegung, gegr. 1907: 85

KAIRO: 86, 245, 269, 299
–, Konferenz von, 22.–26. 11. 1943: 269
KAISERTUM, mittelalterliches, im (Heiligen) Römischen Reich Deutscher Nation: 215, 459f.
KALTER KRIEG, politisches Schlagwort, nach dem Titel einer Studie von Walter Lippmann, 1947: 20, 30, 42, 93, 271, 273, 280–283, 285, 292, 298, 302–305, 307–309, 313,

316–321, 325–331, 333–336, 340, 350, 371, 385, 387, 390–399, 401, 408, 414, 417–421, 425–429, 432, 437, 439f., 451f., 457–459, 463
Kambodscha, selbst. seit 21. 7. 1954/25. 9. 1955: 394, 412
Kanada: 118, 251, 313, 317, 329, 395, 446–450
–, Franco-kanadische Autonomiebestrebungen: 447f.
–, Parteien und Parteiensystem: 447–449
Kanton (Kuang-chou): 250
–, Besetzung durch Japan, 21. 10. 1938: 250
Kapitalismus: 17f., 22, 26f., 58, 64, 75, 104, 113–119, 121, 155, 159, 165, 167f., 175, 178, 181, 194, 203, 206, 209, 227, 237, 281f., 295, 331, 337f., 352, 360, 375, 378, 391, 400, 409f., 414, 433f., 439–441, 443, 450, 454, 463, 467f.
Karelien, West-Karelien, zur UdSSR seit 31. 3. 1940: 355
Karpaten: 232
Karpato-Ukraine, zur ČSR 1919–1945, zur UdSSR seit 1945: 232, 273, 333
Kashmir: 402f.
Kassel: 383
Katalonien: 192, 361
Katholizismus, Katholisch bestimmte politische Parteien: 46, 116, 165, 196f.
–, Belgien: 349
–, Deutschland: 69, 120, 212
–, –, Deutsche Zentrumspartei, 1870–1933: 69, 107, 162
–, Frankreich: 143
–, Irland: 354
–, Italien: 160, 162, 165
–, –, Partito popolare italiano, PPI, 1919–1926: 162
–, Litauen, Christlich-Demokratische Partei: 184
–, Niederlande, Katholische Volkspartei, gegr. 22. 12. 1945: 349
–, Österreich: 196, 357
–, Portugal: 196f.
–, Spanien: 190–192
–, –, Confederación Española de Derechas Autónomas, CEDA, 1932–1936: 192
–, Tschechoslowakei: 46
–, USA: 452
Katyn, Dorf westlich von Smolensk, Massengräber ermordeter polnischer Offiziere, aufgedeckt 13. 4. 1943: 271
Kaukasus: 85, 198, 257
–, deutscher Vorstoß, 26. 7. 1942–31. 1. 1943: 85, 257
Kellogg-Pakt, siehe Kellogg, Frank Billings
Kenya, britische Kolonie 1890/1895–12. 12. 1963, unabh. seit 12. 12. 1963: 353
Kernenergie und Kernkraftwerke: 419, 465f.
Kernforschung, Kernphysik: 279f., 422, 465f.
Kirche und Konfession, Religion und Religiosität: 65, 173, 186f., 206, 264, 322f., 337f., 345, 349, 459
–, Evangelische: 173, 186f., 264, 338
–, –, Deutschland: 338, 381
–, –, Tschechoslowakei: 186f.
–, Katholische: 143, 162–165, 187, 212, 264, 322f., 325, 338, 345, 459
–, –, Deutschland: 162, 173, 212, 338, 381
–, –, Frankreich: 143
–, –, Italien: 159f., 162–164, 267, 338, 345
–, –, Jugoslawien: 322f.
–, –, Österreich: 196
–, –, Polen: 325
–, –, Portugal: 196f.
–, –, Spanien: 190–193, 195, 361
–, –, Tschechoslowakei: 187, 322, 325
–, –, Ungarn: 322, 325
–, Russisch-Orthodoxe: 62, 65, 206
Klassengesellschaft und Klassenkampf, marxistische These von: 25, 65, 71, 74, 77f., 122–124, 126, 149f., 153, 163, 165, 168, 172, 178, 195, 360, 372, 433, 443f., 454f., 468
Klassik: 128
Kleinasien: 47f., 83, 158, 188
Koexistenz, Theorie und Politik des friedlichen Zusammenlebens von Staaten und Staatengruppen unterschiedlicher Gesellschaftsordnung: 80, 331, 387, 391f., 394, 396, 418, 427–429, 434, 443, 443–446, 462
Kohle und Kohlebergbau: 105, 151f., 192, 315f., 330, 348, 351, 366, 463–466
Kollaboration, Zusammenarbeit mit der deutschen Besatzungsmacht, 1940–1945: 246, 259–263, 270, 337, 348f.
Kolonialismus: 17, 22f., 25f., 53, 75, 83,

85–87, 197, 219, 285, 291, 297, 299–301, 331, 334, 343f., 349–354, 363, 391, 393f., 399–404, 457, 461
–, antikolonialistische Reaktionen: 22, 48, 53, 86, 300, 362f., 400f., 441
KOLONIEN UND KOLONIALPOLITIK: 21–23, 25f., 29, 32, 37f., 40, 53, 75, 83–91, 113, 196f., 219, 245f., 249f., 254–256, 285f., 291, 297, 299–301, 331f., 334, 336, 341, 343f., 349–354, 362f., 393f., 399–409, 414f., 441, 446f., 457, 460f., 463
–, ENTKOLONISIERUNG: 20, 25, 31, 55, 75, 90, 113, 284, 286, 300, 334, 336, 343f., 349f., 353f., 363, 393f., 399–409, 441
KOLUMBIEN: 414
KOMINFORM (Kommunistisches Informationsbüro), 30. 9. 1947–17. 4. 1956: 307, 321, 323, 438
KOMINTERN (Kommunistische Internationale), die III. Internationale, 6. 3. 1919–15. 5. 1943: 73–78, 80, 108, 146, 190, 192, 200, 207f., 265, 270, 307, 321, 438
KOMMUNISMUS: 17f., 22, 25f., 28, 30, 33–35, 42–45, 53, 55, 57, 62f., 65f., 68–82, 87, 105–108, 119–123, 125–127, 132, 134f., 146–148, 152, 154f., 157–159, 163, 165f., 174–178, 184, 189–193, 195, 198–209, 213, 219, 222, 225, 235–237, 249, 257, 265f., 270–274, 283, 287, 292–295, 302f., 305f., 320–331, 336f., 339, 348, 351, 360, 368f., 374, 378–384, 386, 388f., 391–395, 401, 408–412, 415f., 423f., 428–446, 449–451, 454f., 461, 463, 467–469, 472
–, ANTIKOMMUNISMUS: 155, 157, 213, 222, 226f., 257, 264, 281, 339, 451
–, EUROKOMMUNISMUS: 468
KOMMUNISTISCHE PARTEIEN: 26, 28, 62f., 66, 68, 70–82, 87, 105–108, 119, 125, 146–148, 150, 152, 154f., 165f., 174–177, 190–193, 195, 199, 208f., 213, 222, 235–237, 241, 265f., 287, 292–295, 301–303, 305f., 310–312, 320–329, 333, 336f., 339, 345–348, 351, 355, 359f., 374, 381, 385–388, 391, 395, 401, 404, 407–413, 416, 423f., 428–446, 449f., 461–463, 467–469
–, Ägypten: 26
–, Albanien: 429f.
–, Bulgarien: 287, 325, 430
–, Chile: 416, 436, 441
–, China, gegr. 1921: 87, 326, 391, 394, 408–413, 416, 424, 436–439, 441, 444, 446, 454
–, Dänemark: 359
–, Deutschland, KPD (Kommunistische Partei Deutschlands), 1. 1. 1919–28. 2. 1933: 42, 68–71, 73, 75, 105–108, 121, 132, 134f., 154f., 168, 173, 176, 207–209, 213, 378
–, –, –, Mitteldeutschland, 1945/46, Westdeutschland, 1945–1956, und DKP (Deutsche Kommunistische Partei), seit 26. 9. 1968: 75, 294f., 305f., 310–312, 369, 374, 378, 380, 437, 441
–, –, –, Nationalbolschewisten: 105, 108
–, –, Spartakusbund, 1917/18: 68
–, –, SED (Sozialistische Einheitspartei Deutschlands), in Ost-Berlin und in der Sowjetischen Besatzungszone, gegr. 21. 4. 1948: 75, 290, 294, 306, 310–312, 325, 374, 378–381, 383f., 423, 429f.
–, Finnland, 1918–1930 und seit 1944 (Volksdemokratische Union): 355, 436, 441
–, Frankreich, Parti communiste français, P.C.F., gegr. 1920: 76, 145–148, 222, 241, 265, 292, 305f., 336f., 341–345, 435–438, 440f., 444f., 465, 468f.
–, Griechenland, 1920–1926, 1932–1936, 1941–1947, 1951–1967 und seit 1973: 274, 302f., 364
–, Großbritannien, Communist Party, gegr. 1920: 150, 152, 154f., 306
–, Indien, CP (Communist Party), gegr. 1932, und CPI (Communist Party of India/Marxist), gegr. 1964: 155, 336f., 437
–, Iran, Tudeh, prosowjetische Partei, 1941–1949: 301
–, Italien, P.C.I. (Partito comunista italiano), 1920–1926 und seit 1943/1945: 77f., 146f., 163, 208, 292, 305f., 336f., 345–348, 435–438, 440f., 444f., 468f.
–, Japan: 413, 436
–, Jugoslawien, 1920–1929 und seit 1937/1943, seit 1952: Bund der Kommunisten Jugoslawiens: 273f., 322–324, 424, 429–431, 439, 446
–, Kuba: 416, 438f., 441
–, Norwegen: 359
–, Österreich, KPÖ (Kommunistische Partei Österreichs), 1919–1934 und seit 1945: 71, 356f.

–, Polen, Kommunistische Arbeiterpartei Polens, KPRP, 1918–1938, Polnische Arbeiterpartei, PPR, 1942/1945–1948, Polska Zjednoczona Partia Robotnicza, PZPR, seit 1948: 208, 272, 294, 325, 423, 428–430
–, Portugal, PCP (Partido comunista portugués), gegr. 1921: 363, 435, 438, 469
–, Rumänien: 287, 325, 423 f., 428–430
–, Rußland, KPdSU (Kommunistische Partei der Sowjetunion), seit 1922 (1918–1922: KPR, Kommunistische Partei Rußlands): 53, 55 f., 60–65, 68, 71–75, 78–82, 108, 146 f., 198–209, 265, 270, 283, 307, 325, 381, 385–389, 405, 407, 413, 416, 428–430, 434, 436–446, 454
–, –, Politbüro: 199, 205–207, 387
–, –, Zentralkomitee, ZK: 199, 205 f., 388, 443
–, Schweden: 359, 441
–, Spanien, P.C.E. (Partido Comunista Español), gegr. 1921: 190–193, 195, 225, 469
–, Tschechoslowakei, KSČ, 1920–1938 und seit 1945: 273, 320 f., 325, 421, 423, 428–431, 433
–, Türkei: 303
–, Ungarn, 21. 11. 1918–1. 8. 1919: 71, 208
–, –, MKP (Ungarische KP) 1944–1948, MDP (Ungarische Partei der Werktätigen) 1948–1956, MSzMP (Ungarische Sozialistische Arbeiterpartei) seit 1956: 294 f., 325, 405, 407, 428–431
–, USA: 451, 454
–, Vietnam, Nord-Vietnam: 394
Kommunistische Weltbewegung, KBW, sowjetische programmatische Parole: 442–444
Konferenz für Sicherheit und Zusammenarbeit in Europa, KSZE, Helsinki, 30. 7.–1. 8. 1975: 389, 420, 430–432
–, Folgekonferenz, Belgrad, 4. 10. 1977–9. 3. 1978: 420, 432
Kongo, République Démocratique du Congo (bis 30. 6. 1960: Belgisch-Kongo): 298, 407
–, Kongo-Krise, 6. 7. 1960–24. 11. 1964: 298, 407
Konservatismus, Konservative Parteien: 19, 28, 54, 116, 125, 133, 153, 165, 185, 337, 339, 342, 468
–, Belgien: 349
–, Böhmen, Deutsche Arbeiterpartei, 1900–1919: 157
–, Deutschland: 58, 108, 133 f., 143, 153, 169, 172, 179
–, –, DNVP, Deutschnationale Volkspartei, 22. 11. 1918–27. 6. 1933: 58
–, Finnland, Agrarpartei (Zentrum): 355
–, Frankreich: 76, 141, 143, 145, 147, 341 f., 344
–, Griechenland: 364
–, Großbritannien, Conservative Party: 123, 150 f., 153, 155, 242, 314, 337, 339, 350–354
–, Italien: 77, 162, 345, 347
–, Japan: 412 f.
–, Norwegen: 359
–, Österreich: 186, 357
–, Portugal: 363
–, Schweden: 359
–, Spanien: 190–192, 194 f., 362
–, –, UCD (Unión de Centro Democrático), gegr. 1977: 362
–, Ungarn, Partei der Kleinen Landwirte: 294
–, USA: 99, 453
Konterrevolution, marxistischer Begriff der: 33, 52 f., 57 f., 60, 64, 70 f., 77 f., 138, 156, 168, 177, 181, 193, 198
Konvergenz-Theorie: 334, 418, 440, 444, 462
Korea: 269, 285, 298, 300, 319 f., 326–329, 392, 394, 397, 406, 409, 412 f., 417, 420, 422, 451 f.
–, Korea-Krieg, 25. 6. 1950–27. 7. 1953: 285, 298, 319 f., 326–330, 392, 394, 397, 406, 412 f., 417, 420, 422, 451 f.
–, Teilung in Süd- und Nord-Korea, 1945, und Festlegung im Waffenstillstand von Panmunjon, 27. 7. 1953: 300, 327 f., 392, 394, 420
–, Nord-Korea: 327 f., 409
–, Süd-Korea: 327 f., 409
Korfu: 112
–, griechisch-italienischer Konflikt, 13.–27. 9. 1923: 112
Korporativer Staat, Stato corporativo: 165, 196
Krain (Kranj): 263
Kreisau, Sitz der Familie von Moltke bei Schweidnitz, Kreisauer Kreis: 122
Kreta: 247

–, Luftlandeunternehmen, deutsches, 20.–31. 5. 1941: 247
KRIEG, Kriegführung: 278–280, 317, 408, 443
–, ATOMARER: 279f., 317
–, KONVENTIONELLER: 317
–, TOTALER: 259, 280, 317
–, –, Ankündigung Goebbels' im Berliner Sportpalast, 18. 2. 1943: 259, 274, 280
KROATEN: 35, 45, 71, 188, 218, 322
–, Ustaša, kroatische nationalistische Bewegung, gegr. 1929: 45, 218
KRONSTADT, russische Stadt und Seefestung im Finnischen Meerbusen, Matrosenaufstand, 1.–18. 3. 1921: 79
KUBA (Cuba): 26, 92, 308, 325, 416f., 419, 435, 438, 441, 456
–, Machtergreifung Fidel Castros, 1. 1.–16. 2. 1959, und Castro-Regime: 325, 416f., 419, 435, 438f., 441, 456
–, –, Kuba-Krise, 22. 10.–24. 11. 1962: 92, 308, 416f., 419, 427, 435, 438, 441, 456
KÜSTRIN: 108
–, Putsch der Schwarzen Reichswehr, 29. 9.–1. 10. 1923: 108
KUNST, BILDENDE: 128, 131–136, 194, 206
KUO-MIN-TANG (Nationale Volkspartei), chinesische sozialistische Organisation, gegr. 1912: 87, 326

LAOS, selbst. seit 22. 10. 1953: 394
LATEINAMERIKA: 24, 26, 92, 97, 113f., 190, 194f., 414–416, 418, 437, 442
–, Militärregierungen: 195, 415f., 418, 442
LAUSANNE: 48, 186
–, Anleiheprotokoll, österreichisches, 15. 7. 1932: 186
–, Friedensvertrag mit der Türkei, 24. 7. 1932: 48
LENINGRAD (1703–1914: St. Petersburg, 1914–1924: Petrograd): 52, 54, 56, 58–60, 62, 248
–, Winterpalais, Erstürmung des, 8. 11. 1917: 52, 62
LETTLAND, unabh. Republik seit 9. 4./18. 11. 1918, Freistaat seit 15. 2. 1922: 43, 47, 183f., 234, 236
–, sowjetischer Überfall, 16. 6. 1940, und Annexion, 5. 8. 1940: 43, 184, 234, 237, 241
LIBANON, französisches Mandat 18. 12. 1920–Juli 1941, Republik seit 1. 1. 1944: 84, 300
LIBERALISMUS, Liberale Parteien: 19, 28, 54, 81, 120f., 123, 189, 337, 349, 468
–, Belgien, Liberale Partei, gegr. 1846/47: 349
–, Deutschland: 69, 120, 124, 160, 169, 215
–, –, DDP (Deutsche Demokratische Partei), seit 1930: Deutsche Staatspartei, 1918 bis 1933: 69, 107
–, –, DVP (Deutsche Volkspartei), 1919 bis 1933: 69, 106f.
–, –, F.D.P. (Freie Demokratische Partei), gegr. 1948: 367f., 374f.
–, Frankreich: 123, 142, 145, 147, 342
–, Großbritannien, Liberal Party: 123, 152f.
–, Italien: 159–162, 164
–, Japan: 412f.
–, Kanada, Liberal Party: 448f.
–, Luxemburg, Demokratische Partei: 349
–, Niederlande, Liberale Staatspartei, 1920 bis 1945, Bund der Freiheit 1945–1948 und Volkspartei für Freiheit und Demokratie seit 1948: 349
–, Österreich, Großdeutsche Volkspartei (1919/20: Großdeutsche Vereinigung), 1919 bis 1934: 186
–, Schweiz: 358f.
–, Spanien: 191–193, 195
–, USA: 101f.
LIBYEN, italienische Kolonie 28. 10. 1912–12. 5. 1943, unter britischer Verwaltung 1943–1951, Königreich 24. 12. 1951–1. 9. 1969, Republik seit 1./13. 9. 1969: 85, 218, 245, 258
LITAUEN, unabh. seit 16. 2./2. 11. 1918, Freistaat seit 2. 11. 1918: 40, 43, 47, 183–185, 233f., 236, 240
–, Parteien und Parteiensystem: 184
–, sowjetischer Überfall, 12. 6. 1940, und Annexion, 3. 8. 1940: 43, 184, 234, 237, 240f.
LITERATUR: 128, 131–136, 195
LIVORNO, Parteitag der italienischen Sozialisten, 16.–21. 1. 1921: 78
LOCARNO: 110
–, Locarno-Verträge, 1. 12. 1925, Locarno-Konferenz, 5.–16. 10. 1925: 110, 112, 141, 218f., 221, 224

LONDON: 217, 221, 224f., 232, 242, 244, 246, 271f., 275f., 297, 307f., 364, 395, 420
–, Außenministerkonferenz der USA, Großbritanniens, Frankreichs und der UdSSR, 25. 11.–15. 12. 1947: 307
–, Deutschland-Konferenz der USA, Großbritanniens, Frankreichs und der Benelux-Staaten, 23. 2.–26. 3. und 20. 4.–2. 6. 1948: 308
–, UNO-Vollversammlung, erste Tagung, 10.–29. 1. 1946: 297
LOTHRINGEN: 39, 263, 465
LUBLIN: 262, 271f., 276
–, ›Nationalkomitee‹, gegr. 1. 1. 1945: 271f., 276
LUXEMBURG: 313–318, 330, 337, 342, 348f., 464–469

MACHTERGREIFUNG: 52f., 55–64, 68–74, 78, 81f., 112, 126, 159–162, 166, 171–177, 181, 209–211, 215, 223, 272, 276, 287, 292–295, 303, 305f., 343, 374, 409, 436, 441, 443, 445, 456
MACHTPOLITIK: 24, 27, 31, 34, 36–38, 47–49, 51, 62, 79, 81f., 87, 89, 91f., 112, 157, 178, 183, 202, 212, 223, 227, 235, 255, 269, 274, 280f., 292, 295f., 298, 301, 313, 318, 329, 332, 367, 387, 396, 401, 403, 405, 409, 439, 444, 451, 457, 460f., 470, 472
MADRID: 191f., 233
MÄHREN: 46, 233
MAGINOT-LINIE, ligne Maginot, Kette französischer Befestigungsanlagen zwischen belgischer und schweizerischer Grenze, erb. 1927–1932 und später: 240f.
MAILAND: 158, 161, 268, 270
MALAWI (bis 5. 7. 1964: Nyasaland), britisches Protektorat 1891–1964: 353
MALAYA, FEDERATION OF, britische Kolonie 1895/1909–31. 8. 1957, unabh. seit 31. 8. 1957, Gliedstaat von Malaysia seit 16. 9. 1963: 254f.
–, Besetzung durch Japan, 8. 12. 1941–16. 8. 1945: 254f.
MALAYSIA, föderative Staatengruppe, prokl. 16. 9. 1963: 403
MALMEDY, zu Belgien 1920–1940 und seit 1945: 263
MALTA, britische Kolonie 30. 5. 1814–21. 9. 1964, unabh. seit 21. 9. 1964: 86
MANCHUREI (Mandarin Tung-pei-sheng), nordostchinesische Provinz: 88, 249
–, Eroberung durch Japan, seit 18. 9. 1931, japanisches Protektorat, seit 15. 9. 1932: Manchukuo, 18. 2. 1932–21. 8. 1945: 88, 249
MANILA: 394
MAOISMUS: 166, 409–412, 438–440
MARKTWIRTSCHAFT, siehe Wirtschaft, Marktwirtschaft
MARNE, Schlacht an der, 6.–9. 9. 1914: 244
MAROKKO, unabhängig seit 2. 3. 1956, Sultanat 1956/57, Königreich seit 14. 8. 1957: 85, 258, 343, 404
–, FRANZÖSISCH-MAROKKO, französisches Protektorat 1905/27. 11. 1912–1955/56: 85, 258, 343
–, –, Landung britisch-amerikanischer Truppen, 7. 9. 1942: 258f.
–, SPANISCH-MAROKKO, bis 1955/56: 85, 191–193
MARSEILLE: 188, 218
–, Ermordung Alexanders I. von Jugoslawien, 9. 10. 1934: 188, 218
MARSHALL-PLAN, siehe Europäisches Wiederaufbau-Programm, ERP
MARXISMUS: 22, 25, 28, 32f., 55–60, 64f., 68, 71, 73f., 113, 119–121, 125f., 137, 155, 157, 166, 174–177, 180f., 200, 203, 282, 290, 324, 351, 386, 391, 409, 416, 431, 436, 439, 441f., 463
–, NEOMARXISMUS: 137, 281, 369, 375, 442
MARXISMUS-LENINISMUS: 22, 56f., 75, 137, 175, 283, 325, 347f., 381, 386f., 391, 400, 408–410, 416, 433, 438f., 444f.
MASSENGESELLSCHAFT, Massenzeitalter: 20, 26, 28, 49, 59, 136, 177, 336, 353, 431
MASSENMEDIEN, neuzeitliche: 178f., 211, 266, 385, 418, 431, 452, 469
MEMELLAND, Memelgebiet, Abtrennung 28. 6. 1919, Besetzung durch Litauen 10. 1./15. 2. 1923 (Memel-Statut, 11. 3. 1924), Rückgliederung 22. 3. 1939: 40, 184, 233
MENSCHENRECHTE, Human rights: 33, 120, 124, 137, 381, 385f., 389, 404
MENSCHEWIKI (Minderheitler), gemäßigter Zweig der russischen Sozialisten, seit 30. 8. 1903: 58f.
MESSINA, Außenministerkonferenz der Montan-Union, 4. 6. 1955: 465

MEXIKO: 97, 199, 414 f., 442
–, Agrarreform, Verfassung vom 1. 5. 1917: 97
MINDERHEITENPROBLEME UND MINDERHEITENPOLITIK, nach 1918: 35, 37, 43, 46, 90, 183–189
MITBESTIMMUNG der Arbeitnehmer in den Betrieben: 369, 468
MITTELALTER: 136, 165, 459 f.
MITTELAMERIKA: 23, 97
MITTELEUROPA: 22, 24, 29, 38 f., 52 f., 66, 69 f., 76, 128, 138, 171, 187 f., 199, 225, 231, 233, 269 f., 288, 291, 293, 295, 304 f., 335, 356, 359, 398, 418, 422, 461
MITTELMEERRAUM: 43, 85 f., 158, 164, 188, 215, 219 f., 225, 229, 245, 258, 317, 365 f., 461
MITTLERER OSTEN: 287
MONARCHIE: 19 f., 28, 31, 36, 65, 70, 72, 156, 183, 187 f., 196, 294, 337, 348, 359, 364, 449, 459 f.
–, Ägypten: 86
–, Arabische Staaten: 25
–, Belgien: 242, 337, 348 f.
–, Bulgarien: 183, 294, 337
–, China: 87
–, Dänemark: 337, 348, 359, 364
–, Deutschland: 58, 66 f., 72, 172, 215
–, Frankreich: 145
–, Griechenland: 188, 364 f.
–, Großbritannien: 149 f., 152, 155 f., 337, 348, 354, 359, 364, 448 f.
–, Irak: 84
–, Iran: 84
–, Italien: 160–164, 166, 220, 267 f., 337, 345, 348
–, Japan: 88, 412
–, Jordanien: 84
–, Jugoslawien: 45, 188, 273, 337
–, Luxemburg: 337, 348
–, Niederlande: 156, 242, 337, 348, 401
–, Norwegen: 241, 337, 348, 359, 364
–, Österreich-Ungarn: 72, 187, 215, 358
–, Rumänien: 187, 294, 337
–, Rußland: 54–61, 63, 65, 200, 204
–, Schweden: 337, 348, 359, 364
–, Serbien: 188
–, Skandinavien: 149, 156, 348, 364
–, Spanien: 190–193, 195, 362
–, Türkei: 47
–, Ungarn: 72, 187
MONROE-DOKTRIN, siehe Monroe, James
MONTAN-UNION, siehe Europäische Gemeinschaft für Kohle und Stahl
MONTREUX, schweizerischer Kurort am Genfer See: 226
–, Meerengen-Abkommen mit der Türkei, 20. 7. 1936: 226
MORGENTHAU-PLAN, siehe Morgenthau, Henry, jr.
MOSKAU: 60, 71, 73 f., 76, 87, 108, 147, 214, 240, 248, 252, 265, 267, 273, 275, 285, 305, 307, 321, 331, 378, 380, 398, 420, 425, 428
–, das ›Dritte Rom‹: 22
–, Attentat auf den diplomatischen Vertreter des Deutschen Reichs, Graf von Mirbach-Harff, 6. 7. 1918: 65
–, Außenministerkonferenz der USA, Großbritanniens und der UdSSR, 19. 10.–3. 11. 1943: 267
–, Außenministerkonferenz der USA, Großbritanniens und der UdSSR, 10. 3.–24. 4. 1947: 305
MOZAMBIQUE, portugiesische Kolonie 1550/1650–25. 6. 1975, unabh. seit 25. 6. 1975: 363, 435
MÜNCHEN: 70, 105, 108, 209, 231
–, Münchener Abkommen, 29. 9. 1938: 209, 231–234, 237, 242, 273, 320, 382
–, Putschversuch Hitlers, 8./9. 11. 1923: 48, 70, 108, 172

NAGASAKI, Atombombenabwurf, 9. 8. 1945: 279, 412
NAHER OSTEN: 23, 47 f., 83–86, 141, 226, 245, 247, 258, 290, 298–302, 399, 404–407, 409, 414, 419 f., 428, 432, 456, 461
–, Nahost-Krise, 29. 10. 1956–5. 3. 1957: 48, 298, 404–407, 409, 414, 419 f., 428, 432
–, –, Oktoberkrieg, 6. 10. 1973–29. 5. 1974: 298
NANKING (Nan-ching): 249
NAREW: 236
NARVIK, Kämpfe um, 9. 4.–10. 6. 1940: 241
NASJONAL SAMLING, norwegische rechtsradikale Partei, gegr. 1933: 260
NATION UND NATIONALSTAAT: 17, 19, 22–27, 29 f., 33–38, 40, 43–49, 54, 71,

75–77, 80f., 83, 86, 89, 91, 93, 114, 120, 126f., 133, 140, 142, 144, 153f., 157f., 166, 168, 171f., 177–189, 228–230, 233, 252, 255–257, 266, 285f., 288, 290, 298–300, 313, 316, 322f., 332f., 336, 340–345, 352, 359, 366f., 369–371, 377, 379, 383, 400, 402f., 423f., 428f., 441, 454, 456f., 459f., 466f., 469–472

NATIONALISMUS, Nationalistische Bewegungen und Parteien: 17, 20, 23–27, 33, 35, 37, 44, 48, 70, 83, 94, 111, 114f., 119, 129, 133, 135, 157, 166, 170, 178, 182–189, 288f., 296, 299, 325, 335, 338, 393, 404, 408, 423, 456, 470, 472

–, Ägypten: 86

–, Afrika: 289, 400, 404

–, Arabische Staaten: 25, 86, 299, 343, 352

–, Deutschland: 24, 70, 105–108, 111f., 131, 133, 157, 178, 366, 370, 372, 374, 461

–, –, NPD (Nationaldemokratische Partei Deutschlands), gegr. 1964: 374

–, Frankreich: 139, 141, 341–345, 404, 423, 465

–, Griechenland: 364

–, Italien: 44, 77, 157f., 160, 166, 219, 461

–, Japan: 88, 413, 446

–, Lateinamerika: 415f.

–, Litauen: 184

–, Rußland, UdSSR: 201f., 204

–, Slowakei: 232

NATIONALSOZIALISMUS, NSDAP (Nationalsozialistische Deutsche Arbeiterpartei), 1919–1945: 18f., 22, 26–28, 33, 41f., 44–46, 53, 57–59, 65, 70f., 80–82, 87, 89, 96, 102–105, 112, 115, 120, 122f., 125–127, 131f., 134, 136, 150, 154f., 157–182, 186f., 194, 200f., 203–240, 243, 247–249, 255–257, 259, 264–266, 270, 274, 276–279, 286–291, 305, 311, 313, 333, 359f., 368f., 371f., 378, 455, 457

–, Auslandsorganisation: 211

–, ›Blut-und-Boden‹-Parole: 114f., 127

–, Deutsche Arbeitsfront, DAF, gegr. 10. 5. 1933: 165

–, –, Kraft durch Freude, KdF: 165

–, Führerideal, Führerprinzip: 180, 204, 277f.

–, Führerkult: 62, 179

–, HJ (Hitler-Jugend), gegr. 1926: 274

–, Judenverfolgung: 85, 212, 223, 228, 249, 262–265, 278, 288, 300

–, –, Nürnberger Gesetze, 15. 9. 1935: 223

–, Konzentrationslager, KZ: 228, 237, 264f., 269, 369

–, Kultur- und Kunstpolitik, Verfemung der ›entarteten Kunst‹: 131, 173, 178, 206

–, Lebensraum-Theorie, ›Volk-ohne-Raum‹-Parole: 75, 115, 127, 172, 174, 178–180, 219, 222, 228f., 234, 248f.

–, ›Legale Revolution‹ Hitlers: 159–161, 173, 177, 182, 211

–, Machtergreifung, 30. 1. 1933: 52f., 56–59, 61f., 82, 112, 126, 161f., 164, 171–177, 181, 209–211, 215, 223, 227, 456

–, Niederlande, Nationaal-Socialistische Beweging, N.S.B., gegr. 1931: 261

–, Norwegen: 241

–, Österreich: 186, 215, 229f., 356f.

–, Parteitage in Nürnberg: 223, 231

–, Programm: 177, 210, 213

–, Propaganda: 41, 102–105, 108, 126, 134, 160, 170–179, 210–214, 216, 219, 222, 225, 228, 230, 235–237, 239f., 248, 256f., 259–262, 265, 269, 277

–, –, Totaler Krieg, Parole Goebbels' im Berliner Sportpalast, 18. 2. 1943: 259, 274

–, Putschversuch in München, 8./9. 11. 1923: 48, 70, 108, 172

–, Rassentheorie und Rassenpolitik: 22, 115, 127, 148, 163, 166, 172, 178–181, 222f., 228, 249, 260, 263f., 279, 358, 455, 459, 461

–, ›Röhm-Putsch‹, 30. 6. 1934: 162, 173

–, SA (Sturmabteilung), gegr. 1921: 146, 161, 173

–, Sippenhaft: 277

–, SS (Schutzstaffel), gegr. 1925: 208, 257, 261, 263–265, 271

–, –, Waffen-SS, ausländische Freiwilligen-Verbände: 245, 257, 261, 263, 265, 271

–, Sudetenland: 230f.

NATO (North Atlantic Treaty Organization), gegr. 4. 4. 1949: 302, 313, 315–321, 324, 329, 336, 342, 347, 349, 360–363, 365f., 376, 390, 394–396, 406, 422, 425, 448, 458, 471

–, Hauptquartier in Casteau südostwärts von Brüssel, seit Februar/März 1967: 349

–, Hauptquartier, vormaliges, in Fontainebleau, 1949–1966/67: 318

NATURWISSENSCHAFTEN: 279f., 331, 465f.

NEAPEL: 161

›NEUE LINKE‹, Sammelbegriff für radikale Tendenzen und Bewegungen seit etwa 1968/69: 135, 360, 410, 438 f.
NEUFUNDLAND (Newfoundland): 253
NEUGUINEA (New Guinea): 255, 402
NEUILLY-SUR-SEINE, Vorort im Westen von Paris, Friedensvertrag mit Bulgarien, 27. 11. 1919: 43
NEUSEELAND: 395, 446–450
NEW YORK: 99
NEW YORK, N.Y.: 96, 297, 388
–, Börse, Kurssturz an der, ›Black Friday‹, 25. 10. 1929: 96, 118
–, Sitz der UNO, seit 23. 10. 1946: 297
»THE NEW YORK TIMES«, New Yorker Tageszeitung, gegr. 1851: 467
NIEDERLÄNDISCH-INDIEN, seit 30. 12. 1949: INDONESIA: 250, 253–255, 329, 349
–, Besetzung durch Japan, 11. 1. 1942–16. 8. 1945: 250, 253–255, 329, 349, 401
NIEDERLANDE: 23, 67, 118, 156, 226, 240, 242, 250, 253, 261, 264 f., 270, 313–318, 330, 337, 342, 348–350, 401, 464–469
–, Besetzung, deutsche, 10. 5. 1940–4. 5. 1945: 242, 261, 264 f., 270, 349 f.
–, Kolonien: 23, 349 f., 393, 395, 401
–, Parteien und Parteiensysteme: 349
NIGERIA, britische Kolonie 1861/1901 bis 1960, unabh. seit 1. 10. 1960, Republik seit 1. 10. 1963: 353, 403
NIL: 300
NIZZA: 234
NORDAFRIKA: 85, 226, 243, 245–247, 258 f., 399, 404, 406
NORDAMERIKA: 22, 449
NORDEUROPA: 138, 156, 241, 468 f.
NORDISCHER RAT, gegr. 5. 12. 1951: 361
NORDKAP: 257
NORDPOL: 448
NORDSEE: 247
NORD-SÜD-PROBLEM, das Problem des ökonomisch-sozialen Gefälles zwischen industrialisierten (›reichen‹) und unterentwickelten (›armen‹) Regionen: 127, 408, 472
NORMANDIE: 274
–, Invasion, Landung der Alliierten, 6. 6. 1944: 260, 267, 269, 274, 452
NORWEGEN: 241, 260 f., 298, 314, 317, 337, 348, 355, 359–361
–, Besetzung, deutsche, 9. 4. 1940–7. 5. 1945: 241, 252, 260 f., 279 f., 359
–, –, Division Wiking, 5. SS-Panzergrenadierdivision: 261
–, –, Quisling-Regime, 1. 2. 1942–9. 5. 1945: 241, 261
–, Parteien und Parteiensystem: 241, 359–361
NÜRNBERG: 223, 231, 289 f., 295
–, Nürnberger Gesetze, Grundlage für die Judenverfolgung, 15. 9. 1935: 223
–, Nürnberger Prozesse gegen die sog. Kriegsverbrecher, 14. 11. 1945–14. 4. 1949: 289 f., 295
–, Parteitage der NSDAP: 223, 231
NUKLEARWAFFEN: 279 f., 292, 298, 316–318, 328, 331, 341, 344, 390, 410, 412, 414, 419 f., 422 f., 425, 428, 447, 451 f.
–, Diplomatie der: 280 f., 317 f., 420
–, –, Atomares Gleichgewicht: 298, 316 f., 390, 419 f., 425
–, ATOMWAFFENSPERRVERTRAG, unterz. 1. 7. 1968, in Kraft seit 5. 3. 1970: 420

OAS (Organization of American States), gegr. 30. 4. 1948: 415
OBERSCHLESIEN: 40, 263
ODER: 269
ODER-NEISSE-LINIE, Trennungslinie zwischen Mittel- und Ostdeutschland, seit 1945: 289, 370, 372 f.
OEEC (Organization of European Economic Cooperation), gegr. 16. 4. 1948: 463 f.
ÖFFENTLICHE MEINUNG: 19, 142, 290, 292
ÖL, Erdöl und Produkte: 84, 97, 114, 253, 299, 406, 408, 414, 419, 434 f., 442, 454, 469–471
–, Ölkrise von 1973/74: 414, 419, 469 f.
ÖSTERREICH: 24, 44–46, 70, 118, 128, 156, 164, 182–187, 189, 194, 196, 210 f., 215 f., 224, 229–231, 276, 287, 293, 298, 301, 305, 333, 355–359, 379, 392, 396 f.
–, ÖSTERREICHISCH-UNGARISCHE MONARCHIE, 1867–1918: 21, 24, 26, 34 f., 37, 42–46, 66, 70–72, 156, 182–185, 187, 215, 358
–, REPUBLIK ÖSTERREICH, 1918–1938: 35, 41–46, 70–72, 118, 128, 156, 164 f., 175, 182–187, 189, 194, 196, 210 f., 215 f., 224, 229–231, 234, 356–358
–, –, –, Anschluß an Deutschland, 13. 3. 1938: 45, 175, 186, 215 f., 229–231, 234, 357

–, –, –, Anschlußbestrebungen, nach 1918: 41, 44 f., 185 f., 215 f., 396 f.
–, –, –, Bundesheer: 186
–, –, –, Heimwehr-Putsch in Graz, 13. 9. 1931: 186
–, –, –, Kommunistenunruhen in Wien, Brand des Justizpalasts, 15.–17. 7. 1927: 186
–, –, –, Parteien und Parteiensystem: 186
–, –, –, Protokoll von Lausanne, 15. 7. 1932: 186
–, –, –, Römische Protokolle, 17. 3. 1934: 216
–, –, –, Südtirol, abgetrennt 3. 11. 1918: 44, 46, 158, 287, 358, 395
–, –, –, Zollunion mit Deutschland, geplante, 21. 3.–3. 9. 1931: 118, 186
–, –, seit 27. 4. 1945: 276, 287, 293, 298, 301, 305, 333, 355–359, 379, 392, 396 f.
–, –, –, Besetzung, alliierte, bis 15. 5. 1955: 293, 301, 305, 356–358, 392, 396 f.
–, –, –, –, Sowjetische Zone: 356 f.
–, –, –, Parteien, Parteiensystem und Proporz: 356–358
–, –, –, Staatsvertrag, 15. 5. 1955: 301, 357 f., 396 f.
–, –, –, Südtirol: 287, 358, 395
–, –, –, –, ›Autonomiepaket‹, 22./23. 11. 1969, 3./7. 12. 1969, 16./17. 7. 1971: 44, 358
Österreichische Credit-Anstalt für Handel und Gewerbe, seit 1939: Creditanstalt-Bankverein, AG., gegr. 1855, zusammengebr. 11. 5. 1931: 118
One World, idealistische These nach dem Zweiten Weltkrieg: 49, 81, 284, 292, 296, 458
Open Diplomacy, Programm Präsident Wilsons im Ersten Weltkrieg: 39, 49, 81, 94
Open Door, Wahrung gleicher wirtschaftlicher Chancen für alle Nationen in einem bestimmten Gebiet, erstmals prokl. 29. 8. 1842: 87
Oran: 259, 343
Ostafrika: 219, 245
Ostasien: 23, 32, 87–89, 249 f., 254, 302, 304, 326–329, 390, 393, 401, 412, 414, 422, 432, 448 f.
Osteuropa: 24, 29, 35, 39, 42–47, 66, 69, 117, 128, 138, 153, 156, 167, 182–189, 200, 209, 211, 213, 218, 236, 238, 244 f., 247, 252, 262 f., 265, 267, 269–273, 275, 277 f., 281–283, 287 f., 293 f., 320–325, 333, 335, 337, 339, 359, 362, 367, 390, 393, 395, 418, 422–424, 427, 429–433, 435, 457 f., 462 f., 469
Ostpreussen: 40, 183, 248, 263, 267
Ostsee, Ostseeraum: 43, 247
Ost-West-Konflikt, nach 1945: 20, 23, 272, 274 f., 285, 299, 302–308, 313, 316 bis 321, 326–331, 333–336, 339, 352, 355–365, 371, 374, 379, 390–408, 425–431, 435, 450, 459, 462, 472

Pakistan, ehem. Teilgebiet von Britisch-Indien 1757/1763–1947, unabh. seit 14. 8. 1947: 300, 352, 395, 402, 405
Palästina, britisches Mandat 25. 4. 1920–14. 5. 1948: 84 f., 299–301, 405
–, Teilungsplan der UNO, 31. 8. 1947, Teilung des Landes, 14. 5. 1948, und Palästinenser-Problem: 300 f., 405
Panama (City), Konferenz von, 2. 10. 1939: 251
Panarabische Bestrebungen: 299, 352
Paneuropa-Bewegung, begr. 1923: 314, 463
Pangermanismus: 24 f.
Panslawismus: 22, 24 f., 35
Papsttum, Mittelalterliches: 459 f.
Paraguay: 442
Paris: 37, 52, 94, 109, 139, 182, 218 f., 232, 242, 274, 287, 306 f., 309, 318, 365, 396, 426, 463
–, Außenministerkonferenz der USA, Großbritanniens, Frankreichs und der UdSSR, 23. 5.–20. 6. 1949: 309
–, Bastille, Sturm auf die, 14. 7. 1789: 52
–, Besetzung, deutsche, 14. 6. 1940–25. 8. 1944: 242, 274
–, Friedensschluß mit Finnland, Italien, Ungarn, Rumänien und Bulgarien, 10. 2. 1947: 287
–, Friedensverhandlungen und Pariser Vorortverträge, 1919/20: 18, 20, 24, 31, 34–51, 53–55, 66 f., 83, 92–95, 117, 139–141, 158, 174 f., 182, 212, 216–219, 221–224, 226, 229, 233, 263, 285, 287, 291
–, Konferenz der ERP-Länder, 12. 7.–22. 9. 1947: 306 f., 463
–, Pariser Verträge, 20.–23. 10. 1954: 285, 342, 366, 395

–, Studentenunruhen, Mai 1968: 133, 344, 425
–, Unruhen, Sturm auf das Parlament, 6.–14. 2. 1934: 146f., 218
PARLAMENTARISMUS, Parlamentarische Demokratie: 19, 28, 33f., 36, 55, 57, 66–73, 75f., 78, 120f., 123, 126, 137, 139, 142–146, 149–156, 166f., 172, 183 bis 192, 205, 217f., 333–339, 341, 346–348, 354, 357–361, 367–369, 371f., 374f., 377, 412, 415, 444, 447, 449f., 454, 464, 467–469
PARTEIEN, POLITISCHE, UND PARTEIENSYSTEME: 19, 28, 45, 69, 72–82, 105–108, 122–126, 134f., 138–140, 144, 146–149, 152–157, 160–163, 172, 183–187, 190, 205, 217, 221f., 241, 293f., 305f., 333–339, 341–365, 367–372, 374–378, 403, 406, 415, 436–450, 467–469
–, Große Koalition: 106f., 154, 242, 357f., 374, 441, 444
–, Konkordanzregierung: 358f.
PAZIFISCHER OZEAN: 87f., 249, 275, 449
PAZIFISMUS: 91, 163, 174, 219, 222
PEARL HARBOUR, Marinestützpunkt auf der Hawaii-Insel Oahu, japanischer Überfall, 7. 12. 1941: 249, 253
PEKING (Pei-p'ing): 89, 228, 433
PERONISMUS: 195, 415f., 442
PERU: 414, 442
PHILIPPINEN (Philippines, Filipinas), an die USA 10. 12. 1898/1. 4. 1899, selbst. seit 4. 7. 1946: 23, 254f., 275, 328, 394f., 449
–, Besetzung durch Japan, 10. 12. 1941–5. 7. 1945: 254f., 275
PHILOSOPHIE: 29f., 80, 83, 128, 130, 164f., 338, 431, 453
PHYSIK: 279f.
PLANWIRTSCHAFT, siehe Wirtschaft, Planwirtschaft
PLEVEN-PLAN, siehe Pleven, René
POLEN, Republik, seit 11. 11. 1918/28. 6. 1919, Volksrepublik seit 22. 7. 1952: 35, 40, 43, 45, 47, 73, 79, 107, 118, 182–185, 187, 189, 208, 211–214, 218f., 226, 233–240, 248, 263, 267, 269, 271–273, 275f., 278, 281f., 288, 294, 322, 325, 333, 387, 399, 405–407, 421, 423, 428–430, 432
–, Armee: 185, 240, 271
–, Besetzung Ostpolens, sowjetische, 17. 9. 1939–22. 6. 1941, und Annexion, seit 1945: 185, 236f., 240f., 244, 267, 271–273, 275f., 281f., 288, 294, 333
–, –, Lubliner ›Nationalkomitee‹, gegr. 1. 1. 1945: 271f., 276
–, Britisch-französische Garantieerklärung, 31. 3. 1939: 233f., 237
–, Britisch-polnischer Beistandsvertrag, 25. 8. 1939: 237f.
–, Deutsch-polnischer Nichtangriffspakt, 26. 1. 1934: 214, 234
–, Kommunistische Machtübernahme, 31. 9. 1948/6. 11. 1949: 271–273, 275f., 294, 325, 423
–, –, Kollektivierung der Landwirtschaft: 294, 322
–, –, Posener Aufstand, 28./29. 6. 1956, Czenstochauer Katholikenversammlung, 25./26. 8. 1956, Arbeiterunruhen, bis 21. 10. 1956: 79, 322, 373, 387, 399, 405–407, 421, 423
–, Parteien und Parteiensystem: 184f.
–, Polen-Feldzug, deutscher, 1. 9.–6. 10. 1939, und Besetzung, bis 23. 2. 1945: 185, 238, 240f., 248, 258–267, 269, 271–273, 275f., 278, 281f., 288, 294
–, –, Exilregierung in London, seit 30. 9. 1939: 271–273, 275f., 294
–, –, General-Gouvernement: 263, 267, 271
–, –, Warschauer Aufstand der ›Heimat-Armee‹, 1. 8.–2. 10. 1944: 271
–, Russisch-polnische Kämpfe, 25. 4. 1920–18. 3. 1921: 73, 208, 234, 288
–, Verfassung: 184f.
POLNISCHER KORRIDOR (Weichsel-Korridor), 10. 1. 1920–1. 9. 1939: 40, 213, 233f.
PONTINISCHE SÜMPFE, Agro Pontino, Ebene südwestlich von Rom, Trockenlegung seit 1928: 165
»IL POPOLO D'ITALIA«, Mailänder Tageszeitung, Sprachrohr der Faschisten, 1914–1945: 158
PORKKALA, finnische Halbinsel, sowjetisch besetzt 19. 9. 1944–26. 1. 1956: 356
PORT SAID: 406
PORTUGAL: 22, 156, 165, 193f., 196f., 298, 317, 334, 355, 361–363, 365, 401, 407, 435, 438, 446, 469
–, Armee: 196, 363
–, Kolonien: 22, 196f., 362f., 401, 407
–, Parteien und Parteiensystem: 363, 438, 469

–, Umsturz, Machtergreifung der Militärs, 25. 4. 1974: 363
Posen, Provinz: 40, 110
Potsdam: 289, 304
–, Konferenz von, in Schloß Cäcilienhof, 17. 7.–2. 8. 1945: 287–289, 291, 295, 304, 397
Prag: 45, 219, 232, 279, 293, 419
Presse und Journalismus: 132f., 155, 158, 173, 211, 214, 290, 365, 454
Preussen: 40, 139, 172, 184, 276, 287
Princeton University, Princeton, N.J., begr. 1746/1748: 34
Proletariat, marxistische These vom: 55, 57–59, 65, 79, 119, 125, 127, 409, 436, 443, 463
Protektionismus: 117
–, siehe auch Zoll und Zollsysteme, Schutzzölle
Protestantismus: 173, 186f., 349, 375
–, Niederlande, Anti-Revolutionaire Partij, AR, gegr. 1879, und Christelijk-Historisch Unie, gegr. 1897: 349
–, Nordirland (Ulster): 354
–, Tschechoslowakei: 186f.
Psychoanalyse: 130
Psychologie: 130
Psychologische Kriegführung, Erster Weltkrieg: 21
–, Zweiter Weltkrieg: 256
Pusan, koreanischer Seehafen: 327

Quebec: 267, 448
–, Konferenz von, 14.–24. 8. 1943: 267

Räte und Rätesystem: 54, 60, 68–72, 294, 323, 439
–, Bayern: 67, 69, 71, 105
–, Deutschland: 67–71, 105, 133
–, Großbritannien: 151
–, Rußland: 54, 60–62
–, Ungarn: 44, 71, 187, 294
Raketenwaffen: 277, 279f., 406, 420, 425, 438
Rapacki-Plan, siehe Rapacki, Adam
Rapallo, italienisches Seebad am Golf von Genua: 47, 80
–, Vertrag zwischen Deutschland und der R.S.F.S.R., 16. 4. 1922: 47, 80, 110, 200, 213f., 308
Rassenprobleme, Rassenpolitik: 99f., 403f., 439, 450, 453–456
Rassenvorherrschaft und Rassismus: 71, 80, 87, 148, 163, 166, 172, 178–181, 222, 260, 263, 279, 358, 439, 455, 459, 461
Rastenburg, Führerhauptquartier Wolfsschanze: 270, 274
Rat für Gegenseitige Wirtschaftshilfe, RGW, Comecon, gegr. 25. 1. 1949: 321
Raumfahrt, Forschung und Technik: 280, 308, 374, 388, 419f., 425, 428
–, Mondlandung, erste bemannte, der USA, 21. 7. 1969: 420
–, Sputnik, erster Start 4. 10. 1957: 308, 374, 388, 420, 425
Reims, Waffenstillstandsabschluß zwischen Deutschland und den Alliierten, 7. 5. 1945: 279
Reparationsleistungen, deutsche, 1919–1932: 40f., 83, 96f., 105, 109f., 113, 117f., 140f., 289
–, –, nach 1945: 275, 284, 289, 291, 304f., 322, 356, 381
Republik, Republikanische Staatsform: 28, 72f., 106–108, 131–135, 137, 139, 146, 148f., 166–172, 185, 188, 190–195, 337, 341–346
Republikanischer Schutzbund, österreichischer sozialistischer Wehrverband, 1924–1933: 186
Revisionsbestrebungen, nach 1918: 37, 39, 42, 44, 46–48, 55, 66, 87–89, 93f., 110, 112, 138, 183f., 187, 210–217, 219, 226, 235
–, –, Deutschland: 18, 39, 42, 48, 55, 87, 89, 93, 110, 112, 172, 175, 184, 187, 210–217, 221, 223, 228, 230, 233, 235, 239
–, –, Italien: 87, 89, 219
–, –, Japan: 87f.
–, –, Rußland, UdSSR: 47, 235
–, –, Türkei: 47
–, –, Ungarn: 44, 187, 226
–, nach 1945: 272, 288, 371, 373, 428, 431
Revolution, Revolutionäre Bewegungen und Tendenzen: 18f., 26f., 31, 33, 38f., 48–50, 52–83, 120, 122, 124, 126–130, 133–135, 138–140, 142, 146, 151, 156–158, 161–168, 171, 175–177, 180–182, 189f., 195, 199–201, 203, 206, 210f., 288–290, 391, 404, 409, 414, 416, 429, 435, 459f.
–, Begriff der: 52–59, 61f., 66f., 70–72, 175–177, 180–182, 416, 460

–, –, in marxistischer Deutung: 25, 52–57, 60, 70, 72, 120, 136–140, 146, 175–177, 180f., 381, 391, 409, 416, 429, 435, 437
–, faschistische, ›von rechts‹: 52f., 56, 58f., 129, 161–166, 171, 175–177, 180–182
–, kommunistische, ›von links‹: 49f., 52–68, 72, 78–82, 113, 120–122, 129, 140, 146, 161–163, 175–177, 181, 190, 195, 199–201, 203, 205f., 208, 282, 285, 292f., 378, 381, 391f., 409–411, 416, 429, 435, 437–439, 441–445
–, PERMANENTE: 199, 210f., 410, 439
RHEIN: 393
RHEINLANDE: 106, 140f., 174, 221f., 276
–, Einmarsch der Wehrmacht, 7. 3. 1936: 174, 221f.
–, Rheinland-Besetzung, 6. 12. 1918–30. 6. 1930: 40f., 106, 109, 111
RHODESIEN, seit 28. 5. 1979: ZIMBABWE RHODESIA (1890/1894–1923: Rhodesia, 1. 10. 1923–2. 3. 1970: Southern Rhodesia, britische Kronkolonie): 90, 353, 403
RIFKABYLEN: 85
ROHSTOFFE UND ROHSTOFFPROBLEME: 23, 88, 114f., 254f., 260, 351, 408, 413, 448
ROM: 159, 161, 164, 194, 216, 218, 268, 274, 461
–, Aventin: 162
–, Olympiastadion, erb. 1956–1959: 164
–, Besetzung, deutsche, 8. 9. 1943–4. 6. 1944: 268, 274
–, ›Marsch auf Rom‹, Machtergreifung Mussolinis, 28. 10. 1922: 159, 161
–, Römische Protokolle, 17. 3. 1934: 216
–, Römische Verträge, 25. 3. 1957: 466
–, Viermächte-Pakt, 7. 6. 1933: 212, 214
ROMANTIK: 128
ROTES KREUZ, INTERNATIONALES, IRK, und Internationales Komitee vom Roten Kreuz, IRKR, gegr. 22. 8. 1864: 359
ROTTERDAM, Bombardierung von, 13. 5. 1940: 242
RUHRGEBIET: 42, 105–107, 109, 141, 465
–, Besetzung durch Frankreich, 10. 1. 1923–31. 7. 1925: 42, 105–107, 109, 141
RUMÄNIEN, Königreich, 26. 3. 1881–30. 12. 1947, Republik seit 30. 12. 1947, Volksrepublik seit 13. 4. 1948, Sozialistische Republik seit 21. 8. 1965: 37, 44, 46, 71, 183, 185, 187, 233, 235, 245, 247, 269, 273, 287f., 294, 325, 423f., 428–430
–, Außenpolitik: 428
–, Dreimächte-Pakt, Beitritt zum, 23. 11. 1940: 247
–, Kommunistische Machtergreifung, 28. 2. 1945: 287, 294, 325
–, Parteien und Parteiensystem: 187
RUSSLAND: 20, 22, 24, 33, 35, 37–39, 43, 47–50, 52, 54–66, 68, 71–73, 77, 80–83, 87, 89, 91, 102, 105, 107, 113, 120, 123f., 127–129, 139f., 146, 171, 182–185, 187, 198–209, 211, 213, 216–219, 221f., 225–227, 232, 234, 243–245, 247–250, 252–259, 262, 266–283, 285–298, 300–305, 307–313, 316–333, 335, 339, 348, 352, 355–362, 366, 373f., 377f., 380f., 383, 385–394, 396–401, 403, 405–413, 416, 418, 420–436, 438–446, 451, 454, 456–463, 465, 467, 470
–, Nordrußland: 385
–, Weißrußland: 185, 263, 296
–, RUSSISCHES REICH, bis 1917: 22, 24, 33, 37, 43, 47, 54–63, 65, 77, 80, 139, 171, 182, 198, 200f., 204, 244, 247, 255, 288, 399–401
–, –, Armee: 59, 63, 198
–, –, Außenpolitik: 200
–, –, Duma, seit 28. 4./10. 5. 1906: 54
–, –, Geheimpolizei, Ochrana, gegr. 1881: 60, 62
–, –, Revolutionsversuche, 9. 1./22. 1. 1905 bis 24. 4./6. 5. 1906: 54
–, –, Februarrevolution, 23. 2./8. 3.–2. 3./15. 3. 1917: 33, 52, 54–59, 66, 176
–, –, –, Provisorische Regierung, 3. 3./16. 3.–25. 10./7. 11. 1917: 55–60, 63
–, –, –, –, Kerenskij-Offensive, 26. 6.–3. 8. 1917: 59
–, –, –, –, Kornilow-Putsch, 8.–15. 9. 1917: 59, 73
–, –, Oktoberrevolution, 25. 10./7. 11. 1917: 17, 20, 33–35, 37–39, 52, 54–73, 77f., 113, 120f., 140, 146, 156, 161, 171, 175f., 201, 204–206, 208, 288, 409
–, SOWJET-REPUBLIKEN, 8. 11. 1917–27. 12. 1922: 20, 33, 35, 37–39, 42f., 47–50, 52, 54–66, 69–76, 78–83, 87, 89, 91, 105, 113, 116, 120, 122–124, 127–129, 139f., 146, 171, 182–185, 198–201, 205, 208, 421
–, –, Außenpolitik: 60
–, –, Bürgerkrieg, 1917–1920: 60, 62–64, 66, 73, 127, 198, 208

–, –, Enteignung (Sozialisierung): 62, 64f.
–, –, Friedensschluß von Brest-Litowsk, 3. 3. 1918: 62, 198
–, –, Geheimpolizei, Tscheka 1918–1922, GPU seit 1922: 60, 62, 65, 198
–, –, Matrosenaufstand in Kronstadt, 1.–18. 3. 1921: 79
–, –, Nationalitätenpolitik: 62
–, –, Nationalversammlung, 18. 1. 1918: 60, 63f.
–, –, Neue Ökonomische Politik, NEP, prokl. 15. 3. 1921: 64f., 79, 123f., 198f., 200, 421
–, –, Polenkämpfe, 25. 4. 1920–18. 3. 1921: 73, 208, 234, 288
–, –, Propaganda: 53, 57, 60–63, 75, 126
–, –, Rote (Arbeiter- und Bauern-)Armee, gegr. 1918: 63f., 198, 208
–, –, Vertrag von Rapallo, 16. 4. 1922: 47, 80, 110, 200, 213f., 308
–, UNION DER SOZIALISTISCHEN SOWJET-REPUBLIKEN, UdSSR, seit 27. 12. 1922: 18–23, 25–27, 33, 35, 42f., 47–50, 52, 57, 60f., 63, 65, 70–72, 74–76, 79–82, 87, 89, 91–93, 102, 105, 107, 110, 113, 116, 120, 122–124, 131, 135, 147, 152, 163, 182–185, 187, 190, 195, 198–209, 211, 213, 216–219, 221f., 225–227, 232, 234–238, 240f., 243–245, 247–250, 252–259, 262, 266–283, 285–298, 300–305, 307–313, 316–333, 335, 339, 348, 352, 355–362, 366, 373f., 377f., 380f., 383, 385–394, 396–401, 403, 405–413, 416, 418–436, 438–446, 451, 454, 456–463, 465, 467, 470
–, –, Abschuß eines amerikanischen U 2-Aufklärers über Swerdlowsk, 1. 5. 1960: 426
–, –, Angriff auf Finnland, Winterkrieg, 30. 11. 1939–12. 3. 1940, und Krieg Finnlands gegen die UdSSR, 26. 6. 1941–19. 9. 1944: 183, 208, 237, 241, 248, 269, 273, 288, 355f., 361
–, –, Atombombenversuch, erster, August 1949: 316–318
–, –, Außenpolitik: 80f., 200, 214, 218, 222, 227, 235, 248, 265, 268, 270–273, 275, 281–283, 285, 287, 291–295, 301–304, 307–311, 318–326, 329f., 333, 339, 352, 355, 361f., 365f., 373, 375, 378, 388–393, 396–401, 405–410, 412, 418–436, 438–444, 451, 457f., 461–463, 467–470
–, –, –, Berlin-Blockade, 24. 6. 1948–12. 5. 1949: 298, 309, 317, 320f., 323, 339, 419f., 425
–, –, –, Berlin-Ultimatum Chruschtschows, 27. 11. 1958: 308, 374, 417, 419, 425f., 429
–, –, –, Breschnew-Doktrin, seit November 1968: 407, 424, 433
–, –, –, Heißer Draht zwischen Washington und Moskau, seit 1963: 428
–, –, –, Kuba-Krise, 22. 10.–24. 11. 1962: 92, 308, 416f., 419, 427, 435, 438, 441, 456
–, –, –, ›Tauwetter‹-Periode, nach 1956: 325, 387, 399, 406, 409, 419
–, –, Berliner Vertrag mit Deutschland, 24. 3. 1926: 110, 213f.
–, –, Besatzung und Besatzungspolitik in Deutschland, seit 1945: 75f., 276, 279, 289f., 294f., 304–306, 309–313, 319f., 325, 339, 357, 374, 376–385
–, –, Besetzung der Baltischen Staaten, 1940, und Annexion, 1940 und seit 1944/45: 43, 184, 234, 237, 241, 244, 263, 267, 288, 333
–, –, Besetzung Ostpolens, 17. 9. 1939–22. 6. 1941, und Annexion, seit 1945: 185, 236f., 240f., 244, 267, 271–273, 275f., 281f., 288, 294, 333
–, –, Besetzung der ČSR, 1945, kommunistische Machtergreifung und Gleichschaltung, 25. 2. 1948: 273, 279, 283, 294, 307, 320–323, 325, 339, 355, 374
–, –, –, 21. 8. 1968: 23, 79, 312, 374, 382f., 386, 389, 407, 417, 419, 421f., 424f., 427, 429, 431–433, 440
–, –, Britisch-sowjetisches Beistandsabkommen, 12. 7. 1941: 248
–, –, Britisch-sowjetischer Bündnisvertrag, 26. 5. 1942: 275
–, –, Bürgerrechtsbewegung, Dissidenten: 434
–, –, Demokratiebegriff: 204f., 276, 293, 398, 437
–, –, Deutsch-sowjetischer Grenz- und Freundschaftsvertrag, 28. 9. 1939: 240
–, –, Deutsch-sowjetischer Nichtangriffspakt, 23. 8. 1939: 47, 57, 184, 195, 209, 213f., 235–238, 240f., 244, 250, 265, 268, 277, 288
–, –, Französisch-sowjetischer Beistandspakt, 2. 5. 1935: 209, 214, 218f., 221

–, –, Französisch-sowjetischer Bündnisvertrag, 10. 12. 1944: 275
–, –, Fünfjahrespläne: 201 f., 206, 226, 385
–, –, Geheimpolizei, Tscheka 1918–1922, GPU 1922–1934, NKWD 1934–1944, MWD seit 1944: 60, 62, 65, 198, 201, 205, 207, 322, 331, 385, 390
–, –, Geschichtsschreibung: 30, 57, 59f., 62f., 200, 387f.
–, –, Industrie und Industrialisierung: 199–203, 207f., 385, 387f., 421
–, –, –, Konsumgüterindustrie: 202, 208, 387f., 392, 421
–, –, –, Schwerindustrie: 202, 208, 226, 388, 421
–, –, Kollektive, landwirtschaftliche, und Kollektivierung: 183, 201–203, 208, 226, 381
–, –, Kriegsmarine: 366
–, –, Luftwaffe: 202
–, –, Machtergreifung, kommunistische, und Gleichschaltung in den besetzten Ländern, nach 1944/45: 208f., 270–276, 287, 293 bis 295, 305, 310–312, 318–325, 337, 339, 374, 393, 395, 409, 420–422, 458, 461–463
–, –, Nationalitätenpolitik: 62, 204f.
–, –, Note zur Deutschland-Frage an die drei Westmächte, 10. 3. 1952: 330, 397, 420
–, –, Panzerwaffe: 202, 421
–, –, Propaganda: 19, 53, 57, 60–63, 75, 124, 126, 203–206, 214, 235–237, 241, 281, 294, 307, 328, 330, 339, 385, 391, 393, 396, 399, 426, 437, 440–444
–, –, –, Friedensbeteuerungen: 443
–, –, Rote Armee, 1918–1946, und Sowjetarmee, seit 1946: 63f., 72, 198, 200, 202, 206, 208, 213, 235, 240f., 248, 270–274, 278f., 292–294, 301, 305, 312, 317f., 321–323, 333, 355, 385, 387, 390, 393, 407, 421f., 443, 470
–, –, –, Kommissare: 208, 225
–, –, Rüstung: 202, 208, 392, 433, 435
–, –, Rußland-Feldzug, deutscher, seit 22. 6. 1941: 102, 208, 244f., 247–249, 253f., 257–269, 275–278, 288, 291, 296
–, –, –, Russische Befreiungsarmee, auf deutscher Seite kämpfende Freiwilligenverbände, 1944/45: 262
–, –, Säuberung, tschistka, die ›Große Säuberung‹ unter Stalin, 1935–1939: 199, 203, 207–209, 226, 325, 378, 386f.
–, –, Sowjetisch-japanischer Neutralitätsvertrag, 13. 4. 1941: 247, 249
–, –, Sowjetisch-jugoslawischer Freundschaftsvertrag, 6. 4. 1941: 247
–, –, ›Sozialismus in einem Land‹, These Stalins: 25, 80, 199, 206
–, –, Tschechoslowakisch-sowjetischer Beistandspakt, 16. 5. 1935: 209, 219
–, –, Verfassung, 5. 12. 1936: 204f., 207
–, –, –, 7. 10. 1977: 389
–, –, Völkerbund, Eintritt in den, 18. 9. 1934: 209, 214
–, –, –, Ausschluß aus dem, 14. 12. 1939: 241
–, –, Zensur: 385
–, –, Zwangsumsiedlung ethnischer Minderheiten: 205

SAARLAND: 40, 216, 310, 315, 395, 465
–, Saargebiet, 10. 1. 1920–1. 3. 1935: 40, 216, 465
–, Abtrennung von der Französischen Zone, 7. 7. 1945, und eigene Verwaltung, bis 31. 12. 1956: 310, 315, 395, 465
SACHSEN: 279
SAINT-GERMAIN-EN-LAYE, französische Stadt westlich von Paris: 43
–, Friedensvertrag mit Österreich, 10. 9. 1919: 43, 45, 158
SALÓ, italienischer Kurort am Gardasee, Sitz der Mussolini-Regierung, 15. 9. 1943–28. 4. 1945: 268
SAN, rechter Nebenfluß der Weichsel: 236
SAN FRANCISCO, CAL.: 296, 328f.
–, Amerikanisch-japanischer Sicherheitsvertrag, 8. 9. 1951: 328f.
–, Friedensvertrag mit Japan, 8. 9. 1951: 328f., 395, 412
–, Konferenz von, 25. 4.–26. 6. 1945: 296
SARAGOSSA: 192
SA'ŪDI-ARABIEN: 84
SCHAUPROZESSE, stalinistische: 203, 207 bis 209, 226, 325, 421
SCHIEDSGERICHTSHOF, STÄNDIGER (INTERNATIONALER), Permanent Court of Arbitration, Sitz Den Haag, errichtet 29. 7. 1899/18. 10. 1907: 97, 221
SCHLIEFFEN-PLAN, siehe Schlieffen, Alfred, Graf von
SCHUMAN-PLAN, siehe Schuman, Robert
SCHWARZES MEER: 43, 247, 257

SCHWEDEN: 156, 241, 298, 314, 333, 337, 346, 348, 355 f., 358–361, 441
–, Parteien und Parteiensystem: 156, 346, 358–361, 441
–, Sozialgesetzgebung, Wohlfahrtsstaat: 359 f.
SCHWEINEBUCHT (Bahía Cochinos), Bucht an der Südküste Kubas, Landung von Exilkubanern in der, 17.–20. 4. 1961: 416
SCHWEIZ: 24, 56, 138, 186, 200, 207, 268, 333, 355, 358–360, 379
–, Landesverteidigung: 359
–, Parteien und Parteiensystem: 358 f.
–, Verfassung: 358
SEATO (South East Asia Treaty Organization), gegr. 8. 9. 1954, aufgel. 30. 6. 1977: 394 f.
SELBSTBESTIMMUNG DER VÖLKER, Self-determination of peoples: 22, 24, 33, 36–38, 41, 44–47, 49, 62, 83, 86, 158, 182–184, 188 f., 229, 232 f., 237, 252, 270, 283, 287 f., 371, 373, 384, 400, 407, 428, 470
SENUSSI (Sanûsî), islamische Ordensgemeinschaft: 85
SERBEN: 35, 45, 71, 188
SEVILLA, Militärrevolte, 10. 9. 1932: 192
SÈVRES, Vorort im Südwesten von Paris, Friedensvertrag mit der Türkei, 10. 8. 1920: 43, 47 f., 83
SHANGHAI (Shang-hai): 89, 228
SIBIRIEN: 198, 202, 385
SIEBENBÜRGEN, zu Rumänien seit 30. 11. 1918: 49, 187
SIEBENJÄHRIGER KRIEG, 1756–1763: 277
SIERRA LEONE, britische Kronkolonie 1808–1896 und britisches Protektorat 1896–1961, selbst. seit 27. 4. 1961: 353
SINAI: 406
SINGAPORE: 254
–, Eroberung, 15. 2. 1942, und Besetzung durch Japan, bis 5. 9. 1945: 254
SIZILIEN: 157, 266
–, Landung britischer und amerikanischer Truppen, 10. 7. 1943: 266
SKANDINAVIEN, Skandinavische Länder: 149, 156, 183, 240 f., 261, 337, 348, 356, 361
SLAWEN, Slawische Völker: 26, 262 f., 321
–, SÜDSLAWEN: 45
SLOWAKEI, Autonome Republik, 14. 3. 1939–5. 4. 1945: 232
SLOWAKEN: 45 f., 71, 187, 232
SLOWENEN: 35, 45, 263
SOLIDARITÉ FRANÇAISE, französische rechtsradikale Bewegung: 146
SOMALIA (Al-Jumhūrīja ad-Dīmūqratīja as-Sūmalīja), selbst. seit 1. 7. 1960: 218
–, Italienisch-Somaliland (Somalia Italiana), 1889–1960, unter britischer Militäradministration 1941–1950: 218
SOMME: 246
SONTHOFEN, ›Ordensburg‹ der NSDAP: 179
SOWJETS, russische Arbeiter- und Soldatenräte: 54, 64
SOWJETUNION, siehe Rußland, Union der Sozialistischen Sowjet-Republiken
SOZIALDARWINISMUS, Sammelbegriff für sozialwissenschaftlich bestimmte Evolutionstheorien: 129, 178, 264
SOZIALDEMOKRATIE, Sozialdemokratische Parteien: 28, 46, 54, 56, 59, 66, 72–76, 116, 120 f., 152, 156, 167, 215, 337 f., 355, 371 f., 438, 444 f., 467–469
–, Belgien, Parti ouvrier belge, P.O.B., 1885–1940, und Parti socialiste belge, P.S.B., seit 1944: 349
–, Dänemark, Socialdemokratisk parti, gegr. 1878: 337, 355, 359
–, Deutschland, SPD (Sozialdemokratische Partei Deutschlands), 1890–1933 und seit 1945: 56, 67–73, 75 f., 107 f., 121, 124, 133–135, 152, 167 f., 173, 215, 294, 306, 311 f., 367–372, 375 f., 380, 422, 459, 469
–, –, –, Godesberger Programm, 13.–15. 11. 1959: 368
–, –, USPD (Unabhängige Sozialdemokratische Partei Deutschlands), 1916/11. 4. 1917–24. 9. 1922: 67, 73, 75
–, Finnland, Sozialdemokratische Arbeiterpartei Finnlands, gegr. 1899: 436 f.
–, Frankreich, Parti radical et radicalsocialiste, gegr. 1901: 56, 134, 144, 147 f., 217, 222
–, –, Parti socialiste français, P.S.F., 1902–1905, Section française de l'Internationale ouvrière, S.F.I.O., 1905–1969, und Parti socialiste, P.S., seit 1969: 56, 76, 134, 144–148, 222, 337, 342, 345, 469
–, Großbritannien, Labour Party, gegr. 1906: 121, 123, 151–155, 242, 329, 337, 350–355, 402, 445, 469
–, Italien, PSDI (Partito socialista democratico italiano), seit 1951/52: 346, 348

–, –, PSI (Partito socialista italiano), 1892–1926 und seit 1943: 77f., 161f., 337, 346–348
–, –, PSIUP (Partito socialista italiano di unità proletaria), Linkssozialisten, 1943–1947 und seit 1967: 337, 345, 347
–, Japan, Sozialistische Parteien: 413
–, Kanada, New Democratic Party: 449
–, Niederlande, Sozial-demokratische Arbeiter-Partei, SDAP, 1894–1946, und Partij van de Arbeid, PvdA, seit 1946: 349
–, Norwegen, Norske arbeiderparti, gegr. 1887: 337, 355, 359
–, Österreich, SPÖ (Sozialdemokratische, seit 1945: Sozialistische Partei Österreichs), 1889–1934 und seit 1945: 71f., 186, 215, 356–358
–, Polen, Polska Partia Socjalistyczna, 1892–1948: 294
–, Portugal, Partido popular democrático, PPD: 363
–, –, Partido socialista português, PSP: 363
–, Rußland, SDRPR (Sozialdemokratische Arbeiterpartei Rußlands), 1898–1919: 28, 56, 58f., 69, 72
–, –, S.R. (Sozialrevolutionäre), um 1901 bis 1918/19: 58, 65
–, Schweden, Socialdemokratiska arbetarpartiet, gegr. 1889: 156, 337, 355, 359, 441
–, Spanien, Partido socialista, gegr. 1888 (1879): 190–192
–, Sudetenland, Deutsche Sozialdemokratische Arbeiterpartei, 1919–1938: 46
–, Ungarn, Sozialdemokratische Partei, 1889/90–1948, 1956: 71, 294
Sozialisierung, Nationalisierung, Vergesellschaftung der Produktionsmittel: 64f., 337, 351, 353, 360, 363
–, kommunistische, und Kollektivierung (der Landwirtschaft): 64f., 183, 201–203, 208, 226, , 290, 294f., 322, 324, 351, 360, 367, 378, 381, 390f., 409f., 421, 423
Sozialismus, in kommunistischer Theorie und Praxis: 17, 19, 23, 26, 28, 33, 54, 57f., 60, 63–65, 70–82, 119–127, 129, 131, 135–137, 157–159, 161, 164–166, 168, 172, 177–181, 191f., 198–209, 312, 323f., 334, 337–339, 363, 367, 377f., 389, 391f., 400, 416, 421, 424, 430, 433–435, 436–446, 454f., 462, 468
–, Demokratischer: 17, 23, 26, 28, 45, 54, 56, 58f., 66, 68–73, 75–78, 80, 88, 98, 119–125, 134, 137, 156, 161, 164, 179f., 191f., 324, 337–339, 348, 352, 363, 367, 372, 389, 403, 416, 421, 440, 454f., 462, 467–469
›Sozialismus in einem Land‹, These Stalins vom nationalen Weg zum Sozialismus als Vorstufe zu dessen weltweiter Durchsetzung: 25, 80, 199, 206
Sozialwissenschaften: 19, 27f., 77, 430
Spanien: 22, 148, 153, 156, 164, 189–196, 217, 224f., 227, 233f., 245f., 259, 261, 290, 298, 334, 355, 361–363, 365, 437, 466, 469
–, Südspanien: 190
–, Amerikanisch-iberisches Stützpunkt-Abkommen, 26. 7. 1956: 362
–, Armee: 190–195, 361
–, Bürgerkrieg, 10./11. 5. 1936–1. 4. 1939: 148, 153, 191–195, 217, 224f., 227, 233f., 361f., 437
–, –, Nationalisten: 194f., 225, 233
–, –, –, Legion Condor, 6. 11. 1936–26. 5. 1939: 194, 225
–, –, Republikaner: 191, 193–195, 225
–, –, –, Internationale Brigaden, Brigadas Internacionales, 8. 11. 1936–15. 11. 1938: 194f.
–, Cortes: 190, 192
–, Kolonien: 22, 85, 191–193
–, Machtübernahme durch Franco, Jefatura del Estado, und Franco-Regime, 1. 10. 1936–20. 11. 1975: 193–196, 233f., 245, 261, 355, 361f.
–, –, Antikomintern-Pakt, Beitritt zum, 27. 3. 1939: 233
–, –, Blaue Division, Freiwilligen-Verband zum Kampf gegen die UdSSR, 1941–1944: 245, 261
–, Parteien und Parteiensystem: 153, 190, 192–195, 362, 469
–, Republik, prokl. 14. 4. 1931, erloschen 1. 4. 1939: 153, 191–195
–, –, Cortes Constituyentes, Nationalversammlung, 14. 7.–14. 10. 1931: 191
–, –, Jesuitenorden, Auflösung, 23. 1. 1932: 191
–, –, Sozialistenrevolte, Rote Armee in Asturien, 6.–19. 10. 1934: 192
–, –, Verfassung, 9. 12. 1931: 190

–, –, Volksfront-Regierung, Frente Popular, 19. 2. 1936–5. 3. 1939: 192–195, 225
–, Verfassung, 26. 12. 1978: : 362
SPARTAKUSBUND, siehe Kommunistische Parteien, Deutschland, Spartakusbund
SPEYER: 106
–, Separatistenrevolte, 5. 11. 1923–17. 2. 1924: 106
SPITZBERGEN (Spitsbergen), zu Norwegen seit 10. 8. 1920: 361
STAAT, STAATSVERSTÄNDNIS UND STAATSPHILOSOPHIE: 24f., 27–29, 35, 62, 69f., 78–82, 95, 99–104, 115–137, 142, 152, 156–170, 178–180, 182–191, 194–198, 201, 211, 215, 246, 285f., 288, 296, 304, 310f., 324, 336–341, 344–348, 350–353, 358–360, 367, 370–372, 375, 408, 412, 434, 437, 439, 447f., 450, 452, 454, 456, 460, 466
STAATENSYSTEME, Staatengruppen, Staatenblöcke: 27, 81
STÄNDE UND STÄNDISCHE ORDNUNG: 165, 196, 215
STALINGRAD (bis 1925: Zarizyn, seit 1961: Wolgograd), deutscher Angriff auf, 3. 9. 1942, und Schlacht von, 19. 11. 1942–2. 2. 1943: 257–259
STALINISMUS: 60, 71, 163, 166, 195, 198–209, 255, 257, 265, 294, 312, 323–325, 329, 331, 339, 368, 378, 385–387, 398f., 405, 420–423, 431, 444f., 456, 462
–, Personenkult: 198, 200f., 203, 206, 325, 385, 411
–, Säuberung, tschistka, die ›Große Säuberung‹, 1935–1939: 199, 203, 207–209, 226, 325, 378, 386f.
–, Säuberungen in den Ostblock-Ländern, 1948/49–1951/52: 325, 386
–, ENTSTALINISIERUNG: 199, 385–388, 421f.
STEIERMARK: 263
STIMSON-DOKTRIN, siehe Stimson, Henry Lewis
STRASSBURG: 314, 329, 469
STREIK UND STREIKRECHT: 121, 126, 165, 173, 312, 455
–, Deutschland: 173
–, Frankreich: 76, 139, 147, 222
–, Großbritannien: 121, 150f., 354
–, Indien: 90
–, Italien: 77, 165
–, Niederlande: 264f.
–, Österreich: 186
–, Rußland: 54
–, Spanien: 190, 192f., 361
–, Südafrika: 90
STRESA, italienischer Kurort am Lago Maggiore: 216, 218f.
–, Konferenz von, 14. 4. 1935: 216, 218f.
›STUDENTENREVOLTE‹, Studentenunruhen, 1968/69: 132f., 135, 344, 353, 374–376, 410f., 413, 425, 438f., 442, 451, 453, 455
SUDAN, britisch-ägyptisches Condominium (Anglo-Egyptian Sudan) 21. 3. 1899–31. 12. 1955, unabh. seit 1. 1. 1956: 86, 300
SUDETENLAND: 175, 186, 230–232, 289
–, Sudetenkrise, 20. 5.–10. 10. 1938, und Anschluß an Deutschland, 10. 10. 1938: 175, 186, 230f.
SÜDAFRIKANISCHE REPUBLIK (Republiek van Suid Afrika/Republic of South Africa; 31. 5. 1910–31. 5. 1961: Unie van Suid Afrika/Union of South Africa): 86f., 90
–, Apartheid-Politik: 87
SÜDAMERIKA: 22, 290, 409, 414–416, 435, 437f., 441f., 448
SÜDEUROPA: 138, 355, 363, 461, 468f.
SÜDOSTASIEN: 249f., 253, 325, 329, 394
SÜDOSTEUROPA: 35, 37, 42–46, 155, 167, 182, 188f., 216, 231, 241–247, 263, 266, 269f., 287, 289, 320, 337, 366
SUEZ: 234, 449
SUEZKANAL: 85, 352, 399, 406
–, Suez-Krise, 26. 7.–3. 12. 1956: 343, 352f., 399, 405–407, 417, 419, 452
SUPERMÄCHTE, Superpowers, in der gegenwärtigen weltpolitischen Konstellation Bezeichnung für die USA und die UdSSR: 23, 256, 291, 293, 298, 313, 318, 333, 339, 341, 350, 352, 390, 406, 420, 425, 457f., 460–462, 470
SUPRANATIONALE BÜNDNISSE, Kollektive Sicherheitssysteme: 334, 336, 349, 383, 425, 464, 467, 470
SUPRANATIONALE ORDNUNGSSTRUKTUREN: 289, 334, 336, 370, 383, 457f., 464f., 467–472
SUWALKI (Sudauen) UND SUWALKI-ZIPFEL (Sudauer Winkel), zu Preußen 1795–1815, 1941–1945, zu Rußland 1815–1921, 1939–1941, zu Polen 1921–1939 und seit 1945: 263

Syndikalismus, Syndicalisme révolutionnaire, Sindacalismo: 157–159, 190 f.
–, Anarcho-Syndikalismus: 190
Syrien (Sūrija), französisches Mandatsgebiet 10. 1. 1920–18. 9. 1941/31. 12. 1943, selbst. seit 1. 1. 1944/6. 7. 1946: 84, 141, 300

Taiwan (T'ai-wan, Formosa): 269, 326, 412, 424
Tansania (United Republic of Tanzania), britisches Mandatsgebiet (Tanganyika) 10. 1. 1920–9. 12. 1961 (selbst. seit 9. 12. 1961, United Republic of Tanganyika and Zanzibar 27. 4.–29. 10. 1964), seit 29. 10. 1964: 353
Technisierung im Massenzeitalter: 20 f., 129, 178 f., 201, 207, 334
Teheran: 267–269, 273
–, Konferenz von, 1. 12. 1943: 267–269, 271, 273, 295
Tennessee Valley Authority (TVA), einges. 18. 5. 1933: 101
Terrorismus: 348, 354, 375, 438
Teschen, Stadt an der Olsa, zu Polen und der ČSR 1920–1938 und seit 1945: 263
Thailand (bis 24. 6. 1939: Siam): 250, 254, 395
Thüringen: 108, 279
–, Kommunistenunruhen, 16. 10.–12. 11. 1923: 108
Tirol: 44
–, Südtirol, zu Italien seit 3. 11. 1918/10. 9. 1919: 44, 46, 158, 287, 358, 395
–, –, Autonomie›paket‹, 22./23. 11. 1969, 5./7. 12. 1969, 16./17. 7. 1971: 44, 358
Titoismus: 322–325, 424
Tôkyô: 329
Totalitarismus: 17, 19 f., 25, 27, 31, 53 f., 59–62, 64 f., 74, 81 f., 119, 121–124, 135, 137, 157, 161, 163, 166 f., 170 f., 176, 178, 180, 189, 196, 200 f., 204 f., 207–209, 214, 228, 235–237, 249, 256, 265, 270, 274, 277 f., 280, 294, 305, 319, 368, 380, 385, 388, 390, 410, 445, 471
–, linker, kommunistischer: 53, 59–62, 64 f., 161, 163, 176, 189, 196, 200–209, 214, 235–237, 257, 265, 270, 274, 280, 282, 285, 290, 292, 294 f., 305, 319, 321–326, 331, 368, 370 f., 385, 388, 390 f., 399, 407, 409–412, 416, 424, 431, 434, 442, 445 f., 457 f., 468 f.
–, rechter, faschistischer: 53, 59 f., 62, 64 f., 121–124, 135, 161, 163–167, 170–173, 176, 178, 180, 189, 196, 200, 210, 214, 221, 223, 228, 235–237, 249, 256, 264–266, 274, 277 f., 305, 319, 368, 390, 445, 456 f., 461
Toulon: 259
–, Selbstversenkung französischer Marineeinheiten, 27. 11. 1942: 259
Tours: 76
–, Parteitag der französischen Sozialisten, 24.–27. 12. 1920: 76
Transjordanien, siehe Jordanien
Trianon, Palais im Schloßpark von Versailles, Friedensvertrag mit Ungarn, 4. 6. 1920: 43 f.
Trient (Trento) und Trentino: 158, 287
Triest, zu Italien 1919–1947, Freie Stadt 1947–1954, zu Italien seit 1954: 287
Trotzkismus: 436, 438–440
Truman-Doktrin, siehe Truman, Harry S.
Tschechen: 45 f., 187
Tschechoslowakei, ČSR 1918–1938, 1945–1960, ČSSR seit 1960: 23, 37, 40, 43, 45 f., 79, 107, 182 f., 186 f., 209, 218, 226, 229–235, 238, 263, 273, 294, 307, 312, 320–323, 325, 355, 374, 382, 386, 389, 407, 417, 421–425, 427–433, 440
–, Armee: 231
–, Besetzung, deutsche, 15. 3. 1939, und Protektorat Böhmen und Mähren, 16. 3. 1939–9. 5. 1945: 45, 186 f., 232–235, 263, 273, 279, 294, 307, 318, 320 f.
–, –, sowjetische, seit 24. 1. 1945, kommunistische Machtergreifung und Gleichschaltung, 25. 2. 1948: 273, 279, 283, 294, 307, 320–323, 325, 339, 355, 374
–, –, –, Geheimpolizei: 322
–, –, –, Intervention gegen den Reformkurs, 21. 8. 1968: 23, 79, 312, 374, 382 f., 386, 389, 407, 417, 419, 421 f., 424 f., 427, 429, 431–433, 440
–, –, –, Kommunistische Machtergreifung, 20. 2.–14. 6. 1948: 273, 294, 320 f., 323, 325, 339, 355, 374
–, –, –, –, Kollektivierung der Landwirtschaft: 322, 423
–, Reformkurs, ›Prager Frühling‹, 6.1./5. 4.–21. 8. 1968: 382 f., 389, 407, 417, 421, 423, 428–433, 440
–, Sudetenkrise, 20. 5.–10. 10. 1938: 175, 186, 230 f.

–, Tschechoslowakisch-sowjetischer Beistandspakt, 16. 5. 1935: 209, 219
Türkei, Osmanisches Reich, bis 2. 11. 1922, Republik seit 29. 10. 1923: 26, 37, 43f., 46–48, 66, 83–85, 92, 141, 182, 188, 226, 234, 247, 288, 300, 302f., 309, 317, 324, 352, 361, 365f., 405
–, Armee: 365f.
–, Friedensvertrag von Sèvres, 10. 8. 1920: 43, 47f., 83
–, Griechisch-türkischer Konflikt, 10. 1. 1922–11. 10. 1922: 44, 47, 188, 288
–, Meerengen-Abkommen von Montreux, 20. 7. 1936: 226
–, Parteien und Parteiensystem: 365
–, Vertrag von Lausanne, 24. 7. 1923: 48
Tunesien, französisches Protektorat 12. 5. 1881–1. 9. 1955, selbst. seit 1. 9. 1955: 158, 234, 258, 343, 404
Turin: 77

Uganda, britisches Protektorat 18. 6. 1894–9. 10. 1962, selbst. seit 9. 10. 1962: 353
Ukraine: 185, 198, 205, 248, 261, 263, 296, 387
Umsiedlung von Bevölkerungsgruppen: 44, 288
Unabhängigkeitsbewegungen, vor 1918: 83, 90, 299f.
–, nach 1918: 83–86, 90f., 182–189, 299f.
–, nach 1945: 20, 91, 300, 352–354, 393, 401f., 404
Ungarn, Republik, 12. 11. 1918–1. 8. 1919, Königreich, 6. 8. 1919–4. 4. 1945, Republik, seit 1. 2. 1946, Volksrepublik, seit 20. 8. 1948: 43–45, 71, 79, 182f., 187, 215f., 218, 226, 245, 247, 273, 287, 294f., 312, 322, 325, 357, 386f., 399, 405–407, 417, 419, 421f., 428–433, 440, 452
–, Dreimächte-Pakt, Beitritt zum, 20. 11. 1945: 247
–, Kommunistische Machtergreifung, 15. 11. 1945, und kommunistische Herrschaft: 71, 294f., 312, 322, 325, 357, 386f., 399, 405–407, 417, 419, 421f., 428–433, 440, 452
–, –, Geheimpolizei: 294, 322
–, –, Kollektivierung der Landwirtschaft: 322
–, –, Volksaufstand, 24. 10.–9. 11. 1956: 79, 294, 312, 322, 357, 386f., 399, 405–407, 417, 419, 421–423, 429, 431, 433, 440
–, Parteien und Parteiensystem: 294, 406
–, Räterepublik, 21. 3.–1. 8. 1919: 44, 71, 187, 294
Ural: 263, 432
Uruguay: 442

Vandenberg-Resolution, siehe Vandenberg, Arthur Hendrick
Vatikan: 212, 264f.
–, Konkordat mit Deutschland, 20. 7. 1933: 162, 164, 212
–, Konkordat mit Italien und Lateran-Vertrag, 11. 2. 1929: 162–164
Venedig: 216
Venezuela: 415, 442
Verdun: 243
Vereinigte Staaten von Amerika, USA (United States of America): 17f., 20–23, 26, 29, 32–39, 48–50, 52, 54f., 81, 84, 87–89, 91–104, 110, 113–118, 122, 124f., 127f., 137–139, 141f., 149f., 153, 155, 177, 181, 200, 234, 242–244, 252, 258–260, 266–270, 272–277, 279–283, 285–293, 295–298, 300–311, 313, 315–320, 323, 326–333, 335f., 339, 341, 350, 352, 354, 356, 358–360, 362, 364, 376f., 389–398, 400f., 405f., 410–416, 418, 420–422, 424–428, 430, 432–435, 438, 440–442, 446–448, 460, 462, 470f.
–, der Norden: 455
–, der Süden: 99, 455
–, der Westen: 103, 252f., 326
–, Abrüstung, nach dem 9. 9. 1945: 279, 292, 302
–, Abschuß eines U 2-Aufklärers über Swerdlowsk durch die UdSSR, 1. 5. 1960: 426
–, Afrikanischer Kriegsschauplatz, 7. 11. 1942–12. 5. 1943: 85, 245f., 255, 258f., 266f., 300
–, Amerikanische Revolution, 19. 4. 1775–3. 9. 1783: 52, 181, 400
–, Amerikanisch-chinesische Annäherung, Juli 1971, und Besuch Nixons in Peking, 21.–28. 2. 1972: 326f., 411f., 414, 424, 430, 433, 453
–, Amerikanisch-iberisches Stützpunkt-Abkommen, 26. 7. 1956: 362
–, Amerikanisch-japanischer Sicherheitsvertrag, 8. 9. 1951: 328f.

–, Angriff Japans auf Pearl Harbour, 7. 12. 1941: 249, 253
–, Arbeitslosigkeit und Arbeitsbeschaffungsprogramm: 98, 101
–, Armee: 258, 266, 274, 279, 327f., 330, 333, 414, 425, 452, 455
–, Atombombenabwurf auf Hiroshima, 6. 8. 1945, und Nagasaki, 9. 8. 1945: 279, 412
–, Außenpolitik: 36–39, 49, 88f., 92–95, 100, 251, 267, 269, 272, 276f., 280–283, 285, 302–313, 315–319, 325–329, 333, 335f., 339, 352, 362, 364f., 390–401, 405f., 409, 411–415, 418–435, 438, 440, 442, 447–456, 458, 461f., 466, 470f.
–, –, Containment policy: 88f., 302–313, 317–319, 325–329, 336, 339, 365f., 390, 392, 394f., 401, 405, 407, 414, 419, 422, 461
–, –, Heißer Draht zwischen Washington und Moskau, seit 1963: 428
–, –, Kuba-Krise, 22. 10.–24. 11. 1962: 92, 308, 416f., 419, 427, 435, 438, 441, 456
–, –, Vandenberg-Resolution, 11. 6. 1948: 317
–, Börsenkrach in New York, ›Black Friday‹, 25. 10. 1929: 96, 118
–, Civil rights, Bürgerrechte: 453, 455
–, Democratic Party, seit 1800 (1828): 99, 104, 368, 452f., 455
–, Depression, ›The Great Depression‹, 1929–1931: 96–104, 116–118
–, Europäischer Kriegsschauplatz, 11. 12. 1941–7. 5. 1945: 253f., 256–283, 287–290, 333, 345, 356, 368, 452, 457
–, –, Italienischer Kriegsschauplatz, 8. 9. 1943–7. 5. 1945: 266–268, 270, 274, 287, 345
–, European Recovery Program, ERP, Marshall-Plan, verkündet 5. 6. 1947: 117, 281, 306f., 315, 321, 329, 336, 339, 366, 463f.
–, Frontier, Myth of the, Fortschrittsglaube: 103
–, Isolationismus: 89, 91–97, 102f., 117, 139, 141, 243, 251–253, 286, 296, 336, 390, 470
–, Kongreß: 36, 93–96, 99, 101f., 104, 251, 302f., 430
–, Korea-Krieg, 25. 6. 1950–27. 7. 1953: 285, 298, 319f., 326–330, 392, 394, 397, 406, 412f., 417, 420, 422, 451f.
–, Kriegseintritt, 6. 4. 1917: 20, 34, 48f., 54f., 92f., 103, 244, 254, 335
–, –, Friedensvertrag mit Deutschland, 25. 8. 1921: 93, 141
–, Kriegserklärung Deutschlands und Italiens, 11. 12. 1941: 102f., 253f., 256, 266
–, Kriegsmarine: 88, 253f.
–, Lend-Lease Act, Pacht- und Leih-Gesetz, 11. 3. 1941: 251f., 281
–, McCarthyism, Verfolgung von ›Kommunisten und Subversiven‹, 1953–1956: 451f.
–, National Industrial Recovery Act, von Roosevelt inauguriert 17. 5. 1933: 101
–, Neutrality Acts, 1935/36, 1. 5. 1937, 4. 9. 1939: 102, 251
–, New deal, Programm Roosevelts, verkündet 1932: 99–102, 104, 116, 149, 254, 257, 451
–, Parteien und Parteiensystem: 93f., 97, 99, 101, 104, 153, 368, 448, 452–455
–, Pazifischer Kriegsschauplatz, 7. 12. 1941–24. 10. 1945: 247, 249–256, 258, 267–269, 275f., 278f., 296, 326–329, 347, 350, 401, 412f., 449
–, –, Friedensvertrag von San Francisco, Cal., 8. 9. 1951: 328f., 395, 412
–, Präsident und Präsidentschaft: 94, 96, 99–102, 251f., 329, 390, 415, 426, 450, 452–455, 471
–, Rassenprobleme: 99–101, 453–456
–, Republican Party, gegr. 1854/55 (6. 7. 1854?): 93f., 97, 101, 252, 368, 390, 452
–, Rüstung: 102, 251, 279f., 292, 298, 316–318, 329, 471
–, Senat: 93–95, 141, 317, 451f.
–, Studentenunruhen, 1958–1968: 453, 455
–, Supreme Court: 101, 455
–, Verfassung und Verfassungspraxis: 99, 101
–, Vietnam-Krieg, 1960/61–23. 1. 1973: 23, 26, 300, 325, 329, 374, 394, 412, 417, 419, 422, 425, 428f., 439, 449f., 453, 455, 470
VEREINTE NATIONEN, UNO (United Nations Organization), gegr. 26. 6. 1945: 23, 26, 50, 267, 269, 283f., 296–298, 300–303, 306, 308f., 318, 321, 324, 326–328, 333, 358f., 361f., 388, 402, 404–408, 424, 426, 464
–, Economic and Social Council, Wirtschafts- und Sozialrat: 297
–, General Assembly, Vollversammlung: 297f.

–, Mitgliedstaaten: 296–298, 407
–, Secretary General, Generalsekretär: 297 f., 358, 361
–, Security Council, Sicherheitsrat: 50, 296–298, 309, 326 f., 406
–, –, Vetorecht: 296–298, 309, 326 f.
–, UNESCO: 297
VERFASSUNG, Verfassungsstruktur, Verfassungsrecht: 28, 99, 120, 130, 132, 138, 164, 184 f., 188, 190, 204 f., 207, 358
VERSAILLES: 39, 41
–, Schloß, Spiegelsaal (Galerie des Glaces), erb. 1678–1686: 39
–, Friedensvertrag mit Deutschland, 28. 6. 1919: 20, 39–42, 45, 55, 67, 69, 73, 92–95, 105 f., 110 f., 141, 170, 172, 174 f., 212, 216–219, 221–224, 226, 229, 233, 263, 285
VERTREIBUNG der Deutschen aus Ostdeutschland und dem Sudetenland, seit 1945: 122, 127, 278, 286, 288 f., 335, 372 f.
VICHY: 246
VIERZIGSTUNDENWOCHE: 148
VIETNAM (bis 1946/1949: Französisch-Indochina), seit Juni 1949: 26, 300, 325, 329, 374, 394, 412, 417, 419, 422, 425, 428 f., 435, 449, 453, 455, 470
–, Teilung in Nord- und Süd-Vietnam, 21. 7. 1954, und Vietnam-Krieg, 1957/58–23. 1. 1973: 23, 26, 300, 325, 329, 374, 394, 412, 417, 419, 422, 425, 428 f., 439, 449 f., 453, 455, 470
–, –, Nord-Vietnam, selbst. seit 21. 7. 1954: 26, 325, 394, 435, 470
–, –, Süd-Vietnam, selbst. 26. 10. 1955–23. 1. 1973: 394
VÖLKERBUND (League of Nations, Société des Nations), 10. 1. 1920–10. 1. 1946: 18, 26, 37 f., 40 f., 48–51, 54, 66, 81, 83–90, 92–95, 97, 102, 110 f., 171, 184 f., 209–214, 216–221, 223, 225, 241, 251, 267, 286, 296–298, 302, 313, 332, 335 f., 464
–, Abrüstungskonferenz, 2. 2. 1932–April 1937: 112, 211–213, 216–218
–, Mandatsgebiete: 84–87, 297, 300
–, Rat (Council, Conseil), seit 16. 1. 1920: 50
–, Sanktionen: 50, 218, 220, 225
–, Versammlung (Assembly, Assemblée), seit 15. 11. 1920: 111, 297
VOLKSBEFREIUNGSBEWEGUNGEN UND VOLKSBEFREIUNGSKRIEG, kommunistische These von: 75, 439, 443, 456
VOLKSDEMOKRATIE, kommunistischer Einparteienstaat: 75, 292–295, 310, 320–325, 385, 443
VOLKSFRONT-BÜNDNISSE UND VOLKSFRONT-REGIERUNGEN: 76, 145–148, 192 f., 195, 209, 222, 225, 294, 306, 436–438, 440 f., 444, 468

WAFD (Abordnung), ägyptische nationalistische Bewegung, 1919–1957: 86
WAHHÂBITEN, islamische Sekte: 84
WAHLEN, WAHLSYSTEME UND WAHLRECHT: 20, 64, 101, 138, 143 f., 146–149, 152–154, 174, 276, 293 f., 335, 359, 393, 398, 437, 448, 458, 467 f.
–, Dänemark: 359
–, Deutschland: 73, 75, 101, 112, 120, 142–144, 153 f., 163, 168, 172, 174, 213, 290, 295, 306, 310–312, 330, 367–374, 379 f., 393, 398, 437, 441
–, Finnland: 355, 436
–, Frankreich: 76, 140–144, 146–148, 217, 222, 305, 342, 345, 436 f.
–, Griechenland: 365
–, Großbritannien: 123, 149, 151–154, 337, 350
–, Indien: 437
–, Italien: 159 f., 162 f., 305, 345, 348, 436 f.
–, Japan: 88, 413, 436
–, Kanada: 448
–, Norwegen: 359
–, Österreich: 356
–, Osteuropa: 293 f., 321
–, Polen: 294
–, Portugal: 363
–, Rußland, UdSSR: 60, 63 f., 204 f., 388
–, Schweden: 359 f.
–, Schweiz: 359 f.
–, Spanien: 153, 190–193
–, Tschechoslowakei: 321
–, Türkei: 365
–, Ungarn: 294
–, USA: 93, 99–101, 103 f., 251, 452 f., 455
–, FRAUENSTIMMRECHT: 138, 143, 359
–, –, Deutschland: 143
–, –, Frankreich: 143
–, –, Großbritannien: 153
–, –, Schweiz: 359

WALLONIEN: 348 f.
WARSCHAU: 265, 271, 325, 432
–, Aufstand der polnischen ›Heimat-Armee‹, 1. 8.–2. 10. 1944: 271
–, Getto-Aufstand, 19. 4.–16. 5. 1943: 265
WARSCHAUER PAKT, 14. 5. 1955: 319 f., 396, 407, 421 f., 433
WARTHE, Wartheland: 263
WASHINGTON, D.C.: 88, 253, 267, 302, 309, 317, 328, 331, 420, 425, 428
–, Außenministerkonferenz der USA, Großbritanniens und Frankreichs, 8. 4. 1949: 309
–, Konferenz über Pazifik-Fragen und Flottenstärken, 13. 12. 1921–6. 2. 1922: 88
–, NATO-Pakt, Unterzeichnung, 4. 4. 1949: 317
WATERGATE-SKANDAL, Einbruch in das Wahlhauptquartier der Democratic Party in den Watergate Apartments, Washington, D.C., 17. 6. 1972: 453 f., 471
WEICHSEL: 236
WEIMAR, Nationalversammlung, 6.–11. 2. 1919: 67–69
WELFARE STATE, Wohlfahrtsstaat: 351, 353 f., 359 f., 450
»DIE WELTBÜHNE«, Berliner »Wochenschrift für Politik/Kunst/Wirtschaft« (Fortf. von »Schaubühne«, gegr. 1905), gegr. 1918, verboten 1933: 132
WELTKRIEG, ERSTER, 1. 8. 1914–11. 11. 1918: 17 f., 20–60, 62, 65–72, 76 f., 80, 83–98, 100, 103, 105 f., 113–116, 119 f., 122 f., 126–131, 136, 138–141, 143, 145, 149–153, 155–160, 166, 169, 172, 180–183, 185, 187–190, 198, 218, 234 f., 238–240, 243, 249, 251 f., 254–256, 278, 280, 284–286, 288 f., 291, 296, 299 f., 306, 308, 332–338, 342, 355, 371, 399 f., 402, 414, 447, 456 f., 461, 463, 465, 470
–, –, Entente: 34–38, 41 f., 48–50, 54, 60, 62 f., 69, 71, 76, 83–86, 93–95, 113, 138 f., 150, 156, 158, 169, 183, 187, 252, 255, 296, 447
–, –, Friedensschluß von Brest-Litowsk, 3. 3. 1918: 62, 198
–, –, Friedensverhandlungen und Pariser Vorortverträge, 1919/20: 18, 20, 24, 31, 34–51, 53–55, 66 f., 71–73, 83, 92–95, 117, 139–141, 158, 174 f., 182, 212, 216–219, 221–224, 226, 229, 233, 263, 285, 287, 291
–, –, Kriegseintritt der USA, 6. 4. 1917: 20, 34, 48 f., 54 f., 92 f., 103, 249, 254, 335
–, –, Kriegsschuldfrage: 40
–, –, Kriegsziele, Entente: 33–38, 40, 77, 91, 93, 139
–, –, –, Mittelmächte, 22, 33, 36, 40, 55, 255, 308
–, –, Marne-Schlacht, 6.–9. 9. 1914: 244
–, –, Mittelmächte: 22, 33, 36–38, 40, 46, 48, 55, 66, 83 f., 94 f., 113, 138, 141, 150, 183
–, –, Propaganda, Entente: 49, 158, 296
–, –, –, Mittelmächte: 255, 308
–, –, Verluste: 40, 115, 129, 140, 278
–, –, Waffenstillstand, 11. 11. 1918: 35, 39, 66, 243
–, ZWEITER, 1. 9. 1939–2. 9. 1945: 17 f., 20 f., 23, 25 f., 29–37, 39, 42–45, 49, 72, 85–93, 95 f., 98, 100, 102–104, 111 f., 116 f., 122, 126–128, 132, 136, 138, 142, 145, 149–154, 171, 179, 181–185, 187 f., 194–196, 200, 202 f., 205 f., 208–210, 220, 223, 225, 227 f., 232, 234–303, 305, 307 f., 311, 313, 316, 320, 325, 332–342, 345, 349–351, 354–358, 362, 364–366, 372, 379 f., 385, 390, 399, 401 f., 407, 412–414, 417 f., 422, 426, 432, 435, 447, 449 f., 452, 455–459, 461, 463, 465, 469 f.
–, –, Achsenmächte: 239–248, 250–255, 258–270, 274–280, 286–291, 300 f., 308, 311, 333, 359, 390, 427, 449, 461
–, –, –, Propaganda: 239 f., 248, 256 f., 259–265, 269, 277
–, –, Afrikanischer Kriegsschauplatz, 4. 8. 1940–12. 5. 1943: 85, 245 f., 255, 258 f., 266 f., 300
–, –, Alliierte: 239–246, 248–260, 265–291, 294–296, 300 f., 304, 308–310, 314 f., 320, 326, 333, 356–358, 361 f., 365, 390, 422, 426, 437, 447, 449, 452, 463
–, –, –, Propaganda: 239, 241, 255 f., 265
–, –, –, –, Kreuzzug in Europa, Crusade in Europe, amerikanische Parole: 255 f.
–, –, Angriff Italiens auf Griechenland, 28. 10. 1940, und Besetzung Griechenlands, bis 13. 1. 1945: 85, 245, 247, 273 f., 302 f., 364
–, –, Angriff Japans auf Pearl Harbour, 7. 12. 1941: 249, 253
–, –, Angriff der UdSSR auf Finnland, 30. 11. 1939–12. 3. 1940, und Krieg Finnlands gegen die UdSSR, 26. 6. 1941–19. 9. 1944: 183,

208, 237, 241, 248, 269, 273, 288, 355 f., 361
–, –, Atombombenabwurf auf Hiroshima, 6. 8., und Nagasaki, 9. 8. 1945: 279, 412
–, –, Balkan-Feldzug, deutscher, seit 6. 4. 1941: 188, 247, 258–267, 270 f., 273 f., 278, 302 f., 322, 364
–, –, Besetzung der Baltischen Staaten, sowjetische, 1940, und Annexion, 1940 und seit 1944/45: 43, 184, 234, 237, 241, 244, 263, 267, 288, 333
–, –, Besetzung Dänemarks und Norwegens, deutsche, 9. 4. 1940–4./7. 5. 1945: 241, 252, 260 f., 279 f., 359
–, –, Besetzung Ostpolens, sowjetische, 17. 9. 1939–22. 6. 1941, und Annexion, seit 1945: 185, 236 f., 240 f., 244, 267, 271–273, 275 f., 281 f., 288, 294, 333
–, –, Friedensschluß mit Finnland, Italien, Ungarn, Rumänien und Bulgarien in Paris, 10. 2. 1947: 287
–, –, Friedensvertrag mit Japan, Vertrag von San Francisco, Cal., 8. 9. 1951: 328 f.
–, –, Italienischer Kriegsschauplatz, 8. 9. 1943–9. 5. 1945: 266–268, 270, 274, 287, 345
–, –, Konferenz von Casablanca, 14.–25. 1. 1943: 258, 295
–, –, Konferenz von Jalta, 4.–12. 2. 1945: 275, 295 f.
–, –, Konferenz von Kairo, 22.–26. 11. 1943: 269
–, –, Konferenz von Potsdam, 17. 7.–2. 8. 1945: 287–289, 291, 295, 304, 397
–, –, Konferenz von Teheran, 1. 12. 1943: 267–269, 271, 273, 295
–, –, Kriegserklärung Deutschlands und Italiens an die USA, 11. 12. 1941: 102 f., 253 f., 256, 266
–, –, Kriegsziele, Achsenmächte: 249–251, 255 f., 308
–, –, –, Alliierte: 252, 255–257, 269 f., 287, 296, 308
–, –, Luftkrieg: 241 f., 277–279
–, –, Nichtangriffspakt, deutsch-sowjetischer, 23. 8. 1939: 47, 57, 184, 195, 209, 213 f., 235–238, 240 f., 244, 250, 265, 268, 277, 288
–, –, Nürnberger Prozesse gegen die sog. Kriegsverbrecher, 14. 11. 1945–14. 4. 1949: 289 f., 295
–, –, Partisanen: 26, 249, 263, 268, 270 f., 273 f.
–, –, Pazifischer Kriegsschauplatz, 7. 12. 1941–24. 10. 1945: 247, 249–256, 258, 267–269, 275 f., 278 f., 296, 326–329, 347, 350, 401, 412 f., 449
–, –, Phoney war, Drôle de guerre, Scheinkrieg an Westwall und Maginot-Linie, 3. 9. 1939–10. 5. 1940: 241
–, –, Polen-Feldzug, deutscher, 1. 9.–6. 10. 1939, und Besetzung, bis 23. 2. 1945: 185, 238, 240 f., 248, 258–267, 269, 271–273, 275 f., 278, 281 f., 288, 294
–, –, Rußland-Feldzug, deutscher, seit 22. 6. 1941: 102, 208, 244 f., 247–249, 253 f., 257–269, 275–278, 288, 291, 296
–, –, Seekrieg: 241, 246
–, –, Verluste: 258, 278 f., 291
–, –, Waffenstillstand, Bedingungslose Kapitulation Deutschlands, 9. 5. 1945: 258, 279, 281, 329, 356
–, –, Westfeldzug, deutscher, seit 10. 5. 1940, und besetztes Gebiet, bis 9. 5. 1945: 39, 142, 145, 148, 153, 240–246, 250–253, 258–267, 269 f., 274–277, 314, 340 f., 348–350, 404, 452, 463
–, –, –, Ardennen-Offensive, Battle of the Bulge, 16. 12. 1944–16. 1. 1945: 277
–, –, –, Invasion, Landung der Alliierten in der Normandie, 6. 6. 1944: 260, 267, 269, 274, 452
–, –, –, Invasion Englands, geplante, Unternehmen Seelöwe, 16. 7.–12. 10. 1940: 244 f.
–, –, –, Waffenstillstand, deutsch-französischer, 22. 6. 1940: 39, 142, 243, 246, 340, 404
WELTMÄCHTE: 22 f., 26, 91–93, 209, 226, 248, 256, 286, 291, 352, 407 f., 461 f.
WELTPOLITIK: 17, 20 f., 27, 31 f., 35, 37, 48–51, 61, 66, 81, 85, 89, 91–93, 96 f., 100, 102–104, 112, 139, 171, 180 f., 220, 226, 248, 256, 280, 285, 291 f., 296, 298–304, 313, 317, 319, 329, 331 f., 350, 352, 354, 361, 371, 376, 387, 391, 399, 402–404, 407–409, 414, 417–435, 447, 450–453, 456 f., 462, 469–472
WELTREVOLUTION, marxistischer Begriff der: 22, 25, 50, 52 f., 58, 60, 65, 71, 74 f., 79–81, 127, 199, 201, 237, 292, 391, 394, 437, 463

–, sowjetische These von der: 74f., 80f., 127, 199, 206, 237
WELTWIRTSCHAFT: 41, 82, 88, 96–100, 113f., 117f., 439
WELTWIRTSCHAFTSKRISE, 1929–1933: 41, 82 88, 96–102, 104–106, 111f., 114, 116–120, 122f., 129, 131, 145f., 149, 154, 166f., 169f., 172, 217, 221, 332, 374
–, Kurssturz an der New Yorker Börse, ›Black Friday‹, 25. 10. 1929: 96, 111, 118
WESTAFRIKA: 404
WESTEUROPA: 30, 35f., 76, 93, 126, 128, 136, 138, 156, 171, 199, 208f., 274f., 281f., 305f., 313, 316, 318, 324, 331–351, 355, 360, 362f., 366, 376f., 390, 397, 432, 434f., 443f., 446, 458, 461–463, 466–472
–, politische Einheit, nach 1945: 30, 333–336, 338f., 345, 348–351, 353–355, 360, 362f., 366f., 376f., 434, 457–459, 461–471
WESTEUROPÄISCHE UNION, WEU, gegr. 5. 5. 1955: 285, 366, 395, 471
–, Pariser Verträge, 20.–23. 10. 1954: 342, 366, 395
WESTPREUSSEN: 40
WESTWALL, Gürtel von Sperr- und Befestigungsanlagen zwischen belgischer und schweizerischer Grenze, erb. Mai 1938–August 1939: 240f.
WIDERSTAND, ANTIFASCHISTISCHER, Opposition gegen Faschismus und Nationalsozialismus, Résistance: 26, 122, 173, 229, 232, 239, 256, 259–266, 269–271, 273f., 277, 279f., 322, 336, 338, 341f., 345, 348, 350, 366, 458, 463
–, –, Dänemark: 279f.
–, –, Deutschland: 122, 173, 229, 232, 239, 259, 262, 265f., 270, 274, 277, 456
–, –, –, Attentat auf Hitler, 20. 7. 1944: 239, 270, 274
–, –, –, Kreisauer Kreis: 122
–, –, Frankreich, Résistance: 259–261, 265f., 269, 274, 341f.
–, –, Italien: 262, 265f., 268, 270, 345
–, –, Jugoslawien: 45, 263, 273f., 322
–, –, Niederlande: 264f.
–, –, Österreich: 230
–, –, Polen: 271
–, –, Sowjetische Ausdeutung: 265f.
–, GEWALTLOSER, Non-violent resistance, Konzept Gandhis: 90f.
WIEN: 45, 69, 71, 186, 215, 230, 293, 356f., 420
–, Kommunistenunruhen, Brand des Justizpalasts, 15.–17. 7. 1927: 186
–, Viermächte-Verwaltung, 1945–1955: 356f.
WILNA (Vilnius): 184
WIRTSCHAFT, WIRTSCHAFTSSYSTEM UND WIRTSCHAFTSPOLITIK: 19, 22, 33, 53, 58, 64f., 69f., 73, 91, 97, 100–104, 110, 112–127, 143, 154, 156, 165–167, 170, 178, 181–183, 185f., 189, 201, 203, 213, 215, 250, 270, 281–283, 285, 289, 299, 303, 305–307, 315–317, 321f., 329–332, 334, 336–372, 374, 376–381, 408, 419–425, 428–430, 433–435, 439, 441–444, 458, 460, 462–471
–, Afrika: 353
–, Arabische Länder: 299
–, Belgien: 348f.
–, China: 390f., 409–412, 433, 438
–, Dänemark: 355, 359f., 466–469
–, Deutschland: 29, 65, 69f., 100f., 104–106, 109–112, 114f., 117f., 123, 139–141, 154, 156, 165–174, 178, 201, 203f., 209f., 213, 215, 235, 248, 265f., 276, 289–291, 295, 304–306, 309, 312, 315, 329, 338f., 346, 351, 360, 366–372, 374, 376–384, 389, 395f., 423, 465
–, Finnland: 356
–, Frankreich: 76, 105, 117f., 140f., 145–148, 154, 217, 221f., 305f., 315, 341–344, 360, 394–396, 465
–, Griechenland: 303, 363–366
–, Großbritannien: 114, 117–119, 149–152, 154–156, 306, 316, 350–356, 359f., 422, 463, 466–469
–, Indien: 402
–, Irland: 354f., 366–369, 467
–, Italien: 77, 104, 156, 164–167, 250, 306, 345f., 348
–, Japan: 88, 250, 253, 412–414
–, Jugoslawien: 322–325, 430
–, Kanada: 118, 448f.
–, Kuba: 416, 438
–, Lateinamerika: 414f., 441f.
–, Niederlande: 118, 156, 349f.
–, Norwegen: 360, 467
–, Österreich: 70, 118, 156, 185f., 215, 356–358
–, Osteuropa: 183, 322, 339, 367, 422–424, 428–430, 433–435, 444

–, Polen: 118, 322
–, Portugal: 156, 196, 362
–, Rußland, UdSSR: 58, 62–65, 69, 79, 110, 116, 123 f., 198–204, 207 f., 213, 226, 235, 248, 281–283, 291, 295, 321–324, 331, 339, 356, 385, 388 f., 391, 401, 410, 420–424, 428–430, 433–435, 438 f., 444, 462, 467
–, Schweden: 359 f.
–, Schweiz: 358 f.
–, Skandinavien: 156, 359 f.
–, Spanien: 156, 190, 361 f.
–, Südafrika: 90
–, Tschechoslowakei: 186, 321 f.
–, Türkei: 365
–, Ungarn: 322
–, USA: 91, 96–104, 110, 115–118, 125, 150, 251 f., 254, 257, 281–283, 291 f., 304–307, 323, 329, 339, 388, 394, 401, 420, 433, 447 f., 450 f., 454, 470 f.
–, Dirigismus, Wirtschaftslenkung: 116, 165, 367
–, Marktwirtschaft: 116, 323, 338, 351, 367, 430
–, –, Soziale: 338 f., 351, 367
–, Planwirtschaft: 116, 201 f., 206 f., 337, 385
Wirtschaftswissenschaften: 104, 118 f., 165, 430
Wissenschaften: 131, 173, 176, 279 f., 331, 420, 430, 465 f.
Wolfsburg, Volkswagenwerk: 179

Yalu: 327
Young-Plan, siehe Young, Owen D.

Zambia (Sambia; bis 23. 10. 1964: Northern Rhodesia, britisches Protektorat seit 1891/1894): 353
Zeitgeschichte, siehe Geschichtsschreibung, Zeitgeschichte
Zimbabwe, siehe Rhodesien
Zimmerwald, Schweizer Kurort im Kanton Bern, Internationaler Sozialistenkongreß, 5.–10. 9. 1915: 56
Zionismus, politischer: 85
Zoll und Zollsysteme: 117 f., 183, 355, 466
–, Schutzzölle, Protective duties: 117
–, Deutschland: 118, 186
–, –, Zollunion, deutsch-österreichische, bekanntgeg. 21. 3. 1931, aufgeg. 3. 9. 1931: 118, 186
–, Österreich: 118, 186
–, USA: 117
Zollverein, Deutscher, begr. 22. 3. 1833: 466
Zypern (Kypros, Kibris, Cyprus, unter britischer Verwaltung seit 4. 6. 1878, Kronkolonie seit 1. 5. 1925), selbst. seit 16. 8. 1960: 44, 365 f.
–, Zypern-Konflikt, griechisch-türkischer, und Teilung der Insel, seit 15. 7. 1974: 44, 365 f.